CLARISSE
HARLOVE

CLARISSE HARLOVE

PAR RICHARDSON,

TRADUIT SUR L'ÉDITION ORIGINALE,

PAR L'ABBÉ PRÉVOST,

PRÉCÉDÉ DE

L'ÉLOGE DE RICHARDSON

PAR DIDEROT.

> — Humanos mores nôsse volenti
> Sufficit una domus.
>
> On ferait en deux lignes l'analyse de *Clarisse Harlove*. Pourquoi ? C'est que le sujet est d'une simplicité admirable. Un libertin par système veut séduire une fille sage par principe et par caractère, voilà tout le roman. Et c'est un des plus volumineux que l'on connaisse. Quelle imagination n'a-t-il pas fallu pour remplir ce canevas, et pour rester toujours dans la même position, sans cesser d'être intéressant ! Clarisse Harlove me paraît une VÉRITÉ démontrée jusqu'à l'évidence ; les romans nouveaux, au contraire, ressemblent à des MENSONGES que l'on tourne de mille manières sans jamais pouvoir parvenir à leur donner un air de vraisemblance.   FIÉVÉE.

TOME DEUXIÈME.

PARIS,
BOULÉ, ÉDITEUR, RUE COQ-HÉRON, 3.

1846

CLARISSE HARLOVE

PAR RICHARDSON.

LETTRE CXLIX.

MISS CLARISSE HARLOVE, A MISS HOWE.

Mercredi après-midi, 26 avril.

A la fin, ma très chère miss Howe, je suis à Londres, et dans mon nouveau logement. Il est proprement meublé, et la situation en est agréable pour la ville. Je m'imagine que vous ne me demanderez pas si j'ai pris du goût pour la vieille hôtesse ; elle paraît néanmoins fort civile et fort obligeante. A mon arrivée, ses nièces ont marqué de l'empressement pour me recevoir. Elles paraissent des jeunes personnes fort agréables. Mais je vous en apprendrai davantage lorsque je les connaîtrai mieux.

Miss Sorlings, qui a son oncle à Barnet, l'a trouvé si mal en passant par ce bourg, que, dans l'inquiétude où je l'ai vue pour la santé d'un second père de qui il elle attend beaucoup, je n'ai pu lui refuser la liberté de demeurer, pour prendre soin de lui. Cependant, comme cet oncle ne l'attendait pas, j'aurais souhaité qu'elle m'eût du moins accompagnée jusqu'à Londres ; et M. Lovelace l'en a beaucoup pressée, en lui offrant de la renvoyer dans un jour ou deux. Mais l'ayant laissée maîtresse du choix, après lui avoir fait connaître mon inclination, je ne lui ai pas trouvé autant de politesse que je m'y étais attendue ; ce qui n'a point empêché qu'à notre départ M. Lovelace ne lui ait fait un présent fort honnête. Cette noblesse, qui éclate à chaque occasion, me fait regretter souvent qu'il n'y ait pas plus d'uniformité dans son caractère.

En arrivant, j'ai pris possession de ma chambre ; et si j'y passe quelque temps, je ferai bon usage du cabinet éclairé qui l'accompagne. Un des gens de M. Lovelace, qu'il renvoie demain au château de Median, m'a fourni le prétexte de me retirer pour vous écrire par cette voie.

Souffrez à présent, ma très chère amie, que je vous gronde beaucoup de la résolution téméraire que vous avez formée, de ne pas rendre M. Hickman le plus heureux de tous les hommes, tant que mon bonheur continuera d'être en suspens. Je ne la crois pas irrévocable. Supposons, ma chère, que je fusse condamnée à l'infortune, de quoi me servirait votre résolution ? Le mariage est le sublime état de l'amitié. S'il est heureux, il diminue nos peines en les divisant, comme il augmente nos plaisirs par une participation mutuelle. Vous m'aimez, n'est-ce pas ? Pourquoi donc ne seriez-vous pas plutôt portée à me donner un second ami, à moi qui n'en ai pas deux sur lesquels je puis compter ? Si vous aviez consenti à vous marier la dernière fois que votre mère vous en a pressée, j'ose dire que je n'aurais pas manqué d'un asile qui m'aurait garantie d'un grand nombre de mortifications et de tout ce que j'appelle ma disgrâce.

J'ai été interrompue par M. Lovelace et par la veuve qui sont venus me présenter une fille pour mon service, en attendant qu'Hannah puisse me joindre ou que je me sois procuré une autre servante. Elle est parente de madame Sinclair ; c'est le nom de la veuve, qui lui attribue d'ailleurs d'excellentes qualités, mais en lui reconnaissant un grand défaut, qui est de ne savoir ni lire ni écrire. Cette partie de son éducation, dit-elle, a été négligée dans sa jeunesse, quoiqu'elle entende fort bien toutes sortes d'ouvrages à l'aiguille, et que pour la discrétion, la douceur, la fidélité, son caractère ne laisse rien à désirer.

Je lui passe aisément son défaut. Elle est d'une figure très avenante, trop jolie même pour une femme de chambre. Mais ce qui me plaît le moins dans elle, c'est un œil fort malicieux. Je n'en ai point encore vu de semblable, et je crains d'y avoir démêlé une sorte d'effronterie. La veuve elle-même a dans le regard un tour extrêmement singulier, et, pour une femme accoutumée au séjour de Londres, ses déférences me paraissent trop étudiées. Mais on ne se fait pas des yeux soi-même ; et je ne lui vois rien d'ailleurs que de civil et d'obligeant. Pour la jeune fille, qui se nomme Dorcas, elle ne sera pas long-temps avec moi.

Je n'ai pas laissé de l'accepter. Comment pouvais-je m'en défendre, en présence de sa parente, et lorsqu'elle m'était proposée si officieusement par M. Lovelace ? Mais ces deux femmes s'étant retirées, j'ai déclaré à M. Lovelace, qui semblait disposé à commencer une conversation avec moi, que je regardais cet appartement comme le lieu de ma retraite, et que je souhaitais qu'il le regardât de même ; que je pourrais le voir et l'écouter dans la salle à manger, mais que je demandais en grâce de n'être point interrompue chez moi. Il s'est retiré très respectueusement vers la porte ; mais il s'y est arrêté. Il me priait donc, m'a-t-il dit, de lui accorder quelques momens d'entretien dans la salle à manger. Je lui ai répondu que s'il allait chercher un autre logement pour lui-même, j'étais prête à descendre ; mais que s'il ne sortait pas à l'heure même dans cette vue, j'étais bien aise de finir ma lettre à miss Howe.

Je vois qu'il n'a pas dessein de me quitter s'il peut s'en défendre. Le projet de mon frère lui fournit un prétexte pour me solliciter de le dégager de sa promesse ; mais l'en dispenser pour un temps, c'est lui donner main-levée pour toujours. Il paraît persuadé qu'une espèce d'approbation, que j'ai donnée à ses tendres soins dans la violence de ma douleur, l'a mis en droit de me parler avec toute la liberté d'un amant reconnu.

Sa conduite m'apprend que, pour une femme qui s'embarque une fois avec ce sexe, il est bien difficile de revenir sur ses pas. Une grâce accordée est le prélude d'une autre grâce. Depuis dimanche dernier, il n'a pas cessé de se plaindre de la distance où je le tiens ; il se croit autorisé à révoquer mon estime en doute, il se fonde sur la disposition que j'ai marquée à le sacrifier pour ma réconciliation ; et cependant il est bien loin de cette tendresse respectueuse (si ces deux mots peuvent s'accorder) qui m'a portée à quelques aveux dont il semble se prévaloir.

Pendant qu'il me parlait à la porte, ma nouvelle servante est venue nous inviter tous deux à prendre le thé. J'ai répondu que M. Lovelace pouvait descendre, mais que j'avais une lettre à continuer ; et lui témoignant à lui-même que je me sentais aussi peu d'inclination pour le souper que pour le thé, je l'ai prié de faire mes excuses aux dames de la maison, pour l'un et pour l'autre. J'ai ajouté qu'il me ferait plaisir de leur apprendre que mon dessein était de vivre aussi retirée qu'il me serait possible, et que je promettais néanmoins de descendre le matin pour déjeûner avec la veuve et ses nièces.

Il m'a demandé si je ne craignais pas que cette affectation, surtout pour le souper, ne me donnât un air un peu singulier dans une maison étrangère.

—Vous savez, lui ai-je dit, et pouvez rendre témoignage que je mange peu le soir. Mes esprits sont abattus. Je vous demande en grâce de ne me presser jamais contre mon inclination. Ayez la bonté, monsieur Lovelace, d'informer madame Sainclair et ses nièces de mes petites singularités. Avec un peu de complaisance, elles me les pardonneront. Je ne suis pas venue ici pour faire de nouvelles connaissances.

J'ai visité tous les livres qui se trouvent dans mon cabinet. J'en suis fort satisfaite, et je n'en ai que meilleure opinion de mes hôtesses. Le nom de madame Sainclair est sur quelques ouvrages de piété. La plupart des autres, qui sont des livres d'histoire, de poésie ou de littérature légère, portent le nom de Sally Martin, ou de Polly Horton, c'est-à-dire des deux nièces.

Je suis fort en colère contre M. Lovelace, et vous conviendrez que ce n'est pas sans raison, lorsque vous aurez lu le récit que j'ai à vous faire d'une conversation qui vient de finir, car ses instances m'ont comme forcée de lui en accorder une dans la salle à manger.

Il a commencé par m'apprendre qu'il était sorti pour s'informer plus particulièrement du caractère de la veuve. Cette précaution, m'a-t-il dit, lui avait paru d'autant plus nécessaire, qu'il me supposait toujours la même impatience de le voir éloigné.

Je lui ai répondu qu'il n'en devait pas douter, et que je ne pensais pas qu'il voulût prendre son logement dans la même maison que moi ; mais qu'avait-il recueilli de ses informations?

Il était assez satisfait, au fond, de tout ce qu'il avait appris. Cependant, comme il savait de moi-même que, suivant l'opinion de miss Howe, mon frère n'avait point encore abandonné son plan, et comme la veuve, qui ne vivait que de ses loyers, avait, dans le même corps de logis que j'occupais, d'autres appartemens qui pouvaient être loués par un ennemi, il ne connaissait pas de méthode plus sûre que de les prendre tous, d'autant plus que ce ne pouvait être pour long-temps, à moins que je n'aimasse mieux chercher une autre maison.

Jusque-là, tout allait assez bien; mais n'ayant pas de peine à deviner qu'il ne parlait de la veuve avec cette défiance que pour avoir un prétexte de se loger dans la maison, je lui ai demandé nettement quelle était là-dessus son intention? Il m'a confessé, sans détour, que dans les conjonctures présentes, si je ne pensais point à changer de logement, il ne pouvait consentir à s'éloigner de moi six heures entières, et qu'il avait préparé la veuve à s'attendre que nous ne serions que peu de jours chez elle, pour nous donner seulement la facilité de chercher une maison, et de nous établir d'une manière convenable.

— Nous établir! nous? monsieur Lovelace! Dans quel sens, s'il vous plaît?...

— Mais, chère Clarisse, a-t-il repris en m'interrompant, si vous avez la patience de m'entendre... A la vérité, je crains à demi d'avoir été trop vite, et j'ai tort peut-être de ne vous avoir pas consultée; mais comme tous mes amis de Londres sont persuadés, suivant la lettre de Doleman, que nous sommes déjà mariés...

— Qu'entends-je? Assurément, monsieur, vous n'aurez pas eu l'audace...

— Ecoutez-moi, très chère Clarisse... vous avez reçu ma proposition avec bonté; vous m'avez fait espérer l'honneur de votre consentement: cependant, en éludant mes ardentes instances chez madame Sorlings, vous m'avez fait appréhender des délais. A présent que vous m'honorez de votre confiance, je ne voudrais pas, pour le monde entier, qu'on me crût capable de vous engager dans une démarche précipitée; cependant le projet de votre frère n'est rien moins qu'abandonné. J'apprends que Singleton est actuellement à Londres, qu'il a son vaisseau à Votherhiht; que votre frère a disparu du château d'Harlove. S'ils peuvent se persuader une fois que nous sommes mariés, tous leurs complots tombent d'eux-mêmes. Je suis porté à bien juger du caractère de la veuve; mais vous conviendrez que plus elle est honnête femme, plus le danger serait grand de sa part, si l'agent de votre frère venait à nous découvrir, puisqu'il en sera plus aisé de lui persuader que sa conscience l'oblige de prendre le parti d'une famille contre une jeune personne qui s'oppose aux volontés de ses proches : au lieu que nous croyant mariés, sa probité même devient une défense pour nous et la mettra infailliblement dans nos intérêts. J'ai pris soin d'ailleurs de lui expliquer, par de bonnes raisons, pourquoi nous n'occupons pas encore le même appartement.

Ce discours m'a mise hors de moi-même. J'ai voulu le quitter dans ma colère; mais il s'y est opposé avec respect. Que pouvais-je faire? Où trouver un asile, lorsque la nuit commençait à s'approcher?

— Vous m'étonnez! lui ai-je dit. Si vous êtes homme d'honneur, pourquoi ces étranges détours? Vous ne vous plaisez à marcher que par des voies obliques. Apprenez-moi du moins, puisque je suis forcée de souffrir votre compagnie (car il me retenait par la main), apprenez-moi tout ce que vous avez dit de fabuleux. En vérité, monsieur Lovelace, vous êtes un homme inexplicable.

— Ma très chère Clarisse! avais-je besoin de vous faire ce récit? et ne pouvais-je pas me loger dans cette maison sans que vous en eussiez le moindre défiance, si je ne m'étais pas proposé de soumettre à votre jugement toutes mes démarches? Voici ce que j'ai dit à la veuve, devant ses nièces et devant votre nouvelle servante : « Qu'à la vérité nous nous étions mariés secrètement à Hartford, mais qu'avant la cérémonie vous m'aviez fait promettre, par un serment solennel que je suis résolu d'observer religieusement, de me contenter d'un appartement séparé, et de loger même dans une maison différente jusqu'au succès d'une certaine réconciliation qui nous est d'une extrême importance à tous deux. Bien plus, pour vous convaincre de la sainteté de mes intentions, et que ma seule vue est d'éviter toutes sortes de fâcheux accidens, je leur ai déclaré que je ne m'étais pas engagé moins solennellement à me conduire avec vous, aux yeux de tout le monde, comme si notre union ne consistait encore que dans la foi donnée, sans prétendre même à ces petites faveurs innocentes qui ne se refusent point dans les amours les plus scrupuleux.

Ensuite il m'a fait vœu, à moi-même, de s'en tenir fidèlement aux mêmes règles.

Je lui ai répondu qu'il m'était impossible d'approuver son roman et la nécessité à laquelle il voulait m'assujétir de paraître ce que je ne suis point; que chaque pas que je lui voyais faire était tortueux; que s'il ne pouvait se dispenser de quelque explication sur mon compte avec les femmes de la maison, j'exigeais qu'il rétractât toutes ses fables, et leur apprît la vérité.

Le récit qu'il leur avait fait, m'a-t-il dit, avait été revêtu de tant de circonstances, qu'il mourrait plutôt que de se rétracter; et loin de passer condamnation sur le fond même de son entreprise, il a continué de soutenir, par les mêmes raisons, qu'il était à propos qu'on crût notre mariage réel.

— Eh! d'où peut venir, a-t-il ajouté, ce vif mécontentement pour un expédient si simple? Vous savez que si je souhaite d'éviter votre frère, ou ce Singleton, ce ne peut être que par rapport à vous. Supposez-moi libre, mon premier mouvement serait de les chercher. C'est la manière dont j'en use toujours avec ceux qui ont l'audace de me menacer. Il est vrai que j'aurais dû vous consulter, et que je ne devais pas agir sans vos ordres. Mais puisque vous désapprouvez ce que j'ai dit, permettez, très chère Clarisse, que je vous presse de nommer un jour, un jour moins éloigné, où mon récit puisse devenir une heureuse vérité! Ah! que n'est-ce demain! Au nom de Dieu, mademoiselle, que ce soit demain! Sinon (était-ce à lui, ma chère, à dire sinon, avant que j'eusse répondu?) je vous demande en grâce, du moins s'il ne m'échappe rien qui vous déplaise, de ne pas contredire, demain pendant le déjeûner, ce que vous nommez ma fable. Si je vous donne sujet de croire que je pense à tirer le moindre avantage de cette faveur, révoquez-la au même instant, et ne faites pas difficulté de m'exposer à la confusion que je mériterai. Je le répète encore une fois, quelle autre vue puis-je me proposer, que celle de vous servir par cet expédient? Je ne pense qu'à prévenir des malheurs assez vraisemblables, pour le repos de votre esprit, et pour l'intérêt de ceux qui ne méritent pas de moi la moindre considération.

Que pouvais-je dire? Que pouvais-je faire? Je crois véritablement que s'il avait recommencé à me presser dans des termes convenables, j'aurais pu consentir, malgré mes justes mécontentemens, à lui donner rendez-vous pour demain, dans un lieu plus solennel que la salle où nous étions ; mais ce qui est bien décidé dans mon esprit, c'est qu'il n'obtiendra pas mon consentement pour demeurer une seule nuit dans cette maison. Il vient de me donner une plus forte raison que jamais, pour m'attacher à cette résolution.

Hélas ! ma chère, qu'il est inutile de dire ce qu'on veut ou ce qu'on ne veut pas, lorsqu'on s'est livré au pouvoir de ce sexe ! Après m'avoir quittée, à ma prière, il est descendu jusqu'à l'heure du souper ; en me faisant redemander alors un *moment d'audience*, comme il l'appelle, il m'a suppliée de lui laisser passer ici cette seule nuit, en promettant de partir demain après le déjeûner, pour se rendre auprès de milord M..., ou à Edgware, chez son ami Belford. Si je m'y opposais absolument, m'a-t-il dit, il ne pouvait demeurer à souper ; et demain il espérait de me revoir avant huit heures ; mais il s'est hâté d'ajouter qu'après ce qu'il avait dit aux femmes de la maison, mon refus leur paraîtrait singulier ; d'autant plus qu'il était déjà convenu de prendre toutes les chambres vacantes, à la vérité, pour un mois seulement, et par la raison qu'il m'avait expliquée : qu'au reste rien ne m'obligeait d'y demeurer deux jours, si je prenais quelque dégoût pour la veuve et pour ses nièces, dans l'entretien que je devais avoir le lendemain avec elles.

Malgré la résolution à laquelle je m'étais arrêtée, j'ai jugé que dans les circonstances qu'il me représentait, on pouvait m'accuser de pousser la délicatesse trop loin ; sans compter que je n'étais pas sûre de le trouver disposé à m'obéir ; car j'ai cru lire dans ses yeux qu'il était résolu de ne pas se rendre aisément. Comme je ne vois que trop qu'il n'y a point d'apparence de réconciliation du côté de mes amis, et que j'ai commencé à recevoir ses soins avec moins de réserve, il m'a semblé que je ne devais pas quereller avec lui, si je pouvais l'éviter ; surtout lorsqu'il ne demandait qu'une seule nuit, et qu'il aurait pu demeurer sans ma participation : ajoutez que, suivant votre opinion, la défiance que le fier personnage a de mes sentimens m'obligera probablement de me relâcher un peu en sa faveur. Toutes ces raisons m'ont déterminée à lui céder ce point. Cependant, il me restait tant de chagrin de l'autre, que ma réponse s'en est ressentie :

— Il ne faut pas espérer, lui ai-je dit, que vous renonciez jamais à vos volontés. Les promesses ne vous coûtent rien, mais vous n'êtes pas moins prompt à les oublier. Cependant vous m'assurez que votre résolution est de partir demain ; vous savez que j'ai été fort mal : ma santé n'est pas assez rétablie pour me permettre d'entrer en dispute sur toutes vos voies obliques. Mais je vous déclare encore que je suis très peu satisfaite du roman que vous avez fait ici ; et je ne vous promets pas de paraître demain, devant les femmes de cette maison, ce que je ne suis point.

Il est sorti de l'air le plus respectueux, en me demandant pour unique faveur, de le traiter demain avec assez de bonté, pour ne pas faire connaître à la veuve qu'il m'ait donné quelque sujet de mécontentement.

Je me suis retirée dans mon appartement, et Dorcas est venue pour recevoir mes ordres : je lui ai dit que je ne demandais pas une assiduité gênante, et que mon usage est de m'habiller et de me déshabiller moi-même. Elle en a marqué de l'inquiétude, comme si cette réponse était venue de quelque dégoût, et toute son étude, m'a-t-elle dit, serait de me plaire et de m'obliger. Je l'ai assurée qu'elle y réussirait aisément, et que je lui ferais connaître de temps en temps quels services je désirais d'elle, mais que pour cette nuit je ne lui en demandais aucun.

Elle est non seulement fort jolie, mais civile dans ses manières et dans son langage. Il paraît qu'on n'a pas négligé dans son éducation ce qu'on appelle ordinairement la partie de la politesse; mais il est étrange que les pères et les mères fassent si peu de cas d'une autre partie, plus précieuse pour les filles; qui consiste dans la culture de l'esprit, d'où découleraient naturellement toutes les autres grâces.

Aussitôt que je me suis trouvée seule, j'ai visité les portes, les fenêtres, le lambris, le cabinet et la garderobe; et n'y ayant rien découvert qui puisse me donner de la défiance, j'ai repris ma plume.

Madame Sinclair me quitte à ce moment. Dorcas, m'a-t-elle dit, lui ayant rapporté que je la dispensais de me servir ce soir, elle venait savoir de moi-même si j'étais satisfaite de l'appartement, et me souhaiter une heureuse nuit. Elle m'a témoigné son regret et celui de ses nièces, d'être privées de ma compagnie à souper. M. Lovelace, a-t-elle ajouté, les avait informées de mon goût pour la retraite. Elle m'a promis que je ne serais pas interrompue. Ensuite, après s'être étendue sur ses louanges et m'en avoir donné beaucoup, elle m'a dit qu'elle avait appris avec chagrin qu'il y avait peu d'apparence que nous fissions chez elle un long séjour.

Je lui ai répondu avec la civilité convenable. Elle m'a quittée avec de grandes marques de respect : plus grandes, il me semble, que la différence de nos âges ne le demande; surtout de la femme d'un officier de considération, qui, dans toute sa maison, comme dans sa manière de se mettre, n'a rien qui sente l'abaissement.

Si vous êtes résolue, ma chère, de m'écrire quelquefois malgré la défense, ayez la bonté d'adresser vos lettres à miss Letitia Beaumont, chez M. Wilson, dans Pall-Mall. C'est M. Lovelace qui me propose cette adresse, sans savoir que vous m'avez priée de faire passer notre correspondance par une main tierce. Comme son motif est d'empêcher que mon frère ne puisse découvrir nos traces, je suis bien aise d'avoir cette preuve et plusieurs autres qu'il ne pense point à faire plus de mal qu'il n'en a déjà fait.

Êtes-vous informée de la santé de ma pauvre Hannah?

M. Lovelace est si fertile en inventions, que nous ne ferions pas mal d'examiner avec un peu de soin les sceaux de nos lettres. Si je le trouvais infidèle sur ce point, il n'y aurait pas de bassesse dont je ne le crusse capable, et je le fuirais comme mon plus mortel ennemi.

LETTRE CL.

MISS HOWE, A MISS CLARISSE HARLOVE.

Jeudi au soir, 2ᵉ avril.

Je reçois vos dépêches des mains de M. Hickman, qui me donne en même temps un expédien fort heureux par lequel je me trouverai en état, avec le secours de la poste, de vous écrire tous les jours. Un honnête coquetier, nommé Simon Collins, que je charge de cette lettre et de deux qu'elle contient, fait trois fois chaque semaine le voyage de Londres. En s'acquittant de mes commissions, il pourra prendre chez Wilson ce que vous y aurez fait porter pour moi.

Mes félicitations sont extrêmement vives sur votre arrivée à Londres et sur le rétablissement de votre santé. L'occasion me presse. Je souhaite que vous ne vous repentiez pas de m'avoir renvoyé mon Norris. Il reprendra la même route au premier mot.

Je suis très fâchée que votre Hannah ne puisse être auprès de vous. Elle est encore très mal, quoique sans danger.

Il me tarde beaucoup de savoir quel jugement vous aurez porté des femmes de votre maison. Si ce ne sont pas des gens d'honneur, un déjeûner vous suffira pour les démasquer.

Je ne sais que vous dire sur l'opinion qu'il leur a fait prendre de votre mariage. Ses raisons me paraissent plausibles, mais il aime les inventions et les expédiens bizarres.

Soit que vous conceviez de l'estime ou non pour vos hôtesses, il faut prendre garde que votre noble franchise ne vous en fasse des ennemis. Vous êtes dans le monde à présent ; songez-y bien.

Je suis ravie que vous ayez eu la pensée de le prendre au mot, s'il vous eût renouvelé ses offres. Mon étonnement, c'est qu'il ne l'ait pas fait. Mais s'il diffère, et s'il ne le fait pas d'une manière que vous puissiez accepter, ne pensez point à demeurer plus long-temps avec lui.

Attendez-vous, ma chère, à présent qu'il a gagné du terrain, qu'il ne vous quittera, s'il le peut, ni jour ni nuit.

Je le regarderais avec horreur depuis le récit qu'il a fait de votre mariage, s'il n'y avait pas joint des circonstances qui vous laissent toujours le pouvoir de le tenir dans l'éloignement. S'il s'echappait à la moindre familiarité... mais l'avis est superflu. Ce qui me porte à croire qu'il n'a pas d'autres vues que celles dont il fait profession, c'est qu'il doit être persuadé que sa fable augmentera votre vigilance.

Reposez-vous sur le soin avec lequel j'examinerai le sceau de vos lettres. S'il est capable, comme vous dites, d'une bassesse sur ce point, il le sera de toutes les autres. Mais il est impossible qu'il ne soit qu'un infâme pour une personne de votre mérite, de votre naissance et de votre vertu. On ne lui reproche point d'être un fou. Son intérêt, du côté de sa propre famille comme du vôtre, l'oblige d'être honnête. Plût au ciel, néanmoins, que votre mariage fût célébré. C'est le plus ardent de mes souhaits.

Anne Howe.

LETTRE CLI.

MISS CLARISSE HARLOVE, A MISS HOWE.

Jeudi, à huit heures du matin.

Mon chagrin ne fait qu'augmenter contre M. Lovelace, lorsque je considère avec quelle hardiesse il se flatte que je servirai comme de témoin passif pour confirmer la vérité de son odieuse fable. Il se trompe s'il la croit propre à m'inspirer plus de goût pour lui, à moins qu'il n'ait en vue, comme je le reconnaîtrai facilement, de hâter mes résolutions en sa faveur par l'embarras que j'aurai à soutenir le nouveau rôle qu'il veut m'imposer. Il m'a déjà fait demander l'état de ma santé par Dorcas, et la permission de m'entretenir un moment dans la salle à manger ; apparemment pour découvrir si je serai de bonne humeur à déjeûner. Mais j'ai répondu que devant le voir bientôt, je le priais de modérer cette impatience.

A dix heures.

Je me suis efforcée, en descendant, de composer mon visage et de prendre un air plus libre que je n'ai le cœur. La veuve et ses deux nièces m'ont reçue avec les plus grandes marques de distinction. Ces deux jeunes personnes ne manquent point d'agrément dans la figure ; mais j'ai cru remarquer un peu de réserve dans leurs manières, tandis que M. Lovelace en avait d'aussi aisées avec elles, que si leur connaissance eût été plus ancienne, et cela, je ne puis le désavouer, avec beaucoup de grâce. C'est l'avantage de nos jeunes gens qui ont voyagé sur ceux qui ne sont pas sortis du royaume.

Dans la conversation qui a succédé au déjeûner, la veuve nous a vanté le mérite militaire du lieutenant-colonel, son mari ; et pendant son discours elle a porté deux ou trois fois son mouchoir à ses yeux. Je voudrais, pour l'honneur de la sincérité, qu'elle l'eût mouillé de quelques larmes, parce qu'il m'a paru que c'était son intention ; mais je ne me suis point aperçue que ses yeux fussent humides. Elle a prié le ciel que je n'eusse jamais à regretter un mari que j'aimasse autant qu'elle avait aimé son cher colonel ; et le mouchoir a recommencé son office.

On ne saurait douter qu'il ne soit fort affligeant pour une femme de perdre un bon mari et de demeurer, sans y avoir contribué par sa faute, dans une situation difficile qui l'expose aux insultes des âmes basses et ingrates. C'est le cas où la veuve s'est représentée après la mort du sien ; et je n'ai pu me défendre d'être attendrie en sa faveur.

Vous savez, ma chère, que j'ai le cœur libre et ouvert, et que naturellement ma contenance l'est aussi ; du moins c'est un compliment qu'on m'a toujours fait. Lorsque je me sens du goût pour quelque personne de mon sexe, je me livre sans réserve, j'encourage les ouvertures mutuelles et je prends plaisir à dissiper les défiances. Mais avec les deux nièces, je sens que je n'aurai jamais de familiarité intime, sans que je puisse dire pourquoi. Si les circonstances, et tout ce qui s'est passé dans cet entretien, n'avaient combattu un léger soupçon, j'aurais cru volontiers que M. Lovelace les connaissait de plus loin qu'hier. J'ai remarqué plusieurs coups d'œil qu'il leur jetait à la dérobée, auxquels il m'a semblé qu'elles répondaient ; et je puis dire que leurs yeux, s'étant rencontrés avec les miens, elles les ont baissés tout d'un coup, sans pouvoir soutenir mes observations.

La veuve m'adressait tous ses discours, comme à madame Lovelace. Je le souffrais, mais impatiemment. Une fois, elle m'a témoigné, avec plus de force que je n'en ai mis dans mes remerciemens, combien elle était surprise qu'il y eût quelque vœu, quelque raison assez puissante sur un couple si charmant, comme elle nous appellait lui et moi, pour nous obliger de *faire lit à part.*

Les yeux des deux nièces, dans cette occasion, m'ont fait baisser les miens à mon tour. Cependant mon cœur ne se reprochait rien. Suis-je donc certaine, en y pensant mieux, qu'il n'y a point eu de témérité dans ma censure ? Je ne doute pas qu'il ne se trouve quantité de personnes véritablement modestes, qui, par la rougeur, dans une accusation injurieuse, ont excité les soupçons de ceux qui ne sont pas capables de distinguer entre la confusion qui suit le crime, et ce noble ressentiment qui colore le visage d'une belle âme, à la seule pensée d'être jugée capable du mal qu'on lui impute. Je me souviens d'avoir lu qu'un fameux Romain, après avoir triomphé d'une partie du monde, dont il a tiré son surnom, se voyant accusé d'une action vile, aima mieux souffrir le bannissement, seule punition qu'il avait à redouter, s'il eût été jugé coupable, que de voir mettre publiquement son innocence en question. Croyez-vous, ma chère, que ce grand Scipion l'Africain ne rougit pas d'indignation, lorsqu'il eut appris qu'on osait l'accuser ?

Pendant que la veuve me témoignait son admirable étonnement, M. Lovelace me regardait d'un air malicieux, pour observer comment je prendrais ce discours. Ensuite, il a prié les trois dames de remarquer que son respect pour ma volonté, en me nommant sa chère âme, avoir plus de pouvoir sur lui que le serment par lequel il s'était engagé.

Je n'ai pu m'empêcher de répondre, avec aussi peu de ménagemens pour la veuve que pour lui, qu'il était fort étrange pour moi, d'entendre mettre un serment au second rang, quelque sorte de motif qu'on pût donner au premier. Mon observation était juste, a dit miss Martin; et rien ne pouvait excuser la violation d'un serment, quel qu'en pût être le motif.

J'ai demandé quelle était l'église la plus proche, et j'ai marqué du regret d'avoir été trop long-temps sans assister au service divin. On m'a nommé l'église de Saint-James, celle de Sainte-Anne, et une autre dans Bloomsbury. Les deux nièces ont ajouté qu'elles allaient souvent à Saint-James, parce que l'assemblée y était belle, et les prédicateurs excellens. M. Lovelace a dit que la chapelle royale était l'église. Je lui ai demandé si la présence d'un roi visible ne diminuait pas l'attention qu'on devait au maître invisible des ros ? Il croyait, m'a-t-il dit qu'il pouvait produire cet effet, sur ceux que la curiosité de voir la famille royale amenait à la chapelle. Mais, parmi les autres, il y avait vu autant de visages contrits que dans toute autre église; et pourquoi non ? les courtisans et les voisins de la cour n'ont-ils pas autant de souillures à laver que les autres hommes ?

Ce discours m'a paru prononcé d'un air peu décent. Je n'ai pu m'empêcher de répondre que personne ne doutait qu'il ne sût choisir parfaitement sa compagnie.

—Votre serviteur, mademoiselle. Il ne m'a pas fait d'autre réplique. Mais se tournant vers la veuve et ses nièces : Lorsque nous nous connaîtrons mieux, mesdames, vous aurez souvent l'occasion d'observer que ma chère âme ne m'épargne point sur cet article. Je l'admire autant dans ses reproches que je suis passionné pour son approbation.

Miss Horton a remarqué que chaque chose avait son temps, mais qu'elle était persuadée qu'un badinage innocent convenait extrêmement à la jeunesse.

Je pense de même, a continué miss Martin; et *Shakspear* dit fort bien « que la *jeunesse est le printemps de la vie, la fleur des années.* » Elle a prononcé ce vers d'un ton théâtral. Elle ne pouvait cacher, a-t-elle ajouté, qu'elle admirait dans mon mari cette vivacité charmante, qui s'accordait si bien avec l'âge que la figure annonçait.

M. Lovelace lui a fait une profonde révérence. Il est passionné pour les louanges : plus jaloux, je m'imagine, de les obtenir que de les mériter. Cependant il mérite assez les louanges de cette espèce. Vous savez qu'il a l'air aisé, et la voix agréable. Ce compliment lui a dilaté le cœur ; il s'est mis à chanter les vers suivans, qui sont, nous a-t-il dit, de Congrève :

« La jeunesse apporte mille plaisirs, qui s'envolent à l'approche de la vieillesse ; des douceurs charmantes, qui naissent en foule dans le sein du printemps, et qui meurent dans les froids embrassemens de l'hiver. »

Les nièces, auxquelles il en a fait l'application, l'ont payé de sa politesse, en le pressant de recommencer ; et sa complaisance les a fixés dans ma mémoire.

On a parlé de repas et d'alimens. La veuve m'a offert très civilement de se conformer à toutes mes volontés. Je lui ai dit que j'étais facile à contenter ; que mon inclination me portait souvent à dîner seule, et d'un morceau qu'on m'enverrait de chaque plat. Mais il est inutile de vous entretenir de ces bagatelles.

Elles m'auront trouvée fort singulière. Comme je ne les ai pas assez goûtées pour changer de résolution en leur faveur, l'idée qu'elles ont pu prendre de moi m'a causé peu d'inquiétude ; d'autant moins que M. Lovelace n'avait mise de fort mauvaise humeur contre lui. Cependant elles m'ont exhortée à me tenir en garde contre la mélancolie. Je leur ai répondu que je serais fort à plaindre, si je ne pouvais vivre avec moi-même. M. Lovelace a dit qu'il fallait leur apprendre mon histoire, et qu'elles sauraient alors comment elles pouvaient entrer dans mes vues ; et s'adressant à moi :—Cependant, ma chère, au nom de l'amour que vous avez pour moi, m'a-t-il dit avec son air de confiance, donnez le moins d'accès qu'il vous sera possible à la mélancolie. Il n'y a que votre douceur naturelle, et vos hautes idées d'un respect assez mal placé, qui puissent vous jeter dans le trouble où vous êtes. Ne vous fâchez pas, mon cher amour, a-t-il ajouté, en remarquant, sans doute, que ce langage me déplaisait ; et saisissant ma main, il me l'a baisée.

Je l'ai laissé avec les dames, et je me suis retirée dans mon cabinet pour vous écrire. On m'interrompt à ce moment de sa part. Il va monter à cheval ; il me demande la permission de prendre mes ordres. Je quitte ma plume pour descendre dans la salle à manger.

Je l'ai trouvé assez bien dans son habit de campagne.

Il a voulu savoir quel jugement je portais des femmes de la maison. Je lui ai dit que je n'avais pas de reproche considérable à leur faire ; mais que ma situation ne devant pas me donner d'empressement pour les nouvelles connaissances, j'en aurais peu pour leur société, et que je le priais particulièrement de me seconder dans le désir que j'avais de déjeûner et de souper seule. Il m'a répondu que si c'était ma résolution, je ne devais pas douter qu'elle ne fût exécutée : que mes hôtesses n'était pas des personnes assez importantes pour mériter de grands égards dans les points où ma satisfaction serait intéressée, et que, pour peu que je prisse de dégoût pour elles en les connaissant mieux, il espérait que je ne balancerais pas à choisir un autre logement.

Il m'a témoigné, par des expressions fort vives, le regret qu'il avait de me quitter. Ce n'était que pour se soumettre à mes ordres. Il lui aurait été même impossible de s'y résoudre pendant que le complot de mon frère subsistait encore, si je n'avais eu la bonté de confirmer, du moins par mon silence, le récit qu'il avait fait de notre mariage. Cette idée avait attaché si fortement toute la maison à ses intérêts, qu'il partait avec autant de satisfaction que de confiance. Il se flattait qu'à son retour je fixerais le jour de son bonheur; d'autant plus que je devais être convaincue, par le rapport de mon frère, qu'il ne restait aucun espoir de réconciliation.

Je lui ai dit que je pouvais écrire à mon oncle Harlove; qu'il m'avait aimée; qu'une explication directe me rendrait plus tranquille; que je méditais quelques propositions, par rapport à la terre de mon grand-père, qui m'attireraient peut-être l'attention de ma famille, et que j'espérais que son absence serait assez longue pour me donner le temps d'écrire et de recevoir une réponse.

Il me demandait pardon, m'a-t-il dit; mais c'était une promesse à laquelle il ne pouvait s'engager. Son dessein était de prendre des informations sur les mouvemens de Singleton et de mon frère. S'il ne voyait aucun sujet de crainte après son retour, il se rendrait directement dans le Berkshire d'où il se promettait d'amener miss Charlotte Montaigu, qui m'engagerait peut-être à lui nommer l'heureux jour plus tôt que je n'y paraissais disposée. Je l'ai assuré que je regarderais la compagnie de sa cousine comme une grande faveur. En effet, cette proposition m'a fait d'autant plus de plaisir qu'elle est venue de lui-même.

Il m'a pressée d'accepter un billet de banque. Je l'ai refusé. Alors il m'a offert son valet de chambre pendant son absence, afin que s'il arrivait quelque chose d'extraordinaire, j'aie sur-le-champ quelqu'un à lui dépêcher. Je n'ai pas fait difficulté d'y consentir.

Il a pris congé de moi, de l'air le plus respectueux, en se contentant de me baiser la main. J'ai trouvé sur ma table son billet de banque, qu'il avait laissé sans que je m'en sois aperçue. Soyez sûre qu'il lui sera remis à son retour.

Je suis à présent beaucoup mieux disposée que je ne l'étais en sa faveur. Lorsque les défiances ont commencé à se dissiper, un esprit capable de quelque générosité se porte de lui-même, par une espèce de réparation, à juger avantageusement de tout ce qui peut recevoir une explication favorable. J'observe surtout avec plaisir que s'il parle des dames de sa famille avec la liberté que donne le droit du sang, ce n'est jamais néanmoins sans quelque marque de tendresse. Il me semble que les sentimens d'un homme pour ses parentes peuvent donner à une femme quelque raison d'espérer de lui des manières obligeantes après le mariage, lorsqu'elle est résolue d'apporter tous ses soins à les mériter. Ainsi, ma chère, je me vois au point d'être assez contente de lui; d'où je crois pouvoir conclure qu'il n'est pas naturellement d'un mauvais caractère. Telles sont du moins mes réflexions. Puissiez-vous, ma chère, être toujours heureuse dans les vôtres!

Clarisse Harlove.

LETTRE CLII.

M. LOVELACE, A M. BELFORD.

Te peindrai-je l'air noble, l'air serein et le port charmant de ma déesse en descendant vers la compagnie qui l'attendait? Son approche imposait le respect aux yeux, le silence aux lèvres tremblantes, et le mouvement aux genoux, pour se plier d'eux-mêmes; tandis qu'armée du sentiment de son mérite et de sa supériorité, elle s'avançait comme une reine au milieu de ses vassaux, sans fierté néanmoins et sans hauteur, comme si la dignité lui était naturelle, et les grâces une habitude. »

Il observe la jalousie de Sally Martin et de Polly Horton, en voyant son respect pour miss Clarisse. Ces deux filles ayant reçu une éducation trop relevée pour leur fortune, et s'étant livrées au goût du plaisir, étaient devenues facilement la proie de ses artifices. Elles s'étaient associées depuis quelque temps avec madame Sinclair, pour attendre l'occasion de se faire des amans, et, suivant la remarque de M. Lovelace, elles n'avaient point encore effacé dans leur cœur ce sentiment de distinction, qui fait qu'une femme préfère un homme à un autre.

« Qu'il est difficile, dit-il, de faire souscrire une femme à une préférence qui la blesse, quelque juste qu'elle puisse être, surtout lorsque l'amour y est intéressé! Cette petite enragée de Sally a l'insolence de se comparer à un ange, en confessant néanmoins que c'est un ange. — Gardez-vous, m'a-t-elle dit, je vous en avertis, monsieur Lovelace, de vous livrer devant moi à vos transports extravagans de tendresse pour cette fière et sombre beauté : je ne le soutiendrais pas. Ensuite, elle n'a pas manqué de me rappeler ses premiers sacrifices. Quel bruit ce sexe fait pour moins que rien! Otons les agrémens de l'intrigue, dis-moi, je te prie, Belford, ce que les femmes ont de si merveilleux pour nous.

» Mais tu serais surpris toi-même des efforts que ces deux créatures font pour m'animer. Une femme tombée, cher Belford, devient plus *diable* que le plus méchant d'entre nous. Elle est au dessus des remords. C'est où je ne suis point, et je t'assure qu'elles ne parviendront jamais, quoique aidées de tout le pouvoir infernal, à me faire traiter cette admirable fille avec indignité; autant du moins que l'indignité peut être distinguée des épreuves, qui m'apprendront si c'est une femme ou un ange.

» Je ne suis qu'un poltron, si j'en crois ces deux coquines. Je l'aurais déjà si je le voulais. Si je la traitais comme un composé de chair et de sang, je la trouverais telle en effet. Elles m'avaient cru bien instruit, si quelqu'un l'est au monde, que faire une déesse d'une femme, c'est être sûr qu'elle prendra les airs d'une déesse; que lui donner du pouvoir, c'est l'autoriser à l'employer sur celui qui le donne, si l'abus ne va pas plus loin; et l'on m'a cité la femme de notre ami, qui tient, comme tu sais, le plus complaisant des maris dans une respectueuse distance, et qui fait les yeux doux à un brutal de laquais. Je me suis vivement emporté contre tous ces blasphèmes. Je leur ai dit qu'elles me feraient haïr leur maison, et prendre le parti d'en retirer ma charmante. Sur ma foi, Belford, je commence à me repentir de l'y avoir amenée. Il est vrai que, sans connaître le fond de leur cœur, elle est déjà résolue d'avoir avec elles aussi peu de commerce qu'elle pourra. Je n'en suis pas fâché; car la jalousie n'échappe guère aux yeux d'une femme, et Sally n'a pas le moindre empire sur elle-même. »

LETTRE CLIII.

MISS CLARISSE HARLOVE, A MISS HOWE.

Vendredi, 28 avril.

M. Lovelace est déjà revenu. Il apporte le complot de mon frère pour prétexte; mais je ne puis prendre une si courte absence que pour une manière d'éluder sa promesse, surtout après le soin qu'il avait eu de se précautionner ici, et n'ignorant pas que je m'étais proposée de garder soigneusement ma chambre. Je ne puis supporter d'être jouée. J'ai insisté, avec beaucoup de mécontentement, sur son départ pour Berkschire, et sur la parole qu'il m'avait donnée de proposer le voyage de Londres à sa cousine.

— O ma chère vie! m'a-t-il répondu, pourquoi me vouloir bannir de votre présence? Il m'est impossible de m'éloigner aussi long-temps que vous semblez le désirer. Je ne me suis pas écarté de la ville depuis que je vous ai quittée. Je n'ai pas été plus loin qu'Edgware, et mes justes craintes, dans une crise si pressante, ne m'ont pas permis de m'y arrêter deux heures. Vous représentez-vous ce qui se passe dans un esprit alarmé, qui tremble pour tout ce qu'il a de cher et de précieux au monde? Vous m'avez parlé d'écrire à votre oncle. Pourquoi prendre une peine inutile? Attendez jusque après l'heureuse cérémonie, qui m'autorisera sans doute à donner du poids à vos demandes. Aussitôt que votre famille sera informée de notre mariage, tous les complots de votre frère s'évanouiront, et votre père, votre mère, vos oncles, ne penseront plus qu'à se réconcilier avec vous. A quoi tient-il donc que vous ne mettiez le sceau à mon bonheur? Quelle raison, encore une fois, avez-vous de me bannir de votre présence? Si je vous ai jetée dans quelque embarras, pourquoi ne pas m'accorder la satisfaction de vous en tirer avec honneur?

Il est demeuré en silence. La voix m'a manqué pour seconder le penchant que je me sentais à lui faire quelque réponse qui ne parût pas rejeter tout à fait une si ardente prière.

— Je vais vous dire, a-t-il repris, quel est mon dessein, si vous l'approuvez. J'irai sur-le-champ faire la revue de toutes les plus belles places et des plus belles rues, et je reviendrai vous apprendre si j'y ai trouvé quelque maison qui nous convienne. Je prendrai celle que vous choisirez; je me hâterai de la meubler, et je lèverai un équipage conforme à notre condition. Vous dirigerez tout. Ensuite, ayez la bonté de fixer un jour, soit avant, soit après notre établissement, pour me rendre le plus heureux de tous les hommes. Que manquera-t-il alors à notre situation? Vous recevrez dans votre propre maison, si je puis la meubler aussi promptement que je le désire, les félicitations de tous mes parens. Miss Charlotte se rendra auprès de vous dans l'intervalle. Si l'affaire des meubles prend trop de temps, vous choisirez dans ma famille qui vous voudrez honorer de votre compagnie, en premier, en second, en troisième rang, pendant les premiers mois de la belle saison. A votre retour, vous trouverez tout arrangé dans votre nouvelle demeure; et nous n'aurons plus autour de nous qu'une chaîne continuelle de plaisirs. Ah! chère Clarisse, prenez-moi près de vous, au lieu de me condamner au bannissement, et faites que je sois à vous pour toujours.

Vous voyez, ma chère, que les instances ne tombaient pas ici sur un jour fixe. Je n'en ai pas été fâchée, et j'en ai repris plus aisément mes esprits. Cependant je ne lui ai pas donné sujet de se plaindre que j'eusse refusé l'offre de chercher une maison.

Il est sorti dans cette vue; mais j'apprends qu'il se propose de passer ici la nuit; et s'il y passe celle-ci, je dois m'attendre que lorsqu'il fera quelque séjour à la ville, il y passera toutes les autres. Comme les portes et les fenêtres de mon appartement sont à l'épreuve; qu'il ne m'a donné jusqu'à présent aucun sujet de défiance; qu'il a le prétexte du complot de mon frère; que les gens de la maison sont fort obligeans et fort civils, particulièrement miss Horton, qui paraît avoir conçu beaucoup de goût pour moi, et qui a plus de douceur que miss Martin dans l'humeur et dans les manières; enfin, comme tout a pris une apparence supportable, je m'imagine que je ne pourrais insister sur sa promesse sans un air excessif d'affectation, et sans m'engager dans de nouveaux débats avec un homme qui ne manque jamais de raisons pour justifier ses volontés. Ainsi, je crois que je ne prendrai pas connaissance du dessein qu'il a de se loger ici, s'il ne m'en parle pas lui-même.

Marquez-moi, ma chère, ce que vous pensez de chaque article. Vous vous figurez bien que je lui ai rendu son billet de banque au moment de son arrivée.

Vendredi, au soir.

Il a vu trois ou quatre maisons, dont aucune ne lui a plu; mais on lui a parlé d'une autre, qui promet quelque chose, dit-il, et dont il sera mieux informé demain.

Samedi, à midi.

Il a pris des informations; il a même déjà vu la maison dont on lui a parlé hier au soir. La propriétaire est une jeune veuve qui est inconsolable de la mort de son mari. Elle se nomme madame Fretcheville. Les meubles sont du meilleur goût, n'étant faits que depuis six mois. Si je ne les trouve pas à mon gré, ils peuvent être loués pour quelque temps avec la maison. Mais si j'en suis satisfaite, on peut louer la maison, et faire marché sur-le-champ pour acheter les meubles.

La dame ne voit personne. On n'a pas même la liberté de visiter les plus beaux appartemens d'en haut, jusqu'à ce qu'elle les ait quittés pour se rendre dans une de ses terres, où elle se propose de vivre retirée. Elle pense à partir dans quinze jours ou dans trois semaines au plus tard.

Le salon et deux pièces d'en bas, qui sont la seule partie de la maison qu'on ait fait voir à M. Lovelace, sont d'une parfaite élégance. On lui a dit que tout le reste y répond. Les offices sont commodes; les remises et l'écurie fort bien situées. Il sera fort impatient, dit-il, jusqu'au moment où j'en pourrai juger moi-même; et s'il ne se présente rien d'ailleurs qui me plaise plus que son récit, il ne fera point d'autres recherches. Pour le prix, c'est à quoi il ne s'arrête point.

Il vient de recevoir une lettre de milady Lawrance, qui regarde principalement quelques affaires qu'elle sollicite à la chancellerie; mais elle ne laisse pas d'y parler de moi dans des termes fort obligeans. Toute la famille, dit-elle, attend l'heureux jour avec une impatience égale. Il en a pris occasion de me dire qu'il se flattait que leurs désirs et les siens seraient bientôt remplis; mais, quoique le moment fût si favorable, il ne m'a pas pressée pour le jour. C'est ce que je trouve d'autant plus extraordinaire, qu'avant notre arrivée à Londres il marquait un extrême empressement pour la célébration.

Il m'a demandé en grâce de lui accorder ma compagnie, à lui et à quatre de ses meilleurs amis, pour une petite collation qu'il doit leur donner ici, lundi prochain. Miss Martin et miss Horton n'en pourront pas être, parce qu'elles sont engagées d'un autre côté, pour une fête annuelle, avec les deux filles du colonel Solcombe et deux nièces du chevalier Holmes; mais il aura madame Sinclair, qui lui a fait espérer d'avoir miss Partington, jeune demoiselle d'un mérite et d'une fortune distingués, dont il paraît que le colonel Sinclair a été le tuteur jusqu'à sa mort, et qui donne, par cette raison, le nom de *maman* à madame Sinclair.

Je l'ai prié de m'en dispenser. Il m'a mise, lui ai-je dit, dans la désagréable nécessité de passer pour une personne mariée; et je voudrais voir aussi peu de gens qu'il me sera possible, qui aient de moi cette opinion. Il m'a répondu qu'il se garderait bien de me presser, si j'y avais trop de répugnance; mais que c'était effectivement ses meilleurs amis, des gens de mérite et bien établis dans le monde, qui mouraient d'envie de me voir; qu'à la vérité ils croyaient notre mariage réel, comme son ami Doleman, mais avec les restrictions qu'il avait expliquées à madame Sinclair, et que je pouvais compter d'ailleurs que sa politesse serait portée devant eux jusqu'au plus profond respect.

Lorsqu'il s'est rempli de quelque chose, on n'a pas peu d'embarras, comme je vous l'ai dit, à lui faire abandonner son idée. Cependant je ne veux pas être donnée en spectacle, si je puis l'empêcher, surtout à des gens dont le caractère et les principes me sont très suspects. Adieu, ma très chère amie, objet presque unique de mes tendres affections.

Clarisse Harlove.

LETTRE CLIV.

M. LOVELACE, A M. BELFORD.

Mowbray, Tourville et Belton brûlent de voir ma déesse et seront de la partie. Elle m'a refusé; mais je t'assure qu'elle ne laissera pas d'en être. Tu auras le plaisir de voir l'orgueil et la gloire des Harlove, mes ennemis implacables, et tu applaudiras à mon triomphe.

Si je puis vous procurer cet honneur, vous rirez tous quatre, comme j'ai souvent peine à m'en empêcher, de l'air *puritain* que vous verrez prendre à la Sinclair. Il ne sortira pas de ses lèvres une ordure ni un mot équivoque. Elle se compose devant ma belle. Tous ses traits se resserrent, et son gros visage devient un vrai théâtre de minauderies. Sa voix, qui est un tonnerre quand il lui plaît, se fond en un petit murmure doucereux. Ses jarrets, d'une roideur qui ne leur a pas permis, depuis dix ans, de se plier à la civilité, deviennent souples pour faire une révérence à chaque parole; elle tient ses gros bras croisés devant elle, et ce n'est pas sans peine qu'on parvient à la faire asseoir en présence de la déesse.

Je m'occupe à vous dresser à tous des instructions pour lundi. Toi, qui te piques d'entendre un peu le cérémonial, et qui as des prétentions à la prudence, je t'abandonne le soin de contenir les trois autres.

Samedi, au soir.

Nous venons d'avoir une alarme épouvantable. Au secours ! monsieur, s'est écrié Dorcas en descendant de chez sa maîtresse ; madame est résolue d'aller demain à l'église. J'étais à jouer en bas avec les femmes.— A l'église ! ai-je dit ; et j'ai posé mes cartes sur la table. — A l'église ! ont répété mes compagnes, en jetant un regard l'une sur l'autre. Notre partie est demeurée là pour ce soir. Qui se serait attendu à ce caprice? Sans avis! sans la moindre question ! Avant l'arrivée de ses habits! sans avoir demandé ma permission... Il est impossible qu'elle pense à devenir ma femme ! Quoi ! cette belle personne ne considère donc pas qu'aller à l'église, c'est me mettre dans la nécessité d'y aller aussi! Cependant, ne pas demander que je sorte avec elle, lorsqu'elle est persuadée que Singleton et son frère sont aux aguets pour l'enlever : facile à reconnaître par ses habits, par sa taille, par ses traits, qui n'ont rien d'égal dans toute l'Angleterre! A l'église encore, plutôt que dans tout autre lieu ! Cette fille a-t-elle le diable au corps? C'est le blasphème qui m'est échappé après toutes ces réflexions.

Mais remettons cette affaire à demain. Je veux te donner aujourd'hui les instructions que j'ai méditées pour ta conduite et celle de tes camarades, dans l'assemblée de mardi.

« Instructions pour Jean Belford, Richard Mawbray, Thomas Belton et Jacques Tourville, écuyers du corps de leur général Robert Lovelace, le jours qu'ils seront admis à la présence de sa déesse :

Il leur donne plaisamment divers ordres, entre lesquels il leur commande en particulier d'éviter toutes sortes d'expressions libres, et jusqu'aux termes équivoques.

« Vous savez, leur dit-il, que je ne vous ai jamais permis d'obscénité dans le langage. Il en sera temps lorsque nous deviendrons vieux, et que nous ne serons capables que de parler. Quoi ! vous ai-je répété souvent, ne pouvez-vous toucher le cœur d'une femme sans blesser ses oreilles ?

» Il est inutile de vous avertir que votre respect pour moi doit être extrême. Le serment de fidélité vous y oblige. Et qui peut me voir sans me respecter ?

Il les instruit de leur rôle, à l'égard de miss Partington, et du caractère emprunté qu'elle doit soutenir.

» Vous la connaissez? dit-il. Avec des yeux innocens, personne n'a plus de finesse et de manège. N'oubliez pas surtout que ma belle ne porte pas d'autre nom que le mien, et que la tante se nomme Sinclair, veuve d'un lieutenant-colonel. »

Il leur donne quantité d'autres avis bizarres, auxquels il ajoute pour conclusion :

« Cette chère personne est prodigieusement éclairée dans tout ce qui appartient à la théorie : mais vous comprenez qu'à son âge c'est une véritable novice pour les choses de pratique. Malgré toutes ses lectures, j'ose dire que jusqu'au moment qu'elle m'a connu elle ne s'était pas imaginé qu'il y eût au monde des gens de notre espèce. Quel plaisir n'aurai-je pas d'observer son étonnement, lorsqu'elle se verra dans une compagnie si nouvelle, et qu'elle me trouvera le plus poli des cinq convives?»

Ces instructions suffisent. Il me semble à présent que tu es curieux de savoir quelles peuvent être mes vues, en risquant de déplaire à ma belle, et de lui inspirer des craintes après trois ou quatre jours de paix et de confiance. Il faut satisfaire ta curiosité.

J'aurai soin de ménager aux deux nièces la visite imprévue de quelques femmes de province qui rempliront la maison. Les lits seront rares. Miss Partington, qui se sera fait connaître pour une fille douce et modeste, et qui aura marqué un goût prodigieux pour ma charmante, témoignera beaucoup d'envie de commencer avec elle une liaison d'amitié. On sera long-temps à table. Elle lui demandera la moitié de son lit pour une nuit seulement. Qui sait si cette nuit même je ne serai pas assez heureux pour me rendre capable d'une mortelle offense? Les oiseaux les plus sauvages se laissent prendre en dormant. Si ma charmante s'offense assez pour vouloir me fuir, ne puis-je pas l'arrêter malgré elle? Si ma charmante m'échappe en effet, ne serai-je pas le maître de la ramener par autorité *civile* ou *incivile*, lorsque j'aurai preuves sur preuves qu'elle a reconnu, quoique tacitement, notre mariage? Et, soit que je réussisse ou non, si j'obtiens du moins qu'elle me pardonne, si sa fureur se borne aux plaintes, et si je m'aperçois seulement qu'elle puisse soutenir ma vue, ne suis-je pas sûr qu'elle est tout à fait à moi? Ma charmante est la délicatesse même. Je suis impatient de voir comment une personne si délicate se conduira dans l'une ou l'autre de ces suppositions : et tu conviendras que, dans la situation où je me trouve, il est juste que je me précautionne contre toutes sortes d'accidens. Je connais l'*anguille* que j'ai à retenir, et combien il est à craindre qu'elle n'échappe entre mes doigts. De quel air niais ouvrirais-je la bouche et les yeux si je la voyais sauter de mes mains dans sa rivière bourbeuse; je veux dire dans sa famille, d'où j'ai eu tant de peine à la tirer!

Voyons, laisse-moi compter combien j'aurai de personnes, après la nuit du lundi, qui sont en état de jurer qu'elle a porté mon nom, qu'elle a répondu à mon nom, et qu'elle n'a point eu d'autres vues, en quittant ses amis, que de prendre sérieusement mon nom, sans que sa propre famille puisse le désavouer? Premièrement je puis faire fond sur tous mes gens, sur la servante Dorcas, sur madame Sinclair, ses deux nièces et miss Partington.

Mais comme tous ces témoins pourraient être suspects, voici le point capital : « Quatre dignes officiers, nobles de personne et d'origine, invités tel jour à une collation par Robert Lovelace de Sandon-Hall, écuyer, en compagnie de Madelaine de Sinclair, veuve, de Priscille Partington, fille nubile, et de la dame complaignante, déposent que ledit Robert Lovelace s'est adressé plusieurs fois à ladite dame comme à sa femme; qu'ils se sont adressés à elle, eux et d'autres, en qualité de madame Lovelace, chacun lui faisant des complimens et des félicitations sur son mariage; que ces complimens et ces félicitations, elle les a reçus sans autres marques de déplaisir et de répugnance que celles qui sont ordinaires aux jeunes mariées, c'est-à-dire avec un peu de rougeur et d'agréable confusion, qu'on pouvait attribuer à l'embarras naturel dans ces circonstances. Point d'emportement, Belfort ; point de révolte contre ton chef. T'imagines-tu que j'aie amené ici cette chère personne pour n'en tirer aucun fruit? »

Voilà une faible esquisse de mon plan. Applaudissez-moi, esprits subalternes, et reconnaissez Lovelace pour votre maître!

LETTRE CLV.

M. LOVELACE, A M. BELFORD.

Dimanche, 30 avril.

J'ai été à l'église, Belford. Apprends même que je m'y suis admirablement conduit. Ma déesse est contente de moi. J'ai donné une attention parfaite au sermon, et j'ai chanté de toute mes forces avec le clergé et les paroissiens. Mes yeux ne se sont pas trop égarés. Comment aurais-je eu peine à les gouverner, lorsqu'ils avaient devant eux le plus charmant et le plus aimable objet de l'univers?

Chère créature! que de ferveur, que de charmes dans sa piété! Je lui ai fait avouer qu'elle avait prié pour moi. En vérité, j'espère que les prières d'une si belle âme ne seront pas sans effet.

Au fond, Belford, il y a quelque chose d'imposant dans le culte de la religion. Le dimanche est une institution charmante pour soutenir la vertu dans les œuvres vertueuses. Un jour sur sept; que cette loi est raisonnable! Je crois qu'à la fin je serai capable d'aller une fois le jour à l'église. Ma réformation en ira plus vite. Voir une multitude d'honnêtes gens qui se réunissent dans le même acte d'adoration, c'est l'exercice d'un être qui pense et qui sent. Cependant cette idée ajoute quelques points à mes remords, lorsque je veux m'occuper de mes projets. De bonne foi, je crois que si j'allais constamment à l'église, je pourrais les abandonner.

Il m'est venu de nouvelles inventions à la tête pendant le service divin : mais j'y renonce, parce qu'elles sont nées dans un si bon lieu. Excellente Clarisse! Combien de ruines n'a-t-elle pas prévenu en m'attachant à elle, en remplissant toute mon attention!

Mais je veux te raconter ce qui s'est passé entre nous dans ma première visite du matin, et je te ferai ensuite une peinture plus exacte de ma bonne conduite à l'église.

La permission de la voir ne m'a point été accordée avant huit heures. Elle était préparée pour sortir. J'ai feint d'ignorer son intention; et j'avais recommandé à Dorcas de ne pas lui dire qu'elle m'en eût informée.

— Vous allez sortir, mademoiselle? lui ai-je dit d'un air indifférent.

— Oui, monsieur; j'ai dessein d'aller à l'église.

— J'espère, mademoiselle, que vous m'accorderez l'honneur de vous y accompagner.

— Non. Elle allait prendre une chaise à porteurs et se rendre à l'église voisine.

Ce discours m'a fait tressaillir. Une chaise pour aller à l'église voisine, de chez madame Sinclair, dont le vrai nom n'est pas Sinclair; et pour la ramener à la vue de tout le peuple, qui ne doit pas avoir une trop bonne idée de la maison. Il n'y avait pas moyen d'y consentir. Cependant j'avais à soutenir mon rôle d'indifférence. Je lui ai dit que je regarderais comme une faveur qu'elle voulût me permettre de prendre un carrosse et de l'accompagner à Saint-Paul.

Elle m'a objecté l'inconvenance de mon habillement : elle m'a dit que pour aller à Saint-Paul, elle pouvait prendre un carrosse et partir sans moi.

Je lui ai représenté ce qu'elle avait à craindre de Singleton et de son frère, et je lui ai offert de prendre le plus simple de mes habits. — Ne me refusez pas, lui ai-je dit, la faveur de vous accompagner. Il y a très long-temps que je n'ai été à l'église. Nous nous placerons dans différens bancs; et la première fois que j'y retournerai, ce sera, j'espère, pour acquérir des droits au plus grand bonheur que je puisse recevoir. Elle m'a fait quelques autres objections : mais enfin elle m'a permis de partir avec elle.

Je me suis placé à sa vue, pour trouver le temps moins ennuyeux; car nous sommes arrivés de bonne heure, et je me suis si bien conduit, que je lui ai donné fort bonne opinion de moi.

Le sujet du sermon était assez particulier : c'était l'instruction d'un prophète ou la parabole d'une jeune brebis, enlevée par un homme riche à un pauvre qui l'aimait chèrement, et qui n'avait pas d'autre plaisir au monde. Le prophète avait en vue d'inspirer du remords à David sur son adultère avec Bethsabée, femme d'Urie, et sur le meurtre de son mari. Ces femmes, Belfort, ont été de tout temps l'occasion d'une infinité de désordres. Enfin, lorsque le roi David eut juré dans son indignation (tu vois, mon ami, que le roi David jurait; mais comment saurais-tu qui était le roi David sans l'histoire de la Bible?), aussitôt, dis-je qu'il eut juré de punir l'homme riche, le prophète, qui se nommait Nathan, honnête personnage et de fort bon esprit, s'écria dans ces termes, qui étaient ceux du texte : *Cet homme, c'est toi.* Par ma foi, j'ai cru que le prédicateur jetait directement les yeux sur moi; et mes yeux se sont tournés au même moment sur ma jeune brebis. Mais je dois dire aussi que je me suis souvenu en même temps de mon *bouton de rose*; après tout, sur ce point, me suis-je dit à moi-même, je vaux mieux que le roi David.

A notre retour, nous nous sommes entretenus du sermon. J'ai prouvé à ma charmante que j'avais été fort attentif, en lui rappelant les endroits où le prédicateur avait tiré le plus de parti de son sujet, et ceux qu'il aurait pu toucher avec plus d'avantage; car l'histoire est réellement fort touchante, et je n'ai rien vu de mieux imaginé. J'ai fait ces réflexions d'un air si grave, que la satisfaction de la belle m'a paru croître de plus en plus, et je ne doute point qu'elle ne m'accorde, demain au soir, l'honneur de sa présence à ma collation.

Dimanche, au soir.

Nous avons dîné tous ensemble dans la salle à manger de madame Sinclair. Les deux nièces ont fort bien joué leur rôle, et madame Sinclair le sien. Je n'ai pas encore vu ma charmante si tranquille. « D'abord, m'a-t-elle dit, elle n'avait pas eu trop bonne idée de ces gens-là. Madame Sinclair lui avait semblé rebutante. Ses nièces étaient des jeunes personnes avec lesquelles elle n'aurait pas souhaité de liaison. Mais réellement, il ne fallait pas être trop précipitée dans ses censures. Bien des gens gagnent à se faire connaître. La veuve lui paraissait supportable. (C'est toute la faveur qu'elle lui fait.) Miss Martin et miss Horton sont deux jeunes filles de fort bon sens, et qui ont beaucoup de lecture. Ce que miss Martin particulièrement a dit du mariage et de l'homme qui la recherche, était très solide. Avec de tels principes, elle ne saurait faire une mauvaise femme. » Remarque, en passant, que le très humble serviteur de Sally est un marchand de grande réputation, et qu'elle doit être bientôt mariée.

J'ai fait à la belle une exquisse de ton caractère et de celui de mes trois autres écuyers, dans l'espérance d'exciter sa curiosité à vous voir lundi. Je lui ai dit le mal comme le bien; autant pour m'exalter moi-même et prévenir toutes les surprises, que pour lui apprendre quelle sorte de personnages elle doit s'attendre à voir, si elle veut m'obliger. Par ses observations sur chacun de vous, je jugerai des mesures que j'aurai à garder pour obtenir ou conserver son estime. Je connaîtrai ce qui est de son goût et ce qui ne l'est pas. Ainsi, pendant qu'elle pénétrera vos têtes superficielles, j'entrerai dans son cœur, et j'y prendrai langue pour mes espérances.

La maison ne sera prête que dans trois semaines. Tout sera fini dans cet intervalle, ou je jouerai du plus grand malheur. Qui sait si trois jours ne feront pas l'affaire? N'ai-je pas emporté le grand point de la faire passer pour ma femme? et l'autre, qui n'est pas moindre, de me fixer ici, la nuit comme le jour? Jamais une femme m'est-elle échappée lorsque j'ai pu loger sous le même toit? Et la maison, n'est-ce rien que la maison? Et les gens: Will et Dorcas, qui sont à moi tous deux. Trois jours ai-je dit? bon! trois heures.

Je viens d'emporter mon troisième point, Belfort, quoique au grand mécontentement de la belle. On lui a présenté pour la première fois miss Partington, qui s'est laissé engager pour demain, mais à condition que ma charmante serait de la partie. Quel moyen de refuser? Une jeune personne si aimable secondée par mes ardentes prières.

Mon impatience, à présent, est d'avoir vos opinions sur ma conquête. Si vous aimez des traits et des yeux pleins de flammes, quoique le cœur soit de glace et qu'il n'ait point encore commencé à s'*amollir*; si vous aimez un sens exquis et le plus séduisant langage qui coule entre des dents d'ivoire et des lèvres de corail; un regard qui pénètre tout; un son de voix qui est l'harmonie même; un air de noblesse mêlée d'une douceur qui ne peut être décrite; une politesse qui ne sera jamais surpassée, s'il est possible qu'il y en ait jamais d'égale: vous trouverez toutes ces excellences, et cent fois plus dans mon Hélène.

Contemplez cette majestueuse création! C'est un temple sacré dans sa naissance, et bâti par des mains divines. Son âme est la divinité qui l'habite; et l'édifice n'est pas indigne du Dieu.

Ou si tu veux une description plus douce, dans le style de Rowe:

« Elle offre tous les charmes des fleurs nouvellement écloses; une beauté sans tache, une fraîcheur vive et douce, que rien ne ternit encore; c'est l'image de la nature au premier printemps du monde. »

Adieu, mes quatre suppôts. Je vous attends demain à six heures du soir.

LETTRE CLVI.

MISS CLARISSE HARLOVE, A MISS HOWE.

Lundi au soir, 1er mai.

Je m'échappe, en ce moment, de la desagréable compagnie où je me suis vue engagée contre mon inclination. Comme je prendrais peu de plaisir à me rappeler le détail de la conversation, contentez-vous de ce que je pourrai recueillir du souvenir qui me reste de la peinture que M. Lovelace me fit hier de ses quatre amis, et de quelques observations sur le spectacle auquel je viens heureusement de me dérober.

Les noms des quatre messieurs sont : Belton, Mowbray, Tourville et Belford, Madame Sinclair, miss Partington, cette riche héritière dont je vous ai parlé dans ma dernière lettre, M. Lovelace et moi, faisions le reste de la compagnie.

Je vous ai déjà fait le portrait de miss Partington du côté favorable, sur le témoignage de madame Sinclair et de ses nièces. J'ajouterai quelques unes de mes propres remarques, sur la conduite qu'elle a tenue dans l'assemblée.

En meilleure compagnie, peut-être aurait-elle paru avec moins de désavantage ; mais, malgré ses regards innocens, que M. Lovelace affecte de louer beaucoup, il n'est pas l'homme du monde au jugement duquel je me fierais le plus pour ce qui regarde la véritable modestie. A l'occasion de quelques discours qui n'étaient pas assez libres pour mériter une censure ouverte, mais qui ne laissaient pas de renfermer quelque chose d'indécent pour des personnes bien élevées, j'ai observé que cette jeune demoiselle marquait d'abord une sorte d'embarras ; mais qu'ensuite, par un sourire ou par un coup d'œil, elle encourageait plutôt qu'elle ne paraissait condamner un grand nombre de libertés, qui sont absurdes si elles ne signifient rien, ou qui doivent passer pour des grossièretés offensantes si elles renferment quelque sens. Il est vrai que j'ai connu plusieurs femmes dont j'ai meilleure opinion que de madame Sinclair, qui ne faisaient pas de difficulté de passer aux hommes et de se pardonner à elles-mêmes des libertés de cette nature. Mais je n'ai jamais conçu qu'une si grande facilité puisse s'accorder avec l'honnête pudeur, qui fait le caractère distinctif de notre sexe. Si les paroles ne sont que le corps ou l'habit des pensées, l'âme ne se fait-elle pas connaître par cette enveloppe extérieure ?

Pour les quatre amis de M. Lovelace, je les crois gens de qualité, par le droit de leurs ancêtres ; mais je ne leur ai pas reconnu d'autre apparence de noblesse.

M. Belton a reçu son éducation à l'Université, parce qu'il était destiné pour la robe. Cette profession ne s'accordant point avec la vivacité de son naturel, la mort d'un oncle, qui le rendit héritier d'un bien considérable, lui fit quitter le collége pour venir à la ville, où il prit aussitôt les airs du grand monde. On assure qu'il est homme sensé, il se met fort bien, mais sans affectation. Il est grand buveur. Il aime à veiller et s'en fait gloire. Il a la passion du jeu, qui a dérangé ses affaires. Son âge ne dépasse pas trente ans. Son visage est d'un rouge ardent, un peu taché et boutonné. Les irrégularités de sa vie sensuelle paraissent la menacer d'une courte durée ; car il est attaqué d'une toux sèche, qui ne marque pas des poumons fort sains ; cependant, il affecte de rire lui-même, et de faire rire ses amis de ces menaçans symptômes, qui devraient le rendre plus sérieux.

M. Mowbray a beaucoup voyagé. Il parle plusieurs langues, comme M. Lovelace même, mais avec moins de facilité. Il est de bonne maison ; son âge paraît de trente-trois ou trente-quatre ans. Il a la taille haute et bien prise, les yeux vifs et le regard audacieux. Son front et sa joue droite sont défigurés par deux larges cicatrices. Il se met aussi fort proprement. Il a toujours ses gens autour de lui, les appelant sans cesse et les chargeant de quelque message frivole, comme nous en avons eu une douzaine d'exemples pendant le peu de temps que j'ai passé dans l'assemblée. Ils paraissent observer, tour à tour, le fier mouvement de ses yeux, pour être prêts à courir avant qu'ils aient entendu la moitié de ses ordres; et j'ai cru remarquer qu'ils le servent en tremblant. Cependant cet homme paraît supportable avec ses égaux. Il ne parle pas mal des spectacles et des amusemens publics, surtout de ceux des pays étrangers. Mais il a quelque chose de romanesque dans l'air et dans le langage; et souvent il assure, avec beaucoup de force, des choses qui n'ont aucune vraisemblance. Il ne doute de rien, excepté de ce qu'il devrait croire ; c'est-à-dire qu'il badine librement sur les choses saintes, et qu'il fait profession de haïr les prêtres de toutes sortes de religions. Il a de hautes idées de l'honneur ; c'est un mot qui ne sort presque point de sa bouche ; mais il ne paraît pas qu'il respecte beaucoup les mœurs.

M. Tourville nous a fait, je ne sais à quelle occasion, la grâce de nous apprendre son âge. Il entre justement dans sa trente-deuxième année. Il est aussi d'ancienne maison; mais, dans sa personne et dans ses manières, il a plus de ce qu'on appelle petit-maître qu'aucun de ses compagnons. Il est vêtu richement. Il voudrait paraître homme de goût, dans le choix de tout ce qui sert à sa parure, mais j'y ai trouvé plus de profusion que d'élégance. On remarque sans peine, au soin qu'il prend de son extérieur et à l'attention qu'il exige pour ce qui le distingue au dehors, que le dedans occupe peu son attention. M. Lovelace dit qu'il danse parfaitement, qu'il est grand musicien, et que le chant est une de ses principales perfections. On l'a prié de chanter. Il a chanté quelques airs italiens et français; et, pour lui rendre justice, les paroles étaient fort décentes. Toute la compagnie a paru très satisfaite, mais ses plus grands admirateurs ont été madame Sinclair, miss Partington et lui-même. Pour moi, je lui ai trouvé beaucoup d'affectation.

La conversation et les manières de M. Tourville sont remplies, dans un excès insupportable, de ces grossières offenses contre le bon sens de notre sexe, auxquelles l'usage moderne a donné le nom de complimens; et qui passent pour une marque d'éducation, quoiqu'elles ne renferment au fond qu'un amas d'exagérations ridicules, propres seulement à faire connaître la mauvaise foi des hommes, et l'opinion desavantageuse qu'ils ont des femmes. Il affecte de mêler dans ses discours des mots français et italiens, et souvent il répond en français à une question qu'on lui a faite en anglais, parce qu'il préfère cette langue, dit-il, au sifflement de sa nation. Mais alors il ne manque point de donner le traduction de sa réponse, dans l'odieuse langue de son pays, de peur apparemment, qu'on ne le soupçonne de ne pas savoir ce qu'il dit. Il aime les narrations. Il promet toujours une histoire excellente, avant que de la commencer; mais il ne paraît pas qu'il s'embarrasse beaucoup de tenir parole. Il est rare même qu'il aille jusqu'à la fin du récit, lorsqu'on a la patience de l'écouter. Il s'interrompt lui-même par un si grand nombre de parenthèses et de nouveaux incidens, qu'il perd le fil de son propre discours, et qu'il demeure satisfait au milieu du chemin ; où, s'il veut le reprendre, il demande du secours à la compagnie, en priant agréablement *le diabl de l'emporter*, s'il se souvient de ce qu'il voulait dire. Mais c'en est assez, et beaucoup trop, sur M. Tourville.

M. Belford est le quatrième convive, et celui pour lequel il m'a paru que M. Lovelace a le plus d'estime et d'affection. Je crois avoir compris que c'est un homme d'une valeur éprouvée. Ils sont devenus amis à l'occasion d'une querelle (pour quelque femme, peut-être,) et d'une rencontre aux carrières de Kensington, où quelques survenans eurent le bonheur de les réconcilier.

Il me semble que M. Belford n'a pas plus de vingt-sept ou vingt-huit ans. C'est le plus jeune des cinq, après M. Lovelace. Peut-être sont-ils les deux plus méchans ; car ils paraissaient capables de conduire les trois autres à leur gré. M. Belford est mis proprement comme les autres ; mais il n'a pas ces avantages de figure et d'ajustement dont M. Lovelace est trop vain. Cependant il a l'apparence d'un homme de condition. Les bons auteurs anciens et nos meilleurs écrivains lui sont familiers. La conversation, par son moyen, a quelquefois pris un tour plus agréable ; et moi, qui, passant parmi eux pour madame Lovelace, m'efforçais de donner la meilleure face qu'il m'était possible à ma situation, je me suis jointe alors à eux, et j'ai reçu de toute la compagnie une abondance de complimens sur mes observations.

M. Belford paraît obligeant et de bon naturel. Quoique plein de complaisance, il ne la porte point à l'excès comme M. Tourville. Il s'exprime avec beaucoup de facilité et de politesse, et j'ai cru remarquer un fond de bonne logique dans son esprit et dans ses raisonnemens. M. Belton a les mêmes prétentions. Ils s'attaquaient tous deux dans cette forme, en nous regardant, nous autres femmes, comme pour observer si nous admirerions leur savoir, lorsqu'ils étaient contens d'eux-mêmes. Mais avec plus de pénétration et de justesse, M. Belford emportait visiblement l'avantage, et le sentant bien lui-même, il prenait plaisir à défendre le côté faible de l'argument.

Quelque peu de goût qu'on ait en général pour les sujets qui se traitent dans ces occasions, on s'y prête autant que la bienséance le permet, et par le rapport qu'ils ont à d'autres vues. Il m'aurait été difficile de ne pas souvent observer combien M. Lovelace était au dessus de ses quatre amis, dans les choses même sur lesquelles ils avaient la meilleure opinion de leur propre mérite. Pour ce qui regarde l'esprit et la vivacité, il n'y en avait pas un qui approchât de lui. Ils s'accordaient tous à lui céder, lorsqu'il ouvrait les lèvres. Le fier Mowbray exhortait alors Tourville à finir son babil : il poussait du coude le sourcilleux Belton, pour lui faire remarquer que Lovelace allait parler, et lorsqu'il avait parlé, les termes de charmant garçon sortaient de toutes les bouches, avec quelque expression cavalière d'admiration, ou peut-être d'envie. Effectiment, il a des avantages si particuliers dans la figure, dans le langage, et dans les manières, que, si l'on n'avait soin de veiller sur soi-même et de distinguer la vérité des fausses apparences, on serait souvent exposé à l'illusion.

« Voyez-le dans une compagnie nombreuse, m'a dit Belford ; on ne fait attention qu'à lui. » Ce Belford, ayant vu sortir son ami pour un moment, a profité de son absence pour s'approcher de mon oreille, et de l'air d'un favori, qui est dans le secret de l'aventure, il m'a fait un compliment de félicitation sur mon mariage supposé, en m'exhortant à ne pas insister trop long-temps sur les rigoureuses conditions que j'avais imposées à un si galant homme. Ma confusion, dont il s'est aperçu, lui a fait quitter aussitôt ce sujet, pour retomber sur l'éloge de son ami.

Réellement, ma chère, il faut avouer que M. Lovelace a dans l'air une dignité naturelle qui rend en lui la hauteur et l'insolence non seulement inutiles, mais absolument inexcusables. Et puis cette douceur trompeuse qu'il a dans le sourire, dans le langage et dans toute sa contenance, du moins lorsqu'il cherche à plaire, ne marque-t-elle pas qu'il est né avec des inclinations innocentes, et qu'il n'est pas naturellement cette créature, cette violente, cette impétueuse créature, dans laquelle il se peut que la mauvaise compagnie l'ait changé? Car il a d'ailleurs une physionomie ouverte, et je puis dire honnête. Ne le pensez-vous pas aussi, ma chère? C'est sur toutes ces spécieuses apparences que je fonde l'espoir de sa réformation.

Mais il est surprenant pour moi, j'en conviens, qu'avec tant de qualités nobles, avec une si grande connaissance des hommes et des livres, avec un esprit si cultivé, il puisse trouver tant de satisfaction dans la compagnie dont je vous ai fait la peinture, et dans une conversation d'une impertinence révoltante, indigne de ses talens et de tous ses avantages naturels et acquis. Je n'en puis imaginer qu'une raison, et malheureusement elle ne marque point une grande âme : c'est sa vanité qui lui fait attacher un ridicule honneur à se voir le chef des compagnons qu'il s'est choisis. Comment peut-on aimer les louanges et se contenter de celles qui viennent d'une source si méprisable!

M. Belford s'est avisé de lui faire un compliment qui m'a fait hâter mon départ de cette choquante assemblée. « Heureux mortel! lui a-t-il dit à l'occasion de quelques flatteries de madame Sinclair, qui étaient approuvées par miss Partington, vous êtes si bien partagé du côté de l'esprit et du courage, qu'il n'y a point de femme ni d'homme qui puisse tenir devant vous. » En parlant, M. Belford avait les yeux sur moi. Oui, ma chère, il me regardait avec un sourire, et ses regards se sont tournés ensuite vers son ami. Ceux de toute l'assemblée, hommes et femmes, sont tombés aussitôt sur votre Clarisse, du moins le reproche de mon cœur me l'a fait penser, car à peine me suis-je senti la hardiesse de lever les yeux.

Ah! ma chère, si les femmes auxquelles on croit de l'amour pour un homme (et c'est le cas où je suis, car à quelle autre cause attribuer une fuite qu'on suppose volontaire?) étaient capables de réfléchir un moment sur l'orgueil qu'elles lui causent et sur l'humiliation dont elles se couvrent; sur la fausse pitié, le mépris tacite, les insolens sourires et les malignes explications auxquelles elles s'exposent de la part d'un monde de censeurs de l'un et de l'autre sexe, quel mépris n'auraient-elles pas pour elles-mêmes? et combien la mort, avec toutes ses horreurs, leur paraîtrait-elle préférable à cet excès d'abaissement? Vous devez voir à présent pourquoi je ne puis m'étendre davantage sur toutes les circonstances de cette conversation.

LETTRE CLVII.

MISS CLARISSE HARLOVE, A MISS HOWE.

Lundi, à minuit.

Il m'arrive une aventure fort bizarre, qui me cause de la peine et du regret.

Madame Sinclair me quitte à ce moment, et fort mécontente, je crois, de n'avoir point obtenu de moi ce qu'elle m'a demandé. Sa maison se trouvant remplie de quelques femmes, arrivées pour ses nièces, et la nuit, qui est fort avancée, ne permettant guère à miss Partington de s'exposer dans les rues de Londres, elle est venue me prier d'accorder à cette jeune personne la moitié de mon lit.

Sa demande peut avoir été fort simple, et mon refus lui aura paru dur et peu obligeant; mais pendant qu'elle s'expliquait, il m'est venu subitement à l'esprit que je suis ici comme étrangère pour tout le monde; que je n'ai pas un seul domestique que je puisse dire à moi, ou dont j'aie grande opinion; qu'il y a, dans la maison, quatre hommes d'un caractère fort libre, partisans déclarés de M. Lovelace, tous, autant que j'en puis juger par le bruit éclatant de leur joie, depuis que je les ai quittés, dans la chaleur actuelle du vin : que miss Partington elle-même n'est pas une personne aussi timide qu'on me l'a représentée; qu'on a pris des peines officieuses pour me donner bonne opinion d'elle, et que madame Sinclair a mis plus de recherches dans son compliment qu'une prière de cette nature n'en demandait. Un refus, ai-je dit en moi-même, ne peut avoir qu'un air singulier, pour des gens qui me croient déjà un peu singulière : un consentement m'expose à de fâcheuses aventures. J'ai trouvé peu de proportions entre les dangers de l'alternative, que je n'ai pas balancé sur le choix.

J'ai répondu à madame Sinclair que j'avais une longue lettre à finir; que je ne quitterais pas la plume sans être fort pressée de sommeil; que miss Partington serait gênée, et que je le serais moi-même.

Il serait bien fâcheux, m'a-t-elle dit, qu'une jeune fille de cette distinction fût obligée de partager, avec Dorcas, un lit fort étroit. Mais elle avait encore plus de regret de m'avoir fait une proposition dont je pusse recevoir la moindre incommodité. Rien ne serait plus éloigné de ses intentions : et miss Partington attendrait volontiers avec elle que j'eusse fini ma lettre. Alarmée de ces instances, et moins embarrassée à persister dans mon refus qu'à le donner d'abord, j'ai offert mon lit entier, et de me renfermer dans mon cabinet pour écrire pendant toute la nuit. Cette pauvre miss, m'a-t-on dit, serait effrayée de coucher seule : d'ailleurs, elle ne consentirait jamais à m'incommoder jusqu'à ce point.

Je me suis crue délivrée, surtout lorsque j'ai vu madame Sinclair qui se retirait civilement. Mais elle est revenue, et m'ayant demandé pardon de son retour, elle m'a dit que miss Partington était toute en larmes; que jamais elle n'avait vu de jeune dame pour laquelle elle eût conçu autant d'admiration que pour moi; que cette chère fille se flattait de n'avoir rien laissé échapper dans sa conduite qui m'eût inspiré du dégoût pour elle. Trouvais-je bon qu'elle me l'amenât?

— J'étais fort occupée, lui ai-je répondu. La lettre que j'avais à finir était importante. J'espérais de voir demain miss Partington et de lui faire agréer mes excuses. Alors madame Sinclair, hésitant et paraissant reprendre le chemin de la porte, n'a pas laissé de se tourner encore vers moi. J'ai pris un flambeau pour la conduire, en lui recommandant de prendre garde à ses pieds. Elle s'est arrêtée au haut de l'escalier : — Mon Dieu, madame, quelle peine vous prenez ! m'a-t-elle dit. Le ciel connaît mon cœur ; je n'ai pas eu dessein de vous offenser, mais puisque vous n'approuvez pas une demande trop libre, je vous supplie de n'en rien dire à M. Lovelace. Il me croirait trop hardie et même impertinente.

Ne trouvez-vous pas, ma chère, cet incident fort particulier, soit en lui-même, soit dans le tour que mes réponses lui ont fait prendre ? Je n'aime point à me rendre coupable d'une incivilité. Cependant, si l'on ne se proposait rien, mon refus mérite ce nom. D'un autre côté, j'ai marqué des soupçons auxquels je ne puis m'imaginer qu'il y ait le moindre fondement. S'ils sont justes, je dois tout craindre, je dois fuir et cette maison et l'homme, comme ce qu'il y a de plus infect. S'ils ne le sont pas, et que je ne puisse me purger moi-même de les avoir formés, en donnant quelque raison plausible de mon refus, quel moyen de demeurer ici plus long-temps avec honneur ?

Je me sens irritée contre lui, contre moi-même et contre tout le monde, excepté vous. Ses compagnons sont de choquantes créatures. Pourquoi, je le répète, a-t-il pu souhaiter de me voir en si mauvaise compagnie ? Encore une fois, je ne suis pas contente de lui.

LETTRE CLVIII.

MISS CLARISSE HARLOVE, A MISS HOWE.

Mardi, 2 mai.

Il faut vous déclarer, quoique avec un regret infini, que je ne puis plus, ni vous écrire, ni recevoir de vos lettres. J'en reçois une de votre mère, sous le couvert de M. Lovelace et par la voie de milord M..., qui me fait là-dessus des reproches fort vifs, et qui me défend, autant que je m'intéresse à son bonheur et au vôtre, de vous écrire sans sa permission. Ainsi, jusqu'à des temps plus tranquilles, cette lettre est la dernière que vous recevrez de moi. Comme la situation de mes affaires semble devenir plus heureuse, espérons d'obtenir bientôt la liberté de reprendre la plume et celle même de nous voir. Une alliance avec une famille aussi honorable que celle de M. Lovelace ne sera pas regardée apparemment comme une disgrâce.

Votre mère ajoute que si je souhaite de *vous enflammer*, je n'ai qu'à vous informer de la défense qu'elle me signifie ; mais elle se flatte que, sans la commettre, je trouverai de moi-même quelque moyen d'interrompre une correspondance à laquelle je ne puis ignorer qu'elle s'oppose depuis long-temps. Tout ce que je puis faire, c'est de vous prier de n'être point *enflammée* ; c'est de vous engager, par mes instances, à ne pas lui faire connaître, ni même soupçonner, que je vous aie communiqué la raison qui me fait cesser de vous écrire. Après avoir continué notre commerce, malgré le scrupule que je m'en suis fait, et sur lequel j'ai long-temps insisté, comment pourrais-je me dispenser honnêtement de vous apprendre ce qui, tout d'un coup, a la force de m'arrêter? Ainsi, ma chère, j'aime mieux, comme vous voyez, me reposer sur votre discrétion, que de feindre des raisons dont vous ne seriez pas satisfaite, et qui, ne vous empêchant point de vouloir pénétrer le fond du mystère, me feraient enfin passer à vos yeux pour une amie capable de réserve; sans compter que vous auriez quelque sujet de vous croire blessée, si je ne vous supposais pas assez de prudence pour recevoir le dépôt de la vérité nue.

Je répète que mes affaires n'ont point une mauvaise face. La maison sera louée incessamment. Les femmes de celle-ci sont fort respectueuses, malgré ma délicatesse à l'égard de miss Partington. Miss Martin, qui doit se marier bientôt avec un riche marchand du Strand, est venue me consulter aujourd'hui sur quelques belles étoffes qu'elle veut acheter à cette occasion. La veuve est moins rebutante qu'elle ne me l'a paru la première fois. M. Lovelace, à qui je n'ai pas dissimulé que ses quatre amis ne sont pas de mon goût, m'assure que ni eux, ni d'autres, ne paraîtront devant moi sans ma permission.

Si je rassemble toutes ces circonstances, c'est pour mettre en repos votre cœur tendre et obligeant, dans la vue de rendre votre soumission plus facile à l'ordre de votre mère, et dans la crainte qu'on ne m'accuse de vous *enflammer*, moi qui suis, avec des intentions bien différentes, ma très chère et très aimable amie, votre fidèle et dévouée,

Clarisse Harlove.

LETTRE CLIX.

MISS HOWE, A MISS CLARISSE HARLOVE.

Mercredi, 3 mai.

Il me paraît bien étonnant que ma mère ait été capable d'une si étrange démarche, uniquement pour exercer mal à propos son autorité, et pour obliger des cœurs durs et sans remords. Si je crois pouvoir vous être utile par mes conseils ou par mes informations, vous imaginez-vous que je balance jamais à vous les donner?

M. Hickman, qui croit entendre un peu les cas de cette nature, est d'avis que je ne dois pas abandonner une correspondance telle que la nôtre. Il est fort heureux de penser si bien; car ma mère ayant excité ma bile, j'ai besoin de quelqu'un que je puisse quereller.

Voici ma résolution, puisqu'il faut vous satisfaire : je me priverai de vous écrire pendant quelques jours, s'il n'arrive rien d'extraordinaire, et jusqu'à ce que l'orage soit un peu apaisé. Mais soyez sûre que je ne vous dispenserai pas de m'écrire. Mon cœur, ma conscience, mon honneur s'y opposent.

Mais comment ferai-je ici? Comment? Rien ne m'embarrasse moins; car je vous assure que je n'ai pas besoin d'être poussée beaucoup pour prendre secrètement la route de Londres; et si je m'y détermine, je ne vous quitterai qu'après vous avoir vue mariée, ou tout à fait délivrée de votre fléau; et, dans ce dernier cas, je vous emmène avec moi, en dépit de tout l'univers; ou si vous refusez de venir, je demeure avec vous, et je vous suis comme votre ombre.

Que cette déclaration ne vous effraie point. Il n'y a qu'une *considé-*

ration et une seule espérance qui m'arrêtent, veillée comme je suis dans tous les momens de ma vie, obligée de lire sans voix, de travailler sans goût, et de coucher chaque nuit avec ma mère. La considération, c'est que vous pourriez craindre qu'une démarche de cette nature ne parût doubler votre faute, aux yeux de ceux qui donnent le nom de faute à votre départ ; l'espérance consiste à m'imaginer encore que votre aventure peut finir heureusement, et que certaines gens rougiront un jour de l'infâme rôle qu'ils ont joué. Cependant il m'arrive souvent de balancer. Mais la résolution où vous paraissez être, de rompre tout commerce avec moi dans cette crise, emportera nécessairement la balance. Écrivez-moi donc, ou chargez-vous de toutes les conséquences.

Quelques mots sur les principaux articles de vos dernières lettres. J'ignore si le sage projet de votre frère est abandonné ou s'il ne l'est pas. Un profond silence règne dans votre famille. Votre frère s'est absenté pendant trois jours. Il est revenu passer vingt-quatre heures au château d'Harlove. Ensuite il a disparu. S'il est avec Singleton ou d'un autre côté, c'est ce que je ne puis découvrir.

Sur le portrait que vous me faites des compagnons de votre personnage, je vois assez que c'est une race infernale, dont il est le Belzébuth. Qu'a-t-il pu se proposer, comme vous dites, dans l'empressement avec lequel il a souhaité de vous voir au milieu d'eux, et de vous donner cette occasion d'en faire comme autant de miroirs qui réfléchissaient la lumière l'un sur l'autre ? Cet homme est un fou, n'en doutez pas, ma chère, ou, du moins, un parfait étourdi. Je me figure qu'ils se sont parés devant vous de ce qu'ils ont de plus brillant. Voilà ce qu'on nomme des gens du bel air, des seigneurs d'un mérite accompli ! Cependant, qui sait combien d'âmes méprisables de notre sexe, le pire d'entre eux a su lier à son char ?

Vous vous êtes jetée dans l'embarras, comme vous l'observez, en refusant de partager votre lit avec miss Partington. J'en ai du regret pour elle. Vigilante comme vous êtes, qu'en pouvait-il arriver ? S'il pensait à la violence, il n'attendrait pas le temps de la nuit. Vous auriez été libre de ne vous pas coucher. Madame Sinclair vous a trop pressée, et vous avez poussé trop loin le scrupule.

S'il survenait quelque chose qui retardât la célébration, je vous conseillerais de prendre un autre logement ; mais si vous vous mariez, je ne vois aucune raison qui vous empêche de demeurer où vous êtes jusqu'à ce que vous ayez obtenu la possession de votre terre. Le nœud une fois formé, surtout avec un homme si résolu, il ne faut pas douter que vos parens ne vous restituent bientôt ce qu'ils ne peuvent retenir légitimement. Quand il y aurait matière à quelque procès, vous n'auriez pas le pouvoir et vous ne devriez pas avoir la volonté de vous y opposer. Il sera maître alors de votre bien (1), et vous ne pourriez former d'autres vues sans injustice.

Un point que je vous conseille de ne pas oublier, c'est celui d'un contrat dans les formes. Pour l'honneur de votre prudence et de sa justice, votre mariage doit être précédé d'un contrat. Tout libertin qu'il est, il ne passe pas pour une âme sordide, et je m'étonne qu'il soit encore à vous faire cette proposition.

---

(1) Suivant les lois d'Angleterre.

Je ne suis pas mécontente de ses soins pour trouver une maison toute meublée. Il me semble que celle qu'il a vue vous conviendra beaucoup; mais s'il faut attendre trois semaines, vous ne devez pas remettre la cérémonie si loin. D'ailleurs, il peut donner d'avance des ordres pour vos équipages. C'est un de mes étonnemens qu'il paraisse si soumis.

Ma chère, je le répète, continuez de m'écrire. J'insiste absolument sur cette preuve d'amitié. Écrivez-moi, et dans le plus grand détail, ou prenez sur vous toutes les suites. Il n'y a point de démarches qui m'effraient, lorsque je croirai les devoir à la sûreté de votre honneur et de votre repos.

Anne Howe.

LETTRE CLX.

MISS CLARISSE HARLOVE, A MISS HOWE.

Jeudi, 4 mai.

Je ferme les yeux sur tout autre engagement, je suspends tout autre désir, je bannis toute autre crainte, pour vous supplier, très chère amie, de ne pas vous rendre coupable d'un excès d'amitié, pour lequel je ne puis jamais vous faire des remerciemens, et qui deviendra pour moi la source d'un éternel regret. S'il faut vous écrire, je vous écrirai. Je connais votre caractère impatient lorsque vous croyez votre générosité ou votre amitié blessée. Ma chère miss Howe! voudriez-vous encourir la malédiction d'une mère, comme je me suis attiré celle de mon père? Ne dirait-on pas qu'il y a de la contagion dans ma faute, si miss Howe venait à la suivre? Il y a des choses si visiblement mauvaises, qu'elles ne souffrent pas de discussion; celle-ci est du nombre. Il est inutile d'apporter des raisons contre une témérité de cette nature. Quelque nobles, quelque généreux que puissent être vos motifs, à Dieu ne plaise qu'on sache jamais qu'il vous soit entré seulement dans l'idée de suivre un si mauvais exemple! d'autant plus que vous n'auriez pas même les excuses qu'on peut alléguer en ma faveur; particulièrement celle d'avoir été malheureusement surprise.

La contrainte où votre mère vous retient ne vous paraîtrait pas insupportable dans une autre occasion. Auriez-vous regardé autrefois comme un tourment de partager son lit? Avec quelle joie je recevais cette faveur de la mienne! Quel plaisir je prenais à travailler sous ses yeux! Vous pensiez de même autrefois, et je sais que, dans les soirées d'hiver, c'était un de vos plus chers amusemens de lire quelquefois devant elle. Ne me donnez pas sujet de me reprocher à moi-même la raison de ce changement.

Apprenez, ma chère, votre amie vous en conjure, apprenez à subjuguer vos propres passions. Tout excès est blâmable, quels qu'en soient les motifs. Ces passions de notre sexe, que nous ne prenons pas la peine de combattre, peuvent avoir la même source que celles que nous condamnons le plus dans les hommes emportés et violens, et peut-être ne les portent-ils plus loin que par l'influence de l'usage ou par la force d'une éducation plus libre. Pesons toutes deux nos réflexions, ma chère; tournons les yeux sur nous-mêmes et tremblons.

Si je vous écris, comme vous m'en faites une loi, j'insiste sur une interruption de votre part. Votre silence sur ce point me sera une preuve que vous ne pensez plus à la téméraire démarche dont vous m'avez menacée, et que vous obéissez à votre mère, du moins dans la partie qui vous regarde. Supposez des cas d'importance : ne pouvez-vous pas employer la plume de M. Hickman?

Mes caractères tremblans vous feront connaître, ma chère et impétueuse amie, quel tremblement de cœur vous avez causé à votre fidèle
CLARISSE HARLOVE.

P. S. On m'apporte à ce moment mes habits ; mais vous m'avez jeté dans un trouble qui m'ôte le courage d'ouvrir la malle. Un valet de M. Lovelace porte ma lettre à M. Hickman pour faire plus de diligence. Que la plume de ce digne ami me soulage un peu de ce nouveau sujet d'inquiétude.

LETTRE CLXI.

M. HICKMAN, A MISS CLARISSE HARLOVE.

Vendredi, 5 mai.

Mademoiselle,

J'ai l'honneur d'être chargé par miss Howe de vous marquer, sans connaître ses motifs, qu'elle est excessivement affligée de l'inquiétude que vous avez conçue de sa dernière lettre, et que si vous continuez seulement de lui écrire, comme vous l'avez fait jusqu'à présent, elle renoncera au dessein qui vous cause tant d'alarmes. Cependant elle m'ordonne d'ajouter que, s'il y a la moindre apparence qu'elle puisse *vous servir* ou *vous sauver*, ce sont ses propres termes, toutes les censures du monde ne tiendront que le second rang dans son esprit. Je suis fort tenté, mademoiselle, de saisir cette occasion pour vous exprimer l'intérêt que je prends à votre situation ; mais, n'en étant pas bien informé, et jugeant seulement, par l'agitation d'esprit de la plus chère personne que j'aie au monde et de la plus sincère de vos amies, qu'elle n'est pas aussi heureuse que je le désire, je suis réduit à vous offrir mes fidèles services, avec des vœux ardens pour la fin de toutes vos peines ; car je suis, mademoiselle, avec un dévoûment égal à mon respect et à mon admiration,
CHARLES HICKMAN.

LETTRE CLXII.

M. LOVELACE, A M. BELFORD.

Mardi, 2 mai.

Mercure, suivant nos fabulistes, ayant la curiosité de savoir dans quel degré d'estime il était parmi les mortels, descendit sous quelque déguisement, et marchanda, dans la boutique d'un statuaire, un Jupiter, une Junon, ensuite quelques autres des dieux majeurs, et, venant à sa propre statue, il demanda aussi de quel prix elle était. — Oh! lui dit l'artiste, achetez une des autres, et je vous donnerai celle-là par dessus le marché. Le dieu des voleurs dut avoir l'air assez sot en recevant cette mortification pour sa vanité.

Tu lui ressembles, Belford. Mille guinées ne te coûteraient rien pour obtenir l'estime de cette belle personne. Tu te croirais heureux qu'elle te trouvât seulement supportable et pas tout à fait indigne de sa compagnie.

En partant hier au soir, ou plutôt ce matin, tu m'as fait promettre de t'écrire deux mots à Edgware, pour t'apprendre ce qu'elle pense de toi et de tes camarades subalternes.

Tes mille guinées sont à toi, mon pauvre Belford, car vous lui déplaisez tous parfaitement, et toi comme les autres.

J'en suis assez fâché pour ta part, et cela par deux raisons : l'une, que le motif de ta curiosité devait être crainte et mauvaise opinion de toi-même, au lieu que celle du dieu des voleurs ne venant que d'une insupportable vanité, il méritait d'être renvoyé au ciel, en rougissant d'une aventure dont il y a beaucoup d'apparence qu'il n'osa pas se vanter ; l'autre, que, si l'on a du dégoût pour toi, je crains de n'être pas mieux dans l'esprit de la belle ; car ne sommes-nous pas des oiseaux du même plumage ?

Je ne dois jamais parler de réformation, m'a-t-elle dit, avec des compagnons de cette espèce, et prenant autant de plaisir que j'en prends à vivre avec eux.

Il ne m'est pas tombé dans l'esprit plus qu'à vous qu'elle pût vous trouver à son gré ; mais, vous connaissant pour mes amis, j'avais cru qu'une personne si bien élevée garderait plus de ménagement dans ses censures.

Je ne sais comment va le monde, Belford ; mais les femmes se croient en droit de prendre toutes sortes de libertés avec nous ; tandis que nous sommes impolis, et peut-être beaucoup pires, si nous ne débitons pas un tas de menteries maudites, et si nous ne faisons pas le blanc du noir en leur faveur. Elle nous forcent ainsi à l'hypocrisie, et, dans d'autres temps, elles nous reprochent de n'être que des trompeurs.

Je vous ai défendu tous le mieux que j'ai pu ; mais, contre des principes tels que les siens, vous savez qu'on ne peut se défendre qu'en retraite. Voici quelques traits de votre apologie :

« A des yeux purs, les moindres écarts paraissent une offense. Cependant je n'avais pas remarqué, pendant toute la soirée, que, dans vos discours ou dans vos manières, il y eût quelque chose à vous reprocher. Bien des gens n'étaient capables de parler que sur un ou deux sujets : elle ne leur ressemblait pas, elle qui les possédait tous ; mais il n'était pas surprenant que vous eussiez parlé de ce que vous savez le mieux, et que votre conversation se fût bornée aux simples objets des sens. Si elle nous avait un peu plus honorés de la sienne, elle aurait eu moins de dégoût pour la nôtre ; car elle avait vu avec quelle attention tout le monde se préparait à l'admirer lorsqu'elle ouvrait les lèvres. Belford, en particulier, m'avait dit, aussitôt qu'elle s'était retirée, que la vertu même parlait par sa bouche ; mais qu'elle lui avait imposé tant de respect, qu'il craindrait toujours devant elle de ne pas s'observer autant qu'il s'y croyait obligé. »

A parler naturellement, m'a-t-elle dit, elle n'aimait ni mes compagnons ni la maison où elle était.

Je lui ai répondu que je n'aimais pas la maison plus qu'elle, quoique les gens parussent assez civils, et qu'elle eût avoué qu'ils lui déplaisaient moins qu'à la première vue. Mais n'étions-nous pas à la veille d'en avoir une à nous ?

« Elle n'aimait pas miss Partington. Quand sa fortune serait telle qu'on le disait, elle n'avait pas d'inclination à la choisir pour son amie. Il lui semblait étrange que la nuit précédente on se fût adressé à elle pour une proposition qui l'avait embarrassée, tandis que les dames de la maison avaient sur le devant d'autres locataires, avec lesquels elles devaient être plus libres qu'avec une connaissance de deux jours.

J'ai feint d'ignorer tout à fait cette circonstance ; et lorsqu'elle s'est expliquée plus ouvertement, j'ai condamné la demande comme une action indiscrète. Elle a parlé de son refus plus légèrement qu'elle n'en jugeait ; je l'ai fort bien remarqué ; car il était aisé de voir qu'elle me croyait assez bien fondé à lui reprocher un excès de délicatesse ou de précaution. Je lui ai offert de parler de mon ressentiment à madame Sinclair.

« Non, ce n'était pas la peine ; il valait mieux passer là-dessus ; on pouvait trouver plus de singularité dans son refus que dans la demande de madame Sainclair et dans la confiance de miss Partington. Mais comme les gens de la maison avaient un si grand nombre de connaissances, elle craignait de n'être pas libre dans son appartement, si la porte était ouverte à tout le monde. Au fond, elle avait trouvé dans les manières de miss Partington des airs de légèreté sur lesquels elle ne pouvait passer, du moins pour souhaiter une liaison plus intime avec elle. Mais si sa fortune était si considérable, elle ne pouvait s'empêcher de dire que cette jeune personne lui paraissait plus propre à recevoir mes soins que... »

Je l'ai interrompue d'un air grave. — Je n'avais pas, lui ai-je dit, plus de goût qu'elle pour miss Partington. C'était une jeune innocente, qui me semblait justifier assez la vigilance que ses tuteurs apportaient à sa conduite. Cependant, pour la nuit passée, je devais avouer que je n'avais rien observé de choquant dans sa conduite, et que je n'y avais vu que l'ouverture d'une jeune fille de bon naturel qui se croit en sûreté dans une compagnie d'honnête gens.

C'était parler fort avantageusement, m'a-t-elle dit, et de moi et de mes compagnons ; mais si cette jeune fille avait été si satisfaite de la soirée qu'elle avait passée avec nous, elle me laissait à juger si je n'étais pas trop bon de lui supposer tant d'innocence. Pour elle, qui ne connaissait point encore Londres, elle m'avouait naturellement que de sa vie elle ne s'était trouvée en si mauvaise compagnie, et qu'elle souhaitait de ne s'y retrouver jamais.

Entends-tu, Belford ? il me semble que tu es plus maltraité que Mercure.

J'étais piqué. — Autant que j'en pouvais juger, lui ai-je répondu, des femmes beaucoup plus discrètes que miss Partington ne seraient pas à couvert devant le tribunal d'une si rigoureuse vertu.

— Je prenais mal sa pensé, a-t-elle repris ; mais si réellement je n'avais rien vu dans la conduite de cette jeune personne qui fût choquant pour une âme vertueuse, elle ne pouvait me dissimuler que mon ignorance lui paraissait aussi digne de pitié que la sienne, et que, pour l'intérêt de deux caractères si bien assortis, il était à souhaiter qu'ils ne fussent jamais séparés.

Vois, Belford, ce que je gagne par ma charité !

Je l'ai remerciée de la sienne ; mais je n'ai pas fait difficulté de lui dire, qu'en général les *bonnes âmes* en avaient fort peu ; et qu'à parler de bonne foi, j'aimerais mieux être un peu plus mauvais, et juger moins rigoureusement de mon prochain.

Elle m'a félicité de ce sentiment ; mais elle espérait, a-t-elle ajouté, que pour paraître charitable à mes yeux, elle ne serait pas obligée de marquer du goût pour la vile compagnie où je l'avais engagée le soir précédent.

Nulle exception en ta faveur, Belford. Tes milles guinées ne courent aucun risque.

J'ai répondu, en lui demandant pardon, que je ne lui voyais de goût pour personne (franchise, ma foi, pour franchise. Pourquoi s'avise-t-elle de maltraiter mes amis? Milord M... dirait ici : qui m'aime aime mon chien) ; que cependant, si elle voulait me faire connaître ce qui lui plaisait ou ce qui ne lui plaisait pas, je m'efforcerais d'y conformer mes sentimens.

Elle m'a dit, d'un air piqué, que je devais donc me déplaire à moi-même.

Au diable la précieuse. S'imagine-t-elle que tôt ou tard elle ne me le paiera pas?

Mon bonheur, ai-je repris d'un ton plus humble, était en si bon train avant l'assemblée d'hier, que je souhaitais que le diable eût emporté mes quatre amis et miss Partington ; cependant elle me permettrait de dire, que je ne voyais pas comment les bonnes âmes pouvaient atteindre à la moitié de leur but, qui était de corriger le monde par leur exemple, si jamais elles n'admettaient dans leur compagnie que des gens qui leur ressemblent.

Je me suis cru réduit en cendre par deux ou trois éclairs qui sont sortis de ses yeux indignés. Elle m'a tourné le dos d'un air de mépris ; et, se hâtant de remonter, elle s'est enfermée dans sa chambre. Je te répète, mon cher Belford, que tes cent guinées te demeureront. Elle prétend que je ne suis pas un homme poli : mais te semble-t-il que, dans cette occasion elle soit plus polie pour une femme?

A présent, ne penses-tu pas que je lui dois quelque punition pour la cruauté qu'elle a eue de mettre une aussi jolie personne et d'une fortune aussi considérable que miss Partington, dans la nécessité de partager le lit d'une servante? Miss Partington, dis-je, qui a déclaré, les larmes aux yeux, à madame Sinclair que si madame Lovelace lui faisait l'honneur d'aller à Barnet, les plus beaux appartemens et les meilleurs lits de la maison seraient à son service. Crois-tu que je ne devine pas toutes les idées offensantes qu'elle a formées sur mon compte? Qu'elle a craint que le mari supposé n'entreprît de se mettre en possession de ses droits, et que miss Partington ne fût disposée à favoriser l'exécution d'un devoir si juste? C'est donc ainsi que vous me défiez ma charmante! Eh bien! puisque vous avez plus de confiance à vos précautions qu'à mon honneur, on trouvera le moyen de changer vos craintes en réalités.

Ne manque pas, Belford, de me marquer ce que tu penses de ma fière Hélène, toi et tes camarades.

Je viens d'apprendre que son Hannah espère d'être bientôt assez rétablie pour se rendre auprès d'elle. Il me semble que cette fille n'a pas de médecin. Je pense à lui en envoyer un, par un pur motif d'amour et de respect pour sa maîtresse. Qui sait si l'effet de quelque remède ne sera pas d'augmenter sa maladie? J'en ai cette espérance du moins. Les siennes sont peut-être aussi trop précipitées. Le temps n'est pas favorable pour les rhumatismes.

LETTRE CLXIII.

M. LOVELACE, A M. BELFORD.

Mardi, 2 mai.

Au moment où je cachetais ma lettre, il en est arrivé une à ma charmante, sous mon couvert, et par la voie de milord M... De qui l'imagines-tu qu'elle soit? De miss Howe; et que contient-elle? C'est ce que je ne puis savoir, avant qu'il plaise à cette chère personne de me le communiquer. Mais, par l'effet qu'elle a produit sur elle, je juge que c'est une lettre fort cruelle. Deux ruisseaux de larmes coulaient de ses yeux en la lisant, et sa couleur a changé plusieurs fois. Je crois que ses persécutions n'auront pas de fin.

Quelle est la cruauté de son sort, s'est écriée la belle affligée! C'est à présent qu'il faut renoncer à l'unique consolation de sa vie! Elle entend sans doute la correspondance de miss Howe. Mais pourquoi cette grande douleur? C'est une défense qui avait été déjà signifiée à son amie, et qui ne les arrêtait pas toutes deux, quoique impeccables, s'il vous plaît. Pouvaient-elles s'attendre qu'une mère ne soutiendrait pas son autorité; et lorsque ses ordres ont si peu de pouvoir sur une belle fille perverse, n'était-il pas raisonnable de supposer qu'elle essaierait s'ils auront plus d'effet sur l'amie de sa fille? Je suis persuadé qu'à présent ils seront exécutés à la rigueur; car je ne doute pas que ma charmante ne s'en fasse un point de conscience.

Je hais la cruauté, surtout dans les femmes; et je serais plus touché de celle de madame Howe, si je ne n'en avais pas eu dans ma charmante un exemple bien plus fort à l'égard de miss Partington. Puisqu'elle était si effrayée pour elle-même, comment pouvait-elle savoir si Dorcas n'introduirait personne auprès de cette jeune innocente, qu'elle devait supposer bien moins sur ses gardes? Mais, après tout, je ne me suis pas trop fâché de cette défense, de quelque source qu'elle vienne; parce qu'il me paraît certain, que j'ai l'obligation à miss Howe de la vigilance excessive de ma belle, et de la mauvaise opinion qu'elle a de moi. Elle n'aura personne, à présent, dont elle puisse comparer les remarques avec les siennes, personne qui se plaise à l'alarmer; et je serai dispensé d'approfondir par de mauvaises voies une correspondance qui m'a toujours causé de l'inquiétude.

N'admires-tu pas comme tout conspire en ma faveur? Pourquoi cette charmante Clarisse ne met-elle dans la nécessité d'avoir recours à des inventions qui augmentent mon embarras, et qui peuvent me rendre plus coupable dans l'idée de certaines gens? ou plutôt pourquoi, voudrais-je lui demander, entreprend-elle de résister à son étoile?

LETTRE CLXIV.

M. BELFORD, A M. LOVELACE.

Edgware, mardi au soir, 2 mai.

Sans attendre l'explication que vous nous avez fait espérer sur le jugement que votre dame porte de nous, je me hâte de vous assurer que nous n'avons qu'une voix dans celui que nous portons d'elle; c'est-à-dire que, pour les qualités de l'esprit, nous ne croyons point qu'il y ait de femme au monde qui l'emporte sur elle au même âge. Pour la figure, elle est dans la fleur. C'est une personne admirable, une parfaite beauté; mais s'arrête-t-on à ces éloges inférieurs, lorsqu'on a joui de l'honnur de sa conversation? Cependant c'est contre son inclination qu'elle nous accordait cette faveur.

Permettez, cher Lovelace, que j'aspire à la gloire de sauver tant de perfection du danger continuel auquel je les vois exposées de la part du plus adroit et du plus intrigant de tous les hommes. Dans une autre lettre, je vous ai fait valoir l'intérêt de votre propre famille, et particulièrement les désirs de milord M... Je n'avais pas encore eu l'occasion de la voir... Mais à présent j'y joins son propre intérêt, celui de l'honneur, les motifs de la justice, de la reconnaissance et de l'humanité, qui doivent tous s'accorder pour la conservation d'un si bel ouvrage de la nature. Tu ne sais pas, Lovelace, quel chagrin j'aurais emporté au fond du cœur, sans savoir à quoi l'attribuer, si je n'avais été bien sûr, en te quittant, que cette fille incomparable était échappée au maudit projet de lui faire recevoir la coquine de Partington pour sa compagne de lit?

Il y a quelque chose de si respectable, et de si doux néanmoins, dans la figure de cette belle personne (je ne fais que de parler d'elle, depuis que je l'ai vue), que si je voulais avoir toutes les vertus et toutes les grâces dans un même tableau, je demanderais qu'elles fussent copiés de ses différens airs et de ses attitudes. Elle est née pour faire l'ornement de son siècle. Elle ferait celui de la première dignité. Quelle vivacité perçante, et quelle douceur en même temps dans ses yeux! J'ai cru voir dans chacun de ses regards un mélange de crainte et d'amour pour vous. Quel divin sourire! Quel charme, de le voir percer au travers du nuage qui couvrait son beau visage, et qui montrait assez qu'elle avait au fond de l'âme plus de tristesse et d'inquiétude qu'elle ne voulait en laisser voir!

Vous pouvez m'accuser d'enthousiasme; mais, en vérité, j'ai conçu tant de vénération pour l'excellence de son esprit et de son jugement, que, loin de pouvoir excuser celui qui serait capable d'en user mal avec elle, je suis tenté de regretter qu'avec des qualités si angéliques elle soit destinée au mariage. Elle est toute âme à mes yeux. Quand elle trouverait un mari qui lui ressemblât, pourquoi mettre à des usages profanes les charmantes perfections qu'elle possède? Pourquoi dégrader un ange aux offices vulgaires de la vie domestique? Si j'étais son mari, à peine oserais-je souhaiter de la voir mère, à moins que d'avoir une espèce de certitude morale que les âmes telles que la sienne sont capables de propagation. En un mot, pourquoi ne pas laisser l'ouvrage des sens aux êtres purement corporels? Je sais que vous-même, vous n'avez pas d'elle des idées moins relevées que les miennes. Belton, Mawbray, Tourville, pensent comme moi, ne mettent pas de fin à leurs éloges, et jurent que ce serait la plus grande pitié du monde de ruiner une jeune personne dont la chute ne peut réjouir que l'enfer.

Quel doit être le mérite d'une femme qui est capable de nous arracher cet aveu, à nous qui ne sommes pas plus réguliers que toi; à tes amis déclarés, qui se sont joints à toi dans tes justes ressentimens contre le reste de sa famille, et qui t'ont offert leurs secours pour l'exécution de ta vengeance! Mais que veux-tu? Nous ne trouvons aucune ombre de raison à punir une fille innocente, qui t'aime de tout son cœur, qui est sous ta protection, et qui a tant souffert, pour toi, de l'injustice de ses parens.

Je veux te faire une ou deux questions. Toute charmante qu'est ta Clarisse, penses-tu sérieusement que le but que tu te proposes réponde aux moyens, c'est-à-dire aux peines que tu te causes à toi-même, aux perfidies, aux artifices, aux inventions dont tu t'es déjà noirci à tes propres yeux et que tu médites encore? En toutes sortes de perfections, elle est supérieure à toutes les femmes du monde; mais sur le point que tu veux obtenir, une sensuelle du même sexe, une Partington, une Horton, une Martin, rendra un sensuel du nôtre mille fois plus heureux qu'il ne pourrait espérer de l'être avec elle. *Les voluptés délicieuses sont celles qui se partagent volontairement.* Voudrais-tu la rendre malheureuse pour toute sa vie, sans pouvoir compter d'être heureux toi-même un instant?

Jusqu'à présent il n'est pas trop tard : et c'est peut-être ce qu'on peut dire de plus, si tu as dessein de conserver son estime avec sa personne, car je crois que, dans la maudite maison où elle est, il lui est impossible de sortir de tes mains. La damnable hypocrite que cette Sinclair! Comment a-t-elle pu se masquer jusqu'à ce point, pendant tout le temps que ta belle a passé avec nous? Crois-moi, Lovelace, sois honnête, et marie-toi; et rends grâce à ton étoile qui fait condescendre l'excellente Clarisse à recevoir ta main. Si tu t'endurcis contre tes propres lumières, tu seras condamné dans ce monde et dans l'autre. Tu le seras, te dis-je, et tu mériteras de l'être, quand tu aurais pour juge un homme qui ne s'est jamais senti si fortement touché en faveur d'une femme, et que tu connais pour ton ami partial.

BELFORD.

Nos associés ont consenti que je t'écrivisse dans ces termes. Comme ils ne connaissent rien aux caractères dont nous nous servons, je leur ai lu ma lettre. Ils l'approuvent, et, de leur propre mouvement, ils y ont voulu mettre leurs noms. Je me hâte de te l'envoyer, de peur d'être prévenu par quelqu'un de tes détestables systèmes.

BELTON, MOWBRAY, TOURVILLE.

P. S. On me remet à l'instant les deux tiennes. Je ne change point d'opinion, et ne rabats rien de mes ardentes sollicitations en sa faveur, malgré le dégoût qu'elle a pour moi.

LETTRE CLXV.

M. LOVELACE, A M. BELFORD.

Mercredi, 3 mai.

Après la peine que je me suis donnée de t'expliquer mes vues, mes desseins et mes résolutions par rapport à cette admirable fille, il est bien extraordinaire que tu t'évapores comme tu fais, en sa faveur, lorsque je n'ai fait encore ni essai ni tentative, et que toi-même, dans une lettre précédente, tu as donné, comme ton opinion, qu'on pouvait prendre avantage de la situation où elle se trouve, et qu'il n'est pas impossible de la vaincre.

La plupart de tes réflexions, particulièrement celle qui regarde la différence des plaisirs que peuvent donner les femmes libertines, sont plus propres aux momens qui suivent l'expérience, qu'aux temps qui la précèdent.

Je reconnais, avec le poète et toi, que les délicieuses voluptés sont celles qui se partagent volontairement. Mais peut-on s'attendre qu'une femme bien élevée se rende à la première attaque? En suis-je même aux sommations? Il me paraît certain que j'aurai des difficultés à combattre, d'où je conclus que j'y dois employer la surprise. Peut-être sera-t-il nécessaire d'y joindre un peu de cruauté. Mais les oppositions peuvent être mêlées de consentement. On peut se rendre au milieu de la résistance. Qui sait, après le premier choc, si les combats suivans ne s'affaibliront point par degrés, jusqu'à ce que la soumission devienne volontaire? C'est le point qui demande d'être éclairci. J'ai vu des oiseaux refuser la nourriture, de chagrin d'avoir été pris et renfermés dans une cage; mais je n'ai point encore rencontré de femme si sotte. Cependant j'ai entendu dire que ces chères âmes font de furieuses menaces contre leur vie dans ces occasions. Mais ce n'est pas dire grand' chose en faveur d'une femme, que de lui accorder plus de sens qu'aux oiseaux. Cependant nous sommes obligés d'avouer tous qu'un oiseau est plus difficile à prendre qu'une femme.

Ainsi, Belford, sans aller plus loin, que sais-je si mon charmant oiseau ne se laissera pas apprivoiser, et s'il ne parviendra point, avec le temps, à vivre aussi satisfait de sa condition qu'un grand nombre d'autres que j'ai conduit à ce point, et quelques uns, je t'assure, d'un naturel fort sauvage.

Mais je devine ton principal motif, dans la chaleur avec laquelle tu prends les intérêts de ma charmante. Je sais que tu es en correspondance avec milord M... qui est depuis long-temps dans l'impatience de me voir enchaîné, et tu veux te faire un mérite de mon mariage auprès de ce vieil oncle goutteux, dans la vue d'obtenir pour toi-même une de ses nièces. Mais songes-tu que mon consentement te sera nécessaire? et ferai-je bien ta cour à miss Charlotte, en lui apprenant l'affront que tu fais à tout son sexe, lorsque tu me demandes si je crois qu'après avoir subjugué la plus charmante femme du monde, le fruit de la victoire soit égal à la peine? Lequel penses-tu qu'une femme sensible trouvera le plus excusable, du méprisant personnage qui fait cette question, ou de celui qui préfère la conquête d'une belle femme à toutes les joies de la vie? N'ai-je pas connu une vertueuse matrone, ou bien aise du moins qu'on eût cette idée d'elle, qui voua une haine éternelle à un homme pour avoir osé dire qu'elle n'était plus dans l'âge de plaire?

Mais encore un mot ou deux sur l'objection qui regarde le fruit de la victoire. Le chasseur qui fait la guerre au renard ne s'expose-t-il pas à toutes les fatigues pour triompher d'une bête qui n'est bonne ni pour lui ni pour ses chiens? Et dans toutes les chasses nobles, n'estime-t-on pas moins le gibier que l'amusement? Pourquoi serais-je donc exposé à ta censure et le sexe à tes outrages, pour ma patience et ma persévérance dans la plus noble de toutes les chasses, et pour n'être pas un *braconnier* en amour, comme ta question semble le faire entendre?

Apprends de ton maître à traiter désormais plus respectueusement un sexe qui fait les délices et le principal amusement du nôtre. Je reprendrai la plume ce soir.

LETTRE CLXVI.

M. LOVELACE, A M. BELFORT.

Tu me regardes, avec raison, comme le plus intrigant de tous les hommes. C'est me faire honneur, et je t'en remercie de bonne foi. Je te connais fort bon juge. Aussi mon orgueil en est-il si flatté, que je me crois obligé de mériter ton compliment. D'ailleurs, voudrais-tu que je me repentisse d'un meurtre avant que de l'avoir commis?

« Les vertus et les grâces sont les dames d'atour de ma Clarisse. Elle est née pour faire l'ornement de son siècle. » Fort bien, Belford. Elle ferait l'ornement de la première dignité... Quel froid éloge, mon ami, s'il n'est pas vrai que la première dignité soit toujours le prix du premier mérite! Dignité, première dignité, pure bagatelle! Toi qui me connais, es-tu la dupe de l'hermine et des faux brillans? C'est à moi de porter la Toison, puisque je l'ai gagnée. Corrige donc ton style à l'avenir, et nomme Clarisse l'ornement du plus heureux des hommes et du plus glorieux conquérant de l'univers.

Qu'elle m'aime comme tu te l'imagines, c'est ce qui ne me paraît pas aussi certain qu'à toi. Ses offres conditionnelles de renoncer à moi, sa confiance trop réservée m'autorisent à demander quel mérite elle peut avoir aux yeux d'un homme qui l'a vaincue en dépit d'elle-même, et qui l'a prise de bonne guerre, en bataille rangée, après un combat obstiné?

A l'égard de la conclusion que tu tires de ses regards, je t'assure qu'ils ne t'ont rien fait connaître à son cœur, si tu t'imagines que l'amour y ait eu la moindre part. J'observais ses yeux comme toi, et j'ai reconnu plus sûrement qu'ils n'exprimaient que du dégoût pour moi et pour la compagnie où je l'avais amenée. L'impatience qu'elle a eue de se retirer, malgré toutes nos instances, devrait t'avoir convaincu qu'il ne se passait rien de tendre dans son cœur; et jamais son cœur n'a été contredit par ses yeux.

Elle est *toute âme*, dis-tu; je le dis aussi. Mais pourquoi t'imagines-tu qu'une âme telle que la sienne, *rencontrant* une âme telle que la mienne, et pour m'arrêter sur les mots, prenant plaisir à la *rencontrer*, ne produirait pas d'autres *âmes* de son espèce?

Il ne faut pas douter, comme tu dis, que l'enfer ne se réjouît de sa chute. Mais je me repose sur le pouvoir que j'aurai de l'épouser, quand je voudrai: et si je lui fais cette justice, n'aurai-je pas droit à sa reconnaissance? Ne se croira-t-elle point dans le cas de m'avoir obligation, plutôt que dans celui de m'obliger. Et puis, s'il faut te le dire, il est impossible que les mœurs d'une fille comme elle reçoivent jamais une plaie aussi profonde que celles de quantité d'autres, que toi et tes camarades subalternes ont jetées dans les voies de la perdition, et qui servent à présent de tisons infernaux dans les divers quartiers de la ville. Prends cette réflexion pour toi, Belford.

Vous me répondrez peut-être qu'entre tous les objets de vos séductions il ne s'en trouve pas une du rang et du mérite de ma Clarisse. Mais je demande si ce n'est pas une maxime constante, dans notre société, que plus une femme a de mérite, plus il y a de noblesse dans la victime? Une pauvre fille, telle, par exemple, que mon bouton de rose, qui n'a point d'appui dans sa naissance et dans son éducation, ni beaucoup de ressource dans ses lumières naturelles, doit être respectée en faveur de sa faiblesse et de son ignorance ; mais vous conviendrez tous qu'il est plus mâle d'attaquer un lion qu'une brebis. J'imite les aigles : c'est aux plus nobles proies qu'ils s'arrêtent. On n'a jamais entendu dire qu'un aigle ait fondu sur un moineau. Le pis, dans l'occasion qui m'anime, c'est qu'après mon triomphe je me trouverai si couvert de gloire, que rien ne sera plus capable de piquer mon ambition. Toute autre entreprise d'amour n'excitera plus que mon mépris. Je serai aussi malheureux, par mes réflexions sur ma conquête, que don Juan d'Autriche l'était par les siennes, après la fameuse victoire de Lépante, lorsqu'il se plaignait qu'aucun de ses exploits futurs ne pourrait égaler les prémices de sa gloire.

Je ne disconviens pas qu'il ne soit facile de répondre à mes raisonnemens, et qu'ils ne méritent peut-être quelque censure; mais de la part de qui? Ce n'est pas de la tienne, ni de celle d'aucun de nos associés, subalternes que vous êtes, dont la vie dépravée, long-temps même avant que j'aie pris la qualité de votre général, a justifié ce que l'envie ou l'épuisement vous fait condamner aujourd'hui. Je vous ai fait l'honneur de vous expliquer mes intentions : c'est tout ce que vous pouviez prétendre, et ce qu'il me plaît uniquement de vous accorder.

Sois donc convaincu, Belford, que tu as tort et que j'ai raison suivant nos principes; ou du moins, tais-toi. Mais je t'ordonne d'être convaincu, et ne manque point, dans ta première lettre, de m'assurer que tu l'es.

LETTRE CLXVII.

M. BELFORT, A M. LOVELACE.

Edgware, jeudi, 4 mai.

Je sais que tu es un méchant si perverti, que te donner les meilleures raisons du monde contre ce que tu as une fois résolu, c'est imiter ce fou qui essayait d'arrêter un ouragan avec son chapeau. Cependant j'espère encore que le mérite de ta dame aura quelque pouvoir sur toi. Mais si tu persistes, si tu veux te venger sur ce tendre agneau, que tu as séparé d'un troupeau que tu hais, de l'insolence de ceux qui l'avaient en garde; si tu n'es pas touché par la beauté, par l'esprit, par le savoir, par la modestie et l'innocence, qui brillent avec tant d'éclat dans cette fille charmante; s'il est décidé qu'elle doive tomber, et tomber par la cruauté de l'homme qu'elle a choisi pour son protecteur, je ne voudrais pas, pour mille mondes, avoir à répondre de ton crime.

Sur ma foi, Lovelace, le sujet me tient au cœur, quoique je n'aie pas eu l'honneur de plaire à la divine Clarisse. Mon inquiétude augmente, lorsque je pense à l'imprécation de son brutal de père, et aux infâmes duretés de toute sa famille. Je serais curieux néanmoins, si tu t'obstines, de savoir par quels degrés, par quels artifices et quelles inventions tu avanceras dans ton ingrate entreprise; et je te conjure, cher Lovelace ! si tu es homme, de ne pas souffrir que les spécieux démons au milieu desquels tu l'as placée triomphent d'elle ; et de ne pas employer des voies indignes de l'humanité. Si tu n'emploies que la simple séduction; si tu la rends capable d'une faiblesse, par amour, ou par des artifices dont l'honneur ne soit pas révolté, je la plaindrai moins ; et je conclurai qu'il n'y a point de femme dans le monde qui soit à l'épreuve d'un amant ferme et courageux.

Il m'arrive à ce moment un messager de la part de mon oncle. J'apprends que son mal a gagné les genoux et que les chirurgiens lui donnent peu de jours à vivre. Il m'a dépêché aussitôt un de ses gens, avec cette fâcheuse déclaration, qu'il m'attend pour lui fermer les yeux. Comme je serai absolument obligé d'envoyer chaque jour à la ville mon valet ou quelqu'un des siens, pour ses affaires ou pour les miennes, l'un ou l'autre ira régulièrement prendre vos ordres. C'est une charité de m'écrire aussi souvent que vous le pourrez. Quoique je gagne beaucoup à la mort du pauvre homme, je ne saurais dire que ces scènes de mort et de ministre puissent me causer le moindre plaisir : de *ministre* et de *mort*, aurais-je dû dire : car c'est l'ordre naturel, et l'un est ordinairement l'avant-coureur de l'autre.

Si je vous trouve de la froideur à m'obliger, je serai porté à croire que ma liberté vous a déplu. Mais je ne vous en avertis pas moins que celui qui n'a pas honte d'un excès, n'a pas droit de se choquer du reproche.

BELFORD.

LETTRE CLXVIII.

MISS CLARISSE HARLOVE, A MISS HOWE.

Je vous rends grâce, et à M. Hickman, de la lettre qu'il a pris la peine de m'écrire avec une diligence si obligeante ; et je continue de me soumettre à votre chère tyrannie.

Elle lui fait le récit de ce qui s'est passé, le mardi matin, entre elle et M. Lovelace, à l'occasion de ses quatre amis et de miss Partington. Les circonstances diffèrent peu de celles qu'on a lues dans la lettre de M. Lovelace. Ensuite elle continue :

Il ne cesse de me reprocher un excès de scrupule. Il prétend que je suis toujours fâchée contre lui ; que je ne puis avoir gardé plus de réserve avec M. Solmes, et qu'il ne peut concilier avec ses idées, non plus qu'avec ses espérances, que depuis si long-temps il n'ait pas eu le bonheur d'inspirer le moindre sentiment de tendresse à la personne qu'il se flatte de pouvoir bientôt nommer sa femme. Aveugle présomption ! de ne pas voir à quoi il doit attribuer la réserve avec laquelle je suis obligée de le traiter. Mais son orgueil anéantit sa prudence. Ce ne peut être qu'un bas orgueil qui a pris la place de cette noble fierté qui le mettait au dessus de la vanité par laquelle il s'est laissé corrompre. Ne vous souvenez-vous pas de l'avoir vu, pendant les heureux jours que j'ai passés chez vous, regardant autour de lui lorsqu'il retournait à son carrosse, comme pour observer quels yeux sa figure et son air attiraient à sa suite? Mais nous avons vu de laids et sots petits-maîtres, aussi orgueilleux de leur figure que s'ils avaient toutes les grâces en partage, pendant qu'ils devaient penser que les recherches qu'ils apportent à leur personne ne servent qu'à mettre leurs défauts dans un plus grand jour. Celui qui cherche à paraître *plus grand* ou *meilleur* qu'il n'est excite la curiosité sur ses prétentions ; et cet examen produit presque toujours le mépris, parce que l'orgueil est un signe infaillible de faiblesse, ou de quelque travers dans l'esprit ou dans le cœur. S'exalter soi-même, c'est insulter son voisin, qui se sent alors porté à douter d'un mérite auquel il accorderait peut-être ce qui lui est dû, s'il le voyait accompagné de modestie.

Vous me trouverez fort grave, et je le suis en effet depuis lundi au soir. M. Lovelace est extrêmement tombé dans mon opinion. Je ne vois plus rien devant moi qui puisse me donner une favorable espérance. Qu'attendre d'un esprit si inégal?

Je crois vous avoir marqué que j'ai reçu mes habits. Vous m'avez causé tant d'agitation que je ne suis pas trop sûre de l'avoir fait, quoique je me souvienne d'en avoir eu le dessein. Ils me sont venus jeudi dernier, mais sans la petite somme et sans mes livres, à l'exception de Drexel, *sur l'Éternité*, de *l'Instruction sur la Pénitence*, et de *François Spira*. C'est apparemment un trait d'esprit de mon frère. Il croit bien faire de me présenter des images de mort et de désespoir. Je désire l'une, et je suis quelquefois sur le bord de l'autre.

Vous serez moins surprise de ma gravité, lorsqu'aux raisons que vous connaissez et à l'incertitude de ma situation, j'aurai ajouté qu'on m'a remis avec ces livres une lettre de M. Morden. Elle m'a fort indisposée contre M. Lovelace, et je dois dire aussi contre moi-même. Je la mets sous cette enveloppe. Prenez la peine, ma chère, de la lire.

LETTRE CLXIX.

M. MORDEN, A MISS CLARISSE HARLOVE.

Florence, 13 avril.

J'apprends avec un extrême chagrin le différend qui s'est élevé entre toute une famille qui m'est si chère, et qui me touche de si près par le sang, et vous, ma très chère cousine, qui avez des droits encore plus particuliers sur mon cœur. Mon cousin a pris la peine de m'informer des offres et du refus. Je ne trouve rien de surprenant d'un côté ni de l'autre; que ne promettiez-vous pas, dans un âge peu avancé, lorsque j'ai quitté l'Angleterre? et ces charmantes espérances se trouvant surpassées, comme j'ai pris souvent plaisir à l'entendre, par l'excellence de toutes vos perfections, je conçois que vous devez faire l'admiration de tout le monde, et qu'il y a très peu d'hommes qui soient dignes de vous.

M. et madame Harlove, les meilleurs parens du monde et les plus remplis d'indulgence pour une fille qu'ils ont tant de raison d'aimer, ont donné les mains au refus que vous avez fait de plusieurs partis. Ils se sont contentés de vous en proposer un plus sérieusement, parce qu'il s'en présentait un autre qu'ils ne pouvaient approuver. Ils ne vous ont pas supposé, apparemment, beaucoup d'aversion pour celui qu'ils vous offraient; et dans cette idée ils ont suivi leurs propres vues : un peu trop vite, peut-être, pour une jeune personne de votre délicatesse. Mais lorsque tout s'est trouvé conclu de leur part, et qu'ils ont cru vous avoir assuré des conditions extrêmement avantageuses qui marquent la juste considération dont la personne qu'ils vous destinent est remplie pour vous, vous vous éloignez de leurs désirs avec une chaleur et une véhémence où je ne reconnais pas cette douceur naturelle qui donne de la grâce à toutes vos actions.

Je n'ai jamais eu d'habitude avec aucun des deux prétendans; mais je connais M. Lovelace un peu plus que M. Solmes. Ce que je puis dire, ma chère cousine, c'est que je souhaiterais de pouvoir lui rendre un témoignage plus avantageux que je ne le puis. A l'exception d'une seule qualité, votre frère avoue qu'il n'y a point de comparaison entre les deux concurrens; mais cette qualité seule est d'un plus grand poids que tout le reste ensemble. On ne pensera jamais que miss Clarisse Harlove compte les mœurs pour rien dans un mari.

Quel sera, ma très chère miss, le premier argument que j'emploierai dans cette occasion? Votre devoir, votre intérêt, votre temporel, votre éternel avantage, peuvent dépendre de ce seul point, *les bonnes mœurs d'un mari*. Avec un méchant mari, il n'est pas toujours au pouvoir d'une femme d'être bonne ou de faire le bien, comme un mari peut être bon avec une méchante femme. Vous conservez, m'écrit-on, tous vos principes de piété; je n'en suis pas surpris, et je le serais beaucoup que vous les oubliassiez; mais quel espoir auriez-vous d'y persévérer avec un mari sans mœurs?

Si votre jugement ne s'accorde point avec celui de vos proches dans cette importante occasion, permettez que je vous demande, ma chère cousine, lequel des deux doit céder à l'autre? Je ne vous dissimulerai pas que, de tous les hommes, M. Lovelace me paraît celui qui vous conviendrait le plus s'il avait des mœurs. Je ne m'échapperais pas même à parler avec cette liberté d'un homme dont je n'ai aucun droit de me faire le juge, s'il adressait ses soins à toute autre que ma cousine. Mais dans cette occasion, vous me permettrez de vous dire, ma chère Clarisse, que M. Lovelace ne peut être digne de vous. Il peut se réformer, direz-vous : peut-être ne se réformera-t-il pas. L'habitude ne change pas facilement. Les libertins, qui sont tels au mépris de leurs talens, de leurs lumières supérieures et de leurs propres convictions, ne se réforment presque jamais que par un miracle ou par impuissance. Je connais parfaitement mon sexe, je suis capable de juger s'il y a quelque espérance de réformation pour un jeune homme licencieux, qui n'a point été réduit par la maladie, par l'affliction, par l'adversité; qui jouit d'une fortune brillante, sans compter ses hautes espérances, qui a les sentimens élevés, l'humeur indomptable, et qui, vivant peut-être avec des gens du même caractère, s'y confirme par leurs exemples et par l'assistance qu'il reçoit d'eux dans toutes ses entreprises.

A l'égard de l'autre, supposons, ma chère cousine, que vous soyez à présent sans goût pour lui, ce n'est pas une preuve absolue que vous ne puissiez quelque jour en avoir. Peut-être en aurez-vous d'autant plus, que vous en avez moins aujourd'hui. Il ne peut tomber plus bas dans votre opinion, mais il peut s'y élever. Rien n'est si rare que de voir les grandes attentes heureusement remplies. Comment le seraient-elles jamais, lorsqu'une belle imagination ne manque pas de les porter beaucoup au delà de la réalité? Une femme qui se livre à la sienne ne découvre aucun défaut dans l'objet qu'elle favorise; souvent parce qu'elle n'en trouve aucun dans elle-même; et l'illusion de cette généreuse crédulité ne se dissipe que lorsqu'il est trop tard pour y remédier.

Mais supposons, d'un autre côté, qu'une personne telle que vous épouse un homme dont les talens sont inférieurs aux siens, quelle femme au monde sera plus heureuse alors que miss Clarisse? quel plaisir ne prendra-t-elle pas à faire du bien? Quel heureux partage de son temps entre l'exercice de ses propres vertus et l'avantage de tout ce qui aura quelque rapport à sa sphère ! On vous rend cette justice, ma chère cousine, que vos qualités naturelles et acquises sont dans un degré si rare, que, pour le bonheur d'autrui comme pour le vôtre, tous vos amis doivent souhaiter que votre attention ne soit pas bornée à des égards qu'on peut nommer exclusifs et purement personnels.

Mais examinons, par rapport à vous-même, les suites de ces égards ou de cette préférence dont on vous soupçonne pour un libertin. Une âme aussi pure que la vôtre se mêler avec une des plus impures de son espèce ! Un homme de ce caractère occupera tous vos soins. Il vous remplira continuellement d'inquiétudes pour lui et pour vous-même. Puissance divine et humaine, lois les plus saintes, vous lui verrez braver tout ce qui est respecté par les hommes de tous les temps et de tous les lieux. Pour lui plaire et pour vous conserver quelque pouvoir dans son cœur, vous serez obligée probablement de renoncer à vos plus louables inclinations; d'entrer dans ses goûts et dans ses plaisirs; d'abandonner vos compagnies vertueuses pour vous livrer aux siennes. Peut-être serez-vous abandonnée des vôtres à cause du scandale continuel de ses actions. Espérez-vous, chère cousine, qu'avec un tel homme vous puissiez être long-temps aussi bonne que vous l'êtes à présent? Si vous ne devez pas l'espérer, voyez donc laquelle de vos vertus présentes vous êtes disposée à lui sacrifier, et lequel de ses vices vous vous croyez capable d'imiter pour lui plaire. Comment pourriez-vous perdre le goût d'aucun de ces devoirs que vous trouvez aujourd'hui tant de douceur à remplir? et si si vous cédez une fois, comment serez-vous sûre du point auquel il vous sera permis de vous arrêter?

Votre frère convient que, pour l'agrément de la personne, M. Solmes n'est pas comparable à M. Lovelace. Mais qu'est-ce que la figure aux yeux d'une fille telle que vous ? Il reconnaît aussi que l'un n'a pas les manières de l'autre; mais cet avantage, sans mœurs, vous paraît-il mériter la moindre considération? Il serait bien plus avantageux pour une femme de prendre un mari dont elle aurait à former les manières, que de les trouver toutes formées aux dépens de ses mœurs, prix auquel on n'achète que trop souvent les qualités qu'on se propose d'acquérir dans les voyages. Ah! ma chère cousine, si vous pouviez vous trouver ici avec moi, soit à Florence d'où je vous écris, soit à Rome, soit à Paris, où j'ai résidé aussi fort long-temps, et voir quelle sorte de fruit la plupart de nos jeunes gens remportent de ces villes fameuses, vous les aimeriez mieux tels qu'ils sont à leur premier poste, lorsqu'on suppose que leur grossièreté naturelle a besoin de se polir hors de leur patrie, que tels qu'ils vous paraîtraient à leur retour. Les modes, les vices et souvent les maladies des pays étrangers font l'homme accompli. Joignez-y le mépris de son propre pays et de ceux qui l'habitent, quoiqu'il mérite plus de mépris lui-même que le plus méprisable de ceux qu'il méprise : voilà généralement, avec un mélange d'effronterie qui ne rougit de rien, ce qu'on appelle un gentilhomme qui a voyagé.

Je sais que M. Lovelace mérite une exception. Il a réellement des qualités distinguées et du savoir. Il s'est acquis de l'estime à Florence et à Rome; et l'éclat de sa figure, joint au tour noble et généreux de son esprit, lui ont donné de grands avantages. Mais il n'est pas besoin de vous dire qu'un libertin, homme de sens, est infiniment plus dangereux qu'un libertin sans génie. J'ajouterai même que c'est la faute de M. Lovelace s'il n'a pas obtenu encore plus de considération des personnes lettrées de Florence. Il s'est permis quelques entreprises galantes qui ont mis en danger sa personne et sa liberté, et qui l'ont fait abandonner de ses plus illustres amis. Aussi son séjour à Florence et à Rome a-t-il été plus court qu'il ne se l'était proposé.

Voilà ce que j'avais à dire de M. Lovelace. J'aurais beaucoup mieux aimé que la vérité m'eût permis de lui rendre un témoignage tout à fait opposé. Mais, pour ce qui regarde en général les libertins déclarés, moi qui me flatte de les connaître, et qui sais non seulement qu'ils ont sans cesse dans le cœur quelque mauvais dessein contre votre sexe, mais que souvent ils ne sont que trop heureux à les faire réussir, je crois pouvoir ajouter ici quelques réflexions sur ce malheureux caractère.

Un libertin, ma chère cousine, un intrigant, un rusé libertin, est ordinairement un homme sans remords. C'est toujours un homme injuste. La noble règle, *de ne pas faire aux autres ce que nous ne voudrions pas qu'on nous fît*, est la première règle qu'il viole. Il la viole chaque jour, et plus il en trouve d'occasions, plus il s'applaudit de son triomphe. Son mépris est extrême pour votre sexe. Il ne croit pas qu'il y ait de femmes chastes, parce qu'il est lui-même un abandonné. Chaque folle qui le favorise le confirme dans cette odieuse incrédulité. Son esprit s'occupe sans cesse à multiplier les excès dont il fait ses délices. Si quelque femme a le malheur d'aimer un homme de cette espèce, comment peut-elle soutenir l'idée de partager ses affections avec la moitié de la ville, et peut-être avec ce qu'il y a de plus méprisable? Et puis, livré si grossièrement aux goûts purement sensuels? Quelle femme un peu délicate ne serait pas révoltée contre un ennemi du sentiment, contre un homme qui jette du ridicule sur la fidélité et la tendresse, et qui est capable de rompre un engagement d'amour par une insulte? Les prières, les larmes ne feront qu'enfler son orgueil. Il fera gloire, avec ses compagnons de débauche, et peut-être avec des femmes aussi perdues que lui, des souffrances et des humiliations qu'il a causées; et s'il a le droit du mariage, il poussera la brutalité jusqu'à les rendre témoins de son triomphe. Ne me soupçonnez pas d'exagération. Je ne dis rien dont on ne connaisse des exemples.

Parlerai-je des fortunes dissipées, des terres engagées ou vendues, et des vols faits à la postérité; enfin d'une multitude d'autres désordres dont la peinture serait grossière et choquante pour des yeux aussi délicats que les vôtres?

Que de maux ensemble, et de quelle étrange nature! Il n'est question, pour les éviter, ma chère cousine, pour vous conserver le pouvoir de faire le bien auquel vous êtes accoutumée, et de l'augmenter même par le revenu particulier dont on vous laissera la disposition; pour continuer vos charmans exercices et vos occupations exemplaires, pour assurer en un mot la durée perpétuelle de toutes vos bonnes habitudes, il n'est question que d'un seul sacrifice, celui du périssable plaisir des yeux. Qui ferait difficulté, lorsqu'il est certain que toutes les qualités ne se trouvent pas dans un même homme, d'abandonner un plaisir si frivole pour s'en assurer de si importans et de si solides?

Pesez toutes ces considérations, sur lesquelles je pourrais insister avec plus d'avantage, s'il en était besoin avec une personne de votre prudence. Pesez-les attentivement, mon aimable cousine; et si l'intention de vos parens n'est pas que vous demeuriez fille, déterminez-vous à les obliger. Qu'on ne dise pas qu'à l'exemple de quantité d'autres personnes de votre sexe, l'imagination ait eu plus de pouvoir sur vous que le devoir et la raison. Moins l'homme est agréable, plus il y aura de mérite dans la complaisance. Souvenez-vous que c'est un homme réglé, un homme qui a une réputation à perdre, et dont la réputation par conséquent est une sûreté pour sa bonne conduite avec vous.

C'est une occasion qui s'offre à vous pour donner le plus grand exemple qu'on puisse attendre du respect filial. Embrassez-la. L'exemple est digne de vous. On l'attend de votre vertu, quoiqu'en faveur de votre inclination on puisse regretter qu'il vous soit proposé. Qu'on dise, à votre gloire, que vous avez mis vos parens dans le cas de vous avoir obligation. Terme orgueilleux ! chère cousine, mais justifié par la violence que vous ferez au penchant de votre cœur. Et des parens encore qui vous ont comblée de bienfaits ; mais qui sont fermes sur ce point, qui n'en démordront pas, qui se sont relâchés sur quantité d'autres points de la même nature, et qui, pour l'honneur de leur jugement et de leur autorité, demandent d'être obligés à leur tour.

J'espère de me trouver bientôt en état de vous féliciter personnellement d'une si glorieuse complaisance. Le désir d'arranger et de finir tout ce qui appartient à ma qualité de curateur est un des principaux motifs qui me portent à quitter l'Italie. Je serai charmé de pouvoir m'acquitter de ce devoir à la satisfaction de tout le monde, et surtout, ma chère cousine, à la vôtre. Si je trouve, à mon arrivée, l'union rétablie dans une famille si chère, ce sera pour moi un plaisir inexprimable, et je disposerai peut-être mes affaires pour passer le reste de mes jours près de vous.

Ma lettre est d'une longueur extrême. Il ne me reste qu'à vous assurer du profond respect avec lequel je suis, ma très chère cousine, votre, etc.

MORDEN.

LETTRE CLXX.

MISS CLARISSE HARLOVE, A MISS HOWE.

Je suppose, chère miss Howe, que vous avez lu la lettre de mon cousin. Il est trop tard pour souhaiter qu'elle fût arrivée plus tôt. Quand je l'aurais reçue alors, peut-être n'en aurais-je pas moins eu la témérité de me résoudre à l'entrevue, puisque je pensais si peu à partir avec M. Lovelace.

Mais je ne croyais pas qu'avant l'entrevue je lui eusse donné l'espérance qui le fit venir préparé, et dont ses artifices rendirent si malheureusement la révocation inutile.

Persécutée comme je l'étais et m'attendant si peu à la condescendance qu'on se proposait d'avoir pour moi, suivant que ma tante me l'a marqué et que vous me l'avez confirmé, quand la lettre serait arrivée assez tôt, j'ai peine à dire quel parti elle m'aurait fait prendre par rapport à l'entrevue. Mais voici un fait que je crois véritablement qu'elle aurait produit sur moi : elle m'aurait fait insister de toutes mes forces sur le projet de me rendre auprès de son obligeant auteur pour trouver un père et un protecteur, aussi bien qu'un ami, dans un cousin qui est un de mes curateurs. Cette protection était la plus naturelle, ou du moins la plus irréprochable; mais j'étais destinée à l'infortune! Que le cœur me saigne de me voir déjà presque obligée de souscrire au caractère que M. Morden me trace si vivement d'un libertin, dans la lettre dont je suppose que vous avez fait la lecture!

Est-il possible que ce vil caractère, pour lequel j'ai toujours eu de l'horreur, soit devenu mon partage! J'ai fait trop de fonds sur mes forces. N'ayant rien à craindre des impulsions de la violence, peut-être ai-je levé trop peu les yeux vers le directeur suprême, dans lequel je devais placer toute ma confiance, surtout quand j'ai vu tant de persévérance dans les soins d'un homme de ce caractère.

Le défaut d'expérience et la présomption, avec le secours de mon frère et de ma sœur, qui ont à répondre de leurs motifs dans ma disgrâce, ont causé ma ruine. Quel mot, ma chère! Mais je vous le répète avec délibération : puisqu'en supposant ce qui peut m'arriver de plus heureux, ma réputation est détruite, un libertin est mon partage; et ce que c'est qu'un libertin, la lettre de M. Morden doit vous l'avoir appris.

Gardez-la, je vous prie, jusqu'à ce que j'aie l'occasion de vous la redemander. Je ne l'ai lue moi-même que ce matin pour la première fois, parce que je n'avais point encore eu le courage d'ouvrir ma malle. Je ne voudrais pas pour tout au monde qu'elle tombât sous les yeux de M. Lovelace; elle pourrait devenir l'occasion de quelque désastre, entre le plus violent de tous les hommes et le brave qui se possède le plus, tel qu'on représente M. Morden.

Cette lettre était sous une enveloppe, ouverte et sans adresse. Qu'ils aient pour moi autant de haine et de mépris qu'ils voudront, je m'étonne qu'ils n'y aient pas joint une seule ligne; ne fût-ce que pour m'en faire sentir plus vivement le dessein, par le même esprit qui les a portés à m'envoyer *Spira*.

J'avais commencé une lettre pour mon cousin, mais j'ai pris le parti de l'abandonner, à cause de l'incertitude de ma situation, et parce que je m'attendais de jour en jour à des éclaircissemens plus certains. Vous m'avez conseillé, il y a quelque temps, de lui écrire; et c'est alors que j'avais commencé ma lettre, par le plaisir extrême que je trouve à vous obéir. Je le dois, lorsque je le puis; car vous êtes la seule amie qui me reste, et vous avez d'ailleurs la même déférence pour les avis que je prends la liberté de vous donner. Pour mon malheur, j'entends mieux à les donner qu'à choisir entre ceux qu'on me donne : je suis forcée de le dire, car je me crois perdue par une démarche téméraire, sans avoir rien à me reprocher du côté de l'intention. Apprenez-moi, ma chère, comment ces contrariétés peuvent arriver.

Mais il me semble que je puis l'expliquer moi-même : une faute, dans l'origine, voilà le mystère à découvrir; cette fatale correspondance, qui m'a menée si loin par degrés, que je me trouve dans un labyrinthe de doutes et d'erreurs, où je perds l'espérance de découvrir le chemin pour en sortir. Un seul pas de travers, par lequel j'ai commencé, m'a conduite à des centaines de lieues hors de mon sentier, et la pauvre égarée n'a pas un ami, ou ne rencontre pas un charitable passant qui l'aide à se retrouver.

Présomptueuse que je suis! d'avoir trop compté sur la connaissance que j'avais du véritable chemin, sans avoir appréhendé qu'un *feu follet*, avec ses fausses lumières, dont j'avais entendu parler tant de fois, ne s'élevât devant mes yeux pour me troubler la vue ! Au milieu des terres marécageuses où je suis à présent, il voltige autour de moi, sans disparaître un moment, et s'il m'éclaire, c'est pour me rejeter en arrière, lorsque je crois m'être avancée vers le terme. Ma seule consolation, c'est qu'il y a un point commun où les plus grandes erreurs n'empêcheront pas que tout ne se rencontre. Tôt ou tard, je m'y reposerai paisiblement et j'y trouverai la fin de tous mes malheurs.

Mais comment puis-je m'écarter si loin de mon sujet et m'écarter contre mon intention ? Je voulais dire seulement que j'avais commencé, il y a quelque temps, une lettre pour M. Morden, mais que je ne puis l'achever. Vous jugez bien que je ne le puis. Quel moyen de lui dire que tous ses complimens sont employés mal à propos, que son conseil est inutile, tous ses avertissemens perdus, et que la plus heureuse de mes espérances est de me voir la femme de ce libertin, dont il m'exhorte si pathétiquement à me garantir ?

Cependant, puisque mon sort paraît dépendre aujourd'hui de M. Lovelace, je vous prie, ma chère, de joindre vos prières aux miennes, pour demander au ciel que, de quelque manière qu'il dispose de moi, il ne permette pas que cette horrible partie de la malédiction de mon père, *que je puisse être punie par l'homme dans lequel* il suppose *que j'ai mis ma confiance*, soit malheureusement remplie. Demandons-lui cette grâce, pour l'intérêt de M. Lovelace même, et pour celui de la nature humaine ; ou que, s'il est nécessaire, pour le soutien de l'autorité paternelle, que je sois punie comme mon père le désire, ce ne soit pas par quelque bassesse infâme et préméditée, afin que je puisse du moins justifier l'intention de M. Lovelace, s'il m'ôte le pouvoir de justifier son action ; sans quoi ma faute paraîtrait double aux yeux du monde, qui ne juge que par l'événement. Cependant il me semble que, d'un autre côté, je souhaiterais que la rigueur de mon père et de mes oncles, dont le cœur n'a déjà que trop été blessé de ma faute, pût être justifiée sur tout autre point que cette cruelle malédiction ; et que mon père voulût consentir à la révoquer avant qu'elle soit connue de tout le monde, du moins dans cette terrible partie qui regarde la vie future !

Il faut que je quitte la plume. Il faut que j'écarte ces tristes réflexions. Je veux relire encore une fois la lettre de mon cousin, avant que de fermer mon enveloppe : alors je la saurai par cœur.

LETTRE CLXXI.

MISS CLARISSE HARLOVE, A MISS HOWE.

Dimanche au soir, 7 mai.

Quand vous considérez ma déplorable situation, et tant de circonstances choquantes dont elle est accompagnée, quelques unes même si mortifiantes pour ma fierté ! avec l'aggravation qu'elles reçoivent de la lettre de M. Morden, vous ne devez pas être surprise que les vapeurs sombres qui m'assiégent le cœur s'élèvent jusqu'à ma plume. Cependant, comme vous entrez si généreusement dans mes peines, je conçois qu'il serait plus obligeant de ma part, plus digne d'une amie, de vous en cacher la partie la plus affligeante, surtout lorsque je ne puis espérer aucun soulagement de mes confidences et de mes plaintes.

Mais à qui mon cœur peut-il s'ouvrir si ce n'est à vous, lorsque celui qui devrait être mon protecteur, après avoir attiré sur moi toutes mes disgrâces, ne fait qu'augmenter mes alarmes? lorsque je n'ai pas une servante sur la fidélité de laquelle je puisse me reposer? lorsque, par ses manières ouvertes et par la gaîté de son humeur, il attache ici tout le monde à ses intérêts, et que je ne suis, en quelque sorte, qu'un *zéro* pour le *faire valoir* et pour *grossir la somme de mes douleurs?* J'ai beau faire, cette source de tristesse se répand quelquefois en pleurs, qui se mêlent avec mon encre et qui tachent mon papier. Je sais que vous ne me refuserez point une consolation si passagère.

Elle raconte ici, à son amie, qu'à présent qu'elle a reçu ses habits, M. Lovelace la tourmente sans cesse pour l'engager à sortir en carrosse avec lui, accompagnée de telle personne de son sexe qu'elle voudra choisir, soit pour prendre l'air, soit pour aller aux spectacles. Elle fait le détail d'une conversation qu'elle a eue là-dessus avec lui, et de plusieurs autres de ses propositions. Mais elle observe qu'il ne lui dit pas un mot de la célébration de leur mariage, sur laquelle il l'avait tant pressée avant que d'être à Londres, et qui serait nécessaire néanmoins pour donner de la bienséance à tout ce qu'il propose. Ensuite elle continue :

Je suis, ma chère, à ne pouvoir plus supporter la vie que je mène. L'objet de tous mes désirs serait de me voir hors de ses atteintes. Il éprouverait bientôt quelque différence. Si je dois être humiliée, il vaudrait mieux que je le fusse par ceux à qui je dois de la soumission. Ma tante m'a marqué dans sa lettre qu'elle n'ose rien proposer en ma faveur. Vous me dites que par vos informations vous trouvez qu'on avait actuellement résolu de changer de mesures; que ma mère, en particulier, était déterminée à tout entreprendre pour rétablir la paix dans la famille; et que, dans la vue d'assurer le succès de ses efforts, elle voulait tenter de faire entrer mon oncle Harlove dans son parti.

Il me semble qu'il y a quelque chose à bâtir sur ce fondement. Je puis du moins essayer, c'est mon devoir d'employer toutes sortes de méthodes pour rétablir en faveur cette pauvre disgraciée. Qui sait si cet oncle, autrefois si indulgent, qui a beaucoup de poids dans la famille, ne se laissera pas engager à prendre mes intérêts? J'abandonnerai de tout mon cœur, à qui l'on voudra, tous mes droits sur la succession de mon grand-père, pour faire trouver mes propositions plus agréables à mon frère, et s'il faut une garantie plus forte, je m'engagerai à ne me jamais marier.

Que pensez-vous, ma chère, de cet expédient? Sûrement, ils ne peuvent avoir résolu de renoncer à moi pour toujours. S'ils considèrent, sans partialité, tout ce qui s'est passé depuis deux mois, ils trouveront quelque chose à blâmer dans leur conduite comme dans la mienne.

Je présume que cet expédient vous paraîtra digne d'être tenté. Mais voici l'embarras : si j'écris, mon impitoyable frère a ligué si fortement tout le monde contre moi, que ma lettre passera de mains en mains, jusqu'à ce qu'il ait endurci chacun à rejeter ma demande. Au contraire, s'il y avait quelque moyen d'engager mon oncle à s'intéresser pour moi comme de lui-même, j'aurais d'autant plus d'espérance qu'il lui serait aisé de faire entrer dans mon parti ma mère et ma tante.

Voici donc ce qui m'est venu à l'esprit. Supposons que M. Hickman, dont l'excellent caractère s'est attiré la considération de tout le monde, cherchât l'occasion de rencontrer mon oncle, et que, sur la connaissance que vous lui auriez donnée de l'état des choses entre M. Lovelace et moi, il l'assurât, non seulement de tout ce que vous savez en effet, mais encore que je n'ai pris aucun engagement qui puisse m'empêcher de me conduire par ses avis. Qu'en dites-vous, ma chère? Je soumets tout à votre discrétion, c'est-à-dire, l'entreprise même et la manière dont elle doit être menée. Si vous l'approuvez et que mon oncle refuse de prêter l'oreille aux sollicitations de M. Hickman, qui doivent venir comme de vous, par des raisons qui se présentent d'elles-mêmes, il faudra renoncer à toute espérance, et, dans la disposition où je suis, ma première démarche sera de me jeter sous la protection des tantes de M. Lovelace.

Ce serait une impiété d'adopter les vers suivans, parce que je paraîtrais rejeter sur les décrets de la Providence une faute qui n'est que trop réellement de moi ; mais une certaine conformité, qu'ils ont en général avec ma triste situation, me les fait souvent rappeler :

« C'est à vous, grands dieux ! que j'appelle en dernier ressort. Ou justifiez ma vertu, ou faites connaître mes crimes. Si je mène une vie infortunée, marchant par des chemins que je m'efforcerais en vain d'éviter, imputez mes erreurs à vos propres décrets. Mes pieds sont coupables, mais j'ai le cœur innocent. »

Miss Clarisse apprend à miss Howe, sous une autre date, que M. Lovelace, s'apercevant de son inquiétude, lui a présenté M. Mennell, parent de M. Fretchvill, et chargé du soin de toutes ses affaires ; un jeune officier, dit-elle fort sensé et fort poli, qui lui a fait une peinture de la maison et des meubles, telle que M. Lovelace la lui avait déjà faite, et qui lui a aussi parlé de la triste vie de M. Fretchvill. Elle raconte à miss Howe combien M. Lovelace a paru pressant pour engager M. Mennell à procurer la vue de la maison à sa femme : c'est le nom qu'il lui donne toujours, dit-elle, lorsqu'il parle à elle devant quelqu'un. Elle ajoute que M. Mennell a offert de lui montrer tous les appartemens, l'après-midi même, à la réserve de celui où M. Fretchvill se trouverait à leur arrivée : mais qu'elle a jugé à propos de ne pas faire de nouvelle démarche, jusqu'à ce qu'elle sache ce que miss Howe pense du dessein de sonder son oncle, et même jusqu'à la réponse que M. Hickman pourra recevoir de lui.

LETTRE CLXXII.

M. LOVELACE, A M. BELFORD.

L'éditeur se borne aussi, dans cet endroit, à donner la substance de quelques lettres de M. Lovelace. La première, dit-il, contient une peinture badine de la mauvaise humeur et de l'abattement de miss Clarisse, en recevant une lettre qui accompagnait ses habits, et le regret qu'il a d'avoir perdu sa confiance : ce qu'il attribue à la hardiesse qu'il a eue de la faire paraître devant ses quatre compagnons.

En parlant de M. Mennell, qu'il a présenté à sa dame : « Ne trouves-tu pas, dit-il, M. Mennell, le capitaine Mennell, fort obligeant d'être venu volontiers avec moi, aussi volontiers qu'il a fait, pour rendre compte à ma charmante de la maison et de l'affliction de sa parente? Mais qui est le capitaine Mennell? me demanderas-tu. Je comprends bien que tu n'as jamais entendu parler du capitaine Mennell. Mais ne connais-tu pas le jeune Newcomb, neveu de l'honnête Doleman ! Eh bien ! c'est lui. Je lui ai fait changer de nom, en vertu de ma seule autorité. Tu sais que je suis un créateur. Je fais des emplois civils et militaires, des terres, des titres que je donne et que j'ôte à mon gré. Je crée même la qualité; et, par une prérogative encore plus distinguée, je dégrade en vertu de ma seule volonté, sans aucune autre raison que l'utilité de mes vues. Qu'est-ce qu'un monarque en comparaison de moi ? Mais à présent que le capitaine Mennell a vu cette fille angélique, je m'aperçois que le cœur lui manque; c'est le diable. J'aurai peut-être assez de peine à le soutenir. Mais je n'en suis pas étonné, puisqu'un quart d'heure de conversation avec elle a fait la même impression sur quatre subalternes beaucoup plus endurcis. Moi-même, en vérité, je n'aurais pas la force de persévérer, si je n'étais déterminé à récompenser la vertu, dans la supposition qu'elle triomphe de mes attaques. Je chancelle quelquefois. Mais garde-toi bien d'en ouvrir la bouche à nos associés, et d'en rire toi-même.

Dans une autre lettre, il dit à son ami que malgré la défense de madame Howe, il juge, par la distance où Clarisse le tient, qu'elle a formé quelque entreprise avec miss Howe, et que, se figurant qu'il y aura pour lui quelque mérite à châtier les fautes d'autrui, il pense à faire un acte de justice en punissant ces deux filles de violer les ordres de leurs parens. Il a pris des informations, dit-il, sur le caractère du porteur de leurs lettres; et trouvant que c'est un véritable braconnier qui, sous le nom de porte-balle, fait un commerce illicite de gibier, de poisson et de tout ce qu'il dérobe, il se croit obligé, puisqu'on devait s'en tenir fidèlement à la voie de Wilson, de faire arrêter et dépouiller ce coquin-là.

« Se rendre service à soi-même et punir du même coup un fripon, c'est procurer tout à la fois le bien public et particulier. D'ailleurs, les lois communes ne regardent point un homme tel que moi; et, par des vues supérieures, je dois approfondir une correspondance où l'autorité maternelle est violée.

» Cependant il me vient à l'esprit que si je pouvais découvrir où la belle met ses lettres, il ne me serait peut-être pas impossible de m'en saisir. Si je m'apercevais, par exemple, qu'elle les portât sur elle, je la mènerais à quelque spectacle où elle pourrait avoir le malheur de perdre ses poches. Mais comment faire cette découverte ? Sa Dorcas n'assiste pas plus à sa toilette que son Lovelace. Elle est habillée pour le jour, avant qu'elle paraisse aux yeux de personne. Honteuse défiance ! Ma foi, Belford, un caractère soupçonneux mérite quelque punition exemplaire. Soupçonner un honnête homme de ne rien valoir, c'est quelquefois assez pour le rendre tel qu'on le suppose. »

Dans la crainte de ce qui se trame entre les deux amies, et de quelque dessein qui pourrait tendre à faire échapper Clarisse de ses mains, il raconte diverses inventions qu'il est résolu d'employer, et les instructions qu'il a données aux domestiques. Il a pourvu, dit-il, à tous les accidens possibles; même au moyen de la faire ramener, s'il arrivait qu'elle échappât, ou si, quelque raison l'ayant fait sortir, elle refusait de retourner à son logement; et soit que son entreprise ait le succès qu'il espère, ou non, il se flatte qu'en vertu de ses mesures il aura des prétextes pour la retenir.

Il a donné ordre à Dorcas de s'insinuer, par toutes sortes de moyens, dans l'affection de sa maîtresse, de se plaindre souvent du malheur qu'elle a de ne savoir ni lire ni écrire ; de montrer à Clarisse des lettres supposées, et de lui demander conseil sur la manière d'y répondre ; d'avoir sans cesse une plume à la main, sous prétexte d'apprendre à s'en servir; dans la crainte qu'après avoir écrit réellement, elle ne se trahisse par quelque trace d'encre qui pourrait demeurer au bout de ses doigts. Il l'a pourvue de deux tablettes et d'une plume d'argent, pour s'en servir à dresser un mémoire dans l'occasion.

Sa belle, dit-il, s'est déjà laissé persuader par madame Sinclair, de tirer ses habits de la malle, pour les mettre dans une grande armoire d'ébène, où ils peuvent être de toute leur longueur, et qui a aussi des tiroirs pour son linge. « C'est le magasin qui contient ordinairement les nippes les plus riches, qu'on prête aux nymphes de la maison, lorsqu'elles doivent paraître avec un peu d'éclat, pour mettre dans leurs filets quelque sot opulent. Notre veuve, comme tu sais, fait quelquefois des comtesses ; mais c'est pour ceux qui sont en état de proportionner le prix au titre et à la parure. On a confié à Dorcas un passe-partout, avec ordre, lorsqu'elle cherchera les lettres, d'observer soigneusement la situation de chaque chose, et de remettre jusqu'au moindre fil à la même place. La Martin et la Horton se sont chargées de transcrire. Elles iront par degrés. Avec une personne si pénétrante, il faut de la lenteur et de la certitude dans tous les mouvemens.

» Il n'est pas vraisemblable que, si jeune, avec si peu d'expérience, toutes les précautions puissent venir d'elle-mêmes. La conduite des femmes de la maison est sans reproche. Il ne se fait aucune partie d'éclat. On n'introduit personne dans le bâtiment de derrière. Tout est tranquille. Les nymphes ont de l'éducation et de la lecture. La vieille a cessé de paraître si dégoûtante. Ce ne peut être que miss Howe, qui rend mes progrès si difficiles. Elle se souvient de l'avoir échappé belle, avec un homme de notre espèce. L'expérience ouvre l'esprit et les yeux d'une femme.

» Tu vois, Belford, que rien n'est oublié dans mes précautions. On ne s'imaginerait pas, suivant le poète, *de combien de légers ressorts dépend la gloire d'un homme.* Jusqu'à présent, les apparences promettent beaucoup. Je ne laisserai pas de repos à ma charmante, jusqu'à ce que j'aie découvert où elle met ses lettres, et qu'ensuite, je l'aie engagée à sortir pour prendre l'air avec moi, ou pour assister à quelque concert.

» Je t'ai communiqué queques unes de mes inventions. Dorcas, qui est attentive à tous les mouvemens de sa maîtresse, m'a donné quelques nouveaux exemples d'une précaution qui ne le cède guère à la mienne. Elle met un pain à cacheter sous sa cire. Elle le pique avant que d'y appliquer son cachet. Il ne faut pas douter qu'on ne fasse la même chose aux lettres qu'elle reçoit. Jamais elle ne manque de les bien examiner avant que de les ouvrir.

» Je suis absolument résolu de parvenir au fond du mystère. Les obstacles augmentent ma curiosité. Ecrivant autant qu'elle le fait, et presque à toutes les heures, il est étrange que nous n'ayons encore pu trouver un moment où elle cesse de s'observer.

» Tu conviendras qu'il ne manque rien à notre combat, pour l'égalité. Ne me reproche donc pas que je m'efforce de prendre avantage de ses tendres années. La crédulité n'est pas son vice. Ne suis-je pas moi-même une jeune tête ? Pour la fortune, c'est de quoi il n'est pas question. Jamais la fortune n'a eu d'autre pouvoir sur moi que pour me servir d'aiguillon; et cela comme je te l'ai dit ailleurs, par des motifs qui ne sont pas sans noblesse. A l'égard de la beauté, je te prie, Belford, pour épargner ma modestie, de comparer toi-même ma Clarisse, en qualité de femme, et ton ami Lovelace, en qualité d'homme. Ainsi, le seul point qui souffre quelque difficulté, c'est de savoir qui a le plus d'esprit et de ressource : et c'est ce qu'il est question d'essayer.

» Après tout, c'est une assez triste vie que nous menons, elle et moi; du moins, si la défiance n'est pas dans elle un défaut naturel. S'il était vrai qu'elle fût naturellement défiante, son inquiétude viendrait de sa constitution, et ne serait pas capable, par conséquent, de nuire à sa santé : car tu sais qu'un caractère soupçonneux se forme des occasions de doute lorsqu'il ne s'en présente point : et ma belle, par conséquent, m'est obligée de lui épargner la peine de s'en former.

» J'avoue que, dans toutes les affaires de la vie humaine, la simplicité est ce qui vaut le mieux; mais il ne m'est pas donné de pouvoir choisir. Il ne faut pas me reprocher non plus d'être le seul qui aime les chemins détournés, puisqu'on connaît des millions d'hommes qui se plaisent à pêcher en eau trouble. »

LETTRE CLXXIII.

M. LOVELACE, A M. BELFORD.

Mardi, 9 mai.

Je suis bien malheureux! Tout le monde assure que ma charmante est une des plus douces personnes du monde; et je l'ai cru moi-même. Cependant, c'est une des plus perverses pour moi. On n'a jamais dit non plus que je fusse un homme de mauvais naturel. Comment cela se fait-il? Je m'étais imaginé assez long-temps que nous étions nés pour le bonheur l'un de l'autre, c'est tout le contraire : il semble que nous soyons destinés à nous tourmenter mutuellement.

L'envie me prend de composer une comédie. J'ai déjà le titre, et c'est la moitié de l'ouvrage : *Les Amans querelleurs.* Il me plaît beaucoup. J'y trouve quelque chose de neuf et de piquant. Cependant le fond du sujet n'est pas nouveau. Tous les amans se plaisent à quereller, plus ou moins. Le vieux Térence a fort bien observé que les différends entre deux personnes qui s'aiment deviennent une raison de s'aimer davantage. Enfin, c'est le naturel. Mais ma belle et moi, je crois que le diable s'en mêle, nous querellons souvent, et nous n'en sommes jamais mieux. Souvent une seconde querelle arrive avant que la première soit terminée; et c'est si bien notre usage, qu'il n'est pas aisé de juger quel sera le succès de nos amours. Mais Shakspeare dit fort bien : « Quelque chose qu'il puisse arriver, le temps et la patience triomphent de tout. » Voilà ma consolation. Il n'y a pas d'homme au monde qui ait plus de patience que moi. Tu en peux penser ce que tu voudras; ce n'est pas une petite vertu, ni un mérite commun, puisque la plupart des peines, qui sont le partage des pauvres mortels, viennent ou de l'excès de leurs désirs, ou de bornes trop étroites de leurs perfections. Mais je me rabaisserai bientôt au niveau des autres hommes; ce qu'on n'aurait jamais cru de moi. Il faut t'expliquer l'occasion de ce grave préambule.

J'étais sorti. A mon retour, ayant rencontré Dorcas sur l'escalier, je lui ai demandé si sa maîtresse était dans sa chambre. — Elle est dans la salle à manger, monsieur; et si jamais vous espérez l'occasion de saisir une de ses lettres, ce doit être aujourd'hui. J'en ai vu une par terre à ses pieds, qu'elle vient de lire apparemment, car elle est à demi ouverte. Elle est occupée actuellement d'un paquet d'autres. Je les crois toutes tirées de sa poche. Ainsi, monsieur, vous saurez une autre fois où les trouver.

J'ai pensé sauter de joie, et j'ai pris sur-le-champ la résolution d'employer un expédient que je tenais en réserve. Je suis entré dans la salle à manger, d'un air de transport; et lui voyant cacher ses lettres dans son mouchoir, sans apercevoir qu'il en était tombé une, j'ai jeté hardiment mes deux bras autour d'elle :

— Ah ! ma très chère vie, l'heureux expédient que je viens de trouver avec M. Mennell, pour exciter madame Fretchill à quitter plus tôt sa maison. Je suis convenu, si vous l'approuvez, de prendre son cuisinier, sa femme de charge, et deux de ses laquais, dont le sort lui causait de l'inquiétude. Ce ne sera que jusqu'à ce que vous ayez choisi de votre propre goût, et dans la vue même de rassembler toutes sortes de commodités, j'ai consenti à m'accommoder de tout le linge de la maison. Je dois payer actuellement cinq cents guinées, et le reste, aussitôt que la maison sera livrée et qu'on sera convenu du total. Ainsi vous aurez une maison charmante; entièrement prête à recevoir, et vous et ceux de mes parens dont la compagnie vous plaira. Ils seront bientôt à Londres. Ils vous presseront de ne pas suspendre long-temps l'heureux jour; et pour satisfaire votre délicatesse, je prendrai le parti de demeurer chez madame Sinclair, tandis que vous commencerez à résider dans votre nouvelle maison. Le reste, je l'abandonne à votre générosité. O ma chère Clarisse, n'êtes-vous pas charmée de cet arrangement? Je suis sûr que vous l'êtes. Faites-moi donc la grâce d'en convenir. Et la serrant contre moi, je lui ai dérobé un baiser, le plus ardent que je me sois jamais permis; mais sans perdre de vue mon dessein, car j'ai eu l'adresse de mettre le pied sur la lettre, et de la pousser assez loin d'elle, derrière sa chaise.

Elle a paru fort irritée de la liberté que j'avais prise de l'embrasser. Je lui ai fait une profonde révérence pour lui demander pardon; et me tenant quelques momens baissé, je suis parvenu à ramasser la lettre, que j'ai cachée soigneusement dans mon sein.

Mais je ne suis qu'un sot, un hébété, un homme à pendre, un vrai Belford ! J'avais meilleure opinion de moi. J'en baisse les yeux de honte. Ne pouvais-je pas me faire suivre par Dorcas, qui aurait pris la lettre, pendant que j'aurais amusé sa maîtresse?

Cette importante pièce étant à demi ouverte, je n'ai pu la mettre dans mon sein sans un certain bruit et sans un mouvement extraordinaire, qui ont alarmé ses yeux et ses oreilles. Elle s'est levée brusquement.

— Traître ! Judas ! Ses yeux lançaient des éclairs et son visage s'est couvert de rougeur. Charmant spectacle! Qu'avez-vous ramassé? m'a-t-elle dit avec une vivacité extrême. Et ce que je n'aurais pas osé lui faire pour ma vie, elle a repris sa lettre jusque dans mon sein.

De l'humilité, des excuses, c'était l'unique ressource d'un voleur pris sur le fait. J'ai retenu la main qui me ravissait l'heureux papier.

— Ah ! charmante Clarisse! pouvez-vous croire que je puisse me défendre d'un peu de curiosité? Je vous vois sans cesse une plume à la main ; j'aime particulièrement le style épistolaire et je suis plein d'admiration pour vos talens; est-il possible que, si près de mon bonheur, comme j'ai la présomption de m'en flatter, je ne brûle pas d'être admis dans une si douce corresponiance?

— Quittez ma main, monsieur, dit-elle en frappant du pied contre terre : Comment osez-vous?... A ce compte, je vois... je vois trop clairement...

La voix lui a manqué pour achever sa pensée. Je l'ai crue prête à s'évanouir de colère et de frayeur. Au diable si je voyais sur son charmant visage ou si j'entendais dans sa voix mélodieuse le moindre reste de sa douceur ordinaire.

Après avoir été si loin, je regrettais extrêmement de lâcher prise. Je me suis saisi encore une fois de sa lettre chiffonnée.

— Impudent! c'est le tendre nom qu'elle m'a donné. Pousserez-vous l'audace... en frappant encore du pied.

J'ai pris le parti de renoncer à mon dessein, parce que je la voyais hors d'elle-même. Mais auparavant j'ai eu le bonheur d'avoir ma main dans les deux siennes et de lui voir faire quantité d'efforts pour ouvrir mes doigts. Que mon cœur, à ce moment, était proche de ma main! Il s'avançait, si tu ne ris pas de toutes ces expressions, jusqu'au bout de mes doigts dans le plaisir de me voir traiter si familièrement, quoique avec colère, par la souveraine de mes affections.

Lorsqu'elle s'est vue en possession de sa lettre, elle a volé vers la porte. Mais, plus prompt encore à me jeter devant elle, je l'ai fermée et j'ai pris le ton le plus humble pour lui demander pardon. Ici, crois-tu que le cœur *un peu Harlove* de ma charmante se soit laissé fléchir malgré l'agréable nouvelle avec laquelle j'étais arrivé? Non, sur ma foi. Elle m'a repoussé assez rudement, comme l'homme du monde dont elle se serait le moins souciée (je ne suis pas fâché néanmoins d'avoir fait innocemment l'essai de ses forces), et la passion lui donnant une ardeur que la crainte m'avait fait perdre, elle n'a paru faire qu'un pas jusqu'à sa chambre. Grâce à mon étoile, elle ne pouvait fuir plus loin. Après y être entrée dans la même chaleur, elle a fermé sa porte à double tour, avec un grand soin de pousser le verrou. Ma consolation, quand je pense à cette scène, c'est que, pour une plus grande offense, sa colère ne peut aller plus loin.

Je me suis retiré aussi dans mon appartement, le cœur, je t'assure, assez rempli; et n'ayant personne autour de moi, je me suis donné de mes deux poings un grand coup sur le front.

Ma charmante est à présent dans sa chambre, refusant de me voir, refusant sa nourriture, et, ce qu'il y a de pis, résolue, dit-elle, de ne me voir de sa vie, si elle peut m'éviter. Je me flatte qu'elle veut dire, *dans la disposition où elle est*. Ces chères personnes devraient se souvenir, lorsqu'elles sont irritées contre leurs très humbles serviteurs, de réserver toujours cette clause pour se mettre à couvert du parjure.

Mais te figures-tu que je ne tournerai pas toutes mes inventions à découvrir la cause de tant de bruit dans une aussi légère occasion que celle-ci l'aurait été, si les lettres des deux amies ne sentaient pas un peu la haute trahison?

Mercredi, au matin.

Refusé à l'heure du déjeûner comme hier à celle du souper. Ce n'est pas un ange, après tout. Le cas devient embarrassant. J'ai fait demander à la voir de la part du capitaine Mennell. Un message, mademoiselle, de la part du capitaine. Ruse inutile. Comment deviner au fond si elle s'est mis quelque chose d'extraordinaire dans la tête? Elle a fait recommander plusieurs fois à Wilson, par un message particulier, de lui envoyer les lettres qui seront pour elle au moment même qu'elles arriveront.

Je suis réduit à faire une soigneuse garde au dehors. Sa crainte s'est dissipée pour le complot de son frère. Pour moi, je ne serais pas du tout surpris que Singleton rendît une visite à miss Howe, comme à la seule personne qui sache apparemment ce que miss Clarisse est devenue, sous prétexte d'avoir à lui communiquer des affaires très importantes qui lui font souhaiter de la voir; des propositions, s'il le faut, de la part de son frère. Alors miss Howe lui recommandera de se tenir à couvert. Alors ma protection redeviendra nécessaire. Oui, c'est le meilleur parti. Tout ce qui viendra de miss Howe sera bien reçu. Joseph Leman est un misérable aux yeux de ma belle, un agent digne de moi. Joseph, l'honnête Joseph, comme je l'appelle, peut s'aller pendre à présent. J'ai tiré de lui tous les services que j'avais à lui demander. Il est inutile de continuer un complot usé, lorsque je puis en former de nouveaux à toute heure. Et ne blâme pas, je te prie, l'usage que je fais de mes talens. Dans le degré où je les possède, pourquoi voudrais-tu qu'ils demeurassent inutiles?

Tenons-nous à mon idée. Il s'agit de trouver un Singleton, c'est le seul embarras : oui, d'en trouver un sur-le-champ. Attends... j'y suis. Je vais faire venir ton ami Paul Dragton, qui ne fait qu'arriver de la mer, et que tu m'as recommandé pour en faire un capitaine de barque, si j'en entretiens une après mon mariage.

L'ordre est déjà donné. Dragton sera ici dans l'instant. Il se rendra aussitôt chez miss Howe. Je crois qu'au lieu de passer pour Singleton même, il vaudra mieux qu'il se donne pour son pilote, qui est envoyé de sa part.

Sally est un petit diable, qui me reproche sans cesse la lenteur de mes progrès. Mais, dans une pièce de théâtre, le principal amusement ne consiste-t-il pas dans les quatre premiers actes, et ne tire-t-il pas vers sa fin lorsqu'on arrive au cinquième? Quel vautour serait un homme qui ne penserait qu'à dévorer sa proie au moment qu'il la tient?

Mais, pour te l'avouer de bonne foi, je me suis trompé dans mon calcul. J'ai cru mettre la dernière main à mon entreprise en te produisant sur la scène avec tes compagnons, et je n'ai fait qu'effrayer la belle, jusqu'à me faire douter si je regagnerai de long-temps le terrain que j'ai perdu. D'un autre côté, ces maudits Harlove l'ont indisposée contre moi, contre elle-même, et contre tout le monde, à l'exception de miss Howe, qui se fait sans doute un amusement d'augmenter mes embarras. Ajoute que je n'ai pas de penchant à me servir des moyens que les démons au milieu desquels je vis ne cessent pas de m'inspirer, d'autant moins de penchant que cette comédie finira infailliblement par le mariage. Je ne veux qu'une épreuve complète, et je crois qu'à la fin je lui rendrai noblement justice.

Fort bien. Dragton est déjà parti. Il a reçu toutes ses instructions.

C'est vraiment une bonne tête que ce Dragton. Il était l'homme de confiance de lord W.... avant ses voyages sur mer. Je suis trompé si ce n'est un coquin bien plus rusé que Joseph, et qui n'a pas non plus les mêmes prétentions à l'honnêteté. Tu ne t'imaginerais pas ce que ce Joseph m'a coûté. Il a fallu acheter et l'homme et la conscience. Je me crois obligé de l'en punir; mais attendons qu'il soit marié. Quoique ce soit déjà une assez bonne punition, je ne serai pas content si je ne punis tout à la fois l'homme et la femme. Souviens-toi que je dois une vengeance éclatante à ma déesse.

Mais j'entends tourner la porte du temple sur ses vieux gonds, dont le bruit semble m'inviter à quelque nouvelle tentative. Mon cœur répond à leur mouvement par une sorte de tremblement convulsif. L'idée est assez bizarre. Quel peut être le rapport d'une paire de gonds rouillés au cœur d'un amant? Mais ce sont les gonds qui ouvrent et qui ferment la chambre de lit de ma charmante. Demande-moi s'il y a quelque rapport.

Je n'entends pas que la porte se referme. Je commence à me flatter que je recevrai bientôt ses ordres. Que sert cette affectation de me tenir éloigné? Il faut qu'elle soit à moi, quelque chose que je fasse ou que j'entreprenne. Si je prends courage, toutes les difficultés s'évanouissent. Quand elle penserait à s'échapper d'ici, où pourrait-elle fuir pour m'éviter? Ses parens ne la recevront point. Ses oncles ne fourniront point à sa subsistance. Sa bien-aimée Norton est sous leur empire, et ne peut rien faire pour elle. Miss Howe n'oserait lui donner une retraite. Elle n'a pas un autre ami que moi dans la ville, et Londres d'ailleurs lui est absolument étranger. Pourquoi donc me laisserais-je tyranniser par une chère personne à laquelle il suffit de faire bien connaître combien il lui est impossible de sortir de mes mains, pour la rendre aussi humble ici qu'elle l'est pour ses persécuteurs?

Quand je me déterminerais même à la grande entreprise, et quand elle me réussirait mal, la haine, si c'est de la haine qu'on s'attire par ces tendres hardiesses, ne pourrait jamais être qu'un sentiment passager. Elle s'est déjà livrée à la censure du public: il ne lui reste pas d'autre parti que de se donner à moi pour rétablir sa réputation aux yeux de cet impudent public; car, de tous ceux qui me connaissent, et qui sauront qu'elle a passé vingt-quatre heures en mon pouvoir, il n'y en aura pas un qui la croie sans tache, quelque vertueux penchans qu'on lui suppose. D'ailleurs, les trahisons de la nature humaine sont si bien connues, que chacun juge, par ce qu'il éprouve en lui-même, qu'il n'y a pas plus de confiance à prendre, dans l'occasion, aux penchans qu'à moi; surtout lorsqu'une fille, dans la fleur de sa jeunesse, aime assez un homme pour s'enfuir avec lui : car c'est l'unique explication que le public puisse donner à notre aventure.

Qu'entends-je? C'est elle qui appelle sa servante Dorcas. Elle ne peut douter que je n'entende sa voix harmonieuse, et peut-être veut-elle me donner l'occasion de répandre mon amour à ses pieds, de lui renouveler tous mes vœux, et de recevoir le pardon de mon offense passée. Alors avec quel plaisir recommencerai-je à devenir coupable, pour être pardonné encore, et pour recommencer autant de fois, jusqu'à la dernière offense, après laquelle il n'y en a plus d'autre, et dont le pardon sera une amnistie générale pour l'avenir.

La porte s'est refermée. Dorcas me dit qu'elle me refuse l'honneur de dîner avec elle, comme j'avais pris la liberté de le faire demander. Ce refus néanmoins s'est fait sans incivilité, et l'on n'y est venu que par degrés. Je n'obtiendrai rien que par la dernière offense, ajoute Dorcas, dans le langage de cette honnête maison. Il faut donc y penser soigneusement. Cependant j'ai un traître de cœur qui est capable de me jouer quelque mauvais tour. Mais je finis cette lettre, quoique mon tyran ne me laisse pas d'autre occupation que de lire, d'écrire et d'enrager.

Les suscriptions sont inutiles entre nous ; d'ailleurs, je suis si entièrement à elle que je ne puis dire combien je suis à toi ou à d'autres.

LETTRE CLXXIV.

MISS CLARISSE HARLOVE, A MISS HOWE.

Mardi, 9 mai.

Si vous approuvez, ma chère, le projet de s'adresser à mon oncle Harlove, je souhaiterais que ce fût le plus promptement qu'il sera possible. Je suis plus mal que jamais avec M. Lovelace. Je me tiens renfermée pour ne pas le voir. L'offense à la vérité n'est pas des plus graves. Cependant elle l'est assez. Il s'en est fallu peu qu'il ne m'ait pris une lettre, et même une des vôtres. Mais il ne m'arrivera plus d'écrire ou de relire aucun de mes papiers dans une salle où il s'attribue le droit d'entrer. Heureusement qu'il n'en a pu lire une ligne : pas une ligne, je vous en reponds. Ainsi, soyez sans inquiétude, et comptez à l'avenir sur ma précaution.

Voici l'aventure. Le soleil donnant sur mon cabinet, et M. Lovelace étant sorti...

Elle raconte à miss Howe comment il l'avait surprise, relisant sa lettre dans la salle à manger ; avec quelle adresse et quelle audace il en avait pris une, et de quels efforts elle avait eu besoin pour la lui ôter, etc.

A présent, continue-t-elle, je suis plus convaincue que jamais qu'avec le pouvoir qu'il a sur moi la prudence ne me permet pas de demeurer plus long-temps avec lui. Si mes amis m'accordaient la moindre espérance !... Mais jusqu'à l'éclaircissement que j'attends de vous, je crois devoir jouer un rôle dont je n'ai pas encore été capable : c'est d'entretenir cette querelle ouverte. Une affectation de cette nature me rendra petite à mes propres yeux, car c'est marquer plus de ressentiment que je n'en puis avouer : mais il faut la compter entre les conséquences d'une fatale démarche que je ne cesserai jamais de déplorer.

CLARISSE HARLOVE.

LETTRE CLXXV.

MISS HOWE, A MISS CLARISSE HARLOVE.

Mercredi, 10 mai.

J'approuve la résolution où vous êtes de fuir, si vous recevez le moindre encouragement de la part de votre oncle, et je suis d'autant plus pour ce parti que, depuis deux heures, j'ai appris sur le compte de votre homme quelques histoires bien attestées qui doivent le faire regarder comme le plus méchant personnage qui respire, du moins à l'égard de notre sexe. Je vous assure, ma chère amie, qu'eût-il une douzaine de vies, si tout ce qu'on dit est vrai, il devrait les avoir perdu toutes, et n'être plus au monde depuis vingt crimes.

Si vous daignez jamais lui rendre la permission de vous entretenir familièrement, demandez-lui des nouvelles de miss Betterton, et ce qu'elle est devenue ; s'il a recours à des évasions, faites-lui les mêmes questions sur miss Lockyer. Ah ! ma chère, cet homme n'est qu'un misérable.

Votre oncle sera sondé, comme vous le désirez, et sans aucun délai : mais je doute du succès par quantité de raisons. Il n'est pas aisé de deviner quel effet le sacrifice de votre bien pourra produire sur certaines gens : et si l'affaire en était à ce point, je ne devrais pas vous permettre de vous dépouiller volontairement.

Comme votre Hannah ne se rétablit point, je vous conseillerais, s'il est possible, d'attacher Dorcas à vos intérêts. Ne lui avez-vous pas marqué trop de dédain ? Vous auriez manqué de politique.

Je voudrais aussi que vous puissiez vous procurer quelques lettres de votre tyran. Un homme d'un caractère aussi négligent que le sien n'est pas toujours sur ses gardes. S'il a des attentions extraordinaires, et si vous ne pouvez engager votre Dorcas à vous servir, ils me sont tous deux suspects. Faites-lui dire de monter lorsqu'il a la plume en main, ou lorsqu'il a ses papiers autour de lui, et surprenez-le dans quelque négligence. Ces soins, je l'avoue, ressemblent à ceux qu'on prend dans une hôtellerie, lorsque la crainte des voleurs fait visiter tous les coins, et qu'on serait mortellement effrayée néanmoins si l'on en découvrait un. Mais il vaut mieux le trouver tandis qu'on est debout et les yeux ouverts, que d'être attaquée la nuit dans son lit et pendant le sommeil.

Je suis charmée que vous ayez vos habits. Point d'argent, comme vous voyez, point de livres, à l'exception de Spira, de Rexel, d'une *Pratique de piété*. Ceux qui vous les envoient en auraient grand besoin pour eux-mêmes. Mais détournons les yeux de cet odieux sujet.

Vous m'avez extrêmement alarmée par le récit de son entreprise pour se saisir d'une de mes lettres. Je sais, par mes nouvelles informations, qu'il est le chef d'une troupe de brigands (ceux entre lesquels il vous a fait paraître étaient apparemment du nombre) qui se prêtent la main pour trahir d'innocentes créatures, et qui ne font pas difficulté d'employer la violence. S'il venait à savoir avec quelle liberté je le traite, je ne voudrais plus sortir sans escorte.

Je suis fâchée de vous l'apprendre : mais j'ai de fortes raisons de croire que votre frère n'a pas renoncé à son extravagant complot. Une sorte de matelot à face brûlée, qui me quitte à ce moment, m'est venu dire, avec un air de mystère, que le capitaine Singleton aurait un grand service à vous rendre, s'il pouvait obtenir l'honneur de vous parler. J'ai répondu que j'ignorais votre retraite. Cet homme était trop bien instruit pour me laisser pénétrer le sujet de sa commission.

J'ai passé deux heures entières à pleurer, après avoir lu celle de vos lettres qui accompagnait l'exhortation de votre cousin Morden. Ma très chère amie, ne vous manquez pas à vous-même. Permettez à votre Anne Howe de suivre le mouvement de cette tendre amitié, qui ne fait de nous qu'une seule âme, et d'employer tous ses efforts pour vous donner un peu de consolation.

Je ne suis pas étonnée des réflexions mélancoliques que je vois répandues dans vos lettres, sur la démarche à laquelle vous avez été poussée d'un côté par la violence, et de l'autre par l'artifice. Étrange fatalité ! il semble que le dessein du ciel soit de montrer la vanité de tout ce qu'on appelle prudence humaine. Je souhaite, ma chère, que vous et moi, comme vous le dites, nous ne nous soyons pas trop enflées du témoignage intérieur de notre supériorité sur beaucoup d'autres. Je ne vais pas plus loin. Les âmes faibles sont portées à chercher des raisons au dehors pour expliquer tous les événemens extraordinaires. Il est plus juste et plus sûr de nous en prendre à nous et à nos plus chers amis, qu'à la Providence, qui ne peut avoir que des vues sages dans toutes les dispensations.

Mais ne croyez pas, comme vous me l'avez marqué dans une de vos lettres, que votre disgrâce ne soit propre qu'à servir d'avertissement. Vous serez en même temps un aussi excellent exemple que vous aviez jamais espéré de l'être dans des suppositions plus heureuses. Ainsi, l'histoire de vos malheurs aura une double force pour ceux qui en seront informés; car, s'il arrivait qu'un mérite tel que le vôtre ne vous assurât point un traitement généreux de la part d'un libertin, qui s'attendrait jamais à trouver la moindre ressource d'honnêteté dans les hommes de ce caractère?

Si vous vous croyez inexcusable d'avoir fait une démarche qui vous expose à la mauvaise foi d'un homme, sans avoir eu l'intention de fuir avec lui, que doivent penser d'elles-mêmes toutes ces créatures étourdies qui, sans la moitié de vos motifs, sans aucun respect pour la bienséance, sautent les murs, descendent par les fenêtres, et passent dans un même jour de la maison d'un père au lit de leur séducteur?

Si vous vous reprochez avec tant de rigueur d'avoir résisté aux défenses des plus déraisonnables parens du monde, à des défenses même qui n'ont eu d'abord que la moitié de leur force, que doivent faire ces filles endurcies, qui ferment volontairement l'oreille aux plus sages conseils, et dans des circonstances peut-être où leur ruine est visiblement le fruit d'une indiscrétion préméditée?

Enfin vous serez, pour tous ceux qui apprendront votre histoire, un excellent exemple de cette vigilance et de cette réserve, par laquelle une personne prudente, qu'on suppose un peu égarée du chemin, s'efforce de réparer son erreur, et sans perdre une fois de vue son devoir, fait tout ce qui dépend d'elle pour rentrer dans le sentier hors duquel on peut dire qu'elle a plutôt été poussée qu'elle ne s'en est éloignée.

Rappelez votre courage, ma très chère amie; occupez-vous seulement de ces réflexions : et, loin de tomber dans l'abattement, ne cessez pas de travailler de toutes vos forces à rectifier ce que vous regardez comme un sujet de reproche. Il peut arriver qu'à la fin votre égarement ne mérite pas le nom d'infortune, surtout lorsque votre volonté n'y a pas eu plus de part.

Et je dois vous dire, en vérité, que si j'emploie les termes d'*égarement* et d'*erreur*, c'est pour me conformer à la disposition qui vous porte vous-même à vous accuser si librement, et par respect pour l'opinion d'une personne à qui j'en dois beaucoup : car je suis persuadée, au fond de ma conscience, que votre conduite peut être justifiée sur tous les articles, et qu'il n'y a de blâmable, dans votre aventure, que ceux qui n'ont pas d'autre moyen, pour s'excuser, que d'en rejeter sur vous tout le blâme.

Cependant je prévois que les tristes réflexions qui sortent trop souvent de votre plume se mêleront toujours à vos plaisirs, quand vous deviendriez la femme de Lovelace, et quand vous y trouveriez le meilleur de tous les maris.

Vous étiez extraordinairement heureuse avant que de l'avoir connu; heureuse au delà des bornes de la condition humaine; tout le monde avait pour vous une espèce d'adoration. L'envie même, qu'on a vue lever dans ces derniers temps sa tête venimeuse contre vous, était forcée au silence, à l'admiration, par la supériorité de votre mérite. Vous étiez l'âme de toutes les compagnies où vous paraissiez. J'ai vu des personnes d'un autre âge que vous refuser de donner leur avis sur un sujet avant que vous eussiez expliqué le vôtre, souvent pour s'épargner la mortification de se rétracter après vous avoir entendue. Cependant, avec tous ces avantages, la douceur de vos manières, votre modestie, votre affabilité, rendaient la déférence que tout le monde avait pour vos sentimens et pour votre supériorité, également prompte et sincère. On voyait sensiblement que vous n'étiez pas tentée de vous en faire un triomphe. Vous aviez, sur tous les points où vous l'emportiez, quelque chose d'agréable à dire, qui relevait le cœur de ceux à qui vous aviez fermé la bouche, et qui laissait chacun satisfait de soi-même, en vous cédant la palme.

Si l'on parlait de beaux ouvrages, c'étaient les vôtres qu'on citait, ou qu'on montrait pour exemples. On n'a jamais nommé de jeunes personnes qu'après vous, pour la diligence, l'économie, la lecture, l'écriture, le langage, le goût et l'exercice des beaux arts et pour les grâces même plus enviées de la figure et de l'ajustement, dans lesquelles on vous reconnaissait une élégance et des agrémens inimitables.

Les pauvres vous bénissaient à chaque pas que vous faisiez. Les riches vous regardaient comme leur gloire, et faisaient vanité de n'être pas obligés de descendre de leur classe, pour donner un exemple qui lui fît honneur.

Quoique tous les désirs des hommes fussent tournés vers vous, quoique leurs yeux ne cherchassent que vous, il n'y en a pas un de ceux qu'on vous a présentés, qui, s'il n'eût été encouragé par des vues sordides, eût osé porter ses espérances et ses prétentions jusqu'à vous.

Dans une situation si fortunée, et faisant le bonheur de tout ce qui avait quelque rapport à votre sphère, pouviez-vous croire qu'il ne vous arriverait rien qui fût capable de vous convaincre que vous n'étiez pas dispensée du sort commun; que vous n'étiez pas absolument parfaite; et que vous ne deviez pas vous attendre à passer au travers de cette vie, sans épreuve, sans tentation et sans infortune?

Il faut avouer que vous ne pouviez être attaquée plus tôt, ni avec plus de force, par aucune tentation digne de vous; vous étiez supérieure à toutes les tentations communes. Ce devait être quelque homme fait exprès, ou quelque esprit plus méchant, sous la forme d'un homme, qui fut envoyé pour faire le siége de votre cœur; tandis que quantité d'autres esprits de même espèce, au même nombre qu'il y a de personnes dans votre famille, auraient la permission de s'emparer à quelque heure énébreuse, des cœurs de tous vos proches, de s'y établir peut-être, et d'en régler tous les mouvemens sur ceux du séducteur, pour vous irriter, vous exciter, vous pousser à la fatale entrevue.

Ainsi, tout examiné, il semble, comme je l'ai dit souvent, qu'il y ait une sorte de destin dans votre erreur, si c'en est une ; et qu'elle n'ait peut-être été permise que pour donner par vos souffrances, un exemple plus utile que vous ne l'eussiez donné dans une vie plus paisible : car l'*adversité*, ma chère, est *votre saison brillante*, et je vois évidemment qu'elle vous fera dévoiler des grâces et des beautés qu'on n'aurait jamais aperçues dans ce cours de prospérités qui vous ont accompagnée depuis le berceau ; quoiqu'elles vous convinssent admirablement, et que tout le monde vous en ait jugée digne.

Le malheur est que cette épreuve sera nécessairement douloureuse. Elle le sera pour vous, ma chère, pour moi, et pour tous ceux qui, vous aimant comme je fais, ne voyaient dans vous qu'un parfait modèle de toutes les vertus, un objet d'admiration, contre lequel il est étonnant que l'envie ait osé lancer ses traits.

Que toutes ces réflexions aient pour vous le poids qu'elles méritent. Alors, comme les imaginations ardentes ne sont pas sans un mélange d'enthousiasme, votre Anne Howe, qui croit remarquer, lisant sa lettre, plus d'élévation qu'à l'ordinaire dans son style, se flattera d'avoir été comme inspirée, pour la consolation d'une amie souffrante, qui, dans l'abattement de ses forces et dans le nuage de sa tristesse, ne pénètre pas les ténèbres qui lui cachent l'aurore d'un plus beau jour.

LETTRE CLXXVI.

MISS CLARISSE HARLOVE, A MISS HOWE.

Vendredi, 12 mai.

Je dois me taire, ma noble amie, en recevant des louanges qui me font sentir vivement combien j'en suis indigne ; quoiqu'en même temps votre généreuse intention ait la force de relever mon courage. Il est charmant de se voir estimée des personnes qu'on aime, et de trouver des âmes capables de porter l'amitié au delà des disgrâces humaines, au delà du corps, au delà des liens du sang. Quelque temps, ma chère, qu'on doive nommer *ma saison brillante*, l'adversité d'une amie est la vôtre. Je ne sais s'il m'est permis de regretter mes afflictions, lorsqu'elles vous donnent occasion d'exercer si glorieusement des qualités, qui non seulement anoblissent notre sexe, mais qui élèvent la dignité de la nature humaine.

Souffrez que je passe à des sujets moins agréables. Je suis fâchée que vous ayez sujet de croire que les projets de Singleton subsistent encore. Mais qui sait ce que le matelot avait à proposer ? Cependant, si l'on avait eu quelque vue favorable, il n'y a pas d'apparence qu'on eût employé cette voie.

Soyez sûre, ma chère, qu'il n'y a aucun danger pour vos lettres. J'ai pris occasion de l'entreprise hardie de M. Lovelace, comme je vous ai marqué que je me proposais, pour le tenir éloigné depuis, dans la vue d'attendre ce que j'ai à me promettre de mon oncle, et de me conserver la liberté d'embrasser les ouvertures favorables que je ne cesse pas d'espérer. Cependant il ma fort importunée; et je n'ai pu l'empêcher de m'amener deux fois M. Mennell, qui est venu de la part de madame Fretchvill pour m'entretenir de la maison. Si j'étais obligée de faire la paix avec lui, je ne me croirais propre qu'à me causer sans cesse du mal à moi-même.

A l'égard de ses crimes nouvellement découverts, et du conseil que vous me donnez de me procurer quelqu'une de ses lettres et de m'attacher Dorcas, ces soins demanderont plus ou moins d'attentions, suivant les espérances que je recevrai du côté de mon oncle.

La continuation des infirmités d'Hannah me chagrine beaucoup. Ayez la bonté, ma chère, de vous informer pour moi si sa situation ne l'expose pas à quelque besoin.

Je ne fermerai pas cette lettre jusqu'à demain : car je suis résolue d'aller à l'église, autant pour remplir mon devoir, que pour essayer si j'ai la liberté de sortir quand il me plaît, sans être accompagnée.

Dimanche, 14 mai.

Il ne m'a pas été possible d'éviter un petit débat avec M. Lovelace. J'avais donné ordre qu'on fît venir un carrosse à la porte. Apprenant qu'il y était, je suis descendue de ma chambre pour m'y rendre ; mais j'ai rencontré mon argus, un livre à la main, sans épée et sans chapeau. Il m'a demandé d'un air fort grave, quoique respectueux, si j'allais sortir. Je lui ai dit que c'était mon dessein. Il m'a priée de permettre qu'il m'accompagnât, si j'allais à l'église. Je l'ai refusé. Il s'est plaint amèrement de la manière dont je le traite ; et pour le monde entier, m'a-t-il dit, il ne voudrait pas avoir une seconde semaine à passer, telle que la dernière.

Je lui ai confessé naturellement que j'avais fait quelque démarche du côté de ma famille, et que j'étais résolue de ne voir personne, jusqu'à ce que j'eusse appris le résultat. Il a rougi ; il a marqué de l'étonnement. Mais, étouffant quelque chose qu'il paraissait prêt à dire, il m'a représenté à quoi j'allais m'exposer de la part de Singleton, et combien je devais craindre de sortir sans être accompagnée. Ensuite il s'est plaint de madame Fretchvill, qui souhaite de passer quinze jours de plus dans sa maison.

— Elle voit, m'a-t-il dit, que j'ai peine à me déterminer pour conclure ; et qui sait sur quoi l'on peut compter avec une femme si vaporeuse ? Cette semaine, mademoiselle, est assurément bien malheureuse. Si je n'étais pas si mal dans vos bonnes grâces, vous seriez maîtresse à présent de cette maison ; et vraisemblablement vous y auriez déjà ma cousine Montaigu, ou ma tante même avec vous.

— Ainsi, monsieur, lui ai-je répondu, votre cousine ne peut donc venir chez madame Sinclair? Quelles sont, je vous prie, ses objections contre madame Sinclair ? Une maison, dans laquelle vous croyez que je puis passer un mois ou deux ne convient-elle à aucune de vos parentes pour quelques jours ? Et puis, que dois-je penser des retards de madame Fretchvill? Là-dessus, je l'ai poussé, pour me faire un passage, et j'ai continué de marcher vers la porte.

Il a élevé la voix pour se faire apporter son épée et son chapeau, et, se hâtant de marcher devant moi, il s'est placé entre moi et la porte. Là il m'a suppliée encore de lui accorder la permission de m'accompagner

Madame Sinclair est venue à l'instant. Elle m'a demandé si je sortirais sans avoir pris le chocolat.—Ce que je souhaiterais, lui ai-je dit, c'est que vous voulussiez engager M. Lovelace à le prendre avec vous; j'ignore si j'ai la liberté de sortir sans sa permission. Et, me tournant vers lui, je l'ai prié de m'apprendre si j'étais ici sa prisonnière. Son valet de chambre lui ayant apporté son épée et son chapeau, il a lui-même ouvert la porte; et, pour toute réponse, il m'a pris la main, malgré ma résistance, et m'a conduite fort respectueusement au carrosse. Les passans m'ont paru s'arrêter avec quelques marques de surprise. Mais il est d'une figure si gracieuse et toujours mis si galamment, qu'il attire sur lui les yeux de tout le monde. Je souffrais de me voir exposée aux regards. Il est monté dans le carrosse après moi, et le cocher a pris le chemin de Saint-Paul.

Il n'a rien manqué à ses attentions dans le voyage et pendant l'office. Je me suis tenue dans la plus grande réserve ; et sans m'expliquer davantage, à notre retour, je me suis retirée dans ma chambre, où j'ai dîné seule, comme j'avais fait pendant la plus grande partie de la semaine. Cependant, lorsqu'il m'a vue dans cette résolution, il m'a dit qu'il continuerait à la vérité de garder un respectueux silence, jusqu'à ce que je fusse informée du succès de mes démarches; mais qu'ensuite je devais m'attendre qu'il ne me laisserait pas un moment de repos jusqu'à ce que j'eusse fixé son heureux jour, pénétré comme il était, jusqu'au fond du cœur, de mon humeur sombre, de mes ressentimens et de mes délais. Le misérable! lorsque je puis lui reprocher, avec un double regret, que le sujet de ses plaintes vient de lui-même! Ah! plaise au ciel que je reçoive d'heureuses nouvelles de mon oncle!

Adieu, ma très chère amie. Cette lettre attendra l'arrivée de votre messager, et celle qu'il m'apportera de vous en échange décidera sans doute de mon sort.

Clarisse Harlove.

LETTRE CLXXVII.

MISS HOWE, A MADAME NORTON.

Jeudi, 17 mai

Ne pourriez-vous, ma bonne madame Norton, sans m'en attribuer le dessein, à moi qui suis haïe dans la famille, trouver quelque moyen de faire savoir à madame Harlove que, dans une compagnie où le hasard nous a fait rencontrer, vous m'avez entendue dire : « Que ma chère amie languit de se voir réconciliée avec ses proches; que, dans cette espérance, elle a refusé jusqu'à présent de prendre les moindres engagemens qui pourraient être un obstacle; qu'elle voudrait éviter de donner à M. Lovelace le droit de chagriner sa famille, par rapport à la terre de de son grand-père; que tout ce qu'elle demande encore est la liberté de vivre fille, et qu'à cette condition elle soumettra sa conduite et sa terre à la volonté de son père; que M. Lovelace et tous ses amis la pressent continuellement de conclure son mariage; mais que je suis sûre qu'elle a si peu de goût pour cette alliance, à cause de ses mœurs et de l'aversion qu'elle connaît pour lui à tous les Harlove, qu'avec un peu d'espérance de réconciliation, elle cesserait d'y penser pour se jeter uniquement sous la protection de son père; mais que leur résolution ne doit pas traîner en longueur, parce qu'elle se trouverait dans la nécessité de céder à des instances continuelles, et qu'il ne dépendrait plus d'elle de prévenir des procédures désagréables. »

Je vous assure, madame Norton, sur ma conscience et mon honneur, que notre très chère amie ignore absolument le parti que je prends de vous écrire ; et cette raison m'oblige de vous apprendre, en confidence, sur quels fondemens je m'y suis déterminée.

Elle m'a priée d'engager M. Hickman à faire quelques ouvertures dans la même vue à son oncle Harlove, mais indirectement et comme de lui-même, dans la crainte que, si cette démarche était sans succès et que M. Lovelace, qui n'est pas déjà content de se voir si peu avancé dans son affection, vînt à le découvrir, elle ne se vît privée de la protection de tout le monde, et peut-être exposée à de fâcheux inconvéniens de la part d'un esprit si hautain. Avec cette commission et le zèle que j'ai pour ses intérêts, j'ai cru que si le poids d'une aussi bonne femme, d'une aussi bonne mère et d'une aussi bonne sœur que madame Harlove était joint dans la même balance avec celui de Jules Harlove, il serait difficile que ces deux forces réunies ne fissent pas une juste impression.

M. Hickman verra demain M. Jules Harlove. Vous pourriez voir sa sœur dans l'intervalle. Si M. Hickman était écouté favorablement, il dirait à l'oncle que vous avez vu madame Harlove dans les mêmes intentions, et l'engager à délibérer avec elle sur les moyens de toucher les plus endurcis de tous les cœurs.

Voilà l'état de l'affaire et le véritable motif de ma lettre. J'abandonne tout à votre discrétion. Le succès sera le plus ardent de mes vœux ; car mon opinion est que M. Lovelace ne peut jamais être digne de notre admirable amie ; et je ne connais même aucun homme qui mérite une femme comme elle.

Prenez la peine de m'informer, par quelques lignes, du résultat de votre négociation. S'il n'est pas tel qu'on peut raisonnablement l'espérer, notre chère amie ne saura rien de la démarche que je fais, et je vous demande en grâce qu'elle ne l'apprenne pas de vous. Ce serait augmenter les plaies d'un cœur déjà trop blessé. Je suis, ma chère et digne madame Norton, votre servante et votre véritable amie.

ANNE HOWE.

LETTRE CLXXVIII.

MADAME NORTON, A MISS HOWE.

Samedi, 13 mai.

Mademoiselle,

J'ai le cœur pénétré de la nécessité où je suis de vous dire que, dans les dispositions présentes de la famille, il n'y a rien à se promettre des sollicitations en faveur de ma très chère miss Harlove. J'ai reçu d'elle une lettre des plus touchantes. Mais il ne m'est pas permis de vous la communiquer. Elle me défend de faire connaître à personne qu'elle m'ait écrit sur le sujet de ses peines, quoiqu'elle y ait été comme forcée pour le soulagement de son cœur. Ainsi, je vous le dis en confidence.

J'espère de la bonté du ciel que ma chère miss s'est conservée sans tache, et qu'il n'y a pas d'homme au monde qui soit capable d'un si détestable sacrilège. Non, non, il n'y a point de faiblesse à craindre d'une vertu si solidement affermie. Que Dieu défende une âme si pure des atteintes de la surprise et de la violence! Soulagez mon cœur, mademoiselle, je vous en conjure, mon cœur trop inquiet par deux mots que vous aurez la bonté de donner au porteur, pour m'assurer aussi fortement qu'il vous sera possible que l'honneur de ma chère fille est respecté. S'il ne l'a pas été, il faut renoncer pour le reste de mes jours à toutes les consolations de la vie; car je ne connais rien qui soit capable d'en procurer à la pauvre

Judith Norton.

LETTRE CLXXIX.

MISS HOWE, A MADAME NORTON.

Samedi au soir, 13 mai.

Chère et excellente femme, l'honneur de votre incomparable élève est sans tache et ne cessera jamais d'être tel, en dépit des hommes et de toutes les puissances de l'enfer. S'il y avait eu quelque espérance de réconciliation, mon unique but était de l'arracher à cet homme-là. Ce que je puis dire à présent, c'est qu'elle doit courir le risque d'avoir un mauvais mari, elle dont il n'y a pas d'homme qui soit digne.

Vous plaignez sa mère; c'est de quoi je suis bien éloignée. Je ne plains pas ceux qui se mettent dans l'impuissance de marquer de la tendresse et de l'humanité par de misérables vues de repos et d'intérêt propre que le moindre vent peut troubler. Non, je n'en plains pas un seul; c'est à ma chère amie que je dois toute ma compassion. Sans eux, elle ne serait jamais tombée dans les mains de cet homme-là. Elle est irréprochable. Vous ne savez pas toute son histoire. Quand je vous dirais qu'elle n'a pas eu l'intention de partir avec lui, ce serait la justifier inutilement; ce serait condamner seulement ceux qui l'ont poussée dans l'abîme, et celui qui doit être à présent son refuge. Je suis votre servante et votre amie sincère.

Anne Howe.

LETTRE CLXXX.*

MADAME HARLOVE, A MADAME NORTON.

Samedi, 13 mai.

J'exécute ma promesse, en répondant par écrit à vos informations. Mais gardez-vous d'en parler à personne, soit à Betty de ma fille Bella, qui vous rend quelquefois visite, à ce que j'apprends; soit à la pauvre malheureuse elle-même, à personne, en un mot, je vous le recommande absolument. J'ai le cœur plein, je me soulagerai en prenant la plume, et peut-être m'arrêterai-je bien plus à la peinture de mes peines qu'à la réponse que je vous ai promise.

Vous savez combien cette ingrate créature nous a toujours été chère. Vous savez quel plaisir nous nous faisions de nous joindre à ceux qui la voyaient ou qui conversaient avec elle, pour la louer et pour l'admirer. Il nous arrivait même assez souvent de passer les bornes d'une certaine modestie qui devait nous rendre plus sévères, parce que c'était notre fille.

* Cette lettre n'a été communiquée qu'après la fin de l'Histoire, et lorsqu'on a formé ce recueil.

Mais nous pensions qu'il y avait plus à craindre de marquer de l'aveuglement et de l'affectation, en refusant nos louanges aux apparences d'un mérite si distingué, que de nous attirer un reproche d'orgueil et de partialité en louant ce qui nous appartenait.

Ainsi, lorsqu'on nous félicitait d'avoir une telle fille, nous recevions ce compliment sans le trouver excessif. Si l'on admirait notre bonheur, nous convenions que jamais parens n'avaient été plus heureux dans une fille. Si l'on observait particulièrement le respect qu'elle avait pour nous, il est vrai, disions-nous, qu'elle ne sait pas manquer au devoir. Si nous entendions dire que Clarisse avait de l'esprit et de la pénétration fort au delà de son âge, au lieu de rabaisser son esprit, nous ajoutions que son jugement n'était pas moins extraordinaire. Si l'on faisait l'éloge de sa prudence et de cette *préméditation* qui suppléait en elle au défaut des années et de l'expérience, nous répondions avec une sorte de vanité : Clarisse Harlove est en état de donner des leçons à tout le monde.

Pardonnez, ma chère Norton, ah ! pardonnez à la tendresse d'une mère. Mais je sais que vous aurez cette indulgence pour moi. Cet enfant était aussi le vôtre, tandis qu'il n'y avait rien à lui reprocher ; il faisait votre gloire comme la mienne.

Mais n'entendiez-vous pas les étrangers, lorsqu'ils la voyaient passer à l'église, qui, s'arrêtant pour l'admirer, la traitaient de créature angélique, pendant que ceux de qui elle était connue croyaient avoir dit assez en répondant que c'était miss Clarisse Harlove ; comme si tout le monde eût été obligé de connaître miss Clarisse Harlove, ou d'avoir entendu parler d'elle et de ses perfections. De son côté, accoutumée dès l'enfance à ce tribut de louanges, l'habitude en était trop familière pour lui faire changer quelque chose à sa marche ou à ses regards.

Pour moi, je ne pouvais me dérober à un plaisir qui avait peut-être une vanité coupable pour fondement, lorsqu'on me parlait ou qu'on s'adressait à moi comme à sa mère. M. Harlove et moi, nous sentions croître notre affection l'un pour l'autre en nous applaudissant de la part que nous avions eue à cet admirable ouvrage.

Encore, encore un peu d'indulgence pour ces tendres effusions d'un cœur maternel ! Je pourrais m'attacher éternellement au souvenir de ce qu'elle était, ne fût-ce que pour écarter de mon esprit ce qu'elle est devenue.

Dans un âge si tendre, je pouvais déposer toutes mes peines dans son sein, sûre de trouver dans sa prudence du conseil et de la consolation, et l'un et l'autre insinués d'une manière si humble, si respectueuse, qu'il était impossible d'y remarquer la moindre de ces indiscrétions que la différence des années et du caractère entre une mère et une fille aurait pu faire appréhender de toute autre qu'elle. Elle faisait notre gloire au dehors, et nos délices dans l'intérieur de la maison. Entre ses parens, chacun était passionné pour sa compagnie. Ils se la disputaient entre eux. Son père et moi, nous ne l'accordions qu'à regret à ses oncles et à sa tante, et s'il s'élevait quelque différend dans la famille, c'était à l'occasion de ses visites, et du temps qu'elle devait passer chez l'un ou chez l'autre. Jamais elle n'a reçu de nous d'autres marques de mécontentement ou d'humeur que celles des amans, c'est-à-dire des reproches tendres lorsqu'elle s'enfermait trop long-temps pour ces charmantes et utiles occupalions dont toute la maison, néanmoins, tirait de si grands avantages.

Nos autres enfans, quoiqu'ils aient toujours été d'un fort bon caractère, avaient peut-être raison de se croire un peu négligés. Mais ils rendaient tant de justice à la supériorité de leur sœur, que, reconnaissant l'honneur qu'elle faisait à sa famille, ils n'étaient pas capables de la regarder d'un œil d'envie. Entre des frères et des sœurs, une différence de cette nature n'excite que l'émulation. Clary, vous le savez, chère Norton, donnait du lustre à toute la famille. A présent qu'elle nous a quittés, hélas! quittés avec tant de confusion pour tous ses proches, nous sommes dépouillés de notre véritable ornement; nous ne sommes plus qu'une famille commune.

Vanterai-je ses talens, sa voix, son habileté dans la musique et la peinture, l'excellence de son aiguille, cette élégance dans la manière de se mettre, qui faisait dire à toutes les dames du voisinage, qu'elles n'avaient pas besoin des modes de Londres, et que le goût naturel de Clarisse Harlove était fort au dessus des recherches de l'art? Parlerai-je de son air aisé, des charmes de sa figure, de ses profondes lectures, dont le fruit, augmenté par ses réflexions, ne changeaient rien à ses manières ouvertes et ne diminuaient pas son modeste enjouement? O ma chère Norton! quel délicieux enfant avais-je autrefois dans ma Clarisse!

Je ne dis rien que vous ne sachiez comme moi, comme tout le monde, et même encore mieux; car une partie de ses perfections venait de vous, et vous lui aviez donné, avec le lait, ce qu'on ne pouvait attendre de toute autre nourrice.

Croyez-vous, ma digne femme, croyez-vous que la chute volontaire d'un enfant si précieux puisse jamais être pardonnée? Peut-elle croire elle-même que l'abus de tant de talens, qui lui ont été confiés par le ciel, ne mérite pas le plus sévère châtiment?

Sa faute est une faute préméditée, où l'artifice et la ruse ont joué les premiers rôles. Elle a trompé l'attente de tout le monde: c'est une tache pour tout son sexe, comme pour la famille dont elle est sortie.

Quelqu'un se serait-il jamais imaginé qu'une jeune personne de son caractère, qui avait sauvé sa trop vive amie du danger d'épouser un libertin, prendrait la fuite elle-même avec le plus infâme et le plus renommé de tous les libertins; avec un homme dont elle connaissait les mœurs, pires mille fois que celles de l'homme dont elle avait préservé son amie; avec un homme qui a ôté la vie à son frère, et qui n'a pas cessé un moment de braver toute notre famille?

Pensez-y pour moi, ma bonne Norton; jugez quel doit être le malheur de ma vie, en qualité de femme et de mère. Que de jours d'affliction! Que de nuits passées dans l'insomnie! obligée néanmoins d'étouffer la douleur qui me ronge, pour adoucir des esprits violens, et pour arrêter de nouveaux désastres. Oh! cruelle, cruelle fille! Avoir si bien connu ce qu'elle faisait! avoir été capable d'en soutenir toutes les conséquences! elle que que nous aurions crue disposée à souffrir la mort, plutôt que de consentir à sa honte!

Sa prudence, si long-temps éprouvée, ne lui laisse aucune excuse. Comment pourrais-je donc entreprendre de plaider pour elle, quand l'indulgence maternelle me porterait moi-même à lui pardonner? D'ailleurs, toute l'humiliation que nous avions à craindre de cette disgrâce n'est elle pas déjà tombée sur nous? Manque-t-il quelque chose à la sienne?

Si le dégoût la prend aujourd'hui pour les mœurs de son libertin, n'avait-elle pas la même raison d'en ressentir avant sa fuite? Serait-ce l'expérience qui lui en aurait inspiré? Ah! ma chère bonne femme, je doute, je doute... Le caractère de l'homme ne ferait-il pas douter d'un ange, s'il lui tombait un ange entre les mains? Le public en jugera dans le plus mauvais sens, et j'apprends qu'il l'a déjà fait. Son frère le dit; son père le craint : puis-je l'empêcher?

Elle connaissait notre aversion pour lui, comme son caractère. Il faut donc que pour de nouveaux motifs, il y ait quelque nouvelle raison. Oh! ma chère madame Norton, comment pourrais-je, comment pouvez-vous supposer les craintes où ces idées nous conduisent! *Il la presse continuellement*, m'avez-vous dit, et *tous ses parens la sollicitent de l'épouser*. Elle a ses raisons, sans doute, elle a ses raisons, pour s'adresser à nous et son crime est d'une nature à nous faire redouter quelque nouvelle disgrâce. Dans quels précipices un cœur égaré n'est-il pas capable de se laisser conduire après une criminelle démarche? Il n'est que trop vraisemblable qu'on cherche à nous sonder, pour ménager la vanité d'un esprit opiniâtre, qui se réserve le pouvoir de nier ou de se rétracter.

Mais enfin, quand j'aurais du penchant à plaider pour elle, c'est à présent le moins favorable de tous les temps : à présent que mon frère Jules (comme il est venu nous dire ce matin) a rejeté les sollicitations de M. Hickman, et qu'il en a été applaudi; à présent que mon frère Antonin pense à faire passer ses grands biens dans une autre famille; elle-même s'attendant sans doute à rentrer dans la terre de son grand-père, en conséquence d'une réconciliation, et comme une récompense pour sa faute; et s'en tenant d'ailleurs aux termes qu'elle offrait auparavant, et qui ont déjà été refusés; refusés, je le puis dire, sans qu'il y ait eu de ma faute.

Vous ferez, sur toutes ces raisons, une réponse telle que le cas la demande. Dans les conjectures présentes, parler pour elle, ce serait renoncer à tout le repos de ma vie. Que le ciel lui pardonne! Si je le fais aussi, mon exemple ne sera suivi de personne. Pour votre intérêt comme pour le mien, qu'on ne sache pas même que vous et moi nous ayons mis ce sujet en délibération; et je vous recommande de ne m'en plus parler sans ma permission particulière, car c'est me faire saigner inutilement le cœur par autant de ruisseaux que j'ai de veines.

Cependant ne me croyez pas insensible à de véritables marques de pénitence et de remords. Mais c'est un nouveau tourment pour moi d'avoir de la bonne volonté sans aucun pouvoir.

Adieu, adieu. Attendons toutes deux notre consolation du ciel. Puisse-t-il inspirer à cette fille, autrefois si chère (hélas! elle me le sera toujours, car une mère peut-elle oublier son enfant?), un véritable sentiment de repentance, et ne la pas punir suivant l'énormité de sa faute. C'est la prière de votre sincère amie,

CHARLOTTE HARLOVE.

LETTRE CLXXXI.

MISS HOWE, A MISS CLARISSE HARLOVE.

Dimanche, 14 mai.

J'ignore, ma chère, comment vous êtes actuellement avec M. Lovelace ; mais j'appréhende beaucoup que vous ne soyez obligée de le prendre pour seigneur et pour maître.

Je l'ai fort mal traité dans ma dernière lettre. Je venais d'apprendre quelques unes de ses bassesses, lorsque j'ai pris la plume, et mon indignation était fort échauffée. Mais après un peu de réflexion, et sur d'autres recherches, je trouve que les faits dont on le charge sont assez anciens, et qu'ils ne sont pas postérieurs, du moins, au temps depuis lequel il a cherché à vous plaire : c'est dire quelque chose en sa faveur. La conduite généreuse qu'il a tenue à l'égard de la petite fille de l'hôtellerie, est un exemple plus récent à l'avantage de son caractère, sans parler du témoignage que tout le monde rend à sa bonté pour ses gens et pour ses fermiers. J'approuve beaucoup aussi la proposition qu'il vous fait d'entrer dans la maison de madame Fretchvill, pendant qu'il continuera de demeurer chez l'autre veuve, et jusqu'à ce que vous soyez convenus tous deux de n'occuper qu'une seule maison. C'est une affaire que je souhaiterais de voir déjà conclue. Ne manquez point d'accepter cette offre ; du moins, si vous ne vous rencontrez pas bientôt à l'autel, et si vous n'avez pas la compagnie d'une de ses cousines.

Une fois mariée, je ne puis m'imaginer que vous ayez de grands malheurs à craindre, quoique moins heureuse peut-être avec lui que vous ne méritez de l'être. Le fonds du bien qu'il a dans sa province, celui qui doit lui revenir, l'attention qu'il donne à ses affaires, votre mérite, et son orgueil même, me paraissent des sûretés raisonnables pour vous. Quoique chaque trait particulier que j'apprends de sa méchanceté me blesse et m'irrite, cependant, après tout, lorsque je me donne le temps de réfléchir, ce qu'on m'a dit à son désavantage était compris dans le portrait général que l'intendant de son oncle faisait de lui, et qui vous a été confirmé par madame Greme. Je ne vois rien par conséquent qui doive vous causer d'autre inquiétude sur l'avenir, que pour son propre bien, et pour l'exemple qu'il sera capable de donner à sa propre famille. Il est vrai que c'en est un assez grand sujet ; mais si vous le quittez à présent, soit malgré lui, soit avec son consentement, sa fortune et ses alliances étant si considérables, sa personne et ses manières si engageantes, et tout le monde vous trouvant aussi excusable par ces raisons que par la folie de vos parens, cette démarche n'aurait pas bonne apparence pour votre réputation. Il me semble donc, après y avoir pensé long-temps, que je ne puis vous donner ce conseil, pendant que vous n'avez aucune raison de vous défier de son honneur. Puisse la vengeance éternelle s'attacher sur le monstre, s'il donne jamais lieu à des craintes de cette nature.

J'avoue qu'il y a quelque chose d'insupportable dans la conduite qu'il tient avec vous. Sa résignation à vos délais et sa patience pour l'éloignement où vous le tenez, à l'occasion d'une faute qui doit lui paraître bien plus légère que la punition, me paraissent tout à fait inexplicables. Il doute de votre tendresse pour lui : voilà ce que je trouve de plus probable ; mais vous devez être surprise de lui voir si peu d'ardeur lorsqu'il est maître, en quelque sorte, de son propre bonheur.

Ce que vous venez de lire vous a fait juger sans doute du succès de la conférence entre M. Hickman et votre oncle. Je suis furieuse, sans exception, contre tous ces gens-là. Sans exception, je dois le dire : car j'ai fait sonder votre mère par votre bonne Norton, dans la même vue qui a fait agir M. Hickman. Jamais on n'a vu dans le monde des *brutes* si déterminées. Pourquoi m'arrêter aux détails? J'ignore seulement jusqu'à quel point on peut excepter votre mère.

Votre oncle soutient que vous êtes perdue. « Il se persuade tout, dit-il, au désavantage d'une fille qui a pu s'enfuir avec un homme, surtout avec un homme tel que Lovelace. Ils s'attendaient à vous entendre parler de réconciliation, lorsqu'il vous serait arrivé quelque pesante disgrâce ; mais ils étaient tous résolus de ne pas se remuer d'un pas en votre faveur, quand il s'agirait de vous sauver la vie. »

Ma chère amie, déterminez-vous à faire valoir vos droits. Redemandez ce qui est à vous, et prenez le parti d'aller vivre comme vous le devez, dans votre propre maison. Alors, si vous ne vous mariez pas, vous aurez le plaisir de voir ces misérables ramper devant vous, dans l'espérance d'une réversion.

On vous accuse, comme votre tante l'a déjà fait dans sa lettre, de préméditation et de ruse dans votre fuite. Au lieu d'être touchés de quelque compassion pour vous, ils en ont demandé au médiateur pour eux-mêmes qui vous aimaient autrefois jusqu'à l'idolâtrie, dit votre oncle, qui ne connaissaient de joie qu'en votre présence, qui dévoraient chaque mot à mesure qu'il sortait de votre bouche, qui marchaient sur vos pas, lorsque vous marchiez devant eux, et je ne sais combien d'affectations de cette nature.

En un mot, il est évident pour moi, comme il doit l'être pour vous, après avoir lu cette lettre, qu'il ne vous reste qu'un seul choix et que vous ne sauriez vous hâter trop de le faire. Supposerons-nous que ce choix n'est pas en votre pouvoir ? Je n'ai pas la patience de faire cette supposition.

À la vérité, je ne suis pas sans quelque embarras sur la manière dont vous vous y prendrez pour revenir à lui, après l'avoir tenu si rigoureusement éloigné, et sur la vengeance même à laquelle son orgueil peut le porter. Mais je vous assure que si mon départ et la résolution de partager votre sort peuvent dispenser une âme si noble de se rabaisser trop, à plus forte raison s'ils peuvent empêcher votre ruine, je n'hésiterais pas un moment à partir. Qu'est-ce pour moi que le monde entier, lorsque je le mets en balance avec une amitié telle que la nôtre ? Pensez-vous que cette vie ait quelque plaisir qui pût en être un pour moi, s'il me fallait voir une amie telle que vous dans un abîme dont j'aurais pu la tirer par le sacrifice de tout ce qui porte ce nom? Lorsque je vous tiens ce langage, et que je suis prête à le vérifier, n'est-il pas vrai que ce que je vous offre n'est que le fruit d'une amitié dont j'ai l'obligation à votre mérite.

" Pardonnez la chaleur de mes expressions. Celle de mes sentimens est fort au dessus. Je suis enragée contre votre famille ; car tout odieux qu'est ce que vous venez de lire, je ne vous ai pas tout dit ; et peut-être ne vous le dirai-je jamais. Je suis irritée contre votre insensé Lovelace, et contre sa misérable vanité. Cependant, tenons-nous, puisque c'est votre sort, à prendre ce fou tel qu'il est, et à tirer de lui le meilleur parti qu'il est possible. Il ne s'est rendu coupable d'aucune indécence dont vous soyez directement blessée. Il n'oserait : sa méchanceté n'est pas assez infernale. S'il avait cette horrible intention, elle ne se serait pas dérobée jusqu'à présent, dans la dépendance où vous êtes de lui, à des yeux aussi pénétrans que les vôtres, à un cœur aussi pur ! Sauvons donc ce misérable, si nous le pouvons ; quoiqu'au risque de nous salir les doigts en aidant à le tirer de sa fange.

Mais il me semble que, pour une personne de votre fortune et de votre indépendance, il y a d'autres soins encore dont vous devez être occupée, si vous en venez au terme que je crois désormais indispensable. Vous ne m'apprenez point qu'il vous ait encore parlé de contrat, ni de permission ecclésiastique. C'est une réflexion fâcheuse. Mais comme votre mauvaise destinée vous prive de toute autre protection, vous devez vous tenir lieu à vous-même, de père, de mère, d'oncles, et traiter vous-même ces deux points. Il le faut absolument ; votre situation vous y force. A quoi reviendrait à présent la délicatesse ? Aimeriez-vous mieux néanmoins que je fisse la démarche de lui écrire ? Mais ce serait comme si vous lui écriviez vous-même : et vous pourriez lui écrire, en effet, si vous trouvez trop de peine à parler. Cependant le mieux, assurément, serait de vous expliquer de bouche. Les paroles ne laissent aucune trace. Elles passent comme l'haleine et se mêlent avec l'air. On peut en resserrer le sens où l'étendre, au lieu que l'expression de la plume est un témoignage authentique.

Je connais la douceur de votre esprit. Je ne connais pas moins la louable fierté de notre sexe dans des occasions si délicates. Mais, encore une fois, c'est à quoi vous ne devez pas vous arrêter à présent. Votre honneur est intéressé à ne pas insister sur cette dignité.

« Monsieur Lovelace, dirais-je (sans trouver le personnage moins ridicule pour son stupide orgueil, qui lui fait souhaiter une sorte de triomphe sur la dignité de sa femme), je me vois privée, à votre occasion, de tout ce que j'avais d'amis au monde. Comment dois-je me regarder par rapport à vous ? J'ai tout pesé. Vous avez fait croire à plusieurs personnes, contre mon inclination, que je suis mariée. D'autres savent que je ne le suis pas ; et je ne souhaite point que personne croie que je le suis. Pensez-vous qu'il soit bien avantageux pour ma réputation de vivre avec vous sous le même toit ? Vous me parlez de la maison de madame Fretchvill, si cette femme est incertaine dans ses projets, que m'importe sa maison ? Vous m'avez parlé de me procurer la compagnie de votre cousine Montaigu : si le complot de mon frère est votre prétexte pour ne pas aller lui faire cette proposition vous-même, vous pouvez lui écrire. J'insiste sur ces deux points. Que vos parens s'y prêtent ou non, c'est ce qui doit m'être indifférent, si la chose l'est pour eux. »

Une déclaration de cette nature avancera beaucoup vos affaires. Il y a vingt moyens, ma chère, que vous trouveriez pour une autre dans les mêmes circonstances. De l'insolence dont il est naturellement, il ne voudra pas qu'on puisse penser qu'il ait besoin de consulter personne. Il sera forcé par conséquent de s'expliquer ; et s'il s'explique, au nom de Dieu, plus de délais de votre part. Fixez-lui le jour, et que ce jour ne soit pas éloigné. Ce serait déroger, et à votre mérite, et à votre honneur, permettez-moi de le dire, quand même ses explications ne seraient pas aussi nettes qu'elles doivent l'être, de paraître douter de ses intentions, et d'attendre des confirmations qui me le feraient mépriser éternellement, s'il me les rendait nécessaires. Souvenez-vous, ma chère, qu'un excès de modestie vous a déjà fait manquer deux fois, ou plus souvent, des occasions que vous n'auriez pas dû laisser échapper. A l'égard des articles, s'il ne viennent pas naturellement, je les abandonnerais à sa propre volonté et à celle de sa famille. Alors, vous êtes à la fin de tous vos embarras.

Voilà mon avis. Faites-y les changemens qui conviendront aux circonstances, et suivez le vôtre. Mais, en vérité, ma chère, je ferais ce que je vous conseille ou quelque chose d'approchant, et je ne balance point à le signer de mon nom.

ANNE HOWE.

Billet qui fut joint à la lettre précédente.

Il faut que je vous communique mes propres chagrins, quoique vous soyez si tourmentée des vôtres. J'ai une nouvelle curieuse à vous apprendre : votre oncle Antonin pense à se marier. Devinez avec qui : avec ma mère. Rien n'est plus vrai. Votre famille le sait déjà. On en rejette la faute sur vous avec un redoublement de malignité, et le vieux masque n'apporte pas d'autre excuse.

Ne faites pas connaître que vous en soyez informée ; et, de peur d'accident, ne m'en parlez pas même dans vos lettres.

Je ne crois pas que cette folle idée puisse réussir ; mais c'est un bon prétexte pour quereller ma mère ; et si je n'en avais pas manqué jusqu'à présent, ne doutez pas que je ne fusse depuis long-temps à Londres. Aux premières marques d'encouragement que je croirai découvrir de sa part, je donne son congé à Hickman ; cela est certain. Si ma mère me chagrine sur un point de cette importance, je ne vois pour moi aucune raison de l'obliger sur l'autre. Il est impossible que sa vue ne soit qu'une ruse pour me faire hâter mon mariage. Je répète que ce beau projet ne peut réussir. Mais ces veuves sont étranges : sans compter que, vieilles ou jeunes, nous sommes toutes si aises qu'on nous fasse la cour et qu'on nous admire ! A cet âge-là surtout, il est si doux pour une mère de se voir comme ramenée à la classe de sa fille ! J'ai souffert beaucoup de l'air de satisfaction qui était répandu sur son visage lorsqu'elle m'a communiqué les propositions. Cependant elle affectait de m'en parler comme d'une chose qui la touchait peu.

Ces garçons surannés, qui se trouvent vieux sans s'en apercevoir, n'ont pas plus tôt pris leur parti, qu'il ne leur reste rien de plus pressant que de faire connaître leurs intentions. Au fond, les richesses de votre oncle sont une puissante amorce. Ajoutez une fille impertinente dont on n'est pas fâché de se défaire, et la mémoire d'un père, qui n'est pas d'un grand poids dans la balance. Mais que l'un avance, s'il a cette hardiesse ; que l'autre ait celle de l'encourager. Nous verrons, nous verrons. J'espère néanmoins que j'en serai quitte pour la peur.

Pardon, ma chère. Je suis piquée. Peut-être me trouverez-vous coupable : aussi me garderai-je bien de mettre mon nom à ce billet.

D'autres mains peuvent ressembler à la mienne. Vous ne m'avez pas vu l'écrire.

LETTRE CLXXXII.

MISS CLARISSE HARLOVE, A MISS HOWE.

Lundi après-midi, 15 mai.

C'est à présent, ma meilleure, mon unique amie, qu'il ne me reste plus en effet deux partis à choisir. Je reconnais à présent que j'ai poussé mon ressentiment trop loin, puisque je me trouve dans le cas de paraître obligée à la patience de mon tyran, pour une conduite qui peut lui sembler capricieuse et puérile, ou plutôt qui lui a fait connaître le peu d'estime que j'ai pour lui.

Il la croira du moins fort subordonnée; pendant que son orgueil lui persuade qu'il la mérite exclusive et du premier ordre. Ah! ma chère, se voir forcée de se jeter comme à la tête d'un homme, qui n'est pas, en vérité, un homme généreux! Cette idée n'est-elle pas capable d'affliger mortellement une jeune personne, pour laquelle toute autre espérance est évanouie, et qui n'a plus par conséquent devant elle qu'une éternité de tristesse, dont l'homme, auquel sa mauvaise destinée la livre, est capable lui-même de se faire un cruel plaisir? Il me semble, en vérité, que c'est à quoi je m'attends avec ce sauvage. Quel sort est le mien!

Vous me donnez, ma chère, un fort bon conseil sur la manière décisive dont je dois lui parler. Mais considérez-vous à qui vous donnez ce conseil? De toutes les femmes du monde, j'étais celle qui devais me trouver le moins dans l'occasion de le recevoir, car il surpasse absolument mes forces. Moi, presser un homme d'être mon mari! Moi, rassembler toutes mes forces pour hâter les résolutions d'un homme trop lent! Chercher moi-même à faire renaître une occasion que j'ai perdue! Menacer, en quelque sorte, employer du moins les reproches pour assurer mon mariage! Ah! chère miss Howe, si ce parti est juste, s'il est sage, que cette justice et cette sagesse doivent coûter à la modestie ou à la fierté, si vous l'aimez mieux! Ou pour m'exprimer dans vos termes, se tenir lieu à soi-même de père, de mère et d'oncles! surtout lorsqu'on a lieu de croire que l'homme veut s'en faire un triomphe! Par pitié, ma chère, conseillez-moi, persuadez-moi de renoncer pour jamais à lui, et j'embrasserai avec joie votre conseil.

Vous m'apprenez que vous avez fait l'essai du crédit de madame Norton sur ma mère; vous me cachez, dites-vous, une partie de la fâcheuse réponse qu'on a faite à M. Hickman, et vous ajoutez que peut-être ne m'en apprendrez-vous jamais davantage. Pourquoi donc, ma chère? Quelles sont, quelles peuvent être les fâcheuses réponses que vous ne devez jamais m'apprendre? Quoi de pire que de renoncer pour jamais à moi? « Mon oncle, dites-vous, me croit perdue. Il déclare qu'il se persuade tout au désavantage d'une fille qui a pu s'enfuir avec un homme; et tous sont résolus de ne pas se remuer d'un seul pas, quand il serait question de me sauver la vie. »

Me tenez-vous quelque chose de pis en réserve? Parlez, ma chère! Mon père n'aura pas renouvelé contre moi sa terrible malédiction. Ma mère du moins n'y aura pas joint la sienne. Mes oncles l'auraient-ils scellée de leur consentement? En aurait-on fait un acte de famille?

Quelle est donc, ma chère, cette fatale partie de mes disgrâces que vous ne voulez jamais me révéler?

Oh! Lovelace! que n'entres-tu dans ma chambre, tandis que j'ai cette noire perspective devant les yeux. C'est à ce moment que, si tu pouvais pénétrer dans mon cœur, tu verrais une affliction digne de ton barbare triomphe.

La violence de mes sentimens m'a forcée de quitter la plume.

Vous dites donc que vous avez fait l'essai du crédit de madame Norton sur ma mère. Ce qui est fait est fait. Cependant je souhaiterais que, sur un point si important, vous n'eussiez rien entrepris sans m'avoir consultée. Pardon, ma chère, mais cette noble et généreuse amitié dont vous m'assurez avec une chaleur si extraordinaire et dans des termes si obligeans, me cause autant de crainte que d'admiration par son ardeur.

Revenons à l'opinion où vous êtes que je ne puis me dispenser de me donner à lui, et que soit qu'il y consente ou non, mon propre honneur ne me permet plus de le quitter. Il faut donc que je tire parti d'une situation si désespérée.

Ce matin, il est sorti de fort bonne heure, après m'avoir fait dire qu'il ne reviendrait pas dîner, à moins que je ne lui fisse l'honneur de le recevoir à dîner avec moi. Je m'en suis excusée. Cet homme, dont la colère est à présent d'une si haute importance pour moi, n'a pas été content de ma réponse.

Comme il s'attend, aussi bien que moi, que je recevrai aujourd'hui de vos nouvelles, je m'imagine que son absence ne sera pas longue. Apparemment qu'à son retour il prendra un air grave, imposant, un air d'autorité si vous voulez. Et moi, ne dois-je pas prendre alors un air humble, un air soumis, et m'efforcer, par des apparences respectueuses, de m'insinuer dans ses bonnes grâces? Lui demander pardon, sinon de bouche, du moins en baissant les yeux, d'avoir eu l'injustice de le tenir éloigné? Je n'y dois pas manquer sans doute. Mais il faut que j'essaie auparavant si ce rôle me sied. Vous m'avez raillée souvent de l'excès de ma douceur. Eh bien! il faut essayer de me rendre encore plus douce. N'est-ce pas votre avis... ma chère?

Mais je vais me tenir assise, les mains croisées devant moi, résignée à tout; car je l'entends revenir... ou plutôt irai-je simplement au devant de lui et lui adresserai-je ma harangue dans les termes que vous m'avez prescrits?

Il est rentré. Il me l'a fait dire en demandant à me voir. Dorcas raconte que tous ses mouvemens respirent l'impatience. Mais il m'est impossible, oui, impossible, de lui parler.

Lundi, au soir.

La lecture de votre lettre et mes douloureuses réflexions m'ont rendue incapable de le voir. La première question qu'il a faite à Dorcas a été si j'avais reçu quelque lettre depuis qu'il était sorti. Elle lui a répondu que j'en avais reçu une, que je n'avais pas cessé de pleurer depuis, et que j'étais encore à jeun.

Il l'a fait remonter aussitôt pour me demander une entrevue avec de nouvelles instances. J'ai répondu que je n'étais pas bien, que demain au matin je le verrais d'aussi bonne heure qu'il le souhaiterait.

Ce ton n'est-il pas humble? Ne vous le paraît-il pas assez, ma chère?

Cependant on ne l'a pas pris pour de l'humilité. Dorcas m'a dit qu'il s'était frotté impatiemment le visage, et qu'en se promenant dans la salle il avait laissé échapper quelques mots emportés.

Une demi-heure après, il m'a renvoyé cette fille pour me supplier instamment de l'admettre à souper avec moi, en promettant de ne prendre aucun autre sujet de conversation que ceux que je ferais naître moi-même. Ainsi j'aurais été libre, comme vous voyez, de lui faire ma cour. Mais je l'ai fait prier encore de recevoir mes excuses. Que voulez-vous, ma chère? j'avais les yeux enflés; je me sentais très faible. Il m'aurait été impossible, après plusieurs jours de distance, d'entrer tout d'un coup, avec une certaine liberté, dans la conversation à laquelle je suis forcée par l'entier abandon de mes amis et par votre conseil.

Il m'a fait dire aussitôt qu'ayant appris que j'étais encore à jeun, il se soumettrait à mes ordres si je voulais promettre de manger un poulet Voilà bien de la bonté dans sa colère. Ne l'admirez-vous pas? j'ai promis ce qu'il désirait. C'est une préparation à l'humilité. Je serai fort heureuse assurément si je lui trouve demain une sorte de disposition à me pardonner.

Je me hais moi-même. Mais je ne veux pas être insultée. Non, je ne veux pas l'être, quoi qu'il puisse en arriver.

LETTRE CLXXXIII.

MISS CLARISSE HARLOVE, A MISS HOWE.

Mardi, 16 mai.

Il paraît que nous sommes encore parvenus à quelque espèce de raccommodement; mais c'est au travers de l'orage. Je vous dois ce curieux détail.

Dès six heures du matin, j'ai cru l'entendre dans la salle à manger. Je m'étais mise au lit en fort mauvais état, et j'étais déjà levée aussi; mais je n'ai pas ouvert ma porte avant sept heures, et Dorcas est venue alors me proposer de le voir. Je suis descendue.

Il s'est avancé vers moi; et me prenant la main lorsque je suis entrée dans la salle:

— Je ne me suis pas mis au lit, mademoiselle, avant deux heures; cependant je n'ai pas fermé l'œil pendant le reste de la nuit. Au nom de Dieu, ne me tourmentez pas comme vous l'avez fait toute la semaine. Il s'est arrêté. J'ai gardé le silence. — D'abord, a-t-il continué, j'ai cru que votre ressentiment pour une légère curiosité ne pouvait être bien vif, et qu'il se dissiperait de lui-même. Mais lorsque vous m'avez déclaré qu'il durerait jusqu'à l'explication que vous attendez sur de nouvelles ouvertures, dont le succès m'expose à vous perdre pour toujours, comment aurais-je pu soutenir la pensée d'avoir fait si peu d'impression sur votre cœur, malgré l'union de nos intérêts?

Il s'est encore arrêté. J'ai continué de me taire. Il a repris:

— Je reconnais, mademoiselle, que la nature m'a donné un cœur fier. Il m'est bien pardonnable d'avoir espéré quelque marque de faveur et de préférence de la part d'une personne à qui toute mon ambition est d'appartenir, et d'avoir souhaité que son choix ne parût pas ouvertement conduit par la malignité de ses propres persécuteurs et de mes ennemis irréconciliables.

Il s'est étendu assez long-temps sur la même idée. Vous savez, ma chère, qu'il m'a donné vingt sujets de récrimination. Je ne l'ai point épargné. Mais il serait inutile de vous répéter tous les chefs. Chacun de ces points, lui ai-je dit, n'était propre à me convaincre que de sa fierté. Je lui ai confessé que j'en avais autant que lui, mais d'une espèce différente, et j'ai ajouté que, s'il entrait dans la sienne le moindre mélange d'une véritable fierté, d'une fierté digne de sa naissance et de sa fortune, il souhaiterait plutôt d'exciter la mienne que de la combattre ou de s'en plaindre; que c'était elle qui m'avait fait regarder comme au dessous de moi de désavouer mes motifs, lorsque, depuis quelques jours, j'avais évité tout entretien avec lui, et lorsque j'avais refusé la visite de M. Mennell pour ne pas tomber sur des points dont la décision n'était pas en mon pouvoir, jusqu'à la réponse que j'attendais de mon oncle; enfin, qu'il était vrai que je l'avais fait sonder, dans l'espérance d'obtenir sa médiation, pour me réconcilier avec ma famille, à des conditions que je lui avais fait proposer.

Il ne savait pas, m'a-t-il répondu, s'il pouvait prendre la liberté de me demander quelles étaient ces conditions; mais il ne lui était que trop aisé de les deviner et de juger même quel devait être le premier de mes sacrifices. Cependant, je lui permettrais de dire qu'autant il admirait la noblesse de mes sentimens en général, et en particulier cette véritable fierté que je venais d'expliquer, autant il souhaiterait qu'elle fût assez uniforme pour m'élever au dessus de la soumission que je rendais à des esprits implacables, comme elle me mettait au dessus de toute sorte d'indulgence et de faveur pour lui.

— Le devoir de la nature, monsieur, me fait une loi des soumissions que vous me reprochez. Un père, une mère, des oncles, voilà ce qui justifie ces soumissions. Mais de grâce, monsieur, qu'auriez-vous à dire pour ce que vous appelez de la faveur et de l'indulgence? Ferez-vous valoir ce que vous avez médité d'eux et de moi?

— Hélas! qu'entends-je! s'est-il écrié, après leurs persécutions! après tout ce que vous avez souffert! après ce que vous m'avez permis d'espérer! Nous parlions de fierté; permettez que je vous demande, mademoiselle, quelle serait la fierté d'un homme qui dispenserait la personne qu'il aime de l'honorer de quelque inclination et de quelque préférence? Quel serait un amour...

— Un amour! monsieur. Qui parle d'amour? N'en étions-nous pas à ce que vous avez mérité? Vous ai-je jamais marqué, vous ai-je jamais demandé quelque chose qui ressemble à l'amour? Mais ces débats ne finiraient point; si irréprochables l'un et l'autre, si pleins de nous-mêmes...

— Je ne me crois pas irréprochable, mademoiselle; mais...

— Mais, quoi, monsieur? aurez-vous toujours recours à des subtilités? Chercherez-vous des excuses? Ferez-vous des promesses? Et quelles promesses, monsieur? Celle d'être à l'avenir ce qu'on doit rougir de n'avoir pas toujours été?

— Grand Dieu! a-t-il interrompu en levant les yeux vers le ciel, si ta bonté te permettait d'être aussi sévère...

— Fort bien, fort bien, ai-je repris impatiemment: il me suffit d'observer combien la différence de nos idées fait voir qu'il y en a dans nos caractères. Ainsi, monsieur...

— Qu'allez-vous dire? mademoiselle... Vous jetez un trouble dans mon cœur! (En effet, ses regards m'ont paru si farouches, que j'en ai tressailli.) Qu'allez-vous dire?

— Qu'il faut prendre, monsieur, le parti (ne vous emportez pas; je ne suis qu'une fille très faible sur bien des points; mais lorsqu'il est question d'être ce que je dois, ou d'être indigne de vivre, je me connais mal, si je n'ai pas l'esprit noble et invincible), le parti de renoncer mutuellement à tout autre égard qu'à celui de la civilité. Voici sur quoi vous pouvez compter de ma part, et c'est de quoi satisfaire votre fierté; je ne serai jamais la femme d'un autre homme. J'ai assez connu votre sexe. Je vous ai du moins assez connu. Le célibat sera mon choix pour jamais, et je vous laisserai la liberté de suivre le vôtre.

— Qu'entends-je! de l'indifférence, s'est-il écrié d'un ton passionné, et pis que de l'indifférence!

— De l'indifférence si voulez, ai-je interrompu; il me semble que vous n'avez pas mérité de moi d'autres sentiments. Si vous en jugez autrement, c'est un sujet que je vous donne, ou du moins à votre fierté, pour me haïr.

— Chère, chère Clarisse! dit-il, en saisissant brusquement ma main, je conjure votre cœur d'être plus uniforme dans sa noblesse. Des égards de civilité, mademoiselle! des égards! Ah! pouvez-vous prétendre de réduire à des bornes si étroites une passion telle que la mienne?

— Une passion telle que la vôtre, monsieur Lovelace, mérite absolument d'être resserrée dans ses bornes. Nous nous trompons l'un ou l'autre dans l'idée que nous en avons; mais je vais jusqu'à douter si votre âme est capable de se resserrer ou de s'étendre autant qu'il est nécessaire pour devenir telle que je la souhaiterais. Levez aussi long-temps que vous voudrez les mains et les yeux au ciel, avec ce silence emphatique et ces marques d'étonnement. Que signifient-elles? de quoi peuvent-elles me convaincre, si ce n'est que nous ne sommes pas nés l'un pour l'autre?

— Sur sa damnation! m'a-t-il dit en reprenant ma main avec tant de force qu'il m'a blessée, il était né pour moi, je l'étais pour lui, je serais à lui, je serais sa femme, fût-ce au prix de son salut éternel.

Cette violence m'a fort effrayée.

— Laissez-moi, monsieur, ou souffrez que je me retire. Quoi! c'est d'une manière si choquante que cette passion tant vantée se déclare?

— Vous ne me quitterez point, mademoiselle, non, vous ne me quitterez point en colère.

— Je reviendrai, monsieur; je vous promets de revenir lorsque vous serez moins emporté, moins offensant.

Il m'a laissé la liberté de sortir. J'étais si effrayée, qu'en arrivant à ma chambre j'ai eu besoin de me soulager par un torrent de larmes.

Une demi-heure après, il m'a marqué, par un petit billet, le regret qu'il avait de sa violence et l'impatience où il était de me revoir.

J'ai cédé à ses instances; n'ayant point de secours à tirer de moi-même, j'ai cédé. Il m'a prodigué les excuses. O ma chère! qu'auriez-vous fait vous-même avec un homme tel que lui et dans ma situation?

Il avait appris par expérience, m'a-t-il dit, ce que c'était qu'un désordre frénétique. Il avouait qu'il avait pensé perdre la raison. Mais avoir tant souffert pendant une semaine entière... et m'entendre parler ensuite des seuls égards de la civilité, lorsqu'il espérait de la noblesse de mon cœur...

— Espérez ce qu'il vous plaira, ai-je interrompu; je dois vous répéter que je ne crois pas nos esprits faits l'un pour l'autre. Vous m'avez jetée dans l'embarras où je suis obligée d'accepter votre protection, dans les craintes que j'ai du côté de mon frère, qui n'a point abandonné ses projets, si j'en dois croire les avis de miss Howe ; votre protection, c'est-à-dire, celle de l'homme qui cause mes disgrâces, et cela, souvenez-vous-en, sans que j'y aie la moindre part.

— Je m'en souviens, mademoiselle. Vous me l'avez répété si souvent, que je ne puis l'oublier.

— Cependant, monsieur, je veux vous la devoir, cette protection, si mon malheur me la rend nécessaire ; dans l'espoir que vous apporterez tous vos soins à prévenir les fâcheux accidens. Mais qui vous empêche de quitter cette maison? Ne puis-je vous faire revenir au besoin? Il paraît que madame Fretchvill ne sait ce qu'elle veut. Les femmes d'ici deviennent, à la vérité, plus civiles de jour en jour; mais j'aimerais mieux un logement plus convenable à ma situation. Personne ne sait mieux que moi ce qui me convient, et je suis résolue de n'être pas obligée à tout le monde. Si vous me quittez, je prendrai civilement congé de mes hôtesses, et je me retirerai dans quelque village voisin de la ville, où j'attendrai avec patience l'arrivée de M. Morden.

Il croyait, m'a-t-il dit, pouvoir inférer de mon discours, que ma négociation, du côté de ma famille, avait été sans succès. Il se flattait, par conséquent, que je lui accorderais enfin la liberté de me proposer des articles auxquels on donnerait la forme d'un contrat. Cette ouverture, qu'il pensait à me faire depuis long-temps, et qui avait été différée par divers accidens sur lesquels son cœur n'avait rien à se reprocher, il l'avait remise au moment que je prendrais possession de ma nouvelle maison, lorsqu'il me verrait aussi indépendante en apparence que l'étais réellement. Il m'a demandé la permission de m'expliquer là-dessus ses idées : sans s'attendre, m'a-t-il dit, à une réponse immédiate, mais pour les soumettre à mes réflexions.

Hésiter, rougir, baisser les yeux, n'était-ce pas un langage assez clair? J'avais votre conseil trop présent. J'étais disposée à le suivre, mais j'ai hésité.

Il a repris la parole, sur mon silence. Dieu lui était témoin de la justice et, s'il osait dire, de la générosité de ses intentions. Il me demandait seulement assez de bonté pour écouter ce qui regardait les articles.

Ne pouvait-il pas venir tout d'un coup au sujet, sans toutes ces préparations affectées? Il y a mille choses, vous le savez, qu'on refuse et qu'on doit refuser, lorsque la permission de les dire est demandée; et lorsqu'une fois on les a refusées, l'honneur oblige de ne pas se rétracter : au lieu qu'étant insinuées avec un peu d'adresse, elles peuvent mériter plus de considération.

Je me suis crue obligée, sinon d'abandonner tout à fait cette matière, du moins de lui faire prendre un tour plus vague; dans la double vue de m'épargner la mortification de montrer trop de complaisance, après l'espèce d'éloignement où nous avions été l'un de l'autre, et d'éviter, suivant votre avis, la nécessité de lui faire un refus, qui nous aurait encore jetés plus loin de toute espèce de réconciliation. Cruelle alternative, à laquelle je me voyais réduite !

— Vous parlez de *générosité*, monsieur Lovelace, vous parlez de justice, lui ai-je dit ; et c'est peut-être sans avoir considéré la force de ces deux termes, dans le sens où vous les employez. Je veux vous expliquer ce que c'est la générosité, dans le sens que j'y attache. La véritable générosité ne se borne pas aux objets pécuniaires. Elle est plus que la politesse ; elle est plus que la bonne foi, plus que l'honneur, plus que la justice ; puisque toutes ces qualités ne sont que des devoirs, dont une créature raisonnable ne peut se dispenser. Mais la véritable générosité est la grandeur d'âme ; elle nous excite à faire pour nos semblables plus qu'on ne peut exiger de nous à la rigueur. Elle nous oblige de secourir avec empressement ceux qui ont besoin de secours, et de prévenir même leur espérance ou leur attente. La générosité, monsieur, ne permettra point à une belle âme de laisser du doute sur ses honorables et bienfaisantes intentions et bien moins lui permettra-t-elle d'offenser, de blesser personne ; surtout ceux que l'infortune ou quelque autre accident a jetés sous sa protection.

S'il eût été bien disposé, quelle occasion n'avait-il pas, dans la dernière partie de cette remarque, pour éclaircir toutes ses intentions ? Mais il ne s'est arrêté qu'à la première.

— Admirable définition, m'a-t-il dit ! Mais à ce compte, mademoiselle, qui pourra jamais mériter le nom de généreux à votre égard ? J'implore votre propre générosité ; tandis que la justice sera mon seul objet, comme elle doit être mon seul mérite... Jamais une femme n'eut les sentimens si relevés et si délicats !

— Cette extrême admiration pour mes sentimens, ai-je repliqué, ne fait honneur ni à vous ni à la compagnie où vous avez vécu. Vous trouveriez mille femmes plus délicates que moi ; car elles auraient évité le mauvais pas que j'ai fait sans le vouloir, et la nécessité où cette erreur me jette de donner des leçons de générosité à un homme qui n'a pas l'âme assez délicate pour concevoir ce qui fait la gloire et la distinction du caractère d'une femme.

Il m'a nommée *son divin précepteur*. Il voulait s'efforcer, comme il m'en avait souvent assurée, de former son cœur par mes principes, et ses manières par mon exemple. Mais il espérait qu'à présent je lui permettrais de m'expliquer en peu de mots la *justice* qu'il se proposait de me rendre dans le plan des articles. Ici, ma chère, je me suis assez animée pour lui répondre que je ne me sentais pas actuellement la force de traiter un sujet de cette importance ; mais qu'il pouvait mettre ses idées par écrit et que je saurais quelle réponse j'aurais à lui faire. Je l'ai prié seulement de se souvenir que s'il touchait quelque point dans lequel mon père fût mêlé, je jugerais, par la manière dont il traiterait le père, la considération qu'il avait pour la fille.

Ses regards m'ont fait juger qu'il aurait mieux aimé s'expliquer de bouche que par écrit : mais, s'il avait osé me le faire connaître, je me préparais à lui faire une réponse sévère ; et peut-être s'en est-il aperçu à mes yeux.

Voilà les termes où nous sommes à présent. Une espèce de calme a succédé à l'orage. Qui peut deviner, avec un esprit tel que le sien, si c'est le calme ou l'orage qui naîtra de votre première entrevue? Mais il me semble, ma chère, que je ne me suis pas conduite avec bassesse, et je suis sûre que vous en aurez quelque joie. Je puis du moins lever les yeux sur lui avec un reste de *dignité*. Quel autre terme pourrais-je employer qui ne sentît point l'arrogance? Quoique les circonstances se soient arrangées d'une manière qui ne m'a pas permis de prendre votre conseil sur ce dernier événement, c'est le courage que vous m'aviez inspiré qui m'a rendue capable de mener les affaires à ce point, et qui m'a fait renoncer au dessein de fuir. J'y étais résolue, à toutes sortes de risques. Cependant, lorsque j'en serais venue à l'exécution, j'ignore ce que j'aurais fait; parce que cette démarche aurait dépendu de la conduite qu'il aurait tenue alors avec moi.

Au fond, quelque conduite qu'il puisse tenir, je commence à craindre, comme vous, que s'il me mettait dans la nécessité de le quitter, ma situation n'en prît pas une meilleure apparence aux yeux du public. D'un autre côté, je ne veux pas être traitée indignement, aussi longtemps que j'aurai le pouvoir de l'empêcher.

Vous-même, ma chère, vous m'avez reproché d'avoir perdu plusieurs fois, par un excès de modestie, l'occasion d'être... d'être, quoi ma chère amie? la femme d'un libertin. Ce que c'est qu'un libertin et que sa femme, la lettre de M. Morden nous l'apprend. Souffrez que, une fois pour toutes, je tâche de vous expliquer mes motifs, dans la conduite que j'ai tenue avec cet homme-là, et les principes sur lesquels je me suis fondée, du moins tels qu'ils me paraissent après de sérieuses réflexions.

Faites-moi la grâce de croire qu'ils n'ont pas leur source dans la seule délicatesse de mon sexe, ni même dans la crainte de ce que M. Lovelace, aujourd'hui mon tyran, et peut-être un jour mon mari, pourrait penser d'une complaisance précipitée, à l'occasion d'une conduite aussi désagréable que la sienne. Ils viennent principalement du fond de mon cœur, c'est-à-dire de sa propre droiture, du jugement qu'il porte de ce qui est convenable et de ce qui ne l'est pas, et qui me fait désirer, sans étude, premièrement, de me satisfaire moi-même; ensuite, mais seulement en second lieu, de satisfaire M. Lovelace et le public. Ces principes sont dans mon essence. Je les y ai trouvés, plantés sans doute de la main de mon auteur. Il me force, en quelque sorte, de me conformer à leurs inspirations. Je n'ai pas d'autre moyen d'être contente de moi-même, ni d'autre règle pour me conduire dignement, soit dans l'état du mariage, soit dans celui du célibat, de quelque manière que les autres puissent se conduire avec moi.

Il me semble, ma chère, que je ne me trompe pas moi-même, et qu'au lieu de rectifier ce qu'il y a de défectueux dans mon cœur, je ne cherche point à excuser des habitudes ou des faiblesses que je ne puisse vaincre. Le cœur s'enveloppe souvent dans ses propres replis. Dévoilez le mien, ma chère, il a toujours été ouvert devant vous; mais ne m'épargnez pas, si vous le trouvez ou si vous le jugez coupable.

J'ai cru, comme j'ai dit, cette explication nécessaire, une fois pour toutes, dans la seule vue de vous convaincre, qu'au poids le plus exact, mes fautes peuvent venir d'un défaut de lumières, mais qu'elles ne viendront jamais de ma volonté.

CLARISSE HARLOVE.

LETTRE CLXXXIV.

MISS CLARISSE HARLOVE, A MISS HOWE.

Mardi au soir, 16 mai.

M. Lovelace vient de m'envoyer, par Dorcas, le mémoire suivant :

« Je me sers de ma plume, non seulement pour épargner votre délicatesse et pour vous obéir, mais pour vous mettre en état de communiquer mes idées à miss Howe, qui pourra consulter, dans cette occasion, ceux d'entre ses amis à qui vous jugerez à propos d'accorder votre confiance ; je dis votre confiance, parce que j'ai fait entendre, comme vous le savez, à d'autres personnes que nous sommes actuellement mariés.

» En premier lieu, mademoiselle, j'offre de vous assurer la jouissance particulière de votre propre terre, et d'y joindre quatre cents livres sterling annuelles sur le bien que j'ai dans le comté de Lancastre, qui vous seront payées par quartier, pour votre propre et seul usage.

» Le fonds de mon revenu est de deux mille livres sterling. Milord M... propose de me céder, le jour de notre mariage, ou sa terre de Lancastre, à laquelle je puis dire en passant que je crois avoir plus de droit que lui, ou celle de Madian, dans le comté d'Herford, et de mettre celle que je choisirai sur le pied de mille livres sterling annuelles.

» Un excès de mépris pour l'opinion des hommes a souvent exposé ma conduite à de mauvaises interprétations. Je dois par conséquent vous assurer, en homme d'honneur, qu'aucune partie de mon bien n'a jamais été engagée, et que, malgré la dépense excessive que j'ai faite dans les pays étrangers, je compte d'être acquitté au terme prochain de tout ce que je dois au monde. Tous mes principes ne sont pas condamnables. On m'a cru généreux dans ma dépense ; je ne me serais pas jugé digne de ce nom, si je n'avais commencé par être juste.

» Comme votre terre est actuellement entre les mains de votre père, si vous souhaitez que je vous assigne le même revenu sur les miennes, vos volontés là-dessus seront ma règle. J'engagerai milord M... à vous marquer de sa propre main ce qu'il a dessein de faire pour nous, sans qu'il paraisse que ce soit vous qui le désirez, et pour faire voir seulement qu'on ne prétend tirer aucun avantage de la situation où vous êtes à l'égard de votre famille.

» Pour faire éclater ma parfaite considération, je vous laisserai la disposition libre de toutes les sommes provenues de la succession de votre grand-père, et du revenu accumulé de votre bien, qui doit être entre les mains de votre père. Je ne doute pas qu'il ne vous fasse là-dessus des demandes considérables. Vous aurez le pouvoir de les accorder pour votre propre tranquillité ; le reste sera remis entre vos mains ; vous en ferez l'usage auquel vous serez portée par ces généreuses inclinations qui vous ont fait tant d'honneur dans le monde, et pour lesquelles vous n'avez pas laissé d'essuyer quelque censure dans votre famille.

» A l'égard des habits, des diamans et des autres ajustemens de cette nature, mon ambition sera que, pour en avoir de convenables à notre rang, vous n'ayez point obligation à ceux qui ont eu la stupidité d'abandonner une fille dont ils ne sont pas dignes. Il me semble, mademoiselle, que vous ne devez pas vous offenser de cette réflexion. Vous douteriez de ma sincérité, si j'étais capable de les traiter autrement, quoiqu'ils vous appartiennent de si près.

» Voilà mes propositions, mademoiselle. Ce sont les mêmes que j'ai toujours eu dessein de vous offrir, lorsqu'il me serait permis de toucher une si délicieuse matière. Mais vous avez paru si déterminée à tenter toutes sortes de méthodes pour vous réconcilier avec votre famille, en offrant même de renoncer pour jamais à moi, que vous avez cru faire un acte de justice de me tenir éloigné jusqu'à l'éclaircissement de votre plus chère espérance. Elle est éclaircie. Quoique j'aie toujours regretté, et que peut-être je regrette encore, de n'avoir pas obtenu la préférence que j'aurais souhaitée de miss Clarisse Harlove, il n'est pas moins sûr que le mari de madame Lovelace sera plus porté à l'adorer qu'à reprocher à cette divine femme les tourmens qu'elle lui a causés. C'est de mes implacables ennemis qu'elle avait appris à douter de ma justice et de ma générosité. D'ailleurs, je suis persuadé qu'une âme si noble n'aurait pas pris plaisir à me faire souffrir, si ses doutes n'avaient été entretenus par de fortes apparences de raison ; et je me flatte de pouvoir penser, pour ma consolation, que l'indifférence aura cessé, au moment que les doutes auront disparu.

» J'ajoute seulement, mademoiselle, que si j'ai omis quelque chose qui puisse vous plaire, ou si le détail précédent ne répond point à vos vues, vous aurez la bonté d'y joindre ou d'y changer ce que vous jugerez à propos. Lorsque je connaîtrai votre intention, je ferai dresser aussitôt les articles dans la forme que vous désirerez, afin qu'il n'y manque rien de ce qui dépend de moi pour votre bonheur.

» C'est à vous, mademoiselle, qu'appartient à présent la décision de tout le reste. »

Vous voyez, ma chère, quelles sont ses offres. Vous voyez que c'est ma faute s'il ne me les a pas faites plus tôt. Je suis une étrange personne ! Etre blâmable sur tous les points et blâmable aux yeux de tout le monde ! Cependant, n'avoir pas de mauvaise intention et n'apercevoir le mal que lorsqu'il est trop tard, ou si près d'être trop tard, qu'il faut renoncer à toute délicatesse pour réparer ma faute.

C'est à moi qu'appartient à présent la décision de tout le reste. Avec quelle froideur il conclut des propositions si ardentes et contre lesquelles il ne me paraît pas qu'il y ait d'autre objection ! N'auriez-vous pas cru, en les lisant, qu'il allait finir par des instances pour me faire nommer le jour ? j'avoue que je m'y attendais jusqu'au point d'avoir été choquée de me voir trompée. Mais quel moyen d'y remédier ? j'ai peut-être à faire bien d'autres sacrifices. Il me semble qu'il faut dire adieu à toute délicatesse. Cet homme, ma chère, ignore ce qui est connu de tous les hommes sages ; c'est-à-dire que la prudence, la vertu et la délicatesse de sentimens font plus d'honneur au mari dans sa femme, qu'elles ne lui en feraient dans lui-même, si toutes ces qualités manquaient à sa moitié. Les erreurs d'une femme ne tournent-elles pas à la honte de son mari ? heureusement il n'en est pas de même de celles de l'homme par rapport à sa femme.

Je ferai de nouvelles réflexions sur ce mémoire, et j'y répondrai par écrit, si j'en ai la force ; car il paraît à présent que la décision m'appartient.

LETTRE CLXXXV.

MISS CLARISSE HARLOVE, A MISS HOWE.

Mercredi matin, 17 mai.

M. Lovelace aurait souhaité d'engager la conversation hier au soir; je n'étais pas préparée à raisonner sur ses propositions. Mon dessein est de les examiner à tête reposée. Sa conclusion m'a extrêmement déplu. D'ailleurs, il est impossible avec lui de se retirer de bonne heure. Je le priai de remettre notre entretien au lendemain.

Nous nous sommes vus, dans la salle à manger, dès sept heures du matin. Il s'attendait à me trouver des regards favorables, que sais-je? peut-être un air de reconnaissance, et j'ai remarqué au sien qu'il était fort surpris de ne me pas voir répondre à son attente. Il s'est hâté de parler :

— Mon très cher amour, êtes-vous en bonne santé? Pourquoi cette réserve? votre indifférence ne finira-t-elle jamais pour moi? Si j'ai proposé quelque chose qui ne réponde pas à vos intentions...

Je lui ai dit qu'il m'avait laissé fort prudemment la liberté de communiquer ses propositions à miss Howe, et de consulter quelques amis par ce moyen; que j'aurais bien ôt l'occasion de lui envoyer le mémoire; et qu'il fallait remettre à nous entretenir de cette matière lorsque j'aurais reçu sa réponse..

— Bon Dieu! Je ne laissais pas échapper la moindre occasion, le plus léger prétexte pour les délais; mais il écrivait à son oncle pour lui rendre compte des termes où il était avec moi; et comment pouvait-il finir sa lettre avec un peu de satisfaction pour milord et pour lui-même, si je n'avais pas la bonté de lui apprendre ce que je pensais de ses propositions?

Je pouvais l'assurer d'avance, ai-je répondu, que le principal point pour moi était de me réconcilier et de bien vivre avec mon père; qu'à l'égard du reste, sa générosité le porterait sans doute à faire plus que je ne désirais; que, par conséquent, s'il n'avait pas d'autre motif pour écrire que de savoir ce que milord M... voulait faire en ma faveur, c'était une peine qu'il pouvait s'épargner, parce que mes désirs, par rapport à moi-même, seraient plus aisés à satisfaire qu'il ne paraissait se l'imaginer.

Il m'a demandé si je permettais du moins qu'il parlât de l'heureux jour, et qu'il priât son oncle de me servir de père dans cette occasion.

Je lui ai dit que le nom de père avait un son bien doux et bien respectable pour moi; que je serais charmée d'avoir un père qui me fît la grâce de me reconnaître.

N'était-ce pas m'expliquer assez? Qu'en pensez-vous, ma chère? Cependant il est vrai que je ne m'en suis aperçue qu'après y avoir fait réflexion, et que mon dessein alors n'était pas de parler si librement; car, dans le temps même, j'ai pensé à mon propre père avec un profond soupir, et le plus amer regret de me voir rejetée de lui et de ma mère. M. Lovelace m'a paru touché et de ma réflexion et du ton dont je l'avais prononcée.

— Je suis bien jeune, monsieur Lovelace, ai-je continué en détournant le visage pour essuyer mes larmes, et je ne laisse pas d'avoir éprouvé déjà beaucoup de chagrin. Je n'en accuse que votre amour ; mais vous ne devez pas être surpris que le nom de père fasse tant d'impression sur le cœur d'une fille toujours soumise et respectueuse avant que de vous avoir connu, et dont la tendre jeunesse demande encore l'œil d'un père.

Il s'est tourné vers la fenêtre. Réjouissez-vous avec moi, ma chère miss Howe (puisqu'il faut que je sois à lui), de ce qu'il n'a pas le cœur tout à fait impénétrable à la pitié. Son émotion était visible. Cependant il s'est efforcé de la surmonter. Il s'est rapproché de moi. Le même sentiment l'a forcé encore une fois de se détourner. Il lui est échappé quelques mots, parmi lesquels j'ai entendu celui d'*angélique*. Enfin, retrouvant un cœur plus conforme à ses désirs, il est revenu à moi. — Après y avoir pensé, m'a-t-il dit, milord M... étant sujet à la goutte, il craignait que le compliment dont il venait de parler ne devînt l'occasion d'un plus long délai ; et c'était se préparer à lui-même de nouveaux sujets de chagrin.

Je n'ai pu répondre un seul mot là-dessus, vous le jugez bien, ma chère ; mais vous devinez aussi ce que j'ai pensé de ce langage. Tant de profondeur, avec un amour si passionné! Tant de ménagement, tout d'un coup, pour un oncle auquel il a si peu rendu jusqu'à présent ce qu'il devait! Pourquoi, pourquoi mon sort, ai-je pensé en moi-même, me rend-il l'esclave d'un tel homme !

Il a hésité, comme s'il n'eût point été d'accord avec lui-même ; il a fait un tour ou deux dans la salle. — Son embarras, a-t-il dit en marchant, était extrême à se déterminer, parce qu'il ignorait quand il serait le plus heureux des hommes. Que ne pouvait-il connaître ce précieux moment ! il s'est arrêté pour me regarder. (Croyez-vous ma très chère miss Howe, que je n'aie pas besoin d'un père ou d'une mère?) Mais, a-t-il continué, s'il ne pouvait m'engager aussitôt qu'il souhaitait à fixer un jour, il croyait, dans ce cas, qu'il pouvait faire le compliment à milord, comme ne le pas faire ; puisque dans l'intervalle on pourrait dresser les articles, et que ce soin adoucirait son impatience, sans compter qu'il n'y aurait pas de temps perdu.

Vous jugerez encore mieux combien j'ai été frappée de ce discours, si je vous répète mot pour mot ce qui l'a suivi. « Sur sa foi, j'étais si réservée ; mes regards avaient quelque chose de si mystérieux, qu'il ne savait pas si, dans le moment qu'il se flattait de me plaire, il n'en était pas plus éloigné que jamais. Daignerais-je lui dire, si j'approuvais, ou non, le compliment qu'il voulait faire à milord M...? »

Il m'est revenu heureusement à l'esprit, ma chère, que vous ne voulez pas que je le quitte. Je lui ai répondu : « Assurément, monsieur Lovelace, si cette affaire doit jamais se conclure, il doit être fort agréable pour moi d'avoir une pleine approbation d'un côté, si je ne puis l'obtenir de l'autre. »

Il m'a interrompue avec une chaleur extrême. « Si cette affaire doit se conclure... Juste ciel ! quels termes pour les circonstances? Et parler d'*approbation !* tandis que l'honneur de mon alliance faisait toute l'ambition de sa famille. Plût au ciel, mon très cher amour! a-t-il ajouté dans le même transport, que, sans faire de compliment à personne, demain pût être le plus heureux jour de ma vie ! Qu'en dites-vous, chère Clarisse? (avec un air tremblant d'impatience, qui ne paraissait point affecté.) Que dites-vous de demain? »

Il ne pouvait pas douter, ma chère, que je n'eusse beaucoup à dire contre un temps si court, et que je n'eusse nommé un jour plus éloigné, quand le délai qu'il avait déjà proposé m'y aurait laissé plus de disposition.

Cependant, me voyant garder le silence, il a repris : « Oui, demain, mademoiselle, ou après-demain, ou le jour suivant! » Et me prenant les deux mains, il m'a regardée fixement, pour attendre ma réponse.

Cette ardeur, fausse ou sincère, m'a rendue confuse. — Non, non! lui ai-je dit. Il n'y a aucune raison de se presser si fort. Il sera mieux, sans doute, que milord puisse être présent.

— Je ne connais pas d'autres lois que vos volontés, m'a-t-il répondu aussitôt, d'un air de résignation ; comme s'il n'eût fait que se rendre effectivement à mes désirs, et qu'il lui eût coûté beaucoup pour me faire le sacrifice de son empressement. La modestie m'obligeait d'en paraître contente. C'est du moins ce que j'ai jugé. Que n'ai-je pu!... mais que servent les souhaits ?

Il a voulu se *récompenser*, terme qu'il avait employé dans une autre occasion, de la violence qu'il se faisait pour m'obéir, en me donnant un baiser. Je l'ai repoussé avec un juste et très sincère dédain. Mon refus a paru le surprendre et le chagriner. Son mémoire, apparemment, l'avait mis en droit de tout attendre de ma reconnaissance. Il m'a dit nettement que, dans les termes où nous étions, il se croyait autorisé à des libertés de cette innocence, et qu'il était sensiblement affligé de se voir rejeté d'un air si méprisant. Je n'ai pu lui répondre, et je me suis retirée assez brusquement. En passant devant un trumeau, j'ai remarqué, dans la glace, qu'il portait le poing à son front ; et j'ai entendu quelques plaintes, où j'ai démêlé les mots, d'*indifférence*, et de *froideur qui approchait de la haine*. Je n'ai pas compris le reste.

S'il a dessein d'écrire à milord ou à miss Montaigu, c'est ce que je ne puis assurer. Mais comme je dois renoncer maintenant à toute délicatesse, peut-être suis-je blâmable d'en attendre d'un homme qui la connaît si peu. S'il est vrai qu'il ne la connaisse pas, et que s'en croyant beaucoup, néanmoins, il soit résolu d'être toujours le même, je suis plus à plaindre qu'à blâmer. Après tout, puisque mon sort m'oblige de le prendre tel qu'il est, il faut m'y résoudre. J'aurai un homme vain, et si accoutumé à se voir admirer que, ne sentant pas ses défauts intérieurs, il n'a jamais pensé à polir que ses dehors. Comme ses propositions surpassent mon attente, et que dans ses idées il a beaucoup à souffrir de moi, je suis résolue, s'il ne me fait pas de nouvelle offense, de répondre à son mémoire; et j'aurai soin que mes termes soient à couvert de toute objection de sa part, comme les siens le sont de la mienne.

Au fond, ma chère, ne voyez-vous pas de plus en plus combien nos esprits se conviennent peu?

Quoi qu'il en soit, je veux bien composer pour ma faute, en renonçant, si ma punition peut se borner là, à tout ce qu'on appelle bonheur dans cette vie, avec un mari tel que j'appréhende qu'il ne soit : en un mot, je consens à mener, jusqu'à la fin de mes jours, une vie souffrante dans l'état du mariage. Le supplice ne saurait être bien long.

Pour lui, cet événement et les remords qu'il sentira d'en avoir mal usé avec sa première femme pourront le rendre plus traitable pour une secende, quoiqu'il puisse arriver qu'elle n'en soit pas plus digne ; pendant que tous ceux qui apprendront mon histoire en tireront ces instructions : que les yeux sont des traîtres, auxquels on ne doit jamais se fier ; que la figure est trompeuse ; en d'autres termes, que la beauté du corps et celle de l'âme se trouvent rarement unies ; enfin, que les bons principes et la droiture du cœur sont les seules bases sur lesquelles on puisse fonder l'espérance d'une vie heureuse, soit pour ce monde ou pour l'autre.

C'en est assez sur les propositions de M. Lovelace. J'en attends votre opinion.

Clarisse Harlove.

LETTRE CLXXXVI.

M. LOVELACE, A M. BELFORD.

L'éditeur se borne ici à quelques extraits de quatre lettres de M. Lovelace, écrites à son ami depuis la date de la dernière, qui contiennent, dit-il, les mêmes détails qu'on a vus dans celles de miss Clarisse, mais dont les traits suivans méritent néanmoins d'être conservés.

« Que serais-je devenu, moi et mes projets, si son père et toute son implacable famille n'avaient pas travaillé pour mes intérêts ? Il est évident que si sa négociation avait eu le moindre succès, elle me quittait sans retour, et que je n'aurais pas été capable d'arrêter cette résolution ; à moins que je n'eusse pris celle d'abattre l'arbre par les racines, pour arriver au fruit ; tandis qu'avec un peu de patience jusqu'au temps de la maturité, j'espère encore qu'il suffira de le secouer doucement.

» Après la hauteur avec laquelle elle m'a traité, j'exige qu'elle s'explique nettement. Il y a mille beautés à découvrir dans le visage, dans l'accent, et dans tout l'embarras d'une femme qui veut amener un point qu'elle désire impatiemment, et qui ne sait comment s'y prendre. Un sot, qui se pique de générosité, croira se faire un mérite de lui épargner cette confusion ; mais c'est une sottise en effet. Il ne voit pas qu'il se dérobe à lui-même le plaisir du spectacle, et qu'il lui ôte l'avantage de déployer une infinité de charmes, qui ne peuvent éclater que dans ces occasions. La dureté du cœur, pour le dire entre nous, est essentielle au caractère d'un libertin. Il doit être familiarisé avec les chagrins auxquels il donne occasion ; et des attendrissemens de complaisance seraient une faiblesse indigne de lui. Combien de fois ai-je joui de la confusion ou du dépit d'une femme charmante, étant assis vis-à-vis d'elle, et voyant ses yeux livrés à l'admiration de mes boucles, ou à l'étude de quelque figure bizarre sur le plancher ? »

En parlant de son mémoire et des articles, il dit : « Je suis de bonne foi sur ce point. Si je l'épouse, comme je n'en doute pas, lorsque ma fierté, mon ambition et ma vengeance, si tu veux, seront satisfaites, je suis résolu de lui rendre noblement justice, d'autant plus que tout ce que je ferai pour une femme si prudente et si réglée, ce sera le faire pour moi-même. Mais, par ma foi, Belford, son orgueil sera humilié à reconnaître qu'elle m'aime, et qu'elle m'a quelque obligation. Ne crains pas que cette esquisse d'articles me mène plus loin que je ne veux. La modestie du sexe me secondera toujours. »

Il se rappelle sa téméraire expression : *qu'elle serait sa femme, au prix même de sa damnation éternelle.* Il avoue que, dans le même instant, il avait été prêt d'employer la violence; mais qu'il avait été comme repoussé par un mouvement de terreur, en jetant les yeux sur son charmant visage, où, malgré la tristesse et l'abattement, il avait cru voir la pureté de son cœur dans chaque trait.

« O vertu! vertu! continue-t-il, qu'y a-t-il donc en toi qui puisse faire cette impression forcée sur un cœur tel que le mien? D'où peuvent venir ces tremblemens involontaires et cette crainte de causer une mortelle offense? Qui es-tu, pour agir avec tant de force dans une faible femme, et pour jeter l'effroi dans l'esprit d'un homme intrépide? Jamais tu n'eus tant de pouvoir sur moi; non, pas même dans mon premier essai, jeune comme j'étais alors, et fort embarrassé de ma propre hardiesse jusqu'au moment du pardon. »

Il peint des plus vives couleurs cette partie de la scène où miss Clarisse lui a dit : « Que le nom de père avait pour elle un son doux et respectable. »

« Je ne te dissimule pas que je me suis senti vivement touché. La honte d'être surpris dans cet accès de tendresse efféminée m'a fait faire un effort pour le subjuguer aussitôt, et pour me tenir en garde à l'avenir. Cependant j'ai presque regretté de ne pouvoir accorder à cette charmante fille la satisfaction de jouir de son triomphe. Sa jeunesse, sa beauté, son innocence, et cet air d'affliction que je ne puis décrire, semblaient mériter un instant de complaisance; mais son indifférence, Belford! cette résolution de me sacrifier à la malignité de mes ennemis! cette hardiesse d'avoir conduit son dessein par des voies clandestines; tandis que je l'aime à la fureur, et que je la révère jusqu'à l'adoration! C'est avec le secours de ces idées que j'ai fait reprendre courage à mon traître cœur. Cependant je vois que si le courage ne l'abandonne point elle-même, il faut qu'elle l'emporte. Elle a déjà fait un lâche de moi, qui n'ai jamais connu la lâcheté. »

Il finit sa quatrième lettre par des emportemens de fureur, à l'occasion du refus qu'elle a fait de lui laisser prendre un baiser. Il avait espéré, comme il avoue, de ne lui trouver que de la condescendance et de la bonté après ses propositions.

« C'est une offense, dit-il, que je n'oublierai jamais. Compte que je m'en souviendrai, pour rendre mon cœur d'acier et capable de fendre le rocher de glace que j'ai à traverser jusqu'au sien; pour la payer, avec usure, du dédain, du mépris qu'elle a fait éclater dans ses yeux en me quittant; après la conduite obligeante que j'avais tenue avec elle; après les instances pour obtenir qu'elle me nommât le jour. Les femmes de cette maison prétendent qu'elle me hait, qu'elle me méprise. Rien n'est si vrai. J'ouvre les yeux; elle me hait, elle doit me haïr. Pourquoi ne suivrais-je pas le conseil qu'on me donne? Il faut le suivre... Je ne serai pas long-temps méprisé de l'une, et raillé des autres. »

Il ajoute que son dessein de le quitter, si ses parens avaient voulu la recevoir, et la liberté qu'elle a prise, dimanche dernier, de faire venir un carrosse, dans la résolution, peut-être, de ne pas reparaître, si elle était sortie seule (car ne lui a-t-elle pas déclaré qu'elle pense à se retirer dans quelque village voisin de la ville), l'ont alarmé si vivement, qu'il s'est hâté de donner de nouvelles instructions par écrit, aux gens de la maison, sur la manière dont ils doivent se conduire, supposé qu'elle entreprît de s'échapper dans son absence. Il a particulièrement instruit son valet de chambre de ce qu'il doit dire aux étrangers, s'il arrivait qu'elle implorât le secours de quelqu'un pour favoriser sa fuite. Suivant les circonstances, dit-il, il joindra d'autres précautions à ses ordres.

LETTRE CLXXXVII.

MISS HOWE, A MISS CLARISSE HARLOVE.

Jeudi, 18 mai.

Je n'ai, ma chère amie, ni le temps, ni la patience de répondre à tous les articles de votre lettre que je viens de recevoir. Les propositions de M. Lovelace sont l'unique chose que j'approuve de lui. Cependant je pense, comme vous, qu'elles ne finissent point avec la chaleur et l'empressement auquel nous devions nous attendre. De ma vie je n'ai rien entendu ni rien lu qui approche de sa patience, avec son bonheur entre ses mains. Mais, entre vous et moi, ma chere, je m'imagine que les misérables de son espèce n'ont pas les mêmes ardeurs qu'on voit aux honnêtes gens. Qui sait, comme votre sœur Bella le disait dans son dépit, s'il n'a pas une douzaine de créatures dont il faut qu'il se défasse avant que de former un engagement pour la vie? Au fond, je ne crois pas que vous deviez vous attendre à le voir honnête homme avant sa grande année climatérique.

Lui, prendre prétexte, pour des délais, d'un compliment qu'il est obligé de faire à milord M... ! lui, dont le caractère est de n'avoir jamais connu ce que c'est que la complaisance pour ses proches ! la patience me manque. Il est bien vrai, ma chère, que vous auriez eu besoin de l'intervention d'un ami dans l'intéressante occasion qui faisait le sujet de votre lettre d'hier matin. Mais, sur ma parole, si j'avais été dans votre situation et traitée comme vous l'avez écrit, je lui aurais arraché les yeux; après quoi j'aurais laissé à son propre cœur le soin de lui en apprendre la raison.

Plût au ciel que, sans être obligé de faire de complimens à personne, son jour heureux fût demain! L'infâme! après avoir commencé par vous faire sentir la necessité du compliment! et n'est-ce pas sur vous, après cela, qu'il rejette le délai? Misérable qu'il est! que mon cœur souffre!

Mais dans les termes où vous êtes ensemble, mes ressentimens sont hors de saison. Cependant je ne sais pas non plus s'ils le sont, puisque le plus cruel destin pour une femme est de se voir forcée de prendre un homme que son cœur méprise. Il est impossible que vous ne le méprisiez pas, du moins par intervalle. Il a porté le poing au front lorsque vous l'avez quittée en colère : que son poing n'était-il une hache dans les mains de son plus mortel ennemi?

Je veux m'efforcer de tirer de ma tête quelque moyen, quelque invention pour vous délivrer de lui, et pour vous fixer dans un lieu sûr, jusqu'à l'arrivée de votre cousin Morden ; une invention qui soit toujours prête et que vous puissiez suivre dans l'occasion. Vous êtes sûre, ditesvous, de pouvoir sortir quand il vous plaît, et vous l'êtes aussi que notre correspondance est à couvert. Cependant, par les mêmes raisons que je vous ai représentées, et qui regardent votre réputation, je ne puis souhaiter que vous le quittiez, aussi long-temps qu'il ne vous donnera pas sujet de soupçonner son honneur. Mais je juge que votre cœur serait plus tranquille si vous pouviez compter sur une retraite dans le cas de la nécessité.

Je répète encore une fois que je n'ai pas la moindre notion qu'il puisse ou qu'il ose former le dessein de vous outrager ; mais il en faut donc conclure que c'est un fou, ma chère, voilà tout.

Puisque le sort néanmoins vous jette entre les mains d'un fou, soyez la femme d'un fou à la première occasion : et quoique je ne doute point qu'il ne soit le plus difficile des fous à gouverner, comme tous les fous qui ont de l'esprit et de la vanité, prenez-le comme un châtiment, puisque vous ne sauriez le prendre comme une récompense ; en un mot, comme un mari que le ciel vous donne pour vous convaincre qu'il n'y a dans cette vie que des imperfections.

Mon impatience sera extrême jusqu'à l'arrivée de votre première lettre.

Anne Howe.

LETTRE CLXXXVIII.

M. BELFORD, A M. LOVELACE.

Mercredi, 17 mai.

L'amitié ne me permet pas de vous cacher ce qui vous intéresse autant que la lettre que je vous communique. Vous y verrez ce qu'on appréhende de vous, ce qu'on souhaite de vous et combien tous vos proches ont à cœur que vous teniez une conduite honorable à l'égard de miss Clarisse Harlove ; ils me font l'honneur de m'attribuer sur vous un peu d'influence. Je souhaiterais de toute mon âme d'en avoir autant qu'ils le croient dans cette occasion.

Qu'il me soit permis, Lovelace, de t'exhorter encore une fois avant qu'il soit trop tard, avant que la mortelle offense soit commise, à faire de sérieuses réflexions sur les grâces et le mérite de ta dame. Puissent tes fréquens remords en produire un solide ! puissent ton orgueil et la légèreté de ton cœur ne pas ruiner les plus belles espérances ! Par ma foi, Lovelace, il n'y a que vanité, illusion et sottise dans tous nos systèmes de libertinage. Nous deviendrons plus sages en vieillissant. Nous jetterons les yeux en arrière sur nos folles idées présentes, et nous nous mépriserons nous-mêmes, après avoir perdu notre jeunesse, lorsque nous nous rappellerons les engagemens honorables que nous aurions pu former ; toi particulièrement, si tu laisses échapper l'occasion de t'assurer une femme incorruptible, pure depuis le berceau, noblement uniforme dans ses actions et dans ses sentimens, constante dans son respect mal récompensé pour le plus déraisonnable des pères. Quelle femme pour l'heureux homme qui lui fera prendre ce titre !

Considère aussi ce qu'elle souffre pour toi. Actuellement, tandis que tu inventes des systèmes pour sa ruine, du moins dans le sens qu'elle attache à ce terme, ne gémit-elle pas sous la malédiction d'un père, qu'elle ne s'est attirée qu'à l'occasion et pour l'amour de toi ? Voudrais-tu donner sa force et son effet à cette malédiction ?

Et de quoi se flatte ici ton orgueil ? Toi qui t'imagines follement que toute la famille des Harlove, et celle même des Howe, ne sont que des machines que tu fais servir, sans qu'elles le sachent, à tes projets de libertinage et de vengeance; qu'es-tu toi-même? que l'instrument d'un frère implacable et d'une sœur jalouse, pour causer toutes sortes de chagrins et de disgrâces à la plus excellente sœur du monde! Peux-tu souffrir, Lovelace, qu'on te regarde comme la machine de ton ancien ennemi, James Harlove? N'es-tu pas même la dupe d'une âme encore plus vile? ce Joseph Leman, qui se sert bien plus par tes libéralités qu'il ne te sert toi-même par le double rôle que tu lui fais jouer? Ajoute que tu es aussi l'agent du diable, qui peut seul te récompenser comme tu le mérites, et qui n'y manquera pas, je t'assure, si tu persistes dans ton noir dessein, et si tu l'exécutes.

Quel autre que toi pourrait faire, avec autant d'indifférence que j'en remarque dans tes termes, les questions que tu me fais dans ta dernière lettre? Relis-les ici, cœur de diamant : « Où fuirait-elle pour m'éviter? Ses parens ne la recevront point; ses oncles ne fourniront point à sa subsistance; sa chère Norton dépend d'eux et n'est point en état de lui faire des offres; miss Howe n'oserait la recevoir; elle n'a point à Londres d'autre ami que moi, et la ville est un pays étranger pour elle. » Quel doit être le cœur qui est capable de triompher d'une si profonde affliction, où elle ne se trouve plongée que par tes inventions et tes artifices? Et quelle douce, mais triste réflexion que la sienne, qui a presque amolli ta dureté à l'occasion du nom de père, sous lequel tu lui proposais milord M... pour le jour de la célébration? La tendresse de son âge lui faisait souhaiter un père, lui faisait espérer un ami. Ah! cher Lovelace, te résoudras-tu à devenir un démon pour elle, au lieu du père que tu lui as ravi?

Tu sais que je n'ai aucun intérêt, que je ne puis avoir aucune vue, en souhaitant que tu rendes justice à cette admirable fille. Pour l'amour de toi-même, je t'en conjure encore une fois, pour l'honneur de ta famille, pour celui de notre humanité commune, sois juste à l'égard de Clarisse Harlove.

N'importe si ces instances conviennent à mon caractère. J'ai été et je suis encore assez débauché. Si tu reçois mon conseil, qui est, comme tu le verras dans la lettre de ton oncle, celui de toute ta famille, peut-être auras-tu raison de me dire que tu n'es pas plus pervers que moi. Mais si ton cœur s'endurcit contre mes reproches, et si tu ne respectes pas tant de vertus, toute la méchanceté d'une légion de diables, lâchés dans une troupe d'âmes innocentes avec plein pouvoir de leur nuire, ne commettrait pas autant de mal, ni un mal aussi noir, que celui dont tu veux te rendre coupable.

On dit ordinairement que la vie d'un monarque, assis sur son trône, n'est pas en sûreté, s'il se trouve quelque désespéré qui méprise la sienne. On peut dire de même que la vertu la plus pure n'est point à couvert, s'il se trouve un homme qui compte pour rien son propre honneur, et qui se fasse un jeu des protestations et des vœux les plus solennels.

Tu peux, par tes ruses, tes chicanes, tes fausses couleurs, toi qui es pire en amour qu'un démon en méchanceté, vaincre une pauvre fille que tu as trouvé le moyen d'embarrasser dans tes filets, et que tu as privée de toute sorte de protection. Mais considère s'il ne serait pas plus juste et plus généreux à son égard, plus noble à l'égard de toi-même d'étouffer tes misérables désirs.

Il importe peu, je le répète, si mes actions passées ou futures répondent à mon *sermon*, comme tu nommeras peut-être ce que je t'écris. Mais voici ce que je te promets solennellement : lorsque je trouverai dans une femme la moitié des perfections de miss Harlove, je prendrai l'avis pour moi, et je me marierai, si l'on consent à m'accepter. Il ne m'arrivera pas de vouloir éprouver son honneur aux dépens du mien. En d'autres termes, je ne dégraderai point une excellente fille à ses propres yeux par des épreuves, lorsque je n'aurai aucune raison de la soupçonner, et j'ajoute (par rapport à la merveilleuse utilité qu'on peut tirer, à ton avis, de l'épreuve d'une fille sage et innocente, plutôt que de celle des filles ordinaires) que je n'ai point à me reprocher, une fois dans ma vie, d'avoir ruiné les mœurs d'aucune personne de ce sexe, qui fût faite pour vivre sage sans mes sollicitations. C'est être assez coupable, que de contribuer à la continuation du désordre dans celles qui s'y sont déjà livrées, et d'empêcher qu'elles ne se relèvent lorsqu'une fois elles sont tombées.

Enfin, quelque parti que l'esprit infernal dont tu suis l'étendard puisse te faire prendre à l'égard de cette incomparable personne, j'espère que tu en useras avec honneur par rapport à la lettre que je te communique. Ton oncle désire, comme tu verras, que je te laisse ignorer qu'il m'a écrit sur cette matière, par des raisons qui ne sont pas trop glorieuses pour toi. Je me flatte aussi que tu prendras les marques de mon zèle dans leur véritable sens. Tout à toi,

Belford.

LETTRE CLXXXIX.

MILORD M....., A M. BELFORT.

Lundi, 15 mai.

Monsieur,

Si quelqu'un au monde a de l'ascendant sur l'esprit de mon neveu, c'est vous. Cette raison me porte à vous écrire, pour vous demander votre entremise dans l'affaire qui est entre lui et la plus accomplie de toutes les femmes ; du moins, suivant le témoignage que tout le monde lui rend, et *ce que tout le monde pense, doit être vrai* (1).

J'ignore qu'il ait aucun mauvais dessein sur elle ; mais je connais trop bien son caractère, pour ne pas être alarmé d'un si long délai. Les dames d'ici ont eu quelque temps les mêmes craintes. Ma sœur Sadler, en particulier (vous savez que c'est une femme sage), prétend que, dans les circonstances présentes, le délai doit moins venir de la demoiselle que de lui. Il est certain qu'il a toujours eu beaucoup d'aversion pour le mariage. Qui sait s'il ne pense point à lui jouer quelque mauvais tour, comme il en a joué à tant d'autres ? Le mieux serait de le prévenir ; car *après l'événement le conseil arrive trop tard.*

Il a toujours eu la folie et l'impertinence de se moquer du goût que j'ai pour les proverbes. Mais les regardant comme la sagesse de toutes les nations et de tous les siècles, rassemblée dans un petit nombre de

---

(1) M. Lovelace a fait remarquer plusieurs fois que son oncle était un homme simple, et grand partisan de proverbes.

paroles, je n'ai pas honte d'employer un langage qui contient plus de sagesse que les ennuyeuses harangues de nos prédicateurs et de nos moralistes. Qu'il en rie, s'il veut. Vous et moi, monsieur Belford, nous savons mieux ce qu'il en faut penser. *Quoique vous fréquentiez un loup, vous n'avez pas appris à hurler avec lui.*

Cependant il ne faut pas lui faire connaître que je vous aie écrit là-dessus. J'ai honte de le dire ; mais il m'a toujours traité comme un homme d'un sens médiocre, et peut-être n'aurait-il pas meilleure opinion d'un conseil, s'il savait qu'il lui vînt de moi.

Je suis sûr qu'il n'a aucune raison de me mépriser. Il se trouvera bien d'être mon neveu, s'il me survit, quoiqu'un jour il m'ait dit en face que je pouvais disposer à mon gré de mon bien, et que pour lui il aimait autant la liberté qu'il méprisait l'argent. Il s'est imaginé, je suppose, que je *ne pouvais le couvrir de mes ailes sans le piquer de mon bec.* Cependant je ne l'ai jamais piqué sans quelque bonne raison ; et Dieu sait que je lui donnerais mon sang, s'il voulait s'attacher un peu à m'obliger pour son propre bien. C'est tout ce que je désire de lui. Il est vrai que sa pauvre mère a commencé à le gâter, et qu'ensuite j'ai eu trop d'indulgence pour lui. Belle disposition ! direz-vous, *de rendre le mal pour le bien.* Mais telle a toujours été sa méthode.

Comme tout le monde parle avec admiration de la prudence et de la bonté de cette jeune personne, j'ai l'espérance que ce mariage pourrait le faire rentrer en lui-même. Si vous trouviez le moyen de l'y déterminer, je le mettrais en état de rendre les articles aussi avantageux qu'il peut les souhaiter, et je ne serais pas éloigné d'y joindre la possession actuelle d'une fort belle terre. Pourquoi suis-je au monde, comme je le dis souvent, si ce n'est pour le voir marié et bien établi, lui et mes deux nièces ? Puisse le ciel lui inspirer de meilleurs principes, avec un peu plus de bonté d'âme et de considération !

Si les délais viennent de lui, je tremble pour la demoiselle. S'ils viennent d'elle, comme il l'écrit à ma nièce Charlotte, je souhaiterais qu'on fît entendre à cette jeune personne que *les délais sont dangereux.* Tout excellente qu'elle est, je puis l'assurer qu'elle ne doit pas faire trop de fond sur son mérite, avec une tête si variable et un ennemi si déclaré du mariage. Je sais, monsieur, que vous êtes capable de lâcher à propos quelques bons avis. *Une parole est assez pour le sage.*

Mais je voudrais surtout que vous vissiez un peu ce que vous pouvez obtenir de lui ; car je l'ai averti si souvent de ses mauvaises pratiques, que je commence à désespérer de mes propres exhortations. Représentez-lui *que la vengeance n'en est pas moins sûre, pour se faire attendre.* Il pourra l'éprouver, s'il se conduit mal dans cette occasion. Quelle pitié qu'avec tant de lumières et de bonnes qualités il ne fût jamais qu'un vil libertin ! Hélas ! hélas ! *une poignée de bonne vie vaut mieux que plein muid de savoir* (1).

Vous pouvez hasarder, comme son ami, que s'il abusait trop de mon affection, il n'est pas trop tard pour me remarier. Mon vieil ami Wycherley prit le même parti, dans un âge plus avancé que le mien, pour faire enrager son neveu. Ma goutte n'empêcherait pas que je ne puisse avoir un ou deux enfans. J'avoue même qu'il m'en est venu quelque pensées

(1) Vieux proverbe français, que les Anglais ont adopté en propres termes.

lorsqu'il m'a causé quelque chagrin extraordinaire. Mais je me suis refroidi, en faisant réflexion que les enfans des personnes âgées, qui veulent faire les jeunes gens (je ne suis pas non plus de la dernière vieillesse) ne jouissent pas d'une longue vie, et *qu'un vieillard qui épouse une jeune femme travaille*, dit-on, *à creuser sa fosse*. Cependant qui sait si le mariage ne serait pas bon pour l'humeur goutteuse dont je suis tourmenté?

Les sentences que je mêle exprès dans mon style peuvent vous être de quelque utilité dans l'entretien que vous aurez avec mon neveu. Mais employez-les avec ménagement, de peur qu'il ne connaisse *dans quel carquois vous avez pris vos flèches*.

Fasse le ciel, monsieur Belford, que vos bons conseils, fondés sur les ouvertures que je viens de vous donner, pénètrent son cœur, et l'excitent à prendre un parti aussi avantageux pour lui que nécessaire pour l'honneur de cette admirable personne, dont je souhaiterais qu'il eût déjà fait sa femme. Alors je renoncerai tout à fait au mariage.

S'il était capable d'abuser de la confiance qu'elle a eue pour lui, je serais le premier à solliciter la vengeance du ciel. *Raro, raro...* J'ai oublié mon latin; mais je crois que c'est *raro antecedentem scelestum deseruit pede pœna claudo.* (Lorsque le vice marche devant, tôt ou tard la vengeance le suit.)

Je ne vous fais pas d'excuse pour la peine où je vous engage. Je sais combien vous êtes de ses amis et des miens. Vous n'aurez jamais une si belle occasion de nous rendre service à tous deux qu'en pressant ce mariage. Avec quelle joie vous embrasserai-je après le succès! En attendant, vous me ferez un plaisir extrême de me marquer quelles sont vos espérances. Je suis, mon cher monsieur, votre, etc.

M. Lovelace ne s'étant pas hâté de répondre à cette lettre, M. Belford lui en écrivit une autre pour lui marquer la crainte qu'il avait de lui avoir déplu par son honnête franchise. Il lui dit « qu'il s'ennuie beaucoup à Watford, où il continue d'attendre la mort de son oncle et que c'est une raison de plus pour souhaiter de ses lettres. » Pourquoi me punirais-tu, ajoute-t-il d'avoir plus de conscience et de remords que toi, qui ne t'es jamais fait un honneur d'en avoir beaucoup? D'ailleurs, j'ai à te faire un récit assez triste qui regarde notre ami Belton et sa Thomasine, et qui sera une bonne leçon pour tous ceux qui sont dans le goût d'entretenir des maîtresses.

J'ai reçu depuis peu des lettres de nos trois associés. Ils ont toute ta méchanceté sans avoir ton esprit. Les deux autres se vantent de quelques nouvelles entreprises, qui me paraissent mériter la corde, si le succès répond à leurs espérances.

Je suis fort éloigné de haïr l'intrigue lorsqu'elle porte sur quelque principe. Mais que des personnages de cette espèce s'avisent de former des systèmes et de les confier au papier sans cet assaisonnement et cette pointe qui est ton talent, je t'avoue que j'en suis révolté et que leurs lettres me choquent beaucoup. Pour toi, Lovelace, quand tu t'obstinerais à suivre ton misérable plan, ne refuse pas d'aider un peu à me délivrer de ma pesanteur par ton agréable correspondance, s'il te reste quelque désir d'obliger ton mélancolique ami.

BELFORD.

LETTRE CXC.

M. LOVELACE, A M. BELFORD.

Vendredi au soir, 19 mai.

Lorsque je me suis ouvert si librement avec toi, et que je t'ai déclaré que ma principale vue est uniquement de mettre la vertu à l'épreuve, sur ce fondement que, si la vertu est solide, elle n'a rien à redouter, et que le mariage sera sa récompense, du moins, si je ne puis parvenir à lui faire goûter une vie plus libre, qui serait à la vérité le charme de mon cœur, je suis étonné de te voir revenir sans cesse à tes ridicules propos.

Je pense, comme toi, que, dans quelque temps, lorsque je serai devenu plus sage, je conclurai « qu'il n'y a que vanité, folie, extravagance dans nos systèmes libertins. » Mais à quoi cela revient-il, si ce n'est à dire qu'il faut d'abord être plus sage?

Mon dessein n'est pas, comme tu parais le craindre, *de laisser échapper de mes mains cette incomparable fille.* Es-tu capable de dire à sa louange la moitié de ce que j'ai dit et de ce que je ne cesse de dire et d'écrire? Son tyran de père l'a chargée de sa malédiction, parce qu'elle l'a privé du pouvoir de lui faire accepter malgré elle un homme qu'elle déteste. Tu sais que, de ce côté-là, le mérite qu'elle s'est fait dans mon cœur est des plus médiocres. Que son père soit un tyran, est-ce une raison pour moi de ne pas mettre à l'épreuve une vertu que j'ai dessein de récompenser? Pourquoi, je te prie, ces réflexions éternelles sur une si excellente fille, comme s'il te paraissait certain qu'elle ne résistera point au creuset? Tu me répètes, dans toutes les lettres, que, resserrée comme elle est dans mes filets, sa chute est infaillible; et c'est sa vertu néanmoins que tu fais servir de prétexte à tes inquiétudes.

Tu me nommes l'*instrument* du vil James Harlove! Que je suis tenté de te maudire! Oui, oui, je suis l'instrument de cet odieux frère, de cette sœur jalouse; mais sois attentif au spectacle, et tu verras quel sera le sort de l'un et de l'autre.

N'allègue pas contre moi une sensibilité que j'ai reconnue, une sensibilité qui te jette en contradiction, lorsque tu reproches ensuite à ton ami d'avoir un cœur de diamant; enfin, une sensibilité que tu ne connaîtrais guère si je ne te l'avais communiquée.

Ruiner tant de vertu! m'oses-tu dire. Insupportable monotonie! Et puis tu as le front d'ajouter « que la vertu la plus pure peut être ruinée par ceux qui n'ont aucun égard pour l'honneur et qui se font un jeu des sermens les plus solennels. » Quelle serait à ton avis la vertu qui pourrait être ruinée sans sermens? Le monde n'est-il pas plein de ces douces tromperies; et depuis un grand nombre de siècles, les sermens de l'amour ne passent-ils pas pour un badinage? D'ailleurs, les précautions contre la perfidie de notre sexe ne font-elles pas une partie nécessaire de l'éducation des femmes?

Mon dessein est de me vaincre moi-même; mais je veux tenter auparavant de vaincre la belle Clarisse. Ne t'ai-je pas dit que l'honneur de son sexe est intéressé dans cette épreuve?

Lorsque tu trouveras dans une femme la moitié seulement de ses perfections, tu te marieras. A la bonne heure; marie-toi, Belford.

Une fille est-elle donc dégradée par l'épreuve lorsqu'elle y résiste ?

Je suis bien aise que tu te fasses un reproche de ne pas travailler à la conversion des pauvres misérables qui ont été ruinées par d'autres que toi. Ne crains pas les récriminations auxquelles tu pourrais t'attendre, lorsque tu te vantes de n'avoir jamais ruiné les mœurs d'une jeune créature que tu aies crue capable de demeurer sage. Ta consolation me paraît celle d'un Hottentot, qui aime mieux exercer la gloutonnerie sur de sales restes que de réformer son goût. Mais toi, qui fais le prude, aurais-tu respecté une fille telle que mon bouton de rose, si mon exemple ne t'avait pas piqué d'honneur ? Et ce n'est pas la seule fille que j'ai épargnée. Lorsqu'on a reconnu mon pouvoir, qui est plus généreux que ton ami ?

« C'est la résistance qui enflamme les désirs et qui aiguise les traits de l'amour. Il est désarmé lorsqu'il n'a rien à vaincre : il languit, il perd le soin de plaire. »

Les femmes ne l'ignorent pas plus que les hommes. Elles aiment de la vivacité dans les soins qu'on leur rend. De là vient, pour le dire en passant, que l'amant vif, empressé est si souvent préféré au froid mari. Cependant le beau sexe ne considère pas que c'est la variété et la nouveauté qui donnent cette ardeur, et que si le libertin était aussi accoutumé que le mari à leurs faveurs, elles ne lui seraient pas moins indifférentes. Que les belles prennent cette leçon de moi : l'art de plaire consiste, pour une femme, à paraître toujours nouvelle.

Revenons. Si ma conduite ne te paraît pas assez justifiée par cette lettre et par les dernières, je te renvoie à celle du 13 avril. Je te supplie, Belford, de ne me pas mettre dans la nécessité de te répéter si souvent les mêmes choses. Je me flatte que tu relis plus d'une fois ce que je t'écris.

Tu me fais assez bien ta cour lorsque tu parais craindre mon ressentiment, jusqu'à ne pouvoir être tranquille si je laisse passer un jour sans t'écrire. C'est ta conscience, je le vois clairement, qui te reproche d'avoir mérité ma disgrâce; et si elle t'en a convaincu, peut-être empêchera-t-elle que tu ne retombes dans la même faute. Tu feras bien d'en tirer ce fruit; sans quoi, prends garde que, sachant à présent comment je puis te punir, je ne le fasse quelquefois par mon silence, quoique je prenne autant de plaisir à t'écrire sur ce charmant sujet, que tu peux en prendre à me lire.

Marque à milord que tu m'as écrit ; mais garde-toi de lui envoyer la copie de ta lettre. Quoiqu'elle ne contienne qu'un tas de raisonnemens mal digérés, il pourrait croire qu'elle n'est pas sans force. Les plus pauvres argumens nous paraissent invincibles lorsqu'ils favorisent nos désirs. Le stupide pair s'imagine peu que sa nièce future soit rebelle à l'amour. Il est persuadé, au contraire, et tout l'univers pense comme lui, qu'elle s'est engagée volontairement sous mon étendard. Qu'en arrivera-t-il ? que je serai blâmé, et qu'on la plaindra s'il arrive quelque chose de mal.

Mais puisque milord paraît avoir ce mariage à cœur, j'ai déjà pris le parti de lui écrire pour lui apprendre « qu'une malheureuse prévention inspire à ma belle des défiances qui ne sont pas trop généreuses; qu'elle regrette son père et sa mère, et que son penchant la porterait plutôt à retourner au château d'Harlove qu'à se marier; qu'elle appréhende même que la démarche qu'elle a faite de partir avec moi n'ait fait prendre une mauvaise idée d'elle aux dames d'une maison telle que la nôtre.» Je le prie de m'écrire une lettre que je puisse lui montrer, quoique ce point, lui dis-je, demande d'être touché délicatement. Je lui laisse la liberté de me traiter aussi mal qu'il voudra, et je l'assure que je recevrai tout de bonne grâce, parce que je sais qu'il a du goût pour le *style correctif*. Je lui dis que, pour les avantages qu'il me destine, il est le maître de ses offres, et que je lui demande l'honneur de sa présence à la célébration, afin que je tienne de sa main le plus grand bonheur qu'un mortel puisse m'accorder.

Je n'ai pas déclaré absolument à ma charmante que mon dessein fût d'écrire à milord, quoique je lui aie fait entrevoir que je prendrais cette résolution. Ainsi, rien ne m'obligera de produire la réponse. S'il faut te parler naturellement, je ne serais pas bien aise d'employer des noms de famille pour avancer mes autres desseins. Cependant je dois tout assurer avant que de jeter le masque. C'est le motif que j'ai eu en amenant la belle ici. Tu vois, par conséquent, que la lettre du vieux pair ne pouvait venir plus à propos. Je t'en remercie.

A l'égard de ses sentences, il est impossible qu'elles produisent jamais un bon effet sur moi. J'ai été suffoqué de bonne heure *par la sagesse des nations*. Dans mon enfance, je ne lui ai jamais fait aucune demande qui n'ait fait sortir un proverbe de sa bouche; et si le temps de la sage maxime tournait au refus, il ne fallait point espérer d'obtenir la moindre faveur. J'en avais conçu tant d'aversion pour le seul mot de proverbe, qu'aussitôt qu'on m'eut donné un précepteur, qui était un fort honnête ministre, je lui déclarai que jamais je n'ouvrirais ma Bible, s'il ne me dispensait d'en lire un des plus sages traités, contre lequel néanmoins je n'avais pas d'autre sujet d'objection que son titre. Pour Salomon, je l'avais pris en haine, non à cause de la polygamie, mais parce que je me le représentais comme un vieux maussade personnage tel que mon oncle.

Laissons, je te prie, les vieux dictons aux vieilles gens. Que signifient tes ennuyeuses lamentations sur la maladie de ton parent? Tout le monde ne convient-il pas qu'il n'en peut revenir? Le plus grand service que tu aurais à lui rendre serait d'abréger sa misère. J'apprends qu'il est encore infesté de médecins, d'apothicaires et de chirurgiens; que toutes les opérations ne peuvent pénétrer jusqu'au siège du mal, et qu'à chaque visite, à chaque scarification, ils prononcent sur lui la sentence d'une mort inévitable. Pourquoi prennent-ils plaisir à faire durer ses tourmens? N'est-ce pas pour enlever sa *toison* plutôt que des lambeaux de sa chair? Lorsqu'un malade est désespéré, il me semble qu'on devrait cesser de payer les médecins. Tout ce qu'ils prennent est un vol qu'ils font aux héritiers. Si le testament est tel que je le souhaite, que fais-tu près d'un moribond? Il t'a fait appeler, dis-tu. Oui, pour lui fermer les yeux. Ce n'est qu'un oncle après tout; un oncle et rien de plus. De quel air tu te signes *mon mélancolique ami*. De quoi mélancolique? De voir un mourant? d'être témoin d'un combat entre un vieillard et la mort? Je te croyais plus homme. Toi, qu'une mort aiguë, que la pointe d'une épée n'effraie pas, être si consterné du spectacle d'une maladie chronique! Les scarificateurs s'exercent tous les jours; sur quoi? sur un cadavre. Prends exemple des grands bouchers, des bourreaux fameux, pires mille fois que ton ami Lovelace, qui font, dans l'espace d'un jour, dix mille veuves et deux fois autant d'orphelins. Ils obtiennent à ce prix le nom de *grands*. Apprends d'eux à soutenir la vue d'une mort ordinaire.

Je souhaiterais que mon oncle m'eût donné l'occasion de te fortifier par un meilleur exemple; tu aurais vu jusqu'où j'aurais poussé le courage, et si je t'avais écrit dans cette conjecture, voici comment j'aurais fini ma lettre : « J'espère que le vieux Troyen jouit d'un heureux sort; le mien l'est dans cette espérance; et je suis ton joyeux ami. »

Ne t'arrête pas toujours au même sujet, Belford. Raconte-moi l'histoire du pauvre Belton. Si mes services peuvent lui être utiles, dis-lui qu'il peut disposer de ma bourse et de ma personne; mais plus librement néanmoins de ma bourse, car comment quitter ma déesse? Je donnerai ordre à mes autres vassaux de se tenir prêts à t'obéir. Si vous avez besoin d'un chef, vous me le ferez savoir; mais j'entre pou. ma part dans tous les frais.

LOVELACE.

LETTRE CXCI.

M. BELFORD, A M. LOVELACE.

Samedi, 10 mai.

N'attends pas un mot de réponse aux misérables propos dont ta dernière lettre est remplie. J'abandonne ta charmante maîtresse à la protection des puissances qui ont la vertu des miracles et à la force de son propre mérite. Je ne suis pas encore sans espérance dans l'une ou l'autre de ces deux ressources.

Il faut te raconter, comme tu le désires, l'histoire du pauvre Belton, d'autant plus volontiers qu'elle m'a jeté dans une suite de réflexions sur notre vie passée, sur notre conduite présente, et sur nos vues pour l'avenir, qui peuvent nous être utiles à tous deux, si je puis donner quelque poids à mes idées.

Le malheureux Belton m'est venu voir jeudi dernier, dans la triste situation où je suis. Il a commencé par des plaintes de sa mauvaise santé et de l'abattement de ses esprits, de sa toux étique et de son crachement de sang, qui ne fait qu'augmenter; après quoi, il est entré dans le récit de son infortune.

L'aventure est détestable et ne sert pas peu à l'augmentation de ses autres maux. On a su que sa Thomasine, qui n'espérait pas moins que de finir par le mariage avec un homme qu'elle feignait d'aimer à l'idolâtrie, entretenait depuis long-temps un commerce secret avec un valet de son père, qui tient, comme tu sais, une hôtellerie à Darking, et qu'elle en a fait un homme du bel air, aux dépens du pauvre Belton. Elle a ménagé cette intrigue avec beaucoup d'art. Notre ami, dans la confiance de son cœur, lui avait abandonné la clé de sa cassette et le soin de rembourser une rente considérable sur la principale partie de son bien, dont souhaitait ardemment d'être délivré. Elle n'a pu rendre compte de plusieurs grosses sommes qu'elle a reçues pour cet usage; et n'ayant pas payé plus fidèlement la rente, elle l'expose aujourd'hui à perdre le fond par les chicanes obstinées de ses créanciers. Comme elle passe depuis long-temps pour sa femme, il ne sait quel parti prendre à son égard, ni par rapport à deux petits enfans, pour lesquels il avait une si vive tendresse, en supposant qu'ils étaient à lui, mais auxquels il commence à douter s'il a quelque part.

On n'a donné le commencement de cette lettre que pour en faire connaître le sujet, et pour jeter du jour sur quelques endroits de la lettre suivante. Le reste contient des réflexions sur le caractère commun des maîtresses entretenues, auquel Bedford établit qu'il n'y a point de confiance à prendre.

LETTRE CXCII.

M. LOVELACE, A M. BELFORD.

Samedi, 20 mai.

Je suis assez content des sobres réflexions de ta dernière lettre, et je t'en fais mes remercîmens. Pauvre Belton! Je ne me serais guère imaginé que sa Thomasine fût capable de cet excès de perversité. Mais tel sera toujours le danger de ceux qui entretiendront une fille de basse naissance. C'est ce qui ne m'est jamais arrivé : et je n'ai pas eu besoin de cette ressource. Un homme tel que moi, Belford, n'a jusqu'à présent qu'à secouer le plus grand arbre, et le meilleur fruit lui tombe dans la bouche. Toujours dans le goût de Montaigne, comme tu sais, c'est-à-dire, persuadé qu'il y a de la gloire à subjuguer une fille de bonne maison. Le progrès de la séduction a réellement plus de charmes pour moi que l'acte qui le couronne. C'est une vapeur, le transport d'un instant. Je te remercie cordialement de cette approbation indirecte que tu donnes à mon entreprise présente.

Avec une jeune personne telle que miss Harlove, un homme est à couvert de tous les inconvéniens sur lesquels ton éloquence s'est exercée.

Encore une fois, Belford, je te rends grâce de l'encouragement que tu me donnes. On n'a pas besoin, comme tu dis, de se cacher dans un trou, et de finir le jour avec une compagne telle que miss Clarisse. Que tu es aimable de flatter si agréablement le désir favori de mon cœur! Ce ne sera pas non plus une honte pour moi de laisser à une fille comme elle la liberté de prendre mon nom : et je m'embarrasserai peu de la censure du public si je vis avec elle jusqu'à l'âge de discrétion dont tu parles, quand il devrait m'arriver à la fin d'y être pris, et de consentir quelque jour à marcher avec elle dans le bon vieux chemin de mes ancêtres.

Que le ciel te bénisse, mon honnête ami! Lorsque tu plaidais pour le mariage en faveur de la belle, je me suis figuré que tu badinais, ou que tu ne prenais ce ton que par complaisance pour mon oncle. Je savais bien que ce n'était pas par principe, que ce n'était pas par compassion. A la vérité, je te soupçonnais d'un peu d'envie; mais à présent c'est toi-même. Je te reconnais, et je répète encore : Que le ciel te bénisse, mon honnête et mon véritable ami!

LOVELACE.

P. S. Mon courage va redoubler pour l'exécution de tous mes systèmes, et je te ferai le plaisir de t'informer fidèlement de la continuation de mes progrès. Mais je n'ai pu m'empêcher d'interrompre mon histoire pour t'exprimer ma reconnaissance.

LETTRE CXCIII.

M. LOVELACE, A M. BELFORD.

Samedi, 20 mai.

Il faut te faire la peinture de notre situation.

Grands et petits, nous sommes tous extrêmement heureux. Dorcas est dans les bonnes grâces de sa maîtresse. Polly lui a demandé son conseil sur une proposition de mariage qui la regarde : jamais oracle n'en donna de meilleur. Sally, à l'occasion d'une petite querelle avec son marchand, a pris ma charmante pour arbitre. Elle a blâmé Sally de tenir une conduite tyrannique avec un homme dont elle est aimée. Chère petite personne ! être devant le miroir, et fermer les yeux dans la crainte de s'y reconnaître ! Madame Sinclair a fait sa cour à un juge si infaillible en lui demandant son avis sur le mariage de ses deux nièces.

Nous sommes sur ce pied depuis plusieurs jours avec les gens de la maison. Cependant on mange toujours seule. On ne leur accorde pas souvent l'honneur de sa compagnie dans les autres temps : ils sont accoutumés à sa méthode ; ils ne la pressent point ; c'est la persévérance qui l'emportera. Lorsqu'on se rencontre, tout se passe fort civilement de part et d'autre. Je crois, Belford, que, dans le mariage même, on éviterait quantité de querelles si l'on se voyait rarement.

Mais comment suis-je moi-même avec la belle depuis ce brusque départ et ce refus incivil de mercredi matin ? C'est ta demande, n'est-ce pas ? En vérité, fort bien, mon ami. Pourquoi serais-je mal avec elle ? La chère petite impertinente n'a point de secours à tirer d'elle-même. Elle n'a pas d'autre protection à se promettre. D'ailleurs, elle a pleinement entendu (qui se serait défié qu'elle pût être si proche) une conversation que j'eus le même jour avec madame Sinclair et miss Martin ; et son cœur en est devenu plus tranquille sur divers points douteux. Tels sont particulièrement :

Le malheureux état de madame Fretchvill. La pauvre femme ! Miss Martin, feignant de la connaître, ne manque point de la plaindre fort humainement. Elle et le mari qu'elle a perdu s'étaient aimés dès le berceau. La pitié se communique d'un cœur à l'autre. Il est impossible que toutes les circonstances d'une si grande douleur, représentées par une fille aussi tendre que miss Martin, n'aient pas fait une extrême impression sur ma belle ;

La goutte de milord M....., seul obstacle qui l'empêche de venir marquer sa tendresse à mon épouse ;

Le départ de milady Lawrance et de miss Montaigu, qu'on attend bientôt à Londres ;

La passion que j'aurais de voir mon épouse en état de les recevoir dans sa propre maison, si madame Fretchvill pouvait être un moment d'accord avec elle-même ;

L'intention où je suis, malgré cela, de demeurer chez madame Sinclair, dans la seule vue de satisfaire jusqu'au moindre point la délicatesse de mon épouse ;

Ma tendresse infinie pour elle, que je représentai d'un ton fort ardent, comme la plus sincère et la plus pure passion qu'un homme ait jamais ressentie pour une femme.

Sally et madame Sinclair s'étendirent sur ses louanges, mais sans affectation. Sally particulièrement admira sa modestie, et la nomma *exemplaire*. Cependant, pour prévenir tous les soupçons, elle ajouta que, s'il lui était permis d'expliquer librement ses idées devant moi, elle trouvait sa délicatesse excessive. Mais elle m'applaudit beaucoup d'observer rigoureusement ma promesse.

Pour moi, je me plaignais de sa rigueur avec moi; je la traitai de cruelle; je m'emportai contre sa famille; je parus douter de son amour. Me voir refuser jusqu'à la moindre faveur, tandis que ma conduite était aussi pure, aussi délicate, dans les momens où je me trouvais seul avec elle, que sous les yeux de toute la maison! Je touchai quelque chose de ce qui s'était passé le même jour entre elle et moi, ne me plaignant que de quelques traits d'indifférence si marqués, qu'il m'était impossible de les soutenir. Mais je voulais lui proposer d'aller samedi prochain à la comédie, où l'on devait donner l'*Orphelin* d'Otway, joué par les meilleurs acteurs, pour essayer si toutes sortes de faveurs me seraient refusées. J'avais néanmoins peu de goût pour les tragédies; quoique je n'ignorasse pas qu'elle les aimait, à cause de l'instruction et des bons exemples qu'on y trouve presque toujours.

Je n'avais que trop de sentimens, ajoutai-je, et le monde offrait d'assez grands sujets de tristesse, sans qu'il fût besoin d'emprunter les douleurs d'autrui, et de s'en faire un amusement. Cette remarque est assez vraie, Belford; et je crois qu'en général tout ce qu'il y a de gens de notre espèce pensent là-dessus comme moi. Ils n'aiment point d'autres tragédies que celles où ils font eux-mêmes les rôles de tyrans et d'exécuteurs. Ils ne veulent pas s'exposer à des réflexions trop sérieuses. Ils courent aux pièces comiques, pour rire de chagrins qu'ils ont causés, et pour y trouver des exemples qui ressemblent à leurs propres mœurs, car nous avons peu de comédies qui en offrent de bons. Mais que dis-je, je crois me souvenir, en y pensant, que tu te plais au *lamentable*.

Miss Martin répondit pour Polly, qui était absente; madame Sinclair pour elle-même et pour toutes les femmes de sa connaissance, sans excepter miss Partington, qu'elles préféraient le comique à la tragédie. Je crois qu'elles ont raison; parce qu'il n'y a pas de libertin un peu déterminé, qui ne mêle assez de tragique dans les comédies qu'il joue avec une maîtresse.

Je priai Sally de tenir compagnie à mon épouse. Elle était engagée pour samedi, m'a-t-elle répondu. Je demandai à madame Sinclair sa permission pour Polly.—Assurément, me dit-elle, Polly se ferait un honneur extrême d'accompagner madame Lovelace; mais la pauvre fille avait le cœur si tendre, et la pièce était si touchante, qu'elle perdrait les yeux à force de pleurer.

En même temps, Sally me représenta ce qu'il y avait à craindre de Singleton, pour me donner occasion de répondre à l'objection, et pour épargner à ma belle la peine de me la faire, ou de discuter cet article.

Aussitôt je confessai que je n'avais que mon courage pour être tranquille de ce côté-là; et, parlant d'une lettre que je venais de recevoir, je déclarai à madame Sinclair qu'on me donnait avis qu'une personne dont on me faisait le portrait, avait entrepris de nous découvrir. Ensuite, ayant demandé une plume et de l'encre, je jetai sur un papier les principales marques auxquelles on pourrait le reconnaître, afin qu'au besoin toute la maison pût s'armer contre lui : « Un matelot, fort maltraité de la petite vérole, le teint brûlé, le regard mauvais, haut d'environ six pieds, les sourcils pendans, les lèvres écorchées, comme un reste de scorbut ; avec un couteau, qu'il portait ordinairement au côté, une casaque brune, un mouchoir de toile peinte autour du cou, un bâton de bois de chêne dans la main, presque de sa longueur, et d'une grosseur proportionnée. » Il ne fallait pas répondre un mot à toutes ses questions. Il fallait m'appeler sur-le-champ; mais empêcher, s'il était possible, que mon épouse n'en eût la moindre connaissance. J'ajoutai que si son frère ou Singleton se présentait, je les recevrais civilement pour l'amour d'elle ; et qu'alors elle n'aurait qu'à reconnaître son mariage; après quoi, il ne resterait de part et d'autre nul prétexte pour la violence. Mais je jurai, dans les termes les plus furieux, que si malheureusement elle m'était enlevée par la persuasion ou par la force, j'irais, dès le lendemain, la demander chez son père, soit qu'elle y fût ou qu'elle n'y fût pas; et que si je ne trouvais pas la sœur, je saurais trouver le frère, et m'assurer aussi facilement que lui d'un capitaine de vaisseau. A présent, Belford, crois-tu qu'elle entreprenne de me quitter, quelque conduite que je puisse tenir avec elle ?

Madame Sinclair a si bien contrefait l'air tremblant, elle a paru si effrayée des désastres qui pouvaient arriver dans sa maison, que j'ai commencé à craindre qu'elle n'outrât son rôle, et qu'elle ne détruisît mon ouvrage. Je lui ai fait signe de l'œil. Elle m'en a fait un de la tête, pour marquer qu'elle m'entendait. Elle a baissé le ton ; et passant une de ses lèvres sur l'autre, avec ses minauderies ordinaires, elle est demeurée en silence.

Voilà des préparatifs, Belford. Crois-tu que tes raisonnemens et tous les proverbes de milord M... soient capables de m'y faire renoncer ? *Non, sûrement*, comme dit ma charmante, lorsqu'elle veut exprimer son aversion pour quelque chose.

Et quel doit être nécessairement l'effet de toutes ces ruses, pour la conduite de ma belle avec moi ? peux-tu douter qu'elle n'ait été d'une complaisance achevée, dès la première fois qu'elle m'a fait l'honneur de me recevoir ?

Jeudi fut un jour très heureux. Il ne manqua rien à notre bonheur le matin. Je baisai sa main charmante. Tu n'as pas besoin que je te fasse la description de ses mains et de ses bras. Lorsque tu l'as vue, j'ai remarqué que tes yeux y étaient fixés, aussitôt qu'ils pouvaient abandonner l'amas de merveilles qui composent son visage. Je baisai donc sa main ; environ cinquante fois, si j'ai bien compté. J'allai une fois jusqu'à ses joues, dans le dessein de parvenir à ses lèvres, mais avec un transport si vif, qu'elle en parut fâchée.

Si les soins n'étaient pas continuels, pour me tenir ainsi à la longueur du bras ; si les plus innocentes libertés, auxquelles notre sexe aspire par degrés, ne m'étaient pas refusées avec une rigueur insupportable, y aurait long-temps que nous serions un peu plus familiers. Si je pouvais seulement obtenir quelque accès près d'elle, à sa toilette, ou dans son déshabillé ; car l'air de dignité augmente dans une femme vêtue, et fortifie le respect : mais on ne peut la retenir si tard, ni la surprendre si matin, qu'elle ne soit toujours dans la dernière décence. Tous ses trésors étant gardés si soigneusement, ne sois pas surpris que j'aie fait si peu de progrès dans l'épreuve. Mais quel aiguillon que cette cruelle distance !

Encore une fois, jeudi matin nous fûmes fort heureux. Vers midi, elle compta le nombre des heures qu'elle avait passées avec moi. Ce temps ne m'avait paru qu'une minute ; mais elle me témoigna qu'elle souhaitait d'être seule. Je me fis presser ; et je ne cédai qu'après avoir remarqué que le soleil commençait à se couvrir de quelques nuages.

J'allai dîner chez un ami. A mon retour, je parlai de maison et de madame Fretchvill. J'avais vu Mennell, je l'avais pressé de faire entendre raison à la veuve. Elle marqua beaucoup de compassion pour cette dame ; autre effet de la conversation qu'elle avait entendue. Je ne manquai pas de lui dire aussi que j'avais écrit à mon oncle, et que j'attendais bientôt sa réponse. Elle me fit la grâce de m'admettre à souper. Je lui demandai ce qu'elle pensait de mes articles. Elle me promit de s'expliquer aussitôt qu'elle aurait reçu des nouvelles de miss Howe.

Je lui proposai alors de m'accorder sa compagnie samedi au soir, à la comédie. Elle me fit les objections que j'avais prévues, les projets de son frère, le temps, qui était fort chaud, etc., mais d'un ton qui paraissait modéré par la crainte de me désobliger, autre effet charmant de la conversation. Elle passa par conséquent sur ses propres difficultés, et j'obtins la grâce que je demandais.

Vendredi n'a pas été moins tranquille que le jour d'auparavant.

Voilà deux jours que je puis nommer heureux ! Pourquoi tous les autres ne leur ressemblent-ils pas ! Il semble que cela dépende de moi. C'est une chose étrange, que je prenne plaisir à tourmenter une femme que j'aime uniquement !

Il faut que j'aie dans le caractère quelque chose de semblable à miss Howe, qui se plaît à faire enrager son malheureux Hickman. Cependant je ne serais pas capable de cette dureté pour un ange tel que Clarisse, si je n'étais résolu, après le temps de l'épreuve, de la récompenser au delà de ses désirs.

Samedi est à moitié passé. Notre bonheur dure encore. On se prépare pour la comédie. Polly s'est offerte. Elle est acceptée. Je l'ai avertie des endroits où elle doit pleurer ; non seulement pour faire connaître la bonté de son cœur, dont les larmes sont toujours une bonne marque, mais encore pour avoir un prétexte de cacher son visage avec son éventail ou son mouchoir, quoique Polly, dans le fond, soit bien éloignée d'être une fille publique. Nous serons dans la loge verte.

Les douleurs d'autrui, si bien représentées, ne manqueront point d'ouvrir le cœur de ma charmante. Lorsque j'ai obtenu d'une jeune personne la permission de l'accompagner à la comédie, je me suis toujours cru sûr de la victoire. Le cœur des femmes, pétri de douceur et d'harmonie, lorsque rien ne le gêne, s'étend et perd le soin de s'observer à mesure que leur attention est attirée au dehors par un amusement qui les intéresse. La musique et peut-être une collation qui succède, ont aussi leur part à cet effet. Je n'espère ici rien d'approchant. Mais j'ai plus d'une vue dans l'empressement avec lequel j'ai proposé la comédie à ma chère Clarisse. Pour t'en apprendre une, Dorcas a le passe-partout, comme je te l'ai dit. Tu comprends l'usage qu'elle en fera dans notre absence. A présent, ne crois-tu pas qu'il soit important de faire voir à ma belle une tragédie des plus touchantes ? Ne fût-ce que pour lui apprendre qu'il y a de plus grandes disgrâces et des douleurs plus profondes qu'elle ne se l'est peut-être jamais imaginé.

Conviens que notre bonheur est extrême : j'espère que nous ne trouverons pas dans notre chemin quelqu'un de ces génies sinistres qui se plaisent à troubler la joie des pauvres mortels.

LOVELACE.

Miss Clarisse, dans une lettre du vendredi, 19 mai, apprend à son amie que sa perspective est encore une fois changée avec avantage, et que depuis sa dernière lettre elle a connu vingt-quatre heures assez heureuses, du moins en les comparant à sa situation. « Que je compose volontiers, dit-elle, pour les moindres apparences de bonheur! Que je suis facilement disposée à tourner vers moi le côté flatteur des événemens et à me repaître de toutes sortes d'espérances : et cela, non seulement pour mon propre intérêt, mais aussi pour l'amour de vous, qui entrez si généreusement dans tout ce qui m'arrive d'agréable ou de fâcheux. »

Elle lui fait ici le détail de la conversation qu'elle a trouvé le moyen d'entendre, entre M. Lovelace madame Sinclair et miss Martin ; mais elle explique, avec plus d'étendue, l'occasion qu'elle a eue de prêter l'oreille à leurs discours, dans la persuasion qu'ils n'ont pu se défier d'être écoutés. Elle rapporte les raisons qui lui ont fait trouver du plaisir à les entendre : et quoiqu'elle soit choquée du projet hardi qu'il a formé, s'il la perd de vue un seul jour, elle se réjouit qu'il soit résolu d'éviter la violence, s'il se rencontre dans la ville avec son frère. Elle s'est crue obligée, dit-elle, par ce qui s'est passé mercredi, et par ce qu'elle a eu le bonheur d'entendre, de lui promettre d'aller à la comédie ; surtout, lorsqu'il a eu la discrétion de lui proposer une des nièces pour l'accompagner. Elle paraît charmée qu'il ait écrit à milord M... Elle lui a promis de s'expliquer sur ses articles aussitôt qu'elle aura reçu des nouvelles de son amie. Enfin l'avenir, ajoute-t-elle, commence à lui offrir des apparences assez favorables comparées, du moins aux nouveaux dangers dont elle s'est vue menacée depuis son naufrage.

Cependant elle est bien aise que son amie s'occupe de quelque plan qui puisse assurer son repos par d'autres voies. Elle regarde M. Lovelace comme un esprit dangereux ; et la prudence l'oblige par conséquent de veiller sans cesse, et de s'armer contre le mal possible.

Elle se croit sûre que ses lettres et celles de son amie sont parfaitement à couvert. Elle ne doute pas non plus qu'elle ne soit libre de sortir et de rentrer ; mais M. Lovelace est si assidu près d'elle qu'elle n'a pas le temps de mettre cette liberté à l'épreuve. Elle le serait plus souvent, néanmoins, s'il arrivait quelque occasion d'en douter, et si les desseins de son frère et du capitaine Singleton lui causaient moins de frayeur.

LETTRE CXCIV.

MISS HOWE, A MISS CLARISSE HARLOVE.

Samedi, 20 mai.

Je ne savais pas, ma chère, que, pour répondre aux articles de M. Lovelace, vous attendissiez mon avis. Comme je serais fâchée que cette raison causât quelque délai, je profite d'une occasion extraordinaire pour faire porter cette lettre chez Wilson.

Jamais je n'ai douté de la justice et de la générosité de votre personnage sur ce qui concerne les articles, et tous ses parens n'ont pas les sentimens moins nobles que leur naissance. Mais, à présent, je crois que vous ne ferez pas mal d'attendre quelle sera la réponse de milord à sa lettre d'invitation.

Voici le plan que j'ai médité pour vous. Ne vous souvenez-vous pas d'avoir vu, avec moi, une femme nommée madame Townsend, qui fait un grand commerce d'étoffes des Indes, de Cambrai, et de dentelles de Flandre, qu'elle trouve le moyen de recevoir sans payer d'entrée et de débiter secrètement dans toutes les bonnes maisons de notre voisinage? Elle est quelquefois à Londres, dans une chambre qu'elle y loue à l'extrémité du faubourg de Southwark, où elle a des échantillons de ses marchandises, pour la commodité de ses pratiques de ville ; mais sa véritable résidence et son magasin sont à Depford. Je dois sa connaissance à ma mère, à qui elle avait été recommandée dans la supposition de mon mariage, et qui me dit, en me le présentant, qu'avec le secours de cette femme je pourrais être magnifique à peu de frais.

Au fond, ma chère, je n'ai pas trop de penchant à favoriser la contrebande. Il me semble que c'est braver les lois de notre pays, nuire aux honnêtes marchands et dérober à notre prince un revenu légitime, dont la diminution peut l'obliger à faire de nouvelles levées sur le public. Mais, quoique je n'aie encore rien pris de madame Townsend, nous ne sommes pas mal ensemble. C'est une femme entendue et d'un fort bon caractère. Elle a vu les pays étrangers, par rapport à son commerce, et je trouve beaucoup de plaisir à l'entendre. Comme elle cherche à se faire connaître de toutes les jeunes personnes qui ne sont pas éloignées de changer d'état, elle m'a priée de la recommander à vous ; et je suis sûre que je l'engagerais sans peine à vous accorder une retraite dans sa maison de Depford. C'est un bourg qu'elle représente fort peuplé, et peut-être un des lieux du monde où l'on penserait le moins à vous chercher. Il est vrai que la nature de son commerce ne lui permet pas d'y être long-temps ; mais on ne saurait douter qu'elle n'y ait quelque personne de confiance. Vous y seriez en sûreté jusqu'au retour de M. Morden. Il me semble que vous feriez fort bien d'écrire d'avance à cet honnête cousin. Ce n'est point à moi de vous prescrire ce que vous devez lui marquer. Je me repose sur votre discrétion ; car vous comprenez sans doute ce qu'il y aurait à craindre du moindre démêlé entre deux hommes de cœur.

J'apporterai de nouveaux soins à digérer ce plan, si vous l'approuvez, ou plutôt si vous le jugez nécessaire. Mais il faut espérer que vous n'aurez pas besoin de cette ressource, puisque la perspective est changée, et que vous avez *connu vingt-quatre heures qui ne peuvent pas être nommées malheureuses.* Que je me sens indignée de voir une fille telle que vous réduite à cette misérable consolation.

Je me souviens que madame Townsend a deux frères, qui commandent chacun un vaisseau marchand. Comme ils ne peuvent manquer d'être liés d'intérêt avec elle, qui sait si vous ne pourriez pas avoir, au besoin, tout l'équipage d'un vaisseau à votre service? Supposez que Lovelace vous donne sujet de le quitter, ne vous occupez point de vos craintes pour les Harlove. Qu'ils prennent soin l'un de l'autre; ils y sont assez portés. Les lois seront leur défense. Votre homme n'est pas un assassin ni un meurtrier de nuit. C'est un ennemi ouvert, parce qu'il est intrépide ; et s'il entreprenait quelque chose qui le soumît à la rigueur des lois, vous seriez heureusement délivrée de lui par la fuite ou par la corde, n'importe lequel des deux.

Si vous n'étiez pas entrée dans un si grand détail de toutes les circonstances qui regardent la conversation que vous avez entendue entre M. Lovelace et les deux femmes, je les soupçonnerais de n'avoir tenu cette conférence que pour vous.

J'ai fait voir les propositions de M. Lovelace à M. Hickman, qui avait été destiné pour la robe avant la mort de son frère aîné. Il en a pris un air si grave, si fier et si important ; il m'a dit, d'un ton si mystérieux, qu'il voulait les prendre en considération; qu'il les emporterait, si je le trouvais bon ; qu'il les pèserait, et d'autres affectations de cette nature, que la patience m'a manqué. Je lui ai arraché le papier avec colère : « Eh quoi! le traiter si mal pour son zèle! » Oui, pour un zèle sans lumières, tel que la plupart des autres zèles. S'il n'a point été frappé tout d'un coup de quelque objection, c'est qu'il n'y en a point à faire.

— Si prompte, ma très chère demoiselle.

— Si lent! *très peu cher* monsieur, aurais-je pu répondre; mais je me suis contenté de lui dire : *Assurément*, avec un regard qui signifiait : *Oseriez-vous faire le rebelle?*

— Il m'a demandé pardon : — A la vérité, il ne voyait aucune objection; mais il avait cru qu'une seconde lecture...

— N'importe, n'importe, ai-je répondu, je les ferais voir à ma mère, qui, sans avoir pensé à porter la robe, en sait plus au premier coup d'œil que tous vos *lambins* de conseillers, si je ne craignais de l'irriter par l'aveu de ma correspondance.

Mais ne balancez pas, ma chère, à faire dresser les articles en bonne forme. Que la célébration les suive de près, et qu'il n'en soit plus parlé.

Je ne dois pas oublier que le matelot a beaucoup tourné autour de ma femme de chambre, et qu'il a tenté de la corrompre par un gros présent pour savoir d'elle le lieu de votre retraite. La première fois qu'il aura l'audace de paraître, je le ferai jeter dans le plus profond de nos étangs si je ne puis rien tirer de sa bouche. L'entreprise de corrompre un domestique de la maison justifiera mes ordres.

ANNE HOWE.

LETTRE CXCV.

M. LOVELACE, A M. BELFORT.

Dimanche, 21 mai.

J'ai l'esprit trop plein de mes ressentimens pour m'occuper d'autre chose que de ma vengeance, sans quoi je m'étais proposé de te communiquer les observations de miss Harlove sur la tragédie d'Otway. Miss Harlove! pourquoi lui donner ce nom? Parce que je la hais, et que je suis extrêmement irrité contre elle et contre son impertinente amie.

De quoi donc, me demandes-tu? Le sujet en vaut assez la peine. Pendant que nous étions à la comédie, Dorcas, qui avait ses ordres et la clé de la chambre de sa maîtresse, aussi bien que le passe-partout du coffre d'ébène, du cabinet et de tous les tiroirs, a trouvé le moyen de parvenir aux dernières lettres de miss Howe. La vigilante soubrette avait remarqué que sa maîtresse en avait tiré une de *son sein*, et qu'elle l'avait jointe aux autres, avant que de partir avec moi pour la comédie, dans la crainte apparemment, comme les femmes d'en bas me l'ont reproché, que je ne la trouvasse sous son mouchoir de cou.

Dorcas ne s'est pas plutôt vue en possession du trésor, qu'ayant appelé Sally et trois autres filles qui ne paraissent point, elles se sont employées ensemble, avec la dernière diligence, à transcrire ces maudites lettres, suivant la méthode que je leur avais tracée. Je puis bien les nommer maudites; ce sont des injures, une malignité. Quelle petite furie que cette miss Howe! Je ne m'étonne plus que son impertinente amie, qui ne m'a pas mieux traité sans doute, puisqu'elle doit avoir donné occasion aux libertés de l'autre, ait marqué tant d'emportement lorsque j'ai tenté de me saisir d'une de ses lettres.

Aussi me paraissait-il impossible que la belle, dans cette fleur de jeunesse, avec une si bonne constitution, une santé si ferme et tant de feu dans les yeux, pût trouver dans elle-même ce fond de vigilance et de crainte qui ne l'abandonne jamais. Des yeux brillans, Belford, malgré tout le bien que les poètes en peuvent dire, sont le signe infaillible d'un cœur fripon ou qui peut le devenir.

Tu peux continuer tes prédications, et milord M... n'est pas moins libre de déployer sa sagesse en proverbes; mais compte que je suis plus sûr d'elle que jamais. A présent que ma vengeance est allumée et se joint dans mon cœur à l'amour, il faut que toute résistance fléchisse. Je te jure solennellement que miss Howe portera la peine de sa trahison.

On apporte à ce moment une autre lettre de ce virulent petit démon. J'espère qu'elle sera bientôt transcrite aussi, du moins si l'on prend le parti de la joindre au recueil. L'impertinente déesse est résolue d'aller ce matin à l'église, moins, comme j'ai raison de le croire, par esprit de dévotion que pour essayer si elle peut sortir sans opposition ou sans plainte, ou sans être accompagnée de moi.

Elle m'a refusé l'honneur de déjeûner avec elle; il est vrai qu'hier au soir elle fut un peu mécontente de ce qu'à notre retour de la comédie, je l'obligeai de passer le reste de la soirée dans le parloir commun, et de demeurer avec nous jusque après minuit. En se retirant, elle me déclara qu'elle comptait d'être libre tout le jour suivant. Comme je n'avais pas encore lu les extraits, je ne témoignai que du respect et de la soumission; car je m'étais déterminé à commencer, s'il était possible, une nouvelle méthode, et à bannir de son cœur toutes sortes de soupçons et de jalousies. Cependant je n'avais pas trop de sujet d'être alarmé de ses soupçons passés. Lorsqu'une femme, qui peut ou qui croit pouvoir quitter un homme qu'elle soupçonne, continue de demeurer avec lui, je suis sûr, Belford, que ce n'est pas un mauvais signe.

Elle est partie; elle s'est glissée avant que j'aie pu m'en défier. C'est une chaise à porteurs qu'elle s'était fait amener, dans la vue de m'ôter le pouvoir de l'accompagner. Mais j'avais pris des précautions convenables. Will, mon valet de chambre, l'a suivie de son consentement, et Petter, domestique de la maison, était à portée de recevoir les ordres de Will.

Je lui avais fait représenter, par Dorcas, ce qu'elle avait à redouter de Singleton, pour lui ôter la pensée de sortir sans moi ; mais elle a répondu que, s'il n'y avait pas de danger à la comédie, quoiqu'il n'y ait que deux spectacles à Londres, il devait y en avoir beaucoup moins à l'église, lorsque les églises sont en si grand nombre. Les porteurs ont reçu ordre de la conduire à l'église Saint-James.

Elle ne se serait pas souciée si peu de m'obliger, si elle savait à quoi je suis déjà parvenu, et combien je suis pressé par nos femmes, qui se plaignent continuellement de la contrainte où je les tiens, dans leur conduite, dans leurs compagnies, et de la nécessité où elles sont de ne recevoir personne dans le joli bâtiment de derrière, pour ne faire naître aucun soupçon. Elles ne doutent pas de ma générosité, disent-elles ; mais, pour mon propre intérêt, elles me reprochent, dans le style de milord M..., *de tirer si peu de blé d'une si longue moisson*. Il me semble qu'elles raisonnent bien. Je crois que je commencerai mes opérations à son retour.

Je me suis procuré la lettre qu'elle a reçue aujourd'hui de miss Howe. Les complots, l'artifice, la magie noire, vont leur train. Il me sera difficile de revoir tranquillement cette miss Harlove. Quelle nécessité, comme disent nos nymphes, d'attendre le temps de la nuit ? Sally et Polly me rappellent, avec beaucoup de reproches, la méthode que j'ai employée la première fois avec elles. Mais la force répondrait mal à mes vues. Cependant elle pourrait fort bien y répondre aussi ; du moins s'il y a quelque vérité dans cette partie du symbole des libertins, *qu'une femme une fois subjuguée, l'est pour toujours*. On n'en voit guère qui disent oui à la première question.

Elle est revenue ; mais elle refuse de me voir. Elle veut être seule tout le jour. Dorcas attribue son refus à des motifs de piété. De par tous les diables, Belford, est-il vrai qu'il y ait de l'impiété a me voir ? Sa dévotion peut-elle mieux s'employer qu'à me convertir ? et croit-elle avancer l'ouvrage en refusant de me voir dans ses accès de piété ? Mais je la hais, je la hais de tout mon cœur. Elle est vieille, laide, difforme. Horrible blasphème ! C'est du moins une Harlove, et je la hais à ce titre.

Puisqu'il faut renoncer à la voir, qu'elle soit donc maîtresse de ses volontés et de l'emploi qu'elle va faire de son temps. Mais il faut, pour remplir aussi le mien, que je te rende compte de mes découvertes.

La plus ancienne lettre qu'on ait trouvée porte pour date le 27 d'avril. Où peut-elle avoir mis les précédentes ? Hickman est regardé, entre elles, comme leur agent. Il ferait mieux de prendre garde à lui-même. Miss Howe dit à la belle : *J'espère que vous ne serez pas exposée à vous repentir de m'avoir renvoyée mon Norris. En tout cas, il reprendra le même chemin au premier mot.* Que diable cela veut-il dire ? Son Norris retourner au premier mot ! Que je sois damné si j'y comprends rien. Ces innocentes se permettent donc l'intrigue ? Je me crois autorisé par l'exemple.

Elle est fâchée qu'*Hannah ne puisse venir.* Eh bien ! supposons qu'elle le pût, de quel secours lui serait Hannah, dans une maison telle que celle-ci ?

Les femmes de la maison peuvent être pénétrées dans l'espace d'un déjeûner. Ce trait les rend furieuses contre les deux correspondantes.

Elles me pressent plus que jamais d'achever ma victoire. Je suis tenté de leur abandonner miss Howe en pleine propriété. Tu n'as qu'un mot à dire, Belford, et je te promets que l'effet suivra la menace.

Elle est bien aise que miss Harlove ait pensé à me prendre au mot. Elle s'étonne que je ne lui aie pas renouvelé mes offres. Si je ne le fais pas bientôt, *elle lui conseille de ne pas demeurer avec moi.* Elle l'exhorte *à me tenir dans l'éloignement, à ne pas souffrir la moindre familiarité.* Vois, Belford, me suis-je trompé ? La vigilance qui me fait enrager vient d'une amie, qui est assise tranquillement pour écrire, et qui donne fort à son aise un conseil qu'elle serait incapable de suivre dans le même cas. Elle lui dit que *c'est mon intérêt d'être honnête.* Mon intérêt, petites folles ! j'avais cru ces deux filles persuadées que mon intérêt est toujours subordonné à mes plaisirs.

Que ne donnerais-je pas pour obtenir une copie des lettres auxquelles miss Howe répond par les siennes.

La seconde est du 3 mai. Dans celle-ci, la petite effrontée s'étonne beaucoup que sa mère ait écrit à miss Harlove pour lui interdire toute correspondance avec sa fille. *M. Hickman,* dit-elle, *est d'avis qu'elle ne doit point obéir à sa mère.* Que ce plat visage est rampant entre deux filles ! Je crains d'être obligé de le punir, aussi bien que sa *virago*, et j'ai déjà le moyen, dans ma tête, un plan qui ne demande qu'une heure de méditation pour recevoir sa dernière forme. Je ne puis souffrir que l'autorité maternelle soit ainsi méprisée, ainsi foulée aux pieds. Mais écoute l'impertinente : *Il est heureux pour lui de penser si bien ; car sa mère l'ayant mise en mauvaise humeur, elle a besoin de quelqu'un qu'elle puisse quereller.* Un Lovelace s'en permettrait-il davantage ? Cette fille est un libertin déterminé au fond du cœur. Si la nature en avait fait un homme, ne doute pas qu'elle n'eût été pire que nous.

Elle n'a pas besoin, dit-elle, qu'on l'irrite beaucoup plus pour lui faire prendre le parti de s'enfuir secrètement à Londres ; et, dans cette supposition, elle ne quittera point son amie qu'elle ne l'aie vue honorablement mariée, ou quitte de son misérable. Ici, Belford, Sally a joint une prière en transcrivant : « Au nom de Dieu, cher monsieur Lovelace, amenez-nous cette furie à Londres. » Je t'assure, cher ami, que son sort serait bientôt décidé.

Je trouve, dans la même lettre, que ma belle captive a tiré ton portrait et celui de nos amis. Je ne suis pas épargné. *Cet homme est un fou,* dit-on de moi. Que je meure, si l'une et l'autre ne me trouvent tel. *C'est du moins un franc imbécile.* Maudite et méprisable créature ! *Je vois,* ajoute-t-elle, *que c'est une race infernale :* voilà pour toi, Belford ; *et qu'il est le Belzébuth :* voilà pour toi, Lovelace. C'est à ce *Belzébuth*, néanmoins, qu'elle voudrait voir son amie mariée. Qu'avons-nous donc fait, aux yeux de miss Harlove, pour mériter qu'elle ait tracé de nous une peinture qui nous attire ce traitement de miss Howe ? Mais c'est sur quoi je remets à délibérer.

Elle blâme son amie d'avoir refusé de partager son lit avec miss Partington : *Vigilante comme vous êtes, qu'en pouvait-il arriver ? S'il pensait à la violence, il n'attendrait pas le temps de la nuit.* Sally écrit en forme de note : « Voyez, voyez, monsieur, ce qu'on attend de vous !

Nous vous l'avons répété cent fois. » Elles me l'on dit, en effet ; mais l'avis, de leur part, n'avait pas la moitié tant de force que de celle de miss Howe.

Elle approuve mes propositions pour la maison de madame Fretchvill. Elle l'exhorte à penser aux articles et à nommer un jour. Enfin, elle la presse de lui écrire malgré la défense de sa mère, sans quoi elle lui déclare qu'elle doit se charger des conséquences. Malheureuses petites rebelles !

Tu diras en toi-même : Cette fière et insolente fille est-elle donc cette miss Howe, qui a soupiré pour notre honnête ami, le chevalier Colmar, et qui, sans les conseils de sa Clarisse Harlove, l'aurait peut-être suivi, dans le désordre de sa fortune, lorsqu'il fut obligé de quitter le royaume?

Oui, c'est la même ; et j'ai toujours remarqué, par l'expérience d'autrui comme par la mienne, qu'une première passion subjuguée fait un corsaire du vainqueur, ou un tyran si c'est une femme.

Dans une autre lettre « elle approuve le dessein que son amie a de me quitter, si sa famille consent à la recevoir. Elle vient d'apprendre sur mon compte quelques étranges aventures qui doivent me faire regarder comme le plus méchant de tous les hommes. Si j'avais une douzaine de vies, j'aurais dû les perdre, *il y a vingt crimes.* » Plaisante façon de compter, Belford !

Miss Betterton et miss Lockyer sont nommées. *Votre homme* (c'est le nom qu'elle me donne irrespectueusement) *est un infâme,* dit-elle. Je veux être confondu, si je me laisse traiter d'*infâme* sans le mériter ! Elle fera sonder les dispositions de M. Jules Harlove. « Elle lui conseille d'attacher Dorcas à ses intérêts, et de se procurer quelqu'une de mes lettres par ruse ou par surprise. » Vois, Belford, « elle est alarmée de mon entreprise pour me saisir d'une des siennes. »

S'il arrivait, dit-elle, *que je fusse jamais informé de la manière dont elle me traite, elle n'oserait sortir sans une escorte.* Je conseille à l'effrontée de tenir son escorte prête.

Je suis le chef d'une bande de scélérats (elle te nomme, toi et mes autres subalternes), *qui sont associés pour tromper d'innocentes créatures, et pour se prêter la main dans leurs infâmes entreprises.*

Qu'as-tu à répondre, Belford ?

Elle n'est pas surprise des mélancoliques réflexions de son amie sur le malheur qu'elle a eu de me voir à la porte du jardin, d'être trompée par mes artifices. J'espère qu'après cela, Belford, tu finiras tes prédications.

Mais elle lui représente, pour la consoler, *qu'elle servira d'exemple et d'avertissement à son sexe.* Il est clair que son sexe n'en aura l'obligation.

Mes copistes n'ont pas eu le temps disent-elles, de transcrire tout ce qui mérite mon ressentiment dans cette lettre. Il faudra que je cherche l'occasion de la lire moi-même. Elle contient, à leur avis, des réflexions fort nobles. Mais j'y suis *un séducteur,* et mille fois *un misérable.* Miss Howe croit que *le diable a pris possession de mon cœur et de celui de tous les Harlove à la même heure, pour exciter son amie à la fatale entrevue.* Elle ajoute : *qu'il y a du destin dans son erreur. Pourquoi donc s'affliger ? L'adversité est sa saison brillante ;* et je ne sais combien d'autres propos. Mais pas un mot de remerciement pour l'homme à qui elle doit l'occasion de briller.

Dans la lettre suivante, *elle craint que, tout méchant que je suis, son amie ne soit forcée de me prendre pour son seigneur et son maître.* Véritablement c'est mon espérance.

Elle rétracte tout ce qu'elle a dit contre moi dans sa dernière lettre. Ma conduite à l'égard de mon bout on de rose ; le dessein d'établir son amie dans la maison de madame Fretchvill, tandis que je continuerai de demeurer chez madame Sinclair ; l'établissement que j'ai dans ma province, mes réversions, mon économie, ma personne, mes talens, tout est rappelé en ma faveur pour lui faire perdre la pensée de me quitter. Que j'aime à jeter dans l'embarras ces filles pénétrantes !

Puisse la vengeance éternelle me poursuivre (heureusement qu'elle ne dit pas *m'atteindre*), *si je lui donne lieu de douter de mon honneur !* Les femmes ne savent pas jurer, Belford. Les douces créatures ! elles ne savent que maudire.

Elle lui apprend le mauvais succès de sa négociation du côté de l'oncle Jules. C'est sans doute Hickman qu'elles ont employé. Il faut que j'aie les oreilles de ce benêt-là dans ma poche ; et bientôt, crois-moi.

Elle est furieuse, dit-elle, *contre toute la famille. Le crédit de madame Norton n'a pas eu plus d'effet sur madame Harlove. Jamais il n'y eut dans le monde des brutes si déterminées. Son oncle Antonin la croit déjà perdue.* N'est-ce pas tout à la fois un reproche et une exhortation pour moi ? *Ils s'attendaient à la voir revenir à eux dans l'affliction ; mais ils ne feraient pas un pas pour lui sauver la vie.* Ils l'accusent *de préméditation et d'artifice.* Miss Howe *est inquiète*, dit-elle, *de la vengeance à laquelle mon orgueil peut me porter*, pour la distance où l'on me tient. Elle a raison. *Il ne reste à présent qu'un choix à son amie*, car son cousin paraît déclaré contre elle avec tous les autres ; *et ce choix, c'est de se donner à moi.* La nécessité, la convenance lui en font une loi presque égale. Ton ami, cher Belford, déjà choisi d'une femme par des raisons de convenance ! Un Lovelace est-il capable de soutenir cette idée ?

J'ai de grands usages à faire de cette lettre. Les ouvertures de miss Howe sur ce qui s'est passé entre l'oncle Jules et Hickman (ce ne peut être un autre qu'Hickman) me donneront lieu de déployer mon invention. Elle lui dit qu'elle ne peut lui révéler tout. Il faut absolument que je parvienne à lire moi-même cette lettre. Il faut que j'en voie les propres termes : des extraits ne me suffisent pas. Si je l'ai une fois entre les mains, ce sera la boussole de toute ma conduite.

Le feu de l'amitié éclate et pétille ici. Je n'aurais jamais cru qu'une amitié si chaude pût subsister entre deux beautés ; mais elle est peut-être enflammée par les obstacles, et par cette sorte de contradiction qui anime des esprits femelles, lorsqu'ils ont le tour romanesque.

Elle extravague, en parlant de son départ ; *si cette démarche*, dit-elle, *pouvait épargner des bassesses à une âme si noble, ou la sauver de sa ruine.* C'est un roseau qui entreprend d'en soutenir un autre. Ces jeunes créatures sont un peu frénétiques dans leurs amitiés : elles ne savent pas ce que c'est qu'un feu durable.

Mais comment se fait-il que l'ardeur de cette *virago* ne laisse pas de me plaire, quoique j'en aie beaucoup à souffrir ? Si je la tenais ici, j'engagerais ma vie que, dans l'espace d'une semaine, je lui apprendrais la soumission sans réserve. Quel plaisir, de réduire un esprit de cette trempe ! Je suppose qu'elle soutiendrait mes désirs l'espace d'un mois, et pas plus long-temps. Elle serait ensuite trop facile et trop apprivoisée pour moi. Quel doux spectacle, de voir les deux charmantes amies, humiliées de leur sort commun, assises dans le coin d'une chambre, les bras l'une sous celui de l'autre, pleurer et soupirer de leur situation ! et moi, leur monarque reconnu, reposant sur un sofa de la même chambre, comme le Grand-Seigneur, incertain à laquelle des deux je ferais l'honneur de jeter le mouchoir !

Observe, je te prie, cette plaisante fille. *Elle est furieuse contre les Harlove, irritée contre sa mère, indignée contre la jolie et la basse vanité de Lovelace...* Petite folle ! et tout d'un coup, *aidons le misérable à sortir de la fange, quand nous devrions nous salir un peu les doigts ; il ne s'est rendu coupable à votre égard d'aucune indécence directe.* C'est ce qui paraît extraordinaire à miss Howe. *Il n'oserait ; elle en est sûre.* Si ces idées passent par la tête des femmes, pourquoi ne trouveraient-elles pas place dans mon cœur ? *Il n'est point encore à cet infernal excès. De si infâmes desseins se seraient déjà trahis, s'il les avait conçus.* Que le ciel ait pitié de ces deux folles !

Elle revient ensuite à presser son amie de penser aux articles, à la permission ecclésiastique, et à d'autres soins. *La délicatesse,* dit-elle, *n'est pas de saison.* Elle va jusqu'à lui dicter les termes qu'elle doit employer avec moi. Peux-tu croire, Belford, que la victoire ne fût pas à moi depuis long-temps, si je n'avais eu ce démon de plus à combattre. Elle lui fait un reproche d'avoir perdu, par un excès de modestie, plus d'une occasion dont elle aurait dû profiter. Ainsi, tu vois que la plus noble de ce sexe n'a pas d'autre vue au monde, par sa froideur et ses affectations, que de retenir un pauvre amant pour lequel elle n'a pas de dégoût, lorsqu'il est une fois tombé dans ses filets.

Une autre lettre est sans contredit le plus insolent libelle qu'une fille fait jamais écrit contre sa mère. Elle contient des réflexions si libres sur les veuves et les vieux garçons, que j'ai peine à comprendre où miss Howe peut avoir puisé son savoir. Le chevalier Colmar devait être plus sot que ton ami, s'il lui a donné gratuitement de si belles leçons.

Elle apprend à miss Harlove, dans cette lettre, que l'oncle Antonin a fait des propositions de mariage à sa mère. Ce vieux marin doit avoir le cœur à l'épreuve, s'il obtient ce qu'il désire, sans quoi, madame Howe, qui a fait mourir de chagrin un premier mari qui valait beaucoup mieux, sera bientôt quitte du second. Mais quel que soit le succès de cette proposition, tous les autres Harlove en sont plus irrités que jamais contre leur divine fille. Ainsi, je me vois plus sûr de ma conquête que je ne l'étais auparavant, puisqu'à la rigueur des termes il ne lui reste plus qu'un seul choix. Mon orgueil en est un peu blessé. Cependant je crois qu'à la fin un cœur aussi tendre que le mien se laissera toucher en sa faveur. Réellement, je ne souhaite point que toute sa vie se passe dans le chagrin et la persécution. Mais pourquoi conserve-t-elle tant d'affection pour des *brutes*, comme miss Howe a raison de les nommer, et pourquoi n'en a-t-elle pas plus pour moi ? J'ai d'autres copies et d'autres extraits de lettres, que tu trouveras bien plus offensans.

LETTRE CXCVI.

M. LOVELACE, A M. BELFORT.

La lettre suivante est d'une nature, j'ose le dire, qui a dû faire souhaiter aux deux insolentes beautés qu'elle ne tombât jamais entre mes mains. Elle m'apprend d'où est venu le mécontentement de miss Harlove par rapport à mes articles. Je n'ai pas mis, dans la conclusion, autant d'ardeur qu'elle s'y était attendue. Dorcas, à qui cette lettre est tombée à transcrire, n'en a pas omis une seule ligne. Aussi l'auras-tu presque entière, à l'aide de mes abréviations.

Le petit démon, s'imagine, dit-elle, *que les hommes de notre temps ne peuvent ressentir les mêmes ardeurs que les honnêtes gens.* Que penses-tu de cette idée, Belford? Miss Howe doit *s'imaginer* de jolies choses. La charmante fille! Plût au ciel que je pusse découvrir si ma belle lui répond dans des termes aussi libres! *Qui sait,* ajoute-t-elle, *si je n'ai pas à rompre avec une demi-douzaine de créatures, avant que de prendre un engagement pour la vie?* Mais de peur que cela n'ait l'air d'un compliment, qui pourrait faire juger que je pense à la réformation, elle se hâte d'assurer *qu'il ne faut pas s'attendre de me voir honnête, avant ma grande année climatérique.* Elle doit avoir une haute opinion de son sexe, pour s'imaginer qu'un homme qui connaît si bien les femmes puisse les aimer si long-temps.

Lui, dit-elle, *chercher un prétexte pour des délais, dans le compliment qu'il doit à milord M...!* Oui, moi, cher petit démon. Parce qu'un homme n'est pas accoutumé à faire ce qu'il doit, faut-il qu'il ne le fasse jamais? Le cas n'est-il pas assez important? Toute la famille n'y est-elle pas assez intéressée? *Il est bien vrai,* dit-elle à miss Harlove, *que vous auriez eu besoin de l'entremise d'un ami. Mais à votre place j'aurais arraché les yeux au monstre, et j'aurais laissé à son propre cœur le soin de lui en apprendre les raisons.* Eh bien, Belford! les bras ne te tombent-ils pas d'étonnement? On m'appelle ensuite *misérable et infâme personnage ;* pourquoi? parce que j'ai désiré que le lendemain fût le jour heureux, et parce que j'ai marqué du respect pour mon plus proche parent!

C'est le plus cruel de tous les sorts pour une femme, continue-t-elle, *d'être forcée de prendre un homme que son cœur méprise.* Voilà de quoi je souhaiterais d'être sûr. Je craignais que ma charmante ne connût trop ses perfections, sa supériorité. Je tremblais qu'elle n'eût effectivement du mépris pour moi. Je suis éclairci, et je ne le puis supporter. Mais mon intention, Belford, n'est pas de réduire ma charmante à un sort si cruel. Que je sois abîmé, si je deviens le mari d'une femme qui a donné sujet à son amie intime de dire qu'elle me méprise! Lovelace méprisé, qu'en dis-tu?

Son poing qu'il a tenu fermé sur son front, lorsque vous vous êtes retirée en colère (c'est dans une occasion où la belle n'a point été satisfaite *de mes ardeurs* et de tout ce que tu voudras. Je me souviens du mouvement que je fis, mais elle avait alors le dos tourné vers moi : ces vigilantes personnes sont toutes composées d'yeux. Remarque le souhait,) *son poing, que n'était-il une hache, entre les mains de son plus mortel ennemi!* Patience, patience, Belford. Mon jour n'est pas éloigné. Je me rappellerai toutes ces circonstances pour m'endurcir le cœur.

Mais on promet *de méditer un plan* qui pourra servir à délivrer ma conquête de mes mains, *si je lui donne quelque raison de me soupçonner*. Au fond, ce projet m'alarme; le combat devient sérieux. Tu ne seras pas surpris si je lâche la bride à mes intentions; le Noris me revient à l'esprit, Belford. Je ne veux point qu'on l'emporte sur moi par la ruse.

Encore une fois, dit-elle, *rien ne la porte à croire que je puisse ou que j'ose attaquer son honneur. Mais son homme est un fou; c'est tout ce qu'elle en peut penser.* Je serais un fou, comme elle le dit, si je pensais au mariage. *Malgré cela*, conclut-elle, *faites votre mari de ce fou à la première occasion; et, quoique j'appréhende qu'il ne soit un fou intraitable, comme sont tous les fous qui ont de l'esprit et de la vanité, prenez-le comme une punition, puisque vous ne sauriez le prendre comme une récompense.* Crois-tu, Belford, que cela soit supportable?

Mais dans la lettre que je me suis procurée aujourd'hui, pendant que la belle était à l'église, tout le plan de miss Howe est à découvert. C'est une assez maudite lettre, je t'assure.

M. Lovelace transcrit ici toute la partie de la lettre de miss Howe, qui contient le dessein qu'elle a d'engager madame Townsend à donner une retraite à son amie jusqu'à l'arrivée de M. Morden. Il répète le serment de se venger, surtout à l'occasion de ces termes : *S'il entreprenait quelque chose qui le soumît à la rigueur des lois, vous en seriez heureusement délivrée, soit par la fuite, soit par la corde, n'importe lequel des deux.* Il ajoute :

Je me fais une gloire de terrasser deux filles qui en savent trop pour douter de leur savoir, et de les convaincre qu'elles n'en savent point assez pour se garantir des inconvéniens d'en savoir trop. Que la passion est féconde! j'ai fait, comme tu vois, en fort peu de temps, une lettre d'une prodigieuse longueur. A présent que mes ressentimens sont échauffés, je veux voir, et peut-être punir, cette beauté fière et doublement armée. Je lui ai fait demander la permission de souper avec elle. Nous n'avons dîné ni l'un ni l'autre; elle a refusé de prendre le thé cet après-midi, et je crois qu'elle et moi nous n'aurons pas beaucoup d'appétit à souper.

LETTRE CXCVII.

MISS CLARISSE HARLOVE, A MISS HOWE.

Dimanche, 21 mai, à 7 heures du matin.

J'allai hier à la comédie avec M. Lovelace et miss Horton. Cette pièce, comme vous savez, est extrêmement touchante à la seule lecture. Vous ne serez pas surprise que la représentation nous ait fort émues, miss Horton et moi, si je vous dis, et même avec quelque plaisir, que, dans quelques-unes des principales scènes, M. Lovelace n'a pu cacher lui-même son émotion. C'est l'éloge de l'ouvrage que je prétends faire ici, car je regarde M. Lovelace comme un cœur des plus durs. En vérité, ma chère, c'est l'opinion que j'ai de lui.

Cependant toute sa conduite, pendant la pièce comme à notre retour, est irréprochable, excepté qu'il s'est obstiné à vouloir que j'aie soupé en bas avec les femmes de la maison, et qu'il m'a retenue jusqu'à minuit passé. J'étais résolue d'avoir aujourd'hui mon tour, et je ne suis pas fâchée qu'il m'ait donné ce prétexte. J'ai toujours aimé à passer le dimanche dans la solitude.

Je suis déjà prête à sortir pour aller à l'église. Mon dessein n'est pas d'en chercher une plus éloignée que Saint-James. Je vais prendre une chaise à porteurs pour m'assurer si je puis sortir et rentrer librement, sans le trouver dans mon chemin, comme il m'est arrivé deux fois.

A neuf heures.

J'ai reçu votre obligeante lettre d'hier : il sait que je l'ai reçue, et je m'attends, lorsque je le verrai, de lui trouver beaucoup de curiosité pour savoir ce que vous pensez de ses articles. Je n'ai pas douté de votre approbation, et, dans cette idée, j'avais déjà fait une réponse que je tiens prête pour lui. S'il arrive quelque nouvel incident qui fasse naître entre nous d'autres démêlés, je serai forcée de croire qu'il cherche des occasions pour le délai, et que son intention n'est pas de m'obliger.

Il fait demander à me voir avec beaucoup d'importunité ; il veut m'accompagner à l'église ; il est fâché que j'aie refusé de déjeûner avec lui. Si je n'étais rendue à ses instances, il est certain que je n'aurais pas été libre. Je lui ai fait répondre par Dorcas que je souhaitais de l'être tout le jour, et que je le verrai demain d'aussi bonne heure qu'il lui plaira. Elle me dit qu'elle ne sait ce qui le chagrine, et qu'il querelle tout le monde.

Il a recommencé ses demandes, et d'un ton plus sérieux : — Suis-je rassurée contre Singleton ? m'a-t-il fait dire. J'ai répondu que si je n'avais pas redouté Singleton hier au soir à la comédie, je ne devais pas être aujourd'hui plus timide à l'église, surtout lorsqu'il y a tant d'églises à Londres, pour une ou deux comédies. J'ai consenti à me faire suivre par un de ses gens. Mais il me semble qu'il est de fort mauvaise humeur. C'est de quoi je m'inquiète peu : je ne veux pas être assujétie continuellement à ses insolentes lois. Adieu, ma chère, jusqu'à mon retour ; les porteurs m'attendent. Je me flatte qu'il n'aura pas la hardiesse de m'arrêter au passage.

Je ne l'ai pas vu en sortant. Dorcas m'assure qu'il paroît fort chagrin. Elle ne croit pas que ce soit contre moi ; mais il paraît qu'il est arrivé quelque chose qui l'irrite. Peut-être joue-t-il ce rôle pour m'engager à dîner avec lui. Je n'y consentirai pas, si je puis m'en défendre : ce serait m'exposer à n'être pas libre un moment pendant le reste du jour.

Ses instances ont été fort vives pour dîner avec moi. Mais j'étais déterminée à ne pas céder sur ce seul petit point, et j'ai pris le parti de me priver de dîner. A la vérité, j'étais à faire une lettre pour M. Morden, que j'ai recommencée trois fois sans être contente de moi-même, tant je trouve d'incertitude et de désagrément dans ma situation. Dorcas m'a dit qu'il n'avait pas cessé non plus d'écrire, et qu'il avait refusé de dîner, parce que je lui avais refusé ma compagnie.

Il m'a fait demander ensuite d'être reçu du moins à l'heure du thé, en appelant, par la bouche de Dorcas, à la conduite qu'il tint hier au soir ; comme si c'était un mérite pour lui de n'avoir pas mérité de reproche : c'est ce que je lui ai fait répondre. Cependant j'ai renouvelé la promesse de le voir demain aussitôt qu'il le souhaitera, ou de déjeûner même avec lui.

Dorcas dit qu'il est furieux. Je l'ai entendu parler fort haut, et gronder tous les domestiques. Vous m'avez dit, ma chère, dans une de vos lettres, que lorsque votre mère vous chagrine, vous avez besoin de quelqu'un que vous puissiez quereller. Je serais bien fâchée de faire une mauvaise comparaison, mais l'effet des passions auxquelles on ne résiste point est le même dans les deux sexes.

Il m'envoie dire, à ce moment, qu'il compte de souper avec moi. Comme nous avons passé plusieurs jours en assez bonne intelligence, je crois qu'il ne serait pas prudent de rompre pour une bagatelle. Cependant il est bien dur de se voir comme forcée sans cesse de renoncer à ses résolutions.

Pendant que j'étais à délibérer, il est monté, et, frappant à ma porte, il m'a dit d'un ton chagrin qu'il me verrait absolument le soir, et qu'il ne me laisserait pas en repos jusqu'à ce qu'il sût de moi ce qu'il avait fait pour mériter ce traitement.

Il faut que je le satisfasse. Peut-être n'a-t-il rien de nouveau à me dire : je serai de fort mauvaise humeur avec lui.

Miss Clarisse ne pouvant savoir quel était le dessein de M. Lovelace, ni la cause de ce chagrin, c'est de lui-même qu'il faut l'apprendre, c'est-à-dire de ses propres lettres. Après avoir décrit l'air brusque avec lequel il était monté à la porte de sa chambre pour lui demander sa compagnie à souper, il continue son récit :

« Il m'est bien mortifiant, m'a répondu la perverse, de me voir si peu maîtresse de moi-même. Je descendrai dans une demi-heure. »

Il a fallu revenir sur mes pas, et passer cette demi-heure à l'attendre. Toutes les femmes m'ont excité vivement à lui donner sujet de me traiter avec cette rigueur. Elles m'ont prouvé, par la nature de leur sexe et par celle des circonstances, que je ne devais rien espérer de ma soumission, et que je n'avais rien à craindre de pis en me rendant coupable de la dernière offense. Elles m'ont pressé d'essayer du moins quelques familiarités plus hardies, pour voir quel en serait l'effet ; et leurs raisons étant fortifiées par le ressentiment de mes découvertes, j'étais résolu de prendre quelques libertés, d'aller plus loin, suivant la manière dont elles seraient reçues, et de rejeter toute la faute sur sa tyrannie. Après m'être affermi dans cette résolution, je me suis mis à me promener dans la salle à manger pour observer son arrivée : mais j'ai senti de l'embarras dans les jambes : jamais paralytique n'eut si peu d'empire sur ses mouvemens.

Elle est entrée avec cet air de noblesse que tu lui connais, la tête haute, mais le visage un peu tourné ; son sein dans une charmante agitation, que cette attitude même rendait plus sensible. Belford, comment se fait-il que l'humeur chagrine et l'air de réserve donnent de nouveaux charmes à cette fille hautaine ? Mais la beauté perd-elle jamais son empire ? J'ai remarqué tout d'un coup que cette chère insolente était disposée à se fâcher. L'air sombre que j'ai affecté lorsque ma main tremblante a saisi la sienne lui a fait craindre aussi que je ne fusse capable de quelque violence. Mais je n'ai pas plus tôt attaché ma vue sur elle, que je me suis senti le cœur pénétré d'amour et de respect. Assurément, Belford, cette fille est un ange. Cependant, si l'on n'avait pas été sûr que c'est une femme, on ne lui aurait pas fait prendre l'habit de ce sexe depuis son enfance. Elle-même, sans cette conviction, aurait-elle continué de le porter?

— De grâce, mademoiselle, je vous demande, je vous prie de m'apprendre ce que j'ai fait pour mériter votre colère?

— Je vous demande aussi, monsieur Lovelace, pourquoi j'ai si peu de liberté dans ma retraite? Qu'avez-vous à me dire depuis hier au soir, que j'allai avec vous à la comédie, et que je passai malgré moi une partie de la nuit à vous entendre?

— J'ai à dire, mademoiselle, que je ne puis supporter la distance où vous me tenez, sous le même toit. J'ai mille choses à dire sur nos intérêts présens et futurs. Mais lorsque je pense à vous ouvrir toute mon âme, vous ne pensez qu'à m'écarter de vous. Vous me jetez dans des incartades qui me désolent ; vous cherchez des délais : il faut que vous ayez des vues dont vous ne voulez pas convenir. Dites-moi, mademoiselle, je vous conjure de me dire à ce moment, sans détour et sans réserve, dans quel jour je dois paraître à l'avenir devant vous. Je ne puis soutenir cet éloignement : l'incertitude où vous me tenez m'est absolument insupportable.

— Dans quel jour, monsieur Lovelace? J'espère que ce ne sera pas dans un mauvais jour... Je vous prie, monsieur, de ne me pas tant serrer les mains. (Elle s'efforçait de les retirer des miennes.) Ayez la bonté de me laisser libre.

— Vous me haïssez, mademoiselle.

— Je ne hais personne, monsieur.

— Vous me haïssez, mademoiselle! ai-je répété.

Tout animé, tout déterminé que j'étais venu, j'avais besoin de quelque nouvel aiguillon. Satan sortait de mon cœur à la vue d'un ange ennemi; mais il avait laissé la porte ouverte, et je sentais qu'il n'était pas loin.

— Vous ne me paraissez pas bien disposé, monsieur Lovelace. Je vois une agitation extraordinaire dans vos yeux. Mais, de grâce, point d'emportement. Je ne vous ai fait aucun mal. Faites-moi la grâce de ne pas vous emporter.

— Cher objet de mes transports! (En passant le bras autour d'elle, et tenant le sien de l'autre main.) Vous ne m'avez fait aucun mal! Ah! quel mal ne m'avez-vous pas fait? Par où ai-je mérité l'éloignement où vous me tenez?...

Je ne savais ce que je devais dire.

Elle s'efforçait de se dégager.

— Je vous supplie, monsieur Lovelace, de me laisser sortir. Je ne comprends point ce qui vous agite. Je n'ai rien fait qui puisse vous offenser. Vous n'êtes venu apparemment que dans le dessein de me quereller. Si vous ne voulez pas m'effrayer par la mauvaise humeur où je vous vois, laissez-moi sortir. J'entendrai une autre fois tout ce que vous avez à me dire. Je vous ferai avertir demain au matin. Mais, en vérité, vous m'effrayez. Je vous conjure, si vous avez pour moi quelque sentiment d'estime, de permettre que je sorte.

La nuit, la nuit, Belford, est absolument nécessaire. Il faut que la surprise, la terreur, fassent leur rôle dans la dernière épreuve. Je n'ai pu tenir mes résolutions. Ce n'est pas la première fois que je m'étais proposé d'essayer si cette divine fille est capable de pardonner.

J'ai baisé sa main avec une ardeur !...

— Sortez donc, chère, trop chère Clarisse ! Oui, je suis venu dans une humeur très chagrine. Je ne puis soutenir la distance où vous me tenez sans raison. Sortez néanmoins, mademoiselle, puisque votre volonté est de sortir; mais jugez-moi généreusement. Jugez-moi comme je mérite de l'être, et laissez-moi l'espérance de vous trouver, demain au matin, dans les sentiments qui conviennent à notre situation. En parlant, je la conduisais vers la porte, et je l'y ai laissée. Mais, au lieu de rejoindre les femmes, je me suis retiré dans mon propre appartement, où je me suis enfermé sous clé, honteux de m'être laissé comme épouvanter par la majesté de son visage et par les alarmes de sa vertu.

Ce qu'on vient de lire n'étant qu'une addition, tirée d'une lettre de M. Lovelace, l'éditeur nous ramène à la suite du récit de miss Clarisse, qui décrit sa terreur dans la même occasion.

A mon entrée dans la chambre, il a pris ma main avec un mouvement si brusque, que j'ai vu clairement un dessein formé de me quereller. Et quel sujet, ma chère? De ma vie, je n'ai connu un esprit si fier et si impatient. L'effroi m'a saisie. Au lieu de paraître fâchée, comme je me l'étais proposé, je suis devenue la douceur même. J'aurais peine à me rappeler ses premiers mots, tant ma frayeur était vive. Mais j'ai fort bien entendu : *Vous me haïssez*, mademoiselle, *vous me haïssez!* Et son air était si terrible, que j'aurais souhaité d'être à cent lieues de lui. — Je ne hais personne, lui ai-je répondu ; grâces au ciel, je ne hais personne. Vous m'effrayez, monsieur Lovelace; permettez que je me retire. Il m'a paru d'une laideur extrême. Je n'ai jamais vu d'homme si laid qu'il me l'a paru dans sa colère. *Et quel sujet, ma chère?* Il me pressait la main! l'impétueux personnage! il me serrait la main avec une force! En un mot, il semblait, par ses regards et par ses expressions, passant même une fois le bras autour de moi, qu'il voulût me donner l'occasion de l'irriter. De sorte que je n'ai pas eu d'autre parti à prendre que de le prier, comme j'ai fait plusieurs fois, de me laisser la liberté de sortir, et de lui promettre que je reviendrais le matin, à l'heure qu'il choisirait lui-même.

C'est d'assez mauvaise grâce qu'il s'est rendu à cette condition. En me laissant partir, il m'a baisé la main avec tant de rudesse, que la marque de rougeur y est encore.

Achevez, ma très chère miss Howe, achevez, je vous en conjure, votre négociation avec madame Townsend. Je quitterai alors mon tyran. Ne voyez-vous pas comment il gagne du terrain par degrés? Je tremble de jeter les yeux sur ses usurpations ; et ne me donne-t-il pas sujet ici d'appréhender de lui plus de mal que mon indignation ne me permet de l'exprimer? O ma chère ! achevez votre plan, et laissez-moi quitter un homme si étrange. En me querellant comme il a fait, il doit avoir eu des vues qu'il n'oserait avouer. Quelles peuvent-elles être?

J'étais si dégoûtée de lui, et tout à la fois si effrayée, qu'en rentrant dans ma chambre un mouvement de chagrin et de désespoir m'a fait déchirer la réponse que j'avais faite à ses articles.

Je le verrai demain au matin, parce que je l'ai promis ; mais je sortirai ensuite de la maison, sans être accompagnée de personne. S'il ne donne pas quelque explication supportable à ce changement de conduite, je chercherai un logement particulier chez quelques honnêtes gens, et je ne remettrai plus ici le pied. Telle est ma résolution présente. Là j'attendrai que votre plan soit fini; ou que vous me rendiez le service d'écrire vous-même à cette outrageant personnage pour faire mes conditions avec lui, puisque vous jugez que je dois être sa femme, et puisque je n'ai pas plus de secours à tirer de moi-même. Ou peut-être prendrai-je le parti de me jeter tout d'un coup sous la protection de milady Lawrance, et cette démarche arrêtera l'insolente visite qu'il menace de faire au château d'Harlove.

(L'éditeur supprime une autre lettre de miss Clarisse, qui contient le récit de ce qui passa le lendemain entre elle et M. Lovelace, et les craintes qui l'empêcheront de sortir, comme elle se l'était proposé. La lettre suivante, qui est de M. Lovelace, et de la même date, renferme amplement les mêmes détails. Cependant, l'éditeur fait observer que miss Clarisse, plus mécontente que jamais de cette nouvelle scène, presse encore son amie de finir avec madame Townsend; et que s'étendant aussi sur la proposition de mariage que son oncle Antonin avait fait à madame Howe, elle condamne les railleries excessives de son amie, à l'occasion de ce bizarre incident.)

LETTRE CXCVIII.

M. LOVELACE, A M. BELFORD.

Lundi matin, 22 mai.

Cette belle personne ne connaît point la générosité. Non c'est une vertu qu'elle ne connaît pas. N'aurais-tu pas cru qu'après avoir obtenu hier la liberté de se retirer, et l'avoir échappé si belle, elle me rejoindrait de bonne heure ce matin avec un sourire avec des grâces, et qu'elle me ferait une de ses plus agréables révérences?

J'étais dans la salle à manger avant six heures. Elle n'a point ouvert sa porte. Je suis monté; je suis descendu; j'ai toussé; j'ai appelé Will, j'ai appelé Dorcas, j'ai poussé les portes avec assez de violence. Elle n'en a pas plus tôt ouvert la sienne. J'ai perdu ainsi mon temps jusqu'à huit heures et demie; et le déjeûner étant prêt alors, je lui ai fait demander par Dorcas l'honneur de sa compagnie.

Ma surprise n'a pas été médiocre, lorsque suivant cette fille à la première invitation elle est entrée tout habillée, avec ses gants et son éventail à la main, donnant ordre en même temps à Dorcas de faire appeler des porteurs.

— Cruelle fille, ai-je dit en moi-même, de m'exposer avec si peu de ménagement aux railleries des femmes de la maison!

— Vous vous disposez à sortir, madame?

— Oui, monsieur.

J'ai paru fort sot, j'en suis sûr.

— J'espère, madame, que vous ne sortirez pas sans avoir déjeûné (d'un ton fort humble); mais je me sentais le cœur percé de mille pointes. Si j'avais eu le moindre pressentiment de ses intentions, je me serais peut-être remonté sur le ton où j'étais la veille, et j'aurais commencé ma vengeance. Tous les furieux extraits des lettres de miss Howe n'ont pas manqué de me revenir à l'esprit.

— Je prendrai une tasse de thé, m'a-t-elle répondu. Elle a mis son éventail et ses gants sur la fenêtre.

J'étais parfaitement déconcerté. J'ai toussé, j'ai hésité, j'ai ouvert plusieurs fois la bouche pour parler, sans avoir la force de prononcer une parole. Qui de nous deux est le modeste, disais-je en moi-même. De quel côté est à présent l'insolence? Combien la tyrannie d'une femme est capable de confondre un homme *timide!* J'ai pensé qu'elle faisait le rôle de miss Howe, et moi celui d'Hickman.

— La force de parler me reviendra, ai-je continué en moi-même. Elle a pris sa tasse, moi la mienne : elle, en tenant les yeux fixés sur sa liqueur, comme une souveraine altière, impérieuse, qui sent sa dignité et dont chaque regard est une faveur; moi, comme son vassal, les lèvres et les mains tremblantes, sentant à peine ce que je tenais et ce que je portais à ma bouche.

— J'avais... j'avais... ai-je commencé en goûtant au thé, quoique si chaud qu'il me brûlait les lèvres, j'avais quelque espérance, madame...

Dorcas est revenue. — Eh bien! Dorcas, lui a-t-elle dit, m'appelle-t-on des porteurs?

— Maudite impertinence! ai-je pensé. Est-ce ainsi qu'on interrompt les gens? Il a fallu nécessairement attendre la réponse de la servante à la question de l'insolente maîtresse.

— Will vient de partir, madame, a répondu Dorcas.

Il m'en a coûté une minute de silence, avant que j'aie pu reprendre mon discours.

Enfin, j'ai recommencé : — J'avais quelque espérance... quelque espérance, madame, d'être admis un peu plus matin...

— Quel temps fait-il, Dorcas? a-t-elle demandé à sa servante, sans faire plus d'attention à moi que si je n'eusse pas été présent.

— Un temps incertain, madame. Le soleil s'est caché, quoiqu'il fît très beau il n'y a qu'une demi-heure.

Ma foi, la patience m'a manqué. Je me suis levé brusquement. La tasse, la soucoupe ont volé dans l'air. — Au diable le temps, le soleil et la ridicule servante! ai-je dit, qui a l'audace de m'interrompre lorsque je parle à sa maîtresse, et que j'en ai si rarement l'occasion.

La belle s'est levée aussi, d'un air effrayé. Elle s'est hâtée de reprendre ses gants et son éventail.

J'ai saisi sa main. — Vous n'aurez pas la cruauté de sortir, madame; non, vous n'aurez pas cette cruauté.

— Je sortirai, monsieur. Vos imprécations contre cette fille peuvent continuer dans mon absence, comme si j'étais présente; à moins... à moins que ce que vous lui avez adressé ne me regarde moi-même.

— Très chère Clarisse! vous ne sortirez point! Non, non, vous n'aurez pas la cruauté de me quitter. Un dédain si marqué! un mépris de cette force! des questions redoublées à votre servante, dans la seule vue de m'interrompre! qui pourrait le supporter?

— Ne me retenez pas, m'a-t-elle dit, en se débattant pour m'arracher sa main. Vos amères me déplaisent beaucoup. Vous cherchâtes hier à me quereller, sans que j'en puisse imaginer d'autre raison que l'excès de ma complaisance. Vous êtes un ingrat. Je vous hais du fond du cœur, monsieur Lovelace !

— Vous me mettez au désespoir, madame. Permettez-moi de le dire, vous ne me quitterez point dans l'humeur où vous êtes. Je vous suivrai, dans quelque lieu que vous alliez. Si miss Howe était de mes amies, vous ne m'auriez pas traité si mal. Je vois clairement d'où viennent tous mes obstacles. J'observe, depuis long-temps, que chaque lettre que vous recevez d'elle altère pour moi votre conduite et vos sentimens. Elle voudrait apparemment que vous me traitassiez comme elle traite son Hickman; mais il ne convient, ni à votre admirable caractère de tenter ce traitement, ni à moi de le recevoir.

Ce reproche a paru l'embarrasser. Elle n'était pas bien aise, m'a-t-elle répondu d'abord, d'entendre parler mal de miss Howe. Ensuite, se remettant un peu, elle m'a dit que miss Howe était amie de la vertu et des hommes vertueux; et que si elle n'était pas des miennes, c'est *qu'apparemment* je n'étais pas de ce nombre.

— Oui, madame ; et c'est *apparemment* la même raison qui lui fait traiter M. Hickman, comme il est sûr qu'elle ne traiterait pas un Lovelace. De tant de lettres que vous avez reçues d'elle, je vous défie, madame, de me montrer une de celles où elle vous parle de moi.

— Où cette idée doit-elle nous conduire? a-t-elle répliqué. Miss Howe est juste. Miss Howe est bonne. Elle écrit, elle parle de chacun comme chacun le mérite. Si vous pouvez me nommer une seule occasion, dans laquelle vous avez marqué de la bonté, de la justice ou même de la générosité, je chercherai celle de ses lettres qui a rapport à cette occasion, supposé que j'aie pris soin de l'en informer ; et j'engage ma parole que cette lettre vous sera favorable.

Maudite sévérité ! ne trouves-tu pas même une sorte de générosité, Belford, à mettre un honnête homme dans le cas de jeter les yeux derrière lui, pour se rappeler le souvenir de ses bonnes actions?

Elle s'est efforcée de me quitter. — Je veux sortir, m'a-t-elle dit ; je le veux absolument. Vous ne me retiendrez pas malgré moi.

— En vérité, madame, vous ne devez pas penser à sortir, dans l'humeur où vous êtes. Je me suis placé entre elle et la porte. Alors elle s'est jetée sur une chaise, le visage enflammé et se servant de son éventail avec beaucoup d'action.

Je me suis mis à ses pieds. — Retirez-vous, m'a-t-elle dit, avec un mouvement de rebut, de la main dont elle tenait son éventail ouvert. Pour votre propre intérêt, laissez-moi ! Et me repoussant des deux mains :

— Apprends, homme ! que mon âme est au dessus de toi. Ne me presse pas de te dire avec quelle sincérité je crois mon âme supérieure à toi. Tu as un cœur fier, dur, impitoyable. Mais ta fierté m'en impose peu. Laisse-moi, laisse-moi pour jamais.

Malgré la rigueur de ce langage, ses regards, son air, le ton de sa voix étaient d'une merveilleuse noblesse.

— J'adore un ange, me suis-je écrié en penchant la tête vers ses genoux ! Ce n'est point une femme, c'est un ange que j'admire et que j'adore ! Pardon, divine Clarisse ! Si vous êtes de l'espèce humaine, pardonnez mes inadvertances, pardonnez mes inégalités, pardonnez l'infirmité de la nature ! qui sera jamais égal à ma Clarisse?

Je tremblais d'admiration et d'amour. Dans le transport de ces deux sentimens, j'ai passé les deux bras autour d'elle, assise comme elle, était encore. Elle s'est efforcée aussitôt de se lever ; mais, ne cessant point de la tenir entre mes bras, je l'ai faite retomber sur sa chaise. Jamais femme ne fut plus effrayée. Cependant, quelque libre que mon action pût paraître à son cœur alarmé, je n'avais pas, dans cet instant, une seule idée qui ne me fût inspirée par le respect, et, jusqu'à son départ, tous les mouvemens de mon cœur n'ont pas été moins purs que les siens. Après lui avoir fait promettre qu'elle me reverrait bien ôt, qu'elle renverrait les porteurs, je lui ai laissé la liberté de se retirer.

Mais elle n'a pas tenu parole. J'ai attendu plus d'une heure avant que de lui rappeler sa promesse. Elle m'a fait dire qu'il lui était encore impossible de me voir, et qu'elle me verrait aussitôt qu'elle serait en état de descendre.

Dorcas m'assure qu'elle a tremblé excessivement et qu'elle s'est fait apporter de l'eau fraîche et des sels. Je ne comprends rien à cette timidité. Il y a de l'excès pour l'occasion. La crainte grossit toutes sortes de maux. N'as-tu jamais observé que les terreurs d'un oiseau pris, qu'on tient actuellement dans la main, sont plus grandes sans comparaison qu'on n'aurait cru qu'elles pussent l'être, si l'on avait jugé de l'animal par son petit air d'assurance, avant qu'il fût tombé dans le piége ?

Chère personne ! N'a-t-elle donc jamais joué, depuis son enfance, à ce qu'on appelle *de petits jeux*? les innocentes libertés qu'on s'accorde dans ces occasions l'auraient familiarisée avec de plus grandes. C'est un sacrilége de toucher sa robe. Quel excès de délicatesse ! comment peut-elle penser à devenir femme ? Mais quel moyen de savoir, avant l'épreuve, s'il n'y a pas de succès à se promettre par des voies moins capables de l'alarmer ? Résistera-t-elle aux surprises nocturnes ? pour celles de jour, il n'y faut plus penser. Le refrain de ma chanson, c'est que je puis l'épouser quand je le voudrai ; et si je prends ce parti après avoir triomphé d'elle, soit par surprise ou par un consentement à demi forcé, à qui aurai-je fait injure qu'à moi-même ?

Il est déjà près de onze heures. Elle me verra le plus tôt qu'il lui sera possible, a-t-elle dit à Polly Horton, qui lui a fait une tendre visite, et pour laquelle elle a moins de réserve que pour toute autre... Son émotion, a-t-elle ajouté, n'est pas venue d'un excès de délicatesse, ni de mauvaise humeur, mais de *faiblesse de cœur*. Elle n'a point, dit-elle, assez de force d'esprit pour soutenir sa situation et ses craintes, sous le poids de la malédiction d'un père, dont elle tremble que l'effet ne soit déjà commencé.

Cependant, quelle contradiction ! Faiblesse de cœur, dit-elle ; avec tant de force dans la volonté ! Ah ! Belford, c'est un cœur de lion que cette fille, dans toutes les occasions où le point d'honneur anime son courage. J'ai observé plus d'une fois que les passions d'une femme douce, quoique plus lentes à s'émouvoir que dans un tempérament vif, sont plus ardentes et plus invincibles, lorsqu'elles sont bien enflammées ; mais le corps charmant de Clarisse n'est pas organisé sur le ton de son âme. La divinité qui habite ce beau temple fatigue un logement trop faible pour elle. Si la même âme s'était trouvée dans un corps d'homme, jamais on n'aurait vu de plus véritable héros.

Lundi, à deux heures.

Ma déesse n'est point encore visible. Sa santé n'est pas la meilleure du monde. Qu'a-t-elle donc pu craindre de mes transports d'admiration ? de la rudesse, plutôt que de la vengeance. Grand sujet d'altération pour sa santé ! Cependant le désir de me venger n'est pas éteint. J'ai besoin de quelque coup de maître, pour faire repentir miss Howe et madame Townsend de leur maudit projet, qui sera toujours une épée suspendue sur ma tête, si je ne trouve pas le moyen de le faire avorter. Le moindre mécontentement donnera des ailes à ma charmante ; et toutes les peines que j'ai prises pour la priver de toute autre protection et la rendre plus dépendante de moi, deviendront inutiles. Mais je saurai trouver un *Contrebandier*, pour l'opposer à madame Townsend.

Tu te souviens de la dispute du soleil et du vent de nord dans la fable. Il était question de savoir qui des deux forcerait, le premier, un honnête voyageur de quitter son habit.

Borée commença. Il se mit à souffler de toutes ses forces, et la glace de son souffle causa beaucoup de mal au pauvre diable, mais sans autre effet que de lui faire boutonner son manteau, pour s'envelopper plus soigneusement. Phœbus, lorsque son tour fut venu, fit jouer si vivement ses rayons sur le pèlerin, qu'il l'obligea d'abord de se déboutonner ; et bientôt de se dépouiller tout à fait. Il ne quitta prise qu'après l'avoir mis dans la nécessité de chercher l'ombre sous des feuillages épais, où s'étendant sur son habit qu'il avait quitté, il rétablit ses forces par quelques heures de sommeil. Le vainqueur ayant beaucoup ri de Borée et du voyageur, continua sa courte brillante, répandant son éclat et sa chaleur sur tous les objets qui s'offrirent à lui ; le soir, après avoir dételé ses fiers coursiers, il amusa sa Thétis par le récit de son aventure.

Voilà mon modèle. Je veux, Belford, renoncer à toutes mes inventions orageuses ; et si je puis obliger ma chère *pèlerine* de quitter un moment le manteau de sa rigide vertu, je n'aurai, comme le soleil, que des bénédictions continuelles à répandre par mes rayons. Mes heures de repos et de félicité, comme les siennes, seront celles que je passerai avec ma déesse.

A présent, Belford, pour suivre mon nouveau système, je crois que cette maison de madame Fretchvill est un embarras pour moi. Je veux m'en délivrer, pour quelque temps du moins, Mennell prendra le moment où je serai sorti, pour rendre une visite à ma déesse, en feignant d'avoir demandé d'abord à me voir. Pourquoi ? dans quelle vue ? N'est-ce pas la question que tu me fais ? Pourquoi ! Tu ne sais donc pas ce qui est arrivé à cette pauvre madame Fretchvill ? Je vais te l'apprendre.

Une de ses femmes fut attaquée, il y a huit jours, de la petite vérole. Les autres cachèrent ces accidens à leur maîtresse jusqu'à vendredi, qu'elle en fut informée par hasard. La plus grande partie des fléaux de notre pauvre condition mortelle vient de nos domestiques, que nous prenons, moitié par ostentation, moitié pour notre usage et dans la vue de diminuer nos peines.

Cette nouvelle a causé tant d'épouvante à la veuve, qu'elle est prise elle-même de tous ces symptômes qui annoncent une attaque de cette ennemie des beaux visages. Elle ne peut plus penser par conséquent à quitter sa maison. Mais elle ne doit pas espérer, non plus, que nous attendions éternellement pour l'amour d'elle.

Elle regrette à présent de tout son cœur, de n'avoir pas mieux connu ce qu'elle désirait, et de n'être pas partie pour sa campagne lorsque j'ai commencé à traiter pour sa maison. Ce fatal accident ne lui serait point arrivé ; mais n'est-il pas bien fâcheux pour nous ? Hélas ! hélas ! cette vie mortelle n'est composée que de malheurs. Il n'est pas besoin de nous les attirer nous-mêmes, par notre propre pétulance.

Ainsi l'affaire de cette maison est finie, du moins pour un temps. Mais ce contre-temps m'oblige d'imaginer quelque expédient qui puisse le réparer. Puisque je suis réduit à marcher lentement, pour rendre ma marche sûre, j'ai dans la tête deux ou trois inventions charmantes, qui seraient capables même de ramener ma belle, quand elle trouverait le moyen de m'échapper.

Qu'est devenu milord M... qui ne m'écrit pas pour répondre à mon invitation ? Si je recevais de lui une lettre que je pusse montrer, ce serait le moyen d'avancer beaucoup ma réconciliation. J'ai pris le parti d'en écrire deux mots à Charlotte. S'il ne se hâte pas de me répondre, il aura bientôt de mes nouvelles, et par des voies qui ne lui seront point agréables. Tu sais qu'il m'a quelquefois menacé de me déshériter : mais si je le renonçais pour mon oncle, je ne ferais que lui rendre justice ; et je lui causerais plus de chagrin que tout ce qu'il peut faire de pis contre moi ne m'en causera jamais. Sa négligence diffère nécessairement la conclusion des articles. Comment puis-je supporter ce délai ! moi qui pour l'exercice de mes volontés, pour l'impatience, et pour bien d'autres choses, suis une véritable femme ; et qui ne peux souffrir, plus que la meilleure de ce sexe, qu'on me manque ou qu'on me contredise.

Autre lettre de miss Howe. Je suppose que c'est celle qui était annoncée dans sa dernière, et qui regarde les propositions de mariage du vieil oncle Antonin à madame Howe. Il ne sera plus question, j'espère, du complot de contrebande. On m'apprend que ma charmante l'a mise dans sa poche ; mais je me flatte que je ne serai pas long-temps sans la trouver au dépôt, avec toutes les autres.

Lundi au soir.

Mes instances redoublées l'ont fait consentir à me voir dans la salle ordinaire ; à l'heure du thé, et pas plus tôt.

Elle est entrée avec un air d'embarras, si j'en ai bien jugé ; et comme un peu confuse, d'avoir porté trop loin ses alarmes. Elle s'est avancée lentement et les yeux baissés, vers la table, Dorcas présente, et s'employant aux préparatifs du thé. J'ai pris sa main, qu'elle s'est efforcée de retirer, et la pressant de mes lèvres :

— Cher objet de mes adorations ! pourquoi cette distance, lui ai-je dit ; pourquoi ces marques de chagrin ? Quel plaisir prenez-vous à tourmenter si cruellement le plus fidèle de tous les cœurs ? Elle a dégagé sa main. J'ai voulu la reprendre.

— Laissez-moi, fit-elle, en la retirant avec dépit. Elle s'est assise. Une douce palpitation, que j'ai remarquée au travers de tous ses charmes, m'a fait pénétrer ce qui se passait dans son âme. Le mouchoir qui cachait son sein se levait et se baissait avec un mouvement précipité. Ses joues charmantes étaient couvertes d'une aimable rougeur.

— Au nom de Dieu ! madame... Et pour la troisième fois, j'ai voulu prendre sa main qui a repoussé la mienne.

— Au nom de Dieu ! monsieur, cessez vous-même de me tourmenter.

Dorcas s'est retirée. J'ai poussé ma chaise plus près de la sienne. J'ai pris sa main avec la plus respectueuse tendresse, et je lui ai dit que, dans la cruelle distance où elle me tenait, il m'était impossible de ne pas lui exprimer avec une mortelle inquiétude la crainte où j'étais que, s'il y avait quelque homme au monde qui lui fût plus indifférent, pour ne pas dire plus odieux qu'un autre, ce ne fût le malheureux qu'elle voyait devant elle.

Elle m'a regardé un moment d'un œil fixe; et, sans retirer sa main, que j'avais dans les miennes, elle a tiré de l'autre son mouchoir de sa poche. Elle a tourné la tête du même côté, pour essuyer une larme ou deux qui demandaient un passage ; mais elle ne m'a répondu que par un profond soupir.

Je l'ai pressée de parler, de jeter les yeux sur moi, de me rendre heureux par un regard plus favorable.

— J'avais raison, m'a-t-elle dit, de me plaindre de son indifférence. Elle ne connaissait rien de généreux dans mon caractère. Je n'étais pas un homme qu'on pût obliger ni traiter avec la moindre faveur. Mon étrange conduite, depuis samedi au soir, l'en avait convaincue. Toutes les espérances qu'elle avait conçues de moi s'étaient évanouies. Elle ne voyait plus rien dans mes manières qui ne lui causât du dégoût.

Ce langage m'a piqué jusqu'au vif. Je crois que les coupables se révoltent plus contre la vérité qui les montre à découvert, que les innocentes contre la calomnie qui ose les travestir. J'ai prié ma charmante d'écouter avec patience l'explication que je devais à ce changement. J'ai fait un nouvel aveu de la fierté de mon cœur, qui ne pouvait soutenir, dans une femme, à qui je me flattais d'appartenir un jour, ce défaut de préférence qu'elle m'avait toujours donné raison de lui reprocher. Le mariage, ai-je dit, était un état dans lequel on ne devait point entrer, de part et d'autre, avec une froide indifférence.

— Il n'y a qu'une insolente présomption, a-t-elle interrompu vivement, qui puisse faire attendre des marques d'estime à ceux qui ne font rien pour les mériter. Vous jugez mal de moi, monsieur Lovelace, si vous croyez que de vils motifs puissent m'inspirer de l'amour pour ce qui n'en est pas digne. Miss Howe vous apprendra, monsieur, que je n'ai jamais aimé les fautes de mon amie, et que je n'ai jamais souhaité qu'elle aimât les miennes. C'est une règle, entre elle et moi, de ne pas nous épargner. Pourquoi donc un homme qui n'offre que des fautes (car, dites-moi, monsieur, quelles sont vos vertus), se croirait-il en droit d'exiger mon estime ? Je ne mériterais pas même la sienne, si j'étais capable de cette aveugle bassesse. Il ne me devrait que du mépris.

— Il est vrai, madame, que vous avez soutenu parfaitement cette noble manière de penser. Vous n'êtes point en danger d'être méprisée ; pour des marques de tendresse ou de faveur que vous ayez accordées à l'homme qui est devant vous. Il paraît que tous vos soins se sont tournés à faire naître ou à saisir les occasions de déclarer, que si vous avez eu quelques pensées en ma faveur, ce n'est rien moins que par votre propre choix. Mon âme entière, madame, dans toutes ses erreurs, dans tous ses désirs et dans toutes ses vues, aurait été ouverte et nue devant vous, si j'avais été encouragé par une part assez libre à votre confiance et à votre estime, pour me rassurer contre les fâcheuses interprétations que j'ai tremblé de vous voir donner à tout ce que j'aurais pu vous dire ou vous proposer. Jamais un cœur n'eut plus de franchise. Jamais personne ne fut plus disposé à reconnaître ses fautes. (C'est la vérité, Belford.) Mais vous savez, madame, combien nous avons été loin de ces heureux termes. La défiance, la réserve de votre part ont produit de la mienne le doute et la crainte. Nulle confiance mutuelle ; comme si nous avions supposé de part et d'autre plus de dissimulation que d'amour. Combien ai-je redouté chaque lettre que je vous ai vue recevoir par le ministère de Wilson ? et ce n'est pas sans raison ; puisque la dernière, dont j'avais conçu tant d'espérance, à l'occasion des articles que je vous ai proposés par écrit, n'a point eu d'autre effet, si j'en dois juger par le refus que vous fîtes hier de me voir (quoique vous fussiez en état de sortir, et même dans une chaise, pour m'ôter la satisfaction de vous accompagner), que de vous irriter plus que jamais contre moi.

— Je suis coupable, apparemment, m'a répondu la belle indignée, d'avoir été à l'église, et sans être accompagnée d'un homme que son inclination n'y porterait guère, s'il ne m'y voyait aller. Je suis coupable d'avoir été me recueillir un peu le dimanche, après avoir eu la complaisance d'aller avec vous à la comédie, et de passer avec vous une partie de la nuit. Voilà mes crimes : voilà ce qui m'a fait mériter d'être punie ; ce qui vous a mis en droit, sans doute, de me forcer de vous voir, et de m'effrayer, lorsque je vous ai vu, par les manières les plus choquantes qu'on ait jamais prises avec une femme, que rien n'oblige à les souffrir. L'humeur de mon père n'a point échappé à votre censure, monsieur Lovelace ; mais ce qu'il a montré de pis, après le mariage, n'est pas comparable à ce que vous avez montré vingt fois d'avance. Que dois-je attendre de vous à l'avenir, en vous considérant du côté le plus favorable ? Mon indignation s'échauffe au moment où je vous parle, lorsque je me rappelle vingt traits de votre conduite, aussi contraires à la générosité qu'à la politesse, pour une personne que vous avez jetée dans les disgrâces dont elle gémit. En vérité, j'ai peine à vous souffrir devant mes yeux.

Elle s'est levée ici, en étendant les bras ; et tournant la tête pour cacher ses larmes :

— O mon cher papa ! s'est écriée l'inimitable fille, vous auriez pu vous épargner une malédiction terrible, si vous aviez su comment je me trouve punie, depuis l'instant que mes pieds égarés m'ont conduite hors des portes de votre jardin, pour joindre M. Lovelace !

Ensuite se laissant retomber sur sa chaise, elle s'y est noyée dans ses pleurs.

— Ma très chère vie ! lui ai-je dit, en prenant ses mains, qu'elle tenait encore étendues, qui pourrait soutenir une invocation si touchante, quoique si passionnée ! (Comme j'espère de vivre, Belford, je me sentais tremblant, quelques larmes se sont présentées sous mes paupières, et j'osais à peine exposer mon visage au sien.) Qu'ai-je donc fait pour mériter cette impatiente exclamation ? Vous ai-je donné sujet, en aucun temps, par mes discours, par mes actions, par mes regards, de douter de mon honneur, de mon respect, de mon adoration ? Je puis donner ce nom à mes sentimens, pour vos célestes vertus. De part et d'autre, le mal vient de ne pas nous entendre. Daignez m'éclaircir vos idées, comme je vais vous expliquer les miennes, et nous serons aussitôt heureux. Plût au ciel que je pusse l'aimer comme je vous aime, et si je doutais néanmoins d'un retour de sentiment, que je périsse, si je sais comment je pourrais souhaiter de vous voir à moi. Laissez-moi penser, très chère Clarisse, laissez-moi seulement penser que je suis votre choix de préférence! Souffrez que je me flatte de n'être point haï, de n'être pas méprisé!...

— Ah! monsieur Lovelace, nous avons vécu ensemble assez longtemps pour être fatigués de l'humeur et des manières l'un de l'autre. Elles se conviennent si peu, que vous devez vous sentir peut-être aussi dégoûté de moi que je le suis de vous. Je crois... je crois qu'il ne m'est pas possible d'accorder le retour que vous demandez aux sentimens dont vous faites profession pour moi. Mon caractère naturel est tout à fait altéré. Vous m'avez donné une fort mauvaise opinion de tout votre sexe, et particulièrement de vous. Vous m'en avez fait prendre en même temps une si fâcheuse de moi-même, qu'ayant perdu pour jamais cette satisfaction, ce témoignage intérieur de mes propres sentimens, qui est nécessaire à une femme pour se soutenir avec dignité pendant le cours de cette vie, je ne serai jamais capable de lever la tête d'un air assuré.

Elle s'est arrêtée. J'ai gardé le silence.

— Sur mon Dieu, ai-je pensé en moi-même, cette divine fille est capable à la fin de me perdre entièrement.

— Que me reste-t-il à désirer, a-t-elle repris, sinon, que vous me déclariez libre de toute obligation par rapport à vous, et que vous ne m'empêchiez pas de suivre le cours de ma destinée?

Elle s'est arrêtée encore une fois. Mon silence a continué. Je méditais si je ne devais pas renoncer à tous mes projets sur elle; si je n'avais pas assez de preuves d'une vertu et d'une grandeur d'âme supérieures à tous les soupçons.

Elle a repris encore:

— Votre silence m'est-il favorable, monsieur Lovelace? Dites-moi que je suis libre de toute obligation à votre égard. Vous savez que je ne vous ai jamais fait de promesse. Vous savez que vous n'êtes pas lié par les vôtres. Je ne m'embarrasse point du mauvais état de ma fortune...

Elle allait continuer.

— Ma très chère vie! ai-je interrompu, quoique vous me laissiez dans un si cruel doute de votre affection, je me suis employé pendant ces derniers jours aux préparations nuptiales. Je suis actuellement en traité pour des équipages.

— Des équipages, monsieur! de l'éclat! du clinquant! Qu'est-ce qu'un équipage? qu'est-ce que la vie et tout ce qu'elle peut offrir, pour une malheureuse fille qui est tombée si bas dans sa propre opinion, qui gémit sous la malédiction d'un père; qui ne peut tourner les yeux sur elle-même sans reproche, ni les jeter devant elle sans terreur! confirmée dans ces fatales idées par l'opposition qu'elle trouve à tous ses désirs! obligée de renoncer à ses plus chères inclinations! privée de toutes sortes de plaisirs et d'espérances! Ne me refusez pas la liberté de chercher un asile dans quelque coin obscur, ignoré, où ni les ennemis que vous m'avez faits, ni le peu d'amis que vous m'avez laissés, ne puissent jamais entendre parler de celle qu'ils supposent coupable, jusqu'à l'heureux moment de sa mort, qui fera revivre peut-être leur tendresse et leur compassion, en expiant toutes ses fautes.

Il ne m'est pas venu un mot à répondre pour moi-même. Jamais une guerre de cette espèce ne s'était elevée dans mon âme; la reconnaissance et l'admiration combattant de misérables habitudes, des résolutions préméditées et des vues dont tu sais combien je me suis glorifié! Cent nouvelles inventions, que j'ai roulées dans ma tête et dans mon cœur, y faisaient face à la tentation d'être honnête; les injures de miss Howe se présentaient pour les seconder, et je ne leur trouvais pas assez de force pour me défendre. J'étais un homme perdu, si Dorcas n'avait paru fort à propos avec une lettre. L'adresse portait : *Ouvrez sur-le-champ, monsieur.*

Je me suis approché d'une fenêtre. J'ai ouvert cette lettre mystérieuse. Elle était de Dorcas même, qui me pressait, en deux mots, « d'arrêter madame, pour lui donner le temps de transcrire un papier d'importance. » Elle me promettait de tousser lorsqu'elle aurait fini.

J'ai mis la lettre dans ma poche, et je suis retourné vers ma charmante, moins déconcerté ; comme elle avait eu le temps de se remettre un peu pendant ma lecture : — Une grâce, lui ai-je dit, très chère Clarisse : que j'apprenne seulement si miss Howe approuve mes propositions. Je sais qu'elle est mon ennemie. Mon intention était de vous rendre compte du changement que vous m'avez reproché dans ma conduite, mais vous m'en avez fait perdre l'idée par votre petit emportement. En vérité, ma chère Clarisse, vous vous êtes emportée avec beaucoup de chaleur. Croyez-vous qu'il ne soit pas bien chagrinant pour moi de voir mes désirs si long-temps remis ou rejetés en faveur de vos vues prédominantes pour une réconciliation avec votre famille, qui ne souhaite rien moins que de se réconcilier? De là vient le délai que vous avez apporté à la célébration, avant notre arrivée à Londres, malgré mes pressantes instances, et quoique outrageusement traitée par votre sœur et par toute votre famille ; de là cette facilité que vous avez eue à vous prévenir contre mes quatre amis, et à vous offenser de la hardiesse que j'ai eue de me saisir d'une lettre égarée ; me figurant peu que, dans le commerce de deux dames telles que vous et votre amie, ma curiosité pût trouver le sujet d'une mortelle injure. De là l'éloignement où vous m'avez tenu pendant une semaine entière, pour attendre le succès d'une autre négociation. Mais, après avoir reconnu qu'elle était inutile ; après avoir envoyé mes articles à miss Howe, pour lui en demander son opinion, comme je vous l'ai conseillé moi-même ; après m'avoir honoré de votre compagnie samedi au soir à la comédie, et me devant le témoignage que jusqu'au dernier moment ma conduite n'a pas cessé d'être irréprochable, le changement, mademoiselle, que j'ai remarqué dès le jour suivant dans la vôtre n'a-t-il pas dû me causer autant de surprise que de douleur? Et lorsque je vous y ai vue persister, après avoir reçu la réponse que vous attendiez impatiemment de miss Howe, n'ai-je pas dû conclure qu'il venait uniquement de son influence? N'ai-je pas dû juger qu'il se formait quelque nouvelle négociation, quelque nouveau projet, qui vous mettait dans la nécessité de me tenir éloigné de vous pour en attendre le succès, et dont le but était de vous arracher pour jamais à moi? Car ce sacrifice n'a-t-il pas été constamment votre article.

préliminaire ? Suis-je donc coupable, mademoiselle, d'être devenu furieux de cette crainte, et n'ai-je pas eu droit de vous reprocher que vous n'aviez pour moi que de la haine ? Aujourd'hui, très chère Clarisse, qu'il me soit permis de vous demander encore une fois ce que miss Howe pense de mes propositions ?

— Si j'étais d'humeur à disputer avec vous, monsieur Lovelace, il me serait fort aisé de répondre à votre belle harangue. Mais je me contenterai de vous dire, à présent, que vos procédés m'ont toujours paru inexplicables. Si vous n'avez eu que de justes intentions, il me semble que vous vous êtes fort étudié à les rendre obscures. Je ne puis décider, si c'est faute d'une tête claire, ou d'un cœur net; mais je suis réellement persuadée que la plus grande partie de votre étrange conduite doit être attribuée à l'un ou l'autre de ces deux défauts.

— Malédiction, me suis-je écrié, sur le *petit diable* qui vous excite à penser si mal du cœur le plus fidèle du monde !

— Comment osez-vous, monsieur ?... Elle s'est arrêtée là, dans la crainte apparemment de s'expliquer trop, comme j'avais dessein de l'y engager.

— Comment j'ose... quoi donc, mademoiselle ? en la regardant d'un air qui signifiait beaucoup. Qu'ai-je osé ?

— Dangereux esprit ! osez-vous... L'expression a paru lui manquer encore une fois.

— J'ose... qu'ai-je donc osé, mademoiselle, et pourquoi *dangereux esprit* ?

— Comment osez-vous maudire *quelqu'un* en ma présence ?

C'était revenir doucement sur ses pas : mais on n'échappe pas si facilement à Lovelace.

— Quoi donc ? chère Clarisse, y a-t-il *quelqu'un*, en effet, qui vous excite ? Si *quelqu'un* fait ce rôle contre moi, je le maudis, n'en doutez pas, quel qu'il puisse être.

Elle a paru dans une charmante petite fureur. C'est la première fois que les dés ont été en ma faveur.

— Je vois, mademoiselle, que mes soupçons ne m'ont pas trompé. Il m'est facile à présent d'expliquer une humeur, qui ne peut vous être naturelle.

— Artificieux esprit ! Est-ce ainsi que vous me faites donner dans tous vos piéges ? Mais sachez, monsieur, que je ne reçois des lettres que de miss Howe. Miss Howe n'approuve pas plus que moi plusieurs de vos procédés ; car je lui communique tout ce qui m'arrive. Cependant elle n'est pas plus votre ennemie que la mienne. Elle croit que je ne dois pas refuser vos offres, et que je dois me soumettre à mon sort. Vous êtes instruit à présent de la vérité. Plût au ciel que vous fussiez capable d'autant de bonne foi !

— Je le suis, mademoiselle. Ici, à genoux devant mon adorable Clarisse, je renouvelle tous les sermens qui doivent me donner à elle, pour jamais à elle, et je n'aspire qu'au moment de pouvoir bénir elle et miss Howe, tout d'une haleine.

Pour te parler sincèrement, Belford, j'avais commencé à soupçonner cette miss Howe, qui n'aime pas Hickman, j'en suis sûr, d'être amoureuse de moi.

— Levez-vous, monsieur, m'a dit la majestueuse Clarisse d'un ton solennel ; quittez une posture que vous ne prenez que trop aisément, et ne vous moquez pas de moi.

— Une posture, ai-je dit en moi-même, qui me paraît peu toucher ma fière déesse ; mais elle ne sait pas tout ce que cette posture m'a fait obtenir de son sexe, ni combien de fois on m'a pardonné des entreprises assez hardies, lorsque j'ai demandé grâce à genoux.

— Me moquer de vous, mademoiselle ! O Dieu !... Je me suis levé. J'ai recommencé à la presser pour le jour. Je me suis blâmé moi-même d'avoir fait à milord M... une invitation qui pouvait m'exposer à quelque retard, à cause de ses infirmités. Je lui ai dit que j'écrirais à ce vieil oncle pour lui faire mes excuses ; que je lui marquerais le jour qu'elle aurait la bonté de me fixer ; et que, s'il ne pouvait arriver à temps, nous prendrions le parti de ne pas l'attendre.

— Mon jour, m'a-t-elle répondu fièrement, c'est jamais. Ce langage, monsieur, ne doit pas vous surprendre. Une personne de quelque politesse, qui jugerait entre nous, n'en serait point étonnée. Mais, en vérité, monsieur Lovelace (pleurant d'impatience), ou vous ne savez guère comment il convient de traiter avec un esprit un peu délicat, malgré votre naissance et votre éducation, ou vous êtes un ingrat. Pire qu'un ingrat, a-t-elle ajouté après un moment de réflexion. Je me retire. Je vous verrai demain au matin. Il m'est impossible de vous voir plus tôt. Je crois que je vous hais... Vous me regardez en vain, je crois réellement que je vous hais ; et, si je me confirme dans cette idée par le nouvel examen que je vais faire de mon cœur, je ne voudrais pas, pour le monde entier, que les affaires fussent poussées plus loin entre nous.

J'étais trop chagrin, trop déconcerté, pour l'empêcher de se retirer. Cependant elle ne serait pas sortie, si Dorcas n'avait pas toussé.

Cette fille est venue à moi, aussitôt que sa maîtresse lui a laissé la liberté de descendre. Elle m'a donné la copie de ce qu'elle vient de faire. Que pouvait-ce être qu'une réponse à mes articles, que l'admirable Clarisse se proposait apparemment de me donner, quoiqu'elle ne m'en eût pas parlé ?

Je n'ai fait que parcourir ce touchant écrit. Je n'aurais pas fermé l'œil de toute la nuit, si je l'avais lu plus attentivement. Demain j'en ferai l'objet de mes sérieuses méditations.

LETTRE CXCIX.

M. LOVELACE, A M. BELFORT.

Mardi matin, 23 mai.

La chère personne me fait prier de remettre notre entrevue à l'après-midi. Dorcas me dit qu'elle n'est pas bien.

Lis ici, si tu veux, le papier que Dorcas a transcrit. Il me serait impossible de continuer mes projets contre cette admirable fille, si je n'étais résolu, après quelques autres épreuves aussi noblement soutenues que celle dont je t'ai rendu compte, d'en faire légitimement ma femme, supposé du moins qu'elle ne me haïsse pas.

A M. LOVELACE.

« Lorsqu'une femme entre dans l'état du mariage, ce lien, le plus sacré qu'il y ait sur la terre, l'oblige, dans tous les cas de la justice naturelle et dans tout ce qui peut intéresser l'honneur de son mari, de soumettre sa propre volonté à la sienne. Mais auparavant je serais bien aise, suivant le désir que j'en ai toujours marqué, d'avoir les plus claires assurances que toutes les voies possibles seront employées pour éviter d'entrer en procès avec mon père. Le temps et la patience ramèneront tout à d'heureux termes. Mes vues de bonheur sont extrêmement resserrées. Le droit d'un mari sera toujours le même. Je souhaiterais que, si les difficultés devenaient nécessaires, elles fussent suspendues pendant le temps de ma vie. L'état de votre fortune, monsieur, ne vous obligera pas d'employer la violence pour arracher mon bien des mains de mon père. Je ferai tout ce qui dépendra de moi, soit du côté de ma personne et de mes plaisirs, soit par cette espèce d'économie qu'une femme mariée, de quelque rang qu'elle soit, ne doit pas croire au dessous d'elle, pour prévenir la nécessité de ces violentes mesures ; et, s'il n'arrive pas qu'elles soient nécessaires, il faut espérer que des motifs moins excusables n'auront aucune force. Je parle de ces motifs qui doivent venir d'une petitesse d'âme, qu'une femme qui n'aurait pas cette petitesse ne pourrait trouver dans son mari, sans être tentée de le mépriser, quelque attachement qu'elle eût pour son devoir ; surtout dans des cas où la propre famille, qui fait une partie si considérable d'elle-même, et qui a sur elle des droits, du moins secondaires, qu'elle ne peut jamais perdre, est essentiellement intéressée.

» C'est donc un article que je recommande très sérieusement à votre considération, comme ce que j'ai de plus à cœur au monde. Je n'entre ici dans aucun détail sur la fatale mésintelligence qui est entre vous et mes proches. La faute est peut-être des deux côtés ; mais, dans l'origine, monsieur, le mal vient de vous. C'est vous du moins qui avez donné un prétexte trop plausible à l'antipathie de mon frère. Vous ne vous êtes pas fait une étude de la complaisance. Vous avez mieux aimé porter les imputations dont on vous a chargé que de faire le moindre effort pour les détruire.

» Mais ce sujet peut conduire à d'odieuses récriminations. Qu'il me soit permis seulement de vous rappeler ici que vous leur avez dérobé une fille qu'ils aimaient chèrement, et que le ressentiment qu'ils en ont conçu n'est que proportionné à leur tendresse et à la perte de leurs espérances. S'ils ont commis des fautes dans quelques unes de leurs mesures, qui sera leur juge, lorsqu'ils ne se reconnaissent pas coupables ? Vous, monsieur, qui voulez juger tout le monde à votre gré et qui ne voulez être jugé par personne, vous n'avez pas droit en particulier de vous établir leur juge. Ils peuvent donc marcher tête levée.

» Pour ce qui me regarde moi-même, je dois laisser à votre justice (ainsi paraît en ordonner ma destinée) le soin de me traiter comme vous me croyez digne de l'être. Mais si votre conduite future, à l'égard de mes proches, n'est pas gouvernée par cette haine implacable dont vous accusez quelques uns d'entre eux, la splendeur de votre famille et l'excellent caractère d'une partie de la mienne serviront par degrés à ramener les esprits. Cette victoire n'est pas impossible, quoique je la croie d'autant plus difficile, que les prospérités extraordinaires rendent l'âme plus impatiente et plus sensible aux injures. Je vous avoue qu'en réfléchissant sur le caractère de quelques personnes de ma famille, j'ai souvent gémi en secret de voir que leur immense fortune était devenue pour eux comme un piége, aussi dangereux peut-être que l'ont été pour vous quelques autres biens accidentels, qui, étant moins immédiatement votre ouvrage, vous autorisent moins encore à vous en glorifier.

» Je n'ajouterai qu'une réflexion sur le même sujet : c'est que la complaisance n'est point une bassesse. Il y a de la gloire à céder, quoiqu'un esprit violent ne la connaisse point. Peut-être mon frère n'y est-il pas plus sensible que vous. Mais comme vous avez des talens qu'il n'a point, je souhaiterais que les difficultés qui vous empêchent tous deux de vaincre une aversion mutuelle vinssent moins de votre part que de la sienne; car c'est une de mes plus ardentes espérances, que vous parviendrez tous deux à vous voir quelque jour, sans qu'une femme et une sœur aient à trembler pour les suites. Non que je souhaite jamais de vous voir céder sur des points qui concernent le véritable honneur : non, monsieur; je serais là-dessus aussi délicate que vous; plus délicate, j'ose le dire, parce que ma délicatesse serait plus uniforme. Que je trouve vaine et méprisable une fierté qui n'a pour objet que des points frivoles, et qui néglige ou qui tourne en raillerie les points d'importance.

» Cet article obtenant la considération qu'il mérite, tout le reste devient aisé. Si j'acceptais la généreuse pension que vous m'offrez, avec les sommes qui me reviennent de la succession de mon grand-père, et qui doivent être considérablement multipliées depuis sa mort, je regarderais comme un devoir de les mettre en réserve pour le bien de la famille, et pour les événemens qui peuvent arriver sans avoir été prévus. Quant à mon usage, je saurai toujours me borner à une très petite partie de mon revenu, quel qu'il puisse être ; et tout ce que je désire, c'est de me trouver en état de satisfaire, dans l'occasion, le penchant que j'ai à secourir les malheureux, auxquels il n'y a point de mauvaise conduite à reprocher. Dans cette vue, deux cents guinées borneraient honnêtement mes désirs; ou s'il arrivait que j'eusse besoin de quelque chose de plus, je ne ferais pas difficulté de vous le demander ; à moins cependant que vous défiant de votre propre économie, vous ne jugeassiez à propos de me laisser la conduite d'une plus grosse somme, dont je vous rendrais compte régulièrement.

» A l'égard des habits, j'en ai deux complets, que je n'ai jamais portés, et qui peuvent suffire à présent pour toutes sortes d'occasions. Pour les diamans, j'ai ceux de ma grand'mère, auxquels il ne manque que d'être remontés, outre la garniture dont mon père m'avait fait présent. Quoiqu'on ait refusé de me les envoyer, je ne doute point qu'ils ne me soient rendus, lorsque je les ferai demander sous un autre nom; et jusque alors je ne désire point d'en porter.

» Quant aux plaintes qui regardent ma défiance, j'en appelle à votre propre cœur. Si vous pouvez vous mettre un moment à ma place, en jetant les yeux en arrière sur diverses parties de vos actions, de vos discours et de votre conduite, je vous demande, monsieur, si je ne mérite pas plutôt votre approbation que votre censure; et si, de tous les hommes du monde, vous n'êtes pas celui de qui je suis le plus en droit de l'attendre. Si vous ne le pensez pas, vous me permettrez de vous avertir qu'il y a trop peu de rapport entre nos caractères et nos idées, pour vous faire jamais souhaiter entre nous une liaison d'intérêts plus intime.

» CLARISSE HARLOVE. »

20 mai.

Dorcas m'assure que l'original de ce charmant écrit était presque déchiré en deux ; dans quelque mouvement de dépit, je suppose. Convient-il à ce sexe, dont la principale gloire est la douceur, la patience et la résignation, de se laisser jamais emporter par la colère? Celle qui s'accorde ces libertés dans l'état de fille ne sera-t-elle pas capable d'en prendre de plus grandes avec le titre de femme?

Une femme en colère ! je veux bien l'apprendre à tout ce beau sexe : c'est la plus folle de toutes les impudences que la colère d'une femme, si ce qu'elle se propose n'est pas une séparation éternelle ou la plus noire défiance. Car, n'est-ce pas renoncer tout d'un coup à la douceur des plaintes, aux charmes de la persuasion, au pouvoir des tendres soupirs, à tout ce qu'il y a de touchant pour la majesté impériale d'un mari dans les regards humbles, dans les gestes et les accens de la douleur, qui hâte la réconciliation, et dont l'effet ordinaire est de la rendre durable. En supposant même que le tort soit de notre côté, les plaintes d'une femme n'en tirent-elles pas plus de force? Il me semble que l'intérêt d'un mari est d'avoir quelquefois tort, pour faire briller sa chère moitié. Miss Howe dit à ma déesse que *l'adversité est sa saison brillante.* Je trouve qu'il y a de la générosité dans un homme à faire briller sa femme aux dépens de son propre repos, à lui permettre de triompher de lui par la patience, et quand il serait trop jaloux de son autorité absolue pour reconnaître sur-le-champ le tort qu'il a, elle ne laissera pas de recueillir dans la suite le fruit de son respect et de sa soumission, par la haute idée qu'il concevra de sa prudence et de son caractère obligeant. C'est le moyen de se rendre par degré la maîtresse de son maître. Mais qu'une femme ose résister, qu'elle puisse mettre de la fureur dans ses yeux et dans son langage! Ah! Belford, c'est assez pour dégoûter tous les hommes sensés du mariage.

Dorcas a pris cet écrit dans un tiroir de la table de sa maîtresse, qui était à le relire apparemment, lorsque je lui ai fait demander la permission de prendre le thé avec elle ; et la fine soubrette l'ayant aperçu entre ses mains, a feint de détourner les yeux pour lui laisser le temps de le cacher dans le tiroir où elle l'a trouvé.

Mais autant que j'en puis juger, il me semble que je me serais bien passé de cette lecture. Tout déterminé que j'étais à commencer mes opérations, je sens qu'en un instant toutes mes résolutions sont changées en sa faveur. Cependant je donnerais volontiers quelque chose de bon pour être convaincu qu'elle n'a pas affecté de cacher l'écrit devant sa servante, dans la vue de le faire tomber entre mes mains, ou peut-être pour découvrir, suivant l'avis de miss Howe, si Dorcas est plus de ses amies que des miennes. Le moindre soupçon que j'en aurais, ne tournerait point à son avantage. Je n'aime point qu'on emploie la ruse avec moi. Chacun voudrait être le seul à qui l'exercice de ses propres talens fût permis. Je crains aussi que tu ne fasses servir mes aveux à fortifier tes argumens. Mais sois persuadé que je sais là-dessus tout ce que tu peux me dire. Épargne-toi de misérables réflexions, je t'en prie, et laisse cette excellente fille à moi et à notre destin, qui disposera de nous comme il l'a résolu. Tu sais les vers de Cowley?

Mais, après tout, je suis fâché, presque fâché (comment le serais-je tout à fait, lorsqu'il ne m'est pas donné de le pouvoir?), oui, presque fâché de ne pouvoir me résoudre au mariage sans avoir poussé l'épreuve un peu plus loin. Je viens de relire cette réponse à mes articles. Que je la trouve adorable! Cependant, encore une fois cependant, cette réponse ne m'a pas été envoyée; ainsi ce n'est pas la réponse de ma charmante. Elle n'est point écrite pour moi, quoiqu'elle le soit à moi. Loin d'avoir voulu me l'envoyer, Clarisse l'a déchirée, peut-être avec indignation, la croyant trop bonne apparemment pour moi. C'est l'avoir absolument rétractée. Pourquoi donc ma folle tendresse cherche-t-elle à lui donner le même prix dans mon cœur, que si c'était une réponse avouée? Cher Belford, je t'en prie, laisse-nous à notre destin. N'entremets pas tes insensés raisonnemens pour affaiblir un esprit déjà trop chancelant, et pour fortifier une conscience qui s'est déclarée de son parti.

C'est à moi-même que je veux parler. Souviens-toi, Lovelace, de tes nouvelles découvertes. Souviens-toi de son indifférence, accompagnée de toutes les apparences de la haine et du mépris. Considère-la renfermée, même à présent, dans ses réserves et dans ses mystères, méditant des complots, autant que tu l'as reconnu, contre le droit souverain que tu as sur elle à titre de conquête. Enfin souviens-toi de tout ce que tu as juré de te rappeler contre cette fière beauté qui n'est qu'une rebelle au pouvoir sous lequel elle s'est engagée.

Mais comment te proposes-tu donc de subjuguer cette douce ennemie? Loin toute espèce de force; loin la nécessité de l'employer, si elle peut être évitée! Quel triomphe à se promettre de la force? Est-ce vaincre la volonté? est-ce faire servir par degré les tendres passions du cœur à sa propre défaite?

Ma maudite réputation, comme je l'ai souvent remarqué, a toujours été contre moi. Cependant Clarisse n'est-elle pas une femme? Ne puis-je trouver un instant de demi-faveur, si ce n'est pas absolument la haine qui l'indispose contre moi?

Mais qu'emploierai-je pour la tenter? Elle est née pour les richesses; elle les méprise, parce qu'elle en connaît la vanité. Des joyaux, des ornemens... de quel prix peuvent-ils être pour une âme qui doit sentir ce qu'elle vaut, et ne rien connaître de plus précieux qu'elle-même? L'amour, si je suppose qu'elle en soit susceptible, est veillé si soigneusement dans son cœur par la modestie et la prudence, que je ne puis espérer de la trouver un moment sans ces deux gardes; et leur attention est si scrupuleuse, qu'ils sonnent l'alarme avant le danger. D'ailleurs, l'amour de la vertu sera toujours son amour dominant. Elle l'a reçu de la nature; ou s'il est né dans elle, il y a poussé de si fortes racines, qui se sont tellement mêlées par la longueur du temps avec les fibres du cœur et les principes de la vie, qu'il est sans doute impossible de séparer les unes sans les autres.

Quelle voie faut-il donc prendre pour faire abandonner ses principes à cette incomparable fille, et pour me procurer une victoire qui l'assujétirait pour toujours à moi? En vérité, Belford, lorsque je suis assis près d'elle, occupé à contempler ses charmes, toute mon âme dans mes yeux, et faisant réflexion, après l'avoir vue tranquille et sereine, quelles seraient ses pensées, si elle pouvait connaître le fond de mon cœur comme moi ; lorsque je la vois troublée, incertaine, et que, considérant la justice de ses craintes, je suis obligé de m'avouer à moi-même qu'elles ne sont pas comparables au danger, je sens quelquefois mon cœur prêt à me trahir ; quelquefois je suis prêt à me jeter à ses pieds, à lui faire l'aveu de mes infâmes desseins, celui de mon repentir, et à me mettre dans l'impuissance d'en user indignement avec cette créature angélique.

Comment arrive-t-il que les honnêtes sentimens de respect, d'amour et de compassion s'évanouissent ? Ma foi, c'est miss Howe qui te l'apprendra. Elle dit que je suis un *diable* ; en vérité, je crois du moins que le diable a beaucoup de part à mes agitations. Es-tu content de mon ingénuité ? Tu vois avec quelle franchise je m'ouvre à toi ; mais ne vois-tu pas aussi que plus je me rends justice à moi-même, moins je laisse de matière à tes reproches. O Belford ! Belford ! il m'est impossible, du moins à présent, impossible, te dis-je, de me marier.

Penses-tu à sa famille, qui est composée de mes plus mortels ennemis ; et qu'il faut plier les genoux devant eux, ou la rendre aussi malheureuse par ma fierté qu'elle peut jamais l'être par mes épreuves ? Penses-tu que je pourrai l'accuser de les aimer trop, c'est-à-dire plus qu'elle ne m'aimera moi-même ?

Elle paraît aujourd'hui me mépriser : miss Howe déclare qu'elle a pour moi un mépris réel. Etre méprisé par une femme ! Qui soutiendrait cette idée ? Etre surpassé aussi par une femme, dans quelque partie louable du savoir ! Prendre *des leçons, des instructions* d'une femme ! Mais je parle de mépriser : n'a-t-elle pas pris du temps elle-même, pour examiner si elle ne me hait pas ? Je vous hais du fond du cœur, me disait-elle, il n'y a pas plus long-temps qu'hier. « Apprends, homme, que mon âme est au dessus de la tienne. Ne me presse pas de te dire combien je crois mon âme supérieure à la tienne. » Que j'étais petit alors, au témoignage de mon propre cœur ! Une supériorité si visible sur un esprit aussi fier que le mien ! Est-il donc vrai que je ne sois qu'une pauvre machine ? C'est trop aussi de me croire réduit à ce point. Lovelace s'avilit quelquefois soi-même ; mais Lovelace n'est point une machine.

Depuis que les choses ont été poussées si loin, quel serait mon malheur après le mariage, si, dans un accès de mauvaise humeur, j'avais à me reprocher de n'avoir pas poussé l'épreuve à son dernier point ? Cependant je ne sais quel nom donner à ce qui m'arrive ; mais au moment où je parois devant cette divine personne, elle me communique sa vertu. Je deviens aussi pur qu'elle, ou du moins le respect et la crainte arrêtent mes téméraires désirs. Quel doit être le pouvoir qui produit un effet si surprenant, depuis si long-temps qu'elle est dans ma dépendance, malgré l'aiguillon continuel de quelques personnes de son propre sexe, et malgré celui de ma passion ? Comment expliquer ce miracle dans un Lovelace ?

J'ai honte, Belford, de toutes les extravagances que je viens d'écrire. Où me suis-je laissé emporter ? et par quoi ? Ne m'aideras-tu point à deviner par quoi ? O conscience, sombre traîtresse ! c'est toi qui m'as fait prendre parti contre moi-même. D'où viens-tu ? Où t'es-tu cachée, pour me surprendre ainsi dans mes plus doux momens ? Demeure seulement neutre avec le destin, dans cet important démêlé ; et si je ne réussis pas à réduire cet ange au rang des femmes, pour orner ce sexe et la natur humaine, car elle leur ferait honneur par ses faiblesses même, alors je suis à toi, et jamais je n'entreprendrai de te résister.

Ici, Belford, je me suis secoué quelques momens. Ma fenêtre était ouverte. La conscience, cette hardie, cette incommode hôtesse, a pris son vol dans les airs. Cependant je l'aperçois encore. Je la vois, je la vois qui s'éloigne, qui diminue à mes yeux et qui leur échappe par degrés. Ma foi, elle entre dans les nues. Je la perds de vue, et je me retrouve encore une fois,

ROBERT LOVELACE.

LETTRE CC.

M. LOVELACE, A M. BELFORD.

Mardi, 23 mai.

Il était temps, et j'ai fort bien fait de renoncer à madame Fretchvill et à sa maison. Mennell m'est venu déclarer qu'en conscience et en honneur, il ne peut aller plus loin. Il ne voudrait pas, dit-il, pour le monde entier, servir à tromper une personne de ce mérite. Je suis un fou, messieurs, de vous avoir accordé l'honneur de la voir. Depuis ce moment, je vous trouve à tous deux des scrupules dont vous n'auriez pas été capables l'un et l'autre, si vous aviez cru simplement qu'il fût question d'une femme.

Eh bien ! je ne puis qu'y faire. Mennell a consenti néanmoins, quoiqu'avec un peu de résistance, à m'écrire une lettre, pourvu que cette démarche soit la dernière que j'exige de lui dans mon entreprise.

Je m'imaginais, lui ai-je dit, que si je pouvais introduire la femme de chambre de madame Fretchvill à sa place, il n'aurait pas d'objection à faire contre ce nouveau système. Non, m'a-t-il répondu ; mais n'est-ce pas une pitié… la pitoyable âme ! Ces pitiés ridicules ressemblent à celles de certaines gens, qui ne voudraient pas pour tout au monde avoir tué un innocent poulet, mais qui sont les plus avides à le dévorer lorsqu'il est tué.

Cette lettre enfin donne la petite vérole à la femme de chambre, qui l'a malheureusement communiquée à sa vaporeuse maîtresse. Les vaporeux, comme tu sais, sont la proie continuelle des maladies. Qu'on en nomme une en leur présence, c'est aussitôt la leur. Mais il n'est pas besoin de plus d'explications, après ce que je t'ai fait entendre dans ma lettre précédente. La dame, par conséquent, ne peut quitter sa maison, et le rôle de Mennell est fini. Il faut abandonner ce *pitoyable homme* aux reproches de sa conscience, mais pour ses péchés propres, et non pour ceux d'autrui.

Sa lettre est adressée *à Monsieur, ou, dans son absence, à Madame Lovelace*. Madame m'avait refusé l'honneur de me voir et de dîner avec moi. J'étais absent de la maison lorsque la lettre est arrivée. Elle l'a ouverte. Ainsi, toute fière et tout impertinente qu'elle est, la voilà madame Lovelace de son consentement. Je suis ravi que la lettre soit venue avant que nous soyons entièrement réconciliés. Peut-être aurait-elle jugé, dans un autre temps, que c'était quelque invention pour amener un délai. D'ailleurs, nous pouvons raccommoder à présent tout à la fois nos querelles anciennes et nouvelles. Voilà ce qui s'appelle une invention. Mais quelle différence, d'elle aujourd'hui, à ce qu'elle était lorsque je l'ai vue pour la première fois ! Que son cœur hautain doit être humilié, pour craindre de moi des délais et pour n'avoir plus d'autre sujet de chagrin !

Je suis rentré à l'heure du dîner. Elle m'a envoyé la lettre, avec des excuses pour l'avoir ouverte. Elle l'avait fait sans réflexion. Orgueil de femme, Belford ! Penser à ce qu'on fait, et retourner sur ses pas !

Je lui ai fait demander la permission de la voir sur-le-champ ; mais elle souhaite que notre entrevue soit remise à demain au matin. Compte qu'avant que j'aie fini avec elle, je l'amènerai à confesser qu'elle ne peut me voir trop souvent.

Mon impatience était si vive, dans une occasion *si peu attendue,* que je n'ai pu me défendre de lui écrire, « pour lui exprimer combien j'étais affligé de cet accident, et pour lui dire aussi que ce n'était pas une raison de différer le jour heureux, puisqu'il ne dépendait pas d'une maison. » (Elle le savait fort bien, dira-t-elle ; et je le savais aussi.) J'ajoute que madame Fretchvill ayant la politesse de témoigner, par M. Mennell, le chagrin qu'elle a de ce contre-temps, et le désir qu'elle aurait que nous pussions un peu nous y prêter, il me semblait aussitôt que je serais le plus heureux de tous les hommes, nous pourrions aller passer deux ou trois mois de l'été au château de Median, pour attendre qu'elle fût rétablie.

Je suis trompé, si la chère personne ne prend cet accident fort à cœur. Malgré mes instances répétées, elle ne se relâche point sur la résolution de ne me voir que demain. « Ce sera dès six heures du matin, s'il vous plaît. » Assurément, *il me plaira.* Comment soutenir, Belford, de ne la voir qu'une fois le jour ?

T'ai-je dit que j'ai écrit à miss Charlotte Montaigu, pour lui marquer ma surprise de n'avoir point encore reçu la réponse de milord sur un sujet si intéressant ? Je lui ai parlé, dans ma lettre, de la maison que j'allais prendre, et des délais de la vaporeuse madame Fretchwill.

C'est à contre-cœur que j'engage dans cette affaire quelqu'un de ma famille, homme ou femme ; mais je ne puis mettre trop de sûreté dans mes mesures. Je vois qu'ils pensent déjà aussi mal de moi qu'ils le peuvent. Tu m'avertis toi-même que l'honnête *pair* appréhende que je ne joue à cette admirable fille *quelqu'un de mes infâmes tours.*

Je reçois à l'instant une réponse de miss Charlotte. Cette pauvre cousine n'est pas bien. Elle se plaint d'un mal d'estomac. Je ne suis pas étonné que l'estomac d'une fille la tourmente ; c'est le mal de cet état. Qu'on leur donne un homme à faire enrager, elles seront soulagées de moitié, parce que leur estomac se trouve à s'exercer hors d'elles-mêmes. Pauvre Charlotte ! Mais je savais qu'elle était assez mal : c'est ce qui m'a excité à lui écrire et à lui témoigner un peu de chagrin de ce qu'elle n'est pas encore venue à la ville pour rendre visite à ma charmante.

Voici la copie de sa lettre. Tu riras de voir que la moindre de ces petites guenons me catéchise. Ils se reposent tous sur la bonté de mon caractère.

» Cher cousin,

» Depuis long-temps nous sommes de jour en jour dans l'espérance d'apprendre que vous êtes heureusement lié. Milord a été fort mal ; cependant on n'a pu lui ôter le désir de vous répondre lui-même. C'est peut-être la seule occasion qu'il aura jamais de vous donner quelques bons avis, auxquels il espère que vous attacherez un peu de poids. Chaque jour il n'a pas cessé de s'y employer, dans les momens de relâche que sa goutte lui a laissés. Sa lettre ne demande plus que d'être revue. Il espère qu'elle fera plus d'impression sur votre esprit lorsqu'elle sera écrite entièrement de sa propre main.

» En vérité, mon cher cousin, son cœur n'est occupé que de vous. Je souhaiterais que vous eussiez, pour vous-même, la moitié seulement de l'affection qu'il vous porte. Mais je suis persuadée aussi que si toute la famille vous aimait moins, vous vous en aimeriez davantage.

» Les momens où milord ne pouvait écrire ont été employés à consulter Pritchard, son homme d'affaires, sur les biens dont il veut se défaire en votre faveur, à cette heureuse occasion, dans la vue de vous faire une réponse agréable, et de vous prouver, par des effets, combien il est sensible à votre invitation. Je vous assure qu'il s'en glorifie beaucoup.

» Pour moi, je ne me porte pas trop bien, et depuis quelques semaines j'ai beaucoup de mes anciens maux d'estomac. Sans une raison si forte, je n'aurais pas attendu si long-temps à me procurer l'honneur que vous me reprochez d'avoir différé. Ma tante Lawrance, qui était résolue de m'accompagner, n'a pas été libre un moment. Vous savez ses affaires. L'adverse partie, qui est actuellement sur les lieux, lui a fait des propositions d'accommodement. Mais vous pouvez compter qu'aussitôt que notre chère cousine, qui l'est déjà du moins par nos désirs et notre affection, sera établie dans le nouveau logement dont vous me parlez, nous aurons l'honneur de lui faire notre visite, et si le courage lui manquait pour avancer l'heureux jour (ce qui ne paraît pas impossible, permettez-moi de le dire, quand on considère à quel homme il est question de s'engager), nous tâcherons de lui en inspirer, et nous répondrons pour vous. Au fond, cousin, je crois que vous auriez besoin d'être régénéré par un nouveau baptême, pour devenir digne d'un si grand bonheur. Qu'en pensez-vous ?

» Milord vient me dire actuellement qu'il vous dépêchera demain un exprès avec sa lettre. Ainsi j'aurais pu me dispenser de vous écrire. Mais puisque la mienne est faite, elle partira. J'en charge *Empson*, qui va monter à cheval pour retourner à Londres.

» Mes complimens les plus tendres, et ceux de ma sœur, à la plus digne personne du monde. Je suis, mon cher cousin, votre, etc.

» Charlotte Montaigu. »

Tu vois que cette lettre ne pouvait arriver plus à propos. J'espère que milord ne m'écrira rien que je ne puisse montrer à ma charmante. Je viens de lui envoyer la lettre de Charlotte, et j'en espère d'heureux effets.

Miss Clarisse, dans une lettre que l'éditeur supprime, rend compte à son amie de ce qui s'est passé entre elle et M. Lovelace. Elle se ressent de sa conduite avec sa dignité ordinaire. Mais lorsqu'elle arrive à la lettre de M. Mennell, elle presse miss Howe d'achever son système pour sa délivrance, dans la résolution de l'exécuter. Cependant, sous une autre date, où elle lui envoie la lettre de miss Montaigu, elle change de pensée, et elle la prie de suspendre ses conventions avec madame Townsend.

« J'avais commencé, dit-elle, à trouver fort suspect tout ce qu'il m'a dit de madame Fretchvill et de sa maison ; et mes soupçons tombaient jusque sur M. Mennell, quoique je lui trouve la physionomie honnête. Mais à présent que M. Lovelace a communiqué à sa famille le dessein qu'il a de prendre cette maison, et qu'il a même engagé quelques unes de ses dames à m'y rendre une visite, j'ai peine à ne pas me faire un reproche de l'avoir cru capable d'une si vile imposture. Cependant ne doit-il pas se prendre à lui-même de l'embarras qu'il me cause par une conduite inexplicable, et de celui qu'il met dans ses propres intentions, comme je le dis souvent, si elles sont aussi bonnes que je veux encore me le persuader ? »

LETTRE CCI.

M. LOVELACE, A M. BELFORD.

Mercredi, 24 mai.

Il raconte à son ami l'entrevue qu'il a eue le matin avec miss Clarisse, et l'heureux effet qu'a produit sur elle la lettre de sa cousine Montaigu. Cependant il se plaint qu'elle n'a point encore banni tout à fait la réserve ; ce qu'il attribue à de pures formalités. Il continue :

J'avoue qu'il n'est pas au pouvoir d'une femme d'être absolument sincère dans ces occasions. Mais pourquoi ? Courent-elles donc tant de risque à se laisser voir telles qu'elles sont ?

J'ai regretté la maladie de madame Fretchvill, ai-je dit à ma chère Clarisse, parce que l'intention que j'ai eue de la fixer dans cette maison, avant que l'heureux lien fût formé, l'aurait mise, réellement comme en apparence, dans cette indépendance parfaite qui était nécessaire pour montrer à tout le monde que son choix était libre, et que les dames de ma famille auraient ambitionné de lui faire la cour dans son nouvel établissement, tandis que je me serais occupé à préparer les articles et les équipages. Par tout autre motif, ai-je ajouté, la chose me touchait assez peu, puisqu', après la célébration, il nous était aussi commode de nous rendre au château de Median, ou près de milord au château de M..., ou chez l'une ou l'autre de mes deux tantes ; ce qui nous aurait donné tout le temps nécessaire pour nous fournir de domestiques et d'autres commodités.

Tu ne saurais t'imaginer avec quelle charmante douceur elle me prêtait son attention.

Je lui ai demandé si elle avait eu la petite vérole.

C'est de quoi sa mère et madame Norton, m'a-t-elle répondu, n'ont jamais été bien sûres. Mais quoiqu'elle ne la craignît point, elle ne se souciait pas d'entrer sans nécessité dans les lieux où elle était. Fort bien, ai-je pensé en moi-même. Sans cela, lui ai-je dit, il n'aurait pas été mal à propos qu'elle eût pris la peine de voir cette maison avant que de partir pour la campagne, parce que, si elle n'était pas de son goût, rien ne m'obligeait de la prendre.

Elle m'a demandé si elle pouvait prendre copie de la lettre de ma cousine. Je lui ai dit qu'elle pouvait garder la lettre même et l'envoyer à miss Howe, parce que je supposais que c'était son intention. Elle a baissé la tête vers moi pour me remercier. Qu'en dis-tu, Belford ? Je ne doute pas que bientôt je n'obtienne une révérence. Qu'avais-je besoin d'effrayer cette douce créature par mes rodomontades? Cependant je ne crois pas avoir mal fait de me rendre un peu terrible. Elle me reproche d'être un homme impoli : chaque trait de civilité, de la part d'un homme de cette espèce, est regardé comme une faveur.

En raisonnant sur les articles, je lui ai dit que, de tous les gens d'affaires, j'aurais souhaité que Pritchard, dont miss Charlotte parle dans sa lettre, eût été le seul que milord n'eût pas consulté. Pritchard, à la vérité, était un fort honnête homme ; il était attaché depuis long-temps à la famille ; il en connaissait les biens et leur situation, mieux que milord ou que moi-même : mais Pritchard avait le défaut de la vieillesse, qui est la lenteur et la défiance. Il faisait gloire d'être aussi habile qu'un procureur ; et pour soutenir cette misérable réputation, il ne négligerait pas la moindre formalité, quand la couronne impériale dépendrait de sa diligence.

Dans cette conversation, je n'ai pas baisé sa main moins de cinq fois, sans qu'elle m'ait repoussé. Bon Dieu! cher ami, combien de mouvemens se sont élevés dans mon' généreux cœur! Elle était tout à fait obligeante en me quittant. Elle m'a demandé, en quelque sorte, la permission de se retirer pour relire la lettre de miss Charlotte. Je crois qu'elle a plié les genoux vers moi ; mais je n'ose l'assurer. Que nous serions heureux depuis long-temps l'un et l'autre, si cette chère personne avait toujours eu pour moi la même complaisance! J'aime le respect ; et soit que je le mérite ou non, je m'en suis toujours fait rendre, jusqu'à ce que j'ai commencé à connaître cette fière beauté.

C'est à présent, Belford, que nous sommes en fort bon train, ou le diable s'en mêle. Une ville fortifiée a ses endroits forts et ses endroits faibles. J'ai poussé mes attaques sur les parties imprenables. Je ne doute point que je n'emporte le reste en contrebande, puisqu'elle n'a pas fait difficulté d'employer des *contrebandiers* contre moi. Ce que nous attendons à présent, c'est la réponse de milord.

Mais j'ai presque oublié de t'apprendre que nous n'avons pas été peu alarmés par quelques informations qu'on a prises ici sur ma charmante et sur moi. C'est un homme de fort bonne apparence, qui engagea hier un artisan du voisinage à faire appeler Dorcas. Il lui fit diverses questions sur mon compte, et comme nous sommes logés et nourris dans la même maison, il lui demanda particulièrement si nous sommes mariés.

Cette aventure a jeté ma charmante dans une vive inquiétude. En réfléchissant sur les circonstances, je lui ai fait observer combien nous avions eu raison de déclarer que nous sommes mariés. Les recherches, lui ai-je dit, viennent probablement de la part de son frère ; et notre mariage étant avoué, peut-être n'entendrons-nous plus parler de ses complots. L'homme, à ce qu'il paraît, était fort curieux de savoir quel jour la cérémonie avait été célébrée. Mais Dorcas a refusé de lui donner d'autres lumières que sur notre mariage : avec d'autant plus de réserve, qu'il n'a pas voulu s'expliquer sur les motifs de sa curiosité.

LETTRE CCII.

M. LOVELACE, A M. BELFORT.

24 mai.

Que le diable emporte ce cher oncle! J'ai reçu enfin sa lettre ; mais je ne puis la montrer, sans exposer le chef de notre famille à passer pour un fou. Il a lâché sur moi un détestable amas de proverbes. Je m'étais imaginé qu'il avait épuisé son magasin dans la lettre qu'il t'a écrite. Garder son écrit, différer à le faire partir, pour se donner le temps de ramasser ce tas d'impertinences! Au diable *la sagesse des nations*, s'il est besoin, à sa propre honte, d'en joindre tant ensemble pour l'instruction d'un seul homme. Cependant je suis bien aise de voir mon entreprise fortifiée de cette folle pièce, puisque dans toutes les affaires humaines le commode et l'incommode, le bon et le mauvais sont tellement mêlés, qu'on ne peut obtenir l'un sans l'autre.

J'ai déjà offert à ma belle le billet de banque qui accompagne la lettre, et je lui ai lu quelques endroits de la lettre même. Mais elle a refusé le billet; et moi qui suis en argent, je suis résolu de le renvoyer. Elle paraît souhaiter beaucoup de lire la lettre entière; et lorsque je lui ai dit que j'y consentirais volontiers, si je ne craignais d'exposer l'écrivain, elle m'a répondu que je ne courais pas ce risque avec elle, et qu'elle avait toujours préféré le cœur à la tête : j'ai compris ce qu'elle voulait dire, je ne l'en ai pas remerciée.

Je lui transcrirai tout ce qui m'est favorable. Cependant, en dépit de moi-même, elle aura la lettre, et mon âme avec la lettre, pour un baiser volontaire.

Elle a trouvé le moyen d'obtenir la lettre sans la récompense. Le diable m'emporte si j'ai eu le courage de lui proposer ma condition. Admire dans ton ami ce nouveau caractère de timidité : j'éprouve que la véritable honnêteté dans une femme tient en respect les présomptueux même. Sur mon âme! Belford, je crois que de dix femmes qui tombent, neuf doivent s'en prendre à leur propre vanité, à leur légèreté, à leur défaut de circonspection et de réserve.

Je m'attendais à prendre ma récompense, lorsqu'elle me rendait une lettre qui nous est si favorable à tous deux. Mais elle me la renvoie cachetée, par Dorcas; j'aurai dû juger qu'avec sa délicatesse il y a deux ou trois endroits qui l'empêcheraient de paraître immédiatement après les avoir lus : je te l'envoie, et je m'arrête ici pour te laisser le temps de la lire. Tu me la renverras aussitôt que tu l'auras lue.

LETTRE CCIII.

MILORD M....., A M. LOVELACE.

Mardi, 23 mai.

Une rue est longue, lorsqu'elle ne tourne point. Ne vous moquez pas de mes proverbes, vous savez que je les ai toujours aimés. Si vous aviez fait de même, vous vous en trouveriez mieux, soit dit sans vous offenser. J'oserais jurer que la belle personne qui se destine, suivant toute apparence, à faire bientôt votre bonheur est fort éloignée de les mépriser; car on m'a dit qu'elle écrit fort bien, et que toutes ses lettres sont remplies de sentences. Que Dieu vous convertisse! Il n'y a qu'elle et lui dont on puisse attendre ce miracle.

Je ne doute plus qu'enfin vous soyez disposé à vous marier, comme votre père et tous vos ancêtres l'ont fait avant vous. Sans cela vous devez sentir que vous n'auriez aucun droit à mon héritage, et que vous n'en pourriez communiquer à vos descendans s'ils n'étaient légitimes : ce point mérite votre attention, monsieur. *Un homme n'est pas toujours fou, quoique tout homme le soit quelquefois.* Mais on se flatte qu'à présent vos folies touchent à leur fin.

Je sais que vous avez juré vengeance contre la famille de votre belle dame. Il n'y faut plus penser : il faut regarder tous ses parens comme les vôtres, et prendre le parti de l'oubli et du pardon. Lorsqu'ils vous reconnaîtront pour un bon mari et pour un bon père (ce que je demande à Dieu, pour le bien de tout le monde), ils s'étonneront eux-mêmes de leur folle antipathie, et ne manqueront pas de vous en faire des excuses. Mais tandis qu'ils vous regardent comme un méprisable libertin, comment pourraient-ils vous aimer ou trouver leur fille excusable?

Il me semble que je dirais volontiers quelques mots de consolation à votre dame, qui doit être sans doute fort embarrassée à trouver le moyen de tenir en bride un esprit aussi indocile que vous l'avez été jusqu'à présent. Je lui ferais entendre qu'avec des raisonnemens solides et des paroles douces, elle peut faire tout ce qu'elle voudra de vous. Quoiqu'en général vous ayez la tête facile à s'échauffer, les paroles douces sont capables de vous refroidir et de vous ramener au tempérament nécessaire pour votre guérison. Plût au ciel que la pauvre milady, votre tante, qui est morte depuis long-temps, eût été susceptible du même remède! Que Dieu fasse paix à son âme! je ne veux pas faire de reproche à sa mémoire. *On sent le mérite lorsqu'il n'est plus ;* je connais aujourd'hui le sien, et si j'étais parti le premier, elle dirait peut-être la même chose de moi.

Il y a beaucoup de sagesse dans cette vieille sentence : *Dieu puisse m'envoyer un ami pour m'avertir de mes fautes, ou du moins un ennemi; il me les dira de même.* Ce n'est pas que je sois votre ennemi, et vous le savez fort bien. *Plus on a de noblesse, plus on a d'humilité.* Souffrez donc mes avis, si vous voulez qu'on vous croie le cœur noble. Ne suis-je pas votre oncle? N'ai-je pas dessein de faire plus pour vous que vous n'auriez pu attendre de votre père? Je consens même, puisque vous le désirez, à vous servir de père lorsque vous serez à l'heureux jour. Faites mes complimens là-dessus à ma chère nièce, et dites-lui que je m'étonne beaucoup qu'elle diffère si long-temps votre bonheur.

Je vous prie de lui apprendre que mon dessein est de lui offrir (à elle et non à vous) mon château de Lancashire ou celui de Median, dans le comté d'Herford, et de mettre sur sa tête mille livres sterling de rente annuelle, pour lui faire voir que notre famille n'est pas capable de prendre de vils avantages. Vous aurez les donations en bonne forme. Pritchard sait toutes mes affaires sur le bout du doigt; c'est un bon et vieux domestique que je recommande à l'affection de votre dame. Je l'ai déjà consulté; il vous dira ce qui est le plus avantageux pour vous et le plus agréable pour moi.

Je suis encore très mal de ma goutte; mais je me mettrai dans une litière aussitôt que vous aurez fixé le jour. Je serai dans la joie de mon cœur si je puis joindre vos mains, et trouvez bon que je vous le déclare : si vous n'êtes pas le meilleur de tous les maris avec une jeune personne qui a montré pour vous tant de courage et de bonté, je vous renonce d'avance, et je mettrai sur elle et sur les enfans qu'elle aura de vous tout ce qui dépend de ma volonté; sans qu'il soit plus question de vous que si vous n'étiez pas au monde.

Demandez-vous quelque chose de plus pour votre sûreté? Parlez hardiment; je suis prêt à le faire, quoique ma parole, comme vous savez, soit aussi sacrée qu'un écrit. Lorsque les Harlove sauront mes intentions, nous verrons s'ils sont capables de rougir, et de prendre la honte pour eux-mêmes.

Vos deux tantes ne demandent que de savoir le jour pour mettre tout le pays en feu autour d'elles, et pour faire tourner la tête de joie à tous les vassaux. Si quelqu'un des miens était sobre ce jour-là, Pritchard a ordre de le chasser. A la naissance de votre premier enfant, si c'est un garçon, je ferai quelque chose de plus pour vous, et toutes les réjouissances seront renouvelées.

Je conviens que j'aurais dû vous écrire plus tôt; mais je me suis imaginé que si vous trouviez ma réponse trop lente, et si vous étiez pressé pour le jour, vous m'en donneriez avis par un second exprès. Ma goutte m'a furieusement tourmenté; d'ailleurs, comme vous savez, je ne suis plus un prompt écrivain quand je veux faire une bonne lettre. La composition est un exercice que j'entendais autrefois fort bien; et milord Lexington me louait souvent là-dessus; mais l'ayant interrompue depuis long-temps, j'avoue que je ne suis plus le même. Ajoutez que, dans ces circonstances, j'ai voulu tout écrire de ma propre main et sur ma seule mémoire, pour vous donner les meilleurs avis dont je suis capable, parce que je n'en aurai peut-être jamais la même occasion. Vous avez toujours eu l'étrange méthode de tourner le dos à tout ce que je vous ai dit; mais j'espère qu'aujourd'hui vous ferez plus d'attention au conseil que je vous donne pour votre propre bien.

J'avais une autre vue, j'en avais même deux : l'une, à présent que vous êtes *comme sur le bord* du mariage, et que *vous avez jeté enfin votre gourme*, de vous donner quelques instructions sur votre conduite publique et privée, dans le cours de cette vie mortelle. Me connaissant les bonnes intentions que j'ai pour vous, votre devoir est de m'entendre; peut-être ne l'auriez-vous jamais fait dans une occasion moins extraordinaire.

La seconde est de faire connaître à votre chère dame, qui écrit elle-même si bien et si *sentencieusement*, que si vous n'avez pas mieux valu jusqu'à présent, ce n'est pas notre faute ni manque d'excellens avis.

Je commence en peu de mots par la conduite que vous devez tenir en public et en particulier; si vous me croyez capable de vous donner là-dessus quelques lumières, je serai court, n'ayez pas d'inquiétude.

Dans la vie privée, ayez pour votre femme l'affection qu'elle mérite. *Que vos actions fassent votre éloge.* Soyez un bon mari, et donnez ainsi le démenti à tous ceux qui ne vous aiment point : faites-les rougir de leurs propres scandales, et donnez-nous sujet de nous glorifier que miss Harlove ne s'est pas fait déshonneur à elle même, ni à sa famille, en entrant dans la nôtre. Faites cela, cher neveu et vous êtes sûr à jamais de mon amitié et de celle de vos tantes.

A l'égard de votre conduite publique, voici ce que j'aurais à souhaiter. Mais je compte que la sagesse de votre femme nous servira de guide à tous deux. Point de hauteur, monsieur, car vous savez que jusqu'à présent votre sagesse n'a pas fort éclaté.

Entrez au parlement le plus tôt qu'il vous sera possible. Vous avez des talens qui doivent vous faire espérer d'y faire une grande figure. Si quelqu'un est propre à faire des lois capables de subsister, ce sont ceux à qu[i] les anciennes n'ont pu servir de frein. Soyez assidu aux assemblées. Tandis que vous serez dans la chambre du parlement, vous n'aurez pa[s] l'occasion de commettre le mal, ou du moins aucun mal qu'on puiss[e] reprocher à vous seul.

Lorsque le temps de l'élection sera venu, vous n'ignorez pas que vou[s] aurez deux ou trois bourgs à choisir; mais j'aimerais mieux que vou[s] fussiez pour le comté. La faveur ne vous manquera pas, j'en suis sûr. Étant si bel homme, toutes les femmes obtiendront pour vous les voi[x] de leurs maris. J'attendrai vos harangues avec une extrême impatience je souhaiterais que vous parlassiez dès le premier jour, si l'occasion s'e[n] présente. Vous ne manquez pas de courage, vous avez assez bonne opinio[n] de vous-même et assez mauvaise des autres, pour ne pas demeurer e[n] arrière dans ces occasions.

Pour ce qui regarde les méthodes de la chambre, je vous connais asse[z] d'élévation d'esprit pour me faire craindre que vous les jugiez tro[p] au dessus de vous. Prenez garde à ce point. Je redoute bien moins, d[e] votre part, un défaut de bonnes manières. Avec les hommes, vous n[e] manquez point de décence lorsqu'ils ne vous irritent pas mal à propos sur cet article, je vous donne pour règle de souffrir les contradiction[s] d'autrui avec autant de patience que vous en demanderiez pour le[s] vôtres.

Quoique je ne souhaite pas de vous voir un partisan outré de la cour je serais fâché que vous fussiez du parti des mécontens. Je me souvien[s] (et je crois même l'avoir jeté par écrit) d'un bon mot de mon vieil ami sir Archibald Hutcheson, à M. Craggs, le secrétaire d'état; oui, je croi[s] que c'était à lui-même : « Je regarde une administration, d[i]s-il, comm[e] en droit d'attendre de moi tous les suffrages que je puis lui accorder e[n] bonne conscience. Une chambre des communes ne doit pas jeter mal à propos de l'embarras dans les roues du gouvernement. Lorsque je n'ai pas donné ma voix au ministre, c'est avec regret; et pour le bien d[e] mon pays, j'ai toujours souhaité de tout mon cœur que les mesures fussent telles que je pusse les approuver.

Il avait une autre maxime, que je n'ai pas moins retenue; c'es[t] « Qu'un ministère et des opposans ne peuvent avoir toujours tort. Ainsi, dire toujours oui pour l'un ou pour l'autre, c'est une marque infaillible de quelque mauvaise intention qu'on n'oserait avouer. »

Ces sentences, monsieur, sont-elles si mauvaises? Les croyez-vous méprisables? Pourquoi donc me blâmeriez-vous de les conserver dans ma mémoire et de les citer, comme j'y prends plaisir? Je ne ferai pas difficulté de vous dire que si vous aviez un peu plus de goût pour ma compagnie, vous n'en vaudriez pas moins. Je puis vous le faire remarquer sans vanité, puisque c'est de la sagesse d'autrui, et non de la mienne, que je fais tant de cas. Mais, pour ajouter un mot ou deux dans une occasion qui ne reviendra peut-être jamais (car je veux que vous lisiez cette lettre d'un bout à l'autre), aimez les honnêtes gens et fréquentez-les, de quelque condition qu'ils puissent être. ***Dis-moi qui tu fréquentes, je te dirai qui tu es.*** Ai-je ou n'ai-je pas déjà cité ce proverbe? Dans une si longue lettre, et reprise tant de fois, on n'a pas toujours la mémoire présente.

Vous pouvez espérer d'être revêtu de mon titre après moi ; Dieu veuille alors avoir mon âme ! Ainsi je souhaiterais de vous voir garder l'équilibre. Si vous vous faites une fois la réputation de bien parler, il n'y a rien à quoi vous ne puissiez prétendre. Il est certain que vous avez un grand fonds d'éloquence naturelle ; une langue qui séduirait un ange, comme disent les femmes, et quelques unes à leur grand chagrin, les pauvres créatures! Un chef d'opinion, dans la chambre des communes, est un homme d'importance, parce que le droit de cette chambre est de donner l'argent, et que *l'argent fait mouvoir le monde ;* et que, pour ne vous rien cacher, il fait quelquefois aller les reines et les rois même tout autrement qu'ils ne se l'étaient proposé.

Je ne serais pas d'avis que vous prissiez jamais une place à la cour. Votre crédit et l'opinion qu'on aura de vous croîtront au double, si l'on vous croit au dessus des emplois. Vous ne serez point exposé à l'envie, parce que vous ne vous trouverez sur le chemin de personne. Vous jouirez d'une considération solide, et les deux partis vous feront également la cour. Un emploi ne vous sera pas nécessaire, comme à quelques autres, pour réparer le désordre de vos affaires. Si vous pouvez vivre aujourd'hui fort honnêtement avec deux mille livres sterling de rente, il serait bien étrange qu'après moi vous ne le puissiez pas avec huit mille. Vous n'aurez pas moins, si vous avez un peu d'attention à m'obliger, comme vous y serez porté sans doute en épousant une personne si estimable : je ne compte pas ce que vous pouvez attendre de vos tantes. Quel démon peut avoir possédé les fiers Harlove, surtout ce fils, cet héritier de leur famille? Mais en faveur de sa sœur, je n'en dirai pas un mot de plus.

A moi-même, on n'a jamais offert de place à la cour ; et la seule que j'aurais acceptée, si on me l'avait offerte, eût été celle de grand-veneur, parce que, dans ma jeunesse, j'ai beaucoup aimé la chasse, et que cet office est d'une fort belle apparence pour un homme de qualité qui vit dans ses terres : je me suis rappelé bien des fois cet excellent proverbe : *Celui qui mange les oies du roi sera étouffé par les plumes.* Il serait fort à souhaiter qu'il fût connu de tous ceux qui aspirent aux emplois ; ils s'en trouveraient mieux, eux et leurs pauvres familles. Je pourrais ajouter beaucoup d'autres réflexions, mais qui reviendraient au même. Réellement, je commence à me sentir fatigué, et je ne doute pas que vous ne le soyez aussi. D'ailleurs, je suis bien aise de réserver quelque chose pour la conversation.

Mes nièces Montaigu et mes deux sœurs s'unissent dans leurs complimens à ma nièce future. S'il lui plaisait que la cérémonie fût célébrée parmi nous, ne manquez pas de lui dire que nous ne laisserions rien manquer à la solidité du nœud. Nous ferions reluire et danser tout le pays pendant une semaine entière. Mais je crois vous l'avoir déjà dit.

Si vous me croyez propre à quelque chose qui puisse avancer votre bonheur mutuel, faites-le-moi savoir, avec le jour que vous aurez fixé, et tout ce qui peut toucher vos intérêts. Le billet de mille livres, que vous trouverez sous cette enveloppe, est payable à vue ; comme le sera toute autre somme qui pourra vous être nécessaire et que vous me ferez le plaisir de me demander.

Je prie le ciel de vous bénir tous deux. Prenez des arrangemens, les plus commodes que vous pourrez pour ma goutte. Quels qu'ils soient néanmoins, je me traînerai vers vous du mieux qu'il me sera possible ;

car j'ai une impatience extrême de vous voir, et plus encore de voir ma nièce. Dans l'attente de cet heureux jour, je suis votre oncle très affectionné,

M....

LETTRE CCIV.

M. LOVELACE, A M. BELFORD.

Jeudi, 25 mai.

Tu vois, Belford, comme nous faisons voile avant le vent. La chère personne vient à présent, presqu'au premier mot, chaque fois que je lui fais demander l'honneur de sa compagnie. Je lui dis hier au soir qu'appréhendant les lenteurs de Pritchard, j'étais déterminé à laisser la liberté à milord de nous faire ses complimens dans la forme qu'il souhaiterait, et que j'avais déposé actuellement, dans l'après-midi, mes papiers entre les mains d'un habile jurisconsulte (le conseiller Williams), avec ordre de dresser les articles sur l'état de mon bien. Ce n'est pas une petite partie de mon chagrin, lui ai-je dit, que ses fréquens mécontentemens et nos malentendus continuels m'aient ôté jusque aujourd'hui le pouvoir de délibérer là-dessus avec elle. Assurément, ma chère vie, ai-je ajouté, vous m'avez fait faire un cours de galanterie bien épineux.

Elle gardait le silence, mais d'un air de bonté; car je sais fort bien qu'elle aurait pu récriminer avec justice. Mais je voulais voir si elle n'aurait pas à présent quelque peine à me désobliger. Ma consolation, ai-je repris, était d'espérer que tous les obstacles seraient bientôt levés, et toutes les peines abîmées dans l'oubli.

Il est vrai, Belford, que j'ai déposé mes papiers chez le conseiller Williams, et que j'en espère l'extrait dans huit jours au plus tard. Alors je serai doublement armé. Si je tente quelque chose sans succès, ces nouvelles armes serviront à me rétablir dans son esprit, jusqu'à l'occasion d'une autre tentative.

J'ai d'autres inventions en réserve. Je pourrais t'en apprendre cent et n'en avoir pas moins cent de reste, pour les employer au besoin, pour exciter ta surprise et soutenir ton attention. Ne t'emporte pas contre moi; car si tu es mon ami, souviens-toi des lettres de miss Howe et de son système de contrebande. C'est ma belle captive qui l'informe de tout. C'est elle qui l'excite. Ne suis-je pas déjà, pour ces deux filles, un vilain, un fou, un Belzébuth? Cependant quel mal leur ai-je fait? Qu'ai-je même tenté jusqu'à présent?

La chère personne m'a répondu, les yeux baissés et la rougeur au visage, qu'elle m'abandonnait tous les soins de cette nature. Je lui ai proposé, pour la célébration, la chapelle de milord M..., où nous pourrions avoir la présence de mes deux tantes et de mes deux cousines. Elle ne m'a pas marqué de penchant pour les cérémonies publiques, et je m'imagine, en effet, qu'elle n'en a pas plus que moi. La voyant passer légèrement là-dessus, je me suis bien gardé de la presser davantage.

Mais je lui ai déjà offert des modèles d'étoffes, et j'ai donné ordre à à quelques joailliers de lui apporter aujourd'hui différentes garnitures de diamans à choisir. Elle n'a pas voulu développer les modèles. Elle a poussé un soupir à cette vue. «Les seconds, m'a-t-elle dit, qui lui ont été présentés!» Elle a refusé aussi de voir les joailliers : et la proposition de faire remonter les diamans de ma mère a été renvoyée à d'autres temps. Je t'assure, Belford, que toutes étaient sérieuses de ma part. Tout mon bien n'est rien pour moi, en comparaison de son cœur.

Elle m'a dit alors qu'elle avait jeté par écrit ce qu'elle pensait de mes articles, et qu'elle y avait expliqué son sentiment sur les habits et les joyaux; mais que dimanche dernier, à l'occasion de la conduite que j'avais tenue avec elle sans qu'elle pût deviner pourquoi, elle avait déchiré son écrit. Je l'ai pressée fort instamment de me faire voir ce papier, tout déchiré qu'il était. Après avoir un peu hésité, elle est sortie, et le papier m'est venu par Dorcas. Je l'ai relu. Je l'ai trouvé comme nouveau, quoiqu'il y eût si peu de temps que je l'avais lu ; et, sur ma damnation ! j'ai eu beaucoup de peine à me rendre maître de ma contenance. L'admirable créature ! ai-je répété vingt fois en moi-même. Mais je t'avertis, si tu lui veux du bien, de ne pas m'écrire un mot en sa faveur; car si je lui fais grâce, ce doit être de mon propre mouvement.

Tu supposes aisément qu'aussitôt que je l'ai revue je me suis livré au plaisir de la louer, et que j'ai renouvelé tous mes sermens de reconnaissance et d'amour éternel. Mais voici le diable. Elle reçoit encore tout ce que je lui dis, avec réserve, elle le reçoit comme un tribut si juste, qu'elle n'en paraît pas flattée. Les louanges et la flatterie perdent quantité de femmes. Moi-même, je me sens enfler le cœur lorsqu'on me loue. Tu me diras peut-être que ceux qui s'enflent des louanges sont ordinairement ceux qui les méritent le moins, comme on voit s'enfler de leurs richesses ou de leur grandeur ceux qui ne sont pas nés pour ces deux avantages. J'avoue qu'il faut avoir une âme bien trempée, pour être supérieur à ce faible. Mais suis-je donc sans âme ? Non, j'en suis sûr. Regarde moi donc comme une exception à la règle commune.

Je suis fondé maintenant à tenir ferme dans mes résolutions. Milord, dans l'excès de sa générosité, parle de céder mille livres sterling de rente. Je suis persuadé que si j'épousais ma belle, il mettrait sur elle, plutôt que sur moi, tout ce qu'il a dessein de céder ; et ne m'a-t-il pas déjà menacé qu'à sa mort, si je ne suis pas un bon mari, il lui laissera tout ce qu'il pourra m'ôter ? Cependant il ne considère pas qu'une femme si parfaite ne peut jamais être mécontente de son mari sans se déshonorer, car personne ne la croira blâmable. Nouvelle raison, comme tu vois, qui ne permet pas à un Lovelace d'épouser une Clarisse. Mais quel original que mon cher oncle, de penser à rendre une femme indépendante de son souverain, et par conséquent rebelle... Cependant, il ne s'est pas trouvé trop bien lui-même d'avoir commis une folie de cette nature.

Dans son écrit déchiré, ma charmante ne parle que de deux cents livres sterling pour sa pension annuelle. Je l'ai pressée de fixer une plus grosse somme. Elle m'a dit qu'elle consentait donc à trois cents, et moi, dans la crainte de me rendre suspect par de trop grandes offres, j'ai dit cinq cents, avec l'entière disposition de tous les arrérages qui sont entre les mains de son père, pour en favoriser madame Norton ou tout autre qu'elle jugera digne de ses bienfaits.

Elle m'a répondu que sa bonne Norton ne souhaiterait pas qu'elle allât pour elle au delà des bornes convenables. Elle avait soin, m'a-t-elle dit, que ces dispositions de cette nature fussent toujours proportionnées à la position des personnes. Les pousser loin, c'était exposer ceux qu'on oblige à la tentation de former des projets extraordinaires, ou à prendre un air emprunté dans un nouvel état pendant qu'ils pourraient briller dans leur état ordinaire. L'aisance nécessaire pour aider son fils, et pour se mettre elle-même à couvert du besoin, bornerait toute l'ambition d'une si digne mère.

Voilà de la prudence, voilà du jugement dans une personne de cet âge. Que je hais les Harlove pour avoir produit un ange! Ah! pourquoi, pourquoi s'est-elle refusée à mes instances lorsque je l'ai pressée de former le nœud avant que de venir à la ville? Mais ce qui mortifie mon orgueil, c'est que, si nous étions mariés, cette sublime créature ne se serait pas gouvernée avec moi par amour, mais par pure générosité, ou par un aveugle devoir, et qu'elle aimerait mieux vivre dans le célibat que d'être jamais ma femme. Je ne puis soutenir cette idée. Je voudrais que la femme à qui je donnerai mon nom, si je fais jamais cet honneur à quelque femme, négligeât pour moi jusqu'à ses devoirs supérieurs. Je voudrais que, lorsque je sortirai de la maison, elle me suivît des yeux aussi long-temps qu'elle pourrait me voir, comme mon *bouton de rose* suivait *Jean*, et qu'à mon retour, elle vînt avec transport au devant de moi. Je voudrais l'occuper dans ses songes comme dans ses heures de veille. Je voudrais qu'elle regardât comme perdus tous les momens qu'elle n'aurait pas passés avec moi; qu'elle chantât pour moi, qu'elle lût, qu'elle badinât pour moi, et que sa plus grande satisfaction fût de m'obéir ; que lorsque je serais disposé à l'amour, elle m'accablât des marques de sa tendresse; que, dans mes momens sérieux ou solitaires, elle n'osât s'approcher de moi qu'avec respect, prête à se retirer au moindre signe, n'osant s'avancer qu'autant qu'elle serait encouragée par un sourire; qu'elle se tînt devant moi dans un profond silence, et que si je ne marquais pas d'attention pour sa présence, elle se retirât sur la pointe des pieds ; enfin, qu'elle fût commode pour tous mes plaisirs, qu'elle aimât les femmes qu'elle connaîtrait capables d'y contribuer; soupirant seulement en secret, que ce ne fût pas toujours elle-même. Telle était l'ancien usage entre les femmes des honnêtes patriarches, qui recommandaient une jolie servante à leurs maris, lorsqu'elles la croyaient propre à lui plaire, et qui ne mettaient pas de distinction entre les fruits de cet amour et leurs propres enfans.

Le tendre Waller dit que les *femmes sont faites pour être maîtrisées*. Tout tendre qu'il était, il connaissait cette vérité. Un mari tyran fait une vertueuse femme. Pourquoi les femmes aiment-elles les libertins de notre espèce, si ce n'est parce qu'ils dirigent leurs volontés incertaines, et parce qu'ils entendent parfaitement l'art de les conduire ?

Autre conversation agréable. Le jour, ou les jours en ont fait le sujet. En fixer un, m'a dit la belle, c'est ce qui n'est pas nécessaire avant que les articles soient réglés. La célébration dans la chapelle, en présence des dames de ma famille, serait une affaire d'éclat; et ma charmante observe avec regret que milord paraît être dans l'intention de rendre l'affaire éclatante.

Je lui ai répondu que le voyage de milord en litière, son arrivée à la ville, son goût pour la magnificence, et les témoignages de sa joie, donneraient aussi nécessairement un air public à notre mariage, que s'il était célébré dans la chapelle de M..., en présence des dames.

Elle ne pouvait supporter, a-t-elle répliqué, la pensée d'une fête publique. C'était une espèce d'insulte pour toute sa famille. Si milord ne voulait pas s'en offenser (comme elle l'espérait, parce que la proposition n'était pas venue de lui-même, mais de moi), elle le dispenserait volontiers de nous honorer de sa présence, d'autant que la parure alors et l'air de représentation ne seraient pas nécessaires ; car elle m'avouait qu'elle ne pouvait penser à se parer, tandis que son père et sa mère étaient dans les larmes. Plaisante idée que celle-là. Si ses parens pleurent, ne l'ont-ils pas mérité ?

Vois, Belford : avec de si charmantes délicatesses, le nœud ne devait pas être différé si long-temps. Cependant il nous reste encore du chemin à faire avant que d'y arriver.

Je n'ai marqué que de l'obéissance et de la résignation. Nulle autre volonté que la sienne. Je l'ai quittée pour écrire sur-le-champ à milord. Elle n'a pas désapprouvé ma lettre. Je n'en ai pas gardé une copie ; mais en substance : « je témoigne ma reconnaissance à milord, pour la bonté dont il me donne de si chères marques, dans l'occasion la plus sérieuse et la plus importante de ma vie. Je lui dis que l'admirable personne, à laquelle il donne des louanges si justes, trouve de l'excès dans les propositions qu'il fait en sa faveur ; que jusqu'à ce qu'elle soit réconciliée avec ses proches, elle n'a pas d'inclination pour une fête éclatante, si nous pouvons éviter l'éclat sans désobliger les miens ; qu'en se croyant fort redevable aux sentimens de bonté qui lui font consentir à me la donner de sa propre main, comme elle présume qu'il n'a pas d'autre intention que de lui faire honneur, aux dépens même de sa santé, qui ne lui permet pas trop de s'exposer à la fatigue du voyage, elle croit qu'il serait beaucoup plus à propos qu'il s'épargnât cette peine, et qu'elle se flatte que la manière dont elle pense là-dessus sera prise de toute la famille dans son véritable sens.

» J'ajoute que le château de Médian me paraît le plus convenable pour notre demeure, surtout parce qu'il me semble que c'est aussi le sentiment de milord ; mais que, s'il le souhaite, la dot peut être assignée sur mon propre bien, et que je laisse l'alternative à son choix ; que j'ai offert son billet de banque à miss Harlove, mais que, sur le refus qu'elle a fait de l'accepter, n'en ayant pas besoin moi-même à présent, je le lui renvoie avec mes remerciemens, etc. »

Cette manœuvre m'engage dans des longueurs qui me désespèrent. Quelle figure ferais-je dans les annales des libertins, s'il arrivait que je fusse pris dans mon propre piége ? Mais de quelque manière que l'affaire puisse tourner, de toute sa vie milord n'a reçu une lettre si agréable de son neveu Lovelace.

Miss Clarisse, après avoir fait à son amie, dans une autre lettre, le récit des circonstances qu'on vient de lire, s'exprime en ces termes :

La principale consolation que je trouve dans ces favorables apparences, c'est que vraisemblablement, si je n'y mets pas d'obstacles par ma faute, moi qui n'ai à présent qu'une amie, j'en aurai autant qu'il y a de personnes dans la famille de M. Lovelace, soit qu'il en use bien ou mal avec moi ; et qui sait si, par degrés, le rang et le mérite de ces nouveaux amis n'aura pas assez de poids pour me rétablir dans la faveur de mes proches ? Il n'y a point de véritable repos pour moi jusqu'à cet agréable dénouement. Mon espérance, d'ailleurs, n'est pas d'être jamais heureuse. Le caractère de M. Lovelace et le mien sont extrêmement différens : différens sur des points essentiels. Mais, dans les termes où je suis actuellement avec lui, je vous recommande, ma chère amie, de garder pour vous seule toutes les circonstances dont la révélation pourrait ne pas lui faire honneur. Il vaut mieux que les fautes d'un mari soient révélées par tout autre que par sa femme, si je suis destinée à porter ce titre, et tout ce qui pourrait vous échapper paraîtrait venir de moi.

Je demanderai constamment au ciel qu'il répande sur vous tout ce qu'on peut espérer de bonheur dans ce monde ; et que vous et les vôtres, dans la postérité la plus éloignée, vous ne manquiez jamais d'une amie telle que ma chère Anna Howe l'a toujours été pour sa Clarisse Harlove.

M. Lovelace, pour faire gloire de ses inventions, explique à son ami, dans une autre lettre, le plan de vengeance qu'il a formé contre miss Howe, dans un voyage qu'elle devait faire à l'île de Wight, accompagnée de sa mère et de M. Hickman, pour visiter une tante fort riche qu'elle avait dans cette île et qui souhaitait de la voir, elle et son mari futur, avant qu'elle changeât de nom ; mais comme il parle de ce plan sans être résolu de l'exécuter, l'éditeur anglais a supprimé cette lettre.

LETTRE CCV.

M. LOVELACE, A M. BELFORD.

Si le complot dont je t'ai donné l'explication n'est pas de ton goût, compte, Belford, que j'en ai trois ou quatre autres dont je suis beaucoup plus satisfait, et dont tu le seras peut-être aussi. Je t'en laisserai le choix, si tu veux renoncer seulement aux misérables engagemens que tu as pris. Pour les trois camarades, ils doivent exécuter ce que je leur ai prescrit ; et ne t'imagine pas que tu puisses t'en dispenser non plus. Ne suis-je pas votre général ? Mais c'est un sujet auquel je reviendrai dans son temps. Tu sais que je ne me détermine jamais absolument pour un projet, avant le temps de l'exécution. Alors, l'action de la foudre n'est pas plus prompte que la mienne.

Revenons à ce qui me touche immédiatement le cœur. Me croiras-tu, si je te dis que, par rapport à ma fière maîtresse, j'ai tant de systèmes qui se présentent en foule à mon esprit pour obtenir la préférence, que je suis dans l'embarras pour choisir. Je pourrais t'en apprendre six principaux dont un seul répondrait à toutes mes vues. Mais comme la chère personne ne m'a point épargné les sujets de chagrin, je crois que la reconnaissance m'oblige à ne pas ménager mes machines, et que je dois, au contraire, lui causer de l'étonnement et de l'admiration, en faisant jouer trois ou quatre mines à la fois.

Écoute et suis-moi, si tu es capable de me comprendre. Je serai demain fort malade, sérieusement, je le serai. Malade ! Eh ! pourquoi malade ? Pour quantité de bonnes raisons, Belford. Je te crois fort curieux d'en savoir du moins une. Malade ! De toutes mes inventions, je suis sûr que celle-ci te serait le moins tombée dans l'esprit.

Peut-être crois-tu que ma vue est d'attirer la belle au chevet de mon lit. C'est une ruse ancienne de trois ou quatre mille ans. Il conviendrait bien mieux à mes desseins de pouvoir m'approcher du sien ; mais je vois bien qu'il faut t'instruire plus clairement.

Je suis plus inquiet que tu ne le penses sur ce système de contrebande, qui est de l'invention de miss Howe. Il ne faut pas douter que si je fais une tentative sans succès, ma charmante n'entreprenne l'impossible pour s'échapper d'entre mes mains. Je m'étais persuadé autrefois qu'elle m'aimait ; mais j'en doute à présent ; ou du moins que ce soit avec une *ardeur*, pour employer le terme de miss Howe, qui la rende capable de me pardonner des fautes préméditées.

Et que me servira d'être malade ? Écoute-moi jusqu'à la fin. Mon intention n'est pas d'être aussi malade que Dorcas le représentera. Cependant, je haleterai prodigieusement. Je rendrai un peu de sang caillé. Sûrement je me serai rompu quelque vaisseau. On n'en pourra point douter. On fera venir de l'eau styptique d'Eaton ; mais aucun médecin ne paraîtra. Si ma belle a quelque sentiment d'humanité, elle ne manquera pas de s'alarmer ; mais si le cœur est pris, si c'est de l'amour qu'elle ressent, quelque refroidi qu'il puisse être, il se produira dans cette occasion, il éclatera, non seulement dans ses yeux, mais dans chaque trait de son charmant visage.

Je serai fort intrépide. Je ne redouterai pas la mort, ni aucune suite de mon accident. Je parlerai en homme sûr d'être mieux dans une heure ou deux pour avoir déjà fait une heureuse expérience de ce remède balsamique à l'occasion d'une chute qui m'est arrivée à la chasse, et dont ma maladie est vraisemblablement un reste ; cette conduite, tandis que tout le monde paraîtra fort alarmé de ma situation, fera voir à la belle que je n'en ai point la moindre inquiétude, et que je n'ai par conséquent aucun dessein.

Tu commences, sans doute, à juger mieux de mon invention. Je m'y suis attendu, lorsque j'aurais achevé de m'expliquer. Une autre fois, que tes yeux soient prêts à lire ces merveilles, et ton esprit à bannir tous les doutes. A présent, Belford, si ma charmante n'est pas extrêmement touchée de me voir un vaisseau rompu, mal fort dangereux dans une constitution aussi ardente qu'on connaît la mienne, et que j'attribuerai d'un air calme aux agitations et aux chagrins que j'ai essuyés depuis quelque temps ; ce qui doit passer à ses yeux pour une nouvelle preuve de mon amour, et m'attirer quelque sentiment de reconnaissance... Quoi ? qu'arrivera-t-il ? Ce qui arrivera ? je ne serai pas combattu alors par des remords trop vifs, si je prends le parti d'employer un peu de violence : car celle qui ne marque point de compassion n'en doit pas attendre.

Mais si son inquiétude paraît extrême ?

Alors je serai dans l'espérance de bâtir sur un bon fondement. L'amour cache une multitude de fautes, et diminue celles qu'il ne peut cacher. L'amour, lorsqu'il est découvert et reconnu, autorise les libertés. Une liberté en produit une autre. Enfin, je verrai alors où cette ouverture pourra me conduire.

Fort bien, Lovelace : mais avec cette force de santé et ce visage fleuri, comment persuader à quelqu'un que tu sois malade ?

Comment ? quelques graines d'ipécacuanha feront l'affaire... c'est assez pour me faire haleter comme une furie.

Mais le sang ? comment rendre du sang, si je ne me fais une blessure réelle ?

Pauvre Belford ! Ignores-tu donc qu'il se trouve des pigeons et des poulets chez le premier rôtisseur ?

Joins les mains d'admiration.

Dans un état si douteux, madame Sinclair me représentera que j'ai mené depuis quelque temps une vie trop sédentaire. Je me laisserai persuader de faire venir une chaise, et de me faire porter au parc, où j'essaierai un peu de marcher. A mon retour, je m'arrêterai au Cocotier pour m'amuser quelques momens.

Et que m'en reviendra-t-il?

Encore des questions? je crains Belford, que tu ne sois un incrédule. Eh bien! pour satisfaire ta curiosité, ne saurai-je donc pas si ma charmante entreprend de sortir dans mon absence? Ne verrai-je donc pas, à mon retour, si je suis reçu avec tendresse? Mais ce n'est pas tout; je ne sais quel pressentiment m'avertit qu'il arrivera quelque chose d'intéressant pendant ma promenade. C'est ce que je remets à t'expliquer dans un autre temps.

Conviendras-tu enfin, Belford, ou ne conviendras-tu pas, qu'il est utile à bien des choses d'être malade? En vérité, je prends tant de plaisir à mes inventions, que si je perds l'occasion de les mettre en œuvre, j'en serai à demi fâché. De ma vie je n'en retrouverai une si belle.

D'un autre côté, les femmes de la maison sont si pressantes dans leurs impertinens reproches, qu'elles ne me laissent pas un moment de repos. Elles voudraient que, sans perdre le temps en projets éloignés, je prisse le parti d'employer quelqu'un de leurs artifices vulgaires et usés. Sally, particulièrement, qui se croit l'esprit fort inventif, me disait tout à l'heure, d'un air insolent, sur le refus que j'ai fait de ses offres, que mon intention n'était pas de vaincre, et que j'étais assez méchant pour penser au mariage, quoique je fisse difficulté de l'avouer. Parce que ce petit diable a fait son premier sacrifice à mon autel, il se croit en droit de prendre avec moi toutes sortes de libertés; et son impertinence augmente, de ce que depuis long-temps j'évite, avec affectation, dit-elle, l'occasion de répondre à ses avances. L'impudente! Me croire capable d'être le successeur d'un autre homme. Je n'en ai jamais été réduit à cette humiliation. Tu sais quel a toujours été mon principe. Ce qui passe une fois entre les mains d'autrui ne rentre jamais dans les miennes. C'est à des gens tels que toi et tes compagnons qu'il convient de s'accommoder d'un bien commun. J'ai toujours aspiré à la gloire des premières découvertes. Je n'en suis que plus coupable, diras-tu peut-être, de me plaire à corrompre ce qui n'a jamais été corrompu. Mais tu te trompes grossièrement; une maxime telle que la mienne met les maris à couvert. Aussi, n'ai-je point à me reprocher d'avoir porté beaucoup d'atteintes un nœud conjugal.

Cependant une aventure qui m'est arrivée à Paris avec une femme mariée, et dont je crois ne t'avoir jamais fait le récit, ne me permet pas de dire que j'aie la conscience absolument nette. L'esprit d'intrigue y eut plus de part qu'aucune méchanceté réfléchie. Je veux te l'apprendre en deux mots.

Un marquis français, d'un âge assez avancé, qui se trouvait employé par sa cour dans une fonction publique à celle de Madrid, avait laissé une femme jeune et charmante, qu'il avait épousée depuis peu, dans la même maison et comme sous la garde de sa sœur, qui était une vieille et insolente prude. Je vis la jeune dame à l'Opéra: je pris du goût pour elle à la première vue, et plus encore à la seconde, lorsque j'eus appris sa situation. Il ne me fut pas difficile de me lier avec l'une et l'autre, après avoir trouvé l'occasion de me faire présenter à la vieille. Mon premier soin fut de tourner toutes mes attentions vers cette prude, et de lui faire penser qu'elle avait pu m'inspirer quelques sentimens tendres. En même temps, je prenais avantage de la situation de la jeune marquise, entre la jalousie de son mari et l'arrogance de sa belle-sœur, pour la piquer contre ces deux ennemis de sa liberté. Je me flattai d'y faire entrer un peu d'égards pour ma personne. Les dames françaises n'ont pas d'aversion pour la galanterie.

La vieille sœur ne laissa pas de former quelques soupçons. Mais j'étais déjà si bien dans l'esprit de la jeune, qu'elle ne se trouva pas disposée à voir congédier le seul homme qu'on lui eût permis de voir. Elle m'apprit les soupçons de sa sœur; je lui conseillai de l'engager à se cacher dans un cabinet pendant ma première visite, sous prétexte de lui faire entendre comment je m'expliquerais dans son absence. Elle prit la clé du cabinet dans sa poche, parce qu'il n'était pas à propos que la vieille pût être surprise, soit par ma curiosité ou par celle d'un autre. J'arrivai; je m'assis près de l'aimable marquise : je marquai de l'étonnement de ne pas voir sa sœur, du chagrin, de l'impatience; et, prenant une si belle occasion d'exprimer des sentimens fort vifs pour cette chère absente, je lui donnai le plaisir de croire que je parlais d'elle avec une passion extrême, tandis que mes regards levaient l'équivoque pour la marquise.

Quel fut le dénouement? Je pris cette charmante Française par la main, en feignant de vouloir chercher sa sœur dans l'appartement voisin. Je la traînai à demi, sans qu'elle osât crier pour se plaindre; et la vieille, enfermée sous une clé sûre, demeura dans le ravissement de tout ce qu'elle venait d'entendre.

Jamais une jolie femme ne s'est trouvée inutilement tête-à-tête avec moi, à l'exception néanmoins de ma chère Clarisse. Mon ingénuité me fit obtenir grâce : la marquise trouva cette double tromperie d'autant plus plaisante, que non seulement sa geolière ne pouvait se plaindre d'être elle-même en prison, mais qu'en redevenant libre après mon départ, elle se crut presque aussi heureuse que nous l'avions été, sa sœur et moi...

Les Anglais, Belford, ne l'emportent pas souvent sur les Français par l'esprit.

Notre commerce se soutint par d'autres ruses, qui ne te paraîtraient pas moins ingénieuses. La glace une fois rompue, ma belle marquise ne fit pas difficulté d'y contribuer; car tu sais mon axiome : *Une fois subjuguée, c'est pour toujours.* Mais un incident plus tendre servit à révéler le secret, à le révéler, avant que notre disgrâce commune pût être voilée par le retour du marquis. La sœur, avec plus d'un sujet de ressentiment, devint une furie impitoyable. Le mari, moins propre à la qualité de mari qu'aucun homme de sa nation, et devenu plus susceptible, peut-être par son commerce avec les Espagnols, promit de loin une éclatante vengeance. Que restait-il à la belle que de se jeter sous ma protection? Elle ne s'en crut pas plus malheureuse jusqu'aux jours des grandes douleurs, que la mort et le repentir arrivèrent à la même heure.

Pardonne une larme, cher ami; elle méritait un meilleur sort. De quoi cet inexorable mari n'aura-t-il pas à répondre? La sœur fut punie par d'autres événemens. C'est une réflexion qui me console encore; elle fut réellement punie. Mais peut-être t'avais-je déjà raconté cette histoire ?

LETTRE CCVI.

M. LOVELACE, A M. BELFORD.

Vendredi, au soir.

Félicite-moi; je viens de prendre l'air avec ma charmante, après de grandes instances pour obtenir cette faveur. Nous étions accompagnés des deux nymphes, qui ont joué parfaitement leur rôle; les yeux modestes, le discours tourné sans affectation à la morale. Ah! Belford, quels démons que les femmes, lorsqu'elles ont passé les bornes et que nous avons rendu leur ruine complète!

Le carrosse nous a conduits vers Hamstead, de là vers Hihgate, vers Muzzelhill et d'autres lieux, d'où nous sommes revenus à Hamstead; et là, par complaisance pour les nymphes, ma charmante a consenti à faire une petite collation. Ensuite nous sommes revenus de bonne heure à la ville, par Kentish-Town.

Elle a paru d'une humeur délicieuse. Moi, j'ai marqué tant de respect et de complaisance pendant tout le chemin, et lorsque nous sommes descendus pour nous promener sur la hauteur, où la variété des objets forme une perspective charmante, qu'elle m'a promis d'y revenir quelquefois pour prendre le même air. Je crois, miss Howe, ai-je dit plusieurs fois en moi-même, je crois que tes misérables plans deviennent inutiles.

Depuis que nous sommes revenus, son occupation et la mienne ont été d'écrire. Elle a promis de m'accorder ce soir une heure d'entretien avant que de se retirer.

Tout ce que l'amour le plus soumis est capable d'inspirer, pour disposer son cœur à la maladie de demain, fera mon étude pendant notre conversation; mais j'aurai soin, en partant, de me plaindre d'un mal d'estomac.

Nous nous sommes vus. De ma part, l'amour et le respect ont joué parfaitement leur rôle. Il n'a rien manqué non plus à sa douceur et à sa complaisance. Elle a paru touchée de mon incommodité. Si subitement! Au moment que nous allions nous quitter. Mais ce n'était rien. Elle comptait de me trouver mieux demain.

Ma foi, Belford, je crois que je suis déjà malade. Est-il possible, pour un étourdi tel que moi, de se persuader qu'il ne se porte pas bien? A ce compte, je serais meilleur comédien que je ne le souhaite; mais je n'ai pas un nerf, pas une fibre, qui ne soient toujours prêts à contribuer au succès d'une extravagance dont j'ai formé le dessein.

Dorcas a transcrit pour moi toute la lettre de miss Howe, du dimanche 14 de mai, dont je n'avais encore que l'extrait. Elle n'en a pas trouvé de nouvelle dans le même paquet, mais c'est assez pour moi de celle-ci et de celle que j'ai copiée moi-même en chiffres, dimanche dernier, tandis que ma charmante était à l'église.

Dorcas m'apprend que sa maîtresse a transporté ses papiers de la grande armoire d'ébène dans une cassette qui contient son linge, et qu'elle a placée dans une garderobe obscure. Nous n'avons pas à présent la clé de cette cassette; elle y conserve apparemment toutes les lettres qu'elle a reçues avant celles que je me suis procurées. Dorcas en est fort inquiète : cependant elle se flatte de n'être pas soupçonnée, parce qu'elle est sûre d'avoir tout remis dans l'ordre où elle l'a trouvé.

LETTRE CCVII.

M. LOVELACE, A M. BELFORD.

Au Cocotier, samedi, 27 mai.

L'ipécacuanha est un remède extrêmement désagréable. Pourquoi ces maudits médecins ne peuvent-ils rien employer pour notre santé, qui ne soit un vrai poison? Il ne serait pas besoin d'autre punition dans l'autre monde, pour une vie mal employée, que de prendre leurs détestables drogues. Un médecin d'un côté, un apothicaire de l'autre, et la pauvre âme soumise à leurs ordonnances, je ne conçois pas de tourmens pires que cette situation.

Il était question de me donner un air malade : je n'ai que trop réussi. Ayant pris assez d'ipécacuanha pour me causer de grands vomissemens, et n'ayant pas avalé assez d'eau pour m'en délivrer tout à fait, je me suis trouvé aussitôt l'air d'un homme qui aurait gardé le lit pendant quinze jours. Il ne faut pas badiner avec des armes tranchantes, me suis-je dit à moi-même au milieu de l'exercice ; et bien moins avec celles de la médecine.

J'ai passé deux heures dans les tranchées. J'avais défendu à Dorcas d'en rien dire à ma chère Clarisse, par un pur mouvement de tendresse ; mais bien aise aussi de lui faire connaître, lorsqu'elle apprendrait ma défense, que je m'attendais à lui voir de l'inquiétude pour ma situation. Il faudrait valoir bien peu, pour s'abandonner soi-même, comme si l'on ne méritait l'attention de personne.

Fort bien ; mais Dorcas est une femme. Elle peut dire tout bas, à sa maîtresse, le secret qu'elle a reçu ordre de garder.

— Viens ici, toi friponne, ai-je dit à cette fille (malade en attendant comme un chien) ; laisse-moi voir comment la douleur, mêlée avec la surprise, fait sur ton visage. Tu t'y prends mal. Cette mâchoire abattue et cette bouche trop étendue en ovale conviennent plus à l'horreur qu'à la pitié. Retranche-moi ce clignotement, ces minauderies dans ton *odieux regard*, comme tu sais que ma charmante l'a une fois nommé. Oui, cela est beaucoup mieux ; fort bien : mais tiens la bouche un peu plus fermée. Tu as un ou deux muscles que tu ne saurais gouverner, entre l'os de la joue et les lèvres. Bon. Pars à présent. Monte et descends l'escalier en l'agitant beaucoup. Porte quelque chose avec toi ; rapporte-le, comme si tu l'avais été chercher ; jusqu'à ce que ce mouvement extraordinaire t'ait mise hors d'haleine, et puisse donner à ta respiration l'air naturel des soupirs.

Dorcas a commencé aussitôt la scène.

— Qu'y a-t-il donc, Dorcas?
— Rien, madame.

Ma charmante était étonnée, sans doute, de ne m'avoir pas vu le matin, mais trop dédaigneuse pour marquer son étonnement. Cependant, à force de répéter : Qu'y a-t-il donc, qu'y a-t-il donc? pendant que Dorcas s'empressait de monter et de descendre, elle a tiré de cette fille : — Ah, madame ! mon maître, mon maître...

— Quoi? Comment? Quand?

(Entre deux parenthèses, je t'apprendrai, Belford, que les petits mots dans la république des lettres, comme les petits hommes dans une nation, sont quelquefois ceux qui signifient le plus.)

— Je ne dois pas vous le dire, madame. Mon maître m'a défendu de vous le dire. Mais il est plus mal qu'il ne le pense. Il ne veut pas qu'on vous cause de l'épouvante.

Ici, une vive inquiétude a pris possession de chaque trait du charmant visage. Elle s'est attendrie pour moi! Sur mon âme, elle s'est attendrie.

— Où est-il?

(Trop empressée, comme tu vois, pour observer la décence des termes. Autre parenthèse, Belford. Ce qu'on appelle décence est si peu naturel, qu'il faut avoir l'esprit composé pour l'observer. La politesse n'habite point avec le trouble.)

— Je ne puis m'arrêter pour répondre aux questions, a crié la soubrette, quoiqu'elle ne désirât rien tant que de répondre, (Troisième parenthèse; comme les crieurs qui font des ventes publiques, et qui tournent le dos à ceux auxquels ils ont le plus d'envie de vendre.) Cette précipitation n'a fait qu'augmenter celle de ma charmante. Au même moment, une des nymphes a dit en bas à sa compagne, d'un ton contraint, mais à la porte, et assez haut pour être entendue de ma déesse, qui prêtait l'oreille : — Mon Dieu! ma chère, il faut avertir madame Lovelace; il y a sûrement du danger. A ces mots, l'adorable Clarisse s'est élancée après Dorcas : —Arrêtez... Je veux savoir...— O madame! un vomissement de sang! Un vaisseau rompu, j'en suis sûre!

Ma charmante n'a fait qu'un pas jusqu'à la chambre où j'étais; et s'approchant de moi, les yeux pleins d'une tendre inquiétude.

— Qu'avez-vous? comment vous trouvez-vous, monsieur Lovelace?

— O mon unique amour! fort bien, fort bien, ai-je répondu d'une voix languissante. Ce n'est rien, rien qui doive alarmer personne : je serai mieux dans un instant. Je n'avais pas besoin de me contrefaire, pour tromper ses yeux; car je souffrais comme un damné, quoique je ne rendisse plus de sang.

En un mot, Belford, je suis parvenu à mon point. Je vois que je suis aimé; je vois que toutes les offenses sont oubliées : j'ai du crédit pour recommencer un nouveau compte. Miss Howe, je te défie, ma chère. Madame Townsend! Qui êtes-vous toutes ensemble pour lutter contre moi? Tournez-moi le dos, avec votre contrebande. Qu'il n'y ait plus ici d'autre contrebandier que moi-même; et que les plus exquises faveurs de ma charmante ne soient plus des richesses prohibées pour moi.

Personne ne doute plus ici qu'elle ne m'aime. Les larmes lui sont venues aux yeux plus d'une fois, à la vue de ma situation. Elle a souffert que j'aie pris sa main, et que je l'aie baisée aussi souvent qu'il m'a plu. A l'occasion de quelque discours de madame Sinclair, qui me reprochait de vivre trop renfermé, elle m'a pressé de prendre l'air; mais elle m'a recommandé, dans les termes les plus obligeans, de prendre soin de moi. Elle m'a conseillé de prendre un médecin. *Dieu*, m'a-t-elle dit, a *fait* les *médecins*.

Je ne suis pas de cet avis, Belford. Dieu, assurément nous a fait tous; mais je crois que ma charmante a voulu dire la médecine au lieu *des médecins*; alors sa pensée pourrait fort bien être entendue dans le sens de cette phrase vulgaire : *Dieu envoie les viandes, et le diable fait la cuisine.*

Je me suis trouvé bientôt rétabli, après avoir pris le styptique de ses chères mains.

Lorsqu'elle m'a pressé de prendre l'air, je lui ai demandé si elle me ferait l'honneur de monter en carrosse avec moi : je voulais connaître, par sa réponse, si elle pensait à sortir dans mon absence.

Elle m'a répondu que si elle n'était persuadée qu'une chaise me convenait mieux après mon accident, elle m'aurait accompagné de tout son cœur.

Est-ce là un divin compliment? J'ai baisé encore une fois sa main : je lui ai dit qu'elle était la bonté même; que je regrettais de ne l'avoir pas mérité mieux, mais que je ne voyais devant nous que des jours heureux; que sa présence et le généreux intérêt qu'elle avait pris à mon accident m'avaient rétabli tout d'un coup; que j'étais bien, que je ne sentais pas le moindre mal ; mais puisqu'elle était d'avis que je prisse un peu l'air, j'allais faire appeler une chaise. — O chère Clarisse! ai-je ajouté, quand cette indisposition me serait venue de mes derniers chagrins et du regret que j'ai eu de vous avoir désobligée, tout serait compensé à l'infini par votre bonté. Tout le pouvoir de la médecine est dans un sourire de votre bouche et dans un regard de vos yeux. Votre dernier mécontentement a fait ma seule maladie.

Pendant ce temps-là toutes les femmes de la maison levaient les yeux et les mains pour remercier le ciel du miracle. — Voyez la force de l'amour, disait l'une tout bas, mais d'un ton qui pouvait être entendu: Le charmant mari! disait une autre ; et toutes ensemble : L'heureux couple! Que ce concert d'éloges a paru flatter ma charmante! Quelles étincelles j'ai vu sortir de ses yeux! Qu'on ne dise pas que les louanges offensent la modestie ; elles échauffent au contraire un cœur qui se rend témoignage de son mérite. Elles en bannissent la défiance, en y ranimant le courage et la gaîté.

A présent, Belford, crois-tu qu'une maladie ne mène à rien? Cependant je te déclare que j'ai trop d'expédiens agréables à mettre en œuvre pour recommencer jamais l'expérience de ce maudit ipécacuanha.

LETTRE CCVIII.

MISS CLARISSE HARLOVE, A MISS HOWE.

Samedi, 27 mai.

M. Lovelace, ma chère, a été fort malade. Son mal l'a pris subitement : il a vomi du sang en abondance. C'est quelque vaisseau rompu. Il s'était plaint, hier au soir, d'un mal d'estomac. Je m'en suis sentie d'autant plus touchée, que je crains qu'il ne soit venu de nos violentes discussions. Mais étais-je coupable?

Que j'ai cru le haïr ces jours passés? Mais je vois que, dans mon cœur, la colère et la haine ne sont que des mouvemens passagers. Il est impossible, ma chère, de haïr ceux qu'on voit en danger de mort, ou dans l'affliction. Je ne me sens point coupable de résister à la bonté, ni au sincère aveu d'une faute commise.

Aussi long-temps qu'il l'a pu, il a pris grand soin de me faire cacher sa maladie. Si tendre, si attentif dans la douleur ! Je voudrais ne l'avoir pas vu dans cet état. Ce spectacle a fait sur moi trop d'impression, alarmée encore, comme je l'ai été, par les craintes de tout le monde. Le pauvre jeune homme ! être surpris tout d'un coup, dans une santé si florissante !

Il est sorti dans une chaise à porteurs : je l'en ai pressé. Mais je crains de lui avoir donné un mauvais conseil ; car le repos est ce qu'il y a de mieux dans les maladies de cette nature. On n'est que trop prompte, dans les cas d'importance, à donner son avis sans certitude et sans lumière. Je lui ai proposé, à la vérité, de faire appeler un médecin ; mais il ne veut pas en entendre parler. Je respecte beaucoup la Faculté, et d'autant plus, que ceux qui la traitent avec mépris n'ont pas plus d'égards, comme je l'ai toujours observé, pour des institutions d'un ordre encore plus respectable.

Je vous avoue que mon esprit n'est pas tranquille : je crains de m'être trop exposée devant lui et devant les femmes de la maison. Elles pourront me trouver excusable, parce qu'elles nous croient mariés. Mais s'il manque de générosité, j'aurai peut-être sujet de regretter une surprise, qui m'apprend à me connaître mieux que je ne me suis connue jusqu'à présent, surtout lorsque j'ai raison de croire qu'il ne s'est pas bien conduit avec moi.

Cependant je vous dirai, comme je le crois sincèrement, que s'il me donne occasion de prendre l'air de réserve et de le tenir éloigné, j'espère que je trouverai assez de force dans la connaissance que j'ai de ses défauts, pour me rendre supérieure à mes passions ; car M. Lovelace, ma chère, n'est pas un homme estimable dans toutes les parties de son caractère. Que pouvons-nous faire de plus, que nous gouverner par les rayons de lumière qui nous luisent par intervalles ?

Vous ne vous étonnerez pas que je paraisse grave sur cette *découverte*. Quel nom je lui donne ! Mais quel nom puis-je lui donner ? Je n'ai pas le cœur assez à l'aise, pour approfondir ce cœur comme je le devrais.

Dans le mécontentement que j'ai de moi-même, je n'ai pas la hardiesse de jeter les yeux sur ce que je viens d'écrire. Cependant je ne sais pas comment j'aurais pu faire pour écrire autrement. Jamais je ne me suis trouvée dans une situation d'esprit si bizarre. Je serais embarrassée à vous la décrire. Auriez-vous jamais été de même ? c'est-à-dire, redoutant la censure de mon amie, sans croire néanmoins que je le mérite.

Je ne suis sûre que d'une chose : c'est que je la mériterais effectivement, si mon cœur avoit quelque secret que je voulusse vous déguiser.

Mais je n'ajouterai pas un seul mot, après vous avoir assurée que je veux faire un examen plus rigoureux de moi-même, et que je suis, etc.

CLARISSE HARLOVE.

LETTRE CCIX.

M. LOVELACE, A M. BELFORD.

Samedi au soir.

L'air m'a fait le mieux du monde ; il ne me reste rien de ma maladie. Avec un cœur tranquille, comment avoir mal à l'estomac ?

Mais en arrivant au logis, j'ai trouvé ma charmante fort alarmée d'un nouvel incident. On était venu s'informer de nous, et d'une manière fort suspecte. Ce n'était pas par nos noms, mais par la description de nos personnes qu'on nous avait demandés ; et le curieux était un domestique en livrée bleue, doublée et galonnée de jaune.

Dorcas et la fille de cuisine, qu'il avait fait appeler à la porte, ayant refusé de répondre à ses questions s'il n'expliquait ses motifs, et par quel ordre il était si pressant, il avait répondu, aussi laconiquement qu'elles, que si elles faisaient difficulté de s'expliquer avec lui, peut-être en feraient-elles moins avec une autre personne ; là-dessus, il s'était retiré de mauvaise humeur.

Dorcas était montée brusquement chez sa maîtresse, qu'elle avait alarmée non seulement par le récit de l'événement, mais encore plus par ses propres conjectures ; en ajoutant que c'était un homme de fort mauvaise mine, et qu'elle était sûre qu'il ne pouvait être venu avec de bonnes intentions.

La livrée et les traits du domestique ont donné lieu à de grandes recherches, qui n'ont pas été moins détaillées que les informations.

— Mon Dieu, mon Dieu ! s'est écriée ma charmante, les alarmes ne finiront donc pas ? et son imagination lui a représenté tous les maux qu'elle peut redouter. Elle a souhaité que M. Lovelace revînt promptement.

M. Lovelace est revenu, plein de vivacité, de reconnaissance, de respect et d'amour, pour remercier sa chère Clarisse, et la féliciter du miracle qu'elle avait opéré dans une guérison si prompte. Elle lui a fait le récit de l'aventure, avec toutes ces circonstances. Dorcas, pour augmenter la frayeur de sa maîtresse, nous a dit que le domestique avait le visage brûlé du soleil, et paraissait être homme de mer.

On a conclu que ce devait être le matelot du capitaine Singleton. La première scène à laquelle il fallait s'attendre, était de voir notre maison environnée de tout un équipage de vaisseau ; d'autant plus, que, suivant une lettre de miss Howe, le navire du capitaine n'était pas plus loin qu'à la pointe de Roterhith.

— Impossible, ai-je dit. Une entreprise de cette nature ne serait pas précédée d'une information si mal entendue. Pourquoi ne serait-ce pas plutôt un des gens de votre cousin Morden, qui venait vous apporter la nouvelle de son arrivée et vous préparer à sa visite ?

Cette explication a paru lui plaire. Ses craintes se sont dissipés. Elle a eu le temps de me féliciter sur le prompt rétablissement de ma santé ; ce qu'elle a fait de l'air le plus obligeant.

Mais notre entretien n'avait pas été long, lorsque Dorcas est revenue nous dire, avec assez d'effroi, que le laquais, le même laquais, était encore à la porte, et qu'il demandait, si M. et madame Lovelace n'étaient pas logés dans cette maison. Il n'avait aucune mauvaise vue, avait-il dit à Dorcas. Mais cette observation même était une démonstration, pour ma charmante, que nous étions menacés de quelque grand mal. Comme Dorcas n'avait pas fait de réponse, j'ai proposé de descendre moi-même, pour entendre de quoi il était question.

— Je vois, ai-je dit, vos craintes imaginaires et votre impatience, ma chère vie ; vous plaît-il de descendre avec moi ? Vous entrerez dans le parloir, d'où vous pourrez entendre, sans être vue, tout ce qui va se passer à la porte.

Elle y consentit. Nous sommes descendus : Dorcas a fait avancer le domestique. Je lui ai demandé ce qu'il désirait, et ce qu'il avait à dire à monsieur ou à madame Lovelace ? Après quantité de révérences : —Je suis sûr, m'a-t-il dit, que j'ai l'honneur de parler à M. Lovelace même. Ce que j'ai à demander, monsieur, c'est si vous demeurez ici et si l'on peut vous y parler, ou si vous y êtes du moins pour quelque temps ?

— De quelle part, mon garçon ?

— De la part d'un gentilhomme qui m'a donné ordre de répondre uniquement à cette demande, qu'il est ami de M. Jules Harlove, oncle aîné de madame Lovelace.

La chère personne a pensé s'évanouir à ce nom. Elle s'est procuré depuis peu des sels et elle les a tirés aussitôt.

— Dites-moi, mon ami, connaissez-vous le colonel Morden ?

— Non, monsieur ; je n'ai jamais entendu ce nom-là.

— Ni le capitaine Singleton ?

— Non, monsieur. Mais mon maître est aussi capitaine.

— Comment se nomme-t-il ?

— Je ne sais pas si je dois le dire.

— Il ne saurait y avoir de mal à me dire son nom, si vous venez avec des vues honnêtes.

— Très honnêtes, monsieur, car mon maître me l'a dit, et sur la face de la terre il n'y a pas de plus honnête gentilhomme que mon maître. Son nom, monsieur, est le capitaine Tomlinson.

— Je ne connais point ce nom-là.

— C'est ce que je m'imagine, monsieur. Il m'a dit qu'il n'avait point l'honneur d'être connu de vous ; mais que malgré cela sa visite ne vous serait pas désagréable.

Ici, faisant deux pas pour m'approcher du parloir :

— Connaissez-vous ma très chère vie, un capitaine Tomlinson, ami de votre oncle ?

— Non, a répondu ma charmante, mais mon oncle peut avoir des amis que je ne connais pas. Et paraissant tremblante, elle m'a demandé si j'avais bonne opinion de cette aventure.

Il fallait achever avec le messager.

—Si votre maître, lui ai-je dit, a quelque chose à démêler avec M. Lovelace, vous pouvez l'assurer que M. Lovelace est ici, et se trouvera volontiers au rendez-vous qui lui sera marqué.

La chère personne a paru craindre que, pour ma propre sûreté, je ne me fusse engagé trop légèrement. Le messager est parti ; tandis que, pour prévenir l'étonnement de ma belle, j'ai feint de m'étonner que le capitaine Tomlinson, qui avait de justes raisons de me croire au logis, n'eût pas écrit deux mots en y envoyant pour la seconde fois.

En même temps, dans la crainte que ce ne fût quelque invention de James Harlove, qui aime les complots, ai-je remarqué, quoiqu'il n'y ait pas la tête fort propre, j'ai donné quelques instructions préliminaires aux femmes et aux domestiques de la maison ; après avoir eu soin, pour rendre la scène plus éclatante, de faire assembler tout le monde : et ma charmante a pris la résolution de ne pas sortir jusqu'à ce qu'elle ait vu la fin de cette affaire.

Je suis obligé de finir ici, quoiqu'au milieu d'une narration si intéressante. J'ajoute seulement que le pauvre Belton a besoin de toi ; car, pour tout au monde, je n'ose m'écarter. Mawbray et Tourvill se tourmentent beaucoup, comme des vagabonds sans chef, sans mains et sans âme, depuis qu'ils n'ont plus ni toi ni moi pour les conduire. Apprends-moi comment se porte ton oncle.

LETTRE CCX.

M. LOVELACE, A M. BELFORD.

Samedi, 28 mai.

Cette aventure du capitaine Tomlinson a fait notre unique entretien, non seulement pendant toute la soirée d'hier, mais ce matin encore, pendant tout le déjeûner. Ma belle ne cesse pas de croire que c'est le prélude d'une malheureuse entreprise de la part de Singleton. J'ai répondu qu'il y a beaucoup plus d'apparence que c'est une invention du colonel Morden, pour lui causer un peu d'alarme, et que les voyageurs, à leur retour, prennent quelquefois plaisir à surprendre.—Pourquoi, très chère Clarisse, lui ai-je dit, donnerions-nous l'interprétation la moins favorable à tout ce que nous ne saurions bien expliquer?

Elle m'a répondu que, depuis quelque temps, il lui était arrivé tant de choses désagréables, qu'elle ne pouvait empêcher que ses craintes ne fussent souvent plus fortes que ses espérances.

C'est ce qui me fait craindre, ai-je répliqué, de vous voir tomber dans un abattement qui vous rende insensible au bonheur qui se prépare pour nous. Elle espérait, m'a-t-elle dit gravement, que son respect et sa reconnaissance pour le dispensateur de tous les biens, la garantiraient de l'ingratitude ; et la reconnaissance, dans un cœur, produisait le même effet que la joie.

Ainsi, Belford, toutes les joies futures portent sur des biens invisibles. Elle a raison ; car ceux qui comptent le moins sur les causes secondaires sont les moins exposés à voir manquer leurs espérances. Gravité, comme tu vois, pour gravité.

A peine avait-elle cessé de parler, que Dorcas est venue d'un air effrayé. Elle m'a causé à moi-même une sorte de palpitation. Mais il s'est passé bien d'autres mouvemens dans le cœur de ma charmante, comme je l'ai l'ai remarqué à son sein, qui se soulevait jusqu'au menton. — Ces gens de bas ordre, a-t-elle observé, tendent toujours stupidement au merveilleux, et trouvent un sujet de surprise dans les événemens les plus communs.

— Pourquoi cet air alarmé? ai-je dit à la soubrette. Avec vos doigts étendus, et vos : O mademoiselle! ô monsieur! La différence aurait-elle été d'une minute, quand vous seriez venue plus doucement?

— Le capitaine Tomlinson, monsieur.

— Le capitaine diable... Que m'importe? Ne voyez-vous pas dans quel trouble vous avez jeté votre maîtresse?

— Cher monsieur Lovelace, m'a dit ma charmante en tremblant (vois, Belford, ce que c'est de paraître nécessaire! Je suis le cher monsieur Lovelace), si... si mon frère, si le capitaine Singleton paraissaient... je vous en prie, je vous en conjure, gardez un peu de modération. Mo frère est mon frère, le capitaine Singleton n'est qu'un agent.

— Ma chère vie, dis-je en passant mes bras autour d'elle (lorsqu'o demande une faveur, ai-je pensé en moi-même, ce serait bien le diable si des libertés si innocentes n'étaient pas permises au cher M. Lovelac encore), vous serez témoin de tout ce qui va se passer entre nous. Dor cas, faites entrer la personne qui me demande.

Elle m'a supplié de lui laisser le temps de se retirer. On ne devait pa savoir qu'elle fût dans la maison.

Charmante fille ! Tu vois, Belford, qu'elle ne pense plus à me quitter Les friponnes ! si l'on n'employait pas quelquefois la surprise, commen un honnête homme saurait-il jamais ce qui se passe dans leur cœur ?

Elle est sortie de la chambre pour prêter l'oreille. Quoique cet inciden n'ait pas produit tout ce que j'en avais attendu, il faut, si tu veux con naître entièrement la circulation de mes desseins, que je te raconte, jus qu'à la moindre circonstance, ce qui s'est passé entre le capitaine Tom linson et moi.

Il est entré en habit de campagne, son fouet à la main

— Votre serviteur, monsieur. Je crois parler à monsieur Lovelace.

— Mon nom est Lovelace, monsieur.

— Pardon, monsieur, pour le jour et pour l'habillement. Je suis oblig de sortir à ce moment de la ville, dans l'espérance de revenir ce soir.

— Le jour n'a rien que de convenable ; l'habillement n'a pas besoi d'explication.

— Lorsque j'ai envoyé mon valet, je ne prévoyais pas que je trouve rais moi-même le temps de vous voir. Je ne m'étais proposé ce jour-là pour obliger mon ami, que de m'assurer de votre demeure, et si je pou vais espérer l'honneur de vous parler ou à madame votre épouse.

— Monsieur, vous devez connaître vos motifs. Vous devez savoir auss quel temps vos affaires vous laissent. J'attends que vous preniez la pein de vous expliquer.

Ma charmante m'a confessé depuis que le ton sec de mes réponse l'avait fort alarmée. Tu devineras aisément que si je mêle ici ses émo tions, je n'en ai été informé qu'après cette scène.

— J'espère, monsieur, que vous ne vous offenserez pas : mon dessei n'est pas de vous offenser.

— Non, non, monsieur ; expliquez-vous librement.

— Je n'ai aucune sorte d'intérêt, monsieur, dans l'affaire qui m'amèn ici. Je puis vous paraître trop officieux ; mais si je le croyais, je cesserai de m'en mêler, aussitôt que je vous aurai fait entendre de quoi il es question.

— Et de quoi s'agit-il, monsieur ?

— Puis-je vous demander sans offense, monsieur, si vous avez du penchant pour vous réconcilier, et si vous êtes disposé à prendre des mesures honorables, de concert avec une personne du nom d'Harlove comme une réparation qui peut conduire à une réconciliation générale Quelle agitation dans le cœur de ma charmante !

— Vous m'embarrassez, monsieur (et l'agitation redoubla sans doute ici). Toute la famille en a fort mal usé avec moi. Elle a ménagé encore moins ma réputation et celle de mes proches, ce que j'ai bien plus de peine à pardonner.

— Monsieur, monsieur, j'ai fini. Je vous demande pardon de vous avoir interrompu.

Ici ma charmante a pensé s'évanouir et n'a pas du tout été contente de moi.

— Mais, monsieur, rien n'empêche que vous m'expliquiez le sujet de votre commission, puisqu'il paraît que c'est une commission dont vous vous êtes chargé.

— Oui, monsieur, c'en est une et d'une nature qui m'avait fait juger qu'elle serait agréable pour toutes les parties, sans quoi j'aurais refusé de l'accepter.

— Elle peut l'être, monsieur, lorsqu'elle sera mieux connue. Mais souffrez que je la prévienne par une question. Connaîtriez-vous le colonel Morden?

— Non, monsieur. Si vous entendez *personnellement,* je ne le connais pas; mais mon intime ami, M. Jules Harlove, m'a parlé souvent de lui avec de grandes marques d'estime, comme de son associé dans une affaire d'importance.

— J'avais jugé, monsieur, que le colonel pouvait être arrivé, et qu'étant peut-être de ses amis, votre dessein était de me causer une agréable surprise.

— Si le colonel Morden était en Angleterre, M. Jules Harlove ne pourrait l'ignorer, et vraisemblablement je ne serais pas sans avoir l'honneur de le connaître.

— Fort bien, monsieur. Vous êtes donc chargé de quelque commission pour moi, de la part de M. Jules Harlove?

— Monsieur, je vais vous expliquer, en aussi peu de mots qu'il me sera possible, le véritable sujet qui m'amène; mais approuvez que je vous fasse aussi une question préliminaire, pour laquelle vous verrez que la curiosité n'est pas mon seul motif. Votre réponse m'est nécessaire pour continuer, et vous en allez juger après m'avoir entendu.

— Quelle est cette question, monsieur?

— En deux mots : si vous êtes actuellement, et de bonne foi, marié à miss Clarisse Harlove?

J'ai marqué de l'étonnement, et j'ai pris un ton plus haut.

— Telle est donc la question à laquelle il faut que je réponde avant que vous puissiez parler plus nettement?

— Je ne pense à rien moins qu'à vous offenser, monsieur Lovelace. Un ami m'a pressé de me charger de cette office. J'ai des nièces, j'ai des filles; je me suis figuré que la commission était louable, sans quoi je me serais dispensé de l'accepter. Je connais le monde, et je prendrai la liberté de dire que si cette jeune dame...

— Vous vous nommez le capitaine Tomlinson, n'est-ce pas?

— Oui, monsieur.

— Eh bien, capitaine Tomlinson, je vous déclare qu'il n'y a point de liberté que je puisse prendre en bonne part, si elle n'est extrêmement délicate, lorsqu'il est question de la jeune dame dont vous parlez.

— Lorsque vous m'aurez entendu, monsieur Lovelace, si vous jugez que je me sois expliqué d'une manière qui ait rendu cette précaution nécessaire, je conviendrai qu'elle était juste. Permettez-moi de vous dire que je n'ignore pas ce qui est dû au caractère d'une femme vertueuse.

— Comment! capitaine Tomlinson, il paraît que vous vous échauffez facilement. Au reste, si ce langage couvre quelque vue (que ma belle a tremblé ici! comme elle m'en a fait l'aveu), je réponds seulement que cette maison est un lieu privilégié. C'est à présent ma demeure, et par conséquent un asile sacré pour quiconque me fait l'honneur d'y venir, dans quelque vue qu'il y vienne.

— Je ne crois pas, monsieur, avoir donné occasion à ce discours; mais je ne ferai pas difficulté de vous voir dans tout autre lieu, si je vous importune ici. On m'avait averti que j'aurais à faire à un jeune gentilhomme plein de feu. Comme je me rends témoignage de mes intentions, et que la commission que j'ai acceptée est d'une nature paisible, je n'en ai pas été plus refroidi. J'ai deux fois votre âge, monsieur Lovelace, j'ose le dire; mais je vous assure que si mon message, ou la manière dont je l'exécute, a quelque chose d'offensant pour vous, je puis suspendre mon entreprise un jour ou deux, et pour toujours, si vous le désirez. Ainsi, monsieur, quelque jour qu'il vous plaise de choisir, vous serez le maître de me faire savoir vos intentions...

Il allait me dire sa demeure, mais je l'ai interrompu.

— Capitaine Tomlinson, vous répondez fort bien. J'aime les caractères fermes. N'êtes-vous pas officier de guerre?

— Je l'ai été, monsieur: mais *j'ai converti mon épée en un soc de charrue*, pour parler le langage de l'Écriture, et depuis quelques années j'ai fait toutes mes délices de cultiver le bien de mes pères. Un homme de cœur, monsieur Lovelace, me plaît autant que jamais. Cependant, permettez-moi de vous dire que lorsque vous serez à mon âge, vous penserez qu'il n'y a pas autant de vrai courage dans une chaleur de jeunesse, que vous semblez y en trouver à présent.

Qu'en dis-tu, Belford? Ce n'est pas un sot que Tomlinson. Il a gagné tout à la fois l'attention et le cœur de ma charmante. — Quel bonheur, a-t-elle dit, qu'il y ait des hommes capables de se posséder dans la colère!

— Fort bien, capitaine! reproche pour reproche. Nos points sont égaux. Donnez-moi donc à présent le plaisir d'entendre votre commission.

— Volontiers, monsieur, pourvu que vous me permettiez de répéter ma demande. Etes-vous marié réellement, et de bonne foi, à miss Clarisse Harlove, ou ne l'êtes-vous pas?

— Rien de plus clair, capitaine. Mais si je vous réponds que je suis marié, qu'aurez-vous à dire?

— Je dirai, monsieur, que vous êtes homme d'honneur.

— Oui, capitaine, c'est ce que je crois être, soit que vous le disiez ou que vous ne le disiez pas.

— Je serai sincère, monsieur, dans tout ce que j'ai à vous expliquer là-dessus. M. Jules Harlove a découvert depuis peu que vous êtes logés dans la même maison, vous et sa nièce; que vous étiez ensemble à la comédie, il y a sept ou huit jours. Il se flatte que vous êtes mariés. On l'a même confirmé dans cette opinion; mais comme il vous connaît d'un caractère entreprenant, et que vous avez déclaré du dédain pour une alliance avec sa famille, il souhaite que je tire de votre propre bouche la confirmation de votre mariage, avant que de s'engager dans les démarches qu'il est disposé à faire en faveur de sa nièce. Vous conviendrez, monsieur Lovelace, qu'il n'aurait pas lieu d'être satisfait d'une réponse qui lui laisserait le moindre doute.

— Il me semble, capitaine Tomlinson, qu'il n'y a qu'une méchanceté condamnable qui puisse faire supposer...

— Monsieur... monsieur Lovelace, au nom de Dieu, ne vous échauffez pas. Les parens de la jeune dame sont jaloux de l'honneur de leur famille. Ils ont, comme vous, des préventions à vaincre. On peut avoir pris des avantages... sans que la jeune dame soit blâmable.

— Elle n'est pas capable, monsieur, de donner de tels avantages; et quand elle le serait, quel serait l'homme capable de les prendre? La connaissez-vous?

— Je n'ai jamais eu l'honneur de la voir plus d'une fois. C'était même à l'église; et je ne crois pas que je puisse la reconnaître.

— Ne pas la reconnaître, monsieur! J'aurais cru qu'après avoir eu le bonheur de la voir une fois, il n'y avait pas d'homme au monde qui ne la reconnût entre mille.

— Je me souviens, monsieur, d'avoir pensé que je n'avais jamais vu de si belle femme; mais, monsieur Lovelace, vous conviendrez qu'il vaut mieux que ses parens vous aient fait une injustice, que si vous lui en aviez fait une. Me permettez-vous de vous répéter ma question?

Là-dessus, Dorcas est entrée avec précipitation. — Monsieur, m'a-t-elle dit, on demande à vous parler une minute; et me tirant à part : — C'est ma maîtresse, monsieur.

Conçois-tu, Belford, que la chère personne ait pu mettre ce petit mensonge dans la bouche de Dorcas, et cela pour m'en épargner un? J'ai répondu à cette fille :

— Faites entrer l'étranger dans une salle, et je suis à lui dans quelques momens. Elle est sortie. Je n'ai pas douté que ma charmante ne voulût me dicter la réponse que je devais faire aux instances du capitaine. Elle n'aurait pas réussi, comme tu crois. Cependant le message de Dorcas a produit quelque effet. J'étais sur le point de faire un de mes coups de maître, qui aurait été de prendre avantage des informations du capitaine pour lui faire avouer à elle-même notre mariage devant lui, comme elle l'avait fait devant les femmes de la maison : et si j'avais pu l'y faire consentir, il ne m'aurait pas été plus difficile de l'engager, pour la satisfaction de son oncle, à lui écrire une lettre de reconnaissance qu'elle n'aurait pu se dispenser de signer *Clarisse Lovelace*. Je n'étais pas fort disposé par conséquent à suivre l'ordre qu'elle m'envoyait. Mais dans la crainte aussi de l'offenser sans retour, j'ai jugé à propos de changer l'état de la question, en mettant Tomlinson dans la nécessité de répondre pour lui-même. Ma vue ne regardait qu'elle; car, au fond, comme je le lui ai dit ensuite à elle-même, que m'importe d'être jamais réconcilié avec une famille que je dois éternellement mépriser?

— Vous croyez donc, capitaine, que j'ai fait une réponse douteuse à la question que vous m'avez proposée. Vous pouvez le penser. Je vous apprends que j'ai le cœur fier, et que si vous ne me paraissiez pas un galant homme, qui ne vous êtes engagé dans cette affaire que par de généreux motifs, je prendrais fort mal une question qui suppose quelque doute de mon honneur. Mais avant de vous satisfaire plus directement, je vous ferai moi-même deux ou trois questions auxquelles je vous prie de répondre.

— De tout mon cœur, monsieur; vous ne me ferez pas de questions auxquelles je ne réponde avec candeur.

— Vous dites qu'il est revenu à M. Harlove que nous avons été ensemble à la comédie, et que nous sommes logés dans la même maison ; de grâce, d'où lui viennent ces lumières? Car je ne vous cacherai pas que, par certaines considérations, qui ne me regardent pas moi-même, j'avais souhaité que notre demeure fût ignorée ; et ce secret a été gardé si fidèlement, que miss Howe même, quoiqu'en correspondance avec son amie, ne sait pas où lui adresser directement ses lettres.

— Je puis vous dire que la personne qui vous a vus à la comédie est un homme d'affaires de M. Jules Harlove. Il observa tous vos mouvemens. Après le spectacle, il suivit votre carrosse jusqu'ici ; et le lendemain, étant monté à cheval, il se hâta d'aller faire part à son maître de ses observations.

— Quelle bizarrerie dans les événemens, capitaine Tolimson ! Mais notre demeure est-elle connue de quelque autre Harlove ?

— C'est un secret absolu pour tout le reste de la famille, et M. Jules Harlove désire qu'il soit gardé. Il souhaite qu'on ne sache pas non plus qu'il entre en traité avec vous, si sa nièce est actuellement mariée : car il prévoit beaucoup d'obstacles à la réconciliation de la part de certaines personnes, quand il leur donnerait même cette assurance.

— Je n'en doute pas, capitaine. Toute la folie de cette famille vient du brave James Harlove. Quels fous, en effet, de se laisser gouverner par une tête à qui la malice, plutôt que le génie, donne une vivacité mal entendue, qui ne vient de rien moins que de la nature! Mais y a-t-il long-temps, s'il vous plaît, que M. Jules Harlove est dans cette pacifique disposition?

— Je vous le dirai volontiers, monsieur Lovelace ; et je vous en apprendrai même l'occasion. Je veux m'expliquer d'autant plus nettement là-dessus, et sur tout ce que vous avez quelque intérêt à savoir de moi, qu'après m'avoir entendu, vous serez persuadé que je ne me suis pas chargé mal à propos de la commission que j'exécute.

Parlez, capitaine. Je vous promets toute mon attention. (Ma charmante n'en donnait pas moins, sans doute.)

— Il faut vous apprendre, monsieur, qu'il n'y a pas long-temps que je suis établi dans le voisinage de M. Jules Harlove. Deux motifs m'y ont fait transporter ma famille de Northamptonshire : celui d'être plus à portée de remplir les devoirs d'une curatelle dont je n'ai pu me dispenser, et qui m'oblige de faire souvent le voyage de Londres ; et mon propre intérêt, qui m'a fait prendre le parti d'occuper moi-même une ferme négligée, dont j'ai acquis depuis peu la propriété. Mais quoique notre connaissance ne soit pas plus ancienne, et qu'elle ait commencé au jeu de boules (l'oncle Jules est un grand joueur de boules, Belford), à l'occasion d'un coup d'importance dont on me remit la décision, deux frères n'ont pas l'un pour l'autre une plus cordiale estime. Vous savez, monsieur Lovelace, que la nature a mis entre certains esprits des rapports capables de les lier étroitement dans un quart d'heure.

— Cela est vrai, capitaine.

— Ce fut en conséquence de cette amitié reconnue de part et d'autre, que lundi, 5 du mois, comme je m'en souviens parfaitement, M. Harlove vint me demander familièrement à dîner. Dans notre entretien, il m'apprit en confidence toute la malheureuse affaire qui a causé tant de chagrins à toute sa famille. Je n'en étais informé que par le bruit public, car, malgré notre intime liaison, j'avais attendu que, dans une occasion de cette nature, il s'expliquât le premier. Il me dit alors qu'un homme de considération, qu'il me nomma, s'était adressé à lui, deux ou trois jours auparavant, pour l'engager, non seulement à se réconcilier avec sa nièce, mais à faire les ouvertures d'une réconciliation générale. Sa sœur Harlove, m'a-t-il dit, avait été sollicitée en même temps, par une bonne femme qui est respectée de tout le monde et qui avait fait entendre qu'avec un peu d'encouragement de la part de la famille sa nièce était disposée à rentrer sous la protection de ses parens, et même à vous quitter; mais qu'autrement elle ne pouvait éviter de devenir votre femme. Je me flatte, monsieur Lovelace, de n'avoir rien dit d'offensant pour vous. Vous paraissez chagrin; vous soupirez, monsieur?

— Continuez, capitaine Tomlinson; de grâce continuez. J'ai poussé un soupir encore plus profond.

— Ils ont trouvé tous extrêmement étrange qu'une jeune personne parlât d'éviter le mariage avec un homme à qui elle s'est livrée en prenant la fuite avec lui.

— Je vous prie, capitaine, je vous prie, monsieur Tomlinson, de ne plus toucher ce point. La nièce de M. Harlove est un ange. Elle est au dessus du moindre reproche. Les fautes, s'il y en a quelqu'une ici, viennent de sa famille et de moi. Ce que vous voudriez ajouter, n'est-ce pas? c'est que l'implacable famille a rejeté ses offres. Je le sais. Cet événement a causé quelque mésintelligence entre elle et moi : une querelle d'amans; vous m'entendez, capitaine? Notre bonheur en est augmenté depuis.

— D'accord, monsieur. Mais vous conviendrez que M. Harlove en a dû faire de plus sérieuses réflexions sur les circonstances. Il m'a demandé mon avis sur la conduite qu'il devait tenir. Jamais, m'a-t-il dit, un père n'eut pour une fille plus de tendresse qu'il en a pour sa nièce. Il reconnaît qu'elle a été durement traitée par son frère et par sa sœur : et comme votre alliance, monsieur, est bien éloignée de faire déshonneur à sa famille, il serait porté à faire tous ses efforts pour réconcilier toutes les parties, s'il était sûr que vous fussiez actuellement homme et femme.

— Puis-je vous demander, capitaine, quel a été votre avis?

— Je lui ai dit, naturellement, que si sa nièce avait été indignement traitée, ou si elle était dans quelque embarras, comme il croyait le pouvoir conclure de ses offres, il ne serait pas long-temps sans entendre encore parler d'elle; mais qu'il me paraissait plus vraisemblable qu'elle avait fait des offres sans espérance de succès, et comme une démarche qu'elle avait crue nécessaire pour se marier sans le consentement de ses proches : d'autant plus, comme il me l'avait dit lui-même, qu'elles ne venaient pas directement d'elle, mais d'une jeune demoiselle de ses amies, qui n'était pas le mieux du monde avec sa famille, et qu'elle n'aurait pas employée si elle s'était promis quelque succès.

— A merveille, capitaine Tomlinson. De grâce, continuez.

— L'affaire demeura dans cette situation jusqu'à dimanche au soir, que M. Jules Harlove me fit l'honneur de venir chez moi, accompagné de l'homme qui vous avait vu à la comédie avec votre chère femme, comme je veux croire qu'elle l'est à présent, et qui l'avait assuré que vous logiez dans la même maison. Les offres, qui étaient toutes récentes, semblant faire connaître que vous n'étiez pas mariés, il était dans une si vive inquiétude pour l'honneur de sa nièce, que je lui conseillai de dépêcher quelque personne de confiance à la ville pour faire les recherches convenables.

— Fort bien, capitaine; et M. Harlove fit-il partir quelqu'un avec cette commission?

— Il en chargea un homme sage et discret, qui prit des informations mardi dernier, si je ne me trompe, car il nous les apporta mercredi. Après s'être adressé aux voisins, sans en pouvoir tirer les lumières qu'il cherchait, il fit appeler la femme de chambre de votre dame, qui déclara que vous étiez actuellement mariés. Mais l'homme de confiance ayant refusé d'expliquer les motifs de sa curiosité, cette fille refusa aussi de lui apprendre le jour et les autres circonstances de votre mariage.

— Votre récit, capitaine, est fort clair et fort exact. Continuez, je vous prie.

— L'homme revint, mais ses informations laissèrent des doutes à M. Harlove, qui, ne voulant point s'engager témérairement dans une affaire si importante, me pria d'entreprendre moi-même cet éclaircissement, parce que mes affaires m'appellent souvent à Londres. « Vous avez des enfans, monsieur Tomlinson; vous connaissez le monde, eut-il la bonté de me dire; vous comprenez mes vues, vous êtes capable d'y mettre de la sagesse et de la fermeté : je serai content de tout ce qui vous satisfera vous-même. »

Ici Dorcas est rentrée brusquement pour me dire que l'étranger s'impatientait. J'ai répondu que j'étais à lui dans un instant.

Alors le capitaine a fort bien expliqué pourquoi il n'était pas venu lui-même, lorsqu'il savait que nous étions logés dans cette maison. Il avait, m'a-t-il dit, une affaire importante hors de Londres, à laquelle il s'était cru obligé de donner hier tous ses soins. Mais d'autres obstacles lui ayant fait remettre son voyage à ce jour, et sachant qu'il nous trouverait au logis, sans être sûr de retrouver une autre fois la même occasion, il avait cru devoir tenter sa bonne fortune avant son départ : ce qui le faisait paraître avec ses bottes et ses éperons, comme je le voyais.

Il a laissé couler quelques mots à l'honneur de nos hôtesses, mais assez adroitement pour ne pas faire soupçonner qu'il eût jugé nécessaire de prendre des informations sur le caractère d'une maison de si bonne apparence. Je puis remarquer aussi, par rapport à ce point, que si ma charmante avait pu concevoir quelque défiance des femmes du logis, le silence du messager de son oncle, après ses informations dans le voisinage, aurait été une forte preuve en leur faveur.

Le capitaine a repris : — A présent, monsieur, que je crois vous avoir donné de justes éclaircissemens sur tout ce qui regarde ma commission, j'espère que vous me permettrez de renouveller ma demande, qui est...

Dorcas est revenue, comme hors d'haleine : — Monsieur! l'étranger veut entrer jusqu'ici pour vous parler. Et s'approchant de mon oreille: — Ma maîtresse est impatiente, elle est surprise que vous tardiez si long-temps?

— Pardon, capitaine, je vous quitte un moment.

— Je vous ai trop retenu, monsieur Lovelace, et mes propres affaires ne me permettent pas de pousser cet entretien plus loin, surtout lorsque la suite de ma question et de votre réponse nous engagerait sans doute dans de plus longues explications. Me permettez-vous de revenir demain au matin.

— Vous déjeûnerez donc avec moi, capitaine?

— Il faut que ce soit de très bonne heure, si vous me faites cette faveur-là. Je dois être chez moi demain au soir, sans quoi je causerais une mortelle inquiétude à la meilleure de toutes les femmes, et j'ai deux ou trois endroits où je suis obligé de m'arrêter sur la route.

— Ce sera dès sept heures, si vous le souhaitez, capitaine. Nous sommes ici fort matineux. Et je vous dirai volontiers que si j'ai quelque réconciliation à me promettre avec une famille aussi implacable que j'ai toujours éprouvé les Harlove, ce doit être par la médiation d'un homme aussi sage et aussi modéré que vous.

Nous nous sommes quittés de cette manière, avec les plus grandes marques de considération et de politesse. Mais, pour la satisfaction particulière d'un si galant homme, je ne lui ai laissé aucun doute que nous ne fussions homme et femme, quoique je ne l'en aie point assuré directement.

LETTRE CCXI.

M. LOVELACE, A M. BELFORD.

Ce capitaine Tomlinson est tout à la fois un des plus heureux et des meilleurs hommes du monde. Que ne donnerais-je pas pour être aussi bien que lui dans l'opinion de ma charmante! Cependant, si j'avais la liberté de raconter ma propre histoire, et si l'on y ajoutait la même foi, je serais aussi bonhomme que lui. Mais le diable l'eût plutôt emporté que je n'eusse consenti à le voir pour le sujet qui l'a fait venir, si j'eusse cru n'en pas tirer plus de fruit pour mon principal but, tel que je te l'ai fait entendre dans ma lettre précédente.

Il faut t'apprendre les particularités d'une conférence entre ma belle et moi, à l'occasion de ses impatiens messages. C'est à regret que j'en suis venu à des explications là-dessus, parce qu'au fond elle avait remporté sur moi un demi-triomphe.

Après avoir conduit le capitaine jusqu'à la porte, je suis retourné à la salle à manger, et j'ai pris un air joyeux, lorsque j'y ai vu entrer la divinité de mon cœur.—O très chère Clarisse! quelles félicitations ne vous dois-je pas sur la perspective qui s'ouvre pour vos désirs? Là-dessus, j'ai saisi sa main que j'ai pressée par mille baisers.

J'allais continuer, mais elle m'a interrompu.—Vous voyez, monsieur Lovelace, m'a-t-elle dit, que vous vous êtes jeté dans l'embarras par vos propres détours. Vous voyez que vous n'avez pu satisfaire directement à une question simple et honnête, quoique de là dépende toute cette perspective de bonheur dont vous me félicitez.

Je lui ai répondu qu'elle n'ignorait pas quelles avaient été mes vues, en déclarant que nous étions mariés.—Vous savez, lui ai-je dit, que je n'en ai pris aucun avantage, et qu'il n'en est arrivé aucun inconvénient. Vous voyez que votre oncle demande seulement d'en être assuré par nous-mêmes.

— Pas un mot dans cette vue, monsieur Lovelace. Je risquerais, j'abandonnerais même la réconciliation que j'ai tant à cœur, plutôt que de donner le moindre crédit à une fausseté.

— Ma très chère âme... voudriez-vous que je parusse...

— Je voudrais, monsieur, que vous parussiez ce que vous êtes : et je suis résolue de paraître ce que je suis, aux yeux de l'ami de mon oncle et aux siens.

— Huit jours seulement, ma très chère vie : ne pouvez-vous pendant huit jours, jusqu'à ce que les articles...

— Pas une minute avec mon consentement. Vous ne comprenez pas, monsieur, combien j'ai ressenti de chagrin d'avoir paru ici ce que je ne suis pas. Mon oncle n'aura jamais à me reprocher de lui en avoir imposé volontairement.

— Que voulez-vous, ma chère, que je dise demain au capitaine ? Je lui donné lieu de penser...

— Mettez-le sincèrement au fait, monsieur Lovelace. Dites-lui la vérité. Communiquez-lui ce que vous voudrez des intentions de votre famille en ma faveur. Dites-lui ce qu'il vous plaira par rapport aux articles ; et, lorsqu'ils seront dressés, si vous les soumettiez à son jugement et à son approbation, ce serait lui faire voir combien il y a de sincérité dans vos dispositions.

— Ma très chère vie, croyez-vous qu'il puisse désapprouver les articles que j'ai offerts ?

— Non.

— Que je sois donc maudit du ciel, si je me soumets volontairement à me voir foulé aux pieds par mes ennemis !

— Et moi, monsieur Lovelace, que je n'aie jamais de bonheur dans ce monde, si je me soumets à faire passer aux yeux de mon oncle un mensonge volontaire pour la vérité ! J'ai trop long-temps gémi dans l'affliction de me voir rejetée de tous mes parens, pour acheter ma réconciliation au prix de ma candeur et de ma bonne foi.

— Les femmes de cette maison, ma chère...

— Que m'importent les femmes de cette maison ? Leur opinion m'est indifférente. D'ailleurs, est-il besoin qu'elles sachent tout ce qui se passe entre mes parens, vous et moi ?

— Leur opinion ne me touche pas plus que vous, mademoiselle. Seulement, comme je leur ai fait croire que nous sommes mariés, pour prévenir les malheurs qui pouvaient naître du complot de votre frère, je ne voudrais pas qu'elles prissent de moi une idée qui vous paraît choquante à vous-même. Par ma foi, mademoiselle, j'aimerais mieux mourir que de me rétracter ouvertement, après leur avoir raconté tant de circonstances de notre mariage.

— Eh bien ! monsieur, il faut leur laisser croire tout ce qu'il leur plaira. L'espèce de consentement que j'ai donné à ce que vous leur avez dit est une erreur que j'ai commise. Toutes ces circonstances, dans le récit desquelles une première fausseté a pu vous engager, justifient elles-mêmes le refus auquel je me crois obligée.

— Ne voyez-vous pas, mademoiselle, que votre oncle souhaite de nous trouver mariés ? La cérémonie ne pourrait-elle pas être exécutée secrètement, avant que sa médiation ne soit commencée ?

— Cessez de me presser là-dessus, monsieur Lovelace. Si vous ne voulez pas déclarer la vérité, je me charge de la dire moi-même au capitaine Tomlinson, lorsqu'il reviendra demain. Oui, je la dirai.

— Consentez-vous, mademoiselle, que les choses demeurent sur le même pied dans cette maison? Il peut arriver que cette médiation du capitaine ne produise aucun fruit. Votre frère peut continuer ses projets, d'autant plus qu'il saura bientôt, et peut-être de votre oncle même, que vous n'êtes pas sous la protection des lois. Vous devez consentir du moins à ce que les choses demeurent ici sur le même pied.

— Consentir à ce que vous désirez, monsieur Lovelace, c'est persister dans une faute que je condamne. Cependant, comme l'occasion (si vous croyez qu'il y ait quelque occasion qui puisse justifier une fausseté) ne saurait durer long-temps, j'en suis moins portée à vous disputer ce point. Mais je ne me rendrai pas coupable d'une nouvelle erreur, si je puis l'éviter.

— Me soupçonnez-vous, mademoiselle, de quelque vue indigne dans la démarche dont j'ai supposé que vous ne vous feriez pas un scrupule, pour obtenir une solide réconciliation avec vos proches? Mon motif, vous le savez, n'est-ce pas mon intérêt propre? Que m'importe, à moi, d'être jamais réconcilié avec eux! Je ne demande d'eux aucune faveur.

— Il me semble, monsieur Lovelace, que, dans notre situation présente, qui n'est pas absolument désagréable, il n'y a rien qui m'oblige de répondre à cette question. J'ajoute que je trouverai encore plus d'agrément dans ma perspective, si, demain au matin, vous déclarez au capitaine, non seulement le fond de la vérité, mais tous les pas même que vous avez faits et que vous devez faire, dans la vue de soutenir les favorables intentions de mon oncle. C'est une ouverture que vous pouvez faire sous le secret, et sous toutes les restrictions. M. Tomlinson est un homme prudent qui a le repos de ma famille à cœur, et dont j'ose dire qu'on peut se faire un ami.

J'ai jugé qu'il n'y avait rien à me promettre d'elle. J'ai vu l'inflexible esprit des Harlove qui agissait dans toute sa force. Une petite obstinée, une... Pardonne, amour, si je lui donne des noms injurieux. Voici ma réponse :

— Nous avons eu, mademoiselle, des démêlés trop fréquens, pour me faire désirer d'en avoir jamais d'autres. Je veux vous obéir sans réserve. Si je n'avais pas cru vous obliger par l'autre méthode, surtout en prenant le parti de hâter la célébration, qui nous aurait dispensés de persister dans une fausseté, je ne vous en aurais jamais fait la proposition. Mais ne vous imaginez pas, mon adorable Clarisse, que vous jouissiez sans condition du triomphe que vous remportez sur mon jugement.

Et, jetant mes bras autour d'elle, j'ai pris, malgré toute sa résistance, un baiser enflammé sur ses lèvres.

— Votre pardon pour cette liberté (en lui faisant une profonde révérence) est l'unique condition que je vous propose.

Elle n'a pas paru mortellement offensée. Il faut à présent que je tire parti du reste. Mais je ne te cacherai pas que, si son triomphe n'a pas diminué mon amour, il est devenu pour moi un nouvel aiguillon de vengeance, si tu veux lui donner ce nom ; mais celui de victoire ou de conquête me paraît convenir mieux.

A la vérité, il y a du plaisir à subjuguer ces beautés fières et vigilantes. Mais, sur ma foi, Belford, les gens de notre espèce prennent vingt fois plus de peine pour être des scélérats qu'il ne leur en coûterait pour devenir d'honnêtes gens ; et, sans parler des risques auxquels on s'expose, il faut suer et se tourmenter prodigieusement le cerveau pour arriver au terme. Il s'ensuit qu'on ne doit pas nous envier le succès, lorsque nous l'obtenons; surtout parce qu'étant bientôt rassasiés, il ne nous reste presque rien de plus à faire valoir. Mais c'est ce qu'on peut dire aussi de tous les plaisirs mondains. Cette réflexion ne te paraît-elle pas assez grave?

Quoique je n'aie pas réussi dans le principal point, j'ai quelque fruit à tirer de la commission du capitaine. Mais je veux t'avertir que tu ne dois pas juger de mes inventions par de simples parties. Prends patience jusqu'à ce que tu sois informé du total. Je te jure encore que deux novices ne l'emporteront pas sur moi. Cependant je suis quelquefois fort alarmé du plan contrebandier de miss Howe.

Il est tard, ou plutôt de bonne heure, car les premiers rayons du jour commencent à luire. Je me sens fort pesant, et tu te le figures bien. Mais je vais prendre une heure de repos dans mon fauteuil, me secouer ensuite, me rafraîchir, et recommencer à vivre. A mon âge, et du tempérament dont je suis, il n'en faut pas davantage. Bonne nuit, Lovelace. Je doute qu'il soit grand jour lorsque je m'éveillerai.

A propos, ton oncle n'est-il pas mort? Qu'est-il arrivé au mien, qui ne répond pas à ma dernière lettre? Je le suppose occupé à recueillir de nouveaux proverbes. Adieu. Je dors.

LETTRE CCXII.

M. LOVELACE, A M. BELFORT.

Lundi, 29 mai.

C'est à présent que je me crois établi pour jamais dans le cœur de ma charmante.

Le capitaine est venu à sept heures, comme il l'avait promis, et dans l'équipage d'un homme prêt à partir. Ma charmante n'a pas jugé à propos de nous honorer de sa présence avant que les premiers éclaircissemens fussent achevés : confuse, apparemment, de retomber par mon aveu dans la condition virginale, après avoir passé pour femme dans l'esprit de son oncle. Cependant elle ne s'en est pas fiée si parfaitement à moi, qu'elle n'ait voulu entendre tout ce qui s'est passé.

Les plus modestes personnes de ce sexe, Belford, doivent penser, et quelquefois même assez profondément. Je voudrais savoir si elles rougissent en elles-mêmes de mille choses pour lesquelles on les voit rougir avec tant de grâce en compagnie. Si cela n'est point, si la rougeur n'est qu'un signe extérieur de modestie, les femmes n'ont-elles pas le même empire sur leur rougeur qu'on prétend qu'elles ont sur leurs larmes? Cette réflexion me ferait faire bien du chemin dans la connaissance de leur caractère, si j'étais disposé à la continuer.

J'ai dit au capitaine que je voulais prévenir sa question ; et sur-le-champ, après avoir exigé de lui le plus grand secret, qu'il m'a garanti de sa part et de celle de M. Jules Harlove, j'ai reconnu ouvertement et de bonne foi toute la vérité, c'est-à-dire que nous n'étions pas mariés. Je ne l'ai pas instruit moins fidèlement des causes de ce délai : quelques unes venues d'une malheureuse mésintelligence, mais les principales du désir que ma charmante avait toujours eu de commencer par une véritable réconciliation avec sa famille, et d'une délicatesse qui n'avait jamais eu d'exemple.

Des femmes moins délicates que celle-ci, Belford, ne sont pas fâchées, dans le même cas, qu'on rejette les délais sur elles. Cependant cette affectation de délicatesse me paraît très peu délicate ; car n'est-ce pas confesser tacitement qu'elles ont plus à gagner que nous dans le mariage, et que c'est une privation de plaisir qui fait le fondement de leur orgueil ?

J'ai raconté au capitaine les raisons qui nous avaient déterminés à nous donner dans la maison pour des gens mariés, avec serment néanmoins de suspendre la consommation ; ce qui avait tenu les deux parties dans la plus grande réserve : l'une condamnée à souffrir, l'autre se renfermant dans les bornes d'une scrupuleuse vigilance, jusqu'à refuser ces faveurs innocentes que des amans destinés à s'unir ne font pas difficulté d'accorder et de prendre.

Je lui ai communiqué une copie du mémoire qui contient mes articles, de la réponse de ma belle, de ma lettre d'invitation à milord M... et des généreuses offres de milord. Mais j'ai ajouté que les infirmités de ce vieux seigneur, jointes au goût de ma charmante pour une célébration sans éclat, par le motif du respect qu'elle croit devoir à sa famille, m'avaient fait écrire à milord que nous le dispenserions de nous accorder sa présence, et que d'heure en heure j'attendais sa réponse.

Les articles, ai-je dit encore au capitaine, étaient actuellement entre les mains du conseiller Williams, qu'il devait connaître de réputation (le capitaine a répondu qu'il avait cet honneur-là), et de la bouche duquel il pouvait se le faire confirmer avant que de quitter Londres. Lorsque ces articles seraient dressés dans les formes, il ne manquerait plus que de les signer, et de fixer le jour de mon bonheur.

J'ai déclaré au capitaine que ma fierté me faisait trouver beaucoup de satisfaction à rendre volontairement justice à une femme qui m'était si chère, et sans l'intervention d'une famille de qui j'avais reçu les plus grandes insultes ; et que, notre situation étant telle que je venais de la représenter, je consentirais avec plaisir que M. Jules Harlove suspendît ses ouvertures de réconciliation jusque après la célébration de notre mariage.

Le capitaine a paru charmé de tout ce qu'il avait entendu. Cependant il a confessé que son cher ami, M. Jules Harlove, lui ayant témoigné qu'il apprendrait notre mariage avec une joie extrême, il aurait souhaité de pouvoir lui porter cette heureuse nouvelle ; ce qui n'empêchait pas qu'il n'espérât toute sorte de bons effets de mon récit et de mes intentions.

Il avait compris mes motifs, a-t-il dit, pour faire croire aux femmes de la maison, qui lui paraissaient des gens d'un fort bon caractère, que nous étions véritablement mariés. Il approuvait mes raisons. Elles expliquaient fort bien la réponse de la femme de chambre à l'ami de M. Harlove. On ne pouvait douter, a-t-il remarqué, que M. James n'eût ses vues pour tenir la brèche ouverte, et qu'il n'eût formé le dessein de m'enlever sa sœur ; d'où je devais conclure qu'il paraîtrait aussi important à M. Jules qu'à moi, de tenir notre traité secret ; du moins, jusqu'à ce qu'il eût formé son parti, et qu'il eût arrangé ses mesures. La mauvaise volonté et la passion se formaient des fantômes terribles. Il lui paraissait étonnant qu'on eût poussé si loin l'animosité contre un homme capable de vues si pacifiques et si honnêtes, qui avait montré d'ailleurs tant d'empire sur ses ressentimens dans tout le cours de cette fâcheuse aventure. Il voyait bien, comme il l'avait entendu dire, que, dans tous les cas où l'amour de l'intrigue (je devais lui pardonner ce terme) ne l'emportait pas sur mes bonnes inclinations, la générosité faisait le fond de mon caractère.

Il n'aurait pas cessé de parler, si, le déjeûner étant déjà prêt, la divinité de mon cœur n'était entrée, en répandant un déluge de lumière autour d'elle. Toute sa figure offrait un air de bonté et de douceur qui en avait été banni long-temps, quoique ce soit son cortége naturel.

Le capitaine a fait une révérence si profonde, que je l'ai cru prêt à se prosterner. Quel charmant sourire ce témoignage de respect et d'admiration a produit sur le visage de ma belle! Le respect, dans un homme, produit le même sentiment dans un autre. Nous sommes plus singes que nous ne le croyons, par le penchant qui nous porte à suivre l'exemple d'autrui. Un mouvement comme involontaire m'a fait plier les genoux. Ma très chère vie... (en baissant humblement la tête) et je lui ai fait un discours fort galant, pour lui présenter le capitaine. Quoique je n'eusse pas plus de droit que lui sur ce visage, sur ces lèvres, il a fort bien fait de ne rien entreprendre témérairement (1). Mais il paraissait bien plus porté à l'adorer.

— J'ai dit au capitaine, ma très chère âme, ce qu'il a désiré de savoir. Et reprenant en peu de mots tout ce que j'avais dit en effet, j'ai fait le même récit, comme si j'avais supposé qu'elle ne l'eût point entendu.

Le capitaine a paru extrêmement étonné qu'il y eût quelqu'un au monde à qui une personne si angélique pût causer le plus léger mécontentement. Il a témoigné, dans des termes très vifs, qu'il allait faire le plus grand bonheur de sa vie d'embrasser sa cause.

Jamais, il faut que je le dise, jamais cette divine fille n'a pris un air plus divin. Tout respirait en elle la majesté, les grâces, la sérénité, la noble confiance. Une aimable rougeur, relevant l'éclat ordinaire de son teint, ajoutait mille charmes à ses perfections naturelles, et semblait la faire rayonner de gloire.

Après nous être assis, l'agréable sujet est revenu en prenant le chocolat. — Qu'elle se promettait d'être heureuse, lorsqu'elle se verrait rétablie dans les bonnes grâces de son oncle!

Le capitaine s'est engagé à presser cet agréable événement. Mais il ne fallait plus que de sa part elle fît naître le moindre délai. L'heureux jour une fois passé, tout prendrait bientôt une face tranquille. Serait-il mal à propos de demander une copie de mes articles et de sa réponse, pour les faire voir à son cher ami?

— Comme il plairait à monsieur Lovelace, lui a répondu l'incomparable fille.

Ah! que ne dit-elle toujours de même?

— Ce doit être sous le plus grand secret, lui ai-je répliqué. Mais ne serait-il pas mieux de faire voir à son oncle le contrat même, lorsqu'il serait dressé?

— Auriez-vous cette bonté, monsieur Lovelace?

Vois, Belford : nous étions autrefois des amans querelleurs; à présent nous sommes polis.

— Assurément, ma très chère Clarisse, j'y consentirai, si vous le dé-

(1) L'usage, en Angleterre, est de baiser les femmes au visage en les saluant, et même sur la bouche.

sitez, et si le capitaine Tomlinson s'engage au secret pour M. Harlove, afin que je ne sois point exposé aux réflexions d'une famille qui m'a fort mal traité.

— C'est à présent, monsieur, m'a-t-on dit, que vous êtes fort obligeant.

Crois-tu, Belford, que mon visage ne soit pas devenu très rayonnant à son tour ? J'ai avancé ma main, après l'avoir consacrée d'abord par un baiser, pour lui demander la sienne, qu'elle n'a pas fait difficulté de me donner. Je l'ai pressée de mes lèvres.

— Vous ne savez pas, monsieur (en m'adressant au capitaine avec un air de transport), quel heureux homme...

— Charmant couple ! a-t-il interrompu, les mains levées d'admiration. Quelle joie pour mon cher ami ! Ah ! que n'est-il présent ! Vous ne savez pas, mademoiselle, que vous êtes plus chère que jamais à votre oncle Harlove.

— Je n'en suis pas moins malheureuse, a dit ma belle, de l'avoir désobligé.

— Doucement, ma charmante, ai-je dit en moi-même, n'allons pas trop loin là-dessus.

Le capitaine a promis, encore une fois, de ne pas ménager ses services, et dans des termes si agréables, que la chère personne a prié le ciel que lui et les siens puissent toujours trouver des amis tels que lui. Elle a compris les siens dans cette prière, parce que le capitaine avait laissé échapper qu'il était père de cinq enfans, par une des meilleures femmes et des meilleures mères du monde, dont l'excellente conduite le rendait aussi heureux avec huit cents livres sterling, qui faisaient tout son revenu, qu'un autre l'était avec deux mille.

— Sans économie, a répondu mon cher oracle, il n'y avait point de fortune qui pût suffire. Avec cette qualité, le plus médiocre revenu suffirait.

— Silence, silence, importune ! Ce n'est qu'à ma conscience, Belford, que ce reproche s'adressait.

— Souffrez que je vous demande, m'a dit le capitaine, et moins par aucun sentiment de défiance que pour établir mes services sur des fondemens certains, si vous êtes résolu de contribuer avec mon cher ami au grand ouvrage d'une réconciliation générale ?

— Je réponds, capitaine, qu'en faisant observer que mon empressement pour cette réconciliation avec une famille dont je n'ai pas sujet de louer beaucoup la générosité, vient uniquement de l'estime que j'ai pour cette adorable personne, non seulement je contribuerai aux démarches de M. Jules Harlove, mais je me présenterai dans cette disposition à M. Harlove le père et à madame Harlove. Je ferai plus : pour mettre en repos M. James et miss Arabelle, je renoncerai à toutes prétentions au bien des trois frères et à tout autre bien que celui dont ma chère Clarisse a l'obligation à son grand-père. Je me trouve fort bien partagé, avec ma fortune présente et mes espérances dans ma propre famille; assez récompensé, ma chère Clarisse ne m'apportât-elle pas un shelling de dot, par le bonheur d'obtenir une femme dont le mérite est supérieur à tous les biens de la fortune.

Ce que je disais, Belford, est aussi vrai que l'Évangile : ainsi cette scène n'avait-elle pas un fondement réel.

La divine fille m'a témoigné sa reconnaissance par ses yeux, avant que ses lèvres aient pu lui servir à l'exprimer.

— O monsieur Lovelace ! m'a-t-elle dit, que vous savez bien...

Elle s'est arrêtée. Le capitaine ne m'a pas épargné les louanges ; il était réellement touché. Pourquoi la vengeance, me suis-je dit à moi-même, est-elle mêlée dans mon cœur avec l'amour ? Mais, revenant à ma vieille excuse : Ne suis-je pas le maître, ai-je ajouté, de lui faire en tout temps une ample réparation ? N'est-ce pas à présent la saison de l'épreuve ? Si je pouvais seulement lui faire abandonner ses défiances ! Si je la voyais disposée à s'abandonner à moi pour quinze jours ! quinze jours seulement d'une vie telle que je l'aime ! Qu'arriverait-il ? Eh bien ! quoi ?... Je ne le sais trop bien. Mais enfin...

Ne prends pas droit, Belford, de l'inconstance de mes idées pour me mépriser. Peut-être ne t'ai-je pas écrit deux lettres où tu m'aies trouvé d'accord avec moi-même. Quelle constance demandes-tu à des gens de notre caractère ? Mais l'amour me rend fou ; la vengeance m'aiguillonne ; mes propres inventions m'embarrassent ; mon orgueil fait ma punition. Je suis tiré de cinq ou six côtés tout à la fois. Il est impossible que Clarisse soit aussi malheureuse que moi. Ah ! pourquoi, pourquoi est-elle la plus excellente de toutes les femmes ? Cependant suis-je sûr qu'elle le soit ? Quelles ont été ses épreuves ? Ai-je eu le courage d'en faire une seule sur sa personne, quoique j'en aie fait cinquante sur son humeur ? Assez de celle-ci, je crois, pour lui faire craindre à l'avenir de me désobliger jamais.

Loin, loin les réflexions, ou je suis un homme perdu. Depuis deux heures, mes inventions me rendent odieux à mes propres yeux ; non seulement par rapport à ce que je t'ai déjà raconté, mais pour mille choses dont il me reste à te rendre compte. Cependant je suis parvenu encore une fois à m'endurcir le cœur. Ma vengeance est aussi enflammée qu'elle puisse l'être. Je viens de relire quelques unes des injurieuses lettres de miss Howe. Je ne puis soutenir le mépris avec lequel ces deux filles m'ont traité.

Ma charmante a confessé que notre déjeûner était le plus heureux qu'elle ait connu, depuis qu'elle a quitté la maison de son père. Elle aurait pu s'épargner cette réflexion. Le capitaine a renouvelé toutes ses protestations de services. Il m'a promis de m'écrire comment son cher ami aura reçu la description qu'il lui fera de l'heureux état de nos affaires, et ce qu'il aura pensé des articles, aussitôt que j'aurai pris la peine de les envoyer. Nous nous sommes quittés avec de vifs témoignages d'une mutuelle estime ; et ma belle a fait des vœux ardens pour le succès d'une si généreuse médiation.

Lorsque j'ai reparu devant elle, après avoir conduit le capitaine aussi loin qu'il l'a voulu souffrir, j'ai vu régner la complaisance dans chacun de ses aimables traits.

— Vous me voyez déjà toute autre, m'a-t-elle dit. Ah ! monsieur Lovelace ! vous ne savez pas combien j'ai cette réconciliation à cœur. Je veux effacer jusqu'à la moindre trace de fâcheux souvenirs. Il m'est impossible de vous dire combien vous m'avez obligée. Que je serai heureuse lorsque j'aurai le cœur soulagé du fardeau insupportable de la malédiction d'un père ! lorsque ma tendre mère (vous ne connaissez pas, monsieur, la moitié du mérite de ma mère, et quelle est la bonté de son cœur, livré à lui-même, avec la liberté de suivre ses propres mouvemens) lorsque cette chère mère prendra plaisir encore à me serrer contre son sein ! lorsque j'aurai trouvé des oncles, des tantes, un frère, une sœur, tous empressés à me combler de caresses ! et vous-même, monsieur Lovelace, témoin de ce doux spectacle, reçu, vu de bon œil dans une famille qui m'est si chère... quoique d'abord, peut-être, avec un peu de froideur... Mais lorsqu'ils vous connaîtront mieux, qu'ils vous verront plus souvent, qu'ils n'auront plus aucun sujet de plainte, et que vous aurez pris, comme j'ose l'espérer, un nouvel ordre de conduite, de jour en jour l'affection ne fera que s'échauffer mutuellement, jusqu'à ce qu'à la fin tout le monde sera étonné d'avoir pu concevoir d'autres sentimens pour vous.

Ensuite, essuyant ses yeux de son mouchoir, elle s'est arrêtée un moment; et, tout d'un coup, faisant réflexion sans doute que sa joie l'avait conduite à m'exprimer des sentimens qu'elle n'avait pas eu dessein de me laisser voir, elle s'est retirée dans sa chambre avec précipitation, tandis que je suis resté dans un désordre presque égal au sien.

En un mot, j'étais... Je ne trouve point de termes pour t'exprimer ce que j'étais. Je me suis déjà senti fort ému dans une autre occasion. Cette beauté toute-puissante avait déjà rendu mes yeux humides. Mais de ma vie je n'ai été si vivement touché; car en m'efforçant de vaincre ce mouvement de sensibilité, je ne m'en suis pas trouvé la force. Je n'ai pu même retenir un sanglot. Oui, je te l'avoue, il m'en est échappé un, un qu'elle doit avoir entendu; et j'ai été forcé de tourner le visage avant qu'elle eût fini cet attendrissant discours.

A présent que je t'ai fait l'aveu de cette bizarre sensation, je voudrais pouvoir te la décrire. C'était quelque chose de si nouveau pour moi... quelque chose d'étouffant, qui me serrait le gosier... Je ne sais comment cela m'est arrivé; mais quoique je me le rappelle avec un peu de confusion, je dois convenir que cette situation n'était pas désagréable; et je souhaiterais de l'éprouver encore une fois, pour être capable de t'en donner une idée plus juste.

Mais l'effet de sa joie, dans cette occasion, me fait prendre une haute idée du pouvoir de la vertu (quel autre nom puis-je lui donner?) qui, dans une âme si capable d'un transport délicat, a la force de rendre une fille de cet âge aussi froide que la neige et la glace, pour toutes les avances d'un homme qu'elle ne hait pas. Ce doit être un effet de l'éducation. Qu'en penses-tu, Belford ? L'éducation peut-elle avoir plus de force que la nature dans le cœur d'une femme? Non, je ne saurais le croire. Mais c'est une vérité néanmoins que les parens ont raison de cultiver l'âme de leurs filles, et de leur inspirer des principes de réserve et de défiance pour notre sexe. Qu'il y a de sagesse même à leur donner une haute idée du leur! car l'orgueil, je te l'apprends, est un excellent substitut dans une âme où la vertu ne brille pas, comme le soleil, de son éclat propre et non emprunté.

LETTRE CCXIII.

M. LOVELACE, A M. BELFORD.

Il est temps de t'avouer, quoique tes conjectures aient peut-être précédé mes explications, que ce capitaine Tomlinson, qui a fait tant de progrès dans les bonnes grâces de ma charmante, et qui prend tant de plaisir à réconcilier les cœurs divisés, n'est autre que l'honnête Patrice Macdonald, suivi d'un valet hors de condition, qu'il avait loué pour un jour. Tu sais de quelle variété d'aventures sa vie est composée, quoique sa naissance et son éducation eussent donné de lui de meilleures espérances. Mais les ingénieuses friponneries qui l'ont fait chasser de l'Université de Dublin sont devenues la source de sa ruine. Après lui avoir fait quitter son pays, elles l'ont engagé dans un train de vie qui le rendrait très propre à se lier par le mariage avec la madame Townsend de miss Howe, pour l'aider dans sa contrebande. Tu connais ses admirables qualités pour toutes les entreprises qui demandent beaucoup d'adresse, avec un air imposant. Crois-tu qu'il y ait rien de plus juste au monde que d'employer un contrebandier contre un autre?

Ta curiosité va te faire demander comment j'ai pu hasarder une invention de cette nature, lorsque je n'ignore pas, comme je te l'ai dit, que la belle Clarisse passait souvent un mois entier chez son oncle, et que par conséquent elle devait savoir qu'il n'y a personne dans le voisinage, du moins des amis particuliers de Jules Harlove, qui se nomme le capitaine Tomlinson.

Cette objection est si naturelle, Belford, que je n'ai pu manquer de faire observer à ma charmante : qu'elle devait avoir entendu parler de cet ami de son oncle. Elle m'a répondu qu'elle ne s'en souvenait pas, que depuis près de dix mois elle n'avait pas été chez son oncle Jules (au fond, c'est ce que je lui avais entendu dire auparavant), et qu'il se trouvait au jeu de boules d'autres personnes qu'elle ne connaissait pas. D'ailleurs, notre penchant ne nous porte-t-il pas à croire ce qui nous flatte?

Mais tu me demanderas encore s'il n'est pas à craindre que miss Howe ne prenne des informations, et que ne trouvant point... Je t'entends. Ma réponse, c'est que Wilson, si je le désire, ne fera pas difficulté de mettre entre mes mains toutes les lettres qu'il recevra par celles de Collin, et j'espère à présent qu'il ne te restera plus de scrupule.

Enfin, Belford, je suis sûr d'avoir causé plus de joie à ma charmante qu'elle ne s'attendait d'en avoir si tôt ; et comme elle n'ignore pas que la vie humaine est un mélange de bien et de mal, il ne faut pas douter qu'une fille si prudente n'entende l'art des compensations, pour tenir la balance dans un juste équilibre.

LETTRE CCXIV.

MISS CLARISSE HARLOVE, A MISS HOWE.

Miss Clarisse communique à son amie, dans trois différentes lettres, les principaux incidens et les conversations qu'on vient de lire dans celles de M. Lovelace. Voici ses idées sur la commission du capitaine Tomlinson, après les alarmes qu'elle avait eues de ses premières recherches.

« Heureusement, ma chère, toutes ces défiances et ces craintes ont été dissipées par un événement qui ne me laisse à leur place qu'une délicieuse perspective. Il se trouve que cet officier m'était envoyé par mon oncle (je m'étais bien imaginé qu'il ne pouvait être fâché pour toujours), et que tout est venu de l'entretien que le cher M. Hickman s'est procuré avec lui. Quoique la visite de M. Hickman n'ait pas été reçue trop favorablement, mon oncle n'aura pu s'empêcher d'y faire plus de réflexion ; et les argumens qu'il avait rejetés d'abord lui seront revenus avec plus de force. Un refus passionné doit-il jamais faire désespérer du succès d'une demande raisonnable ? »

Elle représente le capitaine Tomlinson, pendant le déjeûner qu'elle a fait avec elle, comme un homme grave et d'un excellent caractère : d'une fort belle physionomie, dit-elle dans un autre endroit, âgé d'environ cinquante ans. Elle ajoute qu'elle a pris du goût pour lui à la première vue.

Comme l'avenir lui présente des apparences plus favorables que jamais, elle croit aussi que l'espérance de la réformation de M. Lovelace est mieux fondée qu'elle n'avait encore osé s'en flatter.

« Nous avons eu, continue-t-elle, beaucoup d'embarras à concilier quelques parties du caractère de M. Lovelace avec d'autres, c'est-à-dire les bonnes qualités avec les mauvaises ; par exemple, sa bonté pour ses fermiers, sa générosité pour la petite fille de l'hôtellerie, son empressement à m'offrir la compagnie de ma bonne Norton, et plusieurs autres traits : mélange inexplicable, lui ai-je dit quelquefois à lui-même ; car il est certain qu'il a le cœur dur, comme j'ai eu raison de lui en faire un reproche, en me rappelant sa conduite avec moi dans vingt occasions. En vérité, ma chère, j'ai pensé plus d'une fois qu'il prend plus de plaisir à me voir en pleurs, qu'à me donner sujet d'être contente de lui. M. Morden me disait dans sa lettre que les libertins ne connaissaient point de remords. Je trouve la vérité de cette réflexion dans la nature même de leur caractère.

» M. Lovelace est un homme fier ; c'est une observation que nous avons faite il y a long-temps. Je crains, de bonne foi, que sa générosité même ne vienne plutôt de sa fierté et de son orgueil que d'un véritable amour pour les créatures de son espèce, sentiment qui distingue les âmes bienfaisantes. Il ne fait cas des richesses qu'autant qu'elles peuvent servir à soutenir sa fierté et son indépendance. J'ai souvent pensé qu'il est aisé de soumettre une passion de second ordre à la satisfaction d'une passion dominante.

» La source du mal ne serait-elle pas quelque défaut dans son éducation ? Je m'imagine qu'on ne s'est point assez attaché à connaître le fond naturel de ses inclinations. Dans l'opulence où il est né, on l'a peut-être instruit à faire des actions généreuses ; mais je doute qu'on lui en ait fait sentir les vrais motifs : autrement sa générosité n'aurait pas les mêmes bornes que son orgueil. L'humanité en serait le principe ; il ne se contenterait pas de faire des choses louables, comme par accès, ou comme si, se reposant sur la doctrine des *actions méritoires*, il croyait que l'exercice d'une vertu est une expiation suffisante pour un vice. Il serait noble avec plus d'uniformité, et porté au bien pour l'amour du bien même.

» Ah ! ma chère, quel est mon partage ? Un homme dont la vertu consiste dans son orgueil, et dont la seconde passion dominante est la vengeance ! Il me reste néanmoins une consolation : ce n'est pas un infidèle, un incrédule. S'il était de cette malheureuse classe, il faudrait désespérer de lui. Faisant gloire de ses fertiles inventions, ce serait un homme abandonné, incapable de retour, un sauvage. »

A l'occasion des circonstances où M. Lovelace confesse à son ami qu'il s'est senti vivement touché, elle s'exprime dans ces termes :

« Il s'est efforcé, comme il avait fait une autre fois, de me cacher son émotion. Mais pourquoi, ma chère, la plupart de ces hommes (car M. Lovelace n'est pas le seul) croient-ils que ces belles marques d'un cœur sensible soient au dessous d'eux? Si je me retrouvais libre de choisir ou de refuser, je rejetterais avec mépris ceux qui combattent ou qui désavouent le pouvoir naturel d'être affectés par ce qui a droit de toucher le cœur, comme des monstres féroces qui ignorent la principale gloire de la nature humaine, jusqu'à la mettre dans une barbare insensibilité. »

Elle remarque, à l'avantage de ses hôtesses, qu'un aussi honnête homme que le capitaine Tomlinson a parlé d'elles en termes honorables, après s'être informé de leur caractère.

LETTRE CCXV.

M. LOVELACE, A M. BELFORT.

Mardi, 30 mai.

J'ai reçu de milord M... une lettre aussi favorable que je pourrais la souhaiter, si j'étais déterminé au mariage; mais, dans les circonstances où nous sommes, je ne puis la faire voir à ma belle.

Milord regrette « de ne pas lui servir de père à la cérémonie. De quelques couleurs que j'aie revêtu mes raisons, il paraît craindre que je ne roule dans ma tête quelques mauvais desseins. Non seulement il désire que mon mariage ne soit pas différé, mais apprenant, dit-il, que miss Harlove n'est pas sans défiance, il m'offre l'une ou l'autre de mes deux cousines, ou toutes deux ensemble, pour soutenir son courage. Pritchard a reçu ses derniers ordres sur la rente perpétuelle de mille livres sterling, dont je recevrai l'acte au même instant que ma femme aura reconnu notre mariage. Il consent que la dot soit assignée sur mon propre bien. Il est fâché que miss Harlove n'ait pas accepté son billet de banque, et il me reproche de ne l'avoir pas gardé moi-même par un sentiment de fierté. *Ce que le côté droit néglige*, dit-il, *peut tourner à l'avantage du côté gauche.* Il parle apparemment de mes deux cousines. De tout mon cœur. Si je puis obtenir miss Clarisse Harlove, que le diable emporte tout le reste. Le stupide pair s'étend fort au long dans le même goût. Une douzaine de lignes ne lui coûtent rien pour avoir l'occasion de placer un vieux proverbe.

Si tu me demandes comment je me tirerai d'embarras lorsque ma charmante paraîtra surprise que milord ne réponde point à ma lettre, je t'apprends que je puis être informé par Pritchard que la goutte a pris milord à la main droite, et qu'il lui a donné ordre de me voir personnellement pour recevoir les miens, sur le transport de la rente. Je puis voir Pritchard dans le premier endroit de la ville qu'il me plaira de nommer, et tenir de sa propre bouche les articles de la lettre de milord, dont il convient que ma belle soit informée. Ensuite il dépendra de moi de rendre, suivant l'occasion, l'usage de sa main droite au vieux pair qui pourra m'écrire alors une lettre un peu plus sensée que la dernière.

Mardi, 31 mai.

Notre bonheur ne fait qu'augmenter. On m'a fait la plus grande faveur du monde. Au lieu d'une berline, pour la promenade, on m'a permis de prendre un carrosse à deux. Notre entretien, dans cette agréable partie, a tourné sur notre manière de vie future. Le jour est promis, quoique avec un peu de confusion. A mes instances répétées, on a répondu qu'il ne serait pas éloigné. Nos équipages, nos domestiques, notre livrée, ont fait partie de ce délicieux sujet. On a souhaité que le misérable qui m'a servi d'espion dans la famille, l'honnête Joseph Leman, ne fût pas reçu dans notre maison; et que, rétablie ou non, la fidèle Hannah fût appelée. J'ai consenti, sans objection, à ces deux articles.

Nous avons raisonné sur les espérances de réconciliation. Si son oncle Harlove ouvrait seulement le chemin, si l'affaire était entamée, elle se croirait heureuse; heureuse a-t-elle repris avec un soupir, autant du moins qu'elle peut espérer de l'être à présent! Elle y revient toujours, Belford.

Je lui ai dit qu'au moment de notre départ j'avais reçu des nouvelles de l'homme d'affaires de mon oncle, et que je l'attendais demain à Londres, de la part de son maître. J'ai parlé avec reconnaissance de la bonté de milord; et avec plaisir de la vénération dont mes tantes et mes cousines sont remplies pour elle; sans oublier le chagrin que milord ressent, de n'avoir pu répondre de sa propre main à ma dernière lettre.

Elle a plaint milord. Elle a plaint aussi la pauvre madame Fretchvill; car, dans l'abondance de sa bonté, elle n'a pas manqué de me demander de ses nouvelles. La chère personne s'est abandonnée à la pitié, pour tout ce qui en mérite. Heureuse à présent dans ses propres vues, elle a le temps de promener ses yeux autour d'elle; et de s'occuper du bonheur de tout le monde.

Il y avait beaucoup d'apparence, ai-je répondu que madame Fretchvill demeurerait fort maltraitée. Son visage, dont elle s'était glorifiée, était menacé de conserver de fâcheuses marques. Cependant, ai-je ajouté, elle aura quelque avantage à tirer de ce triste accident. Comme le plus grand mal absorbe toujours les petits, la perte de sa beauté peut lui causer une douleur qui sera capable de diminuer l'autre et de la rendre supportable.

On m'a fait une douce réprimande, du tour badin que je donnais à des malheurs si sérieux; car quelle comparaison entre la perte de la beauté et celle d'un bon mari? Excellente fille!

Elle m'a parlé aussi de l'espérance qu'elle a de se réconcilier avec la mère de miss Howe, et de la satisfaction qu'elle y trouve d'avance. La bonne madame Howe! c'est l'expression dont elle s'est servie, pour une femme si avare, et si déshonorée par son avarice, que nulle autre au monde ne la nommerait bonne. Mais cette chère fille donne tant d'étendue à ses affections, qu'elle serait capable d'en avoir pour le plus vil animal qui appartiendrait à ceux qu'elle respecte. *Qui m'aime, aime mon chien* ; me souviens-je d'avoir entendu dire à milord M... Qui sait si quelque jour, par complaisance pour moi, elle ne se laissera pas conduire à prendre bonne opinion de toi, Belford ?

Mais à quoi ma folle imagination s'arrête ! N'est-ce pas pour tenir mon cœur en bride ? Je reconnais que je n'ai pas d'autre vue, par les remords dont je le sens piqué, tandis que ma plume rend témoignage à l'excellence de ma chère Clarisse. Cependant je dois ajouter, sans qu'aucune considération d'intérêt propre m'empêche jamais de rendre justice à cette admirable personne, que, par la prudence et les lumières que je lui ai trouvées dans notre conversation, elle m'a convaincu qu'à son âge il n'y a pas de femme au monde qui l'égale.

Je m'interromps moi-même, pour relire quelques unes des lettres empestées de miss Howe.

Maudites lettres, Belford, que celles de cette miss Howe ! Relis, toi-même celles des miennes où j'en ai fait l'extrait. Mais je continue mon récit.

A tout prendre, ma charmante n'a respiré que douceur, complaisance, sérénité, dans cette délicieuse promenade. Aussi ne lui ai-je pas donné sujet de marquer d'autres sentimens. Comme c'est la première fois que j'ai eu l'honneur de me promener seul avec elle, j'étais résolu de l'encourager, par mon respect, à m'accorder librement la même faveur.

A notre retour, j'ai trouvé le secrétaire du conseiller Williams, qui m'attendait avec la minute du contrat ; les articles ne sont proprement qu'une copie du contrat de ma mère, avec les changemens nécessaires. L'original m'étant renvoyé en même temps par le conseiller, je l'ai mis entre les mains de ma belle. Cette pièce n'a servi qu'à faciliter l'ouvrage. C'est un bon modèle, puisqu'il a été adressé par le célèbre milord S..., à la prière des parens de ma mère, et l'unique différence, entre les deux contrats, consiste dans cent livres sterling de plus, que j'ajoute à la pension annuelle.

J'ai offert à ma charmante de lui faire la lecture du vieil acte, tandis qu'elle jetterait les yeux sur le nouveau. Mais elle s'en est excusée. Comme elle avait refusé d'être présente, lorsque j'avais collationné ces deux actes avec le secrétaire, je suppose qu'elle ne s'est pas souciée d'entendre parler de tant d'enfans ; le premier, le second, le troisième, le quatrième et le cinquième fils, etc., et d'autant des filles, qui doivent sortir de ladite Clarisse Harlove. Charmans détails ! quoiqu'ils soient toujours accompagnés du mot de *légitime* ; comme s'il pouvait arriver qu'un mari eût de sa femme des enfans qui ne fussent pas légitimes. Mais crois-tu que par là ces archi-fripons de gens de robe n'aient pas en vue d'insinuer qu'un homme peut devenir père avant le mariage ? C'est apparemment leur intention. Pourquoi ces gens-là font-ils naître des idées de cette nature dans l'esprit d'un honnête homme ? Cet exemple, comme une infinité d'autres, nous montre que la jurisprudence et l'Evangile sont deux choses différentes.

Dans notre absence, Dorcas s'est efforcée de parvenir à la cassette du cabinet. Mais elle ne l'aurait pu sans violence ; et s'exposer par un motif de curiosité pure à des dangers de cette conséquence, ce serait manquer de discrétion.

Madame Sinclair et ses nymphes sont toutes d'avis que je suis à présent si bien dans l'esprit de ma belle, et que j'ai si visiblement part à sa confiance et même à son affection, que je puis entreprendre ce que je veux, au risque d'apporter la violence de ma passion pour excuse. Pourquoi non? disent-elles. N'a-t-elle pas passé pour ma femme aux yeux de toute la maison ? et le chemin de la réconciliation avec ses amis n'est-il pas ouvert ? prétexte qui a retardé la consommation. Elles me pressent aussi de tenter mon entreprise pendant le jour, puisqu'il est si difficile de mettre la nuit dans mes intérêts. Elles me représentent que la situation de notre logement ne doit pas me faire appréhender que les cris soient entendus du dehors. Je n'ai pas toujours été si timide, m'a dit effrontément Sally, en me jetant son mouchoir au visage.

LETTRE CCXVI.

M. LOVELACE, A M. BELFORD.

Vendredi, 2 juin.

Malgré ma politesse et mes complaisances étudiées, et quoique jusqu'à présent j'aie manqué de courage pour lever le masque, il m'est arrivé plus d'une fois, depuis quelques jours, d'obliger ma charmante à regarder autour d'elle, par les ardens témoignages de ma passion. Je l'ai réduite à confesser que je ne lui suis rien moins qu'indifférent. Mais lorsque je l'ai pressée de reconnaître de l'amour : quel besoin de cet aveu, m'a-t-elle dit, de la part d'une femme qui consent à se marier ? Et me repoussant une fois avec chagrin, elle m'a prié de faire attention que la preuve du véritable amour était le respect. J'ai entrepris de me défendre ; elle m'a répondu que l'idée qu'elle avait été capable de se former d'une passion vicieuse ressemblait à ce que je lui faisais voir de la mienne.

Je ne me suis pas moins efforcé de justifier mes sentimens, en l'accusant elle-même d'un excès de délicatesse. Ce n'était pas mon défaut, m'a-t-elle répliqué, si c'était le sien. Là dessus elle m'a reproché quelques libertés innocentes, que je me suis cru en droit de prendre aux yeux de nos hôtesses, parce qu'elles nous supposent mariés. J'ai souffert assez impatiemment cette leçon, et j'ai souhaité de voir arriver l'heureux jour où je n'aurais plus à combattre une réserve qui n'a jamais eu d'exemple.

Elle m'a regardé avec une sorte de confusion qui m'a paru accompagnée d'un air de mépris. Je lui en ai demandé la raison, lorsque je n'avais aucune offense à me reprocher. — Ce n'est pas la première fois, m'a-t-elle répondu, que j'ai eu sujet de me plaindre de vous, tandis que vous vous êtes cru peut-être au dessus des reproches. Mais je vous déclare qu'à mes yeux l'état du mariage est un état de pureté. Je ne sais si elle ne m'a pas dit : n'est pas *un état de licence*. C'est du moins ce que j'ai cru recueillir de ses expressions.

La pureté du mariage, Belford ! Rien de si comique. Sexe délicat ! Cependant la moitié du monde femelle est prête à s'enfuir avec un libertin, sans autre raison que parce qu'il est un libertin, et souvent avec toutes sortes de raisons contre leur choix. Toi et moi, n'avons-nous pas vu des jeunes femmes qui voulaient passer pour modestes, et qui auraient été d'une réserve infinie dans l'état de fille, permettre en public, à leurs avides maris, des libertés qui faisaient craindre qu'elles n'eussent oublié tous les devoirs de la pudeur et de la modestie ? tandis que tous les spectateurs modestes tenaient les yeux baissés et rougissaient pour ceux qui n'étaient pas capables de rougir. Un jour, dans une occasion de cette nature, je proposai à une douzaine de personnes, qui composaient l'assemblée, de laisser le champ libre, parce que tout le monde devait s'apercevoir que la dame, comme le mari, souhaitaient de demeurer tête-à-tête. Ce langage produisit son effet sur l'amoureux couple, et je fus applaudi d'avoir mis une barrière au désordre.

Tu peux conclure que j'approuve les idées de ma charmante sur les amours publics.

C'est le seul frein, je m'imagine, qu'elle veut m'imposer par ce qu'elle nomme la pureté du mariage.

Recueille de tout ce que tu viens de lire, que je n'ai pas perdu mon temps, et que ces derniers jours je n'ai pas été un benêt, un Hickman, quoique moins actif peut-être qu'il ne convient à Lovelace.

La chère personne se considère à présent comme ma femme choisie. Son cœur, délivré de la tristesse, cessera d'être prude, et ne donnera plus d'interprétation lugubre à chaque action de l'homme qu'il ne hait point. Cependant elle doit garder assez de réserve pour justifier son inflexibilité passée. Combien de jolies personnes se défendraient mal, sans la crainte qu'elles ont de donner mauvaise opinion d'elles à l'homme qu'elles voudraient favoriser? C'est encore un article du symbole des libertins. Mais de quelque ressentiment qu'elle soit capable, elle ne peut rompre désormais avec moi. Ce serait abandonner toute espérance de réconciliation avec sa famille, et par une voie qui lui ferait peu d'honneur.

Samedi, 3 juin.

Je reviens de l'officialité, où j'étais allé demander les permissions ecclésiastiques. A la vérité, Belford, j'ai eu la mortification d'y trouver des difficultés. La demoiselle est d'un rang et d'une fortune qui exigent le consentement d'un père ou de quelque ami qui le représente.

Je lui ai rendu compte de cet obstacle. Elle le juge bien fondé. Cependant, Belford, ce n'est pas avec un homme tel que moi qu'on s'aviserait de cette mauvaise chicane, quand il serait question de la fille d'un duc.

Je lui ai demandé si le contrat lui avait plu. Elle m'a dit qu'elle l'avait comparé avec celui de ma mère, et qu'elle n'y trouvait aucun sujet d'objection. Elle n'a pas manqué d'écrire là-dessus à miss Howe, pour l'informer, m'a-t-elle dit, de notre situation.

Ma charmante vient de me remettre le contrat, dont j'ai envoyé une copie au capitaine Tomlinson. Elle était d'une humeur charmante. Jamais, s'il faut l'en croire, elle n'a douté de mon honneur dans les cas de cette nature. D'homme à homme, tu sais qu'effectivement je n'ai jamais donné lieu au moindre doute. Il faut bien, diras-tu, que j'aie de bonnes qualités. Les grandes vertus et les grands vices se trouvent souvent réunis dans le même caractère. Je ne suis fort méchant qu'à l'égard des femmes; mais n'est-ce pas ce sexe qui a commencé avec moi?

Nous avons quelquefois soutenu que les femmes n'ont pas d'âmes. Je suis un vrai mahométan sur ce point; c'est-à-dire porté à croire qu'elles ne sont qu'un agréable composé de matière. Si cette doctrine est vraie, à qui rendrai-je compte du mal que je leur fais? Mais quand elles auraient une âme, il paraît certain que la distinction des sexes est inconnue entre les substances spirituelles. A quel propos une âme de femme se plaindrait-elle des injures qu'elle a reçues dans un état qui ne subsiste plus ?

LETTRE CCXVII.

M. LOVELACE, A M. BELFORD.

Lundi, 5 juin.

Je perds l'espérance de réussir par la douceur ou par l'amour avec cette charmante pièce de glace. Tu te souviens que j'ai envoyé une copie du contrat au capitaine Tomlinson (1), et cela par un exprès. On travaille à la *grosse*; je suis retourné à l'officialité, où vraisemblablement j'aurais obtenu les permissions par l'entremise du notaire Malory, ami de l'official et le mien, si Malory n'avait été obligé de partir subitement pour Chersnunt. Pritchard m'a dit de bouche tout ce que ma charmante doit savoir de la lettre que je ne lui ai pas montrée; et je lui ai fait connaître mes intentions sur ce qui lui reste à faire en notre faveur. Cependant, avec de si belles apparences, je ne trouve pas l'heureux moment, et je n'aperçois rien qui me le promette.

A la vérité, je l'ai embrassée deux fois avec transport; et quoique le ressentiment de cette liberté l'ai portée sur-le-champ à se retirer, elle n'en est pas moins revenue, sur ma simple prière, sans entrer dans aucune explication du motif qui l'avait obligée de me quitter. Quelle mauvaise politique de s'offenser d'une liberté innocente, que sa situation l'oblige aussitôt de pardonner ! Je conviens néanmoins qu'une femme est perdue lorsqu'elle ne se ressent point des premières hardiesses d'un amant; car l'amour est un usurpateur; il ne retourne jamais en arrière; il aspire toujours à de nouveaux progrès; il n'est satisfait que par les conquêtes qui éteignent ses désirs; et quel n'est pas l'avantage d'un amant qui craint peu de rompre la paix, sur une maîtresse qui est intéressée à la conserver ?

Je viens de me fortifier pour la douzième fois, dans une demi-résolution. J'ai mille choses agréables à lui dire; elle est dans la salle à manger. Tentons quelque chose aujourd'hui.

Tout est dans le plus grand désordre. On m'a quitté brusquement, avec les marques d'une vive colère.

J'avais commencé par m'asseoir près d'elle; j'avais pris ses deux mains dans les miennes. Ma voix était la douceur même; j'ai parlé avec respect de son père et de sa mère; j'ai nommé son frère d'un ton d'amitié. Je ne me serais pas cru capable, lui ai-je dit de souhaiter, aussi ardemment que je le faisais, notre réconciliation avec sa famille.

Une douce rougeur, animée par la reconnaissance, s'est répandue alors sur son beau visage. Sa respiration, mêlée de quelques tendres soupirs, faisait soulever son fichu.

J'ai continué : mon impatience était extrême de recevoir des nouvelles du capitaine Tomlinson. Il était impossible que son oncle trouvât quelque chose à redire aux articles. Cependant il se tromperait beaucoup s'il allait croire qu'en les lui en envoyant je l'eusse rendu maître d'apporter quelque délai à mon heureux jour. Quand ce jour céleste arrive-

(1) Il n'est pas besoin d'avertir que ce qu'il dit comme vrai, est ce qu'il a fait croire à miss Clarisse.

rait-il? J'étais résolu de retourner encore à l'officialité, et de revenir sans les permissions. Mon dessein, après la cérémonie, était de ne pas nous retirer à Median. J'ai proposé tel ou tel jour.

Elle m'a répondu qu'il serait temps de nommer le jour, lorsqu'on aurait fini tout ce qui appartient au contrat, et que les permissions seraient obtenues. Qu'elle se croirait heureuse, a-t-elle ajouté, si l'obligeant capitaine Tomlinson pouvait engager son oncle à se trouver secrètement à la célébration.

Excellente ouverture, ai-je dit en moi-même, sur laquelle on peut travailler avec succès, soit pour ménager des retardemens, soit pour faire ma paix après l'offense!

Point de nouveaux délais, n'ai-je pas laissé de répondre, en lui faisant un tendre reproche du passé; au nom de Dieu! ne multiplions pas les obstacles. Nommez le jour, que ce soit du moins un jour de la semaine prochaine. Nommez-le, je vous en conjure, afin que je puisse bénir son approche et compter les heures trop lentes.

J'avais le visage appuyé sur son épaule, baisant ses mains tour à tour. Elle s'efforçait à la vérité de les retirer, par un sentiment de modestie plutôt que de colère; et quoiqu'elle tâchât d'éviter aussi mon visage, qui suivait son épaule à mesure qu'elle se dérobait, je croyais m'apercevoir qu'elle était lasse, et plus que lasse de me quereller. Ses yeux baissés m'en apprenaient plus que ses lèvres ne pouvaient exprimer. — Voici le moment, ai-je dit en moi-même; c'est à présent qu'il faut essayer si j'obtiendrai le pardon de quelque hardiesse, à laquelle je ne me suis pas encore échappé. J'ai laissé alors ses mains en liberté, et passant un de mes bras autour d'elle, j'ai imprimé un ardent baiser sur ses lèvres.

—Laissez-moi, monsieur! c'est tout ce qu'elle m'a dit, en détournant le visage comme dans la crainte d'être surprise une seconde fois.

Encouragé par tant de douceur, je lui ai dit mille choses passionnées; mais pendant qu'elle paraissait les entendre sans chagrin, je tirais doucement de mon autre main le fichu qui cachait ses trésors; et tout d'un coup j'ai pressé de mes lèvres brûlantes le plus beau sein que la nature ait jamais formé.

Une passion fort différente de celle qui le faisait délicieusement soulever, a pris place aussitôt dans son cœur et dans ses yeux. Elle s'est arrachée de mes bras avec indignation. J'ai voulu la retenir par la main:

—*Laissez-moi*, m'a-t-elle dit d'un ton qui ne ressemblait point au premier. Je vois qu'il n'y a pas de conditions qui puissent être une loi pour vous, vil séducteur! Est-ce là le but de vos flatteuses expressions? Il n'est pas trop tard; je renoncerai à vous pour jamais. Vous avez un cœur haïssable; laissez-moi, je l'exige absolument.

Il ne me restait que le parti d'obéir. Elle a pris la fuite, en répétant:
— *Vil*, méprisable *flatteur*.

En vain l'ai-je fait presser par Dorcas de m'accorder l'honneur qu'elle m'avait promis de dîner avec elle. J'ai reçu pour réponse, qu'elle ne voulait pas dîner, et qu'elle ne le pouvait pas.

Pourquoi faire ainsi regarder comme sacrée chaque ligne de sa personne? Si proche, surtout, du temps auquel tout doit m'appartenir par contrat? Elle a sans doute appris, dans ses lectures l'art des monarques orientaux, qui se dérobent toute l'année aux yeux de leurs sujets, dans la vue d'exciter leurs adorations, lorsqu'aux jours solennels ils daignent se laisser voir. Mais je te demande, Belford, si, dans ces grandes occasion la cavalcade et les brillans équipages qui précèdent ne préparent pas par degrés le spectateur étonné à soutenir l'éclat du majestueux souverain, dont la personne n'est quelquefois qu'un vieillard difforme, quoique orné de toutes les richesses de son vaste empire? Ma charmante ne devrait-elle pas, pour son propre intérêt, descendre par degrés de la condition angélique à l'humanité? Si c'est l'orgueil qui l'arrête, cet orgueil ne mérite-t-il pas d'être puni? Si l'art, comme dans les empereurs d'Orient, n'y entre pas moins que l'orgueil, n'est-elle pas de toutes les femmes celle à qui l'art est le plus inutile? Si c'est pudeur, confusion, que risque-t-elle à communiquer la vue de ses charmes aux yeux de son adorateur, qu'elle regarde déjà comme son mari?

Que je périsse, Belford, si je ne préférais au plus brillant diadème du monde le plaisir de voir deux petits Lovelace, pendant de chaque côté au sein de ma charmante, pour en tirer leur première subsistance; à condition néanmoins que ce pieux office ne durât pas plus de quinze jours. Je me représente cette chère personne, pressant de ses beaux doigts les deux sources d'une noble liqueur, pour en faire couler deux ruisseaux dans la bouche vermeille du petit couple altéré; ses yeux baissés alternativement sur l'un et sur l'autre, avec un mélange de confusion et de tendresse maternelle, se levant ensuite vers moi avec un langage touchant, et me suppliant, dans ce doux langage, pour ces petits malheureux, pour elle-même, de daigner légitimer les fruits de notre amour, et condescendre à me charger de la chaîne conjugale.

LETTRE CCXVIII.

M. LOVELACE, A M. BELFORD.

Lundi, après midi.

Une lettre du digne capitaine Tomlinson a servi, plus tôt que je n'aurais pu l'espérer dans ces circonstances, à m'introduire auprès de ma charmante.

Elle est entrée d'un air sombre dans le salle, où ce prétexte m'a fait demander quelques momens d'audience. Il ne m'est pas échappé un mot sur l'aventure du matin. Tu vas voir comment sa colère s'est dissipée d'elle-même.

Le capitaine, « après m'avoir déclaré qu'il m'écrirait avec plus de joie s'il avait reçu la copie des articles que je lui ai fait espérer, me marque que son cher ami, M. Jules Harlove, dans la première conférence qu'ils ont eue depuis son retour, a paru extrêmement surpris et même affligé, comme il l'avait appréhendé, d'apprendre que nous ne sommes point encore mariés. Ceux qui connaissent mon caractère, a dit M. Jules, ne ménageraient pas leur censure, s'ils venaient à savoir que nous avons vécu si long-temps sous le même toit avant le mariage, quelque éclat que nous puissions donner désormais à la célébration. Il ne doutait pas que son neveu James ne fît valoir cette objection de toute sa force, contre les ouvertures de réconciliation; avec d'autant plus de succès peut-être qu'il n'y avait pas dans le royaume de famille plus délicate sur l'honneur que celle des Harlove. »

C'est la vérité, Belford. On les en a nommés *les fiers* Harlove. J'ai toujours observé que l'*honneur nouveau* est fier et délicat.

Mais ne vois-tu pas combien j'avais raison de faire tous mes efforts pour persuader à ma belle qu'il fallait laisser penser à l'ami de son oncle que nous étions mariés, surtout lorsqu'il était venu disposé à le croire, et lorsque l'oncle s'en était flatté? En vérité, ce bas monde n'a rien de si pervers qu'une femme qui s'est mis dans la tête de l'emporter sur quelque point, et qui n'a pour la contrarier qu'un homme doux et ami de son propre repos.

Ma charmante souffrait pendant cette lecture. Elle a tiré son mouchoir; mais elle était plus portée à faire tomber le blâme sur moi que sur elle-même.

— Si vous aviez été fidèle à vos promesses, monsieur Lovelace, et si vous m'aviez quittée en arrivant à Londres...

Elle s'est arrêtée en se rappelant sans doute que c'était sa faute si notre mariage ne s'était pas fait avant que nous eussions quitté la campagne. Et comment aurais-je pu m'éloigner ensuite, tandis que son frère formait des complots pour l'enlever?

Il n'est pas même certain qu'il ait renoncé à ses projets; car, suivant la lettre, « M. Jules a dit au capitaine (en confidence, remarque l'écrivain) que son neveu s'occupe actuellement à découvrir où nous sommes, dans l'opinion que, ayant quitté la campagne et ne donnant plus de mes nouvelles à la famille, nous sommes quelque part ensemble. D'un autre côté, il est clair pour lui que nous ne sommes pas mariés, n'en eût-il pour preuve que la démarche récente de M. Hickman auprès de son oncle, et celle de madame Norton auprès de sa mère. » Or, M. James ne peut supporter que je jouisse paisiblement de mon triomphe.

Un profond soupir a suivi ce fâcheux détail, et le mouchoir a repris son chemin vers ses yeux. Mais la chère âme n'a-t-elle pas mérité ce petit retour pour la perfide intention qu'elle a eue de se dérober à moi?

J'ai continué de lire dans la même vue:

« Pourquoi donc, a redemandé M. Jules, s'est-on hâté de répondre au premier ami qu'il avait envoyé, que nous étions mariés? Et de qui cette réponse? De la femme de chambre de sa nièce. Cette fille ne devait-elle pas être bien informée? N'aurait-elle pas pu donner des raisons convaincantes?... »

Ici ma charmante a recommencé à pleurer. Elle a fait un tour dans la chambre, et, revenant à moi, elle m'a prié de continuer.

— Voulez-vous lire, ma très chère vie? Lisez, lui ai-je dit; prenez la peine de lire vous-même.

Elle m'a répondu qu'elle prendrait la lettre en me quittant; qu'elle n'était point en état de lire (essuyant ses yeux).

— Continuez, a-t-elle repris; allez jusqu'à la fin. Vous pourrez me donner votre sentiment sur cette lettre, comme je vous dirai le mien.

« Le capitaine a donc appris au cher M. Jules les raisons qui m'ont porté à déclarer que nous étions mariés, et les conditions auxquelles ma charmante s'est laissé engager à ne me pas contredire, ce qui nous a tenus dans le plus scrupuleux éloignement. Mais on n'a pas cessé d'insister sur mon caractère, et M. Jules est parti fort mécontent. Le capitaine était si peu satisfait lui-même, qu'il n'avait pas eu beaucoup d'empressement à m'écrire le résultat de cette première conférence.

» Mais dans celle d'après, qui s'était tenue immédiatement après la réception des articles (et, comme la première, dans la maison du capitaine, pour être plus sûrs du secret), M. Jules, après les avoir lus et s'être fortifié par l'avis du capitaine, avait paru beaucoup plus tranquille. Cependant il avait répété que si l'on apprenait dans la famille un si long délai à notre mariage, il ne serait aisé à personne d'en juger aussi favorablement que lui. Alors le capitaine dit que son cher ami lui a fait les deux propositions suivantes : premièrement, que notre mariage se fasse le plus tôt qu'il sera possible, et le plus secrètement ; comme il remarque à la vérité, que c'est notre dessein. En second lieu, que, pour ne lui en laisser aucun doute, un de ses plus fidèles amis ait la liberté d'assister à la célébration. »

J'ai cessé de lire ici, avec quelque dessein de paraître un peu fâché. On m'a pressé de continuer, et je n'ai pu me dispenser d'obéir.

« Mais qu'à l'exception de ce témoin de confiance, du capitaine Tomlinson et de lui-même, tout le monde demeure persuadé que nous étions mariés au moment que nous avons commencé à vivre dans la même maison, et que ce temps s'accorde avec celui de la démarche que M. Hickman a faite auprès de lui, de la part de miss Howe. »

— Il me semble, très chère Clarisse, lui ai-je dit, que ces propositions sont extrêmement raisonnables. Ce que nous avons à faire uniquement, c'est de prévenir là-dessus nos hôtesses. Je n'aurais pas cru voire oncle Jules capable d'un tel expédient. Mais vous voyez combien il s'affectionne à cette réconciliation.

Voici le retour qu'elle a cru devoir à mes réflexions :

— Vous avez toujours fait consister avec moi une partie de votre politesse à me laisser voir la mauvaise opinion que vous avez de ma famille.

Crois-tu, Belford, que je puisse lui pardonner ce reproche ?

« Le capitaine ajoute qu'il ignore si nous approuverons l'idée de son ami ; mais que, si nous comptons son propre sentiment pour quelque chose, il regarde cette ouverture comme un heureux expédient qui fera évanouir un grand nombre de difficultés, et qui coupera peut-être court à tous les projets de M. James. Sur ce principe, et de l'avis du très cher oncle, il a déjà déclaré à deux ou trois personnes, qui peuvent le redire à M. James, que lui, capitaine Tomlinson, a de fortes raisons de croire que notre mariage a suivi de près l'infructueuse démarche de M. Hickman.

» Et cette circonstance, me dit le capitaine, peut vous mettre en droit de faire à la famille un compliment fort bien placé, qui répondra parfaitement à quelques déclarations généreuses que je vous ai entendu faire à votre chère dame, et dont M. Jules pourra tirer quelque avantage pour la réconciliation : c'est que vous n'avez pas demandé le bien de sa nièce aussitôt que vous y étiez autorisé par les lois. »

Ma belle doit avoir pris assurément une très-haute idée de la prudence du capitaine Tomlinson.

Mais il ne manque point de faire observer « que si ma chère dame ou moi nous désapprouvons le récit qu'il a fait de notre mariage, il est prêt à le rétracter. Cependant il se croit obligé de m'avertir que M. Jules paraît fort attaché à cette méthode, comme la seule qu'il croit capable de produire une solide réconciliation. Si nous prenons ce parti, il conjure ma chère dame de ne pas suspendre le jour, afin qu'il puisse être autorisé à tenir ce langage par la vérité du fait essentiel. (Que cet homme est consciencieux, Belford!) « Elle ne doit pas s'attendre non plus, dit-il, que son oncle fasse le moindre pas vers la réconciliation désirée, avant la célébration réelle de la cérémonie. Il conclut en me promettant d'être bientôt à la ville, où d'autres affaires l'appellent, et de nous rendre une visite pour nous expliquer plus particulièrement ce qui s'est passé et ce qui pourra se passer encore entre M. Jules et lui. »

— Eh bien! ma chère vie, que dites-vous de l'expédient de votre oncle? Écrirai-je au capitaine pour l'assurer que de notre part il n'y a point d'objection?

Elle est demeurée en silence pendant quelques minutes. Enfin, poussant un soupir :

— Voyez, monsieur Lovelace, m'a-t-elle dit, dans quels embarras vous m'avez jetée, en me faisant marcher après vous par vos chemins tortueux. Voyez à quelle humiliation je me trouve exposée! Assurément votre conduite n'a pas été celle d'un homme sage.

— Ma très chère Clarisse, ne vous souvenez-vous pas avec quelles instances je vous ai suppliée de consentir à la célébration avant notre départ pour Londres? Si vous m'aviez accordé alors cette faveur...

— Fort bien, fort bien, monsieur, le mal vient sans doute de quelque côté : c'est tout ce que je puis répondre à présent. Mais puisque le passé n'est plus en notre pouvoir, je crois que mon oncle doit être obéi.

Charmante disposition à l'obéissance! Il ne me restait, Belford, pour ne pas demeurer au dessous du digne capitaine et du cher oncle, que de presser encore pour le jour. C'est ce que j'ai fait avec beaucoup de chaleur. Mais on m'a répété, comme je pouvais m'y attendre, que, lorsque le contrat serait achevé et les permissions obtenues, il serait temps de nommer un jour. Ensuite, détournant le visage avec un air de tendresse inexprimable, et portant son mouchoir à ses yeux :

— Quel bonheur, m'a-t-elle dit, si son cher oncle pouvait consentir, dans cette occasion, à faire l'office de père pour la *pauvre orpheline!*

Que signifie le mouvement qui s'élève dans mon cœur? D'où vient cette goutte d'eau qui est tombée sur mon papier? Une larme! par ma foi, Belford, c'est une larme; diras-tu que je ne m'attendris pas facilement? Au simple souvenir, au seul récit... mais j'ai devant les yeux son aimable image, dans la même attitude où je l'ai vue prononcer ces paroles; et je t'avouerai qu'au moment qu'elle les prononçait ce vers de Shakespeare m'est venu à l'esprit :

« Ton cœur est plein; retire-toi, et pleure à ton aise. »

Je suis sorti, et j'ai pris la plume pour écrire au capitaine. Je l'ai prié « de dire à son cher ami que nous acquiescions à toutes ses volontés, et que nous avions déjà pris les mesures convenables du côté de nos hôtesses et de nos domestiques; que s'il était disposé à me donner de sa propre main celle de sa chère nièce, nous serions tous deux au comble de nos désirs; que le jour qu'il lui plairait de nommer serait le nôtre, me flattant qu'il ne le remettrait pas fort loin, non seulement pour répondre aux sages vues qu'il s'était proposées lui-même, mais parce qu'il était à souhaiter que milord M... n'eût pas sujet de se croire négligé, après l'intention qu'il avait eue, comme je l'avais dit au capitaine, de nous servir de père à la cérémonie ; et ce projet n'ayant manqué que sur nos représentations, pour éviter l'éclat d'une célébration publique, à laquelle sa chère nièce avait eu peine à consentir pendant qu'elle était dans la disgrâce de sa famille ; mais que s'il avait quelque raison de ne pas nous accorder cette faveur, je souhaitais que le capitaine Tomlinson fût l'homme de confiance qu'il lui plût d'employer dans cette heureuse occasion. »

J'ai fait voir cette lettre à ma charmante. Tu juges qu'elle ne lui a pas causé de chagrin. Ainsi, Belford, nous ne saurions faire trop de diligence à présent pour le contrat et pour la permission. Le jour sera celui de l'oncle, ou peut-être du capitaine Tomlinson, suivant l'ordre que je mettrai dans les événemens. Voilà des précautions pour toutes sortes de contre-temps. Le système contrebandier de miss Howe ne te paraîtra plus fort dangereux. Il serait inutile de t'expliquer d'avance tous les avantages que je puis recueillir d'une invention à laquelle je n'ai rien épargné. Pourquoi ces deux petites créatures m'obligent-elles d'employer mes coups de maître ?

Je m'occupe actuellement d'une petite mine que je veux tenir prête à jouer dans l'occasion. C'est la première que j'ai employée de son espèce, et du pas dont j'avance, peut-être sera-t-elle la dernière. Je la nomme petite, mais elle peut produire de grands effets, quoique je ne compte pas si absolument sur le succès que je n'en aie de plus sûres en réserve. Cependant les grandes machines sont souvent remuées par de petits ressorts. Une étincelle, tombée par accident sur un magasin de poudre, fait quelquefois plus de ravage que cent pièces d'artillerie.

Mettons les choses au pis : le flambeau de l'hyménée et la chaîne conjugale seront mon amende honorable.

LETTRE CCXIX.

M. BELFORD, A M. LOVELACE.

Mardi, 6 juin.

Quoique je n'aie guère à me louer jusqu'à présent du succès de mes représentations, mon cœur me force de prendre encore une fois la plume en faveur de cette divine fille, sans que je puisse expliquer d'où vient le zèle qui me fait prendre parti pour elle avec une ardeur si sincère.

Mais tu reconnais tout son mérite ; tu n'avoues pas moins ta méchanceté, et tu oses même en faire gloire ! Quelle espérance de toucher un cœur si endurci ? Cependant, comme il n'est pas trop tard, et que tu approches néanmoins de la crise, je suis résolu d'essayer quel sera l'effet d'une nouvelle lettre. Si je n'en tire aucun fruit, je n'aurai perdu que ma peine ; et si tu te laisses vaincre, je suis sûr que, dans la suite, tu croiras m'avoir une extrême obligation.

Raisonner avec toi serait une folie : le cas ne demande point de raisonnement. Je me réduis par conséquent à te conjurer de ne pas faire perdre à la plus excellente de toutes les filles le prix de sa vigilance et de sa vertu.

Je suis persuadé qu'il n'y eut jamais de libertins si abandonnés qu'ils n'aient remis leur réformation à quelque âge de leur vie ; et je demande de toi que, dans cette importante occasion, tu fasses ce que tu dois pour rendre quelque jour ton repentir aussi aisé que tu souhaiteras alors de l'avoir fait. Si tu n'abandonnes pas ton détestable dessein, il ne faut pas douter que, de manière ou d'autre, cette affaire n'ait une fin tragique. Une femme si extraordinaire doit intéresser dans sa cause les dieux et les hommes. Mais ce que j'appréhende le plus, c'est que son ressentiment après l'outrage ne la porte, comme une autre Lucrèce, à rendre un témoignage sanglant de la pureté de son cœur ; ou que, si sa piété la sauve de cette violence, la force de sa douleur n'abrège bientôt sa vie. Dans l'un et l'autre cas, le souvenir d'un crime perpétuel et d'un triomphe passager ne sera-t-il pas pour toi la plus cruelle de toutes les tortures ?

C'est un malheur extrême, après tout, qu'une personne de ce mérite soit tombée entre des mains aussi perverses et aussi impitoyables que les tiennes ; car, depuis le berceau, comme je te l'ai entendu confesser plus d'une fois, tu t'es toujours fait un plaisir cruel de tourmenter jusqu'aux animaux que tu as aimés, et sur lesquels tu as eu quelque pouvoir.

Que le cas de cette incomparable femme ressemble peu à celui de tant d'autres que tu as séduites ! est-il besoin que j'insiste sur une si prodigieuse différence ? Justice, gratitude, intérêt, sermens, qui s'accordent à t'engager ; ton amour même, autant que tu es capable d'amour, qui te l'a fait mettre au dessus de tout son sexe, un combat inégal entre le crime armé et l'innocence nue ; ses talens supérieurs aux tiens, comme tu l'avoues, dans tout ce qui n'est pas ruse, duplicité, noirceur infernale, et son sort, mille fois plus déplorable que celui d'aucune autre de tes malheureuses victimes, si tu ne cèdes pas enfin à tes remords !

Il est vrai que, lorsque tu m'as procuré l'occasion de la voir, et jusqu'au moment où mes observations m'ont fait pénétrer plus loin que les apparences, je ne l'avais pas crue partagée d'un jugement fort au dessus du commun. Tu m'avais préparé néanmoins à lui trouver beaucoup de sens et de lecture ; mais, au premier coup d'œil, je me crus obligé de faire grâce de quelque chose à sa jeunesse, aux charmes de sa personne et à l'air galant de sa parure, qui devaient avoir dérobé une partie de son temps aux occupations sérieuses. Le choix qu'elle a fait d'un homme tel que notre ami, et par des voies si dangereuses, me disais-je encore à moi-même, confirme assez que son esprit manque d'une certaine maturité, qui ne peut venir que des années et de l'expérience. J'en concluais que toutes ses connaissances devaient se réduire à la théorie ; et que la vivacité de son âge étant toujours accompagnée de beaucoup de complaisance, une jeune personne si peu expérimentée ne manquerait pas de se prêter, du moins sans dégoût, aux discours libres qui pouvaient nous échapper malgré tes sages instructions.

Dans cette supposition, je me donnai carrière ; et ne reconnaissant de supérieur que toi parmi les convives, le désir de passer à ses yeux pour un galant du premier ordre me fit hasarder quantité de folies, par lesquelles je crus briller beaucoup. Si mes ridicules plaisanteries réjouirent la Sinclair et la Partington, sans faire sourire miss Harlove, je me figurai d'abord que cette réserve venait de sa jeunesse ou de quelque affectation, ou d'un mélange de l'une et de l'autre, et peut-être d'un certain empire sur les traits de son visage. J'étais fort éloigné de m'imaginer que je n'excitais alors que son mépris.

Mais, lorsqu'elle eut commencé à parler, ce qu'elle ne fit qu'après nous avoir approfondi tous, lorsque j'eus entendu son sentiment sur deux ou trois sujets, et que j'eus observé cet œil perçant, qui pénétrait jusque dans les recoins de nos extravagans cerveaux, sur ma foi, elle me fit regarder autour de ma chaise ; et commençant à me recueillir en moi-même, j'eus honte de tout ce qui était sorti de ma bouche. En un mot, je pris le parti de me taire, jusqu'à ce que tout le monde eût jeté son premier feu, pour me donner le temps de prendre une contenance moins folle. Ensuite je fis naître divers sujets qui pouvaient mériter son attention, et qui excitèrent en effet toute la force naturelle et tout l'agrément de son esprit, jusqu'à nous causer à tous de la surprise et de la confusion. Toi-même, Lovelace, qui es si connu par la finesse et la vivacité de tes réparties, et par un fond de badinage qui fait les délices de tous ceux qui vivent avec toi, je vis tes talens obscurcis par l'éclat des siens ; et tu ne fus capable, comme nous, que d'applaudissement et d'admiration.

Ah! Lovelace, quel fut alors à mes yeux le triomphe de la modestie, de l'esprit solide et de la véritable politesse, sur d'impertinentes bouffonneries, et sur d'obscènes équivoques, dont le sens cause tant de honte à ceux même qui les emploient, qu'ils n'osent le dévoiler qu'à demi. Je ne daigne pas étendre cette réflexion jusqu'aux deux femmes de l'assemblée, qui, loin de pouvoir prétendre à l'honneur que tu leur as procuré de vivre familièrement avec miss Clarisse Harlove, ne sont pas dignes de ses regards, ni de lui rendre les plus vils offices.

Charmante fille! si le hasard, pensais-je alors comme aujourd'hui, lui faisait seulement apprendre quel est le lieu qu'elle habite, et quelles sont les vues qu'on a sur elle, combien la mort ne lui paraîtrait-elle pas préférable à cette horrible situation? et de quelle force ne serait pas son exemple, pour armer tout son sexe contre les protestations et les sermens du nôtre?

Mais permets que je te conjure encore une fois, mon cher Lovelace, si tu respectes un peu ton honneur, pour celui de ta famille, pour le repos de ta vie, ou pour l'opinion que j'ai de toi (quoique je ne prétende pas être tant remué ici par principe que par l'éclat d'un mérite auquel tu devrais être encore plus sensible), de te laisser toucher... d'être... d'être humain, voilà tout ; de ne pas faire honte à notre humanité commune!

Tout endurci que tu es, je sais que ce sont tes infâmes hôtesses qui te soutiennent dans ta résolution. Ah! pourquoi la prudente Clarisse, avec tant d'innocente charité dans le cœur, a-t-elle été si ferme à tenir ces trois femmes dans l'éloignement? Que n'a-t-elle consenti plus souvent à manger avec elles. Malgré toute leur adresse à déguiser les apparences, elle n'aurait pas eu besoin de huit jours pour les pénétrer. Elle aurait abandonné leur maison comme un lieu infecté. Mais, avec un homme aussi déterminé que toi, cette découverte aurait peut-être hâté sa ruine.

Je sais que tu es délicat dans tes amours ; mais n'y a-t-il pas des milliers de femmes, qui, sans être tout à fait abandonnées, se laisseraient prendre par les qualités extérieures? Fais-toi, si tu veux, un jeu des principes, avec celles qui n'en ont pas une idée plus sérieuse.

Si ton unique but é ait l'épreuve, comme tu t'en es fait d'abord un prétexte, n'as-tu pas assez éprouvé ce modèle de vertu et de vigilance? Mais je te connais trop bien pour t'avoir cru capable de t'arrêter à ce point. Les hommes de notre classe, lorsqu'ils entreprennent de séduire une femme, ne renoncent à leurs vues que par impuissance. Je savais qu'un avantage obtenu t'en ferait tenter un autre; je connaissais trop bien ton ancienne aversion pour le mariage : et ne m'as-tu pas avoué l'espérance que tu avais de lui inspirer le goût d'un commerce libre, dans la lettre même où tu me donnais l'épreuve comme ta principale vue? Mais tes remords mêmes, tes remords forcés ne te convainquent-ils pas que cette espérance est une présomptueuse chimère, qui ne se réalisera jamais? Pourquoi donc, lorsque tu l'aimes assez pour vouloir l'épouser plutôt que de la perdre, pourquoi t'exposer à n'obtenir d'elle qu'une haine éternelle?

Mais si tu médites effectivement la dernière épreuve, c'est-à-dire, une épreuve personnelle, et que ta sincère résolution soit de proportionner la récompense à sa conduite, je te demande en grâce de la tirer du moins de cette infâme maison. Ce sera rendre le combat égal entre elle et ta conscience. La pauvre abusée se repose maintenant avec tant de confiance sur les fausses idées dont tu l'as remplies, que tu ne dois plus craindre qu'elle pense à fuir, ou qu'elle ait recours à ce système de miss Howe, qui t'a fait employer ce que tu appelles tes coups de maître.

Enfin quelque résolution que tu prennes, et si je n'ai plus le temps de t'écrire avant que tu aies jeté le masque, garde-toi, si tu veux éviter la malédiction du genre humain, et tôt ou tard celle de ton propre cœur, garde-toi, Lovelace, de laisser un instant le moindre pouvoir sur elle à cette détestable femme, qui a, s'il est possible, plus de dureté que toi-même, avec moins de remords, et qui a vieilli dans la pratique de ruiner l'innocence. Ah! cruel ami, combien cette mégère pourrait-elle raconter d'horribles histoires de son sexe; et voudrais-tu que celle de ta Clarisse grossît la liste? Mais c'est une prière que j'aurais pu m'épargner. Tout perverti que tu es, il y a des excès dont je ne te crois pas capable. Tu ne trouverais pas de satisfaction dans un triomphe qui blesserait ton orgueil et qui déshonorerait l'humanité.

Si tu t'imaginais que le triste spectacle que j'ai sans cesse devant les yeux m'a rendu plus sérieux que je ne le suis ordinairement, peut-être ne te tromperais-tu pas. Mais la seule conclusion qu'on en puisse tirer, quand je recommencerais à mener mon ancienne vie, c'est qu'aussitôt que la froide saison des réflexions sera venue, soit qu'elle arrive à l'occasion de nos propres désastres ou de ceux d'autrui, nous ne manquerons pas, si nous sommes capables de penser, ou si nous en avons le temps, de penser tous de même. Quelque emportement que nous ayons pour le plaisir, aucun de nous n'est assez fou pour attribuer son existence au hasard, ou pour croire que nous ne soyons au monde que pour y faire tout le mal dont nous sommes capables. Je n'ai pas honte d'avouer que, dans les prières que mon oncle mourant me prie quelquefois de réciter près de lui, pendant l'absence d'un honnête ministre qui lui rend ordinairement ce service, je n'oublie pas de mettre un mot ou deux pour moi-même. Si tu en ris, Lovelace, ta raillerie sera plus conforme à tes actions qu'à ta croyance. Le diable croit et tremble; vois si tu es plus abandonné que lui. J'ajouterai qu'à la vue du pauvre moribond, je souhaiterais souvent que tu fusses témoin du même spectacle, une demi-heure seulement chaque jour. Ma foi, ses inquiétudes pour l'avenir sont une singulière leçon. Cependant, il faut s'en rapporter à son propre témoignage, pendant soixante-dix-sept ans qu'il a vécu, il n'a pas à se reprocher la moitié des désordres que nous avons commis toi et moi, ces six ou sept dernières années.

En finissant, je recommande à tes plus sérieuses réflexions tout ce que je viens d'écrire, comme sorti du cœur et de l'âme de ton véritable ami.

BELFORD.

LETTRE CCXX.

M. LOVELACE, A M. BELFORD.

Mardi, 6 juin, après midi.

Les difficultés ne finissent point pour cette maudite permission. J'ai toujours haï, et je haïrai toujours ces officiers spirituels et leur cour.

A présent, Belford, si je n'ai pas assuré la victoire, je me suis du moins ouvert une belle retraite. Mais, qu'aperçois-je ? ton laquais avec une lettre... et de quelle longueur ! quoiqu'elle n'ait pas l'air d'une narration.

Encore une apologie pour ma charmante ! N'as-tu pas honte de perdre le temps, qui est un bien si précieux ? Chemin faisant, je t'avais laissé la liberté de me dire, avant la crise, tout ce qui pouvait faire honneur à ton esprit. Est-il temps de revenir à la charge, lorsque je touche à la fin de mes travaux ? Cependant je veux bien m'amuser un moment à discuter avec toi le même point.

Tu me débites quantité d'impertinences : les unes, que tu fais de toi-même, d'autres que je savais déjà.

Tout ce que tu me dis, à l'avantage de cette charmante fille, n'approche pas de ce que je t'ai dit ou écrit sur ce sujet inépuisable. Sa vertu, sa résistance, qui sont ici son mérite, sont un aiguillon pour moi. Ne te l'ai-je pas vingt fois répété ?

Que les femmes me traitent de diable tant qu'elles voudront, en quoi le suis-je, si ce n'est dans mes inventions ? Je ne le suis pas plus qu'un autre dans la fin que je me propose : car lorsque je suis parvenu au point, ce n'est jamais qu'une séduction. Peut-être les difficultés que je trouve à celle-ci m'en ont-elles épargné plusieurs, où j'aurais été plus heureux dans l'intervalle.

Que trouves-tu d'extraordinaire dans l'aventure présente ? La vigilance de la belle, et rien de plus. Malgré toute la passion que j'ai pour l'intrigue et les stratagèmes, crois-tu que je n'aimasse pas mieux vaincre avec moins de peine et plus d'innocence ? Je t'apprends que quiconque est aussi méchant qu'il peut l'être, est pire que moi. Demande à tout libertin qui aurait résolu de remporter la victoire, s'il aurait été capable d'une si longue patience, et s'il aurait senti les mêmes remords : et sans me borner aux libertins, si chaque homme prenait la plume, comme moi, pour écrire tout ce qui lui entre dans le cœur ou dans la tête, et pour s'accuser lui-même avec autant de franchise et de liberté, quelle armée de coupables n'aurais-je pas, pour m'affermir par l'exemple ?

C'est une maxime assez commune, qu'un homme qui se trouve seul avec une femme, l'offense, s'il ne lui fait pas quelque proposition de galanterie. Ceux qui pensent ainsi sont plus méchans que moi. Quelle opinion doivent-ils avoir de tout le sexe ?

Je veux le défendre, ce sexe qui m'est si cher. Si ceux qui jugent si mal de lui croient leur maxime généralement vraie, ils doivent avoir vécu en fort mauvaise compagnie, ou juger du cœur des femmes par leur propre cœur. Il faudrait qu'une femme fût bien abandonnée pour se rendre à la première attaque. Une femme, élevée dans la modestie, doit être naturellement froide et réservée. Elle ne peut être aussitôt émue que la plupart des libertins se le persuadent. Elle doit avoir pris du moins quelque confiance à l'honneur ou à la discrétion d'un homme, avant que ses désirs aient la hardiesse de se déclarer. Pour moi, j'ai toujours gardé la décence avec les femmes, jusqu'au moment où je me suis cru sûr d'elles. Jamais je ne leur ai fait d'offense considérable, sans avoir éprouvé qu'elles m'en pardonnaient de légères, et qu'elles ne m'évitaient pas après avoir connu mon caractère.

La divine Clarisse a mis du désordre dans mes principes. Je me suis flatté d'abord de la vaincre en l'intimidant. Ensuite, je me suis promis une victoire plus certaine de l'amour. Il ne me reste que la surprise à joindre à ces deux voies, et nous verrons ce qu'elles peuvent ensemble.

De qui m'accuseras-tu de vouloir usurper le bien, si je persiste dans mes projets d'amour et de vengeance? Ceux qui avaient des droits sur elle n'y ont-ils pas renoncé? Ne l'ont-ils pas exposée volontairement au danger? Ne devaient-ils pas savoir qu'une créature si charmante serait regardée comme de bonne prise, par tous ceux qui auraient l'occasion de l'attaquer? et quand ils ne l'auraient pas exposée si barbarement, n'est-elle pas *fille*? Faut-il t'apprendre, Belford, que les gens de notre espèce (j'entends les moins méchans, car les autres ne respectent rien) croient faire beaucoup de grâce aux maris, de leur laisser leurs femmes, et de composer pour leurs sœurs, leurs filles et leurs nièces? Je ne désavoue point que cette idée soit choquante en elle-même; mais c'est le principe de la moitié des hommes, lorsqu'ils ont l'occasion ou le courage de le suivre; et tu en connais des milliers qui ne seraient pas capables de la générosité que j'ai eue pour mon bouton de rose. Assurément, ces galans emportés n'ont pas droit de me blâmer.

Tu reviens à faire valoir ce que ma belle a souffert de la part de sa famille. Il faut donc te répéter, comme je l'ai fait à chaque lettre, que ce n'est pas pour moi qu'elle a souffert? N'a-t-elle pas été la victime d'un frère ambitieux et d'une sœur jalouse, qui n'attendaient que l'occasion de la perdre dans l'esprit de ses autres parens, et qui ont saisi la première qui s'est présentée, pour la chasser de la maison paternelle? Ils l'ont précipitée entre mes bras : mais tu sais avec quelle violence pour ses inclinations.

Si tu me forces de rappeler ses propres péchés, de combien d'offenses cette chère personne n'est-elle pas responsable à l'amour et à moi? Ne m'a-t-elle pas dit vingt fois, et vingt fois vingt fois, qu'elle ne refusait pas l'odieux Solmes en ma faveur? N'a-t-elle pas offert aussi souvent de renoncer à moi pour se réduire au célibat, si ses implacables parens voulaient la recevoir à cette condition? Dans combien de répétitions m'engages-tu par ta lâche pitié?

Jette les yeux un peu plus loin par derrière; aurais-tu perdu la mémoire de tout ce que j'ai souffert moi-même de cette orgueilleuse beauté, pendant tout le temps de mon esclavage, lorsque j'observais ses mouvemens aux environs du château d'Harlove, et dans la misérable hôtellerie de Neale? N'ai-je pas promis vengeance à l'amour, et ce vœu n'est-il pas justifié par l'infidélité (je n'apporte que ce seul exemple) qui lui fit rompre une entrevue promise ?

O Belford ! quelle nuit je passai dans le taillis voisin du parc de son père ! Mon linge et mes cheveux humides de l'épaisseur du brouillard ! tous mes membres engourdis ! mes doigts à peine capables de tenir ma plume ! obligé de me les frotter rudement, et de me battre les flancs des deux mains, pour les échauffer ! un genou plié dans la fange ; écrivant sur l'autre, si mes caractères tremblans pouvaient porter le nom d'écriture ! mes pieds si glacés, pendant cet office, qu'en voulant me lever, il me semblait qu'ils eussent pris racine, ou qu'ils ne pussent plus servir à me supporter ! L'amour et la rage tenaient mon cœur en mouvement ; sans quoi j'aurais souffert, j'aurais dû souffrir beaucoup plus.

A mon retour, je te communiquai ce que j'avais écrit ; et je te fis voir ensuite la réponse de mon tyran. Tu m'aimais alors ; tu eus pitié de ton ami. L'amour, outragé, approuva lui-même le serment de ma vengeance ; quoiqu'à présent, au jour de mon pouvoir, oubliant la nuit de mes souffrances, il prenne parti pour elle par ta bouche. Que dis-je ? n'est-ce pas lui qui m'amena mon adorable *Némésis* ; et ne se réunirent-ils pas tous deux pour me faire prononcer ce vœu sacré : « Que je renonçais au repos, jusqu'au jour où je ferais consentir cette divinité des Harlove à se livrer à mes embrassemens, en dépit de toute sa fière famille ? » Tu ne peux avoir oublié mon serment. Je l'ai actuellement devant les yeux, avec la triste contenance que tu pris alors : tes gros traits enflammés de compassion pour moi, tes lèvres repliées, ton front sillonné de rides, chaque muscle contribuant de tout son pouvoir à te donner un air de douleur, et ta langue incapable de prononcer un autre mot qu'*amen* pour le succès de mon vœu.

Quelle marque distinguée d'amour ou de confiance, quelle faveur ai-je reçue, qui puisse me le faire rétracter ? Il est vrai que je ne l'ai pas renouvelé depuis, et que j'étais disposé à l'oublier. Mais la répétition des mêmes offenses fait revivre le souvenir de la première ; et si l'on y joint les violentes lettres de miss Howe, que je me suis procurées si nouvellement, que peux-tu dire en faveur d'une rebelle, qui s'accorde avec la fidélité que tu dois à ton ami ?

Laisse à chacun son génie et son caractère. On a nommé Annibal le père des ruses militaires. Si tu supposes qu'Annibal eût tourné ses inventions contre l'autre sexe, et que les miennes eussent pour objet des êtres de mon espèce, que je regardasse comme mes ennemis, parce qu'ils seraient nés et qu'ils vivraient dans un climat différent, Annibal aurait fait moins de mal ; Lovelace davantage ; telle aurait été toute la différence.

Il n'y a point un souverain sur la terre, s'il n'est pas homme de bien et s'il est d'humeur guerrière, qui ne doive faire mille fois plus de mal que moi. Pourquoi ? parce qu'il a le pouvoir d'en faire davantage.

Un honnête homme, diras-tu peut-être, ne souhaitera jamais de pouvoir faire du mal. Il ne le doit pas, lui répondrais-je fort bien ; mais s'il a ce pouvoir, mille à parier contre un qu'il en abusera.

En quoi donc suis-je d'une méchanceté si singulière ? Dans mes inventions, diras-tu (car tu es mon écho), si ce n'est pas dans la fin que je me propose. Mais songes-tu combien il est difficile à tous les hommes de combattre une passion dominante ? J'ai trois passions qui me dominent tour à tour ; toutes trois royales : l'amour, la vengeance et l'ambition, ou le désir des conquêtes.

L'invention particulière de Tomlinson et de l'oncle te paraîtra peut-être un peu noire. Je ne l'aurais pas mise en œuvre, si ces deux filles ne m'avaient fait naître l'idée de trouver un mari pour leur madame Townsend. Il n'est question d'ailleurs que de les prévenir. Me crois-tu capable de souffrir qu'on l'emporte sur moi par la ruse ? et cette invention même ne coupe-t-elle pas cours à quantité de désastres ? Peux-tu penser que j'eusse abandonné tranquillement ma déesse à la contrebande de la Townsend ?

Quel est le but d'une autre de tes réflexions, si ce n'est de ruiner ton propre plaidoyer ? « Les gens de notre classe, dis-tu, ne renoncent à leur méchanceté que par impuissance. » Tu as donc oublié que Clarisse est en mon pouvoir ?

Tu ajoutes « que je n'ai que trop éprouvé ce modèle de vertu. » Erreur, car je n'ai pas encore commencé à l'éprouver. Tout ce que j'ai fait jusqu'à présent n'est qu'une préparation à l'épreuve.

Mais ton inquiétude est pour les moyens que je puis employer, et pour l'honneur de ma bonne foi.

Pauvre esprit que tu es ! crois-tu qu'un homme ait jamais trompé une femme, si ce n'est aux dépens de la bonne foi ? Pourrait-on dire autrement, qu'il l'a trompée ?

A l'égard des moyens, tu ne t'imagines pas que j'attende un consentement direct. Mon espoir est dans un mélange de consentement et de résistance, sans lequel je suis prêt à jurer qu'il n'y eut jamais de véritable viol, en supposant le combat entre deux personnes. La bonne reine Élisabeth d'Angleterre eût été de mon opinion. Il ne serait pas mal à propos que le beau sexe fût instruit de ce que nous pensons sur ce point. J'aime à l'armer de précaution. Je voudrais être le seul homme qui réussît auprès des femmes. Ne t'ai-je pas dit, un jour, que tout libertin que je suis, je ne suis pas l'ami d'un libertin ?

Tu prétends que j'ai toujours eu de l'aversion pour le mariage. D'accord, et tu ne devines pas moins juste, lorsque tu ajoutes que j'épouserais miss Harlove plutôt que de la perdre. Mais tu me menaces de sa haine éternelle, si je tente l'épreuve sans succès. Prends garde, Belford, prends garde ! ne vois-tu pas que c'est m'avertir de ne pas l'éprouver sans être résolu de vaincre ?

Je dois te dire aussi que j'ai douté pendant quelque temps si je n'avais pas tort de t'écrire aussi librement que je fais, surtout dans la supposition que cette chère fille devienne ma femme. Chaque lettre que je t'écris n'est-elle pas un témoignage contre moi ? J'en accuse en partie ma vanité, et je crois que je serai plus circonspect à l'avenir ; car tu deviens très impertinent. J'avoue qu'un homme de bien pourrait dire une partie des choses que tu permets à ta plume ; mais, en vérité, elles ont fort mauvaise grâce de ta part, et tu dois sentir que je puis te répondre sur chaque point par nos principes communs, auxquels nous sommes attachés depuis long-temps. Ce que tu viens de lire te montre assez que je le puis.

Dis-moi, je te prie, Belford, si je ne t'avais jamais écrit sur ce sujet, et si je ne m'étais pas accusé moi-même, quel aurait été l'abrégé de mon histoire et de celle de ma belle après dix ans d'un commerce libre ? Le voici sans doute, et je te laisse à juger si tu l'aurais fait mieux :.

« Robert Lovelace, connu pour un *mangeur de femmes*, adresse honorablement ses soins à miss Clarisse Harlove, jeune personne du mérite le plus distingué. Fortune sans reproche des deux côtés.

» Après avoir vu ses intentions approuvées, il est insulté par le frère de sa belle, qui se croit obligé, par son propre intérêt, de rompre cette alliance, et qui, le forçant à la fin de tirer l'épée, reçoit la vie de ses généreuses mains.

» Les parents, aussi enragés que s'il avait pris à cet indigne frère la vie qu'il lui a donnée, l'outragent personnellement, et trouvent un odieux amant pour leur fille.

» Pour éviter un mariage forcé, cette jeune personne se jette sous la protection de M. Lovelace. Cependant elle désavoue tout sentiment d'amour pour lui; et s'adressant à ses parents, sans sa participation, elle leur offre de renoncer à lui pour jamais, s'ils veulent la recevoir à cette condition et la délivrer de l'amant qu'elle déteste.

» M. Lovelace, homme emporté dans ses passions, et d'une fierté extraordinaire, croit lui avoir fort peu d'obligation ; mais ne laissant pas de l'aimer jusqu'à l'idolâtrie, ayant de si fortes raisons de haïr ses parens, et ne se sentant pas un penchant extrême pour le mariage, il s'efforce de l'engager dans un commerce libre, et, par son adresse et ses inventions; il obtient ce qu'il désire.

» Il est déterminé à ne jamais épouser d'autre femme. Il se fait honneur de lui faire porter son nom. La différence n'est que dans la cérémonie. Il la traite avec la tendresse qu'elle mérite. Personne ne révoque leur mariage en doute; à l'exception de ces fiers parens de sa belle, auxquels il se fait une joie de causer ce tourment. Chaque année lui apporte un fruit de son amour. Le bien ne lui manque point, pour soutenir avec splendeur l'accroissement de sa famille. Il se pique d'être un père tendre, un ami zélé, un maître généreux, et de payer fidèlement ses dettes. Quelquefois, peut-être, il se permet de voir un nouvel objet, pour ranimer ses plaisirs lorsqu'il retourne à sa charmante Clarisse. Son seul défaut est l'amour du beau sexe ; et les femmes assurent qu'il se guérira de lui-même ; si délicat d'ailleurs que, dans son libertinage, il a toujours respecté la femme d'autrui… »

Sur le pied où le monde est aujourd'hui, que trouves-tu de si criant dans cette peinture? Conviens que si je ne l'avais fait entrer dans le progrès de ma grande entreprise, mille et mille histoires te paraîtraient pires que la mienne. D'ailleurs, tu sais que tout ce que j'ai dit à Joseph Lenman, de la manière dont j'en use avec mes maîtresses, approche beaucoup de la vérité.

Si j'étais aussi ardent à me défendre que tu l'es à m'accuser, je pourrais te convaincre par d'autres argumens, par des observations, par des comparaisons sans nombre, que si l'ingénuité de mon caractère me porte à m'accuser librement dans mes récits, du moins à toi qui connais tous les secrets de mon cœur, je ne laisse pas, chemin faisant, d'avoir quelque chose à dire pour ma défense ; quoique mes raisons, peut-être, ne fussent pas d'un grand poids pour tout autre qu'un libertin. Mais, enfin, je pourrais dire à ceux qui s'arrêteraient *pour me jeter la première pierre:*

» Voyez si vos passions dominantes n'exercent pas sur vous le même empire. Supposez que vous valiez mieux que moi sur plusieurs points, voyez si vous n'êtes pas pires sur quantité d'autres, » d'autant plus que je ne suis pas si partial pour mes défauts, que je les justifie, à mes propres yeux, lorsque je me permets d'y réfléchir.

J'ajouterai une autre observation, tandis que je suis en haleine, et tu me diras si tu la trouves aussi grave qu'elle l'est pour moi : j'ai tant de passion pour les femmes, que si j'avais cru le caractère de la vertu nécessaire pour réussir auprès d'elles, j'aurais apporté plus de soin à régler mes mœurs, et plus de ménagement dans la conduite que je tiens avec ce sexe.

En un mot, je sais parfaitement que les hommes vertueux, les cœurs honnêtes, qui ne se sont jamais permis un mal volontaire, et qui mettaient en ligne de compte toutes les perfections de cette incomparable fille, non seulement me condamneraient, mais auraient horreur de moi, s'ils étaient aussi bien informés que toi de ma conduite et de mes sentimens. Mais il me semble que je serais bien aise d'échapper du moins à la censure de ceux ou de celles qui n'ont jamais su ce que c'est qu'une épreuve ou une tentation capitale, qui n'ont aucun génie pour l'invention ; et plus particulièrement de ceux qui ont seulement gardé leur secret mieux que moi, ou mieux que je n'ai souhaité de garder le mien.

P.-S. Je t'ai menacé de ne plus t'écrire. Mais ne t'afflige pas, Belford : va, mon ami, il faut que j'écrive et je ne puis m'en empêcher.

LETTRE CCXXI.

M. LOVELACE, A M. BELFORD.

Mercredi, à onze heures du soir.

Ma foi, Belford, tu m'as presque abattu par les impertinentes réflexions, quoique je n'aie pas voulu te l'avouer dans ma lettre d'hier. Ma conscience était encore de ton parti. Mais je me flatte d'être redevenu homme.

Comment as-tu trouvé le secret de m'ébranler ? Si proche du succès de mes complots ! A la veille de faire jouer ma mine ! Tout était arrangé ici entre les femmes et moi, sans quoi, je crois que tu aurais triomphé de mes résolutions.

J'ai le temps de t'écrire quelques lignes, pour te préparer à ce qui doit arriver dans une heure ou deux.

Nous avons été extrêmement heureux. Combien d'agréables jours nous avons passés ensemble ! Mais qui peut deviner ce que deux heures de temps vont produire ?

Lorsque j'ai quitté ma charmante, il y a une demi-heure, et toujours avec une violence extrême, c'est après lui avoir fait promettre qu'elle ne s'arrêterait ce soir à lire ni à écrire. Sa conversation avait eu tant de charmes pour moi, et la satisfaction qu'elle avait témoignée de ma conduite, avait ajouté un surcroît si sensible à ma joie, que si elle ne se retirait pas pour se mettre au lit, je l'avais pressée de m'accorder une heure de plus. En passant une partie de la nuit à lire ou à écrire, ce qui lui arrive quelquefois, elle aurait déconcerté mes vues, comme tu l'observeras lorsque ma petite mine aura produit son effet.

— Quoi! quoi! voudrais-tu m'étouffer. C'est à mon cœur que je parle, Belford. Le traître s'est enflé jusqu'à me couper la respiration. Pourquoi tant de mouvemens. Lorsqu'un homme croit toucher au rivage, ces femmes réservées l'exposent encore à des tempêtes.

— Tout est-il prêt, Dorcas? Ma bien-aimée m'a-t-elle tenu parole?

Mais d'où me viennent ces agitations que je ne puis apaiser. Est-ce amour, est-ce effroi! Je ne puis décider lequel des deux. Si je parviens seulement à la surprendre, avant sa défiance...

Mes jambes tremblantes! mes genoux, naturellement si fermes, qui heurtent l'un contre l'autre! Ces mains, qui ont déjà refusé deux fois de conduire ma plume, et qui me font des lignes si tortues, ne me manqueront-elles pas tantôt dans l'instant décisif!

Encore une fois, d'où peuvent venir toutes ces convulsions! Assurément, mon entreprise ne doit point aboutir au mariage.

Mais les conséquences peuvent être plus graves que je ne l'ai pensé jusqu'aujourd'hui. La destinée de ma chère Clarisse, ou la mienne, peut dépendre du succès de ces deux heures. Je crois que j'abandonnerai mon projet. Il faut que je relise encore une fois la lettre de mon ami Belford. Tu auras beau jeu, ma charmante; je vais relire tout ce que ton avocat a pu dire en ta faveur. De faibles raisons pourront suffire dans la situation où je suis.

LETTRE CCXXII.

M. LOVELACE, A M. BELFORD.

Jeudi, 8 juin, à cinq heures du matin.

C'est à présent que ma réformation est assurée. Jamais je n'aimerai d'autre femme. Laisse-moi respirer. Ne me presse pas de mettre sous tes yeux ce qui demande de l'ordre dans les événemens, de la force dans les peintures, et une admiration éternelle pour chaque trait, c'est-à-dire, pour les moindres circonstances.

N'as-tu pas remarqué la consternation où j'étais hier au soir en finissant ma dernière lettre, lorsque j'eus quitté la plume pour relire la tienne, dans la vue de me détourner moi-même du dessein de troubler ma belle par un réveil terrible? De quoi crois-tu qu'il fût question? Je vais te l'apprendre.

Un peu après deux heures, lorsque toute la maison était endormie, ou qu'elle feignait de l'être; ma Clarisse dans son lit; entre les bras du sommeil; moi-même, en robe de chambre depuis plus d'une heure, quoique à la vérité la plume à la main pour t'obliger, j'ai été alarmé par le bruit de plusieurs personnes qui marchaient au dessus de ma tête, et par celui d'un mélange de voix, les unes plus hautes, les autres plus basses, mais qui semblaient se faire des reproches entre elles et s'entre-demander du secours. Tandis que j'en cherchais la cause avec étonnement, Dorcas se précipitant pour descendre est venue crier à ma porte, d'une voix sourde, et plus horrible par cet accent sépulcral qu'elle ne l'aurait été par l'éclat: —Au feu! au feu! au feu! Mon alarme en est devenue d'autant plus vive, que cette fille paraissait vouloir crier plus haut, sans le pouvoir. La plume m'est tombée des mains; j'ai failli renverser ma table pour me lever; et ne faisant que trois pas jusqu'à la porte, j'ai ouvert, j'ai crié : — Où ? où ? où ? presque aussi effrayé que Dorcas. Elle était à demi déshabillée, son corset dans une main ; et sans avoir la force d'articuler ses mots, de l'autre elle m'a montré le second étage.

J'y ai volé aussitôt, et j'ai trouvé que tout le mal venait de la négligence de notre cuisinière, qui, ayant passé une partie de la nuit à lire un conte des Fées, avoir mis le feu, en se couchant, à une vieille paire de rideaux de toile des Indes. Dans sa frayeur, elle avait eu la présence d'esprit de les arracher ; et, tout en flammes comme ils étaient, elle venait de les jeter dans la cheminée lorsque je suis entré dans sa chambre, de sorte que, j'ai eu la satisfaction d'arriver après le danger.

En même temps, Dorcas, après m'avoir montré le siége de l'incendie, ne sachant point que le péril fût passé, et s'attendant à voir la maison réduite en cendres, par un tendre mouvement d'affection pour sa maîtresse (ce zèle me la fera aimer toute sa vie), a couru vers sa porte. Elle frappa rudement. Elle s'est écriée d'une voix renaissante et aussi vive que son affection : — Au feu ! au feu ! La maison est en feu. Levez-vous, madame levez-vous promptement, si vous ne voulez pas être brûlée dans votre lit !

A peine avait-elle proféré ces terribles cris, que j'ai entendu tirer les verroux et les barres, tourner la clé, ouvrir la porte de sa maîtresse ; et je n'ai pas distingué moins clairement la voix de ma charmante, dont le son paraissait celui d'une personne prête à s'évanouir. Vous pouvez juger combien j'ai été touché. J'ai frémi d'inquiétude pour elle. J'ai volé plus légèrement que je n'avais fait à la première nouvelle du feu, pour l'assurer qu'il ne restait rien à craindre.

En arrivant à la porte de la chambre, j'y ai trouvé la plus charmante de toutes les femmes, appuyée sur le bras de Dorcas, soupirant, tremblant, prête à tomber sans connaissance, n'ayant sur elle qu'un petit jupon, le sein à demi découvert, et les pieds nus dans ses mules. Aussitôt qu'elle m'a vue : elle s'est efforcée de parler ; mais elle n'a pu prononcer que mon nom : — O monsieur Lovelace ! Et je l'ai crue menacée de tomber à mes pieds.

Je l'ai prise dans mes bras, avec une ardeur que je ne lui avais point encore fait sentir. — Ma très chère vie ! lui ai-je dit, soyez sans crainte : je suis monté ; le danger n'est plus rien, le feu est presque éteint. Imprudente Dorcas, comment avez-vous été capable d'effrayer mon ange jusqu'à ce point, par vos extravagantes exclamations ?

Ah ! Belford ! quels charmes dans le mouvement de son sein, tandis que je la tenais serrée contre le mien ! Je distinguais jusque aux battemens de son cœur ; et, pendant quelques minutes, j'ai continué d'appréhender pour elle une attaque de convulsions. Dans la crainte qu'elle ne s'enrhumât, nue comme elle était, je l'ai portée sur son lit, et je me suis assis près d'elle, m'efforçant, par la tendresse de mes expressions et par mes caresses passionnées de dissiper ses terreurs. Mais qu'a produit le généreux soin que j'avais pris d'elle, et le bonheur de lui avoir fait rappeler ses esprits ? Rien, rien de la part d'une ingrate, excepté de la colère et des emportemens. Nous avions déjà perdu tous deux le souvenir du terrible danger qui l'avait jetée entre mes bras ; moi du transport de ma joie ; elle de celui de sa frayeur en sentant un de mes bras passé autour d'elle, et me voyant assis sur le bord de son lit.

Ici, Belford, rappelle-toi un peu la distance où ma vigilante déesse m'avait toujours tenu d'elle. Rappelle-toi mon amour et mes souffrances. Rappelle-toi toutes ses réserves, et depuis combien de temps j'observais l'occasion de la surprendre. Songe au respect que sa vertu et ses excès de modestie m'avaient inspiré ; songe enfin que jamais je n'avais été si heureux avec elle, et figure-toi, là-dessus, quelle a dû être l'impétuosité de mes désirs dans ce fortuné moment. Cependant j'ai eu la force d'être décent, d'être généreux, du moins à mon propre compte ; et je me suis tenu à de vagues expressions d'amour, dictées à la vérité par la plus tendre et la plus ardente passion dont le cœur d'un mortel ait jamais brûlé.

Mais, loin d'en être touchée, quoiqu'elle se vît avec l'homme dont elle avait reconnu depuis si peu de temps que les soins ne lui déplaisaient pas, et qu'elle avait quitté avec tant de satisfaction une heure ou deux auparavant, je n'ai jamais vu de douleur plus amère et plus touchante que la sienne, lorsqu'elle est revenue tout à fait à elle-même. Elle a invoqué le secours du ciel contre ma trahison ; c'est le nom qu'elle a donné à mon amour, tandis que moi, avec les sermens les plus solennels, j'ai protesté que ma frayeur avait égalé la sienne, et que la cause de nos alarmes communes avait été réelle. Elle m'a conjuré dans les termes les plus forts et les plus attendrissans, avec un mélange de soupirs et de menaces, de quitter sa chambre et de lui permettre de se cacher à la lumière et à tous les regards humains.

Je lui ai demandé pardon ; mais je n'ai pu me défendre de l'offenser, et je lui ai juré plusieurs fois que le jour suivant serait celui de notre mariage. Elle a regardé apparemment ce langage comme une marque que je pensais à ne plus garder de ménagemens. Elle n'a voulu rien entendre, et redoublant ses efforts pour s'arracher de mes bras, avec des reproches interrompus et les plus violentes exclamations, elle a protesté qu'elle ne survivrait pas à ce qu'elle a nommé un traitement si lâche et si infâme. Jetant même des yeux égarés autour d'elle, comme pour chercher quelque secours à son désespoir, elle a découvert une paire de ciseaux fort pointus, sur une chaise peu éloignée de son lit, et elle a fait ses efforts pour les prendre, dans le dessein d'exécuter sur-le-champ sa funeste résolution.

La vue d'une si furieuse agitation m'a contenu. Je l'ai suppliée de se rassurer et de m'écouter un moment, en lui déclarant que je ne pensais point à blesser son honneur. Je me suis saisi des ciseaux et je les ai jetés dans la cheminée. Enfin, comme elle me conjurait ardemment de m'éloigner, j'ai consenti à lui laisser prendre une chaise.

Mais quel spectacle cette nouvelle situation m'a-t-elle offert ! Ses bras et ses épaules nus ! ses mains croisées sur sa poitrine, sans en pouvoir cacher la moitié ! un court manteau de lit qui ne me dérobait presque rien, ses jambes et ses pieds ouvertement en proie à mes regards ! A la vérité, les siens semblaient ne respirer que la vengeance, et ses lèvres répondant au mouvement de son indignation, elle faisait des sermens entrecoupés de sanglots de ne me pardonner jamais. Mais crois-tu, Belford, qu'animé par cette vue et piqué à mon tour par ses menaces, il m'ait été possible de me modérer plus long-temps ? Je l'ai prise encore une fois dans mes bras ; je l'ai serrée avec un nouveau transport. Quand je considère sa délicatesse, j'admire d'où lui est venue tant de force. Elle s'est débattue si furieusement, que je n'ai pas eu besoin d'autre preuve pour m'assurer que sa colère était sérieuse. J'ai eu plus de peine à la retenir que je ne puis te le représenter, et je n'ai pu l'empêcher à la fin de glisser d'entre mes bras pour tomber à genoux. Là, dans l'amertume de son cœur, les yeux attachés sur les miens, les mains levées, les cheveux épars (car sa coiffure de nuit étant tombée dans le débat, sa charmante chevelure s'était déployée en boucles naturelles, comme pour cacher officieusement les beautés de son cou et de ses épaules), le sein agité par la violence de ses soupirs et de ses sanglots, comme pour aider ses lèvres tremblantes à plaider pour elle : là, dans cette humble posture, après avoir fait un effort sur sa douleur pour retrouver le pouvoir de parler, elle a imploré ma compassion et mon honneur, avec cette force d'expression qui distingue cette admirable fille, dans son langage, de toutes les femmes que j'aie entendues.

— Regardez-moi, cher Lovelace (ce sont ses propres termes), je vous supplie à genoux de me regarder comme une malheureuse créature, qui n'a que vous pour protecteur, qui n'a que votre honneur pour défense ! Par cet honneur, par votre humanité, par tous les sermens que vous m'avez faits, je vous conjure de ne pas me rendre un objet d'horreur à moi-même, et pour jamais méprisable à mes propres yeux.

Je lui ai parlé de demain, comme du plus heureux jour de ma vie.

— Ah! demain. Non, non, a-t-elle repris; si vos vues sont honorables, c'est à présent, c'est à l'instant qu'il faut me le prouver, en sortant d'ici. Jamais, jamais, dans la plus longue vie, vous ne pouvez réparer ce que vous me faites souffrir.

— Insolent! misérable! infâme!... s'est-elle écriée tout d'un coup. Oui, elle a eu l'audace de m'appeler infâme, quoique livrée actuellement à mon pouvoir. Et pourquoi ? Parce que, ne pouvant résister au charmant spectacle que j'avais devant les yeux, j'ai saisi sa tête de me deux mains, et, dans le même transport, j'ai baisé successivement son cou, ses lèvres, ses joues, son front et ses yeux baignés de larmes, à mesure que cet assemblage de beautés s'offrait à ma vue.

— Si je suis un infâme, lui ai-je dit en même temps, si je suis infâme... et, ma main devenant plus hardie... Je me flatte néanmoins de ne l'avoir pas portée trop rudement sur un sein si délicat... Si je suis un infâme...

Elle a déchiré ma manchette, elle s'est arrachée de mon heureuse main, avec une force et une agilité surprenantes, dans le moment que je voulais passer l'autre bras autour d'elle.

— Oui, un infâme, a-t-elle répété, et le plus infâme de tous les hommes ! Au secours ! au secours ! s'est-elle mise à crier d'une voix lamentable ; anges du ciel ! charitables gens de la maison ! N'y a-t-il pas de secours à espérer pour une malheureuse !

Cette résistance ne faisait qu'irriter mes transports. — Je suis donc un infâme, mademoiselle ? suis-je un infâme, dites-vous ? Et passant les deux bras autour d'elle, je l'ai soulevée jusqu'à mon cœur, dont je ne pouvais contenir l'agitation.

— Ah! non, non, vous êtes... et se reprenant : mais n'êtes vous pas... Cependant elle est revenue à me nommer son cher Lovelace. Ses deux mains étaient moins occupées à se défendre qu'à couvrir son sein.

— Tuez-moi, m'a-t-elle dit d'un air égaré; tuez-moi, si je suis assez odieuse à vos yeux pour mériter ce traitement ; j'aurai des grâces à vous rendre. Depuis trop long-temps la vie n'est qu'un fardeau pour moi, ou (jetant un regard farouche autour d'elle), donnez-moi seulement les moyens, et je vais vous convaincre sur-le-champ que mon honneur m'est plus cher que la vie. Ensuite, les mains toujours croisées sur sa poitrine, et ses larmes coulant comme deux ruisseaux, elle m'a nommé encore une fois son cher Lovelace; elle m'a promis de me remercier jusqu'à son dernier soupir, si je voulais lui accorder ce qu'elle me demandait, ou lui épargner de nouvelles indignités.

Je me suis assis; je suis demeuré quelques momens suspendu. — Ce n'est point une femme, me suis-je dit à moi-même, c'est un ange que je tiens et que je presse dans mes bras; car je la tenais encore dans l'état où je l'avais levée. Mais elle m'est encore échappée pour retomber aussitôt à genoux.

— Voyez, monsieur Lovelace... Grand Dieu! faut-il que je vive pour éprouver ce barbare traitement! Voyez à vos pieds une infortunée qui implore votre pitié, et qui pour l'amour de vous est abandonnée de tout le monde! Ah! n'accomplissez pas l'horrible malédiction de mon père! N'en soyez pas l'instrument comme vous en avez été la cause! Epargnez-moi! épargnez-moi, je vous en conjure! Comment ai-je mérité que vous me traitiez avec cette barbarie? Pour vous-même, pour votre propre intérêt, si ce n'est pas pour celui de mon honneur et de ma vie! comme vous souhaitez que le Tout-Puissant ait pitié de vous à votre dernière heure! laissez-vous toucher par mes invocations et par mes larmes!...

Un cœur d'acier aurait été pénétré. J'ai voulu aider plus doucement cette chère suppliante à se lever. Elle n'a pas voulu quitter sa posture, si je ne l'assurais, m'a-t-elle dit, que je me rendais à sa prière, et qu'elle pouvait se lever pour vivre innocente. La dureté m'a manqué pour résister plus long-temps.

— Levez-vous, fille divine, lui ai-je répondu d'une voix altérée par ma propre émotion; soyez ce que vous êtes, et tout ce que vous souhaitez d'être. Mais assurez-moi vous-même que vous me pardonnez tout ce qui s'est passé, et dites-moi que vous continuerez de me regarder du même air de faveur et de satisfaction qui a fait mon bonheur depuis quelques jours. A cette condition, je me soumets à mon cher tyran, dont l'empire n'a jamais eu tant de force sur moi que dans cet instant, et je vous laisse libre aussitôt.

— Puisse Dieu tout-puissant, m'a-t-elle dit d'un ton passionné, en levant les yeux au ciel avec un regard attendri, écouter vos prières dans vos plus fâcheux momens, comme vous avez écouté les miennes! Laissez-moi donc à présent; retirez-vous; laissez-moi à mes propres réflexions. Ce sera me laisser assez de tourment, et plus que vous n'en devez souhaiter à vos plus cruels ennemis.

— Ne me soupçonnez pas d'un dessein prémédité, ma très chère Clarisse. Tout est arrivé sans avoir été prévu.

— Ah! monsieur Lovelace! en poussant un profond soupir.

— En vérité, madame, le feu était réel. (Il l'était, en effet, Belford.) Toute la maison était menacée d'être réduite en cendres, comme vous en serez convaincue ce matin par vos propres yeux.

— Ah! monsieur Lovelace!

— Que l'excès de ma passion, madame, et le bonheur que j'ai eu de vous rencontrer à la porte de votre chambre dans une attitude si charmante...

— Laissez-moi, laissez-moi sur-le-champ! Je vous conjure de me laisser ; jetant un œil distrait et confus tantôt autour d'elle, tantôt sur elle-même.

— Pardonnez-moi, très chère Clarisse, d'innocentes libertés que l'excès de votre délicatesse vous fait trouver offensantes.

— Ah! laissez-moi, laissez-moi, se regardant encore et regardant autour d'elle avec une douce confusion. Sortez, sortez!

Et se remettant à pleurer, elle a fait tous ses efforts pour retirer ses mains, que je n'avais pas cessé de tenir dans les miennes. Que de nouveaux charmes, à présent que je me les retrace, cette agitation donnait à chaque partie, à chaque trait du plus beau corps du monde!

— Je ne puis sortir, lui ai-je répondu, je ne sortirai point si vous ne prononcez mon pardon. Dites seulement que vous me pardonnez. Dites, ma très chère vie!

— Au nom du ciel, sortez. Laissez-moi le temps de penser à ce que je puis, à ce que je dois.

— Ce n'est point assez, mon cher amour. Il faut me dire que je suis pardonné, que vous me verrez demain, comme s'il n'était question de rien.

Alors je l'ai reprise dans mes bras, espérant au fond qu'elle s'obstinerait à me refuser. Mais elle s'est hâtée de répondre :

— Eh bien! je vous pardonne, misérable que vous êtes!

— Quoi! chère Clarisse, c'est avec cette répugnance, avec un mélange de reproche, que vous m'accordez la grâce que je vous demande, lorsque je serais le maître...

Et j'ai recommencé à la serrer contre mon sein.

— Eh bien! je vous pardonne.

— Du fond du cœur?

— Oui, du fond du cœur.

— Et librement?

— Librement.

— Et me regarderez-vous demain comme s'il n'était rien arrivé?

— Oui, oui.

— Ce ton, chère Clarisse, me rend l'intention suspecte. Dites-moi que vous me le promettez sur votre honneur.

— Eh bien! sur mon honneur. Sortez donc à présent, sortez, et que jamais...

— Que veut dire ce *jamais*, ma chère vie? Est-ce là pardonner?

— Que jamais, a-t-elle repris, cette cruelle scène ne soit rappelée.

J'ai insisté sur un baiser pour sceller mon pardon, et je me suis retiré comme une véritable dupe, ou, si tu veux, comme le jouet d'une femme. Je me suis retiré d'assez mauvaise humeur. T'attendais-tu à cette conclusion?

Mais je ne me suis pas plus tôt vu dans mon appartement, que, réfléchissant à l'occasion que je venais de perdre, considérant que je n'avais fait qu'augmenter mes propres difficultés et m'exposer à la raillerie des femmes de la maison, qui me reprocheraient une faiblesse si éloignée de mon caractère, je me suis repenti de ma folle pitié, et je suis retourné promptement sur mes pas, dans l'espérance que le trouble où je l'avais laissée ne lui aurait pas permis de fermer si tôt sa porte, et résolu d'exécuter tous mes projets, quelles qu'en puissent être les suites. J'ai poussé l'offense assez loin, disais-je en moi-même, pour douter qu'elle m'ait pardonné de bonne foi ; et, de quelque excès qu'elle soit capable dans son désespoir, ma dernière ressource sera le mariage pour l'apaiser.

Le ciel m'a puni. J'ai trouvé sa porte fermée. Cependant, comme je l'entendais pousser des soupirs et des sanglots fort violens :

— Chère Clarisse, lui ai-je dit en frappant doucement à sa porte, j'ai deux mots à vous dire, les plus agréables que vous ayez jamais entendus de moi. Permettez que je vous parle un instant.

Elle s'est mise en mouvement pour venir à la porte. Je me suis flatté qu'elle allait ouvrir, et mon cœur a sauté de joie dans cette espérance. Mais elle n'a fait que pousser un autre verrou, pour rendre la barrière plus sûre ; et soit qu'elle n'ait pas eu la force ou la volonté de répondre, elle s'est retirée au fond de son appartement. J'ai repris le chemin du mien, aussi mécontent de moi-même que tu peux te l'imaginer.

Telle était ma mine. Tel était mon complot, et tel est malheureusement tout le fruit que j'en ai tiré.

Je l'aime plus éperdument que jamais. Eh ! comment pourrais-je m'en défendre ? cette aventure m'a fait découvrir mille nouveaux sujets d'extravagance et d'idolâtrie. Ah ! Belford, Clarisse est un composé de toutes les perfections. Je la crois mortellement offensée ; mais ne vois-tu pas que j'ai pour obtenir grâce un titre que tout le monde m'a refusé jusque aujourd'hui ! Je veux dire un fonds réel de sensibilité pour les prières et pour les larmes. Où était, dans cette occasion, le *calus*, la cuirasse d'acier, dont on prétend que j'ai le cœur armé ? C'est, à la vérité, le premier exemple de cette nature qu'on puisse nommer dans l'histoire de ma vie. M'en demandes-tu la raison ? C'est que je n'ai jamais trouvé de résistance si sérieuse, ni d'obstacles qui méritent si bien le nom d'invincibles. Quel triomphe son sexe obtient, dans mes idées, par une si belle défense !

À présent, Belford, si ma charmante peut me pardonner... Que dis-je, si elle le peut ? Elle le doit. Ne l'a-t-elle pas déjà fait sur son honneur ? Mon embarras est de savoir comment la chère petite personne remplira cette partie de sa promesse qui l'oblige de me voir demain comme s'il n'était rien arrivé pendant la nuit. Je me figure qu'elle donnerait le monde entier pour être quitte de notre première entrevue. Le meilleur parti pour elle n'est pas d'en venir aux reproches. Cependant pourquoi lui donnerais-je ce conseil ? La charmante occasion qu'elle m'offrirait ! Qu'elle manque à sa parole ; je lui en souhaiterais l'audace. Il lui est impossible de fuir. La voie de l'appel est fermée hors de mon tribunal. Quels amis lui reste-t-il dans le monde, si ma compassion ne se déclare point en sa faveur ? D'ailleurs, le digne capitaine Tomlinson et l'oncle Jules sauront tout réparer, de quelque nouvelle offense que je puisse me rendre coupable.

À l'égard de tes craintes sur quelque emportement qui pourrait lui faire tourner sa fureur contre elle-même, j'ignore de quoi elle aurait été capable si les ciseaux ou quelque autre instrument s'étaient trouvés sous sa main ; mais j'ose dire que, de sang-froid, il n'y a rien de cette nature à craindre d'elle. Un galant homme n'a que trop de peine avec ces vertueuses filles ; car je commence à croire qu'il s'en trouve au monde. Il faut bien qu'il y ait quelque chose sur quoi il puisse se reposer : c'est l'attachement même qu'elles ont pour leurs principes. En un mot, je n'appréhende pour celle-ci que la force de sa douleur. Mais c'est un mal, comme tu sais, dont l'action est assez lente, et qui laisse place à de petits accès de joie dans les intervalles.

LETTRE CCXXIII.

M. LOVELACE, A M. BELFORD.

Jeudi, à huit heures du matin.

Sa chambre n'est point encore ouverte. Je ne dois pas m'attendre qu'elle déjeûne avec moi, ni même apparemment qu'elle y dîne. Petite capricieuse! Combien de peine elle se cause, par ses excès de délicatesse? Toute autre femme n'aurait fait que rire de ce qui s'est passé entre elle et moi. L'idée qu'elle s'en forme ne sert qu'à nous tourmenter tous deux. Qu'en penses-tu, Belford? S'il est vrai qu'elle soit fâchée, ne ferait-elle pas mieux, dans ses propres principes, de ne pas marquer tout le chagrin qu'elle affecte?

Mais qui sait si mes craintes ne vont pas trop loin? Je le croirais volontiers. Elles viennent plutôt de son excessive délicatesse, que d'aucun juste sujet de ressentiment. La première fois peut-être elle s'estimera heureuse s'il ne lui arrive rien de pis.

La chère personne a été si fatiguée, si effrayée cette nuit, qu'il n'est pas surprenant qu'elle demeure un peu plus long-temps au lit. Je souhaite qu'elle y ait trouvé plus de repos que moi, et qu'un sommeil doux et paisible l'ait disposée à me recevoir un peu plus tranquillement. Je la vois d'avance; une douce rougeur, un air de confusion. Mais pourquoi de la confusion dans celle qui souffre, tandis que l'offenseur en ressent si peu? Effet prodigieux de l'habitude! On apprend aux femmes que la rougeur relève leurs grâces : elles se forment à rougir. C'est un art qui leur devient aussi facile que celui des larmes. Oui, l'explication me plaît assez : tandis que nous autres hommes, prenant la rougeur, entre nous, pour une marque de mauvaise conscience ou de timidité, nous n'apportons pas moins d'étude à nous en défendre.

Par ma foi, Belford, je suis presque aussi confus de reparaître aux yeux des femmes de cette maison, que ma Clarisse peut l'être de se présenter aux miens. Je n'ai point encore ouvert ma porte, dans la crainte qu'elles ne viennent fondre sur moi. De quel degré de corruption ce sexe n'est-il pas capable? et quelle doit être celle de deux filles, qui, ayant eu pour un homme autant de passion que Polly et Sally en ont eu pour moi, ont pu devenir assez insensibles aux tourmens de la jalousie, à la mortification de partager ce qu'on aime avec de nouveaux objets, pour souhaiter qu'il leur donne une rivale, et pour faire leur plaisir suprême de voir d'autres femmes réduites à leur niveau? Tu ne saurais te représenter combien Sally même se réjouissait cette nuit de la seule pensée que l'heure de Clarisse approchait.

A dix heures.

De ma vie, je n'ai rien désiré avec tant d'impatience que de voir ma charmante. On croit avoir entendu quelque mouvement dans sa chambre.

Dorcas vient de frapper à sa porte pour lui demander ses ordres. La réponse, c'est qu'elle n'a pas d'ordre à lui donner. Elle lui a dit à quelle heure le déjeûner doit être prêt. La proposition est refusée d'une voix basse et chagrine.

J'y vais moi-même.

J'ai frappé trois fois à la porte, sans avoir obtenu la moindre réponse.

— Très chère Clarisse, ai-je dit enfin, permettez que je m'informe de de votre santé. On ne vous a pas vue d'aujourd'hui. Je suis impatient de savoir comment vous vous portez.

Pas un mot; mais j'ai cru entendre un profond soupir.

— Je vous demande en grâce, madame, de monter avec moi au second étage. Vous verrez avec joie de quel danger nous sommes heureusement échappés.

Très heureusement en effet, Belford, car le feu a laissé des traces effrayantes.

— Vous ne me répondez pas, madame? Suis-je indigne d'une parole? est-ce ainsi que vous tenez votre promesse? Ne m'accorderez-vous pas, pendant quelques minutes, l'honneur de votre compagnie dans la salle à manger?

Elle a toussé, elle a poussé un soupir : c'est toute sa réponse.

— Apprenez-moi du moins l'état de votre santé. Dites-moi que vous vous portez bien. Est-ce là ce pardon qui devait être le prix de mon obéissance?

Alors, d'une voix faible, mais irritée, elle m'a pressé de quitter sa porte, et sa chaleur croissant à chaque mot, elle m'a donné les noms de misérable, d'inhumain, de barbare, et de tout ce qu'il y a de lâche et de perfide au monde.

— Quittez ma porte, a-t-elle répété, et n'insultez pas une malheureuse personne, à qui vous deviez de la protection plutôt que des outrages.

— Voilà donc, madame, ai-je répondu sans me plaindre de ses injures, le fond que j'ai à faire sur vos promesses! Si les mouvemens imprévus, si les effets du hasard ne peuvent être pardonnés...

Ici, elle s'est écriée : — O terrible malédiction d'un père! Je suis donc menacée de te voir accomplir à la lettre! Sa voix se perdant alors dans un murmure qui ne paraissait point articulé, j'ai eu la curiosité de regarder par le trou de la serrure : je l'ai vue à genoux, le visage et les bras levés vers le ciel, les mains étendues, implorant sans doute le secours d'en haut. Je n'ai pu me défendre de quelque émotion.

— Ma très chère vie, ai-je repris d'un ton plus tendre, accordez-moi quelques momens d'entretien; confirmez le pardon que vous m'avez promis; et puisse la foudre m'écraser à l'instant si je vous laisse quelque doute sur la sincérité de mon repentir. Je vous quitterai ensuite pour tout le jour; et demain je ne me présenterai à vous qu'avec les articles prêts à signer, et la permission obtenue; ou, si je ne l'obtiens point, avec un ministre qui nous en tiendra lieu. Daignez me croire une fois. Lorsque vous aurez vu la réalité du danger, qui est devenu la malheureuse occasion de votre ressentiment, vous jugerez moins mal de moi. Enfin, je vous conjure d'exécuter votre promesse, à laquelle vous me permettrez de dire que je me suis fié assez généreusement.

— Je ne puis vous voir, m'a-t-on répondu; et plût au ciel que je ne vous eusse jamais vu ! Si je vous écris, c'est tout ce que je suis capable de prendre sur moi.

— Que votre lettre, ma chère vie, soit donc une confirmation de votre promesse. Je me retire dans cette espérance.

Elle vient de sonner pour Dorcas.

Elle n'a fait qu'entr'ouvrir sa porte : et, la tenant d'une main, elle a passé le bras pour donner sa lettre à Dorcas. J'ai demandé à cette fille dans quel état elle l'avait trouvée. — Vêtue, m'a-t-elle dit, détournant le visage, et ne pouvant retenir ses soupirs. Adorable créature ! j'ai baisé le pain à cacheter de sa lettre, qui était encore humide. Voici ce qu'elle contient, mais sans adresse, sans *Monsieur* ou M. Lovelace.

« Je ne puis vous voir ; et je ne vous verrai pas, si je n'y suis forcée. Il n'y a point de termes qui puissent exprimer la douleur que je ressens de votre bassesse et de votre ingratitude. Malheureusement pour moi, les circonstances ne me permettent d'espérer que par vous le moyen de me réconcilier avec ceux qui auraient été mes protecteurs naturels contre de tels outrages. Ce motif est le seul qui puisse me retenir un moment de plus dans cette maison. Mais si j'ai quelque relation avec vous, ce ne sera plus que par écrit. Vous êtes le plus vil et le plus détestable de tous les hommes. Par où ai-je mérité vos indignes traitemens ? N'en parlons plus : mais, pour votre propre intérêt, ne souhaitez pas de me voir d'une semaine entière. »

Ainsi, Belford, tu comprends que j'ai beaucoup d'obligations à l'histoire de Tomlinson et de l'oncle. Dans quel joli embarras je me suis jeté moi-même ! Si César eût été aussi fou, il n'aurait jamais passé le Rubicon. Mais, après l'avoir passé, s'il eût pris le parti de la retraite, intimidé par un édit du sénat, la belle figure qu'il aurait faite dans l'histoire ! Je ne devais pas ignorer que l'entreprise d'un vol mérite d'être punie comme le vol même.

Mais ne la pas voir d'une semaine entière. Chère petite personne ! N'admires-tu pas comme elle me prévient sur chaque article ? Le contrat est achevé, prêt à signer, demain, ou le jour d'après au plus tard. La permission avec le ministre, ou le ministre sans la permission, ne sont pas moins sûrs dans l'espace de vingt-quatre heures. Les arrangemens de Pritchard ne se feront point attendre. Tomlinson ne demande qu'à paraître avec une réponse favorable de M. Jules Harlove. Cependant ne la pas voir d'une semaine entière ! ce cher amour ! Son bon ange l'aurait-il quittée pour une semaine ? C'est ce qu'elle craint peut-être. Mais que servent les craintes ? Apprends, ma charmante, qu'avant la fin de ta semaine je suis bien trompé si je n'achève pas mon triomphe.

Ce qui me chagrine le plus, c'est qu'une si charmante fille s'expose à manquer de parole. Fi, fi ! Mais je considère que personne n'est parfait. L'erreur est une faiblesse humaine, pourvu qu'on n'y persévère pas absolument ; et je me flatte que ma charmante ne peut rien avoir *d'inhumain*.

LETTRE CCXXIV.

M. LOVELACE, A M. BELFORD.

Aux armes du roi, dans Pallmall, jeudi, après midi.

Avant mon départ, nous nous sommes écrits plusieurs billets par l'entremise de Dorcas, ce qui m'a autorisé à mettre son nom de mariage pour adresse. Elle a refusé d'ouvrir sa porte pour recevoir les miens, dans la crainte apparemment que je n'y fusse moi-même. Dorcas s'est vue forcée de les faire passer sous la porte, et de recevoir les siens par la même voie. Je les ai fait copier pour ton amusement. Tu peux les lire ici, si tu veux.

A MADAME LOVELACE.

« En vérité, ma très chère vie, vous poussez le ressentiment trop loin. Les femmes de la maison nous supposent mariés ; que penseront-elles d'une si étrange délicatesse ? Mes libertés ne sont-elles pas innocentes ; l'occasion n'est-elle pas venue du hasard ? songez que c'est vous exposer vous-même. Jusqu'à présent elles ignorent ce qui s'est passé ; et que s'est-il passé, en effet, pour justifier une si vive colère ? Je suis sûr que vous ne voudriez pas me donner sujet, en manquant à votre promesse, de conclure qu'il ne pouvait m'arriver rien de plus fâcheux si j'avais refusé de vous obéir.

» Je me repens, de bonne foi, d'avoir blessé votre délicatesse. Mais un incident si peu prévu doit-il m'attirer des noms si choquans ? Le plus vil et le plus detestable de tous les hommes ! ces termes sont bien durs ! et de la plume d'une personne adorée.

» Si vous preniez la peine de monter au second, vous seriez bientôt convaincue que, tout détestable que je suis à vos yeux, je n'ai point eu part à l'événement.

» Permettez que j'insiste sur la nécessité de vous voir, pour recevoir votre avis sur quelques uns des points que nous traitâmes hier au soir. Tout ce qui n'est pas nécessaire est de trop. Je réclame le pardon que vous m'avez promis, et j'attends la liberté de le demander à genoux. Un quart d'heure suffira dans la salle à manger, et je vous quitte pour le reste du jour. Ne refusez pas cette grâce à mon repentir. Il est aussi sincère que mes adorations. »

A M. LOVELACE.

« Je ne vous verrai point. Je ne puis vous voir. Je n'ai point d'avis à vous donner. La Providence décidera de mon sort.

» Plus je réfléchis sur votre bassesse, sur votre ingrate et cruelle bassesse, plus je sens croître mon ressentiment.

» Vous êtes la dernière personne du monde dont je voulusse prendre le jugement sur ce qui passe ou ce qui ne passe pas les bornes en matière de décence.

» C'est un tourment pour moi de vous écrire. C'en est un de penser à vous. Cessez donc de me presser. Encore une fois, je ne vous verrai point. Depuis que vous m'avez rendue vile à moi-même, je compte pour rien l'opinion d'autrui. »

A MADAME LOVELACE.

« C'est votre promesse, madame, que je vous rappelle encore ; et je vous demande la permission de vous dire que j'insiste sur son exécution. Souvenez-vous, très chère Clarisse, qu'une faute n'est pas justifiée par l'exemple. C'est manquer de délicatesse que de la pousser à l'excès. Je ne puis rien me reprocher qui mérite un ressentiment si vif. Il est vrai que la violence de ma passion peut m'avoir emporté au delà des bornes, mais s'il m'est permis de le faire valoir, l'empire que j'ai pris sur moi, pour vous obéir, mérite un peu de considération.

» Vous me défendez de paraître devant vous pendant toute une semaine. Si vous ne me pardonnez point avant le retour du capitaine Tomlinson, qu'aurai-je à lui dire ?

» Je vous demande, encore une fois, un moment d'entretien dans la salle à manger. En vérité, madame, il est nécessaire que je vous voie. J'ai besoin de vous consulter sur la permission ecclésiastique et sur d'autres points de la même importance. Comment les expliquer au travers d'une porte, lorsque les femmes de la maison nous croient mariés ?

» Au nom du ciel, accordez-moi votre présence pour quelques instans. Je vous laisse en liberté le reste du jour.

» Si je dois obtenir grâce, suivant votre promesse, vous vous épargnerez des peines en cessant de la différer. Vous en épargneriez de mortelles au plus affligé de tous les hommes. »

A M. LOVELACE.

« Votre obstination à me chagriner ne changera rien à mes résolutions. J'ai besoin de temps pour considérer si je ne dois pas renoncer absolument à vous. Dans la disposition où je suis actuellement, mon sincère désir est de ne vous revoir jamais. S'il vous reste quelque ombre de faveur à vous promettre de moi, vous ne les devez qu'à mes espérances de réconciliation avec mes véritables protecteurs. Ne me parlez pas des suites ; elles ne me touchent plus ; je me hais moi-même. A qui dois-je d'autres sentimens ? Ce n'est pas à l'homme qui est capable d'avoir formé un noir complot pour déshonorer ses propres espérances, et pour couvrir d'opprobre une fille infortunée, après lui avoir fait perdre l'estime et l'affection de tous ses amis. »

A MADAME LOVELACE.

« Madame, je vais de ce pas à l'officialité, et je continuerai, sur chaque point, comme si je n'avais pas eu le malheur de vous avoir déplu. L'unique réflexion sur laquelle j'insiste, c'est que, malgré la faute où je me suis laissé emporter par l'excès de ma passion, l'obéissance que j'ai eue pour vos ordres, dans un moment où peu d'hommes auraient été capables de cet effort sur eux-mêmes, m'autorise à vous demander l'exécution de cette promesse solennelle que vous avez accordée à ma soumission.

» Je pars avec l'espérance de vous trouver, à mon retour, dans une disposition plus favorable, et, j'ose dire, plus juste. Soit que la permission ecclésiastique me soit accordée ou non, je vous demande en grâce que demain soit le jour qu'il vous a plu de nommer *bientôt*. Il expiera toutes les fautes, en me rendant le plus heureux des hommes. Les articles sont prêts, ou le seront ce soir. Que le ressentiment, madame, ne vous jette pas dans un chagrin si peu proportionné à l'offense. Ce serait nous exposer tous deux à l'étonnement de nos hôtesses, et, ce qui est beaucoup plus important pour nous, à celui du capitaine Tomlinson. Mettons-nous en état, je vous en supplie, madame, de pouvoir l'assurer, à sa première visite, que nous ne sommes plus qu'un.

» Comme les apparences ne me permettent pas l'honneur de dîner avec vous, je ne reviendrai point au logis avant le soir. Alors je m'attends (vos promesses, madame autorisent ce terme) à vous trouver dans la résolution de rendre heureux demain par votre consentement, votre adorateur passionné.

« LOVELACE. »

Quel plaisir, Belford, je m'étais promis à jouir de la douce confusion où je m'attendais à la trouver, dans la chaleur récente de l'aventure! Mais elle me verra : rien ne peut la dispenser de me voir à mon retour. Il serait plus avantageux pour elle, et peut-être pour moi, qu'elle n'eût pas fait tant de bruit à l'occasion de rien. Elle m'a mis dans la nécessité de nourrir ma colère, pour ne me pas laisser surprendre par la compassion. Quelque sujet qu'on ait de se plaindre, l'amour et la compassion ne se séparent pas facilement ; au lieu que la colère change en ressentiment ce qui deviendrait pitié sans elle. Rien no paraît aimable dans ce qui nous déplaît entièrement.

J'avais donné ordre à Dorcas de lui dire, en mettant mon dernier billet sous la porte, que j'espérais un mot de réponse avant que de sortir. Elle a répondu de bouche : « Dites-lui que peu m'importe s'il sort, et que je ne prends pas plus d'intérêt à tous ses desseins. » Pressée encore une fois par Dorcas, elle a répété qu'elle n'avait rien de plus à dire.

Je ne suis pas sorti sans m'être approché doucement de sa porte ; je l'ai vue par la serrure, à genoux au pied de son lit, la tête et le sein penchés sur le lit, les mains étendues, poussant des sanglots que j'entendais à cette distance, comme dans les douleurs d'une mortelle agonie. Ma foi, Belford, j'ai le cœur trop sensible à la pitié : la réflexion est mon ennemie. Divine fille ! Que nous nous sommes vus heureux pendant quelques jours ! pourquoi ne le sommes-nous plus ? Mais le cœur de Clarisse est la pureté. Et quel plaisir, après tout, puis-je prendre à tourmenter... En vérité, même dans la disposition où je suis, je ne dois pas me fier à moi-même.

Pour me désennuyer, en attendant ici Mowbray et Mallory, qui doivent me faire obtenir la permission, j'ai tiré les papiers que j'avais sur moi, et ta dernière lettre est le premier qui s'est présenté. Je t'ai fait l'honneur de la relire. Elle m'a remis devant les yeux le sujet sur lequel je n'osais me fier à mes réflexions.

Je me souviens que, dans sa réponse à mes articles, cette chère fille observe que *la condescendance n'est point une bassesse*. Qui entend mieux qu'elle à vérifier cette maxime? Il est certain que la condescendance renferme de la dignité. J'ai toujours remarqué de la dignité dans la sienne ; mais une dignité adoucie par les grâces, car elle n'y a jamais mêlé d'orgueil, ni d'air insultant, ni la moindre affectation de supériorité. Miss Howe, qui la connaît mieux que personne, m'a toujours dit que c'était le fond de son caractère.

Je pourrais lui enseigner la conduite qu'elle aurait à prendre, pour me fixer éternellement dans ses chaînes. Elle sait qu'il lui est impossible de fuir. Elle sait que tôt ou tard il faut qu'elle me revoie, et qu'elle se ferait un mérite d'en avancer l'heure. Je lui passerai volontiers son ressentiment : non que je croie l'avoir mérité de tout autre qu'elle, pour quelques libertés innocentes, mais parce qu'il convient à son caractère de s'en ressentir. Si je voyais seulement plus d'amour que d'horreur pour moi dans ses injures, si elle était capable de feindre, oui, de feindre seulement, qu'elle croit le feu réel, et que tout ce qui l'a suivi n'est que l'effet du hasard, de se réduire à de tendres plaintes, à quelques reproches de l'avantage que j'ai tiré de l'avoir surprise, enfin de paraître persuadée qu'elle n'a pas d'autres suites à redouter, et qu'elle peut se fier généreusement à mon honneur (le pouvoir, Belford, est jaloux de la confiance), je crois que je prendrais le parti de finir toutes les épreuves et de la conduire à l'autel.

Cependant, après une démarche si hardie, du côté de Tomlinson et de l'oncle, au milieu du succès.... Ah! Belford, dans quel embarras j'ai trouvé le secret de nous jeter tous deux. Que cette maudite aversion pour le mariage a mis de confusion dans toutes mes vues! De combien de contradictions m'a-t-elle rendu coupable!

Avec quelle satisfaction je tourne les yeux sur quelques jours que je lui ai fait passer heureusement! Mon bonheur, sans doute, mon propre bonheur aurait été plus pur, si j'avais pu renoncer à toutes mes inventions et traiter avec elle d'aussi bonne foi qu'elle le méritait.

Si cet accès d'humeur me dure seulement jusqu'à demain (il s'est déjà soutenu deux heures entières, et je crois prendre plaisir à le fortifier), je m'imagine que tu recevras ma visite où je te presserai de me venir trouver pour délibérer avec toi sur tout ce qui se passe dans mon cœur.

Mais je crains qu'elle ne se défie de moi. Elle ne prendra point confiance à mon honneur. Ici le moindre doute est défiance. Elle ne m'aime point assez pour me pardonner généreusement. Elle est si supérieure à moi! Comment puis-je lui pardonner un mérite si mortifiant pour mon orgueil! Elle pense, elle sait qu'elle est au dessus de moi. Ne me l'a-t-elle pas dit à moi-même? Miss Howe le croit aussi ; et toi, mon intime, mon fidèle ami, tu es de la même opinion. Je la crains autant que je l'aime. Comment ma fierté soutiendra-t-elle ces réflexions? Ma femme si supérieure à moi! Moi, réduit au second rang dans ma famille! M'apprendras-tu à soutenir cette idée?

Ne me dis pas qu'avec toute son excellence et ses perfections, c'est à moi, c'est à son mari qu'elle appartiendra. Erreur. Impossibilité! N'est-ce pas moi qui serai à elle, plutôt qu'elle à moi? Chaque témoignage que je recevrai de sa soumission ne sera-t-il pas une véritable condescendance, un triomphe qu'elle aura remporté sur moi? Il faudra donc regarder comme une grâce qu'elle m'épargne son mépris ; qu'elle supporte mes faiblesses ; qu'elle se contente de m'humilier par un regard de compassion ; c'est une fille des Harlove, qui jouira de cet ascendant sur le dernier des Lovelace? M'en préserve le ciel!

Mais que dis-je? n'ai-je pas sans cesse cette divine créature devant les yeux, avec tous ses charmes, avec la droiture et la pureté de son cœur? Puis-je écarter un moment l'image de cette dernière nuit ; ses combats, son courage, ses cris, ses larmes, ses reproches, ses sentimens, qui répondent avec tant de grandeur et d'éclat au caractère qu'elle a soutenu depuis le berceau?

Que d'avantages je te donne ici sur moi! Au fond, ne lui ai-je pas toujours rendu justice? pourquoi me chagrines-tu donc par ton impertinente morale? Cependant je te pardonne, Belford ; car je suis capable de tant de générosité en amour, que je consentirais plutôt à me voir condamné de tout le monde qu'à devenir l'occasion de la moindre tache dans le caractère de ce que j'aime.

Cette chère personne m'a dit un jour qu'il y avait un mélange surprenant dans le mien. Les deux fières beautés m'ont donné le nom de diable et de Belzébuth dans leurs lettres. Je ferais effectivement un Belzébuth, si je n'avais pas quelques qualités supportables.

Mais s'il faut en croire miss Howe, *le temps des souffrances est la saison brillante* de ma belle. Elle n'a donc fait jusqu'à présent que briller avec moi.

Elle me traitait d'infâme, il n'y a pas deux heures. A quoi se réduit le fond de l'argument? Si je n'avais pas un peu mérité le nom d'infâme, dans le sens qu'elle donne à ce mot, elle mériterait moins celui d'ange.

Ah! Belford, Belford, cette entreprise nocturne m'a rendu fou, m'a perdu sans ressource. Comment la chère personne peut-elle dire que je l'ai avilie à ses propres yeux, lorsque sa vertu et son ressentiment l'ont tant exaltée aux miens?

Mais de quelle étrange rapsodie t'ai-je entretenu ? A quoi dois-je l'attribuer ? Viendrait-elle du lieu où je suis ; ou plutôt de ce que je ne suis plus chez la Sinclair? Mais si cette maison est infectée, comment ma charmante a-t-elle échappé à la contagion ?

Je change de style. Il faut voir quelle sera sa conduite à mon retour.

Cependant je commence à craindre déjà quelque faiblesse, quelque petite altération : car je sens renaître un doute! Pour son propre intérêt, dois-je souhaiter qu'elle me pardonne facilement ou avec peine?

Il y a beaucoup d'apparence que j'obtiendrai la permission.

J'ai fait des réflexions plus libres sur chaque point contesté entre ma belle et moi ; et toutes mes difficultés sont évanouies. Ce qui m'a déterminé si promptement, c'est que je crois avoir pénétré ses vues, dans cette distance où elle prétend me tenir pendant une semaine entière. Elle veut se donner le temps d'écrire à miss Howe pour réveiller son maudit système, et se procurer le moyens de me quitter en renonçant tout à fait à moi. A présent, Belford, si je n'obtiens pas la liberté de la revoir à mon retour, si je suis refusé avec hauteur, si l'on insiste sur une semaine d'absence, je croirai ma conjecture certaine, et je demeurerai convaincu que son amour du moins doit être bien faible, pour écouter une vaine délicatesse, dans le temps que les médiateurs de la réconciliation n'attendent que ses ordres : c'est l'idée qu'elle doit en avoir. Alors je me rappellerai toutes ses rigueurs et tous ses caprices, je relirai les lettres de miss Howe, je lâcherai la bride à mon aversion pour les entraves du mariage, et je me rendrai maître d'elle à mon gré.

Cependant je me flatte encore que, ce soir, je la trouverai mieux disposée ; que la menace d'une semaine d'éloignement lui est échappée dans la chaleur de sa passion ; et qu'elle conviendra que j'ai autant de reproches à lui faire pour m'avoir manqué de parole, qu'elle croit m'en devoir pour avoir troublé la paix. Il me revient quatre vers, qui paraissent fait exprès pour demander cette grâce à l'amour. Je les répéterai dévotement dans ma chaise, en retournant bientôt au logis.

LETTRE CCXXV.

M. LOVELACE, A M. BELFORD.

Lundi au soir, 8 juin.

Malédiction ! fureur ! désespoir ! Ton ami est perdu, trahi, assassiné ! Clarisse a disparu ! Clarisse est partie, c'en est fait ; absolument partie !

Non tu ne sais pas, tu ne peux concevoir les tourmens qui me déchirent le cœur ! Que faire ? Que résoudre ? O Dieu ! Dieu ! Dieu !

Et toi, bourreau ! qui t'es efforcé d'affaiblir mes résolutions, tu t'en crois quitte pour demeurer muet et tranquille !

Mais il faut que je t'écrive, ou que la fureur me fasse courir les rues. Je suis hors de moi, j'ai l'air d'un insensé depuis deux heures ; dépêchant des messagers à chaque poste, à chaque voiture, à chaque hôtellerie, à chaque maison, avec des billets, que j'ai fait répandre à plus de cinq milles à la ronde.

Petite hypocrite ! Qui ne se serait pas cru sûr d'elle ! Ne connaissant pas une âme dans toute la ville ! Une traîtresse sans expérience, qui m'avait déclaré, dans son premier billet, que l'espoir d'une réconciliation avec sa famille lui ôtait l'idée de me quitter ! Malédiction sur ses artifices ! J'avais la folie d'attribuer à sa délicatesse, à sa modestie, la peine qu'elle avait à me regarder en face, après quelques libertés innocentes ; tandis qu'impudemment, oui, impudemment, toute Clarisse qu'elle est, elle cherchait les moyens de me dérober le plus précieux trésor dont j'eusse jamais acquis la propriété ; acquis par un pénible et long esclavage, par quantité de combats contre les bêtes féroces de sa famille, mais surtout contre un moulin à vent de vertu, dont la seule attaque m'a coûté un million de parjures, et qui de ses maudites ailes m'a jeté plus d'un mille et demi au delà de toute espérance !

O démon d'amour ! car je ne te reconnais plus pour un Dieu, que t'ai-je fait pour avoir mérité cette cruelle vengeance ? N'ai-je pas toujours été l'ennemi de la froide vertu ? Misérable idole ! car, si tu ne feins pas de me tromper pour me servir mieux, tu dois être sans pouvoir. Qui fléchira désormais le genou devant tes autels ? Puissent tous les cœurs audacieux te mépriser, te détester, renoncer à toi, comme je le fais solennellement !

Mais de quoi servent mes imprécations et mes fureurs !

Mon étonnement, c'est qu'elle ait pu trouver le moyen de fuir, tandis que toutes les femmes de la maison avaient entrepris de la garder. Jusqu'à présent, je n'ai pas eu la patience de les entendre, ni d'en laisser paraître une devant moi. Je suis sûr d'un point, sans lequel je ne l'aurais pas amenée ici : c'est qu'il n'y a personne dans cette maison qui puisse être corrompu par le goût du bien ou par les remords. Le plus grand sujet de joie qui pût arriver à toutes ces malheureuses serait de voir cette fière beauté réduite à leur niveau. Mon fripon de valet, qui était aussi chargé de sa garde, est un instrument si propre à mes vues, qu'il se plaît au mal pour l'amour du mal même. Qu'il entre de la méchanceté dans mes ordres, c'est une raison de plus pour me garantir son exactitude et sa fidélité. Cependant il est heureux de ne s'être pas trouvé dans mon chemin, lorsque j'ai reçu la fatale nouvelle. L'infâme était allé aux enquêtes ; dans la résolution, à ce que j'entends, de ne pas revenir et de ne jamais reparaître devant moi, s'il n'a rien d'elle à m'apprendre. Tous les domestiques hors de condition qu'il a pu découvrir sont employés de toutes parts à la même recherche.

Dans quelle vue avais-je amené ici cette fille angélique (car c'est un nom que je ne puis lui refuser)? N'était-ce pas pour lui rendre l'honneur qu'elle mérite? Par ma foi, Belford, j'étais résolu... Mais tu sais par où j'aurais souhaité de commencer. A présent que j'étais si déterminé en sa faveur, qui sait dans quelles mains elle peut être tombée?

Cette idée confond mes sens et trouble absolument ma raison. Sans guide, sans secours, dans des lieux qu'elle ne connaît pas, quelque misérable, pire que moi, qui n'aura pas pour elle la moitié de mes adorations, peut l'avoir arrêtée, s'être prévalu de son embarras... Que je périsse mille fois, Belford, si plus d'une hécatombe d'innocentes (puisque c'est le nom qu'on donne à ces petites pestes) n'expie les promesses violées et les noirs artifices de cette impitoyable fille!

Étant revenu au logis, avec des résolutions qui lui étaient si favorables, juge dans quels transports m'a jeté la première nouvelle de son évasion, quoiqu'elle ne m'ait été racontée qu'avec des exclamations interrompues. Je ne sais ni ce que j'ai fait, ni ce que j'ai dit. Mon premier mouvement me portait à tuer quelqu'un. J'ai volé d'une chambre à l'autre, tandis que tout le monde me fuyait, à l'exception d'une vieille servante qui m'a fait en tremblant un récit fort mal conçu. J'ai accusé tout le monde de perfidie et de corruption ; et, dans ma première furie, j'ai menacé de poignarder jeunes et vieilles, à mesure qu'elles tomberaient entre mes mains.

Dorcas continue de se tenir enfermée sous clé. Sally et Polly n'ont point encore osé paraître. L'infâme Sinclair...

Mais j'entends venir cet odieux monstre. Elle frappe à ma porte, quoiqu'elle soit entr'ouverte; pour se donner le temps, sans doute, d'assurer sa contenance, ou pour me laisser celui de prendre un peu de modération.

Quel état désespéré que celui d'un homme qui ne peut que se détester lui-même et regarder les autres avec horreur; tandis que la cause de sa rage subsiste, que le mal croit par la réflexion, et que le temps ne sert qu'à le rendre plus insupportable! De quelles imprécations j'ai chargé la vieille furie!

Elle est actuellement devant moi. Je ne daigne pas l'écouter, ni jeter les yeux sur ses contorsions. Que la tristesse, jointe à la laideur, rend un visage odieux! Au lieu de toucher ma compassion, le sien n'est propre qu'à confirmer ma haine ; tandis que la beauté affligée reçoit un nouvel éclat de ses larmes; et c'est un spectacle qui a toujours fait les délices de mon cœur.

Quelle excuse? Que me diras-tu pour te justifier? N'est-elle pas partie? n'est-elle pas perdue pour moi? Mais avant que je perde tout à fait l'esprit, avant que je fasse ruisseler le sang dans cette maison, raconte-moi tout ce qui s'est passé.

Je viens d'entendre son récit. Ruse, imposture, misérable artifice, dans une fille du caractère de Clarisse. Mais ce sexe est l'art même. Voici tout l'éclaircissement que j'ai pu tirer du vieux monstre.

A peine étais-je sorti de sa maison, que Dorcas ayant appris mon départ à la sirène (je t'en prie, Belford, laisse-moi la satisfaction de lui donner des noms injurieux), et lui ayant dit que j'étais allé à l'officialité, d'où j'avais averti que j'irais au Cocotier ou aux Armes du Roi, afin qu'on pût m'y renvoyer le conseiller Williams et ceux qui pourraient me demander dans mon absence, elle l'a pressée de prendre quelque rafraîchissement. La perfide était noyée dans ses pleurs lorsqu'elle a permis à Dorcas d'entrer dans sa chambre. Elle a refusé de boire et de manger. Ses soupirs auraient fait croire qu'elle était au dernier moment de sa vie. Fausse douleur. C'est la douleur humble et muette qui mérite de la pitié. Sous ces trompeuses apparences, n'était-elle pas occupée de ma ruine et du dessein de m'enlever tout ce que j'avais de précieux au monde?

Cependant, étant résolue de ne me pas voir au moins d'une semaine, elle s'est fait apporter quelques biscuits et une carafe d'eau. Elle a dit à Dorcas que c'était tout ce qu'elle voulait prendre dans cet intervalle, et qu'elle la dispensait de son service. L'artificieuse créature! feindre, comme tu vois, de faire des provisions pour un siège de huit jours! Mais est-elle partie? est-il possible qu'elle soit partie? Ah! quel triomphe pour miss Howe! Cependant je conseille à cette petite furie de veiller sur elle-même. Si c'est elle qui a l'audace de la recevoir, le sort me prépare une abondante réparation. Je trouverai le moyen de les enlever toutes deux.

Le fil de ma narration m'échappe. Mais au diable le fil et les liaisons! C'est le désordre qui convient aux insensés; et mon partage sera bientôt de perdre la raison.

Dorcas a consulté la misérable Sinclair. Elle a demandé si elle devait obéir. « N'y manquez pas, lui a dit, ce vieux serpent; M. Lovelace saura ce qu'il doit faire, lorsqu'il sera résolu de la voir. » Elle a joint seulement une bouteille de vin d'Espagne aux provisions.

Cette facilité a rendu la belle si obligeante, qu'elle s'est laissé persuader de monter au second pour observer les ravages du feu. Non seulement elle en a paru effrayée; mais, après avoir confessé qu'elle s'était défiée de quelque artifice, elle a reconnu que le danger avait été réel. Ce langage a fait naître la confiance dans toute la maison. Chacun riait seulement en soi-même de l'expédient puéril qu'elle s'avisait d'employer pour marquer son ressentiment. Sally, faisant toujours le bel-esprit, a dit qu'après tout M. Lovelace aurait tort de *quereller pour du pain et de l'eau.*

Pour moi, ce qui paraissait puéril à toutes ces misérables, m'aurait fait soupçonner, dans une fille si sensée, ou quelque aliénation d'esprit, après l'aventure de la nuit précédente, ou la vérité de son dessein; puisque, suivant ses propres suppositions, notre mariage devait être célébré dans le cours de la semaine qu'elle prétendait vouloir passer sans me voir.

Après avoir paru tranquille pendant quelques momens, elle a chargé mon valet de porter chez Wilson une lettre adressée à miss Howe, et de s'informer s'il n'y en avait pas pour elle. Il a gardé cette lettre; et feignant d'avoir exécuté ses ordres, il est revenu lui dire qu'il n'avait rien trouvé chez Wilson.

Elle lui a commandé alors de porter à l'officialité une autre lettre qu'elle lui a remise pour moi. Tous ces ordres ont été donnés sans aucune apparence de trouble ou d'empressement. Cependant elle paraissait fort grave, et souvent elle portait son mouchoir à ses yeux.

Will a feint d'exécuter cette commission comme la première. Mais quoique le misérable ait eu l'esprit de se défier de quelque chose, en recevant un second ordre de sortir, et pour m'apporter une lettre, à moi qu'elle avait refusé de voir, les femmes, auxquelles il a communiqué ses soupçons, l'ont traité de visionnaire, surtout Dorcas, qui les assurait que sa maîtresse était trop abattue pour former des entreprises hardies, et qu'elle lui croyait même la tête un peu affaiblie par le jeûne et la douleur. D'ailleurs, elles se reposaient toutes sur son peu d'expérience, sur la candeur de son naturel, sur ce qu'elle n'avait pas marqué le moindre dessein de faire venir un carrosse ou une chaise, comme il lui était arrivé plusieurs fois; mais encore plus sur les préparatifs qu'elle avait fait pour ce que j'ai nommé son siége. Will est sorti, pour garder les apparences : cependant il s'est hâté de retourner. Ses soupçons n'étaient pas diminués. Il n'oubliait pas non plus que je lui ai recommandé souvent de ne pas s'en rapporter à ses propres idées, lorsqu'il a des ordres positifs; et si quelque circonstance que je n'ai pu prévoir lui fait naître du doute, de s'attacher littéralement à les suivre, comme le seul moyen de justifier sa conduite.

C'est dans un intervalle si court qu'il faut qu'elle se soit échappée ; car, immédiatement après le retour de Will, on a fermé soigneusement la porte de la rue et celle de la cour. La vieille et ses deux nymphes ont pris ce temps pour aller faire un tour au jardin ; Dorcas est montée au second, et Will, craignant que son absence ne parût trop courte, s'est retiré dans la cuisine, pour éviter de se faire voir ou de se faire entendre.

Il ne s'était passé qu'une demi-heure, lorsque Dorcas appréhendant, dit-elle, que sa maîtresse ne fût capable d'entreprendre quelque chose contre elle-même, dans l'humeur sombre où elle se souvenait de l'avoir laissée, est descendue par un simple mouvement de curiosité, pour jeter les yeux au travers de la serrure. Elle y a trouvé la clé. Comme rien n'était moins ordinaire, sa surprise l'a fait frapper deux ou trois fois ; et n'entendant point de réponse, elle a ouvert. — Madame, madame, appelez-vous? Elle l'a supposait dans son cabinet.

Rien ne se faisant entendre, elle est entrée ; elle n'a trouvé personne. Dans le premier étonnement, elle a couru vers la salle à manger, dans mon appartement, dans tous les cabinets, l'imagination remplie de sa crainte, qui lui représentait déjà quelque fatale catastrophe. Enfin, ne la trouvant nulle part, elle est descendue au jardin, elle a demandé à la vieille et à ses nymphes si elles avaient vu madame. — Eh bien, madame est partie. Madame a disparu.

— Nous sommes sûres, ont-elles répondu toutes ensemble, qu'elle ne peut être sortie de la maison.

Dans un instant tout a paru bouleversé, en haut, en bas, depuis les greniers jusqu'aux caves ; chacune criant, dans cette confusion : — Comment oserons-nous paraître devant lui? Will a répété vingt fois qu'il était un homme mort. Il a fait des reproches ; il en a reçu. L'un accusait l'autre, tout le monde cherchait à s'excuser.

Après avoir visité inutilement toute la maison et recommencé dix fois leurs recherches, ils se sont avisés d'aller à toutes les chaises, à tous les carrosses, qui étaient depuis une heure aux environs, et de demander aux porteurs et aux cochers s'ils n'avaient pas vu une jeune personne dont ils décrivaient la figure. Ces informations leur ont procuré quelque lumière; seul rayon d'espérance qui me soutient contre le dernier désespoir.

Un porteur a dit qu'un peu avant quatre heures il avait vu sortir de cette maison une jeune fille de cette figure, avec un air de précipitation et de frayeur, tenant à la main un petit paquet lié dans un mouchoir; qu'il l'avait fait observer à son compagnon, qui s'était offert à la porter, sans avoir reçu d'elle aucune réponse : que c'était une fort jolie personne, et qu'il lui croyait un mauvais mari, ou des parens de mauvaise humeur, parce qu'elle paraissait avoir les yeux gros de larmes : sur quoi un troisième porteur a remarqué que ce pouvait être quelque colombe échappée du parc. La vieille, en me faisant ce récit, s'est emportée contre l'infâme vilain, qu'elle souhaiterait, m'a-t-elle dit, de pouvoir retrouver. Elle avait cru sa réputation, a-t-elle ajouté, mieux établie dans le quartier? vivant sur un si bon pied, étant si exacte à payer tout ce qu'elle prend, ne recevant que des gens d'honneur et n'ayant jamais souffert le moindre bruit dans sa maison.

Sur les apparences, un des porteurs avait suivi ma fugitive, sans qu'elle pût s'en défier. Elle a regardé souvent derrière elle. Chaque passant tournait la tête, pour la suivre des yeux, et portait son jugement sur cette rencontre. Enfin, trouvant un carrosse vide qui s'est offert, elle l'a pris. Le cocher s'est hâté d'ouvrir la portière, en remarquant son air empressé. Elle a voulu monter brusquement ; et le porteur croit qu'ayant fait un faux pas, elle s'est blessée au menton.

Que je périsse, Belford, si, malgré sa noire tromperie, mon généreux cœur n'est pas vivement touché, lorsque je considère quelles devaient être alors ses réflexions et ses craintes. Une âme si délicate, qui court les rues à pied; qui ne prête l'oreille à rien; qui croit voir apparemment dans chaque homme qu'elle rencontre un Lovelace prêt à la saisir, qui ne connaît pas d'ailleurs les périls auxquels sa résolution va l'exposer, ni de qui, ni de quel côté elle peut se promettre un asile ; étrangère à Londres, l'après-midi fort avancé, avec très peu d'argent, et sans autres habits que ceux qu'elle avait sur elle !

Dans un espace aussi court que depuis la dernière nuit, il n'est pas vraisemblable que la Townsend de miss Howe ait pu contribuer à sa fuite.

Mais combien doit-elle me haïr, pour s'exposer à tant de dangers ! Quelle horreur doit-elle avoir conçue pour moi, depuis la nuit passée ! Ah ! que n'ai-je donné un fondement plus juste à des ressentimens si violens ? Qu'on ne me parle pas de sa vertu : je suis trop furieux pour lui en faire un mérite. Est-ce vertu qui lui a fait fuir la charmante perspective que je venais d'ouvrir devant elle? Non, c'est malice, haine, mépris, orgueil d'Harlove, et toutes les mortelles passions qui ont jamais régné dans le cœur d'une femme. Si je puis la faire rentrer sous le joug !... Mais silence, ma fureur ! modérez-vous, orageux transports ! N'est-ce pas contre ma chère, ma divine Clarisse, que j'ai l'impiété de m'emporter ?

Le même témoin prétend avoir entendu de sa bouche : —Allez vite, très vite. —Où, mademoiselle? a demandé le cocher. — A la barrière d'Holborn, a-t-elle répondu, en répétant : Allez très vite. Elle a levé les deuportières, et dans un instant cet homme a perdu le carrosse de vue. Will, après cet éclaircissement, s'est hâté de suivre ses traces. Il a déclaré, en partant, que jamais il ne reparaîtrait devant moi, s'il ne pouvait m'apporter de ses nouvelles.

Mon unique espoir, cher Belford, c'est que ce misérable, qui nous a suivis dans nos promenades, à Hamstead, à Muzzlehill, à Kentish-Town, entendra parler d'elle dans quelqu'un de ces lieux. J'ai d'autant plus de confiance à cette idée, qu'un jour, il m'en souvient, elle s'est informée curieusement des voitures et de leur prix, en admirant les commodités qu'on a pour voyager à toute heure. Will était présent. Malheur à lui s'il est capable de l'avoir oublié !

Je viens de visiter son appartement, livré à mes farouches réflexions, et portant néanmoins à ma bouche tout ce qu'elle a touché, ou ce qu'elle employait à son usage. J'ai brisé le miroir qui lui servait à s'habiller, parce qu'il ne m'a pas représenté l'image qu'il a reçue tant de fois, et qui m'est pour jamais présente. Je l'appelle par son nom, comme si elle pouvait m'entendre, tantôt dans des termes passionnés, tantôt avec les plus vifs reproches. Il semble que depuis qu'elle me manque, mon âme, ou tout ce qui était capable de me plaire dans la vie, m'ait cruellement abandonné ! Quel vide dans mon cœur ! Quel froid dans mes veines ! La circulation de mon sang s'est comme arrêtée ! Je retourne sans cesse sur mes pas, de ma chambre à la sienne ; j'entre dans la salle à manger. Mes regards s'attachent sur tous les lieux où je me rappelle avoir vu les délices de mon cœur. Mais ils ne peuvent s'y fixer long-temps. Son aimable image me frappe aussitôt, dans quelque attitude vive où je crois la voir encore, et qui fait saigner toutes mes plaies.

Cependant, depuis que j'ai entendu le récit du vieux démon, et que j'ai formé quelque légère espérance sur les informations du porteur, je me sens un peu plus tranquille. A chaque minute, je pousse des souhaits ardens pour le succès des recherches de Will. Si je la perds, toute ma rage renaîtra sans doute, avec un redoublement de transports. L'humiliation de voir mes stratagèmes et mes inventions surpassés par une novice, d'être trompé par une enfant, joint à la violence de ma passion, sera capable ou de me faire mourir de honte et de chagrin, ou, ce qui sauve quelquefois la vie dans des maux insupportables, de renverser tout à fait ma raison. Qu'avais-je à faire de sortir et d'aller solliciter des permissions de prêtres, du moins avant que de l'avoir vue et d'avoir fait ma paix avec elle ? Si ce n'était pas l'usage des maîtres de rejeter toutes leurs fautes sur ceux qui les servent, et de n'avoir jamais rien à se reprocher, je serais tenté de reconnaître que je suis plus coupable que personne. Cette réflexion ne manquera pas de devenir plus cuisante, si je perds malheureusement un reste d'espoir : et comment serais-je capable de la supporter !

Mais si je suis assez heureux...

L'éditeur avertit qu'il supprime ici un serment trop horrible pour être répété, par lequel M. Lovelace s'engage à se venger de l'innocente Clarisse, si jamais elle retombe entre ses mains.

Le vieux cerbère sort à l'instant de ma chambre avec cette malheureuse Dorcas, qu'elle m'avait amenée pour me demander pardon. Je ne leur ai fait grâce qu'à demi, et je ne leur ai pas épargné les marques de mon indignation. Bientôt les deux nymphes auront leur tour. Je ne me reprocherai pas avec moins de violence les effets de ma propre folie. C'est en même temps un fort bon moyen de prévenir les railleries auxquelles je devais m'attendre pour avoir manqué cette nuit une si glorieuse occasion.

J'ai recueilli, des informations du porteur et des observations de Dorcas avant l'évasion de cette cruelle fille, une description de la manière dont elle était mise aujourd'hui, et je suis résolu, si je n'apprends point de ses nouvelles par d'autres voies, de la faire proclamer dans la gazette comme une femme fugitive, sous son nom de fille et sous le mien. Puisque sa fuite ne peut être ignorée long-temps de mes ennemis, pourquoi ferais-je difficulté d'en instruire tous mes amis, dont les mouvemens et les recherches peuvent m'aider après tout à la découvrir?

Elle avait une robe brune très fraîche, et qu'on croirait neuve, comme tout ce qu'elle porte, neuf ou vieux, par une élégance qui lui est naturelle; un chapeau de velours, un ruban noir autour du cou, un nœud blanc sur la poitrine, un jupon de satin piqué couleur de chair, un rubis que je lui suppose au doigt, et dans toute sa personne, comme je ne manquerai pas de l'observer, un air de dignité qui la recommande, autant que la beauté de son visage et de sa taille, à l'attention de tous ceux qui la voient.

La description particulière de ses charmes demandera un peu plus de peine, et j'ai besoin pour cette entreprise d'avoir l'esprit plus tranquille. J'avertirai que si je n'apprends rien d'elle, après un certain temps que j'accorderai pour son retour volontaire, ma résolution est de poursuivre quiconque sera présumé de la loger, de la garder, de la nourrir ou de la protéger, avec toute la vengeance à laquelle un mari furieux peut être autorisé par les lois ou par son propre ressentiment.

Autre sujet de fureur. Il faut que je me soulage en t'écrivant, sans quoi je deviendrai fou.

Étant retourné à sa chambre, par la seule raison que c'était la sienne et lâchant la bride à mes soupirs sur chaque pièce de l'ameublement, j'ai jeté les yeux sur un tiroir d'où j'ai vu sortir le coin d'une lettre. Avec quel empressement je m'en suis saisi! J'ai trouvé pour adresse : « A M. Lovelace. » Cette vue m'a fait sauter le cœur. Je me suis senti si tremblant, qu'à peine ai-je pu rompre le cachet.

Que ce perfide amour m'énerve! Mais jamais passion n'approcha de la mienne. Elle ne fait qu'augmenter par cette indigne fuite et par le renversement de mes espérances. L'ingrate! Se dérober à des sentimens si tendres, qui croissent par ce qui devrait les refroidir et les éteindre!

Je ne veux point t'envoyer une copie de sa lettre. Je ne dois pas un si bon office à la cruelle.

Mais te serais-tu jamais imaginé que cette fille hautaine, qui s'entend si bien à violer ses promesses, pût renoncer à moi, m'abandonner barbarement, pour l'aventure de cette nuit? qu'elle fût capable de passer sur toutes ses espérances de réconciliation avec une indigne famille, qui ne laisse pas d'être en possession de tout son cœur? Aussi, Belford, que je me crois bien quitte de toute obligation! et qu'il lui reste peu de droit à tout ce qu'elle pouvait attendre de mon amour! Mon regret est de l'avoir ménagée. Je ne puis soutenir mes propres réflexions sur cette décence qu'elle a si mal récompensée. Si je la retrouve! Tu sais par quel redoutable serment je suis engagé à la vengeance.

Cependant, te le dirai-je? toute cruelle, tout ingrate qu'elle est à mes yeux, je crois sentir, dans quelques momens, qu'elle règne sur mon âme avec un pouvoir plus absolu que jamais.

LETTRE CCXXVI.

M. LOVELACE, A M. BELFORD.

Wilson m'a remis une lettre en mains propres. Une lettre! Elle est de miss Howe à sa cruelle amie. Je n'ai pas fait scrupule de l'ouvrir. C'est un miracle que je ne sois pas tombé en convulsions à cette lecture, surtout en considérant quels effets une pareille pièce aurait pu produire si *cette Clarisse* l'avait reçue.

Colins l'a remise à Wilson cet après-midi, et l'a pressé particulièrement de la faire porter en toute diligence à miss Beaumont. Il était venu ici auparavant dans l'intention de la remettre à elle-même. On lui avait dit, avec trop de vérité, qu'elle était absente, et qu'il pouvait laisser ce qu'il avait pour elle, avec confiance que tout lui serait remis à son retour. Mais il n'avait voulu se fier à personne. Il est venu une seconde fois, et, ne recevant pas d'autre réponse que la première, il a pris le parti de retourner chez Wilson et de lui laisser la lettre.

Je te l'envoie sous cette enveloppe, parce qu'elle serait trop longue à transcrire. Elle t'apprendra ce qui a conduit ici Colins. O détestable miss Howe! Il faut absolument que je prenne quelque résolution à l'égard de cette petite furie.

Tu me renverras sa lettre aussitôt que tu l'auras lue. C'est ici que je t'exhorte à la lire. Évite de trembler pour moi, si tu le peux.

A MISS LŒTITIA BEAUMONT.

Mercredi, 7 juin.

« Peut-être vous plaignez-vous, chère amie, que mon silence devient trop long. Mais, depuis ma dernière lettre, j'en ai commencé deux en différens temps, toutes deux fort longues, et, je vous assure, assez vives, animée comme je l'étais contre l'abominable personnage avec qui vous êtes, surtout après avoir lu la vôtre du 21 mai.

» Mon dessein était de garder la première ouverte, jusqu'à ce que je fusse en état de vous apprendre le progrès de mes soins du côté de madame Townsend. C'était quelques jours avant que j'aie pu voir cette femme. Ayant eu le temps, dans l'intervalle, de relire ce que j'avais écrit, j'ai cru devoir mettre cette lettre à part et vous écrire d'un style plus modéré, dans la crainte que vous ne blâmassiez la liberté de quelques unes de mes expressions, ou, si vous le voulez, de mes *exécrations*. Ensuite, lorsque la seconde était déjà fort avancée, le changement de vos propres idées, à l'occasion de miss Montaigu et de vos nouvelles espérances, me l'a fait mettre à part aussi. Je suis demeurée incertaine, et je penchais même à tout suspendre jusqu'à la décision de votre sort, que je ne pouvais croire fort éloignée. Peut-être me serais-je arrêtée à cette résolution, d'autant plus que, suivant vos lettres, les apparences devenaient plus favorables de jour en jour, si je n'avais pas reçu depuis vingt-quatre heures des éclaircissemens qui sont de la dernière importance pour vous.

» Mais il faut que je m'arrête ici, et que je fasse un tour ou deux dans ma chambre, pour contenir la juste indignation qui se communiquerait à ma plume dans le récit que j'ai à vous faire.

» Je ne me sens pas assez maîtresse de moi. D'un autre côté, ma mère est sans cesse en mouvement, les yeux ouverts sur toutes mes actions, comme si j'écrivais à un homme. Cependant je veux essayer si je suis capable d'un peu de modération.

» Les femmes de la maison où vous êtes... Ah! ma chère, les femmes de cette maison... Mais vous n'en avez jamais pensé trop avantageusement ; aussi vous ne sauriez être fort surprise... et vous n'auriez pas fait un long séjour avec elles, si l'espérance de prendre bientôt une maison à vous ne vous avait rendue moins inquiète et moins curieuse sur le fond de leur caractère et de leur conduite. Cependant il serait à souhaiter aujourd'hui que vous les eussiez observées de plus près. Mais je vous cause de l'impatience. En un mot, ma chère, vous êtes certainement dans une maison infernale. Soyez sûre que la vieille est une des plus misérables femmes qui soient au monde. Et vous ne la connaissez pas sous son vrai nom ; comptez là-dessus. Elle ne s'appelle pas Sinclair ; la rue où elle demeure n'est pas la rue de Douvres. N'êtes-vous donc jamais sortie seule, et n'avez-vous pas changé de voiture pour revenir ? je ne me souviens pas, à la vérité, que vous me l'ayez marqué. Vous n'auriez jamais retrouvé votre chemin en nommant ou la Sainclair ou la rue.

» Votre monstre ne serait peut-être pas inexcusable de vous avoir tenue dans cette erreur, si la maison était honnête, et s'il ne s'était proposé que de vous mettre à couvert de la violence de votre famille. Mais il me semble que cette imposture a précédé le complot de votre frère. Ainsi ses intentions ne peuvent être excusées ; et quelque jugement qu'on doive porter aujourd'hui de ses vues, elles ne pouvaient être alors que celles d'un infâme.

» Que je regrette amèrement de m'être laissé engager, d'un côté par vos excès de délicatesse, et de l'autre par la tyrannie de ma mère, à demeurer tranquille, avant que d'avoir su directement votre adresse ! Je m'imagine même que la proposition de faire passer nos lettres par une main tierce est venue de lui, et que vous n'y avez consenti, comme moi, que pour me mettre en état de répondre que je ne savais pas où vous adresser les miennes. Faible et vaine considération ! j'ai honte de moi-même. Quand cette raison aurait eu d'abord quelque force, devait-elle me faire persister dans la même folie, lorsque je vous ai vu du dégoût pour votre logement, et lorsqu'il a commencé à chercher des prétextes pour ses délais ! Mais la maison qu'il vous proposait dans le même temps nous a menées l'une et l'autre comme deux folles attachées au même cordon. En vérité, ma chère, cet homme est tout ce que je connais de plus infâme et de plus méprisable. Combien n'aura-t-il pas ri de votre crédulité et de la mienne !

» Cependant qui se serait imaginé qu'un homme fort bien établi dans le monde, et de quelque réputation (je parle de Doleman, et non assurément de votre monstre), autrefois libertin à la vérité (car je n'ai pas attendu si long-temps à m'informer de son caractère), marié à une femme de bonne maison, relevant d'une attaque de paralysie, et par conséquent revenu, comme on devait le croire, de ses anciens désordres, fût capable de recommander une telle demeure à un homme de la naissance de Lovelace, pour y conduire, pour y loger sa femme.

» J'écris peut-être avec trop de violence; mais quel moyen d'être plus modérée? Cependant je quitte la plume à chaque minute, dans le dessein de laisser reposer un peu ma bile. Et puis ma mère revient sans cesse et ne se lasse pas de me tourmenter. Elle me demande si je n'ai rien de mieux à faire que de relire vos anciennes lettres : c'est le prétexte que j'emploie pour me procurer quelques momens de liberté. Je crains de m'emporter contre elle la première fois que je l'entendrai à ma porte.

» A présent, je ne sais par où recommencer. J'ai tant de choses à vous écrire, si peu de temps, de si fortes raisons d'impatience! Mais il faut vous apprendre d'où sont venues mes nouvelles lumières.

» Miss Lardner, que vous avez vue plusieurs fois chez sa cousine Bidulph, vous a reconnue dans l'église Saint-James. Elle y était, comme vous, il y eut dimanche huit jours. Sa surprise lui fit tenir les yeux sur vous pendant tout l'office. N'ayant pu rencontrer les vôtres, quoiqu'elle vous ait saluée deux ou trois fois, elle se proposait de vous faire compliment sur votre mariage en sortant de l'église; car elle ne doutait pas que vous ne fussiez mariée, sur cette seule raison qu'elle vous voyait seule à l'église. Tout le monde, dit-elle, n'eut d'attention que pour vous : tribut ordinaire de tout ceux qui vous voient. Comme vous étiez plus près qu'elle de la porte, vous vous retirâtes avant qu'elle pût vous joindre. Mais elle chargea son laquais de vous suivre jusqu'à votre maison. Il vous vit entrer dans une chaise qui vous attendait, et vous ordonnâtes aux porteurs de vous mener où ils vous avaient prise.

» Le jour suivant, miss Lardner, par un pur mouvement de curiosité, renvoya le même homme, avec ordre de s'informer si M. Lovelace était avec vous dans la même maison. L'éclaircissement qu'elle reçut lui parut fort étrange. Son messager lui rapporta, d'après plusieurs personnes, que la maison était suspecte, et passait dans le voisinage pour une de ces retraites libres où l'on ne se refuse aucun plaisir. Dans l'étonnement d'un récit sans vraisemblance, miss Lardner recommanda le silence à son laquais; mais elle chargea de la même commission un honnête homme de ses amis, qui lui confirma bientôt que, malgré quelque air de décence établi dans cette maison, elle n'était habitée que par des femmes galantes, qui avaient leurs amans habituels, ou qui cherchaient à s'en procurer, et que celle qui la tenait sous son nom vivait de cet honnête commerce.

» Dites, ma chère amie, ne parlerai-je pas de votre monstre avec exécration? Mais les expressions sont faibles. Que puis-je imaginer d'assez fort pour exprimer mon horreur?

» Miss Lardner a gardé le secret pendant quelques jours, sans savoir à quoi se déterminer. Elle vous aime. Elle est remplie d'admiration pour vous. Enfin elle l'a confié, par une lettre, à miss Bidulph, qui, dans la crainte de me faire tourner l'esprit en me l'apprenant sans précaution, l'a communiquée à miss Lloyd. Ainsi, comme la plupart des nouvelles scandaleuses, elle n'est venue à moi qu'après avoir passé par divers canaux, et je n'en suis informée que depuis lundi dernier.

» A ce terrible récit, je me suis crue prête à tomber sans connaissance. Mais, la rage soutenant mes forces, j'ai conjuré miss Lloyd d'exiger le secret de nos deux amies. Je lui ai dit que je ne voudrais pas pour l'empire du monde que ma mère, ni personne de votre famille en eût la moindre connaissance; et, sur-le-champ, j'ai chargé un homme de confiance de prendre des informations sur la personne et le caractère du capitaine Tomlinson.

» L'idée m'en était déjà venue; mais cette curiosité me paraissant inutile, parce que vous commenciez à vous louer de vos espérances, et ne soupçonnant rien moins que l'infamie de votre demeure, j'avais suspendu mes résolutions. Ce qui est à présent certain pour moi, c'est que, dans l'espace de dix milles à la ronde, il n'y a personne autour du château de votre oncle qui soit connu sous le nom de Tomlinson. Faites fond là-dessus. On a trouvé un Tomlins, à quatre milles du château; mais c'est un pauvre laboureur; et, de l'autre côté, un Thompson, à cinq ou six milles, qui n'est qu'un maître d'école, pauvre et d'environ soixante-dix ans. Un homme de huit cents livres sterling de rente ne peut se transplanter d'un comté dans un autre, sans être connu de quelqu'un; et ces changemens font toujours une nouvelle publique. On pourrait faire sonder de loin la femme de charge de votre oncle, avec laquelle on assure qu'il vit assez familièrement. Ces vieux garçons n'ont ordinairement rien de réservé pour l'objet de leurs affections. Mais, en supposant qu'il fasse un secret du traité à madame Hodges, il est impossible qu'elle n'ait pas vu quelquefois au château un homme qui se donne pour un de ses meilleurs amis, ou qu'elle n'ait pas du moins entendu parler de lui, quelque peu de séjour qu'il ait fait dans le canton.

» Cependant, cette histoire paraît si plausible! Tomlinson, suivant le portrait que vous en faites, est un si bon, un si galant homme! Le fruit qu'ils auraient à tirer de leur imposture si peu nécessaire supposait que Lovelace eût des vues infâmes, et dans la maison où vous êtes! La conduite que votre monstre a tenue avec lui, si brusque et si impérieuse; sa réponse si ferme et si mesurée! D'ailleurs, ce qu'il vous a communiqué de la négociation d'Hickman et de madame Norton, avec plusieurs circonstances que le misérable Joseph Leman n'a pu révéler; ses instances au nom de votre oncle, pour savoir le jour de votre mariage, qui ne peuvent recevoir aucun mauvais sens; la proposition qu'il vous fait de la part de votre oncle; dans la vue de persuader au public que vous êtes mariés depuis le premier jour que vous avez habité la même maison; la précaution d'exiger que la cérémonie ait pour témoin une personne de confiance, une personne nommée par votre oncle: toutes ces considérations ensemble me portent quelquefois à chercher des explications supportables; quoique si confondue par un grand nombre d'apparences, que j'en reviens toujours à détester le double monstre dont les inventions et les ruses nous donnent tant d'exercice, sans aucun moyen de pénétrer absolument le fond du mystère.

» La conjecture à laquelle je m'attache le plus, c'est que Tomlinson, tout spécieux que sont les dehors, n'est qu'une machine de Lovelace, employée dans quelque vue qui n'a point encore éclaté. Il est sûr du moins que non seulement Tomlinson, mais aussi Mennell, qui vous a vue plusieurs fois dans le lieu où vous êtes, ne peuvent ignorer que c'est une maison où l'honneur n'est pas connu. Ainsi, que pouvez-vous penser du témoignage favorable que Tomlinson rendait de vos femmes, surtout après des informations supposées; Lovelace ne peut l'ignorer non plus; et quand il ne l'aurait pas su avant que de vous y avoir menée, il ne doit pas avoir été long-temps à le découvrir. Qui sait si ce n'est pas la compagnie même qu'il y a trouvée, qui lui a fait prendre le parti de s'y arrêter. Cette raison explique assez tout ce qu'il y a d'étrange dans ses délais, lorsqu'il dépendait de lui de s'assurer promptement d'une femme telle que vous. Ma chère, ma chère, cet homme est corrompu jusqu'au fond du cœur. C'est un misérable, sous quelque jour que je me le représente, et ce Doleman est sans doute un autre de ses suppôts. La corruption des mœurs a si bien accoutumé une grande partie de l'autre sexe à regarder comme un badinage la ruine des jeunes personnes du nôtre, qu'il doit paraître moins surprenant que honteux, qu'entre les gens même de quelque apparence, il s'en trouve de toujours prêts à seconder les vues déréglées des libertins d'une certaine distinction, lorsqu'ils en espèrent quelque chose pour leur fortune ou pour leur avancement.

» Mais puis-je croire, me demanderez-vous avec indignation, que Lovelace ait formé des vues contre votre honneur ?

» Qu'il en ait formé, c'est de quoi je ne saurais douter, quand elles ne subsisteraient plus, depuis que je sais dans quelle maison il vous a logée. Cette découverte est une clé qui m'ouvre tous les détours de sa conduite.

» Permettez que je jette un coup d'œil sur le passé.

» Nous savons toutes deux que l'orgueil, la vengeance, et la passion de marcher par des routes nouvelles, sont les principaux ingrédiens qui composent le caractère de cet archi-libertin.

» Il hait toute votre famille, à l'exception de vous ; et je crois m'être aperçue plusieurs fois qu'il était humilié de se voir forcé par l'amour à fléchir devant vous, parce que vous êtes une Harlove. Cependant le misérable est un vrai sauvage en amour. Cette passion, qui humanise les plus féroces, n'a pas été capable de subjuguer la sienne. Son orgueil et la réputation qu'il s'est acquise par un petit nombre de bonnes qualités, qui se trouvent mêlées parmi ses vices, l'ont accoutumé à se voir trop bien reçu de notre sexe léger, aveugle, inconsidéré, pour s'être jamais fait une étude de l'assiduité et de la complaisance, ou d'assujétir ses passions déréglées.

» Son animosité, contre tous les hommes et contre une femme de votre famille, n'est pas tout à fait sans fondement. Il a toujours fait voir, et même à ses propres parens, que l'intérêt de son orgueil lui est plus cher que celui de sa fortune. Il fait profession de haïr le mariage. Il aime l'intrigue. Il a l'esprit fertile en inventions, et l'impudence d'en faire gloire. Il n'a jamais pu vous arracher une déclaration d'amour ; et, jusqu'à la persécution de vos sages parens, il n'avait pu parvenir à vous faire recevoir ses soins à titre d'amant. Il savait que vous condamniez ouvertement ses mœurs, et par conséquent il ne pouvait blâmer avec justice l'indifférence et la froideur qu'il vous reprochait d'avoir pour lui.

» La crainte des accidens et le désir de les prévenir ont été vos premiers motifs pour la correspondance dans laquelle il a su vous engager. Il n'a donc jamais dû paraître étonné de la préférence que vous donniez au célibat sur l'engagement du mariage. Il savait que vous aviez toujours pensé de même ; il le savait, avant que ses artifices vous eussent engagée à la fuite. Qu'a-t-il donc fait, depuis cet événement, qui puisse vous avoir obligée tout d'un coup de changer de principes?

» Ainsi, votre conduite a toujours été régulière, soutenue, respectueuse pour ceux à qui vous devez du respect par le droit du sang ; elle n'a jamais été ni prude, ni coquette, ni tyrannique pour lui. Il était convenu de se soumettre à vos lois, et de faire dépendre votre faveur de sa réformation. A la vérité, moi, que vous faisiez lire dans votre cœur, quoique vous ne m'apprissiez pas vous-même tout ce que j'y découvrais, j'ai vu clairement que l'amour avait commencé de bonne heure à s'y établir ; et vous l'auriez reconnu plus tôt, si vos alarmes continuelles et sa conduite impolie ne vous avaient tenu le bandeau sur les yeux.

» Je savais, par expérience, que l'amour est un feu avec lequel on ne badine pas impunément. Je savais que la familiarité d'une correspondance n'est jamais sans danger entre deux personnes de différent sexe. Un homme qui prend la plume pour écrire doit être capable d'art, s'il n'est pas corrompu au fond du cœur. Une femme qui écrit ce qu'elle a dans le cœur à un homme versé dans l'art de tromper, ou même à l'homme du meilleur caractère, lui donne sur elle un extrême avantage.

» Comme la vanité de votre monstre lui a toujours persuadé qu'une femme ne peut lui résister lorsqu'il se présente avec des vues honorables, il n'est pas surprenant qu'il se soit révolté comme un lion pris dans les toiles, contre une passion que vous n'avez payée d'aucun retour. Et comment auriez-vous pu marquer du retour à un esprit si fier, qui vous avait enlevée, malgré vous, par un lâche artifice ; sans approuver ce même artifice que vous condamniez dans le cœur?

» Ces réflexions peut-être font trouver moins de peine à concevoir comment il est possible qu'un misérable tel que lui ait repris ses anciennes préventions contre le mariage, et soit revenu à sa passion favorite, qui a toujours été la vengeance. Il me semble que c'est la seule explication qu'on puisse donner aux horribles vues qui l'ont porté à vous conduire dans le lieu où vous êtes. Tout le reste ne se trouve-t-il pas expliqué aussi naturellement par les mêmes suppositions? Ses délais, ses manières chagrines, l'adresse avec laquelle il a trouvé le moyen de s'établir dans la même maison ; celle de vous faire passer pour sa femme devant vos hôtesses, avec quelque restriction à la vérité, mais dans l'espoir sans doute, l'infâme qu'il est, de vous prendre quelque jour avec avantage ; la partie de souper avec ses compagnons de débauche ; l'entreprise de vous faire partager votre lit avec cette miss Partingon, projet que je crois sorti de sa tête, et qui couvrait quelques détestables vues ; les alarmes qu'il vous a causées plusieurs fois ; son obstination à vous accompagner à l'église, dans la crainte apparemment que vous ne puissiez découvrir avec quelles gens vous viviez, enfin l'avantage qu'il a tiré du complot de votre frère.

» Voyez, ma chère, si toutes ces conséquences ne suivent pas, comme d'elles-mêmes, de la découverte de miss Lardner. Voyez s'il ne demeure pas évident que ce monstre, auquel mon embarras m'a fait quelquefois donner le nom de fou et d'étourdi, était au fond le plus infâme de tous les humains?

» Mais si je raisonne juste, demanderait ici une personne indifférente, à quoi devez-vous jusque aujourd'hui votre conservation? Excellente fille! A quoi, moralement parlant, si ce n'est à votre vigilance! à la majesté de votre vertu ; à cette dignité naturelle qui, dans une situation si difficile, sans amis, sans secours, passant pour mariée, environnée de créatures qui se font un jeu de trahir et de ruiner l'innocence, vous a rendue capable de contenir, d'épouvanter, de confondre le plus dangereux des libertins, le moins capable de remords, comme vous l'avez observé vous-même, le plus inconstant dans son caractère, le plus rusé dans ses inventions, secondé d'ailleurs, soutenu, excité, comme on n'en saurait douter, par la force du conseil et de l'exemple! votre *dignité*, dois-je répéter, cet *héroïsme* (je veux lui donner ce nom) qui s'est montré à propos dans tout son lustre, mêlé de cette condescendance obligeante et de cette charmante douceur qui en tempèrent la majesté, lorsque vous avez l'esprit libre et tranquille.

» Mais actuellement, ma chère, j'appréhende que le danger n'augmente beaucoup, si, continuant de demeurer dans cette redoutable maison, vous n'êtes pas mariée avant la fin de la semaine. Mes alarmes ne seraient pas si vives pour vous dans tout autre lieu. Je suis persuadée, après les plus sérieuses réflexions, que le misérable est enfin convaincu qu'il ne trouvera jamais votre vigilance en défaut ; que, par conséquent, s'il n'obtient pas de nouvel avantage sur vos sentimens, il est résolu de vous rendre la faible justice qui est au pouvoir d'un homme de son caractère. Il y est d'autant plus porté qu'il voit toute sa famille engagée fort ardemment dans vos intérêts, et que le sien ne lui laisse pas d'autre choix. Et puis, l'horrible monstre vous aime, à sa manière, plus qu'il n'est capable d'aimer toute autre femme ; vous aime, c'est-à-dire du même amour qu'Hérode avait pour sa Marianne. Je n'ai pas le moindre doute sur ce point ; et j'en conclus qu'à présent, du moins, il est probablement de bonne foi.

» Comme j'ai lieu de juger, par les lumières que vous m'avez données sur votre situation, que, de quelque nature que soient ses desseins, ils ne peuvent éclore qu'après le résultat de ce nouveau complot dans lequel Tomlinson et votre oncle se trouvent mêlés, j'ai pris du temps pour diverses recherches. C'est un complot, je n'en puis douter, dans quelque vue que cet obscur, cet impénétrable esprit, l'ait formé.

» Cependant j'ai vérifié que le conseiller Williams, qui est connu de M. Hickman pour un homme fort distingué dans sa profession, a presque mis la dernière main au contrat ; qu'on en a tiré deux copies, dont l'une, suivant le témoignage du secrétaire, doit être envoyée au capitaine Tomlinson : et j'apprends, avec la même certitude, qu'on a sollicité plus d'une fois les permissions ecclésiastiques, et qu'on y a trouvé des difficultés dont Lovelace a paru fort chagrin. Le procureur de ma mère, qui est intime ami du sien, a tiré ces éclaircissemens en confidence. Il ajoute que vraisemblablement la haute naissance de Lovelace fera lever les obstacles.

» Mais je ne veux pas vous déguiser le sujet de mes alarmes ; après vous avoir fait observer que votre honneur n'ayant encore souffert aucune atteinte, elles ne me seraient pas entrées dans l'esprit, si je n'avais appris dans quelle maison vous demeurez, et si cette découverte ne m'avait fait raisonner sur les circonstances passées.

» L'état favorable de vos espérances présentes vous oblige de souffrir sa compagnie, chaque fois qu'il désire la vôtre. Vous vous trouvez dans la nécessité d'oublier ou de feindre d'oublier les mécontentemens passés et de recevoir ses soins comme ceux d'un amant reconnu. Vous vous exposeriez au reproche de pruderie et d'affectation, peut-être vous le feriez-vous à vous-même, si vous le teniez à la même distance qui a fait jusqu'à présent votre sûreté : son incommodité subite, et son rétablissement, qui ne l'a pas été moins, lui ont donné l'occasion de reconnaître que vous l'aimez. Hélas! ma chère, cette découverte n'est pas nouvelle pour moi. Vous m'apprenez qu'à chaque instant il en prend droit de pousser ses usurpations; qu'il paraît avoir changé de naturel; qu'il ne respire qu'amour et complaisance. C'est le loup qui s'est revêtu de la peau du mouton. Cependant il n'a pas laissé de montrer plus d'une fois les dents; et je vois qu'il lui est impossible de cacher ses griffes. Les libertés qu'il a prises avec vous, à l'occasion de la lettre de Tomlinson, pour lesquelles vous n'avez pu vous dispenser de lui faire grâce, montrent l'avantage qu'il croit avoir obtenu, et le pouvoir qu'il a de pousser plus loin ses entreprises. J'appréhende beaucoup qu'il n'ait introduit Tomlinson dans cette vue; c'est-à-dire pour vous inspirer plus de sécurité, et pour faire l'office de médiateur si ses hardiesses devenaient plus offensantes. Le jour de la célébration n'est plus en votre pouvoir comme il devait l'être, puisqu'il dépend désormais du consentement de votre oncle, dont il a désiré la présence à votre propre sollicitation, désir, au reste, dont le succès me paraît fort douteux, quand toutes les apparences seraient réelles.

» Dans cette situation, s'il s'échappait à de plus grandes libertés, ne seriez-vous pas obligée de lui pardonner? Contre une vertu si bien établie, je ne crains rien de sa malignité par les voies communes; mais, dans la maison où vous êtes, dans les circonstances où je vous vois, que je redoute la surprise! Cet infâme libertin n'a-t-il pas déjà triomphé de plusieurs femmes dignes de son alliance?

» Quelle sera donc votre résolution, ma très chère amie? Que vous proposerai-je pour ressource, si ce n'est de fuir cette maison, cette infernale maison? Ah! puissiez-vous trouver dans votre cœur la force de le fuir lui-même!

» Si vous y étiez disposée, madame Townsend serait prête à recevoir aussitôt vos ordres. Cependant, si vous ne voyez pas de nouveaux obstacles ou de nouvelles raisons de défiance, je suis toujours persuadée que votre réputation aux yeux du monde (je ne parle plus de votre bonheur) vous fait une loi d'être sa femme. Il est cruel, à la vérité, que, pour récompense de leurs infamies, ces libertins obtiennent ce qu'il y a de plus estimable dans notre sexe, tandis que la dernière femme du monde ne leur devrait que du mépris.

» Mais si vous trouvez le moindre fondement à de nouveaux soupçons, s'il cherche à vous retenir dans cette odieuse demeure, ou s'il veut différer votre départ, à présent que vous connaissez le caractère de vos femmes, fuyez, ne balancez point à fuir, de quelque espérance qu'il puisse vous flatter. Dans une de vos promenades, s'il ne se présente point d'autre voie, refusez absolument de retourner avec lui. Déclarez-lui que vous êtes informée. Ne faites pas difficulté de me nommer. Si vous jugez que les circonstances ne vous permettent pas de rompre avec lui, feignez de croire qu'il peut ignorer ce que c'est que votre maison, et dites-lui que je le crois moi-même. Quoique de votre part et de la mienne, cette feinte doive lui paraître peu vraisemblable. La chaleur, qui est étouffante depuis quelques jours, vous offre un prétexte naturel pour lui proposer de prendre l'air. Alléguez votre santé, il n'osera résister à cette raison. Je sais, par des voies certaines, que l'insensé projet de votre frère est abandonné. Ainsi vous n'avez rien à craindre de ce côté-là.

» Si vous ne vous déterminez point à quitter votre maison, après avoir lu ma lettre, ou si vous ne cherchez pas aussitôt le moyen d'en sortir, je jugerai de l'ascendant qu'il a sur vous par le peu de pouvoir que vous avez sur lui ou sur vous-même.

» Un de mes émissaires a fait quelques recherches touchant madame Fretchvill; Lovelace vous a-t-il jamais nommé la rue ou la place qu'elle habite? Je ne me souviens pas que vous me l'ayez marqué dans vos lettres. N'est-il pas fort étrange qu'on ne puisse découvrir ni cette femme ni sa maison, dans aucune des rues et des places où je me suis imaginée, sur quelqu'une de vos expressions, qu'on devait la chercher? Il faut qu'il s'explique. Demandez-lui nettement le nom de la rue, s'il ne vous l'a point encore appris, et ne manquez pas de m'en instruire. S'il balance à vous satisfaire sur ce point, c'est une preuve qui n'en laisse plus d'autre à désirer. N'en avez-vous pas même assez, sans cette confirmation?

» Je chargerai Collins de ma lettre. Il change, pour m'obliger, le jour ordinaire de son départ : et je lui ordonne, à présent que je sais votre demeure, d'essayer s'il pourra vous remettre le paquet en mains propres. S'il n'en trouve pas l'occasion, il le laissera chez Wilson. Comme il n'est arrivé, par cette voie, aucun accident à nos lettres, dans un temps où vous aviez moins à vous louer des apparences, j'espère que celle-ci n'ira pas moins sûrement jusqu'à vous.

» Dans mon premier trouble, je vous avais écrit une lettre qui ne contenait pas vingt lignes, mais pleine d'effrois, d'alarmes et d'exécrations. Ensuite, craignant qu'elle ne fît trop d'impression sur vous, j'ai pris le parti de suspendre un peu mes éclaircissemens, pour me mettre en état de recueillir d'autres circonstances et d'y joindre mes réflexions. Enfin, je m'imagine qu'en vous aidant de vos propres découvertes, vous êtes maintenant assez armée pour résister à toutes sortes d'entreprises et de complots.

» Je n'ajoute qu'un mot. Donnez-moi vos ordres, si vous me jugez propre à vous rendre le moindre service. Je mets l'opinion publique, la censure, et je crois même la vie, au dessous de votre honneur et de notre amitié. Votre honneur n'est-il pas le mien? et votre amitié ne fait-elle pas la gloire de ma vie? »

Jeudi, à cinq heures du matin. J'ai eu la plume à la main toute la nuit.

Reprends haleine, Belford, pour lire attentivement la lettre suivante :

A MISS HOWE.

« Que vous m'avez causé d'étonnement, ma chère amie, de trouble et de confusion, d'épouvante par vos horribles informations! Mon cœur *est trop faible* pour soutenir cette atteinte, dans un temps où tout m'excitait à l'espérance! lorsque ma perspective semblait heureusement changée! Comment est-il possible que les hommes soient capables de tant de bassesse et de méchanceté!

» Je suis réellement fort mal. La douleur, la surprise, et je puis dire le désespoir, l'ont emporté sur moi. Tout ce que vous m'aviez donné sous le nom de conjecture, prend à mes yeux l'apparence et la force d'une cruelle réalité.

» Ah! si votre mère avait la bonté de m'accorder la vue de ma consolatrice! de la seule amie qui soit capable de ranimer un peu mon courage languissant! Mais gardez-vous, très chère miss Howe, de venir sans sa permission. Je suis trop mal à présent pour penser à combattre cet homme terrible, ou à fuir cette affreuse maison! Vous reconnaîtrez mon abattement au désordre de mes caractères. L'état où je suis sera ma sûreté, s'il était vrai qu'il eût médité quelque infâme dessein. Pardonnez, très chère amie, ah! pardonnez les embarras que je vous ai causés. Tout approche de sa fin... Mais pourquoi peine sur peine, douleur sur douleur? Encore une fois, je vous recommande, chère miss Howe, de ne pas penser à venir sans la participation et le consentement de votre mère. »

Eh bien! Belford, que penses-tu de cette lettre? miss Howe se met au dessus de l'opinion publique et de la censure. Crois-tu qu'une lettre de ce style n'amènera point cette petite furie, dût-elle se mettre dans un des paniers de Collins et sa femme de chambre dans l'autre? Elle sait à présent où s'adresser. J'ai puni plus d'une de ces petites friponnes, pour avoir porté trop loin leur curiosité; et je réduis toute leur punition à leur donner un peu plus de lumière et d'expérience. Que dirais-tu, Belford, si, réussissant à faire arriver ici cette *virago*, et lui donnant quelques justes raisons d'écrire une lettre lamentable à son amie, j'étais assez heureux pour rappeler par cette voie ma belle fugitive? Pourrait-elle se dispenser de venir voir une amie, qui ne se serait jetée dans la situation dont elle est perfidement échappée, que pour lui rendre les devoirs d'une tendre amitié?

Laisse-moi jouir de cette idée. Ferai-je partir la lettre? Tu vois qu'ayant fait contrefaire son écriture par l'adroite Sally, j'ai prévenu les objections qui pourraient lui venir à l'esprit contre l'exactitude de l'imitation. Leur dois-je à toutes deux plus de ménagement? As-tu remarqué comment cette enragée d'Howe menace sa mère? Ne mérite-t-elle pas d'être punie, et quand ma vengeance s'exercerait sur ces deux filles autant qu'elles ont l'imprudence de m'y exciter, serais-je plus diable, plus infâme, plus monstre qu'elle n'osent me nommer dans leurs lettres? Lorsque j'aurai satisfait une fois mon ressentiment, avec quelle humilité charmante ne se retireront-elles pas toutes deux dans le coin d'une province, pour y vivre ensemble, et pour se réduire au célibat qui paraît avoir tant de charmes pour l'une et l'autre, par des motifs bien plus raisonnables que celui de leur suffisance et de leur orgueil?

Il faut que je transcrive sur-le-champ cette curieuse lettre. Les délibérations viendront à la suite. Cependant que m'a fait le pauvre Hickman, pour mériter ce traitement de moi? Mais ce serait punir glorieusement la mère de sa sordide avarice et de ses mauvaises manières pour l'honnête M. Howe, qu'elle a fait mourir de chagrin. Je suis impatient, Belfort d'entreprendre ce projet. Tous les pays du monde ne sont-ils pas égaux pour moi, si je suis obligé de quitter encore une fois le mien?

Mais je ne veux rien donner au hasard. On m'assure que cet Hickman est bon homme. J'aime les bonnes gens, et je ne désespère pas d'être chaque jour du nombre. D'ailleurs, j'ai appris de lui, depuis peu de jours, quelques particularités qui paraissent prouver qu'Hickman a une âme: quoique j'eusse cru jusqu'à présent que, s'il en avait une, elle était trop enfoncée pour se faire remarquer ; excepté peut-être dans quelques occasions extraordinaires, après lesquelles il m'avait paru qu'elle rentrait dans sa retraite adipeuse. C'est un homme chargé d'embonpoint. Ne l'as-tu jamais vu ?

Au fond, la principale raison qui m'arrête (car le projet me tente beaucoup) c'est la crainte de voir toutes mes espérances renversées, si ma lettre n'arrivait pas assez tôt, ou si miss Howe prenait du temps pour délibérer et pour sonder les dispositions de la mère. Il pourrait arriver qu'elle reçût dans l'intervalle une lettre de son amie. Quelque lieu que cette beauté fugitive ait choisi pour asile, je ne doute pas que son premier soin ne soit de lui écrire. J'en conclus qu'il faut s'armer de patience, et prendre du temps pour me venger de cette furie. Mais, malgré toute ma compassion pour Hickman (dont le caractère excite quelquefois mon envie, car c'est un de ces mortels qui mettent la stupidité en honneur dans l'esprit des mères, au grand malheur des jolis hommes tels que nous, et souvent au grand mécontentement des jeunes filles), je jure par tous les dieux du premier et du second ordre, que j'aurai miss Howe, si je perds l'espérance d'obtenir son amie, qui est incomparablement au dessus d'elle. Alors, si les flammes de l'amitié sont aussi vives entre ces deux beautés qu'elles le prétendent, quel avantage ma charmante aura-t-elle tiré de son évasion ?

LETTRE CCXXVII.

MISS CLARISSE HARLOVE, A MISS HOWE.

Jeudi au soir, 3 juin.

Après ma dernière lettre, qui vous a paru si remplie d'espérance, celle-ci vous causera beaucoup d'étonnement. O ma chère amie ! Lovelace s'est fait connaître enfin pour un malhonnête homme. C'est avec la dernière difficulté que je me suis garantie de ses insultes : la nuit dernière, il n'a pas laissé de m'arracher une promesse de pardon, et celle de le voir le jour suivant, comme s'il n'était rien arrivé d'offensant pour moi : mais à moins que de m'être trouvée dans l'impossibilité absolue de fuir un misérable que je soupçonne d'avoir mis exprès le feu à la maison pour me faire tomber presque nue dans ses bras, comment aurais-je pu consentir à le voir après cette fatale aventure ?

Je suis échappée à son infâme complot ; grâces au ciel ! je suis échappée. Il ne me reste plus d'autre sujet de peine que d'avoir perdu la seule espérance qui pouvait me rendre un tel mari supportable : celle de ma réconciliation avec ma famille, dont mon oncle s'est chargé de si bonne grâce.

Tous mes désirs se bornent présentement à trouver quelque famille honorable, ou quelque personne de mon sexe, qui soit obligée de passer la mer ou qui aille s'établir dans un pays étranger ; peu m'importe lequel je choisirais, si j'en avais la liberté, quelqu'une de nos colonies d'Amérique, pour être à jamais oubliée de mes parens, que j'ai si mortellement offensés. Que votre cœur généreux ne soit pas trop attendri de cette résolution. Si je puis échapper à la plus terrible partie de la malédiction de mon père (car celle qui regarde cette vie est déjà remplie si cruellement qu'elle me fait trembler pour l'autre), je regarderai la perte de ma fortune temporelle comme une heureuse composition. Il n'est pas besoin non plus que vous me renouveliez les offres sur lesquelles votre bonté vous a fait insister tant de fois. J'ai mes bagues et d'autres effets de quelque prix, qui m'ont été envoyés avec mes habits, et qui, étant changés en argent, pourront fournir à tous mes besoins, jusqu'à ce que la providence m'ouvre quelque voie de m'occuper utilement ; du moins si, pour augmenter ma punition, la vie m'est prolongée plus long-temps que je ne le désire.

N'attribuez pas ce plan, ma chère amie, à l'abattement de mon courage, ni à ce tour d'imagination romanesque dont nous avons souvent observé les effets sur les jeunes personnes de notre sexe. Considérez ma triste situation, dans le jour sous lequel il me semble qu'elle doit être envisagée par tous ceux qui en seront informés. Premièrement, l'homme qui a l'audace de s'attribuer des droits sur moi va s'efforcer de me suivre à la trace, et me chercher comme un meuble égaré. Qui sait s'il n'exercera pas impunément ses violences? Je n'ai personne dont la protection puisse me mettre à couvert. En second lieu, ma terre, cette terre qui excite tant de jalousie et qui est l'origine de toutes mes infortunes, ne sera jamais à moi, s'il faut avoir recours, pour l'obtenir, aux voies communes de la justice. Quel avantage me reviendra-t-il de pouvoir me vanter que j'ai plus de bien que je n'en désire ou que je n'en puis employer? La seule grâce que je demanderai quelque jour à mon père, sera d'assurer sur mon revenu une petite pension à ma chère madame Norton, pour lui faire passer doucement le reste de ses jours et de distribuer tous les ans une autre petite somme en aumônes, dans l'unique vue que ceux qui auraient eu droit à mes bienfaits se ressentent le moins qu'il me sera possible des conséquences de ma faute. Ce devoir une fois rempli, que le ciel bénisse ma famille, et qu'elle jouisse tranquillement du reste !

Vous expliquerai-je d'autres raisons, qui m'attachent à la résolution dont j'ai parlé ?

Le cruel personnage sait que je n'ai pas au monde d'autre ami que vous. Quand vous trouveriez le moyen de me procurer quelque retraite obscure dans votre voisinage, il ne faut pas douter que ses recherches ne tournent d'abord de ce côté-là ; et vous vous trouveriez alors exposée à de nouveaux embarras, plus fâcheux encore que tous ceux dans lesquels j'ai déjà eu le malheur de vous engager.

Je n'ai pas de protection à me promettre de M. Morden, quand son retour serait aussi peu éloigné que je me l'imagine. La lettre que j'ai reçue de lui ne doit laisser aucun doute que mon frère ne l'ait engagé dans son parti. D'ailleurs, je ne voudrais pas exposer un homme si estimable au danger qui le menacerait de la part d'un furieux.

En partant de ces principes, quel meilleur parti pour moi que de passer dans quelqu'une de nos colonies, d'où je ne donnerai de mes nouvelles qu'à vous? avec la restriction de ne vous en donner à vous-même qu'après m'être fixée dans quelque situation qui convienne à ma fortune et à mes vues; car ce n'est pas une petite partie de mon chagrin, que le blâme de mes fautes puisse rejaillir sur vous, ma très chère amie; hélas ! sur vous, à qui je me flattais autrefois de causer plus de satisfaction que de peine.

Je suis actuellement dans le village d'Hamstead, chez une femme qui se nomme madame Moore. Mon cœur ne m'a rien promis d'heureux dans ce lieu, parce que j'y suis venue plus d'une fois avec mon persécuteur; mais la voiture publique s'est présentée si à propos vers la barrière d'Holborn, que je n'ai rien eu de mieux à choisir. Je ne m'y arrête néanmoins que pour me donner le temps de recevoir votre réponse. Marquez-moi, je vous prie, si, par le secours de madame Townsend, je puis espérer de me cacher à toute la terre, pendant la première chaleur des recherches dont je me crois menacée : heureuse, si j'avais eu plus tôt recours à son assistance! Je me figure que Depford est un lieu assez favorable pour mes autres vues. Il me sera facile d'y être informée des passages, et de me rendre à bord sans aucun danger. Alors j'apporterai tous mes soins à tirer parti de mon sort. Joignez-vous à moi, ma chère, ma seule amie, pour supplier le ciel que mon châtiment soit borné à cette vie et à mes afflictions présentes.

Cette lettre servira d'explication à quelques lignes que vous devez avoir reçues de moi par la voie de Wilson, et que je n'ai fait porter chez lui que par feinte, dans la vue d'éloigner un valet qu'on n'avait apparemment laissé près de moi que pour m'observer. Il est revenu si vite, que j'ai été forcée d'écrire un autre billet, que je lui ai donné ordre de porter à son maître dans la même vue; et ce second expédient m'a réussi. J'avais écrit, dès le matin, une lettre fort amère au misérable, et l'ayant laissée dans un lieu facile à découvrir, je suppose qu'elle est à présent entre ses mains. Je n'en ai pas gardé de copie; mais il me sera facile de m'en rappeler la substance, lorsque je serai assez libre pour vous faire le récit de toute l'aventure.

Je suis sûre que vous approuvez ma fuite, d'autant plus que les femmes de cette maison doivent être des créatures fort méprisables. Elles m'ont entendue crier au secours; je ne puis douter qu'elles ne m'aient entendue. Si le feu n'avait pas été un artifice concerté, quoique le matin j'aie affecté de le croire réel pour leur ôter toute défiance, elles n'auraient pas été moins alarmées que moi. Elles seraient venues pour me rassurer, supposé que la cause de mes cris eût été la crainte du feu, ou pour me secourir dans tout autre danger. Cette infâme Dorcas prit la fuite aussitôt qu'elle vit son coupable maître passer les bras autour de moi. Bon Dieu! ma chère, je n'avais que mes mules et un simple jupon. L'effroi m'avait fait sauter de mon lit, comme si j'eusse été menacée d'être réduite en cendres au même moment. Dorcas me quitter dans cet état! ne pas revenir, elle ni les autres! Cependant j'entendis des voix de femmes dans une chambre voisine; c'est de quoi je suis très sûre, et ce qui me paraît une preuve évidente de quelque complot. Dieu soit loué, je suis hors de cette maison!

Mais je ne suis pas hors de crainte. J'ai peine à me croire en sûreté. Chaque homme bien mis que j'aperçois de mes fenêtres, à cheval ou à pied, je le prends pour mon cruel persécuteur.

Vous vous hâterez, sans doute, de me faire quelques mots de réponse. Je me procurerai, le plus tôt qu'il me sera possible, un homme à cheval, pour vous porter ma lettre. Il n'y a pas d'apparence que vous puissiez me répondre par la même voie, puisque vous serez obligée de voir auparavant madame Townsend. Cependant j'attendrai de vos nouvelles avec une extrême impatience. Songez que je n'ai point d'autre amie que vous; qu'étrangère comme je suis dans ce canton, je ne sais de quel côté tourner, ni quel lieu je dois choisir, ni à quelle résolution je dois m'arrêter. Connaissez-vous rien de si terrible?

Madame Moore, chez laquelle je suis, est une veuve de fort bonne réputation : du moins c'est le témoignage qu'on m'en a rendu dans une boutique voisine, où j'ai acheté un mouchoir pour avoir occasion de m'informer de son caractère. Je ne mettrai pas le pied hors de sa maison jusqu'à ce que j'aie reçu votre réponse. Dans la vue de me dérober plus sûrement, j'ai feint, en descendant du coche, d'attendre une chaise que j'espérais de rencontrer en chemin, pour me rendre à Hendon, petit village peu éloigné de Homstead ; et prenant en effet cette route, je me suis promenée quelque temps sur la hauteur, sans savoir d'abord à quoi me déterminer, mais ensuite dans le dessein de m'assurer que je n'étais pas observée avant que de me hasarder à chercher un logement.

Vous aurez la bonté, ma chère, de m'adresser votre lettre sous le nom de miss Henriette Lucas.

Si je ne m'étais pas échappée avec tant de bonheur, j'étais résolue de recommencer plusieurs fois mon entreprise. Le monstre m'avait écrit qu'il devait sortir pour aller à l'officialité ; car, malgré la promesse qu'il m'avait arrachée, je refusais constamment de le voir. Après une faute capitale, qu'il est difficile, ma chère, d'en éviter un grand nombre d'autres qui viennent comme nécessairement à la suite ! La crainte de manquer de succès, dans mon premier effort, m'avait fait prendre le parti de lui déclarer que je ne jetterais pas les yeux sur lui de toute une semaine, pour me procurer le temps de tenter mon dessein par différentes voies. Si j'avais été trop observée, j'aurais pris le parti, après l'exemple que j'avais eu de son intelligence avec les femmes de la maison, de descendre brusquement, de sortir dans la rue, et de me jeter dans la première maison que j'aurais trouvée ouverte, pour y demander la protection des premières personnes qui se seraient présentées. Quel nom donnerez-vous à des femmes qui ont été capables d'abandonner une malheureuse personne de leur sexe dans une telle situation ? D'ailleurs, je leur ai trouvé l'air si coupable, la contenance si embarrassée, lorsque j'ai consenti à les voir, tant d'empressement à me faire monter au second étage, pour me convaincre, par la vue des rideaux et du lambris brûlés, que l'incendie avait été réel, qu'en feignant de croire tout ce qu'elles s'efforçaient de me persuader, je me confirmais dans la résolution de fuir à toutes sortes de risques.

En prenant la plume, je m'étais proposé de vous faire une lettre très courte. Mais quelque sujet que je traite, je suis embarrassée à finir, lorsque c'est à vous que j'écris. Ce sujet de reproche n'est pas nouveau. Ainsi n'attribuez pas uniquement ma longueur à l'embarras d'une malheureuse situation : quoique mes peines soient capables d'occuper entièrement toutes les facultés de mon âme.

LETTRE CCXXVIII.

M. LOVELACE, A M. BELFORD.

Vendredi, à deux heures du matin.

Victoire ! triomphe ! Aide-moi, Belford, à chanter victoire et triomphe. Quel heureux homme que ton ami ! Sotte petite novice, de se faire entendre en donnant ses ordres au cocher, et de choisir Homstead pour retraite, entre tous les villages voisins de Londres ; un lieu où je l'ai menée plusieurs fois !

Il me semble que j'ai quelque regret de lui voir si peu d'habileté. Je commence à craindre qu'il ne me soit trop facile de la retrouver. Que n'a-t-elle su combien la difficulté relève pour moi le prix des choses ? Avec la moindre envie de m'obliger, elle ne se serait point arrêtée si près de Londres.

Après ces chants de joie, tu me demandes si j'ai déjà fait rentrer ma charmante sous le joug. Non, Belford. Mais savoir où elle est, c'est à peu près comme si je l'avais en mon pouvoir. C'est un plaisir délicieux pour moi, de me représenter sa surprise et son effroi, lorsqu'elle me verra sortir de terre devant elle. Quel air coupable elle va prendre à la vue d'un amant outragé, d'un mari reconnu, qu'elle n'a pu quitter sans la plus noire *félonie!* Compte que mon attentat nocturne est plus qu'effacé.

Mais tu dois être impatient d'apprendre comment je suis parvenu à la découvrir. Lis la lettre que tu trouveras jointe à celle-ci. Si tu te souviens des instructions que j'ai données de temps en temps à mon valet, dans la crainte du malheur qui m'est arrivé, elle t'apprendra tout ce que je dois attendre de sa diligence et de ses soins, s'il pense à reparaître jamais aux yeux d'un maître irrité. Il n'y a pas une demi-heure que je l'ai reçue. J'allais me mettre au lit tout vêtu ; mais elle a réveillé si vivement mes esprits, que la nuit ne m'a point empêché d'envoyer sur-le-champ des ordres à Blunt, pour avoir un carrosse à la pointe du jour, et ne sachant que faire de moi, non seulement j'ai pris la plume pour t'écrire dans la joie de mon cœur, mais j'ai médité sur la conduite que j'ai à tenir lorsque je me présenterai devant ma charmante, car je prévois toute la peine que j'aurai à combattre sa mauvaise humeur.

« Monsieur, mon très honoré maître,

» Celle-ci est pour vous certifier que je suis à Hamstead, où j'ai trouvé madame, logée chez la veuve Moore. J'ai pris de si bonnes mesures, qu'elle ne peut faire un pas dont je ne sois informé. Je n'aurais jamais osé regarder mon maître entre deux yeux, si j'avais manqué la trace, après avoir eu le malheur de perdre madame pendant mon absence, qui n'avait pas néanmoins duré plus d'un quart d'heure. Comme je suis certain que cette nouvelle vous fera beaucoup de plaisir, j'ai promis cinq shellings au porteur. Il n'a pas voulu partir à moins, parce qu'il est près de minuit ; et quoiqu'il me reste une bonne partie de votre argent entre les mains, je n'ai pas jugé à propos de le payer d'avance, pour être plus sûr de sa fidélité. Ainsi, monsieur aura la bonté de le satisfaire.

» Madame n'a aucune connaissance de ce qui se passe autour d'elle ; mais j'ai cru devoir faire la garde ici moi-même, parce qu'elle n'a pris son logement que pour quelques nuits.

» Si monsieur vient demain, il me trouvera pendant tout le jour, près de la grande boutique du mercier, qui n'est pas loin du logement de madame. J'ai emprunté un habit d'une couleur différente du mien, et j'ai pris une perruque noire ; de sorte que madame ne me reconnaîtrait pas, uand le hasard ferait tomber ses yeux sur moi. Mais pour me déguiser encore mieux, je me plains d'un mal de dents, qui m'oblige de tenir mon mouchoir à la bouche ; et ce n'est pas blesser beaucoup la vérité, car il me reste encore de la douleur de cette dent que monsieur se souvient de m'avoir cassée d'un coup de poing.

» Les incluses sont deux lettres que madame m'avait ordonné de porter, avant qu'elle eût quitté la maison, l'une chez M. Wilson pour miss Howe, l'autre pour monsieur. Mais je savais que monsieur n'était pas dans le lieu où la sienne était adressée ; et la crainte de ce qui est arrivé m'a fait prendre le parti de la garder. J'ai fait croire à madame que j'avais porté celle de miss Howe chez M. Wilson, et que je n'y avais rien trouvé pour elle, comme elle désirait de le savoir. Sur quoi, je prends la liberté de me dire, monsieur et très honoré maître, votre très humble, etc.

» WILL SOMMERS. »

Tu vois que ce coquin ne manque pas d'intelligence. Il est clair que les deux lettres qu'il appelle incluses n'ont été écrites que pour l'écarter ; et celle qui m'est adressée, pour me donner le change à moi-même. Voici le billet à miss Howe, qui ne contient que trois lignes.

Jeudi, 8 juin.

« Je ne vous écris, ma chère miss Howe, que pour tenter si le passage est ouvert à mes lettres. Vous en recevrez bientôt une fort longue, si je ne suis pas misérablement prévenue. Hélas! hélas!

» CLARISSE HARLOVE. »

Crois-tu, Belford, que cette ruse ne justifie pas les miennes? N'est-ce pas usurper mes droits? et n'en sommes-nous pas venus, par degrés, à voir qui des deux sera le plus habile à tromper l'autre? Grâce à mon étoile, il me semble qu'à présent nous n'avons rien à nous reprocher sur ce point ; et tu te figures bien que ma conscience en est fort soulagée.

Voici la seconde des incluses de Will.

Jeudi, 8 juin.

« Ne me donnez pas sujet, monsieur Lovelace, de craindre les suites de votre retour, si vous ne voulez pas que je vous haïsse toute ma vie. Écrivez-moi deux mots par le porteur, pour m'assurer que d'une semaine entière vous n'entreprendrez point de me voir. Je ne pourrais vous regarder en face, sans un mélange de honte et d'indignation. La grâce que je vous demande, de m'obliger sur ce point, ne sera point une expiation fort pénible de l'infâme traitement que j'ai reçu de vous cette nuit.

» Vous pouvez prendre ce temps pour faire un voyage chez votre oncle : et je ne doute pas que si les dames de votre famille sont aussi bien disposées pour moi que vous m'en avez assurée, vous ne puissiez en engager du moins une à m'honorer de sa compagnie. Après la conduite que vous avez tenue avec moi, vous ne serez pas surpris que j'exige cette preuve de votre honneur pour l'avenir.

» Si le capitaine Tomlinson vient dans l'intervalle, je puis l'entendre, et vous écrire ce qu'il m'aura communiqué. Mais si vous me voyez avant la fin de la semaine, vous n'en aurez l'obligation qu'à quelque nouvelle violence, dont vous ne considérez pas les suites. Accordez-moi donc les deux mots que je vous demande, du moins si vous souhaitez que je confirme le pardon que vous m'avez arraché.

» CLARISSE HARLOVE. »

Parlons de bonne foi, Belford. Que peux-tu dire, à présent, en faveur de cette chère friponne? Il paraît qu'elle était pleinement déterminée à la fuite, lorsqu'elle m'écrivait dans ces termes. Elle voulait par conséquent m'armer contre moi-même, en me pressant de lui accorder une semaine, dont elle croyait avoir besoin ; et plus méchamment encore elle voulait me charger de la folle commission d'amener à Londres une de mes cousines, pour nous donner la satisfaction d'apprendre à notre arrivée son évasion et ma honte éternelle. Crois-tu qu'il y ait quelque punition assez sévère pour ce noir petit démon ?

Mais observe, je te prie, quel air plausible elle donne, par ce billet, à la résolution de ne me pas voir d'une semaine ; supposé qu'elle ne trouvât pas plus tôt l'occasion de s'evader. Vois comment la provision d'eau et de biscuit se trouve expliquée, tout puéril que nous a paru cet expédient.

Le carrosse ne paraît point encore ; et quand il serait arrivé, je m'aperçois qu'il n'est pas jour, et qu'il est trop tôt pour tout, excepté pour mon impatience. Comme j'ai déjà pris mes mesures, et que je ne puis m'occuper que de mon triomphe, je vais relire sa violente lettre (1), pour me fortifier dans mes résolutions. Jusqu'à présent mes idées ont été si noires, que je n'ai pas voulu m'arrêter trop à ce qui n'était capable que d'en augmenter le trouble. Mais depuis que la perspective est changée, mon imagination plus gaie peut y répandre un peu d'agrément.

Lorsque j'aurai tiré de ma charmante l'explication de quelques endroits de sa lettre, et que je lui en aurai fait expier d'autres, je te promets une copie de ce curieux ouvrage.

Il suffit à présent de te dire, en premier lieu, *qu'elle est déterminée à n'être jamais ma femme.* Assurément, Belford, la violence ne doit avoir aucune part aux cas de cette importance. C'est le crime de ses parens ; et je les ai trop condamnés pour être capable de mériter le même reproche. Je suis bien aise de connaître ses intentions sur un point si essentiel.

Je l'ai perdue d'honneur, dit-elle. C'est un mensonge grossier, dans le sens même qu'elle le prend. Si j'avais fait ce qu'elle dit, peut-être n'auroit-elle pas pris la fuite.

Elle se voit jetée dans le vaste espace du monde. Je conviens que la colline de Hamstead lui offre des perspectives assez étendues ; mais ce n'est pas non plus le vaste espace du monde. D'ailleurs, si c'est le sujet de ses plaintes, j'espère de la faire bientôt rentrer dans des bornes plus étroites.

Je suis tout à la fois l'ennemi de son âme et de son honneur. Maudit excès de sévérité, qui n'est après tout qu'un nouveau mensonge ! La vérité est, que j'aime fort son âme, mais que, dans cette occasion, je n'y pense pas plus qu'à la mienne.

La voilà réduite à chercher des secours étrangers. N'est-ce pas sa faute ? Rien n'est assurément plus contraire à mes désirs.

Elle se voit tombée de l'indépendance dans un état de contrainte e d'obligation. Jamais elle n'a connu l'indépendance ; et c'est un état qui ne convient à aucune femme, de quelque âge et de quelque condition qu'on la suppose. A l'égard de celui *d'obligation,* qu'on me nomme quelqu'un, parmi les vivans, qui n'y soit point assujéti. Les obligations mutuelles font l'essence et comme l'âme de la société. Pourquoi serait-elle dispensée de cet aimable joug ? Celui dont elle fait aujourd'hui l'objet de

---

(1) Celle qu'il avait trouvée dans sa chambre.

sa fureur ne souhaite pas d'en être exempt. Il a dépendu long-temps d'elle. Toute sa joie serait de lui avoir plus d'obligation qu'il ne peut s'en vanter jusqu'à présent.

Elle parle de l'imprécation de son père. N'ai-je pas rendu cent fois le change à ce vieux tyran ? D'ailleurs, pourquoi fait-elle tomber sur moi les fautes d'autrui ? N'ai-je pas assez des miennes ?

Mais je commence à découvrir les premiers rayons du jour. Reprenons en deux mots : la lettre de cette chère personne est un recueil d'invectives, qui ne sont pas nouvelles pour moi ; quoique l'occasion de les employer puisse l'être pour elle. J'y remarque un peu de contradiction romanesque. Elle aime, elle hait, elle m'encourage à pousser mon entreprise, en me faisant remarquer que j'en ai le pouvoir, tandis qu'elle me supplie de n'en point user. Elle appréhende l'indigence, et n'en est pas moins résolue d'abandonner sa terre ; en faveur de qui ? de ceux qui ont causé toutes ses disgrâces. Enfin, quoiqu'elle ne veuille jamais être à moi, elle a quelque regret de me quitter, parce qu'elle voit des apparence d'ouverture pour se réconcilier avec ses amis.

Mais jamais l'aurore ne fut si paresseuse. Le carrosse se fait trop attendre aussi.

— Un gentilhomme qui demande à me voir, Dorcas ? Eh ! qui peut avoir besoin de moi si matin ?

M. Tomlinson, dis-tu ? Assurément cet homme-là doit avoir marché toute la nuit. Mais comment a-t-il pu se promettre de me trouver déjà levé ? N'importe. Que le carrosse arrive seulement. Le capitaine, qui est la bonté de même, ne fera pas difficulté de m'accompagner jusqu'au bas de la colline, quand il devrait être obligé de revenir à pied. Ainsi, sans perdre un moment, je pourrai l'entendre et lui expliquer mes idées.

Fort bien. Je commence à croire que cette fuite rebelle pourra tourner à mon avantage : comme les révoltes, dans un état, tournent presque toujours au profit du souverain.

— Cher capitaine ! quelle joie j'ai de vous voir ! Vous ne pouviez arriver plus à propos ! Voyez, voyez l'aurore qui vient ouvrir la porte du jour avec ses doigts de rose et la nuit qui se dérobe à l'approche du père de la lumière. Pardon, monsieur, si je vous salue en style poétique. Celui qui se lève avec l'alouette, chantera comme elle. Que d'étranges nouvelles, capitaine, depuis que je ne vous ai vu ! Imprudente Clarisse ! Mais je vous reconnais trop de bonté pour révéler à M. Jules Harlove les erreurs de cette beauté capricieuse ! Elles peuvent se réparer. Il faut que vous preniez la peine de m'accompagner une partie du chemin. Je sais que votre plus grande satisfaction est de concilier les différends. C'est l'office de la prudence de remédier aux témérités de l'imprudence et de la folie.

Mais le repos et le silence règnent encore autour de moi... Qu'entends-je ! C'est le bruit d'un carrosse, qui retentit dans l'éloignement. Je pars. Je vais revoir ma charmante, mon ange, mon idole ! Dieu d'amour ! ah ! c'est de ta gloire qu'il est question. Récompense, comme tu le dois, mes peines et ma confiance. Seconde mes efforts pour ramener sous ton empire cette charmante fugitive. Fais-lui reconnaître sa témérité ! Qu'elle se repente de ses insultes, qu'elle implore ma bonté ; qu'elle demande de la recevoir en grâce, et d'ensevelir dans l'oubli l'odieux souvenir de ses offenses contre toi, son maître et le mien, contre moi, le plus fidèle et le plus volontaire de tes esclaves.

Enfin, le carrosse est à la porte... Je suis à vous. J'y vole... Passez, cher capitaine ; je vous suis... De grâce, abrégeons les civilités.

Que dis-tu, Belford, de ce prologue, et de toutes les extravagances de ma joie ? Enfin, paré comme un jour de noce, le cœur enflé de désir et d'espérance, suivi d'un laquais que ma belle n'a jamais vu, je pars pour Hamstead, et je m'y crois déjà.

LETTRE CCXXIX.
M. LOVELACE, A M. BELFORT.

Hamstead, vendredi, 9 juin, à sept heures du matin.

C'est de Hamstead, cher ami, c'est de l'hôtellerie du coche que je t'écris. J'y suis depuis plus d'une heure. Quel esprit industrieux j'ai reçu de la nature ! On ne me reprochera pas de m'endormir dans l'oisiveté. Le plaisir me coûte cher. En vérité, je m'admire quelquefois moi-même. Avec une âme si active, j'aurais fait une figure éclatante dans quelque état que le ciel m'eût placé. Sur le trône, j'aurais été sans doute un des plus grand rois du monde. J'aurais disputé le titre de conquérant au fameux Macédonien. J'aurais entassé couronnes sur couronnes, et dépouillé tous mes voisins, pour mériter le nom de *Robert-le-Grand*. J'aurais fait la guerre au Turc, au Persan, au Mogol, pour leurs sérails ; et je n'aurais pas laissé à tous ces monarques orientaux une jolie femme sur laquelle je n'eusse assuré mes droits.

Après avoir pris toutes les informations qui conviennent à mes vues, il me reste tant de loisir, que je puis l'employer à t'écrire. Cependant je me servirai de ma méthode d'abréviation pour ménager le temps. Quoiqu'il soit encore trop tôt pour me présenter à ma charmante, qui a besoin de repos après deux ou trois jours de fatigue, je te dois quantité d'éclaircissemens préliminaires, sans lesquels tu n'entrerais pas facilement dans l'ordre de mes opérations.

Je me suis séparé du capitaine au pied de la colline, et je l'ai laissé triplement instruit, c'est-à-dire pour les trois suppositions du fait, du probable et du possible. Si je puis revoir ma charmante et faire ma paix avec elle sans la médiation de ce digne conciliateur, je m'en réjouirai beaucoup. C'est mon ancienne maxime en amour, d'y employer le moins de secours étrangers qu'il m'est possible, et je regrette aujourd'hui de ne pouvoir tenir à cette règle. Qui sait même si ma charmante ne s'en trouverait pas mieux ? Je ne puis lui pardonner d'avoir poussé l'indifférence pour moi jusqu'à m'abandonner réellement, sous un prétexte frivole, ou plutôt sans aucune apparence de raison. Si je la trouve trop difficile... Mais suspendons les menaces jusqu'à ce qu'elle soit en mon pouvoir. Tu sais quel est mon serment.

Voici toutes les circonstances que j'ai pu recueillir du récit de Will, de celui des gens de l'hôtellerie, et des informations que Will a tirées du cocher.

Le cocher de Hamstead n'avait encore que deux personnes lorsque ma belle y est montée. Mais elle a feint d'être fort pressée, et payant pour les places vacantes, elle a fait partir aussitôt la voiture. En arrivant au terme, elle est descendue à l'hôtellerie avec les deux passagers qui l'ont quittée sans doute avec respect. Elle est entrée dans la maison, elle a demandé l'usage d'une chambre pour une demi-heure, sous prétexte d'y prendre une tasse de thé. On lui a donné la chambre d'où je t'écris. Elle s'est assise à la même table, et, je crois, sur la même chaise où je suis actuellement. Ah! Belford, si tu connaissais l'amour, tu sentirais le prix de ces légères circonstances.

Elle paraissait fort abattue. L'hôtesse, charmée de sa figure, s'est crue obligée de lui tenir compagnie. Elle l'a pressée de manger quelque chose avec son thé.—Non, a-t-elle répondu, je ne me sens pas d'appétit. Cette femme lui a proposé de goûter de ses biscuits, qui étaient excellens. — Ce qu'il vous plaira, lui a-t-elle dit. L'hôtesse, étant sortie un moment pour aller prendre quelques biscuits, s'est aperçue à son retour que la chère fugitive s'efforçait de retenir des marques de douleur, auxquelles il paraissait qu'elle s'était abandonnée dans son absence.

Cependant, lorsqu'on lui a servi le thé, elle a prié l'hôtesse de s'asseoir. Elle a fait quantité de questions sur les villages voisins et sur les routes. L'hôtesse a pris la liberté de dire qu'elle lui croyait quelques sujets de chagrin. — Les personnes sensibles, a-t-elle répondu, ne quittent point leurs amis sans beaucoup de tristesse. Ne serait-ce pas de moi, Belford, qu'elle voulait parler?

Elle n'a pas fait la moindre question sur les logemens, quoiqu'on doive juger, par la suite, qu'elle ne se proposait pas d'aller, cette nuit, plus loin que Hamstead. Après avoir pris deux tasses de thé, elle a mis un biscuit dans sa poche; tendre fille! apparemment pour lui servir de souper. Elle a laissé sur la table un demi-écu, dont elle a refusé de prendre le reste; et, poussant un soupir, elle s'est disposée à partir, en disant qu'elle allait continuer son chemin vers Hendon. C'est un des lieux dont elle avait demandé la distance. On lui a proposé d'envoyer savoir s'il n'y avait pas quelque voiture de Hamstead qui allait le même soir à Hendon. Elle a répondu que c'était prendre une peine inutile, parce qu'elle espérait de rencontrer une chaise qui venait au devant d'elle. Autre de ses petites ruses, je suppose; car, depuis hier au matin, avec qui et comment aurait-elle pû prendre un arrangement de cette nature?

Tous ceux qui l'ont vue se disaient entre eux qu'un air si noble, dans sa figure et dans sa conduite, annonçait une personne de qualité. Comme elle était sans aucune suite, et que ses beaux yeux (c'est l'expression de l'hôtesse) paraissaient rouges et enflés, ils n'ont pas douté qu'elle ne fût dans le cas d'avoir fui ses parens ou ses tuteurs, car ils l'ont jugée trop jeune pour la croire mariée. Un mari, me disent-ils, n'abandonnerait point à elle-même une femme de cet âge et de cette beauté, ou ne lui causerait pas les chagrins qu'elle porte écrits sur son visage. Ils ajoutent que, pendant quelques momens, ils ont remarqué tant de trouble dans ses regards, qu'ils l'ont soupçonnée d'un funeste dessein contre elle-même.

Ces observations n'ont pas manqué d'exciter leur curiosité. Ils ont engagé un domestique hors de condition, qui cherchait un maître, à suivre toutes ses traces. Je viens d'apprendre d'eux-mêmes ce qu'ils se sont vantés d'avoir observé.

« Elle a pris effectivement son chemin vers Hendon; mais, en sortant de Hamstead, elle s'est arrêtée pour jeter les yeux autour d'elle et dans la vallée qui s'offrait à ses pieds. Là, fixant ses regards sur Londres, elle a porté son mouchoir à ses yeux, » se repentant peut-être de la démarche téméraire où elle s'est engagée, et souhaitant de pouvoir retourner sur ses pas. Je le répète, Belford, c'est le meilleur parti qu'elle puisse prendre. Malheur à la fille qui, après avoir pensé à devenir ma femme, sera capable de me fuir et de renoncer pour jamais à moi!

» Ensuite, s'étant remise à marcher, elle s'est encore arrêtée; et comme si la route avait commencé à lui déplaire, après avoir recommencé à pleurer, elle est retournée vers Hamstead. »

Je suis ravi qu'elle ait tant pleuré, parce que, dans les plus grands chagrins, un cœur qui reçoit ce soulagement devient capable de résister à la douleur. De là vient que je n'ai jamais été fâché de voir une belle femme en pleurs. Combien de fois n'ai-je pas souhaité, depuis hier après midi, de pouvoir pleurer à chaudes larmes?

« Bientôt elle a vu venir vers elle un carrosse vide, à quatre chevaux. Elle a quitté le sentier qu'elle suivait pour aller à sa rencontre, dans le dessein apparemment de parler au cocher, s'il s'était arrêté pour lui faire les premières questions. Il l'a regardée attentivement. Mais tous les passans lui payaient cette espèce de tribut, ce qui servait à lui rendre l'espion moins suspect. » Heureux coquin que ce cocher, s'il avait su qui il pouvait obliger, et quel prix on aurait attaché à ses services! Mais quel malheur aurait été le mien, si sa stupidité ne m'avait été aussi favorable que mon étoile; « en un mot, il paraît qu'ils ont manqué tous deux de résolution. Les chevaux suivant la route, le cocher a tourné plusieurs fois les yeux derrière lui, tandis que, regrettant l'occasion qui s'éloignait, elle a recommencé à verser des larmes qui ont été observées par l'espion.

» Étant rentrée dans Hamstead, elle regardait au visage chaque personne qu'elle rencontrait; et poussant quelquefois son haleine sur sa main, elle l'appliquait sur ses yeux pour en dissiper la rougeur ou pour sécher ses larmes. Enfin la vue d'un écriteau, qui offrait des logemens à louer, l'a fait avancer et retourner plusieurs fois comme incertaine du parti qu'elle devait prendre. Elle n'a pas laissé de passer au delà de cette maison; et l'espion, arrêté alors par quelques gens de sa connaissance, l'a perdue de vue pendant quelques minutes. Mais il l'a bientôt vue sortir d'une boutique, accompagnée d'une servante qu'elle avait engagée, comme l'effet l'a prouvé, à la conduire dans la maison où elle est actuellement logée. Ne la voyant point reparaître, après l'avoir attendue plus d'une heure, il est revenu à l'hôtellerie pour faire son récit à ceux qui l'avaient employé. »

Le mien, Belford, est du genre dramatique. Ainsi, regarde ce que tu as lu jusqu'ici comme le premier acte. Mon valet, qui entre sur la scène, va commencer le second.

Il s'était procuré toutes ces informations avant mon arrivée, par le soin qu'il avait eu de raconter en échange diverses particularités dont j'ai chargé depuis long-temps sa mémoire, en les lui répétant de bouche et par écrit. Ainsi, j'ai trouvé les gens de cette maison dans mes intérêts. Ils m'ont répété tout ce qu'il leur avait dit, avec des souhaits pour le succès de mon entreprise.

Mais il a commencé par me rendre compte de l'idée qu'il leur avait fait prendre de ma belle et de moi. C'est un détail dont il est nécessaire que tu sois informé. Cependant j'appréhende d'être pressé par le temps. Un domestique de cette hôtellerie m'assure que, étant sorti depuis un moment, il a vu madame Moore, à qui je destine ma première visite, entrer dans la maison d'une vieille fille de son voisinage, nommée miss Rawlings, si respectée pour sa prudence, qu'aucune femme du bourg n'entreprend rien sans la consulter. J'ai chargé aussitôt mon honnête cocher de veiller à la porte de cet oracle d'Hamstead, pour m'avertir du moment où madame Moore retournera chez elle. J'espère que leur entretien ne durera pas plus que mon récit, dont je ne veux pas que tu perdes un seul mot.

« Will avait donc raconté à ceux qui avaient voulu l'entendre, que sa maîtresse était mariée depuis peu à un gentilhomme des plus accomplis ; mais si vif et si dissipé que, étant mortellement jalouse, elle l'avait quitté dans un accès de cette furieuse passion. Quoiqu'elle l'aimât chèrement, et qu'étant une des plus belles femmes du monde, comme ils en avaient pu juger par leurs propres yeux, elle en fut adorée, sa jalousie, s'il était permis de le dire (mais la vérité était la vérité), l'avait rendue si capricieuse que, lorsqu'il refusait d'entrer dans la moindre de ses vues, elle était toujours prête à le quitter. C'était un tour qu'elle lui avait déjà joué deux ou trois fois, mais avec toute l'innocence et toute la vertu du monde. Elle se retirait ordinairement chez une de ses intimes amies, jeune demoiselle remplie d'honneur, quoique trop indulgente pour elle sur ce point, qui était, à la vérité, son unique défaut. Cette raison avait porté son maître à la mener à Londres, car leur résidence ordinaire était à la campagne. Mais, pour avoir refusé depuis peu de la satisfaire, à l'occasion d'une femme avec laquelle on l'avait vu au parc de Saint-James, elle l'avait traité avec sa rigueur ordinaire, dès la première fois qu'elle était venue à la ville, et le pauvre gentilhomme était à demi fou de cette aventure.

» Ici, Will avait plaint ma situation, les larmes aux yeux, et dans des termes fort touchans. Ensuite il avait expliqué par quel hasard il avait découvert les traces de sa maîtresse. En un mot, il les avait fait entrer si vivement dans mes intérêts, qu'ils lui avaient prêté un habit pour se déguiser ; et qu'à sa prière le maître de l'hôtellerie s'était informé s'il était certain qu'elle eût pris un logement chez madame Moore. Il avait su par cette voie qu'elle s'était engagée pour une semaine, quoique en même temps elle eût ajouté qu'elle ne croyait pas faire un si long séjour à Hamstead ; et c'était alors qu'il m'avait dépêché un exprès, avec ses premières explications. »

A mon arrivée, ma personne et mes habits répondant fort bien à la description de Will, tous les gens de l'hôtellerie semblaient prêts à m'adorer. Je pousse quelquefois un soupir. Quelquefois je prends une contenance plus gaie, mais qui laisse voir un chagrin mal déguisé, plutôt qu'une joie réelle. Ils ont dit à Will qu'il était bien fâcheux qu'une dame si charmante fût d'une humeur si ombrageuse, que ces fuites inconsidérées l'exposaient à de grands dangers, qu'il se trouvait de tous côtés des libertins (des Lovelaces à chaque pas, Belford), surtout aux environs de la ville ; que les gens de cette espèce étaient capables de tout entreprendre, qu'ils pouvaient nuire du moins à sa réputation, et lui faire perdre tôt ou tard l'affection de son mari. Conviens, Belford, que les gens de Hamstead sont de fort bonnes âmes.

J'ai fait appeler le maître de l'hôtellerie.

— J'apprends de mon valet, lui ai-je dit gravement, qu'il ne vous a pas caché les raisons qui m'amènent ici. Fâcheuse aventure, monsieur! très fâcheuse aventure! Mais jamais femme ne fut plus vertueuse que la mienne.

Il m'a répondu qu'on ne pouvait prendre une autre opinion d'elle; qu'il était bien malheureux qu'une jeune dame fût capable de ces petits entêtemens, surtout avec un mari d'aussi bon naturel que je le paraissais.

— Un enfant gâté par sa mère, ai-je repris; un enfant gâté, voilà tout le mal. Et, poussant un soupir : Il faut s'armer de patience, ai-je ajouté. Ce que vous pouvez faire pour moi dans cette occasion, c'est de me prêter une redingote; n'importe laquelle. Si ma femme m'apercevait de loin, peut-être me serait-il difficile de lui parler. Une redingote avec un capuchon, si vous en avez une de cette espèce. Il faut que je m'approche d'elle sans qu'elle puisse s'en défier.

Mon hôte a paru craindre civilement de ne pouvoir m'offrir une redingote digne de moi. Je l'ai assuré que la plus mauvaise serait celle qui me conviendrait le mieux : il m'en a présenté deux, et j'en ai choisi une dont le capuchon peut se boutonner sur le visage. — Ne me trouvez-vous pas l'air fort abattu, lui ai-je demandé avec un nouveau soupir? Que je suis à plaindre! Cependant vous devez juger que ce n'est pas une légère consolation pour moi de la retrouver avant que le mal soit plus grand. Mais, si je ne puis la guérir de ces cruels caprices, elle me fera mourir de chagrin. Avec tous ses défauts, je l'aime à l'idolâtrie.

L'hôtesse, qui nous écoutait à quelque distance, s'est approchée par un mouvement de compassion.

— Puis-je savoir, monsieur, m'a-t-elle demandé d'un ton radouci, si madame est mère?

— Hélas! non, ai-je répondu en soupirant. Nous sommes mariés depuis peu. Je puis vous assurer néanmoins que c'est sa faute, s'il n'en paraît encore aucun fruit (tu sais, Belfort, si je mentais d'une syllabe); mais, pour vous parler de bonne foi, elle est d'une réserve...

— Je vous entends, a repris ma tendre hôtesse avec un sourire, madame est fort jeune. Je me souviens d'avoir connu deux jeunes dames de ce caractère ombrageux. Mais comme elle vous aime (et je la trouverais bien étrange, en effet, de ne pas vous aimer), elle n'aura pas plus tôt l'espérance d'être mère, que ces petites inégalités disparaîtront, et qu'elle sera la meilleure de toutes les femmes.

— C'est mon espérance, ai-je répondu.

Will ajustait pendant ce temps-là ma redingote, et me la boutonnait sur le menton. J'ai demandé à l'hôtesse un peu de poudre, dont j'ai persemé légèrement mon chapeau; et, l'ayant mis sur ma tête, je l'ai rabattu d'un côté sur mes yeux.

— Dans cet état, croyez-vous, madame, ai-je dit à l'hôtesse, que je puisse être reconnu?

— Que vous l'entendez admirablement! s'est-elle écriée. Je ne suis pas surprise, si vous me permettez de le dire, que madame ait eu quelque petit mouvement de jalousie. Assurément, si vous avez soin de cacher le galon de votre habit, il n'y a personne qui puisse vous prendre pour le même, à moins qu'on ne pût vous reconnaître à vos bas.

J'ai loué son observation.

— Auriez-vous, ai-je dit à l'hôte, une paire de gros bas à me prêter ? Il n'est question que d'en couper le pied, pour les chausser par dessus les miens.

Il m'a fait apporter sur-le-champ des bas de bottes, qui me font d'autant mieux, qu'ils donnent à mes jambes un air goutteux. La bonne femme s'est mise à rire, et m'a souhaité du succès. Son mari a fait de même. Tu sais que je ne suis pas mauvais comédien : j'ai pris une canne, que j'ai empruntée à l'hôte ; et, pour m'exercer un peu à la marche d'un goutteux, j'ai fait quelques tours dans le jeu de boule. C'est dans ce bizarre équipage que je t'écris. Will me raconte que, pendant ma promenade, l'hôtesse disait à l'oreille de son mari :

— Il n'est pas fait d'hier, j'en réponds ; je gagerais hardiment que toute la faute n'est pas d'un côté.

L'hôte a répondu que je lui paraissais si gai et de si bon naturel, qu'il ne comprenait pas qu'on pût être de mauvaise humeur avec moi. Ce homme, Belford, juge fort bien. Il serait à souhaiter que ma charmante pensât comme lui.

Je vais essayer à présent si je pourrai convenir, avec madame Moore, d'un logement et d'autres commodités pour ma femme malade. Quoi ? Qu'est-ce qui t'étonne ici ? Oui, ma femme. Qui sait quelles précautions le chère fugitive a pu prendre, dans la crainte qu'elle a de moi ?

Mais la bonne Moore a-t-elle d'autres logemens à louer ? Oui, oui, j'ai pris soin de m'en éclaircir et je trouve qu'elle a précisément toutes les commodités dont j'ai besoin. Je ne suis pas moins sûr que ma femme en sera satisfaite ; parce que, tout marié que je suis, grâce au ciel, j'ose dire que je suis le maître. Si madame Moore n'avait eu qu'un grenier de reste, je ne l'aurais pas trouvé moins de mon goût, en prenant la qualité d'un pauvre auteur menacé de la prison, pour avoir usé trop librement de sa plume, qui cherche un asile, et qui a fait quelque argent de ses petits meubles pour être en état de payer son loyer d'avance. Il n'y a point de rôle auquel je ne puisse m'ajuster.

Enfin la veuve Moore a repris le chemin de sa maison. Silence mon cœur, car je vous crains ici plus que ma conscience.

Examinons s'il n'est pas plus à propos de prendre d'abord une voix enrouée… Mais j'oublie quelque chose de plus important. Marquerai-je de la colère ou de la joie lorsque je paraîtrai devant ma charmante ?… De la colère, à coup sûr. N'a-t-elle pas violé sa promesse ? et dans un temps où je méditais de lui rendre une généreuse justice ? Entre les honnêtes gens, l'infidélité n'est-elle pas un horrible crime ? Ma règle, pour juger des actions et des choses, a toujours été moins leur nature que le caractère des acteurs ; et sur ce principe, il serait aussi ridicule de voir un libertin fidèle à ses engagemens d'amour, qu'il est noir pour une femme d'y manquer.

Ah ! cher Belfort, remarques-tu que cette gravité hors de saison n'est que pour apaiser les palpitations d'un cœur difficile à gouverner ? Mais je saurai le réduire. Je le rendrai tranquille, pendant le chemin que j'ai à faire dans ma voiture. Que ce chemin est court, néanmoins ! Est-ce la peine de monter ? Oui, montons. Ne suis-je pas un pauvre goutteux ? D'ailleurs, c'est flatter madame Moore, que de paraître avec un équipage, pour lui demander un logement. Quelle veuve, quelle servante de Hamstead oserait faire la moindre question à l'homme d'importance qui se présente dans un carrosse?

J'abandonne mon cocher et mon laquais à la direction de Will. Jamais coquin ne fut plus hideux qu'il le paraît dans son déguisement. Il ne peut être reconnu que du diable et de son autre maître, qui lui ont tous deux imprimé leur marque. Pour la mienne, il la portera toute sa vie; car je prévois qu'il sera pendu avant que l'âge fasse tomber le reste de ses dents, avec celle qu'il se vante d'avoir perdue par mes coups.

Je pars. Compte que je suis parti.

LETTRE CCXXX.

M. LOVELACE, A M. BELFORD.

Hamstead, vendredi au soir.

Prépare ton attention, Belford, pour le chef-d'œuvre des récits. Je le continuerai, comme les circonstances me le permettront, mais avec tant d'habileté que, si je l'interromps vingt fois, tu ne pourras t'apercevoir où le fil sera rompu.

Les douleurs de ma goutte ne m'ont point empêché de descendre de mon carrosse, pesamment appuyé d'une main sur ma canne; et de l'autre sur l'épaule de mon laquais. J'ai observé de me trouver à la porte au même moment que j'y ai frappé, pour être plus sûr d'en obtenir l'entrée. Ma redingote était boutonnée soigneusement; et j'en avais couvert jusqu'au pommeau de mon épée, qui était un peu trop gai pour mon âge. Il y avait peu d'apparence que j'eusse l'occasion d'employer mon épée. En marchant vers la porte, je me suis pressé plusieurs fois les yeux pour en adoucir l'éclat (passe cette rodomontade à ma vanité, Belford); j'ai ramené mon capuchon sur mes joues; et mon chapeau bordé, avec ce qui paraissait de ma perruque, me donnait l'air d'un bel homme un peu suranné.

La porte s'est ouverte. J'ai demandé à voir la maîtresse du logis. La servante m'a conduit dans le parloir. Je me suis assis, avec l'exclamation d'un homme qui souffre.

Madame Moore est venue. — Votre serviteur, madame. Pardon, si je ne puis me lever. Votre affiche m'a fait connaître que vous avez des logemens à louer. Ayez la bonté de m'expliquer en quoi ils consistent. J'aime votre situation, et je vais vous dire de quoi ma famille est composée. J'ai ma femme, qui est un peu plus âgée que moi, et d'une fort mauvaise santé, à qui l'on a conseillé de prendre l'air de Hamstead. Nous aurons une servante et deux laquais. Comme notre dessein est de n'avoir qu'un carrosse, nous trouverons dans le village quelque lieu pour l'y placer; et le cocher se logera près de ses chevaux.

— Quel jour, monsieur, comptez-vous d'être ici avec votre famille?

Je prendrai votre appartement dès aujourd'hui; et si je le trouve commode, peut-être ma femme y sera-t-elle ce soir.

— Ne seriez-vous pas bien aise, monsieur, d'avoir tout à la fois la table et le logement?

— C'est ce qui dépendra de vous, madame. Vous m'épargneriez l'embarras d'amener mon cuisinier; je suppose que vos domestiques sont capables d'apprêter trois ou quatre plats. Le régime de ma femme demande une nourriture simple, et je ne suis pas du tout pour les viandes recherchées.

— Nous avons, monsieur, une jeune demoiselle qui ne compte pas d'être ici plus de deux ou trois jours. Son appartement, qui est un des meilleurs de la maison, sera libre alors.

— Mais... je me figure, madame, que vous en avez d'autres actuellement prêts à recevoir ma femme; car nous n'avons pas de temps à perdre. Ces maudits médecins... excusez madame, je ne suis point accoutumé à jurer, mais j'aime beaucoup ma femme... les médecins l'ont eue si long-temps entre les mains, que, dans la honte de se faire payer plus long-temps, ils lui conseillent aujourd'hui de prendre l'air. Je souhaiterais que cette pensée leur fût venue plus tôt. Mais nous cherchons à réparer leur négligence.

Vous ne serez pas surprise, madame (voyant qu'elle m'observait avec beaucoup d'attention), de me voir enveloppé comme je le suis dans une saison si chaude. Je n'appréhende que trop d'avoir quitté imprudemment ma chambre et peut-être suis-je menacé du retour de ma goutte. Pour comble de peine, je suis attaqué d'un mal de dents fort douloureux, qui m'oblige de me couvrir la joue ; mais tout autre témoignage que le mien ne satisferait pas ma femme ; et comme je vous l'ai déjà dit, nous n'avons pas de temps à perdre.

— Vous êtes le maître, monsieur, de voir les commodités que je puis vous offrir ; mais je crains que la faiblesse de vos jambes ne vous permette pas de monter.

— Il est vrai que mes jambes sont faibles. Cependant, comme j'ai pris un peu de repos, je me crois en état de voir, du moins, l'appartement que vous destinez à ma femme. Tout sera bon pour les domestiques ; et vous paraissez d'un si bon naturel, que je ne disputerai pas sur le prix.

Elle s'est mise en marche pour me servir de guide ; tandis qu'affectant de m'appuyer sur la rampe, je suis monté après elle, avec plus de légèreté que je n'en attendais de mes jambes goutteuses. Mais, Belford, quelle comparaison entre Sixte-Quint et moi, lorsque sous la figure du languissant Montalte il aspirait au pontificat, sans faire éclater ses intentions ; et qu'au moment qu'il fut choisi levant le masque, et se dépouillant de toute apparence de faiblesse, il marcha ferme à la vue du conclave étonné! Jamais la joie ne fut plus vive que dans mon cœur. Jamais homme ne s'est senti les talons plus légers.

L'appartement consistait en trois pièces de plain-pied. J'en ai vu deux qui m'ont paru assez propres. Mais comme elles avaient chacune leur dégagement, madame Moore m'a dit que l'autre était occupée par la jeune demoiselle. Elle y était, Belford ! elle y était en effet. Tandis que j'affectais de me traîner, en prononçant quelque mots d'une voix rauque, que je ne contrefaisais pas moins habilement, j'ai remarqué que sa porte s'entr'ouvrait ; et je lui ai vu jeter un coup d'œil, pour observer qui j'étais. Mais n'apercevant qu'un vieillard courbé sous le poids de l'âge et d'un habit fort épais pour la saison, elle s'est retirée, en fermant sa porte sans émotion. Que je lui ressemblais peu ! son ombre seule m'a fait sauter le cœur jusqu'à la bouche. J'ai craint pendant quelques momens d'étouffer.

J'ai paru satisfait de l'appartement ; d'autant plus qu'on me parlait de la troisième chambre comme de la plus belle.

— Il faut que je me repose un moment, ai-je dit à madame Moore ; et je me suis assis dans l'endroit le plus obscur de la chambre. Ne vous asseyez-vous pas aussi, madame ? Nous n'aurons pas de difficulté pour le prix. Vous conviendrez, s'il vous plaît, avec ma femme. Prenez seulement des arrhes (en lui mettant une guinée dans la main). J'ajouterai une chose : ma femme a le défaut d'aimer un peu l'argent, quoiqu'elle ait d'ailleurs le cœur fort bon. Elle m'a donné beaucoup de bien ; et cette raison, jointe à l'amour qu'un honnête homme doit à sa femme, m'oblige de garder avec elle toutes sortes de ménagemens. S'il arrive qu'elle soit un peu serrée dans le marché que vous aurez ensemble, ayez la complaisance de vous relâcher. Je suppléerai à tout sans sa participation. C'est mon usage. Je ne voudrais pas lui causer la moindre peine.

Madame Moore a loué mes attentions, et m'a promis de se conformer à toutes mes volontés.

—Cependant, lui ai-je dit, ne pourrais-je pas jeter un moment les yeux sur l'autre chambre, pour être en état d'en rendre un compte plus exact à ma femme ? Elle m'a répondu que la jeune demoiselle souhaitait de ne voir personne, mais qu'elle allait lui proposer... Je l'ai retenue par la main. — Demeurez, demeurez, madame. Si votre jeune demoiselle veut être seule, il ne me conviendrait pas de l'importuner...

—Vous ne l'importunerez pas, monsieur. Elle est d'un fort bon naturel. J'ose me promettre qu'elle ne fera pas difficulté de descendre un moment, pour vous laisser libre. Elle a si peu de temps à passer ici, qu'elle ne voudrait pas s'opposer à mon avantage.

—Je me l'imagine comme vous, madame ; si son caractère est tel que vous le dites. Est-elle ici depuis bien long-temps ?

—Depuis hier seulement, monsieur.

—Il me semble, madame, que je l'ai entrevue à sa porte. Elle m'a paru d'un âge avancé.

—Non, monsieur. Vous êtes assurément dans l'erreur. C'est une jeune personne, et des plus belles que j'aie jamais vues.

—Pardon, madame ; quoique je ne puisse vous cacher que, si elle devait faire un long séjour ici, j'aimerais autant qu'elle fût un peu plus âgée. Vous me trouverez d'un goût fort étrange ; mais, en faveur de ma chère moitié, j'aime toutes les femmes d'un certain âge. D'ailleurs, j'ai toujours pensé que l'âge mérite du respect ; et c'est la raison qui m'a fait tourner mes vues vers la femme que j'ai aujourd'hui ; en mettant aussi sa fortune dans la balance, c'est de quoi je ne disconviens pas.

—J'admire votre façon de penser, monsieur. La vieillesse est respectable. Nous vivons tous dans l'espérance de vieillir.

— Fort bien, madame. Mais votre jeune personne est belle, dites-vous ? Je vous avouerai aussi que, si j'aime à converser avec les vieilles, je ne laisse pas de prendre plaisir à voir une belle et jeune personne, comme j'en prendrais à la vue d'une belle fleur dans un jardin. Ne pourrais-je pas jeter un coup d'œil sur votre demoiselle, sans qu'elle s'en aperçût ? car, dans l'équipage où je suis, je ne souhaiterais pas plus qu'elle, de paraître aux yeux de personne.

— Je vais lui demander, monsieur, si je puis vous faire voir l'appartement. Comme vous êtes marié, et que vous n'êtes plus de la première jeunesse, peut-être fera-t-elle moins de scrupule.

—C'est-à-dire, madame, que vous la croyez un peu de mon goût, et que sa préférence est peut-être pour les vieillards. Il n'est pas impossible qu'elle ait eu quelque chose à souffrir des jeunes gens.

— Je me l'imagine, monsieur. Je la crois inquiète pour le passé ou pour l'avenir. Elle a souhaité de ne voir personne ; et si quelqu'un venait la demander, en décrivant sa figure, elle ordonne de répondre qu'on ne la connaît pas.

Que tu es une vraie femme, chère dame Moore, ai-je pensé en moi-même.

— Voilà d'étranges précautions, madame ! Eh ! quelle peut être son aventure ?

— Elle est fort réservée dans ses discours. Mais je suis trompée, monsieur, si ce n'est pas quelque affaire de cœur. Je lui vois sans cesse les larmes aux yeux, et la compagnie paraît l'ennuyer.

— Il ne me conviendrait pas, madame, de vouloir pénétrer dans les affaires d'autrui ; mais puis-je vous demander quelles sont ses occupations ? Cependant, comme vous ne l'avez ici que d'hier, il vous serait difficile de le dire...

— Elle écrit continuellement, monsieur.

Interroge une femme, Belford, en paraissant douter qu'elle soit informée de ce que tu lui demandes ; je te réponds qu'elle s'efforcera de te convaincre qu'elle n'ignore rien.

— Pardon, madame ; car mon caractère n'est pas l'indiscrétion : mais si le cas de votre jeune demoiselle avait quelque difficulté, qui ne fût pas une simple affaire d'amour, comme elle est de vos amies, je lui offrirais volontiers mes conseils.

— Vous êtes donc homme de robe, monsieur ?

— A la vérité, madame, j'ai suivi anciennement le barreau ; mais il y a long-temps que j'ai quitté cette profession : ce qui n'empêche pas que mes amis ne me consultent encore sur les points difficiles. Aux pauvres, je donne quelquefois de l'argent avec mon avis ; mais je ne prends rien de ceux qui sont plus riches.

— Vous êtes d'une générosité admirable, monsieur. Que je serais heureuse (cette exclamation a été précédée d'un soupir), d'avoir su qu'il y avait au monde un si honnête homme de robe, et de l'avoir connu plus tôt !

— Consolez-vous, madame, consolez-vous. Peut-être n'est-il pas trop tard. Lorsque nous nous connaîtrons mieux, on pourra vous être utile à quelque chose. Mais ne parlez point de mes talens à votre jeune personne. Je vous l'ai déjà dit ; je n'aime rien moins que le rôle d'homme officieux.

J'étais sûr que si le caractère de la dame Moore répondait à l'idée qu'elle m'en avait déjà fait prendre, cette défense ne servirait qu'à lui faire saisir la première occasion de violer mon secret. J'ai feint si peu d'empressement pour voir la chambre de la demoiselle, qu'elle a paru bientôt fâchée de mon indifférence ; surtout lorsque, pour l'exciter, j'ai laissé échapper, comme au hasard, qu'il fallait plus de qualités qu'on n'en demande ordinairement dans une femme, pour lui faire obtenir de moi le titre de belle, et que toute ma vie je n'en avais pas vu six auxquelles j'eusse voulu l'accorder.

En un mot, la dame Moore est passée dans la chambre, d'où elle est revenue peu de momens après, pour me dire que la jeune personne s'étant retirée dans son cabinet, j'étais libre d'entrer et de satisfaire ma curiosité.

Quels mouvemens ont recommencé à s'élever dans mon cœur ! Je me suis traîné en clochant. Après avoir parcouru des yeux toutes les parties de la chambre, pour me donner le temps de reprendre haleine, j'ai approuvé tout ce que j'avais vu, et j'ai garanti que ma femme n'en serait pas moins contente. Ensuite, demandant la permission de m'asseoir, j'ai fait diverses questions sur le ministre de la paroisse, sur ses talens pour la chaire, et particulièrement sur ses mœurs.

—C'est une curiosité, madame, que j'ai dans tous les lieux où je m'arrête. J'aime que la conduite du clergé réponde à ce qu'il nous prêche.

—Rien n'est si juste, monsieur; mais c'est ce qui n'arrive pas aussi souvent qu'il serait à souhaiter.

—Tant pis, madame, tant pis. Pour moi, j'honore extrêmement le clergé en général. Si l'on suppose dans ceux qui sont appelés à la perfection par leur état et par les moyens qu'ils ont de se perfectionner, autant de faiblesses que dans les autres hommes, le reproche tombe sur la nature humaine plus que sur la robe ecclésiastique. Je n'ai jamais aimé la censure qui attaque les professions... Mais je retiens votre demoiselle dans son cabinet. Ma goutte me rend incivil.

Ici, quittant ma chaise, je me suis traîné à la fenêtre.

—De quelle étoffe sont ces rideaux, madame?

—De fil damassé, monsieur.

—Je les trouve extrêmement beaux. On les croirait de soie. Ils sont plus chauds que la soie, j'en suis sûr, et plus convenables à un appartement de campagne; surtout pour des personnes un peu âgées. Le lit me paraît de fort bon goût.

—Il est très propre, monsieur. Nous ne prétendons ici qu'à la propreté.

—Oui, vraiment, il est des plus propres. Un camelot de soie, si je ne me trompe. En vérité, tout est fort bien. Tout plaira beaucoup à ma femme. Mais nous serions fâchés de mettre votre jeune demoiselle hors de son appartement. Nous nous contenterons à présent des deux autres chambres.

Je me suis avancé vers le cabinet pour observer le dessus de porte.

—Que représente cette peinture ? Ah ! je le vois : une sainte Cécile.

—C'est un tableau fort commun, monsieur.

—Il n'est pas mal, il n'et pas mal. C'est une copie de quelque bon tableau d'Italie... Mais, pour tout au monde, je ne voudrais pas mettre votre demoiselle dehors. Nous nous accommoderons des deux autres pièces, ai-je répété un peu plus haut, mais toujours de mon ton rauque et parlant du gosier; car mon attention était partagée entre le son de ma voix et de mes discours.

Ah ! Belford ! si près de mon adorable Clarisse ! Juge quelle devait être ma contrainte.

J'étais résolu de l'engager, s'il était possible, à sortir d'elle-même de sa retraite. J'ai feint d'être prêt à me retirer.

—Madame Moore, ai-je repris, vous me promettez donc cette chambre lorsqu'elle sera libre : non, ai-je ajouté, en levant assez la voix pour me faire entendre du cabinet, que je veuille incommoder votre jeune demoiselle; mais je souhaiterais que ma femme fût informée à peu près du temps. Les femmes, vous ne l'ignorez pas, madame Moore, aiment à savoir sur quoi elles peuvent compter.

— Madame Moore, a dit alors ma charmante, et jamais le son de sa voix ne m'a paru plus harmonieux, jamais il n'a causé une plus douce émotion dans mes veines; vous pouvez répondre à monsieur que je ne serai ici que deux ou trois jours, pour attendre une réponse qui ne saurait tarder plus long-temps, et plutôt que d'être incommode à personne, je prendrai volontiers toute autre chambre que vous me donnerez au second.

— Non assurément, non, mademoiselle, me suis-je écrié. Vous êtes trop obligeante. Quelque affection que j'aie pour ma femme, je la mettrais plutôt dans un grenier, que d'exposer à la moindre incommodité une personne aussi respectable que vous le paraissez.

Comme la porte ne s'ouvrait point encore, j'ai continué :

— Mais puisque vous poussez la bonté si loin, si vous permettiez, mademoiselle, que de la place où je suis, je jetasse un coup d'œil sur le cabinet, je pourrais dire à ma femme s'il est assez grand pour contenir quelques meubles précieux, qu'elle est bien aise d'avoir partout avec elle.

Enfin, la porte s'est ouverte. Ma charmante m'a comme inondé d'un déluge de lumière. Un aveugle ne serait pas plus vivement frappé de l'éclat du soleil, s'il recouvrait la vue en plein midi. Sur mon âme! je n'ai jamais rien senti qui ait approché de cette situation. Que j'ai eu de peine à me vaincre, pour ne pas me démasquer à l'instant! Mais hésitant et dans le plus grand désordre, j'ai avancé la tête dans le cabinet. J'y ai promené mes yeux.

— L'espace, ai-je dit, me paraît suffire pour les bijoux de ma femme. Ils sont d'un grand prix; mais le ciel me confonde (je n'ai pu m'empêcher, Belford, de jurer comme un sot! Maudite habitude!) il n'y entrera jamais rien de si précieux que ce que j'y vois.

Ma charmante a tressailli. Elle m'a regardé avec terreur. La vérité du compliment, autant que j'en puis juger, avait banni la dissimulation de mon accent.

J'ai vu qu'il m'était également impossible de me déguiser plus long-temps à ses yeux et de résister à mes propres transports. Ainsi, me découvrant la tête, et jetant ma redingote, j'ai paru comme le diable de Milton, dans ma forme angélique; quoique la comparaison puisse te sembler assez bizarre. C'est ici, Belford, que les expressions et les figures me manquent pour illustrer cette étrange scène, et l'effet qu'elle produisit sur ma charmante et sur la dame Moore. Je me réduis, par impuissance, à la simple description du fait.

La belle Clarisse ne m'a pas plus tôt reconnu, qu'elle a poussé un cri violent, et plus vite que je n'ai pu la soutenir dans mes bras, elle est tombée sans connaissance à mes pieds. J'ai maudit l'indiscrétion qui m'avait porté à me découvrir si brusquement.

Madame Moore, comme hors d'elle-même à la vue du changement qui s'était fait dans mon habillement, dans ma figure et ma voix, s'est mise à crier une douzaine de fois tour à tour : — Au meurtre! au secours! au meurtre! au secours! Ce bruit a jeté l'alarme dans la maison. Deux servantes sont montées, et mon laquais après elles. J'ai demandé de l'eau fraîche, des sels, des esprits. Chacun a couru de différent côté. Une des servantes est descendue aussi vite qu'elle était montée : tandis que sa maîtresse, passant d'une chambre à l'autre et revenant plusieurs fois dans celle où nous étions, se tordait les mains, invoquait le ciel, parlait à elle-même, aux assistans, sans savoir apparemment ce qu'elle faisait et ce qu'elle voulait dire.

La servante qui était descendue est remontée avec un homme du voisinage et sa sœur, qu'elle avait été chercher. Cette fille, voyant le vieux goutteux qu'elle avait introduit, métamorphosé tout d'un coup en un jeune *drôle*, vif, dispos, qui avait la voix claire et toutes ses dents, soutenait que je ne pouvais être que le diable, et ne pouvait détourner les yeux de mes pieds, s'attendant sans doute à chaque minute de les voir paraître fourchus.

Pour moi, j'étais si attentif à soutenir ma charmante, que je m'occupais peu de tout autre soin. Elle a donné enfin quelques signes de vie, par ses soupirs et ses sanglots. Mais on ne lui voyait encore que le blanc des yeux. Je me suis mis à genoux près d'elle, j'ai soutenu sa tête de mon bras, je lui ai parlé du ton le plus tendre :

— Mon ange! ma charmante! ma Clarisse! Regardez-moi, ma chère vie! Je ne suis pas fâché contre vous. Je vous pardonnerai, cher objet de mon amour.

Les spectateurs étonnés ne savaient quelle explication donner à ce qu'ils entendaient, et bien moins lorsque ma charmante recouvrant la vue, a jeté un regard sur moi, et que, poussant un faible gémissement, elle est retombée dans l'état dont elle ne faisait que sortir.

J'ai levé la fenêtre du cabinet, pour lui donner de l'air. Ensuite la laissant au soin de madame Moore et de miss Rawlings, car c'était cet oracle de Hamstead que la servante avait amenée, je me suis retiré dans un coin de la chambre, où je me suis fait ôter par mon laquais mes gros bas de l'hôtellerie, et j'ai achevé de reprendre ma forme ordinaire. Je suis retourné au cabinet. Là trouvant M. Rawlings, auquel je n'avais pas fait beaucoup d'attention dans le premier trouble :

— Monsieur, lui ai-je dit, vous avez été témoin d'une scène extraordinaire. Mais cette jeune dame est ma femme. Je crois être le seul homme dont la présence soit nécessaire ici.

Il m'a demandé pardon. — Si c'était ma femme, a-t-il ajouté, il convenait qu'il ne devait point entrer dans les affaires d'un mari : cependant la peine qu'elle avait marquée à ma vue...

— Retranchons les *si*, les *cependant*, ai-je repris d'un ton plus fier. Dispensez-vous de cette inquiétude pour la peine d'autrui. Vous n'avez aucun droit à vous attribuer dans cette occasion, et vous m'obligerez de vous retirer sur-le-champ. C'est un bonheur qu'il n'ait pas répliqué. Mon sang était prêt à s'échauffer. Je ne pouvais souffrir que le plus beau cou, les plus beaux bras et les plus beaux pieds du monde, fussent en spectacle à tout autre homme que moi.

Lorsque je me suis aperçu que la connaissance commençait à lui revenir, je suis sorti encore une fois du cabinet, dans la crainte que me voyant trop tôt, elle ne retombât dans le même accident. Les premiers mots qu'elle a prononcés, en regardant autour d'elle avec une extrême émotion, m'ont frappé par leur son lugubre.

— Oh! cachez-moi, cachez-moi! Est-il parti? Cachez-moi, je vous en conjure.

Miss Rawlings est revenue aussitôt vers moi.

— Monsieur, m'a-t-elle dit d'un air assez assuré, le cas est fort surprenant. Cette jeune dame ne peut supporter votre vue. Vous savez mieux que nous quel sujet de plainte vous avez pu lui donner ; mais il est à craindre qu'une nouvelle rechute soit la dernière. Avec un peu de complaisance et de bonté, vous prendriez le parti de vous retirer.

Il était important pour moi de mettre une personne si notable dans mes intérêts ; surtout après avoir traité assez cavalièrement son frère.

— Cette chère personne, lui ai-je dit, a quelque raison de craindre un peu ma vue. Si vous aviez, mademoiselle, un mari qui eût pour vous autant de tendresse que j'en ai pour elle, je suis sûr que vous ne le quitteriez pas, pour vous exposer témérairement à toutes sortes d'aventures, comme elle fait chaque fois qu'on refuse d'entrer dans ses caprices. A la vérité, c'est avec une parfaite innocence. Il n'y a rien à reprocher à ses intentions. Mais c'est sa faute, uniquement sa faute. Elle est d'autant plus inexcusable, que je suis à elle par son choix, et que j'ai raison de croire qu'elle me préfère à tous les hommes du monde. Ici, Bedford, j'ai raconté une de ces histoires que je tiens en réserve pour donner une couleur plus vive à mes suppositions.

— Vous parlez en galant homme, et vous en avez l'apparence, m'a répondu miss Rawlings. Cependant, monsieur, le cas n'est pas moins étrange. Il paraît que cette jeune dame ne vous voit qu'avec terreur.

— Vous n'en serez pas surprise, mademoiselle, dis-je, en la tirant un peu à part, mais du côté de madame Moore, si je vous apprends que c'est la troisième fois que je pardonne à cette chère femme une malheureuse jalousie... qui n'est pas toujours sans un peu de *frénésie*, ai-je ajouté d'un ton plus bas, pour donner à cette circonstance un air de secret... Mais notre histoire serait trop longue : et là-dessus j'ai fait un mouvement pour retourner vers ma charmante. Ces deux femmes m'ont arrêté, en me priant de passer dans la chambre voisine et me promettant de faire leurs efforts pour l'engager à se mettre au lit. Je leur ai recommandé de ne pas la faire parler beaucoup, parce qu'elle était accoutumée à certains accès, et que dans cet état elle disait tout ce qui lui venait à la bouche, avec un désordre d'esprit qui durait quelquefois toute une semaine. Elles m'ont promis d'apporter tous leurs soins à la rendre tranquille. Je suis sorti de la chambre, après avoir fait descendre tous les domestiques.

En prêtant l'oreille, je n'ai pas laissé d'entendre qu'elle s'abandonnait aux exclamations. Elle se nommait malheureuse, perdue, déshonorée! Elle se tordait les mains. Elle demandait du secours pour échapper à des maux terribles dont elle était menacée. Les deux femmes l'exhortaient à la patience et lui conseillaient de prendre un peu de repos. Elles l'ont pressée de se mettre au lit ; mais elle s'est obstinée à le refuser. Cependant elle a consenti à s'asseoir dans un fauteuil : elle était si tremblante, qu'elle ne pouvait se tenir debout.

Je l'ai crue capable alors de soutenir ma présence. Il y aurait eu du danger à lui laisser le temps de mêler dans ses plaintes quelque explication qui eût augmenté mon embarras. Je suis rentré dans le cabinet.

— Ah! le voilà, s'est-elle écriée, en se couvrant le visage de son mouchoir ; je ne puis le voir : je ne puis jeter les yeux sur lui. Sortez, sortez ; ne me touchez pas, a-t-elle repris vivement, lorsque j'ai voulu prendre sa main, en la suppliant d'être plus tranquille, en l'assurant que je voulais faire ma paix avec elle, et qu'elle serait maîtresse des conditions.

— Méprisable personnage! m'a dit cette violente fille, je n'ai pas d'autres conditions à désirer que celle de ne vous voir jamais. Pourquoi faut-il que je sois exposée à vos persécutions ? Ne m'avez-vous pas déjà rendue trop misérable ? Sans protection, sans amis, je bénirai le ciel de ma misère, pourvu que je sois délivrée du malheur de vous voir.

Miss Rawlings m'a regardé d'un œil ferme. C'est une créature assez hardie que cette miss Rawlings. Madame Moore a tourné aussi les yeux sur moi. — Je m'y étais bien attendu, leur ai-je dit à toutes deux, en baissant la tête vers elles d'un air consterné. Ensuite m'adressant à la charmante :

— Mon cher amour, vous paraissez hors de vous-même ! songez que cette violence peut nuire à votre santé ! Un peu de patience, ma chère vie ! Nous traiterons plus tranquillement cette affaire. Vous m'exposez, vous vous exposez vous-même. Ces dames croiront que vous êtes tombée dans une troupe de voleurs et que j'en suis le chef.

— Oui, c'est le nom que vous méritez. Oui, oui, frappant du pied, sans cesser d'avoir le visage couvert. Elle se rappelait sans doute l'aventure de mercredi : ses soupirs paraissaient prêts à l'étouffer. Elle a porté la main à sa tête : Je crains, a-t-elle dit, en réfléchissant sur elle-même, hélas ! d'en perdre l'esprit !

— Mon cher amour, ai-je affecté d'interrompre, ne craignez rien, je ne vous découvrirai pas le visage. Vous ne me verrez pas, puisque ma vue vous est odieuse ; mais voilà une violence dont je ne vous aurais jamais crue capable.

J'ai repris sa main malgré elle, et j'ai voulu la presser de mes lèvres : elle l'a retirée avec indignation. Elle m'a répété l'ordre de ne pas la toucher, et de l'abandonner à son sort.

— Quel droit, a-t-elle ajouté, quel titre avez-vous pour me persécuter si cruellement ?

— Quel droit, quel titre, ma chère !... mais ce n'est pas le moment de répondre à cette question : j'ai reçu une lettre du capitaine Tomlinson. La voici : daignez la prendre et la lire.

— Je ne reçois rien de votre main : ne me parlez pas du capitaine Tomlinson : ne me parlez de personne. Vous n'avez aucun droit de me persécuter avec cette cruauté. Encore une fois, retirez-vous. N'avez-vous pas déjà poussé mes malheurs au comble ?

Sens-tu, Belford, que j'avais touché exprès une corde si délicate, pour lui causer, devant les deux femmes, quelque transport de passion, qui pût confirmer ce que je leur avais fait entendre de l'aliénation de son esprit ? J'ai repris, avec la même douceur :

— Quel malheureux changement ! Si tranquille, si contente, il y a peu de jours! N'attendant que le moment de votre réconciliation avec votre famille ! Cet agréable événement si avancé ! Une occasion légère, une bagatelle renversera-t-elle tout l'édifice de notre bonheur ?

Elle s'est levée avec un mouvement si vif d'impatience et de colère, qu'elle m'en a paru trembler. Son mouchoir, qui est tombé de dessus son visage, a laissé voir toute l'indignation qui s'y était répandue.

— A présent, m'a-t-elle dit, puisque tu as l'audace de donner le nom de bagatelle à l'occasion dont tu parles, et puisque je suis heureusement hors de tes mains infâmes, hors d'une maison que je ne dois pas croire plus honnête que toi, je hasarderai de lever les yeux. Mais plût au ciel que ce ne fût que pour te voir mort, après avoir vu dans ton lâche cœur quelque sentiment de honte et de repentir?

Ce langage de tragédie, joint à la manière violente dont elle l'avait prononcé, a produit l'effet que je m'étais promis. J'ai tourné successivement sur elle et sur les deux femmes un œil de compassion. Ces deux prudentes créatures ont branlé la tête et m'ont pressé de me retirer. Ensuite, elles l'ont priée tendrement de se mettre au lit, pour y prendre un peu de repos. Mais cet ouragan, comme tous les autres, s'est bientôt dissipé en pluie : c'est-à-dire que, versant un ruisseau de larmes, elle est retombée sur son fauteuil. Elle a demandé pardon aux deux femmes de son emportement ; mais elle ne l'a pas demandé à moi. Cependant j'ai commencé à me flatter que le temps des complimens étant venu, il pouvait arriver que j'y eusse bientôt part aussi.

— En vérité, mesdames, ai-je dit aux deux créatures (tu conviendras, Belford, que ce n'est pas d'assurance que j'ai manqué), je ne reconnais pas mon cher amour à cette violence. Rien ne lui est si peu naturel. Un malentendu...

On n'a pas manqué de me couper la voix.

— Un malentendu, misérable que tu es ! Crois-tu que j'attende de toi des excuses ? (Le mépris éclatait dans chaque trait de son aimable visage.) Puis détournant la tête, pour éviter mes yeux : Indigne fourbe ! je n'ai pas la patience de te regarder. Sors, sors d'ici ! comment oses-tu soutenir ma présence ?

J'ai cru alors que la qualité de mari m'obligeait de paraître un peu fâché.

— Madame, madame, vous pourrez vous repentir quelque jour de ce traitement : je ne l'ai pas mérité. Rendez-moi justice : vous savez que je ne l'ai pas mérité.

— Je le sais, misérable ! Je le sais !

— Oui, madame ; jamais homme de ma naissance et de mon rang, il m'a paru à propos de me faire un peu valoir, ne s'est vu traiter avec cet air de mépris. (Elle a levé les mains vers le ciel, l'indignation lui a coupé la voix.) Mais tout vient de la même source que le reproche de vous avoir privée de toutes sortes de secours et de protection, de vous avoir jetée dans l'humiliation et la misère, et d'autres discours aussi étranges. Ce que j'ai à répondre devant ces deux dames, c'est qu'après ce que je viens d'entendre, et puisqu'une aversion si forte a pris la place de votre ancienne estime, je vous laisserai bientôt aussi libre que vous le désirez. Je vais partir : je vous abandonnerai à ce que vous nommez votre sort ; et puisse-t-il être heureux ! Seulement, pour n'être regardé de personne comme un usurpateur, comme un voleur assurément, je demande où je dois envoyer vos habits et tout ce qui vous appartient. Vous ne tarderez point à les recevoir.

— Envoyez-les ici, m'a-t-on répondu ; et garantissez-moi que vous cesserez de me tourmenter, que vous n'approcherez jamais de moi : c'est tout ce que je désire de vous.

— Je vous obéirai, madame, ai-je repris d'un air affligé. Mais devais-je croire que vous fussiez jamais capable de pousser si loin l'indifférence et le mépris? Cependant, permettez que j'insiste du moins sur la lecture de cette lettre. Consentez à voir le capitaine Tomlinson, à recevoir de sa bouche ce qu'il doit vous dire de la part de votre oncle. Il ne sera pas long-temps à se rendre ici.

— Vous ne me tromperez plus, m'a-t-elle dit d'un ton impérieux. Commencez par exécuter vos offres : je ne recevrai aucune lettre de vos mains. Si je vois le capitaine Tomlinson, ce sera sans aucun rapport à vous. Envoyez mes habits, comme vous l'offrez : donnez-moi cette preuve de sincérité, si vous voulez que je vous croie sur tout le reste. Laissez-moi sur-le-champ et commencez par m'envoyer mes habits.

Les femmes se regardaient avec étonnement. Leur embarras ne faisait qu'augmenter. J'ai feint de partir, dans le mouvement de mon dépit. Mais, après m'être avancé jusqu'à la porte, je suis retourné sur mes pas, et comme si j'étais revenu à moi-même :

— Un mot, un mot encore, mon très cher amour... Hélas! charmante jusque dans sa colère! O fatale tendresse! ai-je ajouté, en me tournant à demi et tirant mon mouchoir. Je crois, Belford, qu'il s'est avancé quelque chose d'humide sur le bord de mes yeux. En honneur, je n'en doute pas. Les femmes ont paru touchées de compassion. Honnêtes créatures! Elles ont voulu montrer qu'elles avaient aussi chacune leur mouchoir. C'est ainsi, ne l'as-tu pas quelquefois observé? que, dans une compagnie de douze ou quinze personnes, chacun tire obligeamment sa montre, lorsqu'il entend demander quelle heure il est.

— Un mot, madame, ai-je répété aussitôt que j'ai pu retrouver la voix. J'ai représenté au capitaine Tomlinson, dans le jour le plus favorable, la cause de notre mésintelligence présente. Vous savez sur quoi votre oncle insiste : vous savez à quoi vous avez consenti. La lettre que je vous offre va vous apprendre ce que vous avez à craindre de la malignité active de votre frère.

Elle allait me répondre avec chaleur, en repoussant la lettre du capitaine. Je l'ai prévenue :

— De grâce, madame, écoutez-moi. Vous savez que Tomlinson s'est ouvert de notre mariage à deux personnes. La nouvelle est déjà parvenue aux oreilles de votre frère. Elle est allée aussi jusqu'à ma famille. J'ai reçu ce matin de la ville des lettres de milady Lawrance et de miss Montaigu. Les voici, madame, je les ai tirées de ma poche pour les lui offrir, avec celle du capitaine; mais elle les a repoussées de la main. Faites réflexion, je vous en conjure, aux suites funestes d'un ressentiment si vif.

— Depuis que je vous connais, m'a-t-elle dit, je suis dans un abîme d'incertitudes et d'erreurs. Je bénis le ciel de m'avoir délivrée de vos mains. Le soin de mes affaires ne regarde que moi. Je vous dispense d'y prendre le moindre intérêt. Ne suis-je pas indépendante de vous et maîtresse de moi-même? Ne suis-je pas...

Les femmes ouvraient de grands yeux.

Il était temps de l'interrompre. J'ai élevé la voix pour étouffer la sienne.

— Vous avez naturellement le cœur si tendre et si délicat, ma très chère amie! Jamais il n'eut une plus belle occasion de s'exercer. Si vous ne voulez pas jeter les yeux vous-même sur les lettres, souffrez que je vous en lise un article ou deux.

— Loin, loin, s'est-elle écriée ; et que jamais je ne voie, ni toi ni tes lettres. De quel droit oses-tu si cruellement me tourmenter?

— Étranges questions, mon très cher amour! Questions auxquelles vous répondriez fort bien vous-même.

— Sans doute, a-t-elle repris avec le même emportement ; et voici donc ma réponse...

Je me suis hâté d'élever encore plus la voix. Elle s'est arrêtée.

— Tendre fille! ai-je dit en moi-même, malgré la petite colère où j'étais contre elle ; il serait bien singulier qu'un caractère tel que le tien fût capable ici de me résister. Cependant, j'ai baissé le ton aussitôt que sa bouche s'est fermée. Tout est devenu doux, soumis dans mon accent. J'ai penché la tête, une main levée, et l'autre appuyée sur ma poitrine : Au nom du ciel! ma très chère Clarisse, lui ai-je dit en poussant un soupir, déterminez-vous à voir le capitaine avec un peu de modération. Il voulait venir avec moi ; mais j'ai cru devoir essayer d'abord d'adoucir votre esprit sur ce fatal malentendu, et cela, pour entrer dans vos propres intentions ; car, sans ce cher motif, que m'importe à moi que vos parens pensent ou ne pensent pas à se réconcilier avec nous? Ai-je quelque faveur à leur demander? C'est donc pour vous-même que je vous conjure de ne pas rendre inutiles les services et la négociation du capitaine. Ce vertueux officier sera ici avant la fin du jour. Milady doit arriver à Londres, avec ma cousine, dans un jour ou deux. Leur premier soin sera de vous voir. Ne poussez pas si loin cette petite querelle, que milord M..., milady Lawrance et milady Saddler en puissent être informés. Si tu savais, Belford, de quel œil les femmes ont commencé à me regarder! Ma tante Lawrance ne vous laissera point en repos, que vous n'ayez consenti à l'accompagner dans ses terres : et votre cause sera sûrement entre ses mains.

J'ai repris haleine un moment pour juger de ses dispositions par sa réponse. Mais sa contenance et le ton de sa voix ne m'ont pas plu.

— Et crois-tu, misérable... a-t-elle recommencé... Il fallait absolument l'interrompre.

— Misérable! me suis-je écrié plus haut qu'elle. Ah! madame, vous savez que je n'ai pas mérité des noms si violens. Une âme si délicate est-elle capable de cet injurieux langage! Mais ce traitement vient de vous, madame! de vous que j'adore ; de vous qui m'êtes plus chère que moi-même. Les femmes ont recommencé à se regarder. Mon ardeur a paru leur plaire. Il n'y a point de femmes, Belford, mariées, filles ou veuves, qui n'aiment les *ardeurs*. Miss Howe même, dans une de ses lettres, prend parti pour *les ardeurs*. Cependant, madame, je dois dire que dans cette occasion vous avez été trop loin. Je vois que vous me haïssez.

Elle allait répondre :

— Si nous devons nous séparer sans retour, ai-je continué d'une voix plus ferme et plus grave, je ne serai pas long-temps incommode à cette île. En attendant vos dernières résolutions, daignez seulement lire ces lettres, et considérer ce qu'il faut dire à l'ami de votre oncle, ou ce qu'il doit dire lui-même à son ami. Renoncez à moi si vous voulez ; je ne m'en prêterai pas moins à tout ce qui peut faciliter la paix et la réconciliation pour laquelle je vous ai vu depuis peu tant d'empressement. Mais je prends la liberté de vous représenter que vous devez me traiter avec un peu moins de chaleur, ne fût-ce que pour donner une couleur favorable à ce qui s'est passé, et du poids aux propositions qu'il vous plaira de faire à votre famille.

J'ai mis alors toutes mes lettres sur une chaise qui touchait à la sienne; et je me suis retiré dans l'appartement voisin, avec une profonde révérence.

Les deux femmes m'ont suivi au même instant; madame Moore, pour laisser à ma perverse la liberté de lire ses lettres; miss Rawlings, par le même motif, et parce qu'on la demandait chez elle. La bonne Moore l'a priée de revenir promptement. Je lui ai fait la même prière; et je ne lui ai pas vu de répugnance à promettre de nous obliger.

J'ai tourné mes premiers soins à me faire pardonner par madame Moore le déguisement sous lequel je m'étais présenté, et les fables qui m'avaient servi à la tromper. Je lui ai dit que je ne changeais rien au marché que j'avais fait avec elle pour son appartement, et que je la paierais pour un mois. Elle m'a témoigné quelques scrupules, qui se sont réduits à vouloir consulter miss Rawlings. J'y ai consenti; mais après l'avoir fait souvenir qu'elle avait reçu mes arrhes, et qu'elle n'avait rien à me contester.

Miss Rawlings est rentrée alors d'un air de curiosité plus vive; et madame Moore lui ayant raconté ce qui venait de se passer entre nous, elle a pris le ton officieux. Je l'ai secondée sans affectation, fort persuadé que si je la faisais entrer dans mes intérêts, j'étais sûr de l'autre.

Elle a souhaité, si le temps le permettait, et si sa proposition ne me paraissait pas indiscrète, que je lui apprisse en peu de mots le fond d'un événement, qui se présentait, m'a-t-elle dit, sous une face mystérieuse et tout à fait surprenante. Dans quelques momens elle nous avait crus mariés, dans d'autres ce point lui avait paru douteux. Cependant la jeune dame ne le désavouait point absolument; mais il paraissait du moins qu'elle se croyait mortellement offensée.

Je lui ai répondu que notre aventure était d'une singularité sans exemple; que dans plusieurs circonstances elle pourrait leur paraître incroyable; mais que, leur croyant beaucoup de discrétion, je ne ferais pas difficulté de leur en faire un récit abrégé, qui éclaircirait à leur satisfaction, non seulement ce qui s'était passé, mais encore tout ce qui pouvait arriver. Elles ont pris chacune leur chaise autour de moi, et chaque trait de leur visage s'est composé à l'attention. J'étais résolu d'approcher de la vérité autant qu'il m'était possible, dans la crainte qu'il n'échappât quelque chose à ma charmante qui pût démentir mon témoignage; et pour m'accorder d'ailleurs avec moi-même sur toute la scène de l'hôtellerie.

Quoique tu saches toute mon histoire, Belford; et que je t'aie communiqué une bonne partie de mes vues, il est nécessaire que je t'apprenne en gros le tour que j'ai donné à mon récit.

Je leur ai fait, en abrégé, l'histoire de nos familles, de nos fortunes, de nos alliances, de nos antipathies, surtout de celle qui met un obstacle éternel à l'amitié entre James Harlove et moi; j'ai constaté la vérité de notre mariage secret; la lettre du capitaine, que je joindrai à celle-ci, t'en fera connaître les raisons. D'ailleurs, les deux femmes auraient pu me proposer un ministre, par voie d'accommodement. Je leur ai dit les conditions que ma femme m'avait fait jurer, et dont elle s'était d'autant moins relâchée qu'elle les avait crues propres à m'inspirer plus d'ardeur pour sa réconciliation avec sa famille. J'ai confessé, de bonne foi, que cette contrainte m'avait quelquefois fait penser à chercher des consolations au dehors, et la bonté de madame Moore lui a fait déclarer qu'elle n'en était pas fort étonnée. C'est une excellente femme que cette madame Moore.

Comme la rusée miss Howe a découvert actuellement ce que c'est que notre Sinclair, et qu'elle pourrait trouver quelque moyen d'en instruire son amie, j'ai jugé qu'il était fort important de prévenir les deux femmes en faveur de madame Sinclair et de ses nièces. Je leur ai dit qu'elles étaient nées demoiselles; mais qu'à la vérité ma femme avait conçu de l'aversion pour elles, depuis qu'elles s'étaient unies pour la blâmer d'un excès de délicatesse. La plupart des gens, ai-je ajouté, et même des plus honnêtes gens, à qui leur conscience reproche une faute dont ils n'ont aucune envie de se corriger, sont quelquefois les plus impatiens lorsqu'on les en avertit, parce qu'ils supportent moins volontiers que d'autres, qu'on n'ait pas d'eux l'opinion qu'ils croient mériter.

Elles m'ont répondu toutes deux : — C'est ce qui n'arrive que trop souvent.

— « Madame Sinclair, ai-je continué, occupait une fort belle maison, propre même à loger des personnes de la première qualité. Tu sais, Belford, que rien n'est si vrai. C'était une femme très bien dans ses affaires, une veuve au dessus du commun, telle que vous, madame (en m'adressant à madame Moore), qui donne à louer comme vous; qui avait autrefois d'autres espérances, comme vous pouvez en avoir eu, madame Moore. La veuve d'un colonel. Il n'est pas impossible, madame Moore, que vous n'ayez connu le colonel Sinclair. Il occupait anciennement quelques chambres de louage à Hamstead. »

Elle m'a dit qu'elle croyait se souvenir de ce nom-là.

— Oh ! c'était une des meilleures maisons d'Écosse : et vous conviendrez, madame Moore, que si sa veuve loue des appartemens garnis, ce n'est pas une raison pour la mépriser. N'est-il pas vrai, miss Rawlings ?

— Assurément, assurément. Elles ne pouvaient même approuver, ont-elles ajouté, qu'une dame telle que mon épouse fût d'un caractère méprisant.

— Bon, ai-je aussitôt pensé. Ce fond promet quelque chose. Ne désespérons pas de l'assistance de ces deux femmes pour ramener ma fugitive, et pour arrêter les informations de miss Howe.

Je leur ai fait le portrait de cette virago.

— Dans tout son sexe, leur ai-je dit, on ne trouverait point une tête plus féconde en malice, ni un cœur plus déterminé dans l'exécution.

— C'était apparemment à cette miss Howe, m'a dit madame Moore, que mon épouse avait eu tant d'empressement de dépêcher, dès la pointe du jour, un homme à cheval, avec une lettre qu'elle avait écrite avant que de se mettre au lit, et dont elle n'attendait que la réponse pour quitter Hamstead.

— Elle-même, ai-je répondu. Je savais qu'elle s'adresserait à cette dangereuse amie; et j'aurais été trop heureux si j'avais pu couper le passage à sa lettre, ou du moins la faire tomber entre les mains de madame Howe, au lieu de celles de sa fille. Des femmes qui ont un peu vécu dans le monde ne sont pas capables d'entretenir ces fâcheux caprices dans une jeune mariée.

Je m'arrête pour te faire remarquer, tandis que l'idée m'en vient à l'esprit, que j'ai donné ordre à Will de trouver la demeure du messager de ma belle fugitive, et de le voir à son retour, s'il est possible, avant qu'il ait rendu compte de sa commission.

« J'ai continué de dire à mes deux juges que je désespérais d'être jamais plus tranquille, pendant que miss Howe, avec cet étrange ascendant sur ma femme, serait elle-même à marier, et jusqu'à l'entière réconciliation de ma femme avec sa famille, ou jusqu'à quelque événement encore plus heureux.... comme je devais le penser, moi qui suis le dernier mâle de ma maison, et que sa rigueur, autant qu'un serment mal conçu, avait empêché jusqu'à présent... »

Ici, je me suis arrêté, et j'ai fait le modeste, tournant mon diamant autour de mon doigt, comme si la pudeur ne m'avait pas permis d'achever, tandis que la dame Moore, me faisant lire clairement dans ses regards, m'a dit que le cas était assurément fort singulier ; et que la vierge Rawlings a fait quelques minauderies en ouvrant son éventail, pour faire entendre que ce que j'avais dit ne demandait pas d'autre explication.

Je leur ai raconté le sujet de notre dernier différend. J'ai bien établi la réalité du feu ; mais j'ai confessé qu'ayant pour moi les droits du mariage, je n'aurais pas fait difficulté de violer un serment ridicule, lorsque la frayeur d'un accident si peu prévu avait jeté ma femme entre mes bras ; et je me suis fait un reproche fort amer d'en avoir manqué l'occasion, puisqu'elle jugeait à propos de pousser le ressentiment si loin, et qu'elle avait l'injustice de regarder le feu comme une invention préméditée.

— Assurément, pour cet article, a remarqué la bonne madame Moore, comme vous êtes mariés, et que madame paraît un peu singulière, il y aurait peu d'hommes... Elle n'a pas poussé plus loin sa réflexion.

— Comprenez-vous? ai-je repris, me supposer capable d'avoir recours à de si misérables inventions, lorsque je voyais cette chère personne à toutes les heures du jour. Le trait, Belford, te paraît-il assez effronté ?

Miss Rawlings a répété plusieurs fois, que le cas était *en vérité* fort extraordinaire ; baissant les yeux, jouant de l'éventail, tournant la tête pour ne pas m'entendre tout à fait, dans la crainte apparemment qu'il ne m'échappât quelque chose d'offensant pour sa modestie ; et, revenant néanmoins à la question par des *mais* et des *si*, qui marquaient encore plus de curiosité.

La jalousie de ma charmante, qui sert d'explication dans la tête d'une femme, à cent choses inexplicables, et ce petit désordre d'esprit dont j'avais déjà parlé, que j'attribuais à l'odieuse imprécation de son père et aux anciennes persécutions de sa famille, ont été les derniers points sur lesquels je me suis étendu, par précaution pour tout ce qui peut arriver. En un mot, je me suis reconnu coupable de la plupart des offenses dont je ne doutais pas qu'elle ne leur fît ses plaintes ; et, comme il n'y a rien qui n'ait un côté noir et un côté blanc, j'ai donné aux plus fâcheuses parties de notre aventure le meilleur tour qu'elles pussent recevoir.

Après avoir fini ma narration, je leur ai cité quelques articles de la lettre du capitaine Tomlinson, que j'avais laissée entre ses mains; et je leur ai recommandé, avec de fortes instances, d'être en garde contre les recherches de James Harlove et du capitaine Singleton, ou de tout ce qui aura l'air de gens de mer.

Tu vas voir, par la lettre même, combien cette précaution était nécessaire. Je te conseille de la lire ici, et, si tu fais un peu d'attention à tout ce qu'elle contient, tu la trouveras charmante par rapport à mes vues.

A M. LOVELACE.

Mercredi, 7 juin.

« Monsieur,

« Quoique je sois obligé de me rendre demain à Londres, ou le jour suivant, je ne dois pas négliger l'occasion que j'ai de vous écrire, par un de mes gens, que d'autres raisons me portent à faire partir avant moi, pour vous avertir que probablement il vous reviendra quelque bruit de votre mariage, par la bouche ou les lettres de quelqu'un de vos proches. Une des personnes à qui j'ai jugé à propos de faire entendre que je vous crois mariés (son nom est M. Lilburne), se trouvant ami de M. Spurrier, intendant de milady Lawrance, et, n'ayant point été prié de se taire, a communiqué cette nouvelle à M. Spurrier, qui l'a rapportée à milady Lawrance comme un fait certain ; d'où il est arrivé que, sans avoir l'honneur d'être connu personnellement de cette dame, j'ai reçu la visite de son intendant, qui est venu m'en demander la confirmation de sa part. Il était accompagné de M. Lilburne. Ainsi, je n'ai pu éviter de tenir le même langage, et je crois comprendre que milady se plaint de n'avoir pas reçu de vous-même une nouvelle si désirée. Il me paraît que ses affaires l'appellent à la ville : peut-être jugerez-vous à propos de lui découvrir la vérité. Si vous prenez ce parti, ce sera sans doute en confidence, afin qu'il ne transpire rien du côté de votre famille, qui puisse contredire ce que j'ai publié. J'ai toujours eu pour maxime qu'en toute occasion il faut s'attacher fidèlement à la vérité ; et, quoique dans la meilleure vue du monde, j'ai quelque regret de m'être un peu écarté de mon ancien principe. Mais le cher M. Jules Harlove m'en a fait une loi. Cependant j'ai remarqué toute ma vie qu'un écart de cette nature ne va jamais seul. Pour y remédier, monsieur, permettez que je supplie encore une fois l'incomparable personne de confirmer promptement ce que j'ai dit. Lorsque vous le reconnaîtrez tous deux, il y aurait de l'impertinence à vous demander trop curieusement la semaine ou le jour ; et si la célébration est aussi secrète que vous le désirez, les dames de la maison où vous êtes logés ayant d'aussi bonnes instructions que vous me l'avez assuré, et vous croyant mariés depuis long-temps, qui sera jamais en état de contredire mon témoignage?

» Cependant, il est très probable qu'on fera quelques petites recherches ; et c'est ce qui rend la précaution absolument nécessaire. M. James Harlove ne se persuadera pas que vous soyez mariés. Il est sûr, dit-il, que vous viviez ensemble lorsque M. Hickman s'est adressé à M. Jules Harlove : et si vous avez vécu quelque temps dans cette liaison, sans être mariés, il conclut de votre caractère, monsieur Lovelace, qu'il n'y a point d'apparence que vous pensiez jamais au mariage. Enfin, dans la supposition même que vous eussiez pris le parti de vous marier, il laisse à juger à ses deux oncles s'il n'y a pas lieu de croire que vous avez commencé par déshonorer sa sœur, et s'il lui reste par conséquent quelque droit de prétendre à la faveur et au pardon de sa famille. Je crois, monsieur, qu'il est à propos de lui cacher cette partie de ma lettre.

» M. James est résolu d'approfondir la vérité, et de se procurer même, à toutes sortes de prix, le moyen de parler à sa sœur. Je suis bien informé qu'il part demain dans cette vue, avec une suite nombreuse et bien armée, et M. Solmes doit être de la partie. Ce qui donne tant d'ardeur à M. James, c'est la déclaration que M. Jules, son oncle, a faite à toute la famille, qu'il pense à réformer les dispositions de son testament. M. Antonin est dans la même résolution ; car il paraît que madame Howe ayant refusé depuis peu l'offre de sa main, il a renoncé absolument au dessein de changer d'état. Ces deux frères agissent toujours de concert. M. James commence à craindre (et je puis vous dire, sur ce que j'ai entendu de M. Jules, que ses craintes ne sont pas sans fondement) qu'il ne revienne à sa sœur, de ce changement, plus d'avantage qu'il ne désire. Il a déjà sondé son oncle : il a voulu savoir s'il n'avait pas reçu quelques nouvelles propositions de la part de sa sœur. M. Jules n'a pas répondu directement, et s'est borné à des souhaits pour une réconciliation générale, accompagnés de la supposition que sa nièce était mariée. Ce furieux jeune homme a paru s'en offenser : il a fait souvenir son oncle de l'engagement dans lequel ils sont tous entrés, au départ de sa sœur, de ne prêter l'oreille à rien sans un consentement général.

» Le cher M. Jules me fait souvent des plaintes de l'humeur impérieuse de son neveu. A présent, dit-il, qu'il n'a personne dont le génie supérieur lui serve de frein, il n'observe plus aucune règle de bienséance avec ses proches. C'est ce qui donne plus d'ardeur que jamais à M. Jules, pour la réconciliation de sa nièce. Il n'y a pas deux heures que j'ai pris la liberté de lui proposer une correspondance avec sa *fille nièce* ; c'est le nom qu'il lui donne quelquefois encore, dans le mouvement de sa vive affection. Je lui ai offert une enveloppe à mon adresse. Cette chère nièce, lui ai-je dit, est d'une si parfaite prudence, que personne n'est plus capable de tout conduire à la plus heureuse fin. Il m'a répondu que, dans les circonstances présentes, il ne se croit pas tout à fait libre de hasarder cette démarche, et qu'il lui paraît plus prudent de se réserver le pouvoir d'assurer dans l'occasion qu'il n'avait avec elle aucune correspondance.

» Ce détail vous fera juger, monsieur, combien il est nécessaire que notre traité demeure absolument secret. Si votre chère dame a déjà fait quelque ouverture à miss Howe, sa digne amie, je me flatte que c'est en confidence.

» Je passe en peu de mots, monsieur, à votre lettre de lundi dernier. M. Jules Harlove a paru fort satisfait de votre empressement à recevoir ses propositions. A l'égard du désir que vous marquez tous deux de le voir à la cérémonie, il m'a dit que ses démarches étaient observées de si près par son neveu, qu'il ne voyait aucune apparence de pouvoir vous obliger sur ce point, quand son inclination l'y porterait ; mais qu'il consent de bon cœur que je sois l'ami qui assistera de sa part à cet heureux événement.

» Cependant, si votre chère dame continue de souhaiter fort ardemment la présence de son oncle, je crois avoir trouvé un expédient qui conciliera tout, à moins qu'il ne soit plus déterminé dans sa résolution que je ne l'ai jugé par sa réponse. Je remets à vous expliquer mes vues, lorsque j'aurai le plaisir de vous voir à Londres ; et peut-être serai-je en état de vous apprendre alors ce qu'il en aura pensé lui-même. Mais vous n'avez pas de temps à perdre. Il est impatient d'apprendre que vous ne fassiez plus qu'un, et j'espère qu'en vous quittant, à mon retour, je serai en état de l'assurer que j'ai vu la célébration de mes propres yeux.

» S'il naissait quelque obstacle de la part de votre chère dame, ce qui est impossible de la vôtre, je serais tenté de lui reprocher effectivement des excès de délicatesse.

» M. Jules Harlove compte entre ses espérances, monsieur, que vous apporterez plus de soin à fuir qu'à rencontrer ce violent neveu. Il a pris une meilleure opinion de vous, permettez-moi cette remarque, depuis que je lui ai tenu compte de votre modération et de votre politesse : deux qualités dont son neveu est mal partagé. Mais où trouver des hommes sans défaut ?

» Vous ne vous imagineriez jamais quelle tendresse mon cher ami conserve encore pour son excellente nièce. Je veux vous en donner un exemple, dont je ne vous dissimulerai pas que j'ai été fort touché. « Si je suis jamais assez heureux, me disait-il dans un de nos derniers entretiens, pour voir cette aimable enfant faire les honneurs de ma table, comme maîtresse de ma maison, toute la famille présente, en qualité seulement de ses hôtes ; car c'était ma passion pendant le mois qu'elle m'accordait à mon tour ; et j'y avais fait consentir sa mère... » Là ce respectable ami s'arrêta. Il tourna le visage : deux ruisseaux de larmes coulaient sur ses joues. Il voulait me les cacher ; mais il n'en eut pas la force. « Cependant, reprit-il, comment... comment... chaque parole était accompagnée d'un sanglot, comment serais-je capable de soutenir la première entrevue ? »

» Je ne suis pas un homme dur, monsieur Lovelace, et j'en bénis le ciel : mes yeux témoignèrent à mon noble ami qu'il n'avait pas eu raison de rougir devant moi de son humanité.

» Il est temps de finir une si longue lettre. Ayez la bonté de faire agréer mon très humble respect à la plus excellente personne de son sexe, et comptez absolument, monsieur, sur le zèle et la fidélité de, etc.

TOMLINSON. »

Pendant la conversation dont je t'ai fait le récit, je m'étais placé au fond de la chambre où j'étais, vis-à-vis de la porte qui était ouverte, et devant celle du cabinet qui était fermée. J'avais parlé si bas, que dans cet éloignement il avait été impossible à ma charmante de m'entendre, et ma situation me laissait observer si sa porte s'ouvrait.

J'ai dit aux deux femmes que le voyage de milady Lawrance avec sa nièce, et la visite qu'elles devaient faire à mon épouse, qui ne les avait jamais vues, étaient des vérités si réelles, que j'attendais à chaque moment des nouvelles de leur arrivée. Je leur ai parlé alors des deux autres lettres que j'avais laissées à ma femme, l'une de milady Lawrance, et l'autre de ma cousine Montaigu : je t'en épargne la lecture. L'impertinence de mes chers parens ne cesse pas de se répandre en reproches ; ils sont charmés d'en trouver l'occasion. Leur motif est toujours une vive affection (leur affection, Belford !), et la connaissance qu'ils ont de mon excellent caractère (autre sujet d'admiration !). Mais il ne manque rien à leur contentement, aux témoignages de leur joie, à l'empressement qu'ils ont de voir et d'embrasser leur charmante nièce, leur adorable cousine. Après avoir fait lire à mes deux femmes une copie de ces lettres, dont je m'étais muni fort heureusement, j'ai cru qu'il m'était permis de menacer et de faire un peu le brave. — Je ne me sens pas porté, leur ai-je dit, à faciliter cette visite que milady Lawrance et miss Montaigu veulent faire à ma femme. — Après tout, je suis las de ses caprices : elle n'est plus ce qu'elle peut se vanter d'avoir été; et, comme j'ai cru pouvoir le déclarer devant vous, mesdames, j'abandonnerai cette ennuyeuse île, quoique je lui doive ma naissance et que j'y laisse un bien considérable, pour aller résider soit en Italie, soit en France, et ne me souvenir jamais que j'ai porté la malheureuse qualité de mari.

— Oh ! monsieur, s'est écriée l'une. — Quel dommage ! m'a dit l'autre.

— Que voulez-vous madame? en me tournant vers madame Moore. Que puis-je vous dire? en m'adressant à miss Rawlings. — Je suis au désespoir; je ne puis soutenir plus long-temps cette dureté. J'ai eu le bonheur d'être favorisé quelquefois par les dames (en prenant un air modeste, Belford; et tu sais que je ne mens point.) A l'égard de ma femme, il ne me reste qu'une espérance; car je dois tant de mépris à ses parents, que je ne puis souhaiter notre réconciliation que pour l'amour d'elle : c'est que s'il plaisait au ciel de nous accorder des enfans, elle pourrait reprendre sa douceur ordinaire, qui nous rendrait parfaitement heureux. Mais la réconciliation même, qu'elle avait si fort à cœur, devient plus difficile que jamais par la téméraire démarche qu'elle vient de faire et par les transports où vous la voyez. Vous vous imaginez bien que son frère et sa sœur n'apprendront pas cette dernière aventure sans en prendre droit de renouveler leurs persécutions, surtout après avoir affecté jusqu'à présent de ne pas croire notre mariage réel, et ma femme elle-même n'ayant que trop de disposition à seconder ce mauvais bruit, parce que nous ne sommes encore liés que par la célébration.

Ici, j'ai repris l'air modeste pour faire ma cour à miss Rawlings. Je me suis tourné à demi. Ensuite, recommençant à les regarder toutes deux : — Vous-mêmes, mesdames, vous ne saviez ce que vous en deviez croire. Il a fallu vous raconter toute notre histoire; et je vous assure que je ne me donnerai pas la même peine pour convaincre une famille que je hais, une famille dont je n'attends et ne désire aucune faveur, et qui résiste d'ailleurs à la conviction. Dites-moi, je vous le demande, qu'arrivera-t-il lorsque l'ami du plus respectable des deux oncles va paraître, quoiqu'il ait toute l'apparence d'un homme d'honneur? N'est-il pas naturel qu'il ne dise : — « A quoi bon, monsieur Lovelace, entreprendre de réconcilier madame Lovelace avec ses proches, par la médiation de son oncle, lorsque tous deux vous n'êtes pas mieux ensemble? » La conséquence est juste, madame Moore. Je n'aurai rien à répondre, miss Rawlings. Le plus grand mal, c'est ce maudit serment qui nous lie, dans ses idées, jusqu'au moment de la réconciliation.

Les deux femmes ont paru touchées de mon raisonnement. Je parlais avec beaucoup de feu, quoique d'un ton fort bas : et puis ce sexe aime à se voir traiter avec un air d'importance. Leurs têtes prudentes se sont baissées l'une vers l'autre, et j'ai reconnu des marques d'attendrissemen. sur leur visage. Mon tendre cœur s'en est ressenti. — Dites, mesdames, ne me trouvez-vous pas fort à plaindre? Si elle ne m'avait pas préféré à tous les hommes du monde... Je me suis arrêté ici : — Et c'est sans doute, ai-je repris, en cherchant mon mouchoir, ce qui a jeté M. Tomlinson dans l'embarras, lorsqu'il a su sa fuite, lui qui, la dernière fois qu'il nous a vus, admirait deux cœurs les plus passionnés... Oui, les plus passionnés! ai-je répété d'un ton douloureux. J'ai tiré alors mon mouchoir, et le portant à mes yeux, je me suis levé pour m'avancer vers la fenêtre. — Ce souvenir, ai-je dit d'une voix altérée, me rend plus faible qu'une femme. Si je ne l'aimais pas plus qu'un mari n'aima jamais la sienne... (Oh! pour cela, Belford, je n'en doute pas moi-même.) Je me suis encore arrêté, et reprenant : — Toute charmante que vous la voyez, je souhaiterais de ne l'avoir jamais connue. Pardonnez, mesdames (en revenant sur mes pas, après avoir assez frotté mes yeux pour les faire paraître un peu rouges), et tirant mon portefeuille : — Je veux vous faire voir une lettre... la voici. Prenez la peine de lire, miss Rawlings. Elle vous confirmera combien toute ma famille est disposée à l'admirer. J'y suis traité un peu librement, comme dans les deux autres; mais après les ouvertures que je viens de vous faire, je ne dois plus avoir de secret pour vous.

Elle l'a prise avec une curiosité avide. Après avoir regardé les armes d'un air d'admiration, elle a lu l'adressse : *à M. Lovelace*, etc. Je l'ai interrompue : — Oui, mademoiselle, oui, c'est mon nom (feignant d'avoir oublié que je m'étais déjà nommé plusieurs fois). Je n'ai pas sujet d'en rougir, comme vous voyez. Le nom de ma femme est Harlove; Clarisse Harlove, vous me l'avez entendu nommer ma chère Clarisse.

— Je m'étais figuré, m'a dit miss Rawlings, que c'était quelque nom imaginaire, un nom d'amour.

— Non, mademoiselle, c'est réellement son nom.

Je l'ai priée de lire la lettre entière à madame Moore. Si l'orthographe n'est pas exacte, ai-je ajouté, vous aurez la bonté d'excuser; c'est l'écriture d'un *seigneur*. Peut-être ne ferai-je pas voir cette lettre à ma femme; car si celles que je lui ai laissées ne produisent aucun effet, je n'en espère pas plus de celle-ci, et je ne suis pas bien aise d'exposer milord M... à ses dédains. En vérité, je commence à devenir fort indifférent pour les suites.

Miss Rawlings, flattée de cette marque de confiance, m'a regardé d'un œil de pitié, et s'est mise à lire.

Tu peux lire ici, si tu veux, la même lettre, que j'ai la bonté de t'envoyer.

A M. LOVELACE.

Au château de M..., mercredi, 7 juin.

« Mon neveu Lovelace,

» Il me semble que vous auriez pu trouver le temps de nous apprendre la célébration de votre mariage. C'est une politesse que j'avais droit d'attendre de vous. Mais peut-être a-t-il été célébré dans le temps même que vous me proposiez de servir de père à votre femme. Je ne serai pas de bonne humeur si je ne me trompe pas dans cette conjecture. *Qui dit peu, n'a pas beaucoup à rétracter.*

» Cependant je vous avertis que milady Betty Lawrance ne vous pardonnera pas aussi facilement que moi ; *les femmes sont plus rancunières que les hommes.* Vous qui connaissez si bien ce sexe (au reste ce n'est pas votre éloge que je fais), vous deviez savoir cette vérité. Mais comme vous n'avez jamais eu de femme aussi aimable que la vôtre, j'espère que vous ne ferez qu'une âme entre vous. Souvenez-vous de ce que je vous ai déclaré : je suis résolu de vous déshériter et de mettre tout ce que je pourrai sur sa tête, si vous n'êtes pas un bon mari.

» Puisse votre mariage être couronné d'un grand nombre de beaux garçons (je ne souhaite pas de filles), pour rétablir dans tout son lustre une maison si ancienne ! Le premier garçon prendra mon nom par acte de Parlement.... C'est ce qui est déjà réglé dans mon testament.

» Milady Betty et miss Charlotte seront à Londres, pour leurs affaires, avant que vous sachiez vous-même où vous êtes. Elles ont une extrême impatience de faire leurs complimens à leur belle parente. Je ne suppose pas que vous puissiez être encore à Médian lorsqu'elles arriveront à la ville, parce que Greme ne m'informe pas que vous lui ayez donné des ordres pour les préparatifs.

» Pritchard tient toutes les pièces prêtes à signer. Je ne prétends point tirer avantages de vos dédains. J'y suis trop accoutumé : ce qui soit dit à l'honneur de ma bonté, plus qu'à celui de votre complaisance.

» Une des raisons qui conduisent à Londres milady Lawrance, c'est pour nous acheter à tous les présens qu'il nous convient de faire dans cette occasion. Nous aurions mis tout le pays en fête, si vous nous aviez informé assez tôt, et je suis persuadé que c'eût été faire plaisir à tout le monde. *L'occasion ne revient pas tous les jours.*

» Mes complimens les plus tendres et mes félicitations à ma nouvelle nièce ; c'est tout ce que je puis ajouter pour le présent, dans les douleurs de ma goutte, qui vous rendraient fou, avec tout votre courage héroïque.

Je suis votre affectionné oncle,

» M... »

Cette lettre, Belford, a consommé mon ouvrage. Il était aisé de voir, a dit miss Rawlings, que j'avais été un étrange jeune homme ; et, pour elle, c'est le jugement qu'elle avait porté de moi au premier coup d'œil. Elles ont commencé toutes deux à me solliciter en faveur de ma femme, tant mon rôle avait eu de succès ; à me prier de ne pas quitter le pays de ne pas me rompre une réconciliation si désirée d'une part, et des vues si avantageuses du côté de ma propre famille.

Qui sait, ai-je pensé en moi-même, si je n'ai pas plus de fruit à tirer de cette aventure que je n'ai osé m'en promettre ? Quel serait mon bonheur, si je pouvais engager ces deux femmes à se joindre, pour hâter la consommation de mon mariage !

— Mesdames, votre bonté me paraît extrême pour ma femme et pour moi. Je reprendrai courage si ma trop scrupuleuse moitié voulait consentir à me dispenser d'un serment qui blesse tous mes droits. Vous connaissez ma situation : croyez-vous que je ne puisse pas insister absolument sur cette dispense ? Voudriez-vous entreprendre de lui persuader qu'un seul appartement suffit pour un mari et sa femme, dans les heures de retraite ?

Pas mal, Belford, rien de plus modeste. Observe ici que sur un sujet de cette nature, très peu d'autres libertins seraient capables d'employer un langage assez décent, pour engager des femmes modestes à les écouter d'un air tranquille. Elles ont souri toutes deux, en se jetant un regard mutuel. Observe encore que ce sujet fait toujours sourire les femmes. Il ne leur faut que des superficies d'expressions. Un homme qui s'échappe grossièrement devant elles mérite d'être assommé à coups de massue. Elles ressemblent aux instrumens de musique : touchez le moindre petit fil d'archal, ces chères âmes deviennent sensibles dans toutes les parties de leur être.

— Assurément, a répondu miss Rawlings d'un air profond, en faisant jouer son éventail, un casuiste déciderait que le vœu du mariage doit l'emporter sur toute autre obligation.

Madame Moore a déclaré que si la jeune dame me reconnaissait pour son mari, elle devait remplir les obligations d'une honnête femme.

Juge, Belford, quelles espérances j'ai conçues sur cette réponse ; mais j'avais besoin de quelques autres mesures, pour me mettre en état de prendre tous mes avantages.

— Les arrhes que vous avez reçues, ai-je dit froidement à madame Moore, me donnent droit à cet appartement. Il suffira pour moi. Cependant j'espère que vous ménagerez au second tout l'espace que vous pourrez pour mes gens ; et le plus sûr serait de m'accorder tout, car puis-je savoir ce que le frère de ma femme est capable d'entreprendre ? Je vous paierai tout ce que vous jugerez à propos de demander, pour un mois, ou deux même, en y comprenant la table. Prenez ce billet pour gage, ou pour une partie du paiement. Je lui ai offert un billet de banque de trente livres sterling.

Elle a refusé de le prendre, sous prétexte de vouloir consulter auparavant la jeune dame ; mais ne doutant pas de mon honneur, m'a-t-elle dit, elle me promettait de ne recevoir personne qu'elle ne connût bien, tandis qu'elle aurait chez elle la jeune dame et moi.

La jeune dame, la jeune dame ! entendrai-je toujours de la bouche de ces deux créatures un terme qui marque des restes de doute au fond de leur cœur ? Pourquoi ne pas dire *votre femme*, ou *madame ?* C'est la plainte que j'ai faite en moi-même. Si convaincues à ce moment, ai-je pensé, et tout d'un coup incertaines ! Jamais je n'ai vu des femmes de cette espèce.

— Je ne connaissais pas, leur ai-je dit, d'autres raisons à ma femme pour refuser de me souffrir sous le même toit, que celles qu'elle avait eues pour quitter la maison de madame Sinclair ; mais quand elle ferait valoir cette objection, j'étais résolu de ne pas m'y rendre, parce qu'il était à craindre pour moi que le même désordre d'esprit qui l'avait amenée à Hamstead ne me fît perdre absolument ses traces.

Cette réponse a paru les embarrasser. Elles se sont regardées en silence ; mais j'ai lu dans leurs yeux qu'elles approuvaient ma crainte. Je leur ai dit que je voulais être et l'hôte et le convive de madame Moore. L'heure du dîner approchait. On ne m'a pas refusé la seconde de ces deux faveurs.

LETTRE CCXXXI.

M. LOVELACE, A M. BELFORD.

Il était temps de tourner mon attention vers ma charmante, qui avoit eu le loisir, du reste, de réfléchir sur les lettres que je lui avais laissées. J'ai prié madame Moore de passer dans le cabinet, et de lui demander s'il lui plaisait de recevoir ma visite, à l'occasion des lettres, ou s'il lui plairait davantage de m'accorder l'honneur de la voir dans la salle à manger. Madame Moore a prié miss Rawlings de l'accompagner. Elles sont entrées ensemble, et l'on n'a pas fait difficulté de les recevoir.

Un moment de réflexion, je te prie, quoiqu'elle ne soit pas en ma faveur, sur cette sécurité que donne l'innocence, et qui tient néanmoins du serpent autant que de la colombe. Ici, sans penser à se défendre contre tout ce que je pouvais dire dans son absence, et contente du seul témoignage de son cœur, elle me laisse la liberté de raconter ma propre histoire à des gens aussi étrangers pour elle que pour moi, que cette qualité même devait lui faire croire disposés à prendre parti pour le plus injurié; c'est-à-dire, en me supposant un peu d'adresse, pour moi, et par conséquent contre elle. Chère petite innocente! de se reposer sur la bonté de son cœur, tandis que le cœur ne peut se faire connaître que par les actions, et que les apparences ne présentent dans elle qu'une capricieuse, une fugitive, qui s'est dérobée aux empressemens du plus tendre et du plus indulgent de tous les maris! Quelle folie, en effet, de se rendre l'esclave de l'opinion particulière, lorsque le monde entier est gouverné par des apparences!

Mais, au fond, que peut-on attendre d'un ange de dix-huit ans? C'est un trésor de connaissances, mais de pure spéculation, sans que l'expérience y ait la moindre part. Cette espèce de lumière est toujours vague, incertaine, un feu follet, qui n'éclaire l'esprit que pour l'égarer.

Un moraliste dirait qu'entre les choses du monde, il y en a mille qui causeraient un plaisir inexprimable aux âmes capables de réflexion, si le mélange qui s'y trouve ne leur faisait perdre la moitié de leur prix. Sans aller plus loin, j'ai vu des parens, entre lesquels je te permets de mettre les miens, qui, dans la jeunesse de leurs enfans, faisaient leurs délices des mêmes qualités qui devaient causer un jour le malheur de leur vie. Pour ramener cette morale à mes vues, ma charmante a sans doute assez de prudence pour s'élever au dessus de toutes les personnes de son sexe; mais je ne voudrais pas qu'elle en eût plus que moi.

Au fond, j'ai beau l'adorer, c'est ma vengeance, cette vengeance que j'ai jurée, qui tient le premier rang dans mon cœur. Miss Howe prétend que mon amour ressemble à celui d'Hérode. Sur ma foi, cette fille a deviné. J'ai presque regret de l'avouer que je prends plaisir à faire le tyran sur ce que j'aime. Dis-moi, si tu veux, que ce plaisir n'est pas d'un homme généreux; des cœurs plus tendres que le mien le connaissent. On a vu des femmes s'y livrer à l'égard d'une femme, lorsqu'elles en ont le pouvoir. Pourquoi serais-tu surpris qu'adorant ce sexe, et mettant tous mes soins à l'étudier, l'infection ait gagné jusqu'à moi?

LETTRE CCXXXII.

M. LOVELACE, A M. BELFORD.

Tu dois attendre impatiemment ce qui s'est passé entre les deux femmes et ma charmante. Ne t'étonne pas qu'une femme perverse rende un mari curieux. L'événement néanmoins a justifié l'ancienne observation, que *ceux qui prêtent l'oreille aux discours d'autrui entendent rarement leur propre éloge*. Cette curiosité venant presque toujours du reproche de leur conscience et de la crainte des censures, ils se trouvent rarement trompés. Il y a quelquefois du sens, après tout, dans ces proverbes, dans ces bouts de phrases, que mon cher oncle appelle la sagesse des nations.

Madame Moore était chargée de la commission, mais c'est miss Rawlings qui a commencé le dialogue. Il faut que je te le représente en scène de comédie, tel que je l'ai entendu, c'est-à-dire sous le nom de celle qui parle; sans quoi je serais embarrassé à te chercher des liaisons.

Miss Rawlings. — Votre mari, madame... (Remarque l'adresse de cette créature, uniquement pour tirer une déclaration formelle.)

Clarisse. — Mon mari, mademoiselle!

Miss Rawlings. — M. Lovelace assure, madame, que vous êtes son épouse, et demande en grâce de vous voir ici ou dans la salle à manger, pour vous entretenir des lettres qu'il vous a laissées.

Clarisse. — C'est un homme fort méprisable. La grâce, mademoiselle, que j'ai moi-même à vous demander, c'est de m'accorder l'honneur de votre compagnie aussi souvent que vous le pourrez, tandis qu'il sera aux environs d'ici, et que je demeurerai dans cette maison.

Miss Rawlings. — Je me ferai un plaisir, madame, d'être souvent avec vous; mais il me semble que vous pourriez le voir, pour entendre ce qu'il aurait à vous dire touchant les lettres.

Clarisse. — Ma situation est triste; plus triste que je ne puis l'expliquer. Je me crois perdue sans ressource. Je ne sais à quelle résolution m'arrêter. Je n'ai pas un ami au monde, qui puisse ou qui veuille me secourir. Cependant personne n'avait plus d'amis que moi, avant que j'eusse connu cet homme-là.

Miss Rawlings. — Il ne paraît pas, madame, qu'il ait l'air ni le langage d'un méchant homme; du moins sur le pied où les hommes sont aujourd'hui.

Où les hommes sont aujourd'hui! Pauvre miss Rawlings! ai-je pensé. Eh! sais-tu sur quel pied sont aujourd'hui les hommes?

Clarisse. — Ah! mademoiselle, vous ne le connaissez pas. Il sait prendre les apparences d'un ange de lumière; mais il a le cœur des plus noirs.

Pauvre diable que je suis!

Miss Rawlings. — Je ne l'aurais pas cru. Mais les hommes de ce temps sont si trompeurs!

De ce temps, petite folle? Tes livres ne t'ont-ils pas appris que les hommes ont toujours été les mêmes?

Madame Moore, avec un soupir. — Oui, oui, j'en ai fait l'expérience à mes dépens!

Qui sait si la pauvre Moore n'a pas rencontré dans son temps quelque Lovelace, quelque Belford, ou quelque vil personnage de la même trempe? Ma charmante ne sait pas combien d'étranges histoires chaque femme serait en état de lui raconter, si tout ce beau sexe avait le cœur aussi ouvert qu'elle. Mais voici le mal : quoique je lui aie donné quelque sujet d'offense, je n'ai pas été assez loin pour l'obliger à la discrétion.

Clarisse. — A l'égard des lettres qu'il m'a laissées, je ne sais ce que j'en dois dire ; mais je suis bien résolue de n'avoir jamais rien à démêler avec lui.

Miss Rawlings. — Si vous me permettez, madame, de vous avouer ce que je pense, il me semble que vous poussez le ressentiment fort loin.

Clarisse. — A-t-il employé son adresse à vous persuader que sa cause est juste? Il en est capable avec tous ceux qui ne le connaissent pas. Je l'ai entendu parler assez long-temps, quoique je n'aie pas distingué ce qu'il vous a dit, et que rien ne me soit plus indifférent. Mais quelle idée vous a-t-il fait prendre de lui-même?

Je n'ai pas été fâché de cette question. S'arrêter, suspendre le mouvement de sa colère, ai-je dit en moi-même, c'est un charmant présage.

Alors, la curieuse miss Rawlings lui a fait plusieurs demandes dans la vue apparemment de tirer d'elle une confirmation, ou son désaveu. Milord M... était-il mon oncle? Ma première recherche avait-elle été approuvée de toute la famille, à l'exception de son frère? Avais-je eu une rencontre sanglante avec ce frère? Avait-elle été persécutée en faveur d'un homme fort désagréable, qui se nommait Solmes, jusqu'à se trouver forcée d'accepter ma protection?

Elle n'a désavoué aucun de ces articles. Ce n'était pas la peine, a-t-elle dit, de leur donner leur véritable explication, pour le peu de séjour qu'elle devait faire à Hamstead, et le détail serait trop long. Mais cette réponse n'était pas capable de satisfaire miss Rawlings.

Miss Rawlings. — Il prétend, madame, qu'il n'a pu vous faire consentir à votre mariage qu'après s'être engagé par un serment solennel à ne pas user de ses droits, jusqu'à votre réconciliation avec vos proches.

Clarisse. — Le misérable! quel nouveau dessein roule-t-il dans sa tête, lorsqu'il s'efforce d'inspirer ces idées à des étrangers?

Bon! ai-je aussitôt pensé. Le désaveu n'est pas absolu. Tout ira merveilleusement.

Miss Rawlings. — Il avoue qu'un incendie, arrivé par hasard, vous a causé beaucoup d'effroi, mercredi dernier; que... que... que le feu vous a fort effrayée... fort effrayée... mercredi dernier. En un mot, il avoue qu'il a pris quelques libertés innocentes, qui pouvaient le conduire à violer son serment, et que c'est la cause de votre colère.

Que n'aurais-je pas donné pour voir quelle était alors la contenance de ma charmante? Elle a dû se trouver un peu embarrassée à justifier des ressentimens si vifs pour une si légère offense. Aussi a-t-elle hésité. Elle n'a pas répondu sur-le-champ; et lorsqu'elle a recommencé à parler, elle a souhaité que miss Rawlings ne rencontrât jamais d'homme qui prît avec elle des libertés de cette innocence.

Miss Rawlings. — Votre aventure, madame, est assurément des plus singulières. Mais si le parti que vous avez pris de le quitter éloigne vos espérances de réconciliation avec votre propre famille, vous me permettrez de dire qu'il est fâcheux (je suppose que la vierge Rawlings n'a pas achevé sans minauder, sans jouer de l'éventail et sans rougir), extrêmement fâcheux qu'il ne puisse être dispensé de son serment; surtout avouant qu'il n'a pas toujours été l'homme du monde le plus sage...

Je serais entré volontiers pour embrasser cette excellente fille.

Clarisse. — Il vous a raconté son histoire. Je vous répète que la mienne serait trop longue et trop triste. Le désordre où sa vue m'a jetée et le peu de temps que j'ai à passer ici ne me permettent aucun détail. S'il a quelques vues auxquelles sa justification puisse être utile, sans m'exposer personnellement à de nouveaux malheurs, je consens de bon cœur qu'il prenne à vos yeux toutes les couleurs de l'innocence.

Le souvenir de mon amour, et son excellent caractère ont plaidé pour moi dans ce moment. Elle a repris néanmoins :

— Le spécieux séducteur ! Dites-moi seulement, mademoiselle, s'il n'y a point quelque porte dérobée par laquelle je puisse le fuir pour jamais !

Quelle émotion de cœur j'ai sentie ! Je lui ai entendu lever la fenêtre.

— Où mène ce sentier ? Serait-il impossible d'avoir un carrosse ? Il faut qu'il ait quelque démon familier, pour m'avoir trouvée dans cette maison. Ne puis-je me glisser dans quelque maison voisine, où je demeurerais cachée jusqu'à son départ ? Vous êtes des personnes d'honneur. Je n'ai pas toujours été assez heureuse pour tomber si bien. Ah ! mesdames (d'une voix impatiente), accordez-moi votre secours, ou je suis une fille perdue !

Ensuite s'arrêtant : — N'est-ce pas là le chemin de Hendon ? Ce lieu me paraît détourné. Je crois avoir entendu dire que le coche de Hamstead doit y passer.

Madame Moore. — Je connais une fort honnête femme à Mille-Hill. Si vous vous croyez dans quelque danger, madame, vous pourriez être fort sûrement chez elle.

Clarisse. — Ah ! tout lieu du monde me convient, si je puis me dérober seulement à cette cruelle persécution. Quel est le village que j'aperçois sur la droite ?

Madame Moore. — C'est Higligate, madame.

Miss Rawlings. — A peu de distance est un hameau qu'on appelle Northend. J'y ai quelques parens, mais ils sont logés fort à l'étroit. Je ne suis pas sûre qu'ils puissent accommoder une dame telle que vous.

J'ai donné ces deux femmes au diable. Ne m'étais-je pas flatté de les avoir fait entrer un peu mieux dans mes intérêts ? Mais le sexe aime l'intrigue, Belford, l'intrigue et les intrigans.

Clarisse. — Une grange, un grenier, seront un palais pour moi, si j'y trouve un asile contre mon persécuteur.

Ma foi, ai-je dit en moi-même, elle est bien plus vive que moi dans ses ressentimens. Que diable lui ai-je donc fait, qui doit la rendre implacable ? je ne l'ai rien caché, Belford. Mes crimes paraissent-ils si noirs ? D'ailleurs, abandonner de si belles espérances de réconciliation ! Il faut que cette charmante personne ait le cœur infiniment sensible.

Ses yeux sont alors tombés sur mon nouveau laquais, qui se promenait sous la fenêtre. Elle a demandé si cet homme n'était pas à moi. On lui a répondu que c'était un de mes gens. — Je vois, a-t-elle dit, qu'il n'y a point d'espérance d'échapper, à moins, mademoiselle, en parlant sans doute à miss Rawlings, que vous ne m'accordiez un peu de protection pour sortir. Je ne saurais douter que ce valet n'ait ordre d'observer mes pas ; mais son misérable maître n'a pas droit de m'arrêter, il ne m'empêchera point d'aller où je veux. S'il a l'audace de s'y opposer, je soulèverai tout le village contre lui. Mes chères dames, quoi ! vous n'avez pas une porte de derrière par laquelle je puisse sortir, pendant que vous l'entretiendrez quelques momens ?

Miss Rawlings. — Je prends la liberté de vous demander, madame, s'il n'y a donc aucun espoir d'accommodement. Ne feriez-vous pas mieux de consentir à le voir? Il est certain qu'il vous aime. C'est un homme charmant. Vous pouvez l'irriter et rendre votre situation plus fâcheuse.

Clarisse. — Ah! mademoiselle, ah! madame Moore, vous ne connaissez pas son caractère... Je ne veux ni le voir, ni lui parler de ma vie.

Madame Moore. — Cependant, mademoiselle Rawlings, je ne vois pas qu'il ait blessé la vérité sur aucun article. Vous-même, madame, vous voyez combien il est respectueux de ne pas se présenter devant vous sans votre permission. Il vous adore assurément. De grâce, madame, permettez-lui, comme il désire, de vous parler un moment des lettres.

Fort bien, madame Moore. Madame Moore, ai-je pensé, est une fort bonne femme. J'ai rétracté alors mes malédictions. Miss Rawlings a dit quelque chose, mais si bas, que n'ayant pu l'entendre, je n'en ai jugé que par la réponse.

Clarisse. — Mon embarras est extrême. Je ne sais à quoi me résoudre. Mais, madame Moore, ayez la bonté de lui rendre ses lettres. Les voici. Prenez la peine de lui dire que je lui souhaite une heureuse entrevue avec sa tante et sa cousine. Les excuses ne lui manqueront pas plus pour ce qui s'est passé, que les prétextes pour ceux qu'il veut tromper. Dites-lui qu'il m'a ruinée dans l'estime de mes amis, et que cette raison me rend plus indifférente pour celle des siens.

Madame Moore est venue à moi; mais craignant que, dans son absence, mes intérêts ne fussent pas assez ménagés entre les deux autres, j'ai pris les lettres et je n'ai pas fait difficulté d'entrer dans la chambre. Les deux dames s'étaient retirées dans le cabinet, et je n'ai eu besoin que d'un coup d'œil pour remarquer que ma charmante était attachée à quelque discours que miss Rawlings écoutait avec la dernière attention. Elle avait le dos tourné vers moi. Miss Rawlings l'a tirée doucement par la manche, pour lui faire apercevoir que j'étais déjà près d'elle. — Quoi! monsieur, m'a-t-elle dit, en se tournant avec indignation, je ne serai nulle part libre et tranquille? Qui vous appelle ici? Qu'avez-vous à démêler avec moi? On vous a rendu vos lettres, n'est-ce pas?

Lovelace. — Je les ai, ma chère. Souffrez que je vous supplie de réfléchir sur vos propres résolutions. J'attends à chaque moment le capitaine. J'en prends le ciel à témoin. Il m'a promis de cacher cette malheureuse aventure à votre oncle; mais que pourra-t-il penser s'il vous trouve obstinée dans vos ressentimens?

Clarisse. — J'aurai la patience, monsieur, de vous souffrir ici quelques momens, pour vous faire un petit nombre de questions devant ces deux dames que vous avez prévenues en votre faveur par vos spécieux récits. Aurez-vous le front de dire que nous sommes mariés? Mettez la main sur votre cœur, et répondez-moi. Suis-je votre femme?

Lovelace, me suis-je dit à moi-même, tu es trop avancé pour reculer, quelque ferme que soit ici l'attaque.

Lovelace. — Mon très cher amour! comment une telle question peut-elle vous venir à l'esprit? Serait-il de votre honneur ou du mien qu'elle parût douteuse? Je le vois, ma chère, je le vois, vous n'avez pas fait attention à la lettre du capitaine.

Elle a témoigné plus d'une fois, dans le cours de cette scène, qu'elle sentait ses esprits abattus, et que la douleur affaiblissait ses forces; mais je te jure, Belford, qu'elle ne devait pas être trop faible pour me pousser aussi vivement qu'elle a fait. J'en ai eu plusieurs fois de l'inquiétude pour elle.

Clarisse. — Vous et moi, ô le plus vil de tous les hommes !...

Lovelace. — Mon nom est Lovelace, madame.

Clarisse. — Et par conséquent celui du plus vil de tous les hommes. (Cet emportement est-il pardonnable, Belford?) Vous et moi nous connaissons la vérité. Nous la connaissons tout entière. Je n'ai pas besoin de purger ma réputation devant ces deux dames : elle est déjà perdue dans l'esprit de ceux dont j'ai le plus de raison de regretter l'estime; mais je veux avoir cette nouvelle preuve de vos noirceurs : dis, misérable, dis, Lovelace, si tu l'aimes mieux, es-tu réellement mon mari? Parle, réponds sans hésiter.

Elle tremblait d'impatience et d'indignation ; mais elle avait dans les yeux quelque chose d'égaré, dont j'ai cru pouvoir tirer avantage pour parer à cette maudite attaque, qui ne me causait pas peu d'embarras. Si je lui avais soutenu que nous étions mariés, jamais elle ne m'aurait cru sur le moindre point. Si j'avais fait l'aveu qu'elle désirait, j'aurais détruit toutes mes espérances, du côté des deux femmes comme du sien, et je me serais ôté tout prétexte pour suivre ses traces ou pour arrêter sa fuite. Tu t'imagineras bien que ce n'est pas la honte qui m'aurait retenu, si la politique me l'avait permis.

Lovelace. — Mon cher amour! quel étrange désordre dans votre langage! Quelle réponse me demandez-vous? Quelle nécessité de la faire ? Ne dois-je pas vous rappeler ici à votre propre cœur, à la lettre et au traité du capitaine Tomlinson? Vous savez vous-même de quoi nous sommes convenus, et le capitaine...

Clarisse. — O misérable imposteur ! est-ce là répondre à ma question. Parle, sommes-nous mariés ou non?

Lovelace. — Ce qui fait le mariage, nous le savons tous. Si c'est l'union de deux cœurs (voilà un tour, Belford), je dois dire avec une extrême douleur, que nous ne sommes pas mariés, puisqu'il est trop clair que vous me haïssez. Si c'est la consommation, je dois avouer encore, avec une confusion égale à mon regret, que nous ne sommes pas mariés. Mais, ma chère, ayez la bonté de considérer quelle réponse une demi-douzaine de personnes, dans la maison dont vous ne faites que sortir, pourraient faire à votre question, et dans le petit désordre où vous êtes, ne traitez pas de douteux devant ces dames un point que vous avez reconnu devant d'autres témoins qui nous connaissent mieux.

Je voulais m'approcher pour lui représenter plus bas le traité avec son oncle et la lettre du capitaine ; mais se retirant en arrière, et me rejetant de la main : — Demeure à la distance qui te convient, m'a dit cette chère insolente. Puisque tu as la bassesse de te sauver par de si pitoyables évasions, j'en appelle à ton propre cœur, et je ne reconnais aucun mariage avec toi. Soyez-en témoins, mesdames. Cesse donc de me tourmenter. Cesse de me suivre. Toute coupable que je suis, je n'ai pas mérité cette cruelle persécution... Mais je reprends mon premier langage : vous n'avez aucun droit de me poursuivre; vous savez que rien ne vous en donne sur moi : ainsi retirez-vous, et laissez-moi le soin de ma triste destinée. O mon père! père cher et cruel! s'est-elle écriée dans un transport de douleur, en tombant à genoux et levant ses deux mains jointes vers le ciel, ton imprécation est accomplie sur ta malheureuse fille! *Je suis punie,* cruellement punie, *par le misérable en qui j'ai placé ma criminelle confiance!*

Par ma foi, Belford, la petite enchanteresse, avec ses expressions, et plus encore avec le ton dont elle les a prononcées, m'a touché jusqu'au fond du cœur. Ne sois donc pas surpris que son action, sa douleur, ses larmes, aient arraché aux deux femmes des marques de compassion fort vives. Comprends-tu quelle maudite corvée pour moi? Ces deux créatures se sont retirées au fond de la chambre, pour raisonner sur le spectacle. « Voilà une étrange aventure! Il n'y a point là de frénésie, ai-je entendu dire à l'une. » La charmante fille a jeté son mouchoir sur sa tête et sur son cou, sans cesser d'être à genoux, le dos tourné vers moi, et le visage appuyé sur un fauteuil, en poussant des sanglots avec un torrent de pleurs.

J'ai pris le parti de rejoindre les femmes pour soutenir leur fermeté.

— Vous voyez, mesdames, leur ai-je dit d'une voix basse, si je ne suis pas le plus malheureux de tous les hommes. Vous voyez de quelles idées cette chère épouse est remplie. Tout a source dans la dureté de ses implacables parens, et dans l'imprécation de son père. Qu'ils soient tous maudits du ciel! Ils ont fait tourner la tête à la plus charmante de toutes les femmes.

— Ah! monsieur, monsieur, m'a répondu la Rawlings, quelque reproche qu'il y ait à faire à sa famille, tout n'est pas tel qu'il devrait être entre elle et vous. Il paraît clairement qu'elle ne se croit pas mariée. Si vous avez un peu de considération pour elle, et si vous ne voulez pas lui renverser tout à fait l'esprit, vous feriez mieux de vous retirer, et de laisser au temps, ou à des réflexions plus tranquilles, la disposition des événemens.

— Elle m'y forcera, miss Rawlings, elle m'y forcera; c'est tout ce que j'appréhende; et vous pouvez croire alors que nous sommes perdus tous deux, car je ne saurais vivre sans elle; elle le sait trop bien : et de son côté, elle n'a pas un ami qui soit disposé à la recevoir; elle le sait bien aussi. Notre mariage sera prouvé incontestablement, à l'arrivée de l'ami de son oncle. Mais je suis confus de lui avoir donné lieu de croire qu'il n'y en a point de réel entre nous. Voilà, voilà sur quoi son humeur s'exerce.

— Dans toutes les suppositions, le cas est fort étrange, a répliqué miss Rawlings. Elle allait continuer, lorsque ma déesse irritée, s'approchant de la porte, a dit à madame Moore qu'elle souhaitait de l'entretenir un moment. Elles sont passées toutes deux dans une autre chambre. J'avais remarqué, une minute auparavant, qu'elle mettait un petit paquet dans sa poche. La crainte qu'elle ne s'échappât furtivement m'a fait aller jusqu'à l'escalier, d'où j'ai appelé Will à haute voix, quoique je l'eusse employé d'un autre côté. Elle est venue alors vers moi d'un air assez ferme :

— Appelez-vous votre valet, monsieur, pour m'ôter ensemble la liberté d'aller où je veux?

— Ah! ma chère vie, lui ai-je répondu, n'interprétez pas si mal toutes mes actions. Pouvez-vous me croire assez lâche, assez indigne pour employer un valet à vous contraindre? Je l'appelle, dans la seule vue de l'envoyer à toutes les hôtelleries du village, pour s'informer du capitaine

Tomlinson, qui est peut-être descendu quelque part, et qui perd apparemment, à s'ajuster, des momens dont il ignore le prix. Je suis impatient de le voir arriver, dût-il venir nu, Dieu me pardonne! car votre cruauté m'a percé le cœur.

On m'a répondu, d'en bas, qu'aucun de mes gens n'était dans la maison. — Où sont donc ces chiens-là? ai-je repris d'un ton furieux.

— Ah! monsieur, m'a-t-elle dit d'un air méprisant, ils ne sont pas loin, j'en réponds. Vous en aviez, à ce moment, un sous ma fenêtre, avec ordre sans doute de veiller sur mes pas; mais apprenez que je n'ai ici que mes volontés à consulter, et qu'à vos propres yeux j'irai où je le juge à propos.

— Me préserve le ciel, ai-je répondu, de vous faire la moindre violence sur tout ce que vous pouvez désirer avec sûreté!

Je suis persuadé à présent que son dessein était de s'évader, en conséquence du court entretien qu'elle avait eu avec miss Rawlings, et de prendre peut-être la maison de cette fille pour retraite. Elle est retournée vers madame Moore, à laquelle je l'ai vue donner quelque chose, en lui disant d'une voix libre, comme dans la vue de me braver, qu'elle laissait ce gage entre ses mains, pour ce qu'elle lui devait; parce que ayant peu d'argent sur elle, il pouvait arriver qu'elle en eût besoin avant qu'elle pût s'en procurer davantage. J'ai su que c'était son diamant. Madame Moore voulait s'excuser de le prendre, mais elle l'a désiré absolument. Alors, s'étant essuyé les yeux, elle a mis ses gants.

— Personne n'a droit de m'arrêter, a-t-elle dit. Je veux partir. Qui craindrais-je ici? Charmante fille! tandis que sa question même témoignait de ses craintes.

— Pardon, madame, a-t-elle continué en faisant une révérence à madame Moore; pardon, mademoiselle (à miss Rawlings), de tout l'embarres que je vous ai causé. Vous aurez de mes nouvelles dans un temps plus heureux, s'il en arrive jamais pour moi. Je vous souhaite toutes sortes de prospérités. Elle s'efforçait de retenir ses larmes; mais, finissant par un sanglot, elle est descendue vers la porte.

Il ne m'a pas été difficile d'y arriver plus tôt qu'elle. Je l'ai fermée, et, le dos appuyé contre la serrure, j'ai pris ses mains malgré elle.

— Ma très chère vie! mon ange! lui ai-je dit, pourquoi me tourmenter si cruellement? Est-ce là le pardon que vous m'avez promis?

— Quittez mes mains, monsieur! Je ne vous connais plus, vous n'avez aucun droit sur ma liberté. Monsieur, quittez mes mains!

— Mais où, où, mon très cher amour, où prétendez-vous aller? Ne songez-vous pas que je suivrai vos traces jusqu'au bout du monde? Où voudriez-vous aller?

— Il est vrai que vous pouvez me faire cette question, vous qui ne m'avez pas laissé au monde un seul ami. Mais Dieu, qui connaît mon innocence, ne m'abandonnera point entièrement lorsque je serai hors de votre pouvoir. Aussi long-temps que j'aurai le malheur d'être avec vous, je ne puis espérer que le moindre rayon de la faveur du ciel arrive jusqu'à moi.

— Quelle dureté! quelle rigueur! Loin de vous, ma cruelle Clarisse, je renonce à tout espoir dans cette vie et dans l'autre. Vous êtes mon guide! vous êtes l'astre qui doit éclairer mes pas! Si je dois être heureux, c'est par vous et dans vous.

Elle a tenté de me faire quitter la place où j'étais. J'ai résisté d'un air respectueux.

—Quoi ! vous osez m'arrêter ! (avec une impatience qui éclatait dans ses yeux.) Je chercherai un passage par la fenêtre, si vous me le refusez par la porte. Encore une fois, vous n'avez aucun droit de me retenir.

—Vous me voyez prêt, ma très chère vie, à confesser que tous vos ressentimens sont justes. Je me reconnaîtrai coupable. C'est à genoux que je vous demande grâce. (Et j'ai plié en effet un genou.) Pouvez-vous oublier ce que vous devez à votre promesse? Jetez les yeux sur l'heureuse perspective qui s'ouvre devant nous. Ne voyez-vous pas milord M... et milady Sadler, qui brûlent de vous embrasser, en vous comblant de bénédictions ? Etes-vous insensible à l'amitié de milady Lawrance et de ma cousine Montaigu, qui se mettent en chemin pour vous voir ? N'avez-vous pas de confiance à leur protection, si vous n'en avez plus à la mienne? Vous ne souhaitez donc pas de voir l'ami de votre oncle? Attendez du moins l'arrivée du capitaine Tomlinson. Recevez de sa propre bouche, l'agréable nouvelle du consentement que votre oncle donne à tout ce que nous avons désiré l'un et l'autre.

Elle m'a paru tout d'un coup fort affaiblie, et prête même à s'évanouir. Elle s'est appuyée contre le mur. Je me suis mis à deux genoux devant elle. Un ruisseau de larmes est sorti à la fin de ses yeux moins indignés.

—Dieu tout-puissant ! a-t-elle dit en levant son aimable visage et joignant ses mains avec une action triste et passionnée, délivre-moi du plus dangereux de tous les hommes, et donne-moi ta lumière pour guide. Je ne sais ni ce que je fais, ni ce que puis ou ce que je dois faire !

Dans toute cette scène, les femmes n'avaient rien entendu qui fût ouvertement contraire au récit que je leur avais fait. Elles ont cru démêler, dans l'affaiblissement de son transport et dans cette espèce d'incertitude, le retour d'une tendresse que l'indignation avait jusque alors étouffée, et, joignant leurs instances, pour lui persuader d'attendre l'arrivée du capitaine et d'écouter ses propositions, elles lui ont représenté les dangers auxquels son départ pouvait exposer une personne de sa figure, sans garde et sans protection. D'un autre côté, elles ont fait valoir mon repentir et mes promesses ; jusqu'à s'offrir pour caution de ma fidélité, tant elles avaient été touchées de mon discours et de mon humiliation ! Les femmes, Belford, reconnaissent tacitement l'infériorité de leur sexe, par le plaisir orgueilleux qu'elles prennent à voir un amant à leurs pieds.

La charmante fille s'est avancée vers une chaise qui se trouvait dans le passage, et s'est assise d'un air languissant. Je me suis levé. Je me suis approché d'elle avec la contenance la plus humble.

—Ma très chère Clarisse... J'allais continuer, mais retrouvant dans son cœur la force de ranimer sa langue et ses yeux, elle m'a interrompu :

—Ingrat, insensible Lovelace ! vous ne connaissez pas, m'a-t-elle dit, le prix du cœur que vous avez outragé. Vous ne comprenez pas non plus combien mon âme est au dessus de votre bassesse ; mais la bassesse doit être nécessairement le partage de celui qui est capable d'une action basse.

Les deux femmes, commençant à croire que nous étions dans de meilleurs termes, ont voulu se retirer. La chère perverse s'y est opposée ;

mais elles se sont aperçues que je désirais leur absence, et j'ai été fort satisfait de leur promptitude à sortir. Je me suis jeté encore une fois aux pieds de mon opiniâtre beauté. J'ai reconnu mes offenses, j'en ai imploré le pardon, et pour cette fois seulement, avec promesse d'observer plus de circonspection à l'avenir.

— Il lui était impossible, m'a-t-elle dit, de me pardonner, aussi long-temps qu'elle se souviendrait de mes outrages. Qu'avais-je vu dans sa conduite qui eût été capable d'exciter mon audace? Quelle injurieuse idée devais-je avoir d'elle, pour m'être flatté du pardon, après m'être rendu si coupable?

Je l'ai suppliée de relire la lettre du capitaine Tomlinson, parce qu'il me paraissait impossible qu'elle y eût donné l'attention qu'elle méritait.

— Je l'ai lue, a-t-elle répliqué; j'ai lu aussi les autres lettres avec une attention suffisante; ainsi je ne dis rien qu'avec délibération. Et qu'ai-je à craindre de mon frère et de ma sœur? Ils ne peuvent qu'achever la ruine de ma fortune, du côté de mon père et de mes oncles. Qu'ils me dépouillent, j'y consens volontiers. Ne vous ai-je pas aussi, monsieur, l'obligation d'avoir diminué la fortune qui m'était destinée? Mais, grâce au ciel, mon âme ne se ressent pas de cette ruine. Elle s'élève, au contraire, au dessus de la fortune et de vous. Qu'on me dise un mot, je suis prête à renoncer en faveur de mon frère et de ma sœur à la terre qui excite leur envie, et même à toutes les espérances qui leur causent de l'inquiétude.

J'ai levé les mains et les yeux au ciel avec un silence d'admiration!

— Mon frère, a-t-elle continué, peut me regarder comme une fille perdue. Grâce à votre caractère, qui vous a fait parvenir à m'arracher de ma famille, il peut croire qu'il est impossible d'être avec vous et de conserver de l'innocence. Vous n'avez que trop justifié leurs plus amères censures, dans chaque partie de votre conduite; mais à présent que j'ai su vous échapper et me mettre hors des atteintes de vos mystérieux stratagèmes, je m'envelopperai dans mon innocence, et je me reposerai sur le temps et sur ma conduite, du rétablissement de mon caractère. Laissez-moi donc, monsieur, ne vous obstinez pas à me poursuivre...

— Justice du ciel! ai-je interrompu. Et pourquoi tant de chaleur et d'emportement! Si je n'avais pas cédé à vos instances... Pardon, madame! mais vous n'auriez pu pousser le ressentiment plus loin.

— Misérable! n'est-ce pas un assez grand crime, de m'avoir réduite à ces instances? Voudrais-tu te faire un mérite de n'avoir pas ruiné tout à fait celle à qui tu devais de la protection? Va... fuis ma présence (avec un nouveau transport qui lui a rendu l'éclat naturel de son teint). Ne me vois jamais. Je ne puis te souffrir devant mes yeux.

— Très chère, très chère Clarisse...

— Si je te pardonne jamais... Elle s'est arrêtée à ce terrible exorde. S'efforcer, a-t-elle repris, s'efforcer de jeter l'effroi dans l'esprit d'une fille de mon âge, par des ruses préméditées, par de lâches inventions, par des alarmes d'incendie! d'une fille qui s'était déterminée à subir un malheureux sort avec toi!

— Chère Clarisse! au nom de Dieu, m'écriai-je en tâchant de saisir sa main, tandis que pour s'éloigner de moi elle s'avançait vers une salle voisine.

— Tu oses nommer Dieu! tu oses l'invoquer! O le plus noir et le plus ténébreux de tous les hommes! Ensuite, s'étant essuyé les yeux, et tournant à demi la tête vers moi : — Dans quel horrible embarras m'as-tu jetée ! Mais si tu connais Clarisse Harlove, tu chercheras ton prétendu bonheur avec toute autre qu'elle. Combien de fois m'as-tu forcée de te dire que j'ai l'âme supérieure à toi?

— Madame! au nom de Dieu, et par compassion pour un malheureux que vous pouvez sauver du plus affreux désespoir, pardonnez-moi cette dernière offense. Que je sois exterminé si je l'ai prévue! Cependant je n'ai pas la présomption de m'excuser. Je m'abandonne à votre pitié. Je n'ai que mon repentir à faire valoir ; mais voyez le capitaine Tomlinson. Voyez ma tante et ma cousine : qu'ils plaident pour moi ; qu'ils se rendent garans de mon honneur.

— Si M. Tomlinson, m'a-t-elle dit alors, paraît ici tandis que j'y serai, je pourrai le voir ; mais pour vous, monsieur...

— Chère Clarisse (en l'interrompant), je vous demande en grâce de ne pas grossir mes fautes aux yeux du capitaine ; de ne pas...

— Quoi ? Je prendrais parti contre moi-même? J'excuserais...

— Non, madame. Mais ne me chargez point d'une odieuse préméditation ! Ne donnez pas à ma faute une couleur qui puisse affaiblir les favorables dispositions de votre oncle, fortifier la haine et les espérances de votre frère...

Elle s'est éloignée de moi jusqu'à l'extrémité de la salle (je l'aurais défiée d'aller plus loin). Au même moment, madame Moore est venue l'avertir qu'on avait servi, et qu'elle avait engagé miss Rawlings à lui tenir compagnie à dîner.

— Je vous demande un peu d'indulgence, a-t-elle répondu. Je demande la même grâce à miss Rawlings. Je ne puis rien prendre, je ne suis point en état de manger. Pour vous, monsieur (en se tournant vers moi), je suppose que vous prendrez le parti de vous retirer, du moins jusqu'à l'arrivée de la personne que vous attendez.

Je suis sorti respectueusement de la salle, mais pour laisser à madame Moore le temps de lui apprendre que j'avais droit à sa table comme au logement. Je m'étais approché d'elle pour l'en prier. Miss Rawlings s'étant trouvée dans le passage :

— Très chère miss, lui ai-je dit, soyez de mes amies. Joignez-vous à madame Moore pour ramener l'esprit de ma femme, si les transports recommencent en apprenant que j'ai ici mon appartement et la table. Je la crois trop généreuse, pour vouloir empêcher qu'une honnête femme ne loue une partie de sa maison dont elle n'a pas d'usage à faire.

Je suppose que madame Moore, qui était restée seule avec ma charmante, lui a communiqué cette nouvelle avant que miss Rawlings soit rentrée ; car j'étais encore avec cet oracle de Hamstead, lorsque j'ai entendu de sa bouche :

— Non, assurément. Il se trompe. Il est impossible qu'il me croie capable d'y consentir.

Elles lui ont fait toutes deux des reproches, autant que j'en ai jugé par quelques mots échappés. Elles parlaient si bas, que je n'ai pu recueillir une phrase entière, à l'exception de ma cruelle, dont la colère lui permettait moins de modérer sa voix. Ainsi, je n'ai compris les discours des autres que par ses réponses.

— Non, chère madame Moore ; non, miss Rawlings, ne me pressez pas davantage. Vous ne me verrez point à table avec lui.

Elles lui ont dit apparemment quelque chose en ma faveur :

— O le malheureux séducteur ! Que faire pour ma défense contre un homme qui, dans quelque asile que je puisse choisir, a l'art de faire tourner tous les suffrages en sa faveur, et ceux même des personnes vertueuses de mon sexe !

Après quelques mots encore, que je n'ai pu entendre distinctement, elle a répondu :

— Ruse exécrable ! Si vous connaissiez sa noirceur, vous jugeriez qu'il n'est pas sans espérance de vous engager toutes deux à seconder le plus lâche de ses complots.

— Comment se peut-il, ai-je pensé à l'instant, qu'elle arrive à ce degré de pénétration ? Ce n'est pas assurément mon démon qui me trahit. Si je l'en croyais capable, je me marierais à l'instant pour le trahir à son tour.

Je suppose que les deux femmes lui ont représenté alors ce que j'avais dit à miss Rawlings en la quittant ; qu'elle ne voudrait pas s'opposer à l'avantage de madame Moore.

— Vous serez maîtresse du prix, n'en doutez pas, a-t-elle répondu. Ce n'est pas de sa libéralité que je vous exhorte à vous défier. Mais nous ne pouvons habiter sous le même toit. Si je le pouvais, pourquoi l'aurais-je quitté pour chercher une retraite parmi des étrangers ?

Ensuite, pour répondre à quelque représentation en ma faveur :

— C'est une erreur, mesdames, je ne suis pas réconciliée avec lui. Je ne crois pas un mot de tout ce qu'il me dit. Ne vous a-t-il pas fait connaître de quoi il est capable par le déguisement où vous l'avez vu ? Si mon histoire était moins longue, ou si je devais être ici plus long-temps, je vous convaincrais que tous mes ressentimens ne sont que trop justes.

Elles l'ont apparemment pressée de souffrir du moins que je dînasse avec elles ; car elle leur a dit :

— Je n'ai pas d'objection sur ce point. Vous êtes chez vous, madame Moore. C'est votre table. Le choix de vos convives dépend de vous ; mais laissez-moi la liberté de choisir les miens.

Et puis, à l'offre qu'elles faisaient, sans doute, de lui envoyer quelques plats dans sa chambre.

— Un morceau de pain, s'il vous plaît, et un verre d'eau ; c'est tout ce que je puis prendre à présent. Je suis réellement assez mal. N'avez-vous pas remarqué combien j'étais faible ? L'indignation seule m'a soutenue. Je ne vous condamne point de le faire dîner avec vous, a-t-elle ajouté, sur quelque autre objection de la même nature ; mais, si je n'y suis forcée, je ne passerai point une seule nuit sous le même toit.

Je suppose que miss Rawlings lui a dit que, n'ayant pas l'honneur de dîner avec elle, il n'y avait point de raison qui l'obligeât elle-même de dîner chez madame Moore ; car elle lui a répondu : — Que je ne prive pas madame Moore de votre compagnie. Il ne vous déplaira point à table ; son entretien est amusant. Enfin elles doivent lui avoir représenté que je pourrais abuser de son absence pour donner une bonne couleur à ma conduite, puisqu'elle leur a répliqué : — Rien ne m'importe moins que ce qu'il dit ou ce qu'il pense. Le repentir est le seul mal que je lui souhaite, de quelque manière que le ciel dispose de moi. Le son de sa voix m'a fait juger qu'elle pleurait en prononçant ces derniers mots.

Les femmes sont sorties toutes deux en s'essuyant les yeux, et leur zèle s'est tourné à me persuader de rendre l'appartement que j'ai loué, et de me retirer jusqu'à l'arrivée du capitaine. Mais je connais trop bien mes intérêts. Malgré toute la bonne intelligence que miss Howe me suppose avec le diable, je ne juge point à propos de me fier à lui pour retrouver ma belle, si j'avais le malheur de la perdre encore une fois. Ma plus grande crainte est qu'elle ne se jette dans sa famille; et je suis persuadé que ses parens ne résisteraient pas au charme de son éloquence. Mais, comme tu le verras, la lettre de Tomlinson est propre à me rassurer de ce côté-là, surtout lorsqu'il me dit que son oncle ne se croit pas libre lui-même d'entretenir une correspondance directe avec elle.

Tous mes sermons de vengeance ne m'empêcheront pas de t'avouer que je souhaiterais de pouvoir lui faire un mérite dans mon cœur, du retour volontaire de son affection, et d'avoir le moins d'obligation qu'il sera possible, à la médiation du capitaine. Mon orgueil est intéressé. C'est une des raisons qui ne m'a pas permis de l'amener d'abord avec moi. J'ai fait réflexion aussi que, si j'étais obligé d'avoir recours à son assistance, il était à propos que j'eusse vu la belle sans lui, pour me trouver en état de le diriger dans sa conduite et dans ses discours, suivant l'humeur et la disposition où j'aurais laissé cette implacable déesse.

Au fond, je n'ai pas été fâché d'entendre de madame Moore que le dîner était servi; et cet intermède est venu fort à propos : nous étions tous hors d'haleine. Le parti que ma charmante a pris de remonter à sa chambre lui a donné le temps de se calmer, et à moi celui de me fortifier et d'attendre le capitaine. Je suis entré, avec les femmes, dans la salle à manger. Madame Moore a commencé par envoyer un plat d'entrée à sa belle cliente; mais elle s'est obstinée à ne prendre qu'un morceau de pain et un verre d'eau. Je m'y étais attendu. N'est-ce pas une Harlove? Il semble qu'elle veuille s'endurcir à la fatigue, quoiqu'elle n'en soit jamais fort menacée. Quand elle refuserait absolument de m'avoir obligation, ou, pour m'exprimer dans des termes plus convenables à mes sentimens, quand elle refuserait de m'obliger, n'est-elle pas sûre de l'amitié et du secours de tous ceux qui auront le bonheur de la voir?

Mais j'ai une question à te faire, Belford. N'as-tu pas quelque inquiétude pour moi, sur la lettre que cette beauté chagrine a dépêchée par un homme à cheval, et sur la réponse de son amie? Ne crains-tu pas aussi que miss Howe, apprenant la fuite de sa chère Clarisse, ne soit alarmée pour le sort de sa dernière lettre, qui, n'étant sortie des mains de Wilson qu'après cet événement, doit être tombée apparemment dans les miennes? Si tes réflexions vont si loin, je n'ai pas mauvaise opinion de ta tête. Apprends donc qu'on a pourvu à toutes ces circonstances, avec autant d'habileté que la prudence humaine en est capable. Je t'ai déjà dit que Will est aux aguets pour le messager. C'est un ivrogne du village, qui se nomme le vieux Grimes. Que Will parvienne seulement à le joindre, je te réponds du reste. Ne sais-tu pas qu'il y a plus de sept ans que ce coquin est à mon service?

LETTRE CCXXXIII.

M. LOVELACE, A M. BELFORD.

Avec miss Rawlings, nous avions à dîner une jeune veuve, nièce de madame Moore, qui est venue passer un mois chez sa tante. Elle se nomme Bevis : une petite femme vive, étourdie, et déjà, je t'assure, pleine d'admiration pour moi ; qui paraît écouter avec étonnement tout ce qui sort de ma bouche, et prête à m'approuver avant que j'aie parlé. Nous n'étions pas sortis de table, qu'avec le secours de ce qu'elle avait pu recueillir avant le dîner, elle était aussi bien instruite de notre histoire que les deux autres.

Comme il était important pour moi de les disposer en ma faveur contre tout ce qui pouvait venir de miss Howe, j'ai soigneusement commenté quelques mots, que j'avais déjà lâchés sur le caractère de cette malicieuse fille. Je l'ai représentée comme une créature arrogante, vindicative, artificieuse, entreprenante, qui, si le ciel l'avait fait naître homme, aurait juré, maudit, commis des viols, et fait le diable (je n'en doute pas, Belford) ; mais qui, grâce néanmoins à l'éducation de son sexe, à beaucoup d'orgueil, et même à beaucoup d'insolence, jouit de la réputation d'une fille vertueuse.

Madame Bevis est convenue que l'éducation y contribuait beaucoup, et que la fierté même n'y nuisait pas ; tandis que miss Rawlings s'est écriée d'un air prude : — A Dieu ne plaise que la vertu ne soit qu'un effet de l'éducation. Sans prendre parti sur la question, j'ai assuré que miss Howe était l'esprit le plus fécond et le plus subtil en méchanceté que j'eusse jamais connu ; qu'elle avait toujours été mon ennemie : que j'ignorais ses motifs ; mais qu'elle méprisait l'homme que sa mère voulait lui donner pour mari, un nommé Hickman, du meilleur caractère du monde, que je ne pouvais m'imaginer qu'elle me crût préférable à lui ; mais que bien des gens néanmoins ne donnaient pas d'autre cause à l'animosité qu'ils lui connaissaient contre moi, et plaignaient une jeune personne aussi aimable que ma femme de ne pas mieux lire dans le cœur de cette amie prétendue. Cependant, ai-je ajouté, personne ne devait connaître mieux qu'elle la force d'une haine qui a sa racine dans l'envie. Je vous ai dit, madame Moore, et à vous, miss Rawlings, quelle triste expérience elle en a faite dans sa sœur Arabelle.

J'ai reçu ici quantité de complimens sur ma figure et sur mon esprit, qui ont donné à ma modestie une occasion singulière de se déployer, en désavouant tout le mérite qu'on avait la bonté de m'attribuer. — Non, en vérité, mesdames... Il y aurait trop de vanité à me l'imaginer. Je suis votre serviteur... Mais tous les efforts que j'ai faits n'ont servi qu'à donner une haute idée de ce caractère modeste et généreux que tu me connais, Belford, et qu'on a joint au compte, par dessus toutes les vertus que j'avais l'injustice de me dérober.

Et, pour te parler de bonne foi, elles m'ont presque persuadé à moi-même que miss Howe est réellement amoureuse de moi. J'ai été plus d'une fois tenté de m'en flatter. Qui sait s'il n'en est pas quelque chose ? Je suis convenu avec le capitaine qu'il ne manquera pas de l'insinuer dans l'occasion. Mais qu'en penses-tu toi-même, Belford ? Il est certain qu'elle hait Hickman ; et les filles qui n'ont pas le cœur engagé ne haïssent guère, quoiqu'elles puissent ne pas aimer. S'il est vrai qu'elle en aimerait mieux un autre, pourquoi ne serait-ce pas moi? Je suis homme de bonne mine; je suis un libertin : n'est-ce pas ce qu'il faut à vos dames du bel air? Où serait la merveille qu'un homme capable d'engager les affections de Clarisse Harlowe eût obtenu celles d'une fille qui se croirait honorée, avec elle, de tenir le second rang?

Ne m'accuse pas ici d'un excès de vanité. Chacun doit avoir la sienne, au degré qui lui convient. Je me souviens d'avoir été modeste, et de ne m'en être pas mieux trouvé. Mais, pour revenir à ma narration, après avoir si bien préparé mon auditoire contre les lettres de miss Howe et pour le retour du messager de ma charmante, j'ai jugé à propos de faire entendre que ma femme ne pouvait souffrir la moindre réflexion sur le caractère de miss Howe, et je n'ai pas manqué d'ajouter, avec un profond soupir : —Combien de fois me suis-je vu malheureux par la mauvaise volonté de bien des femmes que je n'avais jamais offensées? Madame Bevis a répondu qu'elle n'avait pas de peine à se le persuader.

Ces ouvertures, jointes à celles qui viendront de la part de Will, dans l'intérieur de la maison (car je prétends qu'il devienne amoureux de la servante de madame Moore, et qu'il se vante d'avoir épargné cent guinées à mon service) avanceront beaucoup mes desseins, suivant la disposition des circonstances.

LETTRE CCXXXIV.

M. LOVELACE, A M. BELFORD.

A peine étions-nous sortis de table que mon cocher, qui avait l'œil attentif à l'arrivée du capitaine Tomlinson, comme Will à celle du vieux Grimes, a conduit ici ce digne officier, suivi d'un laquais; l'un et l'autre à cheval; il a mis pied à terre. Je me suis empressé d'aller au devant de lui jusqu'à la porte. Tu connais la gravité de sa contenance, et ce visage qui ne rougit de rien ; cependant tu aurais peine à t'imaginer quel air de dignité le maraud a pris dans ce moment, et combien j'ai paru respectueux devant lui.

Je l'ai conduit dans la salle voisine, et je l'ai présenté aux dames. Il m'a paru d'une importance extrême de dissiper entièrement quelque défiance qui pouvait leur rester encore de notre mariage, et je ne pouvais y parvenir plus sûrement qu'en nouant devant elles un petit dialogue avec lui.

— Cher capitaine, je vous accusais de lenteur. J'ai eu ce matin un terrible débat avec ma femme.

— Je suis extrêmement fâché que ma diligence n'ait pu répondre à mon intention. Un compte que j'avais à faire avec mon banquier (qu'en dis-tu, Belford?) m'a retenu plus long-temps que je n'ai pu le prévoir (la tête à demi tournée en même temps, pour ajuster de la main un côté de sa perruque). Une bagatelle, cinquante pistoles seulement, qui avaient été oubliées dans le premier calcul (le pauvre diable n'a pas eu, depuis dix ans, cinquante pistoles à lui).

Nous sommes tombés tout d'un coup sur le caractère des Harlove, à l'occasion de quelque plainte qui m'est échappée, et qui a fait prendre parti au capitaine pour son cher ami Jules, avec un *doucement, doucement, jeune homme;* et d'autres termes aussi libres. Il a trouvé la cause de leur animosité dans mes bravades. — Jamais, a-t-il dit, une bonne famille, qui se voit une fille charmante, ne recevra volontiers des bravades, au lieu des civilités qu'elle se croit en droit d'attendre. Il me priait de ne pas m'offenser de ce reproche; mais la nature lui avait donné un cœur ouvert qui ne lui permettait pas de déguiser ses sentimens. D'ailleurs, il demandait aux dames si la raison ne parlait pas pour lui. (C'était les mettre tout d'un coup dans ses intérêts.) La leçon que mon épée avait faite au frère, lui a-t-il plu d'ajouter, avait aggravé l'offense.

Quelle idée de ma vaillance cette réflexion a fait prendre aux femmes! ce sexe nous aime à la folie, nous autres braves.

— Le capitaine était libre dans son estime, ai-je répondu. Moi, de toute cette famille, je n'aimerais jamais que ma femme; et, n'ayant aucun besoin d'eux, je n'aurais pas fait, sans elle, tant d'avances pour une réconciliation.

— C'est le propre d'un bon caractère, a dit madame Moore.

— Et très bon même, a dit miss Rawlings.

— Bon, très bon : dites d'un très généreux caractère, a dit madame Bevis.

Le capitaine. — Oui, je suis obligé d'en convenir; car je n'ignore pas que M. Lovelace a été fort mal traité; je dis plus mal, qu'avec sa naissance et son courage on ne l'aurait cru capable de le supporter. Mais il me semble, monsieur (se tournant vers moi), qu'une femme telle que la vôtre est une précieuse récompense, et qu'en faveur de la fille il doit vous être aisé de pardonner au père.

Madame Moore. — C'est ma pensée.

Miss Rawlings. — Ce sera la pensée de tous ceux qui auront eu l'honneur de voir madame Lovelace.

Madame Bevis. — Je n'ai rien vu de si beau assurément; mais elle est d'un caractère violent et même un peu capricieux, autant que je l'ai pu comprendre. On ne connaît ce que vaut un bon mari qu'après l'avoir perdu.

Elle a fini cette réflexion par un soupir.

Lovelace. — De grâce, mesdames, rien qui puisse rejaillir sur mon ange. Ma femme en est un. Peut-être ses vertus sont-elles mêlées de quelques petites taches, telles qu'un peu d'emportement et trop de répugnance à pardonner. C'est en quoi elle tient des Harlove; poussée d'ailleurs par cette miss Howe. Mais ses innombrables vertus sont uniquement d'elle.

Le capitaine. — Oh! pour la chaleur d'esprit, vous avez raison de nommer miss Howe. C'est elle que vous pouvez accuser d'en avoir trop. Cependant (avec un regard malicieux) elle mérite aussi quelque pitié.

Je l'ai fort bien conduit, comme tu vois, à confirmer ce que j'avais dit de cette fille mâle; et nous étions convenus de lui imputer un amour secret pour moi, comme le plus sûr moyen d'affaiblir tout ce qu'elle était capable d'écrire.

Le capitaine. — Monsieur Lovelace, si je ne connaissais votre modestie, vous pourriez donner une fort bonne raison...

Lovelace. — (Ici j'ai baissé les yeux d'un air tout à fait modeste.) C'est ce que j'ai peine à me persuader, capitaine. Mais passons là-dessus, s'il vous plaît.

Le capitaine. — J'y consens. Venons à la situation de vos affaires...

Seulement il y aurait peut-être de l'indiscrétion... (en jetant les yeux sur moi et sur les trois femmes.)

Lovelace. — Ah! de ce côté-là, capitaine, vous n'avez rien à redouter dans cette compagnie. Mais, vous, André (me tournant vers mon nouveau laquais, qui me servait à table), sortez; cette bonne fille (en regardant la servante de la maison), suffira pour les besoins qui nous restent.

André est sorti, il avait ses instructions; et la servante a paru fort sensible à la préférence que je faisais d'elle.

Le capitaine. — La situation de vos affaires, monsieur, est d'une nature qui me paraît capable d'arrêter le succès de tous mes soins, si M. Jules en était malheureusement informé. Il douterait de la vérité de votre mariage, comme tout le reste de la famille. (Les femmes ont prêté ici l'oreille avec une singulière attention.) Je vous en ai déjà demandé les circonstances, et je ne vous ai pas vu d'empressement à me répondre. Cependant il serait à propos que je fusse un peu mieux instruit. Je vous avoue qu'il n'entre point aisément dans mon esprit, si l'on ne suppose une haine ouverte, qu'une femme se ressente assez vivement de ce qui peut arriver entre elle et son mari pour se croire autorisée à *s'évader*...

Lovelace. — Capitaine... monsieur... Je vous assure que je m'offenserai... que vous m'affligerez extrêmement, si vous employez des termes...

Le capitaine. — Votre délicatesse et votre amour, monsieur, peuvent vous rendre trop prompt à vous offenser; mais c'est ma méthode de donner leur nom aux choses : s'en offense qui voudra. (Tu ne te figurerais pas, Belford, avec quel air d'assurance et de liberté le maraud m'a fait cette réponse.) Lorsque vous nous aurez éclaircis, monsieur, nous trouverons quelque nom qui vous plaira davantage pour cette téméraire démarche d'une jeune personne si digne d'admiration à tout autre titre. Comprenez que, représentant ici mon cher ami M. Jules Harlove, je dois parler aussi librement qu'il parlerait lui-même; mais vous rougissez, monsieur; pardon, monsieur Lovelace. Je sens qu'il ne convient point à un homme modeste de vouloir pénétrer des secrets qu'un homme modeste ne peut révéler.

Je n'avais pas rougi le moins du monde; mais, loin de rejeter ce compliment, j'ai baissé aussitôt les yeux. Les femmes ont paru charmées de ma modestie, à l'exception de madame Bevis, que j'ai cru voir plus disposée à rire qu'à m'admirer.

Le capitaine. — De quelque source que soit venue cette démarche, je ne la nommerai plus une évasion, puisque ce terme blesse votre amour; mais vous me permettrez du moins d'exprimer ma surprise, lorsque je me rappelle les témoignages mutuels d'affection dont j'ai été témoin, la dernière fois que je vous ai vu. *Un excès d'amour*, monsieur, je me souviens que vous m'avez dit quelque chose d'approchant. Mais, en vérité (avec un sourire), un excès d'amour est une étrange cause de querelle... Peu de femmes...

Lovelace. — Cher capitaine! J'ai tâché ici de rougir. Les femmes ont tâché de rougir aussi, et, comme tu penses, avec plus de succès, parce qu'elles y sont plus accoutumées... Madame Bevis a le teint haut en couleur; elle rougit continuellement.

Miss Rawlings. — Ces explications ne mènent à rien : la jeune dame paraît désavouer son mariage. Et se tournant vers moi : — Vous savez monsieur, qu'elle le désavoue.

Le capitaine. — Elle désavoue son mariage! Juste ciel! combien en ai-je donc imposé à mon cher ami M. Jules Harlove!

Lovelace. — Chère et incomparable femme! Mais que personne, je vous prie, ne doute de sa sincérité. Pour un empire, elle ne voudrait pas se rendre coupable d'un mensonge volontaire. (J'ai reçu ici des louanges de tout le monde.) Cette chère personne croit avoir de justes raisons pour son désaveu. Vous savez, madame Moore, vous savez, miss Rawlings, ce que je vous ai raconté de mon serment.

Ici j'ai baissé la vue, et j'ai tourné mon diamant autour de mon doigt. Madame Moore a porté les yeux sur miss Rawlings, comme son associée au mystère; miss Rawlings a baissé les yeux comme moi, les paupières à demi fermées. La veuve Bevis a levé la tête, au contraire, avec toute l'avidité d'une femme pour entendre un secret. Le capitaine a paru content de lui-même, comme s'il en eût déjà pénétré la moitié. Enfin, madame Moore a rompu ce modeste silence. — Il me paraît, a-t-elle dit, que rien n'explique mieux la situation de M. Lovelace que les mauvais offices de cette miss Howe, et que les rigueurs de la famille, qui ont peut-être un peu affecté, dans certains momens, la tête de sa charmante épouse; et je le trouve extrêmement généreux d'avoir cédé au mal, dans ces occasions, plutôt que de l'avoir irrité. — Assurément, a dit madame Bevis, c'est de quoi l'on ne trouve pas d'exemple entre mille maris.

J'ai demandé en grâce que ma femme ne sût jamais rien de cette conversation, et j'ai affecté encore plus de modestie. Je devais convenir, ai-je ajouté, que son plus grand défaut était un excès de délicatesse.

Le capitaine, après avoir promené ses yeux autour de lui, s'est écrié que, sur ce que j'avais laissé échapper à Londres, et sur ce qu'il venait d'entendre, il croyait pouvoir conclure que notre mariage n'était pas consommé.

Ah! Belford, quel air niais tu aurais vu prendre à ton ami, ou tu l'aurais vu tâcher de prendre! Que de minauderies, sur le visage de madame Moore! Que d'affectation sur celui de miss Rawlings! tandis que l'honnête Bevis ouvrait de grands yeux effrontés, et que ses lèvres ne faisant que sourire, ses yeux riaient de toute leur force, et semblaient inviter les yeux de tous les assistans à rire aussi.

Le capitaine s'est hâté d'observer que, s'il avait deviné juste, j'étais un phénix entre les hommes, et qu'il commençait à se flatter que, dans un jour ou deux, tous les différends prendraient une heureuse fin. Alors a-t-il ajouté, il aurait le plaisir d'assurer M. Jules qu'il avait comme assisté à notre véritable mariage.

Toutes les femmes se sont jointes à lui dans cette espérance.

— Ah! capitaine! ah! mesdames! que je serais heureux de pouvoir amener ma femme à penser comme moi!

— Ce serait un dénouement très agréable, a dit madame Bevis; et je ne vois rien qui nous empêche de passer gaîment cette nuit. Le capitaine a majestueusement souri. — Il voyait m'a-t-il dit, que nous avions fait les enfans. Un homme de mon caractère devait avoir une estime prodigieuse pour une femme, lorsqu'il était capable de se prêter à des caprices de cette nature. Je l'ai prié de ne pas pousser plus loin ses réflexions devant les dames, en confessant, d'un air embarrassé, que ma tendre folie me coûtait assez cher. Enfin, les trois femmes m'ont paru si bien disposées, que j'ai commencé à m'applaudir d'avoir changé la maison de madame Sinclair pour celle de madame Moore. Nous sommes tous d'accord sur le point principal, sans en excepter ma charmante. La différence entre nous n'est que sur les moyens de parvenir à la fin proposée.

LETTRE CCXXXV.

M. LOVELACE, A M. BELFORD.

Il était temps de faire savoir à ma femme que le capitaine Tomlinson était arrivé; d'autant plus qu'elle avait déjà demandé à la servante si ce n'était pas lui qu'elle avait entendu à cheval, et qui était entré dans la maison.

Madame Moore est montée à sa chambre pour la supplier en mon nom de nous accorder audience. Mais elle est revenue nous dire aussitôt que madame Lovelace priait le capitaine de l'excuser pour le présent; qu'elle se trouvait fort mal; que, dans l'abattement où elle était, elle craignait ne pouvoir soutenir une longue conversation, et qu'elle était forcée de se mettre au lit.

Cette réponse m'a causé d'abord assez de chagrin; et je n'étais pas même sans alarmes pour la santé d'une femme si chère. J'avoue qu'elle avait essuyé beaucoup de fatigue, et qu'après avoir porté le ressentiment si loin, il n'était pas surprenant qu'elle se trouvât très abattue, lorsque ses esprits commençaient à se calmer. Ils devaient être fort bas, je dois le dire, si l'abaissement est proportionné à l'élévation; car elle s'était élevée dans plusieurs momens au dessus du caractère d'une mortelle.

Cependant le capitaine lui a fait dire que, s'il lui était permis seulement de lui faire la révérence, il regarderait cette permission comme une grande faveur, et qu'il retournerait à la ville pour achever quelques affaires, après lesquelles il serait libre de lui donner demain toute la matinée. Mais elle s'est défendue de le recevoir sur-le-champ, sous prétexte d'un violent mal de tête; et madame Moore nous a confirmé qu'elle n'était pas bien.

J'aurais souhaité de pouvoir engager le capitaine à loger cette nuit dans la maison. —Son temps m'a-t-il dit, lui était trop précieux, ses affaires même ne s'accommodaient pas trop de la nécessité de revenir le lendemain. Mais il était résolu d'apporter tous ses soins à rétablir la paix entre nous, autant par considération pour ma femme et pour moi, que pour son cher ami, M. Jules Harlove, qui devait ignorer que notre mésintelligence eût été si loin. Ce qu'il pouvait m'offrir uniquement, c'était de prendre le thé avec la compagnie. On s'est conformé à ses intentions. J'ai eu avec lui quelques momens d'entretien particulier, après lesquels il s'est hâté de remonter à cheval. Son laquais, dans l'intervalle, avait fait prendre une haute idée de lui aux gens de la maison; et madame Bevis, qui, n'étant point une femme fière, vit très familièrement avec les domestiques de sa tante, est venue dire aux deux autres femmes, que c'était un homme de naissance, et d'un mérite extraordinaire, auquel il était étrange qu'on fît négliger toutes ses affaires, et qu'on donnât la peine de revenir. — Je parierais ma vie, a-t-elle ajouté assez haut pour me le faire entendre, qu'il est entré autant d'humeur que de mal de tête, dans le refus qu'on a fait de voir un homme si respectable. Mon Dieu! que de gens qui se plaignent d'autrui, dont le bonheur dépend d'eux-mêmes. Comme elle n'avait parlé que pour être entendue, j'ai poussé gravement un profond soupir, et j'ai fait quelques réflexions morales sur le cœur humain, qui veut être heureux, et qui se trompe presque toujours dans le choix des moyens qui lui conviennent. Les deux veuves ont admiré mon esprit; et miss Rawlings, les regardant avec un sourire obligeant m'a fait connaître que, dans le fond de son cœur, elle me nommait un charmant homme.

A peine avait-elle fini mes observations, que l'honnête Will a paru et m'a fait appeler d'un air empressé. J'ai jugé par les libertés qu'il a prises avec moi, qu'il m'apportait d'heureuses nouvelles; après m'avoir causé une mortelle impatience par ses transports de joie et ses ennuyeux récits, il m'a déclaré enfin qu'il tenait le vieux Grimes dans un cabaret, où il l'avait déjà presque enivré; et tirant une lettre de sa poche:

— La voilà, monsieur la voilà; mais ne perdez pas un moment. Grimes ne sait pas que je l'ai. Il faut que je retourne avant qu'il s'en aperçoive. J'ai feint de le quitter pour une ou deux minutes. Il sera obligé d'attendre que j'aille payer l'écot.

J'ai pris cette importante pièce avec toute l'ardeur que tu peux t'imaginer; et j'ai pensé donner vingt soufflets au coquin, pour avoir fini par où il devait commencer. Ce n'était qu'un billet assez court. Je l'ai présenté au jour de tous les sens, pour m'efforcer de le lire sans rompre le cachet; tandis que mon impertinent valet, ne cessant point de rire, de plier les jambes, de lever les mains et de faire cent grimaces de la bouche et des yeux, s'écriait de temps en temps: — Dieu, Dieu! quelle joie! Ce misérable trouve plus de plaisir à faire du mal, que je n'en espère du succès de tous mes désirs. Qu'on me dise que ces coquins-là ne sont pas plus heureux que leurs maîtres.

Il m'est venu à l'esprit de chiffonner assez la lettre pour en mettre le cachet en poudre. On aurait pu supposer qu'il se serait broyé par hasard dans les poches du messager. Cependant je n'ai pas voulu m'exposer au soupçon d'y avoir eu part; surtout lorsque je suis parvenu, sans ce secours, à satisfaire mes yeux avides, excepté sur quelques mots qui m'étaient dérobés par le pli des lignes, mais auxquels il m'était facile de suppléer. Voici à peu près ce que j'ai lu. Tu te souviens, que ma charmante avait déjà changé son nom pour celui de *miss Lætitia Beaumont*. Elle s'en donne un autre. Est-ce de moi qu'elle tient l'art de ces petites friponneries? Ce billet lui était adressé sous le nom de madame *Henriette Lucas*.

« C'est de tout mon cœur et de toute mon âme que je vous félicite, ma chère, d'être enfin délivrée de votre infâme scélérat. Je brûle d'en apprendre les circonstances. Ma mère n'est pas au logis; mais, attendant son retour à chaque minute, je me hâte de dépêcher votre messager. Le plus pressant de mes soins sera de faire chercher madame Townsend; et si je la vois dans un jour ou deux, je vous écrirai aussitôt avec plus d'étendue. Vous exprimerai-je toute l'inquiétude où je suis, pour une lettre que je vous envoyai hier par Collins, et qu'il doit avoir laissée chez Wilson, depuis votre départ. Elle est assez importante pour me faire craindre extrêmement qu'elle ne soit tombée entre les mains de l'infâme. Ne tardez point à l'envoyer prendre, si vous le pouvez, sans faire découvrir votre retraite, et s'il l'avait déjà, prenez quelque occasion pour me le faire savoir. A vous, à vous pour toujours. « ANNE HOWE. »

O Belford ! que l'interception de cette lettre m'a mis le cœur à l'aise ! Je l'ai rendue à mon valet, en lui défendant de boire davantage. Il m'a confessé qu'il avait déjà beaucoup bu.—Comment, coquin, lui ai-je dit, ne dois-tu pas faire l'amour ce soir à une des servantes de madame Moore ? Il l'avait oublié, m'a-t-il répondu, mais il me promettait d'être sobre. Je l'ai chargé de faire sa leçon à Grimes : recommande-lui sur sa vie de ne pas dire qu'il se soit arrêté, ni qu'il ait parlé à personne, et qu'il vienne à cheval jusqu'à la porte.— La difficulté, m'a-t-il dit, était de le remettre sur sa selle. Il est parti, et j'ai rejoint tranquillement les femmes.

Un quart d'heure après, j'ai vu paraître l'ivrogne à cheval, chancelant sur sa selle, tantôt d'un côté, tantôt de l'autre, et sa tête joignant quelquefois celle de sa monture. Les femmes ont paru fort satisfaites de ne me voir aucun empressement pour lui parler ; quoique j'eusse quelque regret, leur ai-je dit, de ne pouvoir approfondir le mystère de sa commission. Au contraire, je les ai priées de faire avertir aussitôt ma femme du retour de son messager. Son mal de tête n'a point empêché qu'elle ne soit descendue sur-le-champ. Elle s'est avancée jusqu'à la porte, pour recevoir la lettre des propres mains de Grimes ; elle s'est retirée à l'écart pour la lire ; et revenant bientôt au messager, qui avait beaucoup de peine à se soutenir sur son cheval : « Voilà votre argent, mon ami. Je me plains un peu de votre lenteur. Mais comment ferais-je pour trouver quelqu'un qui puisse partir sur-le-champ pour Londres ? Je vois que c'est ce qu'il ne faut pas attendre de vous. » Grimes a pris son argent, a laissé tomber son chapeau, qu'il a fallu ramasser pour lui, et s'est retiré en pouvant à peine articuler quelques mots. Will n'aurait pas dû le pousser jusqu'à ce point. Mais le coquin était dans ses états, avec un ivrogne tel que lui-même.

Ma charmante s'est adressée à madame Moore. Pouvait-on lui procurer un homme à cheval ? Elle ne s'arrêtait point au prix. Il n'était question que d'aller prendre dans *Pallmall*, chez M. Wilson, une lettre qu'on y avait laissée pour elle. Il n'a pas été difficile de lui trouver un nouveau messager, qui est venu prendre ses ordres.

C'est inutilement que j'ai fait mes efforts pour l'arrêter en bas. Je suppose que le mal de tête est revenu. Clarisse, comme le reste de son sexe, peut se porter bien ou mal à son gré. Je pénètre ses vues, ai-je pensé. C'est de recevoir de miss Howe toutes les lumières dont elle a besoin, avant que de prendre une résolution.

Elle est remontée, avec les marques d'une inquiétude excessive pour la lettre qu'elle envoyait prendre à Londres. Elle a prié madame Moore de l'avertir si je faisais partir quelqu'un de mes gens pour la ville ; dans la crainte, sans doute, que je ne misse les mains sur cette précieuse lettre. Elle aurait été plus tranquille, ou peut-être aussi l'aurait-elle été moins, si quelqu'un avait pu lui apprendre que le capitaine Tomlinson, qui ne peut manquer d'être à Londres avant son messager, y laissera une lettre si importante, dont j'espère beaucoup d'utilité pour notre réconciliation.

Belford ! Belford ! peux-tu croire que j'aurai pris tant de peine et reçu tant de fois le nom d'infâme, pour n'en tirer aucun fruit ? Je m'imagine que tu trembles à présent pour moi. Quoi ! Lovelace, laisseras-tu tomber entre ses mains une lettre qui va te perdre, et perdre ta Sinclair avec toutes ses nymphes? Tu penses donc à te réformer? Tu penses sans doute au mariage?

Patience, pauvre esprit. Ne saurais-tu te fier un peu à ton maître?

LETTRE CCXXXVI.

M. LOVELACE, A M. BELFORD.

Je n'ai pas fait difficulté de monter dans l'appartement sur lequel j'avais de justes droits, et j'ai employé le temps à t'écrire. Mes quartiers commençaient à me paraître bien établis. Mais la cruelle fille apprenant que je comptais de loger si près d'elle, s'est déclarée contre ce dessein avec tant de violence, que je me suis vu forcé à la soumission. J'ai accepté un autre logement que madame Moore m'a procuré à dix ou douze portes de la sienne. L'unique faveur que j'ai obtenue sans la participation de ma femme, c'est que, dans la crainte de quelque nouvelle aventure, Will couchera dans la maison. A la vérité, madame Moore semblait craindre également de nous désobliger tous deux. Mais la prudente Rawlings a jugé qu'on ne devrait rien m'accorder de plus. Je suis extrêmement tenté de l'en faire repentir. Viens, Belford; charge-toi de ma vengeance. L'entreprise est un badinage pour nous. Je suis content de la veuve Bevis. Elle a pris vivement mes intérêts. Un homme innocent, a-t-elle dit, un mari offensé, trouvera partout des amis. J'ai répondu avec un soupir, que les caractères aussi doux que le mien étaient toujours exposés à la tyrannie; et j'ai renouvelé en même temps, au fond de mon cœur, mes sermens de vengeance contre cette altière et perverse beauté.

Le second messager est revenu vers neuf heures, avec la lettre de miss Howe. Il a rapporté que Collins, en la laissant chez Wilson, avait recommandé qu'elle fût remise en mains propres à miss Lœtitia Beaumont, avec autant de diligence que de sûreté; mais que Wilson ayant su que nous n'étions point à Londres, elle et moi (comment aurait-il pu deviner notre querelle?), avait pris le parti de la garder, jusqu'à l'occasion de la remettre lui-même dans les mains de l'une ou de l'autre. C'est ce que Wilson a fait dire à ma femme en livrant la lettre au messager. Cette fidélité n'aura pas manqué de l'avancer beaucoup dans ses bonnes grâces.

Elle a pris la lettre avec un extrême empressement. Elle l'a ouverte de même, devant madame Moore et madame Bevis; car miss Rawlings s'était retirée. Je suis bien aise qu'elle n'ait pas fait plus d'attention au cachet: quoique je me flatte qu'il n'y manquât rien. Avant que de se mettre à la lire, elle a dit que pour tout au monde elle n'aurait pas voulu que cette lettre fût tombée entre mes mains, et que sa chère amie lui en avait témoigné beaucoup d'inquiétude.

— Sa chère amie, a répété madame Bevis, lorsqu'elle m'a fait ce récit. Ces mauvais caractères sont toujours regardés comme de chers amis, jusqu'à ce qu'on ait appris à les connaître.

Je suis extrêmement content de cette veuve, Belford. Elle prétend que je suis le plus aimable homme qu'elle ait jamais vu. Je lui donne quelquefois un baiser, qu'elle reçoit de fort bonne grâce. En vérité, je serais bien méchant, si je faisais tout le mal qui dépend de moi. Mais mon usage a toujours été d'abandonner une proie trop aisée aux libertins du bas ordre. Malgré toutes les perfections de ma Clarisse, rien ne m'engage tant ici que la difficulté. Mais il est question, à présent, de vaincre ou de périr.

Je viens de quitter ma complaisante veuve. Elle m'a fait l'honneur de me visiter dans mon nouveau logement; je lui ai dit que, autant que je pouvais le prévoir, je lui aurais d'autres obligations dans le cours de cette fâcheuse aventure; qu'elle me permettrait de lui faire un présent digne d'elle, lorsque mes embarras seraient heureusement terminés; mais que je la suppliais de ne communiquer à personne ce qui se passerait entre elle et moi, pas même à sa tante, qui me paraissait trop dépendante de miss Rawlings, fort honnête fille, à la vérité, mais qui n'était pas au fait des matières conjugales, comme ma chère veuve.

— J'avais raison, m'a-t-elle dit. Où miss Rawlings aurait-elle pris ces lumières? De l'orgueil... fondé sur rien; c'est tout ce qu'elle lui connaissait. A l'égard du présent, elle n'en désirait pas. C'était assez pour elle de pouvoir contribuer à la réconciliation d'un mari avec sa femme, et faire avorter de méchans desseins: elle ne doutait pas qu'un esprit aussi envieux que miss Howe ne triomphât de l'évasion de madame Lovelace. La jalousie et l'amour étaient capables de bien des noirceurs. Vois, Belford, si je n'ai pas quelque chose à me promettre de cette nouvelle connaissance. Lorsque nous serons un peu plus familiers, qui sait, si, tout banni que je suis de la maison pendant les nuits, je ne trouverai pas, avec son secours, le moyen de rendre une visite nocturne à ma cruelle? Compte qu'il n'y a pas de retraite sûre pour une femme qui est une fois aux prises avec un amant ferme et entreprenant.

Mais tu brûles de me voir revenir à la lettre de miss Howe. Je savais que tu en serais alarmé pour moi. Cependant ne t'ai-je pas dit que j'avais pourvu à tout. J'ai toujours soin de garder les cachets entiers et de conserver les enveloppes. Était-il donc si difficile de copier une lettre, en prenant soin de l'allonger un peu? Compte sur l'habileté de ton ami. Tout était en si bon ordre, que, ne pouvant être soupçonné d'avoir eu le paquet entre les mains, j'aurais défié tout le monde d'y reconnaître mes traces. Si c'était l'écriture de ma charmante qu'il m'eût fallu contrefaire, j'en aurais désespéré pour une si longue lettre. La délicatesse et l'égalité de son âme se font remarquer jusque dans la forme de ses caractères. Miss Howe n'a pas la main mauvaise; mais elle est fort éloignée d'être si régulière. L'impatience naturelle de ce petit démon précipite l'action de ses doigts, comme tous ses autres mouvemens, et communique à son écriture je ne sais quel air convulsif, qu'il n'est pas plus difficile à la plume d'imiter qu'au pinceau de représenter certains gros traits musculaires du visage.

Es-tu curieux de lire ce que j'ai permis à miss Howe d'écrire à sa charmante amie? Tu peux te satisfaire ici. J'ai pris soin de souligner mes changemens et mes additions (1). Si tu es capable de sentir tout ce que j'y ai mis d'art, tu admireras, presque autant que moi-même, ma profonde sagesse et la fécondité de mon invention. J'y fais entrer miss Lardner, madame Sinclair, Tomlinson, madame Fretchvill, Mennell, surtout mes *libertés*. Et pourquoi, je te prie, cette surabondance de soin?

(1) On supprime cette lettre contrefaite; et l'on supprimerait l'action même, si des traits si révoltans ne servaient à prouver que l'ouvrage n'est pas une fiction.

pourquoi? C'est qu'il peut arriver, à l'avenir, qu'il m'échappe quelque lettre du démon Howe, dans laquelle ma charmante soit renvoyée à quelqu'un de ces noms; et s'il ne se trouvait pas dans celle-ci, je serais en déroute, *infanterie et cavalerie*, comme dirait ici Milord M.... pour avoir négligé des circonstances qui paraîtraient légères néanmoins à tout autre que moi.

Que de peines, que d'embarras, dont je puis dire que je n'ai l'obligation qu'à moi-même! et pour obtenir... Quoi! me demandes-tu? Ah! Belford, pour un triomphe que je mets au dessus de la couronne impériale. Ne me demande pas ce que j'en penserai un mois après. La couronne même impériale, qu'est-elle pour celui qui s'est fait une habitude de la porter?

L'inquiétude de miss Howe n'était pas mal fondée pour sa lettre. Ce que j'y ai laissé suffira pour rendre sa chère amie très contente de la pensée qu'elle n'est pas tombée entre mes mains.

Mais c'est à présent qu'il faut mettre toutes mes inventions en œuvre, pour intercepter celle qu'on attend de miss Howe, et qui contiendra sans doute le nom et les circonstances d'une retraite que je dois ignorer. Madame Townsend se propose apparemment de m'enlever ma belle en contrebande. J'espère que l'infâme, comme je suis nommé si souvent dans les lettres des deux amies, saura tirer parti de ce grand événement. Mais n'est-il pas à craindre qu'avec le secours de miss Rawlings, ma charmante ne quitte Hamstead pendant la nuit? J'y ai pensé, Belford. Will ne couche-t-il pas dans la maison; et la veuve Bevis n'est-elle pas une amie sûre?

LETTRE CCXXXVII.

M. LOVELACE, A M. BELFORD.

Samedi, 10 juin, à six heures du matin.

Ma charmante donna hier au soir à la servante dont Will entreprend de se faire aimer, une lettre pour miss Howe, sous l'adresse de M. Hickman, pour la porter à la poste. J'ose affirmer qu'on ne s'apercevra point que ni l'enveloppe ni la lettre aient été ouvertes. Je n'y ai trouvé que huit ou neuf lignes, par lesquelles « on rassure miss Howe sur le sort de sa lettre, en lui promettant une plus longue réponse lorsqu'on aura le cœur plus tranquille et les doigts moins tremblans. On parle en général d'un nouvel incident (du bonheur apparemment que j'ai eu de découvrir ses traces) dont on ressent beaucoup de chagrin, et qui cause de nouvelles incertitudes; mais dont on attendra le succès (voilà quelque motif d'espérance, Belford,) avant que d'exposer une si chère amie à de nouveaux embarras. On sera dans une mortelle impatience jusqu'à l'arrivée de la première lettre qu'on attend, etc. »

Là-dessus, Belford, j'ai cru qu'il était d'un homme généreux d'épargner à miss Howe l'inquiétude qu'elle peut concevoir de ces ouvertures imparfaites, qui sont capables d'alarmer prodigieusement un esprit si vif. Ainsi, avec tant de facilité pour imiter ce que j'ai devant les yeux, j'ai écrit un autre billet, que j'ai mis sous la même enveloppe, à la place de celui que j'y avais trouvé, sans y faire d'autre changement que celui qui convenait à mes idées. Le voici, puisque tu es bien aise de tout lire :

Hamstead, vendredi au soir.

« Mon éternelle amie,

» Quelques lignes seulement (jusqu'à ce que mes esprits soient plus calmes, et mes doigts plus tranquilles, et jusqu'à ce que je sois un peu remise du trouble où m'ont jetée vos informations), pour vous apprendre que votre lettre est venue heureusement jusqu'à moi. Au retour de mon messager, j'ai envoyé sur-le-champ chez Wilson. Grâces au ciel, elle y était encore. Puisse le ciel vous récompenser de toutes les peines que je vous ai causées, et de vos tendres intentions pour une amie qui sera toujours entièrement à vous. »

Il m'en a coûté assez de peine pour rendre mon imitation si exacte que je me flatte de ne pouvoir être soupçonné. D'ailleurs, j'espère que miss Howe accordera quelque chose au trouble des esprits et au tremblement des doigts. J'ai fait réflexion aussi que ce billet ne pouvait arriver trop tôt, et je l'ai dépêché par un des gens de Mowbray. Le moindre délai, comme tu penses, aurait causé de l'inquiétude à miss Howe, qui l'aurait communiquée à son amie; et peut-être, elle à moi, d'une manière qui ne m'aurait pas plu.

Tant de peine, répéteras-tu, pour une simple fille! Oui, Belford ; mais cette fille, n'est-ce pas Clarisse? Et qui sait si, pour me récompenser de ma persévérance, la fortune ne m'amènera pas son amie? On a vu des événemens moins vraisemblables. Ne doute pas du moins que si je l'entreprends, je la fasse tomber dans mes filets.

LETTRE CCXXXVIII.

M. LOVELACE, A M. BELFORD.

Samedi, à huit heures du matin.

Je reviens de chez madame Moore, où j'étais allé pour recevoir les ordres de ma charmante; mais sa porte ne s'est pas ouverte pour moi. Elle a passé une fort mauvaise nuit. Il ne faut pas douter qu'elle ne regrette d'avoir poussé trop loin ses ressentimens, comme je dois regretter de n'avoir pas fait un meilleur usage de la nuit du mercredi.

Faisons, Belford, une petite revue de ma situation, et des nouveaux soins de ma prudence. J'ai vu ce matin les femmes, et je les trouve moitié incertaines, moitié résolues. Le frère de miss Rawlings lui reproche de n'avoir plus d'autre maison que celle de madame Moore. Madame Moore ne peut faire un pas sans miss Rawlings.

Quoiqu'il ne me soit pas permis de loger dans cette chère maison, j'en ai loué tous les appartemens jusqu'aux greniers, pour un mois certain, au prix qu'on a voulu, table et logement, pour ma femme et pour tout ce qui m'appartient. Mais j'ai mis pour condition, qu'elle n'en serait pas informée dans ces circonstances. Ainsi, je crois avoir lié madame Moore par l'intérêt. C'est proportionner, comme Lucifer, les tentations aux penchans. Miss Rawlings balance alternativement, lorsqu'elle entend notre histoire de la bouche de ma femme ou de la mienne. Cette miss Rawlings n'a pas l'air crédule. Je ne me suis pas encore attaché à connaître son faible. La première fois que je la verrai, je veux étudier ses inclinations et ses défauts. Les conséquences et les applications suivront bientôt. La veuve Bevis, comme je te l'ai déjà dit, est entièrement à moi. Mon valet Will couche dans la maison. Mon autre coquin ne me quitte pas, et par conséquent ne saurait être tout à fait stupide. Will est déjà passionnément amoureux d'une des servantes de madame Moore. Il a senti le pouvoir de ses charmes, au premier moment qu'il a jeté les yeux sur elle. C'est une grosse paysanne d'assez bonne façon. Mais depuis la duchesse jusqu'à la fille de cuisine, il n'y a point de femme qui ne soit contente d'elle-même lorsqu'elle fait la conquête d'un homme à la première vue. La plus laide ne l'est jamais à ses propres yeux. Elle trouve vingt raisons pour justifier l'opinion d'un amant, soit avec le secours, soit en dépit de son miroir. Le coquin s'attribue cent cinquante livres sterling de ses épargnes. C'est cinquante de plus que je ne lui avais ordonné. Il pourrait les avoir sans doute, quoique je ne lui croie pas quatre sous à lui. Le meilleur des maîtres, c'est moi. Un peu d'emportement peut-être, mais qui s'apaise aussitôt. Cette fille le traite déjà fort humainement. La seconde servante est aussi fort civile pour lui. Il a dans la tête un mari qui lui convient. —Monsieur André, dit-elle (c'est le nom de mon autre laquais; et les idées vagues ne plaisent pas à Jenny), est un jeune homme qui lui paraît fort aimable. Mais ne crois pas que mes précautions se réduisent là. Quel besoin, Belford, avec mes talens pour l'invention, quel besoin avais-je de la Sinclair? Ma femme peut avoir de nouvelles occasions d'employer les messagers dont elle s'est servie pour miss Howe et pour Wilson. Will est est déjà lié parfaitement avec l'un. Il le sera bientôt avec l'autre, s'il ne l'est déjà. Boire ensemble, c'est jurer amitié entre les gens de cette espèce. Le laquais du capitaine a ses instructions et ses emplois. Il sert un maître très humain et très respectable! J'aime l'ordre et la subordination.

La poste sera observée de près.

J'ai donné diverses descriptions : celle du Collins de miss Howe, celle des livrées, soit des Harlowe, soit des miss Howe et Hickman, etc. James Harlove et Singleton n'ont pas été oubliés. Je dois être averti de toutes les informations qu'on pourrait prendre sur la marche de ma femme, soit sous son nom de mariage ou sous son nom de fille. Le prétexte est d'éviter toutes sortes de désastres. J'ai donné ordre à Mowbray, à Tourville, et même à Belton, si sa santé le permet, de prendre leurs quartiers pour huit jours à Hamstead avec les plus fidèles de leurs gens. Tes affaires particulières me portent à t'épargner actuellement. Mais ne laisse pas de te tenir prêt à remplir ton devoir dans l'occasion. A l'égard de ma femme, n'a-t-elle pas lieu d'être très contente de moi, qui lui ai permis de recevoir la lettre de miss Howe des mains de Wilson? Elle voit clairement que je suis pas dangereux, et que je ne pense qu'à faire ma paix avec elle, pour une légère offense qui n'est que l'effet du hasard. Miss Howe prétend, dans une de ses lettres, quoiqu'avec un hélas! que sa charmante amie a le cœur touché en ma faveur. Il faut par conséquent qu'elle devienne plus traitable après cette réconciliation. Si j'étais traité avec moins de rigueur et plus de politesse, si je reçois d'elle quelque témoignage de compassion, si je lui voyais un peu de penchant à m'épargner et à juger favorablement de mes vues, je ne dis pas que j'eusse le cœur impitoyable. Mais se voir insulté, bravé par une rebelle, dont on est le maître, qui serait capable de le supporter?

Je vais retourner à la scène de l'action. Il faut que je tienne les femmes en haleine. Je n'ai pas eu d'aujourd'hui l'occasion d'entretenir en particulier madame Bevis. Que dire de ce misérable Tomlinson, qui n'est pas encore arrivé?

LETTRE CCXXXIX.

M. LOVELACE, A M. BELFORD.

De mes appartemens, chez madame Moore.

Miss Rawlings est chez son frère. Madame Moore s'occupe de son ménage. Madame Bevis est à s'habiller. Il ne me reste que ma plume pour ressource. Maudit Tomlinson! qui ne paraît point encore. Que faire sans lui? Je me figure qu'il va se plaindre, avec assez de hauteur, du traitement qu'il reçut hier. « Que lui importent nos affaires? Peut-il avoir d'autres vues que celle de nous servir? » En effet, quelle cruauté de renvoyer sans audience un homme de cette considération, qui a tant d'affaires sur les bras? Le capitaine Tomlinson ne remue pas le pied sans quelque motif d'importance. N'est-ce pas une chose insupportable, que le caprice d'une femme lui fasse perdre tant de momens précieux?

Après tout, Belford, j'ai besoin d'avoir l'esprit et le cœur agités par cette variété de scènes, pour goûter mieux, quelque jour, la douceur du repos, et réfléchir avec plus de satisfaction sur les dangers passés et sur les peines que je me souviendrai d'avoir essuyées. J'ai l'esprit tourné à la réflexion, tu le sais: mais supposer que le passé m'occupera seul, tandis que je serai capable de réfléchir, n'est-ce pas une véritable contradiction? Dans quelle forêt d'épines et de ronces un malheureux ne se jette-t-il pas, au risque inévitable de se déchirer le visage et les habits, lorsque, entreprenant de s'ouvrir des routes nouvelles en amour, il abandonne un vieux sentier, battu de tout temps par ceux qui l'ont précédé!

Changement de scène. J'ai reçu, dans mon propre appartement, une visite de la veuve Bevis. Elle m'apprend que la nuit dernière, lorsque j'eus quitté la maison, ma femme fut tentée de l'abandonner aussi. En vérité, je regretterais volontiers qu'elle ne l'ait point entrepris.

Il paraît que miss Rawlings, dont elle a pris conseil, l'en a détournée. Madame Moore, sans lui faire connaître que Will couche dans sa maison, lui a représenté qu'entre les sujets de ses peines il y en a plusieurs qu'elle doit souhaiter d'éclaircir; et que d'ailleurs, jusqu'à ce qu'elle ait fixé le lieu de sa retraite, elle ne peut être plus sûrement que chez elle. Ma belle s'est rappelée aussi qu'elle attend une lettre de miss Howe, qui doit servir de direction à toutes ses démarches futures. Je ne doute pas qu'avec tous ces motifs, elle n'ait la curiosité de savoir ce que l'ami de son oncle est chargé de lui dire, quelque mépris qu'elle ait, hier, marqué pour un homme de cette importance: et je ne puis croire qu'elle soit absolument déterminée à se mettre hors d'état de recevoir la visite de deux des principales dames de ma famille, et à rompre tout à fait avec moi. D'ailleurs, que deviendrait-elle? J'ajoute que l'heureuse arrivée de la lettre de miss Howe doit lui avoir donné un peu plus de confiance pour moi et pour tout ce qui l'environne, quoiqu'elle ait peine à l'avouer si tôt. La charité est une vertu si rare! Les meilleures âmes ne reviennent point aisément, lorsqu'elles sont une fois prévenues au désavantage d'autrui.

Samedi, à une heure.

Enfin, ce Tomlinson est arrivé! Je ne manquerai point d'attribuer son retard à ses grandes et importantes affaires; mais il m'apprend que, pour cacher sa marche à deux ou trois misérables tels que lui, dont il n'a pu se défaire autrement, il s'est vu obligé de faire un détour de cinq ou six milles. Il me sert avec zèle. Je crois que s'il continue de me plaire dans cette occasion, je le mettrai en état de vivre à son aise.

J'ai fait annoncer aussitôt son arrivée. On a répondu qu'on ne pouvait recevoir sa visite avant quatre heures après midi. Hauteur insupportable! Ce sexe est sans aucun égard lorsque l'humeur s'en mêle; mais le jour, ou plutôt l'heure de la vengeance arrivera.

Le capitaine s'emporte. Qui peut le blâmer? Les trois femmes conviennent elles-mêmes que c'est traiter durement un homme de cette considération, qui abandonne généreusement ses affaires pour les nôtres. Plût au ciel qu'elle eût tenté de s'évader cette nuit? Toutes ces créatures n'étant pas mes ennemies, qui sait si, dans une si belle occasion d'exercer mon autorité de mari, je n'aurais pas trouvé assez de faveur pour la reconduire à son premier logement, ou pour me mettre en possession de tous les droits du mariage, en dépit des exclamations, des évanouissemens, des injures et de tous les emportemens de son sexe.

De tout le jour, elle ne s'est encore montrée qu'à madame Moore. « Elle est extrêmement abattue; peu capable, dit-elle, de l'intéressante explication qu'elle a remise à l'après-midi. Son impatience est extrême de recevoir des nouvelles de sa chère miss Howe, quoiqu'elle n'en puisse espérer que dans un jour ou deux. Elle a mauvaise opinion de tout le genre humain... Je ne m'en étonne point. L'excellente fille! avec un père, des oncles, un frère tels qu'elle a le malheur d'en avoir. Mais comment paraît-elle? Mieux qu'on ne pouvait s'y attendre, après ses fatigues d'hier et le peu de repos qu'elle a pris cette nuit. Ces tendres colombes ne connaissent toutes leurs forces que dans l'occasion de les employer, surtout dans les occasions d'amour, dont le propre est de les occuper entièrement. Elles aiment les scènes intriguées. La vie uniforme est leur aversion. Une femme créera plutôt un orage que de voir toujours le temps serein. Pourvu qu'elles président à l'ouragan et qu'elles aient le pouvoir de le diriger, il ne manque rien à leur satisfaction. Mais le malheur de ma charmante, c'est qu'elle est condamnée à vivre dans le trouble, sans l'avoir excité et sans être capable d'y rien changer.

LETTRE CCXL.

M. LOVELACE, A M. BELFORD.

Samedi au soir, 20 juin.

Je me donne au diable si je devine quelle sera la conclusion de tous mes complots et de toutes mes ruses.

A quatre heures, qui était le temps assigné, j'ai fait demander, pour le capitaine et pour moi, la permission de monter. On a répondu qu'on était prête à recevoir le capitaine (sans parler de moi le moins du monde), mais dans une salle d'en bas, s'il y en avait quelqu'une de libre. L'antichambre d'en haut étant à moi, peut-être n'a-t-on pas eu d'autre raison pour nommer une salle d'en bas. Nouvelle délicatesse, si ma conjecture est vraie. Cet air de rigueur, ai-je pensé aussitôt, n'est pas d'un excellent présage. Madame Moore, miss Rawlings et madame Bevis, qui étaient dans la salle avec le capitaine et moi, ont proposé de se retirer lorsque madame serait descendue. — Non, mesdames, leur ai-je dit, à moins que ma femme ne le désire elle-même. Une cause aussi juste que la mienne ne demande pas à être traitée en secret. D'ailleurs, nous n'avons point d'affaires à présent dont vous ne soyez parfaitement informées.

Le capitaine m'a prié d'observer qu'il se proposait d'avoir avec ma femme quelques explications pour lesquelles elle ne souhaiterait peut-être la présence de personne, sans excepter la mienne, parce que je n'étais pas aussi bien avec la famille qu'il serait à désirer pour l'avantage commun.

— Eh bien! eh bien! capitaine, je me soumets à tout. Vous nous ferez signe de sortir, et nous sortirons. J'ai pensé qu'effectivement l'exclusion des femmes serait plus naturelle de sa part que de la mienne.

Il m'a promis de nous avertir par une inclination de tête et par un signe de main lorsqu'il souhaiterait de demeurer seul avec madame. « Son oncle, nous a-t-il dit, avait pour elle une tendresse incroyable. Il espérait que je n'abuserais pas de l'ardeur avec laquelle son cher ami se portait à la réconciliation, pour la rendre plus lente ou plus difficile; mais il craignait, comme il me l'avait dit plusieurs fois, qu'en lui expliquant la cause de notre mésintelligence, je ne l'eusse beaucoup plus adoucie que je ne l'aurais dû. »

— Je me flatte, capitaine, que vous ne vous défiez pas de ma bonne foi.

— Non, monsieur, a-t-il répliqué d'un air inquiet; mais cent choses, qui nous paraissent légères à nous autres hommes, prennent une autre couleur aux yeux d'une femme délicate. D'ailleurs, si vous êtes lié par un serment, ne devez-vous pas... Il s'est arrêté.

Miss Rawlings a marqué, par un sourire d'approbation, qu'elle applaudissait à la délicatesse du capitaine. Madame Moore, sans donner si clairement son suffrage, n'a pas laissé de confirmer celui de l'autre par un mouvement de tête. — Pour moi, je sais ce que je sais, a dit la jolie veuve en ouvrant de fort grands yeux; mais on est homme et femme, ou on ne l'est pas. J'ai peine à concevoir les délicatesses de cette nature.

— Elle vient! elle descend! s'est écriée l'une des trois femmes, au bruit de la porte d'en haut qui s'ouvrait. — Oui, c'est elle-même! a dit une autre, entendant la porte qui se fermait après elle. En effet, la divine fille est entrée aussitôt dans la salle. Nous l'avons reçue tous avec une profonde révérence, et de l'air majestueux dont elle s'est présentée, ce mouvement n'était pas libre. Cependant le capitaine a pris une contenance fort grave.

Ici, Belford, la nécessité m'oblige de revenir à la méthode du dialogue.

Clarisse. — Que je ne dérange personne. Ne sortez pas, mesdames, je vous le demande en grâce. (Elles paraissaient disposées à sortir; mais s'il avait fallu se retirer, miss Rawlings serait morte de regret.) Vous avez eu le temps d'être informées de mon histoire, et je ne doute pas que vous ne le soyez parfaitement, ou du moins de celle de M. Lovelace. Demeurez, je vous prie.

Un petit exorde, ai-je pensé, assez bizarre, et même assez impertinent.

— Monsieur Tomlinson (en s'adressant à lui avec un air inimitable de dignité), je suis votre servante. Vous ne vous serez pas offensé du refus que je fis hier de vous voir. J'étais réellement hors d'état de vous parler avec un peu d'attention.

Le capitaine. — Je suis charmé, madame, de vous voir aujourd'hui beaucoup mieux. C'est le jugement que je porte de votre santé.

Clarisse. — Non, je ne suis pas trop bien. Je ne me serais pas excusée de vous recevoir il y a quelques heures, si je n'avais pas eu l'espérance de me trouver mieux. Pardon, monsieur, de la peine que je vous ai causée. Vous serez d'autant plus disposé à me la pardonner, qu'elle finira, j'espère, aujourd'hui.

— Si résolue! si déterminée! ai-je dit en moi-même. Cependant une nuit entière, qui s'est passée sur ses ressentimens! mais comme ces quatre mots pouvaient recevoir une explication favorable, je n'ai pas voulu les prendre dans le mauvais sens.

Lovelace. — Le capitaine s'est repenti, ma chère, de n'avoir pas demandé hier à vous voir au premier moment de son arrivée. Il craint que vous ne l'ayez pris en mauvaise part.

Clarisse. — Peut-être devais-je m'attendre que l'ami de mon oncle eût souhaité de me voir en arrivant. (T'attendais-tu, Belford, à cette réponse?) Mais vous avez eu, monsieur (en s'adressant à moi), vos raisons pour le retenir.

Diable! ai-je pensé. Il y avait donc du ressentiment avec le mal de tête, comme ma bonne Bevis l'observa fort bien dans le refus qu'on fit hier de voir cet honnête ami de M. Jules.

Le capitaine. — C'est votre faute, monsieur Lovelace. Je voulais rendre mes devoirs à madame, au moment où je suis arrivé...

Clarisse. — C'est assez, monsieur : en l'interrompant pour abréger les réponses. Je ne veux pas que vous me croyez choquée d'une bagatelle. S'il ne vous a pas été trop incommode de revenir, je suis fort satisfaite.

Le capitaine, un peu déconcerté. — Je ne vous dirai pas, madame, que mes affaires... qui sont en fort grand nombre... n'aient pas un peu souffert... Mais le désir que j'ai de vous servir, vous et M. Lovelace, et celui d'obliger M. Harlove, votre cher oncle et mon cher ami, me font juger les plus grandes incommodités dignes d'un meilleur nom.

Clarisse. — Rien de si obligeant, monsieur. Vous voyez les circonstances fort changées, depuis la dernière fois que j'ai eu l'honneur de vous voir.

Le capitaine. — Extrêmement changées, madame. J'en fus très surpris, jeudi au soir, lorsque M. Lovelace me conduisit à votre logement, où nous espérions de vous trouver.

Clarisse. — Avez-vous quelque chose à me dire, qui demande un entretien particulier?

Les trois femmes ont fait alors un mouvement pour se retirer. — Ne sortez pas, mesdames. Si M. Lovelace demeure, assurément rien ne vous oblige de sortir.

J'ai ridé le front. Je me suis mordu la lèvre, j'ai regardé les femmes, et j'ai secoué la tête.

Le capitaine. — Je ne suis chargé de rien qui ne regarde en partie

M. Lovelace, et par conséquent, de rien qu'il ne puisse entendre, à l'exception d'un mot ou deux, qui peuvent être remis à la fin.

Clarisse. — Je vous prie, mesdames, ne pensez point à sortir. Tout est changé, monsieur, depuis la dernière fois que je vous ai vu. Dans tout ce qui me concerne à présent, il n'y a plus rien à quoi M. Lovelace puisse prendre part.

Le capitaine. — Vous me surprenez, madame. Je suis affligé de ce que j'entends : affligé pour l'intérêt de votre oncle, affligé pour le vôtre et pour celui de M. Lovelace. Il faut qu'il vous ait donné d'autres sujets de plainte que ceux dont il m'a fait l'aveu ; sans quoi...

Lovelace. — En vérité, capitaine, en vérité, mesdames, je vous ai raconté une grande partie de mon histoire ; et ce que je vous ai dit de l'offense n'a pas reçu le moindre déguisement dans ma bouche. Si j'ai supprimé quelque chose, c'est uniquement ce que vous ne pouviez entendre sans accuser cette chère personne d'un excès de rigueur.

Clarisse. — Fort bien, fort bien, monsieur. Vous pouvez me noircir et vous justifier à votre aise. Je ne suis plus en votre pouvoir. Cette pensée me console de tout.

Le capitaine. — Le ciel me préserve de prendre la défense d'un crime, qu'une personne de vertu et d'honneur ne peut pardonner ! Mais sûrement, madame, c'est aller trop loin.

Clarisse. Ne me blâmez pas, monsieur Tomlinson. J'ai bonne opinion de vous, comme d'un ami de mon oncle ; mais si vous êtes celui de M. Lovelace, mes idées changent ; car ses intérêts et les miens ne doivent plus rien avoir de commun.

Le capitaine. — De grâce, madame ; que j'aie l'honneur de vous dire un mot en particulier.

Clarisse. — Rien ne vous empêche, monsieur, de vous expliquer librement devant ces dames. M. Lovelace peut avoir des secrets : je n'en ai aucun. Il semble que vous me jugiez coupable ; je serais charmée que tout le monde connût le fond de mon cœur. Que mes ennemis paraissent ; qu'ils m'interrogent ; je suis prête à leur révéler mes plus secrètes pensées.

Le capitaine. — Ame noble ! Quelle femme au monde pourrait tenir ce langage ?

Chacune des trois femmes a levé les mains et les yeux, comme pour dire : — Ce n'est pas moi.

Il n'y a rien ici qui sente le désordre, a dit miss Rawling ; mais, en jugeant par son propre cœur, elle y a dû trouver peu de vraisemblance.

— Langage admirable ! a dit madame Bevis, en serrant les épaules. Madame Moore a soupiré. Moi, j'ai dit en moi-même : L'ami Belford connaît mon cœur. A cet égard, au moins, je suis plus ingénu qu'aucune de ces trois créatures, et seul comparable ici à cette divine fille.

Clarisse. — Je ne m'informe pas comment M. Lovelace a pu découvrir mes traces. Mais tant de méprisables inventions, tant de ruses et de vils déguisements pour s'introduire dans cette maison, tant de mensonges hardis et choquans...

Le capitaine. — Un mot seulement en particulier...

Clarisse. — Pour soutenir des droits qui n'ont aucun fondement ! Ah ! monsieur, ah ! capitaine Tomlinson, que de raisons n'ai-je pas de dire que cet homme est capable de toutes sortes de bassesses !

Les femmes ont jeté les yeux l'une sur l'autre, et delà sur moi, pour voir apparemment comment je soutiendrais l'attaque. Je t'avouerai, Belford que j'ai senti à ce moment, dans ma tête, un bouleversement qui m'a fait craindre de devenir fou. Mon cerveau me semblait tout en feu ; que n'aurais-je pas donné, pour me trouver sur-le-champ seul avec elle! J'ai traversé la chambre, en tenant le poing serré sur mon front. Oh! que n'ai-je à présent quelqu'un, ai-je pensé en moi-même, que je puisse déchirer et mettre en pièces.

Le capitaine. — Chère madame! Ne voyez-vous pas combien le pauvre M. Lovelace... Bon Dieu! que j'ai trompé votre oncle, à ce compte! Quelle peinture ne lui ai-je pas fait de votre bonheur? Combien de fois lui ai-je répété que vous seriez heureux l'un et l'autre!

Clarisse. — Ah! monsieur, vous ne savez pas combien d'offenses préméditées j'avais eues à pardonner la dernière fois que je vous ai vu, pour être capable de paraître, devant vous, telle que je souhaitais alors de pouvoir être à l'avenir. Mais à présent, vous pouvez dire à mon oncle que je ne puis plus espérer sa médiation. Dites-lui que la faute dont je me suis rendue coupable, en donnant à M. Lovelace l'occasion de m'arracher à mes vrais amis, à mes amis éprouvés, mes amis naturels, avec quelle rigueur qu'ils m'aient traitée, se présente sans cesse à moi avec d'autant plus de force pour m'effrayer, que mon sort semble toucher à sa crise, suivant la malédiction d'un père offensé. Ici elle a versé un ruisseau de larmes, qui ont produit leur effet jusque sur mon honnête suppôt, et qui en ont fait pendant quelques momens un Belford. Les trois femmes, accoutumées à pleurer sans douleur, comme à rire sans raison, par la seule force de l'exemple, n'ont pu manquer de tirer leur mouchoir : ce qui devait au fond me surprendre d'autant moins, que, partagé moi-même entre la surprise, la confusion et l'attendrissement, je n'ai pas eu peu de peine à résister. Qu'un cœur tendre est un mauvais présent du ciel! Quel moyen d'être heureux avec un cœur sensible? Cependant tu oses soutenir qu'un cœur dur est un cœur de tigre.

Le capitaine. — Quoi, madame? Je n'obtiendrai pas un moment d'entretien particulier? Je vous le demande par rapport à moi seul.

Les femmes ont voulu se retirer. Elle s'est obstinée à ne pas permettre qu'elles sortissent sans moi. Le capitaine m'a prié d'y consentir. Il me semble, ai-je pensé, que je puis me fier quelques momens à un coquin que j'ai si bien instruit. Elle ne le soupçonne de rien. Je ne lui laisserai que le temps dont elle a besoin pour jeter son premier feu. Cette réflexion m'a fait prendre le parti de sortir avec les femmes. En me retirant, d'un air soumis, j'ai fait à ma déesse une révérence qui m'a gagné tous les cœurs; à l'exception de celui qu'il m'importait de toucher, car cette fille hautaine n'a pas plié le genou pour me répondre.

La disposition de la porte m'a permis de me placer assez favorablement pour ne pas perdre un mot de sa conversation avec le capitaine; mais j'ai pris soin qu'aucun autre que moi ne pût les entendre. Ils ont parlé tous deux assez haut : elle, par le mouvement de sa colère; lui, dans le dessein de m'obliger. Et pour diminuer l'admiration que pourrait te causer ma mémoire, je t'apprends que j'avais à la main mes tablettes et mon crayon. Si la belle furieuse s'en était défiée, peut-être m'aurait-elle épargné quelques notes ; et peut-être aussi n'aurait-elle fait qu'en grossir le nombre.

Le capitaine s'est d'abord excusé par diverses raisons, d'avoir donné devant les femmes une sorte de confirmation au rapport de notre mariage. Elle n'ignorait pas, lui a-t-il dit, que, pour entrer dans les vues de son oncle, il en avait déjà semé le bruit ; et que cette nouvelle ayant été jusqu'à milord M... et milady Lawrance, il avait été obligé de la soutenir par un nouveau témoignage. Son frère, étant résolu de la voir à toutes sortes de prix, pouvait découvrir sa retraite, et s'adresser aux femmes de la maison, pour se faire expliquer la vérité de mes engagemens. Elle voyait parfaitement qu'il n'avait pu se dispenser de tenir ici le même langage. Son embarras n'avait pas été médiocre, parce qu'il n'aurait pas voulu, pour tout l'or du monde, qu'on le crût capable de duplicité ou de mauvaise foi : et c'était le motif qui lui avait fait souhaiter si vivement une conversation particulière avec elle.

— Il était vrai, a-t-elle répondu, qu'elle avait consenti à cet expédient, dans l'opinion qu'il venait de son oncle, et s'imaginant peu qu'il dût l'engager dans un si grand nombre d'erreurs. Cependant, elle aurait dû ne pas ignorer qu'une erreur en amène toujours d'autres à sa suite. M. Lovelace lui avait fait vérifier cette maxime, dans plus d'une occasion ; et c'était une remarque du capitaine même, dans une des lettres qu'on lui avait fait lire hier.

— Il se flattait, a-t-il répliqué, qu'elle n'avait aucune défiance de lui, aucun doute de son honneur. Si je vous suis suspect, madame, si vous me croyez capable... quelle idée, Dieu tout-puissant, quelle idée vous auriez de moi !

— Non, monsieur. Dans une occasion de cette nature, il n'y a pas d'homme au monde que je puisse soupçonner. Vous ne m'êtes pas suspect. S'il était possible qu'il y eût un tel homme au monde, ce ne serait pas M. Tomlinson, le père de plusieurs enfans, un homme d'âge, de sens et d'expérience.

Le coquin m'a confessé qu'en recevant cet injuste éloge il s'était senti comme percé jusqu'au fond du cœur, par un trait des yeux de ma déesse, et qu'il n'avait pu se défendre de trembler. Le remords d'une conscience faible, Belford, et rien de plus. J'ai fait plus d'une fois la même expérience, dans quelques uns de mes entretiens avec cette pénétrante fille.

— Son oncle, a-t-elle continué, n'était pas accoutumé à ces malheureux expédiens ; mais elle avait attribué sa conduite à la singularité de l'occasion, et à ses égards forcés pour l'honneur d'une nièce.

Cette explication a mis le capitaine à l'aise, et lui a rendu le courage. Elle lui a demandé, s'il croyait que milady Lawrance et miss Montaigu pensassent à lui rendre une visite. Il a protesté qu'il n'en doutait pas. Et M. Lovelace peut-il s'imaginer, a-t-elle repris, que je me laisse engager à confirmer devant ces dames, le bruit que vous avez répandu? Mon espérance, Belford, avait été de l'y engager en effet, sans quoi je ne lui aurais pas fait voir leurs lettres ; cependant j'avais dit au capitaine que je croyais devoir abandonner ce point.

Il a répondu qu'il me croyait fort éloigné de cette pensée, et que mon dessein, comme il le savait de moi-même, était de leur déclarer en confidence le fond de la vérité. Ensuite, revenant sans affectation à monsieur Jules, il lui a dit que ce digne oncle et ce cher ami avait déjà fait quelques démarches pour une réconciliation générale.

— Aussitôt, madame, qu'il sera informé de votre mariage réel, il se hâtera d'entrer en conférence avec votre père ; car il n'a pas attendu jusque aujourd'hui à verser les tendres sentimens de son cœur dans le sein de votre mère.

— Et qu'a dit ma mère? qu'a dit ma chère mère? a-t-elle interrompu avec une vive émotion; le visage levé, l'oreille ouverte, comme pour abréger le chemin que la réponse avait à faire jusqu'à elle.

— Votre mère, madame, s'est noyée dans ses larmes; et votre oncle, pénétré de sa tendresse, n'a pu continuer le discours qu'il avait commencé; mais il se propose de le reprendre dans les formes, lorsqu'il sera sûr de la célébration. Le son de sa voix m'a fait juger qu'elle pleurait. Cette chère personne, ai-je dit en moi-même, commence à se ralentir; mais j'ai porté envie à l'éloquence du maraud. Je ne pouvais supporter l'idée qu'aucun homme eût le pouvoir que je n'avais pas eu, de persuader cette âme hautaine, quoiqu'en ma faveur; et, ce que tu auras peine à croire, j'en ai ressenti plus de peine, que son ralentissement ne me causait de plaisir. Tout ce qu'elle dit, tout ce qu'elle fait a des charmes. Il y a de la beauté dans sa colère, de la beauté dans ses pleurs. Si le capitaine était un jeune homme, et s'il était un peu plus relevé par son rang ou sa fortune, il n'aurait pas été en sûreté contre ma jalousie, et je n'aurais pas jugé trop avantageusement d'elle-même.

— Ah! monsieur, lui a-t-elle dit, vous ne savez pas tout ce que j'ai souffert des étranges procédés de M. Lovelace. C'est par une vile trahison qu'il m'a fait tomber d'abord entre ses mains : et depuis qu'il m'a tenue dans son pouvoir... Elle s'est arrêtée un moment : et reprenant aussitôt : — Ah! monsieur, vous ne savez pas quelle conduite il a tenue avec moi, quelle est sa dureté, son impolitesse, à la honte de sa naissance, de son éducation et de ses lumières!

La première femme qui est jamais fait cette plainte de moi. C'est ma consolation, ai-je pensé. Mais ce langage, tenu dans mon absence à l'ami de son oncle, comble une mesure déjà trop pleine, ma très chère âme. Écrivons, écrivons.

Clarisse. — Mercredi dernier... (Elle s'est encore arrêtée, et je suppose qu'elle a détourné le visage. Il me paraît bien surprenant qu'elle ait voulu toucher à ce qui lui paraît si bas et si honteux, surtout devant un homme, et tête-à-tête avec lui.)

Le capitaine. — Je me garderai bien, madame, de vous demander des explications sur un sujet si délicat. Il reconnaît la justice de votre colère; mais il proteste solennellement que l'offense n'était pas préméditée.

Clarisse. — Rien n'est capable de le justifier, monsieur Tomlinson. Les gens de la maison doivent être aussi méprisables que lui. Je suis convaincue qu'il y avait entre eux une ligue détestable... Mais éloignons cette odieuse idée.

Le capitaine. — Je n'ajoute qu'un mot, madame. Il m'assure qu'il vous a marqué l'empire qu'il a sur lui-même, par une soumission sans exemple, et que vous avez promis de lui faire grâce.

Clarisse. — Il ne m'aurait pas arraché cette promesse, s'il n'avait su qu'il ne la méritait pas, et je ne l'ai faite que pour me garantir du dernier outrage.

Le capitaine. — Tout inexcusable qu'il est, je souhaiterais, madame, puisqu'il peut alléguer du moins en sa faveur la confiance qu'il a eue dans votre promesse, que pour sauver les apparences aux yeux du monde, et pour éviter les malheurs qui peuvent arriver si vous êtes absolument résolue de rompre avec lui ; vous vous fissiez de nouveaux droits sur sa reconnaissance en excitant votre générosité naturelle à lui pardonner. Elle est demeurée en silence.

Le capitaine. — Votre père et votre mère, madame, déplorent la perte d'une fille que vore générosité peut leur rendre. Ne les exposez pas au double malheur qu'ils ont à redouter, celui de perdre, avec leur fille, un fils qui est capable de leur causer ce nouveau sujet d'affliction par sa propre violence. Elle a paru méditer. Elle a pleuré. Elle est convenue qu'elle sentait la force de cet argument.

Le capitaine. — Permettez-moi, madame, de vous faire remarquer qu'il ne me serait pas difficile, si vous l'exigiez absolument, d'engager votre oncle à se rendre secrètement à Londres pour vous donner M. Lovelace de sa propre main. Je suppose cependant que ce fâcheux démêlé n'a point été jusqu'à lui.

Clarisse. — Mais qu'ai-je tant à redouter de mon frère? Je me plains de ses injures ; peut-il se plaindre des miennes ! Implorerai-je la protection de M. Lovelace contre mon frère ? Et qui me protégera contre M. Lovelace ? Le cruel ! l'ingrat ! d'insulter une malheureuse fille qu'il a privée lui-même de tous ses protecteurs et de tous ses amis ! Non, non il ne m'est plus possible de le voir du même œil. Il n'aura plus rien à démêler avec moi. Qu'il me quitte. Que mon frère me découvre. Je n'ai pas le cœur assez faible pour craindre la vue d'un frère qui n'a pas cessé de m'injurier.

Le capitaine. — Si votre frère ne paraissait que pour conférer avec vous, pour vous faire des reproches, pour éclaircir des difficultés, j'en jugerais fort différemment. Mais quel succès devez-vous attendre d'une entrevue (M. Solmes présent) dans laquelle votre frère apprendra que vous n'êtes pas mariée, et que vous êtes résolue de ne jamais prendre M. Lovelace ? Encore faut-il supposer que M. Lovelace ne troublera pas votre conférence, ce que vous ne sauriez vous promettre.

Clarisse. — Ce que je puis dire, monsieur, ce que je vois de plus clair, c'est que je suis très malheureuse. Je dois me soumettre aux dispositions de la Providence, et supporter patiemment des maux que je ne puis éviter ; mais j'ai pris mes mesures. M. Lovelace ne peut jamais faire mon bonheur, ni espérer de moi le sien. Je n'attends ici qu'une lettre de miss Howe, qui achèvera de me déterminer.

Le capitaine. — De vous déterminer à l'égard de M. Lovelace ?

Clarisse. — Je suis déterminée par rapport à lui.

Le capitaine. — Si ce n'est pas en sa faveur, madame, j'ai fini mon rôle. En vain chercherais-je des raisons plus puissantes que celles dont je viens de vous entretenir. Il y aurait de l'indiscrétion à les répéter. Si vous ne vous sentez pas disposée à pardonner, il faut que l'offense ait été plus grave que M. Lovelace ne le reconnaît. Mais, dans cette supposition, madame, ayez la bonté de me dicter la réponse que je dois faire à votre oncle. Vous avez eu celle de me dire que ce jour finirait ce que vous nommez vos peines. Je les aurais crues dignes d'un meilleur nom, si j'avais pu servir à réconcilier des personnes que j'honore. Ici, mon cher Belford, je suis entré d'un air grave.

Lovelace. — Capitaine, je viens d'entendre une partie de vos explications avec cette adorable personne, dont l'unique défaut est d'avoir un cœur implacable. Je suis pénétré de son obstination. Non, je n'aurais pas cru possible qu'avec des vues aussi droites, aussi clairement avouées, elle m'eût accordé si peu de part à son estime. Cependant je me dois quelque justice par rapport à l'offense dont j'ai eu le malheur de me rendre coupable, lorsque je vous vois tant de penchant à la croire beaucoup plus grave que je ne vous l'ai déclaré.

Clarisse. — Monsieur, je n'écoute pas vos récapitulations. Je suis et je dois être seule juge des insultes qui me regardent personnellement. Je ne veux aucune discussion avec vous, et je ne vous écoute pas sur un sujet si choquant.

Elle s'est mise en mouvement pour sortir. Je me suis placé entre elle et la porte. — Vous pouvez m'entendre, madame; ma faute n'est pas d'une nature qui s'y oppose. Je m'accuserai moi-même avec justice, mais sans blesser vos oreilles.

J'ai protesté alors que le feu de mercredi avait été réel. (Il l'était en effet.) J'ai désavoué (avec un peu moins de bonne foi) que l'aventure fût préméditée. J'ai reconnu que je m'étais laissé emporter par la violence de ma passion, et par un transport soudain, que peu de jeunes gens dans la même situation eussent été capables de réprimer : mais j'étais sorti, sur ses ordres, sur ses instances, sur la promesse du pardon, sans m'être échappé à d'autres libertés, à d'autres indécences, que celles dont les personnes les plus délicates, surprises dans une attitude si charmante, auraient fait moins un sujet d'offense que de badinage et de raillerie; surtout lorsque ses alarmes pour le feu m'excitaient à la rassurer par toutes les expressions de la tendresse, et qu'étant si proche de l'heureux jour, je pouvais me regarder comme un amant reconnu. Cette excuse, ai-je ajouté, justifiait aussi les femmes de la maison, qui, nous croyant actuellement mariés, pouvaient supposer leur intervention moins nécessaire dans une si tendre occasion. Sens-tu, Belford, la hardiesse de cette insinuation en faveur des femmes ?

Ses yeux se sont remplis de la plus haute indignation. Elle en a lancé, contre moi, traits sur traits. Son âme s'est montrée tout entière dans chaque ligne de son visage. Cependant elle n'a pas dit un seul mot. Peut-être a-t-elle cru trouver, dans cette apologie pour les femmes, l'explication du parti auquel je m'étais attaché malgré elle, de nous faire passer pour mariés, en arrivant dans cette maison.

Le capitaine. — En vérité, monsieur, je ne puis approuver que vous ayez augmenté l'effroi de madame, lorsque la crainte du feu l'avait déjà trop alarmée.

Elle a voulu forcer ici le passage pour sortir. Je me suis mis le dos contre la porte, et je l'ai conjurée de m'accorder un moment.

Lovelace. — Ce n'est pas mon intérêt seul, très chère Clarisse, qui me fait souhaiter que le capitaine Tomlinson ne me croie pas plus coupable. Je n'ajouterai pas un mot sur ce malheureux sujet, lorsque j'en aurai appelé à votre propre cœur, lorsque je vous aurai demandé si cette explication n'était pas nécessaire devant le capitaine. Il aurait emporté de moi une trop mauvaise opinion, s'il n'avait jugé de ma faute que par la violence de votre ressentiment.

Le capitaine. — Oui, j'en conviens, et je suis très satisfait, monsieur Lovelace, que vous en puissiez dire tant pour votre défense.

Clarisse. — Admirable jugement, que celui d'une cause où l'offenseur est assis entre les juges ! Je ne soumets pas la mienne à la décision des hommes, pas même à la vôtre, monsieur Tomlinson. Vous me permettrez de le dire, quoique je veuille conserver la bonne opinion que j'ai de vous ; si M. Lovelace ne s'était pas cru sûr de vous avoir fait entrer dans ses intérêts, il ne vous aurait point engagé à faire le voyage de Hamstead.

Le capitaine. — Si je me suis laissé engager à quelque chose, madame, je le dis hardiment devant M. Lovelace, c'est pour l'intérêt de votre oncle et pour le vôtre, beaucoup plus que pour le sien. Je l'ai blâmé dans le premier moment, et je le blâme encore d'avoir ajouté chagrin sur chagrin, terreur sur terreur... dans le temps, monsieur (me regardant d'un œil fier), que madame était prête à s'évanouir devant vous.

Lovelace. — Je ne disconviens pas, capitaine, qu'il n'y ait beaucoup de fautes, beaucoup de légèretés à me reprocher ; et que si cette chère personne m'a jamais honoré de quelque affection, je ne sois même un ingrat ; mais je n'ai que trop de raison d'en douter. N'ai-je pas une preuve actuelle que jamais elle n'a eu pour moi l'estime dont ma fierté me rendait jaloux, dans la facilité avec laquelle je la vois renoncer à moi pour une offense légère, renoncer à l'espérance d'une réconciliation dont son oncle se fait le médiateur, et risquer les plus funestes suites ? Dans quelles circonstances encore ! à la vue du terme ; lorsque les articles sont dressés et prêts à signer ; lorsque je sollicite une médiation, que nulle autre considération que la sienne n'a pu me faire désirer. Par ma foi, capitaine, cette chère personne ne doit avoir eu que de la haine pour moi, pendant le temps même qu'elle a voulu m'honorer de sa main : et je m'imagine qu'à présent, qu'elle est résolue de m'abandonner, c'est avec une préférence décidée dans son cœur pour le plus odieux de tous les hommes, pour ce Solmes, qui doit, dites-vous, accompagner son frère ! et dans quelles espérances, dans quelles vues l'accompagner ? Ciel ! comment suis-je capable de soutenir cette idée ?

Clarisse. — Vous jugeriez mieux de l'estime que j'ai eue pour vous, si vous vouliez vous souvenir que vous ne l'avez jamais méritée... Elle a fait ici quelques pas vers la fenêtre, et retournant vers nous : Monsieur Tomlinson, a-t-elle dit au capitaine, je veux bien vous avouer qu'en donnant ma main, je n'étais pas capable de me borner à ce don. Ne l'ai-je pas assez prouvé aux meilleurs de tous les parens ? et n'est-ce pas ce qui m'a jetée dans un abîme, dont l'homme que vous voyez n'a fait qu'augmenter la profondeur, lorsque l'honneur et la reconnaissance l'obligeaient également de me soutenir dans ma chute. Je n'ai pas même été sans inclination pour lui ; ma peine n'est pas à l'avouer. J'ai supporté longtemps les variétés inexplicables de sa conduite. J'attribuais ses erreurs, soit à la légèreté de son âge, soit au défaut de cette pure et généreuse délicatesse, qui intéresse le cœur aux disgrâces d'autrui. Aujourd'hui, ce ne peut être qu'une véritable méchanceté, qui lui fait soutenir que sa dernière et cruelle insulte n'a pas été préméditée. Mais quel besoin d'en parler davantage, puisqu'elle est d'une nature qui a tout à fait changé cette inclination que j'avais en sa faveur, et qu'elle m'a fait renoncer à toutes mes espérances pour me délivrer absolument de son pouvoir ?

Lovelace. — O ma très chère Clarisse ! que nous serions heureux l'un et l'autre, si j'avais pu découvrir cette inclination, comme vous daignez l'appeler, au travers d'une froideur dont jamais amant n'a fait une si cruelle expérience.

Clarisse. — Comptez, capitaine, qu'il avait su la découvrir. Il a su me conduire plus d'une fois à lui en faire l'aveu ; assez inutilement, je puis le dire, parce que sa vanité lui apprenait seule à n'en pas douter, et parce que mon seul motif, dans la lenteur que j'apportais à m'expliquer, était la juste crainte de ne pas lui trouver un retour de générosité. En un mot, capitaine Tomlinson, je n'aurais eu que du mépris pour moi-même, si je m'étais trouvée capable de tyrannie ou d'affectation pour l'homme dont je me proposais de faire mon mari. J'ai toujours blâmé la plus chère amie que j'ai au monde, pour une faute de cette nature. En un mot...

Lovelace. — Quoi! mon ange aurait eu pour moi ce favorable penchant? Très chère Clarisse, faites grâce à mes remords! Rendez-moi votre estime. Mon crime n'est pas au delà de toute rémission. Je vous ai arraché, dites-vous, la promesse du pardon : mais cette promesse, je n'en aurais pas fait la condition de mon obéissance, si je n'avais eu l'espérance d'être pardonné. Laissez reparaître à mes yeux, je vous en conjure, cette agréable perspective qui commençait si heureusement à s'ouvrir devant nous. J'irai à la ville. J'en apporterai les permissions. Tous les obstacles sont surmontés. M. Tomlinson nous servira de témoin. Il sera présent à la cérémonie, au nom de votre oncle. Que dis-je? il m'a fait espérer que votre oncle même...

Le capitaine. — Je le répète, monsieur ; et je ne vous dissimulerai pas le fondement de cette espérance. J'ai proposé à mon cher ami (votre oncle, madame) de publier qu'il pensait à faire un petit voyage, avec moi, dans la terre qui me reste près de Northampton. Ce cher M. Jules ! il y a long-temps qu'il ne s'est pas écarté de chez lui. Sa santé décline visiblement. On pourrait répandre que le changement d'air est utile à sa santé. Mais je m'aperçois, madame, que je touche un sujet trop tendre. La chère Clarisse a pleuré. Elle a cru comprendre, suivant l'intention du capitaine, à quelle occasion la santé de son oncle allait en décadence.

Le capitaine. — Nous pourrions fort bien, lui ai-je dit, feindre de partir pour Northampton, mais prendre tout d'un coup vers Londres. Il pourrait voir de ses propres yeux la célébration, être tout à la fois le père qu'on désire et l'oncle qu'on aime. Ma charmante s'est tournée pour s'essuyer les yeux.

Le capitaine. — Au fond, comme M. Jules n'a pas rejeté ce projet, je ne vois à présent que deux objections : l'une est votre fâcheuse mésintelligence, dont je serais au désespoir qu'il fût instruit, parce qu'elle pourrait le faire entrer dans les injustes soupçons de M. James Harlove : l'autre, que ce serait encore une occasion de délai pour la cérémonie, qu'il me semble qu'on pourrait terminer dans un jour ou deux, si... Il a fait ici une profonde révérence à ma déesse. Charmant personnage ! Mais combien de fois n'ai-je pas maudit mon étoile, qui me fait avoir tant d'obligation à son adresse.

Elle allait parler. Son air ne m'a pas plu, quoique sa rigueur et son indignation parussent un peu diminuées. Je l'ai prévenue ; mais il m'en a coûté cher : — Voici l'expédient qui me vient, ai-je dit...

Clarisse. — Gardez vos expédiens, monsieur. J'abhorre vos expédiens et vos inventions. Je ne les connais que trop.

Lovelace. — Voyez, capitaine, voyez monsieur Tomlinson! Il ne manque rien à la confiance avec laquelle nous nous ouvrons devant vous. Vous ne pensiez guère, j'ose le dire, que nous eussions vécu jusque aujourd'hui avec si peu d'intelligence ; mais votre amitié saura couvrir tout d'un voilé. Nous pouvons encore être heureux. Ah! si j'avais pu me flatter que ce cher objet de mes transports eût pour moi la centième partie de l'amour que j'ai pour elle! Nos défiances ont été mutuelles. Cette divine personne pousse la délicatesse à l'excès. Peut-être en ai-je manqué. De là toutes nos peines; mais, cher capitaine, je trouve dans mon cœur l'espérance d'obtenir son amour, parce que j'y trouve la résolution de le mériter.

Clarisse. — La mienne est de suivre mes mesures.

Le capitaine. — Quoi! madame, rien ne peut changer?...

Clarisse. — Non, monsieur.

Le capitaine. — Que vais-je dire à M. Jules Harlove! Malheureux oncle! Quelle surprise pour lui! Et se tournant vers moi : Vous voyez, monsieur Lovelace; mais c'est à vous-même que vous en avez l'obligation. Il a raison, sur ma foi, ai-je pensé. J'ai traversé la chambre, en mordant successivement de dépit mes deux lèvres, qui avaient perdu le pouvoir de persuader. Le capitaine a fait une révérence à la belle; et s'avançant vers la fenêtre, où étaient son fouet et son chapeau, il les a pris. Il a ouvert la porte.

— Mon enfant, a-t-il dit à quelqu'un qui s'est présenté, ordonnez, je vous prie, à mon laquais d'amener mon cheval à la porte.

Lovelace. — Vous ne partirez pas, monsieur. J'espère de votre bonté que vous ne partirez pas. Je suis le plus malheureux de tous les hommes!. Demeurez, de grâce... Cependant, hélas!... Mais demeurez, monsieur. On peut espérer encore que milady Lawrance fera plus d'impression.

Le capitaine. — Cher monsieur Lovelace! eh! ne devais-je pas espérer que mon digne ami, un oncle affectionné, en ferait un peu plus sur sa nièce? Mais pardon. Une lettre me trouvera toujours disposé à servir madame, autant par considération pour elle-même que pour mon cher ami.

Elle s'était jetée dans un fauteuil, où, les yeux baissés, et comme immobile, elle paraissait méditer profondément. Le capitaine lui a fait une seconde révérence. Elle n'y a pas répondu. — Monsieur, m'a-t-il dit avec un air d'égalité et d'indépendance, je suis votre serviteur; la chère *inexplicable* a continué de demeurer sans mouvement. Je n'ai jamais vu d'image d'une si profonde rêverie, sur le visage néanmoins d'une personne éveillée. Il a passé devant elle, avec une nouvelle révérence. Elle ne s'est pas remuée. — Je ne veux pas troubler madame dans ses méditations, m'a-t-il dit d'une voix plus haute. Adieu, monsieur. Vous ne me conduirez pas plus loin, je vous en supplie. Elle a paru se réveiller, en soupirant : — Partez-vous, monsieur?

Le capitaine. — Oui, madame. J'aurais fait mon bonheur de pouvoir vous être utile; mais je vois que cette entreprise surpasse mes forces. Elle s'est levée, avec un air inimitable de dignité et de douceur. — Je suis fâchée de vous voir partir, monsieur, mais je ne puis vous arrêter. Vous me voyez sans un seul ami de qui je puisse prendre conseil. M. Lovelace a l'art, ou le bonheur, de s'en faire un grand nombre. Si vous partez, monsieur, je ne vous arrête point.

Le capitaine. — Je pars à la vérité, madame; mais si je pouvais vous plaire, en suspendant mon départ... Eh bien, monsieur, en se tournant vers moi, quel était donc votre expédient? Peut-être, madame, a-t-il quelque chose... Elle a soupiré, sans faire aucune réponse. — Vengeance, ai-je dit en moi-même, garde tes droits dans mon cœur! si l'amour te chasse encore une fois, tu n'y rentreras jamais.

Lovelace. — Voici ce que j'ai pensé, ce que j'aurais voulu proposer (et j'ai poussé moi-même un soupir); que si cette chère personne me refuse le pardon qu'elle m'a promis, elle eût du moins la bonté de suspendre ses ressentimens jusqu'à l'arrivée de milady Lawrance; que cette dame se rendît notre médiatrice; que la chère personne se mît sous sa protection et se retirât avec elle dans son château d'Oxfordshire. Une des vues qui amènent ma tante, est de proposer à madame de faire ce petit voyage avec elle. On peut laisser tout le monde, excepté milady Lawrance, vous, capitaine, et votre ami Jules, comme il le désire, dans l'opinion que nous sommes mariés. Lorsque ma chère Clarisse se trouvera dans le sein de ma famille, il n'en pourra rester le moindre doute à son frère; et notre mariage étant bientôt célébré secrètement, votre rapport, capitaine, deviendra une heureuse vérité.

Le capitaine. — Sur mon honneur, madame (en portant la main sur sa poitrine), l'expédient me charme. Il répond à toutes les difficultés. Elle est retombée dans ses méditations. Son embarras m'a paru extrême. Enfin, levant les yeux au ciel, comme pour implorer ses lumières : — Je ne sais ce que je dois faire, a-t-elle dit... une jeune fille sans amis... De qui puis-je attendre des conseils? Je souhaiterais de me retirer un moment, si j'en ai la liberté. Elle est sortie d'un pas tremblant, et nous l'avons entendue monter à sa chambre.

— Au nom de Dieu! m'a dit aussitôt le coquin de Tomlinson, les mains levées dans un transport d'admiration et de pitié, prenez compassion de cette admirable fille. Je ne puis plus soutenir plus long-temps mon rôle. Elle mérite les adorations de toute la terre.

— Parle bas, ai-je répondu. Le diable t'emporte! N'entends-tu pas les femmes qui reviennent?

En effet, elles sont rentrées toutes trois, la curieuse Rawlings à leur tête. Je leur ai dit que ma femme avait demandé quelques momens pour ses réflexions; que nous étions remplis d'espérance; et je leur ai représenté une partie de la scène, avec des couleurs qui leur ont fait trouver dans le caractère de cette jeune dame un excès de dureté et de délicatesse. La veuve Bevis a témoigné particulièrement, par ses gestes et par quelques mots lâchés au hasard, qu'elle lui croyait un grand fond de bizarrerie et d'affectation : et j'ai observé, dans ses regards, que ses idées de censure se changeaient quelquefois en compassion pour moi. L'indulgence, a-t-elle dit, était louable. L'amour l'était aussi; mais trop était trop. Miss Rawlings, après avoir reproché, d'un air prude à madame Bevis de parler toujours un peu trop librement, a dit qu'après tout il y avait dans notre histoire des obscurités qu'elle ne pouvait pénétrer; et là-dessus elle est allée s'asseoir dans un coin de la chambre, comme fâchée d'avoir la vue si courte.

LETTRE CCXLI.

M. LOVELACE, A M. BELFORT.

Ma charmante se faisant attendre un peu long-temps, je me suis figuré qu'elle souhaitait d'être invitée à revenir; et j'ai prié la veuve Bevis, au nom du capitaine, que ses affaires rappelaient à Londres, de lui aller demander cette faveur de la part de M. Tomlinson et de la mienne. Je n'ai pas voulu charger de cette commission miss Rawlings ni madame Moore, de peur qu'elle ne se trouvât dans une disposition trop communicative, surtout avec une fille aussi curieuse que miss Rawlings. Madame Bevis est revenue nous dire aussitôt, en me faisant un signe particulier de l'œil, que madame allait descendre. Miss Rawlings n'a pu se dispenser d'offrir, comme les autres, de se retirer; mais on lisait dans ses yeux qu'elle serait demeurée beaucoup plus volontiers; et voyant qu'on faisait peu d'attention à ses désirs, elle s'est retirée d'un pas plus lent que les deux autres. A peine était-elle sortie, que ma charmante est entrée par l'autre porte, avec une dignité mélancolique dans sa marche et dans son air.

Elle s'est assise, en priant M. Tomlinson de s'asseoir aussi.

Il s'est placé vis-à-vis d'elle. Je me suis tenu debout, derrière le fauteuil de la belle, pour être en état de faire au capitaine les signes dont nous étions convenus. Un clignement de l'œil gauche devait signifier : *Pousse ce point, capitaine.* L'œil droit, avec une inclination de tête, devait marquer mon approbation. Le doigt levé, en mordant ma lèvre, était pour dire : *Éloigne cette question.* La tête baissée directement, en ridant le front : *Jure ici, capitaine.* Ma main toute ouverte : *Prends garde d'en dire trop sur ce point.* Et tous ces mouvemens, je les pouvais faire, même ceux de la main, quand les femmes auraient été dans la chambre, sans lever les bras et sans remuer le poignet. Les paupières serrées, avec un mouvement d'affirmation, étaient pour lui ordonner de se mettre en colère.

Ma belle a toussé. J'allais parler, pour lui épargner un peu de confusion. Mais la présence d'esprit ne lui manque jamais lorsqu'elle en a besoin pour l'intérêt de son honneur, ou pour le soutien de cette dignité qui la distingue de toutes les femmes que j'ai connues dans ma vie.

Clarisse. — J'ai considéré, avec toute l'attention dont je suis capable, ce qui s'est passé aujourd'hui dans ce lieu, et les malheureuses circonstances de ma situation. Je ne suis pas portée à la défiance, monsieur Tomlinson ; je ne juge mal de personne : au contraire, j'ai toujours pris plaisir à tirer des conclusions plus favorables que désavantageuses, quoique trompée souvent par de mauvais cœurs. La malignité n'est pas un de mes défauts ; mais dans l'état où je suis, traitée comme j'ai le malheur de l'être, indignement traitée par un homme rempli d'inventions, et qui en fait gloire...

Lovelace. — Ma très chère vie... Mais je ne veux pas vous interrompre.

Clarisse. — Dans cet état, il me convient de douter. Mon honneur m'oblige de douter, de craindre, de ne fermer les yeux sur aucun sujet d'alarme. Votre intervention, monsieur, est si favorable, arrive si à propos pour M. Lovelace ; l'expédient de mon oncle, qui est sans doute le premier de cette nature qu'un homme si droit et si simple ait jamais employé, votre rapport, ses suites, l'alarme que mon frère en a conçue ; le téméraire dessein qu'elle lui a fait former ; l'inquiétude de milady Lawrance et de toute sa famille ; les lettres que M. Lovelace a reçues à cette occasion, et qu'il a pris soin de me montrer avec la vôtre ; l'air de cérémonie entre des personnes qui sont nées, à la vérité, pour en observer beaucoup, et qui ont droit de faire valoir leur distinction ; toutes ces circonstances me paraissent rassemblées si vite, et quelques unes si favorablement pour l'occasion...

Lovelace. — Vous avez vu, madame, dans la lettre de ma tante, qu'elle veut se dispenser des cérémonies, par le seul motif de la considération qu'elle a pour vous. Miss Charlotte fait la même déclaration. Bon Dieu ! est-il possible, que vous interprétiez si mal les marques du respect que mes proches auraient voulu vous donner ; quoique assez pointilleux, je l'avoue, dans tout autre cas, ils ont été charmés d'avoir l'occasion de vous faire une politesse à mes dépens. Chacun, dans ma famille, prend plaisir à rire un peu sur mon compte. Mais leur joie fut le premier bruit de notre mariage...

Clarisse. — Puis-je douter, monsieur, que vous n'ayez toujours quelque réponse prête, pour justifier toutes vos idées ? Je parle au capitaine Tomlinson, monsieur, vous me feriez plaisir de vous retirer, ou, du moins, de ne pas vous tenir derrière ma chaise.

Comme elle regardait le capitaine, en m'adressant ces derniers mots, je n'ai pas douté qu'elle n'eût surpris ses yeux, tandis qu'ils prenaient leçon des miens. Il m'a paru déconcerté. Depuis dix ans, il ne lui était pas monté tant de rougeur au visage. J'ai mordu mes lèvres de dépit. J'ai fait un tour dans la chambre ; mais je n'ai pas laissé de reprendre mon poste ; et faisant signe des yeux au capitaine d'observer un peu mieux les siens, j'ai serré ensuite mes paupières, avec le mouvement convenu, comme si je lui avais dit : *De l'action ici, du ressentiment, capitaine.*

Le capitaine. — Je ne m'imagine pas, madame, que vous me croyiez capable...

Clarisse. — Ne vous offensez pas, capitaine, je vous ai dit que je ne suis pas d'un caractère soupçonneux. Pardonnez ma sincérité. Il n'y a pas dans le monde, j'ose le dire, un cœur plus sincère que le mien. Elle a tiré son mouchoir, et l'a porté à ses yeux. J'étais prêt, à son exemple, à vanter l'honnêteté de mon cœur ; mais un mouvement de conscience m'a fermé les lèvres ; le coquin de Tomlinson m'a regardé d'un visage attendri comme s'il m'eût demandé la permission de pleurer avec elle. Je crois qu'il n'aurait pas mal fait de pleurer ; cette marque d'un cœur sensible aurait été d'un grand secours dans l'occasion. Cependant je t'avouerai très sérieusement que vingt fois, dans cette fatigante conversation, je me suis dit à moi-même, que si j'avais pu prévoir qu'il dût m'en coûter tant de peine, et que je dusse me rendre si coupable, j'aurais pris le parti de l'honnêteté dans l'origine. —Mais pourquoi, me suis-je demandé aussi, cette chère personne est-elle si charmante, et tout à la fois si difficile à vaincre?

Le capitaine. — Si vous doutez de mon honneur, madame, ayez... ayez la bonté... L'infâme flatteur ! il devait paraître furieux. Je lui avais fait absolument le signe de la colère. Il devait se lever, marcher brusquement vers la fenêtre, reprendre son fouet et son chapeau.

Clarisse. — Mes seules observations sont celles que mon âge, mon défaut d'expérience et ma fâcheuse situation me suggèrent. J'avoue que plusieurs circonstances, dont vous ne pouvez avoir été informé que par mon oncle, doivent vous mettre à couvert de tous mes soupçons. Mais l'homme qui est devant vous ferait soupçonner un ange, qui se chargerait de sa défense.

Le capitaine a dit quelques mots en ma faveur : doucement néanmoins, en homme qui n'est pas tout à fait sûr de paraître innocent lui-même. Il a repris, avec de nouveaux tours, quelques unes des raisons sur lesquelles nous avions déjà insisté l'un et l'autre, et baissant le ton, avec un air de pitié : — Vous ne le voyez pas, madame, mais je suis touché de sa douleur. Malgré toutes ses fautes, on découvre aisément sur son visage l'effet de vos reproches et le pouvoir que vous avez sur lui.

Clarisse. — Je ne veux chagriner personne, pas même celui qui m'a causé de si mortels chagrin. Mais soyez sûr, capitaine, que M. Lovelace n'a pas rempli avec moi les devoirs d'un homme généreux et reconnaissant. Il n'a jamais connu, ai-je dit hier, le prix du cœur qu'il a cruellement insulté.

Ah ! Belford, Belford ! comment se fait-il qu'il y ait des momens où mon propre cœur se déclare contre moi ! Ce traître de Tomlinson avait deviné trop juste, en croyant faire une fausse peinture de mon attendrissement. Je me suis senti porté tout d'un coup à lui demander pardon. Je lui ai promis que l'étude de toute ma vie serait de le mériter. Mes fautes, lui ai-je dit, de quelque nature qu'elles fussent, n'avaient eu de réalité que dans ses craintes. Je l'ai suppliée de consentir à l'expédient que j'avais proposé. Le capitaine a secondé mes efforts, et nous les avons renouvelés ensemble, pour l'intérêt des deux familles, pour éviter à l'avenir toutes sortes de désastres.

Elle a pleuré ; elle a chancelé dans ses résolutions ; elle a détourné la tête. J'ai parlé de la lettre de Milord M... ; je l'ai priée d'abandonner tous nos différends à la médiation de milady Lawrance, s'il lui était impossible de me pardonner avant que de l'avoir vue. Elle s'est tournée vers moi. Elle allait parler ; mais son cœur était plein. Elle a détourné encore une fois le visage ; et le tenant à demi vers moi, son mouchoir aux yeux : — Et croyez-vous véritablement, m'a-t-elle dit, que votre tante et votre cousine doivent venir ? Croyez-vous... Elle s'est encore arrêtée.

J'ai répondu dans les termes les plus solennels.

Elle a détourné entièrement le visage. Elle a paru méditer quelques momens. Mais, Belford (qu'il est difficile aux Harlove de pardonner !) se tournant encore vers moi, et prenant le ton de la colère : — Que milady vienne ou non, m'a-t-elle dit, je ne puis souhaiter de la voir, et si son dessein est de plaider pour vous, je ne puis souhaiter de l'entendre. Plus j'y pense, moins je me sens disposée à pardonner une insulte méditée pour ma ruine. (En supposant qu'elle ait raison, Belford, l'expression est assez juste.) Par où ma conduite avait-elle mérité des outrages de cette nature ? Le pardon serait une faiblesse. Je suis avilie à mes propres yeux. Comment recevrais-je une visite qui m'humilierait encore plus ? Le capitaine l'a pressée avec plus de chaleur que jamais. Nous avons poussé les instances jusqu'aux cris, pour demander grâce et miséricorde. (N'as-tu jamais entendu de bonnes âmes qui parlent d'emporter le ciel d'assaut ?) Les *actes de contrition* ont été répétés, la réformation totale ouvertement promise, l'heureux expédient représenté avec une nouvelle force.

Clarisse. — Mes mesures sont prises. Je suis trop avancée pour reculer. Mon âme est préparée à l'infortune. Je n'ai pas mérité les maux qui m'assiégent ; c'est ma consolation. J'ai marqué mes intentions à miss Howe. Mon cœur est révolté contre vous, monsieur Lovelace. Je ne vous aurais pas écrit dans les termes de ma dernière lettre, si je n'avais pas été résolue de renoncer à vous, quelque sort qui puisse m'attendre. J'ai repris ici toutes mes espérances. Malgré la dureté de ses expressions, j'ai vu qu'elle craignait l'impression qui pouvait me rester de sa lettre. En effet, cette lettre est la violence même. Apprends, Belford, par cet exemple, qu'on ne doit jamais rien écrire de sérieux dans sa colère.

Lovelace. — La rigueur que vous m'avez marquée, madame, et de bouche et par écrit, ne sera jamais rappelée que pour vous en faire honneur. Dans le jour où vous avez pris les choses, elle était juste, et l'effet d'un vertueux ressentiment. J'adore jusqu'aux tourmens que vous m'avez causés. Elle est demeurée sans répondre. Elle était assez occupée de l'exercice que ses yeux donnaient à son mouchoir.

Lovelace. — Vous vous plaignez quelquefois de n'avoir pas une amie de votre sexe à consulter. J'avoue que miss Rawlings n'est pas une fille à qui vous puissiez prendre confiance. Je juge bien de ses intentions; mais elle est d'une curiosité extrême, et j'ai remarqué, toute ma vie, qu'il y a peu de fond à faire sur une personne qui cherche si fort à pénétrer dans les secrets d'autrui. (Es-tu content de mon adresse, Belford? Je n'aurais pas aimé, comme tu crois, ses appels à miss Rawlings.) Les personnes de ce caractère, ai-je ajouté, sont gouvernées par leur orgueil, qui n'est satisfait qu'après avoir communiqué un secret à l'oreille, jusqu'à ce qu'il devienne public, pour se faire honneur de leur importance ou de leur pénétration. Mais vous pouvez vous fier aux dames de ma famille. Toute leur ambition est de vous en voir au nombre. Continuez seulement, pour seconder l'expédient de votre oncle et pour éloigner toutes sortes de désastres, à passer quelque temps pour mariée. Milady Lawrance saura la vérité nue. Vous pourrez l'accompagner dans sa terre, comme elle se flatte de vous y trouver disposée; et, s'il le faut, regardez-moi comme un homme qui a besoin d'être éprouvé, que vous rejetterez ou que vous daignerez recevoir, comme vous m'en reconnaîtrez digne. Le capitaine a porté encore une fois la main à sa poitrine, en déclarant, sur son honneur, que dans le cas de sa propre fille, et supposé qu'elle ne se déterminât pas immédiatement pour le mariage, ce qui lui paraîtrait encore à préférer, il aurait un véritable chagrin qu'elle refusât une proposition de cette nature.

Clarisse. — Si j'étais dans la famille de M. Lovelace, avec le nom de sa femme aux yeux du public, je ne serais plus libre dans mon choix; et quelle chimère que cet état d'épreuve! Ah! monsieur Tomlinson, vous êtes trop de ses amis, pour pénétrer toutes ses vues...

Le capitaine. — De ses amis, madame, comme je vous l'ai déjà dit; pour votre propre intérêt, pour celui de votre oncle et pour celui d'une réconciliation générale, qui doit commencer entre vous par une meilleure intelligence.

Lovelace. — Promettez seulement, mon cher amour, d'attendre l'arrivée et la visite de ma tante. Elle sera notre arbitre.

Le capitaine. — Cette proposition est très innocente. Il ne peut en arriver aucun mal. Si l'offense de M. Lovelace est d'une nature qui paraisse indigne de grâce au jugement d'une dame de ce caractère; alors, pour moi...

Clarisse, l'interrompant, et s'adressant à moi : — Si vous ne m'assiégez pas dans ma chambre, monsieur, je suis aussi libre que je dois l'être;

mon dessein est de m'arrêter dans cette honnête maison, jusqu'à l'arrivée d'une lettre que j'attends de miss Howe. Elle ne saurait tarder plus d'un jour ou deux. Dans cet intervalle, si les dames arrivent, et si leur dessein est de voir la personne que vous avez rendue malheureuse, je saurai si je puis recevoir leur visite. Elle a tourné sur-le-champ vers la porte ; et, sortant sans ajouter un seul mot, elle est remontée à son appartement.

— Ah ! monsieur, m'a dit le capitaine, aussitôt qu'il s'est vu seul avec moi, quel ange que cette femme ! J'ai été et je suis un fort méchant homme, mais s'il arrivait quelque mal, par ma faute, à cette admirable personne, je me le reprocherais plus que toutes les mauvaises actions de ma vie jointes ensemble.

— Quelque mal, infâme que tu es ! Et quel mal peut-il arriver ? Sommes-nous obligés de régler nos idées par les principes romanesques d'une fille, qui regarde comme le plus grand de tous les maux celui qui nous paraît le plus léger ? Ne t'ai-je pas fait le récit de toute notre histoire ? N'a-t-elle pas violé sa promesse ? Ne l'ai-je pas généreusement épargnée, lorsqu'elle était en mon pouvoir ? Jamais amant, dans les mêmes circonstances, n'a marqué plus d'empire sur sa passion ; et tu vois néanmoins quelles sont mes récompenses.

Ici, Belford, ce misérable a voulu jouer ton pauvre rôle, et n'a pas été plus heureux que toi. Ses argumens n'ont servi qu'à me confirmer dans les résolutions qu'il voulait combattre. S'il m'avait laissé à moi-même, à la tendresse naturelle de mon caractère, ému comme je l'étais lorsque la belle s'est retirée ; s'il s'était assis, continuant ses odieuses grimaces, et qu'il eût pris le parti de se taire, il est très possible que j'eusse pris, vis-à-vis de lui, la chaise qu'elle venait de quitter, et que j'eusse passé une demi-heure entière à pleurer devant lui. Mais entreprendre de convaincre un homme qui sait dans son cœur qu'il a tort ! Il devait juger que c'était me mettre dans la nécessité de chercher ce que je pouvais dire en ma faveur ; et lorsque la componction passe du cœur aux lèvres, il faut qu'elle s'évapore en paroles. Je me doute qu'à sa place tu m'aurais fait le même sermon. Ainsi ce que je lui ai répondu peut suffire pour toi, et doit t'épargner la peine de m'écrire, ou à moi celle de lire un tas de nouvelles impertinences.

Le capitaine. — Vous m'aviez dit, monsieur que votre unique vue était de mettre sa vertu à l'épreuve, et que vous étiez persuadé que votre mariage n'était pas éloigné.

Lovelace. — Je l'épouserai assurément ; il en faudra venir là. Je ne doute nullement que je ne l'épouse. Mais si tu parles d'épouser, n'est-elle pas actuellement au plus haut point de l'épreuve ? Son ressentiment n'est-il pas prêt à se relâcher, pour une entreprise qu'elle a crue indigne de pardon ? Et s'il se relâche, ne sera-t-elle pas capable de me pardonner aussi la dernière offense ? Peut-elle, en un mot, se ressentir plus vivement qu'elle n'a fait dans cette occasion ? Les femmes gardent souvent le secret pour leur honneur ; au lieu qu'elles affectent de troubler les dieux et les hommes par leurs plaintes, après une entreprise qui n'a pas réussi. C'est ma folie, ma faiblesse, d'avoir donné lieu à des violences si peu ménagées.

Le capitaine. — Ah ! monsieur, vous ne réduirez jamais cette vertueuse personne, sans y employer la force.

Lovelace. — Eh bien! pauvre esprit, ne dois-je pas chercher le temps et le lieu?

Le capitaine. — Pardon, monsieur; mais pouvez-vous penser à vaincre par la force une fille de cet admirable caractère?

Lovelace. — A la vérité, l'idée de la force me fait horreur. Pourquoi te figures-tu que j'aie pris tant de peine, et que j'aie engagé tant de personnes dans ma cause, si ce n'est pour éviter la nécessité d'employer ce que tu nommes la force? Cependant, peux-tu croire aussi que j'attende un consentement ouvert d'une esclave de la bienséance et des formalités? Ami Donald, je t'apprends que ton maître Belford a défendu le parti que tu embrasses, avec autant de force que tu en puisses mettre dans tes raisons. Ai-je donc la conscience de tous les sots à tranquilliser avec la mienne? Sur mon âme, capitaine, elle a ici (en me frappant la poitrine) un ami qui plaide pour elle avec plus de chaleur et d'éloquence qu'elle n'en peut attendre de tous les autres hommes. N'est-elle pas échappée d'entre mes mains? Et qu'avais-je fait encore pour l'exécution de mon premier dessein, qui était de mettre sa vertu à l'épreuve, et dans la sienne celle des plus vertueuses de son sexe? Toi, faible cerveau, tu voudrais me faire abandonner un projet qui ne peut tourner qu'à la gloire de ce beau sexe, dont nous sommes tous idolâtres!

Le capitaine, d'un air encore plus triste: — Ainsi, monsieur, vous ne pensez nullement au mariage?

Lovelace. — J'y pense, pauvre imbécile; mais laisse-moi réduire auparavant son orgueil, pour satisfaire le mien. Laisse-moi voir si je suis assez aimé pour obtenir grâce en faveur de moi-même. N'a-t-elle pas regretté jusqu'à présent de n'être pas demeurée chez son père, quoique la conséquence, infaillible pour elle, eût été de se voir la femme de l'odieux Solmes? Si je la fais consentir aujourd'hui à devenir la mienne, ne vois-tu pas que j'en serai moins redevable à son amour qu'au désir de se réconcilier avec une famille que je déteste: et sa vertu, et son amour, demandent également la dernière épreuve. Mais si sa résistance et sa douleur répondent aux apparences; si j'aperçois, dans son ressentiment, moins de haine pour moi que pour ma faute, elle sera ma femme alors, aux conditions qu'il lui plaira de m'imposer. Alors, je l'épouse, malgré toute l'aversion que j'ai pour le mariage.

Le capitaine. — Eh bien, monsieur, je suis un morceau de cire entre vos mains, prêt à recevoir la forme que vous jugerez nécessaire à vos étranges vues. Mais, comme j'ai pris la liberté de vous le dire...

Lovelace. — Laisse ce que tu m'as dit. Je m'en souviens, et je sais tout ce que tu peux dire encore. Tu cherches, comme Pilate, à te laver les mains. Ne te connais-je pas? Mais il est trop tard pour consulter ton hypocrisie. Toutes nos machines ne sont-elles pas disposées? Sèche tes ridicules pleurs. Reprends ton air majestueux: tu as fait des merveilles. Ne te démens pas, la récompense t'attend. Et lui frappant sur l'épaule: Va, je te réponds de l'événement. Il m'a fait une révérence muette, qui m'a répondu de son consentement et de son zèle. Ensuite, s'approchant du miroir, il a composé son visage, il a redressé sa perruque, comme si l'agitation de son cœur s'était communiquée jusqu'à sa tête: et j'ai reconnu encore une fois le vieux *Satan* sous sa véritable forme.

Mais aurais-tu pensé, Belford, qu'il y eût tant... de quoi te dirai-je, dans un homme tel que ce Donald Patrick? Lui aurais-tu cru des entrailles? Comment la nature, après avoir été si long-temps morte et ensevelie dans un cœur de cette espèce, revit-elle jusqu'à s'y faire sentir avec cet ascendant? Mais pourquoi te fais-je cette question, à toi qui ne m'as pas moins surpris dans la même occasion, par tes bizarres sensibilités? A l'égard de ce Tomlinson, il paraît que la pauvreté en a fait le méchant homme qu'il est, comme l'abondance nous a faits ce que nous sommes. Ce n'est pas le justifier ; car la nécessité, après tout, est l'épreuve des principes. Mais qu'y a-t-il donc, dans ce mot assez plat, ou, si tu veux, dans cette chose à laquelle on donne le nom d'*honnêteté*, qui fait que moi-même, lorsqu'assurément elle ne peut servir à mes vues présentes, je ne puis me défendre d'en trouver les moindres émanations aimables, dans un Tomlinson, et de prendre une meilleure opinion de lui, depuis que je l'en ai reconnu capable.

LETTRE CCXLII.

M. LOVELACE, A M. BELFORT.

A peine avais-je fini avec Tomlinson, que les femmes, conduites par miss Rawlings, se sont présentées à la porte; dans l'espérance, m'ont-elles dit, de ne pas blesser la discrétion, mais fort curieuses, a confessé miss Rawlings, de savoir s'il y avait quelque apparence d'accommodement.

— Ah! je commence à m'en flatter, leur ai-je répondu. Vous savez, mesdames, que votre sexe aime les formalités. Il faut faire sa cour aux femmes, pour les faire consentir à leur propre bonheur. Nous avons imaginé un expédient fort heureux. L'oncle a des doutes sur notre mariage. Il a peine, et tout le monde en aurait comme lui, à se persuader que l'homme étant si amoureux, la femme si aimable... Elles ont saisi toutes trois ma pensée. Le cas est, en effet, des plus extraordinaires, ont dit les deux veuves. Je t'ai déjà fait observer, Belford, que les femmes ont une haute idée de ce qu'elles peuvent faire pour nous. Miss Rawlings, faisant connaître d'un regard que je n'avais pas besoin d'achever ma phrase, m'a prié de passer à l'expédient. Je leur ai demandé en grâce de ne pas dire à ma femme qu'elles l'eussent appris de moi. Elles me l'ont promis.

— C'est, ai-je repris, que pour obliger et satisfaire M. Harlove, la cérémonie soit recommencée; qu'il y soit présent, et que je reçoive sa nièce de ses propres mains. Elle s'est retirée pour faire là-dessus ses réflexions.

Tu vois, Belford, que je me suis préparé une excuse pour mettre ma sincérité à couvert dans cette maison, si ma charmante se laissait engager au mariage, et souhaitait que miss Rawlings fût présente à la cérémonie. Les femmes ont applaudi à cet expédient. C'est encore un faible de ce beau sexe, d'aimer à se marier deux fois ; quoiqu'à la vérité ce ne soit pas avec le même homme. Elles ont béni le capitaine, qu'elles ont regardé comme l'auteur d'une si charmante ouverture ; tandis que d'un air de triomphe, il a protesté qu'il se croirait trop heureux de pouvoir servir d'instrument à la réconciliation générale. Mais il était temps, nous a-t-il dit, qu'il reprît le chemin de Londres, où il avait une multitude d'affaires à disposer pour demain. Il ne pouvait même nous promettre de revenir à Hamstead avant que de retourner à sa terre. Mon dessein n'était pas qu'il nous quittât cette nuit, c'est-à-dire, dans un temps où l'affaire touchait à sa crise ; cependant j'ai feint d'entrer dans ses vues, et j'ai prié madame Moore de monter, pour faire à ma femme les complimens du capitaine, et lui offrir ses services auprès de son oncle. En même temps, j'ai fait entendre aux femmes que si quelque heureux mouvement la portait à descendre, il était à propos qu'elles se retirassent, pour lui laisser la liberté de s'expliquer sur la proposition dont elle était occupée. La bonne Moore est venue nous assurer que madame allait la suivre. Elles sont sorties toutes trois, et ma charmante est entrée.

Le capitaine, après lui avoir répété ce qu'elle avait entendu de madame Moore, lui a demandé ses ordres sur le rapport qu'il devait faire à M. Jules Harlove. — Je ne sais, monsieur, lui a-t-elle dit, ni ce que je dois vous répondre, ni ce que vous devez rapporter à mon oncle. Si vos affaires pouvaient vous arrêter à Londres, peut-être ne serait-il pas besoin que vous vissiez mon oncle avant que j'aie reçu des nouvelles de Howe, avant que milady Lawrance... Je ne sais, en vérité, ce que je dois vous répondre.

Ici, Belford, je l'ai conjurée de m'accorder le retour de cette estime, dont elle avait eu la générosité d'avouer qu'elle s'était sentie prévenue pour moi. Je me flattais, lui ai-je dit, que milady Lawrance, la suppliant au nom de toute sa famille, et lui garantissant ma conduite, obtiendrait grâce en ma faveur; mais quelle obligation n'aurais-je pas à sa générosité, si je pouvais ne tenir ce bonheur que d'elle-même! combien ne serait-il pas plus agréable aussi pour elle, que sa première connaissance avec mes proches ne commençât point par des plaintes et des appels? Ma tante devant arriver incessamment, il n'était pas impossible que leur entrevue ne se fît de part et d'autre avec un visage serein; que notre mésintelligence ne passât pour une bagatelle, pour un mal-entendu heureusement éclairci... »

Elle m'écoutait, mais le visage à demi tourné et portant souvent son mouchoir à ses yeux. J'ai redoublé tout d'un coup l'ardeur de mes expressions; et pour les seconder par celle de mon transport, je me suis jeté à genoux devant elle, les mains jointes, versant des larmes; oui, Belfort, des larmes, et si chaudes qu'elles me brûlaient les joues. Le capitaine a pris le moment où l'haleine a semblé me manquer, pour revenir à la charge, avec toutes les armes qu'il a pu tirer de l'attente et des espérances de son oncle. Enfin, mettant lui-même un genou à terre :

—Très chère madame, lui a-t-il dit, permettez que je prenne aussi cette posture devant vous. Quoique je n'aie point d'autre intérêt dans mes instances que le plaisir de pouvoir vous être utile à tous, permettez que je vous demande à genoux l'occasion d'assurer votre oncle que j'ai vu l'heureux lien formé devant mes propres yeux. Tous les sujets de plainte, les doutes, les défiances s'évanouiront tout d'un coup.

— Et que peuvent, madame, ai-je interrompu, que peuvent vous faire espérer vos nouvelles mesures, qui répondent plus heureusement, plus honorablement à toutes les difficultés?

— Et miss Howe même, a repris le capitaine, miss Howe, si votre bonheur et votre réputation lui sont chères, ne vous félicitera-t-elle pas d'une si agréable conclusion?

Elle s'est tournée ici vers nous; et voyant, en effet, le capitaine à ses pieds : — O monsieur! ô capitaine Tomlinson! s'est-elle écriée, en allongeant le bras jusqu'à son épaule pour le relever, pourquoi cette extrême bonté?... voilà ce que je ne puis soutenir. Ensuite, jetant un regard sur moi : — Levez-vous, levez-vous, monsieur Lovelace. Ne vous humiliez pas devant une malheureuse fille que vous avez insultée... — Non, non, mon très cher amour, je ne quitte pas cette posture que vous n'ayez prononcé mon pardon.

Nous nous sommes levés néanmoins, par soumission pour un second ordre. Je n'ai pas douté que ma grâce ne fût renfermée dans ces derniers mots, et j'ai excité le capitaine des yeux et des mains. — Qui empêche, madame, a-t-il repris avec une nouvelle chaleur, que milady Lawrance ne soit informée du fond des circonstances au moment de son arrivée, et qu'elle n'assiste à la célébration? Je demeurerai moi-même, j'abandonnerai toutes mes affaires pour être témoin de ce doux événement; et c'est alors que je partirai content, avec une nouvelle qui rendra la vie à mon cher ami M. Jules.

— Il faut que je reçoive une lettre de miss Howe, a répondu mon adorable Clarisse, d'une voix un peu tremblante. Je ne puis rien changer à mes nouvelles mesures sans son avis. Tout le bonheur du monde ne vaut pas pour moi son estime, et je sacrifierais tout à la crainte de passer à ses yeux pour une inconstante ou pour une étourdie. Ce que je puis dire à présent, c'est qu'après avoir reçu sa réponse, je lui expliquerai l'état des choses dans une autre lettre.

— Je dois donc renoncer à toute espérance, me suis-je écrié! O capitaine Tomlinson! miss Howe me hait. Miss Howe... Le capitaine s'est efforcé de me rassurer.

— Miss Howe, m'a-t-il dit, prendra d'autres sentimens pour vous. Elle sera informée de votre repentir. Avec de si belles apparences de réconciliation, elle ne conseillera jamais à sa chère amie de tromper l'espoir de tant de personnes respectables dans les deux familles. On aura besoin, comme madame l'a fait entendre elle-même, de quelque temps pour examiner et pour signer les articles. La réponse de miss Howe sera venue dans l'intervalle. L'arrivée de milady Lawrance achèvera de dissiper les doutes de madame, et ne manquera point d'avancer le jour. Mon étude sera de tranquilliser M. Jules. Si le retard me laisse quelque crainte, c'est du côté de M. James Harlove : ce qui montre la nécessité de se conduire avec beaucoup de prudence et de secret... comme votre oncle, madame, l'a toujours recommandé.

Elle gardait le silence. J'en ai ressenti de la joie. La chère personne, pensais-je en moi-même, m'a pardonné actuellement au fond de son cœur. Mais pourquoi ne veut-elle pas s'en faire un mérite, en me le déclarant avec une généreuse franchise? Cependant, comme cette déclaration n'avancerait rien, pendant que la permission ecclésiastique n'est pas entre mes mains, je dois la trouver moins blâmable de prendre un peu plus de temps pour revenir. J'ai proposé de me rendre à Londres demain au soir, avec l'espérance d'en apporter la permission lundi matin. Mais je l'ai priée de me promettre qu'elle ne quitterait pas la maison de madame Moore jusqu'à mon retour. Elle a répété qu'elle demeurerait chez madame Moore jusqu'à ce qu'elle eût reçu la réponse de miss Howe. Je lui ai dit que je me flattais du moins de son consentement tacite pour obtenir la permission. Sa contenance m'a fait juger que je n'aurais pas dû lui faire cette question. Loin d'un consentement tacite, elle a déclaré qu'elle n'y prenait aucune part. Comme je ne pensais pas, ai-je dit, à lui proposer jamais de retourner dans la maison qu'elle avait quittée et qu'elle avait prise en aversion, voulait-elle donner des ordres pour se faire apporter ses habits à Hamstead, ou souhaitait-elle de faire venir Dorcas pour la charger de ses ordres ?

— De sa vie, a-t-elle répondu, elle ne voulait voir personne qui appartînt à cette maison. Peut-être prierait-elle madame Moore ou madame Bevis d'y aller pour elle avec ses clés.

— Je ne doutais pas, ai-je repris, que milady Lawrance n'arrivât dans l'intervalle. J'espérais qu'il me serait permis d'amener, à mon retour, cette dame et ma cousine Montaigu. Elle n'a fait aucune réponse.

— Assurément, monsieur Lovelace, m'a dit le capitaine, madame ne peut condamner ce dessein. Son silence a continué. Je l'ai pris pour un consentement.

— Voulait-elle bien se souvenir d'écrire à miss Howe...

— Monsieur, monsieur, a-t-elle interrompu d'un air impatient, finissez les questions. Je n'ai point de lois à recevoir. Vous exécuterez vos volontés et moi les miennes. Monsieur Tomlinson, votre servante. Recommandez-moi, je vous prie, à la bonté de mon oncle. Elle se retirait. J'ai pris sa main, malgré elle, et je lui ai demandé, pour unique grâce, la permission de la voir demain matin. — Me voir ; et dans quel intention ? Vous reste-t-il quelque chose à dire ? Je n'ai entendu de vous que trop de sermens et de protestations, monsieur Lovelace. Pourquoi me voir ? J'ai répété ma demande, dans les termes les plus ardens, et je lui ai nommé sept heures du matin. — Vous savez, m'a-t-elle dit, que dans cette saison je suis levée de fort bonne heure. C'est le demi-consentement que j'ai arraché. Elle s'est recommandée encore une fois à la faveur de son oncle ; et, nous quittant, elle est remontée aussitôt.

Ainsi, Belfort, *elle a rendu son marché plus avantageux*, dirait milord M..., et le mien l'est devenu beaucoup moins. La première lettre de miss Howe est à présent le gond sur lequel le destin de l'un et de l'autre doit tourner. Je suis perdu si je ne trouve pas le moyen de l'intercepter.

LETTRE CCXLIII.

M. LOVELACE, A M. BELFORD.

Samedi, à minuit.

Nul repos pour les méchans, dit un texte sur lequel je me souviens d'avoir entendu prêcher. Il m'est impossible de fermer les yeux, quoique je n'aie cherché qu'à me procurer une heure de sommeil dans un fauteuil. Ainsi, je n'ai que ma plume pour ressource.

J'ai congédié le capitaine, après un nouveau débat avec lui sur le sort de ma charmante. Comme il a la tête excellente, et qu'il aurait fait une figure distinguée dans toutes sortes d'états, s'il ne s'était perdu de bonne heure par une lâcheté dans laquelle il fut surpris, il m'a causé d'autant plus d'embarras, qu'il avait la raison de son côté. A la fin, il m'a conduit à lui promettre que, si je puis obtenir de la belle un pardon généreux, je me dégagerai le plus heureusement qu'il me sera possible de mes inventions, à la réserve du voyage de ma tante et de Charlotte, qui doit avoir son effet ; et qu'alors le faisant passer pour le député de l'oncle Jules, je plierai le cou de bonne grâce sous le joug du mariage. Cependant, Belford, si je lui tiens parole, avec la plus grande aversion qu'on ait jamais eue pour cet état, quelle figure ferai-je dans les annales des libertins? Il sera donc vrai que j'aurai pris inutilement tant de peine, ou que, pour unique fruit, je me trouverai le seigneur d'une femme que j'aurais pu obtenir avec moins de difficulté et moins d'honneur : d'une femme excellente à la vérité : mais y en a-t-il une que je ne puisse rendre bonne, moi qui ai le double talent de me faire craindre et de me faire aimer? D'ailleurs, n'as-tu pas vu que cette fille hautaine ne sait pas ce que c'est que pardonner de bonne grâce? Est-il vrai même qu'elle m'ait pardonné? Et ne me tient-elle pas en suspens avec une rigueur dont je suis persuadé qu'elle souffre la première. Dans ce moment de silence, je fais une réflexion, que si je reprenais mon système, et la résolution d'éprouver si je ne puis pas faire servir une plus grande faute à lui en faire oublier une petite, en remettant ensuite à trouver les moyens de me faire pardonner la dernière, je pourrais facilement *me justifier à mon propre tribunal*; et suivant les maximes de la belle implacable, c'est l'essentiel, c'est d'avoir tout obtenu.

Quoique l'état de la question n'ait pas beaucoup varié, mon dessein, dans toutes mes réflexions, est de ne pas me répéter, ou du moins de ne pas m'arrêter trop sur les points que je crois avoir déjà traités. Ainsi je voudrais que tu prisses la peine de relire mes anciens raisonnemens, surtout ceux par lesquels j'ai pleinement répondu à tes dernières absurdités. Joins-y ceux que tu vas lire, à mesure qu'ils tomberont de ma plume; et je me croirai invincible, du moins dans une dispute de libertin à libertin. Je suppose que la conquête de cette beauté est essentielle à mon bonheur. N'est-il pas naturel, pour tous les hommes, d'aspirer à la possession de ce qui peut les rendre heureux, quelque idée qu'aient les autres de l'objet de leurs désirs? A l'égard des moyens de l'obtenir, par de faux sermens et des vœux frivoles, les poètes ne nous apprennent-ils pas, depuis deux mille ans, *que Jupiter rit des parjures d'un amant?*

Réponds, si tu peux, à deux ou trois questions. Les mères, les tantes, les grand'mères, les gouvernantes cessent-elles depuis le berceau, de prêcher à leurs jeunes innocentes que les hommes sont des trompeurs, et qu'ils n'ont aucun égard à leurs plus saintes promesses? Quelle opinion faudrait-il prendre de la bonne foi de toutes ces révérendes matrones, si de temps en temps leurs prédications n'étaient vérifiées par l'exemple de quelque petite folle, qui sert de preuve à cette doctrine pour l'utilité des autres? Ne m'avoueras-tu pas que plus une jeune *pécheresse* est distinguée par les grâces de sa personne et par les avantages du mérite et de la fortune, plus l'exemple a d'éclat et de force? Ces demandes, une fois accordées, dis-moi, je te prie, si, par tous ces avantages, ce sexe a quelque chose d'égal à ma charmante? Dis-moi, par conséquent, quelle femme est plus propre pour l'exemple? Au pis-aller, j'aurai pensé, avec mon ami Mandeville, *que les vices particuliers sont un bien pour le public.*

Quelle est donc la conclusion? C'est que si la chute de cette chère fille doit être utile à toutes les jolies folles de son sexe, elle doit tomber. Ainsi la dispute me paraît finie. Et que trouverait-on de si rare dans l'aventure, si l'on excepte la longueur du temps que j'y emploie? Qu'il ne soit donc plus question de raisonnemens et de discussion sur un point si clair. Je t'impose là-dessus un silence éternel dans tes lettres.

LETTRE CCXLIV.

M. LOVELACE, A M. BELFORD.

Dimanche, 11 juin, à quatre heures du matin.

Quelques mots sur la nouvelle que tu me donnas, hier au soir, du départ de ton malade ; et je quitte aussitôt mon fauteuil, je me secoue, je me rafraîchis, je renouvelle ma parure, et je vole aux pieds de ma charmante, que j'espère engager, malgré toutes ses réserves, à faire un tour de promenade avec moi sur la colline, pour goûter la fraîcheur d'une si belle matinée. Les oiseaux doivent déjà l'avoir éveillée. J'entends leurs concerts. Elle fait gloire de s'être accoutumée à voir lever le soleil, qu'elle appelle le plus beau spectacle de la nature.

Mais il me semble que cette préface est bien gaie, pour le sujet sombre auquel je reviens. Ma joie est extrême de voir enfin tes espérances remplies par la mort du vieillard. Ton laquais ne laisse pas de me dire que tu en es fort affligé. Je m'imagine, en effet, que tu dois avoir l'air assez triste, c'est-à-dire, harassé d'avoir passé tant de jours et de nuits près d'un mourant, pour attendre sa dernière heure ; obligé, par décence, de t'attendrir sur ses maux ; de répondre à cent questions impertinentes, sur la santé d'un homme que tu souhaitais de voir mort ; de prier à son côté, car je me souviens que tu me l'as écrit ; de lire près de lui ; de te joindre en consultation avec un tas de graves docteurs, d'officieux apothicaires, et de chirurgiens carnassiers, tous réunis pour jouer leur farce, c'est-à-dire, pour emporter des lambeaux de sa chair et de son bien ; troublé d'ailleurs par la crainte de voir passer une partie de la succession à d'autres parens avides, qui l'ont obsédé avant toi ; et qui peuvent avoir influé sur son testament : au milieu de ces circonstances, je ne suis pas surpris que tu paraisses aussi consterné que s'il t'était arrivé quelque malheur considérable ; surtout aux yeux des domestiques, qui ne sont pas plus affligés que toi dans leur cœur, et qui attendent un legs aussi impatiemment que tu désires un héritage. J'ai souvent pensé aussi, qu'à la vue d'un objet aussi mortifiant que la mort d'un homme avec qui l'on a vécu, et que les douleurs et les grimaces dont elle est accompagnée, il est difficile de ne pas faire réflexion qu'on se trouvera quelque jour dans le même cas ; ce qui suffit pour répandre du moins sur le visage une apparence de tristesse. Cette raison explique fort bien l'air sincère des veuves, des héritiers et des légataires de toutes les espèces, dans leurs regrets et leurs gémissemens passagers, puisque avec un peu d'effort pour renfermer leur joie dans leur cœur, ces intéressantes réflexions doivent rendre leur contenance triste, et leur faire joindre assez naturellement le masque de la douleur à celui d'un habit noir et des ornemens lugubres.

Mais enfin, à présent que tu es parvenu à la récompense de tes veilles, de tes inquiétudes et de tes soins empressés, apprends-moi de quoi il est question, et s'il te revient, pour ta peine, une compensation qui réponde à ton attente ? Pour moi, tu dois voir, à la gravité de mon style, combien le sujet m'attriste. Cependant la nécessité où je suis de me déterminer promptement entre le viol et le mariage n'a pas laissé de changer quelque chose à ma gaîté naturelle, et contribue plus que ton accident à me faire partager ta joyeuse tristesse. Adieu, Belford. Nous serons bientôt hors de peine, ma Clarisse et moi ; car il n'y a plus rien à se promettre du délai.

LETTRE CCXLV.

M. LOVELACE, A M. BELFORD.

Dimanche, au matin.

J'ai eu l'honneur de passer deux heures entières dans la délicieuse compagnie de ma charmante. Elle a souffert que je lui aie rendu ma visite à six heures, dans le jardin de madame Moore. La promenade sur la colline m'a été refusée. Sa contenance tranquille et la complaisance qu'elle a eue de me souffrir ont relevé mes espérances. Je lui ai remis devant les yeux, avec beaucoup de force, toutes les raisons que le capitaine fit hier valoir en ma faveur; et j'ai ajouté qu'il était parti dans l'espoir d'engager M. Jules Harlove à venir en personne, pour me faire de sa main le plus céleste présent qu'un mortel puisse recevoir. Cependant je n'ai pu obtenir qu'une nouvelle promesse, d'attendre la réponse de miss Howe pour prendre ses résolutions.

Je ne te répéterai pas les argumens que j'ai employés. Mais il faut, pour ton instruction, que je te communique une partie de ses réponses. Elle avait tout considéré, m'a-t-elle dit. Toute ma conduite était présente à ses yeux. La maison où je l'avais logée ne pouvait être une maison d'honneur. Les gens qui l'habitaient s'étaient fait assez tôt connaître, en s'efforçant de lui faire partager son lit avec miss Partington; et de concert avec moi, comme elle n'en doutait pas. (Sûrement, ai-je pensé, elle n'a pas reçu le double du charitable avis de sa miss Howe.) Ils avaient entendu ses cris. Elle ne pouvait douter que mon insulte n'eût été préméditée. Elle en trouvait la preuve dans le souvenir de tout ce qui l'avait précédée. J'avais eu les plus lâches intentions ; ce point n'était pas douteux pour elle, et l'outrage que je lui avais fait, portait sa certitude à l'évidence.

Cette divine fille est toute âme, Belford ! Elle paraît avoir senti des libertés, auxquelles l'excès de ma passion m'a rendu moi-même insensible. Elle m'a conseillé de renoncer pour jamais à elle. — Quelquefois, m'a-t-elle dit, elle croyait avoir été cruellement traitée par ses plus proches et ses plus chers parens. Dans ces instans, elle avait peine à se défendre d'une sorte de ressentiment ; et la réconciliation, qui faisait dans d'autre temps l'objet de tous ses vœux, était moins le désir favori de son cœur, qu'un système dont elle s'était autrefois entretenue : c'était de prendre sa bonne Norton pour guide de sa conduite, et de vivre dans sa terre, suivant l'intention de son grand-père. Elle ne doutait pas que son cousin Morden, qui était un de ses curateurs pour cette succession, ne la mît en état de s'y établir sans le secours des lois. — S'il le peut et s'il le fait, a-t-elle ajouté, je vous demande, monsieur, ce que j'ai vu dans votre conduite, qui doive me faire préférer à ce parti une union d'intérêts avec vous, lorsqu'il y a si peu de rapport entre nos esprits ?

Ainsi tu vois, Belford, qu'il entre de la raison comme du ressentiment dans la préférence qu'elle fait de sa terre à moi. Tu vois qu'elle se donne la liberté de penser qu'elle peut être heureuse sans moi, et qu'elle est menacée de ne pas l'être avec moi ! Je l'avais priée, en finissant mes représentations, de ne pas attendre la réponse de miss Howe pour lui écrire; et si la résolution était de s'en rapporter à elle, de la mettre en état de juger par une pleine explication des circonstances présentes.

— Je le serais, monsieur (c'est sa réponse), si j'avais quelque doute sur le choix auquel je suis portée, entre le mariage et le système que vous venez d'entendre. Vous devez comprendre que c'est pour le dernier que je me déclare... Au reste, monsieur, je souhaite que notre séparation se fasse sans emportement. Ne me mettez pas dans la nécessité de répéter...

— *Notre séparation*, madame! ai-je interrompu. Je ne puis soutenir de si cruelles expressions! Cependant, je ne vous supplie pas moins d'écrire à miss Howe, avant l'arrivée de sa réponse. J'espère que si miss Howe n'est pas mon ennemie...

— Miss Howe est déjà informée du sujet de mes délibérations. La réponse que j'attends ne vous regarde pas, monsieur; elle n'a rapport qu'à moi. Le cœur de miss Howe est trop ardent sur les intérêts de l'amitié, pour me laisser en suspens, un moment de plus qu'il n'est nécessaire. Sa réponse ne dépend point absolument d'elle-même; il faut qu'elle voie quelqu'un qui sera peut-être obligé de voir plusieurs autres personnes.

C'est cette maudite contrebandière, Belford, la Townsend de miss Howe, je n'en doute pas un moment. Complot, ruse, intrigue, stratagème! J'ai à me défendre d'une multitude de *taupes* qui marchent sous terre autour de moi. Mais que je sois abîmé dans leurs souterrains, et *taupe* moi-même, si leurs projets renversent les miens, et si ma belle m'échappe à présent! Elle m'a confessé ingénument qu'elle avait pensé à s'embarquer pour quelques unes de nos colonies d'Amérique; mais qu'ayant été forcée de me voir, ce qu'elle aurait souhaité de pouvoir éviter au péril de sa vie, elle commençait à croire qu'il serait plus heureux pour elle de reprendre son ancien système favori, du moins si miss Howe pouvait lui trouver quelque asile honorable, jusqu'à l'arrivée de son cousin Morden. Mais s'il tardait trop, ou s'il était impossible à miss Howe de lui trouver une retraite assurée, elle reviendrait peut-être au dessein de quitter l'Angleterre : car, après avoir mis son imagination à toutes les épreuves, elle ne se sentait pas capable de retourner au château d'Harlove, où la fureur de son frère, les reproches de sa sœur, la colère de son père, l'affliction encore plus touchante de sa mère, et les tourmens de son propre cœur, lui rendraient la vie insupportable.

O Belford! je suis presqu'au désespoir. Je languis, je meurs pour cette réponse de miss Howe. Je serais capable d'attaquer, de battre, de dérober, de tout commettre, à l'exception du meurtre, pour l'intercepter. Mais déterminée comme je te représente ma cruelle déesse, il ne m'en a pas paru moins évident qu'elle conserve encore quelque tendresse pour moi. Il lui est souvent échappé des larmes en me parlant. Elle a poussé plusieurs soupirs. Elle m'a regardé deux fois d'un œil de tendresse, et trois fois d'un œil de compassion. Mais ces rayons de bonté se sont autant de fois repliés, si tu me passes cette expression, et son visage s'est détourné, comme si elle s'était défiée de ses yeux, ou qu'elle n'eût pu soutenir l'ardeur des miens, qui cherchaient dans ses regards un cœur perdu, et qui s'efforçaient de pénétrer par cette voie jusqu'à son âme. J'ai pris plus d'une fois sa main. Elle ne s'est pas beaucoup défendue contre cette liberté. Je l'ai pressée une fois de mes lèvres, sa colère n'a pas été fort vive, et j'ai remarqué sur son visage plus de tristesse que d'indignation.

Comment concevoir que des dehors si doux puissent couvrir tant de fermeté?

J'espérais, lui ai-je dit, qu'elle consentirait sans répugnance à la visite des deux dames que je lui avais tant de fois annoncées. — Elle était dans une maison étrangère, m'a-t-elle répondu, elle m'avait vu moi-même, elle ne pouvait se défendre de rien. Cependant elle avait toujours eu la plus parfaite considération pour les dames de ma famille, sur la réputation de leur mérite et de leur vertu. Je me suis mis à genoux devant elle, dans une allée de verdure où nous étions. J'ai saisi sa main. Je l'ai conjurée avec un transport qui m'a fait abandonner un moment la conduite de ma langue, de me rendre, par son pardon et par son exemple, plus digne de deux chères tantes qu'elle estimait, plus digne de sa propre bonté. Sur mon âme, ai-je ajouté dans la même ivresse de sentiment, cette bonté, madame, cet excès de bonté que je ne mérite point, me perce jusqu'au fond du cœur. Je ne puis la soutenir.

Pourquoi, pourquoi, ai-je pensé alors, n'a-t-elle pas la générosité de prendre cet instant pour me pardonner? Pourquoi veut-elle me mettre dans la nécessité d'appeler à mon secours ma tante et ma cousine! La forteresse qui ne se rend point aux sommations d'un conquérant peut-elle espérer une capitulation aussi avantageuse que s'il n'avait pas eu la peine d'amener sa grosse artillerie contre elle?

Mais la divine fille, qui avait été frappée de l'air de mon visage et du ton de mon discours, a retiré sa main, en me regardant avec une sorte d'admiration. — Etrange composé! a-t-elle dit; et, poussant un soupir : « Que de bons et vertueux sentimens ne dois-tu pas avoir étouffés! Quelle terrible dureté de cœur doit être la tienne, pour être capable des émotions que tu laisses voir quelquefois, des sentimens qui sortent quelquefois de tes lèvres, et pour l'être aussi de les vaincre, jusqu'à te livrer aux excès les plus opposés. »

Elle s'est arrêtée. Je lui ai répondu, pour réveiller tout ce que j'avais jamais excité de favorable dans son cœur, que j'espérais de cette généreuse inquiétude, qu'elle avait témoignée pour moi lorsque je m'étais trouvé si mal... (l'aventure de l'ipécacuanha, Belford.) Mais elle m'a interrompu : — J'en suis bien récompensée, m'a-t-elle dit; finissons cet entretien. Il est temps de rentrer; je veux aller à l'église. — Diable! ai-je dit tout bas. — Les impertinentes femmes, qui l'ont vue faire quelques pas vers la maison, se sont avancées pour l'avertir que le déjeûner l'attendait. Je n'ai eu que le temps de la supplier, en levant les mains, de me donner l'espérance d'une nouvelle conversation après le déjeûner. — Non, elle était résolue d'aller à l'église. La cruelle personne m'a quitté, pour remonter droit à sa chambre, et ne m'a pas même accordé la permission de prendre le thé avec elle.

Madame Moore a paru s'étonner de ne pas nous voir en meilleure intelligence, après un si long entretien; surtout dans l'opinion où je l'avais hier laissée, que ma femme consentait au renouvellement de la cérémonie. Mais j'ai levé l'embarras des deux veuves, en leur disant qu'elle voulait se tenir dans cette réserve, jusqu'à ce qu'elle sût du capitaine Tomlinson si son oncle assisterait personnellement à la célébration, ou s'il se contenterait de nommer ce digne ami pour le représenter. Je leur ai recommandé encore le secret sur ce point : elles me l'ont promis, pour elles-mêmes et pour miss Rawlings, dont elles m'ont assez vanté la discrétion, pour me faire connaître que c'est la dépositaire générale de tous les secrets des femmes de Hamstead. Ciel ! Belford, que de méchancetés cette miss Rawlings doit savoir ! Quelle boîte de Pandore que son sein ! Si je n'avais rien qui méritât mieux mon attention, je m'engagerais à l'ouvrir bientôt : et quel usage ne ferais-je pas de mes découvertes? A présent, mon ami, tu comprends que toute ma ressource est dans la médiation de ma tante et de ma cousine Montaigu, et dans l'espérance d'intercepter la réponse de miss Howe.

La belle inexorable est allée à l'église avec madame Moore et madame Bevis. Mais Will observe de près tous ses mouvemens, et j'ai réglé les moyens de recevoir sur-le-champ tous ses avis. Elle m'a déclaré qu'elle ne souhaitait pas que j'y parusse avec elle. *Qu'elle ne souhaitait pas*, expression favorite des femmes ; comme si nous étions obligés de suivre toujours leurs volontés. Je ne l'ai pas fort pressée, dans la crainte qu'elle ne me soupçonnât de quelque doute sur son retour volontaire. Il m'est venu à l'esprit d'arrêter madame Bevis, et de lui offrir une autre occupation. Je crois qu'elle aurait passé aussi volontiers le temps avec moi qu'à l'église. Elle a paru incertaine, lorsque je lui ai représenté que, pour l'édification publique, deux personnes suffisaient d'une maison. Mais étant habillée, et sa tante Moore l'attendant, elle a cru devoir partir... de peur que cela ne parût affecté, m'a-t-elle dit en passant, à moi qui en aurait assurément mieux jugé.

LETTRE CCXLVI.

M. LOVELACE, A M. BELFORD.

Dimanche, après midi.

O Belford ! de quel danger je suis échappé ! ton ami tremble encore d'un mélange de crainte et de joie ! A quelle étrange fille ai-je donc à faire, qui ose lutter contre son destin, quoiqu'elle ait tant de fois éprouvé que sa propre étoile combat pour moi ? Je suis le plus heureux des hommes. Mais la respiration me manque, lorsque je réfléchis à quel petit fil mon sort a comme été suspendu. Pour ne te pas tenir en suspens, je suis en possession, depuis une demi-heure, de cette réponse si long-temps attendue ; et par le plus bizarre accident ! Mais je joins ce billet à ma lettre précédente, parce que ton messager attend mes dépêches.

LETTRE CCXLVII.

M. LOVELACE, A M. BELFORD.

Voici l'aventure. Ma charmante est retournée cette après-midi à l'église, avec madame Moore. J'avais été fort pressant pour obtenir l'honneur de dîner avec elle ; mais en vain je lui avais demandé ensuite la faveur d'une nouvelle conférence au jardin. Elle s'est obstinée dans la résolution d'aller à l'église, et quelles raisons n'ai-je pas de m'en réjouir ! Ma digne amie, madame Bevis, a jugé qu'un sermon suffisait dans un jour : elle est demeurée pour me tenir compagnie.

Il n'y avait pas un quart d'heure que ma charmante et madame Moore étaient sorties, lorsqu'un jeune paysan à cheval est venu demander à la porte madame *Henriette Lucas*. Nous étions, la veuve et moi, dans le parloir voisin, indéterminés encore sur le sujet de notre amusement; j'ai entendu le discours du messager. — O ma chère madame Bevis! ai-je dit à la veuve, je suis perdu, perdu sans ressource, si vous ne me prêtez pas votre secours. Voilà certainement un exprès de cette implacable miss Howe, avec une lettre. Si madame Lovelace la reçoit, nous perdons le fruit de toutes nos peines.

— Que demandez-vous de moi? m'a-t-elle répondu de la meilleure grâce du monde. Je l'ai conjurée d'appeler à l'instant la servante, pour lui donner mes instructions. Cette fille est venue. — Peguy, lui ai-je demandé, quelle réponse avez-vous fait à la porte? — J'ai demandé seulement, monsieur, de quel part? car votre valet de chambre m'a dit de quoi il était question; et je suis venue à la voix de madame, avant que le garçon m'ait répondu. — Fort bien, ai-je repris : si vous souhaitez jamais, mon enfant, d'être vous-même heureuse en mariage, et qu'on s'oppose aux méchans qui voudraient semer la discorde entre vous et votre mari, il faut que vous tiriez de ce garçon la lettre ou son message, que vous me l'apportiez ici, et que madame Lovelace n'en sache rien à son retour. Voilà une guinée pour vous.

Peguy a reçu ma guinée, quoiqu'elle fût prête à me servir pour rien, m'a-t-elle dit, parce que M. Will l'avait assurée que j'étais un bon maître. Elle est retournée à la porte : elle a demandé au messager quelle affaire il avait avec madame Henriette Lucas; et j'ai entendu ce garçon qui lui répondait : — Je veux lui parler à elle-même.

— Ma très chère veuve, ai-je dit aussitôt à madame Bevis, je vous en prie au nom du ciel, faites-vous passer pour madame Lovelace.

— Vous n'y pensez pas, m'a-t-elle répondu. Madame Lovelace est d'une blancheur éclatante; j'ai le teint brun. Elle a la taille menue, et je suis assez replète.

— N'importe, n'importe, madame: le messager peut être un nouveau domestique; je vois qu'il n'a pas de livrée. Vraisemblablement il n'a jamais vu ma femme : vous vous direz malade, menacée de l'hydropisie. Peguy, Peguy! ai-je crié doucement, en prenant la voix d'une femme. Peguy m'est venue parler à la porte de la chambre : je lui ai donné ordre de dire au messager que madame Lucas se portait mal, et qu'elle s'était assoupie sur un lit de repos. Tirez, ai-je ajouté, tout ce que vous pourrez de lui. Peguy n'a pas manqué de m'obéir. — A présent, ma chère veuve, étendez-vous sur le lit de repos, couvrez-vous le visage de votre mouchoir, afin que s'il s'obstine à vouloir vous parler, il ne puisse voir vos yeux ni vos cheveux. Bon, fort bien; je passerai dans le cabinet.

Peguy nous est revenue dire qu'il refusait de lui confier sa lettre, et qu'il voulait parler à madame Henriette Lucas elle-même. J'ai ouvert le cabinet. Faites-le venir; dites que voilà madame Henriette Lucas. S'il marque du doute, ajoutez qu'elle est assez mal, et qu'on craint pour elle une véritable hydropisie : Peguy nous a quittés. — Voyons, chère veuve, comment vous allez faire une charmante madame Lovelace. Demandez-lui s'il est envoyé par miss Howe; s'il lui appartient? comment elle se porte? N'oubliez pas de la nommer, à chaque mot, votre chère miss Howe. Offrez de l'argent : prenez cette demi-guinée. Plaignez-vous d'un mal de tête, pour avoir occasion de la tenir baissée, et couvrez d'une main la partie de votre visage qui ne sera pas cachée de votre mouchoir. Oui, fort bien, on ne saurait mieux. J'entends le coquin; hâtez-vous de le congédier.

Il est entré, en écorchant le plancher de ses révérences, et tenant des deux mains son chapeau devant lui. Mais il faut, Belford, que tu entendes les demandes et les reponses, suivant la méthode que tu as goûtée dans quelques unes de mes lettres.

— Je suis fâché, madame, de vous trouver malade. — Que demandez-vous de moi, mon enfant ? — Je suppose que vous êtes madame Henriette Lucas ? —Oui, mon enfant ; ne venez-vous pas de la part de miss Howe ? —Oui, madame. — Savez-vous mon vrai nom ? — Je m'en doute assez ; mais ce n'est pas mon affaire. — Quelle est donc votre commission ? Ma chère miss Howe est-elle en bonne santé ? — Fort bonne, madame, grâce à Dieu ; je souhaiterais que la vôtre le fût aussi. — J'ai trop de chagrin pour me bien porter. — C'est ce que j'ai entendu dire à miss Howe. — Ma tête est dans un triste état ; j'ai peine à la soutenir. Ne me faites pas trop attendre le sujet de votre commission.—J'aurai bientôt fini. C'est une lettre que je suis chargé de vous donner en main propre ; la voici. (Prenant la lettre.) De ma chère miss Howe ? Ah ! ma tête.— Oui, madame : mais je suis fâché de vous voir si mal. — Appartenez-vous à ma chère miss Howe ? — Non madame ; je suis fils d'un de ses fermiers. Sa mère ne doit pas savoir qu'elle m'ait chargé de ce message ; mais je suppose que la lettre vous dira tout. — Comment vous récompenserai-je de ce service? — Point du tout, madame : ce que je fais est pour obliger miss Howe ; mais vous paraissez si mal, que peut-être aurez-vous peine à lui faire réponse. — Avez-vous ordre de l'attendre ? Non, pas absolument ; mais j'ai ordre d'observer votre santé et votre situation ; si vous faites un mot de réponse, de me garder bien de la perdre, et de la rendre en secret à notre jeune maîtresse. — Vous voyez que je n'ai pas le visage fort bon, et tel que je l'ai ordinairement. — Je ne me rappelle pas de vous avoir jamais vue plus d'une fois ; c'était au passage d'une barrière, où je vous rencontrai avec notre jeune maîtresse : mais j'ai trop de savoir-vivre pour regarder les dames en face, surtout au passage d'une barrière. — Avez-vous besoin de vous rafraîchir, mon enfant ? — Ce qu'il vous plaira, madame. — Peguy, conduisez ce jeune homme à la cuisine ; présentez-lui ce qui se trouvera dans la maison.—Votre serviteur, madame, je me suis arrêté en chemin, sur la hauteur ; sans quoi je serais arrivé plus tôt. (Grâce à mon étoile, ai-je pensé.) J'y ai fort bien dîné, à l'enseigne du Château-d'Or, où je me suis informé de cette maison. Ainsi, je me contenterai de boire un coup, parce que la viande que j'ai mangée était fort salée.

Il est sorti, en recommençant ses révérences. —Le diable t'emporte, ai-je pensé, maudit babillard ! et sortant du cabinet, j'ai retenu un moment Peguy, pour lui recommander de nous défaire de cet importun, avant que les deux dames pussent être revenues de l'église. Il paraît que le coquin a bu largement. Peguy, lui trouvant l'inclination à parler, n'a pas manqué de lui en fournir l'occasion. Il lui a recommandé, à l'oreille, de se défier d'un certain M. Lovelace, qui, pour lui avouer la vérité, n'était qu'un franc vaurien. — Eh ! pourquoi ? lui a demandé Peguy, prête s'il faut l'en croire, à lui jeter son verre à la tête. — Pourquoi ? a-t-il répondu : parce qu'il distribue des baisers à toutes les femmes dont il approche : et passant les bras autour de Peguy, le rusé paysan lui en a donné un fort passionné. Reconnais-tu la nature humaine, ami Belford ? elle opère dans toutes les conditions. C'est ainsi que les paysans, comme ceux qui sont au dessus d'eux, pratiquent ce qu'ils censurent et censurent ce qu'ils pratiquent. Un autre paysan, qui l'aurait vu, sans pénétrer plus loin, le traiterait de vaurien, comme le coquin en a traité ton ami Lovelace.

Il a dit à la servante, qu'autant qu'il avait pu découvrir le visage de la jeune dame, il l'avait jugée plus haute en couleurs qu'il ne se souvenait de l'avoir vue ; et qu'il lui trouvait aussi plus d'embonpoint, et la taille plus courte. Toute femme, Belford, est née pour l'intrigue. Cette grosse et vive créature a commenté à sa mode, sur les ouvertures que je lui avais données : l'embonpoint apparent de madame Lucas venait d'une disposition à l'hydropisie ; sa couleur enflammée, d'un furieux mal de dents ; et sa taille semblait raccourcie, parce que, dans la situation où elle était, comme il devait l'avoir observé, son mal de dents lui faisait retirer les pieds. Il s'est reproché de n'avoir pas fait cette dernière réflexion ; mais il était fort satisfait d'avoir rendu la lettre en main propre, et de pouvoir en assurer miss Howe.

Avant son départ, il a souhaité absolument de voir encore une fois la bonne amie de sa jeune maîtresse. La veuve a repris la même posture. Il lui a demandé ses ordres particuliers. Elle n'en avait point à lui donner, lui a-t-elle dit ; et son chagrin était de se trouver si mal, qu'il lui était impossible d'écrire. Il a offert de repasser le jour suivant, parce qu'il allait voir, à Londres, un de ses cousins, qui demeurait dans Fetterlane. Elle dit qu'elle attendrait, pour écrire, qu'elle fût un peu mieux, et sa lettre partirait par la poste.

Tant mieux pour lui, s'il n'était chargé de rien. Il pourrait s'arrêter un jour ou deux à Londres, parce qu'il n'avait jamais vu les lions de la Tour, ni Bedlam, ni les tombes de Westminster. Il prendrait un ou deux jours de congé, comme on lui en avait donné la permission, supposé qu'il ne reçût aucun message. Il a refusé la demi-guinée, avec de grandes protestations de désintéressement, et de zèle pour miss Howe, dont la volonté le ferait aller au bout du monde, et même jusqu'à Constantinople. Enfin l'insupportable coquin est parti ; et j'ai été fort soulagé en le voyant disparaître, dans la crainte où j'étais qu'il ne demeurât jusqu'au retour des dames.

C'est ainsi, Belford, que je me suis saisi d'une lettre qui me rend le cœur tranquille, et par une suite d'incidens qui me font dire que l'étoile de ma charmante combat contre elle. Cependant je dois attribuer une partie du succès à la justesse de mes mesures. Si je ne m'étais pas assuré de la veuve par mes caresses, et de la servante par celles de mon valet, à quoi n'étais-je pas exposé ? Il ne m'en a coûté qu'une guinée pour l'une ; et pour l'autre, une demie-douzaine de baisers, qui, joints à l'aversion qu'elles ont toutes deux pour les méchans esprits dont toute la joie consiste à mettre le trouble dans un ménage, les ont attachées à mes intérêts, jusqu'à me promettre que ni madame Moore, ni miss Rawlings, ni madame Lovelace ne sauront pas de huit jours ce qui s'est passé. La veuve s'est réjouie de voir entre mes mains la lettre dont il y avait tant de mal à redouter. Je me suis retiré pour la lire, et j'ai employé aussitôt ma plume à t'informer de ma bonne fortune. Les dames m'ont laissé tout le temps dont j'avais besoin ; car, au lieu de revenir après le service, elles se sont arrêtées chez miss Rawlings, qu'elles voulaient engager à venir prendre le thé avec elles; et cette fille affairée les a fait attendre assez longtemps.

Mais je les entends toutes trois, et je me hâte de les rejoindre.

LETTRE CCXLVIII.

M. LOVELACE, A M. BELFORD.

Je t'avais commencé une autre lettre qui devait contenir la suite de ma narration; mais celle-ci partira, suivant toute apparence, avant que je puisse finir l'autre. Celle de miss Howe, que j'y joins, l'obligera de convenir qu'aucune des deux correspondantes ne mérite ma pitié. Aussi suis-je résolu de finir avec l'une et de commencer sérieusement avec l'autre.

Lis ici, si tu veux, cette mémorable pièce. Tu n'es pas mon ami, si tu plaides pour l'une ou l'autre des deux impertinentes filles, après l'avoir lue.

A MADAME HENRIETTE LUCAS.

« Après les découvertes que je vous ai communiquées dans ma longue lettre de mercredi dernier sur les infâmes pratiques du plus abandonné de tous les hommes, vous jugerez facilement, ma très chère amie, que ma surprise, en lisant votre billet de Hamstead, n'a pas été si grande que mon indignation. Si le misérable avait entrepris de brûler une ville au lieu d'une maison, je n'en serais point étonnée. Ce que j'admire, c'est qu'il n'ait pas découvert plus tôt ses griffes, et je ne trouve pas moins étrange qu'après l'avantage qu'il s'était procuré sur vous et dans cette horrible maison, vous ayez trouvé le moyen de sauver votre honneur et de vous dérober à cette troupe infernale.

» Je vous ai donné dans la même lettre plusieurs raisons qui doivent vous inspirer de la défiance de ce Tomlinson. Il n'y a que trop d'apparence, ma chère, que cet homme est un autre vilain. Puisse la foudre écraser le scélérat qui a suscité, et lui et tout le reste de sa détestable bande, pour conspirer la ruine de la vertu la plus consommée! Le ciel soit loué! vous êtes échappée à leurs piéges et je vous vois hors de danger. Ainsi, je ne vous troublerai point à présent par de nouveaux détails que j'ai recueillis sur cette abominable imposture.

» La même raison me fait remettre à d'autres temps quelques nouvelles aventures de votre misérable, qui sont venues depuis peu jusqu'à moi; une en particulier qui est d'une nature si choquante. En vérité, ma chère, cet homme est un diable. Toute l'histoire de madame Fretchvill et de sa maison, je l'assure hardiment, n'est qu'une fable. L'infâme caractère! Quelle horreur j'ai pour lui!

» Il vous est venu à l'esprit de quitter l'Angleterre, et les raisons que vous en apportez m'ont touchée sensiblement; mais prenez courage, ma chère. J'espère que vous ne serez pas dans la nécessité de renoncer à votre patrie. S'il arrivait que vous y fussiez cruellement forcée, j'abandonnerais toutes mes espérances et vous me verriez bientôt près de vous. Je vous accompagnerais dans quelque lieu du monde que vous choisissiez pour asile. Je partagerais votre fortune avec vous. Il me serait impossible d'être heureuse si je vous savais exposée, non seulement aux périls de la mer, mais encore aux entreprises de ce dangereux sexe. Vos grâces personnelles attireront toujours les yeux sur vous et vous jetteront dans mille dangers que d'autres éviteraient avec moins de ces éclatantes faveurs de la nature. C'est à quoi sert presque uniquement la beauté, cet avantage si désiré, si vanté.

» O ma chère ! si je prenais jamais le parti du mariage, et si je devenais mère d'une Clarisse (car pour peu qu'une fille promît, elle n'aurait pas d'autre nom), combien de fois mon cœur me saignerait-il pas en la voyant croître, lorsque je ferais réflexion qu'une prudence et une discrétion sans exemple dans une femme n'ont pas été dans vous une protection suffisante pour cette beauté, qui excite tant de regards et d'admiration! Que j'appréhenderais peu les attaques de cette maladie, qu'on nomme cruelle, parce qu'elle est l'ennemie des beaux visages !

Samedi, après midi.

» Madame Townsend me quitte à ce moment. Je croyais me souvenir que vous l'aviez vue anciennement avec moi; mais elle m'assure qu'elle n'a jamais eu l'honneur de vous connaître personnellement.

» Elle a l'esprit mâle. Elle sait le monde : et ses deux frères étant actuellement au port de Londres, elle garantit leurs services pour une si bonne cause, et ceux mêmes des deux équipages, s'ils deviennent nécessaires. Consentez-y, ma chère. Votre infâme aura du moins les bras cassés, pour récompense de toutes ses bassesses. Ce qu'il y a de fâcheux, c'est que madame Townsend ne peut être à vous avant jeudi prochain, ou mercredi au plus tôt. Etes-vous sûre de votre retraite jusqu'à l'un ou l'autre de ces deux jours ? Je vous crois trop près de Londres. Vous seriez mieux dans la ville même. Si vous changez de lieu, faites-le-moi savoir au même instant.

» Que mon cœur est déchiré, lorsque je pense à la nécessité où vous êtes de suivre le torrent qui vous pousse, et de cacher jusqu'à votre nom et vos charmes! Le diabolique personnage! Il faut qu'il se soit fait un amusement de ses inventions. Cependant ce cruel et barbare amusement est ce qui vous a sauvée des violences subites, auxquelles il n'a eu que trop souvent recours avec de jeunes personnes de fort bonne famille ; car c'est dans cet ordre que le malheureux fait gloire de tendre ses pièges.

» La bassesse de ce spécieux monstre a plus servi que tout autre considération à mettre Hickman en crédit auprès de moi. Il est le seul qu'il sache de moi votre fuite, et les raisons qui vous y ont déterminée. Si je ne les lui avais pas expliquées, il aurait pu juger encore plus mal de l'infâme entreprise. Je lui ai communiqué votre billet de Hamstead. Il a tremblé, en le lisant, et son visage s'est couvert de rougeur. Après cette lecture, il s'est jeté à mes pieds, il m'a demandé la permission de se rendre auprès de vous, et de vous offrir un asile dans sa maison. Il avait les larmes aux yeux, et ses instances ne finissaient pas. Je mettrai six chevaux à mon carrosse, me disait-il, et je ferai gloire, à la face du monde entier, d'aller servir de protecteur à l'innocence opprimée.

» Son ardeur m'a plu et je ne le lui ai pas caché. Je ne m'attendais pas à lui trouver tant de vivacité ; mais la soumission d'un homme, pour une femme qu'il aime, n'est peut-être pas une preuve qu'il manque de courage. J'ai cru qu'en retour je devais quelques égards à sa sûreté ; car une démarche ouverte ne manquerait pas d'attirer sur lui la vengeance du plus hardi de tous les brigands, qui a toujours à ses ordres une troupe de scélérats tels que lui, prêts à se soutenir mutuellement dans tous leurs attentats. Cependant, comme M. Hickman aurait pu se fortifier du secours de la justice, je ne me serais pas opposée à ses desseins, s'ils avaient pu s'exécuter sans un éclat scandaleux qui aurait pu faire donner à votre aventure des explications choquantes pour votre délicatesse, et si je n'avais cru voir, avec toute sorte de vraisemblance, que par le moyen de madame Townsend, tout peut être ménagé avec moins de bruit et plus de certitude.

» Madame Townsend se rendra elle-même auprès de vous, dès mercredi, suivant ses espérances. Ses frères et quelques uns de leurs gens seront dispersés aux environs, comme s'ils ne vous connaissaient pas, non seulement pour vous escorter à Londres, mais pour vous conduire ensuite jusqu'à sa maison de Depford ; c'est l'arrangement que nous avons pris ensemble. Elle a dans le même bourg une proche parente qui recevra vos ordres, s'il arrive qu'elle soit forcée de vous quitter. Vous pourrez attendre dans cette retraite que la première furie de votre misérable se soit ralentie et qu'il ait fini ses recherches. Il ne tardera point à se rendre coupable de quelque nouvelle infamie qui comblera peut-être la mesure et qui le fera condamner au supplice. On pourra publier que vous êtes allée réclamer la protection de votre cousin Morden, à Florence, et s'il peut se le persuader, *il sera capable* de prendre le chemin de l'Italie pour suivre vos traces. Ensuite je n'aurai pas de peine à vous procurer un logement dans quelqu'un de nos villages voisins, où j'aurai le bonheur de vous voir tous les jours; et si cet Hickman continue d'être moins insupportable, ou si ma mère ne fait pas des choses étonnantes, je penserai d'autant plus tôt au mariage, que je serai libre alors de recevoir et d'entretenir à mon aise les délices de mon cœur. Que de jours heureux nous passerons ensemble ! Et je me flatte aussi que sera votre consolation.

» A l'égard de votre terre, puisque vous êtes résolue de ne pas employer l'autorité des lois, nous prendrons patience jusqu'à l'arrivée du colonel Morden, ou jusqu'à ce que la honte rappelle certaines gens à la justice.

» Tout considéré, je suis portée à vous croire beaucoup plus heureuse dans vos nouvelles vues, que vous n'auriez jamais pu l'être en épousant votre monstre. Ainsi je vous félicite d'être échappée, non seulement à un horrible libertin, mais au plus vil des maris, tel qu'il le sera pour toute femme au monde ; surtout pour une personne de votre délicatesse et de votre vertu. Vous le haïssez à présent, et du fond du cœur ; je n'en doute plus, ma chère. Il serait bien étrange qu'un cœur aussi pur que le vôtre n'abhorrât point ce qui lui est le plus opposé.

» Dans votre billet, vous me parlez d'un autre, que vous ne m'avez écrit que par feinte. Je ne l'ai pas reçu ; d'où vous devez conclure qu'il est tombé entre ses mains : et s'il s'en est saisi, nous sommes fort heureuses qu'il n'ait pas intercepté de même ma longue lettre de mercredi. Remercions le ciel de ce qu'elle est allée si heureusement jusqu'à vous.

» Vous recevrez celle-ci par les mains d'un jeune homme, fils d'un de nos fermiers, à qui j'ai recommandé de ne la remettre qu'à vous. Il doit revenir sur-le-champ, si vous le chargez de quelque chose pour moi : sinon il passera par Londres, qu'il n'a jamais vue. C'est un garçon simple, mais fort honnête, à qui vous pouvez parler librement. Si vous ne pouvez m'écrire par cette occasion, ne tardez point à me donner de vos nouvelles par quelque autre voie. Ma mère ignore que je vous envoie ce messager. Elle n'est pas encore informée de votre heureuse évasion. J'attendrai avec une extrême impatience, comment vous vous serez arrangée avec madame Townsend. Vous vous persuaderez aisément qu'il n'a pas dépendu de moi de vous l'envoyer plus tôt. Je me repose sur elle de tout ce que je pourrais vous dire ou vous conseiller de plus ; et je finis par des vœux ardens pour la sûreté présente et le bonheur futur de ma très chère amie. »

Ne manque point, Belford, de me renvoyer cette lettre aussitôt que tu l'auras lue. Confesse à présent que je suis dans le chemin de la justice.

LETTRE CCXLIX.

M. LOVELACE, A M. BELFORD.

Dimanche au soir, et lundi matin.

Rappelle-toi les circonstances. Je suis descendu avec la vengeance dans le cœur, uniquement rempli de la lettre de miss Howe; mais le visage néanmoins aussi doux, aussi tranquille, aussi serein que j'avais pu le prendre dans mon miroir, et les manières aussi polies qu'un homme aussi impoli que moi, comme on me l'a souvent reproché, est capable de les avoir.

On était venu rappeler miss Rawlings, presque aussitôt qu'elle était arrivée, pour quelques personnes qui lui rendaient chez elle une visite imprévue. J'ai remarqué dans les yeux de ma charmante et dans les siens que ce contretemps leur déplaisait, et j'ai su qu'effectivement elles s'étaient proposé d'aller prendre l'air sur la colline, si je partais pour Londres, comme j'en avais marqué le dessein, et Dieu sait quel aurait été le fruit de cette promenade, si la curiosité de l'une s'était rencontrée avec l'esprit communicatif de l'autre. Miss Rawlings a promis de revenir promptement; mais ensuite elle a fait faire ses excuses, parce que la visite était pour toute la soirée. J'ai regardé ce message comme un coup de fortune pour moi, et j'ai tourné tous mes soins à me ménager quelques momens de conversation avec ma déesse.

Quoique je l'aie trouvée inébranlable dans ses résolutions, et qu'elle m'ait renvoyé constamment à la réponse de miss Howe, je n'ai pas tiré peu d'avantages de cette conférence. Elle a consenti du moins à voir ma tante et Charlotte, si ces deux dames arrivaient dans un jour ou deux, c'est-à-dire avant la lettre dont elle fait dépendre son sort et le mien. J'en ai remercié le ciel. A présent, ai-je dit en moi-même, je puis aller à Londres avec l'espérance, ma chère, de te retrouver où je te laisse. Cependant je me fierai d'autant moins à ta parole, qu'il pourrait t'arriver en mon absence quelque bonne raison d'y manquer. Will, qui ne quittera pas la maison, et qui sera informé de tes moindres démarches par la généreuse bonté de madame Bevis, aura l'honnête André et un cheval prêt pour me donner sur-le-champ les avis nécessaires; et de quelque côté que tu puisses tourner, je t'assure qu'il sera partie de ton cortège sans que tu saches à la vérité l'honneur que je lui procure. Voilà, pour toute faveur, ce que j'ai pu tirer de mon inexorable. Dois-je m'en réjouir ou m'en affliger ?

Ma foi, je m'en réjouis. Cependant mon orgueil est sérieusement humilié, lorsque je songe combien j'ai peu part à l'affection de cette fille des Harlove.

Ne me dis pas que dans cette maison la vertu est son guide. C'est l'orgueil qui la gouverne, et je te garantis qu'il surpasse le mien. De l'amour, il est clair qu'elle n'en a pas et qu'elle n'en a jamais eu, du moins dans un degré supérieur. Jamais l'amour n'a reconnu l'empire de la prudence ou du raisonnement. Elle ne peut souffrir, vois-tu, qu'on la prenne pour une femme. Or, si, dans la dernière épreuve, je trouve en effet qu'elle n'en soit pas une, cessera-t-elle d'être ce qu'elle est réellement ? Qui la blâmera d'avoir souffert un mal dont elle n'aura pu se défendre ? Un général d'armée, qui, dans une rencontre inégale, aurait été dépouillé par un voleur de grand chemin, en serait-il moins propre à commander ? A la vérité, si ce général, prétendant à la plus grande valeur, et s'étant vanté de ne pas redouter les brigands, n'avait fait dans cette occasion qu'une résistance faible, ou s'il avait donné sa bourse tandis qu'il était maître de son épée, le voleur qui l'aurait dépouillé passerait avec raison pour le plus brave. Ces dernières conférences avec la belle m'ont fourni, en faveur de mon dessein, un argument que je n'avais pas encore employé. Ah! Belford! qu'il est difficile de vaincre une passion dominante, lorsqu'on a le pouvoir de la satisfaire! Commence par l'aveu de cette vérité; fais-y bien réflexion, et tu seras alors en état, je ne dis pas d'excuser, mais de t'expliquer à toi-même ce que c'est qu'un crime projeté, qui a l'habitude pour lui dans un cœur impatient, orageux, ennemi de la contradiction. Voici mon nouvel argument :

Suppose qu'elle succombe dans l'épreuve, que je sorte vainqueur, qu'elle refuse ensuite de me laisser jouir de mes droits ou même de se marier (ce qui n'a pas une ombre de vraisemblance), et qu'elle dédaigne l'établissement que je me ferais gloire de lui assurer, jusqu'à la moitié de mon bien ; dans cette supposition même, elle ne peut jamais être absolument malheureuse. N'est-elle pas sûre d'une fortune indépendante ? et la qualité du curateur n'obligera-t-elle pas le colonel Morden de l'en mettre en possession ? Ne m'a-t-elle pas expliqué, dans notre première conférence, un plan de vie qu'elle a toujours préféré à l'état de mariage ? « C'est de prendre sa bonne Norton pour guide et de vivre dans sa terre, suivant l'intention de son grand-père. »

Considère encore que, suivant ses propres idées, quand elle prendrait à présent le parti de m'épouser, elle ne rétablirait jamais plus *d'une moitié* de sa réputation, tant elle croit en avoir perdu en prenant la fuite avec moi. Ne passera-t-elle pas le reste de sa vie à regretter, à pleurer l'autre moitié ? et s'il faut que ses jours se passent strictement dans le regret de *cette moitié*, ne vaut-il pas autant qu'elle ait à pleurer, à regretter le tout ?

Ajoute que, dans la supposition qu'elle résiste à l'épreuve, son propre système de pénitence ne sera pas aussi parfait de la moitié que si sa vertu succombe. Plaisante pénitence, que celle d'une personne qui n'a rien à se reprocher ! Elle se vante (tu le sais, elle m'en a fait un sujet de reproche), elle se vante de n'avoir pas fui volontairement avec moi, et d'avoir été trompée par mes inventions. Et ne me faites pas un fantôme de la violation de mes sermens. Tu vois qu'elle m'ôte le pouvoir de les remplir. Je puis dire en ma faveur que si elle l'avait voulu, j'en aurais exécuté le plus solennel, au moment que je l'ai prononcé. Quel est le prince qui se croit obligé à l'observation des traités les plus saints, lorsque son intérêt ou son inclination change avec les circonstances ? Le résultat de cette grande affaire, n'est-il donc pas qu'après l'épreuve, miss Clarisse, ou ce sera sa faute, peut demeurer aussi vertueuse qu'elle l'ait jamais été; qu'elle peut devenir un exemple plus éminent pour son sexe; et que si elle succombe, pour peu même qu'elle succombe, il dépendra d'elle de passer pour un modèle de pénitence? A l'égard de la fortune, elle n'en peut manquer que par un effet de sa mauvaise volonté. Ainsi, je ne vois pas d'autre risque pour elle, que de mener, elle et sa *vieille* nourrice, une vie conforme à son inclination, avec un *vieux* cocher, et une paire de *vieux* chevaux de carrosse, deux ou trois *vieilles* servantes, et peut-être deux ou trois *vieux* laquais (car tout doit être *vieux* et sentir la pénitence autour d'elle); lisant de *vieux* sermons et de *vieux* livres de prières; soulageant les *vieux* hommes et les *vieilles* femmes; donnant de *vieilles* leçons et de *vieux* conseils, sur de *nouveaux* sujets comme sur les *vieux*, aux jeunes personnes de son voisinage, pour arriver ainsi au *bon vieil* âge, en répandant ses bienfaits et l'odeur de ses vertus dans toute sa génération.

Et dira-t-on qu'une femme, qui peut mener une vie si douce, avec la liberté d'y faire entrer tout ce qui est conforme à son propre plan, est perdue, ruinée, ou d'autres misérables propos de cette nature? Je perds patience, lorsque j'entends, dans la bouche de ces jolies personnes, des expressions si fortes, pour décrire un mal passager, qui cesse d'en être un avec quelques formalités ecclésiastiques. Mais, après m'être satisfait moi-même sur ce qui peut arriver de pis à cette charmante fille, et l'avoir fort bien prouvé qu'elle ne peut être malheureuse que par sa faute, je fais réflexion que je n'ai jamais pensé qu'elle sera vraisemblablement mon propre partage. Quoique miss Howe nous juge indignes des femmes de mérite, et que ce qu'il y a de pire dans son sexe lui paraisse trop bon pour nous, j'ai toujours eu pour principe que la femme d'un libertin doit être pure et sans reproche. Que nous reviendrait-il d'avoir mené une vie libre, si nous n'avions pas appris à connaître le monde et les moyens d'en tirer avantage? Mais, pour être tout à fait sérieux, ce serait un malheur pour le public, que deux personnes, à la tête d'une famille, fussent également livrées au mal; parce qu'il ne pourrait sortir d'eux qu'une méchante race, des Lovelace, et des Belford, si tu veux, qui commettraient des désordres affreux dans le monde. Tu vois qu'au fond je ne suis pas aussi abandonné qu'on le pense, et qu'il y a dans mon caractère un mélange de gravité. Cette bonne semence pourra fructifier avec l'âge; et je ne désespère pas, lorsque ma chaleur active aura commencé à se ralentir, qu'on ne m'entende dire, avec Salomon, de tous les plaisirs, dont il ne me restera plus que le souvenir: ***Vanité des vanités!***

Ce qui est certain, c'est que je ne trouverai jamais une femme aussi conforme à mon goût que miss Clarisse Harlove. Je souhaite seulement, si je vis assez pour voir mes vœux remplis, d'avoir une compagne comme elle pour la consolation et l'honneur de mon couchant. Il m'est venu quelquefois à l'esprit qu'il est fort malheureux pour l'un et l'autre qu'une si excellente fille ait paru dans le monde un peu trop tard pour mon lever, et un peu trop tôt pour le temps de mon cours. Cependant, comme j'ai trouvé dans mon chemin cette charmante *pèlerine*, je voudrais qu'elle me tînt compagnie pendant le reste de mon voyage, dût-elle se détourner de sa propre route pour m'obliger. Peut-être arriverions-nous ensemble au même logement, et trouverions-nous notre bonheur dans l'entretien l'un de l'autre, en nous racontant les difficultés et les périls que nous aurions essuyés. Parle de bonne foi, Belford; je m'imagine que tu soupçonnes quelques endroits de cette lettre d'être écrits à Londres. Je ne désavoue pas que l'air de la ville ne soit un peu plus épais que celui de Hamstead, et la conversation de madame Sinclair et de ses nymphes moins innocentes que celle de madame Moore et de miss Rawlings. Il me semble, au fond du cœur, que je puis écrire et parler dans une des deux maisons, comme je n'en serais pas capable dans l'autre. Je suis arrivé à Londres ce matin vers sept heures, et j'ai commencé par distribuer mes ordres et mes instructions. Avant que de quitter Hamstead, j'avais fait demander la faveur d'un moment d'audience. J'étais curieux de voir laquelle de ses aimables contenances ma charmante aurait prise, après avoir passé tranquillement une seconde nuit; mais je l'ai trouvée résolue de demeurer en querelle ouverte. Elle ne m'a pas même accordé le pouvoir de solliciter encore une fois ma grâce, avant l'arrivée de milady Lawrance et de ma cousine. Cependant, j'avais reçu avis de mon procureur, par un homme à cheval, que tous les obstacles étaient levés depuis deux jours, et que je pouvais aller prendre la permission ecclésiastique. J'ai envoyé sa lettre à ma charmante par madame Bevis. Cette nouvelle n'a pu me faire ouvrir l'entrée de sa chambre. Il est temps, Belfort, de mettre en mouvement toutes mes machines.

LETTRE CCL.

M. LOVELACE, A M. BELFORD.

A présent que l'action s'échauffe, je serai bientôt délivré de l'engagement où je me suis mis de te rendre compte de toutes mes démarches. J'ai la permission ecclésiastique. Madame Townsend, avec tous ses matelots, doit être à Hamstead mercredi ou jeudi prochain. Il peut arriver une autre lettre ou peut-être un nouveau messager de miss Howe pour s'informer de la santé de son amie sur le rapport du paysan, et pour lui marquer son étonnement de n'avoir rien reçu d'elle. Tu vois qu'il n'y a plus d'instans à perdre. Il faut que la belle saute ou moi. Aussi je me dispose à partir pour Hamstead avec milady Lawrance et ma cousine Montaigu dans une berline à quatre ou six chevaux, car milady ne ferait pas un voyage de deux ou trois milles autrement. C'est une partie assez connue de son caractère.

A l'égard des armes sur la berline, ne sais-tu pas que pendant que ma tante est à la ville elle profite de l'occasion pour faire redorer la sienne, et qu'elle en prend une de remise? On ne fait rien à son gré dans les provinces. La livrée approche beaucoup de la sienne. Tu as vu plusieurs fois milady Lawrance, n'est-ce pas, Belford? — Jamais, me réponds-tu. — Tu l'as vue, te dis-je, et tu as même eu part à ses faveurs, ou la renommée te fait plus d'honneur que tu ne mérites. Ne connais-tu pas son autre nom? — Son autre nom? t'entends-je répondre; en a-t-elle deux? — Oui, Belford. Tu ne te souviens pas de milady Barbe Wallis? — Du diable! t'écries-tu. — Tu sais que Barbe Wallis, élevée dans une abondance dont il ne lui reste que l'orgueil, ne paraît et ne se produit guère que dans les occasions extraordinaires; c'est-à-dire lorsqu'il est question, suivant le prix de passer pour une femme de qualité. On a toujours admiré son air de grandeur, qui ne s'est jamais démenti dans tous les rôles qu'on lui a fait jouer.

Et qui crois-tu que soit ma cousine Montaigu? Comment le deviner, n'est-ce pas? Eh bien! je t'apprends que c'est ma petite *Jeannette Goldings*, une petite créature fort vive, qui ne laisse pas d'avoir le regard modeste. Jeannette Goldings est ma cousine Montaigu. Voilà, grâce au ciel, une tante et une cousine; toutes deux avec de l'esprit, accoutumées à faire les personnes de qualité, maîtresses d'elles-mêmes, et fort bien élevées, revenues néanmoins de la tendresse de cœur et de la pitié; de vraies dames de Sparte qui ne craignent que d'être connues pour ce qu'elles sont, et par conséquent si attentives à se déguiser qu'elles se croient réellement ce qu'elles imitent. Et sous quels habits crois-tu que je les présente? Je vais te l'apprendre. Milady Barbe est en drap d'or, avec des joyaux d'un grand prix; ma cousine Montaigu en petit jaune à fleurs d'argent, qui sont l'ouvrage de ses propres mains. Elle n'est pas si bien en diamans que ma tante, mais les pendans d'oreilles et le nœud sont très riches et luisent à merveille. Jeannette, comme tu sais, a le teint admirable, la gorge belle et les oreilles d'une beauté singulière. Charlotte a les mêmes avantages et la taille à peu près la même. Je n'ai rien épargné pour les dentelles. Tu ne t'imaginerais pas ce que me coûtent les diamans, quoiqu'ils ne soient loués que pour trois jours. Cette chère personne me ruine, mais ne vois-tu pas que son règne est court et qu'il doit l'être. Madame Sinclair a déjà tout préparé pour la recevoir une seconde fois.

LETTRE CCLI.

M. LOVELACE, A M. BELFORT.

Lundi, après-midi, chez madame Sinclair.

Tout est disposé au gré de mon cœur. En dépit de toutes les objections, en dépit d'une résistance qui est presque allée jusqu'à l'évanouissement, en dépit des précautions, de la vigilance, des soupçons, la maîtresse de mon âme est rentrée dans son premier logement. C'est à présent que toutes les artères me battent. C'est à présent que mon cœur est dans une agitation continuelle; mais le temps ne permet pas de t'expliquer nos opérations; ma bien-aimée est occupée actuellement à faire ses malles pour ne remettre jamais le pied dans cette maison. J'ose bien le dire que jamais elle ne l'y remettra lorsqu'une fois elle en sera sortie. Cependant, pas un mot, pas une condition d'amnistie! L'impitoyable Harlove ne veut pas mériter ma pitié! Elle est toujours résolue d'attendre a lettre de miss Howe, et si elle trouve alors quelque difficulté dans ses nouveaux systèmes (c'est me donner sujet de la remercier de rien)... alors, alors qu'arrivera-t-il? Alors même elle prendra du temps pour conidérer si je dois obtenir grâce ou me voir rejeter pour jamais. Odieuse indifférence qui en fait revivre dans mon cœur cent de cette nature! Cependant milady Lawrance et miss Montaigu déclarent que je dois être satisfait de cette fière suspension. Ne serait-on pas tenté de croire qu'elles ne veulent qu'irriter ma vengeance?

Elles lui sont extrêmement attachées. Tout ce qu'elle dit est précieusement recueilli de sa bouche. Elles se sont rendues caution, pour ce soir, de son retour à Hamstead; elles doivent y retourner avec elle. Milady Lawrance a donné ses ordres pour un souper chez madame Moore. Tous les appartemens de la maison doivent être remplis par les deux dames et par leur suite (avec ma permission, comme tu te l'imagines, car ils m'appartiennent pour un mois). Elles se proposent d'y demeurer huit jours au moins, ou jusqu'à ce qu'elles aient obtenu de la charmante rebelle le pardon qu'elles lui demandent pour moi, et d'accompagner milady Lawrance dans Oxfordshire. La chère personne s'est laissé amener à ces termes. Elle a promis d'écrire à miss Howe, pour l'informer de toutes les circonstances de sa situation. S'il sort quelque lettre de ses belles mains, tu ne doutes pas que mon génie ne m'apprenne ce qu'elle aura écrit; mais je suis trompé, s'il ne lui prépare pas d'autres occupations.

Milady Lawrance répète à chaque moment qu'elle est sûre de ma grâce, quoiqu'elle ose dire que je n'en suis pas digne. « Milady est trop délicate pour souhaiter des détails sur la nature de mon offense ; mais une action qui excite de si vifs ressentimens doit être une offense contre elle-même, contre miss Montaigu, contre toutes les personnes vertueuses de leur sexe. Cependant elle ne cessera point de demander grâce pour moi. Elle ne se relâchera point jusqu'à l'heureux jour où, pour mon bonheur et pour celui de ma famille, elle nous verra recevoir secrètement la bénédiction du mariage. Jusqu'à ce temps, elle approuve l'expédient de M. Jules Harlove, et, devant les étrangers, elle traitera son incomparable nièce comme ma femme.

» *Stedman*, son solliciteur, peut venir prendre ses ordres à Hamstead pour l'affaire qu'elle plaide à la Chancellerie. Elle ne se privera point une heure de la compagnie et de l'aimable entretien d'une si chère nièce. Elle lui proposera même de monter en carrosse, pour aller voir à Londres notre cousine milady *Lesson*, qui est dans une mortelle impatience de la connaître ; mais quels seront les ravissemens de milord M...., lorsqu'il aura la satisfaction de l'embrasser et de la nommer sa nièce ! Que milady Sadler va se croire heureuse ! La perte de sa fille, qu'elle pleure si amèrement, lui paraîtra bien avantageusement réparée. »

Miss Montaigu s'arrête sur chaque mot qui tombe de ses lèvres. « Elle adore parfaitement sa nouvelle cousine ; car il faut qu'elle soit sa cousine, et rien ne l'empêchera de lui donner ce nom. Elle répond d'une admiration égale dans miss Patty, sa sœur. »

Oui, dis-je la larme à l'œil (assez haut pour être entendu), que cette pauvre Patty va se trouver attendrie à la première entrevue ! Quel charme pour elle de voir paraître une cousine si long-temps promise, avec un air si gracieux ! si noble ! si naturel ! — « Heureuse, heureuse famille ! nous écrions-nous ensemble. » — En un mot, la joie et les transports règnent ici comme à Hamstead. Tout le monde est dans l'ivresse, à l'exception de ma *bien-aimée*, sur le visage de laquelle on voit, au milieu de ses charmes, un air d'inquiétude et quelques traces de la répugnance extrême qu'elle a marquée pour venir prendre elle-même son linge et ses habits dans cette maison.

Il me semble, Belford, que la pitié cherche à me surprendre; mais loin, loin mouvement hors de saison, qui m'avez déjà perdu plus d'une fois. Adieu réflexions, adieu remords, égards, compassion ; je vous congédie tous, au moins pour huit jours. Souviens-toi, Lovelace, de la parole qu'elle a violée ! de sa fuite, dans un temps où ta folle tendresse t'inclinait à la pitié ! souviens-toi de la manière dont elle t'a traité dans sa dernière lettre, et de tous les outrages qu'elle t'a fait essuyer à Hamstead !

N'oublie pas la préférence qu'elle donne au célibat sur ton amour ; qu'elle te méprise ; qu'elle va jusqu'à refuser d'être ta femme ! Ton cœur orgueilleux, refusé par une femme ! refusé, avec plus d'orgueil encore, par une fille des Harlove ! tandis que deux dames de ta maison (c'est du moins l'opinion qu'elle en a), la supplient en vain d'accorder le retour de son affection à leur parent méprisé, et prennent la loi de son humeur hautaine ! Rappelle-toi d'autre part les imprécations de son audacieuse amie, qui ne viennent que de ses représentations, et dont la peine doit retomber par conséquent sur elle-même. Rappelle-toi plus particulièrement le complot de la Townsend, qui a pris naissance entre ces deux filles, qui doit éclater dans un jour ou deux ; et n'oublie pas les *humiliantes menaces* de la petite furie. L'heure de l'épreuve n'est-elle pas arrivée ? Ne suis-je pas au moment que je me suis efforcé d'avancer par tant de peines, de dépenses et d'inventions ? Est-il besoin de jeter les offenses de sa maudite famille dans la balance ? J'abhorre la force. Je me souviens de l'avoir dit. Il n'y point de triomphe sur la volonté dans la force ; mais ne l'aurais-je pas évité si je l'avais pu ? N'ai-je pas essayé toutes les autres méthodes ? Me reste-t-il d'autres ressources ? Son ressentiment peut-il aller plus loin pour le dernier outrage, qu'elle ne le pousse pour une entreprise puérile ? A quelque excès que je le suppose, n'ai-je pas une réparation présente dans l'offre du mariage ? Elle ne la refusera pas : j'en suis sûr, Belford. La fière beauté ne refusera rien lorsqu'elle verra son orgueil abattu ; lorsqu'elle sentira que ses récits, ses plaintes et toutes ses affectations de résistance seront suspectes à son propre sexe, et lorsque sa modestie, en remplissant son cœur de ressentiment, n'en aura pas moins le pouvoir de lui fermer la bouche. Mais qui sait si toutes ces difficultés ne sont pas autant de chimères que je me plais moi-même à former ? Clarisse n'est-elle pas une femme ? Quel remède pour un mal commis ? Ne faut-il pas qu'elle vive ? Sa vertu est une sûreté pour sa vie. Le temps ne fera-t-il pas le reste ? En un mot, quel parti aura-t-elle à prendre ? Elle ne peut me fuir. Elle sera forcée de me pardonner : et comme je l'ai souvent répété, être pardonné une fois c'est l'être pour toujours. Pourquoi donc mon faible cœur se laisserait-il amollir par la pitié ? Non, non. J'aurai toutes ces idées présentes. Je n'aurai qu'elle dans l'esprit, pour soutenir une résolution, que les femmes dont je suis entouré veulent parier encore que je n'exécuterai pas. Je t'apprendrai, ma chère et charmante personne, à me le disputer en inventions. Je t'apprendrai à former des complots contre ton conquérant. Je te forcerai de reconnaître que les systèmes de contrebande ne sont pas ton partage, et que c'est d'un Lovelace que toi, ta miss Howe et ta Townsend, doivent prendre des leçons.

Qu'allons-nous faire à présent ? Nous sommes plongés dans un abîme de douleur et de crainte. Que les femmes souffrent impatiemment qu'on leur manque ! On s'attendait à partir pour Hamstead, et à quitter pour jamais une maison où l'on n'était entré qu'avec une mortelle répugnance. Les habits étaient rangés, les malles fermées, elle-même disposée au départ, et moi prêt à l'accompagner. Elle commence à craindre que ce ne soit pas pour ce soir. Dans sa douleur et son désespoir, elle s'est jetée dans son ancien appartement ; elle s'y est enfermée, et Dorcas l'a vue genoux par le trou de la serrure, priant sans doute pour son heureuse délivrance. Et pourquoi ? D'où vient cette fâcheuse agonie ? Que veux-tu ? Cette milady Lawrance ayant quelques ordres à donner avant que de partir pour Hamstead, a repris le chemin de sa maison dans son carrosse, et miss Montaigu, qui devait l'attendre ici, est montée avec elle sous prétexte d'aller prendre ses habits de nuit et d'autres commodités sans lesquelles on ne passe point la nuit hors de chez soi. Je ne suis pas moins étonné que ma charmante de ne pas les voir revenir. J'ai envoyé savoir ce que signifie ce retard. Dans le trouble de ses esprits, miss Clarisse souhaiterait que j'y fusse allé moi-même. J'ai eu beaucoup de peine à la calmer : cette fille est insupportable ; je ne sais d'où viennent ses craintes. Je maudis le délai de mes deux parentes et la lenteur de mon laquais, qui se fait attendre aussi. Que le diable les emporte ! ai-je déjà dit vingt fois. Qu'elles envoient leur carrosse et nous partirons sans elles. J'ai même ordonné au messager de le dire à milady Lawrance, et j'ai eu soin que ma charmante pût l'entendre. Je dis à présent que peut-être s'arrête-t-il pour nous amener la voiture, s'il est survenu quelque chose qui ne permette point aux dames d'accompagner aujourd'hui ma charmante.

Je ne cesse point de les donner au diable. Elles avaient promis de ne pas s'arrêter, parce qu'il n'y a pas deux jours qu'un carrosse fut dévalisé au pied de la colline de Hamstead, ce qui a fort alarmé ma chère Clarisse lorsqu'on lui a fait ce récit. Mais je vois revenir mon laquais avec un billet de ma tante.

A M. LOVELACE.

Lundi au soir.

« Faites agréer nos excuses, je vous en supplie, mon cher neveu, à ma très chère et très aimable nièce. Une nuit ne changera rien à nos arrangemens. Depuis notre arrivée, miss Montaigu s'est évanouie trois fois successivement. L'excès de sa joie, je m'imagine, d'avoir trouvé votre chère dame si supérieure à notre attente et son empressement trop vif pour la rejoindre ont causé ce fâcheux contre-temps. Pauvre Charlotte ! Malgré son air de santé, vous savez qu'elle est très faible. Si la force lui revient, nous irons certainement vous reprendre demain, après notre déjeûner. Mais, soit qu'elle soit mieux ou non, je ne perdrai pas le plaisir de conduire votre chère dame à Hamstead, et je serai demain chez vous, dans cette vue, avant neuf heures du matin. Mille complimens, tels que je les dois, au digne objet de vos affections. Je suis votre affectionnée.

« ELISABETH LAWRANCE. »

De bonne foi, Belford, je ne sais plus où j'en suis moi-même ; car à ce moment, ayant fait porter ce billet en haut par Dorcas, ma chère Clarisse est sortie de sa chambre, le billet à la main, dans un véritable accès de frénésie. Elle s'était plainte aujourd'hui d'un grand mal de tête. Dorcas est venue me dire, hors d'haleine, que sa maîtresse descendait dans quelque étrange dessein ; mais elle n'a pas eu le temps d'achever. J'ai su depuis qu'après avoir lu le billet, elle s'était écriée d'un ton lamentable : *C'est à présent que suis perdue ! O malheureuse Clarisse !* Dans le même transport, elle a déchiré sa coiffure et ses manchettes. Elle a demandé où j'étais ; et se précipitant sur l'escalier, elle est entrée dans le parloir, ses beaux cheveux flottant sur ses épaules, ses manchettes en pièces sur ses mains, les bras étendus, et les yeux si égarés, qu'ils paraissaient prêts à sortir de leur orbite. Elle s'est jetée à mes pieds ; et m'embrassant les genoux : — Cher Lovelace, m'a-t-elle dit, d'une voix tremblante ! si jamais... si jamais... si jamais... Là, sans pouvoir ajouter un seul mot, et lâchant mes genoux, elle est tombée sans mouvement sur le plancher. Je suis demeuré dans l'étonnement que tu peux te représenter. Tous mes projets ont été suspendus quelques instans. Je ne savais ce que j'avais à dire ou à faire. Mais, après un peu de réflexion : —Suis-je prêt, ai-je pensé, à me trahir encore une fois? et me laisserai-je ici jouer ou vaincre? Si je recule, c'est fait de moi pour jamais. Je l'ai soulevée ; mais elle est retombée aussitôt, les jambes lui manquant, comme s'il s'était fait une dissolution dans ses jointures. Cependant elle ne paraissait pas évanouie. Je n'ai jamais vu ni entendu rien d'approchant. Presque sans vie, ou du moins sans usage de la voix pendant quelques momens. Quelle doit avoir été sa terreur! Cependant à l'occasion de quoi? Cette chère âme se fait de furieuses idées des choses ! Ignorance pure, ai-je pensé.

Cependant je suis parvenu à la lever. Je l'ai placée sur une chaise, et je lui ai reproché de se livrer à de vaines alarmes. Je lui en ai marqué de l'étonnement. Je l'ai conjurée de se rassurer ; de se reposer sur ma foi et mon honneur. Je lui ai renouvelé tous mes anciens sermens, et j'en ai prodigué de nouveaux. A la fin, ouvrant la bouche, avec un sanglot capable de fendre le cœur, elle m'a dit en termes interrompus : — Je vois... je vois, monsieur Lovelace... je vois que je suis perdue... si... si votre pitié... ah ! j'implore votre pitié. Et sa tête, comme un lis surchargé de rosée, et dont la tige est à demi rompue, s'est abaissée sur son sein, avec un soupir qui m'a réellement pénétré l'âme. Je lui ai représenté tout ce qui m'est venu à l'esprit pour relever son courage. Lorsqu'elle s'est trouvé un peu plus de force, elle m'a demandé pourquoi je n'avais pas envoyé chercher le carrosse, comme je l'avais proposé ? J'ai répondu qu'on y était allé sur-le-champ; mais que milady avait envoyé chercher un médecin pour miss Montaigu, dans la crainte qu'il ne se fît trop attendre.— Monsieur Lovelace !... m'a-t-elle dit, d'un air de défiance, et la douleur dans les yeux. — Milady Lawrance, ai-je repris, pourrait trouver étrange qu'elle se fît une peine de demeurer une nuit pour l'attendre, dans une maison où elle en avait passé un si grand nombre. Elle m'a donné là-dessus, des noms injurieux. J'ai pris patience.

Elle a parlé de se rendre chez milady Lawrance. Oui, elle y voulait aller sur-le-champ... du moins (en se reprenant avec un soupir) si la personne à laquelle je donnais ce nom était milady Lawrance en effet.

—Si! ma chère ! juste ciel ! Quelle horrible idée ce doute m'apprend que vous vous faites de moi ! Pourquoi l'y forçais-je ? m'a-t-elle dit. Mais, si ses soupçons étaient mal fondés, qu'il lui fût permis du moins d'aller chez milady Lesson. Alors, prenant un ton plus résolu : — J'irai, a-t-elle repris. Je demanderai mon chemin. J'irai seule... Et, dans ce mouvement, elle a voulu forcer le passage. Je l'ai retenue, en passant mes deux bras autour d'elle. Je lui ai représenté l'état de miss Montaigu, et combien son impatience allait augmenter l'incommodité de cette pauvre cousine. Elle a protesté qu'elle ne me croyait plus, qu'elle ne me croirait jamais, si je ne faisais venir sur-le-champ un carrosse du coin de la rue, puisqu'il ne lui était permis d'aller ni chez milady Lawrance ni chez milady Lesson, et si je ne lui laissais la liberté de retourner à Hamstead, quelque heure qu'il pût être. Elle partirait seule. Tant mieux si je la laissais partir seule. Tout lui paraissait si révoltant, si insupportable, dans une maison dont milady Lawrance, qui s'en était informée, avait elle-même une fort mauvaise opinion, qu'elle était résolue de n'y pas demeurer la nuit. Remarque, Belford, que, pour éloigner ses défiances, mes nouvelles parentes ne lui avaient pas parlé trop avantageusement de madame Sinclair et de sa maison.

La violence de ses agitations m'a fait appréhender sérieusement quelque désordre pour son esprit; et, prévoyant qu'avant la fin de la nuit elle aurait d'autres assauts à soutenir, j'ai pris le parti de la flatter, en ordonnant à mon laquais d'amener sur-le-champ, à quelque prix que ce fût, un carrosse pour la conduire à Hamstead. J'ai tenté de l'effrayer par la crainte des voleurs. Elle a méprisé le danger. Il m'a semblé que je faisais le sujet de ses craintes, et que la maison causait toute sa terreur; car j'ai vu que l'histoire de milady Lawrance et de miss Montaigu ne lui paraissait plus qu'une imposture. Mais la confiance et la crédulité commencent à lui manquer un peu trop tard.

Que te dirai-je, Belford? l'amour et la vengeance ont pris possession de tous mes sens! Ils me déchirent tour à tour! Les pas que j'ai déjà faits! les instigations des femmes! le pouvoir que j'ai de pousser l'épreuve son dernier point, et de me marier ensuite si je ne puis obtenir d'autre composition! Que je périsse si je laisse échapper l'occasion!

Mon laquais ne paraît point encore. Il est près de onze heures.

Enfin mon laquais est arrivé. On ne trouve plus de carrosses, à prix d'or ni d'argent. La nuit est trop avancée. Elle me presse encore une fois, elle me conjure de la laisser aller chez milady Lesson.

—Cher Lovelace! bon Lovelace! faites-moi conduire chez milady Lesson. L'incommodité de miss Montaigu est-elle comparable à ma terreur? Au nom du Tout-Puissant! monsieur Lovelace!... les mains jointes et les serrant l'une contre l'autre.

—O mon ange! dans quel désordre je vous vois! Savez-vous, mon cher amour, quel air vos chimériques terreurs ont répandu sur votre charmant visage? Savez-vous qu'il est onze heures passées?

— Ah! qu'importe l'heure! minuit, deux heures, quatre heures du matin. Si vos intentions sont honorables, laissez-moi sortir de cette odieuse maison.

Observe, Belford, que ce détail, quoique écrit après la scène, est recueilli aussi fidèlement que si je m'étais retiré à chaque circonstance ou à chaque phrase pour l'écrire. J'aime cette manière vive de peindre les choses, et je sais que tu l'aimes aussi.

A peine ma charmante avait-elle prononcé ces derniers mots que madame Sinclair est entrée avec beaucoup de chaleur. — Quoi donc? madame. Eh! que vous a fait cette maison? Monsieur Lovelace, vous me connaissez depuis quelque temps. Si je n'ai pas l'honneur de plaire à une dame si délicate, je ne crois pas mériter non plus qu'elle me traite si mal. Et se tournant encore vers ma charmante, ses deux gros bras appuyés à revers sur ses côtés : — Madame, je suis bien aise de vous le dire, vos discours m'étonnent. Vous pourriez ménager un peu plus mon caractère. Et vous, monsieur (en me regardant fixement et secouant la tête), si vous êtes un galant homme, un homme d'honneur...

Quelque dégoût que ma charmante eût pour cette femme, elle ne lui avait jamais trouvé que des manières honnêtes et soumises. Son air mâl et ses regards farouches l'ont fort effrayée. — Justice du ciel! s'est-elle écriée; de quoi suis-je menacée! Et tournant de côté et d'autre des yeux comme égarés : — Qui sera mon protecteur? Hélas! que vais-je devenir?

— C'est moi qui le serai, votre protecteur, mon cher amour, moi. Mais, au fond, vous traitez trop durement, trop peu charitablement, cette pauvre madame Sinclair. Elle est née demoiselle, elle est veuve d'un homme d'honneur et de considération; et, quoique les circonstances de sa fortune l'obligent de louer des appartemens, elle n'est pas capable d'une bassesse volontaire.

— Je l'espère : cela peut être, je puis me tromper; mais... je ne crois pas... je ne crois pas commettre aucun crime en disant que je n'aime pas sa maison.

Le vieux dragon s'est avancé d'une enjambée vers elle, les bras encore arqués sur ses deux hanches, les sourcils hérissés, les yeux étincelans comme les piquans d'un porc-épic, ses yeux de furet, à demi fermés, la mine refrognée et le nez raccourci, la bouche torse par la fureur, la lèvre d'en bas assez remontée sur l'autre pour mugir et souffler dans ses narines ouvertes, le menton allongé et bouffi par la violence de son emportement; et de deux : Oh! madame! prononcés avec le même air de furie, elle a causé tant d'épouvante à la timide Clarisse, que cette chère personne m'a suivi, tout effrayée. J'ai commencé à craindre qu'elle ne tombât dans un mortel évanouissement. Un regard d'indignation, que j'ai jeté sur la Sinclair, a fini cette scène. Je lui ai dit, pour soutenir les apparences, que je ne comprenais pas quelles pouvaient être ses intentions, soit en prêtant l'oreille à ce qui se passait entre ma femme et moi, soit en paraissant devant nous sans être appelée, et bien moins d'où lui venait l'audace de prendre des airs si violens. En effet, Belford, je suis peut-être blâmable d'avoir souffert que cette malheureuse ait poussé si loin l'effronterie. Mais tu juges bien qu'elle est survenue sans mon ordre.

La vieille mégère s'est répandue en pleurs et en exclamations; elle s'est jetée sur une chaise, où les efforts que j'ai faits pour l'apaiser et pour tâcher de réconcilier ma femme avec elle nous ont menés jusqu'à une heure après minuit.

C'est ainsi que, moitié terreur et faiblesse, moitié embarras de voir la nuit si avancée, elle a perdu l'idée d'aller chez milady Lesson et dans tout autre lieu.

LETTRE CCLII.

M. LOVELACE, A M. BELFORD.

Mardi matin, 13 juin.

A présent, Belford, je ne puis aller plus loin : l'œuvre est consommée Clarisse est vivante, et je suis votre très humble serviteur,

LOVELACE.

LETTRE CCLIII.

M. BELFORD, A M. LOVELACE.

A Watford, mercredi, 14 juin.

O monstre! ô cœur sauvage! que de matière tu t'es préparée dans une seule heure criminelle pour le repentir d'une vie entière! Je ressens un chagrin inexprimable du sort de cette incomparable fille. Dans toute la race humaine il n'y avait que toi dont elle pût redouter la cruauté. J'avais commencé une longue lettre dans laquelle je tentais encore d'amollir en sa faveur ton cœur de bronze; car je n'ai que trop prévu que tu réussirais à la faire rentrer dans cette maudite maison. Mais, quand je l'aurais finie, je vois qu'elle serait arrivée trop tard. Cependant je ne puis m'empêcher de t'écrire pour te presser du moins de réparer promptement ton crime par la seule voie qui te reste, en faisant un usage convenable de la permission que tu as obtenue.

Pauvre, pauvre fille! je regrette de l'avoir jamais vue. Avec son adoration pour la vertu, se voir sacrifiée aux plus viles créatures de son sexe! Et toi, servir d'instrument aux puissances de l'enfer pour l'exécution d'un si barbare, d'un si lâche et si infâme dessein! O le plus cruel, le plus ingrat de tous les hommes! tire vanité, je te le conseille, de cette action détestable. Fais gloire du triomphe que tu as remporté sur une jeune personne qui se voit abandonnée pour toi de tout ce qu'elle avait d'amis au monde, et d'un triomphe que tu ne dois pas à sa faiblesse et à sa crédulité, mais dont tu n'as d'obligation qu'au plus noir artifice, après avoir essayé en vain les ruses les plus étudiées. Je ne te dissimule pas qu'il est heureux pour toi ou pour moi que je ne sois pas son frère : si je l'étais, ton attentat serait suivi de ta mort ou de la mienne.

Pardon, Lovelace; et que la malheureuse Clarisse ne souffre point du vif intérêt que je prends à sa disgrâce. Au reste, je n'ai qu'un motif pour te faire des excuses : c'est que je ne dois qu'aux confidences de ta plume la connaissance de cette barbare lâcheté. Tu aurais pu, s'il t'avait plu, me la représenter comme une séduction ordinaire.

Clarisse est vivante, dis-tu. C'est mon étonnement qu'elle vive ; et ton expression marque assez que toi-même, quoique rien n'ait été capable de t'arrêter, tu t'attendais peu qu'elle survécût au dernier outrage. Quelle doit avoir été sa désolation après tant de soins employés pour la garde de son honneur, lorsqu'une affreuse certitude a pris la place d'une cruelle crainte! Mais n'est-il pas aisé d'en juger par la peinture que tu fais de ses transports, aussitôt qu'elle a commencé à se croire jouée, abandonnée, trahie par tes prétendues parentes? Que tu aies pu, dans cette occasion, voir sa frénésie, la voir prosternée à tes pieds, sans force et sans voix, et persister dans ton horrible dessein, c'est ce qui doit paraître incroyable à ceux même qui te connaissent et qui ont vu cette femme.

Fille infortunée! avec tant de sublimes qualités, qui auraient orné le nœud du mariage le plus illustre, tomber dans les mains du seul homme au monde qui fût capable de la traiter comme tu l'as traitée. Et déchaîner encore ce vieux dragon, comme tu l'as nommée si bien, sur cette innocente beauté déjà éperdue de terreurs. Quelle barbarie à toi! quelle méprisable ressource! dans la vue de surprendre par la frayeur ce que tu désespérais d'obtenir de l'amour, quoique secondé des stratagèmes les plus insidieux.

Ah! Lovelace, Lovelace, quand j'en aurais jamais douté, c'est à présent que je serais convaincu qu'il existe un autre monde, où la justice sera rendue au mérite injurié, et où de si barbares perfidies trouveront leur punition. Serait-il possible autrement que le divin Socrate et la divine Clarisse eussent souffert? Mais je veux écarter un moment, si je le puis, des idées qui feront long-temps la guerre à mon repos. J'ai des affaires qui me retiendront encore quelques jours, après lesquels je quitte à jamais cette maison. L'ennui m'y a fidèlement accompagné. Je n'aurais jamais découvert la moitié du respect que je me suis senti réellement pour mon vieil oncle, si je n'avais été aussi attaché au chevet de son lit qu'il l'a désiré, et sans cesse témoin, par conséquent, de tout ce qu'il a souffert. Cette occasion mélancolique peut avoir servi à m'inspirer de l'humanité; mais il est certain que je n'aurais jamais été aussi insensible que toi à tous les remords, pour une maîtresse aussi excellente de la moitié que la tienne. Je te prie, cher Lovelace, si tu n'es pas moins homme que démon, de te laver sur-le-champ du crime d'ingratitude, en t'accordant à toi-même le plus grand honneur auquel tu puisses aspirer, qui est celui d'en faire ta femme légitime. Si tu ne gagnes pas sur toi de lui rendre cette justice, si tu la sacrifiais à tes maudites femmes, je crois que je ne ferais pas scrupule de *rompre une lance avec toi*; ou du moins, tu dois t'attendre à une rupture éternelle.

Tu veux savoir ce qui me revient par la mort de mon oncle; je n'en suis pas encore certain; car je n'ai pas eu l'avidité de quelques autres personnes de la famille, qui devaient avoir observé un peu plus de décence, comme je leur en ai fait un reproche, et laisser du moins au corps le temps de se refroidir, avant que de commencer leurs faméliques recherches. Mais, autant que j'ai pu le recueillir de quelques discours du défunt, qui a touché ce point plus souvent que je ne l'aurais souhaité, je compte sur quarante mille écus d'argent en caisse ou dans les fonds publics, outre le bien réel, qui est de cinq cents livres sterling par an. Combien ne souhaiterais-je pas que ta passion fût pour l'argent? La succession montât-elle au double, je t'abandonnerais jusqu'au dernier shelling, à cette seule condition, que tu me permisses de servir de père à la pauvre orpheline, le jour de la célébration.

Pense à ce que je t'écris, mon cher Lovelace. Sois honnête. Accorde-moi la satisfaction de te présenter le plus précieux trésor que jamais homme ait possédé. Alors je suis à toi, corps et âme, jusqu'au dernier moment de ma vie.

BELFORD.

LETTRE CCLIV.

M. LOVELACE, A M. BELFORD.

Jeudi, 15 juin.

Laisse-moi, grand vaurien que tu es; laisse-moi, te dis-je, avec tes jérémiades. N'ai-je pas vu des petits garçons qui se couvraient timidement la tête et le visage du bras, tandis qu'un plus grand les maltraitait à coups de poing, pour s'être enfuis avec sa pomme ou son orange? Je te dois ce reproche, lorsque tu traites si sévèrement ton pauvre ami, qui, tout injuste que tu es, t'a fourni, comme tu l'avoues, les armes que tu emploies si terriblement contre lui. Et pourquoi tout ce bruit, je te le demande, lorsque le mal est fait ; lorsque, par conséquent, il est impossible qu'il ne le soit pas, et lorsqu'une Clarisse n'a pas eu le pouvoir de me toucher? Cependant j'avoue qu'il y a quelque chose de très singulier dans l'aventure de cette belle personne ; et, dans certains momens, je suis tenté de regretter mon entreprise, puisque le corps et l'âme ont été d'une insensibilité tout à fait égale ; et puisque, suivant l'expression d'un philosophe dans une occasion plus grave, il n'y a point de différence remarquable entre le crâne du roi Philippe et celui d'un autre homme. Mais apprends, Belford, que les extravagantes notions des gens ne changent rien à la réalité des faits. Il demeure vrai, après tout, que miss Clarisse Harlove n'a subi que le sort commun de mille autres personnes de son sexe ; excepté qu'elles n'ont pas attaché des idées si romanesques à ce qu'elles nomment leur honneur. Voilà tout.

Je ne laisserai pas de convenir que si quelqu'un attache un grand prix à la moindre bagatelle, le vol qu'on lui en fait n'en est pas une pour elle. Je conviendrai que j'ai fait un tort extrême à cette admirable fille. Mais n'ai-je pas connu vingt personnes du même sexe, qui, malgré leurs hautes notions de vertu, ont rabattu de leur sévérité dans l'occasion ; et comment serions-nous convaincus de la force de leurs principes avant l'épreuve ? J'ai répété mille fois que jamais je n'ai vu de femme comparable à miss Harlove. Sans cette raison, si glorieuse pour elle, peut-être n'aurais-je pas entrepris de la vaincre. Jusque aujourd'hui, c'est un ange : n'est-ce pas ce que j'ai voulu vérifier dans l'origine? D'ailleurs, ma vue favorite était un commerce libre, et ne suis-je pas enfin dans la route qui peut m'y conduire ? Il est vrai que je n'ai à me vanter d'aucun triomphe sur sa volonté. Malheureusement c'est le contraire... Mais nous allons savoir s'il est possible de l'amener à quelque douce composition sur un mal irréparable. Si le premier parti qu'elle prend est celui des exclamations, je reconnaîtrai qu'elles sont justes ; je m'assoirai avec patience, pour les entendre, jusqu'à ce qu'elle soit fatiguée de l'exercice. Peut-être alors passera-t-elle aux reproches. J'en concevrai de l'espérance. Les reproches m'apprendront qu'elle ne me hait point ; et, si son cœur est sans haine, il est sûr qu'il me pardonnera. Si j'obtiens le pardon, tout prend une nouvelle face. Elle est à moi. Je deviens maître des conditions, et toute l'étude de ma vie est alors de la rendre heureuse.

Ainsi, Belford, tu vois que je n'ai pas marché au hasard, quoiqu'au travers d'une infinité de peines et de remords. Dès le commencement de ma course, je me suis proposé un point de vue fixe. Lorsque tu me presses de lui rendre une généreuse justice par le mariage, je te fais la réponse qu'un de nos amis faisait à son ministre : — Observe la loi, lui disait le saint homme. — Sans doute, sans doute ; mais ce ne sera point aujourd'hui. Tu vois, Belford, que je ne fais pas de résolution contraire à la justice que tu me demandes pour elle ; quand je réussirais même dans ce que j'ai nommé ma vue favorite. Voici de quoi tu peux être sûr : si je prends jamais le parti du mariage, ce ne sera qu'avec Clarisse Harlove. Son honneur n'a pas reçu d'altération à mes yeux. Je lui trouve, au contraire, un nouvel éclat. Seulement, s'il arrive à la fin qu'elle me pardonne, elle doit apporter tous ses soins à me persuader que Lovelace est le seul dans l'univers à qui elle pût faire la même grâce.

Mais, hélas ! Belford, tu ne sais pas tous mes embarras. Que ferai-je actuellement de cette admirable fille ? Je suis fâché de le dire, mais actuellement elle est comme tout à fait *stupéfiée*. J'aimerais bien mieux qu'elle eût conservé toutes ses facultés actives, au risque d'avoir été maltraité par ses dents et ses ongles, que de la voir plongée, comme elle est depuis mardi matin, dans une espèce d'insensibilité absolue. Cependant, comme elle paraît commencer un peu à revivre, et que, par intervalles, on entend sortir de sa bouche des exclamations et des noms injurieux, je tremble presque de me livrer à ses premiers transports. Ne m'aideras-tu pas à deviner ce qui peut avoir stupéfié une jeune personne si charmante, dans la fleur de l'âge et du tempérament ? Un excès de douleur, un excès de crainte, a fait quelquefois dresser les cheveux sur la tête ; et nous avons lu même, que ces grandes révolutions en ont changé la couleur. Mais qu'on puisse être absolument stupéfié jusqu'à l'insensibilité, c'est ce qui doit causer beaucoup d'étonnement. J'abandonne un sujet qui pourrait me rendre trop grave.

J'allai hier à Hamstead, où je m'acquittai libéralement de toutes mes obligations. Je n'y ai pas reçu peu d'applaudissemens. Il a fallu publier que ma chère épouse était à présent aussi heureuse que moi-même, et ce n'était pas beaucoup m'éloigner de la vérité, car je ne sais pas trop ce que c'est que mon bonheur, lorsque je m'accorde la liberté d'y faire un peu de réflexion. Madame Townsend, avec son cortége marin, n'avait point encore paru. J'ai dit ce qu'il fallait lui répondre lorsqu'elle se présentera. Fort bien, mais après tout (combien d'*après tout* me sont échappés l'un sur l'autre!) je pourrais être fort grave si je me livrais à cette disposition. Le diable emporte le fou ! de quoi s'agit-il avec moi-même ? Je m'admire. Il faut que j'aille respirer pendant quelques jours un air un peu plus frais. Cependant, que ferai-je de cette chère fille dans l'intervalle? Que je sois damné si je le fais ! M'éloigner d'un pas, c'est l'abandoner aux dangereuses créatures de cette maison, qui triomphent plus que moi de l'événement, et qui se glorifient déjà d'être sur la même ligne. Je ne penserai point à la quitter de deux jours.

LETTRE CCLV.

M. LOVELACE, A M. BELFORD.

J'ai eu dans l'instant un petit essai de ce que je dois attendre du ressentiment de cette personne lorsqu'elle sera tout à fait rétablie. Il m'en reste encore de l'émotion. Étant entré dans sa chambre après Dorcas, je l'ai trouvée dans l'assoupissement que je t'ai décrit, quoiqu'il ait commencé à diminuer par intervalles, et je me suis efforcé, par les plus tendres discours, d'adoucir et de calmer son esprit. A peine croyais-je être entendu. Cependant, au milieu de mes flatteries, elle a levé au ciel, sans prononcer une parole, la permission épiscopale que j'avais eu soin de lui laisser, comme les malheureux Catalans levèrent leur traité anglais dans les plus pressantes extrémités du siége, pour demander apparemment vengeance au ciel, ou pour arrêter de nouvelles hardiesses dont elle me soupçonnait. Heureusement le *dieu du sommeil*, par pitié pour le tremblant Lovelace, a secoué ses pavots sur les yeux à demi noyés de la belle qui l'ont replongée dans un profond sommeil, avant qu'elle ait pu achever la prière ou l'imprécation qu'elle méditait.

Cette circonstance, jointe à celles que je t'ai déjà marquées, te fera juger qu'on a fait usage d'un peu d'art. Mais c'était dans une vue *généreuse*, si le terme ne te choque pas à cette occasion, et pour diminuer le sentiment d'une douleur trop vive. C'est une invention que je n'avais jamais employée, et qui ne me serait pas venue à l'esprit, si madame Sainclair ne me l'avait proposée. Je lui en ai laissé le ménagement, et je n'ai fait que la maudire depuis, dans la crainte qu'une excessive quantité n'ait abruti pour jamais un esprit dont j'adore les agrémens et les lumières. Voilà mon inquiétude : car je conviens que cette *malheureuse fille* ne devait pas être traitée si cruellement. *Malheureuse*, n'ai-je pas dit? Je crois que je me laisse gagner par ton *pitoyable* style. Mais ne suis-je pas au fond le plus à plaindre, puisque son insensibilité m'a dérobé jusqu'à présent toutes mes joies?

Mon dessein n'était pas de t'avouer ce *petit tour innocent*, ou du moins *qui l'était dans mes intentions*; mais je suis ami de l'ingénuité, surtout avec toi; et comme je ne puis m'empêcher de t'écrire d'un ton plus sérieux que je n'y suis accoutumé, peut-être si je t'apprenais la vérité, t'imaginerais-tu que je suis fâché de l'action même, et t'aviserais-tu de prendre beaucoup de peine à me faire de plates exhortations en faveur du mariage, qui m'ennuieraient aussi par leur pesanteur et leur insipidité. D'ailleurs, si je ne t'avais pas fait cet aveu, il pouvait arriver, un jour ou l'autre, qu'on eût fait quelque récit aggravé de l'aventure; et je te connais une si haute opinion de la vertu de ma charmante, que tu aurais été tout à fait déconcerté, si tu avais eu raison de penser qu'elle se fût laissé vaincre de son consentement, ou qu'elle eût eu la moindre faiblesse de volonté. Ainsi tu vois qu'elle m'a quelque obligation, lorsqu'aux dépens de mon bonheur, je t'ai donné des armes pour la défense du sien. Ma foi, tu sais à présent tous mes secrets.

Tu diras que je suis un horrible personnage, comme les deux amies se plaisent à dire que je suis un infâme vilain, un Belzébuth déchaîné. Mais c'est ce que vous ne disiez pas moins, les uns aux autres, avant cette dernière aventure ; et je te prie de ne rien dire de plus, si tu ne veux pas me rendre tout à fait sérieux avec toi, et me faire croire qu'en parlant de *rompre une lance*, tu pousses l'idée plus loin que je ne veux me le persuader. La faute n'est-elle pas faite? Se peut-il qu'elle ne le soit pas? et ne dois-je pas en tirer le meilleur parti qu'il me sera possible? Je te demande d'autant plus d'attention pour ma prière, et un secret d'autant plus inviolable, que je commence à craindre que la punition ne l'emporte sur la faute; ne fût-ce que par mes propres réflexions.

LETTRE CCLVI.

M. LOVELACE, A M. BELFORD.

Vendredi, 16 juin.

Ton aventure me chagrine, mais j'espère qu'elle ne te retiendra pas long-temps au lit. Je me suis fait raconter par ton laquais combien il s'en est peu fallu que tu ne te sois cassé le cou. Puisse ta chute ne présager rien de pis ! Il me semble que tu n'es plus d'une humeur aussi entreprenante, que tu en faisais gloire autrefois. Cependant, gai ou mélancolique, tu vois que le cou d'un libertin est toujours en danger ; si ce n'est pas du côté de la justice, c'est de la part de son propre cheval. Cette bête me paraît vicieuse et je te conseille de ne jamais remonter dessus. C'est trop que le cavalier et le cheval soient vicieux tout à la fois.

Tu me fais exhorter par ton laquais à continuer de t'écrire dans ta solitude forcée et de dissiper ton ennui par mes lettres. Mais comment serais-je amusant pour les autres, lorsque le sujet l'est si peu pour moi ? César n'avait jamais connu le poids de l'empire jusqu'à ce qu'il fût parvenu au point où Pompée avait été ; c'est-à-dire au dernier terme de l'ambition, et ton ami Lovelace n'a jamais su ce que c'est qu'humeur sombre avant que d'avoir rempli ses désirs sur la plus charmante de toutes les femmes, comme César sur la plus puissante république du monde. Que dis-je, rempli ! lorsqu'il y manque le consentement, la volonté, et que j'aspire encore à ce bien.

Cependant, je suis prêt à me joindre à toi, dans le regret que tu as, me fais-tu dire (quoique l'idée ne soit pas des plus obligeantes), que ta disgrâce ne me soit pas arrivée à moi-même avant la nuit de lundi dernier ; car la pauvre Clarisse est tombée dans un excès tout opposé à celui dont je t'ai fait le récit dans ma lettre précédente. Elle est trop vive à présent, comme elle était auparavant trop stupide. S'il ne lui restait pas quelques intervalles lucides, on la croirait absolument folle, et je serais obligé de la faire renfermer. Ce nouvel accident me jette dans un trouble affreux. Je crains réellement que sa raison ne soit attaquée sans ressource. Qui diable aurait appréhendé de si étranges effets d'une cause aussi légère ? Mais ces filles à grands sentimens, ces âmes distinguées qui se sont données comme en exemple à tout leur sexe (je reconnais qu'il s'en trouve à présent), sont si difficiles à réduire au niveau commun, qu'un homme sage qui préfère son repos à la gloire de les vaincre ne doit rien avoir à démêler avec elles.

Lorsque je me fais la violence de paraître devant elle, je n'épargne rien pour calmer ses esprits. Je lui demande pardon. Je lui fais des sermens de bonne foi et d'honneur. Que n'ai-je pu lui persuader, dans ma première visite, que nous étions actuellement mariés, et confirmer par des témoins, que la cérémonie avait été célébrée la nuit du lundi ? Quoiqu'elle eût la permission entre ses mains, je m'imagine que, dans son désordre, elle m'aurait cru, et les conséquences en auraient été charmantes ; mais il est trop tard. J'abandonne cette espérance, et je lui proteste à présent que ma résolution est de l'épouser au moment que j'apprendrai si son oncle veut nous accorder sa présence à la célébration.

Mais elle demeure sans réponse. Elle ne prête l'oreille à rien ; et soit dans ses momens de trouble ou de raison, j'observe qu'elle ne supporte rien plus impatiemment que ma vue. Je suis pénétré de pitié jusqu'au fond du cœur. Je me maudis moi-même, lorsque je la vois dans ses accès, et que j'appréhende la perte absolue des charmantes facultés de son âme ; mais je tourne encore plus mes imprécations sur les femmes qui m'ont inspiré ce fatal expédient. Dieu ! Dieu ! quels tristes effets il a produits, et quel avantage en ai-je tiré ? La nuit passée, pour la première fois depuis lundi, elle a demandé une plume et du papier ; mais elle ne cesse pas d'écrire avec une précipitation, qui marque le désordre de son esprit. Cependant j'espère que cet exercice pourra servir à le calmer.

Dorcas me dit à l'instant que tout ce qu'elle écrit elle le déchire, et qu'elle jette les fragmens sous sa table; soit qu'elle ne sache ce qu'elle fait, ou qu'elle ne soit pas contente de ses premières idées. Ensuite elle se lève, elle se tord les mains, elle pleure, elle cherche autour de sa chambre une place pour s'asseoir; et retournant à sa table, elle se remet dans son fauteuil, où elle reprend sa plume.

Dorcas m'a remis de sa part une lettre assez bizarre; quel autre nom puis-je lui donner? *Portez cette lettre,* lui a-t-elle dit, *au plus lâche de tous les hommes.* L'impertinente Dorcas s'est hâtée de me l'apporter, sans autre adresse. J'ai commencé à la transcrire, dans le dessein de t'envoyer la copie. Mais elle est en vérité si remplie d'extravagances, que je ne puis aller jusqu'à la fin; et l'original est trop singulier pour sortir de mes mains. Je te transcrirai néanmoins quelques uns des papiers qu'elle a mis en pièces ou jetés par terre, pour la nouveauté du spectacle, et pour te faire voir combien son esprit travaille, depuis qu'elle est dans ce triste état. C'est te fournir de nouvelles armes contre moi. Mais épargne-toi les commentaires. Mes propres réflexions les rendent inutiles. Dorcas, craignant que sa maîtresse ne demande ses fragmens, souhaite de les remettre dans le lieu où elle les a pris.

Will, que j'avais chargé d'une commission pour Hamstead, et tu juges aisément dans quelle vue, revient m'apprendre que madame Townsend alla hier chez madame Moore, accompagnée de trois ou quatre hommes de fort mauvaise mine. Elle parut entendre avec beaucoup d'étonnement, que je suis parfaitement réconcilié avec ma femme, et que deux belles dames de mes parentes, qui étaient venues la voir, l'ont engagée à retourner à Londres, où elle est extrêmement heureuse avec moi. Elle soutint que nous n'étions pas mariés, à moins que la cérémonie n'eût été célébrée à Hamstead; et les femmes étaient bien sûres qu'il n'y avait pas eu de célébration dans leur bourg; mais ne l'étant pas moins que madame Lovelace est heureuse et tranquille, elles n'ont pas trop ménagé les auteurs du désordre, lorsqu'elles ont su que madame Townsend est liée avec miss Howe. Comme je suis sûr que ma belle ne peut écrire ni recevoir aucune lettre, j'ai peu d'inquiétude à présent de ce côté-là. Je m'imagine que miss Howe sera fort embarrassée de ce qu'elle doit penser, et qu'elle ne se hasardera pas à chercher des éclaircissemens par les anciennes voies. Peut-être supposera-t-elle que son amie a changé de disposition en ma faveur, et qu'elle a honte de l'avouer. Quelle autre idée pourrait-elle prendre, lorsqu'elle ne reçoit rien de sa part, et qu'elle est bien persuadée que sa dernière lettre lui a été remise en mains propres?

En attendant ce que l'avenir nous prépare, il m'est tombé dans la tête un petit projet d'une espèce nouvelle, sans autre vue, je t'assure, que celle de me procurer un peu d'amusement. La variété a des charmes auxquels je ne résiste point. Je ne puis vivre sans intrigue. Ma charmante n'a point à présent de passions, c'est-à-dire, aucune de celles que je lui souhaiterais. Elle exerce uniquement mon respect. Je suis actuellement plus porté à regretter mes offenses qu'à les renouveler; et je conserverai cette disposition jusqu'à son rétablissement, parce que je ne puis savoir plus tôt comment elle les aura prises.

T'apprendrai-je mon projet? Il n'est pas d'une profondeur extrême. C'est de faire venir ici madame Moore, miss Rawlings et ma veuve Bevis, qui souhaitent beaucoup de rendre une visite à madame Lovelace, à présent que nous menons une vie si heureuse, et si je puis arranger les circonstances à mon gré, Belton, Mowbray, Tourvill et moi, nous enseignerons à ces trois femmes un peu plus des allures de cette méchante fille qu'elles ne paraissent en savoir. Pourquoi m'auraient-elles connu sans en devenir et meilleures et plus sages? Je voudrais bien qu'on s'avisât de disputer aux libertins les lumières de l'expérience! Deux de ces femmes m'ont causé assez d'embarras, et je suis sûr que la troisième me pardonnera de lui avoir fait passer agréablement une soirée. Tiens, je me sens dans le besoin absolu de quelque partie folle, et celle-ci me promet de l'amusement. Ces femmes me connaissent déjà pour un homme fort libre et ne m'en aiment pas moins, ou je suis trompé. J'aurai soin qu'elles soient traitées assez librement, aux yeux l'une de l'autre, pour être obligées, en bonne politique, pour tenir conseil ensemble. N'est-ce pas leur rendre un très bon office, puisque c'est former un nouveau nœud d'union et d'amitié entre trois voisines qui n'ont eu jusqu'à présent l'une à l'autre que des obligations communes? Tu n'as pas besoin qu'on t'apprenne que les secrets d'amour et ceux de cette nature sont généralement le plus sûr lien du commerce entre les femmes. Cependant, si la raison revenait heureusement à ma charmante, j'aurais assez de nouvelles affaires pour employer toutes mes facultés, sans qu'il soit besoin de leur chercher d'autres occasions. Combien de fois t'ai-je fait observer qu'elle a servi, sans le savoir, à sauver de mes mains une prodigieuse quantité d'autres filles.

Samedi au soir.

Suivant le récit de Dorcas, la chère personne semble un peu revenue. Je me hâterai d'en donner avis au digne capitaine Tomlinson, afin qu'il en informe aussitôt son oncle Jules. C'est de ce côté-là que je veux tirer mon principal secours pour calmer sa furie, ou du moins pour en rabattre la première violence.

LETTRE CCLVII.

M. LOVELACE, A M. BELFORD.

Dimanche, 18 juin, à six heures après midi.

J'étais sorti ce matin de fort bonne heure, et ne faisant que rentrer à ce moment, je viens d'apprendre que dans mon absence ma belle a tenté de m'échapper par la fuite.

Elle est descendue avec un petit paquet lié dans un mouchoir, sa coiffe sur sa tête. Elle était déjà dans le passage qui conduit à la porte, lorsque madame Sainclair l'a très heureusement aperçue.

— Je vous prie, madame, lui a-t-elle dit en se plaçant contre la porte, ayez la bonté de m'apprendre où vous allez. Elle a répondu d'un ton assez ferme que personne n'avait droit de lui faire cette question.

— Pardonnez-moi, madame, a repris l'autre, je l'ai reçu de votre mari. Et mettant les deux mains sur ses côtés avec l'air qui nous a si bien réussi, elle lui a conseillé de remonter. La chère personne aurait voulu répliquer, mais elle n'en a pas eu la force, et, fondant en larmes, elle est remontée à sa chambre. Dorcas a reçu les reproches qu'elle mérite pour l'avoir quittée de vue.

On peut conclure de cet incident que son charmant esprit commence à revenir, comme Dorcas me le faisait espérer hier au soir. Cette fille dit qu'auparavant elle ne la laissait approcher d'elle qu'une fois le jour, et qu'alors elle paraissait fort grave et fort tranquille. Je suis résolu de la voir. Ce sera sans doute dans son appartement, car je n'espère pas qu'elle veuille descendre dans la salle à manger. Si je la trouve tout à fait revenue, quel avantage la hardiesse de notre sexe ne me donnera-t-elle pas sur la modestie du sien? Moi, le plus audacieux de tous les hommes; elle, la plus réservée de toutes les femmes. Chère âme! je crois la voir devant moi, le visage à demi tourné, chaque parole étouffée par ses soupirs, humiliée, confuse... Quel air de triomphe cette scène ne me donnera-t-elle pas, lorsque mes yeux s'attacheront sur sa contenance abattue.

Dorcas vient m'avertir qu'elle la croit prête à descendre pour me chercher, qu'elle a demandé où j'étais, et qu'elle est devant son miroir, occupée à s'essuyer les yeux. Son dessein apparemment n'est pas de me toucher par les larmes. Il lui échappe néanmoins des soupirs qui n'auront que trop de pouvoir sur moi; mais je ne suis pas allé si loin pour abandonner mon principal objet. Il faut qu'elle rabatte un peu de ses délicatesses. Elle ne peut me fuir, elle est forcée de me voir. Que peut-elle faire? Crier? s'emporter? Je suis accoutumé aux fureurs et aux exclamations; mais si sa tête est remise, j'observerai la conduite qu'elle va tenir dans cette première entrevue.

Je l'entends descendre.

LETTRE CCLVIII.

M. LOVELACE, A M. BELFORD.

Dimanche au soir.

Ne me blâme de la vie, pour avoir employé un peu d'art avec cette admirable fille. Tous les princes de l'air et ceux d'en bas, joints à Lovelace, ne l'auraient jamais vaincue pendant qu'elle aurait eu l'usage de ses sens.

Je n'anticiperai sur mon récit que pour te dire, qu'étant trop éveillé par l'entretien dont je sors avec elle, pour espérer de dormir quand je me mettrais au lit, je n'ai rien de mieux à faire que de te rendre compte de cette bizarre conversation, pendant que j'en suis si fortement rempli, qu'il m'est impossible de m'occuper d'une autre idée. Elle était en robe de chambre de damas blanc, un peu moins négligemment que ces derniers jours. J'étais assis, ma plume entre mes doigts. Je me suis levé en l'apercevant, avec autant de respect et de complaisance que si les dés étaient encore pour elle; et réellement il n'y a rien de changé à son désavantage. Elle est entrée avec un air de dignité dans toute sa figure, qui lui a donné tout d'un coup de l'ascendant sur moi et qui m'a préparé au *pitoyable* rôle que j'ai fait dans la suite de cette conférence. *Pitoyable*, en vérité; mais je veux lui rendre justice. Elle s'est avancée assez vite et fort près de moi, son mouchoir à la main, le regard ni doux ni fier, mais extrêmement grave, et le visage dans une tranquillité qui paraissait l'effet d'une profonde méditation. Elle m'a tenu aussitôt ce discours, d'un air! avec une action! Non, je n'ai jamais rien vu d'égal.

— Vous voyez devant vous, monsieur, la misérable fille que vous avez récompensée comme elle méritait, de la préférence qu'elle vous a donnée sur tout votre sexe. La malédiction de mon père est accomplie à la lettre pour cette vie, et ce n'est pas votre faute si la seconde moitié ne l'est pas encore par la perte de mon âme, comme la première par celle de mon honneur, que vous m'avez dérobé, lâche et infâme que vous êtes, avec tant de bassesse et d'inhumanité qu'il semble que le courage vous aurait manqué à vous-même dans cette barbare entreprise, si pour premier sacrifice vous ne m'aviez ôté l'usage des sens.

Ici, j'ai fait un effort pour parler, en hésitant et me tournant vers la table, où j'ai posé ma plume ; mais elle a continué :

— Ecoute-moi jusqu'à la fin, malheureux scélérat ! homme abandonné ! homme, dis-je ; car quel autre nom puis-je te donner, lorsque les mortelles attaques des bêtes les plus féroces auraient été plus naturelles et mille fois moins horribles que les tiennes ? Ton cœur paraît trembler à présent. Ton cœur ! le seul au monde qui soit capable de tant de lâches inventions et d'un excès si cruel. Tremble ; tu as raison de trembler et d'hésiter comme tu fais, lorsque tu te représentes ce que j'ai souffert pour toi et l'horrible prix que j'en ai reçu.

Sur mon âme, Belford, toutes mes facultés m'ont manqué. Non seulement ses regards et son action, mais sa voix si majestueuse a porté le trouble jusqu'au fond de mon âme. D'un autre côté, ma maudite action et son innocence, son mérite, son rang, la supériorité de ses perfections, se sont présentées à mon esprit avec des couleurs si formidables, que le compte imprévu auquel je me voyais appelé m'a paru ressembler à ce compte général dont on nous menace, où l'on dit que notre conscience sera la première à nous accuser. Elle avait eu le temps de rassembler toutes les forces de son éloquence. Sa tête, probablement, avait été tranquille pendant tout le jour, et moi, je me trouvais d'autant plus déconcerté que je m'étais attendu à la voir paraître avec un air de confusion. Mais je conçois que la force de son ressentiment avait élevé cette femme au dessus de toutes les considérations.

— Ma chère... mon amour, ai-je dit enfin, jamais, non jamais... Je me sentais les lèvres tremblantes et les jambes affaiblies. Ma voix était intérieure, faible ; mes paroles mal articulées. Jamais un coupable n'en eut plus visiblement l'apparence, tandis qu'étendant sa belle main, elle a repris avec toutes les grâces de l'éloquence la plus vive et la plus touchante :

— Je ne prétends tirer aucune gloire de la confusion où je te vois. J'ai employé tout le jour à demander au ciel que si je ne pouvais m'échapper de cette vile maison, il me rendît capable de regarder encore une fois l'auteur de ma ruine avec la fermeté de l'innocence outragée. Je ne te reproche plus ton crime et mon malheur, parce qu'ils sont au dessus de l'expression. Tu me vois assez calme pour souhaiter que la force continuelle de tes remords puisse te conduire au repentir, afin que tu ne perdes pas tout droit à cette miséricorde que tu n'as pas eue pour l'infortunée que tu vois devant tes yeux et qui avait si bien mérité de trouver un ami fidèle où elle n'a trouvé que le plus cruel des ennemis. Mais apprends-moi, car tu n'es pas sans doute à la fin de tes projets, apprends-moi, puisque je suis prisonnière dans un lieu d'horreur et que je n'ai pas un ami qui puisse me sauver, ce que tu prétends faire du reste d'une vie qui ne mérite plus d'être conservée. Dis-moi si tu me destines à beaucoup d'autres maux, et si, de concert avec le maître de l'enfer, sous la forme de la maîtresse de cette maison, tu en veux à mon salut éternel pour achever ton infâme traité, en achevant d'accomplir l'imprécation de mon père. Réponds. Dis-moi si tu as le courage de parler à celle dont tu causes la ruine, ce qui me reste à souffrir de ta barbarie. Elle s'est arrêtée ; et poussant un soupir, elle a tourné la tête pour essuyer des larmes qu'elle s'efforçait en vain de retenir, et qu'elle ne pouvait plus cacher à ma vue.

J'étais préparé, t'ai-je déjà dit, à l'emportement des plus violentes passions, aux cris, aux menaces, aux injures, aux exécrations. Ces transports passagers, effet d'une douleur soudaine, et la honte et la vengeance nous auraient mis de pair ; et nous n'aurions rien dû l'un à l'autre. Encore une fois, je suis fait à ces orageuses douleurs ; et comme rien de violent n'est durable, c'est ce que j'aurais souhaité dans les empressemens de mon cœur. Mais une fureur si majestueuse et si composée ! Me chercher, lorsqu'il paraissait clairement, par l'effort qu'elle avait fait pour s'échapper, qu'elle regardait comme un nouveau malheur de me voir ! Nulle idée de vengeance sur elle-même, à l'exemple de Lucrèce, plongée néanmoins dans un si profond désespoir, que suivant ses propres termes le pouvoir lui manquait pour l'exprimer ! et se trouver capable, après l'état d'où elle n'était sortie que le même jour, de me pousser aussi vivement que si quelque lumière d'en haut lui avait révélé toutes mes vues ! Comment ne serais-je pas demeuré tout à fait interdit, et ne répondant, comme la première fois, que par des monosyllabes ou des phrases interrompues ? Cependant j'ai parlé de dédommagemens et de réparations. O Belford ! Belford ! quel est le vainqueur à présent ? qui triomphe d'elle ou de moi ? — Des réparations ! m'a-t-elle répondu. Misérable ! qui ne dois plus prétendre qu'à mon éternel mépris. Et levant les yeux aux ciel ! — O Dieu juste et bon ! auras-tu pitié d'une malheureuse, dont la chute est l'ouvrage d'une âme si basse ! Cependant (en jetant sur moi un regard d'indignation) tout lâche, tout méprisable que tu es, je ne te hais pas autant que je me hais moi-même, pour n'avoir pas plus tôt appris à te connaître, et pour avoir attendu de l'honnêteté, de la reconnaissance, de l'humanité d'un libertin qui, pour faire gloire de cette indigne qualité, doit avoir foulé aux pieds tous les principes et tous les droits. Elle a prononcé alors avec un soupir le nom de son cousin Morden, comme s'il lui était venu de sa part quelque avis ou quelque exhortation qu'elle eût négligé, et s'avançant vers la fenêtre, elle s'est servie un moment de son mouchoir pour s'essuyer les yeux. Ensuite, se tournant vers moi tout d'un coup avec un mélange de dédain et de majesté (que n'aurais-je pas donné dans ce moment pour ne l'avoir jamais offensée !) : — Tu me proposes des réparations ! m'a-t-elle dit, et de quelles réparations es-tu capable pour toute personne sensée que tu auras l'insolence d'outrager ?

— Aussitôt, madame... aussitôt que votre oncle... ou sans attendre sa réponse...

— J'entends, je sais. Mais penses-tu que le mariage puisse réparer un crime tel que le tien ? Sans amis, sans fortune, telle que tu m'as rendue, je méprise trop le lâche qui a pu se dérober à lui-même la vertu de sa femme pour te revoir sous la qualité dont il semble que tu oses te flatter. Ce que je veux savoir, c'est si, dans un pays de liberté tel que celui-ci, où le souverain ne saurait être complice de votre lâcheté, et où vous n'auriez pas eu l'audace de la commettre, si j'avais eu la protection du moindre de mes parens ou de mes anciens amis, je dois être retenue dans une prison pour y souffrir de nouvelles injures? En un mot, si vous prétendez m'arrêter ici et m'empêcher de suivre le cours de ma destinée?

Après s'être arrêtée, et me voyant encore muet :

— Ne pouvez-vous répondre à une question si simple? Je renonce à toute prétention sur vous ; je vous rends toutes vos promesses. Quel droit avez-vous de me retenir ici? Il m'était impossible de parler. Que répondre à de telles questions?

— O misérable! a-t-elle repris ; si je n'avais pas été privée de mes sens par la plus honteuse lâcheté, je n'aurais pas laissé passer une semaine, comme je m'aperçois qu'il s'en est passé une entière, sans vous déclarer, comme je le fais à ce moment, que l'infâme qui m'a trahie avec cette bassesse ne sera jamais mon mari. J'écrirai à mon oncle qu'il peut renoncer à ses obligeantes intentions en ma faveur ; que toutes ses espérances sont anéanties ; que je me regarde moi-même comme perdue pour ce monde ; mais ne m'empêchez pas de satisfaire le ciel pour avoir continué ma correspondance avec vous, malgré les avis et la défense de ceux à qui je devais de la soumission, et pour m'être exposée témérairement à vos lâches artifices. Laissez-moi le seul espoir qui me reste ; c'est toute la réparation que je vous demande. Ainsi, répondez, suis-je libre de disposer de moi-même?

Il a fallu répondre, mais avec combien d'embarras et d'hésitation !

— Mon cher amour ! je suis confondu, absolument confondu de la seule pensée... de l'excès... où je me suis emporté. Je vois, j'éprouve qu'il est impossible de résister à la force de vos discours. Dans toute ma vie, dans toutes mes lectures, je n'ai jamais vu de preuves si parfaites d'attachement à la vertu pour l'amour d'elle-même. Si vous pouvez faire grâce au repentir d'un misérable qui implore votre bonté à genoux (je me suis jeté ici à ses pieds avec toute la vérité du sentiment que j'exprimai), je jure par tout ce qu'il y a de saint et de juste, et puisse le tonnerre m'écraser devant vous, si je ne suis pas sincère! que demain avant midi, sans attendre votre oncle ni personne, je vous rendrai toute la justice qui est en mon pouvoir. Vous me réglerez ensuite, vous me dirigerez par vos principes, jusqu'à ce que vous m'ayez rendu plus digne de vous que je ne suis à présent, et je n'aurai pas la présomption de toucher même à votre robe avant le bonheur où j'aspire de pouvoir vous nommer véritablement ma femme.

— Lâche trompeur ! s'est-elle écriée ; il existe, ce juste Dieu que tu invoques ; et le tonnerre n'est pas descendu ! et tu vis pour augmenter le nombre de tes parjures !

— Ma très chère vie... en me levant ; car le tour de son exclamation m'avait fait croire qu'elle commençait à se ralentir ; mais elle m'a interrompu.

— Si tes offenses, a-t-elle repris, ne passaient pas les bornes du pardon ; si c'était la première fois que tu eusses bravé le ciel en invoquant sa vengeance contre toi-même ; ma situation désespérée pourrait m'engager à me soumettre au plus malheureux sort, avec un homme aussi méprisable que toi. Mais, après ce que j'ai souffert par ta lâche cruauté, je ne puis me lier avec toi sans crime. Encore une fois, je te demande si je suis libre.

J'ai voulu parler de milady Lawrance, du capitaine Tomlinson et de son oncle. Elle a refusé de m'entendre.— L'imposture, m'a-t-elle dit, éclatait dans mes yeux et dans ma bouche. Elle était convaincue que j'avais prostitué l'honneur de ma famille, en faisant prendre le nom de ma tante et de ma cousine à deux femmes qu'elle n'osait nommer. Le capitaine Tomlinson et M. Mennel, étaient vraisemblablement deux autres de mes complices. Mais qu'ils fussent des scélérats ou non, j'en étais un. Elle insistait sur la liberté de pouvoir disposer du reste de sa courte et malheureuse vie. Enfin, elle ne me voyait qu'avec horreur, sous toutes sortes de titres, et particulièrement sous celui que j'osais lui proposer.

Elle m'a quitté avec ce cruel adieu. Je t'avoue, Belford, que je suis demeuré confondu. Il faut que je te communique sérieusement une partie de mes réflexions. Je n'ai pas encore touché au grand article du commerce libre; et la manière dont elle s'est expliquée sur son oncle marque assez qu'elle ne prend point encore la médiation pour une chimère. Cependant elle soupçonne mes nouveaux projets, et je lui vois des doutes sur Mennel et Tomlinson. Je dis que si c'est d'elle-même qu'elle tire ses lumières, sa pénétration est merveilleuse; mais que si c'est de quelque autre qu'elle, son incrédulité, et son aversion pour moi n'ont rien de surprenant. Expliquons-nous sans détour. Il est impossible, Belford, que tu joues le double avec moi. Non, ton imbécile pitié pour une femme ne t'aura pas fait trahir un ami, qui s'est ouvert à toi avec si peu de réserve. Je ne puis te croire capable de cette bassesse. Cependant, rassure-moi sur ce point. Je dois faire une maudite figure à ses yeux, lorsque je prodigue les vœux et les sermens, comme je ne ferai pas scrupule de recommencer dans l'occasion, s'il est vrai qu'elle soit bien informée de ma perfidie. Je sais que lorsqu'il s'agit de fermeté, tu ne me redoutes pas plus que je ne te crains ; et que si tu étais coupable, tu dédaignerais un désaveu, lorsque je te presse de t'expliquer.

Je suis tenté de m'arrêter ici. Oui : je ne t'écrirai plus, jusqu'à ce que j'aie reçu ta réponse.

LETTRE CCLIX.

M. LOVELACE, A M. BELFORD.

Lundi, 19 juin, à cinq heures du matin.

Il faut que j'écrive. Je n'ai pas d'autre ressource contre le trouble de mon cœur ; et je ne puis me persuader que tu m'aies trahi. Que n'ai-je pas fait pour inviter le sommeil? Il s'obstine à ne pas s'arrêter dans mes yeux. C'est à présent que je souhaiterais du fond de l'âme de n'avoir jamais connu cette charmante personne. Mais qui se serait imaginé qu'il y eût au monde une femme de ce caractère ? Pour tout ce que j'ai connu, entendu, lu de son sexe, la règle est vraie : une fois subjuguée, c'est pour toujours. Les premiers efforts sont toujours les derniers ; ou du moins la résistance qui les suit devient si faible par degrés, qu'un homme regretterait d'en trouver moins. Cependant que sais-je encore ?

Il est à présent six heures. Le soleil éclaire depuis long-temps tout ce qui est autour de moi ; car cet astre impartial luit sur la maison d'une Sinclair comme sur toutes les autres : mais sa lumière ne pénètre pas au fond de mon cœur. A la pointe du jour, je me suis approché de la porte de ma charmante. J'ai jeté la vue par le passage de sa clé. Elle a déclaré à Dorcas qu'elle ne quitterait plus ses habits dans cette maison. Je l'ai vue dans un doux sommeil, qui servira sans doute à rafraîchir ses sens troublés ; assise dans un fauteuil, son tablier sur le visage, une main qui soutenait sa tête, l'autre étendue sans mouvement sur son genou ; la moitié seulement d'un de ses pieds visible. Quelle différence entre elle et moi ! ai-je pensé. Elle dort tranquillement, elle qui a reçu l'injure ! tandis que l'offenseur ne peut fermer les yeux, et s'est efforcé inutilement, toute la nuit, de dissiper son chagrin et de se fuir lui-même ! J'espère néanmoins que je prendrai le dessus. Si je n'y parvenais pas, cette chère créature serait bien vengée, je serais le plus malheureux de tous les hommes.

A six heures.

Dorcas vient m'avertir que sa maîtresse se dispose ouvertement à partir. Je n'en doute pas. L'humeur où je te la représentais hier au soir, en me quittant, m'a préparé à cette entreprise. Qu'en dis-tu, Belford ? Etre haï, méprisé ! Mais si j'ai passé les bornes du pardon, à quoi tient-il ?... Je m'abîme dans mes tristes réflexions.

Elle me fait dire, par Dorcas, qu'elle demande un moment d'entretien dans la salle à manger, et, ce qui est assez bizarre, qu'elle souhaite que cette fille soit présente à notre conversation. Ce message me donne quelque espérance.

A neuf heures.

Damnable artifice ! ruse ! trahison ! Il ne s'en est rien fallu qu'elle ne m'ait glissé au travers des doigts. Elle n'avait pas d'autre vue, dans son message, que d'éloigner Dorcas et de nettoyer la côte. Une douleur imaginaire suffit donc pour la dispenser de ses principes ? Ne m'apprend-elle pas enfin qu'elle est aussi capable de tromper que moi. Si nous occupions le premier corps de logis, et qu'il n'y eût point un passage pour arriver à la porte, elle m'échappait ; mais sa précipitation l'a trahie. Sally Martin, qui était dans un parloir du devant, frappée d'entendre une marche légère et le frottement de quelque étoffe de soie, a jeté les yeux dehors, et s'est avancée aussitôt entre elle et la porte : — Vous ne sortirez pas, madame, permettez que je m'y oppose. Vous ne devez pas penser à sortir.

— De quel droit ? Comment osez-vous ?... Car la chère personne prend quelquefois des airs impérieux. Sally s'est hâtée d'appeler sa tante. Aussitôt une demi-douzaine de voix se sont jointes à la sienne pour me presser de descendre.

Je m'occupais gravement à donner mes instructions à Dorcas, dans l'embarras où j'étais sur la matière d'une conversation dont elle devait être témoin. Les cris redoublés m'ont fait voler plutôt que de descendre. J'ai vu la charmante Clarisse, l'aimable *trompeuse*, appuyée contre la cloison, son paquet à la main (les femmes, Belford, ne sont jamais sans paquet dans leurs exécutions), et plus bas, à quelque distance, Polly Horton, Mabel et Peter, deux domestiques du logis. La Sinclair et Sally étaient entre elle et la porte. Dans sa douce fureur, la chère âme répétait : — Je veux sortir ; personne n'a droit ici de m'arrêter : le supplice, la mort ne me feraient pas remonter. Aussitôt qu'elle m'a vu paraître, elle a fait un pas ou deux vers moi : — Monsieur Lovelace, m'a-t-elle dit, je suis résolue de sortir. Est-ce de vous que ces femmes s'autorisent ? Quel est leur droit, quel est le vôtre, pour m'arrêter ?

Je lui ai demandé tendrement si c'étaient là les préparatifs de l'entrevue qu'elle m'avait fait espérer, et s'il lui avait paru vraisemblable que je pusse consentir si facilement à la perdre.

— Dois-je être environnée, assiégée comme je le suis. Eh! quelle autorité ces femmes osent-elles s'attribuer sur moi? Je les ai priées toutes de se retirer, à la réserve de Dorcas, qui m'avait suivie. Alors j'ai cru devoir prendre un air ferme, après avoir éprouvé si long-temps qu'on triomphait de ma douceur. — Ayez la bonté, ma chère, lui ai-je dit d'un ton chagrin, et l'aidant par le bras à marcher, d'entrer avec moi dans le parloir. Si vous avez tant de répugnance à remonter, nous pouvons tenir ici notre conférence, et je ne refuse pas que Dorcas en soit témoin. Je l'ai placée sur une chaise, et me tenant debout, les mains sur les côtés: — Voyons, madame, quels sont à présent vos ordres?

— Insolent! s'est écriée la furieuse; et se levant, elle a couru vers la fenêtre, elle a levé le châssis, sans savoir apparemment qu'il était défendu par des barreaux de fer; et lorsqu'elle a reconnu l'impossibilité de se jeter dans la rue, elle a levé au ciel ses mains jointes, après avoir abandonné son paquet : — Au nom de Dieu, charitables personnes, secourez une malheureuse à qui l'on ôte l'honneur et la vie!

Je l'ai enlevée dans mes bras, malgré sa résistance, pendant que le peuple commençait à s'assembler autour de la fenêtre. Elle s'est mise alors à crier : Au meurtre! au secours! Mais, redoublant mon effort, je l'ai emportée dans la salle à manger, en dépit de son petit cœur ulcéré, et de la force avec laquelle ses mains s'attachaient à tout ce qu'elles pouvaient rencontrer. Là, j'ai voulu la placer sur une chaise, mais elle est tombée à terre, presque sans mouvement et pâle comme une morte. Un torrent de larmes l'a soulagée fort à propos. Dorcas en a paru attendrie, jusqu'à pleurer à son exemple. J'ai admiré le pouvoir de la compassion. Plusieurs évanouissemens ayant succédé, je l'ai laissée avec Mabel, Dorcas et Polly; avec la dernière, parce que de toutes les femmes de la maison, c'est celle qui lui déplaît le moins.

Une entreprise si résolue ne m'a pas causé peu d'inquiétude. Madame Sinclair et ses nymphes en sont encore plus alarmées, pour ce qu'elles appellent l'honneur de la maison, qui a reçu quelque insulte, avec des menaces de casser les vitres, si la jeune personne qui a crié ne paraissait point. Dans la chaleur du mouvement populaire, les femmes sont venues à moi pour me demander ce qu'elles devaient répondre au constable, que le peuple avait déjà fait appeler. — Ne manquez pas, leur ai-je dit, de le faire entrer dans la maison, avec deux ou trois des mutins les plus ardens. Produisez une de vos filles, après lui avoir frotté les yeux d'un oignon ; sa coiffure et son mouchoir de cou un peu en désordre. Qu'elle se reconnaisse pour la personne offensée, à l'occasion d'une querelle de femmes ; mais contente de la justice qu'on lui a rendue. Vous donnerez quelques sous au constable, et comptez qu'il se retirera tranquillement.

A onze heures.

On a suivi mes instructions, est tout est rentré dans l'ordre. Madame Sinclair regrette amèrement d'avoir jamais connu une dame aussi délicate que la mienne. Elle m'a proposé, elle et Sally, de leur abandonner pendant quelques jours cette farouche beauté. Je leur ai brusquement imposé silence, et je les ai chargées seulement de redoubler les précautions. L'attendrissement de Dorcas lui a fait essuyer beaucoup de railleries. Elle confesse que ses larmes étaient réelles. Elle en a honte, dit-elle ; mais elle n'a pu les retenir, tant il y a de force dans le sentiment naturel de la douleur. Pendant que les autres femmes riaient de sa simplicité, je lui ai dit qu'elle n'avait pas d'excuse à donner pour ses larmes, et que j'étais bien aise d'apprendre qu'elle eût cette facilité à pleurer. On peut faire un bon usage de ce talent, que personne ne lui connaissait. En un mot, je voudrais qu'elle l'exerçât souvent, et qu'elle s'efforçât de gagner, s'il est possible, la confiance de ma charmante par la sensibilité qu'elle témoignerait pour ses peines. Elle m'a répondu que sa maîtresse avait remarqué ses larmes, et qu'elle lui avait déjà fait compliment de cette preuve d'humanité. — Fort bien, lui ai-je dit. Votre rôle sera donc à l'avenir d'avoir le cœur tendre ; mais prenez garde de vous trahir par des affectations. Ainsi, Dorcas va devenir une fille de fort bon naturel ; et ma charmante, qui est disposée à bien juger de son sexe, y sera trompée facilement.

LETTRE CCLX.

M. LOVELACE, A M. BELFORD.

Je reçois avis de Parsons, un des valets de chambre de milord M..., que mon vieil oncle est fort mal. Ce garçon, qui m'est absolument dévoué, en ma qualité d'héritier présomptif, me fait entendre dans sa lettre que ma présence au château de M... ne serait pas inutile. Tu vois, par conséquent, que je n'ai pas ici de temps à perdre. Si l'honnête pair avait la bonté de se rendre, après tant d'invitations qu'il a reçues de sa goutte, la perspective n'aurait rien de désagréable pour ma chère Clarisse. Une succession de huit mille livres sterling de rente, et probablement la reversion du titre, me rendraient peut-être un bon office auprès d'elle ; mais à quelle noble variété de méchantes actions ne serais-je pas en état d'aspirer, avec cette augmentation de revenu ? Tu me diras, peut-être, que j'exécute déjà tout ce qui me tombe dans l'esprit : mais c'est une de tes erreurs. Sois persuadé que je n'en fais pas la moitié ; et ne sais-tu pas que les meilleures âmes sont charmées du pouvoir de faire le mal, soit qu'elles en fassent usage ou non ? La reine Anne, qui était d'ailleurs une fort bonne femme, a toujours été jalouse de cette prérogative. C'était un de ses faibles, dont ses ministres ont abusé plus d'une fois en son nom.

On m'assure enfin que ma charmante consent à me voir ; après trois refus à la vérité, et sur la manière un peu ferme dont je lui ai fait dire, par Dorcas, que si je ne puis l'entretenir dans la salle à manger, je suis résolu de monter à sa chambre. Cependant elle a déclaré qu'elle ne me verrait de sa vie, si le ciel lui rendait la liberté. En même temps, elle s'est informée, sans affectation, du caractère et de la profession des voisins. Je suppose qu'ayant retrouvé la voix, elle veut implorer leur secours, s'ils peuvent entendre ses cris. Elle ne doute pas, dit-elle, qu'ayant formé dès le premier moment l'horrible dessein de sa ruine, je n'aie choisi, dans cette vue, une maison si favorable pour le crime. Dorcas emploie toute son adresse pour lui calmer l'esprit. Elle la conjure de me voir avec modération. Elle lui représente que je passe pour le plus déterminé de tous les hommes ; que la douceur a quelque pouvoir sur les caractères violens, mais qu'il n'en faut rien attendre par d'autres voies.

Que serait-ce, si j'avais rompu notre mariage, ou si je pensais à le rompre? Ici, la chère personne a déclaré assez nettement qu'elle n'est pas mariée; mais Dorcas a feint de ne pas l'entendre. Je conclus qu'elle est déterminée à ne plus garder de mesures.

Après deux heures d'un mortel combat, dont je n'ai remporté d'autre fruit qu'un renoncement solennel à toutes mes offres, accompagné de mille témoignages de mépris et de haine, je me renferme dans ma chambre, pour maudire, comme madame Sinclair, l'heure et le moment où j'ai connu cette impitoyable beauté.

LETTRE CCLXI.

M. LOVELACE, A M. BELFORD.

Mardi matin, 20 juin.

Je t'apprends, Belford, que nous sommes à présent sur le même pied, ma charmante et moi. Elle ne veut pas que je devienne honnête homme. Elle autorise mes complots par son exemple. Tu dois être plus partial que je ne l'ai jamais supposé, si tu me blâmes à présent de reprendre toutes mes résolutions chancelantes. Ne t'imagine pas que j'exprime ses actions dans un sens forcé, pour justifier les miennes. Le loup, à la vérité n'employa pas de grands prétextes, lorsqu'il lui prit envie de quereller l'agneau. Mais tu vas voir que le cas est bien différent.

Ma charmante (l'aurais-tu jamais cru?) prenant avantage du naturel pitoyable de Dorcas, et de quelques expressions vives, que cette tendre créature a laissé échapper contre la cruauté des hommes, avec des regrets de ne pouvoir servir sa maîtresse dans ses afflictions, lui a donné le billet suivant, signé de son nom de fille, car elle a jugé à propos de l'assurer positivement que nous ne sommes pas mariés :

« Je promets qu'aussitôt que je serai en possession de mon bien, je prendrai soin honorablement de Dorcas Martindale ; ou si je meurs sans avoir pu remplir cette promesse, j'oblige ici mes héritiers, mes exécuteurs et mes administrateurs, de lui payer annuellement, ou à son ordre, pendant tout le cours de sa vie, la somme de vingt livres sterling, à condition qu'elle m'aidera fidèlement à m'échapper de l'injuste prison où je suis actuellement retenue ; ladite obligation devant commencer, pour moi ou pour mes héritiers, trois mois après le jour de de ma délivrance. Je promets aussi de lui donner, aussitôt que je serai libre, la bague de diamant que je lui ai montrée pour gage de mon honneur sur le reste de cet engagement : écrit de ma propre main le 19 de juin 17...

» Clarisse Harlove. »

Eh bien! Belford, les bras ne te tombent-ils pas d'étonnement? Quelles promesses, quelles mesures suis-je obligé de garder avec cette chère perfide? Ne vois-tu pas jusqu'où va sa haine? Ne vois-tu pas qu'elle est résolue de ne me pardonner jamais? Ne vois-tu pas néanmoins qu'elle se déshonore absolument aux yeux du public, si sa perfidie lui fait trouver le moyen de m'échapper et qu'elle s'expose à toutes sortes de chagrins et de fâcheuses aventures? Qui la recevra? qui la protégera? Déterminée cependant à courir tous ces risques, et, pour mettre le comble à sa noirceur, coupable des deux vices dominans de notre siècle, la perfidie et la corruption! Ah! Belford! Belford! ne me dis plus, ne m'écris plus un mot en sa faveur. Tu m'as blâmé de l'avoir logée dans cette maison. Mais si je l'avais menée dans toute autre maison d'Angleterre, où il se fût trouvé quelque domestique capable de pitié ou de corruption, qu'en serait-il arrivé ?

A dix heures du matin.

Elle est fort mal, extrêmement mal, me dit Dorcas, dans la seule vue d'éviter apparemment de me voir. Cependant il se peut qu'elle soit fort mal d'esprit. Mais n'est-ce pas une équivoque? Dans tous les cœurs humains, une passion dominante renverse les principes. La mienne est alternativement l'amour et la vengeance. Celle de ma charmante est la haine. Ma consolation, Belford, c'est qu'après la haine, l'amour commence ou plutôt se renouvelle, du moins si l'amour a jamais eu quelque part aux mouvemens de son cœur. Mais, réflexions à part, tu vois que son complot avance. C'est demain qu'il doit s'exécuter. Je suis sorti pour faire une nouvelle ligne de *circonvallation*. Mes soins me rendent tranquille. J'ai fait demander instamment la permission de voir ma chère malade, à l'occasion du mauvais état de sa santé. Dorcas m'a fait des excuses officieuses. J'ai maudit l'impertinence de cette créature, assez haut pour être entendu. J'ai frappé du pied, je me suis emporté. Le bruit de mes menaces a fait assez d'impression sur l'esprit de ma belle pour lui faire appréhender que sa fidèle confidente ne fût précipitée du haut des degrés en bas.

— Le misérable est d'une violence extrême, a-t-elle dit à Dorcas. Mais tu as, ma chère, une amie dans moi pour le reste de tes jours. C'est sa *chère* Dorcas à présent ; et ce n'est plus Dorcas Wykes, c'est *Dorcas Martindale* qui est en effet son véritable nom. Et par dessus le lien de l'intérêt, la chère personne se l'est attachée par des sermens solennels. Mais écoute un charmant dialogue:

— Où vous proposez-vous d'aller, madame, en quittant cette maison?

— Je me jetterai dans la première que je trouverai ouverte, et j'y demanderai de la protection, jusqu'à ce que je puisse me faire amener un carrosse ou me loger dans quelque honnête famille.

— Comment ferez-vous, madame, pour des habits? Je doute que vous puissiez en emporter d'autres que ceux que vous avez sur vous.

— Oh! c'est ce qui m'importe peu, si je puis seulement sortir de cette maison.

— Que ferez-vous pour de l'argent, madame? J'ai entendu dire à monsieur qu'il n'avait jamais pu vous faire consentir à lui avoir la moindre obligation, quoiqu'il ait appréhendé que vous ne fussiez sans argent.

— Oh! j'ai des bagues et quelques joyaux de prix. A la vérité, il ne me reste pas plus de quatre guinées dont j'avais même destiné deux à quelque charitable usage; mais, hélas! la charité doit commencer à présent par moi-même. Une chère amie que j'ai encore, si je dois la croire en vie, ne me laissera pas manquer absolument lorsque je voudrai l'informer de de mes besoins. Ah! Dorcas! je n'aurais pas été si long-temps sans entendre parler d'elle, si je n'avais pas été trahie.

— Je vois, madame, que votre sort est fort triste. J'en suis touchée jusqu'au cœur.

— Que je te remercie, Dorcas! C'est un malheur pour moi, de n'avoir pas fait réflexion plus tôt que je ne pouvais me fier à la pitié de ton sexe.

— Ce n'est pas d'aujourd'hui, madame, que j'ai senti de la compassion pour vos peines. Mais vous avez toujours paru vous défier de moi. D'ailleurs, je ne doutais pas que vous ne fussiez mariée, et j'ai toujours cru que vous traitiez monsieur avec un peu de dureté ; de sorte que m'ayant placée auprès de vous, je me suis fait un devoir de prendre ses intérêts. Que n'ai-je su plus tôt que vous n'étiez pas mariée ! Une dame telle que vous ! une fortune si considérable ! se voir si cruellement trompée !

— Ah ! Dorcas ! avec quelle lâcheté m'a-t-il attirée dans ses piéges ! Ma jeunesse, mon peu d'expérience du monde ! et lorsque je tourne les yeux derrière moi, j'ai aussi quelque chose à me reprocher.

— Bon Dieu ! madame, que les hommes sont trompeurs ! les promesses, les sermens... J'en suis sûre, j'en suis sûre ! (et se frottant quatre ou cinq fois les yeux avec son tablier) je puis bien maudire le jour où je suis entrée dans cette maison ! C'était fort bien expliquer d'où venait l'effronterie de ses yeux, que ma charmante lui avait tant de fois reprochée. (Je l'ai louée d'avoir passé si adroitement condamnation sur le caractère de la maison. Elle ne pouvait entreprendre de la justifier sans rendre son zèle fort suspect.)

— Pauvre Dorcas ! à la campagne, où j'ai toujours vécu, qu'on connaît peu la dépravation de cette méchante ville !

— Mon malheur, madame, est venu de ne pas savoir écrire. J'aurais pu communiquer mes embarras à quelques proches parens que j'ai dans le pays de Galles. Ils m'auraient sauvée de ma ruine.

— Pauvre Dorcas ! (essuyant ses yeux de son mouchoir ; car cette chère personne est la compassion même pour tous les malheureux, à l'exception de moi...) Une tante ne devait-elle pas protéger sa nièce ? L'abominable femme !

— Je ne puis dire que ma tante y ait eu part. Elle m'a donné de bons conseils. Elle a long-temps ignoré l'état...

— C'est assez, Dorcas, c'est assez. Dans quel monde nous vivons ! Dans quelle maison suis-je ! Mais prenez courage. Cessez de pleurer (quoiqu'elle ne pût s'en défendre elle-même). Mon infortune peut tourner heureusement pour vous, et n'en doutez pas, si je vis.

— Je vous remercie comme le ciel même, ma très chère madame ! Je partage à présent toutes vos peines, et je vois que le salut de mon âme dépend du service que je suis prête à vous rendre. Si vous m'aviez dit seulement que vous n'étiez pas mariée, j'aurais perdu la vie, plutôt... plutôt... Dorcas a pleuré. Ma charmante s'est mise à pleurer aussi.

Je t'en prie, Belford, quelques réflexions sérieuses sur ces bizarres événemens. Comment les bonnes âmes peuvent-elles s'expliquer à elles-mêmes, que Satan ait des ministres si fidèles, et que les liens du vice soient incomparablement plus forts que ceux de la vertu ; comme si le partage de la nature humaine était la corruption et la méchanceté : car si Dorcas avait été honnête fille, et tentée aussi fortement pour commettre le mal, je ne doute pas qu'elle n'eût cédé à la tentation ? Et pour ne pas chercher des exemples hors de nous, ne vois-je pas, dans notre association, cent preuves de l'ascendant du vice sur la vertu ? N'avons-nous pas fait plus, pour l'intérêt de notre vie désordonnée, qu'un homme de bien ne fit jamais pour une bonne cause ? N'avons-nous pas bravé, dans l'occasion, l'autorité des lois ? Avons-nous connu quelques dangers, lorsqu'il a fallu nous servir mutuellement dans nos folles entreprises ? D'où peut venir cette différence ? Je crois l'avoir deviné. Les libertins tels que nous, c'est-à-dire vicieux d'habitude, sont d'eux-mêmes aussi méchans qu'ils le peuvent, et font sans cesse l'ouvrage de Satan, sans qu'il ait besoin d'y contribuer beaucoup : au lieu qu'il est occupé continuellement à tendre ses filets pour les autres, et qu'en pêcheur habile il proportionne l'amorce au poisson qu'il veut prendre. Je ne vois pas même pourquoi l'on blâmerait, dans Dorcas, sa fidélité pour une mauvaise cause. Un général, qui sert l'ambition d'un prince dans ses tyranniques entreprises, un avocat, qui se charge de la défense d'un criminel ou d'une cause injuste, te paraissent-ils bien différens de Dorcas? Les crois-tu réellement moins coupables? Cependant l'un obtiendra le nom de héros; l'autre celui d'un modèle d'éloquence, à qui chacun voudra confier ses intérêts; et leur habileté les élèvera tous deux aux premiers honneurs de leur profession. Fort bien, comme tu dis. Mais que faire, lorsque ma charmante est si déterminée à quitter cette maison? Serait-il impossible de trouver quelque moyen de l'obliger, et de faire servir ce moyen même à mes propres vues? Je suis satisfait de cette ouverture. Il me semble qu'elle peut être tentée. J'en vais faire mon étude... Supposons qu'en effet je souffre qu'elle m'échappe : tous les désirs de son cœur tendent à ce point; le triomphe qu'elle sera flattée d'avoir obtenu sur moi sera une compensation pour tout ce qu'elle a souffert... Oui, je suis résolu de l'obliger, lorsqu'elle s'y attend le moins.

LETTRE CCLXII.

M. LOVELACE, A M. BELFORD.

Vendredi, 23 juin.

J'étais sorti ce matin de fort bonne heure dans un dessein dont l'exécution est encore incertaine. A mon retour, j'ai trouvé un carrosse à six chevaux qui m'est envoyé par toute ma famille, à la prière de milord M... pour recevoir les derniers soupirs de ce cher oncle. On désespère de sa vie. Sa goutte est remontée à l'estomac pour avoir bu de la limonade avec excès. Un homme de deux cent mille livres de rente préférer ses goûts à sa santé! Il mérite la mort. J'ai donné ordre à son bailli de Berkshire, qui m'amène la voiture, de me la tenir prête pour demain à quatre heures du matin. Il n'en coûtera qu'un peu plus de fatigue aux chevaux dont réparer ce délai, et le repos qu'ils prendront dans l'intervalle augmentera leurs forces. D'ailleurs, au moment que je t'écris peut-être m'appartiennent-ils déjà. Je suis absolument résolu au mariage, si ma chère turc consent à m'accepter. Si son obstination est invincible, je vois bien qu'il faut me rendre aux mouvemens, non de ma conscience, mais des termes de cette maison. Dorcas l'a informée de l'arrivée du bailli et de sa commission. Elle a souhaité de le voir. Mon retour l'a privée de cette satisfaction. J'ai trouvé Dorcas qui faisait sa leçon à l'honnête bailli sur les questions auxquelles il ne devait pas répondre. Mais j'ai fait demander aussitôt la permission de voir ma charmante. Elle m'est accordée; soit que la nécessité de mon départ l'ait facilement disposée à recevoir mes adieux, soit que la brillante succession qui m'attend ait le pouvoir de la rendre plus traitable. Je l'entends qui entre dans la salle à manger.

Rien, rien, Belford, n'est capable de la toucher. Je n'ai pu rien obtenir d'elle, quoiqu'elle ait obtenu de moi le point qu'elle avait le plus à cœur.

Il faut que je te représente en peu de mots ce qui vient de se passer entre nous.

Je lui ai proposé d'abord, et dans les termes les plus empressés, de l'épouser sur-le-champ. Elle m'a refusé avec la même chaleur. Je lui ai dit que s'il lui plaisait de m'assurer seulement qu'elle ne quitterait pas la maison de madame Sinclair jusqu'à mardi au soir, je ne ferais que d'aller au château de M... pour m'assurer de milord et recevoir ses dernières volontés s'il était en état de me les expliquer ; que peut-être serais-je de retour avant lundi... — Accordez-moi quelque chose, madame, je vous en conjure ; donnez-moi quelque légères marques de considération.

— Quoi ! monsieur, n'est-ce que par vos mouvemens que je dois me déterminer ? Croyez-vous que je ratifierai ma prison par un consentement volontaire ? Que m'importe votre absence ou votre retour ?

— Ratifier votre prison ! eh ! vous imaginez-vous, madame que je redoute les lois ? (J'aurais pu m'épargner cette folle bravade. Mais l'orgueil ne me l'a pas permis. J'ai cru, Belford, qu'elle me menaçait.)

— Non, monsieur, c'est de quoi je ne vous soupçonne pas. Vous êtes trop brave pour respecter les lois divines ou humaines.

— Fort bien, madame. Mais exigez de moi tout ce qui peut vous plaire, je suis prêt à le faire pour vous, quoique vous ne soyez disposée à rien pour m'obliger.

— Eh bien, monsieur, je vous demande la liberté d'aller à Hamstead.

Je suis demeuré en suspens. Mais, à la fin :

— Oui, madame, j'y consens de bon cœur. Je vais vous y conduire de ce pas et vous y laisser, si vous me promettez d'être à moi jeudi prochain, en présence de votre oncle.

— Je ne promets rien.

— Madame, madame, gardez-vous de me laisser voir que je n'ai aucun fond à faire sur le retour de votre affection.

— Vous m'avez accoutumée à souffrir vos menaces, monsieur. Mais je n'en accepte pas moins votre compagnie jusqu'à Hamstead. Je serai prête à partir dans un quart d'heure. Mes habits viendront ensuite.

— Vous savez, madame, à quelle condition. Jeudi prochain...

— Quoi ! vous n'osez vous fier !...

J'avoue, madame, que le passé m'inspire de la défiance. Cependant je veux me fier à votre générosité. Demain, s'il n'arrive rien qui doive me faire changer de résolution, d'aussi bonne heure qu'il vous plaira, vous pouvez partir pour Hamstead. Cette promesse a paru l'obliger. Cependant j'ai vu dans ses yeux un air de doute. Je vais retrouver les femmes. Comme je n'ai point à présent de meilleurs juges, j'entendrai ce qu'elles pensent de ma critique situation avec cette fière beauté qui rejette insolemment un Lovelace à genoux, offrant du ton le plus tendre de s'humilier à la qualité de mari, en dépit de toutes ses préventions contre cet état d'esclavage.

LETTRE CCLXIII.

M. LOVELACE, A M. BELFORD.

Je sors du conseil. « Ai-je été si loin pour n'oser faire un pas de plus ? N'est-il pas évident, par toute la conduite de ma belle, que je suis absolument perdu dans son cœur ? Quelle autre défense a-t-elle que son éloquence et ses larmes? Dans la première épreuve, j'avais trop d'avantage. Elle était insensible. Elle ne l'aurait pas été, s'il avait dépendu d'elle de ne pas l'être. Les méthodes que j'ai employées avec elle n'ont fait qu'augmenter sa gloire et son orgueil. Elle peut faire avec honneur le récit de son aventure. Pas un mouvement d'inclination qui puisse l'avoir trahie. Elle peut me couvrir de confusion d'un seul regard, sans avoir à se reprocher la moindre pensée dont elle doive rougir. » Voilà, Belford, le résultat de ma conférence avec les femmes. Ajoute que la chère personne voit à présent la nécessité où je suis de la quitter; qu'elle est résolue de faire éclater ses plaintes; que mes inventions sont d'une nature qui doit me faire passer pour le plus odieux des hommes, s'il arrive qu'elles soient découvertes avant le mariage. Cependant j'ai promis, comme tu sais, et sans aucune condition de sa part, qu'elle partira demain pour Hamstead.

Veux-tu savoir le sens de cette promesse? Elle est restreinte, si tu t'en souviens, par la supposition qu'il n'arrivera rien qui doive la faire changer. Or, apprends qu'il arrivera quelque chose. Figure-toi que, par imprudence, Dorcas ait laissé tomber le billet qu'elle a reçu de sa maîtresse. Les domestiques, surtout ceux qui ne savent pas lire ni écrire, sont la plus négligente race du monde pour toutes sortes de papiers. Figure-toi que je l'ai trouvé, et dans un temps où j'étais résolu de laisser à ma chère Clarisse la disposition absolue d'elle-même. Cet incident ne te paraît-il pas *quelque chose*? Un billet de cette nature ne porte-t-il pas toutes les apparences d'une véritable ingratitude? Le dessein de m'en faire un secret prouve la crainte qu'il ne fût découvert, et cette crainte décèle un cœur coupable. Quel prétexte plus juste? Si je tombe dans une violente colère après ma découverte, ne convient-on pas généralement que la colère est une excuse pour la violence.

Suppose que, pour échauffer la scène, j'appelle les femmes à témoin et que je les fasse juges d'une vile servante qui s'est laissé corrompre. Le moindre avantage que j'en puisse tirer, si ce n'est une admirable occasion pour renouveler l'épreuve, sera du moins une excuse pour faire durer jusqu'à mon retour ce qu'on nomme la *prison*, et pour ordonner que la vigilance soit redoublée et pour me faire envoyer toutes les lettres qu'on pourrait écrire et recevoir; et lorsque je serai revenu, le diable s'en mêlera, si je ne trouve pas le moyen de faire choisir à ma belle quelque logement qui réponde à mes vues, puisque celui-ci lui déplaît, sans qu'il paraisse néanmoins que j'y aie plus de part que la première fois. Tu vas t'emporter ici contre moi. Tu me maudiras, j'en suis sûr. Mais crois-tu qu'après avoir mis tant d'inventions en usage je m'expose à perdre cette incomparable femme pour quelques ruses de moins? D'ailleurs, ne suis-je pas déterminé au mariage? N'est-ce pas assez pour me justifier aux yeux du public? Une *catastrophe* ne passe-t-elle pas pour heureuse, de quelque traverse qu'elle ait été précédée, lorsqu'elle se termine par la célébration?

Mais je me livre entièrement aux tendres soins de l'amour, tandis que mon pauvre cher oncle, comme son bailli m'en assure, est dans la plus mortelle agonie. Quelles doivent être ses souffrances! Le ciel ait pitié de lui! J'ai le cœur trop sensible, Belford, et cette chère Clarisse l'aurait éprouvé, si j'avais pu m'imaginer que ses plus cruelles peines eussent approché des plus légers tourmens de milord.

LETTRE CCLXIV.

M. LOVELACE, A M. BELFORD.

Seconde audience que je viens d'obtenir. Mais on ne m'a pas permis d'expliquer la moitié des tendres sentimens, des offres obligeantes dont mon cœur était rempli. Maudite situation que celle d'un homme qui se sent disposé à dire les plus belles choses du monde, et qui ne peut engager la maîtresse de son sort à les entendre !

Ma charmante m'a demandé quel fond elle pouvait faire sur la permission que je lui avais donnée (elle a prononcé ce mot avec affectation), de se rendre à Hamstead aussitôt que je serais parti pour Berkshire. J'ai renouvelé fort gaîment ma promesse. Elle m'a prié de donner mes ordres devant elle. J'ai appelé aussitôt Will et Dorcas. — Apprenez tous deux, leur ai-je dit, que vous devez obéir, dans mon absence, à toutes les volontés de votre maîtresse. Elle se propose de retourner à Hamstead lorsque je serai parti. — Mais, ma chère, lui ai-je demandé, ne prenez-vous personne avec vous ? Prenez Dorcas. Elle m'a répondu que madame Moore ayant deux femmes de service, elle n'avait pas besoin d'autres domestiques, ou que si Dorcas lui était nécessaire, elle la ferait venir.

— Oui, oui, Dorcas, ai-je dit à cette fille ; il suffira, si votre maîtresse le permet, que vous vous rendiez près d'elle à mon retour. Voulez-vous, mon cher amour, que je fasse appeler madame Sinclair, pour lui donner aussi mes ordres devant vous ? Elle a refusé de voir madame Sinclair, et rien de ce qui lui appartenait. Les domestiques s'étant retirés, j'ai renouvelé mes instances pour lui faire promettre de recevoir jeudi prochain mes sermens au pied de l'autel. Effort inutile. S'il arrive quelque chose de mal, ne doit-elle pas s'en prendre à elle-même ? Je me suis réduit à une faveur qu'elle n'a pu refuser à l'air dont je l'ai demandée ; c'est de passer une partie de la soirée avec elle. Je serai la douceur et la complaisance même. Mon âme entière se répandra devant elle, pour obtenir l'oubli de mes offenses. Si la sienne est inflexible, et que malheureusement le billet se présente sur mes pas, je ne doute point que la vengeance ne me jette dans de furieux transports. Toute la maison est dans mes intérêts : ne serait-ce pas ma faute, si je manquais l'occasion.

Cette épreuve néanmoins sera la dernière. Je te le jure, Belford. Si je vois qu'avec le plein usage de ses sens elle se conduise aussi noblement que dans la première, c'est un ange qui sortira de la fournaise, pour recevoir à jamais mes adorations. Toutes ses souffrances finissent. Je renonce à Satan, qu'elle aura vaincu, et je me livre à la réformation. Quelques heures vont décider de mon sort. Mais quel que soit l'événement, je serai trop occupé, pour trouver le temps de t'écrire avant que je sois au château de M.... En attendant, je t'avoue que je suis dans une étrange agitation. Je veux la calmer, s'il est possible, avant que de paraître devant elle. Mais il se passe dans mon cœur des mouvemens que je ne puis comprendre. Je quitte ma plume, et je m'abandonne à ma destinée.

LETTRE CCLXV.

M. LOVELACE A M. BELFORD.

Vendredi au soir.

J'avais cru que le temps et l'inclination me manqueraient également pour écrire, avant que de me livrer aux six chevaux de mon oncle. Mais je me trouve du temps; et ne pouvant ni dormir, ni me distraire des noires idées qui m'assiégent, je n'ai pas d'autre ressource que ma plume.

Je me suis efforcé, par la douceur et par l'amour, d'amollir... quoi? Le marbre; un cœur incapable d'amour et de douceur. Les offenses passées ne sortent pas de sa mémoire; prête à recevoir des grâces, c'est-à-dire, la permission de partir pour Hamstead; mais aussi éloignée de les mériter que d'en faire. Ainsi je me suis bientôt vu forcé de renoncer à mon système de complaisance et de soumission. J'aurais souhaité alors qu'elle eût excité ma colère. Elle a paru s'apercevoir du danger; et n'ayant pas la hardiesse de me braver directement, elle m'a tenu comme incertain entre l'espérance de la fléchir et le désir de l'offenser. Cependant elle croit la fable de Kentish-Town. Je la vois persuadée que son oncle doit s'y rendre, et je ne m'aperçois pas qu'elle soupçonne Tomlinson d'être un imposteur. Son inquiétude n'en était pas moins visible pendant notre entretien. Elle a voulu plus d'une fois se retirer. Elle m'a ramené si souvent à ma promesse pour Hamstead, que je me suis trouvé fort embarrassé à répondre, quoiqu'aux termes où j'en étais avec elle il me fût impossible de l'exécuter.

Dans cette situation, quel autre parti avais-je à prendre que de faire naître un prétexte de querelle, pour me mettre en droit de révoquer ma permission. J'étais convenu avec les femmes, que si je ne pouvais trouver dans notre conférence l'occasion de quereller, le billet se trouverait sous mes pas, et que je m'en saisirais aussitôt qu'elle m'aurait quitté. Mais, vers dix heures, l'empressement qu'elle a marqué pour se retirer m'a fait craindre que si je la laissais remonter à sa chambre, il ne me fût difficile de me rapprocher d'elle. Je ne voulais pas m'exposer à ce risque.

Si j'étais capable de mettre un peu d'ordre et de liaison dans mon récit, j'aurais dû te dire d'abord qu'entre huit et neuf heures du soir il m'était venu un nouveau courrier de ma famille, pour me prier de prendre avec moi le docteur Swan, dont mon oncle s'est souvenu que les remèdes lui ont sauvé la vie dans une autre occasion. Je l'avais fait avertir de se tenir prêt pour quatre heures du matin; car le diable aurait plutôt emporté l'oncle et le docteur, que de me faire remuer d'un pas avant la conclusion de mon entreprise. A peine ma charmante était-elle entrée dans sa chambre, qu'en me retirant dans la mienne j'ai trouvé un petit papier que j'ai ramassé. Je l'ai ouvert, car il était soigneusement plié dans un autre. Que pouvait-ce être qu'une promesse de vingt livres sterling de pension et d'un diamant pour corrompre Dorcas, et l'engager à favoriser la fuite de sa maîtresse?

Quelle révolution tout d'un coup dans mes esprits! J'ai sonné avec assez de violence pour casser le cordon, comme si ma chambre eût été en feu. L'effroi s'est répandu dans la maison. Tout le monde s'est mis en mouvement. Will est accouru le premier.

— Monsieur, monsieur !...

— Qu'on m'appelle Dorcas, me suis-je écrié du haut de l'escalier, dans une horrible fureur et prêt à perdre respiration. La malheureuse s'est présentée, mais tremblante, et se gardant bien de s'approcher trop, après le récit que Will lui avait fait de mon emportement. J'ai tiré l'épée, que j'avais prise dans le premier mouvement de ma rage ; j'ai vomi cent imprécations contre une infâme traîtresse.

— Mon Dieu ! mon Dieu ! s'est écrié Will en me retenant le bras, lorsque je voulais la frapper au passage. Je l'ai repoussé de toute ma force : et lui donnant un grand coup du plat de mon épée :

— Prends cela, maraud, pour avoir dérobé une perfide à ma vengeance.

Deux ou trois des femmes sont montées en confusion.

— Quoi donc ? Quoi ? Qu'est-il arrivé ? (J'ai entendu ma charmante qui, loin d'ouvrir sa porte, poussait un verrou de plus pour la fermer.)

— Ce qui est arrivé ! Cette abominable Dorcas... Qu'on m'appelle sa tante. Qu'elle vienne voir à quelle traîtresse elle m'a livré. Je veux qu'elle me l'amène elle-même ; qu'elle me fasse justice d'une misérable qui se laisse corrompre par des pensions, pour éterniser les querelles entre un mari et sa femme.

Que je périsse, Belford, si j'ai le courage de continuer les circonstances de cette farce.

La tante est montée en soufflant.

— Sur sa part de paradis, m'a-t-elle dit en joignant les mains, elle n'avait aucune part à ce qui s'était passé. De sa vie elle n'avait connu une femme plus malicieuse et plus intrigante que la mienne. Elle ne me demandait pas grâce pour l'infâme créature. Elle la renonçait pour sa nièce, s'il était vrai qu'elle fût capable d'une trahison. Mais quelle était la preuve ? Je lui ai fait voir le papier. Alors, devenant aussi furieuse que moi, il n'y a pas d'injures et de malédictions qui ne soient sorties de sa bouche.

Je suis rentré dans ma chambre avec grand soin de tenir la porte ouverte, pour donner passage au bruit et aux voix dans le corridor. — Qu'on me l'amène, ai-je dit d'un ton que j'ai cru propre à me faire entendre de ma charmante ; qu'elle paraisse devant son juge. Je veux savoir qui a fait les premières avances.

Elle est venue entre deux femmes qui l'ont arrachée de son asile. En marchant, elle implorait ma bonté, celle de sa tante et la pitié de toute la maison.

— Elle tremblait, disait-elle, de paraître devant moi. En effet, lorsqu'elle est entrée dans ma chambre où la Sainclair m'avait suivi, ce vieux démon qui avait affecté de baisser un peu la voix dans le corridor s'est livré à toute sa furie. Nous avons commencé une scène que j'ai honte moi-même de te représenter. Elle a duré plus d'une heure. Dorcas fondant en larmes, je me flattais qu'une généreuse compassion pourrait engager ma charmante à venir prendre sa défense. Après avoir perdu cette espérance, Sally a proposé audacieusement de confronter la perfide avec sa maîtresse.

— Sans doute, a interrompu la vieille mégère en applaudissant. Si madame est aussi remplie d'honneur que nous l'avons toujours supposé, elle paraîtra pour justifier une malheureuse fille qui s'est laissé séduire par la grandeur de ses offres.

— Oui, monsieur, j'espère... j'espère que si madame ne vient pas volontairement, vous trouverez quelque moyen d'éclaircir cette affaire en sa présence. Je compte mes pertes pour rien dans une occasion de cette nature... Je suis amie de la justice ; il faut que cette affaire soit éclaircie par le fond. Je commencerai par jurer que je n'ai pas eu la moindre part à cette noire corruption.

Elle n'avait pas fini ce dernier mot, lorsque nous avons entendu ma chère Clarisse tirer ses verrous, ouvrir sa porte et marcher d'un pas libre dans le corridor.

— Voici le moment, monsieur, m'ont dit toutes les femmes d'une seule voix...

En vérité, Belford, je n'ai pas la force d'écrire davantage. Cependant il faut que je t'achève la peinture de cette étrange scène.

Représente-toi notre conseil assis pour juger et pour punir la belle *corruptrice*. Moi, la vieille, cette vieille si redoutée jusque alors ! Sally, Polly, Dorcas et Mabel, tous déterminés à consommer cette nuit une damnable entreprise ; résolus même, sur la dernière ouverture, de forcer le passage et d'employer les dernières violences ; toutes les portes d'en bas soigneusement fermées et les fenêtres bouchées ; Will au bas de l'escalier pour veiller aux moindres mouvemens. C'est à ce moment que nous la voyons entrer avec un air incomparable de confiance et de majesté. Toute l'assemblée demeure en silence à sa vue ; chacun est glacé d'étonnement ou de crainte. Moi-même, je suis comme effrayé de sa situation et de la mienne ; le cœur me bat, l'embarras et la confusion me lient la langue, altèrent mes forces.

Elle est muette quelques momens et jette successivement un regard ferme sur chaque personne de l'assemblée. Cette préparation achève de nous rendre immobiles. Ensuite, faisant quelques pas devant nous dans la longueur de la chambre, comme pour se donner le temps de chercher ses termes ou de modérer son indignation, elle s'arrête en fixant les yeux sur moi.

— Misérable Lovelace ! commence-t-elle avec une force incroyable, ô le plus abandonné de tous les hommes ! crois-tu que je ne pénètre point ici ton infâme et lâche complot ? Toi, femme (en regardant la Sainclair), qui as su dans quelques momens m'inspirer de la terreur, mais que je n'ai pas moins méprisée en te redoutant, et que je regarde aujourd'hui avec détestation ! aurais-tu préparé quelque nouveau poison pour me dérober encore une fois l'usage de mes sens ? Car ce crime est peut-être ton ouvrage. Et se tournant vers moi : Barbare ! une si noire invention rendrait aujourd'hui tes succès bien peu certains. Viles créatures ! (en s'adressant à toutes les femmes) qui aviez peut-être causé la ruine de cent âmes innocentes (et ce que je viens d'entendre me fait juger par quelle voie) apprenez donc, s'il est possible que vous l'ayez ignoré, que je ne suis point la femme de ce monstre. Toute perdue que je suis par votre infernal secours, grâce au ciel, je ne suis pas sa femme. Apprenez que j'ai une famille qui vous demandera compte de mon honneur ; une famille puissante dont mes écrits réveilleront la tendresse et la protection. Considérez deux fois à quels nouveaux outrages vous me destinez. Je ne serai jamais la femme du scélérat que vous servez. J'ai de la naissance et du bien. Je trouverai des amis qui ne me laisseront pas sans vengeance, et depuis les preuves que j'ai de votre lâche intelligence, n'espérez de moi aucun sentiment de pitié.

Que te dirai-je? mon cher Belfort, personne n'a pu rire de la pitoyable figure qu'il a vu faire à son voisin. Quel abattement la conscience est capable de répandre entre des coupables !

— Pour toi, vile Dorcas! a repris mon ange; toi qui, sous le voile de l'affection, es parvenue à me jouer par tes gémissemens et tes fausses larmes, n'appréhende rien de ta double perfidie. Tu as rempli trop fidèlement ton rôle pour avoir ici d'autres reproches à craindre que les miens. Ta fidélité te met à couvert de tels maîtres. Fuis de mes yeux, misérable ! On ne demandera plus qui de toi ou de moi a fait les premières avances.

Te l'imaginerais-tu, cher ami? L'impudente et audacieuse Dorcas, effrayée jusqu'à la pâleur, a pris la fuite aussi promptement qu'elle en a reçu l'ordre. Sa frayeur s'est communiquée à Mabel, qui a disparu après elle. J'ai rappelé Dorcas, je me suis efforcé de rallier les troupes; mais quel diable aurait pu les arrêter, lorsqu'un ange les forçait à tourner le dos ?

— Madame, ai-je dit à l'impérieuse divinité, en m'avançant vers elle d'un air assez fier, quoique mêlé de confusion, permettez-moi de vous rassurer. Elle s'est reculée de quelques pas.

— Arrête, monstre, s'est-elle écriée, arrête où tu es, et n'entreprends pas de me toucher, si tu ne veux me voir tomber sans vie à tes pieds. Au même instant, elle m'a glacé d'horreur et de crainte, en portant sur son cœur la pointe d'un grand canif dont elle tenait le manche serré dans son poing, de sorte que, n'en voyant que le fer, il n'y avait aucune apparence de pouvoir la désarmer. — Je ne menace ici que moi-même, a-t-elle continué. Vous, monsieur, vous, femmes, soyez sans crainte. C'est aux lois que je remets ma vengeance : aux lois, a-t-elle ajouté avec une sorte d'emphase, qui font la terreur du crime, et dont je vois déjà le pouvoir dans les marques de votre confusion.

L'infâme Sinclair, baissant la tête vers moi, m'a dit d'une voix basse qu'il valait mieux composer avec cette étrange dame et lui laisser la liberté de partir. Sally, prenant un ton modeste, a déclaré que si M. Lovelace les avait trompées en parlant de son mariage, le cas devenait fort différent. Polly Horton a reconnu que si madame n'était pas mariée, elle avait été fort outragée. J'ai cru devoir parler à mon tour. — Eh ! bon Dieu ! me suis-je écrié, ce n'est pas de quoi il est question. Nous savons, vous et moi, madame... — Oui, j'en remercie le ciel, a-t-elle interrompu; nous savons tous deux que je ne suis pas ta femme. Je lis quelque nouveau crime dans ces lâches intentions; mais je jouis de mes sens, Lovelace, je brave ton infâme dessein. Je te méprise du fond du cœur. Comment peux-tu soutenir ma présence? Opprobre de l'humanité! Toi, qui...

— Ah ! madame! n'ai-je pu m'empêcher d'interrompre avec un vif ressentiment, ces injures passent les bornes ; et j'ai fait un mouvement pour m'approcher d'elle. Elle s'est retirée jusqu'au mur contre lequel elle s'est appuyée, tenant la pointe du canif sur son sein, qui paraissait y toucher en se soulevant. Les femmes m'ont retenu. Elles m'ont conjuré, pour l'intérêt de leur maison, de ne pas irriter une dame si violente. Elles m'ont représenté qu'elles étaient perdues s'il arrivait quelque scène sanglante. J'aurais péri mille fois sans doute avant que de pousser mon adorable Clarisse à cette fatale extrémité. Mais quoiqu'elle ne pût être sûre de mes dispositions, elle n'a pas laissé de me braver avec un courage véritablement héroïque. — Approche, m'a-t-elle dit, approche, barbare. Va, j'ose mourir : c'est pour la défense de mon honneur. Dieu prendra pitié de mon âme : je n'en espère point de toi. Si je me suis éloignée, c'est pour te jurer qu'au premier pas que je te vois faire, j'offre au ciel le sacrifice d'une malheureuse vie.

— Laissez-moi, ai-je dit aux femmes. Ah! je vous prie de me laisser à moi-même et à la maîtresse de ma vie. Elles se sont retirées à quelque distance. O ma chère Clarisse, que vous m'épouvantez! me suis-je écrié en mettant un genou à terre et tendant les bras. Non, non, je ne fais pas un pas de plus, si ce n'est pour recevoir la mort de cette main injuriée qui me menace de la sienne. Je suis un malheureux, le dernier des malheureux. Dites que vous plongerez cette arme dans le sein de l'offenseur et non dans le vôtre. Je ne m'approcherai de vous qu'à cette condition.

La Sinclair s'est passé la main sous le nez. Sally et Polly ont tiré leur mouchoir d'assez bonne grâce, et l'ont porté à leurs yeux. Elles m'ont avoué que de leur vie elles n'avaient rien vu de comparable à cette scène.

Sans attention sur moi-même, j'ai fait un nouveau mouvement vers l'objet de tous mes désirs. — Crois-tu, crois-tu, s'est-elle écriée, que tes artifices puissent me surprendre? Arrête, ou j'ose... Sa main paraissait se raidir pour l'action. Je ne ferai rien témérairement, a-t-elle ajouté. Mon cœur abhorre l'attentat dont tu me fais une cruelle nécessité. Dieu tout-puissant, je m'abandonne à ta miséricorde infinie.

Je me suis jeté à l'extrémité opposée de la chambre, plus déchiré de mes craintes qu'elle n'aurait jamais pu l'être par mille blessures. Toute son âme étant livrée alors à quelque prière secrète, Polly raconte qu'on ne lui voyait que le blanc des yeux ; et dans l'instant qu'elle étendait la main pour se donner sans doute le coup mortel (quel frémissement j'éprouve à cette seule idée!) un regard qu'elle a laissé tomber sur moi, et quelques mots entrecoupés que je prononçais d'une voix faible dans l'égarement de ma raison, lui ont fait connaître que je m'étais éloigné. Son visage, qui avait paru enflammé dans son transport, est devenu pâle aussitôt, comme si son propre dessein lui eût causé de l'épouvante. Elle a levé encore une fois les yeux, pour s'écrier : — Grâces te soient rendues, Dieu de bonté! tu me sauves pour cette fois de moi-même. Et s'adressant à moi : Demeurez, monsieur, demeurez à cette distance; elle me fait conserver une vie... que le ciel réserve peut-être à de nouveaux malheurs.

J'étais prosterné alors sur le plancher, la tête baissée contre terre et le cœur percé de mille poignards. Je ne laissais pas de prêter avidement l'oreille. — Pour être heureuse, madame, ai-je répondu en suivant la première partie de sa pensée, et pour faire le bonheur des autres. Ah! donnez-moi l'espérance de vous voir demain à moi. Je ne partirai qu'après la célébration ; et puisse le ciel...

— N'attestez pas le ciel, monsieur ; vous ne l'avez que trop irrité par vos parjures. — Si ce n'est pas demain, madame, nommez du moins jeudi, jeudi qui est l'anniversaire de la naissance de votre oncle.

Elle m'a protesté que jamais, jamais elle ne serait à moi. Cependant elle a renouvelé ses instances pour obtenir la liberté de se rendre à Hamstead dès la pointe du jour : mais je lui ai déclaré nettement que, ma mort y fût-elle attachée, je ne pouvais y consentir, sans être rassuré par des conditions ; et j'espérais, ai-je ajouté, qu'elle ne m'épouvanterait plus par de funestes menaces ; car je redoutais encore le canif. — Non, m'a-t-elle dit, si je ne lui faisais rien craindre de beaucoup plus terrible. Il n'y avait qu'un attentat contre son honneur qui pût la pousser au désespoir : elle ne pensait qu'à le défendre ; elle n'avait pas eu d'autres vues dans son traité avec l'infâme Dorcas. Le ciel, en qui elle plaçait sa confiance, lui rendrait le même courage dans la même occasion ; mais elle ne lui demandait pas cette grâce pour un intérêt plus léger. Et, se tournant vers les femmes : Vous, leur a-t-elle dit d'un ton de reine, souvenez-vous que je ne suis pas la femme de cet homme-là. Avec quelque bassesse qu'il m'ait traitée, il n'a jamais eu d'autorité sur moi. S'il part demain, et si vous vous croyez autorisées par ses ordres à me retenir contre mon intention, songez à votre propre sûreté.

Après cette fière déclaration, elle a pris un des flambeaux qui étaient sur ma table ; et sans ajouter un seul mot elle s'est retirée dans son appartement. Personne n'a fait un pas, ni pour l'arrêter ni pour la suivre.

Voilà, cher Belford, le fruit que j'ai tiré d'une invention dont j'avais conçu de si grandes espérances ! Ma situation en est dix fois plus misérable. Tu n'as jamais vu d'air plus sot que le nôtre, c'est-à-dire le mien, et celui de la Sinclair et de ses nymphes, pendant les premiers momens qui ont succédé à cette scène. A la fin, les deux nièces m'ont fait des railleries outrageantes de ma faiblesse ; et la vieille furie a marqué beaucoup d'inquiétude pour l'honneur et la sûreté de sa maison. Je les ai données toutes au diable ; et me retirant dans ma chambre, je m'y suis enfermé à double tour.

Il est temps de partir pour aller fermer les yeux à mon oncle ; j'emporte une riche matière de méditation. Tout ce qui me revient de mes profonds complots est la honte de les avoir découverts, le regret de m'être inutilement chargé d'une infinité de nouveaux parjures, le désespoir d'être méprisé par une femme dont je suis idolâtre, et, ce qui est bien plus insupportable pour un cœur fier, celui de l'être par moi-même. C'est le succès, Belford, dans tous les événemens humains, c'est le succès qui justifie. Quelle admiration n'ai-je pas eu aujourd'hui pour mes inventions, et combien me suis-je applaudi surtout de la dernière ! Elle me paraît à présent si folle, si puérile, que j'en suis avili à mes propres yeux.

A l'égard de cette divine fille, je me sens pour elle plus d'amour, plus d'admiration que jamais. Elle sera ma femme en dépit du ciel et de la terre. Il faut qu'elle soit à moi. Avec honneur, sans honneur, notre sort commun est d'être l'un à l'autre ! Toutes mes offenses ou si tu veux tous mes forfaits contre une fille adorée sont autant de nouvelles chaînes qui m'attachent pour jamais à elle. Si c'était contre moi qu'elle eût fait tomber ses menaces, j'aurais été bientôt maître de son bras et je n'aurais pas eu de peine à la faire tomber dans les miens. Mais tourner son ressentiment contre elle-même, rassurer les offenseurs, distinguer avec tant de présence d'esprit dans la chaleur même de sa défense ce qu'elle croit devoir à l'occasion; et promettre de si bonne foi moins d'emportement pour tout autre intérêt que celui de son honneur; cette délibération, ce choix, ces principes, ce soin de me tenir assez éloigné pour ne pouvoir être aussi prompt à lui saisir la main qu'elle à se porter le coup fatal... Comment serait-il possible de se défendre contre une si véritable et si magnanime vertu?

Mais elle n'est pas partie, elle ne partira point. Je la presserai par mes lettres de se laisser fléchir pour jeudi. Elle sera ma femme par les seules voies qu'elle puisse goûter. Je la recevrai des mains du capitaine, qui représentera son oncle. Cette innocente ruse ne changera rien à la réalité de nos engagemens. Mon oncle rendra l'âme, ma fortune secondera mes intentions et me mettra tout d'un coup au dessus de tout le monde et de tous les événemens.

LETTRE CCLXVI.

M. LOVELACE, A MISS CLARISSE HARLOVE.

Au château de M... samedi au soir, 24 juin.

Si ma très chère Clarisse ne regarde pas comme un effet de l'amour et d'une terreur inspirée par l'amour, la misérable figure qu'elle m'a vu faire cette nuit, elle est fort éloignée de me rendre justice. J'ai voulu essayer jusqu'au dernier moment si ma soumission pourrait me faire obtenir d'elle la promesse d'être à moi jeudi prochain, puisque cette faveur m'était refusée plus tôt, et si j'avais eu le bonheur de l'obtenir, elle aurait été libre de partir pour Hamstead ou pour tout autre lieu qu'il lui aurait plu de choisir. Mais, après avoir perdu l'espérance de la fléchir, comment pouvais-je lui laisser cette liberté sans m'exposer à la perdre pour toujours?

Je vous avouerai, madame, qu'ayant trouvé, hier après-midi, le papier que Dorcas avait perdu, je fis confesser aussitôt à cette fille qu'elle s'était engagée à favoriser votre évasion. Si mes instances avaient pu vous déterminer pour jeudi, je n'aurais fait aucun usage de cette découverte, et je me serais reposé sur votre parole avec une parfaite confiance; mais vous trouvant inflexible, j'ai pris la résolution de tenter, en me ressentant de la trahison de Dorcas, si je ne pourrais pas obtenir ma grâce pour condition de la sienne, ou de prendre occasion de cet accident pour révoquer le consentement que j'avais donné à votre départ, puisque je n'en pouvais attendre que des suites fatales à mon amour. Ce dessein, à la vérité, sent l'artifice. Aussi vous êtes-vous aperçue que je n'ai pu me défendre d'une vive confusion, lorsque vous me l'avez reproché avec tant de force et de noblesse. Mais j'ose me flatter, madame, que vous ne punirez pas trop sévèrement un projet dont je reconnais la bassesse. Il ne menaçait pas votre honneur; et dans le cours de l'exécution, vous avez dû reconnaître tout à la fois que je ne suis pas capable de désavouer mes fautes et que vous avez sur moi plus de pouvoir qu'une femme n'en eut jamais sur un homme. En un mot, vous m'avez vu fléchir également sous le joug de la conscience et de l'amour.

Je n'entreprendrai pas de justifier le parti auquel je me suis attaché, de vous laisser où vous êtes, jusqu'à que vous m'ayez promis de vous trouver à l'autel avec moi, ou jusqu'à mon retour, qui me procurera l'honneur de vous y conduire moi-même. Je sens que cette conduite peut vous paraître un peu tyrannique; mais comme les suites de votre inflexible rigueur deviendraient nécessairement funestes à nous-mêmes et à nos deux familles, je vous conjure, madame, de pardonner cette petite violence à la nécessité, et de permettre que la solennité de jeudi renferme un acte d'oubli général pour toutes les offenses passées.

Voici les ordres que j'ai laissés aux gens de la maison. « Vous ne trouverez que de l'obéissance dans tout ce qui peut s'accorder avec l'espérance que j'ai de vous retrouver mercredi en arrivant à la ville. Madame Sinclair et ses nièces ayant mérité votre disgrâce, ne paraîtront point devant vous, si vous ne les faites appeler. Dorcas ne se présentera point pour vous servir, jusqu'à ce qu'elle ait pleinement justifié sa conduite : ce sera Mabel qui prendra sa place. Il me semble que jusqu'à présent vous n'avez marqué aucun dégoût pour cette fille. J'ai laissé Will près de vous, pour recevoir vos commandemens. S'il se rend coupable de quelque impertinence, ou de quelque défaut d'attention, le congé que vous prendrez la peine de lui donner sera ratifié pour jamais. »

A l'égard des lettres qui peuvent arriver pour vous, ou que vous auriez dessein de faire partir, je vous supplie très humblement d'approuver qu'elles soient retenues jusqu'à mon retour; mais je vous assure, madame, que le cachet des unes et des autres sera fidèlement respecté, et qu'elles vous seront remises immédiatement après la célébration, ou même auparavant, si vous le désirez. Dans l'intervalle, je m'informerai de la santé de miss Howe : je saurai apparemment ce qui peut avoir causé son silence, je vous en rendrai compte. Je vous envoie cette lettre par un exprès, qui attendra vos ordres, dans l'humble espérance où je suis que vous m'accorderez quelques lignes de réponse, sur cet heureux jeudi qui m'occupe uniquement. Encore une fois, ma très chère vie, considérez bien notre situation commune. Faites réflexion que nous n'avons plus un moment à perdre. J'écris par le même exprès à M. Belford, votre admirateur et mon ami, qui connaît tous les secrets de mon cœur. Je le prie de vous voir, si vous lui faites l'honneur d'agréer sa visite, et de savoir de vous-même quel fond je puis faire sur vos dispositions pour jeudi.

Milord est extrêmement mal. Le docteur Swan n'en espère rien. Ma seule consolation, en perdant un oncle à qui j'étais si cher, sera de me trouver, par l'augmentation de ma fortune, plus en état que jamais de faire éclater une passion qui doit faire le bonheur de ma vie, et la vérité de tous les sentimens avec lesquels je suis,

LOVELACE.

LETTRE CCLXVII.

M. LOVELACE, A M. BELFORD.

Lundi, 26 juin.

Tu jugeras des termes où je suis avec miss Harlove, par trois de mes lettres, dont je t'envoie la copie sous cette enveloppe. Je suis trop méprisé pour avoir obtenu un seul mot de réponse aux deux premières; et je n'espère pas que la troisième, qui part avec celle-ci, obtienne plus d'attention. Cependant, si l'on s'obstine dans ce malheureux silence, le jour de grâce, le jour de paix et de réconciliation passe sans retour.

A présent, Belford, comme je suis réellement disposé à la célébration, si sa mauvaise étoile et la mienne ne nous font pas manquer le jour de jeudi, je souhaiterais que, suivant le plan dont je t'ai fait l'ouverture dans ma dernière lettre, tu prisses la peine de lui rendre une visite ; et que, répondant de mon honneur par des promesses, par des sermens, et par tout ce que l'amitié t'inspirera de plus persuasif, tu pusses me procurer une réponse de quatre mots. Alors, je suis résolu de quitter Milord M..., dans quelque danger qu'il puisse être, et de me rendre à l'église pour courber la tête sous le joug. Écris toi-même les quatre mots : qu'elle les signe seulement de Clarisse Harlove. Je n'en demande pas plus ; car, après tout, je ne veux pas me couvrir d'un ridicule éternel aux yeux de ma famille et de tous mes amis.

Que n'ai-je pris tout d'un coup le parti de l'honnêteté ! Ah ! Belford, que ne l'ai-je pris ! Mais, comptant sur tes bons offices, j'écarte ces chagrinantes idées. Qu'elle m'écrive une ligne, une seule signe ! Qu'elle ne me traite pas comme un malheureux qu'elle juge indigne de son attention, surtout lorsqu'elle n'est pas encore délivrée de mes mains. C'est ce qu'il me serait impossible de supporter.

Milord n'est pas mieux : les médecins l'abandonnent. Il se croit lui-même au terme.

Tu ne saurais croire combien je suis embarrassé à dépêcher une légion de messagers, qui sont continuellement en course, et qui, se relevant de cinq en cinq milles, forment une chaîne jusqu'à Londres. A la vérité, ils sont chargés en même temps de quelques autres commissions pour le banquier et les gens d'affaires de milord, qui me mettront en état, s'il a la bonté de prendre son vol pour une autre vie, de confondre les espérances de quelques uns de mes autres parens. Je ne parle point de Charlotte et de Patty, qui sont deux filles d'un caractère très noble. Mais j'en connais d'autres, qui ont profité de mon absence pour s'ouvrir un chemin sous terre, comme autant de taupes ; et que j'ai découvert depuis mon arrivée.

Ne tarde pas à me rendre compte de ta commission.

LETTRE CCLXVIII.

M. BELFORD, A M. LOVELACE.

A Londres, mardi, 27 juin.

Vous me dispenserez, cher Lovelace, de m'engager dans l'entreprise que vous me proposez, jusqu'à ce que je sois un peu mieux assuré qu'enfin vous pensez réellement à prendre une conduite honorable, à l'égard d'une femme que vous avez fort outragée. Je me flatte que vous connaissez trop votre ami Belford, pour le croire capable de souffrir tranquillement que vous, que tout autre au monde lui fît promettre de sa part ce qu'il n'aurait pas dessein d'exécuter ; et, pour te parler naturellement, Lovelace, je n'ai pas beaucoup de confiance à l'honneur d'un homme qui, par des suppositions de personnes et de lettres, a marqué si peu d'égards pour l'honneur de sa propre famille.

Tu m'écris que, dans l'humeur qui te domine à présent, tu es réellement disposé au mariage, quoiqu'avec la connaissance que j'ai de ton aversion pour cet état, j'aie peine à comprendre que tu aies pu changer si facilement d'humeur. Tu ajoutes que quatre mots de ta belle suffiraient comme cent, pour tes vues, parce qu'ils prouveraient qu'elle est capable de pardonner le dernier outrage qu'une femme puisse recevoir. Et moi, lorsque je fais réflexion combien il te serait aisé de trouver des couleurs pour donner une autre face à tes intentions, je crois devoir exiger de toi des informations un peu plus nettes; car je me défie d'un remords passager, qui vient moins de quelque principe que du chagrin d'avoir vu manquer tes desseins, et qui ressemble à quantité d'autres dont tu as si souvent triomphé.

Si tu peux me convaincre assez tôt pour le jour que tu es résolu de lui rendre une justice honorable, dans le sens qu'elle attache elle-même à ce terme; ou, supposé qu'il soit trop tard pour le temps, si tu veux fixer quelque autre jour, que tu dois faire dépendre de son choix, j'embrasserai volontiers ta cause, de bouche, si ma visite est acceptée, ou par écrit, si l'on ne consent point à me voir. Mais, dans cette supposition, tu dois permettre que je me rende garant de ta foi.

J'ajoute que mon cœur saigne des cruelles injustices que cette femme angélique a souffertes.

Donne-moi des ordres que je puisse exécuter avec honneur; et tu ne trouveras dans personne plus de chaleur à t'obliger, que dans ton sincère ami.

Belford.

LETTRE CCLXIX.

M. LOVELACE, A M. BELFORD.

Au château de M..., mardi, 27 juin, à minuit.

Ta lettre arrive à l'instant.

Quel homme d'honneur je te vois tout d'un coup! Ainsi donc, prends le caractère imaginaire d'un garant, pour me menacer? Si je n'étais pas heureusement déterminé en faveur de cette chère personne, je n'aurais pas pensé à t'employer. Mais je te dirai en passant que, si j'avais changé de résolution après t'avoir engagé dans cette entreprise, je me serais contenté de t'assurer que telle avait été mon intention lorsque tu t'étais engagé pour moi, et de t'expliquer les raisons de mon changement; après quoi, je t'aurais laissé aux inspirations de ton propre cœur. Le mien n'a jamais connu la crainte d'un homme, ni celle d'une femme, jusqu'au temps où j'ai commencé à voir Clarisse Harlove; ou plutôt, ce qui est beaucoup plus surprenant, jusqu'à ce qu'elle soit tombée sous mon pouvoir.

Tu es donc résolu de ne voir cette charmante qu'à certaines conditions? Eh bien! ne la vois pas, et n'en parlons plus. Mais j'avais fait tant de fond sur l'estime que tu m'avais marquée pour elle, que j'ai cru te faire autant de plaisir que tu me rendrais de service. De quoi est-il question? De lui persuader qu'elle doit consentir à la réparation de son honneur. Car à qui ai-je fait tort qu'à moi-même, en me dérobant mes propres joies? Et s'il y a quelque favorable disposition dans son cœur, que nous manque-t-il à présent, que la cérémonie? Je l'offre encore. Mais si la belle retire sa main, si c'est inutilement que je tends la mienne, que puis-je de plus?

Je lui écris encore une fois. Si son obstination et son silence continuent après cette lettre, ses reproches ne doivent tomber que sur elle-même. Mais, après tout, mon cœur est entièrement à elle. Je l'aime au delà de toute expression, et je ne puis m'en défendre. Ainsi j'espère qu'elle recevra ces dernières instances aussi favorablement que je le désire. J'espère qu'après avoir reconnu le pouvoir qu'elle a sur moi, elle ne prendra pas plaisir, comme une femme ordinaire, à me chagriner, à me tourmenter par des affectations et des caprices. Veut-elle me faire grâce, pendant que j'écoute mes remords? Je n'épargnerai rien pour la rendre heureuse. Car plus je me rappelle tout ce qui s'est passé entre elle et moi, depuis le premier moment de notre liaison, plus je suis forcé de reconnaître qu'elle est la vertu même, et qu'il n'y en eut jamais d'égale à la sienne.

Lorsque tu me proposes de lui laisser le choix d'un autre jour, considères-tu qu'il est impossible que mes inventions et mes ruses demeurent cachées plus long-temps? C'est ce qui me rend si pressant pour jeudi; d'autant plus que je m'en suis fait comme une nécessité par les suppositions qui regardent son oncle. Si je reçois quatre mots de sa main, il n'y a point d'obstacles ni de fatigues qui puissent m'empêcher d'arriver jeudi; et quand il serait trop tard pour l'heure canonique à l'église, son appartement ou tout autre conviendra également à la scène. Il n'en coûtera que de l'argent, et je ne l'ai jamais épargné pour elle.

Pour te faire connaître que je ne te veux aucun mal, je t'envoie la copie de deux lettres, l'une pour elle, c'est la quatrième, ce sera nécessairement la dernière; l'autre pour le capitaine Tomlinson, tournée comme tu verras, de manière qu'il puisse la lui montrer.

A présent, Belford, soit que tu prennes part ou non à la conclusion de notre histoire, tu connais mes intentions.

LETTRE CCLXX.

M. LOVELACE, A MISS CLARISSE HARLOVE.

Au château de M..., mercredi, à une heure du matin.

Pas une ligne, ma très chère vie, pas un mot de réponse à mes trois lettres! Il reste si peu de temps, que celle-ci est absolument la dernière que vous puissiez recevoir avant l'heure importante qui doit nous unir par des nœuds légitimes.

M. Belford appréhende que ses propres affaires ne lui laissent pas la liberté de vous voir assez tôt. Je regrette d'autant moins ce contre-temps que je me suis assuré d'une autre personne dont j'espère que la visite vous sera plus agréable : c'est le capitaine Tomlinson, à qui j'avais écrit dans cette vue avant que d'avoir reçu la réponse de M. Belford. Je souhaiterais particulièrement de l'engager à vous voir aujourd'hui, comme un prélude naturel de l'office qu'il doit exercer demain. Cette espérance l'obligeant de se rendre ce soir à Londres, je l'ai informé des termes où j'ai le malheur d'être avec vous, et je l'ai supplié de me faire connaître dans cette occasion que j'ai autant de part que votre oncle à son amitié, puisque le traité doit être rompu, s'il ne peut rien obtenir de vous en ma faveur. Il me renverra aussitôt le messager, au devant duquel j'irai jusqu'à Sloug, pour continuer ma route vers Londres avec des transports de joie, ou pour retourner au château de M... dans une mortelle tristesse.

Je ne devrais pas, s'il m'était possible, anticiper sur le plaisir que M. Tomlinson s'est réservé de vous apprendre que, suivant toutes les apparences, votre mère entreprend de seconder les vues de votre oncle. Il lui a communiqué ses louables intentions. Elle l'en a remercié avec un torrent de larmes, et ses résolutions comme celles de M. Jules dépendent du succès de demain. Ne trompez pas, je vous en conjure, pour l'intérêt de cent personnes comme pour le mien, l'attente de ce cher oncle, de cette chère mère, dont je vous ai tant de fois entendue regretter l'affection.

Il peut vous paraître difficile que j'arrive à Londres pour l'heure canonique. Mais si toute la vitesse de ma course ne répondait pas à mes désirs, la cérémonie pourrait être célébrée avant la nuit dans votre propre appartement, et M. Tomlinson n'assurerait pas votre oncle avec moins de vérité que toutes ses intentions ont été remplies. Dites seulement au capitaine que vous ne me défendez pas de me jeter à vos pieds, c'est assez pour y conduire à l'instant, sur les ailes de l'amour, votre

LOVELACE.

LETTRE CCLXXI.

M. LOVELACE, A M. PATRICE MAC-DONALD.

Au château de M..., mercredi, à deux heures du matin.

Cher Mac-Donald, le porteur de ces dépêches est chargé d'une lettre pour ma belle, que je me suis donné la peine de transcrire pour vous. Cette copie vous instruira plus sûrement qu'un extrait. Elle vous fera juger aussi des raisons qui m'ont fait avancer la date de celle que je vous adresse sous le nom de Tomlinson, et que vous ne manquerez pas de lui montrer comme en confidence.

Je ne cesse pas, cher Donald, de faire fond sur votre adresse et sur votre zèle, à présent surtout qu'il faut renoncer à l'espérance d'un commerce libre. Ce système est impossible, j'en ai reconnu l'illusion, et je suis déterminé par conséquent au mariage, si ma belle ne laisse point échapper le jour. S'il passe, ce jour fatal, je vous informerai le lendemain de mes résolutions.

Votre esprit s'exercera sur l'ouverture qui regarde sa mère. C'est un fonds riche qui peut fournir de quoi la toucher. Prenez, s'il est nécessaire, un ton d'autorité. Il serait bien étrange qu'une fille de dix-sept ans l'emportât sur un homme de votre âge et de votre expérience. Feignez de sortir brusquement, si vous lui voyez quelque doute de votre honneur. Un esprit doux peut s'échauffer, mais on le ramène aisément à son état naturel par les apparences d'une colère plus violente que la sienne.

Si cette entreprise a le succès que j'espère, je vous mettrai en état de n'avoir plus besoin, pour vivre, de votre maudite contrebande, qui vous conduira tôt ou tard à quelque fatale catastrophe. Nous sommes tous assez loin de la perfection, monsieur Mac-Donald. Cette charmante personne me rend quelquefois sérieux, en dépit de moi-même.

Je vous envoie dix guinées par le courrier. Ces petits présens ne sont que les arrhes d'un bienfait plus important. Je suis très content de vous jusque aujourd'hui.

A l'égard des habits dont vous aurez besoin pour la fête, la rue de Monmouth vous en fournira. Un habit tout à fait neuf ferait naître quelque soupçon. Mais vous pouvez attendre à vous occuper de ce soin, que vous vous soyez assuré du consentement de ma belle. Votre habit de campagne suffira pour la première visite. Ayez soin que vos bottes ne soient pas trop nettes ; que votre linge soit un peu chiffonné. L'excuse est simple. Vous ne faites qu'arriver. Souvenez-vous, comme je l'ai dit la première fois, de porter quelquefois la main au col, d'étendre négligemment les jambes, de badiner avec vos gants ou vos manchettes, comme si vous étiez assez important pour vous croire au dessus de l'exacte politesse. Votre âge vous en dispense. Il n'est pas question de plaire. N'êtes-vous pas père de plusieurs filles aussi âgées qu'elle? trop de respect et de complaisance vous rendraient suspect. En un mot, faites l'homme de conséquence, si vous voulez être écouté sur ce pied.

Il me semble que je n'ai rien de plus à vous recommander. Mon dessein est effectivement de me rendre à Slough. Adieu, honnête Donald.

LETTRE CCLXXII.

M. LOVELACE, A M. TOMLINSON, ANCIEN CAPITAINE.

Au château de M..., mardi matin, 27 juin.

Cher capitaine, un fâcheux malentendu, qui me met encore très mal avec ce que j'ai de plus cher au monde, et que je ne veux pas vous expliquer moi-même, parce qu'il est difficile de n'être pas un peu partial pour sa propre cause, me jette dans la plus cruelle incertitude sur ses résolutions. Elle refuse de répondre à toutes mes lettres, et j'ai le chagrin de douter si je la trouverai disposée jeudi prochain à la célébration. Milord est si mal, que si je la croyais absolument résolue de ne pas m'obliger, je différerais de quelques jours à retourner à la ville. Il ne trouve de soulagement qu'à me voir près de son lit. Cependant son impatience est extrême d'embrasser sa nièce. Il veut emporter cette consolation en mourant, et je lui en ai donné l'espérance, parce que, si cette jeune personne consent à mon bonheur, mon dessein est de l'amener droit ici en sortant de l'église. C'est à regret que je le dis de l'unique objet de mon affection, mais la répugnance à pardonner est le vice de sa famille, d'autant moins excusable dans elle, qu'elle en souffre au plus haut degré de la part de ses plus chers parens.

Comme vous vous proposez, monsieur, d'être à Londres avant jeudi, vous me rendriez le plus important service, si vous pouviez, sans incommodité, hâter un peu votre voyage. Vous lui représenterez, monsieur, avec tant de force et de justice, les malheureuses conséquences d'un changement, soit du côté de son oncle, soit par rapport à l'intérêt que sa mère, comme vous m'en avez assuré, paraît vouloir prendre à la réconciliation, que vous ferez plus d'impression que moi sur son esprit. Un homme à cheval attendra vos dépêches pour me les apporter immédiatement.

Mais si toutes vos instances sont absolument rejetées, vous aurez la bonté de rendre témoignage à M. Jules Harlove, que ce n'est pas ma faute si ses tendres intentions n'ont pas le succès qu'il s'était promis. Je suis, mon cher monsieur, votre très humble,

LOVELACE.

LETTRE CCLXXIII.

M. MAC-DONALD, A M. LOVELACE.

Mardi, à midi, 23 juin.

J'ai reçu, monsieur, votre lettre à dix heures du matin. Votre courrier me prie de rendre ce témoignage à sa diligence. L'homme et le cheval étaient en nage.

J'ai pris aussitôt mon habit de campagne, et je me suis rendu avec la dernière diligence chez votre chère dame ; dans le dessein de faire beaucoup valoir une multitude d'affaires, qui ne m'avaient pas permis d'arriver plus tôt, et de paraître encore fort pressé, pour avoir occasion de la presser elle-même, et de lui arracher une réponse. Mais, en entrant chez madame Sinclair, j'ai trouvé toute la maison dans une consternation affreuse.

Je prévois, monsieur, votre surprise et votre chagrin. Il est fâcheux pour moi d'avoir une si mauvaise nouvelle à vous annoncer. Mais vous seriez encore plus fâché d'ignorer la vérité. Votre dame a disparu. Il n'y avait pas plus d'une demi-heure qu'on s'en était aperçu, lorsque je suis arrivé. La fille qui était à son service a pris la fuite, ou ne s'est pas fait voir depuis : d'où l'on conclut qu'elle a favorisé l'évasion. On a fait avertir quelques uns de vos meilleurs amis, c'est-à-dire, M. Belton, M. Mowbray et M. Belford. M. Tourvill est à la campagne.

Il s'est passé de furieuses scènes entre madame Sinclair, miss Horton, miss Martin et Dorcas. Will, votre valet de chambre, parle de se pendre ou de se noyer.

On a dépêché de toutes parts, dans l'espérance de découvrir les traces de madame, ou de se procurer quelques lumières. Mais votre courrier, n'ayant fait que changer de cheval, est déjà prêt à partir. Je ne prends que le temps d'ajouter, avec la plus vive douleur de cette disgrâce, et beaucoup de remerciemens pour votre nouveau bienfait (sûr ici de n'avoir rien à me reprocher), que j'ai l'honneur d'être avec respect, monsieur, votre, etc.

MAC-DONALD.

LETTRE CCLXXIV.

M. MOWBRAY, A M. LOVELACE.

Mercredi, à midi.

Lovelace, je t'apprends une nouvelle qui n'est pas trop plaisante. Miss Harlove est partie, tout à fait partie, sur ma foi. Ton courrier ne me laisse pas le temps de te donner des détails ; et quand il me presserait moins, on n'a point encore approfondi l'affaire. Les femmes de la maison font un bruit enragé, rejetant le mal l'une sur l'autre, avec une fureur extrême ; tandis que Belton et moi, nous les donnons toutes au diable en ton nom.

Si tu apprenais que ton coquin de Will eût été tiré mort de quelque abreuvoir, et qu'on eût trouvé Dorcas pendue avec sa jarretière à la quenouille de son lit, que cela ne te surprenne point. Je ne vois de tranquille que le brave Belford, qui reçoit les dépositions, les accusations, les confessions, et qui verbalise avec l'air important d'un commissaire de quartier. Son dessein, je suppose, est de t'informer de toutes les circonstances.

Je prends beaucoup de part à ta peine. Belton en fait autant. Mais l'aventure peut tourner à ton avantage; car j'apprends que la belle est partie avec ta marque. Petite folle! Quel remède espère-t-elle dans la fuite? Personne ne la voudra regarder. On m'assure ici que tu étais résolu d'en faire ta femme. Mais je te connais trop bien.

Adieu, cher camarade. Si ton oncle voulait mourir à présent, pour te consoler de cette perte, il serait un galant homme. Ecris-nous, je t'en prie. Belford, qui reçoit tous les jours de tes lettres, ne nous montre rien. Tout à toi du fond du cœur.

MOWBRAY.

LETTRE CCLXXV.

M. BELFORD, A M. LOVELACE.

Mercredi, 29 juin.

Tu as su, de Mac-Donald et de Mowbray, le fond de la nouvelle : bonne ou mauvaise, je ne sais quel nom tu lui donnes. Mais je souhaiterais d'avoir eu le même récit à te faire, avant que cette malheureuse fille eût été tirée de Hamstead par tes infernales séductions. Tu n'aurais pas une noire et ingrate bassesse à te reprocher.

Je suis venu à la ville dans l'unique vue de te servir auprès d'elle, comptant que tes premiers avis me mettaient en état de m'employer avec honneur, et lorsque je l'ai trouvée partie, j'ai plaint à demi sa situation; car te voilà infailliblement découvert, et sous quel exécrable jour vas-tu paraître aux yeux du public? Pauvre Lovelace! Pris dans tes propres piéges, comme tu le disais toi-même. Ta punition ne fait que commencer.

Mais je viens à ma narration. Tu attends de moi, sans doute, toutes les circonstances de l'aventure, puisque Mowbray t'a marqué que j'ai pris soin de les recueillir.

Il paraît que le glorieux triomphe qu'elle avait remporté vendredi avait coûté quelque chose à sa santé, car elle ne s'était laissé voir de personne jusqu'à samedi au soir, et Mabel étant entrée alors dans sa chambre, l'avait trouvée fort mal. Mais, dimanche matin, s'étant habillée comme dans le dessein d'aller à l'église, elle donna ordre à cette fille de lui faire venir un carrosse. Mabel lui répondit qu'elle avait ordre de lui obéir en tout, excepté sur cet article. Elle fit venir Will, qu'elle chargea de la même commission, et qui s'excusa aussi sur un ordre opposé qu'il avait reçu de son maître.

Quelques momens après, elle descendit seule pour sortir sans être observée. Mais trouvant la porte de la rue fermée à double tour, elle entra dans le parloir voisin, apparemment pour y implorer par la fenêtre le secours des passans. Elle trouva que depuis la dernière entreprise de cette nature, les volets intérieurs avaient été cloués. Là-dessus elle alla droit au parloir de madame Sinclair, qui s'y promenait avec ses deux compagnes, et, d'un air ferme, elle la pria de lui donner la clé de la rue ou de faire ouvrir la porte. Cette demande les surprit. Elles s'excusèrent sur vos ordres. « Vous n'avez pas d'autorité sur moi, leur dit-elle, et vous n'en aurez jamais. Songez aux conséquences de votre refus. Rappelez-vous ma naissance et ma fortune. Il ne vous reste que deux voies pour éviter votre ruine : de m'ouvrir la porte ou de m'assassiner, et de m'ensevelir dans quelque trou de votre jardin ou de votre cave, assez profond pour vous assurer que mon corps ne sera pas découvert. Ce que vous avez déjà fait mérite la mort, et me retenir est un crime. »

Quelle noblesse, quelle force d'esprit cette charmante créature a fai éclater dans toutes les occasions qui demandent du courage et de la constance !

Les femmes répondirent que M. Lovelace saurait prouver son mariage, et les dédommager de toutes leurs peines. Elles voulaient entreprendre de justifier leur conduite et l'honneur de leur maison. Mais refusant de les écouter, elle les quitta brusquement avec de nouvelles menaces.

Elle monta quelques degrés pour retourner à son appartement ; mais descendant aussitôt sur quelque nouvelle réflexion, elle reprit le chemin du parloir de la rue. L'infâme Dorcas s'étant trouvée sur son passage : — Je saurai me faire des protecteurs, lui dit-elle, quand les fenêtres en devraient souffrir. Cette fille, qui l'avait vue entrer chez madame Sinclair, avait pris dans l'intervalle la clé du parloir dans sa poche. Ainsi, voyant son espérance trompée, la triste Clarisse prit le parti de remonter en poussant des plaintes et s'abandonnant aux larmes.

Elle n'a pas fait d'autre tentative jusqu'à celle qui lui a réussi. Les femmes ont supposé que vos lettres, qui sont venues l'une sur l'autre, lui apportaient quelque amusement, quoiqu'elle ne vous ait fait aucune réponse. Elles commençaient à se persuader qu'elle vous pardonnerait, et que le dénouement serait heureux. Dimanche, lundi et mardi, personne, suivant vos ordres, ne s'est présenté à sa vue. Mabel rendait un compte si exact de tous les mouvemens de sa maîtresse, qu'on n'a pu concevoir la moindre défiance de sa fidélité.

Il ne faut pas douter que, pendant ces trois jours, votre infortunée Clarisse n'ait donné toutes ses réflexions à s'ouvrir le chemin de la liberté. Mais elle n'a rien vu apparemment de certain dans tous ses projets. L'invention qui lui a réussi paraît avoir été l'ouvrage du jour même, puisque l'événement a fait connaître qu'elle dépendait de la disposition du temps. Mais il est évident qu'en cultivant sans cesse l'affection de Mabel, elle se promettait quelque chose de sa simplicité ou de sa reconnaissance et de sa pitié.

Polly Horton lui fit demander, mercredi au matin, la permission de monter à sa chambre. Cette demande fut reçue plus favorablement qu'on ne s'y était attendu. Cependant elle se plaignit fort vivement de sa captivité. Polly ayant répondu qu'elle était à la veille d'une heureuse révolution, elle protesta que jamais elle ne se relâcherait en faveur de M. Lovelace, tandis qu'elle serait retenue dans cette maison, et que peut-être aurait-il sujet de se repentir, à son retour, des ordres qu'il avait donnés, comme tous ses complices, de les avoir suivis. Elle ajouta, qu'après l'effort qu'elle avait tenté pour sortir et le refus qu'on lui avait fait de cette liberté, elle était plus tranquille, et que c'était aux femmes de la maison à trembler pour les suites. Ce langage semblait supposer qu'elle était résolue d'attendre votre retour. Les femmes en ont conclu, dans leurs craintes pour l'avenir, qu'ayant une si belle occasion de les faire punir suivant la rigueur des lois, elle ne sortirait pas désormais, quand elle en aurait le pouvoir. Et quelle protection, disait Polly, attendrons-nous d'un homme qui a commis le plus horrible de tous les viols, et qui est lui-même dans le cas, s'il est poursuivi, de se voir condamné au supplice ou de ne pouvoir l'éviter par la fuite? La Sinclair, je lui donne encore ce nom, plus effrayée de cette réflexion que les autres, a dit en gémissant qu'elle prévoyait la ruine de sa pauvre maison. Sally et Dorcas ayant part aux mêmes craintes, elles ont jugé toutes ensemble que, pour leur sûreté commune, elles devaient laisser la clé, pendant le jour, à la porte de la rue, afin que toutes les personnes qui leur rendraient visite pussent déposer que madame Lovelace avait toujours été libre de sortir. Les précautions, néanmoins, ne devaient pas diminuer. Will, Dorcas et Mabel avaient reçu ordre de redoubler leur vigilance; et l'on n'était pas moins résolu de s'opposer à son évasion, parce qu'on était bien persuadé qu'elle ne résisterait pas aux belles apparences qui s'offraient pour le lendemain, et qu'un heureux mariage ferait la fortune et la sûreté de tout le monde.

On croit ici qu'elle a découvert la clé qu'on avait laissée à la porte; car, étant descendue au jardin, elle a paru jeter les yeux vers la porte de la rue.

Hier au matin, une heure après la visite de Polly, elle dit à Mabel qu'elle était sûre de ne pas vivre long-temps; et qu'ayant quantité d'habits qui passeraient peut-être, après sa mort, à des gens qu'elle avait peu de raisons d'estimer, elle voulait lui faire présent d'une robe d'indienne, à laquelle il y aurait peu de changemens à faire pour la rendre convenable à son état. Elle ajouta que Mabel était la seule personne de la maison qu'elle avait pu voir sans terreur ou sans antipathie. Cette fille ayant paru fort sensible à sa générosité, elle lui proposa de faire venir une couturière; sous prétexte que n'ayant rien de mieux à faire, elle chercherait sur-le-champ ce qu'elle avait dessein de lui donner, et qu'elle aiderait elle-même à changer les paremens. Mabel répondit que la couturière de sa maîtresse demeurant dans le voisinage, elle ne doutait pas qu'il ne fût aisé de faire venir une de ses ouvrières. Il tombait alors un peu de pluie. Miss Harlove lui conseilla de prendre sa capote, avec la tête. Vous remonterez ici, lui dit-elle, avant que de sortir, parce que j'ai quelques autres commissions à vous donner. Mabel étant équipée pour la pluie, alla lui demander ses ordres, qui consistaient à lui acheter quelues bagatelles. Mais elle ne sortit pas sans avoir vu madame Sinclair, et sans l'avoir informée de sa commission, en recommandant à Dorcas de veiller pendant son absence. Ainsi, je ne vois aucune apparence que cette fille ait manqué de fidélité, ni que la générosité de sa maîtresse l'ait détachée de vos intérêts. Madame Sinclair la félicita de sa bonne fortune, et Dorcas la regarda d'un œil d'envie. Bientôt elle revint avec l'ouvrière. Alors Dorcas quitta sa garde.

Miss Harlove prit dans ses malles une robe et un jupon. Elle voulut que Mabel les essayât devant elle, pour juger, avec l'ouvrière, des changemens qui seraient convenables. Ensuite elle lui dit de passer dans l'appartement de M. Lovelace, où les glaces étant plus grandes que dans le sien, elle jugerait mieux de sa nouvelle parure. Mabel voulait prendre avec elle ses propres habits et sa capote.— Non, lui dit sa maîtresse, vous les remettrez ici, après avoir ôté les miens. Il n'est pas besoin de salir l'appartement d'autrui. Je vous suis dans un instant.

Les deux femmes passèrent dans votre chambre. Au même moment, comme il faut le supposer, miss Harlove se revêtit de la capote, du jupon et du tablier de Mabel. Elle descendit légèrement. Will et Dorcas, n'ayant pas laissé d'entendre marcher dans le passage, avancèrent la tête, et lui virent prendre le chemin de la porte. Mais croyant voir Mabel : — Allez-vous bien loin, Mabel, lui cria Will! Elle ne tourna point la tête. Elle ne répondit point. Mais étendant le bras, elle montra l'escalier de la main ; ce que les autres prirent pour une exhortation à veiller dans son absence : et s'imaginant qu'elle ne tarderait pas à revenir, parce qu'elle ne s'était pas expliquée plus formellement, Will monta sur-le-champ, et se tint sur le palier pour attendre son retour.

Mabel, agréablement occupée de son objet, laissa couler le temps sans attention. Mais, s'étonnant enfin de ne pas voir sa maîtresse, elle alla frapper doucement à sa porte ; et n'entendant personne, elle ne fit pas difficulté d'entrer. Will, qui la vit de son poste dans les habits de sa maîtresse, fut d'autant plus surpris qu'il croyait l'avoir vue sortir avec les siens. — Déjà parée de votre nouveau présent ? lui dit-il. Comment avez-vous pu passer sans que je me souvienne de vous avoir aperçue ? et ne laissant pas de l'embrasser : — Je me vanterai, ajouta-t-il, d'avoir donné un baiser à ma maîtresse, ou du moins à ses habits. Mabel louant sa diligence à faire la garde, lui demanda s'il avait vu madame. — N'est-elle pas dans l'appartement de mon maître, répondit Will ; et ne l'entendais-je pas à ce moment parler avec vous ? — Non, c'était une ouvrière qui m'ajustait cette robe. Tous deux demeurèrent la bouche ouverte ; surtout Will, qui croyait avoir vu sortir Mabel dans ses propres habits. Tandis qu'ils se regardaient avec étonnement, Dorcas survint avec votre quatrième lettre, que votre courrier venait de lui remettre pour sa maîtresse ; et voyant Mabel parée, après l'avoir vue quelques minutes auparavant dans un autre état, elle tomba dans la même admiration, jusqu'à ce que Mabel étant rentrée dans la chambre, et n'apercevant plus ses habits, commença sérieusement à se défier de la vérité. Il s'éleva aussitôt entre eux un bruit d'accusation et de reproches, qui alarma toute la maison. Chacun se hâta d'accourir des deux corps de logis. Will raconta son histoire à l'assemblée ; et, sans perdre un moment, il sortit, comme il avait déjà fait dans la même occasion, pour aller demander à tous les cochers et les porteurs du voisinage s'ils avaient vu passer une dame, dont la description n'était pas facile, avec la figure d'une reine et l'habit d'une servante. Dorcas se justifia sans peine aux dépens de la pauvre Mabel, qui, se voyant soupçonnée d'avoir reçu le prix de sa trahison, parut d'autant plus coupable que sa contenance déposait contre elle. La furieuse vieille, sans vouloir rien entendre pour sa défense, jura qu'elle en ferait un exemple terrible, pour toutes les perfides qui se louaient avec une apparence de caractère, et qui n'ayant néanmoins aucun principe, n'étaient propres qu'à déshonorer une bonne maison. Elle fit appeler le cuisinier ; elle lui donna ordre de faire un grand feu et de préparer le gril. Elle voulait, disait-elle, la mettre en pièces de ses propres mains, avec le couperet de la cuisine, en faire une charbonnée à tous les chats et les chiens du quartier, et en manger elle-même la première tranche. Je ne sais jusqu'où ce fol accès de rage aurait été poussé.

Mabel, à demi morte de frayeur, promit un aveu sincère. Mais lorsqu'elle eut obtenu la liberté de parler, cet aveu se réduisit à rien. Sally et Polly, après l'avoir chargée d'imprécations, entreprirent de l'examiner à part, pour se mettre en état de vous informer des circonstances. Mabel, fort aise du répit, monta dans la chambre de sa maîtresse, où elle devait subir cet interrogatoire. Mais, pendant quelque momens que ces deux nymphes donnèrent à d'autres soins, elle prit une autre robe, et, se glissant sur l'escalier, elle se sauva sans être aperçue. Cette fuite, qui ne me paraît venue que de sa terreur, a passé, suivant la méthode des tribunaux de justice, pour une confirmation de son crime.

Voilà le détail que tu attendais sans doute avec impatience. Qu'il me tarde aussi de triompher, dans cette occasion, de tes emportemens et de ta furie!

Mais où l'infortunée Clarisse peut-elle avoir tourné ses pas? et quelle doit être sa triste situation? Tes anciennes lettres me font supposer qu'elle doit avoir très peu d'argent. Dans une fuite si prompte, elle n'a pu emporter d'autres habits que ceux qu'elle avait sur elle, et tu connais le cruel qui m'écrivait autrefois : « Son père ne la recevra point. Ses oncles ne fourniront point à son entretien. Sa Norton est dans leur dépendance et ne peut rien d'elle-même. Miss Howe n'oserait lui donner un asile. Elle n'a pas un ami à Londres. C'est un pays étranger pour elle... » Elle se voit dépouillée de son honneur par l'homme en faveur duquel elle a fait tous ces sacrifices, et qui était engagé par mille sermens à lui servir de protecteur, de père, de parens et d'amis.

Quelle doit être la force de son ressentiment pour le barbare traitement qu'elle a reçu! Il est digne d'elle d'avoir fait succéder la haine à l'amour, et plutôt que de se voir ta femme, d'avoir pris la résolution d'exposer sa disgrâce à l'univers, de renoncer à tout espoir de réconciliation avec sa famille, et de courir mille hasards qui menacent son sexe, sa jeunesse et sa beauté!

Cependant j'ajouterai que, pour ton intérêt comme pour le sien, je souhaiterais encore que cette funeste aventure pût se terminer par le mariage. C'est le seul tempérament qui puisse sauver votre honneur à tous deux. On peut espérer encore de dérober la connaissance du passé au public, à sa famille et même à la tienne.

BELFORD.

P. S. Les habits de Mabel ont été jetés ce matin dans le passage de la porte ; personne ne sait par qui.

LETTRE CCLXXVI.

M. LOVELACE, A M. BELFORT.

Vendredi, 30 juin.

Je suis ruiné, perdu, anéanti! Rien n'est si certain. Mais ton récit n'était-il pas assez accablant, sans y joindre de barbares reproches, que tu n'as acquis le pouvoir de me faire que par mes propres communications? C'est un malheur aussi grand pour moi d'avoir connu miss Harlove, que pour elle de m'avoir jamais souffert. Je ne puis te dissimuler que je suis percé jusqu'au fond du cœur par ce dernier... Comment nommerai-je un si cruel sujet de désespoir? Je tremble de fureur.

Lorsque je réfléchis sur le dernier de mes misérables projets, après avoir vu les premiers repoussés, frustrés même autant qu'il était possible avec un si noble et si vertueux ressentiment, je suis forcé de conclure que j'étais possédé d'une légion de furies sous la forme de ces détestables femmes qui, prétendant connaître leur sexe, ne cessaient pas de me répéter qu'il y a pour chaque femme un moment de faiblesse que je n'avais pas encore trouvé, et qui en appelaient à ma propre expérience pour la justification de leurs principes.

Mais c'en est assez pour l'aveu que je ne balance point à te faire; assez pour me décharger du poids qui m'étouffait et pour désarmer aussi ta malice en me reconnaissant indigne de vivre; car personne ne peut dire autant de mal de moi que j'en dirai moi-même dans cette fatale occasion. J'ajoute, pour te prouver la sincérité de mon repentir, que, si dans l'espace de trois jours ou dans tout autre temps, avant que mon adorable Clarisse ait découvert la fausseté des histoires qui regardent le capitaine Tomlinson et son oncle, tu peux la retrouver et la disposer à me faire grâce, je l'épouse en ta présence. Je ne désespère pas encore de cette révolution. Dans quelque lieu que soit ma Clarisse, elle n'y peut être cachée long-temps. J'ai déjà mis toutes mes machines en mouvement pour la découvrir; et si j'ai le bonheur de tomber sur ses traces, lorsqu'aucun de ses amis, comme tu l'observes cruellement, ne lui offrira sa protection, qui aurait l'audace de se commettre avec un homme de ma figure, de mon rang et de ma résolution? Montre-lui donc ma promesse, et tout autre endroit de cette lettre que tu croiras propre à faire impression sur son cœur.

En réfléchissant sur ta lettre, je ne trouve pas que ce plan de fuite ait rien d'extraordinaire. Elle doit avoir compté sur son bonheur plus que sur les vraisemblances, puisqu'elle n'a pu se promettre de réussir qu'en trompant Dorcas, Will, la Sinclair et les nymphes, ou dans la supposition qu'elle les trouverait hors de garde. Ainsi, je ne suis pas jaloux de l'invention; mais c'est à moi, lorsque je reverrai ces fidèles dépositaires, à les remercier de leur vigilance, et d'avoir jugé à propos, pour leur sûreté, de laisser la porte à demi ouverte. Malédiction sur cette troupe d'imbéciles! Mabel mériterait d'être brûlée vive dans la robe qui est le prix de sa trahison. Comme on a rapporté ses propres habits, je veux que cette robe soit envoyée à sa maîtresse avec les autres, lorsqu'on aura découvert sa retraite. Qu'on attende néanmoins mes ordres, car il faut ramener, s'il est possible, cette chère fugitive.

Je suppose que mon stupide coquin, qui n'a pas su distinguer l'air noble et la taille divine de ma charmante de l'épaisse forme de Mabel, a couru d'abord vers Hamstead. Cependant j'ai peine à croire qu'elle ait pris cette route. Si je ne suis pas bientôt éclairci, je ne conseille pas à Dorcas, à Will, à Mabel de reparaître devant moi, et nous verrons quel parti je prendrai à l'égard des autres.

Malgré la longueur de cette lettre, je te dois quelque explication sur un autre sujet de chagrin, par lequel je t'ai dit que mon attention est partagée. Mon vieil oncle (grâce à sa constitution de fer) est parvenu, à force de soufre, de feu, et le diable sait de quoi, à forcer la goutte de quitter la contrescarpe de son estomac, justement pour donner l'assaut à la citadelle de son cœur. En un mot, ils ont trouvé le moyen, par des multiplications de remèdes, de chasser un ennemi trop lent, du centre aux extrémités, où il s'est cantonné sur le gros orteil.

Sérieusement, j'ai cru la possession commencée, car j'avais déjà demandé quelques éclaircissemens aux gens d'affaires qui me parlaient de sommes à recueillir, de renouvellement de baux et d'autres soins de cette espèce. Tu ne t'imaginerais pas de quel œil différent tous les domestiques, et mes cousines même, me regardent depuis hier. Les révérences ne sont pas de la moitié si profondes. On laissait quelquefois échapper le titre de milord. A présent, je suis redevenu M. Lovelace. Ils ont même l'insolence de me féliciter sur le rétablissement du meilleur des oncles; et je suis forcé d'en marquer autant de joie qu'eux.

LETTRE CCLXXVII.

MISS CLARISSE HARLOVE, A MISS HOWE.

Mercredi au soir, 28 juin.

O ma très chère miss Howe! Je suis encore une fois échappée. Mais, hélas! non, non, je n'ai pas eu le bonheur d'échapper. Ah! plaignez votre malheureuse Clarisse. Cependant, j'espère que vous ne me haïrez pas, lorsque vous serez informée de tout.

Mais ne parlons plus de moi! de moi qui ne vis, qui n'existe plus. Vous, ma chère amie, qui pouvez vous lever le matin pour recevoir des bénédictions et pour en répandre; qui vous retirez le soir, tranquille dans vos innocentes réflexions, et qui n'avez que la douceur à goûter dans un sommeil paisible, vous ferez ma seule occupation comme vous avez fait long-temps mon unique plaisir. Je révérerai de loin ma chère et respectable amie, et j'honorerai dans elle ce que je me souviendrai toujours d'avoir été.

Pardon, chère miss Howe! Ah! pardonnez l'égarement de ma plume. Mon repos est détruit par ses fondemens. Ma raison même est altérée.

O ma très chère, ma meilleure, mon unique amie! quel horrible récit ai-je à vous faire! Mais je retombe encore sur moi, sur moi qui ne me dois plus que de la haine et du mépris! Je me délivrerai de cette odieuse idée si je le puis. Loin, loin toute idée propre (et je doute que j'aie long-temps à faire cet effort) pour m'informer uniquement du cher objet de mes affections, de ma tendre et bien-aimée miss Howe... dont l'âme pure, charmante... Mais, que veux-je dire encore, et comment mon esprit s'égare-t-il malgré moi?

En relisant ce que je viens d'écrire, je me déterminerais à déchirer ma lettre, si je ne craignais de vous laisser voir jusqu'où va le désordre de mon esprit. Comment vous portez-vous? Je sais que vous avez été mal. Apprenez-moi, ma chère, si vous êtes bien rétablie, si votre mère est en bonne santé. Ne tardez pas, je vous en supplie, à me donner de si précieuses nouvelles. C'est une consolation que vous me devez; vous aurez la bonté d'adresser votre lettre à madame *Rachel Clark*, chez M. Fraith, gantier, dans *King's Street*. Votre réponse, quoique ma demeure soit un secret pour tout autre que vous, me sera remise avec toute la sûreté que vous pouvez désirer, pour vous ouvrir librement à votre misérable amie.

CLARISSE HARLOVE.

LETTRE CCLXXVIII.

MADAME HOWE, A MISS CLARISSE HARLOVE.

Vendredi, 30 juin.

Vous serez surprise, miss, de recevoir une lettre de moi. Je suis extrêmement fâchée de la triste situation où vous êtes. Une jeune personne qui donnait de si belles espérances ! Mais tel est le fruit de la désobéissance pour les parens. Pour moi, quelque penchant que j'aie à vous plaindre, je plains beaucoup plus votre père et votre mère.

Mais je vous prie, miss, de ne pas faire tomber ma fille dans la même faute, c'est-à-dire, dans celle de la désobéissance. Je lui ai défendu plus d'une fois toute correspondance avec une personne qui est devenue capable d'une si téméraire démarche. Cette liaison ne peut plus lui faire honneur. Vous n'ignorez pas quels ont été mes ordres ; et votre commerce ne laisse pas de continuer malgré le chagrin que j'en ressens. Ma fille m'a souvent marqué de l'humeur à cette occasion. *Les mauvais conseils,* miss... Vous n'ignorez pas le reste du proverbe.

Dans le monde où nous sommes, les gens ne peuvent être malheureux seuls. Il faut qu'ils enveloppent dans leur disgrâce leurs amis et leurs connaissances qui ont eu la discrétion de se garantir des mêmes erreurs. C'est ainsi que ma pauvre fille est continuellement dans la tristesse et dans les larmes. Je la vois insensible à son propre bonheur, parce que vous êtes dans l'infortune. Miss, miss, de quoi n'avez-vous pas à répondre, vous qui avez fait saigner autant de cœurs que vous aviez su vous faire d'amis! Quel autre modèle que miss Clarisse Harlove les pères et les mères proposaient-ils à leurs filles ?

Ma lettre devient longue, quoique je n'aie pensé qu'à vous défendre en peu de mots d'écrire à ma Nancy. J'y suis obligée par deux motifs : votre fausse démarche, et l'amertume dont vos lettres remplissent le cœur de ma fille. Si vous l'aimez, cessez donc de lui écrire. Il me semble qu'à présent vous ouvrez les yeux sur vos fautes. C'est le sort de toutes les filles inconsidérées, lorsqu'il est trop tard.

Peut-être vais-je trop loin. Je ne voulais qu'en dire assez pour faire connaître que je me déclare contre votre témérité, comme il convient à toute mère alarmée pour sa fille.

ANNABELLE HOWE.

P. S. J'envoie cette lettre par un exprès, mais avec ordre de la mettre au *Penny post*, pour ne pas vous donner l'occasion de me répondre.

LETTRE CCLXXIX.

MISS CLARISSE HARLOVE, A MADAME HOWE.

Samedi, 1er juillet.

Permettez, madame que je vous importune par quelques lignes, ne fût-ce que pour vous remercier de vos reproches, quoiqu'ils aient tiré de nouvelles gouttes de sang d'un cœur dont les plaies ne se refermeront jamais. Mon histoire est terrible. Elle a des circonstances qui exciteraient la pitié, si elles étaient connues, et qui pourraient faire porter de moi un jugement plus favorable. Mais c'est mon devoir, et ce le sera toujours, de me livrer au repentir de mes fautes, sans vouloir les excuser. Je ne pense à rien qui doive vous alarmer. Si je puis souffrir seule, je ne chercherai point à partager mes peines. J'avais pris la plume dans cette résolution lorsque j'ai fait la lettre qui est tombée entre vos mains. Ma seule vue par un motif particulier, autant que par l'affection sans bornes que je porte à ma chère miss Howe, était de savoir d'elle-même s'il est vrai qu'elle ait été malade, comme j'ai eu le chagrin del'entendre dire, et comment elle se porte à présent. A qui les malheureux adresseront-ils leurs plaintes, si ce n'est à leurs amis?

Miss Howe s'étant trouvée absente lorsque ma lettre est arrivée, je me flatte qu'elle est rétablie. Mais ce serait une satisfaction pour moi de savoir s'il est vrai que cette chère amie ait été malade.

Cependant je ne vous dissimulerai pas que l'amitié de miss Howe était ma seule douceur dans cette vie, et qu'une ligne d'elle serait aujourd'hui ma plus puissante consolation. Jugez donc, madame, quelle violence je me fais pour vous obéir. Il ne me reste qu'à supplier le ciel, qui daigne encore me laisser quelques rayons de sa grâce, quoiqu'il lui ait plu d'exercer sur moi sa justice, de me remplir le cœur d'un véritable repentir, et de prendre bientôt, dans sa miséricorde, la malheureuse.

CLARISSE HARLOVE.

P. S. J'ajoute, chère madame, que j'ai deux faveurs à vous demander : l'une, de ne pas faire savoir à ma famille que vous ayez reçu de mes nouvelles ; l'autre, de n'apprendre à personne au monde l'adresse sous laquelle on peut m'écrire ou découvrir ma retraite. De là peut dépendre, pour l'avenir, l'espérance que j'ai d'éviter de nouveaux désastres.

LETTRE CCLXXX.

MISS HOWE, A MISS CLARISSE HARLOVE.

Mercredi, 5 juillet.

Je reçois de vos nouvelles, ma très chère Clarisse, par une voie d'où j'en attendais peu, par celle de ma mère. Elle avait observé depuis quelque temps mon inquiétude et ma tristesse : et, supposant avec raison que vous en étiez l'objet, elle s'est assez ouverte aujourd'hui pour me faire juger qu'elle était mieux informée que moi de votre situation. Enfin, s'étant aperçue que cette conjecture ne faisait qu'aigrir mon chagrin, elle m'a confessé qu'elle avait entre les mains une lettre de vous, du 29 juin, qui m'était adressée.

En vérité, ma chère, il est surprenant, mais très surprenant que, sachant si bien la défense qui m'interdit tout commerce avec vous, vous ayez pu m'adresser une lettre chez ma mère, tandis qu'il y avait cinquante à parier contre un qu'elle tomberait entre ses mains.

En un mot, elle a paru fort offensée de ma désobéissance. Je n'ai pas été moins piquée qu'elle ait ouvert et retenu mes lettres. Notre dispute s'est terminée par un compromis. Ma mère m'a donné la lettre et la permission de vous écrire une fois ou deux ; et je me suis engagée à lui faire voir ce que je vous écrirais. Au fond, sans compter l'estime qu'elle a pour vous, sa curiosité lui suffisait pour lui faire souhaiter d'apprendre le sujet de vos plaintes, et l'occasion d'une lettre où votre tristesse est exprimée d'un ton si touchant.

Faut-il que je vous rappelle, ma chère Clarisse, trois de mes lettres que vous avez laissées sans réponse, excepté la première, à laquelle vous avez répondu en deux mots, sous prétexte de mauvaise santé; quoiqu'un jour ou deux après avoir reçu la seconde, vous vous soyez assez bien portée pour retourner joyeusement dans l'infâme maison? Je ne passerai pas sans un peu plus d'explication sur ces trois lettres.

Je vous avoue que cette lettre fatale m'a percé le cœur. Grand Dieu! Dans quel abîme vous êtes-vous précipitée, miss Clarisse? Aurais-je pu croire qu'après vous être échappée, avec tant de peine et de si justes raisons, des mains de votre persécuteur, vous vous laissassiez engager, non seulement à lui pardonner, mais à retourner avec lui dans cette horrible maison? Je ne reviens pas de mon étonnement. Quelle est donc l'ivresse de l'amour? C'est ce qui m'a toujours fait trembler pour vous. *Vous n'avez pas eu le bonheur d'échapper!* Eh! quelle autre espérance en aviez-vous pu concevoir? *Vous avez un récit horrible à me faire!* Il n'est pas besoin, ma chère, de me donner plus d'explication. Je vous aurais prédit tout ce qui vous est arrivé, si vous m'aviez seulement appris que votre dessein était de rentrer sous son pouvoir, après avoir eu tant de peine à vous en délivrer. *Votre repos est détruit par les fondemens*; je n'en suis pas surprise, puisque vous avez à vous reprocher une crédulité si mal entendue. *Votre raison même est altérée!* Mon cœur saigne assurément pour vous: mais vous me pardonnerez, ma chère, si je doute que votre raison ait été tout à fait saine, lorsque vous avez pu quitter Hamstead. Avec la liberté de votre jugement, vous ne lui auriez jamais laissé découvrir votre retraite, et vous auriez encore moins consenti à retourner dans un lieu d'infamie.

Je vous ai donc écrit trois lettres. La première est allée heureusement jusqu'à vous, puisque vous m'en avez assurée par quelques mots de réponse. Si vous n'aviez pas eu cette attention, je n'aurais pas été sans inquiétude pour ma propre sûreté; car c'est dans cette lettre que je vous informais du caractère de votre demeure, et que je vous inspirais de si justes défiances du côté de votre Tomlinson, qu'il doit me paraître incroyable que vous ayez pu retourner dans cette maison après le bonheur que vous aviez eu d'en sortir. Ma seconde lettre, en date du dix juin, vous fut remise en mains propres, à Hamstead, sur un lit de repos, où vous étiez couchée, le visage enflammé et dans un assez triste état, suivant le récit de mon messager. La troisième était datée du 20 juin. N'ayant rien reçu de vous depuis votre billet de Hamstead, j'avoue que, dans cette dernière lettre, je ne vous épargnais pas. Je m'étais servie de l'ancienne voie de Wilson, parce que je n'en avais pas d'autre: ainsi, je ne suis pas sûre que vous l'ayez reçue. Si vous l'aviez reçue, je m'imagine qu'elle vous aurait trop touché pour être sortie de votre mémoire.

Vous avez appris, dites-vous, que j'ai été malade. Il est vrai que j'ai été enrhumée, mais si légèrement, que je n'ai pas gardé ma chambre. Je ne doute pas qu'on ne vous ait appris, qu'on ne vous ait raconté bien des choses singulières pour vous porter à la démarche où vous vous êtes engagée. Mais, hélas! ma chère, nous voyons qu'il faut se défier des plus sages, lorsque l'amour, comme un feu follet, présente à leurs yeux ses dangereuses lumières.

Ma mère me dit qu'elle a fait réponse à votre lettre pour vous prier de ne plus m'écrire, parce que votre situation m'afflige. Je suis affligée, n'en doutez pas ; vivement affligée et trompée même dans mon attente, car j'avais toujours cru qu'il n'y avait pas au monde de femme telle que vous à votre âge.

La chaleur de mon affection et ma vive inquiétude pour votre honneur me rendent peut-être un peu trop sévère. Attribuez cet excès à sa véritable cause : à cette affection même, à cette inquiétude qui feront le malheur de ma vie, si l'avenir justifie mes craintes.

ANNE HOWE.

P. S. Ma mère ne s'en est fiée qu'à ses propres yeux. Elle a voulu faire elle-même la lecture de ma lettre. Ainsi notre correspondance passée n'est plus un secret pour elle. Mais elle la trouve excusable. Elle s'en est toujours défiée, dit-elle, parce qu'elle connaît la force de mon amitié. L'intérêt qu'elle prend à votre situation va si loin que pour votre consolation autant que pour la mienne elle consent que vous m'écriviez tout ce qui s'est passé entre vous et le plus vil des hommes, à la seule condition que vos lettres lui seront communiquées.

Ma mère promet de me faire lire la copie de sa réponse et votre réplique, dont elle ne m'avait point encore parlé. Elle se reproche déjà de vous avoir traitée trop sévèrement. Mais elle craint que la vue de votre dernière lettre ne fasse trop d'impression sur moi. Cependant j'ai sa parole, dont je ne la dispenserai pas.

Ma lettre vous sera remise par un exprès qui est chargé de recevoir vos ordres pour la réponse. Votre monstre pourrait découvrir vos traces par la poste, si vous n'y apportez pas les plus soigneuses précautions. De l'esprit, de l'argent et de mauvaises inclinations rendent un homme dangereux pour le monde entier.

LETTRE CCLXXXI.

MISS CLARISSE HARLOVE, A MISS HOWE.

Jeudi, 6 juillet.

Personne n'a jamais éprouvé comme moi que le véritable bonheur ne consiste pas dans l'accomplissement de nos propres désirs. Que n'aurais-je pas donné depuis quelques semaines pour recevoir une lettre de ma chère miss Howe, dont l'amitié faisait ma seule consolation ! Je ne m'imaginais guère que la première lettre qu'elle me ferait la grâce de m'écrire serait dans un style qui m'obligeât de jeter les yeux plus d'une fois sur son seing pour m'assurer que les deux lettres qui le composent ne sont pas le commencement d'un autre nom : car assurément, me disais-je à moi-même, ce style est celui de ma sœur Arabelle.

Mais, dans la misérable situation où je suis réduite, sans bien, sans honneur, sans amis, sans espérance, me convient-il de me plaindre d'une chère amie, parce qu'elle n'a pas pour moi plus de bonté qu'une sœur ? Hélas ! je ne m'aperçois que trop, à l'amertume des sentimens qui s'élèvent dans mon âme, que je ne suis point encore assez soumise à ma condition. Ce n'est pas sur votre indulgence passée, c'est sur ce que je mérite aujourd'hui, que je devais régler mon attente. Je m'efforcerai, ma chère, de faire la réponse que vous me demandez. Elle sera si longue, que je n'espère pas de pouvoir vous l'envoyer demain par votre messager : mais il m'assure qu'il peut l'attendre jusqu'à samedi. C'est donc pour samedi que je vous promets toute l'histoire de mon infortune.

Vous me dites que, dans votre première lettre, vous m'avez fait une peinture assez fidèle de la maison où j'étais, et que vous m'avez assez précautionnée contre ce Tomlinson, peur être fort étonnée que j'aie pu consentir à retourner sur mes traces. Hélas! ma chère, j'ai été trompée, barbarement trompée, par les plus lâches artifices. Sans avoir connu l'infamie de cette maison par des éclaircissemens qui ne sont pas venus jusqu'à moi, j'avais conçu pour les habitans une aversion qui ne m'aurait jamais permis d'y retourner. Si vous m'aviez communiqué, en effet, les informations dont vous me parlez, elles seraient arrivées assez tôt, et j'en aurais pu tirer un avantage infini. Mais, quelle qu'ait été votre intention, vous ne m'en avez pas dit un mot dans la première de ces trois lettres auxquelles vous me rappelez avec tant de chaleur, et, pour vous en convaincre, je vous l'envoie dès aujourd'hui sous cette enveloppe.

Ce que vous me dites d'une second lettre qui m'a été remise en mains propres, et la description de l'état où j'étais *couchée*, dites-vous, *sur un lit de repos*, le visage enflammé, etc., m'étonne et me confond. Ciel, aie pitié de la malheureuse Clarisse! Que voulez-vous dire? Quel exprès m'avez-vous envoyé! Etait-ce quelque suppôt de M. Lovelace? Je n'étais donc environnée que de ses complices! En vérité, ma chère, je ne comprends pas une syllabe à ce récit. Voyons : vous dites que c'est avant mon départ d'Hamstead! Ma tête n'avait encore souffert aucun désordre. Ma santé s'était soutenue contre l'excès de mes douleurs. Comment aurais-je pu me trouver dans l'état où votre messager m'a représentée? Mais il est certain que je n'ai reçu de vous aucun messager. J'étais surprise de ne pas entendre parler de vous. On me dit d'abord que vous étiez malade; ensuite, que vous aviez eu quelque dispute avec votre mère à mon occasion, et que vous poussiez le ressentiment jusqu'à rejeter les visites de M. Hickman. Je supposais, tantôt que vous n'étiez pas en état d'écrire, tantôt que la défense de votre mère faisait une juste impression sur vous. Mais je vois aujourd'hui avec la dernière clarté que ce méchant homme doit avoir intercepté votre lettre.

C'était, dites-vous, le dimanche, 11 de juin, que votre exprès me remit la lettre. Ce jour-là, j'allai deux fois à l'église avec madame Moore. M. Lovelace demeura, pendant mon absence, chez cette femme, où je n'avais pas voulu souffrir qu'il se logeât. Il faut que ç'ait été dans l'un ou l'autre de ces deux temps que le messager se soit laissé séduire. Vous le saurez aisément, ma chère, en vous informant à quelle heure il arriva chez madame Moore. Si quelqu'un m'avait vue dans la suite, après mon retour dans l'horrible maison, combattant contre l'effet d'un abominable breuvage, et privée absolument de l'usage de ma raison, peut-être alors m'aurait-on trouvée dans l'état que vous décrivez; mais pendant le séjour de Hamstead, votre pauvre Clarisse était bien éloignée, comme aujourd'hui, d'avoir le visage enflammé. En un mot, ce ne peut être moi que votre messager a vue.

Je vais m'occuper uniquement à vous dévoiler la partie la plus ténébreuse de ma triste histoire, autant du moins que l'affreuse nature du sujet me le permettra. Je ne dois pas être trop réservée non plus sur les circonstances pour ne pas m'exposer au soupçon de chercher à les affaiblir. Mais si vous pouviez vous imaginer combien cette seule idée m'accable, vous me croiriez digne de votre pitié.

Je prends un peu de relâche ici pour employer toutes mes forces à cette entreprise, heureuse si mes explications vous prouvent du moins ma bonne foi et la constance de mon amitié.

Trois lettres sont employées au récit de tout ce qui s'était passé à Hamstead, surtout avec les deux femmes que M. Lovelace avait données pour ses parentes ; à peindre leur perfide adresse dans les moyens qu'elles avaient employés pour la conduire à Londres et pour l'engager à descendre chez madame Sinclair ; à représenter sa douleur et ses transports, lorsqu'elle s'était vue dans la nécessité d'y passer la nuit ; à décrire les effets d'un verre d'eau qu'elle avait demandé, la pesanteur qu'elle avait ressentie, l'assoupissement où elle était tombée, enfin toutes les horreurs de cette nuit fatale et l'égarement de sa raison. Elle passe ensuite aux autres scènes, jusqu'au jour de son évasion.

Aussitôt que je me vis dans un lieu de sûreté, je ne pensai qu'à prendre la plume pour vous écrire. Je ne pouvais attribuer votre silence qu'à la maladie. Mais, au lieu de cinq ou six lignes que je m'étais proposé d'écrire, mon cœur affligé se répandit malgré moi dans ma lettre. Les alarmes dont je n'étais pas encore revenue pour le succès de ma fuite, la fatigue de ma marche, la difficulté que j'avais eue à me procurer un logement, joint à l'image présente de tout ce que j'avais souffert, aux circonstances de ma situation, aux nouveaux sujets de crainte que j'envisageais dans l'avenir, m'avaient jetée dans un trouble dont toutes mes expressions doivent se ressentir. Mais, désespérant d'en faire une meilleure quand j'aurais pris le parti de la recommencer, je me déterminai à la faire partir.

Celle que je reçus de votre mère fut un coup terrible qui fit saigner d'abord toutes mes plaies. Cependant je remerciai bientôt le ciel d'un autre effet qu'elle produit. Au milieu des noires vapeurs qui m'assiégeaient, et dans un excès d'abattement dont je n'espérais plus de me relever, elle eut le pouvoir de réveiller mon attention et de ranimer mes esprits, pour me faire combattre les maux dont j'étais environnée. Mais je déplorai sincèrement, comme je le fais encore, suivant l'idée de votre mère, de me voir au nombre de ces malheureuses *qui ne peuvent l'être seules*.

Cet incident m'a rendu la force d'écrire à milady Lawrance, à madame Norton, et même à madame Hodges. Je vous envoie mes lettres et les réponses. Vous verrez qu'il ne manque rien à la révélation des plus lâches impostures. Cependant je ne cesse pas d'admirer comment le misérable Tomlinson a pu se procurer diverses lumières, qui m'ont excitée à lui donner ma confiance.

Je ne doute pas qu'en approfondissant l'histoire de madame Fretchvill et de sa maison, je n'y découvrisse une autre source de pratiques et d'inventions de la même noirceur. Mais que reviendrait-il de pousser plus loin ces affreux éclaircissemens ?

Quelle chaîne de crimes et de perfidies ! Quelle sera la fin du parjure et de l'imposteur ?

A présent, madame, et ma très chère miss Howe, vous que je reconnais pour mes juges, permettez qu'en finissant ce triste récit je vous demande à toutes deux une faveur à laquelle j'attache beaucoup d'importance : c'est de n'ouvrir jamais la bouche sur les potions et les violences que l'enfer a fait employer pour ma ruine. Non que je cherche à dérober ma disgrâce aux yeux du public ; mais des attentats de cette nature exposant les coupables à toute la rigueur des lois, croyez-vous que si M. Lovelace et ses complices étaient poursuivis, je fusse capable de paraître devant un tribunal de justice, et d'y soutenir le rôle auquel je serais forcée pour leur conviction? Puisque mon caractère était flétri aux yeux du monde, avant cette horrible catastrophe, et depuis le moment où j'ai quitté la maison de mon père ; puisqu'il ne me reste aucun fonds d'espérance sur la terre, laissez-moi descendre tranquillement au tombeau. Une larme, une seule larme d'amitié, qui tombera des yeux de ma chère miss Howe, à l'heureux moment où la mort fermera les miens, est l'unique bien qui puisse flatter la tendresse de mon cœur.

LETTRE CCLXXXII.

MISS HOWE, A MISS CLARISSE HARLOVE.

Dimanche, 9 juillet.

Puisse le ciel signaler sa vengeance aux yeux de l'univers, sur le plus criminel et le plus abandonné de tous les hommes ! Et je ne doute pas que tôt ou tard l'effet ne réponde à mes vœux.

Autre découverte, ma chère. Avec quelle horrible malice vous avez été jouée ! Je vous ai crue très circonspecte, très pénétrante ; mais, hélas! vous ne l'étiez pas assez pour le perfide à qui vous aviez à faire.

La lettre du 7 de juin que vous m'envoyez comme une des miennes, est une lettre forgée. Le caractère, à la vérité, ressemble beaucoup au mien, et l'enveloppe est celle même de ma lettre; cependant, si vous aviez eu le moindre soupçon de l'imposture, vous qui connaissez si bien ma main, vous n'y auriez pas été trompée. En un mot, cette infâme lettre, quoique assez longue, ne contient qu'une partie de la mienne. Tout ce qui pouvait vous éclaircir sur l'horrible caractère de la maison et vous rendre Tomlinson suspect, est entièrement supprimé. Vous en jugerez vous-même par l'esquisse que j'avais gardée et que je veux vous envoyer.

Un juste égard pour notre sûreté commune m'oblige, ma chère, de vous exciter à la vengeance contre ce monstre infernal. Ce qui m'étonne dans ce récit, c'est que le détestable brigand, qui n'a pu deviner à quelle heure mon messager devait arriver, ait trouvé sur-le-champ une créature disposée à vous représenter. Je réponds de l'honnêteté du jeune homme ; mais il est bien étrange qu'il soit arrivé pendant que vous étiez à l'église, comme je le vérifie en comparant son récit avec vos explications, tandis qu'il devait être chez madame Moore deux heures plus tôt. Que ne m'aviez-vous marqué, ma chère, que le monstre avait découvert votre retraite, et qu'il était autour de vous?

On ne me reprochera pas d'avoir jamais eu trop de crédulité pour les histoires de spectres, de démons et d'esprits familiers qui se racontent entre les jeunes filles; cependant je crois que, pour expliquer le succès de tant d'impostures et de trahisons, il faut supposer que si ce misérable n'est pas un démon lui-même, il en a sans cesse une demi-douzaine à ses ordres. Tantôt je leur vois prendre la figure de l'abominable Tomlinson, tantôt celle de l'exécrable Sinclair, tantôt celle de milady Lawrance. Mais lorsqu'ils ont voulu paraître sous la forme angélique de ma chère amie, voyez quel hideux masque ils ont pris aux yeux de mon messager. C'est mon opinion, ma chère, qu'aussi long-temps que le monstre n'aura pas quitté l'Angleterre, il n'y a pas plus de sûreté pour vous dans le nouvel asile où vous êtes.

Je ne me borne point à vous envoyer l'esquisse de ma longue lettre du 7. J'y joints les principaux articles de celle que vous deviez recevoir à Hamstead. Vous jugerez, après les avoir lus, combien ma surprise était juste de ne recevoir aucune réponse à ces deux lettres, et combien elle dut redoubler, lorsque madame Townsend m'écrivit de Hamstead « que M. Lovelace, après y avoir passé plusieurs jours avec vous, avait amené chez madame Moore sa tante et sa cousine, qui vous avaient fait consentir à retourner avec elles dans votre premier logement; que les femmes de Hamstead vous croient mariée, et m'accusaient d'avoir entretenu la mauvaise intelligence entre vous et M. Lovelace; qu'il était à Hamstead le jour d'auparavant, c'est-à-dire le mercredi 14, et qu'il s'était applaudi de son bonheur; qu'il avait invité madame Moore, madame Bevis et miss Rawlings à faire le voyage de Londres pour rendre visite à son épouse; qu'il avait déclaré que vous aviez repris un nouveau goût pour votre première demeure, et qu'il avait satisfait honorablement à votre dépense, pendant le peu de jours que vous aviez passés chez madame Moore. »

Je ne vous déguiserai pas, ma chère, que ces apparences m'avaient causé assez d'étonnement et de chagrin, pour me faire prendre la résolution de demeurer aussi tranquille qu'il me serait possible, et d'attendre qu'il vous prît envie de me répondre. Cependant je ne pus modérer longtemps mon impatience, et le 20 juin je vous écrivis une lettre assez vive, que vous n'avez pas reçue.

Quelle fatalité dans toute votre aventure, depuis le premier moment jusque aujourd'hui ! Si ma mère avait permis... Mais puis-je la blâmer, lorsque vous avez un père et une mère qui méritent tant de reproches! si l'on considère quelle fille ils ont chassée, persécutée, indignement abandonnée!

Après tout, c'est sur votre monstre que retombent toujours mes imprécations, avec le regret de les voir malheureusement impuissantes. Il y a beaucoup d'apparence que, dans son insupportable présomption, il a compté d'abord sur une conquête plus aisée. Mais lorsque votre vigilance sans exemple et votre incomparable vertu l'ont mis dans la nécessité d'employer les breuvages, le rapt et les dernières violences, vous voyez que l'idée du crime ne l'a jamais effrayé.

Quelle doit être la satisfaction d'un père et d'une mère, qui ont heureusement disposé de leur fille en faveur d'un homme vertueux! Qu'une jeune femme est heureuse de se trouver sous la protection d'un mari digne de son respect autant que de son amour! Si Clarisse Harlove n'est pas échappée, qui se flattera d'être à couvert du danger?

Ma mère m'a donné ordre de vous communiquer ses idées sur le fond de votre déplorable aventure. Je le ferai dans une autre lettre, que je me propose de vous envoyer avec celle-ci par un exprès. A l'avenir, mon dessein, si vous l'approuvez, est d'employer l'ancienne voie de Collins, qui laissera mes lettres à la Tête du Sarrasin, près de Saint-Dunstan. Vous y enverrez les vôtres, qu'il ne prendra pas moins fidèlement, excepté celles que d'autres raisons peuvent vous porter à faire partir par la poste. Mais il faudra bientôt que celles-là soient adressées, comme autrefois, à M. Hickman; ma mère paraît déterminée à faire dépendre la liberté de notre correspondance, d'une condition à laquelle je doute que vous vous soumettiez, quoique je le désire beaucoup; c'est ce que je remets à vous expliquer dans une autre lettre.

ANNE HOWE.

LETTRE CCLXXXIII.

MISS HOWE, A MISS CLARISSE HARLOVE.

Lundi, 10 juillet.

Je reprends la plume, pour obéir à l'ordre de ma mère.

Elle revient encore à son ancienne chanson. — Vos malheurs, dit-elle, ont leur source dans le fatal contre-temps qui vous arracha de la maison paternelle; car elle est persuadée qu'après une nouvelle épreuve, qui devait être la dernière, vos parens étaient résolus de céder à votre aversion, s'ils l'avaient trouvée insurmontable. Mais, après tant de ridicules expériences, n'était-ce pas une folie de supposer que vos dispositions pussent changer? A l'égard des indignités que vous avez essuyées de la part du plus vil de tous les hommes, elle pense constamment que s'il n'y a point d'exagération dans votre récit, comme elle en est persuadée, vous devez le poursuivre dans toute la rigueur des lois, lui et ses complices. Elle demande quels assassins, quels ravisseurs seraient jamais appelés en justice, si la modestie était une raison qui pût dispenser notre sexe de paraître devant les tribunaux pour révéler leurs crimes? Si vous manquez là-dessus à ce qu'elle nomme votre devoir, elle vous croit responsable de tous les maux qu'il peut causer dans le cours de son infâme vie.

— Qui croira jamais, m'a-t-elle dit, que miss Harlove parle de bonne foi, lorsqu'elle assure qu'il lui importe peu que ses disgrâces demeurent cachées, si la crainte ou la confusion l'empêche de paraître, et de demander justice pour elle-même et pour son sexe? Ne la soupçonnera-t-on pas plutôt d'appréhender qu'on ne découvre de sa part quelque faiblesse, quelque trace d'amour, dans les informations et les éclaircissemens?

Elle pense aussi, et je suis de la même opinion, que ses infâmes complices doivent subir la punition qu'elles méritent.

Elle m'a dit encore que si miss Clarisse ne trouve pas dans son intérêt propre des raisons assez fortes pour lui faire souhaiter une vengeance publique, elle doit vaincre ses scrupules par considération pour sa famille, pour ses amis et pour son sexe, qui participent visiblement à sa disgrâce. Enfin, ma chère, elle déclare qu'à la place de votre mère, elle ne vous pardonnerait pas à d'autres conditions; et si vous vous y soumettez, elle promet d'entreprendre elle-même de vous réconcilier avec votre famille.

Voilà, ma chère amie, quels sont ses sentimens sur votre infortune et sur votre situation. Il me semble que les lois devraient obliger une femme injuriée à poursuivre l'offenseur, et faire un crime capital de la séduction, lorsque l'innocence éclate d'un côté, et qu'on découvre de l'autre une suite d'artifices étudiés.

Ma mère m'ordonne d'ajouter qu'elle insiste sur la nécessité de déférer votre monstre à la justice. Elle répète qu'à cette condition, non seulement elle ne s'opposera plus à notre correspondance, mais qu'elle entreprendra de vous réconcilier avec vos proches.

Ne tardez point à me faire connaître vos idées, supposez néanmoins

que les nôtres soient approuvées de votre famille. Mais quelque parti que vous preniez, mes plus ardentes prières seront pour obtenir du ciel qu'il répande dans votre cœur blessé la douceur de ses consolations.
ANNE HOWE.

Aux deux lettres précédentes, qui furent envoyées par un exprès, miss Howe joignit le billet suivant :

Il m'est impossible, ma très chère Clarisse, de laisser partir ces deux lettres sans vous prévenir sur quelques expressions moins tendres que je ne l'aurais souhaité, mais que je me suis vue comme forcée d'employer, parce qu'elles devaient être soumises à l'inspection de ma mère. Cependant le principal motif de ce billet est pour vous offrir de l'argent, et les autres nécessités qui doivent vous manquer. Faites-moi savoir en même temps si je puis vous être utile, par moi-même ou par ceux sur qui j'ai quelque pouvoir. Je tremble que votre retraite ne soit pas assez sûre. Cependant tout le monde est persuadé qu'il n'y a pas d'asile comparable à Londres.

LETTRE CCLXXXIV.

MISS CLARISSE HARLOVE, A MISS HOWE.

Mardi, 11 juillet.

J'approuve le moyen que vous me proposez pour la sûreté de nos lettres. Je suis fort éloignée de me croire parfaitement à couvert. Mais que puis-je faire de mieux ? De quelle autre retraite ai-je le choix ? Le mauvais état de ma santé, qui s'altère chaque jour de plus en plus, à mesure que la réflexion irrite mes douleurs, deviendra peut-être ma plus sûre protection. Je pensais autrefois à quitter l'Angleterre ; et si je voyais bien loin devant moi, c'est un parti que j'embrasserais volontiers : mais comptez, ma chère, que le coup fatal est porté. Quel cœur aurait été capable de résister ? Au fond, mon unique amie, je désire ardemment cette dernière scène, qui terminera tout, et je trouve tant de consolation à voir décliner mes forces, que je regrette quelquefois d'avoir reçu du ciel cette excellente constitution, qui peut encore éloigner, pour quelque temps, l'unique bonheur où j'aspire.

A l'égard des poursuites auxquelles vous m'exhortez, peut-être m'expliquerai-je sur ce point avec plus d'étendue que je n'en suis capable à présent, du moins si j'en ai la force, car je me sens extrêmement affaiblie ; mais ce que je puis dire aujourd'hui, c'est qu'il n'y a point de maux auxquels je ne me soumisse plus volontiers qu'à paraître publiquement devant un tribunal de justice pour y faire entendre mes plaintes. Je suis vivement affligée que votre mère attache la liberté de notre correspondance à cette condition. Cependant, comme votre amitié dépend plus du cœur que de la main, je me flatte qu'elle ne m'en sera pas moins conservée. O ma chère ! quel fardeau que la malédiction d'un père ! Vous ne vous imagineriez pas...

J'ai écrit à miss Rawlings, de Hamsteadt ; et sa réponse éclaircit les lâches inventions par lesquelles ce méchant homme s'est procuré votre lettre du 10 juin. « En substance, j'informais miss Rawlings de ce qui m'était arrivé par la trahison des deux femmes qui avaient osé se revêtir d'un nom respectable ; et je lui déclarais que je n'avais jamais été mariée. Je la suppliais de s'informer particulièrement, et de m'apprendre qui avait pris mon nom chez madame Moore, le dimanche 11 juin, tandis que j'étais à l'église, pour recevoir une lettre qui m'aurait sauvée de ma ruine, si j'avais eu le bonheur de la recevoir. Enfin, je la priais de m'envoyer le compte de ma dépense chez madame Moore, pour me donner le pouvoir de m'acquitter ; et dans la crainte d'être observée par M. Lovelace, je lui marquais une adresse détournée, dont je me croyais sûre. »

Miss Rawlings m'apprend, dans sa réponse : « que le misérable avait engagé madame Bevis à me représenter dans mon absence ; qu'il paraît que cette idée lui était venue sur-le-champ, à l'arrivée de votre messager ; que madame Bevis s'était laissé persuader, par la fausse supposition de vos efforts continuels pour ruiner la paix de notre mariage, et qu'elle avait reçu votre lettre sous mon nom. Elle excuse l'intention de cette jeune femme. Elle prend une part fort vive à mes infortunes. Elle m'apprend d'ailleurs qu'il a payé fort honorablement sa dépense et la mienne. »

Je vous rends grâce, ma chère, de m'avoir envoyé le brouillon de vos deux lettres interceptées. Je vois l'extrême avantage qu'il en a pu tirer, pour le succès de ses lâches desseins contre une fille infortunée dont il a fait son jouet si long-temps. Que je suis lasse de la vie ! Souffrez que je le répète. Que je sens croître l'amertume de mon cœur, lorsque je considère que les seules lettres qui pouvaient m'informer de ses horribles vues, m'armer contre lui et contre ses infâmes complices, sont celles qui sont tombées entre ses mains ! Quel malheur pour moi, que mon évasion même lui ait donné l'occasion de les recevoir !

Cependant je ne laisse pas de m'étonner que ce Tomlinson ait pu découvrir ce qui s'était passé entre M. Hickman et mon oncle. De toutes les circonstances, c'est celle qui m'a le plus aveuglée sur le caractère de cet imposteur. Les moyens par lesquels M. Lovelace est parvenu lui-même à me trouver dans Hamstead ne demeureront pas moins impénétrables pour moi. Mais j'ose me promettre, de la bonté du ciel, un sort heureux dans une autre vie, tandis que le sien... Hélas ! mes désirs de vengeance ne vont pas jusqu'à cet excès. Adieu, ma très chère amie. Puissiez-vous être heureuse ! Alors votre Clarisse ne sera pas tout à fait misérable.

LETTRE CCLXXXV.

MISS HOWE, A MISS CLARISSE HARLOVE.

Mercredi au soir, 12 juillet.

Votre abattement, ma très chère Clarisse, me jette dans des alarmes qui m'ôtent le repos et le sommeil. Souffrez, ma chère, mon excellente amie, souffrez que je vous conjure de ne pas vous abandonner à vos peines. Consolez-vous, au contraire ; mettez votre consolation dans le triomphe d'une vertu sans tache et d'une intention irréprochable. Quelle autre femme eût été capable de résister aux épreuves que vous avez surmontées ? Le retour de M. Morden ne peut être éloigné. C'est une protection que le ciel vous réserve. Vous obtiendrez justice, et pour vous-même, et pour les biens qui vous appartiennent.

Mais pourquoi, ma chère, cette continuation d'ardeur pour votre réconciliation avec une famille implacable, qui mérite si peu vos sentimens, et dont les désirs d'ailleurs sont gouvernés par un frère avide, qui trouve son avantage à tenir la brèche ouverte? C'est sur cette passion de vous réconcilier que le plus vil des hommes a fondé toutes ses ruses.

Je charge de cette courte lettre le même jeune homme que je vous ai envoyé chez madame Moore. Permettez, je vous prie, qu'il vous voie, pour le mettre en état de me rendre compte de votre santé. M. Hickman se serait déjà procuré l'honneur de vous voir, si je n'appréhendais que nos mouvemens ne fussent observés par votre abominable monstre. Je ne vous cacherai pas que je fais observer moi-même toutes les démarches de ce perfide. Ses complots de vengeance m'alarment si vivement, depuis que je suis informée du sort de mes deux lettres, qu'il fait le sujet de mes craintes jusque dans mes songes.

Ma mère s'est laissé vaincre par mes instances. Elle vient de m'accorder la permission de vous écrire et de recevoir vos lettres; mais elle y met deux conditions: l'une, que vous m'écrirez sous l'enveloppe de M. Hickman, dans la vue apparemment de lui attirer de moi plus de considération; l'autre, qu'elle verra toutes nos lettres.

Apprenez-moi chez quelles gens vous êtes logée. Vous enverrai-je madame Townsend pour vous procurer une autre retraite, ou plus sûre ou plus commode? Adieu, mon admirable amie, mon excellente Clarisse.

ANNE HOWE.

LETTRE CCLXXXVI.

MISS CLARISSE HARLOVE, A MISS HOWE.

Jeudi, 13 juillet.

Quel regret n'ai-je pas, ma chère miss Howe, d'être la malheureuse occasion de vos craintes! Mais si j'apprends que ce méchant homme entreprenne jamais quelque chose contre vous ou contre M. Hickman, je vous assure que je consentirai à le poursuivre en justice, quand je devrais mourir à la vue du tribunal.

Je reconnais, sur ce point, toute la justice des raisons de votre mère. Mais elle me permettra de répondre que mon histoire a des circonstances qui m'obligent de penser autrement.

Cette fois, votre messager peut vous assurer qu'il m'a vue. Je lui ai parlé de l'imposture par laquelle il s'est laissé tromper à Hamstead; et je suis fâchée de pouvoir dire, avec raison, que s'il n'avait pas été si simple et tout à la fois si rempli de lui-même, il n'aurait pas donné si grossièrement dans le piége. Madame Bevis peut alléguer la même excuse en sa faveur; c'est une femme de bon naturel, mais inconsidérée.

Il me semble que je ne puis être moins connue que dans la retraite où je suis. S'il reste quelque danger, c'est lorsque je vais à l'église ou que j'en reviens. Mais je fais ce petit voyage de très bonne heure, et vraisemblablement ce n'est point à l'église que je rencontrerai les misérables dont j'ai eu le bonheur de me délivrer. D'ailleurs, je me place dans le banc le plus obscur, soigneusement enveloppée dans ma mante.

L'homme chez lequel je suis logée se nomme Smith; c'est un marchand gantier, qui vend aussi des bas, des rubans, du tabac d'Espagne et d'autres marchandises. Sa femme, qui garde ordinairement la boutique, est d'un caractère vertueux et prudent. Ils vivent entre eux dans une parfaite intelligence. Deux chambres au premier étage, meublées avec plus de propreté que de richesse, composent mon appartement. Le second est occupé par une digne veuve, nommée madame Lovick. Je me propose de lier une étroite connaissance avec elle.

Je vous dois, ma chère, les plus tendres remerciemens pour vos sages avis et vos consolations : ma confiance au secours du ciel me fait espérer qu'il soutiendra mes forces contre cette espèce de désespoir ou d'abattement dont la religion fait un crime, surtout lorsque, pour m'en défendre, je puis penser, comme vous le dites, que mon malheur ne vient ni de ma légèreté, ni d'aucun égarement volontaire. Cependant la disposition implacable de ma famille, que j'aime avec la plus parfaite tendresse; mes alarmes du côté de ce méchant homme, qui ne me laissera pas, sans doute, un moment de repos ; la situation où je me trouve réduite, à mon âge, sans protection, avec peu de connaissance du monde ; mes réflexions sur le scandale que j'ai causé, joint au douloureux sentiment des outrages que j'ai reçus d'un homme dont je n'avais pas mérité cet excès de barbarie et d'ingratitude, toutes ces raisons ensemble produiront infailliblement l'effet auquel je ne puis me défendre d'aspirer. Plus lentement peut-être que je ne le désire, parce que la bonté de ma constitution résistera quelque temps malgré moi.

Actuellement ma tête est dans un extrême désordre ; mes idées n'ont pas encore été bien nettes depuis la violence que mon esprit et mon cœur ont essuyée, par les détestables artifices dont je suis la victime. Cependant il peut me rester d'autres combats à soutenir. Le ciel n'a pas achevé son ouvrage, si c'est ma patience qu'il veut éprouver. Je le bénirai de toutes les peines dont sa bonté ne me fera qu'une épreuve ; mais comment regarder cette terrible partie de la malédiction de mon père ?....

Je n'ajouterai, ma chère, que des remerciemens à votre mère, de l'indulgence qu'elle a pour nous, et des complimens tels que je les dois à M. Hickman. Pour vous, qui êtes ma tendre amie et la plus chère partie de moi-même, croyez-moi jusqu'à ma dernière heure, et même au delà, s'il est possible, votre

CLARISSE HARLOVE.

LETTRE CCLXXXVII.

M. LOVELACE, A M. BELFORD.

Vendredi, 17 juillet.

J'ai devant moi trois de tes lettres, auxquelles je dois réponse, et dans chacune desquelles tu te plains de mon silence.

Où veux-tu que je prenne le courage d'écrire, lorsque j'ai perdu le seul sujet qui méritait d'exercer ma plume ? Fais-moi retrouver mon ange, ma divine Clarisse, et la matière ne me manquera pas pour t'écrire à toutes les heures du jour et de la nuit. Je te décrirai chaque mouvement, chaque attitude de cet objet de mes adorations ; et dans son silence même je m'efforcerai de t'expliquer ce qu'elle pense, ou ce que je souhaiterais qu'elle pensât. Mais depuis que je l'ai perdue, je suis tombé dans un vide affreux : tout ce qui existe autour de moi, les élémens au milieu desquels je me trouve placé, la nature entière ne m'offre rien dont je puisse jouir.

Ah ! reviens, reviens, divinité de mon âme! reviens entre les bras de son adorateur. Qu'est-ce que la lumière, qu'est-ce que l'air, la ville, la campagne, qu'est-ce que le monde entier sans toi? Tout ce qu'il y a de charmes, de splendeur, d'harmonie, de joie dans l'univers, n'est qu'une partie de toi-même; et s'il fallait l'exprimer d'un seul mot, ce mot serait Clarisse.

N'est-il pas surprenant, Belford, qu'on ne puisse rencontrer cette chère fugitive, qu'on n'en découvre, qu'on n'en apprenne rien? Elle entend si peu la ruse, que si j'avais été libre, je suis sûr que j'aurais découvert ses traces, un quart d'heure après sa fuite. Mais le vieux pair continue d'être si mal, qu'il m'est impossible de m'éloigner. Que sa goutte, qu'on a trouvé moyen de faire descendre aux pieds, prenne heureusement assez de force pour remonter à l'estomac, je suis délivré de lui pour toujours. A présent qu'il est plus tranquille, il veut me voir au chevet de son lit, pendant deux heures entières, pour l'entretenir de mes intrigues. Maudit accès de tendresse, qui le prend si mal à propos! Et le bel amusement pour un malade! Aussitôt que la douleur se fait sentir, il prie matin et soir avec son aumônier. Je te demande quelle doit être la religion d'un homme qui soupire de joie après avoir articulé quelques prières, comme s'il se croyait sûr d'avoir fait sa paix avec le ciel, et qui me rappelle ensuite, avec un nouvel empressement, pour écouter mes *espiègleries*, m'excitant par ses éclats de rire, et me traitant d'agréable vaurien d'un ton qui marque assez le plaisir qu'il prend à m'entendre.

Mes deux cousines sont toujours présentes lorsque je l'amuse par mes récits. Les meilleures aventures deviendraient languissantes dans la bouche d'un historien, s'il n'avait qu'un auditeur pour applaudir. *Applaudir!* me diras-tu. Oui, Belford, applaudir. Quoique ces deux filles blâment quelquefois les faits, elles ne laissent pas de louer la manière, l'invention, mon adresse et mon intrépidité.

Mes cousines sont des filles assez raisonnables, qui ne manquent point d'esprit ni de sentimens. Hier, à l'occasion de quelques reproches que Charlotte me faisait sur une de mes aventures, je lui dis que j'avais mis plus d'une fois en délibération si je lui appartenais de trop près par le sang, et s'il ne m'était pas permis de l'aimer, du moins l'espace d'un ou deux mois. Peut-être, ajoutai-je, était-elle fort heureuse qu'un autre joli visage, qui s'était présenté dans le même temps, eût fait prendre un autre cours à mes inclinations, lorsque j'étais prêt à les suivre. Mes trois auditeurs levèrent tout à la fois les mains et les yeux; mais les exclamations des deux miss ne m'empêchèrent pas d'observer qu'elles étaient moins irritées de ce langage ouvert que ma charmante ne l'a quelquefois été de certaines expressions obscures qui m'ont fait admirer sa pénétration.

Le vieux pair me parle souvent de cette adorable personne, et mes cousines le secondent avec beaucoup de zèle. Il espère, dit-il, que je ne serai pas assez malhonnête homme pour manquer d'honneur à l'égard d'une fille de ce mérite, de cette fortune et de cette beauté. Il branle la tête; il soupçonne que l'harmonie n'est pas parfaite entre nous. Il lui tarde de la voir paraître avec le titre de ma femme. Il me vante les nouveaux bienfaits qu'il est résolu d'ajouter aux premiers, et les présens qu'il nous destine à la naissance de notre premier fils. Mais j'espère qu'avant cet événement tout sera passé entre mes mains.

Samedi.

Il est neuf heures du matin, en plein été, et mes deux cousines se font encore attendre pour le déjeûner. Quelle indécence dans de jeunes personnes de faire connaître à un libertin qu'elles aiment le lit, et de lui apprendre en même temps où il peut les trouver! Mais, pour les punir, je veux qu'elles déjeûnent seules avec leur vieil oncle, pendant que je vais me rendre chez le colonel Ambrose, qui me proposa hier un dîner, à l'occasion de deux de ses nièces d'Yorkshire, beautés célèbres qu'il a chez lui depuis quinze jours, et qui sont, dit-il, fort curieuses de me voir. Ainsi, Belford, grâces au ciel, toutes les femmes ne me fuient pas. Mais qui peut remplir une place que miss Harlove a occupée?

A mon retour, je verrai s'il se présente quelque sujet pour t'écrire.

Samedi à cinq heures.

J'ai dîné avec le colonel, sa femme et ses nièces; mais je n'ai pas eu la force de leur donner mon après-midi. Quoique j'aie trouvé dans la figure des deux nièces de quoi exercer quelques momens mon attention, elles n'ont servi qu'à me faire désirer, avec un redoublement d'impatience, de retrouver le charme de mon cœur. Pour le visage et toute la figure, il n'y a rien d'égal à ma Clarisse : son esprit et son langage n'admettent point de comparaison. Qu'ai-je remarqué dans ces deux femmes? Une sorte de vivacité étudiée, qui ne vient que du désir de plaire; un air content d'elles-mêmes; une manière affectée d'ouvrir la bouche, pour faire admirer des dents assez blanches. J'aurais pu les souffrir autrefois. Elles ont paru surprises que je fusse capable de les quitter si tôt. Cependant, depuis que ma Clarisse m'a guéri de la vanité, il ne m'en reste plus assez pour me faire attribuer leur étonnement au goût qu'elles ont pris pour moi, plutôt qu'à l'admiration dont elles sont remplies pour elles-mêmes. Elles m'ont regardé comme un connaisseur en beauté. Elles auraient été flattées d'engager mon attention. Mais Clarisse, Belford! Clarisse me rend aveugle, insensible à tout ce qui ne lui ressemble pas. Retrouve-la pour ton ami ; rends-moi ce cher objet de mes affections, cet unique sujet qui mérite d'exercer ma plume, ou cette lettre sera la dernière que tu recevras de ton Lovelace.

On supprime plusieurs lettres d'immense longueur, d'un goût purement anglais, entre M. Lovelace et milord M..... —Milady Lawrance, informée par miss Clarisse de la conduite de son neveu, se rend au château de M..... avec milady Sadler sa sœur; et là, devant milord et leurs deux nièces, elles entreprennent ce que Lovelace nomme son procès. Il déclare nettement qu'il se reconnaît coupable, qu'il adore miss Harlove, et qu'il est résolu d'en faire sa femme.

LETTRE CCLXXXVIII.

MISS HOWE, A MISS CLARISSE HARLOVE.

Jeudi au soir, 13 juillet.

Je suis forcée par l'importance de cette lettre, et par la difficulté de trouver un messager pour demain, de me fier à la poste.

C'est pour vous apprendre, ma chère, que j'ai reçu la visite de miss Montaigu et de sa sœur, dans un carrosse à six chevaux de milord.

L'écuyer de ce seigneur était venu hier à cheval, pour me prévenir de cette faveur. Je ne doutai pas qu'une démarche si extraordinaire n'eût quelque rapport aux intérêts de ma chère amie. Après avoir consulté ma mère, je pris occasion de l'éloignement pour les envoyer prier de nous honorer de leur compagnie à dîner, ce qu'elles acceptèrent avec beaucoup de bonté.

Dans les tristes circonstances où vous êtes, je m'imagine, ma chère, que leur démarche est ce qui pouvait arriver de plus agréable pour vous. Elles sont venues au nom de milord M..... et de ses deux sœurs, pour me prier de vous engager par mes instances à vous mettre sous la protection de milady Lawrance, qui ne vous quittera pas un moment jusqu'à ce qu'on vous ait rendu toute la justice que cette noble famille croit vous devoir. Milady Sadler n'était pas sortie de sa terre depuis la mort de sa fille, que vous devez vous souvenir d'avoir vue avec moi chez madame Benson. Elle s'est déterminée à se rendre au château de M..... avec sa sœur, dans la seule vue de vous procurer de justes réparations. Les efforts de ces deux dames, joints à ceux de milord, ont eu le pouvoir de rappeler votre misérable aux lois de l'honneur, et de lui faire promettre solennellement que, si l'on peut obtenir de vous le pardon ou l'oubli de ses forfaits, il vous épousera en leur présence. Ils ne parlent que de nobles établissemens, de bienfaits, de présens, des moyens de vous rendre autant d'honneur que vous avez souffert d'indignité, et de changer les noms par acte de parlement ; comme une préparation aux mouvemens qu'ils veulent se donner pour faire passer les titres sur la même tête que le gros de l'héritage, à la mort de son oncle, qui ne paraît pas fort éloignée. Enfin, l'on se promet de votre exemple, et de l'influence que vous aurez sur lui, une parfaite réformation dans ses mœurs.

J'ai fait un grand nombre d'objections ; toutes celles, je m'imagine, que vous auriez pu faire vous-même, si vous aviez été présente. Mais nous ne balançons pas, ma mère et moi, à vous conseiller, ma chère, de vous mettre incessamment sous la protection de milady Lawrance, avec la résolution de le prendre pour votre mari.

Il ne craint que votre facilité à communiquer l'histoire de vos infortunes. — C'est, dit-il, vous exposer tous deux. Mais si vous n'aviez pas révélé cette histoire à milady Lawrance, vous n'auriez pas une amie si ardente. Cependant je suis d'avis que vous devez être un peu plus réservée dans vos plaintes, soit que vous pensiez à devenir sa femme, ou que vous preniez le parti de rejeter sa main. Que vous servirait-il, ma chère, de donner à ce misérable un sujet de triomphe avec ses amis ?

Votre dernière lettre, qui respire la tristesse et le désordre de votre santé, me causerait une affliction inexprimable, si je ne me sentais un peu soulagée par l'agréable visite que j'ai reçue. J'espère qu'elle produira sur vous le même effet. En vérité, vous ne devez pas hésiter. L'alliance est brillante. Les brutales horreurs que vous avez essuyées n'ont pas encore éclaté. Tout peut finir par une réconciliation générale.

Je souffre beaucoup de vous voir encore si touchée du téméraire emportement de votre père. De bonne foi, ma chère, votre âme paraît trop s'affaiblir. C'est vous manquer à vous-même. Vous parlez de repentir et de pénitence : laissez ces sentimens, dont je ne vois pas la nécessité pour vous, à ceux qui vous ont précipitée dans des mains qu'il ne vous était guère possible d'éviter. De quoi votre frère, cet insolent, cet ambitieux personnage, n'a-t-il pas à répondre ? Que dirai-je d'une sœur jalouse, emportée..... Mais, puisque le passé n'est plus en notre pouvoir, jetons hardiment les yeux devant nous. Je ne vois rien que d'heureux dans la perspective qui commence à s'ouvrir.

J'attendrai impatiemment votre première lettre. Les deux nièces vous proposent, pour éviter les longueurs, de vous mettre dans le coche de Reading, après avoir donné avis du jour de votre départ. On se hâtera d'aller au devant de vous. J'aurai soin que M. Hickman se trouve à Sloug. Miss Charlotte promet d'aller, avec sa tante Lawrance elle-même, jusqu'à Reading, pour vous y prendre dans un équipage convenable, et vous mener directement à la terre de cette dame. J'ai demandé particulièrement que le misérable ne paraisse pas devant vous, jusqu'au jour de la célébration, à moins que vous n'en ordonniez vous-même autrement.

Adieu, très chère amie. Devenez heureuse : votre bonheur sera celui de mille autres, et causera des transports de joie à votre fidèle

ANNE HOWE.

LETTRE CCLXXXIX.

MISS HOWE, A MISS CLARISSE HARLOVE.

Dimanche au soir, 16 juillet.

Pourquoi donc, ma très chère amie, laissez-vous dans l'impatience un cœur que vous connaissez si dévoué à vos intérêts, faute d'un mot de réponse, dont vous devez sentir l'importance pour vous, et par conséquent pour moi ? Vous étiez fort mal jeudi dernier. Votre lettre, comme je vous l'ai marqué, respirait une profonde mélancolie. Vous devez être bien mal en effet, si vous ne pouvez répondre un mot à ma dernière ; un mot seulement, pour me dire que vous m'écrirez aussitôt que vous en aurez la force. Vous l'avez reçue, j'en suis sûre : le maître de notre poste la plus voisine engage son honneur qu'aucun obstacle n'a pu l'arrêter. Je l'avais chargé particulièrement de cette précieuse lettre. Puisse le ciel me faire apprendre bientôt que votre santé n'est pas plus affaiblie, et qu'elle a pu vous permettre de m'écrire !

Je suppose que, pour excuse, vous me direz que le sujet demande beaucoup de considération. Il en mérite, ma chère ; mais vous avez l'esprit si juste, et je trouve si peu d'obscurité dans une affaire de cette nature, qu'elle ne devait pas vous arrêter plus d'une demi-heure. Peut-être attendiez-vous l'arrivée de Collins, pour le charger de votre réponse. Ah ! ma chère, comment pouvez-vous prendre cet air d'indifférence ? Je ne sais si j'aurai la force de ne pas vous gronder.

Cher, cher Collins, hâtez-vous ; ne perdez pas un moment. Il aura cette complaisance pour moi. Il part ; il marchera toute la nuit. Je lui ai dit que la plus chère amie que j'aie au monde a le pouvoir d'être heureuse et de faire mon bonheur, et que l'un et l'autre dépend de la réponse qu'il m'apportera d'elle. Les affaires ont pris un cours si heureux, qu'il peut se présenter à vous sans précautions. Votre lettre est prête, sans doute. Si je me trompe, il demandera votre heure pour la prendre.

Si vous ne voulez pas de Lovelace pour votre intérêt, prenez-le pour le mien, pour celui de votre famille, pour celui de votre honneur. Cher Collins, hâtez-vous, hâtez-vous ! soulagez le cœur impatient de la meilleure amie que ma chère Clarisse ait au monde.

LETTRE CCXC.

MISS HOWE, A MISS CHARLOTTE MONTAIGU.

Mardi matin, 18 juillet.

Mademoiselle,

C'est dans le transport de mon cœur que je prends la liberté de vous écrire par un exprès, pour vous demander, à vous, à toute votre famille, des nouvelles d'une très chère amie, qui est disparue, je n'en doute point, par les noirs artifices d'un des plus lâches... Ah! mademoiselle, aidez-moi, s'il vous plaît, à lui donner le nom qu'il mérite. La piété de miss Harlove éloigne toute crainte d'une entreprise contre elle-même. Il n'y a que lui, lui seul, qui soit capable d'avoir outragé l'innocence.... Qui sait à présent ce qu'il a fait d'elle?

Aussitôt que vous fûtes partie, mademoiselle, je n'eus rien de si pressant que d'écrire à mon amie; mais n'ayant pu me procurer facilement un messager, je fus forcée de prendre la voie de la poste. Mes instances étaient aussi vives que je vous l'avais promis, pour l'engager à se rendre aux désirs de toute votre famille. N'ayant pas reçu de réponse, j'écrivis une seconde lettre dimanche au soir, et je l'envoyai par un exprès qui me promit de marcher toute la nuit. Jugez quel fut hier mon étonnement, au retour de mon messager, lorsqu'il m'apprit qu'on n'avait point entendu parler d'elle depuis vendredi matin.

Elle était sortie ce jour-là, dès six heures du matin, dans l'intention seulement d'aller à l'église. Sa santé paraissait très faible. Juste ciel! prends pitié de moi. Que ferai-je? J'ai passé toute cette nuit dans une agitation mortelle.

Ah! mademoiselle, vous ne sauriez vous imaginer combien je l'aime. Ma vie, mon âme ne me sont pas plus chères que miss Harlove. Jamais deux femmes n'ont eu tant d'affection l'une pour l'autre. Il m'est impossible de vous décrire la moitié de ses perfections. Hélas! qui sait à présent si tous ses malheurs, malheurs qu'elle a si peu mérités, ne sont pas accomplis par la mort, ou si la méchanceté des hommes ne la réserve pas à quelque malheur encore plus terrible? C'est un éclaircissement que je vous demande; car j'apprends que votre cousin (dois-je lui donner ce nom?) est encore avec vous.

Sûrement, mesdemoiselles, vous étiez autorisées dans les propositions que vous m'êtes venues faire devant ma mère. Sûrement il n'oserait abuser de votre confiance et d'une famille aussi respectable que la vôtre. Je ne vous fais pas d'excuses pour le désordre de cette lettre et pour la grâce que je vous demande de m'accorder une réponse par le porteur.

ANNE HOWE.

LETTRE CCXCI.

M. LOVELACE, A M. BELFORD.

Au château de M..., dimanche au soir, 15 juillet.

Tout est perdu, Belford. L'enfer s'en mêle. Que faire à présent? Malédiction sur toutes mes inventions et sur toutes mes ruses! Tu m'as dit que ma punition ne faisait que commencer. Malheureux prophète! m'apprendras-tu quelle en sera la fin? Je demande ton secours. Au moment que tu recevras cette lettre, rassemble toutes les forces de ton zèle et de ta diligence. Le courrier vole pour la vie et la mort.

Cette maudite Sinclair me dépêcha hier un homme à cheval, avec une lettre triomphante de Sally Martin, pour m'apprendre qu'elles ont découvert mercredi dernier ma divine Clarisse; et que, hier au matin, elles la firent arrêter, en sortant de l'église, par deux archers, qui la mirent dans une chaise à porteurs, et qui la conduisirent en lieu de sûreté.

Elle est arrêtée pour une somme de cent cinquante livres sterling, que la Sinclair feint de lui demander pour son logement et sa nourriture. Il y a déjà deux jours qu'elle languit chez l'archer.

Ne perds pas un instant, cher Belford. Au nom de Dieu, vole aux pieds de ma déesse offensée. Elle n'a pas mérité cet odieux traitement. On attribuera ce malheur à mon invention, et l'absence me rendrait encore plus suspect.

Que tous les démons de l'enfer se saisissent de cette infâme vieille! Justifie-moi de cette détestable aventure. Tu peux lui jurer, par tout ce qu'il y a de sacré, que je n'y ai pas eu la moindre part. Cependant, après tant de noirs complots, elle aura peine à te croire.

Fais-lui rendre la liberté, au moment que tu arriveras. Déclare-lui qu'elle est libre, et sans aucune condition. Demande-lui pardon, pour moi, à deux genoux. Assure-la que cette disgrâce m'a touché jusqu'aux larmes. Garde-toi bien de souffrir qu'aucune des maudites créatures se présente devant elle. Demande-lui seulement, pour toi, la permission d'aller quelquefois recevoir ses ordres. Tu as toujours été son ami, son avocat. Que ne donnerais-je pas pour avoir écouté tes conseils! Prends soin que tous ses habits et ses effets lui soient envoyés sur-le-champ, comme un léger témoignage de ma sincérité; et n'épargne pas les instances, pour lui faire accepter l'argent que tu pourras avoir sur toi. Cette chère personne doit manquer de tout. N'oublie pas de m'apprendre comment elle a été traitée. Si la rigueur s'en est mêlée, malheur aux coupables!

Un mot! hâte-toi. Je donnerais un empire pour un mot qui m'apprenne quelque nouvelle supportable.

LETTRE CCXCII.

MISS CHARLOTTE MONTAIGU, A MISS HOWE.

Au château de M..., mardi après midi.

Votre lettre, chère miss Howe, nous a jetés tous ici dans un trouble inexprimable. Ce méchant homme avait paru fort agité depuis samedi au soir, et nous n'avions pu deviner la cause de son chagrin, jusqu'à l'arrivée de votre messager. Tout méchant qu'il est, il n'a point de part à ce nouveau désastre. C'est de quoi vous pouvez être sûre. Je me borne, pour satisfaire votre impatience, à vous apprendre que miss Harlove est sans danger. Une horrible méprise l'a exposée au désagrément d'être arrêtée pour dettes. Chère miss Harvole! ses souffrances nous la rendent aussi précieuse que toutes ses perfections. Milord M... milady Sadler et milady Lawrance se proposent tous de vous écrire demain; le misérable veut vous écrire aussi. Vous aurez demain toutes les circonstances, de la main, chère miss, de votre très humble,

CHARLOTTE MONTAIGU.

LETTRE CCXCIII.

MISS MONTAIGU, A MISS HOWE.

Au château de M..., 18 juillet.

Je vous ai promis, chère miss, un détail exact de tout ce que nous avons pu découvrir sur cette fâcheuse aventure.

Lorsque nous fûmes revenues de chez vous jeudi dernier; nous étions si satisfaits de votre accueil et M. Lovelace fut regardé de si bon œil, que nous formâmes le dessein de prendre l'air pour distraire milord M... et milady Sadler. Notre entretien ne roula que sur miss Harlove. On voyait le plaisir que prenait M. Lovelace à nous parler d'elle et de ses espérances ; il ne se lassait pas de nous répéter qu'il n'y a point de femme qui l'égale, et nous ne nous lassions pas de l'entendre.

Je rappelle ces circonstances, ma chère miss, pour vous faire juger combien il est impossible que dans le même temps il trempât dans une si barbare entreprise.

Cette agréable disposition se soutint jusqu'à samedi au soir. Mais jamais on a vu de changement aussi étrange que celui qui arriva tout d'un coup lorsqu'il eut fait la lecture d'une lettre dont le porteur avait attendu notre retour. Il se renferma aussitôt pour écrire, après avoir donné ordre qu'un de ses gens se tînt prêt à partir le lendemain avant la pointe du jour. Nous ne le vîmes point de tout le soir. Le jour suivant, il ne voulut ni déjeûner ni dîner avec nous.

Personne de nous ne put tirer la moindre explication de sa bouche. Il a dit seulement à madame Lawrance que nous apprendrions bientôt son malheur et la ruine de toutes ses espérances et des nôtres. Nous nous imaginions aisément qu'il lui était arrivé quelque chose de fâcheux relativement à miss Harlove. Il sortit les deux jours suivans. — Il voulait fuir la vue des hommes, disait-il en montant à cheval; heureux s'il pouvait se fuir lui-même.

Hier au soir, il reçut une lettre de M. Belford, son ami intime ; l'homme et le cheval étaient couverts de sueur. Ses emportemens ne firent qu'augmenter. Cependant son silence fut le même, et personne ne put lui arracher le secret de ses peines.

Il était absent lorsque votre messager est arrivé. A son retour, il a voulu lire votre lettre. — Grâces, au ciel, a-t-il dit après l'avoir lue, il n'était pas aussi méprisable que miss Howe n'avait que trop de raisons de le croire.

Alors il nous a confessé qu'il avait envoyé des instructions générales aux femmes de la maison d'où sa chère Clarisse était sortie, pour découvrir, s'il était possible, le lieu de sa retraite, dans le dessein de pouvoir la supplier de se donner à lui avant que leur querelle eût éclaté. Ces méchantes, ou du moins ces officieuses femmes, avaient fait cette découverte mercredi dernier, et, dans la crainte qu'elle ne changeât de demeure avant qu'elles pussent recevoir de nouveaux ordres, elles s'étaient crues obligées de s'assurer d'elles sous un prétexte honnête, pour se donner le temps de dépêcher au château de M...

Leur messager était arrivé le samedi après midi. Il avait attendu notre retour jusqu'au soir, et je vous ai dit, ma chère miss, quels furent les transports de M. Lovelace, après avoir lu leur lettre. Celle qu'il écrivit aussitôt et qu'il fit partir le lendemain avant le jour était pour conjurer son ami, M. Belford, de voler au secours de miss Harlove, de lui rendre la liberté, de lui faire porter tous ses effets et de le justifier à ses yeux d'une action si lâche et si noire, comme il ne fait pas difficulté lui-même de la nommer. Il ne doute pas que tout ne soit heureusement terminé, et que la divinité de son cœur ne soit dans une situation plus tranquille. Il déclare, et nous pouvons en répondre, que depuis samedi au soir il a été le plus malheureux de tous les hommes. Il n'a pas voulu se rendre à lui-même à Londres, dans la crainte qu'on ne le soupçonnât d'avoir trempé dans une action si noire et de s'en promettre quelque indigne fruit.

Ne doutez pas, chère miss Howe, que nous ne soyons tous vivement pénétrés de cette malheureuse aventure, qui est capable d'aigrir les ressentimens de votre charmante amie et de nuire beaucoup à nos espérances. Ma sœur joint ses remerciemens aux miens pour toutes les politesses et les amitiés dont vous nous comblâtes jeudi.

MARTHE ET CHARLOTTE MONTAIGU.

Nous joignons, chère miss Howe, nos prières à celles de miss Charlotte et de miss Patty Montaigu pour obtenir vos bons offices en faveur d'un neveu dont nous ne prétendons point excuser la conduite, mais qui s'est engagé si fortement à la réparer qu'il ne peut nous rester aucun doute de ses intentions. Nous ne sommes pas moins convaincus, par les circonstances, qu'il n'a pas eu de part au dernier accident, et que la douleur qu'il a marquée est un sentiment sincère. Croyez-nous, mademoiselle, vos très humbles,

M..., FARN SADLER, ELIZABETH LAWRANCE.

Chère miss, après les honorables noms qui précèdent, je pourrais me dispenser d'en signer un qui m'est presque aussi odieux qu'à vous. Mais on exige absolument que je le joigne aux témoignages qu'on a la bonté de vous rendre en ma faveur, comme une confirmation solennelle de mes intentions et de mes promesses; en deux mots, qui me semblent suffire pour dissiper vos doutes, je vous proteste que si j'obtiens la permission de me jeter aux pieds de la plus digne et de la plus outragée de toutes les femmes, je suis prêt à le faire, la corde au cou, un prêtre et le bourreau à mes côtés, comme un malheureux coupable qui attend de sa bouche l'arrêt de ma vie ou de ma mort.

LOVELACE.

LETTRE CCXCIV.

M. BELFORD, A M. LOVELACE.

Dimanche au soir, 16 juillet.

De quelle détestable aventure as-tu résolu de me rendre témoin ? Tu peux le prendre sérieusement ou t'en faire un sujet de raillerie si tu veux; mais je t'apprends que l'excellente femme dont tu ne te lasses pas d'outrager la vertu ne sera plus long-temps ton jouet ni celui de la fortune. Cruel Lovelace! Je vais te peindre une scène qui n'a pas besoin d'art pour tirer des larmes de tes yeux mêmes, et du sang de ton cœur endurci.

C'est toi, toi seul, qui devrais porter du secours à miss Harlove dans sa prison, puisque tu es le seul auteur de ses infortunes. Cette commission est au dessus de mes forces ; au dessus des forces de tout autre que toi. Ne me dis point que tu n'as rien à te reprocher ici du côté de l'intention. C'est une suite naturelle de tes ordres généraux ; et ceux qui connaissent tes autres indignités ont cru te plaire par cet infâme service. Aussi peux-tu compter qu'il a consommé ton barbare ouvrage ; et je te conseille à présent de publier que tu penses sérieusement à l'épouser, quelles que soient là-dessus tes intentions, tu le peux avec sûreté. Elle ne vivra pas assez long-temps pour mettre ta parole à l'épreuve.

Votre messager, tendre Lovelace, m'a trouvé dans ma maison d'Egdware, et j'ai volé à la ville, où mon empressement m'a conduit d'abord chez ta misérable Sinclair. Je n'étais pas sûr que miss Harlove ne fût pas exposée aux insultes de ces horribles créatures, et peut-être par tes propres ruses, pour la faire entrer dans tes vues à force de chagrins et d'humiliations. De là je me suis rendu chez l'archer. Sally, qui en était revenue, m'avait dit que l'infortunée Clarisse avait refusé de la voir, et, que dans l'excès de son abattement, qui faisait craindre pour sa vie, elle avait déclaré qu'elle ne verrait personne de tout le reste du jour.

Il ne me restait qu'à recueillir des informations. J'ai soigneusement interrogé ses gardes sur les circonstances de cette horrible aventure, sur sa conduite et sur l'état de sa santé. Ensuite étant retourné chez la Sinclair, je me suis fait raconter tout ce qui s'était passé de la part des trois femmes de cette maison.

Lorsque, pour récompense du service qu'elle a cru te rendre, j'ai assuré la Sinclair de ton exécration et de la mienne, elle en a paru fort étonnée. Elle croyait te connaître mieux, m'a-t-elle dit, et loin de s'être attendue à des malédictions, elle prétend mériter tes remerciemens. Pendant que j'étais avec elle et ses deux nymphes, j'ai vu arriver leur messager, jurant et faisant d'horribles plaintes du traitement qu'il a reçu de toi, pour une nouvelle qu'il supposait capable de te causer des transports de joie et dont il avait espéré sa fortune. Au fond, quel étrange homme tu es, de maltraiter les gens pour les suites de tes propres fautes !

Mais quel rôle, encore une fois, vais-je faire demain dans l'entretien que je me flatte d'obtenir de la triste Clarisse, moi qu'elle connaît pour ton intime ami, moi qui ne peux me présenter qu'en ton nom !

Il est fort tard. Je m'arrête ici pour prendre un peu de repos. Regarde ce que je viens d'écrire comme une préparation à ce que le jour de demain pourra m'offrir. Ton courrier me dit qu'il ne doit pas partir sans ma réponse, et qu'il a ordre de marcher toute la nuit ; mais je juge à propos de le retenir. Si je trouve demain quelque difficulté à voir miss Harlove, je le dépêcherai aussitôt avec cette lettre. Qu'il se garde de tes emportemens, c'est son affaire, si les nouvelles qu'il te portera ne répondent pas à ton attente. Mais si je suis admis, tu recevras tout à la fois cette lettre et le résultat de ma visite.

LETTRE CCXCV.

M. BELFORD, A M. LOVELACE.

Lundi, 17 juillet.

J'étais chez l'archer dès six heures du matin. La Sinclair avait ordre de s'y rendre pour lever la procédure, mais de ne pas se montrer aux yeux de miss Harlove.

L'archer, qui se nomme Rowland, m'a dit que cette malheureuse beauté lui paraissait dangereusement malade, et qu'elle souhaitait de ne voir près d'elle que sa femme et sa servante. Je lui ai répondu que rien ne pouvait me dispenser de la voir; qu'il me fallait un moment d'entretien.

Sa femme est montée : mais étant revenue presque aussitôt, elle nous a dit qu'elle n'avait pu tirer d'elle un seul mot de réponse; qu'elle avait remarqué néanmoins du mouvement dans ses paupières, et qu'apparemment la force ou la volonté lui avait manqué pour les ouvrir. — Comment! ai-je interrompu; c'est peut-être une faiblesse. Qui vous a dit qu'elle n'est pas mourante? Je veux monter. Apprenez-moi le chemin.

La maison est dans un cul-de-sac fort obscur, où le soleil n'a peut-être jamais pénétré. On m'a conduit au second, par un escalier à demi rompu, et si étroit qu'à peine y pouvais-je passer de front, dans une espèce de caverne où l'on n'entre qu'en descendant deux degrés. Les murs ont été revêtus de papier, comme j'en ai jugé par une multitude de clous et par quelques restes de cette riche tapisserie qui paraissent encore autour des têtes rouillées. Le plancher est assez propre, mais le plafond, qui est fort bas, paraît noirci de fumée et présente une variété de figures ou de lettres qui sont apparemment l'ouvrage lugubre d'un grand nombre de malheureux à qui leur captivité n'a pas fourni d'occupation plus amusante. Le lit, qui se présente dans un coin, est environné d'une espèce de rideaux dont il serait difficile de distinguer la couleur, et qui sont attachés au ciel, parce que tous les anneaux en sont rompus. Une couverture assez nette en impose d'abord aux yeux par ses coins, qui sont repliés en nœuds; mais on découvre à la seconde vue qu'elle est en pièces, et qu'on ne l'a nouée que pour les rassembler. La fenêtre est doublement obscure, et par son enfoncement dans un mur fort épais, et par une grille de fer qui la bouche en dehors. Au dessus d'une vieille table pend un vieux miroir fendu par mille rayons, au centre desquels on remarque aisément l'impression d'un coup de poing, ouvrage apparemment de quelque malheureux qui n'a pu modérer sa fureur à la représentation de ses infortunes, qu'il a lues trop fidèlement sur son visage. Quatre chaises vermoulues font le reste de l'ameublement. Telle est, barbare Lovelace, la chambre de lit où j'ai trouvé ta divine Clarisse.

J'ai eu le temps de faire ces observations, car, étant monté si doucement qu'elle n'a pu m'entendre, je suis entré sans qu'elle y ait fait attention, et je ne lui ai vu tourner la tête qu'après diverses marques d'admiration que la force du spectacle m'a comme arrachées. Elle était à genoux, près de l'affreuse fenêtre, sur un mauvais coussin, qui était apparemment l'oreiller de son lit, les deux bras croisés sur le coin de la table et le dos tourné vers la porte. Elle avait près d'elle un livre, du papier, de l'encre et des plumes. Peut-être s'était-elle assoupie, après avoir employé la première partie du jour à la prière. Sa robe était en damas blanc; mais j'ai cru m'apercevoir que son corset n'était pas lacé. On m'a dit ensuite que, s'étant évanouie à l'entrée de sa chambre, on avait été obligé de couper ses lacets, et qu'elle ne s'était pas assez occupée de sa parure pour en faire acheter d'autres. Sa coiffure se sentait du même désordre. Cette chevelure charmante, que tu t'es plu si souvent à décrire, tombait en boucles irrégulières sur une partie du plus beau cou du monde, et son fichu n'avait point un air moins négligé. Elle avait un côté du visage appuyé sur ses deux bras croisés, de manière qu'on découvrait aisément l'autre. Qu'il était différent de ce que je l'ai vu! Mais qu'il offrait de charmes, malgré les traces de la maladie et de la couleur!

A peine ai-je retrouvé la force de parler. Enfin, l'indignation prenant la première place : — Que le ciel vous confonde! ai-je dit à l'archer, qui m'avait conduit avec sa femme. Est-ce ici l'appartement où vous avez osé placer.... Un regard furieux, dont je n'ai pas manqué d'accompagner ce reproche, a paru le pénétrer de crainte. — Nous n'en avons pas de plus commode, s'est-il hâté d'interrompre. Nous avons offert à madame notre propre chambre, qu'elle a refusée. Notre fortune ne nous permet pas d'être mieux, et nous supposons qu'on n'a jamais un long séjour à faire ici. — Je ne doute pas, ai-je repris, que votre maison n'ait été choisie à dessein par la détestable femme qui vous emploie. Mais si le traitement que vous avez fait à cette jeune dame ressemble le moins du monde au logement, tremblez pour la vengeance dont vous êtes menacé.

Ici la charmante infortunée a levé son aimable visage, mais avec des témoignages si sensibles de tristesse et de langueur, que je n'ai pu me défendre du plus vif attendrissement. Elle a fait deux ou trois signes de la main vers la porte, pour m'ordonner apparemment de sortir, et fâchée sans doute de me voir si près d'elle, mais sans prononcer un seul mot.
— Souffrez, madame, lui ai-je dit aussitôt, ah! souffrez que je vous parle un moment. Je n'approcherai pas de vous sans votre permission.

— Non, non, retirez-vous, homme, m'a-t-elle répondu avec une sorte d'emphase. Elle aurait voulu continuer; mais, paraissant manquer de force, ses paroles sont demeurées sur ses lèvres; sa tête est retombée sur son bras gauche avec un profond soupir, et l'autre bras, engourdi peut-être par la situation dont il sortait, s'est allongé comme de lui-même et sans autre mouvement sur sa robe. O Lovelace! que n'étais-tu témoin de ce spectacle! Avec quel plaisir, dans ce moment, n'aurais-je pas exposé ma propre vie pour la venger... oui, pour la venger de son destructeur, comme elle a raison de te nommer, quoique je n'aie pas de meilleur ami sur la terre!

— Je me garderai bien, lui ai-je dit du ton le plus humble et le plus affectueux, de m'approcher de vous sans votre consentement. Mais je vous demande à genoux la permission de vous délivrer d'un misérable état et du pouvoir d'une femme détestable qui vous a plongée dans cette nouvelle disgrâce.

Elle a levé la tête, et me voyant à genoux : — N'êtes-vous pas monsieur Belford? Il me semble, monsieur, que votre nom est Belford.

— Oui, madame, et j'ai toujours adoré vos vertus. J'ai toujours soutenu votre cause. Je viens vous arracher des mains où vous êtes.

— Et pour me livrer à qui? Laissez-moi! Je ne pense plus à quitter jamais ce lieu. Jamais je ne prendrai confiance aux discours d'un homme.

— A l'instant, madame, à ce moment, vous pouvez choisir votre retraite. Vous êtes libre et maîtresse de vos résolutions.

— Tout lieu m'est égal au monde. Je puis mourir ici. Mais je n'aurai jamais d'obligation à l'ami de l'homme avec qui vous m'avez vue. Sortez, monsieur, de grâce, sortez.

Se tournant ensuite vers l'archer : — Monsieur Rowland, je me trouve moins mal chez vous que je ne me le suis figuré. Si vous pouviez seulement m'assurer que je n'y verrai que votre épouse, surtout aucun homme, ni aucune des femmes qui se sont fait un jeu de mes malheurs, j'attendrai volontiers la mort dans cette chambre obscure, et vous serez récompensé quelque jour de l'embarras que je vous ai causé. Il me reste de quoi payer vos soins. J'ai un diamant d'assez grand prix, et des amis qui le rachèteront lorsque j'aurai quitté cette vie. Pour vous, monsieur (en s'adressant à moi), je vous supplie de vous retirer. Si vos intentions sont honorables, je prie le ciel de ne les pas laisser sans récompense. Mais je ne veux avoir aucune obligation à l'ami de mon destructeur.

Je lui ai protesté qu'elle n'en aurait à personne : qu'étant arrêtée pour une somme qu'elle ne devait pas, elle ne tiendrait sa liberté que des lois et de la justice ; que l'action était levée ; que je n'étais conduit que par les principes communs de la politesse et de l'humanité ; que je lui offrais seulement la main, pour la faire monter dans un carrosse, qui l'attendait aussi près que j'avais pu le faire avancer ; que je disparaîtrais aussitôt, à moins qu'elle ne m'accordât la liberté de l'accompagner, pour la conduire en sûreté jusqu'au lieu qu'il lui plairait de nommer.

Elle m'a regardé ici avec plus d'attention, et me voyant encore à genoux : — Ah ! monsieur, pourquoi cette humble posture ? Levez-vous, si vous souhaitez que je m'explique. Je me suis levé.

— Vous voulez donc, a-t-elle repris, que je sois redevable de quelque chose à votre humanité ? Eh bien, prenez cette bague. J'ai une sœur qui l'achètera volontiers au prix qui lui sera proposé, par considération pour l'amour de qui je l'ai reçue. De la somme, que M. Rowland soit honnêtement payé ; et que le reste, joint à celle qu'on pourra faire de mes habits, de mon linge et de quelques autres effets précieux, qui sont encore dans mon premier logement, soit employé à m'acquitter de la dette pour laquelle on m'a fait arrêter, en réservant le peu qui sera nécessaire pour ma sépulture. Dites à votre ami que si cet argent ne suffit pas, il doit y suppléer ; à moins qu'il ne lui convienne mieux de s'adresser à miss Howe, qui ne se fera pas presser pour me rendre ce bon office. Vous paraissez capable de pitié. Si j'ai quelque chose de plus à vous communiquer, je ne ferai pas difficulté à vous faire avertir.

J'ai voulu répondre. Elle m'a conjuré de ne pas ajouter un mot ; et sur le refus que j'ai fait de prendre son diamant, elle l'a mis sur la table. — Vous me refusez, m'a-t-elle dit, un service que je ne vous aurais pas demandé, s'il me restait quelqu'un de qui je pusse l'espérer. Mais quelque parti que vous preniez là-dessus, retirez-vous. Je suis fort mal. J'ai besoin d'un peu de repos. Je crois même sentir que mes forces m'abandonnent. Elle a fait un effort pour se lever ; mais sa faiblesse augmentant tout à coup, elle est tombée à mes pieds, sans connaissance.

Lovelace, Lovelace ! que n'étais-tu présent ! Pourquoi t'es-tu rendu si coupable, que tu craignes de te montrer au jour ? et pourquoi charges-tu néanmoins de ton rôle un cœur et une tête bien plus faibles ? La femme de Rowland a fait monter sa servante. Elles l'ont portée ensemble sur le misérable lit ; et je suis descendu avec l'archer qui, pleurant comme un enfant, m'a confessé qu'il n'avait jamais été si touché. Pendant qu'on s'employait à la secourir, je me suis soulagé en accablant la Sinclair de malédictions. Elle était venue lever la procédure. Il n'a tenu à rien que je n'aie prévenu la justice du ciel, en l'étranglant de mes propres mains. Observe qu'il ne m'est pas échappé, avec miss Harlove, un seul mot qui ait rapport à toi. J'ai remarqué trop clairement qu'elle n'aurait pu supporter ton nom. Cependant je regrette de ne t'avoir pas justifié du moins sur cette dernière infamie.

Aussitôt qu'elle s'est trouvée mieux, je l'ai fait presser, par la femme Rowland, d'abandonner une demeure indigne d'elle; et cette femme lui a répété plusieurs fois qu'elle était libre de retourner à son logement. Mais elle s'est comme obstinée à ne lui faire aucune réponse, et je doute si la force de parler ne lui manque pas autant que l'inclination. Il m'est venu à l'esprit de faire appeler le docteur Hobbs, qui est fort de mes amis. Cependant quel moyen de l'introduire dans une maison de cet ordre, et pour une femme de cette apparence, sans lui expliquer une partie de la vérité, et que ton intérêt assurément ne sera jamais de faire éclater? Il n'a pas été possible de la faire consentir à passer dans la chambre de Rowland, qui est plus propre et mieux éclairée.

Apprenant qu'elle souhaitait d'être seule, et qu'elle paraissait disposée à s'assoupir, j'ai pris ce temps pour me rendre à son logement, dont j'avais demandé l'adresse à Dorcas. Son hôte, qui se nomme Smith, m'a paru fort honnête homme. Mon dessein était de prendre sa femme avec moi, pour retourner chez Rowland; mais ne l'ayant pas trouvée au logis, je n'ai pas fait difficulté de raconter au mari ce qui s'était passé depuis trois jours, par un malentendu, qui n'avait produit que du trouble et des regrets; j'ai rendu à miss Harlove le témoignage qu'elle mérite, et j'ai prié Smith de lui envoyer sa femme au moment de son retour, dans l'espérance que cette visite servirait beaucoup à la consoler. Il m'a dit qu'il était venu deux lettres pour elle; l'une, samedi par la poste; l'autre une heure avant mon arrivée, par un exprès qui, apprenant son absence, et ce qu'on avait pu découvrir de sa disgrâce, était parti avec autant d'inquiétude que de diligence, après avoir répété plusieurs fois que cette nouvelle était capable de faire mourir de chagrin la personne qui l'avait envoyé. J'ai jugé à propos d'emporter ces deux lettres; et renvoyant mon carrosse, j'ai pris une chaise à porteurs, comme une voiture plus commode pour ta Clarisse, si l'ami de son *destructeur* peut l'engager à quitter la maison de Rowland.

Une affaire indispensable, qui va m'occuper quelques momens, m'oblige de laisser partir ton courrier avec cette lettre et celle d'hier, sans lui proposer d'attendre d'autres éclaircissemens, qui le retarderaient peut-être jusqu'au soir. Tu conviendras, que celles-ci sont assez longues, pour te convaincre de l'ardeur que j'ai à t'obliger.

LETTRE CCXCVI.

M. LOVELACE, A M. BELFORT.

Lundi, 17 juillet, à onze heures du soir.

Au diable, ton cœur de pierre! Quel plaisir peux-tu prendre à me déchirer par tes interruptions affectées? Il est impossible que les tourmens de miss Harlove aient jamais égalé les miens. Ce sexe est fait pour souffrir. C'est une malédiction que la première femme a transmise à toutes les filles qui sont sorties d'elle. Aussi voyons-nous qu'hommes et enfans, ce sont ceux qui leur causent le plus de peine, qu'elles aiment toujours le mieux. Mais étendre sur la roue un esprit tel que le mien ! Cruel bourreau ! Il faut donc que j'attende le retour d'un nouveau courrier ? Que ton infernale malignité soit confondue ! Je voudrais te voir transformé en cheval de poste, et me trouver moi-même assis sur ton dos. Je t'écorcherais jusqu'au sang.

Donne, donne à ton courrier la suite de ton cruel récit. Qu'il remonte à cheval aussitôt. Tu m'a promis que ta lettre serait prête à son arrivée. Pour me tourmenter par le corps autant que je le suis par l'esprit, il ne faudrait que m'enfermer nu dans un tonneau percé de clous, et me faire rouler du sommet d'une montagne, trois fois aussi haute que nos plus fameux clochers. Mais je perds du temps. Cependant, hélas ! comment vais-je l'employer jusqu'à l'arrivée de tes accablantes informations !

LETTRE CCXCVII.

M. BELFORD, A M. LOVELACE.

Lundi au soir, 17 juillet.

A mon retour chez Rowland, j'ai appris qu'elle avait fait appeler un chirurgien, qui venait de monter avec les femmes de la maison ; et j'ai balancé d'autant moins à les suivre, que faire demander la permission, c'était demander qu'elle me fût refusée. D'ailleurs, j'espérais que les lettres dont je m'étais chargé me tiendraient lieu d'une très bonne excuse.

Miss Harlove était assise sur le bord du misérable lit, l'air extrêmement abattu. J'ai remarqué qu'elle n'écoutait pas le chirurgien, et je n'en ai pas été surpris : car, dans une profession qui se distingue assez depuis quelques années, je n'ai jamais rien vu de plus ignorant. Comme je suis en noir, je crois qu'à mon arrivée il m'a pris pour un médecin. Il s'est retiré derrière moi, pour attendre apparemment mes ordres. La triste Clarisse a paru fâchée de voir tant d'importuns autour d'elle. — Ce n'était pas, a-t-elle dit, la moindre de ses infortunes présentes, de ne pouvoir être un moment seule, et de n'avoir pas la liberté de fermer sa porte à ceux qu'il lui était difficile de voir avec plaisir. Cette plainte me regardait particulièrement. Je lui ai fait les plus humbles excuses ; et priant le chirurgien de se retirer, je n'ai pas attendu qu'elle s'expliquât davantage, pour lui dire que je venais de son nouveau logement, où j'avais donné ordre que tout fût prêt pour la recevoir, dans l'idée qu'elle ne choisirait pas d'autre retraite ; que j'avais une chaise à la porte ; que M. Smith et sa femme avaient été dans une mortelle inquiétude pour sa sûreté (je les ai nommés, pour éloigner toute idée de la Sinclair) ; enfin, que je lui apportais deux lettres que son hôte avait reçues pour elle. Le fin de ce discours a paru réveiller son attention. Sa charmante main s'est étendue pour les prendre. Elle les a portées à ses lèvres. — C'est de la seule amie qui me reste au monde, a-t-elle dit, en les baisant une seconde fois ; puis elle les a mises dans son sein.

J'ai recommencé à la presser de quitter cet affreux séjour. Elle m'a demandé où je croyais qu'elle pût aller, pour achever tranquillement le peu de temps qui lui restait à vivre, et pour se garantir des insolentes créatures qui ne cessaient pas de l'insulter. Je lui ai promis solennellement que chez M. Smith elle ne serait exposée aux insultes de personne ;

et j'ai offert d'engager mon honneur, que l'homme dont elle avait le plus à se plaindre n'en approcherait pas sans son consentement.—Votre honneur! monsieur, a-t-elle interrompu; n'êtes-vous pas son meilleur ami?
—Oui, madame, ai-je répliqué : mais je ne suis pas l'ami de ses injustices pour la plus excellente de toutes les femmes. J'ai pris, néanmoins, cette occasion pour te justifier de sa dernière disgrâce; et j'ai protesté, par tout ce qu'il y a de saint et de respectable, que tu n'as pas eu de part à cette noire aventure.— Quel sexe est le vôtre! s'est-elle écriée. Avez-vous tous le même langage? Par tout ce qu'il y a de saint et de respectable! Ah, monsieur! si vous pouvez trouver quelque serment dont mes oreilles n'aient pas été blessées vingt fois chaque jour, c'est celui que vous devez employer; et je commencerai peut-être à me fier aux discours d'un homme. Mais vous m'assurez donc, a-t-elle ajouté, qu'il est innocent de cette dernière bassesse? Il me semble que je voudrais pouvoir me le persuader. M'en assurez-vous de bonne foi?

Je n'ai pas fait difficulté d'attester le ciel. Elle s'est hâtée de m'interrompre. — Si vous jurez, monsieur, vous me plongerez dans tous mes doutes. Si vous croyez vous-même que votre parole ne suffit pas, quel fond puis-je faire sur vos sermens? Cette expérience m'a coûté cher! Mais, quand j'aurais mille ans à vivre, les sermens me seraient toujours suspects.

— Madame, lui ai-je dit, j'ai le respect qu'un homme d'honneur doit à sa parole; et si vous apercevez que j'y manque jamais...—Ne vous offensez pas, a-t-elle encore interrompu. Ces doutes m'affligent moi-même. Mais votre ami se donne pour *homme d'honneur*. Vous savez ce que j'ai souffert par la perfidie d'un homme d'honneur. Ses pleurs ont accompagné cette réflexion. Je lui ai dit que si sa faiblesse et sa douleur ne me faisaient pas craindre de la fatiguer trop long-temps, j'étais en état de lever tous ses doutes, et de la convaincre, non seulement que tu n'as pas eu de part à cette barbare action, mais que tu en es mortellement affligé:
— Eh bien! vous lui direz, monsieur, que, malgré l'amertume de mon cœur, au milieu de mes justes plaintes, enfin dans mes mouvemens les plus passionnés, je suis capable de faire des vœux au ciel pour son repentir et sa conversion. Dites-lui que je souhaite d'être la dernière malheureuse dont il aura causé la ruine, et que je demande pour lui, au Dieu des vengeances, la pitié qu'il n'a pas eue pour moi.

Par ma foi, la force m'a manqué. Je me suis tourné pour cacher mes larmes, et pour retenir un sanglot qui m'a coupé la voix. Rowland, sa femme et leur servantes pleuraient sans se contraindre.

Je suis revenu à la presser de quitter la caverne où elle était. Je lui ai représenté qu'il lui serait moins difficile, chez M. Smith, de se garantir des visites qu'elle paraissait redouter; et que pour toi, particulièrement, j'osais lui promettre que tu n'approcherais pas d'elle sans sa permission. Il me paraissait surprenant, lui ai-je dit, qu'elle refusât de quitter un lieu qui lui convenait si peu, lorsqu'il y avait beaucoup d'apparence que miss Howe et d'autres amis n'apprendraient pas le triste état de sa santé sans chercher les moyens de la voir.

Elle m'a répondu que ce triste séjour lui avait causé d'abord beaucoup d'effroi; mais que, s'étant sentie fort mal et mortellement affaiblie par la douleur, elle avait compté de n'y pas vivre long-temps; et qu'en changeant de demeure, elle aurait plus de facilité à recevoir les lettres de sa chère amie, elle était portée à retourner à son dernier logement; et que, malgré toutes les trahisons qu'elle avait éprouvées, il lui paraissait impossible que je pusse me prêter au dessein de la faire rentrer dans une maison qu'elle ne pouvait nommer sans horreur.

Je l'ai assurée dans les termes les plus forts, quoique avec la précaution de n'y mêler aucun serment, que tu étais résolu de ne lui jamais causer de chagrin : et pour dissiper jusqu'à l'ombre du soupçon, je lui ai dit qu'à ta prière expresse, mon premier soin serait de faire porter ses habits et ses autres effets dans son nouveau logement.

Cette proposition lui a fait plaisir. Elle m'a confié aussitôt les clés, en me demandant si madame Smith ne pouvait pas m'accompagner, parce qu'elle avait là-dessus quelques instructions à lui donner. Je lui ai promis de respecter tous ses ordres.

Je suis descendu sur-le-champ, sous prétexte de faire appeler des porteurs, mais pour me ménager aussi l'occasion de faire quelques libéralités aux gens de la maison. Comme ils ne s'étaient pas mal conduits, on ne pouvait pas leur faire un crime de leur excessive pauvreté. J'ai fait venir aussi le chirurgien, qui ne m'a pas paru moins pauvre, et je l'ai payé au delà de ses espérances. Pendant que j'étais occupé de ce soin, miss Harlove s'est efforcée de lire les lettres que je lui avais remises, et n'en a pas paru peu touchée. Elle a dit à la femme de Rowland qu'elle ne tarderait point à reconnaître les civilités de son mari et les siennes, ni à payer le chirurgien dont elle l'a prié de lui envoyer le compte. Elle a donné quelque chose à la servante, sans doute la seule demi-guinée qui lui restait. Ensuite, osant se fier à ses jambes tremblantes, elle est descendue en s'appuyant sur l'épaule de madame Rowland. Je me suis avancé pour la recevoir. Elle n'a pas fait difficulté d'accepter l'offre de mon bras. — Je me reproche, m'a-t-elle dit en marchant vers la porte, de vous avoir traité un peu durement. Mais si vous saviez tout, vous n'auriez pas de peine à me pardonner. — Ah! madame, ai-je répondu, j'en sais assez pour vous regarder comme la première de toutes les femmes et la plus barbarement offensée.

J'avais donné ordre à mon laquais, qui n'a pas paru devant elle et que son deuil rend moins remarquable, de ne pas perdre la chaise de vue. Il ne s'est pas mal acquitté de cette commission. Etant entré dans la boutique avant l'arrivée de la chaise, sous prétexte d'acheter du tabac, il m'a raconté qu'elle a été reçue avec des transports de joie par madame Smith. — Oh! madame Smith! lui a-t-elle dit en entrant, ne m'avez-vous pas crue morte? vous ne vous imagineriez pas tout ce que j'ai souffert depuis que je vous ai vue. Je sors d'une prison; j'ai été arrêtée en pleine rue pour des dettes supposées. Je n'ai pas quitté mes habits depuis jeudi dernier. Elle est montée aussitôt en s'appuyant sur le bras d'une servante.

J'étais résolu de ne pas perdre un moment pour faire porter à cette divine femme tout ce qu'elle avait laissé dans son enfer. Je me suis fait amener chez elle un carrosse, après m'être informé de sa santé, qui s'altère de plus en plus, et l'avoir fait prier de donner ses ordres à la femme de Smith qui devait l'accompagner. Nous nous sommes rendus chez la Sinclair. Madame Smith, à qui j'ai donné les clés, a compté de ses propres mains tout le linge et les habits. J'ai fait tout enfermer dans les malles et les boîtes. Il s'est trouvé la charge de deux carrosses. Si je n'avais pas été présent, la Sinclair et ses nymphes auraient détourné une partie de ces précieuses dépouilles. Elles ont eu l'insolence de le déclarer, et j'ai eu quelque peine à tirer des mains de Sally une belle dentelle de Malines qu'elle voulait porter en mémoire de miss Harlove. Nous sommes déjà si familiers, que je me flatte, avec son secours, de pouvoir t'informer quelquefois des événemens, et je te promets de ne pas négliger cette ouverture, pourvu que je puisse compter de ta part sur la confirmation des engagemens que j'ai pris en ton nom comme au mien. Tu conçois que le principal regarde la tranquillité de miss Harlove.

J'ai donné ordre à ton abominable Sinclair de t'envoyer ses comptes. Elle m'a répondu que la vengeance y aurait bonne part. Toute cette race infernale ne respire en effet que vengeance. J'ai ri de leurs fureurs. Il n'est plus douteux, disent les nymphes, que tu ne prennes le parti du mariage. Tous nos amis suivront ton exemple. La vieille pleure déjà la ruine entière de sa maison.

LETTRE CCXCVIII.

M. BELFORD, A M. LOVELACE.

Mardi matin, 18 juillet.

Après avoir passé une partie de la nuit à t'écrire, je ne suis pas trop content de me voir éveillé plus tôt que je ne m'y étais attendu par l'arrivée de ton second courrier, qui arrive à six heures du matin, homme et cheval hors d'haleine.

Tandis qu'ils se rafraîchiront un moment, je veux t'écrire quelques mots, pour te féliciter de ta rage et de ton impatience. Je m'y étais fort attendu. Mille complimens, Lovelace, sur la sensibilité de ton âme. Quel plaisir tu me causes, par ce tonneau percé de clous dont tu crois déjà sentir les pointes, et que tu me donnes pour une faible image de tes tourmens! j'aurai soin, à chaque occasion, d'enfoncer de nouveaux clous dans ton tonneau; et s'il le faut, je prendrai la peine de te faire rouler moi-même du sommet de ta montagne, jusqu'à ce que le sentiment te soit tout à fait revenu. N'est-ce pas moi qui ai toujours protesté contre ton ingratitude et ta perfidie? et crois-tu qu'étant appelé par toi-même à la réparation de tes cruelles injustices, je puisse manquer de zèle et de fermeté? Songe que si ta dame s'est laissé engager à reprendre son logement, c'est sur la parole que je lui ai donnée de la garantir de tes visites : sans quoi, peut-être, aurait-elle choisi quelque retraite où, toi ni moi, nous n'aurions pas été capables de la découvrir. J'ai cru pouvoir lui donner cette assurance, non seulement en vertu de ta promesse, mais parce qu'il est nécessaire que tu connaisses sa demeure, pour ménager son esprit par l'entremise de ses amis et des tiens.

Mets-toi donc en état de remplir un engagement si sacré. Autrement adieu pour jamais à toute amitié, ou du moins à toute correspondance entre nous.

BELFORD.

LETTRE CCXCIX.

M. BELFORD, A M. LOVELACE.

Mardi, 18 juillet, après midi.

Je me suis informé ce matin, par un de mes gens, de la santé de miss Harlove, et je me suis rendu chez elle immédiatement après mon dîner. On ne m'a pas fait une peinture agréable de sa situation. Je n'ai pas laissé de lui envoyer mon compliment. Elle m'a fait remercier de mes bons offices, avec des excuses de ne pouvoir m'assurer personnellement de sa reconnaissance, parce qu'elle était dans un abattement extrême : mais on m'a dit de sa part que si je prenais la peine de revenir vers six heures, elle serait peut-être en état de prendre le thé avec moi.

Cette condescendance me flatte beaucoup, j'en tire même un bon augure en votre faveur, puisqu'elle n'ignore pas que je suis votre ami déclaré. Il me semble que je dois commencer par guérir tous ses doutes, sur la part qu'elle vous a d'abord attribuée à cette dernière infamie. Ensuite, qui sait ce qu'on peut attendre de l'entremise d'une famille telle que la vôtre ; du moins, si vos résolutions sont capables de se soutenir. J'apprends de votre messager qu'avant cette malheureuse affaire, miss Charlotte Montaigu et sa sœur avaient déjà fait entrer miss Howe dans vos intérêts. Marquez-moi toujours les circonstances de leur négociation, pour me mettre en état de vous servir.

Miss Harlove est logée fort honnêtement. Elle occupe deux fort belles chambres avec leur garderobe et leurs cabinets. Elle s'est procuré une femme de chambre, ou plutôt une garde-malade, dont madame Smith vante beaucoup la prudence et l'honnêteté. La veuve d'un officier qui se nomme madame Lovick, et qui se trouve logée au dessus d'elle, lui rend des soins plus désintéressés, auxquels il paraît qu'elle est fort sensible.

Ce matin, elle était si mal, qu'elle s'est rendue à la proposition de faire appeler un médecin. On lui a fait venir un habile homme qui, pénétrant aussitôt la cause de sa maladie, n'a ordonné pour le présent que des cordiaux et d'autres remèdes innocens, et qui lui a prescrit un régime aussitôt que son estomac sera capable de le supporter. Il a dit à madame Lovick qu'un exercice modéré et l'amusement d'une compagnie agréable seraient plus utiles à sa guérison que tous les secours de l'art.

Madame Lovick m'a communiqué la substance d'une lettre que sa chère dame (c'est le nom qu'elle lui donne) lui a dictée pour miss Howe. Elle n'est point en état d'écrire elle-même avec une certaine application. Il paraît que c'est une réponse aux deux lettres qu'elle a reçues par mes mains. « Elle explique naturellement la raison qui ne lui a pas permis d'y répondre plus tôt. Elle sort d'une prison. Sa faiblesse l'oblige d'employer la main d'autrui. Elle promet de lui écrire avec plus d'étendue lorsqu'elle en aura la force. Cependant elle la prie de ne pas s'alarmer trop de sa situation. Ce n'est pas sa nouvelle disgrâce qui ruine sa santé : au contraire, elle se flatte d'en tirer un heureux fruit. Elle se croit tranquille dans une maison d'honneur, avec l'assurance de n'y être pas chagrinée par le misérable dont elle craint la vue plus que la mort. Ainsi miss Howe n'a plus besoin de prendre des voies détournées pour lui écrire. C'est une dépense inutile ; et ses lettres peuvent être adressées directement chez M. Smith, sous son véritable nom. »

Vous voyez que j'aurai l'occasion de vous obliger. Mais faites attention que tout dépend de la fidélité de vos promesses. Gardez-vous de nuire à vos propres vue par une impatience hors de saison, et de me faire passer pour un perfide aux yeux d'une infortunée, à qui tous les hommes sont justement suspects. Je répète qu'à cette condition vous pouvez attendre de moi tous les services de l'amitié.

LETTRE CCC.

M. BELFORD, A M. LOVELACE.

Mardi au soir, 18 juillet.

Je quitte miss Harlove. On m'a fait entrer dans son antichambre, où je l'ai trouvée assise dans un fauteuil, le visage pâle et les yeux fort abattus. Elle a fait un effort pour se lever ; mais n'ayant pu se soutenir : — Pardonnez, monsieur, m'a-t-elle dit. Je devrais être debout, pour vous remercier de vos généreux soins. Mes forces pourront se rétablir. En vérité, je me trouve blâmable de m'être fait presser pour revenir ici. C'est un paradis, en comparaison du triste lieu dont vous m'avez tirée.

La garde et madame Smith, qui m'avaient introduit, ont eu la discrétion de se retirer. Lorsqu'elle s'est vue seule avec moi : — Vous paraissez, monsieur, a-t-elle repris d'un caractère fort humain. Si vous savez ma triste histoire, vous conviendrez que j'ai été traitée avec beaucoup de barbarie, et par un homme de qui je ne le méritais pas. J'ai répondu que j'étais assez informé pour la regarder avec toute la vénération qu'on a pour le mérite des saintes et pour la pureté des anges : et qu'outre l'éclat naturel de ses perfections, j'avais pris cette opinion d'elle dans les récits mêmes de mon malheureux ami. Je lui ai parlé alors de votre désespoir, de votre repentir, de la résolution où vous êtes de réparer le passé par toutes les satisfactions qui sont en votre pouvoir ; et j'ai insisté fortement sur votre innocence à l'égard de sa dernière infortune. Ses réponses ont été nettes. — Elle ne pouvait penser à vous sans peine. Les réparations étaient impossibles. La dernière violence dont je m'efforçais de vous justifier n'était rien en comparaison de celles qui l'avaient précédée. Les premières étaient irréparables. Celle-ci pouvait recevoir des explications. Elle ne serait pas même fâchée de se voir convaincue que vous n'êtes pas capable de tant de bassesse. Cependant, après des lettres forgées, après de fausses suppositions de faits et de personnes, quelles noirceurs pouvaient vous effrayer ?

J'aurais souhaité de pouvoir m'étendre sur l'interrogatoire que vous avez soutenu devant votre famille, sur la résolution que vous aviez prise de l'épouser si vous aviez obtenu d'elle les quatre mots que vous désiriez, sur l'ardeur avec laquelle tous vos parens souhaitent son alliance et sur la députation de vos deux cousines pour engager miss Howe dans vos intérêts ; mais lorsque j'ai commencé à toucher tous ces points, elle m'a dit, en m'interrompant, que cette cause était devant un autre tribunal, que c'était le sujet des dernières lettres de miss Howe, et qu'elle se proposait de lui marquer là-dessus ses idées aussitôt que ses forces le lui permettraient.

Je suis revenu à vous justifier particulièrement sur sa dernière aventure, avec d'autant plus d'espérance de succès qu'elle paraissait souhaiter elle-même de vous trouver innocent. J'ai parlé de la furieuse lettre que vous m'avez écrite à cette occasion. Après m'avoir regardé un moment, elle m'a demandé si j'avais cette lettre sur moi. Je l'avais en effet, Elle a souhaité de la voir. Sa curiosité m'a jeté dans un horrible embarras. Combien de choses passent entre nous pour ingénieuses ou badines, qui doivent être choquantes pour une femme délicate ! D'ailleurs, tes lettres les plus sérieuses ont un air de légèreté et de mauvaise plaisanterie qui n'est pas propre à faire prendre une idée favorable de tes principes et de tes sentimens. Je ne lui ai pas caché mes craintes, et je me serais volontiers dispensé de la satisfaire ; mais elle m'a pressé si fortement, que j'ai pris le parti de lui lire quelques endroits convenables à mon dessein et de passer sur ce qui me paraîtrait capable de lui déplaire.

Sur tes deux premières lignes, elle a fait cette réflexion : — Quel repentir, quelle confusion de son crime, ou plutôt quelle légèreté dans son cœur, qui n'a que des emportemens et de vaines exclamations pour premier témoignage de douleur !

Cependant elle a paru fort touchée de l'endroit où tu parles de sa disgrâce. J'ai passé tes malédictions contre sa famille, et quelques autres lignes dont elle aurait été blessée. Mais, à l'occasion des reproches que tu te fais à toi-même, elle a fait cette remarque : — Les ruses et les inventions qu'il maudit, et le triomphe de ses vils agens après avoir découvert ma retraite, sont une preuve que toute sa criminelle conduite était préméditée, et je ne doute pas non plus que ses horribles parjures et tous ses cruels artifices ne fussent, dans ses idées, autant de jeux d'esprit et de merveilleuses finesses pour lesquels il s'applaudissait sans doute de la supériorité de ses talens.

A cet endroit : *M'apprendras-tu, malheureux prophète, où ma punition doit finir?* elle a soupiré ; et lorsque j'ai lu ces mots : *priant peut-être pour ma réformation :* — N'ajoutez-vous rien? m'a-t-elle dit en soupirant encore. Le méchant homme ! a-t-elle ajouté en versant une larme pour toi. Sur ma foi, Lovelace, je suis persuadé qu'elle ne te hait pas. Elle a du moins la générosité de s'intéresser à ton bonheur futur.

Elle a fait une réflexion assez sévère sur moi-même, après l'endroit où tu me pries de lui demander pardon à genoux pour toi. — Vous aviez tous votre leçon, m'a-t-elle dit. Vous aviez la vôtre, monsieur, lorsque vous êtes venu pour me délivrer. Je vous ai vu à genoux, j'ai pris cet excès de condescendance pour une marque de compassion et d'humanité. Vous me pardonnerez, monsieur, mais je ne savais pas que ce fût simple fidélité pour vos instructions.

Ce reproche m'a piqué. Je n'ai pu supporter l'humiliation de passer dans son esprit pour une misérable machine, pour un Joseph Leman, pour un Tomlinson, et j'ai entrepris avec quelque chaleur de lui ôter cette idée. Mais elle m'a fait encore une fois des excuses en me disant que j'étais l'ami déclaré d'un homme dont elle était fâchée de pouvoir dire, avec raison, que l'amitié ne faisait d'honneur à personne. Elle m'a prié de continuer, mais je ne m'en suis pas trouvé mieux. A l'endroit où tu dis que *j'ai toujours été son ami et son avocat,* elle m'a fait un argument sans réponse : — Je conclus de cette expression, m'a-t-elle dit, qu'il a toujours eu contre moi de criminels desseins, et que vous ne les avez pas ignorés. Plût au ciel que, dans quelque moment de bonté et sans aucun danger pour vous, la seule horreur du mal vous eût porté à me donner avis d'une bassesse que vous n'approuviez pas ! Mais je vois qu'entre les hommes, la ruine d'une fille innocente est un mal plus léger que l'infidélité pour le coupable secret d'un ami.

Après cette sévère, mais juste réflexion, j'aurais voulu passer la ligne suivante, quoique j'en eusse lu les premiers mots sans y faire attention ; mais elle m'a forcé d'achever. *Que ne donnerais je pas aujourd'hui pour t'avoir écouté !* Voici sa remarque. — Ainsi, monsieur, vous voyez que si vous aviez servi heureusement à prévenir le malheur dont j'étais menacée, vous en recevriez aujourd'hui les remerciemens de votre ami. C'est une satisfaction qui sera toujours la récompense de celui qui a la force de prévenir ou d'arrêter le mal. Cependant, permettez-moi de souhaiter, monsieur Belford, que vous deveniez capable du plaisir d'une *amitié vertueuse*. Il n'y en a pas d'autre qui mérite ce nom sacré. Vous paraissez d'un bon naturel ; j'espère, pour votre propre intérêt, que vous en éprouverez quelque jour la différence ; et lorsque vous serez à ce point, souvenez-vous de miss Harlove, qui s'est vue la plus heureuse personne de son sexe par le mérite et la vertu de ses amis, jusqu'au moment où sa mauvaise fortune lui en fait un du vôtre. Elle a tourné la tête, pour me cacher apparemment ses larmes.

Lorsque tu me recommandes de t'informer du traitement qu'elle a reçu, et que tu ajoutes : *Malheur à ceux qui auraient eu l'audace de la maltraiter !* son indignation s'est allumée tout d'un coup. — Quoi ! monsieur, m'a-t-elle dit, vous n'êtes pas effrayé de sa propre audace ? Est-ce à lui de punir celle d'autrui ? Tous les mauvais traitemens que j'ai pu recevoir dans cette occasion n'auraient pas approché de ceux..... Elle s'est arrêtée ici quelques momens.... Cependant qui le punira lui-même ? Effronté scélérat ! Lui seul, apparemment, est en droit d'outrager l'innocence.

Mes réflexions sont devenues ici fort sombres. — Qu'ai-je fait ? me suis-je dit à moi-même. Ce caractère sauvage m'accusera sans doute de l'avoir trahi, en lisant une partie de sa lettre à son juge. Cependant, mon pauvre Lovelace, si tu en es fâché, je crois qu'en bonne justice tu ne peux t'en prendre qu'à toi-même. Qui croirait que pour diminuer tes fautes et pour donner des preuves de ta sincérité, je n'ai pas dû communiquer quelques endroits les plus favorables d'une lettre que tu n'as écrite à ton ami que pour le convaincre de ton innocence ; mais un mauvais cœur et une mauvaise cause sont d'étranges sources d'embarras.

Je cherchais à donner un motif plausible pour tant de passages que j'étais obligé de supprimer, mais on me dit enfin : — C'est assez, monsieur, c'est assez ; votre ami est un très méchant homme. Je comprends qu'il voulait établir sur moi son pouvoir à toutes sortes de prix, et ses actions ne m'ont que trop appris l'usage qu'il en aurait fait. Je suppose que vous connaissez son vil Tomlinson. Je suppose... Mais que servent les discours ? Jamais il n'y eut d'exemple d'un cœur si faux et d'une trahison si préméditée. Quels sermens ne m'a-t-il pas faits ? Quelles ruses n'a-t-il pas inventées ? et dans quelle vue ? Uniquement pour ruiner une jeune et malheureuse fille dont il devait être le protecteur et qu'il avait privée lui-même de toute autre protection.

Elle s'est levée ici. Elle a tourné la tête en portant son mouchoir à ses yeux. Je suis demeuré en silence pour lui laisser le temps de se soulager. Après avoir été quelques momens dans cette posture, elle s'est assise en me regardant d'un air tranquille. — Je me flatte, m'a-t-elle dit, de parler à un homme qui a le cœur mieux placé. Je vous rends grâce, monsieur, des obligeans quoique inutiles efforts que vous avez faits en ma faveur. Ils ont été sans effet. Peut-être n'ont-il pas été assez pressans, et je n'en accuse que moi-même. J'ai pu vous paraître une créature étourdie qui s'était dérobée à ses protecteurs naturels, et qui devait, par conséquent, essuyer toutes les suites de sa témérité.

Je t'aurais mal servi en lui apprenant quelle force j'ai toujours mise dans mes représentations et dans mes instances. Mais je l'ai assurée que j'avais embrassé sa cause avec zèle, sans autre motif qu'un mérite auquel je n'avais jamais rien connu d'égal, que je ne pensais point à te défendre, mais que tu n'avais jamais cessé de rendre justice à sa vertu ; que c'était la force de cette conviction qui causait aujourd'hui tes regrets, et qui te faisait désirer, avec une passion si vive, de te voir en possession d'un si précieux trésor... J'allais continuer. Elle m'a coupé la voix. — C'en est trop, m'a-t-elle dit, sur un sujet auquel je devais moins m'arrêter. Si votre ami veut m'accorder la grâce de ne jamais paraître devant moi, c'est tout ce qui me reste à lui demander. Comptez, monsieur, que jamais, jamais, je ne le reverrai ; si je puis l'éviter sans avoir recours aux voies criminelles du dernier désespoir.

Que pouvais-je répondre? Peut-être me serais-je attiré la défense absolue, non seulement de lui parler de toi, mais de me présenter jamais à sa porte. Je me suis réduit à lui proposer indirectement des secours pécuniaires ; mais mes termes ont été si obscurs, qu'elle a pu feindre de ne pas m'entendre.

En vérité, je ne connais personne au monde, que je fusse plus fâché d'avoir offensé. Elle a dans ses manières une si véritable dignité, sans aucune teinture de cet orgueil ou de cette arrogance qu'on est tenté de mortifier lorsqu'on croit les découvrir, l'œil si perçant et tellement adouci néanmoins par des rayons de bonté, qu'elle impose également le respect, la tendresse et l'admiration. Il me semble que j'ai une sorte de *saint amour* pour cette femme angélique ; et c'est un de mes étonnemens, que tu aies pu conserver tes noirs desseins après avoir conversé un quart d'heure avec elle. Gardée comme elle l'était par la piété, la prudence, la vertu, la dignité, la naissance, la fortune, et par une pureté de cœur que je crois sans exemple, il n'y a qu'un vrai démon qui ait pu entreprendre de forcer tant de barrières. Cependant tu l'as fait, et je suis persuadé que ton orgueil s'en applaudit!

C'est mon opinion, si tu persistes dans le dessein de te marier, que tu n'as rien de mieux à faire que de lui procurer la visite de tes tantes réelles et de tes cousines, et de les engager à plaider pour toi. Dans ces circonstances, il est à craindre qu'elles n'aient quelque éloignement pour une visite. Mais leurs lettres, du moins, et celles de milord M... soutenues par les sollicitations de miss Howe, peuvent opérer quelque chose en ta faveur. Je crois, au fond, que miss Harlove préférerait la mort à toi. Les deux femmes qui la gardent sont persuadées, sans connaître la moitié de ses peines, que la douleur a déjà fait son office ; c'est-à-dire, que les principes de sa vie sont altérés sans ressource.

En prenant congé d'elle, je l'ai suppliée de ne pas épargner mes services, et de permettre que je m'informe souvent de sa santé. Elle m'a répondu d'un signe de tête, qui ne peut être pris que pour un consentement.

Mercredi, 19 juillet, après midi.

Je m'étais présenté ce matin à sa porte, où l'on m'avait dit qu'elle avait passé une très mauvaise nuit. Mais étant retourné après dîner chez Smith, on m'assure qu'elle est un peu mieux. Elle se loue beaucoup du médecin, qui lui marque, dit-elle, une affection et des soins *paternels*.

Madame Smith m'a dit qu'elle lui avait donné la clé de ses malles, et qu'elle l'avait priée de faire, avec madame Lovick, un inventaire de son linge et de ses habits. Après cette revue, qui s'est faite en sa présence, elle leur a proposé de chercher à vendre deux de ses robes; l'une qu'elle n'a jamais portée, l'autre, qui ne lui a pas servi trois fois. Elle donne pour raison qu'elle ne vivra point assez pour en faire jamais d'autre usage; qu'elle a besoin d'argent; qu'elle ne veut avoir obligation à personne, tandis qu'il lui reste des effets qu'elle n'a point occasion d'employer. Cependant, comme ces deux robes sont très riches, elle n'espère pas, dit-elle, qu'on en puisse trouver ce qu'elles ont coûté.

Les deux femmes, embarrassées de ses instances, ont pris le parti de me consulter. Des habits si précieux leur ont fait prendre une idée plus haute encore de son rang et de sa fortune. Elles m'ont pressé de leur apprendre plus particulièrement son histoire. Je leur ai dit qu'elle est effectivement d'une naissance et d'une fortune distinguées. Mais j'ai cru devoir lui laisser à elle-même le récit de ses disgrâces dans le temps et la forme qu'elle jugera convenables.

A l'égard des deux robes, j'ai conseillé à madame Smith de feindre, qu'après quelques recherches, elle avait trouvé un ami qui achèterait volontiers la plus riche; mais d'ajouter, pour éloigner toute défiance, qu'il voulait y trouver quelque avantage. Je lui ai laissé vingt guinées, comme une partie du paiement.

Je vais passer cette nuit à Egdware, mais dans la résolution d'être demain à Londres, et je laisse cette lettre pour ton courrier, s'il arrive pendant mon absence.

LETTRE CCCI.
M. LOVELACE, A M. BELFORD.
Au château de M..., mercredi, 19 juillet.

Tu crains avec raison que je ne te soupçonne de quelque perfidie, lorsque tu n'as pas fait difficulté de communiquer ma lettre. Qui croirait, me demandes-tu, que tu n'aies pas dû lire quelques endroits, les plus favorables, d'une lettre que j'écris à mon ami pour le convaincre de mon innocence? Je t'apprendrai qui. C'est celui qui, dans la même lettre où il me fait cette question, me dit effrontément qu'il y a, dans mes lettres les plus sérieuses, un air de légèreté et de mauvaise plaisanterie qui fait aussi peu d'honneur à mes sentimens qu'à mes principes. Que penses-tu maintenant de ta folie? Deviens, je t'en prie, plus circonspect à l'avenir, et que cette grossière imprudence soit la seule de son espèce.

Elle ne peut penser à moi sans peine. Elle admire que tu ne sois pas effrayé de mon caractère. Je suis un cœur endurci, un effronté scélérat, un homme dont l'amitié ne fait honneur à personne, un méchant homme ! A-t-elle tenu, a-t-elle pu, a-t-elle osé tenir ce langage ? et le tenir à celui dont elle loue l'humanité et qu'elle préfère à moi pour cette vertu ; tandis que l'humanité dont il fait parade n'est exercée qu'à ma prière, et qu'elle ne peut l'ignorer ? N'est-ce pas me ravir l'honneur de mes bonnes œuvres ? Admirable fondement pour ta fine distinction entre le ressentiment et la vengeance ! mais tu seras toujours malheureux dans tes idées, et ton partage est de ne concevoir les choses qu'à demi ou de réussir mal à les exprimer.

L'éloge que tu fais de son ingénuité est un autre de tes entêtemens. Je ne pense pas comme toi de ses plaintes et de ses exclamations. Que peut-elle se proposer ? Serait-ce de t'inspirer un *saint amour*? Au diable ton extravagance. Dans toute autre vue, néanmoins, n'est-il pas choquant de se représenter une femme si charmante, tête-à-tête avec un libertin, et lui parlant d'une offense qu'elle ne peut pardonner ? Je souhaiterais beaucoup que ces chastes personnes fussent un peu plus modestes dans leur colère. Il serait fort étrange que Lovelace eût plus de délicatesse que miss Harlove, sur un point qui en demande extrêmement. Peut-être engagerai-je sa Norton ou sa chère miss Howe, par quelqu'un de mes agens, à faire un reproche à cette chère novice de ses expressions trop libres.

Mais, pour être tout à fait sérieux, je t'assure que, malgré le ton méprisant avec lequel elle t'a demandé d'où me venait l'audace de vouloir punir celle d'autrui, je ne pardonnerai jamais à cette maudite Sinclair la dernière violence dont elle s'est rendue coupable contre une femme que j'adore, pas plus que les barbares insultes des deux nymphes, dans la visite qu'elles lui ont rendue.

Pour l'opinion que la Lovick et la Smith ont de sa santé, c'est un langage de femme, dans lequel je ne suis pas surpris que tu donnes si facilement, toi qui as vu mourir et ressusciter tant de belles personnes.

Comment s'imaginer qu'avec tant de réflexions consolantes, une femme puisse mourir de chagrin ? Au contraire, je ne doute pas qu'en revenant de la consternation où sa dernière disgrâce l'a jetée, son cœur, plus tranquille, ne se rouvre à l'amour. Ses idées recommenceront à rouler sur le nœud conjugal. La vivacité renaîtra dans son âme, et la fera répondre à mes sentimens avec autant de liberté que de plaisir, quoique avec moins de l'un et de l'autre, que si la chère petite orgueilleuse n'avait pas perdu le droit de se croire trop élevée au dessus du reste de son sexe. En me faisant le récit de ses amères invectives contre ton pauvre ami, tu me demandes ce que tu aurais pu répondre pour moi ? Ne t'ai-je pas suggéré, dans mes lettres précédentes, mille choses qu'un peu de zèle t'aurait fait rappeler pour ma justification ou pour mon excuse ?

Mais venons aux circonstances présentes. Il est vrai, comme mon courrier te l'a dit, qu'avant l'officieuse infamie de cette Sinclair, miss Howe s'était engagée dans mes intérêts. Cependant elle a dit à mes cousines qu'elle était persuadée que son amie ne me pardonnerait jamais. J'ai une extrême impatience de savoir ce que miss Howe peut lui avoir écrit pour la faire consentir à recevoir la main de l'*effronté scélérat*, de l'*homme dont l'amitié ne fait honneur à personne*, du *méchant*, du *très méchant homme*. Les deux lettres ont passé par tes mains. Si je les avais eues dans les miennes, peut-être la cire du cachet se serait-elle fondue sous mes doigts ardens, et les plis se seraient ouverts d'eux-mêmes pour satisfaire ma curiosité. Je te trouve bien coupable, Belford, de n'avoir pas imaginé quelque moyen de me les envoyer. Tu aurais pu dire que le messager qui apporta la seconde les avait reprises toutes deux. J'aurais eu le temps de les faire transcrire, et de les renvoyer comme de la part de miss Howe.

Mes tantes, qui voient la négociation traîner en longueur, se disposent à reprendre le chemin de leurs terres, après avoir tiré de moi l'unique sûreté qu'elles ont pu désirer; c'est-à-dire ma parole pour la célébration, si l'on consent à me recevoir. Le parti que j'ai à prendre, dans l'incertitude que tu me présentes, c'est de ranimer toutes mes facultés, pour me remettre en état d'offrir à miss Harlove un mari digne d'elle, ou, si j'ai le malheur d'être rejeté, pour retrouver ma gaîté ordinaire, et faire connaître au beau sexe que je ne suis pas découragé par les difficultés que j'ai trouvées dans cette pénible aventure. Un tour de France et d'Italie sera mon remède pour le dernier de ces deux cas. Miss Harlove oubliera, dans l'intervalle, tout ce qu'elle a souffert de l'ingrat Lovelace; quoiqu'il soit impossible que son Lovelace oublie jamais une femme à laquelle il désespère de rencontrer rien d'égal, quand il ferait mille fois le tour du monde.

Si tu ne te lasses point de m'écrire pour t'acquitter d'une dette que mes lettres sans nombre et sans fin t'ont imposée, je tâcherai de me renfermer dans le désir d'aller à la ville pour me jeter aux pieds de la divinité de mon cœur. Il m'en coûtera beaucoup, mais la politique et l'honnêteté me prêteront leur secours. Je suis résolu de laisser à ses ressentimens le temps de s'apaiser, afin que tout ce qu'elle pourra faire en ma faveur ait la grâce et le mérite d'une action volontaire.

Hickman (j'ai une mortelle aversion pour cet homme-là) me demande par un billet que je viens de recevoir, une entrevue pour vendredi prochain chez M. Dormer, qui est notre ami commun. Les affaires qu'il peut avoir avec moi ont-elles besoin de l'entremise d'un ami? Cette proposition m'a l'air d'un défi. Qu'en dis-tu, Belford? Je ne lui promets pas d'être trop civil. Il s'est mêlé de bien des choses. D'ailleurs, je lui porte un peu d'envie, par rapport à miss Howe; car si je ne me trompe point dans l'idée que j'ai de lui, il est impossible que cette *virago* puisse jamais l'aimer. Charmant sujet d'espérance pour un homme d'intrigue, lorsqu'il a raison de croire qu'une femme sur laquelle il a des vues est sans inclination pour son mari.

Il y a long-temps que tu ne m'as rien dit du pauvre Belton. Informe-moi particulièrement de tout ce qui a rapport à lui. C'est un homme que 'aime. Je lui crois d'autres embarras que ceux de la Thomasine. Nous passons ici le temps, Mowbray, Tourville et moi, aussi gaîment que nous le pouvons sans toi. C'est un avantage que notre sexe a sur l'autre en amour. Tandis qu'une malheureuse femme soupire dans un coin ou qu'elle cherche les bois et les déserts pour gémir de ses peines, nous pouvons boire, manger, courir le cerf, et bannir par de nouvelles intrigues le souvenir de celles qui nous affligent. Cependant, tout livrés que nous sommes à la joie, mes réflexions, sur les injures que cette divine femme a reçues, troublent souvent mes plaisirs.

Tu vois que mes sentimens sont encore honnêtes.

LETTRE CCCII.

MISS HOWE, A MISS CLARISSE HARLOVE.

Jeudi matin, 20 juillet.

Hélas! ma très chère Clarisse, quelles doivent avoir été vos souffrances! Que je me représente amèrement votre situation dans une aventure si humiliante! En plein jour, en pleine rue! Je ne verrai donc pas de fin aux malheurs d'une chère amie, dont les moindres afflictions me sont plus sensibles que les miennes. Que j'ai souffert en recevant votre lettre, qui est d'une autre main que la vôtre, et que vous n'avez fait que dicter! Vous devez être fort mal. Chère amie! Mais je n'en suis pas surprise. Je me flatte seulement que le mal vient de la confusion et de l'embarras de votre dernière disgrâce, plus que d'une redoutable tristesse, qui peut produire des effets dont la seule idée me fait frémir. Ah! ma chère, il ne faut pas que le courage vous abandonne. Gardez-vous du désespoir. Jusque aujourd'hui vous n'avez rien à vous reprocher.

Je ne puis supporter que vos lettres soient d'une autre que de vous. Ecrivez-moi, s'il est possible, quelques lignes de votre propre main. Elles ranimeront mon cœur, surtout, si elles m'apprennent que votre santé se rétablit. J'attends votre réponse à ma lettre du 13. Nous l'attendons tous avec la même impatience. Milord et les dames sont des personnes d'honneur. Ils ont une passion extrême de vous voir entrer dans leur famille. Votre misérable est si repentant, suivant leur propre témoignage, et vos parens si implacables, que ma mère est dans l'opinion absolue que vous devez être sa femme. Je vous envoie la copie d'une lettre que j'écrivis, mardi dernier, à miss Montaigu, dans le chagrin d'entendre qu'on ne savait ce que vous étiez devenue, et sa réponse, avec un billet de milord, et de ses deux sœurs. Le misérable y a joint aussi quelques lignes. Mais je vous avoue que le tour de sa requête me déplaît. Avant que de vous solliciter plus vivement en sa faveur, j'ai pris la résolution d'employer un ami, pour tirer de sa propre bouche des preuves de sa sincérité, et pour m'assurer si son cœur a conduit sa plume, indépendamment du désir de sa famille. C'est un tourment pour moi, qu'il y ait quelque ombre de fondement pour cette question. Mais je crois, avec ma mère, que le mariage est le seul moyen qui vous reste de mener une vie, sinon fort heureuse, du moins tranquille et supportable. Aux yeux du public même, toute la honte serait pour lui, et votre triomphe en paraîtrait plus glorieux.

Je suis obligée de partir incessamment, avec ma mère, pour l'île de Wight, où ma tante Hartman, dont la santé décline beaucoup, désire de nous voir avant sa mort. M. Hickman doit nous accompagner. Il serait cruel pour moi d'entreprendre ce voyage, sans avoir eu la satisfaction de vous embrasser. Cependant ma mère, toujours jalouse de ses droits, exige que, pour notre première entrevue, j'attende le temps de vous féliciter sous le nom de madame Lovelace. Lorsqu'on m'aura rendu compte de la réponse de votre misérable, je vous expliquerai plus ouvertement mon sentiment.

ANNE HOWE,

LETTRE CCCIII.

MISS CLARISSE HARLOVE, A MISS HOWE.

Jeudi au soir.

Ne doutez pas, très chère miss Howe, qu'une amitié si tendre et si constante ne fasse toute la consolation de ma vie. Ma réponse sera courte, parce que je suis assez mal, quoiqu'un peu mieux que ces derniers jours, et parce que j'en prépare une plus longue à votre lettre du 13. Mais je vous déclare d'avance que je ne veux point de cet homme-là. Ainsi, dispensez-vous, je vous en supplie, de l'épreuve où vous voulez mettre sa bonne foi.

Le courage ne m'abandonne pas, et j'ose espérer qu'il ne m'abandonnera jamais. Ma situation n'est-elle pas heureusement changée? J'en rends grâce au ciel. Je ne suis plus esclave dans cette odieuse maison. Je ne suis plus obligée de me dérober au jour, pour éviter mon persécuteur. Un de ses intimes amis, embrassant mes intérêts, s'engage à le tenir éloigné. Je ne vois que d'honnêtes gens autour de moi. Tous mes effets m'ont été envoyés. Le misérable rend témoignage lui-même à mon honneur.

Il est vrai que mes forces sont extrêmement affaiblies. Mais j'ai un excellent médecin, qui me traite, ma chère, avec des soins *paternels*. Je crois quelquefois sentir que je suis au dessus de mes infortunes. Cependant il m'arrivera plus d'une fois de retomber dans l'abattement. Je dois m'y attendre. La malédiction de mon père... Mais vous me ferez un reproche de mêler cette triste idée au récit de mes consolations.

C'est à vous-même, très chère amie, que je recommande instamment de ne pas être trop sensible à mes disgrâces. Si vous voulez contribuer à mon bonheur, prenez soin du vôtre. Quelle opinion auriez-vous de votre Clarisse, si vous n'étiez pas persuadée que la plus grande satisfaction qu'elle désire dans cette vie est de vous voir heureuse? Ne pensez plus à moi, comme vous le faisiez dans d'autre temps. Supposez-moi partie pour un long, pour un très long voyage. N'arrive-t-il pas souvent que les plus chers amis se séparent pour un grand nombre d'années, et quelquefois avec peu d'espérance de se revoir jamais? Déterminez-vous, ma chère, à rendre un honnête homme heureux, parce que c'est d'un honnête homme que votre bonheur dépend aussi.

Adieu, très chère miss Howe; je ne serai pas long-temps sans vous écrire.

LETTRE CCCIV.

M. LOVELACE, A M. BELFORD.

Au château de M..., vendredi, 21 juillet.

Je sors de mon entrevue avec Hickman. C'est une espèce d'homme aussi empesé que ses manchettes. Tu sais, Belford, que je ne l'aime pas. On ne reconnaît pas volontiers du mérite dans ceux qu'on a pris en aversion; pas même le mérite réel: mais c'est sérieusement que je le trouve épais, lourd, embarrassé, et tel que tu n'as jamais vu sa ressemblance que dans ton miroir.

J'étais chez Dormer, lorsqu'il y est arrivé. Il m'a proposé de faire avec lui un tour de jardin. Les cérémonies ne finissaient pas. Enfin, il avait commencé à me dire, qu'il venait... qu'il... qu'il était venu... à la prière de miss Howe, pour m'entretenir de miss Harlove. La patience m'a manqué.—Eh bien! monsieur, parlez, lui ai-je dit. Vous me permettrez de vous faire observer que si votre livre est aussi long que la préface, nous avons pour une semaine de lecture.

Tu trouveras ce ton un peu brusque, mais le meilleur parti avec les formalistes, est de les décontenancer d'abord. Alors un honnête homme, qu'ils ont eu l'impertinence d'attaquer, a le dessus du vent pendant toute la conférence.

Il a porté la main au menton. A peine savait-il ce qu'il devait dire. Cependant, après quantité de parenthèses : — Je présume, monsieur, je présume, a-t-il répété, que ce n'est pas sans votre participation que les deux demoiselles Montaigu, vos cousines, ont fait une visite à miss Howe, au nom de milord M... de milady Sadler et de milady Lawrance?

— Je ne l'ignore pas, monsieur. Miss Howe reçut, le jour suivant, une lettre signée de milord et de ces deux dames, à laquelle je joignis aussi quelques lignes. L'avez-vous vue, monsieur?

— Je ne puis dire qu'elle me l'ait cachée. C'est même le principal motif de cette visite. Miss Howe trouve, dans ce petit nombre de lignes, un air de légèreté, qui lui fait douter si c'est sérieusement que vous lui demandez ses sollicitations auprès de son amie.

— Croyez-vous, monsieur, que miss Howe m'accorde quelques momens d'explication?

— Je n'ose vous répondre qu'elle voulût vous causer *cette peine.*

— Ce ne sera point *une peine,* monsieur Hickman. Je vous accompagnerai volontiers chez miss Howe, et je dissiperai tous ses scrupules. (Il a paru hésiter.)

— Je ne retourne pas directement chez miss Howe. Il serait aussi convenable, monsieur, que vous eussiez la bonté de me charger de vos explications.

— Quels sont donc ses scrupules, monsieur Hickman?

— Mais, monsieur, miss Howe remarque dans les lignes qui sont de vous.... Permettez-vous que je les lise, monsieur? J'en ai pris une copie. Vous commencez par : *Chère miss...*

— Je me flatte, monsieur Hickman, que ce n'est pas l'offenser.

— Non, monsieur, pas la moindre offense. (Il allait lire en effet.)

— Vous servez-vous de lunettes, monsieur Hickman?

— De lunettes, monsieur! Pourquoi cette question?

— C'est l'usage d'Espagne, monsieur Hickman.

— Chaque nation a ses usages. Mais vous savez que ce n'est pas celui d'Angleterre.

— Avez-vous jamais vu l'Espagne, monsieur Hickman?

— Non, monsieur. J'ai vu la Hollande.

— La Hollande, monsieur! jamais la France, ni l'Italie? (J'étais résolu de voyager avec lui jusqu'à la Chine.)

— Non, monsieur, je n'ai point encore fait ce voyage.

— Je suis surpris, monsieur, qu'ayant passé la mer...

— Quelques affaires m'avaient appelé à Rotterdam.

— Fort bien, monsieur. Vous alliez lire ; ayez la bonté de continuer.

— « Après les honorables noms qui précèdent... » Il s'est arrêté. Assurément, personne ne révoquera l'honneur de milord en doute, ni celui des excellentes dames qui ont signé la lettre.

— Je me flatte, monsieur, que le mien n'est pas plus suspect.

— Je continuerai, monsieur, s'il vous plaît... « J'aurais pu me dispenser d'en signer un qui m'est aussi odieux qu'à vous. » Ce *qu'à vous* monsieur...

— Eh bien! monsieur Hickman! j'ai eu mes raisons pour employer ce terme. Miss Howe a fort maltraité mon caractère. Je ne lui ai jamais fait de mal. Son langage m'a blessé. Je m'imagine, monsieur, que vous êtes venu de sa part pour m'en faire excuses.

— Miss Howe, monsieur, n'est point accoutumée à parler mal de personne.

— C'est une raison de plus, pour m'offenser de ses discours.

— Vous savez, monsieur, quelle est son amitié...

— Il n'y a point d'amitié qui puisse justifier des libertés si choquantes. (Le pauvre Hickman a paru tout à fait déconcerté.)

J'ai voulu continuer : — N'avez-vous pas entendu fort souvent dans la bouche de miss Howe...

Il m'a interrompu : — Je ne suis pas venu, monsieur, dans le dessein de vous insulter : mais vous savez combien miss Harlove et miss Howe sont amies. Je crains que vous n'ayez pas eu pour miss Harlove tous les égards qu'elle mérite, et si la chaleur de l'amitié peut avoir engagé miss Howe dans ce que vous nommez des libertés, il me semble qu'une âme généreuse doit regretter plutôt d'y avoir donné sujet...

— J'entends le reste, monsieur : mais ce reproche me déplaît moins dans la bouche d'une femme, que dans celle d'un homme d'épée. J'ai une passion extrême d'entretenir miss Howe, et je suis persuadé que nous nous accorderions parfaitement. Je vous prie, monsieur Hickman, ayez la bonté de m'introduire chez miss Howe.

— Je puis lui faire part de votre intention, si vous le désirez.

— Oui, monsieur, vous m'obligerez beaucoup : mais vous pouvez continuer de lire.

Il a lu, effectivement, comme si je n'avais pu me souvenir de quatre mots que j'avais écrits. Lorsqu'il est arrivé à l'endroit où je parle de corde, de prêtre et de bourreau : — Croyez-vous, monsieur, m'a-t-il dit, que ces expressions n'aient pas l'air d'un badinage? Vous savez trop bien, monsieur, que miss Harlove n'a pas le pouvoir de vous envoyer au gibet.

— Eh! croyez-vous qu'elle le fît, si mon sort dépendait d'elle?

— Vous ajoutez, monsieur, a-t-il continué sans répondre à cette belle question, que miss Harlove est la plus outragée de toutes les personnes de son sexe. Je sais qu'elle se ressent de vos outrages, jusqu'à faire douter à miss Howe qu'elle puisse jamais vous pardonner ; et malgré le désir où toute votre famille paraît être de voir finir cette triste aventure par un heureux mariage, miss Howe croit trouver, dans cette partie de la lettre, un juste sujet de craindre que vos intentions ne soient pas sérieuses, et que votre complaisance pour vos amis n'ait plus de part à *ce compliment* que votre inclination. C'est là-dessus qu'elle souhaite de connaître vos véritables sentimens, avant que de s'engager plus loin.

— Pensez-vous, monsieur Hickman, que si je suis capable de tromper ma propre famille, j'aie assez d'obligation à miss Howe, qui m'a traité avec si peu de ménagemens, pour lui taire un aveu que je ne ferais pas à mes proches?

— Pardonnez, monsieur, mais miss Howe s'est figuré que votre lettre la mettait en droit de vous demander quelque explication.

— Eh bien! monsieur Hickman; vous voyez que je ne suis pas muet avec vous. Que vous semble de moi?

— Je vois, monsieur, que vous êtes un homme aimable et d'une humeur enjouée. Mais ce que je demande, au nom de miss Howe, c'est de savoir si vous souhaitez ses bons offices auprès de miss Harlove.

— Ne doutez pas que je ne fusse charmé de me voir réconcilié avec une personne que j'aime uniquement, et que je n'eusse beaucoup d'obligation à miss Howe, si je tenais d'elle un si grand service.

— Fort bien, monsieur : et je puis donc conclure que vous êtes disposé au mariage.

— Je n'ai jamais eu de goût pour l'état du mariage. C'est ma déclaration, que je dois vous faire nettement.

— Le mariage, cependant, me paraît un état fort heureux.

— Je souhaite que vous le trouviez conforme à vos idées.

— C'est ce qui n'est pas douteux pour moi; vous en jugeriez de même si vous étiez le mari de miss Harlove.

— Oh! si j'étais capable de trouver du bonheur dans le mariage, ce serait sans doute avec elle.

— Vous me surprenez extrêmement, monsieur. Ne pas penser au mariage, après ce qui s'est passé, après le traitement...

— Eh! quel traitement, s'il vous plaît? Je ne doute pas qu'une personne si délicate n'ait représenté, sous des couleurs trop fortes, ce qui passerait pour une bagatelle à d'autres que les siens.

— Vous me pardonnerez, monsieur; mais si ce qu'on m'a fait entrevoir n'est pas une exagération, je ne puis le traiter de bagatelle.

— Apprenez-moi donc, monsieur Hickman, ce qu'on vous a fait entrevoir. Je répondrai sincèrement aux accusations.

— Vous savez mieux que personne, monsieur, de quoi vous êtes accusé. Ne reconnaissez-vous pas, dans votre lettre, que miss Harlove est la plus outragée de toutes les femmes, et celle qui le mérite le moins.

— Oui, monsieur, je le reconnais; et je n'en souhaite pas moins d'apprendre ce qu'on vous a fait entrevoir. Ma réponse aux questions de miss Howe dépend peut-être de cet éclaircissement.

— Puisque vous êtes si pressant, monsieur, vous ne sauriez vous offenser que je m'explique. Ne convenez-vous pas que vous avez promis le mariage à miss Harlove.

— J'entends, monsieur, et vous m'accusez d'avoir voulu obtenir tout le reste sans le mariage.

— Vous badinez, monsieur Lovelace. Je sais que vous passez pour un homme d'esprit : mais ne traitez-vous pas cette affaire un peu trop légèrement?

— Lorsqu'une faute est commise, et qu'elle est par conséquent sans remède, il ne reste pas d'autre parti que de s'en consoler : c'est la manière dont je souhaiterais que miss Harlove voulût penser aussi.

— Et moi, je pense, monsieur, qu'il ne convient jamais de tromper une femme.

— Vous ne devez pas vous attendre que je réponde à vos questions, si vous refusez de satisfaire à la mienne. Qu'avez-vous appris?

— Eh bien! monsieur, puisque vous me forcez de parler, on m'a dit que miss Harlove avait été conduite dans une très mauvaise maison.

— Il est vrai que cette maison ne s'est pas trouvée aussi bonne qu'elle devait l'être. Que vous a-t-on dit encore?

— On m'a dit, monsieur, qu'on avait pris d'étranges avantages sur cette incomparable personne; j'ignore d'ailleurs en quoi ils consistent.

— Vous l'ignorez, dites-vous? Quoi! vous ne pouvez du moins le deviner? Je vais donc vous l'apprendre, monsieur. Peut-être s'est-on échappé à quelques libertés pendant son sommeil. Croyez-vous que jamais on n'ait pris les mêmes avantages avec une femme?

— Mais n'avait-on rien employé pour rendre le sommeil de miss Harlove plus profond?

— Je vous demande, à mon tour, si miss Harlove se plaint qu'on ait mis quelque chose de cette nature en usage.

— Je n'ai pas lu tout ce qu'elle peut avoir écrit. Mais, autant que je suis informé, cette affaire est des plus noires.

— Dans cette supposition même, croyez-vous qu'on n'ait jamais employé le secours du vin pour surprendre une femme?

— Sous cet aspect même, monsieur Lovelace, l'affaire n'est rien moins qu'un badinage. Mais je crains qu'elle ne soit beaucoup plus grave.

— Et quelles raisons avez-vous de le craindre? Qu'en dit miss Harlove? Expliquez-vous, de grâce.

— Miss Howe même n'est pas informée du détail. Son excellente amie lui promet seulement de l'en instruire, si le ciel lui conserve la vie.

— Je suis ravi que miss Harlove ne soit entrée dans aucun détail. Vous pouvez dire de ma part à miss Howe, qu'il n'y a point dans l'univers de femme plus vertueuse que son amie. Dites-lui que vraisemblablement elle ne sera jamais informée des circonstances que vous nommez le détail; mais qu'en effet miss Harlove a été traitée fort indignement. Dites-lui que, sans savoir quel récit miss Harlowe en a fait, j'ai une si haute opinion de sa bonne foi, que j'en signerais aveuglément la vérité, de quelques traits qu'elle ait pu me noircir. Dites-lui que j'ai trois reproches à faire à son amie : le premier, de m'ôter l'occasion de réparer mes injustices; le second, d'être si prompte à les publier, qu'elle m'expose à ne pouvoir jamais les couvrir. Cette explication, monsieur Hickman, vous paraît-elle un peu répondre au motif de votre visite?

— J'avoue, monsieur, que ce langage est celui d'un homme d'honneur. Mais vous avez parlé de trois reproches que vous aviez à faire à miss Harlove?

— Peut-être aurez-vous peine à le croire. Mais, quoique ma divine Clarisse ne soit capable de dire que la vérité, il peut arriver qu'elle ne la dise pas entière...

— Je serais extrêmement surpris, et miss Howe ne serait pas moins affligée, que la conduite de sa malheureuse amie vous eût mis dans le cas de lui devoir cette apparence de discrétion; car je vous crois trop galant homme, pour être capable de faire tomber l'ombre du soupçon sur elle, dans la vue de vous excuser. Vous me pardonnerez, monsieur...

— Oui, oui, monsieur. Il suffit que vous m'ayez assuré de vos intentions. Comptez qu'il ne m'échappera jamais rien qui puisse rabaisser miss Harlove dans l'estime d'une amie, qu'elle croit la seule qui lui reste.

— Peut-être ne convient-il pas que je sois informé de votre troisième reproche. Mais à l'exception de son implacable famille, je ne connais personne qui ait jamais conçu le moindre doute de son honneur. Un jour, à la vérité, madame Howe, après avoir reçu la visite d'un de ses oncles, nous dit qu'elle craignait qu'il n'y eût quelque faiblesse à lui reprocher. Mais jamais, hors de cette occasion...

— Comment, monsieur, quel langage ! Savez-vous que le doute approcherait ici du blasphème ? Savez-vous que miss Harlove est plus pure qu'une vestale ; car les vestales ont quelquefois brûlé de leurs propres feux ? Apprenez, monsieur, qu'on n'a jamais rien vu, rien entendu qui soit comparable pour l'honneur à miss Clarisse Harlove.

— Monsieur, monsieur, pardon. A Dieu ne plaise que je doute de son honneur. Je n'ai rien dit qui puisse recevoir cette interprétation : je suis rempli pour elle du plus profond respect. Miss Howe la chérit plus qu'elle-même ; ce qu'elle ne ferait pas si elle ne lui connaissait une vertu égale à la sienne.

— Égale à la sienne, monsieur ! J'ai de fort hautes idées de la vertu de miss Howe : mais j'oserais dire...

— Quoi, monsieur ? qu'oserez-vous dire de miss Howe ? Je me flatte que vous ne présumerez pas d'attaquer ici sa vertu ?

— *Présumer !* monsieur Hickman. C'est ce terme que je trouve assez présomptueux ?

— L'occasion le serait beaucoup plus, monsieur Lovelace, s'il étoit vrai qu'elle fût prise à dessein. Je n'entendrai jamais parler tranquillement au désavantage de miss Howe.

— Ce ton me satisfait beaucoup plus, monsieur Hickman, quoique je ne condamne point votre chaleur à l'occasion que vous supposez. Mais ce que je voulais dire seulement, c'est qu'il n'y a point de femme au monde qui doive se comparer à miss Harlove, jusqu'à ce qu'elle ait résisté aux mêmes épreuves et qu'elle y ait tenu la même conduite. Que penseriez-vous, monsieur Hickman, et quel serait l'étonnement de miss Howe, si je vous disais que son admirable amie est d'autant plus déterminée contre moi qu'elle encourage les prétentions d'un autre amant ?

— Que me dites-vous, monsieur ? Ah ! c'est une supposition qui me paraît impossible. Je vous assure hardiment que si miss Howe pouvait se l'imaginer, elle n'y donnerait jamais son approbation.

— La vengeance et l'obstination, monsieur Hickman, portent les meilleures femmes à d'étranges extrémités.

— Je sais que répondre à ce langage. Mais il me paraît impossible que miss Harlove souffre les soins d'un autre amant ; et si tôt encore ! On nous assure, au contraire, qu'elle est fort mal, et d'une extrême faiblesse.

— Ce n'est pas dans ses ressentimens qu'elle est faible. Je suis informé de tous ses mouvemens ; et soit que vous le croyiez ou non, je puis vous dire qu'elle me refuse dans la vue d'un autre amant. Qui rendra compte des mouvemens et des agitations d'une femme passionnée ? De ma seule connaissance, je pourrais vous raconter un nombre infini d'histoires qui vous apprendraient des effets terribles du ressentiment des femmes. Mais, demandez-vous un exemple plus fort que celui d'une jeune personne telle que miss Harlove, qui depuis quelque temps, et dans le fâcheux état de sa santé, non seulement encourage, mais flatte et recherche un des plus odieux monstres qu'on ait jamais vu. Je ne crois pas qu'il soit à propos d'en informer miss Howe.

— Oh! fi! oh! quel est mon étonnement! Miss Howe ne sait pas un mot de ce que vous m'apprenez. Elle ne la verra jamais, si tout ce que j'entends n'est pas une illusion.

— Je ne vous dis rien que de vrai, de très vrai, monsieur Hickman. Le monstre qu'elle me préfère est d'une figure hideuse. Quoiqu'il ait un grand vilain front chauve, il se refuse une perruque pour le cacher. Il est d'une avarice insatiable, et cependant d'une richesse infinie.

— Vous badinez sûrement, monsieur.

— Comment, un misérable! Le monstre a de riches domaines dans toutes les provinces d'Angleterre. Il en a dans les pays étrangers.

— C'est apparemment quelque gouverneur des Indes orientales. Je me rappelle que miss Harlove a voulu quitter sa patrie. Mais, après tout, monsieur, je m'imagine que vous badinez ; car on aurait entendu parler de lui.

— Parler de lui! oui, oui, monsieur, nous avons tous entendu parler de lui! Mais personne n'est tenté de le voir de près... à l'exception de miss Harlove qui, par un esprit de vengeance, comme je vous l'ai dit... En un mot, son nom est *La Mort*. La mort! monsieur, en frappant du pied et élevant le ton. Voilà, monsieur, ai-je continué, quel est à présent le favori de cette divine personne ; mais j'espère encore qu'il ne l'obtiendra pas.

Au fond, mon homme a marqué plus de fermeté que je ne m'y étais attendu.— Je suis venu, m'a-t-il dit gravement, avec la qualité de conciliateur. Elle m'oblige de me posséder. Mais autant que j'aime la paix et que je suis charmé d'y pouvoir contribuer, autant, monsieur, je suis peu disposé à souffrir qu'on m'insulte.

Après avoir poussé la raillerie si loin, je n'ai pas cru le devoir prendre au mot. J'ai sur le cœur la présomption qui lui a fait jeter ses vues sur miss Howe.

— Je suis persuadé, monsieur Hickman, que votre dessein n'est pas de me défier, comme le mien n'est pas de vous faire une offense. Mais vous pouvez recueillir de cet entretien que je préfère miss Harlove à toutes les femmes du monde, et je m'étonne qu'après ce que j'ai signé, et ce que j'ai fait promettre par des parens tels que les miens, on puisse douter que je ne sois charmé de la prendre pour ma femme à toutes les conditions qu'il lui plaira de m'imposer. Je reconnais devant vous, monsieur Hickman, que je l'ai indignement outragée. Si j'ai le bonheur d'obtenir sa main, je déclare que je veux être le meilleur de tous les maris. Cependant j'ajoute, comme je le dois, que si son chagrin continue d'éclater et de nous exposer tous deux, il est impossible que notre union se fasse avec honneur pour l'un et pour l'autre ; et quoique mes craintes se soient exprimées d'un ton badin, je tremble, monsieur, qu'elle ne ruine entièrement sa santé ; et qu'en cherchant la mort, lorsqu'elle peut l'éviter, elle ne se mette hors d'état de s'en garantir, lorsqu'elle aura plus de goût pour la vie.

Ce langage simple et honnête a fait reparaître un air de satisfaction sur le visage de M. Hickman. Il s'est nommé plusieurs fois mon très humble et très dévoué serviteur, pendant que je le conduisais jusqu'à son carrosse. Ainsi s'est terminée la scène.

Quelques mots sur ta dernière lettre, que je trouve un peu choquante. Il me semble que l'esprit de réformation te saisit de bonne heure. La mort lente de ton oncle, et ta patience au chevet de son lit, t'ont préparé par degrés à cette métamorphose.

La santé de ma charmante me jette dans une extrême inquiétude. C'est l'effet de sa dernière aventure. Elle triomphait auparavant, et de moi et de la troupe maudite. Je te crois bien persuadé que je n'y ai aucune part, et je me flatte qu'elle l'est aussi. Le reste, comme je te l'ai dit mille fois, n'est qu'un accident ordinaire, un peu distingué seulement par les circonstances. Voilà tout. Pourquoi donc tant de rigueur de sa part et de la tienne ?

La vente de ses habits est véritablement choquante. Quelle dureté, quelle injustice dans ses misérables parens, qui ont entre les mains l'argent qu'elle a laissé, et de gros arrérages d'une terre qui lui appartient! Ils le retiennent exprès, pour la jeter dans l'embarras. Mais ne dépend-il pas d'elle de recevoir plus d'argent qu'elle n'en a besoin de cette fière et impertinente miss Howe? Et moi, crois-tu que toute ma joie ne fût pas de la servir? Qui peut donc l'obliger de vendre ses habits, si ce n'est la perversité de son sexe? Je suppose que son intention soit de me faire enrager : je ne sais pas trop si je ne dois pas m'en réjouir. D'ailleurs, crains-tu que l'avarice ne m'empêche de lui rendre le triple de ce qu'elle aura vendu? Belford, soyons sans inquiétude sur ce point.

Tu vois combien elle est sensible aux attentions de son médecin. Juge par là combien elle doit l'avoir été à l'horrible imprécation de son père. Mais tu dois en conclure que, si j'obtiens seulement la permission de la voir, j'espère, avec raison, que ma conduite, mon repentir, mes satisfactions, produiront quelque heureux effet sur elle. Tu passes trop facilement condamnation sur mes torts. Je te dis fort sérieusement que, tout incomparable qu'elle est, l'ardente médiation de mes proches, celle de miss Howe, et les commissions dont je t'ai chargé, sont de si fortes marques du cas qu'on fait d'elle et de la sincérité de mes sentimens, que je ne vois rien à faire de plus. Crois-moi, laissons l'affaire dans l'état où elle est à présent, et donnons-lui le temps d'y penser un peu mieux.

Que répondre à tes résolutions de repentir et de mariage? Si tu prends mon conseil, tu trancheras court, et tu commenceras par le mariage. En veux-tu savoir la raison? C'est que vraisemblablement le repentir viendra bientôt à la suite ; et des deux, tu n'en feras qu'un, qui aura peut-être plus de force.

LETTRE CCCV.

M. BELFORD, A M. LOVELACE.

Vendredi, 21 juillet, à midi.

M'étant présenté ce matin à la porte de ta divine Clarisse, elle m'a fait la grâce de me recevoir aussitôt que je me suis nommé.

Elle avait passé une nuit supportable ; et quoique faible, m'a-t-elle dit, elle se trouvait mieux qu'hier. Mais j'ai remarqué, dans ses regards, qu'elle décline visiblement. Madame Lovick et madame Smith, qui étaient avec elle, lui ont reproché tendrement d'avoir écrit avec trop d'application pour ses forces, et de s'être levée dès cinq heures du matin. Elle a répondu que son sommeil n'avait pas été si tranquille depuis plusieurs mois; qu'à son réveil, elle s'était senti l'esprit libre, et qu'ayant plus d'une affaire à régler, dans le peu de temps qui lui restait peut-être pour ce soin, elle devait ménager tous les momens. Elle avait écrit à sa sœur, a-t-elle ajouté; et n'ayant pas été contente de sa première lettre, elle l'avait recommencée deux ou trois fois. Mais elle était résolue de faire partir son dernier essai.

Elle croit pouvoir juger, m'a-t-elle dit, par quelques unes de mes expressions, que j'étais informé de tout ce qui la concernait, elle et sa famille, et, par conséquent, que je ne devais pas ignorer le terrible vœu de son père, dont elle avait eu le malheur de voir si tôt l'accomplissement dans la partie qui regardait ses espérances temporelles. C'était une forte raison de trembler pour l'autre; et cette crainte l'avait obligée d'écrire à sa sœur pour en obtenir la révocation.

— J'espère, m'a-t-elle dit, que mon père se laissera fléchir, ou je me croirai fort misérable. Cependant j'ai beaucoup d'inquiétude pour la réponse, car ma sœur a le cœur fort dur.

Là-dessus je me suis abandonné à quelques réflexions libres sur l'injustice et la cruauté de sa famille. Mais elle m'en a fait un reproche dans des termes si respectueux pour tous ses parens, que s'ils persistent à la maltraiter, ils doivent paraître doublement coupables. J'ai pris le moment où je la voyais capable de tant de générosité et d'indulgence, pour la supplier d'étendre sa bonté sur un homme dont le repentir était égal à ses offenses, et qui ferait toute l'étude de sa vie de les réparer. Elle m'a dit que si je retombais encore sur un sujet pour lequel je connaissais son aversion, cette visite devait être la dernière.

— Vous pouvez lui déclarer, m'a-t-elle dit, que je renonce à lui du fond du cœur; mais que, malgré toute la certitude de cette résolution, il n'y entre aucune chaleur de ressentiment. Dites-lui que je m'efforce de disposer mon cœur à le plaindre, et que je me croirais bien mal préparée pour l'état où j'aspire, si je n'étais pas capable de me vaincre et de lui pardonner.

Les deux femmes avaient les larmes aux yeux. Je me suis senti le cœur si serré, que j'ai gardé le silence pendant quelques momens.

— C'est un ange, lui ai-je dit, que je crois avoir devant les yeux. Je devrais être à genoux, madame, pour recevoir des influences qui soient capables de m'entraîner après vous dans le monde où vous aspirez. Ouvrez-moi du moins quelque moyen de vous servir, et faites, s'il est possible, que j'aie la gloire de contribuer à votre satisfaction, pendant que vous serez dans un monde qui n'est pas digne de vous.

Je me suis arrêté. Elle n'a pas répondu.

— Ne puis-je vous être utile pour quelque message, pour quelque lettre à porter, à recevoir, pour quelque visite que vous m'ordonniez de rendre à votre père, à vos oncles, à votre frère, à votre sœur, à miss Howe, à milord M..., à ses sœurs, ou à ses nièces? De grâce, madame, ayez la bonté d'y penser.

Elle m'a remercié de mes offres : elle voulait attendre l'opinion de miss Howe sur sa réponse.

— Ma vie et ma fortune, ai-je interrompu, sont dévouées à votre service. Permettez-moi d'observer que vous êtes ici sans secours ; et je connais assez votre malheureuse situation, pour juger qu'elle vous expose à plus d'un embarras. Elle allait m'interrompre, et j'ai lu dans ses yeux un air de mécontentement ; mais je lui ai demandé la permission de continuer. — J'ai cherché vingt fois, ai-je repris, une occasion pour cette ouverture. Jusqu'à présent la hardiesse m'a manqué. Je sais que les obligations vous pèsent. Mais vous n'en aurez à personne. Je vous assure, de plus, que mon malheureux ami ne saura jamais que vous ayez accepté mes offres. Permettez que cette bagatelle... et j'ai laissé tomber derrière son fauteuil un billet de banque de cent livres sterling, que j'avais apporté dans cette vue. Tu n'en aurais jamais rien su, si j'avais pu l'engager effectivement à le recevoir. Mais, après m'avoir témoigné civilement qu'elle n'était pas insensible à la reconnaissance, elle m'a déclaré, d'un ton absolu, qu'elle n'entendrait plus un mot de ma bouche avant que j'eusse repris mon billet.

— Votre bonté, monsieur, vous fait juger trop favorablement de moi. Cependant j'espère que rien n'aura le pouvoir d'affaiblir mes principes. La décadence de ma santé servira de plus en plus à m'y confirmer. Ceux qui m'ont fait languir quelques jours dans une prison s'étaient promis sans doute que cette cruelle méthode me forcerait d'entrer dans toutes leurs mesures ; mais j'ai reçu du ciel une âme supérieure à la fortune. Les personnes de cette espèce connaissent peu la force des principes naturels, lorsqu'elles se figurent que la prison ou le besoin puisse les faire oublier, pour éviter des maux qui ne sauraient être de plus longue durée que la vie.

Quelle grandeur ! Il n'est pas surprenant qu'une vertu si bien établie ait résisté à tes artifices ; et que pour arriver à ton malheureux but, elle t'ait forcé d'avoir recours à d'horribles inventions qui lui ont ôté l'usage des sens. Les deux femmes ont paru extrêmement touchées, et j'ai entendu madame Lowick, qui disait à l'oreille de l'autre : — Ce n'est point une femme, madame Smith, c'est un ange que nous avons avec nous.

Elle a paru satisfaite de la soumission que j'avais eue pour ses volontés ; et nous ayant priés tous d'approcher un peu plus près d'elle : — Vous m'avez témoigné plusieurs fois, a-t-elle repris en s'adressant aux deux femmes, quelque désir d'apprendre une partie de mon histoire. Aujourd'hui que vous me paraissez libres, et que monsieur Belford, à qui j'ai diverses raisons de croire que toutes mes aventures sont connues, peut vous rendre témoignage de la vérité de mon récit, je veux satisfaire votre curiosité. Les deux femmes ont marqué beaucoup d'empressement pour l'entendre. Elle a commencé une narration, que je m'efforcerai de répéter ici dans ses propres termes. Vous jugerez vous-même quel fond vous devez faire sur les espérances que vos amis conservent en votre faveur.

— Lorsque j'ai pris ce logement, nous a-t-elle dit, je ne me proposais pas d'y faire un long séjour. C'est ce que je vous dis alors, madame Smith ; et j'évitai, par cette raison, de me faire connaître autrement que pour une jeune et malheureuse créature, que la séduction avait enlevée aux meilleurs parens du monde, et que le ciel venait de sauver des plus dangereuses mains. Je me crus obligée de vous donner cette courte explication, pour diminuer votre surprise, à la vue d'une jeune fille qui arrivait chez vous tremblante, hors d'haleine, vêtue d'une mauvaise robe demandant tout à la fois un logement et de la protection, n'ayant que si parole à donner pour votre paiement, et portant tous ses effets dans un mouchoir de poche. Ma subite absence, lorsque je me suis vue arrêtée, a dû redoubler votre étonnement : et quoique M. Belford, qui sait peut-être mieux que moi-même la plus noire partie de mon histoire, vous ait informées, comme vous me l'avez dit, que je suis bien plus malheureuse que coupable, je me crois obligée de ne pas laisser à d'honnêtes gens le moindre doute de mon caractère. Il faut donc vous apprendre que, dans une occasion (je pourrais dire, dans une seule occasion;) j'ai manqué d'obéissance pour des parens d'une indulgence extrême; car ce que d'autres nomment cruauté dans leur conduite, ne vient que d'un excès d'affection et de la douleur qu'ils ont eue de me voir répondre si mal à leurs espérances. J'ai reçu, mais d'abord avec l'aveu de ma famille, les soins d'un homme de naissance, et tout à la fois, comme la suite l'a prouvé, du plus mauvais caractère dont je crois qu'il y ait jamais eu d'exemple. Mon frère, qui est un jeune homme fort attaché à ses opinions, se trouvait alors absent. A son retour, une ancienne inimitié lui fit désapprouver des visites qui avaient commencé sans sa participation. Il avait beaucoup d'ascendant sur notre famille. Après m'avoir présenté plusieurs autres partis, qu'on me laissa la liberté de rejeter, il introduisit un homme extrêmement désagréable, choquant même pour toute personne indifférente. Je ne pus m'accoutumer à le voir. Tous mes proches ne laissèrent pas de s'unir pour me forcer de le prendre, d'autant plus qu'une rencontre sanglante, entre mon frère et le premier, leur avait fait prendre pour celui-ci des sentimens de haine. En un mot, ils me firent une prison de ma chambre; et je me vis si maltraitée, que, dans un transport de chagrin, je pris la résolution de m'évader avec l'objet de leur aversion. Vous condamnerez ce dessein : mais j'étais persécutée sans ménagement. Cependant je m'en repentis presque aussitôt et je me déterminai à demeurer; sans me défier néanmoins de son amour, parce que personne ne m'en jugeait indigne, ni de son honneur, avec une fortune qui n'était pas méprisable : mais j'eus l'imprudence (mes parens disent la méchanceté, et m'accusent encore de les avoir quittés volontairement,) j'eus la folie de lui accorder un entretien particulier. Je fus trompée; assez indignement trompée, je dois le dire, quoique toutes les jeunes personnes dont le malheur a commencé par une témérité de la même nature puissent apporter la même excuse. Après m'avoir fait passer quelque temps dans une maison d'honneur, où je n'ai point de reproche à craindre pour ma conduite, il me procura un fort beau logement à Londres, pour attendre d'autres arrangemens; mais le temps ne m'a que trop appris dans quel lieu j'étais tombée. Il le savait. Cette connaissance entrait dans ses desseins. Londres était un pays étranger pour moi. D'où seraient venues mes défiances? Ne me demandez pas d'explication sur la suite de mon malheur. Quelles inventions, quels cruels artifices n'a-t-on pas employés? car je ne lui ai pas donné la moindre occasion, pas le moindre avantage qui puisse m'être reproché.

Ici, se couvrant le visage de son mouchoir pour cacher ses pleurs, elle s'est arrêtée un moment : ensuite, elle s'est hâtée de reprendre, pour écarter apparemment un odieux souvenir — : Je me suis échappée enfin de cette infâme maison, et le ciel m'a conduite dans la vôtre. M. Belford m'oblige de croire que mon cruel persécuteur n'a point eu de part à ma dernière disgrâce. Mais je ne doute pas que le but de ceux qui m'ont fait cet outrage n'ait été de me faire retomber entre leurs mains ; car je ne leur dois rien... à moins, a-t-elle ajouté d'un ton plus faible, et s'essuyant encore les yeux, que je ne doive les payer de ma ruine.

— Je vous jure, madame, lui ai-je dit, en attestant le ciel en ta faveur, qu'il est innocent de ce dernier attentat.

—Qu'il le soit, ce tourment, quelque douloureux qu'il ait été pour moi, est un des plus légers que j'ai soufferts. Mais vous pouvez observer ici, madame Lowick, pour satisfaire la curiosité que vous m'avez témoignée plusieurs fois, que je n'ai jamais été mariée. M. Belford ne peut avoir ignoré que je ne l'étais pas ; et je déclare aujourd'hui que je ne le serai jamais. Cependant, je rends grâces au ciel d'avoir veillé à la conversation de mon innocence. A l'égard de mes avantages naturels, je suis née d'une famille distinguée. J'ai, par mes propres droits, une fortune au dessus du commun ; indépendante de mon père même, si je le voulais : mais je ne le voudrai jamais. Mon père est très riche. J'ai pris un nom qui n'est pas le mien, lorsque je suis entrée dans cette maison : c'était dans la vue de me dérober au perfide, qui s'engage désormais, par la bouche de M. Belford, a finir ses persécutions. Mon nom réel, vous le savez, est Harlove ; *Clarisse* Harlove. Je n'ai pas encore vingt ans. J'ai une excellente mère, digne d'une meilleure fille. Je dois le même témoignage à la bonté de mon père. Ils m'adoraient tous deux ! J'ai deux oncles d'un fort bon caractère, jouissant d'une immense fortune, jaloux de l'honneur de leur famille, que je me reproche d'avoir blessé : je faisais la joie de leur cœur. Leurs maisons, comme celle de mon père, étaient des lieux que je pouvais dire à moi. Ils voulaient m'avoir chez eux tour à tour, et j'étais quelquefois le sujet d'une tendre querelle. Je passais deux mois chez l'un, deux mois chez l'autre, six chez mon père, et le reste de l'année chez d'autres chers amis, qui faisaient leur bonheur de me voir. Pendant tout le temps que j'étais chez l'un ou chez l'autre, j'étais accablée des lettres continuelles de ceux qui languissaient pour mon retour. En un mot, j'étais chérie de tout le monde. Les pauvres et les malheureux ne me quittaient pas sans avoir reçu quelque soulagement à leur misère. Mes mains n'étaient jamais fermées dans l'occasion de faire du bien. Aujourd'hui je suis pauvre moi-même. Ainsi, mesdames, vous ne me prendrez plus pour une femme mariée. Il est juste que je vous fasse cet aveu. Je suis actuellement, comme je dois, dans un état d'humiliation et de pénitence, pour la téméraire démarche qui a produit tant de maux. Je me flatte d'obtenir le pardon du ciel, parce que je m'affermis dans la disposition de pardonner à tout le monde, sans excepter l'homme qui m'a jetée, par son ingratitude et par d'horribles parjures, dans l'abîme où je suis. Mais je ne puis espérer que ma famille me pardonne jamais. Mon refuge est la mort. Il n'y en a point de si cruelle, qui ne me paraisse plus supportable que d'être la femme d'un homme qui m'a trompée, lorsque j'avais fondé de meilleures espérances sur sa naissance, son éducation et son honneur. Je vois qu'après avoir fait autrefois les délices de tout le monde, je ne suis propre aujourd'hui qu'à causer de la douleur ou de la pitié. Vous qui ne me connaissez que par mon propre récit, vous en êtes touchées jusqu'aux larmes. J'admire votre bonté. La tendresse de vos cœurs vous y rend trop sensibles. Il me suffit de vous avoir donné une légère connaissance de ma situation, et quelques motifs de confiance pour mon caractère et pour mes sentimens. Votre compassion ne tombe pas sur une ingrate. D'ailleurs, je ne crains pas qu'elle vous lasse par sa durée. Ma perspective la plus proche est la mort. Si je vis assez pour me voir déchargée d'une pesante malédiction, qui n'est déjà que trop accomplie dans tout ce qui regarde ce monde, c'est tout ce qui me reste à désirer, et j'entendrai sonner ma dernière heure avec toute la joie d'un voyageur fatigué, qui arrive à la fin d'une course pénible.

Alors, penchant la tête contre le dos de sa chaise, et se couvrant le visage de son mouchoir, elle est demeurée quelques momens comme ensevelie dans sa douleur et dans ses larmes. La voix nous a manqué à tous pour lui répondre.

Elle s'est ensuite retirée dans sa seconde chambre, où son abattement l'a forcée de se mettre au lit. Je suis descendu avec les deux femmes, et pendant une demi-heure nous nous sommes livrés à l'admiration. Madame Lovick et madame Smith ont répété vingt fois qu'il leur paraissait incroyable, que dans le monde entier il pût se trouver un homme assez barbare pour offenser volontairement une femme si charmante. Elles ont remercié le ciel d'avoir conduit un ange dans leur maison. C'en est un, je le crois comme elles ; aussi sûrement que milord M... a présentement un diable dans la sienne.

Je te hais, Lovelace. Il me semble qu'à chaque moment ma haine augmente.

LETTRE CCCVI.

M. LOVELACE, A M. BELFORD.

Samedi, 22 juillet.

Pourquoi me hais-tu, Belford? et pourquoi ta haine augmenterait-elle à chaque moment? Me suis-je rendu coupable de quelque nouvelle offense? N'ai-je pas toujours rendu à cette incomparable personne autant de justice que toi ou qu'elle-même? Quelle apparence de raison dans ta haine, lorsque je ne me relâche point du dessein de l'épouser, suivant la parole que je t'en ai donnée et suivant les lois que je me suis imposées dans ma famille? Je te défie de me haïr autant que je me hais moi-même. D'ailleurs, je suis certain que si tu me haïssais réellement, tu ne me le dirais pas dans ces termes.

Mais, après tout, quel besoin d'apprendre son histoire à ces femmes? Elle regrettera dans quelque temps de nous avoir commis tous deux sans aucune utilité. Le poison de la maladie éteint tous les désirs et donne du dégoût pour ce qu'on a le plus aimé. Mais toutes les espérances renaissent avec la santé. Chaque moment se présenta sous une apparence plus gaie. Je suis ravi qu'elle soit déjà mieux, jusqu'à pouvoir soutenir un si long entretien avec des étrangers.

Cependant n'est-il pas affreux qu'elle préfère la mort à moi, à moi qui ne l'ai offensée qu'en suivant mon propre caractère, tandis que ses parens sont sortis honteusement du leur, et tandis que pour l'obliger je suis prêt à sortir du mien? Cependant, avec ton épaisseur ordinaire, tu souhaites déjà *qu'elle t'attire après elle.* Pauvre Belford! Quelle figure tu dois faire, avec tes discours aussi empesés que les manchettes d'Hickman, avec tes soupirs, avec tes génuflexions!

Mais la plus jolie de toutes les extravagances, c'est d'avoir laissé tomber ton billet de banque derrière son fauteuil, au lieu de t'être mis à genoux pour le présenter. Tu as voulu lui donner apparemment la double peine de l'accepter et de l'aller prendre à terre. Que tu t'entends mal à faire une galanterie! Comment a-t-il pu t'entrer dans la tête que la meilleure manière de faire un présent à une dame, fût de le jeter derrière son fauteuil?

Ma curiosité est extrême pour ce qu'elle peut avoir écrit à sa sœur, pour la réponse qu'elle en recevra, et pour ce qu'elle écrit actuellement à miss Howe. N'imagineras-tu pas quelque moyen de te procurer une copie de ces lettres, ou du moins un extrait? Il me semble que tu donnes madame Lovick pour une femme de piété. Ma charmante, qui lui a fait des ouvertures si particulières, ne manquera pas de lui communiquer tout, et toi, qui penses à te réformer, ne saurais-tu profiter de cette ressemblance de sentimens avec la veuve, pour te mettre en état de me rendre ce petit service? Quel âge a-t-elle, Belford? Jamais on ne voit d'amitié entre un homme et une femme de même âge, qui ne finisse par le mariage ou par quelque chose de pis. Qu'en dis-tu?

Mais je trouve un peu de consolation dans cette espèce de regret que tu lui prêtes de m'avoir vu répondre si mal à ses espérances. En matière d'amour, ce qu'une femme espère une fois, elle l'espère toujours; du moins, tandis qu'il reste du fondement pour l'espérance. Et ne sommes-nous pas libres tous deux? Peut-elle être à quelque autre homme? Souhaiterai-je jamais une autre femme? Non, jamais, jamais! Je t'apprends que de jour en jour, d'heure en heure, ma passion redouble pour elle; que mes vues sont *honorables*, dans le sens le plus étroit qu'elle attache à ce terme; que, depuis huit jours, je n'ai pas varié, même dans mes désirs; que toutes mes résolutions sont aussi fermes que mes principes de vie libre l'ont été, tandis que l'indépendance m'a paru préférable aux chaînes du mariage.

LETTRE CCCVII.

MISS HOWE, A MISS CLARISSE HARLOVE.

Samedi, 12 juillet.

Nous faisons nos préparatifs pour le petit voyage que ma mère croit indispensable. Mais je suis sûre d'être assez malade pour l'obliger absolument de le différer, si je n'apprends pas que vous vous portiez beaucoup mieux avant notre départ. Le messager m'avait jetée dans une mortelle affliction, en m'apprenant l'état où il vous avait trouvée. Cependant j'espère que la douceur de méditer et d'écrire contribuera de jour en jour à votre rétablissement.

Je vous dépêche cette lettre par un exprès, afin qu'il arrive assez tôt pour vous exciter à de nouvelles considérations sur le sujet de mes dernières. Ne m'écrivez rien de décisif, sans y avoir apporté vos plus sérieuses réflexions, car c'est sur votre réponse que je dois régler la mienne.

Dans votre dernière, vous déclarez positivement que vous ne voulez pas être à lui. Assurément il mérite plutôt une mort infâme que le bonheur d'obtenir une femme telle que vous. Mais, comme je le crois innocent de votre dernière disgrâce, et que toute sa famille plaide pour lui, je suis persuadée que la complaisance pour leurs sollicitations et pour les siennes est le meilleur parti que vous puissiez embrasser, surtout lorsque votre propre famille demeure implacable. Pourquoi désespérer qu'il puisse devenir un bon mari, et quelque jour, peut-être, un sujet de quelque mérite? Ma mère est tout à fait de mon opinion. M. Hickman eut hier une conférence avec lui, comme je crois vous l'avoir annoncé. Quoiqu'il n'y ait pas pris beaucoup de goût pour ses manières, il le croit sincèrement déterminé à vous épouser, si vous daignez vous rendre à ses instances. Peut-être verrez-vous M. Hickman avant notre départ. Il vous rendra compte de la justice que le misérable rend à votre vertu.

« Sa crainte, a-t-il dit à M. Hickman, est qu'en faisant éclater vos plaintes, vous ne vous couvriez tous deux d'une tache que le mariage même ne serait pas capable d'effacer. Il appréhende aussi que vous ne ruiniez votre santé par un excès de tristesse, et qu'en cherchant la mort, lorsque vous pouvez l'éviter, vous ne vous mettiez hors d'état de vous en garantir, lorsque vous aurez moins de dégoût pour la vie. »

Ainsi, très chère Clarisse, je vous exhorte à surmonter, s'il est possible, votre aversion pour ce monstre. Vous pouvez encore vous promettre d'heureux jours, et redevenir les délices de vos amis, comme votre amitié sera toujours le bonheur de votre fidèle

Anne Howe.

LETTRE CCCVIII.

MISS CLARISSE HARLOVE, A MISS HOWE.

Dimanche, 23 juillet.

Que je suis sensible, ma très chère amie, à cette tendre ardeur qui ne se refroidit pas pour mes intérêts! Qu'il est vrai que le nœud d'une amitié pure et l'union des âmes l'emportent sur tous les liens du sang! Mais quoique je fasse ma gloire de votre affection, songez, ma chère, combien il est chagrinant pour un cœur qui n'est pas sans générosité, de ne pouvoir rien mettre dans la balance des services et des bienfaits. C'est le motif de mes regrets les plus amers, et ce qui me fait jeter souvent les yeux derrière moi, sur une heureuse situation dont il ne me reste que le souvenir.

Vous me représentez les raisons qui doivent me porter à prendre M. Lovelace pour mon mari, et vous les fortifiez de l'autorité de votre respectable mère. J'ai devant moi toutes vos lettres et celles de milord M... et des dames de sa famille. J'ai pesé vos argumens. Je me suis efforcée d'y apporter toute l'attention dont mon cœur et mon esprit sont capables dans l'état où je suis. Je me sens même disposée à croire, non seulement sur votre propre opinion, mais encore sur les assurances d'un ami de M. Lovelace, qui se nomme M. Belford, et qui paraît entrer de bonne foi dans mes peines, que son ami n'a pas eu de part à ma dernière disgrâce. J'ajouterai, par la déférence que j'ai pour votre sentiment et pour le témoignage de M. Hickman, que je le crois sérieusement déterminé à m'épouser, si je consens à recevoir sa main. Quel est le résultat de toutes mes réflexions? Le voici, ma très chère miss Howe : la mort me causerait moins d'horreur qu'un mari de ce caractère; en un mot, que je ne puis, et pardonnez-moi, si j'ajoute que je ne veux jamais être sa femme.

Vous attendrez sans doute mes raisons; et si je me dispensais de vous les expliquer, vous concluriez de mon silence que j'ai l'esprit obstiné ou le cœur implacable. Ces deux reproches, si l'un ou l'autre était juste, supposeraient une étrange disposition dans une personne qui ne parle et qui ne s'occupe en effet que de la mort. J'ai des ressentimens, j'en conviens, ma chère, et des ressentimens fort vifs; mais ils ne sont pas injustes, et vous en serez convaincue, si vous ne l'êtes pas déjà, lorsque vous aurez appris toute mon histoire. Entre plusieurs raisons, je vous en apporterai une dont j'espère que vous serez frappée vous-même.

Apprenez donc, ma très chère amie, que ma fierté, quoique extrêmement mortifiée, ne l'est point encore assez, s'il faut reconnaître que c'est une nécessité pour moi de choisir un homme dont les actions ne m'inspirent que de l'horreur. Quoi! ma chère, après avoir été traitée avec une barbarie si perfide et si préméditée, qu'il m'est également impossible et d'y penser sans douleur et de la raconter avec modestie, je laisserais approcher de mon cœur un cruel qui m'a si peu respectée? Je ferais le vœu d'une éternelle soumission pour un si méchant homme, et je hasarderais mon bonheur dans une autre vie, en m'unissant avec un coupable dont je connais les crimes? Votre Clarisse vous paroît-elle si perdue, ou du moins tombée si bas, que, pour réparer aux yeux du monde une réputation ruinée, elle doive avoir humblement recours à la générosité et peut-être à la compassion d'un homme qui l'en a dépouillée par des voies si barbares? En vérité, ma chère, je regarderais le repentir de mes imprudences comme une spécieuse illusion, s'il y entrait le moindre désir d'être sa femme. Je dois ramper apparemment devant mon ravisseur et le remercier sans doute de la misérable justice qu'il me rend! Ne me voyez-vous pas humiliée dans ma propre maison, préférant mes honnêtes femmes de chambre à moi-même, n'osant ouvrir les lèvres pour leur donner un ordre ou leur faire un reproche, dans la crainte qu'un regard hardi ne m'avertisse de rentrer en moi-même et de ne pas attendre d'autrui plus de perfection que de moi? Mettrai-je un misérable en droit de me reprocher sa générosité, sa pitié, et de me faire souvenir peut-être des fautes qu'il m'aura pardonnées? Eloignée comme j'étais de le croire capable de tant de bassesse et de noirceur, je me promettais autrefois de le rappeler à la vertu. Je m'étais follement imaginé qu'il m'aimait assez pour souffrir mes exhortations et pour attacher quelque poids à mon exemple. Mais que me reste-t-il aujourd'hui de toutes ces espérances? Si j'acceptais sa main, aurais-je bonne grâce de lui recommander la vertu et les bonnes mœurs, lorsqu'il se rappellerait que je lui ai fourni moi-même l'occasion de me faire abandonner mon devoir? D'ailleurs, supposons toutes les suites du mariage, c'est-à-dire des enfans nés d'un tel père : quelle sera ma douleur, de penser continuellement, à la vue d'une innocente famille, que, sans un miracle, celui dont elle tiendrait le jour serait destiné à tous les châtimens du vice, et que ses exemples, peut-être, n'attireraient sur elle que la malédiction du ciel?

Ainsi, je répète hardiment que je le méprise. Si je connais le fond de mon cœur, je le méprise de bonne foi. Je le plains aussi. Tout indigne qu'il est de ma pitié, je ne laisse pas de le plaindre. Je ne l'aime plus. Mon âme dédaigne toute espèce de communication avec lui.

Dans mes plus profondes réflexions, le célibat s'est offert comme le seul genre de vie qui me convienne. Cependant ne faut-il pas supposer que, jusqu'à ma dernière heure, je passerai le temps à me rappeler mes afflictions et à pleurer mes fautes ? Tout le monde ne saura-t-il pas la raison qui oblige Clarisse Harlove de chercher la solitude et de se dérober au commerce des hommes ? chaque regard de ceux qui s'approcheront de moi n'aura-t-il pas la force d'un reproche ? Quand les yeux d'autrui ne m'accuseraient pas, ne lirait-on pas ma disgrâce dans les miens ? Qu'ai-je donc, ma chère et mon unique amie, qu'ai-je à souhaiter de plus heureux que la mort ? Et qu'est-ce que la mort après tout ? c'est la fin d'une course mesurée : un port après une pénible navigation ; le terme de toutes les inquétudes et de tous les soins ; et si cette mort est heureuse, c'est le commencement d'un bonheur immortel. Si je ne meurs point à présent, il peut arriver que la mort me surprenne moins préparée. Supposons que j'eusse évité le précipice où je suis, elle serait venue peut-être au milieu de quelque espérance flatteuse, lorsque mon cœur, enivré des vanités terrestres, n'aurait eu de goût que pour la vie.

Mais je me hâte, ma chère, d'ajouter que, malgré les raisons qui me font désirer la mort, je ne voudrais pas, comme une âme lâche, abandonner mon poste lorsque je peux le conserver, et lorsque la volonté du ciel m'en fait un devoir. Il est vrai que je me suis sentie pressée plus d'une fois par cette coupable pensée : mais c'était dans le trouble de mes plus vives douleurs. Une fois particulièrement, j'ai raison de croire que mon désespoir m'a garantie du plus infâme outrage. O ma chère ! vous ne vous imaginez pas ce que j'ai souffert dans cette fatale occasion ; et je ne sais pas moi-même de quoi le ciel m'a sauvée, lorsque le misérable voulut s'approcher de moi pour exécuter ses horribles desseins. Je me souviens avec étonnement d'une résolution que je n'ai jamais sentie, d'un courage accompagné de modération, et d'un empire sur tous les mouvemens de mon âme.

Comme je suis persuadée que les violences exercées sur moi-même, après l'horrible attentat, auraient marqué plus de vengeance et de désespoir que de véritables principes, je ne me croirais pas moins criminelle aujourd'hui, si je négligeais ma santé par obstination, et si je me jetais volontairement dans les bras de la mort, lorsque je puis l'éviter. Quelles que soient là-dessus les suppositions de ce méprisable mortel, de cette âme basse et aveugle, n'attribuez pas non plus, ma chère, à des excès de mélancolie et d'abattement, ni même à des motifs d'orgueil et de vengeance, la résolution à laquelle je m'attache de ne jamais être sa femme, et jamais par conséquent celle d'aucun homme. Loin de mériter ces imputations, je vous proteste, ma chère miss Howe, que je ferai tout ce qui dépend de moi pour la prolongation de ma vie, et je ferai tout ce qui dépendra de moi pour convaincre ceux qui daigneront s'informer de ma conduite, que je n'ai pas manqué de fermeté dans mes peines, et que je me suis du moins efforcée de résister aux maux que j'ai attirés sur moi.

Mais voici, ma chère, une autre raison, une raison qui vous convaincra vous-même, comme je vous l'ai promis, que je dois éloigner toute idée de mariage, et me livrer à des soins tout à fait différens. Je suis persuadée, avec autant de certitude que j'en ai d'exister, que votre Clarisse ne sera pas long-temps au monde. Le vif sentiment que j'ai toujours eu de ma faute, la perte de ma réputation, l'implacable disposition de mes proches, joints au barbare traitement que j'ai essuyé lorsque je le méritais e moins, m'ont saisi le cœur avant qu'il fût aussi bien fortifié par les motifs de religion que j'ose me flatter qu'il l'est aujourd'hui. Que ce langage ne vous chagrine point, ma chère; mais je suis sûre, si je puis le dire avec aussi peu de présomption que de regret, que j'arriverai bientôt au terme de toutes les agitations humaines.

A présent, ma chère amie, vous connaissez entièrement le fond de mon âme. Ayez la bonté d'écrire aux dames de cette illustre maison que je leur suis infiniment obligée de la bonne opinion qu'elles ont de moi, et que j'ai été plus flattée que je croyais pouvoir l'être dans cette vie, d'apprendre que, sans me connaître personnellement, elles m'ont crue digne, après ma disgrâce, d'une alliance avec leur honorable famille, mais qu'il m'est absolument impossible d'accepter l'offre de leur parent. Joignez-y, ma chère, un extrait de ma lettre, tel que vous le jugerez nécessaire, pour donner quelque poids à mes raisons.

Je serai charmée de savoir quel jour vous partirez pour votre voyage, dans quel lieu vous vous arrêterez, et si vous ferez un long séjour dans l'île de Wight. Ne me laissez rien ignorer de ce qui concerne votre bonheur et votre santé.

LETTRE CCCIX.

M. BELFORD, A M. LOVELACE.

A Edgware, lundi, 24 juillet.

Quelle peine tu prends pour te persuader que la mauvaise santé de miss Harlove vient de sa dernière disgrâce et de l'implacable ressentiment de sa famille! L'un et l'autre ne viennent-ils pas de toi dans l'origine? Quel embarras pour une bonne tête qui entreprend d'excuser les effets d'un mauvais cœur!

En vain tu rejettes sur l'orgueil et l'obstination la nécessité où tu l'as réduite de se défaire de ses habits. Quel autre parti prendrait-elle, avec la noblesse de ses sentimens? Ses implacables parens lui refusent les petites sommes qu'elle a laissées derrière elle, et souhaiteraient, comme sa sœur le déclare avec audace, de la voir dans le dernier besoin. Ils ne seront donc pas affligés de son embarras, et peut-être prendront-ils plaisir à le publier, comme une justification du ciel pour la dureté de leurs cœurs. Tu ne saurais supposer qu'elle voulût recevoir de toi les moindres secours. En accepter de moi, ce serait, dans son opinion, les recevoir de toi-même. La mère de miss Howe est une femme avare, et je doute que sa fille puisse rien sans sa participation. D'ailleurs, miss Harlove est absolument persuadée que les effets dont elle veut disposer ne lui seront jamais d'aucun usage.

N'ayant rien appris de la ville qui m'oblige d'y retourner aujourd'hui, je ferai le plaisir au pauvre Belton de lui tenir compagnie jusqu'à demain, et peut-être jusqu'à mercredi. Ce malheureux homme voudrait me voir sans cesse à son côté. Que je le plains! Il est dans un abattement qui fait pitié. Mais quel service puis-je lui rendre? Quelle consolation suis-je capable de lui présenter, soit dans sa vie passée, soit dans la perspective de l'avenir? Tu crois voir, dis-tu, que je pense de bonne heure à la réformation. Je souhaite que tu devines juste. La différence extrême que je remarque entre la conduite de cette admirable femme dans le cours de sa maladie et celle du pauvre Belton dans la sienne, me fait connaître avec la dernière clarté que les libertins sont des poltrons réels, et que les gens de bien sont les véritables héros.

Miss Harlove s'enferma hier à six heures du soir, dans le dessein de ne voir personne aujourd'hui jusqu'à la même heure. C'est aujourd'hui le le jour de sa naissance, et elle le veut célébrer par des exercices de piété. Le jour de sa naissance ! Une fleur qui ne fait que s'épanouir, et qui décline déjà vers sa fin ! Tous ses autres jours de naissance ont sans doute été plus heureux. Quelles doivent être ses réflexions ! quelles doivent être les tiennes !

Ta raillerie s'exerce sur mes aspirations, sur ce que tu appelles mes prosternemens, et sur la manière dont je lui ai présenté le billet de banque. Le respect, dans cette occasion, agissait trop fortement sur moi. J'appréhendais trop de lui déplaire, pour lui faire cette offre avec des grâces plus convenables à mes intentions. Si l'action était grossière, elle était modeste. Mais je conçois qu'elle n'en est que plus ridicule aux yeux d'un homme qui n'entend pas mieux la délicatesse et la modestie dans la manière d'obliger, qu'en amour. Mais comment une âme, qui a pu traiter brutalement la délicatesse même, serait-elle capable ici de m'entendre ?

LETTRE CCCX.

M. BELFORD, A M. LOVELACE.

Mercredi, 26 juillet.

Je ne suis à la ville que de ce matin. Mes premiers pas m'ont conduit chez Smith. Le compte qu'on m'a rendu de la santé de miss Harlove ne me rassure pas pour l'avenir. Je lui ai fait présenter mes respects. Elle m'a fait prier de remettre ma visite à l'après-midi. Madame Lovick m'a dit que samedi, après mon départ, elle avait pris le parti de se défaire d'une de ses plus belles robes ; et que, dans la crainte que l'argent ne vînt de vous ou de moi, elle avait voulu voir la personne qui s'est présentée pour l'acheter. C'est une dame à qui madame Lovick a quelques obligations, et qui l'achète pour sa propre fille, qu'elle est prête à marier. Quoiqu'elle soit capable de profiter de l'infortune d'autrui, en prenant cette robe au dessous de ce qu'elle vaut, on la peint comme une forte honnête femme, qui a marqué beaucoup d'admiration pour miss Harlove, et qui s'est même attendrie jusqu'aux larmes sur quelques circonstances qu'on lui a racontées de son histoire.

Vers trois heures, je suis retourné chez Smith. Miss Harlove avait sa plume à la main. Cependant elle a consenti à recevoir ma visite. J'ai remarqué une fâcheuse altération sur son visage. Madame Lovick, qui est entrée avec moi, en accuse son assiduité continuelle à écrire, et l'excès d'application qu'elle apporte à ses exercices de piété. J'ai pris la liberté de lui dire que je ne la croyais pas exempte de reproche, et que le désespoir de la santé augmentait les difficultés de la guérison. Elle m'a répondu qu'elle était également éloignée du désespoir et de l'espérance. Ensuite, s'approchant de son miroir : — Mon visage, a-t-elle dit, est une honnête peinture de mon cœur ; l'âme est prête à suivre, aussitôt que le corps aura fini ses fonctions. L'écriture, a-t-elle continué, est mon seul amusement ; et j'ai plusieurs sujets qui me paraissent indispensables. A l'égard du matin, que j'y emploie, je n'ai jamais aimé à le donner au sommeil ; mais, à présent, j'en ai moins le pouvoir que jamais. Il a fait divorce avec moi depuis long-temps ; et je ne puis faire ma paix avec lui, quoique j'aie fait quelquefois des avances.

Elle est passée alors dans son cabinet, d'où elle est revenue avec un paquet de papiers, fermé de trois sceaux.— Ayez la bonté, m'a-t-elle dit, de remettre ces écrits à votre ami. C'est un présent qu'il doit recevoir avec joie, car ce paquet contient toutes les lettres qu'il m'a écrites. Comparées avec ses actions, elles ne feraient point honneur à son sexe, si quelque hasard les faisait tomber dans d'autres mains. A l'égard des miennes, elles ne sont point en grand nombre, et je lui laisse la liberté de les garder ou de les jeter au feu.

J'ai cru devoir saisir l'occasion de plaider pour vous. Elle m'a écouté avec plus d'attention que je n'avais osé m'en promettre, après ses déclarations. — Je n'ai pas voulu vous interrompre, m'a-t-elle dit, quoique le sujet de votre discours soit fort éloigné de me faire plaisir. Vos motifs sont généreux ; mais j'ai achevé d'expliquer mes sentimens à miss Howe, qui ne manquera point de les communiquer à la famille de M. Lovelace. Ainsi, c'en est assez sur une matière qui peut conduire à des récriminations désagréables.

Son médecin, qui est arrivé, lui a conseillé de prendre l'air, et l'a blâmée de s'appliquer trop. — Il ne doutait pas, lui a-t-il dit, qu'elle pût se rétablir, pourvu qu'elle en prît les moyens.

Mais quoiqu'ils reconnaissent tous beaucoup de noblesse dans ses sentimens, ils n'en découvrent pas la moitié, ni combien sa blessure est profonde. Ils font trop de fond sur sa jeunesse, dont je n'espère pas dans cette occasion les effets ordinaires, et sur le temps, qui n'aura pas sur une âme de cette trempe le pouvoir qu'on lui attribue. Sa douleur, en un mot, me paraît d'une nature que le temps, ce médecin général de toutes sortes d'afflictions, ne fera qu'augmenter, plutôt que de l'affaiblir.

Le médecin est sorti, et j'allais le suivre, lorsqu'on est venu avertir cette divine fille qu'un homme de fort bonne apparence, après s'être informé très curieusement de sa santé, demandait à la voir. On a nommé M. Hickman. Elle a paru transportée de joie ; et sans aucune explication, elle a donné ordre qu'on le fît monter. Je voulais me retirer ; mais supposant, sans doute, que je ne manquerais pas de le rencontrer sur l'escalier, elle m'a prié de ne pas quitter sa chambre. Aussitôt elle est allée au devant de lui, elle l'a pris par la main ; et lui ayant fait une douzaine de questions sur la santé de miss Howe, sans lui laisser le temps de répondre, elle s'est félicitée de l'obligeante attention de son amie, qui lui procurait cette visite avant que de s'engager dans son petit voyage. M. Hickman lui a remis une lettre de miss Howe, qu'elle a déposée dans son sein, en disant qu'elle la lirait à loisir.

Vous paraissez étonné, lui a-t-elle dit, de me trouver un peu changée. O monsieur Hickman ! quel changement, en effet, depuis la dernière fois que je vous ai vu chez ma chère miss Howe ! Que j'étais gaie alors ! J'avais le cœur tranquille : l'avenir ne m'offrait qu'une perspective charmante. J'étais chérie de tout le monde. Mais je ne veux pas vous attrister.

Il n'a pas dissimulé qu'il était touché jusqu'au fond de l'âme. Elle n'a pu retenir quelques larmes ; mais, s'adressant à tous deux, elle nous a présentés l'un à l'autre ; lui, comme un honnête homme, qui méritait véritablement ce nom ; moi, comme votre ami, à la vérité, mais comme un homme qui, détestant les vils procédés de son ami, cherchait à les réparer par toutes sortes de bons offices. M. Hickman a reçu mes civilités avec une froideur que j'ai mis sur votre compte plus que sur le mien. Elle nous a priés tous deux à déjeûner demain avec elle, parce qu'il doit partir le même jour.

J'ai pris ce moment pour leur laisser la liberté de s'entretenir; je me suis retiré chez moi, où j'ai voulu te préparer, par ce récit, à ce qui peut arriver dans la visite à laquelle je suis engagé pour demain.

LETTRE CCCXI.

M. BELFORD, A M. LOVELACE

Jeudi, 27 juillet.

Je me suis rendu ce matin, à l'heure du déjeûner, dans l'appartement de miss Harlove, où j'ai trouvé M. Hickman avec elle. Quoiqu'il eût dans les yeux et sur le visage quelques marques d'embarras et de contrainte, il m'a reçu avec plus de considération qu'hier; ce que j'ai cru devoir attribuer au favorable témoignage qu'on lui avait rendu de moi. Quelques mots échappés m'ont fait juger que miss Howe, dans sa lettre, a représenté vivement à son amie les désirs de votre famille, votre propre impatience, et l'opinion où elle est elle-même, que l'unique voie qui lui reste pour réparer sa disgrâce est d'accepter votre main.

M. Hickman, autant que j'ai pu le recueillir, l'a pressée, au nom de miss Howe, de se retirer, pendant son absence, dans une ferme voisine de sa maison, où l'ordre est déjà donné de lui préparer un logement commode. Elle a demandé combien le voyage devait durer; et paraissant charmée qu'on ne se propose pas d'y employer plus de quinze jours, elle a répondu que peut-être accepterait-elle l'offre de son amie avant son retour. Il lui a présenté une somme d'argent de la même part; mais rien n'a pu l'engager à la prendre. Elle a dit seulement que si sa situation la réduisait à la nécessité d'emprunter, elle n'aurait jamais cette espèce d'obligation qu'à miss Howe.

En la quittant, je suis entré avec M. Hickman dans un café voisin. Il m'a fait le récit de votre entrevue; et je vous assure qu'il me l'a représentée plus favorablement pour vous, que vous ne l'avez fait vous-même. Cependant il m'a dit fort librement ce qu'il pensait de vous, mais avec la politesse d'un galant homme. Il ne m'a pas déguisé la ferme résolution où il a trouvé miss Harlove, de n'être jamais à vous. Il devait la revoir à midi, pour se charger de sa réponse à miss Howe, qui était presque finie dès le matin; et n'attendant que ses ordres, il se propose de partir à trois heures. Madame Howe et sa fille, qu'il doit accompagner dans leur voyage, comptent de se mettre en chemin pour l'île de Wight, lundi prochain. Il s'efforcera, dit-il, de donner la meilleure couleur qu'il lui sera possible à la situation de miss Harlove; sans quoi, leur éloignement serait pour elles un supplice insupportable.

Comme je l'ai trouvé dans la résolution de donner un tour favorable à ce qu'il a vu, et que miss Harlove a refusé l'argent qu'il était chargé de lui offrir, je ne lui ai point appris qu'elle ait commencé à se défaire de ses robes: il m'a paru que cette nouvelle n'était propre qu'à chagriner inutilement son amie. C'est une circonstance si choquante et si odieuse, qu'une jeune personne de son rang et de sa fortune soit réduite à cette nécessité, que je n'y puis penser moi-même sans impatience ; et je n' connais qu'un homme au monde qui le puisse.

Ce M. Hickman a quelque chose d'un peu trop maniéré dans l'air et dans le langage ; mais il m'a paru d'ailleurs fort sensé, fort aimable, et je ne trouve pas qu'il mérite le ton dont vous le traitez, ni le portrait que vous faites de lui. Tu es réellement un étrange mortel ! Parce que tu renfermes, dans la figure, dans les manières et dans l'esprit, plus d'avantages que je n'en ai jamais vus rassemblés, avec un visage qui en imposerait à l'enfer même, tu ne trouves aucun autre homme qui te paraisse supportable. C'est sur un principe si modeste que tu ris de quelques uns d'entre nous, qui, n'ayant pas ta confiance pour leurs dehors, emploient le secours d'un tailleur et d'un perruquier pour cacher leurs défauts, et que tu nous reproches de ne faire qu'annoncer, par l'enseigne de notre parure, ce que nous portons dans le magasin de notre âme. Tu crois nous humilier beaucoup ; mais, je te prie, Lovelace, dis-moi, si tu le peux, quelle sorte d'enseigne tu prendrais, si tu étais obligé d'en prendre une qui servît à nous donner une idée claire des richesses de la tienne.

M. Hickman m'a dit que miss Howe consentait, depuis quelques semaines, à le rendre heureux, et que tous les articles sont même signés ; mais qu'elle est déterminée à différer son mariage aussi long-temps que sa chère amie sera dans l'infortune. N'est-ce pas un exemple charmant de la force de l'amitié dans les femmes, quoique toi, moi, tous nos associés, nous l'ayons souvent tournée en ridicule, comme une chimère du premier ordre, entre des femmes du même âge, du même rang et d'égales perfections ? Mais, de bonne foi, Lovelace, je vois de plus en plus qu'avec notre arrogance et notre vanité, il n'y a pas d'âmes plus étroites que celles des libertins. Je veux t'expliquer comment ce malheur nous arrive.

Notre premier goût pour le libertinage nous rend également sourds à toutes sortes d'instructions. Ainsi, nous ne pouvons jamais être que des demi-savans, dans les connaissances auxquelles on nous applique ; et parce que nous ne voulons rien apprendre de plus, nous nous croyons au sommet du savoir. Cependant, avec une vanité sans bornes, une imagination mal réglée, et très peu de jugement, nous commençons bientôt à faire les beaux-esprits. De là, nous passons à croire que nous avons toutes les lumières en partage, et à mépriser ceux qui sont plus sérieux que nous, et qui apportent plus de travail à s'instruire, comme des personnages flegmatiques ou stupides, qui ne connaissent pas les plaisirs les plus piquans de la vie. Cette opinion de nous-mêmes ne manque pas de nous rendre insupportables aux personnes qui joignent quelque mérite à la modestie, et nous oblige de nous resserrer dans les sociétés de notre espèce. Nous perdons ainsi toute occasion de voir ou d'entendre ceux qui auraient le pouvoir et la volonté de nous faire connaître ce que nous sommes ; et concluant que nous sommes en effet les plus *jolis hommes* du monde, les seuls qui méritent le nom de gens d'esprit, nous regardons avec dédain ceux qui ne prennent pas les mêmes libertés, et nous nous imaginons que le monde n'est fait que pour nous. A l'égard des connaissances utiles, comme nous ne nous arrêtons qu'à des surfaces, tandis que les autres se donnent la peine d'approfondir, nous sommes méprisés avec raison de toutes les personnes sensées, qui ont de véritables notions de l'honneur, et qui possèdent des talens distingués. Ainsi, fermant les yeux sur notre misère, tous nos mouvemens sont en rond, comme ceux d'un cheval aveugle, auquel on fait tourner la roue d'un moulin, et nous roulons dans un cercle fort étroit, lorsque nous croyons ranger le monde entier sous nos lois.

Jeudi, après midi.

Je me suis jeté dans le chemin de M. Hickman, lorsqu'il a quitté miss Harlove, et je l'ai engagé à prendre un léger repas avec moi, il avait été fort attendri en prenant congé d'elle ; dans la pensée, m'a-t-il dit, quoiqu'il ne lui en ait rien témoigné, qu'il la voyait peut-être pour la dernière fois. Elle l'a chargé de faire, à miss Howe, la plus favorable peinture de sa situation que la vérité lui permettra.

Il m'a raconté une circonstance fort tendre de leur séparation. Après avoir pris la liberté de l'embrasser à la porte de son cabinet, il n'a pu s'empêcher de lui demander encore une fois la même grâce à la porte de l'antichambre, jusqu'où elle a voulu absolument le conduire, toujours dans l'idée qu'il ne la reverrait jamais ; et l'ayant pressée assez fortement sur sa poitrine avec un mouvement de cœur auquel il n'a pu résister, il lui a fait quelques excuses de cet excès de familiarité. — Des excuses ! lui a-t-elle dit : ah ! monsieur Hickman, vous n'en avez pas besoin. Vous êtes mon frère, vous êtes mon ami. Et pour vous marquer combien l'honnête homme qui doit être heureux avec ma chère miss Howe est précieux à mon cœur, vous porterez à cette fidèle amie un gage volontaire de mon affection. Elle n'a pas fait difficulté alors de lui présenter son charmant visage, et de prendre sa main qu'elle a serrée entre les siennes. — Peut-être, a-t-elle repris, l'amitié qu'elle a pour moi lui fera-t-elle accepter plus agréablement cet échange, que sa délicatesse ne le lui permettrait pas autrement. Dites-lui, a-t-elle ajouté en fléchissant un genou et levant les mains et les yeux, que vous m'avez vue dans cette posture, au moment que vous m'avez quittée, demandant au ciel ses bénédictions pour elle et pour vous, et le suppliant de vous rendre long-temps heureux l'un par l'autre.

— Je n'ai pu retenir mes larmes, m'a dit M. Hickman. Il m'est même échappé quelques sanglots avec un serrement de cœur qui venait d'un mélange égal de douleur et de joie. Elle s'est retirée aussitôt que je lui ai donné la main pour se relever ; et je suis descendu, me reprochant de partir, n'ayant pas néanmoins la force de demeurer, et les yeux tournés du côté contraire au mouvement de mes pieds, aussi long-temps qu'ils ont pu suivre le bord de sa robe. « Je suis entré dans la boutique de Smith, a continué le digne Hickman, j'ai recommandé cette personne angélique aux soins les plus prudens de sa femme ; et lorsque j'ai mis le pied dans la rue, je n'ai pu me défendre de jeter les yeux vers sa fenêtre. Elle y était. C'est là que je l'ai vue sans doute pour la dernière fois. Elle m'a fait un signe de sa charmante main, avec un regard, un sourire mêlé de tendresse et d'inquiétude qu'il m'est impossible de décrire, mais qui me sera présent toute ma vie. »

Dis-moi, Lovelace, dis-moi, je te prie, si cette description, toute sèche qu'elle est dans mes termes, ne te fait pas penser comme moi qu'il y a des plaisirs plus relevés, des charmes plus touchans dans le sentiment d'une pure et vive affection, que dans toutes les sensualités grossières où tu fais consister ton unique bien. Dis-moi s'il n'est pas possible que, quelques jours du moins, tu lui donnes la préférence qu'elle mérite infiniment sans doute, et que pour moi j'espère désormais lui donner toute ma vie.

Je t'abandonne à cette réflexion, qui te vient de ton véritable ami.
BELFORD.

LETTRE CCCXII.
MISS HOWE, A MISS CLARISSE HARLOVE.

Mardi, 15 juillet.

Vos deux lettres, les plus touchantes que vous m'ayez jamais écrites, m'ont été remises, comme j'en avais laissé l'ordre pour tout ce qui viendrait de vous, dans une terre voisine de la nôtre, où j'étais en visite avec ma mère. Je n'ai pas eu la force d'en suspendre la lecture. Elles m'ont fait verser plus de larmes que je n'ai dessein de vous l'avouer, quoique je me sois efforcée de sécher mes yeux pour déguiser, autant qu'il m'était possible, l'excès de ma douleur à ma mère et à d'autres personnes qui devaient revenir avec nous.

Comment puis-je soutenir l'idée de perdre une amie si chère? Je ne veux pas même le supposer. Non, non, je ne le puis! Une âme telle que la vôtre n'a pas été revêtue d'une forme humaine pour nous être si tôt arrachée. Il vous reste beaucoup de bien à faire pour l'avantage de tous ceux qui ont le bonheur de vous connaître. Dans votre lettre de jeudi dernier, vous me faites l'énumération de plusieurs points sur lesquels vous croyez votre situation déjà meilleure. Faites-moi voir par des effets que ce calcul est sérieux, et que vous avez réellement le courage de vous mettre au dessus d'une disgrâce dont vous n'avez pu vous garantir. Je me fierai alors de votre parfaite guérison à la Providence et à mes humbles prières, et je me réjouirai au fond du cœur de l'espérance que j'emporterai, dans notre petit voyage, de vous trouver assez rétablie à mon retour pour avoir déjà pris le petit logement que M. Hickman est chargé de vous offrir.

Vous me grondez des libertés auxquelles je m'emporte quelquefois contre votre famille. Je suis vive; je le suis, et quelquefois trop vive; mais la chaleur en amitié ne sera jamais un crime, surtout lorsqu'il est question d'une incomparable amie qui languit dans une injuste oppression, et qui souffre des maux qu'elle n'a pas mérités. Je n'ai aucune notion de la froideur en amitié, soit qu'on l'appelle prudence ou qu'on veuille l'honorer d'un plus beau nom. Vous pouvez excuser vos parens : c'est un service que vous leur avez toujours rendu. Mais les autres, ma chère, doivent avoir la liberté d'en porter le jugement qu'il leur plaît. Je ne suis point leur fille, ni la sœur de James et d'Arabelle. Grâces au ciel, c'est ce que je ne suis point.

Mais si vous êtes fâchée des libertés auxquelles je me suis échappée depuis si long-temps, je crains que vos craintes ne fussent bien plus vives, si vous saviez ce qui s'est passé dans une démarche que j'ai tentée depuis peu, pour vous procurer l'absolution que vous avez tant à cœur, c'est-à-dire la rétractation du téméraire vœu de votre père. Ils ne sont pas en reste avec moi; mais il ne faut pas que vous soyez informée de tout. Je veux me persuader néanmoins que tous ces esprits intraitables, sans en excepter ma mère, ont toujours été des enfans soumis, dociles, respectueux pour ceux auxquels ils doivent le jour. Encore une fois, pardon. J'ai poussé la chaleur assez loin ; mais je n'ai pas d'autre exemple que le vôtre pour m'inspirer le goût de la vertu opposée ; et les traitemens que vous avez reçus ne sont pas propres à me donner la force de l'imiter.

Vous me laissez le soin de déclarer votre refus à la noble famille dont la seule tache est d'avoir produit un homme si vil. Mais, hélas ! ma chère, les conséquences de ce refus me causent tant d'alarmes... Je ne sais que vous dire ; cependant, permettez que je suspende ce refus jusqu'au retour de M. Hickman. Les instances de milord et des dames font tant d'honneur à votre vertu ; ils ont pour vous une si juste admiration ; vous devez avoir triomphé si noblement de votre monstre ; il est lui-même si pressant ; le public a pénétré si loin dans cette malheureuse affaire ; vous pouvez faire encore tant de bien ; votre volonté s'est conservée si pure ; vos parens sont si implacables... Pensez-y, ma chère, et repensez-y. Ma mère, miss Lloyd, miss Biduphe, tous ceux en un mot que vous avez crus dignes d'une confiance distinguée, s'accordent à penser que vous devez prendre le parti du mariage.

Vous m'expliquerez le fond de votre cœur par la bouche de M. Hickman ; et lorsqu'il m'aura communiqué votre résolution absolue, je vous ouvrirai le mien. En attendant, puisse-t-il m'apporter des nouvelles de votre santé, telles que je les désire et que je les demande au ciel avec l'ardeur et l'inquiétude d'une inviolable amitié !

Anne Howe.

LETTRE CCCXIII.

MISS CLARISSE HARLOVE, A MISS HOWE.

Jeudi, 27 juillet.

Après vous avoir fait des remerciemens fort vifs, du plaisir que vous m'avez procuré par la visite de M. Hickman, je vous dois, ma très chère miss Howe (dans la sincérité d'une fidèle amitié, qui ne serait pas ce qu'elle est, si elle n'admettait pas cette liberté), quelques reproches pour avoir suspendu la déclaration de ma réponse décisive. Je suis fâchée, ma chère, que vous, qui me connaissez si bien, vous m'obligiez de répéter, que quand j'aurais beaucoup d'années à vivre, je ne serais jamais rien à M. Lovelace. Bien moins puis-je penser à lui, lorsque je me crois peu éloignée de mon dernier terme. A l'égard du public et de sa censure, vous savez, ma chère amie, que, quelque prix que j'aie toujours attaché à la bonne réputation, je n'ai jamais cru devoir que le second rang à l'opinion du public. D'ailleurs, tout m'apprend que ma réputation est perdue. Et que me servirait-il d'avoir cherché les moyens de la réparer, si je ne pouvais me justifier à mes propres yeux ?

Je vous ai reproché si souvent les libertés qui vous échappent à l'égard de ma famille, que je ne pèserai point aujourd'hui sur cet article. Mais lorsque vous me faites entendre qu'il s'est passé quelque chose que j'ignore, vous m'alarmez également pour eux et pour moi-même, puisque c'est les avoir irrités nécessairement contre moi. J'aurais souhaité, ma chère, que vous m'eussiez laissé le soin de traiter avec eux, dans une occasion si intéressante pour mon repos. J'ai écrit à ma sœur : je dois redouter plus que jamais sa réponse, supposé même qu'après ce fâcheux incident elle daigne m'en accorder une. Permettez-vous, ma chère, que je finisse là-dessus par une remarque? C'est que, dans les occasions même où le zèle de ma tendre amie est louable, il paraît que le reproche la chagrine plus que la faute. Si vous me pardonnez cette liberté, je reconnaîtrai, en faveur de votre opinion sur la conduite des parens dans ces occasions délicates, que souvent l'opposition indiscrète cause autant de mal que les imprudences de l'amour.

J'ai dit à M. Hickman que je prendrais quelques jours pour délibérer sur l'offre obligeante que vous me faites d'un logement dans votre voisinage. Mais si vous avez la bonté de recevoir mes excuses, il y a peu d'apparence que je l'accepte, quand ma santé ne cesserait pas de s'y opposer. Je dois vous expliquer mes raisons, lorsque assurément la reconnaissance et l'amitié me feraient regarder une visite, que je pourrais quelquefois espérer de vous, comme ma plus douce consolation.

Je vous dirai donc, ma chère, que cette grande ville, toute méchante qu'elle est, ne manque point d'occasions pour devenir meilleure. Les exercices de la religion s'y font régulièrement dans un grand nombre d'églises, et la diminution de mes forces m'avertit que ces secours sont convenables à ma situation. Lorsque je suis en état de sortir, je me mets dans une chaise, et, si le temps est un peu favorable, je me fais conduire à quelque église éloignée, avec le double avantage de remplir mes devoirs de religion et de prendre un peu l'air, par déférence pour le médecin, fort attentif à ma santé. Je ne doute pas que la continuation de cette méthode ne serve beaucoup, comme elle a déjà fait, à calmer le trouble de mes pensées, et peut-être à m'établir dans une parfaite résignation à laquelle je dois aspirer; car je vous avoue que ma douleur et mes réflexions l'emportent quelquefois sur mes forces, et que toute l'assistance que je tire de mes exercices de piété suffit à peine pour soutenir ma raison. Je suis bien jeune, ma chère, hélas! bien jeune, pour me trouver abandonnée à ma propre conduite dans de si malheureuses circonstances.

Un autre motif qui m'empêchera d'accepter vos offres, c'est la crainte des nouveaux différends qui pourraient naître à mon occasion entre votre mère et vous. Si vous étiez mariée, et que l'honnête homme qui aurait droit alors à votre affection souhaitât comme vous de me voir plus proche de votre demeure, je ne sais pas si je serais capable de résister. Quoique ma première raison soit d'une importance qui lui ferait peut-être conserver tout son poids, lorsque je quitterais Londres pour vous faire ma visite de félicitation, je doute qu'étant une fois près de vous, je pusse me refuser la satisfaction d'y demourer.

Je vous envoie la copie de ma lettre à ma sœur, et j'espère que vous la trouverez écrite dans un véritable esprit de repentir. Tels sont, du moins, mes sentimens. Ne m'accusez pas de m'abaisser trop dans les termes. Un enfant qui se reproche d'avoir malheureusement offensé ceux dont il tient le jour ne saurait porter trop loin l'humiliation. S'il arrivait que, plus irrités encore par les dernières libertés dont vous me faites l'aveu, ils laissassent ma lettre sans réponse, je dois apprendre à trouver de la justice dans cette rigueur, surtout lorsque c'est la première fois que j' m'adresse à eux par ma sœur. Mais, s'ils me font la grâce de me répondre, et peut-être dans des termes que la vivacité de votre amitié me fera craindre de vous communiquer, je vous prie instamment, ma chère, de réprimer votre censure. Considérez qu'ils ignorent ce que j'ai souffert, qu'ils sont remplis d'un ressentiment qu'ils croient juste, et qu'ils ne peuvent juger de la vérité de mon repentir. Après tout, que peuvent-ils faire pour moi? Ils ne peuvent m'accorder que de la pitié. A quoi servira-t-elle, qu'à redoubler leur douleur que leur ressentiment a peut-être soulagé? Leur pitié sera-t-elle capable de rétablir ma réputation?

Je me recommande aux prières de ma chère amie, et je renouvelle, en finissant, mes remercîmens les plus tendres pour la visite de M. Hickman, avec des vœux pour leur bonheur mutuel et pour la prompte célébration de leur mariage.

Clarisse Harlove.

LETTRE CCCXIV.

MISS HOWE, A MISS CLARISSE HARLOVE.

Vendredi, 28 juillet.

C'est à présent, ma chère, que je veux vous ouvrir entièrement mon âme sur la résolution inébranlable où vous êtes de ne pas prendre pour votre mari le plus vil de tous les hommes. Vous m'en aviez apporté des raisons si dignes de ma chère Clarisse, que l'intérêt de mon amour-propre et la crainte de perdre une si parfaite amie ont pu me faire souhaiter seuls de vous voir changer de disposition.

A la vérité, ma chère, je m'étais figuré que l'effort nécessaire pour vaincre une passion telle que l'amour, lorsque tant de raisons s'accordent à la favoriser, était au dessus de notre sexe; et j'ai voulu vous presser encore une fois de surmonter votre juste indignation, avant qu'elle vous fît porter le ressentiment plus loin, dans la crainte qu'il ne vous fût plus difficile et moins honorable de vous rendre alors, que dans les circonstances présentes. Mais puisque je vous vois ferme dans votre noble résolution, et qu'il est impossible à votre âme pure et vertueuse de s'unir avec un lâche et misérable parjure, je vous en félicite du fond du cœur, et je vous demande pardon d'avoir paru douter, dans cette occasion, de vos sentimens et de vos principes.

Il ne me reste qu'un sujet de tristesse, c'est le mauvais état de votre santé, tel que M. Hickman n'a pu nous le déguiser. Quoique vous observiez si bien la doctrine à laquelle je vous ai vue toujours attachée, sur le rang que l'opinion du monde doit tenir dans notre estime, et sur la nécessité d'être juste à nos propres yeux avant que de chercher à le paraître aux yeux d'autrui, cependant, ma chère, souffrez qu'en vous pressant de ne rien négliger pour rétablir vos forces, je fasse entrer dans vos motifs, que cet heureux dénouement couronnerait votre triomphe et ferait connaître avec éclat que vous êtes supérieure en effet au vil auteur de toutes vos infortunes. On vous aurait vue, pendant quelques instans, hors du chemin qui vous est naturel; mais on verrait avec admiration que vous avez été capable de le reprendre, et que vous continuez, par vos exemples et par vos instructions, de faire le bonheur de tous ceux que vous connaissez. Au nom du ciel, pour l'amour du genre humain, pour l'honneur particulier de notre sexe, pour moi qui vous aime si parfaitement, efforcez-vous de vaincre tout ce qui s'oppose à votre santé. Si vous remportez cette glorieuse victoire sur vous-même, je suis heureuse, j'obtiens tout ce que je désire au monde ; car d'un grand, d'un très grand nombre d'années, il m'est impossible, ma chère, de soutenir la pensée de nous séparer.

Vos raisons sont si convaincantes pour ne pas accepter le logement que je vous ai fait offrir, que je sens la nécessité de m'y rendre à présent. Mais lorsque vous aurez l'esprit aussi tranquille qu'il le sera bientôt après la résolution que vous avez formée, je vous attends près de nous, et peut-être avec nous, pour y trouver la fin de toutes vos peines dans les douceurs d'une solide amitié. Vous réglerez tous mes pas et je serai sûre de marcher droit avec un si bon guide.

Vous souhaiteriez que je n'eusse pas employé ma médiation auprès de votre famille. Je le souhaiterais aussi, parce qu'elle n'a produit aucun effet, parce qu'elle peut donner lieu à de nouvelles persécutions, parce que vous en êtes fâchée. Mais comment pouvais-je demeurer indifférente à la vue de vos peines ? Je veux m'arracher de cette idée ; car toute ma chaleur renaît, et je crains de vous déplaire. Il n'y a rien au monde que je voulusse faire, rien qui pût m'être agréable si je croyais vous désobliger, et rien aussi que je ne fusse capable d'entreprendre pour vous faire plaisir. Comptez, ma chère et rigoureuse amie, que je m'efforcerai d'éviter également *le reproche et la faute.*

La même raison m'empêchera de vous expliquer mon sentiment sur la lettre que vous écrivez à votre sœur. Elle est bien, parce qu'elle vous paraît telle, et si la réponse vous apprend qu'elle ait été reçue comme elle doit l'être, vous serez confirmée dans l'opinion que vous en avez. Mais s'il arrive, comme il n'y a que trop d'apparence, qu'elle ne vous attire que des injures et des outrages, il me semble que votre intention n'est pas de m'en informer.

Vous avez toujours été trop prompte à vous accuser des fautes d'autrui, trop disposée à soupçonner votre propre conduite, lorsqu'elle ne s'est point accordée avec le jugement de votre famille. Si c'est une vertu, je vous ai dit bien des fois que je ne suis pas capable de l'imiter. Je ne connais rien qui m'oblige à croire que la sagesse consiste dans les années ni que l'imprudence et la folie soient le partage nécessaire de la jeunesse. C'est peut-être le cas le plus commun qui se trouve vérifié, je le veux, dans l'exemple de ma mère et dans le mien ; mais je soutiens hardiment qu'il ne l'a point encore été entre les chefs des Harlove et leur seconde fille. Pourquoi chercher d'avance des excuses pour leur cruauté en supposant qu'ils ignorent ce que vous avez souffert et le mauvais état de votre santé ? Ils sont informés de vos souffrances et je sais qu'ils n'en sont pas affligés. On ne les a pas moins instruits de votre maladie et j'ai de fortes raisons de juger comment ils ont pris cette nouvelle. Mais je n'éviterai ni la faute ni le reproche si je m'arrête plus long-temps sur cet odieux sujet. Ce que j'en conclurai seulement, c'est qu'à leur égard votre vertu est poussée jusqu'à l'excellence, et que, par rapport à vous, leur dureté va... De grâce, ma chère, permettez que je leur rende un peu de justice. Mais vous me le défendez, je le sais, et je vous obéis malgré moi. Cependant, si vous devinez le mot que j'aurais employé, ne doutez pas qu'il ne soit d'une justice extrême.

Vous me faites entendre que si j'étais mariée et si M. Hickman était dans la même disposition que moi, non seulement vous seriez portée à me rendre une visite, mais il vous serait difficile de quitter le lieu où nous aurions eu la satisfaction de nous embrasser. Quelle force, ma chère, vous donnez aux instances de M. Hickman ! Ne doutez pas qu'il ne fût tel que vous le supposez, et qu'il ne désirât sur toute chose de vous voir près de nous, ou plutôt avec nous, si vous nous accordiez cette faveur. S'il n'est pas un insensé, la politique lui ferait naître ce désir, quand il n'y serait pas aussi porté qu'il est par la vénération qu'il a pour vous. Mais je ne vous dissimulerai pas, ma chère, qu'il dépend de vous, plus que vous ne le pensez, de hâter le jour que ma mère presse avec tant d'impatience et pour lequel vous faites vous-même tant de vœux. Du moment où vous pourrez m'assurer que votre santé se rétablit, et que vous êtes assez bien pour avoir congédié votre médecin avec son propre aveu, je vous donne ma parole que ce jour ne sera pas reculé plus d'un mois. Ainsi, ma chère, ce que vous désirez est entre vos mains. Hâtez-vous de vous bien porter, et cette affaire sera bientôt terminée ; avec plus de douceur et de joie que je ne puis jamais l'espérer autrement.

Je fais partir un exprès, pour informer milord M... et les dames de votre juste refus. Vous ne trouverez pas mauvais que j'aie transcrit, dans ma lettre, quelques fragmens des vôtres, comme vous m'avez témoigné d'abord que vous le désiriez vous-même.

Nous apprenons de M. Hickman que votre plume vous occupe sans cesse et que votre santé ne s'en trouve pas mieux. Auriez-vous entrepris d'écrire quelque partie de votre malheureuse histoire ? Ma mère me conseille de vous y exhorter ; dans l'idée qu'un ouvrage de cette nature, publié sous des noms feints, ferait quelque jour un honneur extrême à notre sexe. Elle ne cesse point d'admirer, dans votre refus, la justice et la noblesse de votre ressentiment. Elle serait bien aise aussi de savoir ce que vous pensez de la proposition que je vous fais de sa part. Votre conduite, dit-elle, et l'élévation de vos sentimens dans un si grand nombre d'épreuves seraient, non seulement un puissant exemple, mais un motif de précautions pour toutes les jeunes personnes de notre âge.

Le jour de notre départ est fixé à lundi. J'espère que cet incommode voyage ne sera que de quinze jours. A mon retour, je presserai ma mère de me faire passer par Londres, et si le prétexte doit être d'acheter quelques habits, mon véritable motif sera l'espérance d'embrasser encore une fois ma chère Clarisse, avant que les soins de M. Hickman aient pris une autre face, et tandis que je puis me dire encore à moi-même, c'est-à-dire à elle, sans ménagement et sans partage.

ANNE HOWE.

LETTRE CCCXV.

M. LOVELACE, A M. BELFORT.

Mardi, 1er août.

Je suis au désespoir ; un messager de miss Howe apporta samedi à mes cousines une lettre qui ne me fut communiquée qu'hier au soir, à l'arrivée de mes tantes, et sur laquelle milord les avait fait prier de se rendre ici pour me soumettre encore une fois à ce redoutable tribunal. Jamais ours n'essuya une aussi rude chasse que ton pauvre ami. Et pourquoi ? pour seconder la cruauté de miss Harlove ; car ai-je commis quelque nouvelle offense ? N'étais-je pas prêt à recevoir ma grâce à toutes les conditions qu'elle aurait voulu m'imposer ? Est-il beau de me punir de mon infortune? Tous mes proches sont des insensés qui ne jugent que par l'événement, des gens à qui j'ai honte d'appartenir.

La lettre de miss Howe contenait diverses réflexions de miss Harlove, qui aboutissent à me rejeter entièrement, et dans des termes si violens, si positifs! Elle prétend néanmoins que la raison a plus de part à son refus que le ressentiment; mensonge aussi noir qu'il y en ait eu. Et pour preuve de sa modération, elle assure qu'elle est capable de me pardonner, et qu'elle me pardonne, à condition que je cesserai de la chagriner. Toute la lettre est tournée de manière à lui attirer plus d'admiration, mais à me rendre plus détestable. Ce qu'on raconte des agitations et de l'enthousiasme des quakers n'approche pas de la scène que mes tendres parentes m'ont donnée à la lecture de cette lettre, et de quelques passages tirés de celles de ma belle implacable. Que de lamentations pour la perte d'une si charmante nièce! Que d'applaudissemens donnés à sa vertu, à sa grandeur d'âme, à la noblesse de ses sentimens! Combien de fois n'a-t-on pas répété la menace de me déshériter! moi qui n'ai pas besoin de leurs reproches pour sentir la pointe de mes remords et la rage de me voir abandonné, moi qui ne l'admire pas moins qu'eux! Que diable dire? Je me suis écrié en les regardant d'un air furieux : « N'est-ce donc pas assez d'essuyer des mépris et des refus? Puis-je apporter remède à son esprit implacable? Mon intention ne serait-elle pas de réparer tous les maux que je lui ai fait souffrir? » Il s'en est peu fallu que je ne les aie tous donnés au diable avec elle-même et miss Howe pour compagnie, et j'ai juré de bon cœur qu'elle n'en serait pas moins à moi.

Je te le jure à toi-même. Dût-elle en mourir la semaine d'après, le nœud sera formé. Il le sera, j'en jure par le maître du ciel, et Clarisse Harlove rendra l'âme avec le nom de Lovelace. Tu peux lui faire cette déclaration si tu veux; mais n'oublie pas de lui dire en même temps que je n'ai aucune vue sur sa fortune, et que je la résignerai solennellement en faveur de qui elle voudra, avec toutes mes prétentions, si elle meurt sans être mère. Je n'ai pas l'âme si basse que sa fortune puisse me tenter. Qu'elle examine donc, pour elle-même, s'il ne lui est pas plus honorable de quitter ce monde avec le nom de Lovelace qu'avec celui d'Harlove.

Mais ne t'imagine pas que je me repose entièrement d'une cause si chère à mon cœur, sur un avocat qui a plus d'admiration pour ma partie que pour son client. Je me rendrai à Londres dans peu de jours, avec la résolution de me jeter à ses pieds. Je serai accompagné d'un prêtre aussi résolu que moi, et la cérémonie sera exécutée, quelles qu'en puissent être les suites.

Si, pour éviter cette extrémité, elle voulait se rendre à l'une des deux églises dont la permission de l'évêque nous laisse le choix (cette permission est entre ses mains, et grâce au ciel elle ne me l'a pas renvoyée avec mes lettres), je promets de ne lui causer aucun trouble, mais de me trouver au pied de l'autel dans l'église qu'elle aura choisie, et je m'engage à lui envoyer mes deux cousines pour l'accompagner, ou même à lui mener mes deux tantes et milord M..., de la main desquels je me ferai un second bonheur de la recevoir.

Ou, s'il lui était plus agréable, je garantis qu'au premier mot l'une et l'autre de mes tantes, et toutes deux, s'il le faut, entreprendront le voyage de Londres pour l'amener ici, et notre mariage sera célébré dans la chapelle du château, sous les yeux de toute ma famille.

Ne trahis pas mon espérance, cher Belford. Emploie vivement et de bonne foi toute la force de ton éloquence, pour la faire consentir au choix d'une de ces trois méthodes. Il faut qu'elle en choisisse une. Il le faut, te dis-je, ou que je sois confondu.

J'entends Charlotte qui frappe à la porte de mon cabinet. Que diable me veut-elle ? Point de reproche s'il lui plaît : je n'en souffre pas davantage. Entrez, entrez, petite fille.

Ma cousine Charlotte me voyant écrire avec trop d'attention, pour en faire beaucoup à sa visite, et devinant le sujet de ma lettre, a souhaité absolument de voir ce que j'avais écrit. J'ai eu cette complaisance pour elle. Le ton dont je le presse lui a causé tant de satisfaction, qu'elle m'a offert d'écrire elle-même à miss Harlove ; et j'ai accepté son offre, en lui permettant de me traiter comme elle le trouvera bon. Je t'enverrai dans ma lettre une copie de la sienne. Après l'avoir écrite, elle a cru me devoir des excuses pour la manière dont elle me traite. J'ai donné des applaudissemens à son style ; et la voyant prête à m'embrasser, dans la joie qu'elle avait de mon approbation, je lui ai donné deux baisers, pour la remercier de ses injures, en l'assurant que j'en espérais beaucoup de succès, et que je rendais grâce au ciel de lui avoir inspiré cette idée. Tout le monde l'approuve ici comme moi, et paraît charmé de la patience avec laquelle j'ai souffert d'être maltraité. S'il n'arrive point de changement dans mes espérances, tout le blâme retombera sur l'opiniâtreté de la chère Clarisse. On doutera de cette douceur et de cette disposition à pardonner dont elle faisait tant de parade ; et la pitié dont elle est en pleine possession passera peut-être sur moi.

Ainsi, mettant toute ma confiance dans cette lettre, je suspends mes autres alternatives et mon voyage de Londres, jusqu'à la réponse que ma souveraine fera sans doute à miss Montaigu. Mais si tu vois qu'elle persiste et qu'elle ne prenne pas du moins quelque temps pour délibérer, tu peux lui communiquer ce que je t'envoie, avant l'arrivée de ma cousine ; et si son obstination ne diminue pas, ne manque pas de l'assurer que je veux la voir, que je la verrai, mais avec les plus parfaits sentimens d'honneur et d'humilité. Enfin, si je ne puis la toucher en ma faveur, je quitte l'Angleterre, pour n'y revenir jamais peut-être.

Je suis fâché que, dans un temps si critique, tu sois aussi employé que tu me le dis à servir Belton. Si ses affaires demandent mon assistance, parle, et je vole à tes ordres. Tout occupé, tout rempli que je suis de cette perverse beauté, j'obéis au premier signe.

Je compte sur ton zèle et sur le caractère de ton amitié. Ne perds pas un moment, et reviens donner tous tes soins aux plus chers intérêts d'un ami, qui en perd le repos nuit et jour.

Je joins ici la lettre de miss Montaigu.

A MISS CLARISSE HARLOVE.

Mardi, 1er août.

« Très chère miss, toute notre famille est infiniment sensible aux injures que vous avez reçues, d'un homme que votre seule alliance peut rendre digne du degré dans lequel il nous appartient. Si, par un miracle d'indulgence et de bonté, vous nous faisiez à tous la grâce d'oublier sa méchanceté et son ingratitude, pour accepter la qualité de notre parente, vous nous rendriez la plus heureuse famille du monde, et je puis vous garantir que milord M..., milady Sadler, milady Lawrance et ma sœur, qui font profession d'admirer vos vertus et la noblesse de votre âme, ne cesseraient jamais de vous aimer, de vous respecter, et d'apporter tous les soins à réparer ce que vous avez souffert de M. Lovelace. C'est une faveur néanmoins que nous n'aurions pas la hardiesse de vous demander, si nous n'étions bien sûrs que son repentir est égal à l'offense, et qu'en implorant à genoux votre généreuse pitié, il se liera par des sermens éternels d'honneur et d'amour. Ainsi, ma chère cousine (quel charme pour nous, si cet agréable style nous est permis)! notre intérêt commun, celui d'une âme que vous pouvez sauver de sa perte, et, souffrez que je le dise, celui de votre réputation même, doivent être capables de toucher votre cœur. Si, pour encourager nos espérances, vous m'assurez seulement que vous ne serez pas fâchée de me voir, et vous permettez que j'aie l'honneur de vous connaître personnellement, comme nous vous connaissons depuis long-temps par l'éclat de votre mérite, je ne tarderai pas deux jours à me rendre auprès de vous pour recevoir de votre propre bouche des ordres que nous ferons gloire d'exécuter fidèlement. Je vous demande, ma chère cousine (car nous ne pouvons nous refuser le plaisir de vous donner un nom si doux), je vous demande la permission d'entreprendre exprès le voyage de Londres, et de mettre milord M... et mes tantes dans le pouvoir de vous faire toutes les réparations dont ils sont capables, pour les outrages que la plus respectable personne du monde a reçus du plus audacieux et du coupable de tous les hommes. Quels droits n'acquerrez-vous pas sur notre reconnaissance, et particulièrement sur celle de votre très humble,

» Charlotte Montaigu. »

LETTRE CCCXVI.

MISS CLARISSE HARLOVE, A MISS CHARLOTTE MONTAIGU.

Jeudi, 3 août.

Je suis vivement pénétrée, mademoiselle, des témoignages que je reçois de votre estime. Une lettre si obligeante et des sentimens si généreux augmentent mes regrets, en me faisant sentir plus vivement que jamais quelle aurait été ma félicité dans une alliance que votre bonté vous fait désirer avec tant de chaleur, et qui, de votre part et de celle de milord, m'aurait également comblée d'honneur et de plaisir. Mais, en vérité, mademoiselle, mon cœur rejette sincèrement un homme, qui, vous appartenant de si près par le sang, a pu se rendre coupable d'une violence préméditée, et qui a maintenant la bassesse de vouloir engager dans une famille telle que la vôtre une personne qu'il n'a pas eu honte de ravaler à la plus vile compagnie de son sexe. Souffrez donc, mademoiselle, que, demeurant dans la résolution où je suis, je déclare hautement que je ne me croirais pas digne de tenir rang entre les dames de votre nom, si j'étais capable de justifier, par des sermens solennels, et de sanctifier, comme je le puis dire, de si noirs et de si criminels excès.

Cependant vous me permettrez de demander à milord, à miladies vos tantes, à vous-même, mademoiselle, et à votre sœur, une grâce qui me reste seule à désirer : c'est de joindre votre autorité à vos instances, pour obtenir de M. Lovelace qu'il cesse de me chagriner. J'intéresse votre humanité à lui représenter que, si je suis destinée à vivre, il serait cruel de me chasser de la vie par ses persécutions ; car je suis déterminée à ne le voir jamais, si je puis l'éviter ; d'autant plus cruel, qu'il sait que je suis sans protection, et que jamais je ne solliciterai personne à lui nuire. Si ma mort n'est pas éloignée, n'y aurait-il pas autant de cruauté à ne pas me laisser mourir en paix, lorsque je lui souhaite moi-même une fin heureuse et tranquille? Oui, mademoiselle, c'est le vœu que je fais pour lui.

Que toutes les prospérités se réunissent pour le bonheur et la durée de votre illustre maison! Ma reconnaissance n'a que cette voie pour s'exprimer, lorsque mon malheur m'oblige de renoncer à tout autre titre que celui, mademoiselle, de votre très humble et très obligée servante.

CLARISSE HARLOVE.

LETTRE CCCXVII.

M. BELFORD, A M. LOVELACE.

Jeudi, 3 août après midi.

Quelle surprise! je viens de recevoir la lettre que je t'envoie. J'ai renvoyé sur-le-champ celle dont tu verras qu'elle était accompagnée, sans en prendre de copie, parce que je m'imagine qu'elle te sera bientôt communiquée par une autre voie. Elle contient un renoncement absolu à toutes tes offres! Pauvre Lovelace!

A M. BELFORD.

3 août.

« Vous m'avez, monsieur, offert plus d'une fois de m'obliger ; et j'ai si bonne opinion de vous, que je ne regarde point cette offre comme un simple compliment. Ainsi, je ne fais pas difficulté de vous demander deux services : l'un, que je vais expliquer ; l'autre, dont je ne vous parlerai qu'après avoir obtenu le premier.

» Il est important, pour mon honneur, de laisser après moi quelques éclaircissemens, qui soient capables de justifier ma conduite aux yeux de plusieurs personnes dont l'inquiétude n'est pas fort vive aujourd'hui pour ma situation. Miss Howe et sa mère me pressent ardemment de prendre ce soin. Je crains de n'en avoir pas le temps ; et vous ne serez pas surpris que mon inclination m'y porte peu, lorsque je n'ai pas même la force de me rappeler patiemment ce que j'ai souffert, et que le trouble nécessaire d'une si pénible entreprise m'ôterait infailliblement la tranquillité d'esprit dont j'ai besoin pour des occupations beaucoup plus importantes.

» Il est évident pour moi que votre misérable ami vous a quelquefois rendu compte de la conduite qu'il a tenue avec moi, et des inventions qu'il a fait servir à ma ruine. Vous m'avez même assuré que de bouche et par écrit, il avait rendu à mon caractère toute la justice que je pouvais souhaiter.

» Ce que je vous demande, monsieur, c'est de me donner, par un exemple tiré de ses récits, dans quelqu'une des plus intéressantes occasions, le moyen de juger s'il est nécessaire, en effet, pour mon honneur, que j'exécute ce qui m'est proposé. Vous serez assuré, par ma réponse à miss Montaigu, que je joins à cette lettre, et que vous aurez la bonté de me renvoyer après l'avoir lue, qu'il m'est impossible de penser jamais à devenir la femme de votre ami; et que, par conséquent, la communication que je vous demande ne peut lui faire aucun tort. D'ailleurs, je m'engage devant le ciel à n'en faire jamais aucun usage dont il puisse se plaindre; et pour aller au devant de toutes les défiances, je vous assure que, suivant une partie de mes vues, les détails que vous me communiquerez doivent tomber dans vos mains après ma mort, et ne passeront dans celles d'aucun autre.

» Si vous jugez à propos, monsieur, de m'accorder cette demande, les endroits que vous me ferez plaisir de transcrire sont ceux qui regardent le 7 et 8 de juin, c'est à dire, ce qu'il peut vous avoir écrit à l'occasion de l'incendie dont je fus alarmée, et ce qu'il vous écrivit ensuite, le 11 et le 19 du même mois. Vous obligerez sensiblement votre très humble servante.

» Clarisse Harlove. »

A présent Lovelace, puisqu'il faut perdre tout espoir de te rétablir dans son cœur, puisque tu as quelque avantage à tirer de ton ingénuité, n'ayant jamais cherché, comme d'autres libertins, à déguiser tes excès par des récriminations contre elle ou contre son sexe, puisqu'elle peut en recevoir quelque soulagement, puisque tu seras mieux traité par ta propre plume que par la sienne, car tes actions ont fait assez connaître que tes écrits ne peuvent être la plus criminelle partie de l'aventure, je ne vois aucune raison qui m'empêche de l'obliger; surtout avec les restrictions qu'elle s'impose, avec les raisons qu'elle apporte, et lorsqu'elle s'engage à ne pas violer le secret qu'on doit toujours aux communications de l'amitié : surtout, devrais-je dire plutôt lorsque tu fais également gloire de ta plume et de ta méchanceté, et lorsqu'en vérité je ne connais rien qui soit capable de te faire rougir.

Mais de quelque manière que tu le prennes, elle sera satisfaite avant que tes représentations ou tes clameurs puissent arriver. Ainsi, je te prie de prendre patience et de ne pas faire l'extravagant; à moins que tu ne cherches un prétexte pour t'emporter contre moi, à l'occasion d'exercer ton talent pour les exécrations. A ces deux titres, extravague, mon ami, extravague tant que tu voudras.

J'ai une extrême impatience d'apprendre sa seconde demande. Ce que je sais déjà, c'est qu'à moins qu'il ne soit question de te couper la gorge, ou de m'exposer à l'échafaud, je la satisferai sans ménagement, et je serai fier d'avoir eu le pouvoir de l'obliger.

Je te quitte pour travailler aux extraits.

LETTRE CCCXVIII.

M. BELFORD, A MISS CLARISSE HARLOVE.

3 août.

Madame, vous m'avez engagé, sur votre parole d'honneur, à vous confier quelques extraits des lettres de M. Lovelace, et vous m'assurez que votre unique vue est d'examiner si l'intérêt de votre réputation vous oblige absolument de traiter un sujet douloureux, sur lequel on vous demande des éclaircissemens. Vos ordres, madame, sont d'une nature si délicate qu'ils paraissent blesser directement les droits de l'amitié. Cependant, comme vous êtes incapable d'aucune vue, dont vous ne puissiez pas avouer les motifs, et que cette communication peut faire du moins quelque honneur à l'ingénuité de mon malheureux ami, quoique sa conduite à l'égard de la plus excellente de toutes les femmes lui ait fait perdre tout droit à des qualités plus honorables, je vous obéis avec autant de joie que d'empressement. (M. Belford joint ici les extraits.)

À présent, madame, que j'ai eu le bonheur d'exécuter vos ordres, je me flatte de n'avoir fait aucun tort à mon ami, puisque vous voyez à chaque ligne quelle justice il rend à votre vertu. C'est le langage qu'il tient dans toutes ses lettres, quoiqu'à sa propre condamnation. Je prendrai la liberté d'ajouter, que si vous pouviez obtenir de vous-même, après avoir bien vérifié son repentir, de recevoir ses vœux à l'autel, je ne doute pas le moins du monde que vous n'en fissiez le plus tendre et le meilleur des maris. Quelle joie ne répandriez-vous point dans une noble famille, qui vous regarde avec admiration, et j'ose dire, dans la vôtre, aussitôt qu'une aversion mal conçue, et poussée trop loin contre lui, aurait fait place à la réconciliation.

À quelque résolution que vous jugiez à propos de vous attacher, permettez, madame, que je vous laisse à décider, à présent que vous tenez de moi les confidences les plus délicates de mon ami, si l'honneur ne vous oblige pas de n'en révéler aucune, et de n'en prendre aucun avantage. Je ne voudrais pas, si j'avais jamais quelque démêlé avec lui, qu'il pût me reprocher que le malheur qu'il aurait eu de vous perdre, et peut-être de perdre avec vous tous ses amis, fût venu de ce qu'il ne manquerait pas de nommer une trahison contre l'amitié; du moins s'il en jugeait par les événemens que je suppose, plutôt que par mon intention.

J'ai l'honneur, madame, etc.

BELFORD.

LETTRE CCCXIX.

MISS CLARISSE HARLOVE, A M. BELFORD.

Vendredi, 4 août.

Je vous dois, monsieur, une reconnaissance extrême pour vos communications. Je n'en ferai jamais d'usage dont vous puissiez me faire un reproche, ni que vous ayez sujet de vous reprocher à vous-même. Je n'avais pas besoin de nouvelles lumières, pour me convaincre du dessein prémédité de votre ami, et ma lettre à miss Montaigu en fait foi. J'avouerai, en sa faveur, qu'il a observé quelque décence dans le récit qu'il vous a fait de ses indignités les plus choquantes.

Je trouve, monsieur, que j'ai beaucoup à me louer de vos intentions dans tout le cours de mes souffrances. Il est impossible de n'en pas tirer la conséquence qui se présente d'elle-même, contre sa bassesse préméditée. Mais je m'arrête, pour ne pas vous donner lieu de croire que je me prévaux de vos communications.

Comme rien n'est plus inutile que les nouveaux argumens que vous pourriez employer en sa faveur, je dois vous dire, monsieur, pour vous en épargner la peine, que j'ai tout pesé avec une juste attention ; j'ai tout pesé, et, sans attendre la lecture de vos extraits, j'ai préféré l'espérance d'une mort que je crois peu éloignée, à tout ce qui pourrait m'arriver d'agréable dans l'alliance de M. Lovelace. A l'égard du reste, s'il veut se borner aux maux qu'il m'a causés, et ne pas pousser plus loin ses persécutions, je demanderai pour lui les faveurs du ciel jusqu'au dernier moment de ma vie. J'oublierai qu'il a jeté dans l'abîme une malheureuse orpheline, et creusé le tombeau d'une amie.

Après la faveur que vous m'avez accordée, je passe volontiers, monsieur, à la seconde partie de ma demande. Si l'excès de mon infortune me rend indiscrète, vous en serez quitte pour un refus ; et je suis sûre même que vous me pardonnerez.

Vous me voyez, monsieur, absolument livrée à des étrangers ; gens pitoyables, à la vérité, et d'un zèle dont je dois me louer beaucoup ; mais de qui je ne puis attendre que de la compassion et des vœux obligeans. Pour ma mémoire, comme pour ma personne, quel secours puis-je espérer d'eux, si j'en avais besoin pour l'une ou pour l'autre ?

Mais si je me reposais de la justice que je crois due à mon caractère, sur la seule personne qui possède les matériaux qu'on y peut employer, et qui a le courage, l'indépendance et l'habileté nécessaires pour me rendre cet important service, si je lui proposais de se faire le protecteur de ma mémoire, d'être mon exécuteur testamentaire, et de veiller à l'observation de quelques uns de mes derniers désirs, sans autre restriction que de consulter ma chère miss Howe, sur quelques points qui peuvent la toucher, il me semble que cette partie de ma demande pourrait être accordée ; et si j'étais assez heureuse pour l'obtenir, les consolations que j'espère croîtraient encore par la bonté de l'homme généreux à qui j'en aurais l'obligation.

Il serait honorable pour ma mémoire, que n'ayant point eu le temps d'écrire ma propre histoire, je me serais crue assez sûre de mon innocence pour me fier de ma justification au récit même du destructeur de ma réputation et de ma fortune. Je ne craindrais point de susciter des querelles entre ma famille et votre ami, surtout méditant quelques dispositions dont mes parens ne seront peut-être pas aussi satisfaits que je le désire, car mon dessein n'est pas de blesser la justice ni la raison ; mais vous savez, monsieur, que, dans les plus honnêtes gens, l'amour-propre est toujours partial pour ses intérêts. Qui sait si le généreux bienfaiteur qui est déjà touché de mes infortunes par un mouvement d'humanité, s'occupant de mon histoire, dont il ne sera peut-être pas long-temps sans avoir la catastrophe devant les yeux, et s'y trouvant même intéressé, ne sera pas remué plus fortement encore par des principes supérieurs, qui lui feront trouver la récompense de sa générosité dans un attachement inviolable à la vertu ? C'est le souhait de sa servante très humble et très obligée,

CLARISSE HARLOVE.

LETTRE CCCXX.

M. BELFORT, A M. LOVELACE.

Vendredi soir, 4 août.

Les extraits que miss Harlove m'a demandés sont actuellement entre ses mains. Tu peux t'assurer que j'ai eu tous les égards possibles, je ne dirai pas à la conscience, mais à l'amitié.

Cette incomparable fille est vivement alarmée du dessein que vous avez formé de la voir. Au nom du ciel, souvenez-vous que vous êtes engagé d'honneur avec moi; et par pitié pour elle, renoncez à ce misérable projet. Elle reçut hier après midi une lettre cruelle, que madame Lowick juge de sa sœur, par l'effet qu'elle a produit sur elle. C'est apparemment une réponse à celle qu'elle lui avait écrite samedi dernier, pour demander le pardon et la bénédiction de son père.

Elle reconnaît que si toutes les tiennes sont aussi décentes, et lui rendent autant de justice que je n'ai pas fait difficulté de l'en assurer, elle pourra se croire dispensée de la nécessité qu'on lui impose d'écrire son histoire. C'est un avantage de plus qui te reviendra des extraits que je lui ai communiqués.

Mais que t'imagines-tu qu'elle m'ait proposé pour seconde demande? Elle me prie, Lovelace, d'accepter l'office de son exécuteur testamentaire. Tu seras informé de ses motifs, lorsqu'il conviendra que tu le sois, et je te garantis d'avance que tu les approuveras.

Vous ne sauriez vous figurer combien je suis fier de sa confiance. Ma crainte est que le temps d'y répondre n'arrive trop tôt. Elle écrit sans cesse. Quel triste plaisir ne prendrai-je pas à lire toutes ses idées et dispositions! Une femme d'un naturel si doux, si patient, si résigné, qui exerce sa plume sur ses propres disgrâces, et dans le sentiment actuel de sa douleur!

Je viens de quitter miss Harlove, que j'étais allé remercier de l'honneur qu'elle m'a fait, et que j'ai assurée d'autant de fidélité que d'exactitude, si je suis appelé par le ciel au devoir sacré qu'elle m'impose. Je l'ai trouvée fort mal. Sur l'inquiétude que je lui en ai témoignée, elle m'a dit qu'elle avait reçu de sa sœur une seconde lettre aussi dure que la première; qu'avec un courage qu'elle n'avait point eu jusqu'à présent, elle avait pris le parti d'en écrire une à sa mère; qu'elle s'était mise à genoux pour l'écrire, et qu'elle lui avait demandé pardon pour unique grâce.—Il n'était pas surprenant, a-t-elle ajouté, que je la trouvasse un peu émue. A présent que j'avais accepté le dernier office qu'elle pût espérer de moi, je devais m'attendre à me voir quelque jour toutes ces lettres entre les mains; et si celle qu'elle venait d'écrire à sa mère lui attirait une réponse un peu favorable, pour contrebalancer celle de sa sœur, peut-être consentirait-elle d'avance à me les faire lire toutes deux.

Comme j'étais sûr de lui déplaire en blâmant la cruauté de sa famille, je me suis contenté de répondre qu'elle avait assurément des ennemis qui croyaient trouver leur avantage à nourrir contre elle le ressentiment de ses amis.

—C'est ce qui n'est pas impossible, m'a-t-elle dit. Les malheureux, monsieur Belford, ne manquent jamais d'ennemis. Il se trouve toujours des accusateurs lorsqu'il se trouve des oreilles ouvertes aux accusations.

Les outrages de M. Lovelace, l'inflexibilité de mon père et les duretés de ma sœur, sont les conséquences naturelles de ma propre témérité. Ainsi, je dois me soumettre à mon sort. Mais ces conséquences se succèdent de si près qu'il me serait bien difficile de n'y être pas sensible à mesure qu'elles arrivent.

Je lui ai demandé si l'on ne pouvait pas espérer qu'une lettre de son médecin ou de moi, écrite avec beaucoup de soumission, pour informer quelqu'un de ses parens du mauvais état de sa santé, fût reçue favorablement : — Ou si vous jugiez, lui ai-je dit, qu'une explication de bouche produisît un meilleur effet, j'entreprendrais le voyage avec joie, et je me conformerais scrupuleusement à vos ordres.

Elle m'a prié très instamment de ne former aucune entreprise de cette nature, surtout sans sa participation et sans son consentement. — Miss Howe, m'a-t-elle dit, avait augmenté ses peines par un zèle excessif, et s'il y avait quelque chose à se promettre de la médiation, elle avait une tendre amie, madame Norton, dont la prudence était égale à la piété, et qui ne laisserait échapper aucune occasion de la servir.

Je lui ai fait connaître que mes affaires m'obligeaient d'être absent de Londres jusqu'à lundi prochain. Elle m'a dit qu'elle me verrait volontiers à mon retour.

LETTRE CCCXXI.

MISS CLARISSE HARLOVE, A SA MÈRE.

Samedi, 5 août.

Madame et ma très honorée mère,

Un criminel convaincu n'approcha jamais de son juge avec plus de terreur et de repentir que j'en apporte à vos pieds. Je puis dire, avec la plus parfaite vérité, que si ma très humble prière ne regardait pas l'intérêt d'une autre vie, jamais je n'aurais eu cette audace. Mais, après le pardon du ciel, la grâce que j'ai à vous demander est ce qu'il y a de plus nécessaire pour le salut de votre malheureuse fille. Si ma sœur avait connu toutes mes peines, elle n'aurait pas pris plaisir à me déchirer le cœur par une rigueur qui me paraît excessive. Il me convient peu de me plaindre de sa dureté. Cependant, comme elle m'écrit que c'est à moi de faire connaître que mon repentir vient d'une véritable conviction, plus que du renversement de mes espérances, permettez-moi, madame, de vous assurer que je suis dans la disposition convenable pour demander la bénédiction que je sollicite, puisque ma prière est fondée sur le plus sincère repentir : et vous vous le persuaderez plus aisément si celle qui n'a jamais eu pour sa mère le moindre déguisement volontaire mérite d'être crue, lorsqu'elle déclare solennellement qu'en consentant à voir son séducteur elle était déterminée à ne pas partir avec lui; que sa téméraire démarche est moins venue de son aveuglement que d'une odieuse contrainte, et qu'elle y était si peu portée d'inclination, qu'au moment qu'elle est tombée au pouvoir d'autrui, elle s'est livrée à des regrets amers, qui ne se sont pas relâchés un moment, avant même qu'elle eût sujet de craindre le traitement qu'elle a malheureusement essuyé.

Je vous conjure donc, ma très chère mère, je vous conjure à genoux, car c'est dans cette posture que j'écris, de m'accorder votre bénédiction.

Dites seulement en deux mots (je ne demande point que vous m'honoriez du nom de votre fille), dites seulement : « Malheureuse créature, je vous pardonne, et que le ciel ait pitié de vous ! » Voilà mon unique prétention. Que je voie de votre chère main quelque chose d'approchant, sur le plus misérable morceau de papier. Je l'appliquerai sur mon cœur ; je le presserai contre mes lèvres dans mes plus mortelles agitations ; je le regarderai comme un passeport pour le ciel. Et s'il n'y avait pas trop de présomption à demander qu'il fût au nom des deux personnes à qui je dois le plus de respect et d'amour, il ne me resterait rien à désirer. C'est alors que je m'écrierais : « Grand Dieu ! Dieu de miséricorde ! tu vois dans ce papier l'absolution d'un père et d'une mère justement irrités. Oh ! joins-y la tienne et reçois une pénitente dans les bras de ta bonté ! »

Je n'emploie pas, madame, les motifs de la tendresse maternelle, dans la crainte de paraître encore plus coupable aux yeux de mes rigides censeurs. Mais, au nom de Dieu, daignez prononcer que vous m'avez pardonné ; si vous ne voulez pas que le désespoir accompagne jusqu'à sa dernière heure

Votre CLARISSE HARLOVE.

LETTRE CCCXXII.

MISS CHARLOTTE MONTAIGU, A MISS CLARISSE HARLOVE.

Lundi, 7 août.

Nous n'avons pas attendu, très chère miss, la lettre que vous me faites l'honneur de m'écrire, pour juger que M. Lovelace est absolument indigne de vous. Aussi espérions-nous son pardon moins de votre considération pour lui, que des sentimens d'amitié que nous souhaiterions de vous inspirer pour nous ? car nous étions tous déterminés à vous aimer, à vous admirer, à vous donner les plus tendres marques de notre tendresse et de notre admiration, quelque conduite qu'il pût tenir avec vous.

Mais, après votre lettre, qu'oserons-nous dire de plus ? Cependant je reçois ordre de vous écrire, au nom de toutes les personnes qui vont signer la mienne, pour vous faire connaître à quel point nous sommes touchés de vos peines ; pour vous dire que milord a défendu pour jamais à M. Lovelace d'entrer dans son appartement : et comme les malheureux effets du mécontentement de votre famille peuvent vous exposer à quelque incommodité dans votre situation, milord, milady Lawrance et milady Sadler, vous supplient d'accepter pour toute votre vie, ou du moins jusqu'à ce que vous soyez entrée en possession de votre bien, cent guinées par quartier, qui vous seront portées régulièrement par une personne de confiance ; et ne croyez pas, ma chère miss, nous vous en conjurons tous, que vous ayez obligation de cette offre aux amis du vil personnage, car il n'a plus un ami parmi nous.

Nous vous demandons toute votre estime, et les mêmes sentimens que vous auriez pris pour nous, si nous avions obtenu le bonheur qui faisait notre plus douce espérance. Nos vœux se réuniront sans cesse pour obtenir du ciel le rétablissement de vos forces et la plus longue vie ; et puisque vous ne voulez plus recevoir nos sollicitations en faveur de ce misérable, permettez du moins, lorsqu'il sera parti pour les pays étrangers, comme il s'y prépare, que nous cherchions à nous procurer l'honneur d'une liaison personnelle avec une personne incomparable. C'est la plus ardente prière de vos très humbles,

M..., Sara Sadler, Elis Lawrance, Charlotte Montaigu, Marthe Montaigu.

P. S. Vous nous causeriez un mortel chagrin si vous refusiez nos justes offres; chère miss, ne nous punissez pas des crimes d'autrui. Nous faisons partir cette lettre par un exprès, qui nous rapportera sans doute une réponse aussi favorable que nous le désirons. M. Lovelace se sert de la même occasion pour écrire; mais nous ne savons pas à qui, comme il ignore lui-même à qui nous écrivons.

LETTRE CCCXXIII.

M. LOVELACE, A M. BELFORD.

Samedi, 5 août.

Je suis si désespéré de la lettre de miss Harlove à ma cousine Montaigu, que je suis incapable d'attention pour tout ce que tu m'écris. Qu'il lui convient mal de *crier merci* pour elle-même, lorsqu'elle en marque si peu pour autrui! c'est une véritable Harlove. Cependant elle possède tant de charmes et de perfections que je me sens forcé de l'adorer, et que mes adorations croissent par sa haine et ses dédains.

Tu reviens sans cesse à tes maudites idées de langueur, de faiblesse et de mort; lorsque tu saisis une fois quelques uns de ces mots, tu prends un détestable plaisir à le répéter vingt fois dans une phrase. Que je sois damné si je ne crois pas que tu l'empoisonnerais plutôt de tes propres mains, que de souffrir qu'elle en revienne, et qu'elle te dérobe l'honneur d'avoir deviné juste! Tu ne seras qu'un mauvais prophète. Elle vivra pour m'enterrer; j'en suis plus sûre que toi, car le diable m'emporte si je puis manger, boire, dormir, et, ce qui est mille fois pis, si je puis aimer au monde d'autre femme qu'elle. Il n'y en a pas une, à présent, sur laquelle je puisse jeter les yeux.

Il faut, Belford que cette divine personne soit possédée de quelque mauvais génie. Plus je considère son extravagance et son obstination, moins je suis capable de patience. A-t-elle donc un meilleur moyen pour se faire justice à elle-même, à sa famille, à tous ses amis, que celui de m'épouser? N'eût-elle qu'un jour à vivre, elle doit mourir ma femme. Si ses ressentimens chrétiens ne lui permettent pas d'y consentir pour elle-même, ne le doit-elle pas pour sa famille et pour son sexe, dont elle prétend quelquefois que l'honneur la touche si fort; et s'il n'y a point d'intérêt assez cher pour émouvoir en ma faveur ce caractère d'Harlove, quelle droit a-t-elle à cette pitié que tu ne cesses pas de demander si pitoyablement pour elle?

A l'égard de la mauvaise intelligence que sa lettre répand entre ma stupide famille et moi (car je l'apprends que nous sommes prêts ici à nous entre-déchirer), c'est ce qui me touche le moins. Tous mes honnêtes parens ont la folie de me maudire, moi qui peux leur rendre dix malédictions pour une, et leur tenir tête, s'ils le veulent, du matin au soir. J'occupe une moitié du château, et, grâce au ciel, c'est la meilleure. Mais le comique de l'aventure, c'est qu'ils m'ont défendu l'entrée de leurs appartemens. Je leur ai fait la même défense pour le mien. Ainsi je les tiens tous prisonniers, pendant que je suis le maître dans la maison. Plaisans visages, d'oser quereller avec moi, lorsqu'il me suffit de paraître pour leur faire tourner le dos, et pour les faire rentrer dans leur tanière. N'es-tu pas un joli personnage, de t'être engagé à transcrire une partie des lettres que j'ai eu la simplicité de t'écrire dans la confiance de l'amitié! Des lettres! tu aurais dû laisser couper ta maudite langue, plutôt que d'avouer jamais que tu les eusses reçues. Prends garde, et malheur à toi si l'avis t'arrive trop tard! prends garde, te dis-je, de lui abandonner une seule ligne de moi. Si tu t'es déjà rendu coupable d'une infidélité si noire, je te déclare que la moindre vengeance que j'en veux tirer est de rétracter la parole que je t'ai donnée de ne pas la voir, comme tu as violé la tienne en communiquant ce que tu n'avais reçu que sous le sceau de l'amitié.

Je suis trop malheureusement convaincu, par sa lettre à Charlotte, qu'elle est déterminée à ne me voir jamais. Elle nomme ma conduite avec elle *une méchanceté sans exemple*. Mais comment sait-elle si bien ce qui mérite ce nom? où a-t-elle appris à faire des distinctions dans ce genre?

Mais quelle tempête son mépris n'excite-t-il pas dans mon âme? jamais, jamais l'orgueil d'un homme ne fut plus mortifié. Qu'elle me rabaisse jusqu'à mes propres yeux! Comment est-il possible que l'admiration et l'amour résistent dans mon cœur à cette épreuve? de la haine! du mépris! un refus solennel! Si le succès avait répondu à tous mes desseins, je trouverais peut-être de la justice dans une partie de ces ressentimens ; mais être sortie victorieuse, triomphante sous toutes sortes de faces... Ah! c'est pour l'avoir souffert qu'elle me doit du mépris..

Cependant je veux hasarder encore une lettre. Si je n'en tire aucun fruit, ou si je n'obtiens pas de réponse, je m'efforcerai de la voir, quelles qu'en puissent être les suites. Si son obstination lui fait trouver le moyen de m'éviter, je signalerai ma vengeance par quelque attentat éclatant contre sa miss Howe, et je quitterai pour jamais l'Angleterre.

A présent, Belford, puisque tu es dans le goût de lui communiquer mes lettres, fais-leur cette déclaration si tu veux. Ajoute que s'il est certain qu'elle m'abandonne, il ne l'est pas moins que je serai abandonné du ciel.

LETTRE CCCXXIV.

M. LOVELACE, A M. BELFORD.

Lundi, 7 août.

Il est donc vrai que tu as remis à la belle implacable un extrait des lettres que tu as reçues de moi dans la confiance de l'amitié! Belford, prends-y garde. Je t'aime assurément plus qu'aucun homme du monde, mais le point où nous sommes est plus délicat que tu ne penses. Je suis résolu d'épouser miss Harlove ; et je l'épouserai, fût-ce au dernier soupir de sa vie.

Elle compte, dis-tu, sur la parole que je t'ai donnée de ne pas la chagriner. Tu peux lui déclarer, de ma part, que c'est un point qui dépend absolument d'elle-même : c'est-à-dire, du parti qu'elle prendra, de faire réponse à ma lettre, ou de la payer du méprisant silence dont il lui a déjà plu d'honorer mes dernières. J'écrirai d'un ton si humble et dans des termes si raisonnables, qu'elle me pardonnera, si son caractère n'est pas celui d'une véritable Harlove. Mais pour l'exécution testamentaire dont elle pense à te charger, compte qu'il n'en sera rien. Que je périsse si tu l'es. Premièrement, elle ne mourra point. En second lieu, nul autre que moi ne lui sera rien, n'osera lui rien être. Ton bonheur est déjà trop grand, d'être admis tous les jours à sa présence, de la voir, de lui parler, de l'entendre, pendant qu'il m'est défendu d'approcher à la vue de sa fenêtre. Etre capable de jeter sur moi, de la région des étoiles, où sa tête m'est cachée, tantôt un œil de mépris, tantôt un œil de pitié encore plus offensant, c'est ce qu'il m'est impossible de soutenir.

Je t'apprends que si ma lettre est sans succès, je saurai surmonter la rampante folie qui a trouvé le moyen de s'insinuer dans mon cœur, ou bien je l'arracherai ce cœur, et je l'offrirai à ses yeux, pour lui faire voir combien il est plus tendre que le sien, quoiqu'elle, et toi, et tout le monde, ait pris la liberté de le traiter de rocher. Si je suis rejeté, avertis d'avance les voisins de la maudite Sinclair de transporter leurs meilleurs effets; car ma première démarche sera de mettre le feu à ce repaire de serpens : et comme il n'est point à craindre que je les prenne dans un moment où, suivant le langage de Shakspear, *ces furies aient le goût du salut*, ma vengeance sera complète, pour ce monde et pour l'autre.

LETTRE CCCXXV.

M. LOVELACE, A MISS CLARISSE HARLOVE.

Lundi, 7 août.

Malgré les raisons qui doivent me faire craindre autant de difficultés à faire entendre mes prières qu'à mériter ma grâce, je ne puis me défendre de vous écrire encore une fois pour vous supplier de me donner le pouvoir d'expier, autant qu'il est possible, les injures dont je me reconnais coupable, et j'espère que cette hardiesse vous offensera moins qu'une visite. Votre pureté angélique et le réveil de ma conscience sont des témoignages qui déposent hautement contre moi. Mais la bonté qui vous porterait à me pardonner vous donnerait des droits éternels sur ma reconnaissance et ma soumission. Pardonnez-moi donc, ma très chère vie, ma divinité sur la terre, fondement visible de toutes mes espérances futures ! comme vous espérez le pardon pour vous-même, vous qui croyez avoir besoin de le demander aussi à la bonté du ciel, daignez me l'accorder, et consentir à vous trouver au pied de l'autel avec moi devant les personnes qu'il vous plaira de nommer, pour vous assurer des droits inaltérables sur le plus repentant et le plus affectionné de tous les cœurs.

Mais peut-être souhaiteriez-vous un temps d'épreuve. Peut-être une juste défiance et de vifs mécontentemens vous font-ils trouver trop de difficulté à me rendre votre faveur aussitôt que mon cœur la désire? Dans cette supposition, je me soumets à toutes vos volontés. Vous ne m'imposerez point de condition que je n'embrasse avec ardeur, si vous me donnez la moindre espérance. Honorez-moi donc de quelques mots de réponse pour m'encourager dans cet espoir conditionnel.

Me refuser une grâce si chère et si précieuse, c'est me jeter dans le dernier désespoir. Mais, alors même, je dois à toutes sortes de risques chercher l'occasion de me jeter à vos pieds pour n'avoir point à me reprocher d'avoir omis quelque chose qui m'ait paru propre à vous attendrir, car c'est de vous, madame, c'est du pardon de votre cœur que je fais dépendre tout mon bonheur pour ce monde et pour l'autre. Rejeté de vous, je n'attends plus rien de la miséricorde du tout-puissant. Votre cause, madame, est celle de la vertu, et, par conséquent, celle de Dieu même ; ne dois-je pas m'attendre qu'il la fera triompher par la perte d'un homme qui s'est rendu aussi coupable que moi, si vous marquez, en me rejetant, que vous me jugez indigne de pardon? Je vous assure, madame, qu'il n'entre dans mes instances aucune vue temporelle ou mondaine. Je reconnais que je ne mérite point le pardon que je vous demande. Milord M... et ses sœurs ne méritent pas non plus le mien. Je les méprise du fond du cœur pour avoir eu la présomption de s'imaginer que je puisse être conduit par la vue d'aucun avantage qu'ils aient le pouvoir de m'accorder! De tout ce qui respire, il n'y a que vous dont je veuille recevoir les lois. Toute votre conduite m'a paru fondée sur des principes si nobles, et vos ressentimens ont été si justes, que je ne vois rien en vous que sous un air divin.

Mais, je le répète, tous mes désirs se réduisent actuellement à quelques lignes, qui puissent guider mes pas incertains, et me faire espérer (si vous portez si loin la condescendance) qu'après avoir vérifié mes promesses par ma conduite, il me sera permis d'aspirer à l'honneur d'être éternellement à vous.

LOVELACE.

LETTRE CCCXXVI.

M. BELFORD, A M. LOVELACE.

Ta situation commence à me faire pitié, depuis que je te crois de bonne foi dans la peinture que tu fais de ton amour et de tes peines ; d'autant plus que quelque jugement qu'il te plaise d'en porter, il me paraît fort difficile que la santé de miss Harlove se rétablisse. Je me flatte que, au fond, tu n'es pas fâché que je lui aie communiqué les extraits de tes lettres. La justice que tu n'as pas cessé de rendre à sa vertu fait tant d'honneur à ton ingénuité, que j'ai cru te rendre un important service. Cependant si vous trouvez mauvais que j'aie pris le parti de l'obliger, dans un point que je reconnais délicat, nous nous expliquerons à notre première entrevue. Je vous ferai voir, non seulement les extraits, mais les liaisons que je leur ai données en votre faveur. A l'égard de l'exécution testamentaire, n'entreprends pas, je te prie, de régler ma conduite et mes idées. Je ne dépends de personne apparemment. Il me semble qu'au contraire tu devrais te réjouir que la justification de sa mémoire soit entre les mains d'un homme qui te traitera, toi et tes actions, comme tu n'en saurais douter, avec toute la douceur que l'honneur lui permettra.

Tu me parais toujours surprenant! que veux-tu dire, lorsque tu as le front d'observer « qu'il lui convient peu de crier merci pour elle-même, elle qui n'en a point pour autrui? » Oses-tu prétendre que les deux cas se ressemblent? ce qu'elle demande uniquement, c'est la dernière bénédiction d'un père et d'une mère, leur denier pardon pour une faute qu'on peut nommer involontaire : elle n'a d'ailleurs aucune espérance d'être reçue de sa famille. Toi, tu demandes le pardon d'une injure préméditée : on te l'accorde, à condition que tu ne donneras pas de nouveaux sujets de chagrin ; et ce pardon te laisse l'espérance de rentrer en grâce, peut-être même de te voir un jour le maître absolu du plus riche trésor du monde. Que je te trouve injuste ! la raison commencerait-elle à t'abandonner ?

LETTRE CCCXXVII.

MISS CLARISSE HARLOVE, A M. LOVELACE.

Vendredi, 11 août.

C'est une alternative bien cruelle, que d'être forcée de vous voir ou de vous écrire. Mais j'ai perdu depuis long-temps le pouvoir de suivre mes propres inclinations. Ainsi, pour éviter un plus grand mal, et je puis dire aujourd'hui le plus grand de tous les maux, je me détermine à vous écrire.

Si j'étais capable de déguiser mes sentimens réels, je pourrais vous donner les espérances que vous me demandez, et n'en pas demeurer moins attachée à toutes mes résolutions : mais je dois vous déclarer, monsieur, et mon caractère m'y oblige, que ma vie dût-elle durer plus d'années qu'il ne me reste peut-être de jours, et fussiez-vous le seul homme au monde, je ne pourrais et je ne voudrais pas être à vous.

Il n'y a point de mérite à remplir un devoir. La religion m'ordonne, non seulement de pardonner les injures, mais encore de rendre le bien pour le mal. Toute ma consolation, c'est que, par la grâce du ciel, je suis à votre égard dans une disposition qui me fait trouver la soumission facile à cette loi. Je vous assure donc que, dans quelque lieu que vous alliez, je souhaite que vous soyez heureux, et dans ce souhait, je renferme toute sorte de bonheur.

A présent que j'ai satisfait, avec beaucoup de répugnance, je l'avoue, à l'un des deux points que vous avez exigés, j'en attends le fruit.

CLARISSE HARLOVE.

LETTRE CCCXXVIII.

M. LOVELACE, A M. BELFORD.

Dimanche, 13 août.

Je ne sais quel diable me tourmente. De ma vie je ne me suis senti si mal. J'ai pensé d'abord que quelqu'un de mes honnêtes parens m'avait administré une dose de leur préparation, pour se rétablir dans l'entière possession du château. Mais comme je suis l'unique espérance de la famille, je veux croire qu'ils ne sont pas capables de cette méchanceté.

Il faut que je quitte ma plume. Je n'ai pas la force d'écrire. Que dois-je penser de ma situation ?

Milord M... sort de ma chambre. Il m'a rendu une sombre visite, pour savoir comment je me trouve de ma saignée. Ses deux sœurs sont parties hier ; le ciel en soit loué ! mais elles ne m'ont pas fait l'honneur de me consulter sur leur départ ; à peine m'ont-elles dit adieu. Milord est plus tendre et plus *respectueux* que je ne m'y attendais. Les hommes ont moins de peine à pardonner que les femmes. J'ai mes raisons pour le dire ; car, outre l'implacable miss Harlove et les deux vieilles sœurs, mes deux guenons de cousines n'ont pas encore approché de moi.

Ni manger, ni boire, ni dormir! le cas est assez triste, Belford. Si j'avais la folie de me laisser mourir à présent, on dirait que miss Harlove m'a fait crever de chagrin. Que sa cruauté me pénètre jusqu'au fond du cœur, c'est ce que je ne puis désavouer.

Au diable l'insomnie et le dégoût! Ecrivons : je veux m'en délivrer à force d'écrire. Mais c'est en vain. La vigueur me manque. Pauvre Lovelace! que diable as-tu donc?

Essayons encore, malgré les frissons et les bâillemens qui me désolent. Par où commencer? Parlerons-nous de ton office d'exécuteur testamentaire? Tu es menacé d'une double fonction. Je crois réellement que tu peux m'envoyer un cercueil et un drap mortuaire. Je serai prêt pour l'usage, lorsqu'ils arriveront.

Quelle petite folle que cette miss Harlove! Je te garantis qu'elle se repentira de m'avoir refusé. Une jeune veuve si charmante! Qu'elle regrettera d'avoir manqué l'occasion! Quel éclat n'aurait-elle pas répandu sur sa parure funèbre! Devenir veuve au premier des douze mois, c'est un des plus grands bonheurs qui puissent arriver à une belle femme...

Laissez-moi; je veux écrire. Je suis donc bien mal, puisqu'on m'interdit toute espèce d'application?

Tu parais piqué, mon cher. Est-ce pour m'avoir mordu? Je te trouve fort plaisant à mon tour. Crois-tu que deux amis n'aient pas quelquefois le privilège de quereller, comme l'homme et la femme? Et quelles peuvent être ici les conséquences? Je ne suis pas en humeur de me battre à présent. Tu peux me croire aussi patient que le poulet qu'on me présente avec mon bouillon.

Mais, tout indépendant que tu es pour l'exécution testamentaire, je ne t'en déclare pas moins que jamais je ne souffrirai que tu exposes mes lettres. Elles sont trop ingénues de la moitié pour être vues.

Ne laisse pas de m'écrire, et tâche, s'il est possible, de m'envoyer la copie de tout ce qui s'est passé entre miss Harlove et Charlotte. Je te promets de ne pas ouvrir la bouche sur les communications de cette nature. Mais, crois-moi, les généreuses offres que mes parens font à ma charmante ne changent rien au dégoût que j'ai pour eux. Mais elle est aussi fière qu'implacable. Elle aimerait mieux vendre jusqu'au dernier de ses habits que d'avoir la moindre obligation à personne, quoiqu'elle soit sûre de faire plus de plaisir qu'elle n'en recevrait.

O Dieu! Dieu!... Par ma foi, je me crois mourant. Adieu, Belford.

Je me suis trouvé si mal, dans l'endroit où la douleur m'a interrompu, que j'ai été forcé de quitter ma plume. Mon oncle, averti par mes gens, s'est hâté de faire appeler le ministre de la paroisse, car l'aumônier du château est absent. Ils m'ont trouvé sur mon lit, dans ma robe de chambre, et tout à fait sans connaissance. En ouvrant les yeux, qu'ai-je vu autour de moi? Le ministre à genoux d'un côté et milord de l'autre. Madame Greme, qu'on a fait venir pour me servir de ce qu'ils appellent une garde, était dans la même posture au pied du lit. — Je remercie le ciel, ai-je dit à milord, dans une espèce d'extase : où est miss Harlove?... J'ai cru de bonne foi qu'ils étaient prêts à me marier.

Ils ont pris mon discours pour un délire, et leurs prières ont redoublé à plus haute voix. Ce bruit m'a réveillé les sens. J'ai sauté de mon lit à terre, j'ai mis mes pieds dans mes mules, j'ai ouvert une de mes poches, et j'en ai tiré ta dernière lettre, avec les méditations de ma charmante (1). — Milord, monsieur le docteur, madame Greme, leur ai-je dit, vous m'avez cru jusque aujourd'hui un fort mauvais garnement. Mais voyez; je puis vous faire une lecture aussi pieuse que vos prières. Ils se sont regardés avec étonnement. J'ai bâillé et j'ai lu : ils m'ont prodigué leurs louanges et leur admiration, ils ont levé les mains et les yeux au ciel ; et le docteur a dit qu'il avait toujours regardé comme une chose impossible qu'un homme d'esprit tel que moi fût aussi méchant qu'on le publiait. Milord, bégayant de joie, m'a félicité de ma conversion ; et grâce à ma chère miss Harlove, je me suis fait une excellente réputation à peu de frais. En un mot, me voilà bien établi dans le château et dans toute la paroisse. Mais que vois-je? Je n'en suis pas quitte encore.

C'est une visite des deux sœurs Montaigu, conduites par mon oncle, pour me féliciter tout à la fois de mon rétablissement et de ma réformation. Quel heureux événement que cette maladie et les méditations qui se sont trouvées dans ma poche! C'est ainsi qu'étant écolier je me joignais à ceux qui sortaient de l'église pour faire croire que j'y avais été moi-même.

Ma charmante se trompe, lorsqu'elle s'imagine que je lui ai proposé de m'écrire, comme une alternative qui la garantirait de ma visite. C'est un mal qu'elle n'évitera point, et dont je n'ai pensé à l'exempter qu'autant qu'elle m'aurait fait une réponse conforme à mes espérances. Fais-lui relire ma lettre. Je ne lui ai pas fait cette promesse. En dépit d'elle et de toi, je serais à ses pieds demain au plus tard, si je n'étais pas retenu par les talons, comme un misérable qui n'a point de secours à tirer de lui-même. Mais je commence à me trouver mieux d'heure en heure. Tu me verras bientôt à Londres, n'en doute pas. Cependant n'en dis rien à ma chère, à ma cruelle et implacable miss Harlove.

Adieu, Belford. Je bâille encore. Quelle étrange figure tu verrais faire à ton Lovelace !

LETTRE CCCXXIX.

M. BELFORD, A M. LOVELACE.

Lundi, 14 août.

Ta maladie me cause la plus vive inquiétude. Je serais au désespoir de te perdre. Cependant si tu dois mourir si tôt, je souhaiterais de toute mon âme que ta mort fût arrivée avant le mois d'avril, et cela autant pour ton intérêt que pour celui de la plus excellente de toutes les femmes, puisque ta conscience n'aurait pas été chargée du crime le plus noir de ta vie !

On m'a dit avant-hier que tu étais fort mal ; et cette nouvelle m'a fait remettre à t'écrire jusqu'à d'autres éclaircissemens. C'est une fièvre violente, me dit-on, accompagnée des symptômes les plus dangereux.

Dans la situation où tu es, je ne te troublerai point par le récit de ce qui se passe ici avec miss Harlove.

Je lui ai dit que vous étiez fort malade. — Pauvre homme! a-t-elle interrompu. Dangereusement malade, dites-vous?

---

(1) On n'a pas fait remarquer que M. Belford envoyait avec sa dernière lettre une copie de quelques passages de l'Écriture sainte, de la main de Clarisse, et dont elle faisait quelquefois le sujet de sa méditation. Il l'avait obtenue de madame Lowick.

— Très dangereusement, madame. Milord M... m'en donne avis lui-même.

— Que le ciel ait pitié de lui, a repris cette admirable fille. Ensuite, après un moment de réflexion : Pauvre misérable ! a-t-elle dit avec un soupir, puisse-t-il trouver la miséricorde qu'il n'a pas eue !

Je t'écris par un exprès ; car je suis impatient d'apprendre ta situation. J'ai reçu ta dernière lettre.

BELFORD.

LETTRE CCCXXX.

M. LOVELACE, A M. BELFORD.

Mardi, 15 août.

Je te remercie, Belford, et du fond du cœur, de la conclusion modérée de ta dernière lettre. Il me prend envie, par cette considération, de te pardonner tes extraits, que je n'avais pas cessé, jusqu'à ce moment, de trouver impardonnables. Mais t'entre-t-il dans l'esprit que je puisse jamais consentir à perdre cette divine créature ? Jamais, jamais, tant qu'un reste de chaleur aura la force de m'animer. Implorer la miséricorde du ciel pour un ingrat tel que moi ! Adorable Clarisse ! Que l'excès de ta générosité me perce l'âme ! Mais c'est d'elle que j'attends les premières marques de miséricorde et de pitié. Elle doit m'apprendre, par son exemple, à me reposer avec confiance sur la miséricorde qu'elle implore pour moi.

Hâte-toi, cher ami, de m'apprendre l'état de sa santé, ses occupations, ses entretiens. Que ta diligence réponde à mes transports. Je n'ai pas d'autre maladie que l'amour. Ah ! que ne puis-je penser qu'elle est à moi ! C'est alors que la maladie même aurait des charmes. Envoyer à la ville, pour la faire prier de revenir près de moi ! Savoir qu'elle est en chemin, sur les ailes de l'amour, pour m'apporter de la consolation ! L'entendre prier pour moi, par devoir, par inclination, et recevoir de sa bouche l'ordre de vivre pour elle ! Dieu tout-puissant ! quel trésor j'ai laissé sortir de mes mains ! Mais il n'est pas perdu pour moi. Non, je ne la perdrai point. Je suis beaucoup mieux déjà, je serais tout à fait bien sans ces odieux charlatans qui ne mettent pas de fin à leurs ordonnances et qui, pour faire honneur à leur art, veulent que toutes les maladies soient importantes. Je prétends qu'elle soit à moi. J'en ferai ma femme, et je retomberai malade aussitôt pour acquérir des droits à sa tendresse, à son inquiétude, à sa pitié.

Que le ciel la comble à jamais de toutes ses bénédictions ! Ah ! hâte-toi, Belford, de me donner des nouvelles de sa santé. Mon mal n'est que de l'amour. Une bonté si généreuse ! par tout ce qu'il y a de grand et de bon, je ne la perdrai pas. Voilà ce que tu dois lui déclarer. Elle ne serait pas capable de cette pitié, dit-elle, s'il lui restait encore quelque dessein d'être à moi. C'est ce que miss Howe écrit à Charlotte. Mais permets-lui de me haïr, pourvu qu'elle me reçoive. Ma conduite changera bientôt sa haine en amour. Corps et âme, je serai tout à elle.

LETTRE CCCXXXI.

BELFORD, A M. M. LOVELACE.

Jeudi, 17 août.

Ma joie est extrême de te savoir déjà aussi bien que ton messager m'en assure. Ta lettre semble marquer que tes principes se réparent avec ta santé; c'est une lettre que j'ai pu faire voir à miss Harlove, et je n'y ai pas manqué.

Cette divine personne est plus mal que jamais. Je n'attribue ces inégalités qu'aux lettres qu'elle reçoit de son implacable famille. Je n'ai pu me procurer un long entretien avec elle : mais ce qu'elle m'a dit, dans une visite fort courte, va te la faire adorer plus que jamais.

Elle a donné beaucoup d'attention à ma lecture : et lorsque je l'ai finie : —Il est à plaindre, m'a-t-elle dit. Que je le plains en effet, si cette lettre est sincère! Il a connu, dans plus d'une occasion, que je n'étais pas incapable de générosité, s'il y avait été sensible. Mais son repentir est toute la punition que je lui souhaite, et cela pour son propre intérêt... Cependant, je dois être plus réservée, si vous lui écrivez tout ce que je dis.

J'ai marqué de l'admiration pour sa bonté.

— Ce n'est pas la bonté, m'a-t-elle dit; c'est une situation d'âme dans laquelle je me suis établie pour mon propre avantage. Je souffre trop de ne pas trouver la pitié que je demande, pour ne pas souhaiter que tous les cœurs pénitens puissent l'obtenir. Il paraît pénétré de repentir, a-t-elle ajouté ; je ne dois point aller au delà des apparences. S'il ne l'est pas, c'est lui-même qu'il trompe uniquement.

Elle était si mal, que cet entretien n'a pas duré davantage.

Quel sujet, entre les mains d'un grand maître, pour une excellente tragédie! Tant d'outrages accumulés sur l'innocence! Sa conduite, au milieu de ses peines, également soutenue à l'égard de ses implacables parens et de son persécuteur! Les mœurs, néanmoins, souffriraient une grande objection ; car, jusqu'à présent, c'est ici la vertu qui paraît punie ; à moins qu'on ne jette les yeux sur les récompenses futures, qui sont moralement certaines pour elle, ou qui ne doivent jamais l'être pour personne. Cependant corrompu comme tu es, et capable de faire un très mauvais mari, je ne sais, après tout, si ce n'est pas une récompense pour sa vertu, d'être délivrée de toi.

Elle a reçu avis, par une lettre de madame Norton, que le colonel Morden est arrivé en Angleterre. C'est le seul homme qu'elle souhaite de voir. J'en ai témoigné quelque jalousie, dans la crainte qu'il ne soit préféré à moi pour l'office dont elle m'a honoré. Elle m'a répondu que ce n'était pas son dessein ; parce qu'en supposant même qu'il voulût accepter cet emploi, elle craindrait que divers papiers, qui passeraient nécessairement par ses mains, ne devinssent l'occasion de quelque désastre entre vous et lui, malheur qu'elle redouterait plus que la mort.

Tourville m'apprend que tu te rétablis à vue d'œil. Ce que je te demande à mains jointes, c'est de ne pas chagriner cette incomparable fille. Je t'en conjure pour l'amour de toi-même, pour l'amour d'elle, et pour le respect que tu dois à ta parole. Si la mort nous l'enlevait bientôt, comme je n'ai que trop de raisons de le craindre, on dirait, et peut-être avec justice, que ta visite a précipité sa fin. Dans l'espérance que tu ne seras pas capable de cette cruelle indiscrétion, je te souhaite un parfait rétablissement ; sans quoi, puisses-tu retomber, et te voir long-temps enchaîné dans ton lit ! Belton approche de sa dernière heure. Il me fait dire qu'il ne peut mourir sans me voir.

LETTRE CCCXXXII.

M. BELFORD, A MISS CLARISSE HARLOVE.

Samedi, 17 août.

Madame,

Je crois que l'honneur m'oblige de vous communiquer la crainte où je suis que M. Lovelace ne se détermine à tenter son sort par une visite qu'il pense à vous rendre. Fasse le ciel que vous puissiez consentir à le recevoir ! Je vous garantis que vous verrez, dans sa conduite, un respect porté jusqu'à la vénération, et toutes les marques d'un véritable repentir. Mais, comme je suis forcé de partir pour Epsom, où je crains d'être appelé pour rendre les derniers devoirs à M. Belton, que vous pouvez vous souvenir d'avoir vu, il me semble à propos, dans l'opinion que j'ai des résolutions de M. Lovelace, de vous prévenir par cet avertissement, afin que son arrivée ne vous jette pas dans une trop grande surprise.

Il se flatte que votre maladie n'est pas aussi dangereuse que je la représente. Lorsqu'il aura l'honneur de vous voir, il sera convaincu que ce qu'il peut faire de plus obligeant pour votre santé est aussi ce qu'il y a de plus convenable pour son repos ; et j'ose vous assurer que, dans la crainte de nuire à votre rétablissement, il s'interdira toute autre visite, du moins pendant que vous serez dans une si fâcheuse situation.

Je me flatte que cet avis ne vous alarmera point, et ne vous fera rien entreprendre à la hâte. Il est impossible que M. Lovelace soit à Londres avant lundi, et même au plus tôt. S'il s'obstine à s'y rendre, j'espère d'être avant lui chez M. Smith.

J'ai l'honneur, madame, d'être, etc.

BELFORD.

LETTRE CCCXXXIII.

M. LOVELACE, A M. BELFORD.

Dimanche, 20 août.

Que tu as le cœur impitoyable ! Il n'est pas besoin de conscience avec un pédagogue aussi impertinent que toi. J'ai péché. Je me repens. Je n'aspire qu'à réparer mes fautes. On me pardonne, on accepte mon repentir, mais on m'interdit la réparation. Quel parti veux-tu que je prenne ? Ne perds pas un moment pour faire ta visite au pauvre Belton. Mais, soit que tu partes ou que tu demeures, il faut que je me rende à Londres, et que j'essaie moi-même ce que je puis obtenir de ma chère inflexible. Au moment que ces tyrans de médecins me laisseront libre, assure-toi que je pars. Milord juge lui-même qu'elle doit m'accorder une entrevue. Je me suis engagé à lui, à mes deux cousines, de me conduire avec toute la décence et tout le respect qu'on doit à ce qu'on adore. Je tiendrai parole. Si tu veux différer ton départ pour Epsom, tu en seras témoin.

Je connais le colonel Morden pour homme d'honneur et de courage. Mais le colonel Morden s'est mêlé d'amour comme Belford et moi. Et connais-tu quelqu'un qui ne s'en mêle pas ? J'ai souvent entendu parler du colonel à ma charmante avec beaucoup de distinction et d'estime. Peut-être servira-t-il à lui calmer l'esprit, en inspirant un peu plus de raison à son implacable famille.

Il me semble que je suis affligé de l'état du pauvre Belton. Mais on ne peut être malade ou vaporeux, que tu ne mettes aussitôt les gens au rang des morts.

Attends-toi, malgré ce que je t'ai dit dans ma dernière, que je te ferai rendre compte à mon arrivée des extraits que tu as communiqués à miss Harlove, surtout si son cœur s'obstine à me rejeter. Combien de fois me suis-je vu accorder par une femme ce qu'elle avait juré de me refuser ! Mais par ces diables d'extraits, je ne doute pas que tu n'aies *barré* contre moi la porte de son cœur, comme elle était accoutumée de me *barrer* celle de sa chambre. Si cette crainte n'est pas une injustice que je te fais, conviens que tu t'es rendu coupable d'une perfidie que l'amitié ne peut soutenir, et que l'honneur ne me permet pas de pardonner.

LETTRE CCCXXXIV.

M. LOVELACE, A M. BELFORD.

A Londres, lundi, 21 août.

Je crois, Belford, que je te dois des malédictions. Cependant je n'anticiperai pas sur le temps, et je vais te faire une plus longue lettre que tu n'en as reçu de moi depuis quelques semaines.

Pour te cacher autant qu'il m'était possible le temps où j'étais résolu de me mettre en marche, je partis hier, à six chevaux, dans un carrosse de milord, aussitôt que je t'eus dépêché ma lettre, et j'arrivai le soir à Londres. Je savais qu'il y avait peu de fond à faire sur ton amitié dans les choses où le caprice de miss Harlove est intéressé. Comme je n'avais pas d'autre logement prêt, je me suis vu dans la nécessité de retourner à mon ancien gîte, où j'ai d'ailleurs toute ma garderobe. Là, j'ai distribué un millier d'imprécations contre la détestable troupe, et j'ai refusé de voir Sally et Polly, non seulement pour avoir souffert l'évasion de miss Harlove, mais encore pour l'infâme aventure de l'*arrêt* et pour leurs insolens propos dans sa prison.

Je me suis couvert d'un habit que je n'ai jamais porté et que j'avais destiné pour le jour de ma noce. Je me suis trouvé si bien dans cette parure et si content de moi-même, que j'ai commencé à croire avec toi que l'endroit par où je vaux le mieux est mon extérieur. J'ai pris une chaise à porteurs, dans laquelle je me suis fait conduire chez Smith. Mon cœur sautait de joie avec des battemens si marqués qu'on les aurait presque entendus. Je faisais claquer mes doigts au branle de la chaise. J'ai recommandé à mes yeux de faire paraître tour à tour de la langueur et de la vivacité. J'ai parlé à mes genoux pour leur apprendre comment ils devaient se plier ; et dans le doux langage d'un de nos poètes, me prescrivant à moi-même des lois que j'exécutais en imagination : « C'est ainsi, disais-je, que je prononcerai mes tendres plaintes, en fléchissant un ge-

pour : c'est ainsi que j'exciterai sa pitié ; c'est ainsi que je peindrai mes peines ; c'est ainsi que je pousserai un douloureux soupir à la vue de quelques dédains, peut-être, dont j'apercevrai les traces sur son front, et c'est ainsi que je trouverai grâce à ses yeux charmans. »

Je me suis entretenu de ces idées jusqu'à la maison de Smith, où mes porteurs ont déposé leur fardeau. Les coquins ont mis chapeau bas en ouvrant la chaise. Mon laquais, qui est en livrée neuve, s'est approché pour recevoir mes ordres. Je suis sorti d'un air magnifique. La femme de la maison paraissait s'agiter derrière son comptoir. Le respect et la crainte ont donné de la gravité à ses traits, et je ne doute pas que ses genoux ne heurtassent contre les ais intérieurs.

— Votre serviteur, madame Smith, faites éloigner les porteurs et suivez-moi. Vous avez une jeune personne qui loge ici, miss Harlove. Est-elle dans son appartement ? (J'allais traverser la boutique.)

— Monsieur, monsieur, ayez la bonté d'arrêter. Nous avons effectivement une jeune dame de ce nom. Mais, mais...

— Mais quoi, madame ? il faut que je la voie. N'est-ce pas le premier qu'elle occupe ? Ne vous en donnez pas la peine. Et je m'avançais vers l'escalier.

— Madame n'est point au logis !... elle est sortie... elle est à la campagne.

— Sortie : à la campagne ? impossible. Vous ne m'en imposerez pas. Il faut que je la voie. J'ai des affaires importantes avec elle.

— Il est certain, monsieur, qu'elle n'est point au logis. Elle a fait entendre une sonnette : — Jean, a-t-elle crié, descendez promptement... En vérité, monsieur, elle n'est point au logis.

Jean est descendu. C'était le mari même : lorsque jugeant de lui par l'impertinente familiarité de la femme, je ne le prenais que pour un homme à leurs gages.

— Mon cher ami, lui a-t-elle dit, monsieur ne veut pas croire que miss Harlove soit sortie.

Jean a fait une profonde révérence aux galons de mon habit : — Votre serviteur, monsieur. Réellement, miss Harlove n'est point à Londres. Elle est partie pour la campagne, ce matin à six heures, par l'ordre du médecin.

Je n'ai voulu croire ni le mari ni la femme.

— Je suis sûr, leur ai-je dit, qu'elle ne peut être à la campagne. Je sais qu'elle se porte très mal. Elle n'est pas en état de supporter le mouvement d'un carrosse. Connaissez-vous M. Belford ?

— Oui, monsieur. Nous avons l'honneur de connaître ce digne gentilhomme. Il est allé voir un de ses amis, qui est malade à la campagne. Il est parti samedi matin.

— Fort bien. Mais je sais, par une lettre de M. Belford, que miss Harlove est extrêmement mal. Comment pourrait-elle être sortie ?

— Oh ! monsieur, elle est très mal, en effet. A peine a-t-elle pu se traîner jusqu'au carrosse. Belford, ai-je pensé en moi-même, ignore le temps de mon arrivée, et ne peut avoir reçu ma lettre d'hier. Aussi malade qu'il me l'a représentée, il est impossible qu'elle soit sortie. Où sont ses gens ? Faites-moi parler à ses gens.

— Elle n'en a point d'autres, monsieur, qu'une femme qui la garde dans sa maladie ; et cette femme est partie avec elle.

— Eh bien! mes amis, je n'en crois pas un mot. Pardonnez, mais je veux monter moi-même.

Là-dessus, Jean a pris un air plus sombre et moins respectueux : — Monsieur, cette maison est à moi, et...

— Et quoi? Je veux la voir, et je la verrai; apprenez que j'en ai le droit. Je suis un commissaire. Je suis monté. Ils m'ont suivi en murmurant, et dans un extrême embarras. La première porte qui s'est offerte était fermée. J'ai frappé assez fort.

— Vous jugez bien, monsieur, que madame a la clé de sa chambre.

— En dedans; c'est de quoi je ne doute pas, mon cher ami; et j'ai frappé une seconde fois. Comme j'étais sûr qu'au son de ma voix son naturel doux et timide la trahirait par quelque marque de crainte, qu'il me serait aisé d'entendre, j'ai dit assez haut : — Je sais que miss Harlove est ici. Très chère miss, ouvrez, au nom de Dieu! Accordez-moi l'honneur de vous voir un moment. Mais n'entendant rien et voyant l'air tranquille à Smith, j'ai continué de marcher vers la porte voisine, où j'ai trouvé la clé en dehors. Je l'ai ouverte; j'ai parcouru la chambre des yeux.

Le mari, piqué de mon audace, a dit à sa femme qu'il n'avait jamais vu d'homme plus incivil. — Ami, ai-je répondu pour elle, en tournant brusquement la tête, observe un peu mieux ta langue, ou je te donnerai une leçon que tu n'as jamais reçue de ta vie.

— Monsieur, il n'est pas d'un galant homme de venir insulter les gens dans leur maison.

— Oh! je te prie, point d'insolence sur ton fumier.

Je suis retourné à la porte que j'avais trouvée sans clé. — Ma chère miss Harlove, de grâce, ouvrez un moment, si vous n'aimez mieux que je fasse sauter la porte. Je poussais si rudement, que Smith en a pâli; et la frayeur lui allongeant le visage, il s'est hâté d'appeler Joseph, un de ses ouvriers, qui travaillait apparemment au grenier. Joseph est descendu. J'ai vu paraître un garçon de trente ans, court et épais, les cheveux crépus, dont la présence a fait prendre au maître de la maison une contenance plus ferme. Mais fredonnant quelques notes, j'ai visité toutes les autres chambres, j'ai sondé du poing tous les passages pour découvrir quelque porte dérobée, et je suis monté ensuite au second, en continuant de chanter. Jean, Joseph et madame Smith me suivaient en tremblant.

J'ai poussé mes recherches dans tous les lieux qui se sont présentés. Je suis entré dans deux chambres dont les portes étaient ouvertes; j'ai pénétré dans les cabinets; j'ai fait passer mes regards par la serrure d'une porte fermée. — Point de miss Harlove, par tous les dieux! que faire? à quoi se résoudre? Quel sera son chagrin de ne s'être pas trouvée chez elle! J'avais mon dessein dans cette dernière exclamation : c'était de découvrir si l'homme ou la femme savait l'histoire de ma charmante; et l'effet ne m'a pas trompé.

— C'est ce que j'ai peine à croire, a répondu madame Smith.

— Pourquoi donc, madame? Savez-vous qui je suis?

— Je le devine, monsieur.

— Et pour qui me prenez-vous?

— Vous êtes M. Lovelace, ou je me trompe beaucoup.

Lui-même, madame; mais comment devinez-vous si juste? Vous ne m'aviez jamais vu? (J'attendais un compliment; mais je l'ai manqué.)

— Monsieur, monsieur, il n'est pas aisé de s'y méprendre ; le monde n'a pas deux hommes tels que vous.

— Fort bien, dame Smith. Mais est-ce aussi bons, est-ce aussi mauvais ? que voulez-vous dire ? (j'espérais que pour le moins elle répondrait : d'aussi bonne mine.)

— C'est ce que je vous laisse à juger, monsieur.

— Comment donc, ami Smith, ta femme est un bel-esprit ? Tu ne t'en étais pas défié jusque aujourd'hui. Mais où est madame Lovick ? M. Belford en parle comme d'une très bonne femme ? Est-elle ici ? Serait-elle aussi à la campagne avec miss Harlove ?

— Elle rentrera bientôt, monsieur ; elle n'est pas partie avec madame.

— J'entends. Mais enfin, chère dame Smith, où miss Harlove est-elle allée ? Quand croyez-vous qu'elle revienne ?

— Je l'ignore, monsieur.

— On ne me paie point de fables, dame Smith, dis-je en lui passant la main sous le menton, sans m'embarrasser d'une laide grimace que je voyais faire au mari. Je suis sûr que vous ne l'ignorez pas. Mais vous avez un troisième étage. Qui loge ici ? Cette chambre me paraît fermée. Et frappant à la porte : — Y a-t-il quelqu'un ? ai-je crié.

— C'est l'appartement de madame Lovick, qui n'y laisse jamais la clé.

— Madame Lovick ! en recommençant à frapper, de grâce, ouvrez la porte !

Jean et Joseph parlaient ensemble, et semblaient gronder tout bas.

— Qu'est-ce donc, mes honnêtes amis ? il n'est pas civil de faire une conversation à part. Joseph, que te disait Jean ?

— Jean ! a répété dédaigneusement la bonne femme.

— Pardon, madame Smith, mais vous voyez la force de l'exemple. Si vous aviez marqué plus de considération pour lui, ne doutez pas que je ne vous eusse imitée. Recevez de moi cet avis : une femme qui manque de respect pour son mari apprend aux étrangers à le traiter avec mépris : par exemple, monsieur Jean, pourquoi n'as-tu pas encore ôté ton chapeau devant moi ? Oh ! tu l'aurais fait, j'en suis sûr. Mais tu ne l'as pas sur ta tête, et je suis persuadé que jamais tu ne le portes devant ta femme ; dis, n'est-il pas vrai ?

— Trêve de railleries, monsieur, m'a répondu Jean. Je souhaiterais que tous les ménages de Londres fussent aussi heureux que le nôtre.

— Je le souhaiterais comme toi ; mais je veux être damné si tu as des enfans.

— Pourquoi non, monsieur ?

— En as-tu ? réponds-moi. En as-tu ou n'en as-tu pas ?

— Peut-être, monsieur. Mais à quoi revient cette question ?

— A quoi elle revient ? Je vais te l'apprendre. L'homme qui n'a point d'enfans de sa femme doit s'attendre, dans son état, à se voir traiter de Jean. Si tu avais un ou deux enfans, on t'appellerait M. Smith avec une révérence, ou du moins avec un sourire à chaque mot.

— Il me semble, monsieur, a répliqué la dame, que vous avez l'humeur tout à fait plaisante. Je m'imagine que mon mari et moi, si nous avions autant de reproches à nous faire qu'une personne que je n'ose pas nommer, nous serions bien éloignés d'être si gais.

— Tant pis, madame Smith, pour ceux qui seraient obligés de vivre avec vous. Mais je suis moins gai que vous ne pensez. J'ai le cœur accablé de tristesse. Hélas! où trouverai-je ma chère miss Harlove? Ma chère, mon adorable miss, si vous êtes là-haut, répondez au nom de Dieu! je vole pour vous y joindre.

— Monsieur, m'a dit le bon Smith, vous ferez beaucoup mieux de descendre. Vous ne trouveriez plus haut que nos ateliers et nos magasins.

— Madame Smith, continuerai-je de chercher miss Harlove?

— Vous en êtes le maître, monsieur.

— Je ne monterai donc pas; car si miss Harlove y était, vous seriez moins obligeante. Au reste, je suis confus de vous avoir causé tant de peine. Vous êtes les gens les plus polis du monde. Joseph (en lui donnant brusquement sur l'épaule un grand coup, qui lui a fait faire un saut d'étonnement), n'as-tu jamais parié, mon ami, à qui ferait la plus vilaine grimace? Je serai de moitié avec toi quand tu voudras. Le coquin ne paraissait pas mécontent de moi; et me regardant avec de grands yeux, sa bouche, qui s'étendait d'une oreille à l'autre, au milieu d'une face fort large, laissait voir de grandes et vilaines dents. Je ne veux pas nuire à ton travail. Que gagnes-tu par jour?

— Je gagne un demi-écu, répondit-il, avec un air de pétulance, et comme fâché d'avoir marqué de l'effroi.

— Eh bien! voilà une journée de tes gages, et tu n'as pas besoin de me suivre plus long-temps. Allons, Jean, ou monsieur Smith, descendons ensemble, et vous ne ferez plus difficulté de m'apprendre où miss Harlove est allée, et quand vous attendez son retour.

Je suis descendu à leur tête, suivi de Jean et de Joseph, quoique j'eusse congédié celui-ci. La dame ne m'a pas quitté, par politesse apparemment pour un étranger. En repassant au premier, je suis entré dans une des chambres que j'avais déjà vues. — Je pense, leur ai-je dit, à me loger dans cette maison, car je n'ai rencontré de ma vie des personnes plus obligeantes. Qu'avez-vous à louer ici?

— Rien, monsieur.

— J'en serais fort affligé. Qui occupe donc cette chambre?

— Moi, monsieur, a répondu le mari d'un ton assez rustre.

— Toi-même, ami Jean? Eh bien! je suis résolu de te l'ôter. Cette pièce avec une autre, et le moindre grenier pour mon laquais, c'est tout ce que je désire. Je t'en donnerai le prix ordinaire et j'y joindrai une demi-guinée par jour.

— Pour dix guinées par jour, je ne voudrais pas, monsieur...

— Arrête, Jean, ou monsieur Smith. Pense deux fois avant que de parler. Je t'apprends qu'un refus est un affront pour moi.

— Monsieur, vous plaît-il de descendre? a repris la dame, en nous interrompant. Réellement, monsieur, vous prenez...

— De grandes libertés, m'allez-vous dire, madame Smith.

— Mais monsieur, j'aurais dit quelque chose d'approchant.

— Je suis donc fort aise de vous avoir prévenue; car ces termes conviendraient moins dans votre bouche que dans la mienne. Au fond, je crois devoir prendre un logement ici, jusqu'au retour de miss Harlove. Cependant, comme on peut avoir besoin de vous dans votre boutique, descendons, et nous y traiterons cette affaire à notre aise.

J'ai pris un chemin qui m'était déjà familier. Lorsque je suis arrivé dans la boutique, n'apercevant ni banc ni chaise, je me suis saisi de la place du comptoir, et j'ai pris séance sur une sorte de canapé, entre deux ais chargés de sculptures, qui se terminent en arc. C'est une espèce de trône, que ces fiers marchands se donnent, à l'imitation des monarques, tandis qu'un simple tabouret de bois, placé vis-à-vis d'eux, sert de siége à ceux par lesquels ils gagnent leur pain.

Je sais que tu trouveras de l'imprudence dans ce récit ; mais je te l'ai fait exprès, pour te donner occasion de t'emporter contre moi, et de m'appeler endurci, ou de tout autre nom que tu voudras. Considère néanmoins, premièrement, que je sortais d'une maladie dangereuse, et que j'étais fort aise de me trouver en vie; ensuite, que je me voyais trompé par l'absence imprévue de ma charmante, et si piqué du mauvais accueil de Jean, que je n'avais pas d'autres moyens pour éviter d'être de fort mauvaise humeur contre tout ce qui s'offrait à moi. Mais songe, surtout, que j'étais à la porte du temple, c'est-à-dire dans un lieu tout rempli des influences de ma divinité ; et puis, quelle joie d'être convaincu, par son absence, qu'il était impossible qu'elle fût aussi mal que tu me l'avais représentée ! La chère personne a toujours pris plaisir elle-même à mon enjouement naturel, et se faisait un amusement de mes folles imaginations. Si Jean et sa femme lui avaient appris, à son retour, que j'eusse fait le rôle d'un sot dans leur boutique, son mépris pour moi n'aurait fait qu'augmenter. Enfin, j'étais persuadé que les gens de cette maison avaient une terrible idée de moi; qu'ils me regardaient sans doute comme un sauvage qui ne respirait que le sang et qui ne connaissait pas la pitié. A présent qu'ils sont faits à mon humeur et que madame Smith a vu, de ses propres yeux, que j'ai le visage, les mains et le regard d'un homme, que je marche droit, que je parle, que je ris et que je badine comme un autre, je suis sûr qu'à ma première visite je leur trouverai de l'ouverture et de la complaisance, et qu'ils me verront avec aussi peu d'embarras que si nous nous connaissions depuis long-temps.

Lorsque je suis retourné chez la Sinclair, j'ai recommencé à la maudire, elle et toutes ses nymphes. J'ai reproché au vieux serpent de m'avoir perdu de réputation, et d'être cause que je ne suis point marié, c'est-à-dire heureux, par l'amour de la plus excellente personne de son sexe. Elle s'est efforcée de m'apaiser, et dans cette vue, l'infâme n'a pas eu honte de me proposer ce qu'elle appelle un nouveau visage.—Laisse-moi, laisse-moi, me suis-je écrié; jamais je ne verrai avec plaisir d'autre visage que celui de miss Harlove.

Toutes les nymphes n'ont pas laissé de me tourmenter beaucoup par leurs questions.

Je ne t'ai pas dit qu'en sortant de chez Smith, j'ai donné ordre à Will d'aller changer d'habit et de revenir bien déguisé aux environs de la boutique, pour observer le retour et tous les mouvemens de ma charmante. Les miens seront réglés par ses informations ; car je veux voir et je verrai absolument cette chère personne. Cependant j'ai promis à milord d'être chez lui dans trois jours au plus tard. Sa tendresse est fort augmentée pour moi depuis ma maladie. Je compte que l'espérance de mon départ, telle que je l'ai laissée à Smith, ramènera bientôt cette belle à Londres, s'il est vrai qu'elle en soit sortie, et comme mon laquais ne fait qu'aller et venir, peut-être recevras-tu demain une autre lettre.

LETTRE CCCXXXV.

M. LOVELACE, A M. BELFORD.

Mardi, 22 août, à sept heures du matin.

Il faut que je t'écrive à mon réveil. J'ai passé une très fâcheuse nuit et je ne connais plus le repos. Après un sommeil mille fois interrompu, je viens de me réveiller dans l'effroi d'un maudit songe.

Il m'a semblé que je jouissais d'une entrevue avec l'idole de mon cœur. Je n'ai trouvé dans elle que bonté, condescendance et disposition à pardonner. Elle s'est laissé vaincre en ma faveur par les intercessions réunies de milord M..., de milady Lawrance, de milady Sadler et de mes deux cousines Montaigu, que je voyais près d'elle en longs habits de deuil. Milord avait lui-même un grand manteau noir qui traînait fort loin derrière lui. Ils m'ont dit qu'ils avaient pris cet habillement pour exprimer le chagrin qu'ils avaient de mes excès, et pour toucher ma Clarisse par ce témoignage de tristesse. J'étais à genoux, mon épée à la main, offrant de la remettre dans son fourreau ou de l'enfoncer dans mon cœur, suivant l'ordre que j'attendais de sa bouche.

Au même moment, j'ai cru voir son cousin Morden qui s'élançait dans la chambre par la fenêtre, l'épée nue, en criant : — Meurs, Lovelace! meurs à l'instant, et va subir un châtiment éternel, si tu balances à réparer, par le mariage, les torts que tu as faits à miss Harlove!

Je me levais pour répondre à cette insulte, lorsque milord s'est jeté entre Morden et moi, avec son grand manteau noir dont il m'a couvert entièrement. Aussitôt miss Harlove m'a pris dans ses bras, et de cette voix mélodieuse qui a fait tant de fois le charme de mes oreilles, elle s'est écriée : — Ah! grâce! grâce! pour un homme si cher! Et vous, Lovelace, grâce aussi pour un si cher cousin! Verrai-je augmenter mes malheurs par le meurtre de l'un ou de l'autre?

Dans le ravissement d'une si douce médiation, je me suis cru prêt à serrer ma charmante de mes deux bras, lorsque tout d'un coup le plafond de la chambre s'est ouvert et m'a fait voir la figure la plus angélique dont on ait jamais eu l'idée, qui me semblait descendre d'une voûte d'or et d'azur, au milieu d'un cercle d'autres anges, tous brillans de leur parure et de leur propre éclat. J'ai entendu distinctement plusieurs voix qui répétaient d'un ton joyeux et triomphant : — Venez à nous! venez, venez à nous! Et ce chœur d'esprits célestes ayant entendu ma charmante, je l'ai vue monter avec eux vers la région qu'ils habitent. Le plafond, qui s'est fermé aussitôt, m'a dérobé la suite du spectacle. Je me suis trouvé entre les mains une robe de femme d'un fond bleu, toute parsemée d'étoiles d'or, que j'ai reconnue pour celle de miss Harlove, et par laquelle je m'étais efforcé de la retenir ; c'est tout ce qui m'est resté de cette adorable fille. Ensuite, ce que je ne me rappelle pas sans horreur, le plancher fondant sous moi, comme le plafond s'était ouvert pour elle, je suis tombé dans un trou plus effroyable que je ne puis le représenter, et je me suis senti si rapidement porté par mon poids, sans apercevoir aucun fond, que je me suis réveillé dans les agitations de ma crainte. J'étais inondé d'une sueur froide; et pendant plus d'un quart d'heure toutes ces images ne m'ont pas été moins présentes que des réalités.

Me pardonneras-tu de t'entretenir d'une misérable vision ?

Mais j'entends Will, qui m'apporte quelque nouvelle.

Il m'apprend que miss Harlove revint chez elle, hier au soir, entre onze heures et minuit ; et qu'ayant continué de faire la garde jusqu'à ce moment, il est sûr qu'elle y est encore.... Je m'habille, je pars sur-le-champ. Hélas ! Will a su qu'elle est arrivée dans un triste état. Mais pour ne pas augmenter son indisposition, j'aurai toute la douceur, toute la tendresse d'une colombe.

LETTRE CCCXXXVI.

M. LOVELACE, A M. BELFORD.

Mardi, avant

Maudite étoile ! j'ai perdu encore une fois mes peines. Il était environ huit heures, lorsque je suis arrivé chez Smith. La femme était déjà dans son comptoir.

— Bonjour, vieille connaissance, lui ai-je dit en l'abordant. Je sais que mon amour est dans sa chambre. Qu'on l'avertisse que je suis ici, que j'attends la permission de monter, et que je ne me paierai point d'un refus. Dites-lui que je n'approcherai d'elle qu'avec le plus profond respect, et devant les témoins qu'il lui plaira de choisir.

— En vérité, Monsieur, vous vous abusez. Madame n'est point au logis.

— C'est ce qu'il faut voir, ai-je répliqué. Will, tâche de savoir si elle n'est pas dans le voisinage ; mais sans perdre de vue cette maison, de peur qu'elle ne sorte pendant mes recherches. Will a suivi mes ordres. Je suis monté sans autre compliment, en homme connu, et suivi seulement de la femme. J'ai visité chaque chambre, à l'exception de celle qui était hier fermée, et que j'ai trouvée dans le même état. J'ai appelé miss Harlove du ton le plus tendre ; mais un profond silence m'a convaincu qu'elle n'était pas chez elle. Cependant le fond que je faisais sur mes intelligences ne me permettait pas de douter qu'elle ne fût dans la maison. Je suis monté au second étage. J'ai fait le tour de la première chambre. Point de miss Harlove.

— Et qui loge ici ? ai-je demandé en m'arrêtant à la porte voisine.

— C'est madame Lovick, monsieur, une dame veuve.

— Quoi ! la chère madame Lovick ? me suis-je écrié. Je connais son excellent caractère, par le témoignage de mon cher ami M. Belford. — Ah ! madame Lovick, faites-moi la grâce d'ouvrir.

Sa porte s'est ouverte. — Votre serviteur, madame. Ayez la bonté d'excuser. Vous savez mon histoire. Vous n'avez pu refuser votre admiration au modèle de toutes les femmes. Chère madame Lovick, ne m'apprendrez-vous pas ce qu'elle est devenue ?

— Hélas ! monsieur, elle partit hier, dans la seule vue de vous éviter.

— Comment a-t-elle pu savoir que je devais être à Londres ?

— Elle a craint votre arrivée, lorsqu'elle a su que vous commenciez à vous porter mieux. Ah ! monsieur, quelle pitié qu'un homme tel que vous paraissez soit capable d'en user si mal avec l'innocence et la bonté même ?

La plaisanterie, Belford, n'aurait point été de saison avec une femme de ce caractère. Je l'ai suppliée de me dire où je pouvais espérer de voir cette chère personne. J'ai pris le ciel à témoin que je ne voulais ni l'offenser ni lui causer le moindre effroi.

— Monsieur, m'a dit la veuve, votre visite lui causerait la mort. Je ne vous déguiserai point la vérité : elle revint hier hier au soir, quoique dans un état qui ne lui aurait pas dû permettre de quitter son lit. — Elle revint pour mourir ici, nous dit-elle, et persuadée que s'il lui était impossible d'éviter votre vue, elle mourrait en votre présence.

— Cependant, être sortie si matin ! Quelle apparence, ma chère veuve ?

— Je puis vous assurer, monsieur, que, dans la crainte de votre retour, elle n'a pas pris deux heures de repos. Ses alarmes lui ont donné de la force ; elle a pris des porteurs ce matin, et nous ignorons où elle s'est retirée. Je crois que son dessein était de se faire conduire au bord de la rivière pour y prendre un bateau : car elle ne peut soutenir le mouvement du carrosse : elle s'en trouva hier fort mal.

— Avant que d'aller plus loin, ai-je repris, s'il est vrai qu'elle soit sortie si matin, vous ne sauriez trouver mauvais que je visite tous les appartemens de cette maison, parce qu'on m'a garanti qu'elle y est actuellement.

— Soyez sûr, monsieur, qu'elle n'y est pas. Vous êtes libre de vous satisfaire : mais nous l'avons conduite à sa chaise, madame Smith et moi. Elle nous a dit : — Où puis-je aller, madame Lovick ? Où dois-je me réfugier, madame Smith ? Cruel, cruel persécuteur ! Que le ciel lui accorde la paix qu'il me refuse !

— Cher amour ! me suis-je écrié. J'ai baissé les yeux et j'ai tiré mon mouchoir.

La veuve a pleuré. — Je souhaiterais, a-t-elle dit en soupirant, de ne l'avoir jamais connue. Je l'aime comme ma propre fille. Madame Smith était en larmes.

J'ai perdu alors toute espérance de la voir aujourd'hui. J'étais également chagrin d'avoir manqué l'occasion, et d'apprendre qu'elle se portât si mal. — Plût au ciel, ai-je dit, qu'elle me donnât le pouvoir de réparer mes injustices ! Je ne suis qu'un malheureux ingrat. Vous savez, madame Lovick, combien je l'ai outragée, et tout ce qu'elle souffre de ses cruels parens. C'est le second de ces deux maux qui la pénètre jusqu'au fond du cœur. Sa famille est la plus implacable qu'il y ait au monde ; et cette chère personne, en refusant de me voir et de se réconcilier avec moi, fait un peu trop connaître qu'elle est du même sang.

— Oh ! monsieur, a répondu la veuve, rien ne convient moins que ce reproche à l'infortunée miss Harlove. Jamais je n'ai vu tant de douceur dans une femme, une piété si édifiante, un naturel si disposé à l'oubli des offenses. Elle s'accuse sans cesse. Elle excuse ses parens. Pour vous, monsieur, elle vous pardonne ; elle vous souhaite toutes sortes de biens, et plus de bonheur qu'elle n'en espère. Pourquoi, monsieur, ne voulez-vous pas la laisser mourir en paix ? C'est tout ce qu'elle désire. Comment pouvez-vous persécuter une jeune personne, sur laquelle vous n'avez pas d'autres droits que ceux de la violence, et qui est sans protection pour s'en défendre ?

Madame Lovick s'est remise à pleurer. Madame Smith a pleuré aussi. Ma chaise m'est devenue incommode, et j'ai changé de place plusieurs fois. — Voici, m'a dit la veuve, quelques passages que miss Harlove a transcrits, cette nuit, de son livre de prières, pour s'en faire un sujet de méditation. Elle m'a permis d'en tirer une copie, et je prendrais la liberté de vous les lire, si j'en pouvais espérer quelque effet.

— Eh! lisez, madame Lovick.

Le titre, premièrement, sentait l'esprit des Harlove : *Sur les persécutions de l'ennemi de mon âme.* C'étaient différens versets de psaumes où le roi David demande au ciel de le délivrer du méchant homme, de l'homme violent qui ne médite que du mal dans son cœur, qui tend des piéges à l'innocence ; et d'autres où il se plaint d'être seul, comme le pélican du désert, comme un pauvre passereau sur le toit de la maison ; de manger des cendres au lieu de pain ; de mêler ses larmes dans ce qu'il boit, etc. — En vérité, madame Lovick, ai-je repris après cette lecture, il me semble que je suis traité avec un peu de rigueur, si c'est à moi que miss Harlove en veut dans tous ces passages. Comment peut-elle me nommer l'ennemi de son âme, lorsque j'adore également son âme et son corps? Elle me traite d'homme violent, de méchant homme : j'avoue que j'ai mérité ces deux noms ; mais j'apporte à ses pieds mon repentir, et je ne lui demande que le pouvoir de réparer mes offenses. Par les piéges, elle entend sans doute le mariage. Mais est-ce donc un crime de vouloir l'épouser? Quelle autre femme en aurait cette idée, et se plairait plus à vivre dans un désert, comme le pélican, ou sur un toit, comme le passereau, qu'à se voir accompagnée de quelque oiseau vif et gai, dont le ramage se ferait entendre jour et nuit autour d'elle? Elle dit qu'elle a mangé des cendres au lieu de pain. Fâcheuse méprise, assurément ; et qu'elle a mêlé ses larmes avec ce qu'elle a bu. C'est avoir le vin fort tendre, dirais-je te toute autre que de miss Harlowe qui ferait le même aveu. Mais ici, madame Lovick, comme ce passereau sur le toit de la maison n'est pas observé sans quelque vue, permettez que je vous demande si la chère personne ne serait pas actuellement cachée dans quelque lucarne du grenier de madame Smith? Dites-le-moi naturellement.

Elles ont recommencé toutes deux à m'assurer qu'elle était sortie, et qu'elles ignoraient où elle était allée. Tu vois, cher ami, que je me suis efforcé de résister au chagrin que je ressentais des propos de ces deux femmes, et de cette collection de passages qu'on avait rangés en bataille contre moi. Mais la veuve n'a pas lâché prise. Elle m'a donné, je t'assure, de l'embarras de reste, par le tour sérieux et touchant de ses reproches. Madame Smith l'a secondée par quelques mots ; et les deux plats visages, Jean et Joseph, n'étant pas là pour m'offrir un sujet de diversion, il ne m'a pas été possible de faire tourner cette conversation en badinage. A la fin, elles ont réuni toutes deux leurs efforts pour me faire renoncer au dessein de voir miss Harlove. Mais je n'ai pas été traitable sur ce point ; au contraire, j'ai pressé madame Smith de me louer une de ses chambres, jusqu'à ce que cette satisfaction me fût accordée ; et ne fût-ce que pour trois jours, pour deux, pour un seul, j'ai offert de payer l'année de loyer, et de rendre l'appartement après l'entrevue. Mais elle s'en est excusée, et toutes deux m'ont assuré que jusqu'à mon départ, miss Harlove ne rentrerait point dans le sien, dût-elle s'absenter l'espace d'un mois.

Ce langage m'a plu, parce qu'il m'a fait juger qu'elle n'était pas si mal qu'on avait voulu me le persuader. En un mot, je leur ai déclaré que je voulais la voir, que je la verrais, mais avec tout le respect, avec toute la vénération dont un cœur était capable ; que depuis le lever jusqu'au coucher du soleil, je ferais la visite de toutes les églises de Londres et Westminster ; et que jusqu'à l'heureux moment pour lequel je soupirais, elles me verraient autour de leur maison, comme un *revenant*, qui ne leur laisserait pas de repos.

C'est avec cet adieu que je les ai quittées. Je suis rentré dans ma chaise et je me suis fait porter à Lincoln's Inn, où j'ai attendu long-temps que la chapelle fût ouverte. J'ai assisté à toutes les prières, dans l'espoir de voir entrer ma chère Clarisse ; mais espérance inutile. Avec quelle ardeur ai-je prié mon bon ange, ou le sien, de me l'amener ! Réellement, je brûle plus que jamais de la voir ; et si je l'avais aperçue dans l'église, je ne doute pas qu'au milieu de l'office, à la vue d'un millier de spectateurs, je ne me fusse jeté aux pieds de cette admirable fille, en poussant des cris pour implorer sa bonté.

Après l'office, je suis retourné chez Smith, dans l'espoir de la surprendre. Mais il n'y a plus de bonheur pour ton ami. J'ai passé dans l'arrière-boutique deux heures entières à ma montre, et j'ai soutenu de nouvelles prédications des deux femmes. Jean m'a paru plus civil, et sensible, apparemment, au ton sérieux dont j'ai déclaré mes honorables vues. Mais on n'a pas cessé de me représenter qu'elle ne reviendrait pas de sa maladie. C'est toi, je m'imagine, qui leur inspire toutes ces idées.

Pendant que j'étais dans cette maison, un exprès a remis une lettre avec beaucoup de recommandations. Les femmes ont apporté tous leurs soins à me la cacher ; d'où j'ai conclu qu'elle était pour miss Harlove. Cependant j'ai demandé la permission de jeter les yeux sur le cachet et sur l'adresse, en me promettant de la rendre sans l'ouvrir. J'ai reconnu la main et les armes. Elle était de sa sœur ; et j'espérais, ai-je dit aux deux femmes, qu'elle contiendrait d'heureuses nouvelles.

Je les ai quittées ; mais je les reverrai bientôt.

J'allais laisser ma lettre ouverte pour t'informer du succès de ma première visite ; mais ton laquais, qui vient m'offrir ses services, me détermine à la faire partir. Je t'en promets incessamment une autre, à condition néanmoins que tu me donneras des nouvelles du pauvre Belton, pour lequel je fais tous les vœux de l'amitié.

LETTRE CCCXXXVII.

M. BELFORD, A M. LOVELACE.

Mardi, 22 août.

Je suis, depuis trois jours, dans une agitation si continuelle, à la vue d'un homme mourant et des scènes choquantes de l'agonie, que ne me trouvant pas capable d'écrire régulièrement, je me suis réduit à jeter sans ordre les événemens sur le papier.

Cette disposition me revient. L'indignation la rallume à la lecture de tes dernières lettres qui me donnent sujet de te faire un reproche fort sérieux. Tu as violé ta parole ; et si les effets de cette infidélité sont tels que je les appréhende, il est certain que j'aurai là-dessus d'autres explications avec toi.

Si tu veux qu'on te croie sincère dans le désir de toucher miss Harlove en ta faveur, ta ridicule conduite chez ses hôtes est un admirable moyen de la ramener à toi, lorsqu'elle lui sera représentée. Qu'en penses-tu toi-même? Elle la confirmera sans doute dans l'opinion que le tombeau est préférable pour elle à un mari qui n'est pas plus capable de réflexions que de remords, surtout après une maladie aussi sérieuse que la tienne.

Mon inquiétude est extrême pour sa situation. Elle était samedi dernier dans un abattement si excessif, que je ne pus prendre ses ordres avant mon départ. Etre chassée de son logement, lorsqu'elle est à peine en état de quitter son lit, c'est un traitement si cruel qu'il ne peut venir que du même cœur qui s'est rendu coupable de tant d'autres barbaries.

Mais je t'abandonne à ta conscience, et je veux te faire la peinture d'une scène qui aura peut-être plus de force pour te rappeler à toi-même, que c'est aujourd'hui le tour d'un de tes meilleurs amis, que j'ai vu pendant quatre jours dans un état dont l'horreur m'est toujours présente; sans compter que, sortant du même danger, il est impossible qu'il n'ait pas excité quelque moment ton attention; car, au fond, malgré les emportemens de ta folle gaîté, malgré toutes tes extravagances, il faut, Lovelace, que cette infaillible vérité demeure gravée dans ta mémoire: que la vie à laquelle nous sommes si fortement attachés, mérite à peine le nom de vie; que c'est une simple course, où la respiration manque bientôt; et qu'à la fin de la plus longue, et, si tu veux, de la plus heureuse, ton sort sera de mourir comme Belton.

Tu as su, par Tourville, l'arrangement que nous avons mis dans les affaires temporelles du pauvre malheureux. Nous étions fort éloignés de croire sa fin si proche. Cependant lorsque j'arrivai à sa maison, samedi au soir, je le trouvai excessivement mal. Il venait de quitter son lit, pour se mettre dans un fauteuil, soutenu d'un côté par sa garde, et de l'autre par Mowbray, le plus dur et le moins compatissant personnage qui soit jamais entré dans la chambre d'un malade, tandis que les domestiques s'efforçaient de rendre ses matelas plus commodes. La mauvaise humeur se joignait à la maladie, sans autre cause que son lit de plume, qu'il trouvait trop dur.

Il avait désiré de me voir avec tant d'impatience, que tout le monde se réjouissait de mon arrivée; j'entendis Mowbray qui lui disait, en m'entendant monter: — Console-toi, Belton, tu verras enfin notre honnête ami Belford.

— Où est-il? où est-il? s'écria le pauvre homme. Dans le transport de sa joie, il aurait voulu se lever pour me recevoir; mais sa faiblesse le retint sur sa chaise. Après s'être un peu remis, il me nomma son meilleur ami, son ami de cœur; mais se mettant à verser un ruisseau de larmes: — O Belford! me dit-il, cher Belford! vous voyez l'état où je suis. Quel changement! Réduit si bas et dans un espace si court! Reconnaissez-vous votre pauvre Belton?

— Je ne vous trouve pas si changé, mon cher Belton. Mais je m'aperçois que vous êtes faible, très faible, et j'en suis fort affligé.

— Faible! hélas! oui, mon très cher Belford: plus faible encore, s'il est possible, d'esprit que de corps; sans quoi, m'attendrirais-je à ce point sur ma propre situation? Moi qui n'ai jamais connu la faiblesse et la crainte! J'ai honte de moi-même. Mais, cher Belford, je t'en supplie, ne me méprise point.

Je l'assurai que j'avais toujours fait cas d'un homme que les peines d'autrui attendrissaient jusqu'aux larmes; et qu'avec cette disposition de cœur, je pensais aussi qu'on ne pouvait être insensible à ses propres maux. En lui tenant ce discours, je ne pouvais m'empêcher moi-même de marquer visiblement mon émotion.

— C'est à présent, Belford, interrompit le brutal Mowbray, que je te trouve tout à fait insupportable. Notre pauvre ami est déjà d'un point trop bas, et tu ne fais que le ravaler de plus en plus. Cette manière de flatter sa faiblesse et de joindre tes larmes de femme aux siennes ne convient point à l'occasion. Lovelace te dirait la même chose, s'il était ici.

— Tu es une impénétrable créature, lui répondis-je du même ton, et très peu propre à figurer dans une scène dont tu ne seras capable de sentir les terreurs que lorsque tu les éprouveras pour toi-même. Alors, si tu as le temps de les sentir, j'engage ma vie contre la tienne que tu marqueras autant de faiblesse que ceux à qui tu as la dureté d'en reprocher.

Le sauvage animal répliqua qu'il avait autant d'amitié que moi pour Belton, et qu'il n'en croyait pas moins que flatter la faiblesse d'un ami c'était l'augmenter. — J'ai vu plus d'un malfaiteur, ajouta-t-il pour soutenir sa misérable thèse, aller au gibet avec plus de fermeté que vous n'en marquez tous deux. J'aurais laissé ce grossier raisonnement sans réponse, mais le pauvre Belton répondit pour lui-même, que ceux dont Mowbray citait l'exemple n'étaient pas affaiblis par d'aussi longues infirmités que les siennes. Et se tournant vers moi : — Compte, cher Belford, que les marques de ta pitié sont un baume que tu verses dans mes plaies. Laissons à Mowbray l'honneur de voir d'un œil indifférent les souffrances d'un ami et de trouver un sujet de raillerie dans la tendresse de nos sentimens.

L'endurci Mowbray prit le parti de se retirer de l'air d'un Lovelace, plus stupide seulement, bâillant, étendant les bras au lieu de fredonner comme tu as fait chez Smith. J'assistai le malade à se remettre dans son lit. Il était réellement si faible que n'ayant pu supporter cette fatigue il s'évanouit entre mes bras, et je le croyais tout à fait parti. Mais étant revenu à lui-même et le médecin lui ordonnant le repos, j'allai joindre au jardin le brave Mowbray, qui prit plus de plaisir à parler des folies de Lovelace que de la mort et du repentir de Belton.

Je revis le malade le soir avant que de me retirer, ce que je fis de fort bonne heure, pour éviter la compagnie de Mowbray, car sa froide insensibilité le rendait insupportable. Il est si horrible qu'après avoir vécu avec un homme dans une étroite liaison jusqu'à faire de longs voyages pour en jouir et jusqu'à tirer l'épée pour soutenir sa querelle, on puisse le voir réduit au plus triste état d'esprit et de corps avec moins de penchant à plaindre sa misère qu'à la tourner en raillerie. — Cette façon de penser me paraît, dis-je, si révoltante pour la nature et la raison que j'eus besoin de toute ma patience pour ne pas traiter Mowbray beaucoup plus mal. Je me rappelai à cette occasion ce que miss Harlove me disait un jour, en parlant d'amitié et des devoirs que la mienne m'impose pour vous. — Comptez, monsieur Belford, me dit cette divine fille, que tôt ou tard vous serez convaincu que ce que vous appelez amitié n'en est qu'une vaine ombre, et que rien n'est digne de ce nom s'il n'a la vertu pour fondement.

Dimanche matin, je fus appelé, à la prière de Belton, et je le trouvai dans une affreuse agonie. — O Belford! Belford! me dit-il d'un air égaré, comme s'il eût cru voir un spectre, approchez de moi; et tendant les deux bras : Cher Belford, approchez donc. Ah! sauvez-moi. Ensuite, saisissant mon bras de ses deux mains, et levant la tête vers moi, avec une étrange agitation dans les yeux : Sauvez-moi, cher Belford! sauvez-moi! répéta-t-il.

Je passai mon autre bras autour de lui. — Vous sauver, mon cher Belton! vous sauver! et de quoi? Il n'y a rien qui puisse vous nuire. De quoi voulez-vous que je vous sauve?

En revenant de sa terreur, il s'est laissé retomber sur son oreiller. — Oh! sauvez-moi de moi-même, reprit-il : sauvez-moi de mes propres réflexions. Cher Belford! quelle affreuse nécessité que celle de mourir sans avoir une seule pensée à se rappeler pour sa consolation! Que ne donnerais-je pas pour une seule des années que j'ai perdues!

J'essayai de le consoler; mais, au lit de la mort, les libertins sont de mauvais consolateurs les uns pour les autres. Il m'interrompit. — O mon cher Belford! me dit-il, on m'a raconté que l'excellente miss Harlove vous avait converti, et j'ai vu tomber sur vous quantité de railleries à cette occasion. Puisse-t-on m'avoir fait un vrai récit! Vous êtes un homme sensé. C'est aujourd'hui votre temps. Vous êtes dans la pleine force de l'esprit et du corps. Mais, hélas! votre pauvre Belton a gardé ses vices jusqu'à ce qu'ils l'aient abandonné; et voyez-en les misérables effets dans la faiblesse et l'abattement de son âme. Quand Mowbray serait présent, je reconnaîtrais que c'est la cause de mon désespoir. J'employai tous les argumens que je pus m'imaginer pour sa consolation; je crus en remarquer l'effet pendant le reste du jour. L'après-midi, sa situation paraissant assez tranquille, il me demanda de vos nouvelles et quelle conduite vous teniez avec miss Harlove. Je lui appris votre maladie, et combien vous aviez paru peu touché. Mowbray parut se réjouir de votre impénétrable dureté de cœur. — Lovelace, nous dit-il, est une lame de bonne trempe et d'acier jusqu'au dos. Il te donna d'autres louanges, telles que tu peux les attendre d'un abandonné, et telles que tu désires sans doute de les mériter. Mais si le ciel t'avait fait entendre ce que le pauvre mourant, devenu sage trop tard, m'a dit ce matin à cette occasion, peut-être aurais-tu fait trêve à tes extravagances pour une heure ou deux.

Il en aurait voulu dire davantage; mais, accablé de sa maladie et de sa douleur, il a penché la tête sur son sein, pour cacher à Mowbray, qui rentrait dans la chambre, des larmes qu'il ne pouvait retenir. — Fâcheuse situation, par ma foi! a dit le consolant Mowbray, du ton que tu lui connais; et s'asseyant comme moi près du lit, il est demeuré en silence, les jambes étendues, les yeux fermés, la lèvre d'en bas repliée sur l'autre, sans qu'on pût distinguer si c'était assoupissement de débauche ou méditation. Je n'ai pas laissé de lui dire : — Il me semble, Mowbray, qu'il ne manque rien à cette leçon. Nous nous verrons quelque jour dans le même cas; et qui sait si ce temps est bien éloigné? Il s'est mis à bâiller en étendant les bras; et, revenant à lui : — Quelle heure est-il? a-t-il demandé. Il a tiré sa montre. Il a bâillé encore une fois. Ensuite, se levant sans me répondre, il a pris à grands pas lents le chemin de la porte; et je l'ai entendu, qui disait à quelque domestique qu'il a rencontré sur l'escalier : — Apporte-moi une rasade du meilleur vin : ton pauvre maître et ce maudit Belford causeraient des vapeurs à l'homme le plus robuste.

Si le glorieux exemple de miss Harlove et les terreurs de ce malheureux ami n'avaient pas la force de me toucher, je me croirais aussi abandonné que je crains que tu ne le sois, si tu ne tires aucun fruit de ces deux exemples.

Mowbray, fatigué de ne voir que de la tristesse autour de lui, se détermine à t'aller joindre à Londres.

Il vient de prendre congé du pauvre Belton; un congé qui sera probablement de longue durée, car je ne m'attends pas que notre ami puisse vivre jusqu'à demain au soir. Je crois que ce pauvre homme n'aurait pas été fâché de le voir partir à mon arrivée; et dans le fond, c'est un choquant personnage, qui jouit d'une santé trop vigoureuse, pour être capable d'entrer dans les peines d'un malade. Il n'est pas aisé à l'âme, pour employer une de tes expressions, d'aiguiser des organes de cette force et de cette épaisseur.

Je dois te répéter, Lovelace, que je ne puis être que fort alarmé pour le malheureux objet de tes cruelles persécutions, et que je ne pense point que tu aies rempli avec moi un engagement d'honneur. J'avais prévu qu'aussitôt que tu serais rétabli, tu entreprendrais de la voir. Je l'en avais avertie, sous prétexte de la préparer à cette visite, et je n'avais rien épargné pour l'engager à te recevoir. Si j'avais pu la fléchir, je suis persuadé que tu ne te serais pas défendu de la plus vive émotion, à la vue de l'aimable squelette (car, avec sa figure et ses traits, elle ne cessera jamais d'être aimable) que tu as fait, en si peu de temps, du plus charmant ouvrage qui soit jamais sorti des mains de la nature, et cela dans la pleine fleur de sa jeunesse et de sa beauté. N'attache pas à ton songe aussi peu de poids que tu l'affectes. Je souhaiterais qu'il te demeurât gravé au fond du cœur, et j'y donnerais facilement une interprétation qui te choquerait peut-être. Demandes-la-moi, si tu l'oses.

Une excellente action, à laquelle je t'exhorte, ce serait de venir voir pour la dernière fois ton ami mourant, de venir partager mon inquiétude pour lui, et considérer, dans son exemple, quel sera tôt ou tard ton sort, le mien, celui de Mowbray, de Tourville et de tous nos associés.

LETTRE CCCXXXVIII.

M. LOVELACE, A M. BELFORD.

Mercredi, 23 août.

Tout est vivant, cher Belford! Tout est ranimé par la joie et l'espérance. Ton ami se flatte encore d'être heureux. J'ai reçu une lettre de ma chère miss Harlove qui est, je suppose, l'effet des avis de sa sœur, dont je te parlais dans ma dernière. Dans le transport de ma joie, je pars sur-le-champ pour Berkshire. Je vais la faire lire à milord et recevoir les félicitations de toute ma famille.

Hier au soir, je me rendis chez Smith, comme je me l'étais proposé; mais la chère personne n'était pas revenue à dix heures. J'allai prendre Tourville, qui vint passer une partie de la nuit avec moi et que je fis chanter pour charmer ma migraine. Mes songes ont été légers, agréables et fort différens de ceux dont je t'ai fait le récit. Ce matin, à huit heures,

Lorsque je m'habillais pour être prêt à l'arrivée de Will, que j'avais envoyé aux informations, un porteur de chaise m'a remis cette lettre :

A M. LOVELACE.

Mardi au soir.

« Monsieur,

» J'ai d'heureuses nouvelles à vous communiquer. Je me dispose à partir pour la maison de mon père. On me fait espérer qu'il recevra une fille pénitente, avec toute la bonté paternelle. Imaginez-vous quelle est ma joie, de pouvoir obtenir une parfaite réconciliation, par l'entremise d'un cher ami pour lequel j'ai toujours eu du respect et de la tendresse. Je suis si occupée de mes préparatifs, pour un voyage si doux et si désiré, qu'ayant quelques affaires importantes à régler avant mon départ, je ne puis donner un moment à d'autres soins. Ainsi, monsieur, ne me causez pas de trouble ou d'interruption. Je vous le demande en grâce. Lorsqu'il en sera temps, peut-être me verrez-vous chez mon père, ou du moins, ce serait votre faute. Je vous promets une plus longue lettre, lorsque j'y serai arrivée et qu'on m'aura fait la grâce de m'y recevoir. Je suis, jusqu'à cet heureux jour, votre très humble, etc.

« CLARISSE HARLOVE. »

Je me suis hâté de répondre à ma divine Clarisse, pour l'assurer, avec reconnaissance, que j'allais quitter Londres, attendre le succès de l'heureuse réconciliation, et me rendre digne de mes espérances. Je lui ai protesté que toute l'étude de ma vie serait de mériter cet excès de bonté, et que son père, ses amis, n'exigeraient rien à quoi je ne fusse prêt de me soumettre, pour arriver à cette délicieuse fin. J'ai donné ma lettre au porteur, sans prendre le temps d'en tirer une copie, et j'ai fait mettre aussitôt les chevaux au carrosse de milord. Apprends-moi seulement comment se porte Belton. Si le pauvre diable peut se passer de ton secours, vole à Londres, je t'en conjure, pour offrir tes services à ma divinité. Hâte-toi, te dis-je, je te le conseille, si tu ne veux être exposé à ne pas la revoir de plusieurs mois, en qualité du moins de miss Harlove. Ne manque pas non plus, s'il est possible, de m'écrire avant son départ, pour confirmer mon bonheur, et pour m'expliquer ce généreux changement. Mais qu'ai-je besoin d'explication? Ma chère Clarisse ne peut recevoir de consolation, sans désirer que d'autres la partagent. Quelle noblesse! Elle n'a pas voulu me voir dans ses disgrâces; mais le soleil de la prospérité ne commence pas plus tôt à luire, qu'elle me pardonne.

Je sais à la médiation de qui je dois ce bonheur. C'est à celle du colonel Morden. Elle m'a toujours dit qu'elle avait pour lui du respect et de la tendresse, et je n'ignore pas qu'il en a plus pour elle que pour tous ses parens du même nom.

Je serai convaincu à présent qu'il y a quelque réalité dans les songes. Le plafond qui s'est ouvert, c'est la réconciliation en perspective. La figure brillante, qui est venue l'élever vers un autre ciel, environnée de chérubins d'or et d'azur, marque la charmante petite famille qui fera le fruit de notre union. Les invitations, trois fois répétées par le chœur d'anges, sont celles de tous les Harlove, qui auront cessé d'être implacables; cependant, c'est une race avec laquelle mon âme répugne à se mêler. Mais que signifie ma chute, au travers du plancher, dans un horrible abîme? Pourquoi suis-je descendu pendant qu'elle montait? Oh! le voici: c'est une allusion à mon dégoût pour le mariage, qui me paraît un gouffre, un abîme sans fond, et tout ce que tu voudras. Si je ne m'étais pas éveillé dans un ridicule mouvement de frayeur, je serais tombé, au fond du trou, dans quelque belle rivière, où je me serais lavé, purifié de toutes mes ordures passées. La même figure m'attendait sur une rive parsemée de fleurs, d'où elle m'aurait conduit entre les bras de ma charmante, et nous nous serions élevés ensemble triomphans, faisant les chérubins jusqu'à la fin de notre carrière.

Mais quelle explication donner à cette mante, à ces robes noires de milord, qu'il m'a jetées sur le visage, et que penser de celles des dames? Oh! Belford! je les explique aussi. Elles marquent uniquement que milord aura la bonté de se laisser mourir, et de m'abandonner tout ce qu'il possède. Ainsi, honnête milord M...., que le ciel fasse paix à vos cendres! Milady Salder et milady Lawrance ne survivront pas long-temps, et me laisseront des legs considérables. Que ferons-nous de miss Charlotte et de sa sœur? Oh! leur habits noirs marquent le deuil qu'elles prendront, comme il convient, pour leur oncle et pour leurs tantes. A l'égard de Morden qui se précipite vers moi par une fenêtre en criant: « Meurs, Lovelace, si tu ne répares pas l'outrage que tu as fait à ma parente! » c'est-à-dire, seulement qu'il aurait voulu se couper la gorge avec moi, si je n'avais pas été disposé à rendre justice à sa cousine. Tout ce qui me déplaît, c'est cette partie de mon songe; car, en songe même, je n'aime point les menaces, ni l'air de contrainte dans ce qui flatterait le plus mon penchant. Mais qu'en dis-tu? mon songe prophétique n'est-il pas bien expliqué?

Chère et charmante Clarisse! Quelle scène, que cette entrevue avec son père, sa mère et ses oncles! Quels transports! combien de plaisirs cet heureux jour d'une réconciliation si long-temps désirée ne va-t-il pas faire goûter à son cœur tendre et respectueux. Vois à présent, Belford: je n'ai pas été si blâmable que tu l'as pensé. Si je ne l'avais pas jetée dans un si grand nombre d'embarras, elle n'aurait pu recevoir ni causer toute la joie dans laquelle ils vont nager tous ensemble. Ainsi, voilà un grand bien, un bien durable, qui va naître d'un mal passager. Je n'ai jamais douté qu'ils ne l'aimassent, elle qui fait l'ornement et la gloire de leur famille.

Que ne donnerais-je pas pour lire la lettre d'Arabelle! elle a toujours été si mortifiée de se voir éclipsée par sa sœur, qu'elle n'aura pu s'empêcher de mêler un peu de fiel à l'heureuse invitation. Je brûle aussi de recevoir la lettre que la chère Clarisse me promet, lorsqu'elle fera sa rentrée chez son père. Elle me rendra compte, apparemment, de l'accueil qu'elle y aura reçu.

Cependant il me semble qu'en me communiquant le sujet de sa joie, son style est un peu grave. Il me plaît et me chagrine à la fois. Mais, comme il est évident qu'elle m'aime encore, et qu'elle espère de me revoir bientôt chez son père, elle n'a pu, sans quelque embarras, avouer son amour après les petits excès auxquels je me suis emporté: et lorsqu'en finissant, *je suis*, dit-elle, *jusqu'à cet heureux jour, votre, etc. Clarisse Harlove*; n'est-ce pas dire: ce sera votre faute, après cela, si je ne suis pas *Clarisse Lovelace*?

O mon cher amour! ma généreuse, mon adorable Clarisse! Que cette divine facilité à pardonner nous fait d'honneur à tous deux! A moi! pour t'en avoir donné l'occasion! A toi, pour la faire tourner si glorieusement à l'avantage de l'un et de l'autre!

Mowbray arrive avec tes lettres. Je quitte mon agréable sujet, pour en faire succéder un qui me plaira moins, j'en suis sûr. Le pesant Mowbray s'est engagé à me tenir compagnie pendant mon voyage, et je lui promets de dissiper les vapeurs qu'il a contractées près d'un malade. Il me dit qu'après avoir respiré l'air entre les gémissemens de Belton et les sermons de Belford, il sera trois jours sans revenir à son état naturel. Il te reproche d'augmenter la faiblesse du pauvre moribond, au lieu de l'encourager à supporter sa destinée. Je suis fâché que la fermeté lui manque au dernier acte; mais sa maladie a duré longtemps, et l'esprit s'en ressent comme le corps.

Mercredi au soir.

J'ai lu ta lamentable lettre. Pauvre Belton! que d'heures vives et plaisantes nous avons passées ensemble! c'était un caractère libre et déterminé. Qui se serait attendu à le voir finir par des faiblesses et des terreurs? Mais pourquoi ne lui remets-tu pas l'esprit, sur la mort de quelques braves qu'il a tués? Il s'y est toujours pris en homme d'honneur, et comme j'aurais fait dans les mêmes circonstances. Voilà ce que tu lui devais dire, et lui représenter qu'il n'a point à répondre du malheur d'autrui.

La mort, dit un de nos poètes, *considérée simplement en elle-même, n'épouvante point la raison*. Je crois cette idée fausse; et tes peintures forcées, tes graves réflexions sur les répugnances de la nature en sont une preuve. Pour moi, qui ne t'apprendrai rien de nouveau en t'assurant que personne ne redoute moins la mort que moi dans une occasion d'honneur, je ne laisse pas de t'avouer ingénument que ce bas monde me plaît si fort (quoique je n'aie pas toujours eu sujet de m'en louer), et que je prends tant de goût aux délices de mon âge, à mes espérances de fortune, et surtout à celles que j'ai conçues nouvellement du côté de ma chère, de ma trois fois chère miss Harlove, que, quand je me supposerais sûr de n'être pas mal dans un autre état, je serais très désespéré, très effrayé si tu veux, de perdre mon bonheur avec la vie. Mais je n'ai ni le temps ni la volonté de répondre à tes lugubres argumens. Je remets ce soin après mon mariage.

Après mon mariage, ai-je dit! charmante idée? il faut m'armer de patience, pour demeurer privé de la vue de ma déesse, jusqu'à ce qu'elle soit chez son père. Cependant, comme tu m'assures qu'il ne lui reste que l'ombre de sa beauté, j'aurais pris un plaisir extrême à la voir à présent, tous les jours qui me restent à compter jusqu'à notre mariage, pour avoir la satisfaction d'observer, par quels charmans degrés le repos de cœur et d'esprit, et la joie de se voir réconciliée avec ses amis, vont la rétablir dans toute sa splendeur.

Au fond, je crois te devoir des remerciemens pour lui avoir fait éviter ma visite. Grâces à l'amour, tout est en si bon train, que je consens même à te pardonner tes noires infidélités: autrement, je t'aurais appris l'obéissance que tu dois à ton général. Croirais-tu que cet épais Mowbray s'afflige de me voir si près de mon bonheur avec miss Harlove?

Il me tient des raisonnemens qui sont quelquefois capables de m'embarrasser. Mais, à tout hasard, je m'en tiendrai à mes résolutions, car j'ai trop éprouvé qu'il m'est impossible de vivre sans elle.

M. Belfort raconte les dernières circonstances de la vie de M. Belton et celles de sa mort. Il mêle à ce récit des peintures qui ne seraient pas supportables dans notre langue.

« Vous me pressez extrêmement de vous marquer, avant votre départ pour Berckshire, ce que je pense de votre nouvelle situation. Le sommeil qui me presse et le triste spectacle que j'ai encore devant les yeux ne me laissent guère le pouvoir d'y faire toutes les réflexions qu'elle mérite. Votre joie, dites-vous, va jusqu'au transport. Elle est juste si vous ne me déguisez rien, et je ne voudrais pas vous la dérober ; mais je ne puis vous dissimuler que j'en suis surpris.

» Sûrement, Lovelace, la lettre que tu me communiques ne saurait être une imposture de ta façon pour couvrir quelque nouvelle vue et pour me tromper. Non, le style me fait rejeter cette idée, quoique d'un autre côté je te croie capable de tout. Je veux suspendre mon jugement et me contenter aujourd'hui de te souhaiter toutes sortes de biens. »

LETTRE CCCXXXIX.

M. LOVELACE, A M. BELFORD.

Samedi, 28 août.

J'assistai jeudi à l'ouverture du testament, où je suis nommé seul exécuteur, avec un legs considérable, que mon dessein est d'abandonner à la sœur du mort, parce que je ne trouve pas qu'il l'ait assez bien traitée. Il te laisse, comme à Tourville et à Mowbray, un présent fort honnête, pour vous engager tous trois à rappeler quelquefois sa mémoire.

Après avoir donné quelques ordres qui regardaient les funérailles, je partis vers le soir : mais, étant arrivé fort tard à la ville, et les fatigues que j'avais essuyées pendant plusieurs jours et plusieurs nuits me rendant le repos absolument nécessaire, je me contentai de demander des nouvelles de miss Harlove, et de la faire assurer de mon respect. M. Smith, à qui mon laquais parla, me fit dire qu'il se réjouissait beaucoup de mon retour, parce qu'elle était plus mal que jamais.

Il m'est impossible d'expliquer ce qu'elle vous écrit, ou de le concilier avec les faits que j'ai à vous communiquer.

J'étais hier chez Smith, dès sept heures du matin. Miss Harlove venait de sortir, dans une chaise à porteurs, pour se rendre à l'église voisine. Madame Lovick, qui l'avait soutenue jusqu'à la chaise, était allée à pied devant elle, dans la crainte qu'elle n'eût besoin de secours à l'église. Madame Smith me dit qu'elle avait été si bas, mercredi au soir, qu'elle avait demandé le secours de la religion. Le ministre de la paroisse, qui passa une demi-heure avec elle, dit, en se retirant, aux personnes de la maison : —C'est un ange que vous avez chez vous : je la verrai aussi souvent qu'elle le désirera, ou que je croirai lui faire plaisir.

Elle attribue l'augmentation de sa faiblesse aux fatigues que vous lui avez causées, et à une lettre qu'elle a reçue de sa sœur, à laquelle elle a fait réponse le même jour.

Madame Smith me dit qu'il était venu la veille deux personnes, l'une le matin, l'autre le soir, pour s'informer de sa santé, et qu'elles n'avaient pas demandé à la voir, et que leur principale curiosité avait regardé les personnes dont elle reçoit des visites, moi principalement (quelle pouvait être leur vue ?), sa manière de vivre, sa dépense, et que l'une des deux avait marqué de l'empressement pour savoir comment elle y pouvait fournir. Madame Smith répondit, suivant la vérité, qu'elle avait été obligée de vendre quelques uns de ses habits, et qu'elle était à la veille d'en vendre d'autres : sur quoi l'étranger, qui était homme de fort bonne mine, dit à madame Smith, en levant les mains au ciel : « Grand Dieu ! quelle triste nouvelle pour quelqu'un ! je ferai mieux de n'en pas parler. Madame Smith le pria au contraire de ne rien dissimuler, de quelque part qu'il fût venu. Il branla la tête. » Cette expression me plaît assez.

Madame Smith m'a raconté que lundi matin, lorsqu'elle sortit pour la première fois, elle était dans une extrême faiblesse, et qu'en descendant l'escalier pour se rendre au carrosse avec sa garde, elle poussait de violens soupirs. Elle donna ordre au cocher, qui était loué pour tout le jour, de la conduire où il souhaiterait, pourvu qu'elle y pût respirer l'air. Il la mena vers Highgate, où elle fit un léger déjeûner. Ensuite, étant rentrée dans sa voiture, elle se promena lentement, jusqu'à midi, qu'elle s'arrêta dans une hôtellerie, pour s'y faire préparer à dîner. Elle y demanda une plume et de l'encre, et pendant deux heures elle ne cessa point d'écrire. On lui servit quelques mets, dont elle s'efforça de goûter, mais n'ayant pu rien prendre, elle reprit sa plume pendant trois heures entières, après lesquelles, se trouvant un peu pesante, elle s'assit dans un fauteuil. A son réveil, elle ordonna au cocher de la reconduire doucement à la ville, chez une amie de madame Lovick, où cette vertueuse veuve lui avait promis de se trouver. Mais se sentant fort mal, elle prit la résolution de retourner assez tard à son logement, quoiqu'elle eût appris de la veuve que vous y aviez paru, et qu'elle eût sujet d'être choquée de votre conduite. Il lui paraissait, dit-elle, impossible de vous éviter. Elle craignait de n'avoir plus que peu d'heures à vivre ; et l'impression que votre vue ferait sur elle était capable de la faire mourir à vos yeux.

Elle retourna donc chez Smith, qui lui fit lever plusieurs fois les yeux et les mains d'étonnement par le récit incroyable de vos extravagances. Ne pouvant se déterminer à souffrir la vue d'un homme si endurci, elle prit le lendemain sa chaise ordinaire pour se faire porter de grand matin au bord de la Tamise. Là, elle se mit dans un bateau avec sa garde ; car la fatigue du jour précédent ne lui permettait pas de supporter le mouvement d'un carrosse. Elle se fit conduire d'un village à l'autre, s'arrêtant dans l'occasion, tantôt pour écrire, tantôt pour se faire préparer du thé ou d'autres rafraîchissemens qu'elle ne portait pas même à ses lèvres. Vers le soir, elle revint descendre aux degrés du temple, où ses bateliers lui firent venir des porteurs, qui la menèrent, comme la veille, chez l'amie de madame Lovick. Cette femme, qui l'attendait encore, lui dit que vous étiez venu la demander deux fois le même jour, et lui remit une lettre de sa sœur dont la lecture parut la toucher beaucoup. Elle fut deux fois prête à s'évanouir. Elle pleura fort amèrement en laissant échapper quelques expressions plus vives qu'on n'en avait jamais entendu de sa bouche. Elle traita ses parens de cruels, elle se plaignit des mauvais offices qu'on ne cessait pas de lui rendre.

Madame Smith survint pour l'informer que vous étiez venu une troisième fois, que vous ne vous étiez retiré qu'à neuf heures et demie, et que vous aviez promis d'être civil et respectueux; mais elle ajouta que vous étiez absolument déterminé à la voir.

« Il était bien étrange, répondit-elle, qu'on ne lui permît pas de mourir en paix. Son sort était extrêmement rigoureux. Elle commençait à craindre de manquer de patience, et de trouver sa punition plus grande que sa faute. » Mais, après s'être un peu recueillie, elle s'est consolée par la certitude d'avoir peu de temps à vivre, et par l'espérance d'une meilleure vie.

Toutes les circonstances de ce récit doivent vous faire conclure avec moi que la lettre qu'elle reçut de madame Lovick, et sur laquelle je me souviens que vous aviez reconnu la main de sa sœur, ne pouvait pas être celle qui donna lieu à ce qu'elle vous écrivit le même soir, après son retour chez Smith. Cependant on ignore qu'elle en ait reçu d'autre. Mais comme on m'assure qu'elle vous écrivit réellement, je suis soulagé du soupçon que celle dont vous m'avez envoyé la copie pouvait être quelque nouvelle ruse, dont le mystère échappait à ma pénétration. Mercredi matin, lorsqu'elle reçut votre réponse, on lui entendit répéter plusieurs fois que la nécessité était la mère de l'invention, mais que l'infortune rendait témoignage à l'intégrité. — Je me flatte, dit-elle encore, de n'avoir pas fait une démarche inexcusable. Ensuite, après un moment de silence : — Peut-être, ajouta-t-elle, me sera-t-il permis à présent de mourir en paix.

Je l'attendis jusqu'à son arrivée. Elle parut satisfaite de me voir ; mais étant très faible, elle me dit qu'elle avait besoin de s'asseoir un moment, avant que de monter à sa chambre. Madame Lovick la soutint jusqu'à la première chaise. — Je vous vois avec plaisir, me dit-elle; je ne fais pas difficulté de l'avouer, quelque interprétation que la malignité donne à mes sentimens. Cette expression me surprit; mais je ne voulus pas l'interrompre.

— Ah! monsieur, reprit-elle, j'ai plus souffert que vous ne pouvez vous l'imaginer. Votre ami, qui ne m'a pas voulu laisser vivre avec honneur, ne veut pas non plus que je meure en paix. Vous me voyez. Ne me trouvez-vous pas extrêmement changée depuis votre départ ? Si j'avais quelque attachement à la vie, je dois dire que votre ami, votre barbare ami, sert beaucoup à me l'abréger.

Sa faiblesse était si visible dans le mouvement de sa respiration et dans le son de sa voix, son action si touchante, que j'en fus pénétré jusqu'au fond du cœur. Les deux femmes et la garde tournèrent la tête en pleurant. — Depuis quatre jours, madame, m'efforçai-je de répondre, j'ai eu devant les yeux une scène extrêmement affligeante. Le pauvre Belton n'est plus. Il passa hier dans un autre monde, après une si terrible agonie, que l'impression qui m'en reste me trouble encore la vue et l'imagination. (Je ne voulais pas qu'elle attribuât les marques de ma douleur à l'abattement où je la voyais, dans la crainte d'affaiblir son courage).

— Un spectacle de cette nature, interrompit-elle, est bien plus propre à fortifier l'âme. Mais puisque vous y avez été si sensible, je souhaiterais que vous en eussiez fait une vive peinture à votre joyeux ami. Qui sait quel effet elle aurait pu produire sur lui, de la part et dans le cas d'un associé ? — Je l'ai fait, répliquai-je, et je me figure que ce n'est pas tout à fait sans fruit. — Sa dernière conduite dans cette maison, reprit-elle, et sa cruelle obstination à me poursuivre, donnent peu d'espérance que les objets graves et sérieux fassent jamais d'impression sur lui.

Notre entretien continua sur les derniers momens de notre ami, et j'admirai son esprit dans le tour de ses réflexions. Pendant qu'un sujet si touchant lui faisait oublier ses propres maux, un homme à cheval lui apporta une lettre de miss Howe. Elle se retira dans son appartement pour la lire. Le médecin, qu'on avait fait avertir de son retour, arriva dans l'intervalle et confirma mes craintes sur le danger de sa situation. Il avait appris de nouveaux exemples de la rigueur de sa famille et de vos persécutions. — Pour tous les trésors du monde, me dit-il, je ne voudrais pas être son père, ni l'homme qui l'a jetée dans cet affreux état. Le poison de la douleur a pris l'ascendant. Elle en mourra. Je ne vois aucune ressource. Mais je suis effrayé pour ceux qui ont à se reprocher sa mort.

Lorsqu'elle eut appris qu'il demandait à la voir, elle nous fit prier tous deux de monter. Elle nous reçut avec toutes les grâces qu'aucun changement ne lui fera jamais perdre, et se hâtant de satisfaire à diverses questions sur l'état de sa santé, elle passa aux remerciemens les plus vifs et les plus tendres pour des soins et des témoignages d'affection que sa fortune présente ne la mettait point en état de reconnaître. Elle nous tint un discours si touchant, que, ne trouvant pas d'expression pour y répondre, nous fûmes réduits, le médecin et moi, à nous regarder mutuellement dans un transport de surprise et d'admiration. Ensuite, sans nous laisser le temps de revenir à nous-mêmes : — Comme il me reste, dit-elle au médecin, quelques préparations à faire et que je ne voudrais pas entreprendre ce que le temps ne me permettrait pas d'achever, je vous demande en grâce de vous expliquer nettement sur ma situation. Vous connaissez mon régime, et vous pouvez compter que je ne ferai rien pour abréger ma vie : dans quel temps me donnez-vous l'espérance d'être délivrée de toutes mes peines?

Le médecin parut hésiter. Il me regardait d'un œil incertain. — Ne craignez pas de me répondre, lui dit-elle, avec autant de fermeté que de douceur. Dites-moi combien vous jugez qu'il me reste de temps à vivre, et croyez-moi, monsieur, plus il sera court, plus votre réponse me paraîtra consolante.

— Étonnante question! lui répondit-il. Quel mélange de plaisir et d'horreur faites-vous éprouver à ceux qui ont le bonheur de converser avec vous et de voir tant de charmes dont la nature vous a partagée! Ce que vous avez souffert, depuis quelques jours, a fait un tort extrême à votre santé; et si vous étiez exposée à de nouvelles peines de cette nature, je ne répondrais pas que vous fussiez capable de les soutenir.... Il n'acheva point. Combien de temps, monsieur, combien? Je me crois menacée encore de quelques petits chagrins. Je l'appréhende du moins; mais il n'y en a qu'un, pour lequel je me défie de mes forces. Combien donc? monsieur? Il demeura sans répondre. — Quinze jours, monsieur? Il continua de se taire. — Dix jours? une semaine? Dites, monsieur, combien? (avec un charmant sourire, quoique d'un air fort pressant.)

— Puisqu'il faut m'expliquer, madame, si quelque heureux événement ne vous rend point à la vie, je crains... je crains...

— Vous craignez, monsieur? Ne craignez point. Combien?

— Je crains que, dans quinze jours ou trois semaines, le monde ne perde son plus parfait ornement.

— Quinze jours ou trois semaines, monsieur!... Mais que la volonté du ciel soit remplie! J'aurai donc plus de temps que je n'en ai besoin pour exécuter ce que je me suis proposé, du moins si je conserve quelque force de corps et d'esprit.

Son cœur se satisfit encore par des effusions de reconnaissance ; après quoi, priant le médecin de lui procurer certaines gouttes qui servaient, lui dit-elle, à ranimer ses esprits lorsqu'elle se trouvait trop abattue, elle nous demanda la liberté de passer dans son cabinet pour écrire quelques lettres.

Le médecin se retira. Je rejoignis les femmes de la maison, et j'appris d'elles que madame Lovick devait lui apporter aujourd'hui 25 guinées sur quelques nouvelles pièces de sa garderobe. Elles me dirent qu'ayant pris la liberté de lui faire un reproche de cette facilité à se défaire de ses habits avec tant de désavantage et sans qu'elle parût pressée d'argent, elle leur avait fait une réponse fort étrange. Après sa mort, aucun de ses amis ne ferait usage de ses robes. Elle avait d'ailleurs quantité de choses plus précieuses à laisser. « A l'égard du besoin qu'elle avait d'argent, elle voulait bien leur confier qu'elle était résolue d'acheter une maison. »

— Une maison, madame? répliqua madame Lovick. Je ne comprends pas quel est votre dessein.

— Je vais donc m'expliquer, reprit-elle. Ce n'est point une femme, c'est un homme que j'ai choisi pour l'exécution de mon testament ; et croyez-vous que je veuille lui laisser aucun soin qui regarde ma personne ? Vous me comprenez à présent.

Madame Lovick se mit à pleurer. — Des larmes ! lui dit cette admirable fille en les essuyant de son propre mouchoir et l'honorant d'un baiser; pourquoi cette obligeante faiblesse en faveur d'une étrangère avec laquelle vous êtes liée si nouvellement ? Chère et bonne madame Lovick, ne vous alarmez point d'un objet dont je m'entretiens avec complaisance.

Ainsi, Lovelace, il est trop clair que la maison qu'elle veut acheter est son cercueil. Quelle présence et quelle fermeté d'esprit! quelle tranquillité de cœur, dans les occupations les plus funestes! Voilà ce qui mérite le nom de grandeur d'âme. Toi, moi, avec notre vaine bravoure, et ce faux courage, qui n'est réel que pour offenser, serions-nous capables d'une constance si noble ? Pauvre Belton ! quelle différence entre elle et vous ! Madame Lovick m'a dit qu'elle lui avait parlé d'une lettre qu'elle a reçue, pendant mon absence, du docteur Lewin, son ministre favori, et d'une réponse qu'elle s'est hâtée de lui faire. Mais elle ignore le sujet de l'une et de l'autre.

La longueur de celle-ci m'oblige de remettre à demain mon départ pour Epsom. Elle te forcera de reconnaître quelle sera bientôt la conclusion de tes outrages contre la plus divine de toutes les femmes.

J'aurais dû vous dire que miss Harlove a pris soin de m'expliquer quel est cet unique sujet de chagrin pour lequel elle se défie de ses forces : c'est le résultat qu'elle appréhende d'une visite que le colonel Morden est dans le dessein de vous rendre.

LETTRE CCCXL.

MISS ARABELLE HARLOVE, A MISS CLARISSE.

Lundi, 22 août.

Vos dernières lettres à mes oncles font connaître assez clairement que nous avons tous encouru votre disgrace, en vous écrivant à cœur ouvert. Nous n'y savons point de remède, ma sœur Clary. Il me semble aussi que vous regarderiez comme une bassesse indigne de vous, de renouveler vos instances pour obtenir la bénédiction paternelle, qui paraissait d'abord si nécessaire à votre repos. Vous jugez sans doute que vous avez rempli votre devoir en la demandant; et je suppose que, demeurant contente de cette démarche, vous laissez à vos parens offensés le repentir de ne s'être pas acquittés du leur, en vous l'accordant au premier mot, et en prenant la peine de vous chercher, comme vous paraissez croire qu'ils le doivent. Bel encouragement, en effet, pour courir après une fugitive qui a vécu avec son amant aussi long-temps qu'il a voulu vivre avec elle! Vous regrettez même de m'avoir écrit; c'est ce que je crois entrevoir dans quelques unes de vos modestes expressions. Il n'y a donc aucune apparence que vous recommenciez à nous solliciter sur le même point. Eh bien, ma sœur Clary, puisque telle est votre disposition, permettez que ce soit moi qui m'adresse *humblement* à vous, pour vous faire deux ou trois propositions auxquelles vous aurez la bonté de répondre.

Il nous est revenu, de divers endroits, que vous avez été traitée avec tant de bassesse, par l'infâme avec qui vous avez jugé à propos de prendre la fuite, que si son crime était prouvé, sa vie serait une faible expiation. Nous avons cru pouvoir tirer la même conclusion de quelques endroits de vos lettres. Si les beaux sentimens qu'elles contiennent ne sont pas de pures affectations, et s'il y a quelque vérité dans les récits de madame Howe et de madame Norton, il dépend encore de vous, Clary, de justifier votre caractère à nos yeux, comme à ceux du public; du moins, dans tout ce qui ne regarde pas votre scandaleuse fuite. Les lois peuvent être armées contre l'infâme; et si nous le conduisons à l'échafaud, quelle glorieuse vengeance pour notre famille outragée, et pour tant de simples créatures qu'il a trompées comme vous! Quel préservatif pour en sauver quantité d'autres de leur ruine!

Prenez donc la peine de m'apprendre si vous êtes disposée à agir, pour vous faire cette justice à vous-même et à nous, et au sexe entier. Si vous ne l'êtes pas, ma sœur, nous saurons ce que nous devons penser de vous; si vous entrez dans le plan que je vous propose, deux célèbres conseillers: MM. Ackland et Verham, se rendront auprès de vous pour recevoir les éclaircissemens nécessaires, sur lesquels on commencera de justes poursuites.

S'il faut s'en rapporter à quelques avis de madame Howe, il y a peu d'apparence que vous approuviez cette ouverture. Elle nous fait entendre qu'elle l'a déjà fait proposer par sa fille, mais inutilement.

Un mot encore sur ma proposition: le docteur Lewin, votre admirateur, décide nettement que vous devez poursuivre votre infâme. Mais si vous n'êtes pas de cet avis, j'ai un autre parti à vous proposer, et cela au nom de toute la famille : c'est de partir pour la Pennsylvanie et d'y résider pendant quelques années, jusqu'à ce que votre aventure soit oubliée. Alors, si la justice du ciel vous épargne et si vous menez une vie pénitente, on pourra du moins, lorsque vous serez à votre vingt-unième année, vous accorder la possession de votre terre ou vous en faire toucher le revenu, à votre choix. C'est le temps que mon père fixe, parce que tel est l'usage et parce qu'il juge que votre grand-père l'aurait fixé de même, et parce que votre belle conduite a pleinement prouvé que dix-huit ans n'ont pas été pour vous l'âge de discrétion. Le pauvre vieillard, qui commençait à radoter, quoique fort bon homme, s'y est malheureusement trompé.

M. Hartley, qui a sa sœur en Pennsylvanie, nous promet de l'engager à vous prendre chez elle en pension. Si vous aviez une fois passé la mer, vos parens seraient délivrés d'une multitude de soins et de craintes, sans parler de la honte du scandale. Vous serez libre de prendre avec vous votre fidèle Hannah, ou qui vous voudrez de vos nouvelles connaissances. On suppose que ce sera une personne de votre sexe.

Si vous m'accordez une réponse, que le porteur de ma lettre ira prendre mercredi au matin, vous me ferez vraiment une grâce extrême.

ARABELLE HARLOVE.

LETTRE CCCXLI.

MISS CLARISSE HARLOVE, AU DOCTEUR LEWIN.

Je m'étais figuré, monsieur, jusqu'au moment où j'ai reçu votre chère lettre, qu'il ne me restait ni père, ni oncles, ni frère, ni même un seul ami de tant de personnes de votre sexe qui m'honoraient autrefois de leur estime. Cependant je vous connais si bien, que, n'ayant rien à me reprocher du côté de l'intention, je me trouve blâmable. Les apparences m'avaient fait tort dans votre esprit, de n'avoir pas tenté de m'y rétablir.

Mais attribuez, monsieur, cette négligence à différentes causes, entre lesquelles je dois compter la honte de comparer le rang où j'étais autrefois dans votre estime avec le degré que j'y dois occuper à présent, puisque mes plus proches parens m'abandonnent ; et ma profonde tristesse, qui, répandant la défiance dans un cœur humble, m'a fait craindre de recourir à vous, pour y retrouver en quelque sorte tous les chers amis que j'ai perdus. Ensuite n'ai-je pas dû penser qu'on m'accuserait peut-être de vouloir former un parti contre ceux que le devoir et l'inclination m'obligent également de respecter ? Si long-temps balottée, d'ailleurs, entre la crainte et l'espérance ; si peu maîtresse de moi-même dans un temps ; si remplie, dans un autre, de la crainte de causer quelque désastre ; ne recevant de vous aucun encouragement qui pût me faire espérer un peu de faveur ; appréhendant avec raison que ma famille ne vous eût engagé du moins au silence !

Toutes ces considérations... Mais que servent mes réflexions sur le passé ? J'étais destinée à l'infortune... pour obtenir bientôt un meilleur sort ; c'est mon heureuse espérance. Ainsi, me renfermant dans cette idée, j'écarte toutes les autres, et je réponds en peu de mots à votre obligeante lettre.

Vos raisons me paraîtraient absolument convaincantes, dans tout autre cas que celui de la malheureuse Clarisse Harlove. Il est certain aussi qu'une fille qui n'a pas le courage de se donner en spectacle aux yeux du public doit se précautionner doublement contre les fautes particulières qui peuvent la jeter dans la nécessité de s'exposer à cette confusion. Mais, par rapport à moi, quand on supposerait que l'état de ma santé ne fût pas un obstacle invincible, et quand mon inclination même me porterait à faire éclater mes plaintes, ne serait-il pas à craindre que mes amis ne trouvassent plus de difficultés qu'ils ne se l'imaginent à la vengeance qu'ils se proposent, lorsqu'on viendrait à savoir que j'ai consenti à donner un rendez-vous clandestin, en conséquence duquel j'ai été lâchement trompée ; que, pendant plusieurs semaines, je n'ai pu me défendre d'habiter sous le même toit avec un ravisseur, que j'ai souffert sa compagnie sans me plaindre, et sans qu'il m'ait donné lui-même aucun sujet de plainte ? Il y aurait peu de faveur à se promettre dans une cour de justice, pour mille accusations qui seraient peut-être du plus grand poids devant des juges particuliers; telles, surtout, que les infâmes méthodes qu'on a sans cesse employées pour ma ruine. Outre la confusion mortelle de devenir comme le jouet du public, chaque bouche ne serait-elle pas prête à répondre que je ne devais pas me livrer au pouvoir d'un homme si dangereux, et que je ne me plains de rien que je n'aie bien mérité ?

J'ose dire, monsieur, que telle est l'audace de l'homme à qui mon malheureux sort m'a livrée, telle est sa haine contre tous mes proches, qui paraîtrait alors justifiée par leur ancienne aversion pour lui, et par les efforts qu'ils ont faits pour lui ôter la vie, qu'il ne serait pas fâché d'être confronté, dans cette occasion, à mon père, à mes oncles, à mon frère, à moi : et s'il était absous ou pardonné, les ressentimens mutuels n'en deviendraient-ils pas plus vifs ? Alors mon frère et M. Morden seraient-ils plus à couvert ?

Convaincu de la pureté de mon cœur et de la fermeté de mes principes, M. Lovelace m'a offert le mariage. Il fait éclater un repentir que j'ai de fortes raisons de croire sincère, quoique la religion n'y ait peut-être aucune part. Dans la même conviction, ses illustres parens, plus tendres pour moi que les miens, se sont réunis pour me presser de lui pardonner et de recevoir sa main. Quoique je ne puisse me rendre à la seconde de ses deux demandes, ne m'avez-vous point appris, monsieur, par les meilleures règles et par les divins exemples, à pardonner les injures ?

Celle que j'ai reçue est assurément des plus cruelles, et les circonstances qui l'ont accompagnée sont d'une noirceur et d'une inhumanité sans exemple. Cependant, grâces au ciel, elle n'a point infecté mon âme; elle n'a point altéré mes mœurs. Il ne m'en est point resté d'habitude vicieuse. Ma volonté s'est conservée sans tache. J'ai de plus, monsieur, un argument qui me paraît suffire seul pour répondre à tous les vôtres. Je sais, mon respectable ami, mon guide et mon directeur dans des temps plus heureux, je sais que vous approuverez les efforts par lesquels je travaille à m'établir dans cette charitable disposition, lorsque je vous aurai déclaré que je me crois fort proche de ce grand et redoutable moment où le ressentiment de toutes les injures qui ne concernent point l'âme immortelle doit être absorbé dans de plus hautes et plus importantes considérations. Voilà ce que j'avais à dire pour moi-même. A l'égard de mes amis, dont je dois souhaiter aussi la satisfaction, miss Howe prend soin de recueillir toutes les lettres et tous les matériaux qui peuvent servir à mettre mon histoire dans son véritable jour. Je compte le vertueux docteur Lewin entre ces amis, dont la satisfaction m'est chère. L'utilité qui peut revenir de ce recueil à toutes les jeunes personnes qui auront entendu parler de moi, répondra bien mieux à la fin qu'on se propose, que mes sollicitations dans une cour de justice, pour obtenir une vengeance incertaine avec tous les désavantages que je viens de représenter.

Si je suis assez heureuse, monsieur, pour vous faire approuver mes idées et pour en recevoir l'assurance par quelques mots de votre main, il ne manquera rien à ma propre satisfaction ; car je souhaite aussi ardemment que jamais d'être justifiée à vos yeux, et de mériter la glorieuse estime dont vous honoriez autrefois votre très humble.

Clarisse Harlove.

LETTRE CCCXLII.

MISS CLARISSE, A MISS ARABELLE HARLOVE.

Mardi, 22 août.

Avec quelque dureté, ma sœur, qu'il vous plaise de m'écrire, comptez que la moindre de vos attentions excitera toujours ma reconnaissance. Mais, quelque jugement que vous portiez de moi, je ne puis voir MM. Ackland et Verham dans les vues que vous me proposez. Que le ciel, comme vous dites, ait pitié de moi ! car je n'en attends plus de personne. Il faut qu'on me regarde comme une malheureuse qui a bu toute honte, sans quoi l'on ne penserait point à m'envoyer deux hommes pour une commission de cette nature. Si ma mère avait demandé de moi, ou si la modestie vous avait permis à vous-même de me demander les circonstances de ma triste histoire, ou si madame Norton avait été chargée de les recevoir de ma bouche, la bienséance aurait été plus ménagée. Il me semble aussi qu'il aurait été plus digne du caractère de tout le monde, d'exiger ces informations avant que de me condamner avec tant de rigueur.

Je sais que votre opinion est celle du docteur Lewin. Il a pris la peine de m'en instruire, par une lettre fort obligeante. Je lui ai fait réponse, et je me flatte qu'il est satisfait de mes raisons. Peut-être méritent-elles que vous preniez la peine de demander à les voir.

A l'égard de votre seconde proposition, qui regarde mon passage en Pennsylvanie, si, dans l'espace d'un mois, il n'arrive rien qui puisse délivrer mes proches et mes amis de cette multitude de soins, de craintes et de scandales que vous me reprochez, et si je suis alors en état de me faire transporter au vaisseau, j'obéirai volontiers aux ordres de mon père et de ma mère, quand je serais sûre de mourir en chemin. Au lieu de ma pauvre Hannah, qui est réellement innocente, vous serez libre de mettre auprès de moi votre Betty Barnes, qui vous répondra de ma conduite, et je lui promets de récompenser généreusement ses services.

Je suis également surprise et affligée des nouveaux soupçons que vous me laissez entrevoir sur ma conduite. Sur quoi seraient-ils fondés ?

Je ne vous dirai point combien je suis pénétrée de votre rigueur, ni ce que vous me faites souffrir par cette cruelle légèreté de style, que vous n'affectez apparemment que dans la vue de me mortifier. Cependant je prie le ciel avec aussi peu de ressentiment qu'il m'est possible, et pour l'amour de vous-même, de vous donner un cœur plus tendre que vous ne paraissez l'avoir à présent; parce qu'un cœur tendre, j'en suis convaincue, est un plus grand bien pour celui qui le possède que pour ceux même qui en ressentent les effets. Dans ces sentimens, ma chère Bella, je suis votre très affectionnée sœur,

Clarisse Harlove.

LETTRE CCCXLIII.

M. LOVELACE, A M. BELFORD.

Mardi matin, 29 août.

Je t'apprends, ami, que nous avons reçu la visite du colonel Morden. Recueille ton attention, pour un curieux dialogue.

Il vint hier, à cheval, suivi d'un seul laquais. Milord le reçut comme un parent de miss Harlove, c'est-à-dire avec les plus grandes marques de considération. Après les premiers complimens, il s'adressa dans ces termes à milord et à moi : — Comme vous n'ignorez pas, messieurs, que je suis lié par le sang avec les Harlove, je n'ai pas besoin d'explication pour le sujet qui m'amène et la visite que j'ai l'honneur de vous rendre.

Milord. — Miss Harlove, monsieur, est apparemment le motif de votre visite; au témoignage de tout le monde, c'est la plus excellente de toutes les femmes.

Le colonel. — Je suis ravi, milord, que vous en ayez cette opinion.

Milord. — C'est non seulement la mienne, mais celle de toute ma famille, de mes sœurs, de mes nièces, et de M. Lovelace lui-même.

Le colonel. — Plût au ciel que c'eût toujours été celle de M. Lovelace.

Lovelace. — Votre absence a duré long-temps, monsieur. Peut-être n'êtes-vous pas pleinement informé des circonstances.

Le colonel. — Il y a plus de six ans, monsieur, que je suis parti d'Angleterre. Miss Clarisse Harlove en avait alors onze ou douze. Mais il est rare qu'à vingt ans on ait autant de prudence et de discrétion. Esprit, figure, jamais je n'ai vu tant de perfections annoncées à cet âge; et je n'ai pas été surpris d'apprendre qu'elle ait plus que rempli de si belles espérances. Pour la fortune, ce que son père et ses oncles se proposaient de faire en sa faveur, et ce que j'avais dessein d'y joindre moi-même, avec ce que son grand-père avait déjà fait, devait la rendre un des plus brillans partis du royaume.

Lovelace. — Je reconnais miss Harlove dans ce portrait. Ajoutez-y, monsieur, que, sans la violence et l'humeur implacable de sa famille, qui a voulu l'engager malgré son penchant dans un mariage indigne d'elle, miss Harlove serait aujourd'hui très heureuse.

Le colonel. — J'avoue, monsieur, comme vous venez de l'observer, que je ne suis pas entièrement informé de ce qui s'est passé entre vous et ma cousine; mais lorsque j'ai su, pour la première fois, que vous lui rendiez des soins, permettez-moi de le dire, je n'avais qu'une objection à faire contre vous, importante à la vérité, et je ne vous cacherai point que je lui en ai marqué librement ma pensée dans une lettre. Pour tout le reste, il me semblait que personne ne lui convenait mieux que vous : car vous êtes un galant homme, qui joignez à toutes les grâces de la figure des manières nobles et aisées, une naissance distinguée, une fortune et des espérances considérables. Dans le peu de temps que j'ai eu l'honneur de vous connaître en Italie, quoique votre conduite, pardonnez-moi cette réflexion, n'y ait pas été tout à fait sans reproche, diverses occasions m'ont convaincu que vous êtes brave. Du côté de l'esprit et de la vivacité, peu de jeunes gens vous égalent. Votre langage est séduisant. Vous avez long-temps voyagé; et je sais, si vous me le pardonnez encore, que vous vous entendez mieux à faire des observations qu'à les suivre. Avec tant de belles qualités, il n'est pas surprenant qu'une jeune personne prenne de l'amour pour vous, ni que cet amour, joint à l'indiscrète chaleur avec laquelle on a voulu forcer les inclinations de ma cousine en faveur d'un homme qui vous est fort inférieur, l'ait portée à se jeter sous votre protection. Mais si je lui suppose deux motifs si puissans, n'est-il pas vrai aussi, monsieur, qu'elle était doublement autorisée à se promettre un généreux traitement de la part de l'homme qu'elle choisissait pour son protecteur?

Lovelace. — Miss Harlove avait droit aux adorations de tout le genre humain, je ne balance point à le déclarer; mais il est impossible de rappeler le passé. Peut-être souhaiterais-je de le pouvoir.

Ici, le colonel s'étendit avec beaucoup de force sur la méchanceté de ceux qui attaquent la vertu des femmes. Il observa qu'en général les hommes ont déjà trop d'avantages sur la crédulité, la faiblesse et l'inexpérience du beau sexe qui, par la mollesse de son éducation, par ses lectures et par le désir naturel de plaire, devient quelquefois trop facile à se laisser engager dans les démarches les plus imprudentes; qu'à la vérité sa cousine était au dessus des séductions communes, c'est-à-dire incapable d'une témérité par des moindres motifs que la violence de sa famille et mes promesses solennelles; mais qu'avec ces motifs néanmoins, et une prudence qu'elle devait moins à l'expérience des affaires qu'à son heureuse constitution, elle avait pu croire la défiance inutile à l'égard d'un homme qu'elle aimait, et que par conséquent rien n'était plus odieux que d'avoir abusé de sa confiance. Je l'interrompis.

Lovelace. — Ces observations sont vagues et peuvent ne pas convenir au point dont il est question. Mais vous-même, monsieur, vous n'avez pas d'aversion pour la galanterie, et peut-être ne justifieriez-vous pas mieux que moi toutes les actions de votre vie.

Le colonel. — Oh! monsieur, vous êtes libre de me rappeler mes erreurs. Grâce au ciel, je suis capable de les reconnaître et d'en rougir.

Milord jeta les ici yeux sur moi; mais comme il ne paraissait point, à l'air du colonel, qu'il entrât la moindre malignité dans cette réflexion, je la relevai d'autant moins que je suis aussi prêt que lui à reconnaître mes fautes, soit que j'en rougisse ou non. Il continua.

Le colonel. — Comme vous semblez douter de mes principes, je vous dirai naturellement et sans en tirer vanité, quelle a toujours été ma règle jusqu'à ces derniers temps, où je me suis beaucoup plus resserré. J'ai pris des libertés qui ne peuvent être justifiées par les lois de la bonne morale, et je me rappelle un âge de ma vie où je me serais cru en droit de couper la gorge à celui qui aurait traité ma sœur comme je ne faisais pas difficulté de traiter les filles et les sœurs d'autrui. Mais je tiens que celui qui va jusqu'à promettre, est obligé de tenir. Une femme est en droit de porter son appel à tout l'univers, contre la perfidie d'un homme qui l'a trompée, et sera toujours sûre d'avoir le public de son côté. A présent, monsieur, je vous crois trop d'honneur pour ne pas convenir que si vous avez obtenu quelques avantages sur une si éminente vertu, vous le devez à des promesses de mariage ouvertes et solennelles...

Lovelace, l'interrompant. — Je sais, colonel, tout ce que vous pouvez ajouter, et vous me pardonnerez, j'en suis sûr, de vous avoir interrompu, lorsque vous m'allez voir toucher directement au but que vous vous proposez. Je reconnais donc que j'en ai fort indignement usé avec miss Harlove, et j'ajoute, avec la même franchise, que je m'en repens du fond du cœur. Je dirai plus, je me trouve si grossièrement coupable, que loin de chercher des excuses dans les affronts continuels que j'ai reçus de son implacable famille, j'avoue que ce serait une nouvelle bassesse qui me condamnerait doublement. Si vous pouvez dire quelque chose de pis, vous êtes libre de parler.

Il nous regarda successivement, milord et moi. — Comptez, lui dit milord, que mon neveu parle de bonne foi. J'en réponds pour lui.

Lovelace. — Oui, monsieur; et que puis-je dire, que puis-je faire de plus?

Le colonel. — Faire? monsieur. Oh! je suis surpris qu'il soit besoin de vous dire que la réparation doit suivre le repentir, et je me flatte que vous ne balancerez pas à prouver l'un par l'autre. (Le ton dont ce discours fut prononcé ne me plut point. J'hésitai, comme incertain si je devais le relever). Permettez, continua-t-il, monsieur, que je vous fasse une question : Est-il vrai, comme on le dit, que vous épouseriez ma cousine si elle voulait y consentir? (Je me sentis encore plus blessé.)

Lovelace. — Certaines questions, par la manière dont elles sont proposées, semblent renfermer un ordre. Je demande à mon tour, colonel, comment je dois prendre les vôtres?

Le colonel. — Je ne pense point, monsieur, à donner ici des ordres. Ma seule vue est d'engager un galant homme à prendre des résolutions dignes de lui.

Lovelace, vivement. — Et par quels argumens, monsieur, prétendez-vous y parvenir?

Le colonel. — Par quels argumens engager un galant homme à se montrer digne de lui? Cette question me surprend dans la bouche de M. Lovelace.

Lovelace. — Et pourquoi donc, monsieur?

Le colonel, d'un ton assez amer. — Pourquoi, monsieur?...

Lovelace, l'interrompant. — Je n'aime point, colonel, que mes termes soient répétés de ce ton.

Milord. — Doucement, doucement, messieurs. Je vous demande en grâce de vous mieux entendre. On est si vif, à votre âge!

Le colonel. — Je ne prends point ce reproche pour moi, milord. Je ne suis ni fort jeune ni trop vif. M. Lovelace peut me rendre tel qu'il le souhaite.

Lovelace. — Et je souhaite, colonel, de vous voir tout ce que vous souhaitez d'être.

Le colonel, fièrement. — Je vous en laisse le choix, monsieur : votre ami ou votre ennemi, suivant la disposition où vous êtes de rendre justice à la plus parfaite de toutes les femmes.

Milord. — J'avais bien jugé, messieurs, que cette chaleur était à craindre dans votre première entrevue. Acceptez, je vous prie, mon entremise. Vous tendez au même but, et vous n'avez besoin que de patience pour vous expliquer. Monsieur Morden, faites-moi la grâce de ne pas venir tout d'un coup aux défis...

Le colonel. — Aux défis, milord! Ce sont des extrémités que j'accepte plus volontiers que je ne les offre. Mais croyez-vous qu'ayant l'honneur d'appartenir de si près à la plus excellente femme du monde...

Milord, l'interrompant. — Nous convenons tous de ses perfections, et nous regarderions son alliance comme le plus grand honneur auquel nous puissions aspirer.

Le colonel. — Vous le devez, milord.

Milord. — Oui, nous le devons, et nous le faisons aussi ; et que chacun fasse ce qu'il doit, et qu'il ne fasse rien de plus. Et vous, colonel, souffrez que je le dise, vous devez être moins ardent.

Lovelace, froidement. — Allons, monsieur Morden, quelles que soient vos intentions, il ne faut pas que cette dispute aille plus loin que vous et moi. Vous vous expliquez avec un peu de hauteur, et je ne suis point accoutumé à ce langage. Mais ici, sous ce toit, il serait inexcusable de relever ce qui méritait peut-être mon attention dans un autre lieu.

Le colonel. — Quelque jugement que vous portiez de mon langage, le vôtre, monsieur, est digne d'un homme que je serais charmé de pouvoir nommer mon ami, si toutes ses actions y répondaient, et digne aussi de l'homme que je me croirais honoré de nommer mon ennemi. J'adore un courage noble. Mais puisque milord est persuadé que nous tendons tous deux au même but, je crois, monsieur Lovelace, que si l'on nous permettait d'être seuls pendant quatre ou cinq minutes, nous nous entendrions bientôt parfaitement. (Là-dessus, il se mit en chemin vers la porte).

Lovelace. — Je suis tout à fait de votre opinion, et j'ai l'honneur de vous accompagner.

Milord sonna brusquement, et vint se jeter entre nous en disant au colonel : — Retournez de grâce, monsieur, retournez! et à moi qu'il retenait par le bras :—Mon neveu, je vous défends de sortir. La sonnette et le bruit des voix amenèrent Mowbray, Clincarn, écuyer de milord ; le premier avec son air nonchalant et les mains derrière le dos. Il nous demanda de quoi il était question ? — De rien, lui dit milord ; mais ces jeunes gens sont, sont, sont... des jeunes gens, et c'est tout. Le colonel étant rentré alors d'un air plus composé, il le supplia de s'expliquer avec modération.

Le colonel. — De tout mon cœur, milord.

Mowbray, s'approchant de mon oreille. — De quoi s'agit-il donc ? me dit-il. Veux-tu, mon enfant, que je tombe sur cet homme-là ?—Garde-toi d'ouvrir la bouche, lui répondis-je tout bas. Le colonel est un galant homme, et je te défends de te mêler ici le moins du monde.

Le colonel. — Je serais au désespoir, milord, de vous causer le moindre chagrin. Je ne suis pas venu dans cette intention.

Milord. — En vérité, colonel, vous m'avez fait soupçonner le contraire, par la facilité avec laquelle vous prenez feu.

Le colonel. — Si j'avais eu le moindre dessein d'en venir aux extrémités, je suis sûr que M. Lovelace m'aurait fait l'honneur de me joindre dans quelque lieu où la violence me rendrait moins coupable. Je suis venu dans des vues fort opposées... pour concilier les différends, loin de vouloir les irriter.

Lovelace. — Eh bien! monsieur, nous prendrons toutes les méthodes qu'il vous plaira. Il n'y a personne avec qui je sois plus disposé à traiter paisiblement qu'avec un homme pour lequel miss Harlove a tant de considération. Mais je vous avoue que, dans le ton, comme dans les termes, je ne puis supporter l'air de menace.

Milord. — Allons, messieurs, allons. Vous commencez à vous entendre mieux. Je suis persuadé, colonel, que vous ne connaissiez pas tout le fond de cette fâcheuse affaire. Vous ne savez pas combien mon neveu désire qu'elle se termine heureusement. Vous ne savez pas, colonel, qu'à notre sollicitation M. Lovelace est résolu d'épouser miss Harlove.

Le colonel. — A votre sollicitation, milord! Je me serais figuré que M. Lovelace était disposé à remplir son devoir par des principes de justice, surtout lorsque la justice se trouve jointe au plus grand honneur qu'il puisse se faire à lui-même. (Mowbray jeta des yeux à demi fermés sur le colonel, et me lança aussitôt un regard.)

Lovelace. — L'expression est forte, monsieur.

Mowbray. — Par ma foi, je la trouve telle aussi.

Le colonel. — Forte, monsieur? Mais n'est-elle pas juste?

Lovelace. — Oui, colonel, et je crois que faire honneur à miss Harlove, c'est m'en faire à moi-même. Cependant il y a des termes qui peuvent être adoucis, du moins par le ton, sans rien perdre de leur valeur.

Le colonel. — Cette remarque est vraie en général ; mais, si vous avez pour ma cousine les sentimens dont vous faites profession, vous devez...

Lovelace. — Souffrez, monsieur, que je vous interrompe. Si j'ai les sentimens dont je fais profession! Il me semble qu'après avoir déclaré que j'ai ces sentimens, ceci, prononcé avec emphase, est fort déplacé.

Le colonel. — Vous m'avez interrompu deux fois, monsieur. Je suis aussi peu accoutumé à me voir interrompre, que vous à voir répéter vos termes.

Milord. — Deux barils de poudre, en vérité. Que sert, messieurs, de vouloir traiter, si vous êtes prêts à quereller au moindre mot?

Lovelace. — Un homme d'honneur, milord, souffre difficilement que sa bonne foi soit soupçonnée.

Le colonel. — Si vous m'aviez permis d'achever, monsieur Lovelace, vous auriez vu que ce *si* était moins une marque de doute, qu'une supposition accordée. Mais, réellement, il est bien étrange qu'avec tant de délicatesse sur la bonne foi dans le commerce des hommes, on ne fasse pas scrupule de violer les promesses et les sermens qu'on fait aux femmes. Je puis vous assurer, monsieur, que j'ai toujours cru ma conscience liée par mes sermens.

Lovelace. — Je loue cette maxime, colonel ; mais je vous apprends que vous me connaissez peu, si vous ne me croyez pas capable d'un juste ressentiment, lorsque je vois prendre mes généreuses déclarations pour une marque de faiblesse.

Le colonel, d'un air ironique. — Je me garderai bien, monsieur, de vous prêter cette disposition. Ce serait s'imaginer qu'un homme qui s'est rendu coupable d'une injure signalée n'est pas prêt à montrer son courage pour la soutenir.

Mowbray. — Ce ton est dur, colonel, par ma foi! Il n'y a personne au monde de qui j'en voulusse entendre autant que M. Lovelace en a souffert.

Le colonel. — Qui êtes-vous, monsieur? Quel droit avez-vous d'entrer dans une affaire où d'un côté l'on se reconnaît coupable et où l'honneur d'une famille considérable est intéressé?

Mowbray, à l'oreille du colonel. — Mon cher enfant, vous m'obligeriez infiniment si vous vouliez me donner le moyen de répondre à votre question. (Il sortait. Je l'ai ramené, tandis que milord retenait le colonel.)

Le colonel. — De grâce, milord, permettez-moi de suivre cet officieux inconnu. Je vous promets d'être ici dans trois minutes.

Lovelace. — Mowbray! est-ce là le personnage d'un ami? Me supposes-tu incapable de répondre pour moi-même? Le colonel Morden aura-t-il occasion de se plaindre qu'étant venu ici seul et comme nu, cette raison n'ait pas plutôt servi à lui attirer des civilités que des insultes? Il faut, mon cher Mowbray, que vous vous retiriez à ce moment. Vous n'avez, en effet, aucun intérêt dans cet affaire, et si vous êtes mon ami, je vous prie de faire des excuses au colonel de vous y être mêlé mal à propos.

Mowbray. — Eh bien! eh bien! Lovelace, il n'en sera que ce que tu juges à propos. Je sais que je n'ai point à faire ici. Vous, colonel (en lui tendant la main), je vous laisse à un homme qui est aussi capable de défendre sa cause qu'aucun mortel que je connaisse.

Le colonel, prenant la main de Mowbray à la prière de milord. —Vous ne m'apprenez rien que j'ignore, monsieur Mowbray. Je ne doute point que M. Lovelace ne sût défendre sa cause s'il était question d'une cause à défendre.

Milord. — Allons, messieurs, à présent que M. Mowbray a disparu et que tout respire l'amitié, je vous en prie, cherchons ensemble quelque heureuse conclusion.

Lovelace. — Un mot, milord, à présent que M. Mowbray est parti. Je crois qu'un homme d'honneur ne doit pas passer aussi légèrement sur une ou deux expressions qui ont échappé au colonel.

Milord. — Mon neveu, que diable veux-tu dire? Il ne te reste qu'à confirmer au colonel la résolution où tu es d'épouser miss Harlove, si elle consent à te recevoir.

Le colonel. — Je me flatte que M. Lovelace n'hésitera point à m'en donner sa parole, malgré tout ce qui s'est passé. Si vous croyez, monsieur, qu'il me soit échappé quelque chose dont vous ayez à vous plaindre, c'est apparemment lorsque j'ai dit qu'un homme, qui a si peu consulté l'honneur à l'égard d'une femme sans protection et sans défense, ne doit pas être si délicat sur ce qui mérite bien moins ce nom, surtout avec ceux qui ont droit de lui en faire leurs plaintes. Je suis fâché, monsieur Lovelace, d'avoir sujet de tenir ce langage; mais je le répéterais sans crainte à un roi, dans toute sa gloire, au milieu de ses gardes.

Milord. — Que faites-vous, messieurs? Vous soufflez sur les flammes, et je vois que vous avez dessein de quereller. Ne souhaitez-vous pas, mon neveu, n'êtes-vous pas prêt d'épouser miss Harlove, si nous pouvons obtenir son consentement?

Lovelace. — Que le ciel me confonde, milord, si je voulais épouser une impératrice à ce prix.

Milord. — Quoi, Lovelace ! Tu es plus emporté que le colonel ? C'était son tour, il n'y a qu'un instant : mais à présent qu'il s'est refroidi... vous prenez feu tout d'un coup.

Lovelace. — J'avoue que le colonel a beaucoup d'avantages sur moi; mais peut-être en connais-je un qu'il n'aurait pas, si nous en venions à l'épreuve.

Le colonel. — Je ne suis pas venu, comme je l'ai déjà dit, pour chercher l'occasion, mais je ne la refuserai pas si elle m'est offerte : et puisque nous ne causons ici que de l'embarras à milord, je vais prendre congé de lui et m'en retourner par Saint-Albans.

Lovelace. — Je vous accompagnerai de tout mon cœur pendant une partie du chemin, colonel.

Le colonel. — J'accepte avec joie votre civilité, monsieur Lovelace.

Milord, nous arrêtant encore, lorsque nous étions en mouvement pour sortir. — Eh ! messieurs, que vous en reviendra-t-il ? Supposons que l'un périsse par la main de l'autre. Croyez-vous que la mort de l'un ou de l'autre rende miss Harlove plus ou moins heureuse ? Votre courage est trop connu, pour avoir besoin de nouvelles preuves. Je crois, colonel, que si vous avez en vue l'honneur de votre cousine, il n'y a pas de voie plus certaine que celle du mariage : et si vous voulez employer votre crédit auprès d'elle, il est probable que vous obtiendrez ce qu'elle refuse jusqu'à présent à tout le monde.

Lovelace. — Il me semble, milord, que j'ai dit tout ce qu'on peut dire, dans une affaire où le passé ne peut être rappelé. Vous voyez néanmoins que le colonel prend droit de ma modération pour s'échauffer, jusqu'à me mettre dans la nécessité de prendre le même ton que lui, sans quoi je serais méprisable à ses propres yeux.

Milord. — Je vous demande, colonel, si vous connaissez quelque voie de raison et d'honneur pour faire goûter une réconciliation à miss Harlove. Mon neveu en a très mal usé ; mais il est disposé à réparer ses fautes.

Lovelace. — Pour l'amour d'elle-même, milord, et sans aucun égard pour sa famille, ni pour les hauteurs de monsieur.

Le colonel. — Je suis trompé, monsieur, si les vôtres n'eussent été bien plus loin dans le même cas, c'est-à-dire, pour l'intérêt d'une parente si respectable et si indignement outragée. J'ajoute que si vos motifs ne sont pas l'amour, l'honneur, la justice, et s'il s'y mêle la moindre teinture de répugnance ou de simple pitié, je suis sûr qu'ils trouveront peu de faveur auprès d'une personne qui pense aussi noblement que ma cousine, et je ne souhaiterais pas moi-même qu'elle s'y prêtât plus volontiers.

Lovelace. — Vous ignorez, colonel, que milord, milady Sadler, milady Lawrance, mes deux cousines Montaigu et moi, que je nommerais le premier, si l'ordre était pris de l'amour et de la justice, nous lui avons écrit dans les termes les plus solennels et les plus pressans, pour lui faire des offres qu'elle est seule capable de refuser.

Le colonel. — Eh ! quelles raisons, s'il vous plaît, peut-elle apporter contre des médiations si puissantes et contre de telles offres ? Vous devez rendre justice aux motifs qui m'animent. N'est-ce pas d'établir l'honneur de madame Lovelace, si les affaires peuvent être conduites à cet heureux point ?

Lovelace. — Monsieur Morden ! lorsqu'elle m'aura fait la grâce d'accepter ce nom, je n'aurai besoin ni de vous, ni d'aucun autre du monde, pour assurer l'honneur de madame Lovelace.

Le colonel.—J'en suis persuadé : mais jusque alors elle me touche de plus près que vous. Ce que je dis, monsieur, c'est pour vous faire juger que, dans le rôle que je fais, je mérite vos remerciemens plutôt que vos plaintes. Ainsi, jusqu'à ce qu'elle ait droit à votre protection, il me semble que vous devez me faire un mérite du zèle que j'ai pour sa défense. Mais vous aviez commencé, monsieur, à m'expliquer des circonstances que j'ignore. (Je lui fis le récit de mes offres. Je reconnaissais, lui dis-je que ma conduite avait pu causer à miss Harlove un extrême chagrin. Mais c'était la rigueur implacable de ses parens qui l'avait jetée dans l'excès du désespoir et qui lui faisait mépriser la vie. J'ajoutai qu'elle avait eu la bonté de m'écrire pour me faire suspendre une visite à laquelle j'étais absolument résolu ; et que j'avais fondé de grandes espérances sur sa lettre, parce qu'elle m'assurait qu'elle était à la veille de retourner chez son père, où elle me faisait envisager le bonheur de la voir.)

Le colonel. — Est-il possible? Vos efforts, monsieur, ont-ils été si pressans? Vous a-t-elle écrit dans ces termes? Milord me servit aussitôt de garant. Il ajouta même que, par soumission pour ses désirs, j'étais revenu de Londres sans avoir obtenu la satisfaction de la voir. — Il est vrai, repris-je. C'est ce que je vous aurais plus tôt expliqué, mais votre chaleur m'a rendu plus réservé.

Milord proposa de soutenir mon explication par des preuves.

Le colonel rejeta sa violence sur son affection pour sa cousine. J'acceptai volontiers ses excuses ; et milord ayant fait servir des rafraîchissemens, nous nous assîmes de fort bonne humeur après toutes ces discussions, pour entrer dans les éclaircissemens qu'on me demandait, et sur lesquels je ne m'étais pas fait presser. Mais ce sera le sujet d'une autre lettre.

Observe, Belford, quel est le désavantage d'une mauvaise cause. Il me semble que les interrogations du colonel, poussées d'un ton si ferme, ont dû répandre sur moi un maudit air d'humiliation, tandis qu'elles lui donnaient une supériorité que je n'accorderais pas au premier homme de l'Europe.

LETTRE CCCXLIV.

M. MORDEN, A MISS CLARISSE HARLOVE.

Mardi, 29 août.

Permettez-moi, ma chère cousine, de prendre part aux infortunes qui jettent une malheureuse division entre vous et votre famille, et de vous offrir mon assistance pour ramener les choses au plus favorable état qu'on puisse encore espérer. Vous êtes tombée dans de fort indignes mains. Ce que j'apprends me fait juger que ma lettre de Florence est arrivée trop tard pour le fruit que j'en avais espéré. Ma douleur en est extrême, et je ne m'afflige pas moins d'avoir différé si long-temps mon retour. Mais oublions le passé, pour jeter les yeux sur l'avenir. J'ai vu M. Lovelace et milord M.... Il serait inutile, suivant leur récit, de vous dire combien toute leur famille désire l'honneur de votre alliance, et quelle est l'ardeur de M. Lovelace pour vous faire toutes les réparations qui sont en son pouvoir. Je crois, ma chère cousine, que vous n'avez rien de mieux à faire que de recevoir sa main. Il est évident pour moi que le pardon que vous lui accorderez facilitera beaucoup la réconciliation générale, car votre famille ne peut s'imaginer qu'il pense sérieusement à vous rendre justice, ou que vous fussiez obstinée à le rejeter, si vous le jugez de bonne foi.

Il n'y a que le désir de vous rendre service qui m'ait empêché jusqu'à présent de vous donner ces assurances de bouche. Je languis de vous revoir, après une si longue absence. Mon intention est de voir successivement tous mes cousins, et je ne désespère pas de rétablir la paix; la tendresse ne s'éteint jamais, dans le cœur des parens, pour un enfant qu'ils ont une fois aimé.

En attendant, je vous prie de m'informer, en peu de mots, si vous avez quelque doute de la bonne foi de M. Lovelace. Pour moi, je le crois sincère, si j'en juge par la conversation que j'eus hier avec lui. Vous aurez la bonté de m'adresser votre réponse chez M. Antonin Harlove.

Jusqu'à l'heureux moment où je me rendrai peut-être utile à votre réconciliation avec votre père, votre frère et vos oncles, permettez, ma cousine, que je tienne la place de quatre personnes qui vous touchent de si près.
MORDEN.

LETTRE CCCXLV.

MISS CLARISSE HARLOVE, A M. MORDEN.

Jeudi, 31 août.

Recevez, mon cher monsieur, mes plus ardentes félicitations sur votre retour. Je l'ai appris avec une satisfaction extrême : mais la confusion et la crainte m'ont également empêchée de vous prévenir par mes lettres, avant les témoignages d'affection pour lesquels vous avez la bonté de m'encourager.

Qu'il est consolant pour mon cœur blessé, de m'apercevoir que vous ne vous êtes pas laissé entraîner par ce flot de ressentimens, sous lequel je suis malheureusement submergée, et que, tandis que mes plus proches parens ne daignent point examiner la vérité des lâches rapports qu'on leur fait contre moi, vous avez pris la peine de vérifier par vous-même que mes disgrâces viennent de mon malheur, beaucoup plus que de ma faute !

Je n'ai pas le moindre sujet de douter que M. Lovelace ne soit sincère dans ses offres, et que tous ses proches ne souhaitent ardemment de me les voir accepter. J'ai reçu de nobles preuves de leur estime, depuis le refus même que j'ai fait de me rendre à leurs sollicitations. Ne blâmez pas le parti auquel je me suis attachée. Je n'avais pas donné sujet à M. Lovelace de me regarder comme une créature folle et sans principes. Si je lui avais donné sur moi cet avantage, un homme de son caractère aurait pu se croire autorisé par les siens à se prévaloir de la faiblesse qu'il m'aurait inspirée; et dans cette supposition, le témoignage de mon propre cœur m'aurait excitée à composer avec un méchant homme.

Je puis lui pardonner, mais c'est par la persuasion où je suis que ses crimes me rendent supérieure à lui. Croyez-vous, monsieur, que je puisse donner ma main et mes vœux à un homme que je crois au dessous de moi, et mettre le sceau, par ce don, à ses bassesses préméditées? Non, monsieur ; j'ose dire que votre cousine, dût-elle passer la plus longue vie dans l'infortune et la misère, n'attache point assez de prix aux commodités de la vie, ni à la vie même, pour acheter les unes et pour conserver l'autre par un engagement de cette nature ; un engagement, qui deviendrait une récompense pour le *violateur*, aussi long-temps qu'elle serait fidèle à son devoir.

Ce n'est pas l'orgueil, c'est la force de mes principes, qui m'inspire ce langage. Quoi ! monsieur : lorsque la vertu, lorsque la pudeur fait tout l'honneur d'une femme, surtout dans l'état du mariage, votre cousine épouserait un homme qui n'a pu commettre un attentat sur elle que dans l'espérance de la trouver assez faible pour recevoir sa main, aussitôt qu'il se trouverait trompé dans l'odieuse opinion qu'il avait de son caractère ? Il n'a pas eu sujet jusque aujourd'hui de me croire faible, je ne lui en donnerai pas l'occasion, sur un point où je ne pourrais l'être sans crime.

Quelque jour, monsieur, vous serez peut-être informé de toute mon histoire. Mais alors, je vous demande en grâce de ne pas penser à la vengeance. L'auteur de mon infortune n'aurait pas mérité ce nom, sans un étrange concours de malheureuses causes. Comme les lois n'auront aucune action sur lui lorsque je ne serai plus, la seule pensée de toute autre vengeance me paraît effrayante. Et dans ce cas, en supposant l'avantage du côté de mes amis, de quelle utilité sa mort serait-elle pour ma mémoire ? Si quelqu'un d'eux, au contraire, venait à périr par les armes, quelle aggravation pour ma faute !

Que le ciel vous comble de biens, mon cher cousin ! et qu'il vous bénisse autant que vous m'avez consolée, en m'apprenant que vous m'aimez encore, et que j'ai un cher parent dans le monde, qui est capable de me plaindre et de me pardonner.

Clarisse Harlove.

LETTRE CCCXLVI.

M. LOVELACE, A M. BELFORD.

Jeudi, 31 août.

Je ne puis me dissimuler que je suis blessé jusqu'au fond du cœur, par cette interprétation que miss Harlove donne à sa lettre. C'est une ruse qui n'est pas pardonnable. Elle ! un naturel simple ! une pénitente ; une innocente, une fille de piété, et tout ce qu'elle voudra ; être capable de tromper, avec un pied dans la tombe !

Il est évident qu'elle a composé cette lettre dans le dessein de surprendre et de tromper. Si la crise où elle est ne lui ôte pas ses perfides idées, elle n'a pas moins besoin de l'indulgence du ciel, que moi de la sienne. Milord même, qui n'a pas inventé la poudre, y trouve de l'artifice et le juge indigne d'elle ; mes cousines Montaigu entreprennent de la justifier, et je n'en suis pas surpris. Ce maudit sexe est si partial.

Elle doit m'écrire lorsqu'elle sera dans le ciel. N'est-ce pas là le sens ? Le diable emporte de telles allégories : et qu'il t'emporte toi-même pour avoir donné le nom d'innocent artifice à cette absurdité !

Cependant tu peux l'assurer de ma part que je ne la troublerai point par mes visites, puisqu'elle est disposée à les trouver si choquantes ; et j'espère qu'elle regardera cette déclaration comme un acte de générosité qu'elle ne doit pas trop se promettre, après m'avoir joué témérairement. Qu'elle sache aussi que si je suis capable de quelque chose pour son repos, ou pour son honneur, j'exécuterai ses ordres au premier signe, quelque honte ou quelque mal qu'il puisse m'en arriver.

Mais, tout occupé que je suis d'un sujet si peu plaisant, crois-tu que tes folles idées de pénitence et de réformation ne me tentent pas beaucoup de rire à tes dépens? Lorsque j'ai lu, dans une de tes lettres, que tu la considères effectivement comme un ange envoyé du ciel pour t'attirer après elle, que je meure si, pendant plus d'une heure, je ne t'ai eu présent à l'esprit dans l'attitude de madame Elisabeth Carteret sur la tombe de Westminster. Si tu ne l'as jamais observée, fais le voyage exprès, et tu verras une grosse figure de marbre, la tête haute et la main levée pour saisir celle d'un ange, un pied levé aussi, apparemment pour monter, suivant le dessein du sculpteur; mais le tout si pesamment exécuté, que la statue paraît prête à rentrer dans le bloc plutôt qu'à en sortir.

Tu me diras peut-être que, dans cette comparaison, le grain du marbre et la belle taille de la dame te font trop d'honneur, à toi qui n'as que l'air d'un ours, et qu'au contraire ma charmante, qui est véritablement un ange, est très désavantageusement représentée par la petite figure. J'en conviens. Mais ses aspirations m'ont assez frappé pour me faire trouver ta ressemblance et celle de miss Harlove dans les deux figures de ce misérable monument; car tu dois considérer que, toute prête qu'elle peut être à monter au ciel, son véritable élément, il est impossible, mon cher ami, qu'elle entraîne après elle un personnage aussi lourd que toi et chargé d'ailleurs du poids de tes iniquités.

Mais pour reprendre le ton sérieux, je suis bien aise de vous dire, monsieur Belford, que si ma divine Clarisse est aussi mal que vous me l'écrivez, il vous conviendrait, dans des circonstances si touchantes, d'être un peu moins caustique dans vos réflexions. Cette affaire, à vous parler naturellement, commence à me jeter le cœur et l'esprit dans un cruel désordre. Je suis si impatient d'apprendre plus souvent de ses nouvelles, qu'il me prend envie de m'approcher de Londres et d'aller passer quelques jours à Uxbridge, chez notre ami Doleman. Je n'aurai besoin que de deux heures pour me rendre auprès d'elle, s'il arrive quelque changement qui la porte à souffrir ma visite. Puisqu'elle désire ma réformation, elle doit se promettre un bon effet de cette entrevue.

Je me détermine donc à partir demain avant midi. Mon courrier me trouvera chez Doleman à son retour, et m'apportera, j'espère, une lettre de vous. Si j'étais plus proche ou dans Londres même, il me serait impossible de m'interdire le plaisir de la voir. Mais si la cruelle supposition se vérifie, comme vos continuelles alarmes me forcent de le craindre, alors, cher ami, gardez-vous de m'apprendre clairement mon malheur. Marquez-moi seulement que vous me conseillez de faire un tour à Paris.

J'approuve tellement votre générosité pour la sœur de Belton, que j'ai engagé Mowbray et Tourville à renoncer à leur legs, comme je renonce au mien. Mon courrier fera la dernière diligence pendant toute la nuit. Si vous voulez lui sauver la vie, je vous recommande de ne pas le renvoyer les mains vides.

LETTRE CCCXLVII.

M. BELFORD, A M. LOVELACE.

Jeudi au soir, 13 août.

En finissant ma dernière lettre, je me flattais, à l'occasion de celle de M. Morden, que la première visite que je rendrais à l'étonnante miss Harlove me ferait apprendre quelques circonstances aussi agréables qu'on peut en espérer dans sa situation. Mais il en est arrivé autrement.

Lorsque je suis entré chez elle, vers sept heures du soir, elle m'a dit que, depuis que je l'avais quittée, le plaisir qu'elle avait reçu de la lettre de son cousin avait d'abord excité ses esprits jusqu'à lui faire admirer le changement qu'elle éprouvait ; mais qu'ensuite, étant livrée à de fâcheuses comparaisons, elle avait trouvé fort dur que ses plus proches parens n'eussent pas pris avec elle les méthodes par lesquelles M. Morden avait commencé, c'est-à-dire qu'ils n'eusssent pas cherché à se procurer des informations, et qu'ils ne l'eussent point entendue avant que de la condamner.

A peine avait-elle fini cette réflexion, qu'entendant sur l'escalier le bruit de quelques hommes qui paraissaient transporter un grand coffre, elle a tressailli et son visage s'est couvert de rougeur. Elle m'a regardé d'un air inquiet : — Les imprudens! a-t-elle dit, ils sont arrivés deux heures trop tôt. Ne soyez pas surpris, monsieur, c'est un soin que j'ai voulu vous épargner.

Avant que j'aie eu le temps de répondre, madame Smith est entrée en s'écriant : — O madame! qu'avez-vous fait! Madame Lovick, qui s'est présentée aussitôt, a fait la même exclamation ; et moi, qui ai su de ces deux femmes, tandis qu'elle s'avançait vers la porte, que c'était un cercueil qu'on lui apportait : — Juste ciel! me suis-je écrié aussi, madame, qu'avez-vous fait! O Lovelace! que n'étais-tu témoin de cette scène!

Après avoir ordonné tranquillement aux porteurs de placer leur fardeau dans sa chambre de lit, elle est revenue vers nous. Ils avaient ordre, nous a-t-elle dit d'un air aussi calme, de prendre le temps de l'obscurité pour l'apporter. — Vous m'excuserez, monsieur Belford, et vous, mesdames, ne vous alarmez point. Il n'y a que la nouveauté qui doive ici vous surprendre. Pourquoi serions-nous plus choqués de cette vue que de celle des tombes de nos prédécesseurs, que nous voyons tous les jours à l'église et dont nous savons que les cendres seront un jour mêlées avec les nôtres?

Nous sommes tous demeurés en silence, les femmes avec leurs tabliers sur les yeux. Elle a repris : — Pourquoi cette tristesse à l'occasion de rien? Si je mérite quelque blâme, c'est pour avoir marqué un soin excessif de cette partie terrestre. Mais j'aime à régler tout ce qui me regarde moi-même. Peut-être aurais-je eu ce devoir, de reste, dans un temps où j'aurais été moins capable de le remplir. Je n'ai ni mère ni sœur. Madame Norton et miss Howe ne sont pas proches de moi. Vous auriez ce spectacle dans peu de jours, si ce n'était pas aujourd'hui, peut-être quelqu'un de vous en aurait-il l'embarras. Qu'importe pour vous une différence si courte, lorsqu'il me cause moins de peine que de plaisir. Ces préparatifs ne rendront pas ma mort plus prompte. L'usage n'est-il pas de faire un testament, quand on a quelque chose à laisser? et si l'on n'est pas effrayé d'un acte si lugubre, pourquoi le serait-on de la vue d'un cercueil?

Que de raison dans ce langage! il marquait assez qu'elle y avait pensé long-temps. Cependant je n'en ai pas été moins révolté par la vue d'un cercueil, en présence de l'aimable personne qui, vraisemblablement, ne tardera guère à le remplir. Elle a proposé aux femmes d'entrer dans sa chambre avec elle, pour le voir de plus près, en les assurant que ce spectacle leur paraîtrait moins choquant, lorsqu'il leur serait un peu plus familier. Je lui ai représenté que c'était nourrir dangereusement sa tristesse, et j'ai pris congé d'elle. Les femmes l'ont suivie.

Vendredi, 1er septembre.

Je reçois ta lettre. Que ta gaîté m'étonne au milieu de tant de scènes affligeantes! Mais ce que tu viens de lire doit t'avoir touché, ou rien n'en sera jamais capable. Cependant je suis charmé que tu me donnes le pouvoir d'assurer miss Harlove que tu ne penses point à la troubler; c'est-à-dire, qu'après avoir ruiné sa fortune et toute ses espérances, tu veux bien la laisser mourir en paix.

Le présent que tu fais à la sœur de Belton, et l'engagement où tu as mis Tourville et Mowbray d'imiter ton exemple, sont des actions dignes de ta générosité pour *ton bouton de rose*; dignes d'un grand nombre d'actions louables en matière pécuniaire, sur lesquelles je rends volontiers témoignage.

Je crains de n'être pas long-temps à t'apprendre la nouvelle que tu redoutes. Madame Smith m'envoie prier de me rendre chez elle, et me fait dire qu'elle doute si je trouverai miss Harlove en vie, à mon arrivée.

A deux heures, chez Smith.

Je ne veux pas fermer ma lettre sans vous tirer d'une incertitude qui augmenterait beaucoup votre impatience. J'ai fait attendre exprès votre courrier. Miss Harlove avait perdu deux fois toute connaissance; et le médecin qu'on avait fait appeler, craignant un troisième accident, dont il n'espérait pas qu'elle pût revenir, avait jugé qu'en qualité d'exécuteur, je devais être averti. Elle était assez tranquille lorsque je suis arrivé. Le médecin lui a fait promettre, devant moi, de ne plus penser à sortir de sa chambre dans un état si faible. Madame Lovick, qui l'accompagne toujours à l'église, nous a fait trembler plusieurs fois du danger où elle s'expose, pour satisfaire sa piété.

Un messager arrive à ce moment avec une lettre de miss Howe.

LETTRE CCCXLVIII.

MISS HOWE, A MISS CLARISSE HARLOVE.

Mardi au soir, 29 août.

Enfin, ma très chère amie, je suis de retour; et j'étais revenue dans l'espérance de passer par Londres pour vous embrasser; mais un accident que je reproche à la rigueur de mon sort, m'a privée d'une si douce satisfaction. Ma mère est retombée malade. Hélas! ma chère, elle est fort mal. Vous êtes très mal aussi, comme je l'apprends par votre lettre du 25. Que deviendrais-je, si j'avais le malheur de perdre deux si chères et si tendres amies? Une fièvre des plus violentes a saisi ma mère en chemin.

Je vois, je vois, ma chère, que vous n'êtes pas mieux qu'elle, et je ne puis soutenir cette idée. Faites un effort, ma chère Clarisse, faites un effort pour l'amour de moi, et ne tardez pas à me marquer qu'il a réussi. Que le porteur m'apporte une ligne de vous. Ah! qu'il ne vienne pas sans une ligne. Si je vous perds, amie plus chère que n'aurait jamais pu l'être une sœur! et si je perds ma mère, je me défierai de ma propre conduite, et je renoncerai pour jamais au mariage. Quelles ténèbres sont déjà répandues autour de moi!... Mais je suis obligée de me rendre auprès du lit de ma mère, qui ne peut être un moment sans me voir.

Mercredi, 30 août.

Ma mère est beaucoup mieux, grâces au ciel! Elle a passé une fort bonne nuit. Je reprends la plume avec plus de joie et de liberté, dans l'espérance qu'il vous est arrivé aussi quelque changement favorable. Si ce bonheur est accordé à mes prières, je bénis mon sort.

Je vous écris avec d'autant plus d'ardeur et d'impatience, que j'ai l'occasion de traiter un sujet qui vous intéresse beaucoup. Votre cousin, ma chère, m'est venu voir ce matin. Il m'a parlé d'une entrevue qu'il eut mardi avec M. Lovelace, au château de M.... Il m'a fait mille questions sur vous et sur votre monstre.

Il dépendait de moi de faire naître entre eux de belles scènes. Mais faisant réflexion que M. Morden est d'un caractère ardent, je n'ai pas représenté les choses sous leur plus mauvaise face. Cependant, comme je ne pouvais mentir en sa faveur, vous pouvez juger que j'en ai dit assez pour lui faire maudire le misérable.

Malgré la considération où le colonel Morden a toujours été dans votre famille, je ne me suis point aperçue qu'il ait eu le crédit d'amener les esprits aux moindres termes de réconciliation. Mais j'apprends que votre frère est revenu d'Écosse.

Le colonel est de fort mauvaise humeur contre eux. Cependant il ne paraît pas qu'il ait vu jusqu'à présent votre brutal de frère. Je lui ai dit que vous étiez fort mal, et je lui ai communiqué une partie de votre dernière lettre. Il vous admire. Il maudit Lovelace. Il s'emporte contre toute votre famille.

Je n'ai pu refuser à ses instances de lui laisser prendre copie des endroits de votre lettre, que j'avais cru lui pouvoir lire. Il assure qu'aucun de vos proches ne vous croit si mal, et ne voudra se le persuader. Il vous aiment tous, dit-il, et très chèrement. S'il est vrai qu'ils vous aiment, leur dureté sera pour eux, dans les tristes suppositions que vous me faites envisager, le sujet d'un remords éternel.

Votre cousin m'a fait diverses questions sur M. Belford, et lorsqu'il a su les motifs de votre liaison avec ce galant homme, et son désintéressement dans tous les services qu'il vous a rendus, il n'a pu retenir sa colère contre ceux qui ont formé d'injurieux soupçons sur ses visites. Son inquiétude était si vive pour vous, que jeudi 24, il chargea un homme de confiance d'aller s'informer de votre situation. On fit une triste peinture de votre santé, et l'on ajouta que vous avez été réduite à de grands embarras pour vous soutenir. Je me flatte qu'il est impossible que vous fassiez assez d'injustice à mon amitié pour demeurer exposée à quelques besoins faute d'argent. Je ne vous le pardonnerais de ma vie.

En qualité d'un de vos curateurs, le colonel est résolu de vous mettre en possession de votre terre. Il s'est fait remettre, par le même droit, le produit de vos revenus depuis la mort de votre grand-père, ce qui monte à des sommes considérables, qu'il se propose de vous porter lui-même.

M. Morden s'imagine que, pour préliminaire de réconciliation, le dessein de vos parens est de vous engager à faire un testament par lequel vous disposerez de votre bien suivant leurs intentions. Mais il proteste qu'il ne perdra point vos intérêts de vue, sans avoir obligé tout le monde à vous rendre justice, et qu'il saura bien empêcher qu'amis ou ennemis ne vous en imposent. Ainsi, ma chère, leur dessein est de vous faire acheter votre paix. Votre cousin dit que votre famille est trop riche pour être humble, raisonnable ou modérée ; que, pour lui, qui jouit d'une fortune indépendante, il pense à vous la laisser tout entière. Si ce lâche Lovelace avait consulté du moins l'intérêt de la sienne, quels avantages n'aurait-il pas trouvés avec vous, quand votre mariage vous aurait privée de votre part à la succession paternelle !

J'ai préparé le colonel à la résolution où vous êtes de nommer M. Belford pour un office dont nous espérons encore que l'exécution sera différée long-temps. Il en a paru d'abord extrêmement surpris ; mais, après avoir entendu les raisons auxquelles je me suis rendue, il a seulement observé qu'une disposition de cette nature déplairait beaucoup à votre famille. Il s'est procuré, m'a-t-il dit, une copie de la lettre où Lovelace implore votre bonté et s'offre à toutes sortes de réparations pour la mériter, avec la copie de votre réponse. Je vois qu'il souhaite beaucoup votre mariage, et qu'il ne l'espère pas moins, comme un remède, dit-il, qui est capable de réparer toutes les brèches.

Je ne finirais pas si tôt, et je répondrais à chaque article de votre dernière lettre, si, dans l'espérance où je suis de voir bientôt ma mère hors de danger, je n'étais résolue de me rendre à Londres pour vous expliquer tout ce que j'ai dans l'esprit, et pour vous dire, ma très chère amie, en mêlant mon âme à la vôtre, combien je suis et serai toujours votre

ANNE HOWE.

LETTRE CCCXLIX.

M. BELFORD, A M. MORDEN.

A Londres, 4 septembre.

Monsieur, la nature des circonstances est une explication suffisante pour la liberté que je prends de vous écrire ; d'autant plus que si je n'ai pas l'honneur de vous connaître personnellement, je n'en suis pas moins instruit de votre mérite. J'apprends que vous employez vos bons offices dans la famille de miss Clarisse Harlove pour la réconciliation de la plus vertueuse et de la plus digne de toutes les femmes. Quelque générosité qu'il y ait dans cette entreprise, nous n'avons que trop de sujet de craindre ici que vos soins ne deviennent inutiles. Tous ceux qui sont admis à la familiarité de miss Harlove sont persuadés qu'elle ne peut vivre plus de trois jours, et si vous souhaitez de la voir avant sa mort, il ne vous reste point de temps à perdre. Elle ignore que je vous écris. Je l'aurais fait plus tôt si je n'avais espéré de jour en jour qu'elle apprendrait quelques heureux effets de votre obligeante médiation. J'ai l'honneur, etc.

BELFORD.

LETTRE CCCL.

M. BELFORD, A M. LOVELACE.

Mardi, 5 septembre, à sept heures du soir.

Le colonel Morden est arrivé cet après-midi à cinq heures précises. Ayant trouvé Smith et sa femme qui paraissaient tous deux fort affligés ; il leur a demandé avec beaucoup d'impatience comment se portait miss Harlove. — Elle n'est pas morte, a répondu tristement madame Smith ; mais je ne crois pas sa dernière heure éloignée. — Bon Dieu ! s'est-il écrié en levant les mains et les yeux. Puis-je la voir ? Mon nom est Morden. J'ai l'honneur de lui appartenir de fort près. Montez, je vous prie, et faites-lui savoir que je suis ici. Qui est avec elle ? — Sa garde, lui a dit madame Smith, et madame Lovick, une dame veuve qui prend d'elle autant de soin que si c'était sa mère (elle n'en prendrait aucun, a-t-il interrompu, si elle n'en prenait pas davantage), avec un gentilhomme nommé M. Belford, qui lui rend tous les offices d'un bon ami. — Si M. Belford est avec elle, je puis monter sans difficulté. Mais allez toujours, et dites à M. Belford que je lui demande d'abord un moment d'entretien.

Madame Smith est venue m'avertir dans l'antichambre, où je venais d'achever la dernière lettre que tu as reçue de moi. Je me suis empressé d'aller au devant du colonel, qui est réellement un homme de très bonne mine, et qui m'a reçu avec beaucoup de politesse. Après les premiers complimens : — Miss Harlove, m'a-t-il dit, vous a plus d'obligation qu'à ses plus proches parens. Pour moi, je me suis efforcé en vain de toucher en sa faveur des cœurs de marbre ; et ne me figurant point que cette chère personne fût si mal, j'ai négligé de la voir comme je le devais au premier moment de mon arrivée, comme je n'y aurais pas manqué si j'avais connu sa situation et les difficultés que j'ai trouvées de la part de sa famille. Mais, monsieur, ne reste-t-il pas d'espérance ?

J'ai répondu que les médecins l'avaient quittée avec la triste déclaration qu'il n'en restait plus.

— N'a-t-elle manqué de rien ? a-t-il demandé. Son médecin est-il un homme éclairé ? Je sais que ces bonnes gens ont eu pour elle toutes les civilités et toutes les attentions imaginables.

— Eh ! qui pourrait lui refuser ses adorations ? s'est écriée madame Smith en pleurant à chaudes larmes. C'est la plus aimable de toutes les femmes.

— Tel est le témoignage, a dit le colonel, que tout le monde lui rend. Bon Dieu ! comment votre cruel ami...

— Et comment les cruels parens... ai-je interrompu. L'un n'est pas moins incompréhensible que l'autre.

J'ai pris soin de lui expliquer tout ce qu'on avait tenté pour sa guérison. Il était fort impatient de la voir. Il l'avait laissée, m'a-t-il dit, à l'âge de douze ans. Elle promettait alors d'être quelque jour une des plus belles femmes d'Angleterre. Je l'ai assuré qu'elle avait pleinement répondu à cette espérance ; que peu de mois auparavant, peut-être était-elle la plus belle femme de l'Europe, et que sa maigreur même ne lui avait pas fait perdre cet avantage, parce que ses traits étaient si réguliers, ses proportions si parfaites et ses grâces si supérieures, que, n'eût-elle que la peau et les os, elle serait toujours d'une incomparable beauté.

Madame Smith, étant montée à notre prière, nous est venue dire qu'elle paraissait assoupie dans son fauteuil, et que madame Lovick et sa garde, qui étaient avec elle, croyaient lui devoir laisser prendre un peu de repos. Le colonel a demandé si, sans la troubler, il ne pouvait pas la voir dans cet état pour satisfaire son impatience, et la considérer avec plus de liberté. Le dos de son fauteuil était tourné vers la porte. Ainsi nous avons cru qu'il pouvait entrer sans bruit, avec la précaution de se retirer de même au moindre mouvement qu'il lui verrait faire, dans la crainte que sa présence ne fît tout d'un coup trop d'impression sur elle. Madame Smith, marchant devant nous, a fait signe aux deux autres femmes de ne pas se remuer, et nous nous sommes avancés fort doucement.

Elle était dans une charmante attitude, en robe de satin blanc, la tête appuyée sur le sein de madame Lovick, qui était sur une autre chaise auprès d'elle, le bras gauche passé sur son cou, comme pour se soutenir; car cette femme lui ayant tenu lieu de mère, elle aime une situation qui l'aide à se croire dans les bras maternels. Une des joues touchant au sein de madame Lovick, la chaleur qu'elle en tirait, jointe à celle de sa propre haleine, y avait répandu une rougeur charmante qui en ranimait un peu la blancheur; l'autre était plus pâle, comme déjà glacée par les froides approches de la mort. Ses mains, aussi blanches que les lis, avec leurs veines dont le bleu était plus transparent que je ne l'avais jamais vu, pendaient languissamment, l'une devant elle, l'autre serrée dans la main droite de l'obligeante veuve, dont les larmes mouillaient le visage qui était appuyé sur son sein, soit qu'elle en versât sans les sentir ou qu'elle craignît d'éveiller sa chère fille en changeant de posture pour les essuyer. Son aspect, d'ailleurs, était calme et serein; et quoique, par intervalles, on la vît un peu tressaillir, son sommeil paraissait aisé. A la vérité, sa respiration était courte et fréquente, mais assez libre, et ne ressemblait pas à celle d'une personne mourante.

Telle était sa situation lorsque nous nous sommes avancés vis-à-vis d'elle. Le colonel, ne pouvant retenir ses soupirs, s'est mis à la regarder, les deux bras pliés sur sa poitrine, avec la plus profonde et la plus tendre attention. Il a joui assez long-temps de ce triste spectacle, et je n'étais pas moins ému en le partageant avec lui. Enfin, un petit mouvement qu'elle a fait, avec plus de difficulté à retirer son haleine, nous a portés à nous retirer derrière un paravent qui cachait sa maison : c'est le nom qu'elle donne à son cercueil. Il est placé au coin d'une fenêtre; et dans les premiers momens que j'avais passés avec M. Morden, le sentiment de notre douleur commune m'avait fait oublier de le prévenir sur ce qu'on ne pouvait guère dérober à sa vue.

En passant dans ce lieu, il a tiré son mouchoir, et, comme noyé dans sa tristesse, il n'a pu prononcer un seul mot. Mais, après avoir jeté les yeux derrière le paravent, il a bientôt retrouvé le pouvoir de parler. Frappé de la forme du cercueil, il a levé aussitôt le tapis dont il était couvert, et reculant d'horreur : — Juste ciel! a-t-il dit, qu'aperçois-je! Madame Smith était près de lui. Pourquoi souffre-t-on, a-t-il repris avec beaucoup de chaleur, que ma cousine ait près d'elle un objet si capable de nourrir ses tristes réflexions? — Hélas! monsieur, a répondu cette bonne femme, qui oserait combattre ici ses volontés? Cependant nous lui avons fait des plaintes de cette noire imagination.

Je me suis approché de lui, après avoir observé qu'elle n'était point encore sortie de son assoupissement. — Je devais, lui ai-je dit, vous prévenir sur ce spectacle. J'étais ici lorsque le cercueil est venu, et de ma vie je n'ai ressenti tant d'émotion. Mais elle n'avait personne de ses parens; elle n'espérait d'en voir aucun, et, dans la certitude de ne pas survivre long-temps, elle voulait, m'a-t-elle dit, laisser aussi peu d'embarras qu'il lui était possible à son exécuteur. Ce qui est révoltant pour tout le monde ne l'est pas pour elle.

Je n'avais pas achevé de parler, qu'elle s'est réveillée, en poussant un profond soupir. Le colonel s'est avancé plus loin derrière le paravent, afin de ne pas la surprendre tout d'un coup par sa présence.

— Où suis-je? a-t-elle dit, en ouvrant les yeux. Que je suis assoupie! Ai-je dormi long-temps? Ne sortez pas, monsieur (car je me retirais). Je m'appesantis extrêmement, et je suppose que cette disposition ne fera qu'augmenter. Elle a voulu se lever : mais sa faiblesse l'a forcée de demeurer assise et d'appuyer sa tête sur le dos de son fauteuil. Ensuite, après quelques momens silence : — Je crois, mes chers amis, nous a-t-elle dit à tous, que vos soins obligeans finiront bientôt. J'ai pris un peu de repos, mais je ne me sens point rafraîchie. L'extrémité de mes doigts commence à s'engourdir. Je ne les sens plus. Il est temps de faire partir mes lettres.

Je lui ai offert de les envoyer par un exprès. Elle m'a répondu qu'elles n'arriveraient que trop tôt par les voies ordinaires. Je lui ai dit que ce n'était pas jour de poste. — Est-il encore mercredi? a-t-elle repris. Je ne sais plus comment le temps va : mais sa marche est bien ennuyeuse. Je crois qu'il faudrait penser à me remettre au lit. Tout s'y ferait avec plus de décence et moins d'embarras, n'est-ce pas, madame Lovick? Et se tournant vers moi : Il me semble, monsieur, que je n'ai rien oublié. Ne me rappellerez-vous rien qui puisse servir à rendre votre office plus aisé?

— Si M. Morden venait, lui ai-je dit, je me figure, madame, que vous ne seriez pas fâchée de le voir.

Elle m'a répondu qu'elle était trop faible pour recevoir sa visite; que s'il se présentait néanmoins, elle le verrait sans doute, ne fût-ce que pour le remercier de ses dernières faveurs et de ses obligeantes intentions. Elle m'a demandé s'il avait envoyé.

— Je sais, madame, qu'il serait déjà ici, s'il n'avait appréhendé de vous surprendre.

— Rien, rien, monsieur, n'est capable de me surprendre à présent; excepté la visite de ma mère, qu'un reste de bonté amènerait pour m'accorder ses dernières bénédictions. Que cette surprise aurait de douceur pour moi! Mais savez-vous si M. Morden est venu à Londres exprès pour me voir?

— Oui, madame. J'ai pris la liberté de l'informer, par quelques lignes, de l'extrémité où vous êtes.

— Quelle bonté, monsieur! Vous m'accablez de bienfaits. Mais je crains d'avoir quelque peine à le voir, parce qu'il ne me verra pas lui-même sans en ressentir beaucoup. S'il vient, comment lui cacher le cercueil? Il ne manquera pas de m'en faire un reproche. Peut-être, en m'appuyant sur le bras de madame Lovick, retrouverai-je la force de l'aller recevoir dans l'antichambre.

Elle a fait un mouvement pour se lever : mais elle est retombée sur son fauteuil. Le colonel était dans la plus vive agitation derrière le paravent. Il s'est avancé deux fois, sans être aperçu de sa cousine ; mais la crainte de lui causer trop de surprise l'obligeait aussitôt de se retirer. J'ai marché vers lui, pour favoriser sa retraite. — Partez-vous, monsieur Belford ? m'a-t-elle dit. Serait-ce M. Morden qui vous fait appeler ? J'ai répondu que j'étais trompé si ce n'était lui. Elle a dit aux deux femmes : — Poussez le paravent aussi proche qu'il se peut, de la fenêtre. Il faut que je prenne un peu sur moi, pour recevoir ce cher cousin ; car il m'aimait autrefois fort tendrement. Donnez-moi, je vous prie, quelques gouttes, dans une cuillerée d'eau, pour soutenir mes esprits pendant cette entrevue. Ce sera vraisemblablement le dernier acte de ma vie. Le colonel, qui entendait jusqu'au moindre mot, s'est fait annoncer par son nom : et moi, feignant d'aller au devant de lui, je l'ai introduit sans affectation.

Il a serré l'ange entre ses bras, en fléchissant un genou à ses pieds ; s'appuyant sur les deux bras de son fauteuil, elle a fait un effort inutile pour se lever. — Excusez, mon cher cousin, lui a-t-elle dit, excusez si je ne puis me tenir debout... Je ne m'attendais pas à la faveur que je reçois ; mais je suis ravie que vous me donniez l'occasion de vous remercier de vos généreuses bontés.

— Ma chère, mon aimable cousine ! a-t-il répondu d'un ton passionné, je ne me pardonnerai jamais d'avoir attendu si long-temps à vous voir ; mais j'étais fort éloigné de vous croire si mal ; et tous vos amis ne se l'imaginent pas non plus. S'ils le croyaient...

— S'ils le croyaient, a-t-elle répété en l'interrompant, peut-être aurais-je reçu plus de marques de leur compassion. Mais de grâce, monsieur, comment les avez-vous laissés ? Etes-vous réconcilié avec eux ? Si vous ne l'êtes pas encore, je vous conjure, par l'amitié que vous avez pour moi, de ne pas retarder la paix. Tous les différends d'une famille si chère augmentent mes fautes, puisqu'elles en sont la première cause.

— J'espérais, a-t-il repris, recevoir bientôt d'eux quelque heureuse explication en votre faveur, lorsqu'une lettre de M. Belford m'a fait hâter mon départ pour Londres. Mais j'ai à vous rendre compte de la terre de votre grand-père. J'ai à vous remettre les sommes qui vous sont dues et que votre famille vous prie de recevoir, dans la crainte que vous ne soyez exposée à quelque besoin. C'est un gage si formel de la réconciliation qui s'approche, que j'ose répondre de l'avenir, si...

— Ah ! monsieur, a-t-elle interrompu, obligée de s'arrêter par intervalles, je souhaite que cette démarche ne soit pas plutôt une marque qu'ils ne voudraient plus rien avoir de commun avec moi, si le ciel me condamnait à vivre plus long-temps. Je n'ai jamais eu l'orgueil d'aspirer à l'indépendance. Toutes mes actions en rendent témoignage. Mais que servent à présent ces réflexions ? Ce que je vous demande uniquement, monsieur, c'est que, de concert avec M. Belford, à qui j'ai d'extrêmes obligations, vous preniez la peine d'ajuster toutes ces affaires suivant mes dernières dispositions, que je laisse par écrit. M. Belford me pardonnera, mais c'est au fond la nécessité, plus qu'un choix libre, qui m'a fait penser à le charger du fardeau qu'il a la bonté d'accepter. Si j'avais eu le bonheur de vous voir plus tôt, ou de savoir que vous conservez un peu d'amitié pour moi, il ne me serait pas entré dans l'esprit de recourir à la générosité d'un étranger. Mais, quoique ami de M. Lovelace, il est homme d'honneur, et plus propre à rétablir la paix qu'à la rompre. Contribuez-y vous-même, mon cher cousin, et souvenez-vous que tout cher que vous m'avez toujours été, rien ne vous autorise à venger des injures que je pardonne, lorsqu'il me reste des parents plus proches que M. Morden. Mais j'ai pris soin de vous expliquer là-dessus mes idées et mes raisons, et j'en espère l'effet qu'elles doivent produire.

— Je dois rendre justice à M. Lovelace, a-t-il répliqué en s'essuyant les yeux. Il est pénétré du repentir de sa basse ingratitude, et disposé à toutes les réparations qui sont en son pouvoir. Il reconnaît ses injustices et votre mérite. S'il avait balancé à s'expliquer, je n'aurais pu demeurer dans l'inaction, quoique vous ayez des parents plus proches que moi. Votre grand-père, ma chère cousine, ne vous a-t-il pas confiée à mes soins? Me croirai-je intéressé à votre fortune sans l'être à votre honneur? Mais puisque M. Lovelace sent vivement son devoir, j'ai moins à dire, et vous pouvez être absolument tranquille sur ce point.

— Que de grâces, monsieur, que de grâces j'ai à vous rendre! Tout est au point que je demandais à la bonté du ciel. Mais je me sens très faible. Je suis fâchée de ne pouvoir soutenir plus long-temps... Sa faiblesse ne lui permettant point d'achever, elle a penché la tête sur le sein de madame Lovick. Nous sommes sortis, M. Morden et moi, après avoir donné ordre qu'on vînt nous avertir s'il arrivait quelque changement.

Nous avons passé nous-mêmes chez le médecin, pour le prier de lui faire encore une visite et de nous en rendre compte à son retour. Il ne s'est pas arrêté cinq minutes avec elle ; et nous ayant rejoints, il nous a dit qu'il doutait qu'elle fût demain en vie, et qu'elle souhaitait de voir immédiatement le colonel. On commençait à servir notre dîner, ce qui n'a point empêché M. Morden de partir sur-le-champ. Je n'ai pu toucher à rien : et m'étant fait donner une plume et de l'encre, pour satisfaire votre impatience, je vous ai tracé à la hâte tout ce qui venait de se passer à mes yeux.

M. Morden est lui-même fort indisposé ; cependant, il m'a déclaré qu'il ne s'éloignerait pas d'elle tandis qu'il la verra dans une situation si douteuse, et que son dessein est de passer la nuit sur une chaise, dans son antichambre.

Mercredi, 6, à huit heures du matin.

Elle a donné ses ordres avec beaucoup de présence d'esprit sur la manière dont elle doit être placée dans son cercueil, aussitôt que son corps sera tout à fait refroidi.

A neuf heures du matin.

Le colonel m'a dit qu'il avait dépêché un de ses gens au château d'Harlove pour y déclarer qu'on peut s'épargner la peine des débats au sujet de la réconciliation, parce qu'il y a beaucoup d'apparence que sa chère cousine ne sera plus au monde lorsque les délibérations seront finies.

Il est au désespoir, dit-il, d'être revenu en Angleterre ou de n'être pas revenu plus tôt. S'il perd sa cousine, sa résolution est de retourner en Italie, et de s'établir à Florence ou à Livourne.

À dix heures du matin.

Elle a tiré de son sein un portrait de miss Howe, en miniature, qu'elle y a toujours porté. Elle l'a confié à madame Lovick, en la priant de le remettre sous une enveloppe, adressé à M. Hickman, et de le lui envoyer par mes mains après sa mort. Elle l'a considéré long-temps avant que de l'abandonner. « Aimable et tendre amie... ma compagne... ma sœur ! » a-t-elle dit en le baisant quatre fois de suite à chaque nom.

J'ai renvoyé votre dernier courrier sans réponse. Votre impatience est juste. Mais croyez-vous que je puisse interrompre une conversation pour courir à ma plume, vous écrire, vous envoyer par lambeaux tout ce qui se présente ? Quand je le pourrais, ne voyez-vous pas qu'en écrivant une partie je perdrais l'autre ?

Cet événement n'est guère moins intéressant pour moi que pour vous. Si vous êtes plus désespéré que moi, je n'en connais qu'une raison, Lovelace ; elle est au fond de votre cœur. Je consentirais plus volontiers à perdre tous les amis que j'ai au monde, sans vous excepter, qu'à la perte de cette divine personne. Je ne me rappellerai jamais ses souffrances et son mérite sans me croire véritablement malheureux, quoique je n'aie rien à me reprocher sur le premier de ces deux points. Au reste, je fais moins cette réflexion pour la faire tomber sur vous que pour exprimer toute la force de ma douleur, quoique votre conscience peut-être vous la fasse prendre autrement.

Votre courrier, qui supplie, dit-il, pour sa vie en me pressant de le faire partir avec une lettre, m'arrache celle-ci d'entre les mains. Un quart d'heure de plus (car on me fait appeler) pourrait vous rendre apparemment, sinon plus tranquille, du moins plus certain, et dans un état tel que le vôtre, c'est un soulagement pour un homme tel que vous.

LETTRE CCCLI.

M. BELFORD, A M. MOWBRAY.

Mercredi, après midi.

Je suis ravi, cher Mowbray, d'apprendre que tu sois à Londres. Au moment que tu recevras cette lettre, jette-toi, s'il est possible, avec Tourville, dans le chemin de l'homme qui, de tous les hommes du monde, mérite le moins l'affection d'un bon cœur, mais qui est assez digne de celle de Tourville et de la tienne. Les nouvelles que j'aurai vraisemblablement à lui marquer, dans une heure ou deux, lui feront regarder comme son plus grand bonheur d'être anéanti.

Vous le trouverez entre le faubourg et Kensington, probablement à cheval, courant devant lui comme un furieux, et retournant aussitôt sur ses traces ; ou descendu, peut-être dans quelque hôtellerie, pour observer le retour des courriers qu'il m'envoie.

Will, son valet de chambre, m'arrive à l'instant. Il vous remettra ma lettre en chemin, et vous servira de guide. Partez sur-le-champ en carrosse, à cheval, n'importe comment. Votre présence sauvera la vie au maître, ou à quelqu'un de ses gens. Voilà, messieurs, les heureux effets du libertinage triomphant. Tôt ou tard il retombe sur nous, et tout se change en fiel le plus amer. Adieu.

BELFORD.

LETTRE CCCLII.

M. LOVELACE, A M. BELFORD.

Malédiction sur tout ce qui t'empêche de m'écrire ! sur le colonel, sur le monde entier. Toi ! te prétendre aussi intéressé que moi au sort de ma Clarisse ! Et qui es-tu, pour m'oser tenir ce langage ? Il est fort heureux pour l'un ou pour l'autre, que tu n'aies eu cette audace que par écrit. Morte ou vive, Clarisse Harlove est à moi, à moi seul. Ne me coûte-t-elle pas assez ? N'est-il pas probable qu'elle me coûtera mon salut éternel, tandis qu'une éternité de bonheur sera son partage ? Une éternelle séparation ! Dieu ! comment puis-je soutenir cette idée ? Mais il lui reste encore un souffle de vie. J'espère encore. Oh ! Belford, étends mes espérances, et tu seras mon bon génie, le seul que je croirai jamais, que j'invoquerai comme le Dieu de ma vie et de mon salut. Je te pardonnerai tout.

Pour la dernière fois... mais non ; ce ne sera pas, ce ne peut être la dernière. Déclare-moi, au moment que tu recevras ce billet, ce qu'il faut que je devienne ; car, à présent, je suis le plus misérable de tous les hommes.

A Knigt's-Bridge, à cinq heures.

Will me dit que tu m'envoies Mowbray et Tourville. Je n'ai pas besoin d'eux. Mon âme est lasse d'eux et du monde entier. C'est de moi-même, que je veux... Cependant, comme ils me font assurer qu'ils seront ici dans l'instant, je les attendrai, eux et ta première lettre... Ah ! Belford, garde-toi bien de m'apprendre... mais hâte-toi, quelque malheur que tu aies à m'annoncer.

LETTRE CCCLIII.

M. BELFORD, A M. LOVELACE.

Mercredi, 6 septembre, à sept heures.

Ce qu'il me reste à t'apprendre, c'est que tu ne saurais mieux faire à présent que de partir, soit pour Paris, soit pour tout autre lieu du monde où ta destinée pourra te conduire !

BELFORD.

LETTRE CCCLIV.

M. MOWBRAY, A M. BELFORD.

A Uxbridge, 7 septembre, entre minuit et une heure.

Je t'envoie demander, à la prière du pauvre Lovelace, les circonstances du fatal arrêt que tu as prononcé cette nuit. Il n'est pas capable de se servir de sa plume : mais il veut savoir tout ce qui appartient aux derniers momens de miss Harlove. Je ne vois pas néanmoins ce qui peut lui revenir de cette curiosité. Elle est partie, n'est-ce pas ? Qui diable peut l'arrêter ?

De ma vie je n'ai entendu parler d'une femme si singulière. Quel si grand mal avait-elle reçu, pour mourir de douleur ? Je souhaiterais que notre pauvre ami ne l'eût jamais connue. Quelles peines ne lui a-t-elle pas causées, depuis le premier moment jusqu'au dernier? Le charmant garçon était comme perdu pour nous, depuis qu'il s'était livré à cette fantaisie : et dis-moi, je te prie, qu'y a-t-il de plus rare dans une femme que dans une autre?

C'est un grand bonheur pour ce pauvre diable, de nous avoir eus près de lui à l'arrivée de ton billet. Tes précautions sont une bonne preuve de ton amitié. Ma foi, Belford, cette nouvelle l'a mis tout à fait hors de lui-même. Il est fou; aussi fou qu'il y en ait jamais eu dans Bedlam. Will lui a rendu ta lettre au moment que nous l'avons joint, dans une hôtellerie de Knight's-Bridge, et s'est dérobé aussitôt à sa vue. Jamais il n'y eut de pareille scène. Il tremblait comme une feuille en la recevant. Le tremblement de ses mains était si violent, qu'il l'a déchirée en deux avant que de pouvoir l'ouvrir entièrement. Après l'avoir lue, il est devenu aussi pâle qu'un mort; et pendant quelques momens, la voix lui a manqué. Il nous regardait, la bouche ouverte et les yeux égarés. Mais, ses esprits se ranimant tout d'un coup, il s'est emporté, de paroles et d'actions, à des fureurs que je n'entreprends pas de te représenter. Aucune partie du monde n'est échappée à ses exécrations; et sa rage se tournant contre lui-même, après avoir cherché des yeux son épée et ses pistolets, que Will avait emportés en se retirant, il se serait tué contre le mur, si nous ne l'avions arrêté fort heureusement, lorsqu'il s'y élançait tête baissée. Il est demeuré entre Tourville et moi : mais n'espérant rien de ses armes ni des nôtres, il s'est donné, sur le front, sur les tempes et sur la poitrine, des coups de poing qui auraient assommé un taureau. J'ai voulu me saisir de ses mains; il m'a repoussé avec tant de violence, que d'un coup, dont je n'ai pu me garantir, il m'a fait ruisseler le sang du nez. C'est lui, par bonheur, sans quoi, je ne sais comment j'aurais pris cette injure.

Ainsi, par degrés, nous avons un peu ramené le furieux à la raison. Il a promis de tenir une conduite plus mâle, et je lui ai pardonné. Nous l'avons fait monter à cheval, dans l'obscurité, et nous sommes venus ensemble chez Doleman. Chacun de nous a mis tout en usage pour lui faire honte de sa folie. Nous lui avons dit qu'il n'était question que d'une femme, et d'une femme obstinée, perverse. D'ailleurs, quel remède? Et tu conviendras, Belford, comme nous n'avons pas manqué de le lui dire aussi, qu'il est honteux pour un homme qui s'est vu le maître de vingt femmes, pires ou meilleures que celles-ci, de faire tant de vacarme, pour la seule raison qu'il a plu à la belle de se laisser mourir. Nous lui avons conseillé de ne plus s'attaquer à des femmes orgueilleuses de leur caractère et de ce qu'elles appellent leur vertu. A quoi bon? Le plaisir ne vaut pas la peine; et qu'ont-elles de plus que les autres? Par ma foi, la patience me manque, à la vue de toutes ses folies. Envoie-nous donc le récit qu'on te demande.

Mais il faut absolument que nous le fassions voyager. Dans un mois ou deux, nous le rejoindrons, toi, Tourville et moi, et nous l'aurons bientôt guéri de cette extravagance. Il aura honte de lui-même, et nous ne l'épargnerons pas alors. Aujourd'hui ce serait pitié de le traiter comme il le mérite.

J'ai voulu te donner quelque idée du service que nous avons rendu à ce violent personnage, qui était un homme perdu, s'il ne nous avait pas eus près de lui, ou qui aurait commis infailliblement quelque meurtre. Il jure. Il maudit. Toutes ses facultés spirituelles sont enveloppées d'épaisses ténèbres. Bonsoir là-dessus, Belford. Tourville, et tout ce que nous sommes ici, nous te désirons impatiemment ; car personne n'a sur lui tant d'influence que toi.

MOWBRAY.

LETTRE CCCLV.

M. BELFORT, A M. LOVELACE.

Mercredi, à minuit.

Je veux essayer d'écrire. Quand je me mettrais au lit, il me serait impossible de fermer les yeux. Je n'avais jamais senti le poids de la douleur, comme je viens de l'éprouver, en recevant les derniers soupirs de la plus admirable de toutes les femmes, qui jouit à présent de la récompense de ses vertus dans le séjour du bonheur.

Vous apprendrez volontiers les circonstances de son heureux passage. Tout est tranquille autour de moi : quoique personne, j'ose le dire, n'ait pu se promettre de reposer cette nuit, et le triste colonel moins que tous les autres.

A quatre heures, comme je vous l'ai marqué dans ma dernière lettre, on m'a fait appeler. M. Morden était à genoux, tenant une main de miss Harlowe entre les siennes, le visage baissé dessus, et la mouillant de ses larmes ! De l'autre côté, madame Lowick, noyée dans les siennes, avait la tête appuyée négligemment contre le chevet du lit ; et la tournant vers moi dès qu'elle m'a vu : — O monsieur Belford ! s'est-elle écriée les mains jointes, la chère, l'incomparable miss... Un sanglot ne lui a pas permis d'achever. Madame Smith était debout près d'elle, les yeux levés et joignant aussi les mains, la garde tenait dans une main un cordial inutile, qu'elle venait de présenter à sa maîtresse mourante. Ses yeux paraissaient enflés à force de pleurer, quoiqu'elle dût être endurcie par l'habitude à ces tristes spectacles.

Miss Harlove avait gardé le silence depuis quelques minutes ; et, semblant avoir perdu le pouvoir de parler, elle remuait quelquefois les lèvres, sans en faire sortir aucun son. Mais, à mon approche, madame Lovick avait à peine prononcé mon nom, que, d'une voix faible et intérieure, elle s'est efforcée de le prononcer aussi. — O monsieur Belford ! a-t-elle dit, en reprenant haleine presqu'à chaque mot, c'est à présent, j'en remercie la bonté du ciel ! que je touche à la fin de tous mes maux. Quelques momens de plus vont me délivrer du fardeau de la vie, et je sens que je vais être heureuse. Consolez, monsieur, consolez le colonel. Voyez si son affection n'est pas blâmable ! il souhaiterait de pouvoir retarder mon bonheur.

Elle s'est arrêtée quelques momens. Ensuite, tournant les yeux sur lui : — Pourquoi cette profonde tristesse ? La mort n'est-elle pas notre partage commun ? Le corps peut paraître un peu abattu : c'est tout. Il n'est pas si pénible de mourir que je l'avais cru. La difficulté consiste dans les préparations ; mais, grâce au ciel, le temps ne m'a pas manqué. Le reste, je le vois bien, est plus fâcheux pour les spectateurs que pour moi.

En effet, un doux sourire semblait faire rayonner la joie sur son visage.

Après quelques momens de silence : — Encore une fois, mon cher cousin, a-t-elle dit au colonel, chargez-vous de mes derniers sentimens pour mon père et ma mère... pour ma sœur, pour mon frère, pour mes oncles... Dites-leur qu'en expirant je bénis toutes leurs bontés... et même leurs rigueurs... Heureuse, d'avoir reçu ma punition dans cette vie !

La douce langueur de sa voix et de ses périodes interrompues remplissent encore mon oreille. Cette impression me sera présente toute ma vie. Elle a continué, par intervalles, d'adresser quelques mots au colonel, à moi, aux femmes mêmes, qui n'ont pas cessé d'avoir les yeux attachés sur elle jusqu'au dernier moment. Une fois, elle s'est doucement écriée : « O mort, où est ton aiguillon ! » quatre mots, que je me souviens d'avoir entendus aux funérailles de mon oncle et du pauvre Belton. Une autre fois, elle a dit d'un ton paisible : « Qu'il est heureux pour moi d'avoir senti l'affliction ! » C'est apparemment quelque passage de l'Ecriture.

Tandis que la douleur nous tenait comme ensevelis dans un profond silence, elle a tourné la tête vers moi : — Dites, monsieur, dites à votre ami que je lui pardonne, et que je prie le ciel de lui pardonner. Apprenez-lui que je meurs heureusement, et que je souhaite, pour son intérêt, que sa dernière heure ressemble à la mienne.

Quelques momens après, elle a dit, d'une voix encore plus basse : — Ma vue se trouble ; je ne vous vois plus qu'au travers d'un nuage. N'est-ce pas la main de M. Morden que je tiens ? en la lui pressant de la sienne. Où est celle de M. Belford ? en tendant l'autre vers moi. Je lui ai donné aussitôt la mienne. — Que le ciel, nous a-t-elle dit, vous comble tous deux de ses bénédictions, et rende votre mort aussi douce que la mienne. Vous verrez ma chère miss Howe : dites-lui que je fais les mêmes vœux pour elle, et qu'en échange du portrait que je lui ai rendu, j'emporte son image au fond du cœur. Apprenez, par mon exemple, a-t-elle ajouté, avec beaucoup de peine à se faire entendre, comment tout finit ; et puissiez-vous... sa tête s'est appesantie sur son oreiller ; ses mains ont quitté les nôtres, et la pâleur de la mort s'est répandue sur son visage.

Nous avons cru qu'elle venait d'expirer, et la douleur nous a fait pousser un cri. Mais quelques signes de vie, qu'elle a recommencé à donner, ont rappelé aussitôt notre attention. Ses yeux se sont ouverts encore une fois. Elle nous a regardés successivement, avec un petit mouvement de tête vers chaque personne de l'assemblée, qui nous a fait juger qu'elle nous distinguait. Enfin, levant les mains à demi, et prononçant d'une voix confuse : « Ciel, reçois une âme qui n'aspire qu'à toi ! » elle a rendu le dernier soupir.

O Lovelace !... Mais il m'est impossible d'en dire davantage.

Je reprends la plume pour ajouter quelques lignes. Tandis qu'il lui restait de la chaleur, nous avons pressé sa main de nos lèvres. Quelle sérénité sur son visage ! que de charmes au milieu des horreurs de la mort ! le colonel et moi, nous sommes passés dans la chambre voisine, en nous regardant l'un l'autre, dans l'intention de parler ; mais, pénétrés du même sentiment, et gouvernés par la même cause, chacun s'est assis de son côté sans prononcer un seul mot. Le colonel soupirait, comme si son cœur eût été prêt à se fendre. Enfin, le visage et les mains levés, avec aussi peu d'attention à moi que s'il eût été seul dans la chambre : — Bonté du ciel ! s'est-il écrié, soutiens-moi. Est-ce là le sort du plus parfait ouvrage de la nature! Ensuite, après s'être arrêté un moment! Eh! c'est donc pour jamais, ma chère, mon adorable cousine! mais, paraissant revenir à lui-même, et s'adressant à moi : — Pardon, monsieur... mille excuses, monsieur Belford. Il s'est levé alors, sans rien ajouter; et, se glissant vers la porte : — J'espère, monsieur, m'a-t-il dit en sortant, que nous nous reverrons demain. Il est descendu, il est sorti de la maison, et je suis demeuré comme une statue.

Lorsque j'ai commencé à rappeler mes esprits, j'avoue que mes premiers mouvemens m'ont porté à trouver de l'injustice dans la dispensation des destinées humaines. J'ai perdu de vue, pendant quelques momens, l'heureuse préparation de miss Harlove, son passage encore plus heureux, son triomphe dans un événement qui n'est, après tout, que le sort commun; et j'oubliais que, demeurant après elle, avec la certitude d'arriver au même terme, nous sommes bien éloignés d'être assurés du même bonheur.

Elle est partie pour une meilleure vie, quatre minutes précises après six heures. Je venais de jeter les yeux sur sa montre, qui était suspendue à côté de moi.

Tels ont été les derniers momens de miss Clarisse Harlove, dans la fleur de sa jeunesse et de sa beauté. Si l'on considère un âge si tendre, elle n'a laissé personne après elle qui la surpasse en étendue de connaissances et en jugement; personne qui l'égale, peut-être, en vertu, en piété, en douceur, en politesse, en générosité, en discrétion, en charité véritablement chrétienne. La modestie et l'humilité, qui relevaient en elle tant de qualités extraordinaires, ne l'empêchant point de faire éclater, dans l'occasion, une rare présence d'esprit et beaucoup de grandeur d'âme, on peut dire qu'elle faisait non seulement l'honneur de son sexe, mais l'ornement de la nature humaine.

Jeudi, à neuf heures du matin.

Je reçois une lettre que Mowbray m'écrit en ton nom; mais j'ai prévenu tes désirs; et divers ordres que j'ai à donner, dans cette triste occasion, ne me laissent pas le temps d'entrer dans un nouveau détail. On ne me fait pas une peinture agréable de ta situation. Elle ne m'étonne point. Le temps seul peut te la rendre plus supportable; c'est-à-dire, si tu parviens à composer avec ta conscience, sans quoi le mal ne fera qu'augmenter de jour en jour. Tourville, qui arrive en ce moment, me représente ton affliction. J'espère que tu ne penseras point à te rendre ici. Miss Harlove désire, dans son testament, qu'on ne t'accorde point la liberté de la voir. J'en fais tirer quatre copies. Il est assez long; car chaque article porte l'explication de ses motifs. Je te promets d'autres éclaircissemens, aussitôt que je trouverai le temps de t'écrire.

On m'a remis trois lettres, adressées à miss Clarisse Harlove. Mon office me donnant le droit de les ouvrir, je les ai lues, et je t'en promets une copie. Elles sont capables de me faire perdre l'esprit. Quelle joie n'auraient-elles pas causée à la malheureuse Clarisse! cependant elles seraient venues trop tard pour changer rien à son sort; et si ce bonheur lui était arrivé avant le dernier moment de sa vie, elle n'aurait pu dire, avec tant de noblesse, « que le ciel ne lui avait pas laissé d'autre consolation que lui-même. »

LETTRE CCCLVI.

MADAME NORTON, A MISS CLARISSE HARLOVE.

Mercredi, 6 septembre.

Enfin, enfin, ma très chère miss Clary, tout répond heureusement à nos vœux. L'unanimité des voix est en votre faveur. Votre frère et votre sœur même sont devenus les plus ardens pour la réconciliation. Je l'avais prévu. Quel triomphe la patience et la douceur vous font remporter ! Cet heureux changement est dû aux derniers avis de votre cousin Morden. Mais il vous aura vue, sans doute, avant que vous puissiez recevoir ma lettre.

Tous nos désirs, toutes nos prières sont, à présent, pour le rétablissement de votre santé et de vos forces. Je sais combien votre cœur respectueux sera consolé par cette joyeuse nouvelle, et par mille détails que j'ai à vous faire, lorsque j'aurai la satisfaction de vous embrasser. Ce sera samedi prochain au plus tard, peut-être dès vendredi, vers le temps auquel vous recevrez cette lettre. On m'a fait appeler aujourd'hui, de la part de votre famille entière. J'ai été reçue de tout le monde avec beaucoup de caresses et de bonté. On m'a suppliée (car c'est le mot dont on s'est servi, et jugez si j'avais besoin d'être pressée dans ces termes) de me rendre auprès de vous, sans perdre un moment, pour vous assurer de l'affection de tous vos proches. Votre père m'a donné ordre de vous dire en son nom tout ce que mon cœur pourrait m'inspirer de plus tendre, dans la vue de vous consoler et de fortifier votre courage. Ils se sont engagés tous à ratifier les expressions de ma tendresse et de ma joie. Mon chagrin est de ne pouvoir partir à l'instant, comme je le ferais au lieu de vous écrire, si l'on m'avait offert un carrosse du château; mais il y aurait eu de l'indiscrétion à le demander. J'aurai demain une chaise de louage. Qu'il me tarde de presser ma chère, ma précieuse fille dans mes bras, et, j'ose dire, contre mon sein maternel !

Votre sœur a promis de vous écrire, et d'envoyer, par un exprès, ma lettre avec la sienne. Votre oncle Harlove vous écrira aussi, et dans les termes les plus obligeans. Ils sont tous extrêmement alarmés de votre situation. Ils sont charmés de votre conduite et de vos sentimens. Que n'ont-ils reçu plus tôt les mêmes informations ! mais ils mettent leur consolation et leur confiance dans l'idée que M. Morden ne leur aurait pas écrit en arrivant à Londres, s'il avait jugé qu'il fût trop tard.

Ils sont résolus, ma chère miss, de ne vous prescrire aucune loi. Tout sera laissé à votre discrétion. Seulement, votre frère et votre sœur déclarent qu'ils ne consentiront jamais à donner le nom de frère à M. Lovelace; et je crois que votre père ne se laissera pas engager facilement à le recevoir pour fils.

J'ai ordre de vous amener avec moi, aussitôt que votre inclination vous le fera désirer, et que votre santé vous le permettra. Il n'est pas besoin que j'ajoute avec quelle tendresse et quel attachement je suis, votre

JUDITH NORTON.

LETTRE CCCLVII.

MISS ARABELLE HARLOVE, A MISS CLARISSE.

Mercredi, 6 septembre.

Nous apprenons, chère sœur, que vous êtes dangereusement malade. Nous vous avons aimée avec une tendresse qu'on n'a jamais eue pour personne; vous le savez, chère Clary, et vous y avez mal répondu; mais nos ressentimens ne peuvent toujours durer.

La nouvelle de votre situation nous afflige, en vérité, plus que je ne puis vous l'exprimer. Comme vos infortunes nous semblent plus grandes que votre faute, et que sous le poids du malheur votre bon caractère s'est fidèlement soutenu, je prévois qu'après cette séparation vous allez nous être plus chère que jamais. Consolez-vous donc, chère sœur, et gardez-vous d'un excès d'abattement. Pour gage de faveur et de réconciliation, mon père et ma mère vous assurent, par ma main, de leur bénédiction et de leurs prières : ils pensent même à vous consoler plus efficacement; car s'ils apprennent que cette lettre ait été reçue comme ils s'y attendent (ils en jugeront par l'effet qu'elle produira pour votre santé), ma mère ira vous voir elle-même à Londres. Dans l'intervalle, madame Norton, pour laquelle vous avez toujours eu tant d'amitié, ne tardera point à se rendre auprès de vous.

Nous espérons que de si bonnes nouvelles vous rendront un peu de goût pour la vie; hâtez-vous de nous en assurer. Votre première lettre à cette occasion, surtout si nous y apprenons que vous vous portiez mieux, nous causera autant de plaisir que nous en prenions autrefois aux jolies productions de votre plume. Adieu, ma chère Clary; je suis votre sœur très affectionnée, et votre véritable amie.

Arabelle Harlove.

LETTRE CCCLVIII.

M. JULES HARLOVE, A MISS CLARISSE.

Mercredi, 6 septembre.

Votre faute, ma très chère nièce, nous avait jetés dans un mortel chagrin; mais nous en ressentons encore plus, s'il est possible, d'apprendre que vous êtes si mal, et nous sommes extrêmement fâchés que les choses aient été poussées si loin. Nous imaginant peu que votre maladie fût si dangereuse, et que vous eussiez mené une vie si pénitente et si régulière, nous sommes réellement très consternés, votre frère et tous les autres, de vous avoir traitée avec tant de rigueur. Pardonnez la part qu'on m'y a fait prendre, ma très chère Clary; je suis votre second père, vous le savez, et vous m'avez toujours aimé.

J'espère que vous serez bientôt en état de vous rendre ici, et qu'après y avoir passé quelque temps, vous m'accorderez un mois entier, lorsque votre père et votre mère auront la bonté d'y consentir. Mais si votre maladie ne vous permettait pas de venir aussitôt que nous le désirons, j'irai moi-même à Londres ; car je meurs d'envie de vous voir.

Mon frère Antonin vous embrasse de tout cœur, et se joint à moi dans la tendre assurance que tout ira parfaitement, et mieux, s'il est possible, que jamais. Nous avons été si long-temps privés de vous, que nous sentons vivement le besoin de vous revoir, et de vous serrer encore une fois sur notre cœur.

Votre frère et votre sœur parlent de vous aller voir à Londres, et je crois que c'est aussi le dessein de votre indulgente mère. Que le ciel vous rende à nous dans sa bonté !

Jules Harlove.

LETTRE CCCLIX.

M. BELFORD, A M. LOVELACE.

Vendredi soir, 8 septembre.

Il faut vous rendre compte de toutes mes actions, depuis ma lettre précédente, qui contenait la dernière scène de l'incomparable Clarisse. Aussitôt qu'elle eut expiré, nous laissâmes le corps à la garde des femmes de la maison, qui suivant les ordres qu'elle leur avait donnés le même jour, le mirent en possession de ce logement funeste, qu'elle s'était préparé avec un courage si ferme et si tranquille. Hier matin, le colonel vint me prendre chez moi, il n'était pas encore revenu de son trouble. Nous nous rendîmes ensemble chez Smith, où nous ne pûmes nous défendre, en arrivant, de jeter encore une fois les yeux sur l'aimable corps, et d'admirer la sérénité qui régnait sur son visage. On l'aurait crue dans un doux assoupissement.

J'ouvris un tiroir dans lequel je savais d'elle-même que je devais trouver ses papiers. Le premier qui s'offrit à ma vue était un paquet cacheté de trois sceaux en cire noire, avec cette inscription : « Aussitôt « que je serai morte, M. Belford prendra la peine de lever l'enveloppe. » Je me reprochai beaucoup de ne l'avoir pas fait la veille ; mais j'étais réellement incapable de toute sorte d'attention.

Je trouvai sous l'enveloppe onze lettres, toutes cachetées en noir, dont l'une m'était adressée. Je ne fais pas difficulté de vous en envoyer une copie.

A M. BELFORD.

Dimanche soir, 7 septembre.

« Dans cette dernière et solennelle occasion, monsieur, je dois vous renouveller mes remerciemens pour les importans services que vous m'avez rendus, dans un temps où j'avais besoin de secours et de protection. Permettez que, de la région des morts où je serai lorsque vous lirez cette lettre, je profite des circonstances pour vous donner la matière de quelques réflexions, avec toute la chaleur d'une sincère amitié.

» Je me flatte humblement que, dans la dernière heure d'une personne qui vous souhaitera toutes sortes de biens, vous venez d'avoir un exemple de la vanité des fortunes du monde, et de l'importance d'être en paix avec soi-même.

« Un grand homme, dont j'ai su le nom, se voyant au lit de la mort, déclara qu'il aurait mieux aimé pouvoir se rappeler le souvenir d'un verre d'eau qu'il aurait donné à quelque misérable, que celui d'un grand nombre de batailles qui lui avaient acquis la réputation d'un héros. Toutes les idées de grandeur mondaine s'évanouissent, dans ce moment inévitable qui décide de la destinée des hommes.

» S'il est donc vrai, monsieur, que, dans ces instans terribles, les conquérans, les vainqueurs des nations soient réduits à de tels aveux, quelles doivent être les réflexions de ceux qui ont vécu dans le crime, qui ont employé leurs efforts, et mis honteusement leur gloire à séduire les âmes innocentes, à ruiner les faibles, après avoir commencé par les arracher à leurs protecteurs, et par les éloigner de leurs véritables amis? Ah! monsieur, pesez, pesez l'horreur de leur situation, tandis que la santé, la vigueur d'esprit et de corps vous mettent en état de tirer quelque utilité de cette affreuse image. Quelle bassesse, quelle inhumanité, quelle barbarie dans le sujet de leur orgueil! et quelle honte par conséquent, quels remords, quelle consternation à l'approche de la sentence et du châtiment!

» En second lieu, monsieur, j'attends de vous, pour l'amour de moi, qui me suis vue dans la nécessité de vous confier l'exécution de mon testament, que si ce choix même doit donner naissance à quelque démêlé fâcheux, vous supporteriez, avec la générosité dont je vous ai cru rempli, les faiblesses de mes proches, surtout celle de mon frère, qui est réellement un jeune homme de mérite, mais un peu trop ardent et trop livré à ses préventions. J'espère que la paix sera votre étude, et que vous apporterez tous vos soins à réconcilier les cœurs divisés, que vous emploierez particulièrement votre influence sur un ami encore plus violent, pour arrêter de nouveaux désastres; car assurément cet esprit fougueux ne peut se croire satisfait des maux qu'il a causés, surtout de l'audacieux affront qu'il a fait à ma famille, en la blessant dans la plus tendre partie de son honneur. J'ai déjà votre promesse sur tous ces points, j'en demande l'observation comme une dette. Une autre prière que j'ai à vous faire, c'est d'envoyer à leur adresse toutes les lettres que vous trouverez sous cette enveloppe.

» A présent, monsieur, permettez que j'emporte l'espoir de devenir un humble instrument dans les mains de la Providence, pour rappeler solidement à la vertu un homme de votre esprit et de votre mérite. Si la malheureuse démarche qui a précipité la fin de mes jours fait perdre à la société humaine une jeune personne dont on pouvait espérer quelque utilité, cette perte sera réparée fort heureusement par la grâce que je demande pour vous au ciel, et dont je tirerai moi-même un infaillible avantage, sans compter l'espérance de pouvoir vous remercier dans une meilleure vie, comme je ferai jusqu'à mon dernier soupir de tout le bien que vous m'avez fait, et de l'embarras où vous vous êtes engagé, monsieur, pour votre très humble.

» CLARISSE HARLOVE. »

Les autres lettres sont pour son père, pour sa mère, pour ses deux oncles, pour son frère et pour sa sœur, pour sa tante Harvey, pour M. Morden, pour miss Howe, pour madame Norton, et la dernière pour vous, en exécution de la parole qu'elle vous a donnée, de vous écrire aussitôt qu'elle serait arrivée à la maison de son père. J'attendrai, pour vous envoyer cette lettre, que vous soyez dans une meilleure disposition que Tourville ne représente la vôtre.

Elle a pris soin de me laisser, sous une enveloppe particulière, avec d'autres papiers que je n'ai pas encore eu le temps de lire, une copie de ces dix lettres posthumes. Je ne suis plus surpris qu'elle écrivît continuellement; et jamais d'ailleurs je n'ai connu de jeune personne qui se servit plus facilement de sa plume. Ses idées paraissant se présenter à mesure qu'elle les jetait sur le papier, j'ai remarqué plus d'une fois qu'elle s'arrêtait rarement, et qu'elle changeait ou qu'elle effaçait encore moins. C'était un talent naturel qu'elle joignait à mille autres.

Je remis au colonel la lettre qui était pour lui, et je donnai ordre à mon valet de chambre de se tenir prêt à porter les autres. Ensuite, étant passés dans l'appartement voisin, nous fîmes l'ouverture du testament. Cette lecture nous causa une émotion si vive, que le colonel, s'interrompant quelquefois lui-même, me priait de lire à sa place, et que j'avais besoin aussi de lui faire quelquefois la même prière à mon tour. Notre attendrissement paraissait jusque dans le son de nos voix. Je n'entrerai ici dans le détail de ses dernières volontés, qu'autant qu'il a rapport au fil de ma narration, parce que j'ai dessein de vous envoyer une copie du testament.

Le colonel me dit qu'il était prêt à me rendre compte des sommes qu'il avait apportées de la famille, et qu'elles me mettraient en état d'exécuter, sans aucun délai, cette partie des dispositions. Il me força de recevoir un papier qui en contenait l'état, et que je mis dans mon portefeuille sans l'avoir lu. Mais je lui répondis que, dans l'espérance où j'étais qu'il contribuerait de tout son pouvoir à l'exécution littérale du testament, je lui demandais d'avance son secours et ses avis.

Le désir qu'elle marque, dans le premier article, d'être enterrée avec ses ancêtres, nous obligeait d'écrire au château d'Harlove. J'ai engagé le colonel à se charger de cette commission, parce que je n'ai pas voulu, du moins tout d'un coup, faire l'officieux aux yeux d'une famille, qui souhaitera probablement de n'avoir aucune communication avec moi. Voici la lettre de M. Morden, qui est adressée au jeune Harlove.

A M. JAMES HARLOVE.

« Monsieur, les ordres dont le porteur est chargé me dispensent de vous apprendre le sort de la plus excellente de toutes les femmes. Mais je suis prié par son exécuteur testamentaire, qui vous enverra incessamment une copie de ses dernières volontés, de vous faire savoir qu'elle demande instamment d'être ensevelie dans les caveaux de sa famille, aux pieds de son grand-père. Si son père s'y oppose, elle ordonne que son corps soit enterré dans le cimetière de la paroisse où elle est morte. Il n'est pas besoin d'ajouter que cette proposition demande une prompte réponse.

» Son bonheur commença hier soir, quatre minutes après six heures.
» MORDEN. »

LETTRE CCCLX.

M. BELFORD, A M. LOVELACE.

Samedi, à dix heures.

La pauvre madame Norton est arrivée. Elle était descendue à la porte, et son empressement la faisait aller droit à l'escalier ; mais madame Smith et madame Lovick étant à pleurer ensemble, et la première ayant informé trop brusquement cette vénérable femme de la fatale nouvelle, elle est tombée sans connaissance à leurs pieds. Je suis arrivé dans le moment qu'elle commençait à reprendre ses esprits. Elle s'est livrée alors aux expressions de sa douleur, aux louanges de son incomparable élève, et comme vous devez le juger, à d'amères invectives contre vous.

Elle était impatiente de voir le corps. Les deux autres femmes sont montées avec elles. Elle a poussé le dessus du cercueil, en tremblant de douleur et d'impatience. Elle s'est jetée sur le visage, qu'elle a baigné de ses larmes. Elle a baisé plusieurs fois le front et les joues, comme si son élève eût été vivante.— C'était elle-même! a-t-elle répété vingt fois, sa chère fille! l'unique objet de son affection dans ce malheureux monde! la mort, qui défigure tout, n'avait point eu le pouvoir d'altérer ses aimables traits. Elle a long-temps admiré la sérénité de son aspect.— Sa fille était heureuse, a-t-elle dit; il n'y avait aucun doute; mais combien de misérables avait-elle laissés après elle! L'excellente femme s'est plainte au ciel, d'avoir assez vécu pour être du nombre.

C'est avec une peine extrême, qu'on est parvenu à lui faire quitter le cercueil et la chambre. Lorsqu'elle est passée dans l'appartement voisin, je me suis approché d'elle, et je l'ai informée du legs avantageux que sa chère fille a fait en sa faveur; mais sa douleur n'a fait qu'augmenter.— Elle devait mourir avec elle, m'a-t-elle dit avec un ruisseau de larmes. Que lui restait-il au monde, après avoir perdu tout ce qui pouvait l'attacher à la vie?

Pour faire quelque diversion à sa douleur, je lui ai parlé de prendre elle-même le soin de son deuil; et je lui ai remis trente guinées, que sa fille, puisqu'elle lui donne ce nom, lègue en particulier dans cette vue, pour elle et pour son fils. Ces petits soins réveillent ordinairement les bons cœurs d'une noire espèce de léthargie, qui succède aux attaques d'une violente affliction. C'est le seul deuil dont le testament fasse mention. Je l'ai priée de ne pas perdre de temps à le faire préparer, parce que je ne doutais pas qu'elle fût résolue d'accompagner le corps, si l'on obtient la permission de le faire transporter.

Le colonel se propose de mener le convoi. Il se chargera d'une copie du testament; et sa bonté le faisant penser à donner de favorables idées de moi à la famille, il veut prendre aussi une copie de la lettre que j'ai reçue de miss Harlove après sa mort. Il est si obligeant, qu'il me promet le récit de tout ce qui se passera dans cette triste occasion.

Mais quels doivent être la douleur, le remords, dont les cœurs de cette inexorable famille seront saisis, en recevant les lettres posthumes, et celle de M. Morden, qui m'a forcé de prendre les billets de banque et les lettres de change qu'il avait apportés. La somme qui s'est accrue depuis la mort du grand-père est très considérable.

Depuis que M. Morden s'est retiré, je me suis donné la satisfaction de lire les copies des lettres posthumes, que mon valet de chambre est allé porter à leur adresse. Que j'ai raison de donner à cette admirable personne le nom de femme divine! Elle paraît s'être occupée, dans chaque lettre, à consoler ses parens, plutôt qu'à leur reprocher leur cruauté. Mais, si j'étais à leur place, combien n'aimerais-je pas mieux qu'elle m'eût accablé des plus sanglantes récriminations, que de la voir triompher si noblement de mon injustice, par une générosité sans exemple!

Je vous adresserai quelques unes de ces copies. Vous ne manquerez pas de me les renvoyer aussi promptement que vous le pourrez.

LETTRE CCCLXI.

M. BELFORD, A M. LOVELACE.

Samedi, après midi.

J'apprends que, dans tes fureurs, tu ne respires que vengeance contre moi, pour t'avoir traité un peu librement, et contre la maudite Sinclair et sa troupe infernale. Les menaces qui ne regardent que moi, me causent peu d'inquiétude. Mon dessein étant de te piquer au vif, je me réjouis que l'effet réponde à mes intentions, et je te félicite de n'avoir pas perdu le sentiment.

A l'égard de tes détestables femmes, je trouve qu'elles méritent le feu dont tu les menaces, et le feu de l'avenir, qui les attend. Mais je reçois à ce moment des nouvelles qui t'épargneront vraisemblablement le nouveau crime de punir ton vieux monstre, pour la part que tu lui as fait prendre à ta méchanceté. La nuit précédente, cette infâme créature, s'étant enivrée d'arrack, sa liqueur favorite, s'est laissé tomber du haut de son escalier. Entre autres blessures, elle s'est cassé une jambe; elle est actuellement à jurer, rugir, écumer, dans les ardeurs d'une fièvre violente, qui n'a pas besoin d'autre feu pour lui faire éprouver des tourmens plus vifs et plus durables que tu ne lui en destinais dans ta vengeance.

La misérable m'a fait prier de l'aller voir; et de peur qu'un messager ordinaire ne lui fît obtenir qu'un refus, elle a cru devoir m'envoyer sa digne associée, Sally Martin.

Cette effrontée Sally n'a jamais été si décontenancée qu'en apprenant la mort de miss Harlove. Elle a tiré son flacon, dans la crainte de s'évanouir. Après avoir un peu rappelé ses forces, elle s'est reproché sa part aux outrages que cette divine personne avait essuyés. — Polly Horton, m'a-t-elle dit, se devait le même reproche : et versant beaucoup de larmes, elle a confessé que le monde n'avait jamais rien produit de si parfait. Elle a reconnu que, tout barbare que tu es, sa ruine venait moins de ta propre bassesse que de leurs instigations.

Elle aurait souhaité de voir le corps, mais j'ai rejeté sa demande avec exécration. — Ce qu'elle se pardonnait le moins, m'a-t-elle dit, c'étaient les insultes dont elle l'avait accablés pendant qu'elle était arrêtée pour une fausse dette.

En me quittant, elle m'a dit que les meurtrissures de la vieille furie était beaucoup plus dangereuses que ses plaies; qu'on appréhendait la corruption; qu'elle paraissait épouvantée de ce qu'elle a fait souffrir à miss Harlove, et qu'elle avait si fort à cœur d'en obtenir le pardon, qu'il était à craindre que la nouvelle d'une mort si peu prévue n'avançât la sienne.

Ton courrier me fait une peinture étonnante de tes emportemens. Je m'y suis attendu. Mais comme rien de violent n'est durable, je ne prévois pas moins que ta gaîté habituelle l'emportera bientôt sur ta frénésie.

LETTRE CCCLXII.

M. JAMES HARLOVE, A M. MORDEN.

Samedi, 9 septembre.

Cher cousin, toutes mes expressions ne vous représenteraient pas la consternation qui s'est répandue ici à la plus funeste nouvelle qui nous ait jamais été communiquée. Ma sœur Arabelle, hélas! je n'ai plus d'autre sœur, se disposait à suivre madame Norton. J'étais résolu de l'accompagner, et d'aller porter moi-même de justes consolations à notre chère infortunée. Mourir, sans quelqu'un de nous auprès d'elle! Hélas! monsieur, je crains bien que ma mère ne revienne pas d'un coup si terrible.

Elle s'évanouit à chaque moment, depuis qu'elle a reçu vos tristes informations. La goutte de mon père s'est jetée sur l'estomac, et le ciel sait... O cher cousin! ô monsieur! Je n'ai pas eu d'autre vue que l'honneur de la famille; cependant tout le poids des reproches tombe sur moi. Le détestable Lovelace! Que la vengeance du ciel me poursuive, s'il échappe à la mienne.

Juste ciel! Faut-il que sa première entrée dans cette maison, après nous avoir abandonnés si précipitamment, se fasse dans un cercueil!

Nous ne voulons rien avoir à démêler avec son exécuteur testamentaire. Il ne peut s'attendre que nous le voulions; et, s'il est galant homme, il ne s'obstinera point à faire valoir ses droits. Ainsi, monsieur, chargez-vous, s'il vous plaît, du soin de nous faire apporter le corps. Ma mère regarderait comme un malheur dont elle ne se consolerait jamais, de ne pas voir, après la mort, une chère fille qu'elle n'a pu voir en vie. Qu'on nous fasse savoir les dispositions du testament sur ce qui regarde les funérailles. Elles seront exécutées ponctuellement, comme tous les autres articles qui nous paraîtront justes et raisonnables.

Ne nous accorderez-vous pas, monsieur, l'honneur de votre présence dans cette mélancolique cérémonie? Nous vous demandons cette faveur, et celle d'oublier ce qui s'est passé dans nos dernières entrevues, avec la générosité qui est naturelle au brave et au sage.

James Harlove.

LETTRE CCCLXIII.

M. BELFORD, A M. LOVELACE.

Dimanche, à huit heures du matin.

Je n'ai pas quitté la maison de Smith, jusqu'au moment où j'ai vu, pour la dernière fois, les dépouilles mortelles de la divine Clarisse. La triste madame Norton, voyant fermer le cercueil, a coupé quatre boucles de ses charmans cheveux, dont elle a donné une au colonel, qui veut la faire enchâsser dans ce qu'il trouvera de plus précieux, pour la porter toute sa vie sur son cœur.

Le convoi funèbre est parti entre quatre et cinq heures du matin; M. Morden l'escorte à cheval, avec tous ses gens. Il m'a promis, non seulement d'entrer dans mes intentions, que toutes les puissances de la terre ne m'empêcheront point de regarder comme un devoir sacré, mais encore de me rendre compte, par un exprès, des obstacles ou des facilités auxquelles je dois m'attendre.

LETTRE CCCLXIV.

M. MOWBRAY, A M. BELFORD.

Uxbridge, dimanche, à neuf heures du matin.

Je vous envoie, cher Belford, une lettre du pauvre Lovelace, qui vous fera connaître l'étrange désordre de sa tête. Vous y verrez quel était son dessein, si nous ne nous y étions tous opposés. Il voulait partir avec un chirurgien, pour faire ouvrir le corps de miss Harlove, et le faire embaumer.

Nous avons engagé milord M... à se rendre ici. Il paraît aussi très affligé de cette mort. Ses sœurs et ses nièces, dit-il, en sont inconsolables. Que de bruit pour une femme! car, après tout, qu'était-elle de plus?

On a tiré à Lovelace un plein seau de gros sang noir et brûlé. Cette saignée modère un peu ses transports. Mais il menace le colonel Morden ; il te menace pour tes cruelles réflexions; il maudit toute l'espèce humaine, et lui par dessus. On apporta hier tout son deuil, qui est aussi profond que celui d'un mari pour sa femme. Quoiqu'il fût huit heures du soir, il voulut s'en revêtir aussitôt, et que ses gens le prissent aussi pour le servir. Je vois que tout le monde le blâme et prend parti pour cette miss Harlove; mais, au fond, je ne comprends pas pourquoi. Elle avait de la rudesse dans sa vertu ; et ses parens, d'ailleurs, sont vingt fois plus à blâmer que lui ! Toi, moi, Tourville, n'aurions-nous pas fait comme lui ? Toutes les filles ne doivent-elles pas être en garde? Pourquoi donc se livre-t-il à tant d'extravagances ? Qui se serait attendu à cette faiblesse ? Morbleu ! il me fait perdre patience. Il n'a pas pris un moment de sommeil depuis dix jours ; tout le mal vient de là. Écrivez-lui, Belford. Il faut le flatter, lui envoyer ce qu'il demande, et satisfaire toutes ses fantaisies.

Cette lettre devait partir hier; nous lui avons dit qu'elle était en chemin; il est furieux de n'avoir pas encore reçu la réponse. Je mène ici la plus sotte vie du monde. Ce que j'ai vu, peu auparavant, du pauvre Belton, et ce que j'ai actuellement devant les yeux, est capable de me rendre aussi faible qu'eux, ou presque aussi lourd que toi, Belford. Il faut que je pense à chercher meilleure compagnie.

Mais je me lasse d'écrire. De ma vie je n'ai fait une si longue lettre. La crampe gagne mes doigts, et ma plume pèse cent livres. Adieu.

LETTRE CCCLXV.

M. LOVELACE, A M. BELFORD.

Uxbridge, samedi, 9 septembre.

Belford, il convient absolument que ma très chère femme soit ouverte, et qu'elle soit embaumée. Ne perdons pas un instant. Je serai à Londres cet après-midi. J'ai déjà prévenu deux chirurgiens, que je mènerai avec moi. Nous ferons aussi tout ce qui sera possible pour garantir ses précieux restes de toute altération ; et lorsqu'elle sera réduite en poussière, et qu'on ne pourra la conserver plus long-temps, je la ferai placer dans le tombeau de mes ancêtres, entre mon père et ma mère. Moi, moi seul, je serai à la tête du deuil. Mais son cœur, sur lequel j'ai des droits incontestables, son cœur, que j'ai possédé si long-temps, et qui m'est plus cher que le mien, je veux le garder toute ma vie. Je le conserverai, en dépit du temps et de la nature; il sera toujours présent à ma vue : et tous les frais de la sépulture me regardent seul.

Qui me disputerait mes droits? A qui était-elle pendant sa vie? n'est-elle pas morte à moi? ses détestables parens, dont la barbarie a seule causé sa mort, n'y avaient-ils pas renoncé depuis long-temps? Elle les avait abandonnés pour me suivre; j'étais par conséquent son choix; j'étais son mari. Qu'importe, si je l'ai maltraitée? n'en suis-je pas cruellement puni? et si je n'avais pas le malheur de l'être, ne m'aurait-elle pas appartenu? ne m'avait-elle pas pardonné? Je suis donc rentré dans mes premiers droits; qui me les oserait contester?

En vertu d'un pouvoir si juste, je te décharge, Belford, toi et tout le reste du monde, des soins et des services qui regardent sa mémoire. A l'égard de son testament, je l'exécuterai moi-même.

En attendant, je te fais demander, par le porteur, une boucle de ses cheveux. Mais, souviens-toi que je te défends la moindre démarche sans ma permission. Je veux que tous les ordres viennent de moi. Ne suis-je pas son mari? Que signifierait autrement le pardon que j'ai obtenu?

Les deux insupportables personnages que vous m'avez envoyés me causent une peine mortelle; ils me traitent comme un enfant. Quelle peut être leur vue? cependant ce traître Doleman les imite; je leur entends dire entre eux qu'ils ont envoyé prier milord de se rendre ici. C'est apparemment pour combattre mes volontés. Que peuvent-ils se proposer? En vérité, tout le monde me paraît fou; ils observent mes mains; ils me considèrent d'un air égaré; ils me tiennent un langage que j'ai quelquefois peine à comprendre.

Souviens-toi que je t'écris pour te défendre de ne rien commencer sans mes ordres. Je défends aussi à Morden de se mêler de rien. Je m'imagine qu'il n'a point épargné contre moi les malédictions et les menaces; mais je lui conseille de ne pas demeurer auprès d'elle, s'il veut éviter mon ressentiment. Tu m'enverras donc une boucle de ses cheveux. Tu feras préparer tout ce qui est nécessaire pour l'embaumer, et je me ferai accompagner d'un chirurgien. Tu tiendras le testament et tous les papiers prêts pour mon arrivée. Songe que je veux être en possession de son cœur dès cette nuit. Je prendrai les papiers; mon dessein est d'en faire usage pour rendre justice à sa mémoire; à qui cet office convient-il mieux qu'à moi? Qui peut mieux apprendre à tout l'univers ce qu'elle était; et quel infâme je suis, d'avoir été capable de la maltraiter? Le public apprendra aussi quelle est son implacable et son odieuse famille. Tout sera exposé sans ménagement; les noms aussi peu déguisés que les faits. Comme c'est moi qui ferai la plus honteuse figure dans cet intéressant manifeste, j'ai droit de me traiter moi-même avec une liberté que tout autre ne prendrait jamais. Qui s'en plaindra? qui serait assez hardi pour s'y opposer? Hâte-toi de m'apprendre si la maudite Sinclair existe encore pour ma vengeance; ce vieux monstre est-il mort ou vivant? Il faut que je me signale par quelque forfait exemplaire. Je veux exterminer, de la face de la terre, et ce diable incarné et toute la cruelle famille des Harlove. Il faut des hécatombes entières, pour apaiser les mânes de ma Clarisse.

Adieu, Belford; je me prépare à te joindre; mais garde-toi, si tu fais cas de ma vie ou de la tienne, de me contredire sur tout ce qui touche ma Clarisse. Mon humeur est tout à fait changée; je ne sais plus badiner, sourire, faire le plaisant; je suis devenu impatient, colère; tout me blesse; aussi a-t-on jamais été plus cruellement tourmenté par des impertinens?

J'ajoute, en chiffre, que je me sens dans une situation terrible. Ma cervelle est aussi bouillante qu'une chaudière sur une fournaise embrasée. De quoi donc est-il question? je m'en étonne; de ma vie je ne me suis vu dans cette étrange agitation.

Mais on m'avertit que milord est arrivé; que le ciel le confonde, et ceux qui l'ont fait appeler. O Belford! je ne sais ce que j'écris. Son cher cœur, une boucle de ses cheveux; garde-toi bien d'y manquer. N'est-elle pas à moi? hélas! à qui serait-elle? l'infortunée n'a ni père ni mère, ni frère, ni sœur! elle n'a que moi... Mais, quoi! elle n'est plus!... Je l'ai donc perdue! je l'ai perdue pour jamais! Dieu, Dieu! comment ne suis-je pas encore anéanti!

LETTRE CCCLXVI.

M. BELFORD, A M. MOWBRAY.

Dimanche, 10 septembre, à 4 heures après midi.

J'ai reçu votre lettre, avec celle de notre malheureux ami. Je suis charmé que milord soit venu travailler à sa guérison. Comme il y a beaucoup d'apparence que cette frénésie durera peu, je souhaite ardemment qu'aussitôt qu'il sera rétabli on puisse l'engager à passer dans les pays étrangers. M. Morden, qui est inconsolable, a vu, dans le testament, que le cas n'est pas une séduction ordinaire. J'entrevois, par quelques mots échappés, qu'il se croit dégagé, par cette raison, de la parole qu'il a donnée à sa cousine mourante, de ne pas chercher à venger sa mort.

Il faudra, mon cher Mowbray, lui donner sa santé pour motif de vos instances : car si vous lui parlez de sa sûreté, non seulement il ne partira point, mais il cherchera le colonel. A l'égard de la boucle de cheveux, comme vous avez vu autrefois miss Harlove, il vous sera aisé de le satisfaire en lui donnant quelques cheveux de la même couleur, s'il s'obstine à demander cette consolation.

Ta lettre, Mowbray, est une pièce inimitable. Tu es réellement une étrange créature. Mais souffre que je te conjure, toi et l'évaporé Tourville, par la fin du pauvre Belton, dont vous avez été témoins tous deux, par la frénésie de Lovelace et par sa cause, et par le terrible état de la misérable Sinclair, de penser sérieusement à changer de vie. Pour moi, quelque usage que vous fassiez de ces exemples, je suis déterminé à suivre l'avis que je donne, et j'en signe volontiers l'engagement.

BELFORD.

La lettre suivante contient le récit de l'épouvantable mort de la Sinclair. Ce tableau est revêtu de couleurs et de détails si contraires au goût de notre nation, que tous les adoucissemens possibles ne le rendraient pas supportable en français.

LETTRE CCCLXVII.

M. BELFORD, A MILORD M...

A Londres, 14 septembre.

J'appréhende extrêmement, milord, que, malgré les dernières déclarations de miss Clarisse Harlove, ses infortunes ne produisent quelque nouveau désastre après sa mort. Cette crainte me porte à vous proposer de faire partir M. Lovelace pour l'Italie, où je compte que son séjour éteindra bientôt tous les ressentimens. Mais comme il ne faut pas espérer qu'il s'éloigne de cette île, s'il se défie des motifs qui doivent vous le faire souhaiter, on peut lui donner, pour prétexte, son propre repos et sa santé. Tous les pays du monde sont égaux pour M. Mowbray et M. Tourville. Ils consentiront peut-être à l'accompagner. J'apprends avec joie qu'il commence à se rétablir : mais c'est une raison de plus pour presser son départ.

Vous n'ignorez pas, milord, que cette incomparable personne m'a fait l'honneur de me confier l'exécution de ses dernières volontés. J'en vais transcrire un article, qui regarde votre illustre famille ; et je prends la liberté de mettre sous mon enveloppe une lettre, dont il serait inutile de nommer l'auteur et d'expliquer le sujet. Votre prudence, milord, vous fera juger s'il est à propos, et dans quelles circonstances il convient qu'elle soit remise à son adresse.

A M. LOVELACE.

« Je vous ai dit, monsieur, dans ma dernière lettre, que vous en recevriez une autre de moi, lorsque je serais arrivée à la maison de mon père. Je présume, avec une humble confiance, qu'au moment où vous la recevez, je suis dans cette heureuse demeure ; et je vous invite à me suivre, aussitôt que vous serez préparé pour cet important voyage.

» Sans pousser l'allégorie plus loin, mon sort est accompli dans le moment que ces caractères frappent vos yeux. Ma sentence est prononcée, et je suis un être heureux ou misérable à jamais. Si je suis heureuse, je n'en ai l'obligation qu'à la bonté infinie du ciel. Si je suis condamnée à des malheurs sans fin, je le dois à votre injuste cruauté. Considérez donc, pour votre propre intérêt, léger, cruel, malheureux jeune homme ! considérez si le barbare et perfide traitement que j'ai reçu de vous méritait le hasard où vous avez mis votre âme immortelle ; puisque vos criminelles vues ne pouvaient être remplies que par la violation libre et volontaire des sermens les plus solennels, aidée d'une violence et d'une bassesse indignes de l'humanité.

» Il en est temps encore, et je vous avertis, pour la dernière fois, d'ouvrir les yeux sur votre conduite. Votre songe doré ne peut durer long-temps. La carrière où vous marchez ne peut avoir de charmes qu'autant que vous en écartez les réflexions. Lorsque vous deviendrez la proie des maladies, lorsque les remords commenceront à vous faire sentir leur pointe, que votre condition sera terrible ! quel triomphe vous ferez-vous alors, d'avoir été capable, par une suite de noirs parjures et de lâchetés étudiées, sous le nom de galanterie et d'intrigue, de trahir de jeunes personnes sans expérience, qui ne connaissaient peut-être que leur devoir avant que de vous avoir connu ?

» Songez, monsieur, que je ne puis avoir d'autres motifs dans cette lettre que votre propre intérêt, et celui de l'innocence, qui peut encore être abusée par vos noires inventions et par vos parjures.

» Je répète donc que je vous pardonne, et que je prie le Tout-Puissant de vous pardonner aussi. Il ne me reste point d'autre regret que celui d'avoir causé à des parens, les plus indulgens du monde jusqu'au moment où je vous ai connu, un mortel chagrin par le scandale que j'ai donné au public, et par le déshonneur dont j'ai couvert ma famille et tout mon sexe. Si je ne considère que moi-même, vous ne m'avez dérobé que des avantages passagers, dont je ne jouirai plus lorsque vous recevrez ma lettre. Je vous dois peut-être des remerciemens, pour m'avoir garantie de porter ma part d'un joug fâcheux, avec un homme qui m'aurait causé vraisemblablement autant de chagrins que j'aurais vécu de jours. Je vous en dois encore plus pour m'avoir ouvert, par un chemin rempli à la vérité de douleurs et d'afflictions, l'entrée d'une vie que j'ose me promettre heureuse. Je souhaite votre bonheur en revanche.

» Vous dire que pendant quelque temps je vous ai donné la préférence sur tous les autres hommes, c'est faire un aveu dont je dois rougir, puisque alors même j'étais fort éloignée de vous croire des mœurs réglées. Il est vrai que je l'étais encore plus de vous croire capable, vous et tout autre homme au monde, des affreux excès dont vous vous êtes noirci. Mais j'emporte la consolation d'avoir été long-temps fort au dessus de vous; car je vous ai méprisé du fond du cœur, depuis que j'ai connu votre horrible caractère.

» Ecoutez-moi donc, malheureux Lovelace! comme un oracle certain, dont la voix s'élève d'entre les morts. Vous n'avez pas un moment à perdre. Le ciel, qui vous exhorte au repentir par ma bouche, vous annonce en même temps ses vengeances. Puissiez-vous trembler de cette menace! puisse-t-elle vous faire éviter le sort qui attend les hommes abandonnés, et vous faire acquérir des droits à la clémence que vous avez méprisée si long-temps! c'est le vœu sincère de

» Clarisse Harlove. »

LETTRE CCCLXVIII.

MISS CHARLOTTE MONTAIGU, A M. BELFORD.

Au château de M..., 15 septembre.

Monsieur, une attaque de goutte ôtant à milord le pouvoir de se servir de sa plume, il m'ordonne de vous informer qu'avant l'arrivée de votre lettre, M. Lovelace se disposait à passer dans les pays étrangers. Nous nous efforcerons, par les motifs que vous nous représentez, de lui faire hâter son voyage.

Vous auriez peine à vous imaginer combien nous sommes pénétrés de la mort de miss Harlove. Depuis cette fatale nouvelle, mes deux tantes n'ont pas eu un moment de repos et de santé. La bonté qui l'a fait penser à nous, dans ses dernières dispositions, renouvelle nos regrets pour cette irréparable perte; mais elle ne saurait les augmenter. Nous ne cesserons jamais de porter les chers gages de son souvenir, s'ils résistent au pouvoir des années, comme nous pouvons l'assurer de notre reconnaissance et de tous nos autres sentimens.

Tout le monde se promet ici que vous n'épargnerez rien pour arrêter les suites de ce malheureux événement. Je suis, monsieur, etc.

CHARLOTTE MONTAIGU.

LETTRE CCCLXIX.

M. LOVELACE, A M. BELFORD.

Au château de M..., lundi, 18 septembre.

Depuis le 6, le plus funeste de tous les jours, je ne me connais plus moi-même, et je suis abandonné de toutes les joies de la vie. On me parle d'une lettre fort étrange que vous avez reçue de moi. Je me souviens de vous avoir écrit : mais il ne me reste aucune idée du sujet et des termes de ma lettre. Que j'ai passé par de cruelles épreuves ! il me semble qu'une vengeance inconnue n'a pas cessé de me tourmenter !

Je suis dans le plus excessif abattement. Cette lettre posthume de ma trop chère Clarisse ne me sort pas un moment de l'esprit. Toutes les perfections de cette incomparable fille se présentent sans cesse à ma mémoire. Je sens que ma tête est dans un étrange désordre. Douleur ! douleur ! quand serai-je quitte de toi ?

Mardi, 19.

Je crois avoir repris un peu de gaîté. Mowbray et Tourville m'ont rejoint ici. Mais que peuvent Mowbray et Tourville ? Que peut le monde entier, et toute la race humaine ? Cependant ils sont fort irrités contre toi, pour la dernière lettre que tu t'es avisé de leur écrire. Tu es un barbare, disent-ils, un homme sans compassion et sans amitié.

Mais rien n'est capable de me distraire. Il faut que je quitte encore la plume. O Belford ! Belford ! jamais, jamais je ne deviendrai ce que j'étais.

Jeudi, 21.

Mowbray, Tourville n'ont apporté aucun changement à ma situation. Je me sens d'une pesanteur que je ne puis comparer à rien ; malade jusqu'au fond de l'âme, incapable de tout. Il faut que je fasse l'essai de leur expédient ; je veux éprouver quel fruit un changement de climat pourra produire. Ma Clarisse n'est plus. L'Angleterre, le monde entier ne m'offrent rien qui mérite le soin qu'on prend de ma vie. Mais dois-je partir sans m'être signalé par quelque illustre attentat, pour sa vengeance et pour la mienne ? Il m'est venu plusieurs fois à l'esprit d'aller mettre le feu de mes propres mains à l'exécrable maison de la Sinclair. Si l'édifice ne tenait pas à d'autres, ne doute pas que cette furieuse résolution ne fût déjà remplie.

Ils me gouvernent, en vérité, comme un enfant. La fièvre m'a tellement abattu, que je suis forcé de le souffrir, jusqu'à ce que j'aie repris un peu de force. A présent, mon pauvre ami, je ne suis capable ni de manger ni de dormir. Mes idées n'ont rien de distinct. Je n'ai devant les yeux que la confusion et des ténèbres. Soit horreur d'imagination, soit trouble de conscience, je ne roule que des projets funestes, tels que de me pendre, de me casser la tête ou de me noyer. Mes intervalles lucides sont encore pires ; ils me donnent le temps de réfléchir sur ce que j'étais une heure auparavant, et sur ce que je suis menacé de redevenir une heure après, ou, peut-être toute ma vie : le jouet de mes ennemis, la raillerie des sots, la proie de mes valets, qui trouveront que que jour leur compte à me lier, à me maltraiter indignement, après m'avoir fait passer pour fou. Qui soutiendrait de si cruelles réflexions? Quel moyen d'y penser, et quel moyen néanmoins de s'en défendre? Non, non, je n'y penserai plus ; je parviendrai bientôt à me remplir d'idées agréables, ou je me poignarderai demain avant la fin du jour.

LETTRE CCCLXX.

M. LOVELACE, A M. BELFORD.

Samedi, 23 septembre.

Je t'écris pour te demander mes deux dernières lettres. J'avoue que chaque fois que j'ai pris la plume, je ne t'ai pas fait de peinture qui ne fût celle de mon âme; et quelque démon qui m'ait poussé, je n'ai pu m'empêcher de la faire. De noires exhalaisons, qui ne faisaient que s'épaissir à mesure que j'écrivais, m'avaient tellement troublé le sang, que, malgré moi, je ne cessais pas de retomber dans le lamentable. Il est étrange, extrêmement étrange, que la conscience puisse forcer les doigts d'un coupable, et le rappeler continuellement à traiter le même sujet, dans le temps qu'il s'efforce de l'oublier. Une copie de ma dernière lettre, que le hasard a fait tomber entre mes mains, tirée, sans ma participation, par Charlotte Montaigu, m'a fait penser qu'un ennemi se réjouirait de la voir ; et je confesse que, si j'avais passé une semaine de plus dans l'état où j'étais lorsque j'en ai fait la dernière partie, j'aurais été renfermé le septième jour, et peut-être enchaîné le huitième ; car je me rappelle, à présent, que le mal revenait avec une violence irrésistible, en dépit des saignées et d'une diète fort rigoureuse.

Il est vrai que je suis encore excessivement affligé que cette admirable femme ait fait un choix si contraire à mes désirs. Mais puisque le sort en a décidé, puisqu'elle était déterminée à quitter le monde, et puisque actuellement elle a cessé d'exister, dois-je m'abandonner à de si sombres réflexions sur un événement passé, sur un événement qui ne peut revenir, moi qui suis, grâces au ciel, en possession d'un fonds si riche de vie et de santé?

Pourquoi m'a-t-on accoutumé, dès l'enfance, à ne pas souffrir de contradiction? Ne devait-on pas savoir que cette indulgence était une cruauté ? Je suis déjà vivement puni, par l'affaiblissement de ma raison, dont il n'est que trop vrai que j'ai ressenti les effets pendant plusieurs jours : et lorsqu'une fois la raison est altérée... Mais je ne puis me le rappeler sans frémir.

Une fois attaqué, te dis-je, du côté de la raison, je dois m'efforcer de bannir toutes les réflexions noires, qui auraient pu, sans un incident si fâcheux, me conduire à quelque chose de sérieux et d'utile. Mon cher médecin, le docteur Hale, n'a pas eu peu de peine, à force de saignées, de ventouses et de diète, me tenant, en plein jour, dans l'obscurité des plus profondes ténèbres, à me rappeler des portes de la mort ou de la folie. Aujourd'hui même, il ne cesse de me dire, pour ma consolation, que j'en serai quitte pour quelques retours, au temps des pleines lunes.

N'oublie pas de me renvoyer ma dernière lettre, et ne bâtis rien sur les misères dont elle est remplie. Je veux, je dois, j'ai déjà su triompher de toutes ces infructueuses vapeurs. Ma constitution se fortifie à chaque moment, pour seconder mes résolutions; et si j'excepte quelques soupirs que je donne par intervalles, à la mémoire de l'objet chéri, j'espère de redevenir bientôt ce que j'étais, c'est-à-dire, la vivacité, l'enjouement, la gaîté même. Oui, oui, je serai encore une fois le fléau d'un sexe, qui n'a pas cessé d'être le mien, et qui sera, dans un temps ou dans un autre, celui de tous les hommes du monde.

Recommence donc à m'écrire sur l'ancien ton; je m'imagine que tu dois avoir mille singularités curieuses à me communiquer. Mais ce que j'apprendrais dans la joie de mon cœur, ce serait que ses implacables parens fussent la proie de leurs remords. Voilà ce que tu peux m'écrire dès aujourd'hui. Il est consolant de n'être pas seul misérable, surtout quand c'est aux objets de sa haine qu'on voit partager sa misère. Adieu, Belford.

LETTRE CCCLXXI.

M. LOVELACE, A M. BELFORD.

Je me prépare à quitter cette île. Mowbray et Tourville me promettent leur compagnie dans six semaines ou deux mois. Je veux te tracer ma route. Je me rends d'abord à Paris, où le désir de m'amuser me fera renouveler mes anciennes connaissances. De là je passe dans quelques cours d'Allemagne, pour me rendre ensuite à Vienne; d'où je descendrai à Venise par la Bavière et le Tyrol. Venise m'arrêtera durant tout le carnaval. De là je retourne par Florence et Turin; je traverse le Mont-Cenis, et je reviens à Paris, où je compte trouver mon ami Belford, confiné sans doute dans ses projets de pénitence, livré aux mortifications, en un mot, un véritable anachorète, mais de l'espèce vagabonde, et voyageant dans l'espérance de couvrir une multitude de péchés par son zèle à convertir un vieux compagnon de débauche.

Cependant je dois t'avertir, mon cher ami, que si les fonds augmentent comme ils ont fait depuis ma dernière lettre, il est à craindre que tu ne trouves, dans cette entreprise, plus de difficulté que tu ne penses; et pour te parler de bonne foi, j'ai peine à me persuader que ta réformation puisse durer. Les vieilles habitudes ne se déracinent pas si facilement. L'enfer, qui se trouve bien de tels longs et fidèles services, ne te laissera pas sortir patiemment de ses chaînes. Une jolie fille, qu'il jettera dans ton chemin, recommencera bientôt à t'échauffer le sang, à dérider ta triste figure, et je te vois aussi vicieux que jamais. Résisteras-tu, Belford, au pouvoir d'une belle taille, d'un teint charmant, de deux yeux qui te porteront la guerre jusqu'au fond de l'âme? Va, tu te croiras trop heureux d'être rappelé à tes inclinations favorites. Tu conserveras le dessein de te réformer, jusqu'à ta vieillesse, qui arrivera douze bonnes années avant que tu t'en aperçoives; et ta tête grise sera moissonnée, comme les autres, lorsque tu t'y attendras le moins.

Tu vas croire que je sors ici de mon caractère? que veux-tu, c'est la force de la vérité qui m'oblige de t'avertir du danger actuel où tu es, et que je crois d'autant plus grand, que tu ne parais pas t'en défier. Ainsi, deux mots encore sur le même sujet.

Tu as formé de bonnes résolutions; si tu ne les gardes pas, compte que jamais tu ne seras capable d'en garder aucune. Cependant, comme tu as contre toi le vieux Satan et ta jeunesse, il y a six à parier contre un que tu ne les garderas point. Or, si tu les violes, ne deviens-tu pas le jouet des hommes et le triomphe de l'enfer? Fais-y bien attention; que je tirai le premier!

Je deviens fou, sur ma foi; mais grâce à mon étoile, ce n'est plus une folie noire. Je m'occupe actuellement à prendre congé de mes amis. Lundi prochain, je compte de te voir à Londres, et d'y passer une soirée agréable avec toi, Mowbray et Tourville. Mon départ ne sera pas remis plus loin qu'au jour suivant. Nos deux amis doivent m'accompagner jusqu'à Douvres, et je me flatte que tu seras de la partie : je veux vous laisser bien ensemble. Ils ont pris fort mal la manière dont tu les as traités dans tes dernières lettres; les reproches, disent-ils, attaquent jusqu'à leur jugement. Je me moque d'eux, et je leur réponds, que ceux qui en ont le moins sont les plus prompts à se choquer qu'on leur en refuse.

Hâte-toi de tenir prêts tous les papiers et les récits que tu me dois avant mon départ, je veux emporter une copie du testament. Qui sait si les mêmes choses qui serviront, dis-tu, à te soutenir dans tes honnêtes projets, n'auront pas la force d'opérer ma conversion?

Tu parles de te marier, Belford. Que penses-tu de ma cousine Charlotte? mais je crains que, pour tes vues de pénitence, sa naissance et sa fortune n'aient un peu trop d'éclat; l'objection ne te paraît-elle pas juste? Charlotte est une fille de mérite. Pour la piété, qui est aujourd'hui ta passion, je n'ose trop répondre d'elle; cependant je la trouve assez sérieuse pour son sexe et pour son âge; peut-être capable aussi, comme toutes les autres, de ne pas se refuser au plaisir, si sa réputation était à couvert. Mais il me vient une autre idée, qui me fait craindre encore plus que ce parti ne te convienne mal : tu es si lourd et si gauche, qu'avec ton air matelot, on s'imaginerait qu'elle t'aurait pris dans quelque port à ton arrivée des Grandes-Indes. Non, je ne crois pas que Charlotte te convienne.

Cependant je suis d'avis, comme toi, qu'il faut te marier, si le mariage est nécessaire pour assurer tes mœurs; attends... je crois avoir trouvé ton fait. La veuve Lovick n'a-t-elle pas une fille, ou quelque nièce? Entre les femmes un peu distinguées par la fortune et la naissance, il n'est pas aisé d'en trouver une qui soit disposée à t'accompagner une ou deux fois le jour à l'église. Mais puisque tu voudrais une chère moitié qui pût servir à tes mortifications, ferais-tu si mal de prendre la veuve même? elle aurait un double intérêt à ta conversion. Combien d'agréables soirées d'hiver vous passeriez tête-à-tête, à comparer votre vie passée, et ce que les bonnes âmes appellent *leurs expériences!* je parle sérieusement, Belford; en vérité très sérieusement, j'abandonne mes idées à tes sages considérations.

LETTRE CCCLXXII.

M. BELFORD, A M. MORDEN.

Jeudi, 21 septembre.

Permettez, monsieur, que je m'explique ouvertement sur un point, dont mille raisons me font un devoir si sacré, que rien ne peut et ne doit m'en dispenser. J'ai promis, à la divine personne que nous pleurons, d'employer tous mes efforts pour prévenir un nouveau malheur, dont la crainte a paru l'occuper jusqu'au dernier moment de sa vie. Je ne me bornerai donc pas à vous en parler dans des termes obscurs. C'est avec une extrême inquiétude que je viens d'apprendre une déclaration, par laquelle on m'assure que vous avez terminé vos adieux au château d'Harlove, en vous disposant à retourner en Italie. Vous avez dit hautement que vous renonciez au repos, jusqu'au jour où vous auriez vengé votre cousine.

Je ne pense point à défendre un coupable ami, ni même à vous apporter de vaines excuses pour atténuer son crime. Cependant je dois vous rappeler que la famille, par ses persécutions dans l'origine, et par l'inflexible dureté qui les a suivies, partage au moins le blâme. Il y a même assez d'apparence qu'une personne aussi vertueuse que miss Harlove, n'ayant rien à se reprocher, et trouvant dans son cœur le témoignage de son innocence, aurait passé sur une injure personnelle, surtout lorsqu'elle voyait M. Lovelace disposé à la réparer, et que les instances d'une illustre famille semblaient faire tourner l'offense à sa gloire. La première fois, monsieur, que j'aurai l'honneur de vous voir, je vous informerai de toutes les circonstances de cette fatale histoire, et vous verrez que M. Lovelace avait d'abord été fort maltraité par toute la famille, sans autre exception que la divine Clarisse. Cette exception, je le sais, augmente beaucoup son crime; mais comme il ne se proposait, dans ses caprices, que d'éprouver la vertu d'une femme qu'il aimait d'ailleurs jusqu'à l'adoration, et que non seulement ses instances ont été si humbles et si pressantes pour obtenir sa main, mais que son désespoir, en perdant le pouvoir de réparer le mal, est allé jusqu'à la perte de sa raison, il me semble, monsieur, qu'il y a beaucoup d'objections à faire contre une résolution telle qu'on vous l'attribue.

Je vous envoie la copie de toutes ses lettres posthumes, à la réserve de celle qui était pour lui, et que je me réserve de vous communiquer dans notre premier entretien. De grâce, relisez celle qui vous était adressée, et celle qui était pour M. James Harlove. Je vous les remets sous les yeux, parce qu'elles regardent particulièrement le sujet qui me porte à vous écrire; elles me paraissent sans réplique.

Permettez-moi d'ajouter que M. Lovelace n'a pas donné de nouveau sujet d'offense, depuis la visite que vous avez rendue à milord M..., c'est-à-dire, monsieur, depuis un temps où vous avez été si convaincu vous-même de la sincérité de ses intentions, que vous avez sollicité votre chère cousine à lui pardonner.

J'ajoute encore la promesse que vous avez faite à votre cousine mourante; une promesse qui, dans la confiance dont elle était remplie pour vous, a servi, vous le savez, à rendre ses derniers momens plus tranquilles. Cher colonel, l'outrage la regardait sans doute. Sa famille entière avait part à la cause. Elle a tout pardonné. Pourquoi ne pas imiter ce que nous admirons?

Vous me demandiez un jour s'il était possible qu'un homme de courage fût capable d'une bassesse préméditée. En général, je crois que le courage et la bassesse sont des qualités incompatibles. Mais, dans l'exemple présent, le caractère de M. Lovelace prouve la vérité de cette observation commune, que toute règle a ses exceptions. Je lui dois ce témoignage, qu'il n'y a point de mortel plus brave ni plus habile, et qui se possède mieux dans l'exercice des armes. Ma pensée n'est point que cet éloge puisse faire impression sur le colonel Morden. Je sais que s'il n'est pas arrêté par des motifs supérieurs, autant que par ceux que je prends la liberté de lui rappeler, il me répondra que cette bravoure et cette habileté n'en font qu'un adversaire plus digne de lui.

Pardonnez, monsieur, des instances si libres à ma qualité d'exécuteur testamentaire; à mes promesses formelles; au souvenir que je conserve, des dernières volontés d'une personne qui me sera toujours chère et respectable; souvenir fortifié par un article exprès du testament et par des lettres posthumes. Ardens, comme nous le sommes tous deux, pour l'exécution de ses précieux ordres, souvenons-nous qu'elle nous aurait dispensés plus volontiers de tous les autres, que de celui qui me donne occasion de vous assurer, monsieur, de mon parfait dévoûment.

BELFORD.

LETTRE CCCLXXIII.

MISS CLARISSE HARLOVE, A M. MORDEN.

(Pour lui être rendue après ma mort.)

Mon cher cousin, comme l'état de ma santé me fait douter si je serai en état de recevoir la visite que vous me promettez en arrivant à Londres, je me détermine à faire usage des forces qui me restent, pour vous remercier, avec les plus tendres sentimens, de toutes les bontés que vous avez eues pour moi depuis mon enfance, et plus particulièrement de celle qui vous fait employer, en ma faveur, votre obligeante médiation. Que le ciel, monsieur, vous rende à jamais tout le bien que vous vous efforcez de me faire obtenir!

Une de mes principales vues, dans cette lettre, est de vous supplier de ne pas souffrir, lorsque vous apprendrez les circonstances de mon histoire, que votre généreux cœur s'ouvre à des ressentimens *actifs*, et qu'il croie me devoir d'autres mouvemens que ceux de la pitié. Souvenez-vous, cher cousin, que Dieu s'est réservé la vengeance! j'espère que vous n'entreprendrez point d'usurper ses droits, surtout lorsque rien ne vous oblige de purger ma réputation, depuis que l'offenseur même s'est volontairement offert à me rendre toute la justice que vous auriez pu lui arracher si j'avais vécu.

Le duel, monsieur, qui le sait mieux que vous? est non seulement une usurpation des droits divins, mais une insulte contre la magistrature et contre les lois d'un sage gouvernement. C'est un acte impie. C'est l'entreprise d'arracher une vie qui ne doit pas dépendre du glaive privé; un acte dont la conséquence immédiate est de précipiter dans l'abîme sans fin une âme toute souillée de ses crimes, et de mettre dans le même danger celle du misérable vainqueur, puisque, de deux hommes qui s'engagent dans un combat mortel, ni l'un ni l'autre n'a dessein d'accorder à son ennemi ce hasard de repentir et de confiance à la miséricorde du ciel, que chacun a la présomption d'espérer pour soi-même.

Gardez-vous donc, monsieur, je vous en conjure, d'aggraver ma faute par une sanglante entreprise, qui en serait nécessairement l'effet. En supposant la victoire déclarée pour vous, ne donnez point à un malheureux le mérite de périr par vos mains.

Laissez, laissez ma vengeance à son propre cœur; tôt ou tard elle est sûre, et peut-être trop rigoureuse dans ses remords. Laissez-lui le hasard du repentir. Si le Tout-Puissant daigne lui accorder cette faveur, de quel droit la lui refuseriez-vous? Qu'il soit encore le coupable agresseur. Qu'on ne dise jamais: Clarisse Harlove est vengée par la mort d'un traître; ou, si c'était la vôtre dont elle fût devenue l'occasion, ne dirait-on pas que sa faute, au lieu d'être ensevelie dans son tombeau, s'est perpétuée, s'est aggravée par un malheur beaucoup plus grand que sa perte?

On a vu souvent, monsieur, la victoire du côté des coupables. Croyez-vous que le ciel pût être accusé d'injustice, quand il arriverait toujours que l'usurpateur du droit divin fût puni de sa présomption par l'ennemi qu'il cherche à détruire, et qui, tout criminel qu'on le suppose, se trouve alors dans la nécessité d'une juste défense?

Que le ciel, monsieur, vous protége dans tous les instans de votre vie! je l'en conjure cent fois; que ses bontés pour vous m'acquittent de toutes les vôtres; devenez le consolateur de mes chers parens, comme vous avez été le mien; puissions-nous un jour nous rejoindre dans cet heureux état dont j'ai l'humble espérance de jouir lorsque vous lirez ma lettre. Tels seront jusqu'au dernier soupir, mon cher cousin, mon ami, mon gardien, mais non pas mon vengeur, les vœux de

Clarisse Harlove.

LETTRE CCCLXXIV.

M. MORDEN, A M. BELFORD.

Samedi, 23 septembre.

Je suis bien fâché, mon cher monsieur, qu'il me soit échappé quelque chose dont vous ayez pu concevoir de l'inquiétude. Pour moi, les lettres que vous m'avez communiquées m'ont causé beaucoup de satisfaction, et tout ce qui a rapport à ma chère cousine ne m'en causera jamais moins. J'attends impatiemment les récits que vous me promettez. Ne craignez point qu'ils me fassent prendre aucune mesure, sur lesquelles j'eusse balancé sans cette communication.

Cependant je vous assure que je n'ai pris aucune résolution que je puisse regarder comme un lien. Il est vrai que je me suis exprimé avec chaleur sur le fond de cette affaire; qui n'aurait pas fait de même? Mais je ne suis pas dans l'usage de me déterminer sur des points d'importance, avant que d'avoir l'occasion d'exécuter mes projets. Nous verrons par quel esprit ce jeune homme se laissera gouverner lorsque sa santé sera bien rétablie, s'il continue de braver une famille qu'il a mortellement outragée, s'il... Mais les résolutions, dépendant, comme j'ai dit, de plusieurs circonstances qui sont encore douteuses, appartiennent à l'avenir : j'avoue que jusque alors, les argumens de ma cousine sont sans réplique.

A l'égard des vôtres, je me flatte, monsieur, que vous ne ferez pas difficulté de me croire, lorsque je vous assure que votre avis et vos raisonnemens ne cesseront jamais d'avoir sur mon esprit tout le poids qu'ils méritent, et que cette considération augmente, s'il est possible, par les instances que que vous me faites en faveur de l'objet des pieuses intentions de ma cousine ; elles sont très convenables de votre part, monsieur, non seulement en qualité d'exécuteur qui représente celle dont il explique les volontés, mais encore à titre d'homme rempli d'humanité, qui fait des vœux pour l'avantage des deux parties.

Je ne suis pas plus exempt de violentes passions que votre ami ; mais je ne les crois capables d'être soulevées que par l'insolence d'autrui, et jamais par ma propre arrogance. S'il peut arriver que mes ressentimens m'engagent dans quelque démarche contraire à mon jugement et aux dernières intentions de ma cousine, ce sera quelqu'une des réflexions suivantes qui emportera ma raison ; je vous assure qu'elles me sont toujours présentes.

En premier lieu, le renversement de mes propres espérances, moi qui étais revenu avec celle de passer le reste de mes jours dans la société d'une si chère parente, à qui j'appartenais par un double lien, en qualité de cousin et de curateur.

Ensuite je considère, et trop souvent peut-être pour l'engagement que j'ai pris à sa dernière heure, que cette chère personne n'a pu pardonner que pour elle-même. Elle est sans doute heureuse ; mais qui pardonnera pour une famille entière, dont le malheur ne peut finir qu'avec la vie de tous ceux qui la composent ?

Que plus les parens de miss Clarisse ont eu pour elle d'injustice et de rigueur, plus l'ingratitude est énorme, plus elle est odieuse de la part de celui qui s'en est rendu coupable. Quoi ! monsieur, n'était-ce pas assez qu'elle eût souffert pour lui ? était-ce à ce barbare à la punir de ses souffrances ? Le ressentiment affaiblit ici mes expressions.

Que l'auteur du crime l'a commis avec préméditation ; il s'en est fait un amusement dans la gaîté de son cœur. Pour éprouver, dites-vous, monsieur, la vertu de ma cousine ! pour mettre une Clarisse à l'épreuve !... Avait-il donc sujet de douter de sa vertu ? La supposition est impossible. S'il la prouve, c'est une autre raison de m'en ressentir ; mais alors, je promets de la patience.

Qu'il l'a menée, comme je l'apprends enfin, dans une maison d'infamie pour l'éloigner de toute ressource humaine, pour fermer l'accès de son propre cœur à tout remords humain ; et, là, que désespérant de réussir par les ruses et les impostures communes, il a mis en usage des méthodes indignes de l'humanité, pour arriver à ses détestables fins.

Que je ne pouvais être informé du fond de l'attentat lorsque j'ai vu le coupable au château de M... ; que justement rempli du mérite de ma cousine, je ne pouvais supposer qu'il existât sur la terre un monstre tel que lui ; qu'il me paraissait naturel d'attribuer le refus qu'elle faisait de sa main à quelque ressentiment passager, au reproche intérieur de sa propre faiblesse, à quelque défiance de la sincérité des offres, plutôt qu'à d'horribles bassesses qui lui avaient porté le coup mortel, et qui l'avaient déjà jetée dans une situation à laquelle il ne manquait que peu de jours pour la conduire au tombeau.

Qu'il est plein de présomption, qu'il croit en imposer par ses insolentes bravades et par l'opinion qui s'est répandue de son courage et de son habileté dans les armes.

Que déshonorant, comme il fait, son nom et le caractère de la noblesse, il y aurait peut-être quelque mérite à l'effacer du nombre de ceux dont il fait la honte.

Que la famille outragée n'a qu'un fils, indigne à la vérité d'une telle sœur, mais fier, violent, emporté, et par conséquent peu capable, comme on l'a déjà reconnu, de mesurer ses armes avec un homme de cette trempe; que la perte de ce fils, par une main si justement odieuse, mettrait le comble à la misère de tous ses proches; qu'il est résolu néanmoins d'en courir les risques si je ne le préviens point, poussé peut-être à venger la mémoire de sa sœur par le remords même de sa mauvaise conduite, quoique l'entreprise puisse être fatale à sa vie.

Et puis, monsieur, comptez-vous pour rien d'être témoin, comme je le suis à toute heure, de l'infortune et de la tristesse d'une famille à laquelle j'appartiens de si près par le sang, de les voir tous comme ensevelis dans leurs réflexions, l'air morne, la tête penchée, s'évitant l'un l'autre, se rappelant les perfections de la fille, de la nièce, de la sœur qu'ils ont perdue, et regardant désormais leur richesse même comme une malédiction du ciel? Vous, monsieur, qui savez mieux que moi les barbares inventions qui ont fait le triomphe du coupable, vous pourriez m'aider, s'il en était besoin, à trouver des raisons encore plus fortes pour me persuader que le désir de la vengeance, dans un homme qui se croit fort éloigné de la perfection, paraîtrait excusable à la pluralité des juges?

Cependant, je veux écarter toutes ces idées, et je ne fais pas difficulté de répéter que je n'ai encore pris aucune résolution dont je doive me faire une loi. S'il m'arrive d'en former, je serai charmé, monsieur, qu'elles soient d'une nature qui puisse mériter l'honneur de votre approbation.

Je vous renvoie les copies des lettres posthumes. Je reconnais l'humanité de votre cœur dans les motifs qui vous ont porté à me les communiquer. C'est apparemment par les mêmes vues que vous avez gardé celle qui s'adresse à M. Lovelace. Je suis, monsieur, etc.

MORDEN.

LETTRE CCCLXXV.

MILORD M..., A M. BELFORD.

Au château de M..., 29 septembre.

Mon neveu, cher monsieur Belford, est à la veille de partir pour Londres, dans le dessein de vous embrasser et de se rendre aussitôt à Douvres : que Dieu l'accompagne et le conduise heureusement hors du royaume! Je crois que vous le verrez lundi. Faites-moi la grâce de m'informer de ses dispositions, et de m'écrire naturellement si vous le royez tout à fait revenu à lui-même. M. Mowbray et M. Tourville l'accompagneront jusqu'à la mer. Mais ce que je vous recommande instamment, c'est de lui faire éviter la rencontre du colonel Morden ; je serais au désespoir qu'il arrivât quelque chose entre eux. Vous m'avez donné avis que le colonel a laissé échapper des menaces, mon neveu ne les souffrirait pas : il faut bien se garder de l'en instruire ; mais je me flatte qu'il n'y a rien à craindre, parce qu'on m'assure d'un autre côté que le colonel a cessé de menacer. C'est pour son propre intérêt que je m'en réjouis ; car, au jugement de tout le monde, il n'y a personne qui égale mon neveu à toutes sortes d'armes. J'aimerais autant qu'il fût moins brave, il en serait moins entreprenant.

Nous nous apercevrons bientôt ici que ce jeune fou nous manque. Il est certain que personne n'est de meilleure compagnie quand il le veut ; mais ne vous arrive-t-il jamais de faire un voyage de trente ou quarante milles ? Je serais charmé de vous voir au château de M.... Ce serait une charité après le départ de mon neveu ; car nous supposons que vous serez son principal correspondant. Il a promis néanmoins d'écrire souvent à mes nièces ; mais il oublie facilement ses promesses, surtout celles qu'il fait à ses parens. Que le ciel nous bénisse tous.

M....

LETTRE CCCLXXVI.

M. LOVELACE, A M. BELFORD.

Paris, 28 octobre.

Ne sois pas surpris que cette lettre suive de si près ma dernière. J'en reçois une de Joseph Leman. Ce pauvre diable est toujours troublé par sa conscience, Belford. « Il m'assure qu'il ne dort ni nuit ni jour, du regret qui le tourmente, et de la crainte d'avoir contribué à de grands malheurs, sans compter, dit-il, ceux qu'il prévoit encore. Il souhaiterait, s'il plaisait à Dieu et à moi, de n'avoir jamais eu l'honneur de me connaître. »

Et d'où viennent ses inquiétudes pour lui-même ? D'où viendraient-elles, si ce n'est « des marques de mépris qu'il reçoit continuellement de tous les Harlove, surtout de ceux qu'il s'est efforcé de servir aussi fidèlement que ses engagemens avec moi le permettaient ? Je lui avais toujours fait croire, pauvre misérable qu'il est depuis le berceau, qu'en me servant il aurait le bonheur, à la fin, d'avoir rendu service aux deux parties. Mais le mépris qu'on lui marque, et la mort de sa chère jeune maîtresse, sont deux sujets de douleur qui ne l'abandonneront jamais, dût-il vivre aussi long-temps que Mathusalem ; quoiqu'il ne se promette pas plus d'un mois de vie, changé comme il est, avec un estomac qui ne digère plus rien : et madame Betty le faisant enrager du matin au soir, à présent qu'elle le tient et qu'elle est maîtresse d'une bonne hôtellerie. Mais grâces au ciel, pour sa punition, elle n'est guère en meilleure santé que lui. Au reste, son principal motif pour se donner l'honneur de m'importuner par une lettre n'est pas son seul chagrin, quoique plus grand qu'il n'ose prendre la liberté de me le dire, c'est le désir de prévenir un malheur dont je suis menacé moi-même ; car il peut m'assurer que le colonel Morden est parti dans la résolution de ne pas m'épargner, et qu'il a juré assez haut pour être entendu des domestiques, qu'il aurait ma vie ou moi la sienne, avec d'autres promesses de cette nature qui causent beaucoup de joie à toute la famille, parce qu'on s'attend que tôt ou tard je reviendrai avec quelque membre de moins. »

Telle est la substance de cette lettre. Mowbray m'avait déjà lâché quelques mots dans une des siennes; et je me rappelle que, dans le dernier souper que nous avons fait ensemble, tu me pressas jusqu'à l'importunité de faire le voyage d'Espagne, plutôt que celui de France ou d'Italie.

Ce que j'exige de toi, Belford, et par le premier courrier, c'est de m'apprendre fidèlement tout ce que tu sais là-dessus. Il m'est impossible de souffrir des menaces; et quand je serai bien instruit, nul homme au monde ne se donnera dans mon absence les airs de m'avilir, sans que je lui en explique mon sentiment.

Mais, si tel est son dessein, pourquoi ne me l'a-t-il pas fait connaître avant que j'eusse quitté l'Angleterre?

Si le colonel prend la peine de venir à Paris, il lui sera facile de trouver mon logement. Je vois chaque jour quelques Anglais. Je suis souvent au spectacle; je parais à la cour et dans les lieux publics. A mon départ, je laisserai mon adresse dans plusieurs villes, où mes lettres d'Angleterre me seront envoyées. Mais, si j'étais bien sûr de tout ce que Leman m'écrit, je perdrais l'idée de quitter la France; ou, dans quelque lieu que soit celui qui me cherche, je ne partirais que pour abréger sa course.

Mon unique regret tombe sur cette chère Clarisse. S'il est décidé que nous en venions aux mains, M. Morden et moi, comme il ne m'a fait aucune injure, et qu'il chérit la mémoire de sa cousine, nous engagerons le combat avec les mêmes sentimens pour l'objet de notre querelle; et tu conviendras que le cas est singulier. En un mot, j'ai tort : j'en suis aussi convaincu que lui, et je ne le regrette pas moins; mais je ne souffrirai jamais les menaces d'aucun mortel, quelque blâme que je me reproche d'avoir mérité. Adieu, Belford. Parle de bonne foi. Point de déguisement, si tu fais cas de ton ami.

LOVELACE.

LETTRE CCCLXXVII.

M. BELFORD, A M. LOVELACE.

Londres, 27 octobre.

Je ne saurais croire, mon cher Lovelace, que le colonel Morden vous ait menacé dans des termes aussi grossiers que le misérable Leman vous l'écrit, ni qu'il pense à vous chercher. Un tel langage se sent du caractère de l'écrivain, et ne peut être celui d'un galant homme. Il n'est pas de M. Morden, j'en suis sûr. Observez que Leman ne vous dit point qu'il l'ait entendu lui-même.

Je n'ai pas attendu si tard à sonder le colonel, non seulement pour votre intérêt et pour le sien, mais encore par le respect que je dois aux derniers ordres de son excellente cousine. Il est vivement touché, et vous ne devez pas en être surpris. Il avoue qu'à cette occasion son ressentiment s'est exprimé avec chaleur. Il m'a dit un jour que, si le cas de sa cousine était une séduction commune, il se croyait capable de vous pardonner. Mais il ne m'a pas assuré moins formellement qu'il n'avait pris aucune résolution, et qu'il ne lui était rien échappé dans la famille, qui pût l'obliger à la vengeance. Au contraire, il m'a confessé que les volontes de sa cousine avaient eu sur lui jusqu'à présent toute la force que je pouvais désirer.

Il est parti peu de jours après vous. En me faisant ses adieux, il m'a dit que son dessein était de se rendre à Florence, et qu'après y avoir fini ses affaires, il se proposait de revenir à Londres, pour y passer le reste de ses jours. Je craignais à la vérité que si vous veniez tous deux à vous rencontrer, il n'arrivât quelque nouveau malheur ; et sachant de vous-même que vous deviez retourner en France par l'Italie, et vraisemblablement par Florence, j'ai fait mes efforts pour vous engager à mettre l'Espagne dans votre plan. Je le souhaite encore ; ou si je ne puis l'obtenir de vous, je vous conjure d'éviter Florence et Livourne, deux lieux que vous avez déjà visités. Que jamais, du moins, l'appel ne vienne de vous.

Lovelace ! cher ami, donnez-moi la satisfaction d'apprendre que vous êtes résolu d'éviter M. Morden. Le temps calmera tous les esprits. Personne ne doute de votre courage, et jamais on ne saura que votre plan ait été changé par persuasion. Le jeune Harlove parle de vous demander raison : c'est une preuve assez claire que M. Morden n'a pas pris sur lui la querelle de la famille. Je ne crains que lui. Je sais que ce n'est pas le moyen de faire impression sur vous, que de vanter son courage et son adresse. On assure néanmoins que son épée est redoutable et qu'il s'en sert avec autant de sang-froid que d'habileté. Si je faisais cas de la vie, il serait de tous les hommes, à l'exception de vous, celui que j'aimerais le moins pour adversaire.

Souffrez, Lovelace, que, par le mouvement d'une véritable amitié, je vous représente encore que vous devez vous sentir coupable dans cette affaire, et qu'il ne vous convient point d'être l'agresseur. Quelle pitié qu'un si galant homme que le colonel pérît par vos mains ! D'un autre côté, il serait terrible que vous fussiez appelé en compte sans aucune préparation et dans la chaleur d'une nouvelle violence. Malheureux ami, ne vois-tu pas, dans la mort de tes deux principaux agens, les caractères tracés contre toi sur le mur ?

Cependant, si ce que je viens d'écrire, joint aux mouvemens de votre propre cœur et sans doute à vos remords, n'a pas l'effet que j'ose encore espérer, tout ce que je pourrais ajouter serait inutile. Adieu donc, Lovelace. Puisse ton cœur s'ouvrir aux regrets du passé ! puissent tes mains se garantir d'une nouvelle violence, qui augmenterait le poids de tes réflexions, et qui te raviraient peut-être tes espérances pour l'avenir ! C'est le souhait de ton véritable ami.

BELFORD.

LETTRE CCCLXXVIII.

M. LOVELACE, A M. BELFORT.

Munich, 22 novembre.

Votre lettre arrive au moment que j'allais partir pour Vienne. Pour ce qui regarde le voyage de Madrid ou le moindre pas hors de ma route, dans la vue d'éviter le colonel Morden, que je périsse si je le fais ! tu ne peux me croire l'âme si basse. Ainsi donc, tu avoues qu'il m'a menacé, mais non pas, dis-tu, dans des termes grossiers, indignes par conséquent d'un galant homme. S'il m'a menacé noblement, mon ressentiment sera noble. Mais il n'a pas fait le rôle d'un homme d'honneur, s'il lui est échappé la moindre menace derrière moi. Quel mépris j'aurais pour moi-même, si j'avais été capable de menacer quelqu'un à qui je saurais le moyen de m'adresser de bouche ou par écrit !

A l'égard de mes remords, de tes caractères tracés sur le mur, de l'autorité des lois, de son adresse, de son sang-froid, de son courage et d'autres lieux communs de poltronnerie, que veux-tu dire ? Epargne-moi, je t'en prie, toutes ces impertinences dans tes lettres.

Il n'avait pris aucune résolution, dis-tu, lorsqu'il a fait ses adieux. Il en prendra de manière ou d'autre et bientôt, suivant toute apparence, car je lui écrivis hier sans attendre ta réponse. Je n'ai pu m'en défendre. Il m'était impossible de vivre en suspens. J'ai adressé ma lettre à Florence. Je ne pouvais supporter non plus que mes amis fussent inquiets pour ma sûreté, ou pour d'autres raisons. Mais ma lettre est dans des termes qui lui laissent absolument la liberté du choix. Si nous devons nous rencontrer (car, toute civile qu'est ma lettre, je sais quel choix elle me ferait faire à sa place), je souhaiterais que sa cause ne fût pas si bonne, et que la mienne fût meilleure. Ce serait une douce vengeance pour lui si je tombais sous ses coups. Mais que me reviendrait-il de l'avoir tué ?

Je t'envoie la copie de ma lettre.

En relisant la tienne de sang-froid, je ne puis refuser des remerciemens à ton amitié ni même à tes vues. Depuis le premier instant de notre liaison, je n'ai jamais été trompé dans l'opinion que j'ai de toi, du moins si je considère les intentions ; car tu avoueras que j'ai plus d'une sottise à te reprocher, dans le rôle que tu as joué entre ma chère Clarisse et moi. Je regretterais volontiers d'avoir écrit à Florence, depuis que j'ai reçu ta lettre. Mais la mienne est partie, qu'elle marche. Si Morden souhaite la paix, je lui donne une belle occasion de l'embrasser ; sinon, qu'il ne s'en prenne qu'à lui-même.

A tout événement, cherche le moyen de faire savoir au jeune Harlove (car il se mêle aussi de menacer), que je serai en Angleterre vers l commencement d'avril, au plus tard.

Cette cour de Bavière est galante et polie. Cependant, comme je suis incertain si ma lettre trouvera le colonel à Florence, je ne laisse pas de partir pour Vienne, après avoir donné des ordres pour tout ce qui peut m'être adressé à Munich. Tout à toi.

LOVELACE.

A M. MORDEN.

Munich, 21 novembre.

« J'ai appris, monsieur, avec beaucoup d'étonnement, qu'il vous était échappé contre moi quelques expressions menaçantes. Il m'aurait été fort agréable que vous m'eussiez cru assez puni par mes propres peines, du tort que j'ai fait à la plus excellente de toutes les femmes, et que nos sentimens étant les mêmes à son égard, surtout lorsque j'ai désiré si ardemment de réparer mes injustices, nous eussions pu vivre, sinon dans les termes de l'amitié, du moins, d'une manière qui n'exposât pas l'un ou l'autre au chagrin d'entendre qu'on jette contre lui, dans son absence, des menaces qui le rendraient méprisable, s'il n'y croyait pas son honneur intéressé.

« Si ce que j'apprends n'est venu que d'une chaleur soudaine, tandis qu'une perte que je ne cesserai jamais de déplorer était récente, non seulement je le trouve excusable, mais je n'y vois rien qui ne mérite mes louanges et mon approbation. Si vous êtes réellement déterminé à me voir sous quelque autre prétexte, quoique je vous avoue que rien n'est plus éloigné de mes désirs, je me rendrais indigne du caractère que je veux soutenir aux yeux des honnêtes gens, si je vous faisais trouver quelque difficulté à vous satisfaire.

» Dans l'incertitude où je suis du lieu où vous recevrez ma lettre, je pars demain pour Vienne. Tout ce qui pourra m'être adressé à la poste, ou chez M. le baron de Windisgratz, dont j'ai l'honneur d'être ami, me sera rendu fidèlement.

» Comme je vous crois trop de générosité pour interpréter mal ce qui me reste à vous déclarer, et que je sais l'extrême considération que la plus chère de toutes les femmes avait pour vous, je ne ferai pas difficulté de vous assurer que la plus agréable réponse que je puisse recevoir de M. Morden, serait le choix de la paix, plutôt que tout autre parti, avec son admirateur sincère et son très humble serviteur,

» LOVELACE. »

LETTRE CCCLXXIX.

M. LOVELACE, A M. BELFORD.

Lintz, 9 décembre.

Je suis en chemin vers Trente, pour y rencontrer le colonel Morden, suivant la réponse que j'ai reçue de lui à Vienne. La voici dans ses propres termes :

A M. LOVELACE.

Munich, 2 décembre.

» Monsieur, votre lettre était à Florence quatre jours avant mon arrivée. Je suis parti dès le lendemain pour me rendre digne de cette faveur, et je ne désespérais pas que les agrémens de la cour de Bavière n'eussent pu retenir au delà de ses intentions un jeune voyageur qui ne cherche que de l'amusement. Mais n'ayant pas l'honneur de vous y trouver, il me convient de vous déclarer, monsieur, que, dans l'impatience où je suis de mériter l'estime d'un homme tel que vous, je ne puis hésiter un moment à faire le choix que M. Lovelace ferait sûrement dans ma situation, s'il lui était proposé comme à moi.

» J'avoue, monsieur, que, dans toutes les occasions où j'ai parlé du traitement que vous avez fait à ma cousine, j'ai tenu le langage qu'il méritait. A présent que vous m'offrez si noblement l'occasion de m'expliquer moi-même, je dois vous convaincre qu'il n'est rien sorti de mes lèvres par la seule raison que vous étiez absent. Apprenez donc, monsieur, que je n'attends que le nom du lieu, et que vous m'y verrez promptement, fût-ce à l'extrémité de la terre.

» Je m'arrêterai quelques jours à Munih. Si vous avez la bonté de m'y adresser votre réponse chez M. Klienfort, soit qu'elle m'y trouve ou non, vos ordres arriveront avec autant de sûreté que de diligence entre les mains, monsieur, de votre très humble serviteur,

» MORDEN. »

Ainsi vous voyez, Belford, par la promptitude et l'ardeur même du colonel, que ses *résolutions étaient prises*, etc. Ne vaut-il pas mieux finir une affaire de cette nature, que d'inquiéter mes amis, ou de demeurer moi-même en suspens? Voici ma réplique :

A M. MORDEN.

Vienne, 10 décembre.

« Monsieur, je suspends un petit voyage que j'étais prêt à faire en Hongrie, et je pars aujourd'hui pour Munich. Si vous n'y êtes plus, je me rendrai droit à Trente. Cette ville, qui est sur les confins de l'Italie, vous sera plus commode pour votre retour en Toscane, et j'espère vous y trouver dans quatre jours. Je n'aurai avec moi qu'un valet de chambre français. Les autres circonstances s'arrangeront aisément lorsque j'aurai l'honneur de vous voir. Je suis, monsieur, votre très humble serviteur.

LOVELACE. »

A présent, Belford, il ne me reste aucun embarras sur l'événement de cette entrevue, et je puis dire avec vérité : c'est lui qui me cherche. Ainsi, que le mal retombe sur sa tête.

Ce qui me touche de plus près au cœur, c'est mon ingratitude pour la plus parfaite de toutes les femmes... mon ingratitude préméditée! Cependant en ai-je moins distingué, en ai-je moins adoré toutes ses perfections, malgré la mauvaise opinion que j'avais toujours eue de son sexe? Elle m'a forcé de reconnaître la dignité de ce sexe; elle l'a glorieusement exalté à mes yeux, quoique assurément il était impossible, comme je l'ai dit mille fois, comme je l'ai mille fois écrit, qu'il existe jamais une femme qui l'égale. Mais lorsque je perds en elle plus qu'un homme n'a jamais perdu; lorsqu'elle me touche de si près, et lorsqu'il est certain que, dans un temps heureux elle a souhaité d'être à moi, quelle insolence dans un autre homme de s'attaquer à moi pour la venger! Heureux, à la vérité, si j'avais senti la gloire et les charmes de cette préférence! Je ne veux pas aggraver, par mes réflexions, ce motif du colonel pour *me demander compte de la manière dont je l'ai traitée*, de peur qu'à l'approche de l'entrevue, mon cœur ne se ralentisse en faveur d'un homme qui lui était lié par le sang, et qui croit au fond rendre honneur et justice à sa mémoire. Cette idée lui donnerait des avantages qu'il ne peut avoir autrement. Je ne serai que trop porté à me reposer sur mon adresse pour sauver un homme à qui je connais tant d'estime et de respect pour elle. J'oublierai le ressentiment que ses menaces doivent m'avoir inspiré; et c'est par cette seule raison que je m'afflige de son habileté et de son courage, dans la crainte d'être obligé, pour ma propre défense, d'ajouter une nouvelle victime à celles qui sont déjà tombées par mes mains.

Je ne vois, dans le passé, que mes détestables inventions qui m'aient empêché d'être heureux. Ne m'a-t-elle pas souvent répété, et ne savais-je pas, sans qu'elle prît la peine de m'en assurer, *qu'elle n'était capable ni d'affectation ni de tyrannie, pour un homme dont elle se proposait d'être la femme?* Je savais, comme elle me l'a reproché, *qu'après lui avoir fait quitter la maison de son père, il ne restait qu'un chemin ouvert devant moi.* Elle me disait avec raison, et j'avais la folie de m'en faire un triomphe, *que, depuis ce jour, j'avais tenu cent fois son âme en suspens.* Ma seule épreuve de l'ipécacuanha suffisait pour me convaincre qu'elle avait un cœur où l'amour et la tendresse auraient présidé, si j'avais permis à ces deux sentimens de germer et d'éclore.

Elle n'aurait pas eu de réserve, m'a-t-elle dit une fois, *si je ne lui avais causé des doutes*. Et ne t'a-t-elle pas confessé à toi-même, qu'*elle s'était sentie capable de m'aimer, et qu'elle m'aurait rendu heureux si elle avait pu me rendre bon* ? O Belford ! quel amour ! quelle noblesse ! Un amour, comme elle n'a pas craint de le faire entendre dans sa lettre posthume, qui s'étendait à l'âme, et que non seulement elle a déclaré dans les derniers momens de sa vie, mais qu'elle a trouvé le moyen de me faire connaître après sa mort, par une lettre remplie d'avertissemens et d'exhortations, qui n'ont pas d'autre objet que mon bonheur éternel.

Ces réflexions, dont le temps ne fait qu'aiguiser la pointe, me suivent dans tous les lieux où le désespoir me conduit, m'accompagnent dans tout ce que je fais, et se mêlent dans tous les amusemens auxquels j'essaie de me livrer. Cependant, je ne cherche que des compagnies gaies et brillantes. J'ai fait de nouvelles liaisons dans les différentes cours que j'ai visitées. Je jouis de quelque estime, et je me vois recherché de tout ce qu'il y a de gens de mérite et de distinction. Je visite les palais, les bibliothèques et les églises. Je fréquente le théâtre. J'assiste à toutes les fêtes publiques. Je revois tout ce qui m'était échappé dans les cabinets des curieux. Je suis admis à la toilette des belles, et je m'attire quelque attention dans les assemblées. Mais rien, mais personne ne me cause autant de plaisir que la délicieuse idée de ma Clarisse. Si je fais quelque remarque à l'avantage d'une autre femme, c'est parce que je trouve dans sa taille, dans son port, dans sa voix ou dans quelqu'un de ses traits, un air de ressemblance avec le charme, le seul charme de mon cœur.

Quel affreux châtiment que d'avoir sans cesse toutes ces perfections présentes, lorsqu'il ne me reste que l'immortel regret d'avoir privé le monde, et moi-même, d'un si précieux trésor! Quelquefois, à la vérité, j'entrevois un rayon de joie et de consolation, dont ma générosité s'applaudit; parce qu'il me vient de la certitude morale que, malgré tous mes coupables efforts pour ternir sa vertu, elle jouit des fruits de sa victoire dans un éternel triomphe.

Si je continue, cher Belford, de mener une vie si misérable dans mes courses, tu me reverras bientôt en Angleterre, disposé sans doute à suivre ton exemple, que sais-je? à me faire ermite, peut-être, ou quelque chose d'aussi détestable, pour essayer ce que je puis attendre de la pénitence et de la mortification. Je ne puis vivre dans l'état où je suis. Que je périsse, si je le puis!

S'il m'arrivait quelque malheur, tu en serais informé par mon valet de chambre. Il ne sait pas un mot d'anglais; mais toutes les langues modernes te sont familières. La Tour, c'est son nom, est homme d'esprit et de confiance. A tout hasard, je lui laisserai quelques papiers cachetés, qu'il t'enverrait pour milord M..; et puisque tu es si expert et de si bonne volonté pour les exécutions testamentaires, je te prie, Belford, d'accepter cet office pour moi, comme pour ma Clarisse, ma *Clarisse Lovelace*, laisse-moi le plaisir de lui donner ce nom. Par tout ce qu'il y a de saint, c'est quelque charme qui la rappelle sans cesse à ma mémoire.

Son nom joint au mien me ravit l'âme, et me paraît plus délicieux que la plus douce mélodie.

Que ne l'ai-je menée dans tout autre lieu que chez cette exécrable femme! J'en reviens aux récriminations; mais il est certain que le breuvage était l'invention et l'ouvrage de la Sinclair, et que je n'ai persisté dans le projet de la violence qu'à l'instigation de cette furie, dont la ruine ne laisse pas d'être amplement vengée, puisque aujourd'hui je me trouve menacé de la mienne.

Je m'aperçois que ce langage ressemble un peu à celui d'un coupable sur l'échafaud. Il pourrait te faire croire que je suis intimidé par l'approche de l'entrevue, mais tu ne me rendras pas justice. Au contraire, je te jure que je vais joyeusement au devant du colonel, et je m'arracherais le cœur de mes propres mains, s'il était capable ici du moindre mouvement de crainte ou d'inquiétude. Je sais seulement que si je le tue (ce que je ne ferai point si je puis l'éviter), je serai fort éloigné d'en être plus tranquille. La paix du cœur n'est plus faite pour moi. Mais comme notre rencontre est une occasion qu'il a cherchée, malgré le choix que je lui ai laissé, et qu'il n'est plus en mon pouvoir de l'éviter, j'y penserai après l'action; quitte pour faire pénitence du tout à la fois: car, tout habile que je le suppose, je suis aussi sûr de la victoire, que je le suis actuellement d'écrire. Tu sais que l'usage des armes, lorsque j'y suis provoqué est un jeu charmant pour moi. D'ailleurs, je serai aussi calme, aussi peu troublé qu'un prêtre à l'autel, tandis que mon adversaire, comme on en peut juger par sa lettre, sera transporté de colère et de vengeance. Ne doute donc pas, ami Belford, que je ne te rende un fort bon compte de cette affaire, et crois-moi ton fidèle serviteur.

LOVELACE.

LETTRE CCCLXXX.

M. LOVELACE, A M. BELFORD.

Trente, 15 décembre.

Demain est le jour qui fera passer probablement une ou deux âmes dans un autre ordre de choses, pour servir de cortége aux mânes de ma Clarisse.

J'arrivai hier à Trente; et, m'étant informé aussitôt de la demeure d'un gentilhomme anglais nommé M. Morden, je n'eus pas de peine à la trouver. Le colonel, qui était dans la ville depuis deux jours, avait laissé son nom dans tous les lieux où je pouvais m'adresser. Il était sorti à cheval. Je laissai mon nom chez lui. Vers le soir, il me rendit une visite.

Il avait l'air extrêmement sombre. Le mien fut très ouvert. Cependant il me dit que ma lettre était celle d'un homme d'honneur, et que j'avais soutenu le même caractère en lui accordant de si bonne grâce l'occasion de nous rencontrer. Il aurait souhaité, ajouta-t-il, que j'eusse tenu la même conduite sur d'autres points, et nous nous serions vus avec des sentimens fort opposés.

Je répondis que le passé ne pouvait recevoir de changement, et que je regrettais, comme lui, que certaines choses fussent arrivées.

— Les récriminations, reprit-il, ne pouvaient servir qu'à nous aigrir inutilement, et puisque je lui avais offert si volontiers cette occasion de me voir, les paroles devaient faire place à l'action. Votre choix, monsieur Lovelace, pour le temps, le lieu et les armes sera le mien.

— Sur les deux derniers points, monsieur Morden, il dépendra de vous-même. Le temps, ce sera, s'il vous plaît, demain ou le jour d'après.

— Après demain donc, monsieur, et nous monterons demain à cheval, pour fixer le lieu.

— D'accord, monsieur.

— Dites, monsieur Lovelace, quel choix faites-vous pour les armes?

— Je lui dis que l'avantage devait être égal en nous servant de nos épées; mais que, s'il en jugeait autrement, je n'avais pas d'objections contre le pistolet.

— Je vous ferai remarquer seulement, répliqua-t-il, que le hasard serait peut-être plus égal à l'épée, parce que nous devons être également accoutumés à la manier. Je craindrais qu'il ne le fût un peu moins au pistolet. Cependant je n'ai pas laissé d'en apporter deux, dont vous aurez le choix. Mais je dois vous avertir qu'à la distance ordinaire je n'ai jamais manqué un but depuis que je me connais.

J'applaudis à sa générosité; mais je lui répondis aussitôt que j'entendais assez l'usage de cette arme, pour ne pas la refuser s'il la choisissait, quoique je ne me crusse pas aussi sûr que lui de ne pas manquer un but.

— Cependant, ajoutai-je en souriant, comme il m'est arrivé quelquefois de fendre une balle en deux sur le tranchant d'un couteau, il serait malheureux, colonel que je manquasse mon homme. Ainsi, monsieur, je n'ai pas d'objection contre le pistolet, si c'est votre choix. Personne, j'ose le dire, n'a l'œil et la main plus fermes que moi.

— L'un et l'autre, monsieur, vous seront utiles, à l'épée comme au pistolet.

— Ce sera donc l'épée, s'il vous plaît.

— De tout mon cœur. Nous nous quittâmes avec une sorte de civilité majestueuse.

Aujourd'hui, ma visite a prévenu la sienne; et nous sommes sortis à cheval pour convenir du lieu. Nos sentimens étant les mêmes, et n'aimant point à remettre au lendemain ce qui pouvait être décidé sur-le-champ, nous serions descendus aussitôt. Mais La Tour et le valet du colonel, qui nous suivaient tous deux, et que nous n'avions pu éviter de mettre dans le secret, se sont joints, pour nous demander la permission d'avoir le lendemain avec eux un chirurgien. Ils se sont chargés de l'engager à sortir de la ville sous prétexte d'une saignée qu'ils lui proposeront dans une cabane voisine, et de l'amener assez proche de nous pour être appelé au besoin, sans qu'il se défie du ministère auquel il doit être employé. La Tour étant, comme je l'ai dit au colonel, un garçon fort adroit, auquel j'ai donné ordre de lui obéir comme à moi-même, si le sort se déclare en sa faveur, nous sommes convenus de remettre la décision à demain, et d'abandonner tout ce qui regarde le chirurgien à la discrétion de nos valets. Ensuite, nous sommes rentrés dans la ville par des chemins différens.

Le champ que nous avons choisi est un vallon écarté. Le temps sera dix heures du matin, et le signal, ou le mot, *l'épée simple*. Cependant j'ai répété à M. Morden que cette arme m'était extrêmement familière, et que je lui conseillais de faire tout autre choix. Il m'a répondu que c'était l'arme d'un gentilhomme, et que celui qui n'en connaissait pas l'usage, manquant d'une qualité nécessaire, en devait porter la peine ; mais que pour lui, toutes les armes étaient égales.

Ainsi, Belford, vous voyez que je n'ai voulu prendre aucun avantage. Mais je suis fort trompé, si, demain avant onze heures, ce brave ennemi ne reçoit pas la vie ou la mort de mes mains.

Son valet et le mien doivent être présens ; mais avec l'ordre le plus absolu, comme vous n'en doutez pas, de demeurer dans l'inaction. En revanche, pour une civilité de la même nature, le colonel a commandé au sien de m'obéir, si la fortune est pour moi. Nous devons nous rendre à cheval au lieu du combat. Une chaise, qui sera prête à quelque distance, conduira le vainqueur sur les terres de Venise, si l'un des deux périt, ou servira, suivant l'occasion, à secourir le plus malheureux. Tels sont nos arrangemens. La pluie ne m'ayant pas laissé d'autre amusement que ma plume, je t'ai fait cette longue lettre, quoique je pusse aussi bien remettre à l'écrire demain à midi ; car je ne doute pas que je me trouve en état de t'assurer que je suis, avec tous les sentimens que tu me connais pour toi, etc.

LOVELACE.

LETTRE CCCLXXXI.

M. LA TOUR, A M. BELFORD.

Trente, 19 décembre.

Monsieur, j'ai de tristes nouvelles à vous communiquer par l'ordre de M. le chevalier de Lovelace, qui a rendu le dernier soupir entre mes bras. Il m'avait fait lire sa dernière lettre, par laquelle il vous informait qu'il devait terminer le lendemain sa querelle avec le colonel Morden. Vous savez si bien le sujet de ce différend, que vous n'attendez pas de moi d'autres lumières.

J'avais pris soin d'amener à peu de distance un chirurgien à qui j'avais confié le fond des circonstances, sous le serment du secret, quoique je me fusse bien gardé de l'avouer aux deux combattans. Il était fourni de bandages et des instrumens de sa profession ; car si je connaissais parfaitement le courage et l'adresse de mon maître, je n'avais pas entendu moins vanter le caractère de son ennemi, et je savais quelle était leur animosité mutuelle. Une chaise de poste était prête à cent pas.

Les deux adversaires arrivèrent à l'heure dont ils étaient convenus, sans autre suite que M. Margate, valet de chambre du colonel, et moi, que M. le chevalier avait honoré du même rang à son service. Ils nous répétèrent l'ordre qu'ils nous avaient donné la veille, d'observer entre eux une exacte neutralité ; et si l'un des deux périssait, ils nous firent jurer de regarder tous deux le survivant comme notre maître, et de respecter ses volontés.

Après quelques complimens, ils se dépouillèrent de leurs habits avec une tranquillité surprenante ; et, mettant l'épée à la main, ils se portèrent plusieurs bottes qui nous firent admirer leur présence d'esprit et leur adresse. Mon maître fut le premier qui tira du sang par un coup désespéré dont son adversaire devait être percé à jour, s'il ne s'en était garanti par un mouvement si heureux, qu'il ne le reçut que dans la partie charnue du côté droit. Mais ayant pris M. le chevalier sur le temps, il le blessa sous le bras gauche, assez près de l'épaule ; et l'épée, qui effleura l'estomac dans son passage, en ayant fait couler beaucoup de sang, le colonel lui dit : — Monsieur, je crois que c'en est assez.

Mon maître jura qu'il n'était pas blessé ; que ce n'était qu'une piqûre légère : sur quoi faisant une autre passe, le colonel la reçut sous le bras avec une dextérité merveilleuse, et lui enfonça son épée au milieu du corps. Il tomba aussitôt en disant : — La fortune est pour vous, monsieur... Je n'entendis pas quelques autres mots qu'il ne put prononcer entièrement. Son épée sortit de ses mains. M. Morden jeta la sienne, et courut à lui en lui disant en français : — Monsieur, vous êtes un homme mort, implorez la bonté du ciel. Nous donnâmes le signal au chirurgien, qui accourut à l'instant. Le colonel ne me parut que trop accoutumé à ces sortes d'expéditions sanglantes ; il était aussi tranquille que s'il n'était rien arrivé d'extraordinaire ; et, quoiqu'il perdît lui-même beaucoup de sang, il ne pensait qu'à seconder le chirurgien. Mais mon maître s'évanouit deux fois pendant l'opération, et rendait d'ailleurs du sang par la bouche. Cependant, le premier appareil étant mis fort heureusement, nous l'aidâmes à monter dans la voiture. Alors le colonel souffrit que sa propre blessure fût pansée, et parut s'affliger que, dans quelques intervalles, M. le chevalier s'emportât furieusement lorsqu'il retrouvait la force de parler. Hélas ! il s'était cru sûr de la victoire.

Malgré l'avis du chirurgien, le colonel prit le parti de monter à cheval pour passer dans l'État de Venise. Il me força généreusement d'accepter une bourse remplie d'or, avec ordre d'en employer une partie à payer le chirurgien, et de garder le reste comme une marque, me dit-il, de la satisfaction qu'il avait de ma conduite et des tendres soins qu'il me voyait rendre à mon maître. Le chirurgien l'assura que M. le chevalier ne pouvait vivre jusqu'à la fin du jour. Lorsqu'il fut prêt à partir, M. Lovelace lui dit en français : — Vous avez bien vengé ma chère Clarisse ! — J'en conviens, répondit le colonel dans la même langue, et peut-être gémirai-je toute ma vie de n'avoir pu résister à vos ordres, lorsque je balançais sur l'obéissance que je croyais devoir à cet ange : — Attribuez votre victoire au destin, répliqua mon maître, à l'ascendant d'un cruel destin, sans quoi ce qui vient d'arriver était impossible. Mais vous, reprit-il en s'adressant au chirurgien, à M. Margate et moi, soyez témoins tous trois que je péris par la main d'un homme d'honneur. — Monsieur ! monsieur ! lui dit le colonel avec la piété d'un confesseur et lui serrant affectueusement la main, profitez de ces précieux momens, et recommandez-vous au ciel. Il s'éloigna aussitôt.

Je fis marcher fort doucement la chaise. Cependant mon maître eut beaucoup à souffrir du mouvement. Le sang recommença bientôt à couler de ses deux blessures, et ce ne fut pas sans difficulté qu'on l'arrêta. Nous le conduisîmes en vie jusqu'à la première cabane. Il m'ordonna de vous envoyer les papiers cachetés que vous trouverez sous cette enveloppe, et de vous faire les récits de son malheur avec les remerciemens pour la confiance et la fidélité de votre amitié.

Contre toute attente, il vécut jusqu'au jour suivant. Mais il souffrit beaucoup de son impatience et de ses regrets, autant que de la douleur de ses blessures, car il ne pouvait se résoudre à quitter la vie. La raison paraissait quelquefois l'abandonner, surtout pendant les deux dernières heures de sa vie. Il s'écriait par intervalles : — Éloignez-la de mes yeux, éloignez-la de mes yeux ! mais il ne nommait personne. Quelquefois il adressait des expressions fort tendres à quelque femme, qui était apparemment la même Clarisse qu'il avait nommée en recevant le coup mortel. Il l'appelait fille excellente !... divine créature !... malheureuse innocente ! Je lui entendis répéter particulièrement : — Jetez les yeux sur moi, bienheureux esprit ; daignez jeter les yeux sur moi ! Il s'arrêtait après ces quatre mots ; mais il continuait de remuer les lèvres.

A neuf heures du matin, il fut saisi de convulsions violentes : et perdant tout à fait la connaissance, il demeura dans cet état plus d'un quart d'heure. Lorsqu'il revint à lui-même, je ne dois pas oublier ses dernières paroles, qui semblent marquer un esprit plus composé, et qui peuvent être par conséquent de quelque consolation pour ses amis. — Quelles grâces je dois... prononça-t-il distinctement, en s'adressant sans doute au ciel, car il y tenait les yeux levés : mais une forte convulsion ne lui permit pas d'achever. Ensuite, revenant à lui, il recommença les mêmes mots avec beaucoup de ferveur, les yeux levés encore, et les deux mains étendues. Ils furent suivis de quelque apparence de prières prononcées d'une voix intérieure, qui ne laissait rien entendre de distinct. Enfin, j'entendis clairement ces trois mots, qui furent les derniers : — Reçois cette expiation. Alors, sa tête étant enfoncée dans son oreiller, il expira vers dix heures et demie.

Hélas ! il ne se croyait pas si proche de sa fin. Aussi n'a-t-il donné aucun ordre pour sa sépulture. Je l'ai fait embaumer, pour attendre les volontés de sa famille, et j'ai obtenu que le corps fût déposé dans un caveau. C'est une faveur qu'on ne m'a pas accordée sans peine, et qu'on m'aurait peut-être refusée, malgré la distinction de sa naissance, dans un temps où la nation anglaise serait moins respectée du gouvernement autrichien. J'ai trouvé aussi quelques difficultés de la part du magistrat, sur la cause de sa mort. Il en a coûté de l'argent pour arrêter les informations. Mais c'est un récit que je remets au premier courrier, avec le compte des effets de mon maître, qui seront représentés fidèlement. J'attends vos ordres dans cette ville, et j'ai l'honneur d'être, etc.

LA TOUR.

CONCLUSION.

On croit devoir ajouter quelques éclaircissemens à ce recueil de lettres historiques, pour la satisfaction de ceux qui ont pris un peu d'intérêt à la fortune des principaux acteurs.

La nouvelle du malheur de M. Lovelace fut reçue, dans sa famille, avec autant de douleur qu'elle causa de joie dans celle des Harlove. Milord M... et les dames de sa maison étaient d'autant plus à plaindre, qu'après avoir déjà beaucoup souffert de l'injustice de leur neveu pour une personne qu'ils avaient sincèrement admirée, ils voyaient croître leurs peines, par la perte du seul héritier mâle de leur fortune et de leur nom. Au contraire, les Harlove, plus implacables que jamais, et miss Howe même, dans le vif ressentiment qu'elle conservait de la mort de son amie, triomphèrent d'un événement où la main du ciel paraissait marquée pour leur vengeance. Mais cette consolation fut passagère, du moins pour la famille des Harlove, qui trouveront toujours un sujet de trouble et de remords dans leur ancienne conduite.

Madame Harlove ne survécut que deux ans et demi à la mort de son excellente fille. M. Harlove la suivit au tombeau, environ six mois après. Ils moururent tous deux avec le nom de leur *bienheureuse fille* à la bouche. Ils ne l'avaient pas nommée autrement, depuis qu'ils avaient reçu ses dépouilles mortelles ; et loin de regretter le monde, ils marquèrent de l'empressement pour la rejoindre dans une meilleure vie. Cependant ils vécurent assez pour voir leur fils James et leur fille Arabelle mariés : mais ils ne trouvèrent pas une grande source de joie dans l'établissement de l'un et de l'autre.

M. James Harlove épousa une fille de bonne maison, avec laquelle il vit encore. C'était une orpheline, dont le bien était considérable, et cette raison lui avait fait jeter les yeux sur elle. Mais il s'est vu obligé à d'extrêmes dépenses pour soutenir ses droits, qui ne sont point encore éclaircis. Ses parties sont puissantes. Il est question d'un tiers fort litigieux ; et M. Harlove n'a pas reçu en partage toute la patience nécessaire pour conduire à bien un procès. Ce qu'y a de plus remarquable dans la situation, c'est que ce mariage est venu purement de lui, contre le sentiment de son père, de sa mère et de ses oncles, lui avaient averti ces embarras auxquels il s'exposait. Sa conduite à l'égard de sa femme qui n'est coupable de rien, et qui ne peut empêcher un mal dont elle souffre autant que lui, est devenu entre eux l'occasion de plusieurs différends, qui ne lui promettent pas un heureux avenir, quand ses affaires se termineraient plus favorablement qu'il n'a lieu de l'espérer. Lorsqu'il s'ouvre à ses amis, qui sont en petit nombre, il attribue toutes ses disgrâces au cruel traitement qu'il a fait à sa sœur. Il avoue qu'ils sont justes ; mais la force du mot lui manque, pour se soumettre à des dispositions dont il reconnaît la justice. Tous les ans il reprend le deuil au 6 septembre, et, pendant le mois entier, il se dérobe à toutes sortes d'amusemens et de compagnies. En un mot, il passe dans le monde, et lui-même se regarde comme le plus misérable de tous les êtres.

La fortune de miss Arabelle Harlove ayant tenté un homme de qualité, l'éclat du titre la disposa facilement à recevoir ses soins. Le mariage suivit bientôt. Mais les frères et les sœurs, qui ne sont pas portés à s'aimer, deviennent ordinairement de mortels ennemis. M. Harlove jugea que, dans les articles, on avait trop fait pour sa sœur. Elle crut, au contraire, qu'on n'avait pas fait assez : et depuis quelques années, ils se haïssent de si bonne foi, que l'un n'a de vraie satisfaction qu'en apprenant quelque infortune ou quelque chagrin de l'autre. Il est vrai qu'avant cette rupture ouverte ils ne cessaient pas de se soulager mutuellement par de continuels reproches, qui ne servaient pas peu à l'entretien du trouble dans toute la famille, et qu'à chaque instant, l'un accusait l'autre d'avoir été la principale cause du désastre de leur admirable sœur. On souhaite que certains bruits, qui font mal augurer du bonheur de cette dame dans l'intérieur de sa maison, soient tout à fait mal fondés, particulièrement ceux qui feraient supposer qu'elle ne se loue pas des mœurs de son mari, quoique d'abord elle n'ait pas trouvé cette objection insurmontable, et qui font même entendre qu'elle en est traitée avec beaucoup de hauteur et de mépris. Quel serait le cœur assez dur, pour lui souhaiter autant de chagrin qu'elle s'est efforcée d'en causer à sa sœur, surtout lorsqu'elle paraît disposée, comme son frère, à lui attribuer ses propres infortunes.

M. Jules et M. Antoine Harlove continuent de vivre dans leurs terres ;

mais ils déclarent qu'ils ont perdu, avec leur chère nièce, toute la joie de leur vie: et dans toutes les compagnies ils déplorent tous deux, sans ménagement, la part qu'on les a forcés de prendre à des injustices qu'ils ne cessent pas de se reprocher.

M. Solmes vit encore, du moins si l'on peut compter un homme de son caractère au nombre des vivans; car sa conduite et ses manières justifient, aux yeux du public, l'aversion que la plus aimable de toutes les femmes avait pour lui. Malgré ses richesses, il a vu ses offres rejetées de plusieurs femmes, d'une fortune extrêmement inférieure à celle où d'indignes vues lui avaient donné la présomption d'aspirer.

M. Mowbray et Tourville, après avoir perdu leur chef et l'âme de leur société, tombèrent, par diverses aventures, dans des embarras de fortune qui servirent, autant que leurs réflexions, à leur faire porter un autre jugement de leurs goûts et de leurs plaisirs. Comme ils avaient toujours été moins propres à donner le mouvement qu'à le suivre, ils prirent enfin l'avis de leur ami, M. Belford, qui leur conseilla de convertir le reste de leur bien en rentes viagères et de se retirer, l'un dans Yorkshire, et l'autre dans Nottinghamshire, qui sont les lieux de leur naissance. Leur ami, continuant de s'intéresser à leur situation par ses lettres, et de les voir à Londres une fois ou deux l'année, c'est-à-dire, chaque fois qu'ils y viennent, a la satisfaction de les y trouver de jour en jour plus dignes de leur nom et de leur origine.

Madame Norton a passé le reste de ses jours aussi heureusement qu'elle pouvait le désirer, dans la terre de sa chère élève. Elle employait la meilleure partie de son temps à répandre ses bienfaits autour d'elle, et le reste, au soin du fonds qui lui avait été confié. Après avoir mené une vie exemplaire, et vu son fils heureusement établi, elle est morte depuis peu dans le sein de la paix, sans douleur, sans agonie, comme un voyageur fatigué, qui s'endort d'un sommeil doux et tranquille. Ses dernières expressions n'ont respiré que le désir et l'espérance de rejoindre la fille de son cœur.

Miss Howe ne put consentir à quitter le deuil de sa chère amie, que six mois après sa mort, et ce fut à la fin de ce terme qu'elle rendit M. Hickman un des plus heureux hommes du monde. Ils ont déjà deux aimables fruits de leur mariage, dont le premier est une fille charmante, à laquelle ils ont donné de concert le nom de Clarisse. Madame Hickman dit quelquefois à son mari, avec autant d'agrément que de générosité, qu'elle ne doit pas tout à fait oublier d'avoir été miss Howe, parce que s'il ne l'avait pas aimée sous ce nom, avec tous ses faibles, elle ne serait jamais devenue madame Hickman. Elle ne trouve pas moins de douceur à voir cet honnête homme toujours prêt à se joindre avec elle, dans ces tendres et respectueuses peintures du passé, qui rendent la mémoire des morts si précieuse à ceux qui leur survivent.

M. Belford n'est pas assez dépourvu de tendresse et d'humanité, pour n'avoir pas été vivement touché du malheureux sort de son meilleur ami. Mais, lorsqu'il fait réflexion à la fin prématurée de plusieurs de ses associés; aux terreurs et à la mort de M. Belton; au cours signalé de la justice du ciel, qui est tombée sur le misérable Tomlinson! à l'horrible catastrophe de l'infâme Sinclair; aux profonds remords de l'homme qu'il aimait le plus; et, d'un autre côté, à l'exemple qu'il a reçu de la plus excellente personne de son sexe, à ses préparatifs pour le dernier passage, à sa mort, digne d'admiration et d'envie... il se croit obligé d'employer tous ses efforts et tous ses soins à rappeler ceux que son exemple peut avoir égarés, et de réparer, non seulement tout le mal qu'il a commis, mais celui dont il peut avoir l'occasion.

À l'égard du dépôt sacré dont il avait été chargé par une femme céleste, il a répondu à cet honneur avec autant de plaisir que de fidélité, il ose dire, à la satisfaction de tout le monde, et même à celle de la malheureuse famille, qui lui a fait faire des remerciements à cette occasion. On lui permettra de déclarer aussi, qu'en rendant ses comptes, il a renoncé au legs que la généreuse testatrice lui avait assigné dans la bonté de son cœur. Il l'a remis à sa famille, pour être employé suivant d'autres vues du testament.

Il ne restait qu'une bénédiction terrestre à désirer pour M. Belford, parce qu'il la croyait capable de lui assurer la possession de toutes les autres : c'était le plus grand de tous les biens sensibles, une femme vertueuse et prudente. S'étant rappelé quelques ouvertures flatteuses de M. Lovelace, et sa bonne fortune lui ayant offert l'occasion d'obliger milord M... et toute cette illustre maison par un service important, il a demandé à ce seigneur la permission de rendre ses soins à miss Charlotte Montaigu, l'aînée de ses deux nièces. Les conditions qu'il a proposées lui ont fait obtenir l'approbation de milord ; et miss Charlotte, qui n'avait pas d'engagement, lui a fait l'honneur d'accepter sa main. Milord, ne mettant pas de bornes à sa bonté, s'est fait un plaisir d'ajouter, pendant le temps même de sa vie, un bien considérable à la fortune personnelle de miss Montaigu. Milady Lawrance et milady Sadler ont suivi son exemple : et le ciel ayant donné, avant sa mort, qui est arrivée trois ans après celle de son neveu, un fils à M. Belford, il s'est déterminé à faire tomber sur ce fils, le plus proche de son sang, l'héritage de tous ses droits, avec la moitié de son bien réel, dont il a laissé l'autre moitié à sa seconde nièce, miss Patty Montaigu. Cette jeune demoiselle, à laquelle il ne manque aucune vertu, demeure actuellement avec sa sœur, et doit être mariée cet hiver à l'héritier d'une grande maison, qui arrive de ses voyages, et pour lequel on n'a pas cru que la Grande-Bretagne offrît un meilleur choix.

Le colonel Morden, avec tant de vertus et de lumières, ne peut être malheureux dans aucun pays du monde. Cependant son affaire avec M. Lovelace lui a fait perdre le dessein de venir résider en Angleterre aussitôt qu'il se l'était proposé.

LETTRE CCCLXXXII.

M. MORDEN, A M. BELFORD.

Du château de Harlove, dimanche au soir,
10 septembre.

Mon cher monsieur,

Je vous envoie, comme je vous l'avais promis, le récit de ce qui se passe ici.

La pauvre madame Norton s'est trouvée si mal en chemin, que, malgré les précautions que j'avais prises pour faire marcher doucement le char funèbre et la chaise qui le suivait, je craignais d'être obligé de laisser cette digne femme sur la route, avant notre arrivée à Saint-Albans. Enfin nous y arrivâmes, et aussitôt je fis dételer, dans l'espérance qu'un peu de repos la mettrait en état de poursuivre ; mais, contre mon attente, je fus obligé de partir sans elle : je recommandai à la fille que vous lui aviez donnée d'en prendre grand soin, et je laissai la chaise de poste à sa disposition.

Je mis pied à terre la cour du château à quatre heures environ. Vous pouvez croire que je trouvai une maison plongée dans la tristesse. A mon entrée dans la cour, j'avais remarqué un mouvement général.

MM. John et Antoine Harlove, avec madame Hervey étaient au château. Mon cousin James vint au devant de moi sur la porte ; il avait sur sa personne tous les caractères d'une profonde douleur. Il me pria d'excuser les procédés qu'il avait eus avec moi, la dernière fois que je les étais allé voir. Ma cousine Arabelle vint à moi tout en larmes ; et comme si elle eût succombé à sa douleur : — O mon cousin, me dit-elle en s'abandonnant sur mon bras, je n'ose vous faire une question ! Je pense qu'elle avait en vue l'arrivée du char funèbre ; moi-même j'étais plein d'amertume, et sans m'avancer ni donner de réponse je m'assis sur la chaise qui se trouva à ma portée.

Le frère et la sœur s'assirent auprès de moi, l'un d'un côté l'autre de l'autre, tous deux dans le silence. Les domestiques fondaient en larmes. M. Antoine Harlove vint à moi un moment après ; son visage annonçait le désespoir.

A mon entrée dans le parloir, je n'entendis que plaintes et regrets de tous côtés. M. Harlove, père de ma chère parente, au moment qu'il me vit, s'écria : — O mon cousin, vous êtes le seul de toute la famille qui n'ayez rien à vous reprocher ! Que vous êtes heureux !

La pauvre mère, à qui le chagrin ôtait la parole, me regarda douloureusement et s'assit, appuyant d'une main son mouchoir contre ses yeux et laissant l'autre entre celles de madame Hervey, qui l'arrosait de ses larmes. Le fils Harlove, malgré la dureté et l'orgueil de son caractère, était atterré ; les remords de sa conscience avaient dompté sa fierté.

Eh, monsieur ! quelles pensées devaient-ils avoir dans ce moment ! ils restaient fixés sans sentiment sur leurs siéges, et n'avaient pour paroles que des soupirs et des gémissemens... qu'ils sont bien un objet de pitié, un grand objet de pitié, tous tant qu'ils sont !... Mais quelle exécration ne mérite pas ce détestable Lovelace ! lui qui, par des pratiques infâmes et inouïes, a amené une catastrophe qui épuise toutes les espèces de malheurs, et qui s'étend sur un si grand nombre d'infortunes !... Que le ciel me foudroie !... Mais je m'arrête... Cet homme... puis-je dire cet homme ? cet homme est votre ami !... Il est déjà troublé, dites-vous, dans son esprit...

Pardonnez, monsieur ; qui pourrait avoir été témoin d'une pareille scène, qui pourrait avoir vu toute sa famille dans les larmes, qui pourrait s'en rappeler le souvenir et ne pas frémir d'indignation contre le malheureux qui les a fait répandre ? Quelque grande que fût son affliction, comme j'étais le seul de qui chacun des autres pût attendre des consolations, je m'approchai de la mère. — Ne nous abandonnons pas, lui dis-je, à une douleur qui, quelque juste qu'en soit la cause, est malheureusement infructueuse. Nous nous tourmentons, et nos tourmens ne peuvent rappeler la chère personne que nous pleurons. Ah ! si vous saviez avec quelles assurances d'un bonheur éternel elle a quitté ce monde, vous ne penseriez pas à l'y revoir encore. Elle est heureuse, madame... soyez-en sûre, elle est heureuse, et que cette pensée vous fortifie.

— O mon cousin ! mon cher cousin ! s'écria l'infortunée mère, retirant celle de ses mains que tenait madame Hervey, pour serrer la mienne, vous ne savez pas quel enfant j'ai perdu... Et d'un ton plus bas... Perdu ! et comment ? Ah ! c'est ce qui me rend sa perte insupportable !

Tous se mirent à la fois à s'accuser eux-mêmes ; quelques uns à se rejeter réciproquement la faute. Mais il n'y eut personne qui ne portât les yeux sur mon cousin James, comme sur celui qui avait nourri le ressentiment de la maison contre une âme si innocente. A peine cependant résistait-il à ses propres remords. Miss Harlove, pressée par les mouvemens de son âme, rompit le silence. — Avec quelle cruauté, dit-elle, lui écrivais-je ! avec quelle barbarie l'insultais-je ! et avec quelle patience le supportait-elle ! qui l'eût crue si près de sa fin ! O mon frère !... sans vous, sans vous !...

— Pourquoi chercher, répondit-il, à irriter le sentiment de mes douleurs ? J'ai devant moi tout ce qui s'est passé ; je ne songeais qu'à ramener dans le bon chemin une personne bien chère qui s'en était écartée... Rien ne fut plus loin de mon cœur que de la réduire au désespoir. Ce n'est aucun de nous, c'est l'infâme Lovelace qu'il faut accuser... Je crains cependant, mon cher cousin, qu'elle n'ait tout attribué à mes procédés, je le crains. Dites-le-moi ; a-t-elle fait mention de son frère ? m'a-t-elle nommé dans ses derniers momens ? J'espère qu'un cœur capable de pardonner au plus scélérat de tous les hommes, et d'intercéder pour que notre vengeance ne tombe pas sur lui, a pu me pardonner aussi.

— Elle est morte en vous bénissant tous. Elle ne condamnait pas, elle justifiait votre sévérité contre elle.

A ces mots, on n'entendit qu'un cri : — Nous voyons, dit le père, nous voyons assez par ses lettres, qui me percent l'âme, dans quelle heureuse disposition elle se trouvait peu de jours avant sa mort... mais persista-t-elle jusqu'à la fin ? n'eût-elle point d'inquiétudes ? mon cher enfant n'eut-il point de cruelles agonies ?

— Point du tout ; je ne vis jamais une fin plus heureuse ; aussi personne ne s'y est si saintement préparé. Nous ne pourrions souhaiter une mort plus douce pour nous et pour ceux que nous chérissons.

— Jamais, disait la malheureuse mère, notre rigueur envers un enfant si doux, si digne de toutes nos affections, ne nous laissera sans remords... Plût au ciel, continua la pauvre mère, que je l'eusse vue seulement une fois !

Vous voyez donc, monsieur Belford, qu'on pouvait rendre justice à ma cousine. Oh ! que c'est une chose terrible que les réflexions auxquelles on est en proie après des procédés si durs et si dénaturés !

Pardonnez-moi, monsieur, je vais poser ma plume, pour ne la reprendre que quand je serai calmé.

A six heures environ, le char funèbre arriva à la porte de la cour... L'église de la paroisse est à quelque distance ; mais le vent, qui venait de ce côté-là, jeta la famille éplorée dans un nouvel accès de douleur, en portant jusqu'à eux le son des cloches.

Vous avez ouï parler, monsieur, de l'amour qu'on portait à ma chère cousine. Les pauvres surtout, et les gens d'un moyen ordre, l'aimaient comme jamais jeune femme de condition n'en fut aimée.

Dès qu'on nous eût vus quitter la grande route, nombre de gens de toute espèce, hommes, femmes et enfans, se mirent à notre suite et formèrent un convoi funèbre d'environ cinquante personnes. Toutes, sans exception, avaient les larmes aux yeux.

Ces gens s'assemblèrent autour du char quand il s'agit d'en descendre le cercueil, et empêchèrent qu'on ne la portât immédiatement dans la maison. Ils se disputaient cet honneur, mais à voix basse et sans clameurs contentieuses.

Enfin ils convinrent que six filles emporteraient le cercueil. C'est avec les démonstrations du plus grand respect qu'on l'entra dans le salon.

Ils souhaitaient qu'on leur laissât voir le corps; mais ils en parlèrent comme d'une faveur qu'ils désiraient plutôt qu'ils ne l'espéraient. Lorsqu'ils eurent satisfait leur curiosité et fait leurs remarques sur les emblèmes, ils se dispersèrent en bénissant sa mémoire.

Les domestiques de la maison s'assemblèrent autour du cercueil, ce qu'ils n'avaient pu faire auparavant. Ce fut une nouvelle scène d'affliction; mais elle se passa dans un parfait silence.

M. James Harlove m'avait suivi lorsque j'étais sorti du parloir; mais ayant aperçu la foule, il m'avait quitté. Sitôt qu'elle eut disparu, il revint. Il était plongé dans une profonde rêverie, les bras croisés sur la poitrine, la tête penchée sur une épaule, avec tous les caractères de la stupéfaction sur le visage.

La scène devint plus touchante et plus noire, quand, pénétrés de la plus cruelle douleur, le père, la mère, les deux oncles et la sœur vinrent à pas chancelans joindre le frère et moi.

Leur dessein paraissait être d'empêcher la mère d'entrer; mais s'apercevant que cela n'était pas possible, eux-mêmes, jusque alors incertains s'ils entreraient, se déterminèrent à la suivre, entraînés par un mouvement plus fort qu'eux. La pauvre femme jeta les yeux sur le cercueil : — O mon enfant! mon enfant! l'orgueil de ma vie! ma plus douce espérance : pourquoi m'a-t-on refusé la consolation de te parler de paix, de pardon?... pardonne à ta cruelle mère !

Son fils attendri pour lors, comme il y parut à ses yeux, la conjura de se retirer; et l'une des femmes de sa mère entr'ouvrant la porte, il l'appela, pour l'aider à conduire sa maîtresse dans le moyen parloir. En revenant, il trouva son père sur la porte. Il venait aussi de jeter un regard sur la bière; après quoi j'avais obtenu de lui qu'il s'éloignât. Trop absorbé par sa douleur pour en parler, ce ne fut qu'au moment qu'il aperçut son fils, que poussant un profond soupir : — Jamais peine ne fut égale à ma peine... O mon fils!... mon fils!...

Je le suivais, faisant mes efforts pour le consoler.

Les oncles et la sœur gardaient le silence, portant tour à tour, et détournant la vue de dessus les emblèmes du cercueil. Madame Hervey entreprit de leur lire l'inscription; elle lut ces paroles : *Ici l'on est à couvert de la persécution des méchans.* Elle ne put continuer; de grosses larmes tombaient de ses yeux sur la pièce d'argent où elle les tenait fixés.

Jugez, monsieur Belford, jugez de l'état où j'étais. Je me trouvais pourtant dans l'obligation de les consoler les uns et les autres.

Le domestique qui doit vous porter cette lettre, s'informera, en passant par Saint-Albans, de la santé de la bonne madame Norton, afin de vous en donner des nouvelles.

Je suis, mon cher monsieur, etc.,

MORDEN.

LETTRE CCCLXXXIII.

M. MORDEN, A M. BELFORD.

Monsieur, nous sommes si mauvaise compagnie les uns pour les autres, que je n'ai pas de meilleur parti à prendre que celui de me retirer dans mon appartement, et d'écrire.

Vers neuf heures et demie, on me fit avertir pour déjeûner. La lugubre assemblée se formait lentement; on ne voyait que des yeux fatigués de répandre des pleurs.

Au moment où nous étions rangés et tranquilles sur nos siéges, la cloche s'est fait entendre, on a ouvert la porte des cours, et le bruit d'un carrosse roulant sur le pavé a causé une émotion générale. Je crois, monsieur, vous avoir ouï dire que vous n'aviez jamais vu miss Howe. C'est une jeune dame dont les grâces se font d'abord remarquer; une sombre mélancolie répandait ses nuages autour d'elle; cependant, au travers de ces ombres, on voyait de temps en temps s'échapper les rayons d'un feu et d'une vivacité singulière. Son attachement à ma chère cousine m'a inspiré pour elle une amitié, je puis dire un respect, que je conserverai toujours.

— Je ne pensais pas, me dit-elle en me donnant la main, rentrer jamais dans cette maison; mais, morte ou vivante, ma chère Clarisse m'entraîne après elle. Nous entrâmes dans le petit parloir où, jetant les yeux sur le cercueil, elle retira sa main de dedans la mienne, écarta précipitamment le dessus du cercueil qui était défait, ôta le voile qui couvrait le visage, et, comme hors d'elle-même, leva ses mains jointes en haut, fixant tour à tour ses yeux sur le corps et vers le ciel, trop lent à la venger.

Enfin elle rompit le silence. — Voyez-vous, dit-elle, voyez-vous la gloire et l'honneur de son sexe; la voyez-vous jetée dans les bras de la mort par l'exécration et la honte du vôtre! O ma bienheureuse amie! ma chère compagne! lumière qui me conduisait!... baisant sa bouche à chaque nouveau nom qu'elle lui donnait... Ne serais-tu qu'une argile insensible? Ah! laisse-moi te rappeler à la vie; partage le souffle qui m'anime... que la chaleur de mes lèvres réchauffe les tiennes! Est-il donc vrai que tu m'aies quittée? quittée pour jamais!

Après un instant de silence : — Pardonnez, me dit-elle, pardonnez, monsieur Morden, à mon égarement. Je ne suis plus à moi. Vous ne connaissiez pas la moitié des perfections que voilà dans les bras de la mort... Hélas! moi-même me trouvé-je des pleurs! elles me refusent leurs secours! mon cœur ne peut plus contenir ma douleur. Pourquoi, monsieur Morden, l'a-t-on envoyée ici? Elle n'a point de père, point de mère, point de parens; ne l'avaient-ils pas tous renoncée pour leur parenté? Pourquoi ne me l'a-t-on pas envoyée? Qui a plus de droits que moi aux restes que je chérissais?

Elle baisa encore une fois la bouche, le front et les joues de son amie.

Un soupir qui semblait lui déchirer le cœur, l'interrompit. — D'où vient, reprit-elle, m'a-t-on refusé la consolation de voir la plus aimée, la plus chère de mes compagnes, avant qu'elle devînt celle des anges? O ma Clarisse! qui sait, si je fusse allée vers toi, quel effet auraient produit mes consolations! Adieu donc, ma très chère Clarisse! tu es heureuse, je n'en doute pas, ta dernière lettre m'en assurait. Puissé-je te rejoindre et me réunir avec toi dans des lieux plus saints, où l'insolence n'ose attenter à l'innocence, et où des maîtres cruels, sous le nom de parens, ne gênent pas la vertu par d'impérieux commandemens!

Incapable de sortir, quoiqu'elle y fût déterminée, son désespoir, son angoisse combattaient sa volonté. L'attendrissement succéda aux agitations. Un torrent de larmes vint à son secours. — Sans ces pleurs que je répands, j'allais mourir de douleur, dit-elle d'une voix plus radoucie. Pardonnez, monsieur, me dit-elle, en se tournant vers moi, qui me sentais ému autant qu'elle-même, pardonnez ; j'aimais cette chère personne comme femme n'aima jamais une autre femme. Excusez l'emportement de ma douleur. Que je suis malheureuse de ne l'avoir pas vue avant que ces paupières couvrissent ces yeux, et que ces lèvres fussent fermées! quelle amie j'ai perdue!

Enfin, elle me dit : — Faites-moi la grâce de m'écrire ce que c'est que ces emblèmes et cette écriture, et, si vous le pouvez, réservez-moi une boucle de ses cheveux.

Je lui répondis que l'exécuteur testamentaire de Clarisse ferait l'un et l'autre et lui enverrait une copie du testament, qu'elle y trouverait des marques de souvenir en faveur d'une personne qui l'appelle son amie, sa sœur... — C'est avec justice, repartit miss Howe, qu'elle me nomme ainsi; nous n'avions qu'un cœur et qu'une âme.

— Encore un dernier adieu... un dernier adieu! hélas! Elle a renouvelé ses embrassemens. Elle baisait le visage, les mains l'une après l'autre. Enfin, elle m'a présenté la sienne, s'est précipitée hors de la chambre, et a gagné son carrosse, où elle s'est abandonnée de nouveau à toute sa douleur. Ses pleurs et ses soupirs lui ôtaient la voix. Elle m'a fait un signe de tête. Déjà les chevaux étaient hors de la cour, je la perdais de vue.

Quand je suis rentré, la compagnie a remarqué mon émotion. M. James Harlove leur faisait le rapport de ce que je lui avais dit la veille. Ma présence a interrompu leur discours, je m'en suis aperçu. Je leur ai laissé le champ libre pour consulter.

Je finis cette lettre ; le souvenir de la scène touchante que je viens de décrire m'a laissé dans une incapacité aussi grande de continuer que je l'étais d'entrer en conversation avec mes cousins, le moment après en avoir été le témoin. Je suis, monsieur, etc.

MORDEN.

LETTRE CCCLXXXIV.

M. MORDEN, A M BELFORD.

Monsieur, la bonne madame Norton est arrivée. Il semble qu'elle ait repris courage. Elle le doit à ces lettres posthumes dont vous et moi craignons si fort les effets sur elle. C'est que son esprit est d'une très rare trempe. Cette femme est familiarisée avec les afflictions et vit dans l'espérance habituelle d'une meilleure vie. De plus, n'ayant rien à se reprocher vis-à-vis de la chère personne que nous avons perdue, elle a considéré qu'elle ne pouvait faire mieux que de rassembler toutes ses forces pour donner quelque consolation et inspirer quelque fermeté à la malheureuse mère.

On n'ouvrira pas le testament avant que les funérailles soient achevées. On fait les préparatifs nécessaires à cette solennité. Les maîtres et les domestiques de toutes les branches de la famille ont pris le grand deuil.

J'ai vu M. Melvil : c'est un homme de sens, qui a de la douceur et de la décence dans les manières. Je lui ai donné des particularités propres à être insérées dans son discours ; mais j'ai vu depuis que c'était un soin inutile. Il connaît tous les détails de la malheureuse histoire de ma cousine.

Le révérend Docteur Leven, que nous venons de perdre, était l'ami particulier de Melvil.

Je viens de prêter mon assistance au père et à la mère, qui ont fait un dernier effort pour voir le corps de leur cher enfant. Ils m'avaient fait demander de les accompagner avec madame Norton. — Il faut, disait la pauvre mère, que je lui dise un dernier adieu.

Tout, en effet, se réduit à un effort, et rien de plus. Au moment où ils ont eu le cercueil devant les yeux : — O ma chère ! a dit le père en se retirant, je ne puis, je sens que je ne puis le supporter... n'eussé-je pas eu tant de dureté ! Il n'a eu que le temps de s'approcher de sa femme pour l'empêcher de tomber ; ses genoux se dérobaient sous elle. — O ma chère ! s'est-il écrié, c'en est trop, retirons-nous. Madame Norton venait de quitter madame Harlove pour voir le cercueil. Elle est revenue. — Chère, chère Norton, lui dit l'infortunée mère, en jetant ses bras autour de son col, emportez-moi d'ici. O mon enfant, mon enfant ! ma Clarisse ! toi qui faisais les délices de ma vie il y a si peu de temps ! hélas ! je ne te reverrai plus... jamais !

Le père, pour consoler la mère, s'accusait lui-même. — Plût au ciel, lui disait-il, que je n'eusse pas plus de reproches à me faire que vous ! Vous vous laissâtes enfin toucher. Vous m'auriez inspiré vos sentimens. — Ma faute n'en est que plus grande, interrompit-elle. Quelle aggravation ! j'ai vu qu'on n'avait pas pour cette enfant l'indulgence qu'elle méritait ;... et j'ai pu entrer dans les mesures qu'on prenait contre elle ! Cruelle que j'étais de sacrifier un de mes enfans à l'inimitié des autres !

Madame Norton employait les prières et les raisons. — O ma chère Norton ! lui répondait-elle, vous vous êtes mieux montrée que moi la mère de Clarisse ! plût au ciel que je n'eusse pas plus à rendre compte que vous !

De nouveaux regrets fournissent à de nouveaux discours, et l'infortuné couple continuait à se tourmenter par de vaines réflexions sur le passé, sur ce qui aurait pu, et sur ce qui aurait dû être.

Il n'y a que le temps, monsieur Belford, qui puisse effacer un souvenir si douloureux. Tous les conseils, toutes les consolations faiblissent contre de tels coups lorsqu'ils viennent d'être portés.

Je ne vois aucun visage qui ressemble à ce qu'il était quand je vins ici, d'abord après mon retour en Angleterre ; on n'y lisait alors qu'orgueil, hauteur, inflexibilité. Maintenant, c'est tout humilité.

La dureté du cœur a-t-elle jamais été si sévèrement punie?
Je suis, mon cher monsieur, votre, etc.

MORDEN.

LETTRE CCCLXXXV.

M. MORDEN, A M. BELFORD.

Monsieur, nous revenons de l'église, où, le deuil dans l'âme, nous avons assisté à la dernière cérémonie. Mon cousin James et sa sœur, M. et madame Hervey avec leur fille, que son attachement à feu ma cousine me rendra toujours chère ; mes cousins John et Antoine Harlove, et quelques autres parens éloignés, MM. Fuller et Allinson, s'y sont trouvés ; ces derniers, qu'on aurait dû y inviter, s'y étaient rendus sans invitation ; et, pour mieux marquer leur respect pour la mémoire de celle à qui nous rendions les derniers devoirs, ils avaient pris le deuil. Le père et la mère se seraient joints à nous, s'ils en eussent eu la force ; mais ils étaient l'un et l'autre fort indisposés et le sont encore. L'inconsolable madame Harlove avait dit à madame Norton que, dans cette circonstance, les deux mères du plus aimable enfant du monde ne devaient pas se quitter; qu'elle la priait de rester avec elle.

Toute la solennité s'est passée dans le meilleur ordre et la plus grande décence. La distance du château d'Horlove est à peu près d'un demi-mille. Le corps a été accompagné et entouré dans toute la longueur de ce chemin par mille personnes de tous les ordres.

L'oraison funèbre, prononcée par M. Melvil, a été fort touchante. Souvent il essuyait ses larmes, et en faisait couler avec plus d'abondance encore des yeux de ceux qui l'écoutaient.

Tous ceux qui étaient présens ne pouvaient s'empêcher de répéter bas, les uns aux autres, le bien qu'on en disait, comme en ayant été les témoins ou les objets.

Plusieurs fondaient en larmes, entendant parler des aumônes qu'elle faisait, aumônes si judicieuses, si bien placées. Toutes les bouches prononçaient sa récompense ; elle était portée sur les soupirs et les regrets qu'on ne se lassait point de lui donner.—Quelle perte pour les indigens! disaient plusieurs à haute voix. On trouvait en elle celui en qui Dieu déclare qu'il a mis son bon plaisir, parce qu'il donne de bon cœur.

Elle avait un nombre de pauvres aussi connus par l'honnêteté de leurs mœurs, que par leur incapacité à se procurer le nécessaire. Tous sont venus à l'église pour rendre à leur bienfaitrice les derniers devoirs.

Quelques personnes qui connaissaient l'histoire de ma cousine, voyant les pleurs que répandait sa sœur, et l'air abattu de son frère : Que ne donneraient-ils pas, disaient-elles, pour que leurs cœurs eussent été moins durs? D'autres poursuivaient le père barbare et la malheureuse mère jusque dans leur retraite à la maison. « Sans doute ils gémissent à présent, mais il est trop tard. De quelle douleur ne doivent-ils pas être pénétrés! ne soyons pas surpris s'ils n'ont pu soutenir ce spectacle. »

Le bon Melvil, conduit par son texte, a touché quelque chose de la malheureuse démarche qui avait été cause de sa fin prématurée. Il l'a attribuée à la faiblesse humaine, qui arrête sans cesse en nous les progrès d'une perfection absolue.

Lorsqu'il a été question de descendre le corps dans le caveau, il y a eu un mouvement général pour s'approcher du cercueil et lire les inscriptions. Deux gentilshommes en particulier se sont avancés avec précipitation, se couvrant le visage de leurs manteaux : c'étaient messieurs Mullins et Wyerley, admirateurs déclarés de ma cousine. Quand ils ont été à une petite distance, et qu'ils ont jeté les yeux sur la partie supérieure du cercueil : « Ce petit espace, a dit M. Mullins, renferme tout ce que la nature humaine peut produire d'excellent. »

On a dit que Solmes était dans un coin à l'écart, enveloppé d'un manteau de cavalier, et versant fréquemment des larmes. Cependant, je ne puis pas dire l'avoir vu.

Un autre gentilhomme y était aussi allé incognito, et s'était placé sur un banc, près de l'entrée du caveau. Personne ne l'avait remarqué ; mais une violente émotion l'a trahi au moment où l'on a descendu le corps dans la dernière demeure. C'était le digne M. Hickman.

Mes cousins John et Antoine et leur neveu James ne jugèrent pas à propos de descendre dans le tombeau de leurs ancêtres. Mademoiselle Harlove paraissait fort affectée. Sa conscience, aussi bien que les liens du sang, contribuait à son affliction.

J'ai accompagné le corps dans le caveau, afin de m'assurer et de pouvoir vous assurer, monsieur, vous qui êtes son exécuteur testamentaire, que, selon qu'elle l'avait demandé, on l'a déposée aux pieds de son grand-père. Enfin, j'ai quitté les restes de ma chère cousine après avoir retenu pour moi une place après d'elle. Je n'ai pas honte de vous dire qu'en rentrant dans ma chambre, je me suis abandonné encore une fois à ma douleur.

Je suis, mon cher monsieur, etc.

MORDEN.

LETTRES POSTHUMES
DE CLARISSE HARLOVE.

A M. LOVELACE.

Jeudi, 24 août.

Dans la lettre que je vous écrivis mardi passé, je vous dis que vous en recevriez une autre de moi lorsque je serais entrée dans la demeure de mon père. Je me flatte d'y être quand vous recevrez celle-ci, et je désire que vous ne m'y suiviez point sans être préparé pour ce grand voyage... Laissant l'allégorie, au moment que vous lisez ces mots, mon sort est décidé, la sentence prononcée : je suis éternellement heureuse ou malheureuse. Si je suis heureuse, je le dois uniquement à la miséricorde divine ; et, si je suis malheureuse, je le dois à votre cruauté que je n'avais pas méritée. Considérez à présent, homme abandonné, qui ne connaissez que vos plaisirs; cruel, qui ne trouvez point de victime que vous n'osiez leur sacrifier; insensé, qui vous promenez d'illusion en illusion, considérez si le traitement barbare que j'ai reçu de vous était digne de votre âme immortelle, et si vos projets méritaient que vous l'exposassiez au hasard d'une éternité malheureuse. Pour en venir à vos indignes fins, il fallait rompre les vœux et les engagemens les plus sacrés; il fallait joindre à la violence une bassesse au dessous de l'humanité.

Tandis qu'il en est temps encore, considérez vos œuvres. Vos songes dorés ne peuvent durer long-temps. Votre genre de vie ne peut vous procurer de plaisirs qu'autant que vous éloignerez de votre esprit toute pensée sérieuse et toute réflexion : l'endurcissement est l'unique base de votre tranquillité. Si une maladie dangereuse vous surprend, si une fois les remords s'emparent de votre âme, quelles furies vous déchireront le sein, et combien trouverez-vous méprisables ce que vous regardez aujourd'hui comme autant de triomphes! Séduire de jeunes créatures sans expérience sous le nom de la galanterie et de l'intrigue, les entraîner au précipice par une conduite artificieuse et de lâches complots !... Pas une bonne action dont vous puissiez vous souvenir à l'heure de la mort ; pas une bonne intention pour vous consoler dans ce moment d'effroi. Il ne vous restera que les reproches amers de votre conscience ; la terreur vous environnera, et votre espoir sera dans le néant.

Mes souhaits pour votre bonheur à venir ne sont pas ceux d'une épouse suppliante qui, autant pour son intérêt que pour le vôtre, ferait des efforts pour vous engager à réformer votre conduite ; ils sont désintéressés, et aucun devoir ne m'y oblige. Mais je douterais de ma conversion si j'étais capable de rendre le mal pour le mal, et si, malgré l'atrocité de vos offenses, je ne pouvais vous pardonner comme je voudrais être pardonnée.

C'est pourquoi je vous répète que je vous pardonne, et veuille le Tout-Puissant vous pardonner aussi ! Quant à moi, je n'ai d'autres sujets de regrets que le chagrin que j'ai donné à des parens qui étaient remplis d'indulgence pour moi avant que je vous connusse, le scandale dont j'ai couvert toute ma famille, la honte qui de ma faute rejaillit sur mon sexe, et l'affront que ma chute fait à la vertu.

Pour ce qui me concerne personnellement, vous n'avez fait que m'enlever à mes plans favoris, dans cette vie passagère, que j'aurai quittée quand vous lirez ces mots. Vous avez été cause que j'ai été coupée comme une fleur dans mes premiers et mes plus beaux jours. Et ne dois-je pas rendre grâce à la Providence de ce qu'elle m'a garantie du dangereux emploi de porter le joug nuptial avec un homme aussi corrompu? Si donc, d'un côté, j'ai à me plaindre de vous, de l'autre, je vous ai l'obligation d'avoir fait changer en autant d'années de gloire, des années qui, peut-être, auraient été pour moi pleines de tentations, de périls et de souffrances.

Ainsi, monsieur, quoique je ne doive rien à vos intentions, vous m'avez rendu un service réel, et en retour je fais des vœux pour vous.

Je dois rougir en avouant qu'il a été un temps où je vous ai préféré aux autres, puisque dans ce temps même je ne vous croyais pas un homme de bonnes mœurs ; mais aussi, j'étais bien loin de penser que vous, ou quelque autre mortel, pût être ce que vous avez montré que vous étiez. Il y a cependant long-temps que je vous ai vu d'un lieu plus élevé que vous ; je vous ai méprisé du fond du cœur, vous et vos mœurs, dès que j'ai su voir quel homme vous étiez. Et vous ne serez pas surpris de la contrariété de ces sentimens ; car la préférence que je vous donnais n'était pas sans motif. J'étais assez faible, assez présomptueuse que de me regarder comme un instrument entre les mains de la Providence pour gagner au bien un homme que je ne trouvais pas indigne de l'entreprise.

Ecoute-moi donc, Lovelace, comme la voix qui sort des tombeaux, ne perds point de temps, hâte-toi de te convertir. Cesse de tendre à de pauvres innocentes le piége du malin, de peur que tu n'y sois arrêté toi-même. N'entasse plus offense sur offense, au dessus des hauteurs de la miséricorde divine. Songe que la justice du Tout-Puissant, aussi bien que sa clémence, est un des appuis de son trône.

Ecoute avec crainte et tremblement quelle sera la part du méchant, car c'est ainsi qu'il est crit :

« Le triomphe du méchant est de courte durée, et la joie de l'hypocrite n'a qu'un moment. Il donnera dans le piége ; sous ses pieds est un précipice. La terreur l'environnera, et il fuira devant elle. Sa force lui sera ôtée, et la destruction se tiendra à ses côtés. La mort engloutira sa puissance ; la terre l'oubliera, et on ne se souviendra plus de son nom. Il sera chassé du monde, et il n'aura ni fils, ni successeur dans son pays. Ceux qui l'auront vu se demanderont, où est-il ? Il disparaîtra comme un songe, et s'évanouira comme une vision dans la nuit. Son pain sera rempli d'amertume. Le fer le moissonnera, et la flèche qui part de l'arc le transpercera. Un feu secret le consumera. Le ciel dévoilera son iniquité, et la terre s'élèvera contre lui. Il deviendra la pâture des vers, et sa mémoire sera abolie. Telle sera la fin de celui qui n'aura pas connu Dieu. »

Quand vous consulterez les sacrés oracles où cette sentence est prononcée contre les injustes, vous y trouverez aussi des paroles consolantes pour un cœur vraiment pénitent. Puisse le vôtre s'amollir, monsieur Lovelace ! Puissiez-vous vous mettre en état d'échapper au destin de l'homme abandonné de Dieu ! Ne méprisez pas les richesses de sa longue tolérance, et méritez d'être l'objet de son infinie miséricorde. C'est la sincère prière de

CLARISSE HARLOVE.

A M. BELFORD.

Dimanche au soir, 3 septembre.

Monsieur, je profite de cette dernière et solennelle occasion pour vous remercier encore des bontés que vous avez eues pour moi, dans un temps où j'avais un si grand besoin d'amis et de protecteurs.

Je ne cesserai point de faire des vœux pour votre bonheur éternel ; et j'ose me flatter qu'à l'ouverture de ma lettre vous aurez vu combien, dans nos derniers momens, une conscience tranquille est un puissant consolateur.

O monsieur Belford ! pesez, examinez, réfléchissez, tandis que la santé laisse à votre corps et à votre âme toutes ses forces ; c'est-à-dire, pendant que la réflexion peut vous être un peu salutaire ; réfléchissez au néant, à la bassesse et à l'indignité des coupables libertins.

Par rapport à moi, qui suis nécessitée à vous choisir pour mon exécuteur testamentaire, ne rejetez pas la prière que je vous fais d'user avec mes amis de la générosité que je vous ai reconnue. Ayez, je vous en conjure, quelque condescendance pour mon frère, qui est au fond un jeune homme vertueux, quoique emporté dans ses premiers mouvemens.

Si l'emploi de confiance que je vous donne occasionnait quelque difficulté, faites vos efforts, je vous en supplie, pour procurer la paix, pour concilier et adoucir les esprits. Employez surtout le crédit que vous avez sur votre ami, plus fier et plus emporté que mon frère, pour prévenir les voies de fait.

Je vous prie encore d'envoyer les incluses à leur adresse. Osant présumer que, sans la malheureuse démarche qui a si promptement terminé mes jours, j'aurais été en quelque manière utile à la société, laissez-moi, monsieur, la douce idée d'avoir rempli ce devoir, en me regardant comme ayant été un instrument entre les mains de la Providence, pour rappeler à la vertu un homme qui a reçu les talens que vous avez. Si ce dont je me flatte par rapport à vous a lieu, j'en concevrai l'espérance de vous remercier dans les bienheureuses demeures de tout le bien que vous m'avez fait, et de toutes les peines que vous avez prises pour moi, comme je vous en rends grâce et vous en remercie à présent du fond du cœur.

CLARISSE HARLOVE.

A M. WILLIAM MORDEN.

Mon très cher cousin, l'état où je suis me faisant douter si je serai capable de recevoir la visite que vous me faites espérer quand vous serez de retour à Londres, je profite de l'occasion, tandis que j'en ai la force, pour vous témoigner la sincère reconnaissance que j'ai des services et des bontés que vous avez eues pour moi depuis mon enfance jusqu'à présent.

Mon but principal, en vous écrivant, est de vous demander avec instance, et de la manière la plus solennelle, que, lorsque vous apprendrez les particularités de mon histoire, vous étouffiez les désirs de vengeance que le ressentiment pourrait allumer dans votre âme généreuse. Souvenez-vous, mon cher cousin, que la vengeance appartient au Seigneur, et qu'il se l'est attribuée : mon espérance est que vous n'empiéterez pas sur ses droits sacrés. D'ailleurs, vous n'êtes point dans le cas de venger mon honneur. Celui qui l'a offensé a déclaré lui-même, avant d'en être requis, qu'il me rendrait toute la justice que vous l'auriez pu forcer à me rendre si j'avais vécu. De plus, ne vous exposeriez-vous pas à un risque égal à celui que courrait l'offenseur ? Mais quand vous seriez sûr de la victoire, n'aggravez pas ma faute, je vous en supplie, en cherchant à répandre le sang de ce malheureux.

Si vous poussiez les choses à cette extrémité, mon cher cousin, où est-ce que le mal s'arrêterait ? Qui est-ce qui tirerait vengeance de vous ? Et celui qui l'aurait tirée, qui l'en punirait ?

Laissez à la conscience de cet homme, bien plus à plaindre que nous, le soin de me venger : elle le punira un jour au delà même de ce qu'il mérite d'être puni. Qu'il demeure le coupable agresseur ; qu'on ne dise point que son sang m'a vengée ; ou, ce que le ciel daigne prévenir, qu'on ne dise point que ma faute, qui aurait dû être ensevelie avec moi dans mon tombeau, a été suivie d'une perte beaucoup plus grande que celle qui résulte de ma mort.

Que le ciel soit avec vous, mon cher cousin, dans toutes vos entreprises. Je le prie encore une fois de répandre sur vous ses bienfaits, à cause de ceux que vous avez répandus sur moi. Vous m'avez donné des marques d'attachement dignes de votre cœur, et auxquels le mien est sensible plus qu'à tout autre.

Soyez, mon cher cousin, le consolateur de mes parens, comme vous avez été le mien, et puisse la bonté du ciel nous réunir dans l'éternité bienheureuse, où j'espère que je serai entrée quand vous lirez ceci. C'est la prière qui sera dans mon cœur et sur mes lèvres jusqu'à ma fin.

CLARISSE HARLOVE.

A M. JAMES HARLOVE, MON TRÈS HONORÉ PÈRE.

Mon très cher et honoré père, c'est avec confiance que votre fille ose se présenter à vous aujourd'hui. Jusqu'à présent j'avais craint de lever les yeux vers vous : je n'osais en attendre ni faveur ni pardon, et ce n'est que l'impuissance de vous offenser de nouveau qui, dans ce moment, me donne la hardiesse de mieux espérer qu'auparavant.

Permettez-moi, mon cher père, de vous rendre grâce... J'écris à genoux, je vous bénis à genoux pour tous les bienfaits que votre bonté a versés sur moi, pour l'amour que vous avez eu pour moi dans ma tendre enfance, pour la vertueuse éducation que vous m'avez donnée, et surtout pour le bonheur céleste où elle m'a conduite par le secours de la grâce divine. Je vous en conjure, mon père, effacez de votre mémoire, s'il est possible, ces huit derniers malheureux mois, et ne perdez pas le souvenir consolant des jours où vous daigniez prendre plaisir dans votre fille.

Encore à genoux, et avec un cœur déchiré, j'implore votre pardon sur toutes mes fautes et mes erreurs passées, celle surtout qui m'enleva à votre protection.

Quand vous saurez, monsieur, que je n'ai point manqué par la volonté, et que depuis que mon malheur a été sans remède, je n'ai cessé de me préparer à la mort, ce qui me fait espérer que le Tout-Puissant a accepté ma douleur sincère, et qu'au moment où vous lirez ces paroles vous aurez un enfant dans le ciel, alors vous penserez avoir plus de raisons de vous réjouir que de répandre des larmes.

Puisse le Tout-Puissant, au temps fixé par ses décrets, vous amener, ainsi que ma mère, au séjour de la parfaite félicité! Et puisse-t-il jusque alors n'avoir troublé votre bonheur sur la terre que par la faute que j'ai commise! C'est l'ardente prière de l'heureuse

CLARISSE HARLOVE.

A MADAME HARLOVE, MA TRÈS HONORÉE MÈRE.

Madame, la dernière fois que j'eus la hardiesse de vous écrire, ce fut avec la conscience d'un criminel qui s'accuse lui-même et demande grâce à son juge offensé. Je vous approche aujourd'hui avec plus d'assurance; mais cependant avec le plus haut degré de respect, de reconnaissance et de soumission. Ma lettre à mon père vous apprendra le sujet de ma confiance; mais si j'ai imploré son pardon à genoux, avec le sentiment le plus profond de mes devoirs et de mes obligations envers lui, c'est dans les mêmes dispositions et avec les mêmes marques de respect que j'ose vous demander le vôtre, pour tous les chagrins et toutes les peines que je vous ai donnés.

Mon cœur saigne encore depuis cette malheureuse imprudence, qui, quoique involontaire, n'a cessé cependant, depuis le moment où je m'y laissai aller, de porter avec elle sa punition, et d'être suivie d'une sincère et véritable repentance.

Mais j'ose espérer que le ciel m'a pardonné, et qu'à l'instant où vos yeux parcourront ces derniers traits que ma main a tracés pour vous, je jouirai des richesses de sa miséricorde. Consolez-vous, ma chère, ma tendre mère, vous avez atteint la fin principale des soins que vous avez pris de moi. Il est vrai que j'y suis arrivée par un chemin qui n'était pas celui que vous espériez.

Puissiez-vous, madame, vivre long-temps, pour adoucir les peines de mon père, et augmenter le sentiment de son bonheur! Puisse ma sœur, en continuant de remplir ses devoirs, et en les remplissant mieux, s'il est possible, qu'elle n'a fait jusqu'à présent, vous dédommager de ma perte. Enfin, qu'une heureuse réunion dans les demeures bâties pour l'éternité vienne augmenter la félicité sainte de celle que vous n'aurez pas jugée indigne de votre pardon, et qui, purifiée par ses souffrances, espère d'être à jamais l'heureuse

CLARISSE HARLOVE.

A JAMES HARLOVE FILS, ÉCUYER.

Monsieur, après la démarche imprudente où je fus entraînée, je n'ai vu qu'un temps et qu'une occasion où j'aie pu prétendre à vous regarder comme un frère et comme un ami, et voici ce temps et cette occasion. C'est en lisant ceci que vous aurez pitié de votre malheureuse sœur; c'est dans ce moment que vous lui pardonnerez ses fautes réelles et supposées; c'est à présent que vous prendrez à sa mémoire l'intérêt que vous avez refusé de prendre à sa personne.

Je vous écris, mon frère, pour vous demander pardon de l'offense que je vous ai faite, et au reste de ma famille, en me dérobant à la protection paternelle.

Oh! si la passion n'eût pas été aveugle! si des soupçons injurieux et une préoccupation opiniâtre ne se fussent pas opposés à un plus mûr examen! si votre cœur sévère et trop dur avait au moins laissé aux autres la liberté de se livrer à des sentimens plus naturels!...

Mais je n'écris pas pour blesser; j'aimerais mieux que vous me crussiez encore coupable, que de vous charger du poids que ma justification ferait retomber sur vous. Je veux seulement vous prier de mettre des bornes à votre ressentiment, et de ne point exposer une vie si précieuse à vos parens, en voulant me venger du méchant homme qui, par ses bas artifices, a causé ma ruine.

Serait-il juste qu'un innocent courût le même danger qu'un coupable, un danger même plus grand? car ce malheureux, exercé depuis long-temps dans l'art d'offenser et de soutenir ses offenses, est plus fait que vous aux actes de violence.

Laissez donc ce malheureux à l'épée du grand juge. Que la faute de votre sœur meure avec elle; n'en renouvelez pas le souvenir en faisant couler le sang.

N'ajoutez pas volontairement de nouveaux chagrins à ceux qu'a causés la faute de votre sœur, et souvenez-vous que vous l'avez trouvée inexcusable, quoiqu'elle eût offensé sans dessein. Gardez-vous d'aggraver les suites funestes de mon erreur, et croyez que la conscience de cet homme, quand il plaira à Dieu de la réveiller, sera plus perçante que votre épée.

J'ai une autre raison de vous écrire, c'est pour vous conjurer de régler vos passions. Le plus grand défaut que je vous connaisse, c'est la violence. Quand vous vous imaginez être dans votre droit, vous le défendez avec emportement; et vous défendez moins souvent le bon parti, à cause de l'ardeur qui vous transporte. Combien de fois votre humeur impétueuse a-t-elle mis votre vie en danger ! Combien de fois, par une conséquence naturelle, avez-vous été humilié des excès où elle vous a porté? Permettez donc, mon très cher frère, que je vous fasse remarquer cette violence dans votre caractère, dont les accès peuvent vous précipiter dans des malheurs imprévus.

Par rapport à moi, mon cher frère, ma punition est venue à temps, et Dieu m'a fait la grâce de faire un bon usage de mes souffrances. Je me suis hâtée de me repentir. Quand j'ai vu de quoi cet homme était capable, j'ai plus détesté cent fois ses actions que je ne l'avais aimé. J'ai tourné de bonne heure mon cœur et mes espérances vers un meilleur objet. Mon repentir a été agréable à Dieu ; il m'a récompensée de ma confiance en lui. Je m'assure que dans ce moment je viens de commencer une éternité bienheureuse.

Daigne le ciel vous protéger, vous faire jouir d'une santé florissante et de l'estime publique. Puisse-t-il prolonger votre vie, pour la consolation et le bonheur de vos parens ! Qu'une femme, aussi agréable aux autres qu'elle vous sera chère, vous donne des enfans qui ne trompent pas vos espérances. Que mon exemple leur serve d'avertissement, et leur apprenne de bonne heure que ce monde trompeur est rempli de fausses apparences, et que les maux qu'on y rencontre me l'ont fait quitter avant que je pusse les voir et les chérir, comme je m'en étais flattée.

Clarisse Harlove.

A MISS ARABELLE HARLOVE.

Vous pouvez, à présent, ma chère Arabelle, sans blesser la sévérité de votre vertu, laisser tomber des larmes de pitié sur les erreurs et les souffrances d'une sœur infortunée, qui n'est plus, et qui ne peut plus vous offenser. La miséricorde divine, qui excita chez elle les premiers mouvemens de repentir, pour une faute qu'elle ne cherchera pas à excuser, quoique peut-être elle le pût avec succès, a couronné, j'espère sa repentance.

Anticipant sur l'état de pureté et de sainteté auquel j'aspire, je vous écris avec plus de confiance. Je m'assure que vous oublierez les petits sujets de déplaisir que je puis vous avoir donnés pendant une jeunesse inconsidérée. Je m'assure même que la honte, qui de ma faute a rejailli sur vous et sur ma famille, ne vous empêchera pas de me la pardonner.

Puissiez-vous, ma chère sœur, continuer d'être la consolation d'une famille si chère et si digne de vos respects, dont l'indulgence exige de votre part tant de reconnaissance. Faites-en toujours le bonheur, en remplissant vos devoirs avec ce zèle et cet empressement qui vous ont mérité jusqu'à présent de si justes louanges.

C'est ainsi, ma chère Arabelle, que j'élève pour vous mon cœur au ciel. Ma chère, mon unique sœur et mon amie pendant le cours de tant d'heureuses années, que mes ferventes prières soient les interprètes des sentimens d'une sœur que ni la dureté des procédés ni le blâme injuste et prématuré de sa conduite n'ont pu faire penser ni sentir différemment, et qui, rendue parfaite par les épreuves où elle a passé, ose se dire à présent l'heureuse

CLARISSE HARLOVE.

A JEAN ET ANTOINE HARLOVE, ÉCUYERS.

Mes très honorés oncles, quand ceci vous parviendra, votre malheureuse nièce aura vu finir ses misères et jouira, comme elle l'espère, du bonheur dont le Dieu de miséricorde a déclaré qu'il rassasierait le cœur contrit et pénétré d'un sincère repentir. C'est pourquoi, mes chers oncles, votre amour fraternel ayant fait de vous une seule âme, je vous écris à tous les deux dans la même lettre, non pas pour vous affliger, mais pour vous consoler ; car si mes souffrances ont été grandes, elles ont été de courte durée. Je vous écris pour vous remercier de vos bontés à mon égard, et pour vous demander pardon de ma dernière et de l'unique grande faute que j'aie commise contre vous et contre ma famille. Les voies de la Providence sont secrètes, et les moyens qu'elle emploie pour faire sentir aux pécheurs la nécessité de remplir leurs devoirs ne se ressemblent point. Appelée à chercher les raisons de mes malheurs ici bas, je trouve chez moi les germes d'un orgueil secret, dont il fallait que je fusse pétrie ; et peut-être était-il nécessaire que d'aussi terribles et d'aussi accablantes infortunes me fussent réservées pour écraser cet orgueil et mortifier ma vanité. C'est pourquoi des tentations me furent envoyées. Je fus trouvée faible à l'épreuve. Ma discrétion tant vantée n'eut pas de poids quand elle fut pesée dans la balance ; la trahison prévalut, je succombai, je devins l'objet des railleries de mes compagnes et la honte de ma famille qui s'était peut-être trop enorgueillie de moi. Cependant, comme ma faute ne fut pas celle de ma volonté, sitôt que mon orgueil fut brisé, le ciel ne permit pas qu'au milieu des pièges et des dangers qui m'environnaient, je me perdisse pour jamais. Je fus purifiée par mes souffrances, et préparée au grand et heureux changement que j'espère avoir subi quand vous lirez ma lettre.

Encore une fois, mes chers oncles, recevez mes remerciemens de toutes vos bontés pour moi depuis ma tendre enfance jusqu'au jour, au malheureux jour de mon erreur. Je finis par prier Dieu qu'il nous réunisse dans l'éternité bienheureuse.

Votre soumise et obligée nièce,

CLARISSE HARLOVE.

M. Belford donne aussi des copies des lettres de miss Clarisse Harlove à madame Hervey, à miss Howe et à madame Norton ; mais comme elles sont longues et roulent sur le même sujet, on a jugé inutile de les reproduire ici.

TESTAMENT
DE CLARISSE HARLOVE.

Moi, Clarisse Harlove, par une suite d'étranges et tristes accidens, logée actuellement dans la paroisse de Saint-Paul Covent Garden, ayant le parfait et libre usage de mon jugement et de ma mémoire, dont fera foi, à ce que j'espère, le présent acte écrit en entier de ma propre main ce second jour de septembre de l'année 17.. de Notre-Seigneur, fais et rends notoire ma dernière volonté, comme il suit :

Je désire qu'après mon décès mon corps soit gardé pendant trois jours, ou jusqu'à ce qu'on connaisse comment mon père veut qu'on en dispose. Cependant, comme la cause de ma mort n'est pas douteuse, je ne veux pas qu'il soit ouvert, pour quelque raison ou prétexte que ce soit, et je désire qu'il n'y ait que des personnes de mon sexe qui y touchent. J'ai toujours ardemment souhaité que mon corps fût déposé dans le caveau de ma famille avec ceux de mes ancêtres; si cela pouvait s'obtenir, je demanderais qu'il fût placé aux pieds de mon cher et honoré grand-père. Mais comme une malheureuse démarche a fait penser que j'étais devenue la honte de mes parens, et qu'en conséquence on pourrait me refuser ce dernier honneur, je désire en ce cas d'être enterrée dans le cimetière de la paroisse où je mourrai, d'y être portée avec le moins d'apparat possible, entre onze heures et minuit, accompagnée seulement de madame Lovick, de M. et madame Smith, et de la fille qui leur sert de domestique.

Mais je veux qu'on satisfasse aux mêmes redevances que celles qu'on a coutume de payer pour ceux qu'on enterre dans l'église, même auprès de l'autel, et je lègue cinq livres pour être distribuées par les diacres, et selon leur discrétion, à vingt pauvres, le dimanche après mon enterrement, lequel legs subsistera, que je sois ensevelie ici ou ailleurs.

J'ai déjà prescrit de bouche la manière dont je voulais être arrangée dans ma bière, d'abord après mon dernier soupir. Je désire de plus qu'on ne m'expose pas sans nécessité à la vue de qui que ce soit, à moins que quelqu'un de mes parens ne voulût jeter sur moi un dernier regard.

Je souhaiterais qu'on ne permît pas à M. Lovelace de me voir après ma mort, si cela se peut faire sans compromettre mon exécuteur testamentaire avec lui. Toutefois, comme c'est un homme qui ne peut souffrir d'opposition, et que je n'appartiens à personne, s'il veut absolument voir morte en effet celle qu'il a vue une fois comme morte, qu'il satisfasse sa vaine curiosité; qu'il contemple mon cadavre, et triomphe sur les malheureux restes d'une victime que sa barbare perfidie s'est immolée.

Cependant, pour montrer que je meurs dans une parfaite charité envers tout le monde, je déclare que je pardonne absolument et sans réserve à M. Lovelace les torts qu'il m'a faits.

Si la bonté de mon père peut lui faire envisager la faute d'une enfant indigne de lui, comme ne méritant pas son indignation au point de lui refuser la demande que j'ai faite plus haut, d'être déposée aux pieds de mon grand-père, je souhaiterais, vu la publicité de mes malheurs, qu'avant de descendre mon corps dans le tombeau on prononçât sur mon cercueil un discours dont je donnerai le sujet à la fin de cet écrit.

Si l'on considère les malheureuses circonstances où je me trouve, l'absence de tous ceux que la nature m'avait destinés pour amis... on sera porté à exécuter l'étendue que je viens de donner à des choses peu dignes de considération.

Pour passer donc à ce qui fait l'objet de ce testament, voici la disposition que je fais, soit de ce qu'on me trouvera à ma mort, soit de ce qui m'appartient de droit par le testament de mon grand-père, ou en vertu d'un titre valide.

Je donne et lègue à mon très honoré père Jacques Harlove toutes les terres et biens de terre dont le susdit testament m'a mise en possession ; ainsi, mon frère et ma sœur, à qui j'eus autrefois l'idée de les laisser, les verront naturellement passer entre leurs mains s'ils survivent à mon père, ou les devront à ses bontés, en cas qu'il juge à propos de les en avantager par contrat de mariage ou autrement, selon que les circonstances le rendront convenable, ou que l'un et l'autre le mériteront en continuant de remplir leurs devoirs envers leurs parens.

Je lègue aussi à mon père la maison de feu mon grand-père, appelée le *Bosquet*, et qu'il nommait *ma Laiterie* par affection pour moi, et pour témoigner combien il approuvait la manière dont j'y employais une partie de mon temps. Je donne et lègue à mon père ladite maison avec les meubles dans l'état où cela se trouve à présent : j'en excepte pourtant les peintures et un coffre-fort rempli de vieille vaisselle d'argent. Je prie aussi mon père d'accorder à ma chère madame Norton la faveur d'y passer le reste de ses jours dans les appartemens qui y sont distingués par le nom d'*appartemens de la gouvernante*, et de lui laisser la jouissance des meubles simples, mais fort propres, avec lesquels mon grand-père, qui se plaisait à m'appeler sa gouvernante, me les fit garnir afin que je les occupasse en cette qualité, comme je fis jusqu'à la fin de sa vie.

Mais pour ce qui est des rentes accumulées et de tout le produit net des fonds qui dépendent de la maison dont je viens de parler, je me flatte que les diverses branches de ma famille étant toutes riches, on ne trouvera pas mauvais que j'en dispose selon que j'y serai déterminée par les sentimens d'amour et de reconnaissance que j'ai étendus à diverses personnes hors de ma parenté. J'espère même qu'on ne verra pas d'un mauvais œil que, pour en faire le même usage, j'ajoute à ces sommes, quelque considérables qu'elles soient, la moitié de l'argent comptant qu'on trouva à mon grand-père lorsqu'il mourut, et qui, suivant sa volonté, fut partagé également entre ma sœur et moi, pour le mettre chacune à notre usage particulier. Ma moitié de cet argent allait à neuf cent soixante-dix livres, que je remis à mon père avec le reste de mes biens pour convaincre mon frère et ma sœur que je n'en voulais pas faire un moyen d'indépendance. Mais avant de passer aux dispositions que je viens d'annoncer, j'ordonne expressément qu'on ait à recevoir sans contradiction et sans aucune manière de question, le compte que mon père voudra bien rendre des sommes et produits que j'ai spécifiés dans cet article.

Il fut un temps où mon père m'assignait la même pension qu'à ma sœur pour mes habits et autres dépenses nécessaires. L'amour qu'il me portait alors lui faisait souvent répéter qu'il ne déduirait point cet argent des biens ou du produit des biens que m'avait laissés mon grand-père. Mais craignant que ma malheureuse aventure n'ait été traitée de mortelle offense contre sa personne, j'ai lieu de présumer qu'on s'attendra à ce qu'il se rembourse de ses avances. C'est pourquoi je veux qu'il ait plein pouvoir de se satisfaire sur toutes les sommes et pensions que j'ai reçues de lui après le décès de mon grand-père ; ordonnant que, sur cet article comme sur le précédent, chacun ait à s'en rapporter sans examen, purement et simplement, aux comptes que rendra mon père. Je me contenterai de stipuler que ce que je laissai dans mon secrétaire soit employé à acquitter une partie des déboursés qu'il a faits en ma faveur.

Mon grand-père, qui ne mettait point de bornes à son affection et à ses bontés pour moi, me légua toutes les peintures de la famille qui étaient dans la maison où il a fini ses jours : ce sont des pièces intéressantes, et parmi lesquelles il s'en trouve plusieurs de main de maître. Il ordonna que si je mourais sans être mariée, ou mariée, mais sans enfans, ces peintures passeraient à celui de ses fils alors vivant, que je croirais en faire plus de cas. Comme je me souviens que mon oncle Jean Harlove témoigna quelque déplaisir de ce qu'elles ne lui avaient pas été laissées comme à l'aîné de ses fils, et qu'il a une galerie où elles pourraient être avantageusement placées, je les lui donne, dans l'espérance qu'il les léguera à mon père s'il meurt avant lui, et que de mon père elles passeront à mon frère. Cependant j'excepte de ces peintures le portrait qu'on fit de moi à l'âge de quatorze ans, dont je disposerai ci-après dans un article séparé.

Mon grand-père me légua aussi la vieille vaisselle de famille qu'il aimait, et qu'il n'avait jamais voulu fondre, parce qu'il disait avoir observé que les révolutions de la mode, après en avoir proscrit diverses pièces pour un temps, les avaient fait rentrer en faveur. Toutefois, il accompagna la donation qu'il m'en fit d'un ordre exprès de la laisser à celui de la famille que je croirais désirer davantage qu'elle passât à la dernière postérité. C'est pourquoi, telle qu'on doit la trouver actuellement dans la maison où mon grand-père est décédé, au garde-meuble, dans un grand coffre de fer, je la donne et la lègue, sans rien excepter, à mon oncle Antoine Harlove, désirant qu'il remplisse les mêmes conditions qui me furent imposées, et ne doutant pas que mon testament ne les rende encore plus pressantes et plus obligatoires.

Je lègue six cents livres à mon inestimable amie, madame Norton, lesquelles six cents livres lui seront payées six mois après ma mort, comme un gage de ma reconnaissance ; devant à ses soins et à sa piété, qui ont constamment secondé les soins et la piété de mon excellente mère, l'estime et l'amitié qu'on m'a portées durant les dix-huit premières années de ma vie. Je lègue encore à cette digne femme trente guinées pour son deuil et celui de son fils, mon frère de lait.

Je donne à madame Dorothée Hervey, sœur unique de ma respectable mère, cinquante guinées pour une bague : je la prie d'accepter mes remerciemens pour les bontés dont elle m'a comblée dans mon enfance, et particulièrement pour la patience qu'elle a eue avec moi pendant mes altercations avec mon frère et ma sœur, jusqu'à ce que j'aie quitté la maison paternelle.

Je donne à ma bonne et chère cousine Dolly Hervey, fille de ma tante Hervey, ma montre et tout ce qui en dépend. Je lui donne aussi mes plus belles coiffures en dentelles de Malines et de Bruxelles ; j'y joins ma robe et ma jupe avec des fleurs en argent brodées de ma main : n'ayant achevé cet habit que quelques jours avant d'être enfermée dans ma chambre, je ne l'ai jamais porté. Je lui donne encore mon clavecin, les orgues qui sont dans mon cabinet, et tous mes livres de musique.

Comme ma sœur a une fort jolie bibliothèque, et que ma chère miss Howe a celle de son père et la sienne propre, je donne à madite cousine Hervey tous mes livres avec les tablettes où ils sont rangés. Quand le temps aura tempéré sa douleur, et l'aura changée en un tendre souvenir, plus sensible par sa douceur que par son amertume, je crois que mes livres, assez heureusement choisis pour composer la bibliothèque d'une femme, lui feront plaisir, et que l'idée qu'ils m'ont appartenu, les diverses remarques de ma main qu'elle y trouvera, et quelques notes excellentes du docteur Levin, les lui rendront plus précieux.

Si je ne vis pas assez pour voir mon cousin William Morden, je lui présente ici mes très humbles remerciemens, et les sentimens de reconnaissance dont je suis pénétrée pour toutes les bontés qu'il a eues pour moi. Je le remercie en particulier des efforts qu'il a faits pour me reconcilier avec mes autres amis, dans un temps où je doutais si lui-même voudrait me pardonner. Comme il est dans une situation brillante, je le prierai seulement d'accepter deux ou trois bagatelles en mémoire d'une parente qui eut autant de respect pour lui, qu'il avait d'affection pour elle. Je lui donne cette broderie en fleurs que mon oncle Robert, son père, désirait fort d'emporter avec lui quand il quitta l'Angleterre pour voyager. Je le prie d'accepter mon portrait en miniature, monté en or, et tiré par le maître italien qui suivit son père à son retour dans sa patrie. Je lui donne aussi ma bague de diamans montée en rose : comme je la tiens de son père, cette considération la lui rendra plus précieuse.

Je prie humblement madame Annabelle Howe, mère de ma chère miss Howe, de ne pas refuser mes remerciemens des bontés qu'elle m'a témoignées quand j'ai été passer quelque temps avec sa chère fille, et d'accepter une bague de vingt-cinq guinées.

J'ai excepté des peintures de famille, mon portrait de grandeur naturelle, qui est dans le cabinet de feu mon grand-père...... J'avais quatorze ans lorsqu'il fut tiré; ce fut le temps où ma chère miss Howe et moi commençâmes à nous connaître, à nous distinguer, à nous aimer l'une l'autre... je ne puis exprimer avec quelle tendresse. Je lui donne ce portrait, pour la faire souvenir que mon inclination en avait fait ma sœur, et que rien n'effacera de mon cœur les preuves d'amitié que j'ai reçues d'elle, soit dans ma prospérité, soit dans mon adversité, lorsque personne ne voulait me donner de consolation. J'emporte avec moi la douce persuasion qu'elle m'a tant aimée, que notre amour ne peut être surpassé que par celui qui nous unira dans cet état de perfection, où j'espère qu'il fera une partie de ma félicité durant l'éternité. Je lègue encore à ma chère amie ma plus belle bague de brillans, qui est avec d'autres joyaux dans le tiroir secret de mon bureau. Je lui donne toutes mes broderies à l'aiguille, celles qui sont achevées et celles qui ne sont que montées. J'en excepte uniquement celle en fleurs, dont j'ai déjà disposé en faveur de mon cousin Morden.

J'ai appris que mes parens avaient ôté ces différentes broderies des appartemens où elles étaient, et je ne crois pas qu'ils aient grande inclination à les y replacer : cependant, si ma mère juge à propos de s'en réserver quelqu'une, comme il n'est pas impossible que le temps ne lui en rende la vue moins insupportable, j'excepte du legs universel que je viens d'en faire la pièce quelle daignera choisir, et je prie mon exécuteur testamentaire de la lui présenter : entendu pourtant que son choix ne pourra tomber sur la pièce qu'on nomme pièce principale, laquelle a été l'objet d'une première exception.

Si ma mère ne juge pas à propos de prendre pour elle mon portrait de grandeur naturelle dans le goût de Vandyck, je le donne à ma tante Hervey. C'est le même qui était précédemment dans ce qu'on me donnait la permission d'appeler mon parloir.

Je lègue au digne Charles Hickman le portrait en miniature de la femme qu'il aime le mieux : je le portais constamment avec moi, et jamais l'image de celle qu'il représente ne sortira de mon cœur. C'est, après la main de l'original, le plus beau présent qu'on puisse lui faire. « Ma chère miss Howe, ne lui faites pas attendre ce bonheur plus long-temps. Vous ignorez tout le prix de la vertu chez les hommes, et combien une âme comme la sienne est préférable aux esprits brillans qui se laissent emporter par les saillies et les vivacités d'une imagination déréglée, lors même que ces vaines lueurs sont décorées de cette apparence extérieure et de ces spécieux dehors qui attirent les regards, et trop souvent séduisent le cœur. »

Excusez, mes chers parens, le sérieux avertissement que je viens d'insérer dans cet acte solennel, en faveur d'une amie qui a tant de droits sur mon cœur.

Je prie instamment ma chère miss Howe de ne point porter le deuil pour moi ; mais M. Hickman et elle me feront plaisir d'accepter une bague de mes cheveux du prix de vingt-cinq guinées.

Je lègue à lady Betty Lawrance, à sa sœur Sara Sadler, à milord M.... et à leurs nièces, miss Charlotte et miss Marthe Montaigu, à chacun une bague d'émail avec mon chiffre Cl. H. L'année, le mois et le jour de ma mort seront marqués sur l'intérieur de l'anneau ; il sera surmonté d'un cristal rempli de mes cheveux avec une garniture de brillans ; ensorte que le prix de la bague entière soit de vingt-cinq guinées. Je prie les susdites personnes d'accepter ce gage léger de ma reconnaissance pour la bonne opinion dont elles m'ont honorée, les souhaits généreux qu'elles ont faits en ma faveur, et l'offre plus généreuse encore de me faire une pension annuelle considérable, lorsqu'elles ont craint que je ne fusse absolument dénuée de semblables secours.

Je donne vingt guinées pour une bague au révérend docteur Arthur Levin, dont les leçons et instructions m'ont été également utiles et agréables. Que s'il plaisait à Dieu de le retirer à lui avant qu'il reçût de moi cette petite marque d'attention, je veux que sa fille en ait l'émolument.

Par reconnaissance pour les services que m'ont rendus les domestiques de madame et de miss Howe, pendant les divers séjours que j'ai faits chez leurs maîtres, je lègue trente guinées pour leur être partagées au gré et selon la discrétion de leur jeune maîtresse.

Je donne cinq guinées pour une bague à chacune de mes chères compagnes miss Biddy Lloyd, miss Fanny Alston, miss Rachel Biddulph, miss Cartwright Campbell.

Je donne et lègue à Hannah Burton, ci-devant ma fille de chambre (sage et fidèle domestique, qui m'aimait, respectait ma mère, avait les égards dus à ma sœur, et ne songea jamais à faire rien d'indigne d'un honnête caractère), cinquante livres, payables un mois après ma mort, parce que sa santé est fort altérée : et si l'état fâcheux dans lequel elle se trouve continue, je la recommande à madame Norton pour être assistée du fonds que je destine aux pauvres, et dont je parlerai dans la suite.

Je donne au cocher, au palefrenier, et aux cinq filles du château d'Harlove, à chacun dix livres. J'en donne cinq à leur aide.

Je lègue dix livres à Betty Barnes, fille de chambre de ma sœur, afin de montrer que je n'ai aucun ressentiment de ses procédés, que j'attribue moins à la mauvaise volonté de sa part, qu'à une insolence occasionnée par sa charge auprès de moi, et à un fond de pétulance et d'indiscrétion.

Je prie madame Norton d'accepter, à la réserve de mon linge, toutes les hardes dont je n'ai pas été obligée de me défaire, ou dont je n'ai pas disposé de quelque autre manière.

Je lègue par égale part et portion tout mon linge, et les dentelles que je n'ai pas vendus à madame Lovick, de qui j'ai reçu de grandes civilités, et qui a eu pour moi les bontés d'une mère ; et à madame Smith, avec qui je loge, et qui m'a rendu aussi toutes sortes de bons offices. Si le partage qui se fera à leur discrétion occasionnait quelque difficulté, le tout devrait être vendu, et le produit partagé entre elles également. Je lègue encore à chacune de ces deux méritantes et dignes femmes la somme de vingt guinées, comme une marque ultérieure de ma reconnaissance et de ma sensibilité, pour la tendre part et le généreux intérêt qu'elles ont pris à moi.

Je donne dix guinées à M. Smith, mari de ladite dame Smith, en reconnaissance des civilités et bons procédés qu'il a eus pour moi.

Catherine, servante de madame Smith, que j'ai souvent employée, n'ayant pas de domestique à mon service, recevra cinq guinées pour les obligations que je lui ai, et de plus, dix guinées au lieu d'une robe, et de quelque linge que j'avais pensé à lui donner. Elle pourra s'acheter de cet argent quelque chose de plus conforme à son goût et à son état.

L'emploi de garde auprès d'un malade exige beaucoup de soins ; il est triste à proportion de la sensibilité de la personne qui le remplit ; il demande des veilles pénibles, et devient presque insupportable quand le patient approche de sa fin : ces considérations, qu'on ne fait pas assez souvent, m'ont engagée à donner à mon honnête et soigneuse garde, la veuve Anne Schelburn, la somme de dix guinées, en outre de ses gages et autres choses qui lui viennent d'office.

Je prie madame Lovick d'accepter le peu de livres que j'ai dans le logement que j'occupe à présent. Je veux aussi qu'il lui soit permis de prendre une copie d'un manuscrit contenant divers extraits des meilleurs livres, que je nomme mes méditations, et dont elle me paraissait faire cas, quoiqu'il eût un rapport plus immédiat aux circonstances particulières et aux situations par lesquelles j'ai passé. Quant au manuscrit même, comme il est de ma main d'un bout à l'autre, ma bonne madame Norton sera peut-être bien aise de l'avoir.

Le tiroir du milieu de mon bureau, dans le château d'Harlove, contient diverses lettres ou copies de lettres rangées à leurs dates, ainsi que je les ai écrites ou reçues depuis que j'ai commencé à apprendre l'écriture, jusqu'au temps où j'ai été enfermée dans la maison de mon père. Il y en a de mon grand-père, de mon père et de ma mère, de mon frère et de ma sœur, de feu mon oncle Morden, de mon cousin Morden, de madame Norton, de miss Howe et d'autres personnes de ma connaissance. Il y en a aussi sur des matières sérieuses du révérend docteur Levin, et de trois docteurs, MM. Blom, Arnold et Tomkins. Comme ces lettres, si on lit les miennes avec l'indulgence due à l'âge où je les écrivais, comprennent une correspondance qu'une personne de mon sexe peut avouer sans rougir, et que celles qui me sont adressées contiennent plusieurs excellentes choses, je les donne à ma chère miss Howe, conformément au désir qu'elle m'a témoigné, que je les lui laissasse au cas qu'elle me survécût, et faisant réflexion que la plupart lui en a été communiquée, et que ces dernières années personne n'a plus contribué qu'elle à cette correspondance.

Je nomme et constitue John Belford d'Edgware, dans le comté de Middlessex, ainsi qu'il m'a permis de le nommer et constituer, seul et unique exécuteur de ma dernière volonté, comme elle est exprimée dans le présent testament. J'ai donné à miss Howe les raisons qui m'avaient déterminée à faire choix de lui en cette qualité ; c'est pourquoi je m'en rapporte à elle sur ce sujet.

Mais je prie instamment ledit M. Belford d'avoir soin, en exécutant la charge que je lui donne, d'éviter, comme il me l'a promis à diverses reprises, tout ce qui pourrait aigrir les esprits, d'empêcher de tout son pouvoir les sujets de ressentimens, et de disposer tout le monde à la paix, afin de prévenir toutes ultérieures voies de fait de la part de son ami, ou contre son ami. Je le conjure de rechercher, dans cette vue, l'amitié de mon cousin Morden, qui, quand il saura que c'est une grâce que je lui demande au lit de mort, voudra bien, j'espère, aider M. Belford de ses conseils et de ses soins, et même ne refusera pas d'intervenir auprès de mes parens, d'adoucir leurs esprits, et de les amener au point de condescendance que je désire, si le cas arrivait que quelqu'un des points de ce testament fût contesté. Surtout, je demande instamment de M. Belford, qu'il n'extorque point de mes parens leur consentement à l'exécution de mes volontés, soit en se prévalant de la loi, soit par aucune autre sorte de contrainte de fait ou de droit; et si mes parens ne jugent pas à propos de remplir quelques unes de mes dispositions, relatives uniquement à l'intérieur de ma famille, je les abandonne absolument à mondit cousin Morden, et à M. Belford, pour y faire tels changemens qu'il leur plaira, ou les annuler entièrement, selon qu'ils en conviendront ensemble : mais s'ils étaient d'avis différent, ils choisiraient conjointement un tiers à l'opinion de qui s'en rapporter.

Sollicitée par miss Howe et sa mère de recueillir les particularités de ma malheureuse histoire, je leur fis espérer que je le ferais, afin de mettre au jour mon innocence. Quelle douleur n'aurais-je point de manquer, comme je le fais, du temps nécessaire pour une tâche si laborieuse et si pénible, si je ne voyais, par divers extraits des lettres de M. Lovelace, que je puis m'en reposer sur la justice qu'il m'y est rendue! De plus, M. Belford, qui m'a communiqué ces extraits, s'est engagé à contribuer de tout son pouvoir à une compilation de tous les originaux qui peuvent servir à mon histoire, sur quoi je me suis plus amplement expliquée avec lui. Après qu'il aura fait cette collection, je souhaiterais qu'il en fît prendre deux copies, l'une pour miss Howe, l'autre pour lui; et que si on la lui demandait, il fît part de la sienne à ma tante Hervey, qui pourrait la communiquer à ceux de mes parens qui désireraient la lire pour leur propre satisfaction. Je laisse cependant à la prudence de M. Belford, d'imposer sur ce sujet telles conditions qu'il lui plaira, afin de mettre son honneur à couvert, et pourvoir à la sûreté des personnes impliquées.

Je lègue à mondit exécuteur testamentaire la somme de cent guinées, comme une légère rétribution des peines que lui donnera la commission qu'il a si généreusement acceptée. Je le prie aussi de recevoir une bague de vingt guinées, et de se rembourser lui-même des frais et dépenses que lui occasionnera sa qualité d'exécuteur testamentaire.

J'ai trouvé dans le docteur H.... un médecin, un père et un ami; je le prie d'accepter vingt guinées pour une bague, en témoignage de ma gratitude.

Je donne aussi quinze guinées pour une bague au révérend docteur..... Il m'a fait de fréquentes visites, et offert à Dieu ses prières avec moi, dans ces derniers jours de ma vie.

Il y a un nombre de personnes indigentes que j'avais coutume d'appeler mes pauvres, et à qui madame Norton fait tenir tous les mois ou plus souvent, selon le besoin, des portions d'une somme que je mis entre ses mains à cet usage, et que je renouvelais selon que mes moyens me le permettaient. Cette somme doit être à présent tout à fait épuisée ou à peu près. De peur donc que les souffrances de ceux en faveur de qui le ciel avait touché mon cœur n'aggravent la faute que j'ai commise, je veux qu'après qu'on aura satisfait à mes autres legs, avec les rentes accumulées des fonds que m'avait laissés mon grand-père, la moitié de l'argent comptant qu'on lui trouva lorsqu'il mourut et les effets que j'appropierai ci-après à cet emploi, le reste de ces trois différens articles soit appliqué à augmenter la somme dont j'avais fait madame Norton dépositaire : et en cas qu'elle meure, ou que la distribution de ces aumônes lui devienne onéreuse, je prie instamment ma chère miss Howe de s'en charger, et de transférer à sa mort la disposition de ce qui pourra rester aux personnes qu'il lui plaira choisir, et avec les limitations, restrictions et directions qu'elle croira les plus propres à remplir le but que je me propose. Mais tant que l'administration du tout, ou des parties, dépendra d'elle ou de madame Norton, je l'abandonne absolument à leur prudence, sans qu'elles aient à en rendre compte à personne.

Je me suis toujours fait une règle, dans le peu de générosités que j'ai faites, d'aider et de pousser les pauvres industrieux et de bonne conduite. De petits secours accordés à propos aux gens de cette espèce leur suffiront; avec eux un petit fonds peut aller loin, là où un océan de richesses ne suffirait pas pour les fainéans et les dissolus. Comme ceux-ci sont toujours dans le besoin, il n'y a pas de fin à y suppléer : et tandis qu'on leur donne, sans les mettre plus à leur aise, on frustre d'une assistance raisonnable de plus dignes objets de charité, et on laisse dans l'engourdissement des principes d'activité, qui n'attendent qu'une goutte de rosée pour se développer.

C'est donc mon intention et ma volonté expresse, qu'à quelque point que le susdit fonds puisse augmenter, il soit uniquement employé à subvenir aux besoins occasionnels et momentanés des personnes spécifiées ci-dessus, et qu'aucune famille ni personne quelconque n'en reçoive à la fois, ou dans le courant d'une année, au delà de vingt livres.

Je veux qu'on évalue l'assortiment de joyaux qui a appartenu à feu ma grand'mère, et dont mon grand-père me fit présent peu après l'avoir perdue; et si quelqu'un de ma famille paraît le désirer, il en remettra la valeur entre les mains de mon exécuteur testamentaire; sinon, il devra se vendre, et le produit sera censé appartenir au fonds de mes pauvres. Cependant, si l'on juge que ledit assortiment puisse être regardé comme un équivalent des sommes que mon père m'a avancées depuis la mort de mon grand-père, je désire qu'il lui soit donné en cette qualité. Je présume, pour des raisons qui ne sont que trop apparentes, que personne ne se souciera d'acheter le collier de brillans, le solitaire et les boucles dont me fit présent le chevalier Josias Brookland, oncle de ma mère. Je désire, en ce cas, qu'on envoie le tout à mon exécuteur testamentaire pour qu'il en tire le meilleur parti qu'il pourra, et en applique le produit aux divers usages que mon testament pourra requérir.

J'ai renvoyé à la dernière partie de cet ennuyeux écrit, pour déterminer le sujet du discours que je souhaiterais qui fût prononcé à mes funérailles, si l'on voulait permettre que je fusse inhumée avec mes ancêtres. Je pense que le sujet suivant convient à mon cas particulier : « Qu'aveuglé par l'éclat de sa fortune, nul ne compte sur son bonheur; ce n'est que vanité, et la catastrophe est à sa porte. Le jour de sa calamité devancera le terme qui lui était fixé. Il sera comme une vigne dont les raisins coulent avant la maturité, et comme un olivier qui laisse tomber sa fleur. Job. XV, 31, 32, 33. »

Mais si je suis enterrée en ville, qu'on dise simplement sur mon corps le service ordinaire pour les morts.

Que si l'on permet que mon corps soit porté au château d'Harlove, je donne dix livres aux diacres, pour les distribuer aux pauvres de la paroisse qui en dépend, quinze jours après mon enterrement.

Si j'ai omis quelque formalité nécessaire dans le présent testament; si quelque chose y paraît équivoque ou contradictoire, comme il est possible, vu mon inexpérience dans ces sortes de matières, et le mauvais état de ma santé.... Je suis fort mal et fort faible, ayant toujours renvoyé de mettre à cet écrit la dernière main, dans l'attente d'un dernier pardon de mes parens, auquel je me proposais de répondre par des expressions convenables de tendresse et d'attachement, et par une détermination satisfaisante de quelques endroits de mon testament, que j'avais différé de remplir jusqu'à la dernière extrémité, me flattant toujours de pouvoir le faire plus, selon mon cœur, qu'il ne m'a été possible... Si, dis-je, il se trouve dans le présent testament de semblables omissions et imperfections, je souhaiterais que mon cousin Morden voulût bien les prendre en considération conjointement avec M. Belford, et les comparer à ce que j'ai écrit plus au long ; et si, après cela, il leur reste quelque doute, voudrais qu'ils s'adressassent à miss Howe, qui connaît mon cœur tout entier : l'explication de ces trois personnes unanimes sera tenue pour vraie et valable, lui donnant même force et valeur, que si je l'eusse écrite ou dictée moi-même.

Maintenant, mon bienheureux Rédempteur, j'embrasse d'une foi vive ta mort et tes souffrances, espérant que ton sang précieux me lavera de tous mes péchés. Je trouvais mes épreuves grandes, mais elles me semblent légères quand je considère l'espérance à laquelle j'ai été appelée, et le poids éternel de la gloire excellente qui les couronnera dans le ciel.

CLARISSE HARLOVE.

FIN DU TOME SECOND ET DERNIER.

Paris. — Imprimerie de SOULÉ, rue Coq-Héron, 3.

www.ingramcontent.com/pod-product-compliance
Lightning Source LLC
Chambersburg PA
CBHW070407230426
43665CB00012B/1275